西 气

创新与优势

CPPE始终将科技创新立为兴企之策，形成了特色鲜明的中国石油储运工程技术优势。截止到2010年，CPPE完成各级各类科研项目130项；获得优秀勘察设计及科技创新奖208项（其中国家级8项，省部级35项）；拥有国家发明和实用新型专利19项，中石油认定专有技术8项，中国石油和化工勘察设计协会认定专有技术6项，计算机软件著作权登记19项。

特色技术

1、GIS 辅助长输管道线路优化设计技术
2、管道设计安全评价技术
3、大型压气站设计技术
4、大型储罐设计技术
5、多注入、多分输的成品油管网优化设计技术
6、天然气管网优化设计与调峰技术
7、大落差成品油管道设计技术
8、地下水封岩洞原油储库设计技术
9、大型河流的管道穿跨越设计
10、基于应变的管道线路设计技术
11、长输管道复杂地区水工保护设计技术
12、地下储气库地面工艺及配套技术
13、天然气处理加工技术
14、油气管道 SCADA 系统集成设计技术
15、特殊地质条件下地基处理及基础设计技术
16、城市燃气管网及储气调峰设计技术
17、LNG 接收站设计技术
18、长输管道顺序输送设计技术
19、高压输电线路对管道电磁影响的防护设计技术
20、滩海油气田开发地面配套设计技术
21、多管并行敷设设计技术

担当与荣誉

CPPE在保障国家能源通道建设中勇于担当国家队、主力军、引领者的重任，承担完成了一大批国家重点工程，并获得了一大批国家级、省部级优秀工程设计大奖；荣获全国"五一"劳动奖状。

典型工程

西气东输管道工程　西气东输二线工程
西部原油成品油管道工程　中亚天然气管道工程
中缅油气管道工程
兰州-成都-重庆成品油管道工程
忠县-武汉输气管道工程
兰州—郑州—长沙成品油管道
岙山国家石油储备基地工程
中海油番禺/惠州天然气开发项目珠海陆上终端
突尼斯天然气管道工程　利比亚西部管道工程
江苏太仓LPG低温储罐工程
长岭—长春—吉化输气管道松花江盾构t
冀东油田4.3万方/天污水处理工程

中国管道引领者

是CPPE在管道上踏上去了第一行勘察的脚印，画下了第一张建设的蓝图。CPPE不断书写着一个又一个新记录。这无数个新记录，构成了CPPE艰辛的探索足迹，闪耀着 CPPE成长的生命亮点，奠定了CPPE实现跨越式发展的基础，同时，也化作了中国管道运输业的历史年轮。

1. 岙山国家石油储备库
2. 西气东输二线站场
3. 管道施工
4. 大型压缩机组
5. 长江盾构
6. 兰成渝白龙江跨越
7. 中海油番禺惠州天然气开发项目珠海终端工程
8. 埕海油田人工岛

CPPE首创的设计项目

东营至黄岛管道复线，国内从境外引进先进技术和设备建设的第一条密闭输送、全自动控制的原油管道。

库尔勒—鄯善原油管道，国内首次采用高压力、大站距方案，20世纪末自动化控制水平最高的原油管道。

涩北-西宁-兰州天然气管道，是青藏高原上第一条长距离、大口径、高度自动化的天然气管道。

西气东输冀-宁联络线，是我国第一条数字化管道。

岙山国家石油储备基地工程，堪称“中国第一大库”，是国家首批建设的石油储备基地之一。

大张坨地下储气库，是国内第一座利用枯竭凝析气藏改建的城市季节调峰储气库。

小江岛-祥甲苯、二甲苯管道，是我国第一条输送甲苯介质的管道。

秦皇岛油库西罐区扩建工程，国内首座10万立方米大型浮顶油罐。

我国第一条长距离大口径管道，大庆至抚顺原油管道，填补了中国长输管道建设的空白。

我国第一条延伸到境外的管道——中国至朝鲜输油管线工程。

我国第一条沙漠原油管道——塔中四联站至轮一联合站输油管道。

我国第一条沙漠天然气管道——塔中四联站至轮一联合站输气管道。

山西尖山至太原金属矿浆（铁精粉矿浆）管道，是国内第一条长距离矿浆输送管道……

东
输

中国石油天然气管道工程有限公司

CHINA PETROLEUM PIPELINE ENGINEERING CORPORATION

总经理董旭简介

1964年9月出生，中共党员，1986年毕业于抚顺石油学院油气储运专业，中国石油大学石油天然气储运工程硕士，教授级高级工程师，中国石油和化工行业工程设计大师，中石油集团高级技术专家。在石油天然气储运工程设计、工程管理和科研管理领域业绩卓著。曾获中石油直属机关“十杰青年”、中石油集团“优秀设计师”、中国首批有突出贡献工程硕士、全国工程勘察设计行业60年“感动中国–十佳现代管理企业家”等荣誉称号。

十佳自主技术创新企业大奖　　十佳感动中国工程设计大奖　　总经理董旭获十佳现代管理企业家大奖

中国勘察设计年鉴

(2010)

中国勘察设计协会◎主办
《工程建设与设计》杂志◎承编
吕悦◎主编

CHINA
EXPLORATION
DESIGN
YEARBOOK
2010

中国轻工业出版社

图书在版编目（CIP）数据

中国勘察设计年鉴（2010年）/《工程建设与设计》杂志编．—北京：中国轻工业出版社，2012.1
ISBN 978-7-5019-8476-3

Ⅰ．①中… Ⅱ．①工… Ⅲ．①建筑设计－建筑企业－中国－2010－年鉴
Ⅳ．①F426.9-54

中国版本图书馆CIP数据核字（2011）第209346号

责任编辑：刘忠波 韩慧琴
策划编辑：刘忠波　　责任终审：张乃柬　　封面设计：金丹
版式设计：司俊平 冯毅 金丹　　责任监印：马金路

出版发行：中国轻工业出版社（北京东长安街6号，邮编：100740）
印　　刷：北京国彩印刷有限公司
经　　销：各地新华书店
版　　次：2012年1月第1版第1次印刷
开　　本：880×1194　1/12　　印张：52
字　　数：1000千字　　插页：1
书　　号：ISBN 978-7-5019-8476-3　　定价：368.00元
邮购电话：010-65241695　传真：85113293
网　　址：http://www.chlip.com.cn
Email：club@chlip.com.cn
如发现图书残缺请直接与我社邮购联系调换
111165K2X101HBW

设计创辉煌
年鉴谱春秋

辛卯金秋
叶如棠题

建设部原常务副部长
叶如棠 题词

《中国勘察设计年鉴（2010年）》编委会

总顾问

住房和城乡建设部
郭允冲 副部长

住房和城乡建设部
叶如棠 原建设部常务副部长

中国勘察设计协会
吴奕良 名誉理事长

主任编委单位

中国勘察设计协会
王素卿 理事长

副主任编委单位

中国中元国际工程公司
丁建 总裁

中国石化工程建设公司
刘家明 总经理

北京市建筑设计研究院
朱小地 院长、总建筑师

北京勘察设计研究院有限公司
沈小克 董事长

中建国际设计顾问有限公司
单增亮 CEO

中国武汉工程设计产业联盟
金志宏 秘书长

副主任编委单位

中国石油天然气管道工程有限公司
董旭 总经理

《中国勘察设计年鉴(2010年)》编委会

（按姓氏笔划排序）

《中国勘察设计年鉴（2010年）》编委会

（按姓氏笔划排序）

《中国勘察设计年鉴（2010年）》编委会

（按姓氏笔划排序）

《中国勘察设计年鉴(2010年)》专家委员会

（按姓氏笔划排序）

专家委员会主任

中国机械工业勘察设计协会
孟祥恩 理事长

专家委员会委员

北京工程勘察设计行业协会
于春普 监事长

中国航空工业建设协会
方京川 秘书长

中国勘察设计协会
王子牛 秘书长

中国核工业勘察设计协会
王少潭 副秘书长

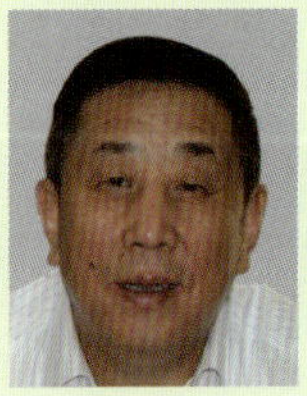

内蒙古勘察设计协会
王汉义 秘书长

黑龙江省勘察设计协会
田建军 秘书长

河北省工程勘察设计咨询协会
申宝瑛 副秘书长

山西勘察设计协会
刘文京 副秘书长

中国纺织勘察设计协会
刘承彬 秘书长

中国煤炭建设协会勘察设计委员会
刘毅 理事长

中国水利水电勘测设计协会
安郁群 改研会秘书长

中国勘察设计协会园林和景观设计分会
上海市园林设计院有限公司院长
朱祥明 会长／院长（董事长）

《中国勘察设计年鉴（2010年）》专家委员会

（按姓氏笔划排序）

《中国勘察设计年鉴（2010年）》专家委员会

（按姓氏笔划排序）

中国勘察设计协会建筑设计分会
福建省勘察设计协会 / 福建省建筑设计研究院
陈轸 副秘书长 \ 副理事长 \ 院长

四川省绵阳市勘察设计协会
孟贵林 秘书长

浙江省勘察设计行业协会
易国绍 副秘书长

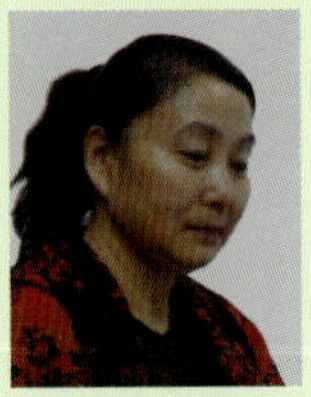

中国石油工程建设协会
赵玉华 副秘书长

天津市建筑设计院
赵仲 企宣部副部长

重庆市勘察设计协会
唐晓智 副理事长兼秘书长

吉林省勘察设计协会
徐亮 秘书长

中国勘察设计协会
工程建设项目管理和工程总承包分会
徐康平 副秘书长

中国轻工业勘察设计协会
秦景光 顾问

广西勘察设计协会
顾涛 理事长

中国医药工程设计协会
黄吉

中国商业设计协会
黄楚权 副秘书长

新疆维吾尔自治区勘察设计协会
彭司金

江西省建设工程勘察设计协会
熊根水 专职常务副秘书长

中航勘察设计研究院有限公司
檀中文 总法律顾问、院办公室主任

《中国勘察设计年鉴（2010年）》专家委员会 （按姓氏笔划排序）

《中国勘察设计年鉴》编写组

武漢設計

1	4	5	6
2			
3			7

1. 柳钢烧结机烟气脱硫工程
2. 荆门1000kV变电站
3. 武汉站
4. 武汉天兴洲长江大桥
5. “科技航母”——广东科学中心
6. 武汉辛亥革命博物馆
7. 三峡水利工程

中国武汉工程设计产业联盟

武汉工程勘察设计行业继承了建国初期的产业布局优势，具有雄厚的发展基础，特别是改革开放30年来，工程勘察设计行业迅速发展，具有明显的综合优势。截至2010年12月，全市共有工程勘察设计单位364家，其中综合甲级资质的单位6家，工程勘察综合甲级资质的单位12家，甲级资质企业144家，设计服务门类完整。2010年全行业综合产值约502亿元，位居全国大中城市前列，成为全国最重要的工程勘察设计服务基地之一。拥有包括大型桥梁、高坝水利、超大容量水利发电、高参数火力及新能源发电、特高压输电、过江（海）隧道、高速铁路及枢纽车站、城市轨道交通、高速公路、桥隧、冶金、钢铁、煤炭、化工的核心设计品牌。总规模实力位于国内领先地位，居中西部地区第一。与工程勘察设计相关的教育、科研和资讯行业发达，拥有居于全国前列的专业科技刊物出版业，还具有与工程勘察设计行业互为支撑的先进制造业和建筑业，构成了行业发展必需的配套平台。

为整合工程设计产业资源和工程建设领域优质社会资源，实现产业结构调整，提升行业研发、设计和管理水平，促进工程设计产业又好又快地发展，充分发挥工程设计龙头作用，武汉市城乡建设委员会联合武汉地区以及国内著名的勘察设计企业、科研院所、高等院校、咨询机构、投资公司和建造业企业，按照“政府引导、企业主体、市场运作”的原则，于2011年1月23日，成立中国武汉工程设计产业联盟。

产业联盟由武汉地区的建筑、市政、铁路、公路、水利、电力、冶金、机械等勘察设计行业龙头企业，以及国内著名的工程勘察设计企业、科研院所、高等院校、咨询机构、建造业企业、投资公司、行业协会和政府部门自愿组建而成，拥有工程院院士和勘察设计大师30余名，高级技术人才近10000名，注册工程师5000名。产业联盟作为推进工程设计产业发展的主体力量，强化以联合和创新的方式整合产业链，拓展产业空间，以为城乡建设和区域发展提供综合解决方案和策划、设计、咨询全过程服务的“武汉设计”为核心，创新建设技术研究基地和产业化基地。将逐步形成以绿色交通、低碳建筑、水与生态环境、地下城市、循环经济、节能和新能源等工程设计咨询业为重点的六大绿色低碳工程咨询产业群。

通过搭建服务于产业发展的公共服务平台、公共交易平台、技术创新平台、产业化平台，组建地下城市、绿色交通、低碳建筑等技术研究和产业化基地，大力拓展海外工程市场，积极探索在具有主业优势的领域投资发展，筹备具有国际影响力的高峰论坛和设计双年展等一系列工作。从而调动武汉地区乃至全国各个方面的力量，聚集国内外优质资源，为工程设计产业发展提供直接的支撑和服务，不断扩大工程勘察设计行业的社会影响力，大力推动工程设计产业的可持续发展。

产业联盟第一届理事会理事长单位：武汉市城乡建设委员会。

副理事长单位：中冶南方工程技术有限公司、长江水利委员会长江勘测规划设计研究院、中铁第四勘察设计院集团有限公司、中国电力工程顾问集团中南电力设计院、中交第二航务工程勘察设计院有限公司、中交第二公路勘察设计研究院有限公司、中铁大桥勘测设计院集团有限公司、中冶集团武汉勘察研究院有限公司、武汉市建筑设计院、中南建筑设计院股份有限公司、武汉市规划设计研究院、武汉市政工程设计研究院有限责任公司、上海市政工程设计研究总院（集团）有限公司、武汉理工大学、综合开发研究院（中国·深圳）。

理事单位：东风设计研究院有限公司、中国市政工程中南设计研究总院、中煤科工集团武汉设计研究院、中国轻工业武汉设计工程有限责任公司、中南勘察设计院（湖北）有限责任公司、湖北省交通规划设计院、武汉市园林建筑规划设计院、武汉和创建筑工程设计事务所有限公司、武汉正华建筑设计有限公司、武汉中合建筑设计事务所、中船建筑工程设计研究院、中国人民解放军总参谋部工程兵科研三所、华中科技大学、上海天强管理咨询有限公司、中国建筑第三工程局有限公司、武汉勘察设计协会。

设计武汉 中国武汉工程设计产业联盟

《武汉市工程设计产业发展“十二五”规划》概要

“十二五”期间，武汉市将继续发挥工程设计产业的比较优势，以重点培育绿色交通、低碳建筑、水与生态环境、地下城市、循环经济和节能与新能源六大绿色低碳工程设计咨询产业群和积极拓展工程设计产业市场空间为产业发展导向，加快主体业务向提供工程建设全过程咨询服务和区域发展综合解决方案转型提升，通过整合人力、技术、管理及资金等资源，着力发展 BT/BOT/EPC 等创新型业务，主动向专有技术高端制造领域延伸，组建“联合舰队”开拓国际市场。通过培育和壮大具有核心竞争力的企业群和产业联盟等产业主体，实现工程设计产业持续快速发展，力争到 2015 年武汉市工程设计产业实现产业规模和效益“双倍增”目标：产业营业收入突破 1000 亿元，产业利润达到 100 亿元，行业增加值达到 500 亿元；同时，新增工程设计产业创新型企业数量 100 家，新增勘察设计和科研中高级人才 10000 名，新增省级以上勘察设计大师 50 位。工程设计产业将成为武汉市国民经济的先导性产业和现代服务业的绿色支柱产业，并确立“世界工程设计之都”地位。

为保障工程设计产业发展空间，武汉市已按照“集中布局，分类安排”的原则制定了工程设计产业空间布局规划，明确建设“一城、两园、五片区”的产业集聚区。优先重点打造“国家级东湖工程设计城”，充分利用东湖自主创新示范区的产业政策和区域性特殊政策，建立工程设计产业公共技术服务和交易平台、产业人才培训基地和工程设计展示区域，引导工程设计新型业务和研发业务相对聚集，使其发展成为国家级工程设计集成创新中心、国家级专有技术产业化示范基地和聚集人才的高地，支撑工程设计产业实现科学发展。

武广高铁

武汉长江隧道工程

武汉新区六湖水系网络工程

公司简介

Company profile

中合机构（JOINTHORP ARCHITECT SYSTEM）由美国 EHA INTERNATIONAL CO，LTD.USA、中合建筑设计事务所、武汉中合元创建筑设计有限公司、南京中合元创建筑规划设计有限公司、上海中合绿色建筑研究所、广州中合谊华旅游规划设计有限公司、南宁中合建筑设计分所、北京地下空间研究中心组成。JTA 的一体化专业团队拥有创新才能和顶尖技术，诚挚为全球客户服务。JTA 中合机构设计团队由多位旅美、欧、澳、日的知名建筑师、业内资深设计师和百余位恪尽职守的专业设计人员组成，业务范围涉及政府服务、项目策划、项目管理、规划设计、建筑设计、景观设计、建筑工程等多个领域。已完成包括体育场馆、现代大学城、星级酒店、5A 级智能写字楼、商业综合体、高品质社区等在内的众多大型工程项目，超高层建筑数十栋，获得多项国际国内行业奖项。JTA 雄厚的创作和技术实力，竭诚为业主提供优质完美的设计，以及市场产品策划等增值服务。客户能够充分利用 JTA 全球平台，得到专业人士的鼎力支持。在合作过程中，JTA 与客户建立伙伴关系，通过各专业、职能部门和地区之间的有序协作，提出符合经济、环境和社会效益的最佳解决方案，圆满高效地完成项目，实现客户的远景目标。JTA 中合机构旗下建筑师、规划师、工程师、景观师，及经济分析师和项目经理，秉持国际标准的核心价值观，遵循世界建筑界的职业道德规范和标准，以客户的成功为己任，应对每一次挑战，同时努力维护和改善城市建筑空间、自然环境的和谐可持续性发展。JTA 将以诚信为基石，创新为动力，科技为核心，注重设计的合理性、艺术性、生态性和人文性，强调品牌价值、精心积累，致力于创造现代绿色丰富的城市理想空间。

<<< 武汉帝斯曼国际中心

<<< 武汉中联新华府

<<< 紫金（方山）科技创业特别社区

开平碉楼与村落文化展示区

Company profile
公司简介

中国中元国际工程公司是集工程咨询、工程设计、工程总承包、项目管理、设备成套和技工贸为一体的工程公司。

公司具有甲级工程设计综合资质、房屋建筑工程施工总承包壹级及城乡规划、工程总承包、建设监理、工程咨询、工程造价甲级资质；压力管道、压力容器设计资格；招投标管理单位资质、施工图设计文件审查许可证。

公司现拥有 30 多个专业类别的工程技术人员 1300 多人，全国设计大师 1 人，各学科博士、硕士等 300 余人，各类注册工程师 500 余人。公司的组织机构设置有 11 个生产单位，7 个职能管理部门，同时在北京设有 4 个二级公司，在海南、厦门、上海、长春、成都、天津、深圳等地设有分支机构。

秉承“质量是生命，精心设计、创优工程、诚信服务，保护环境、珍爱生命，是我们对顾客、社会、员工始终不渝的承诺”的管理方针，形成了医疗建筑、机场物流工程、工业工程、民用建筑、能源和环境工程多领域的专业特色，先后荣获“全国建设科技先进集体”、“自主创新技术企业大奖”；数十年来一直跻身于全国勘察设计综合实力、工程承包和项目管理百强单位的行列。

>>> 中国驻美大使馆

>>> 巴中友谊中心

>>> 解放军总医院海南分院

>>> 北京中欧国际工商学院

>>> 石家庄国际会展中心

华锐风电国家海上风电技术装备研发中心

什邡市人民医院

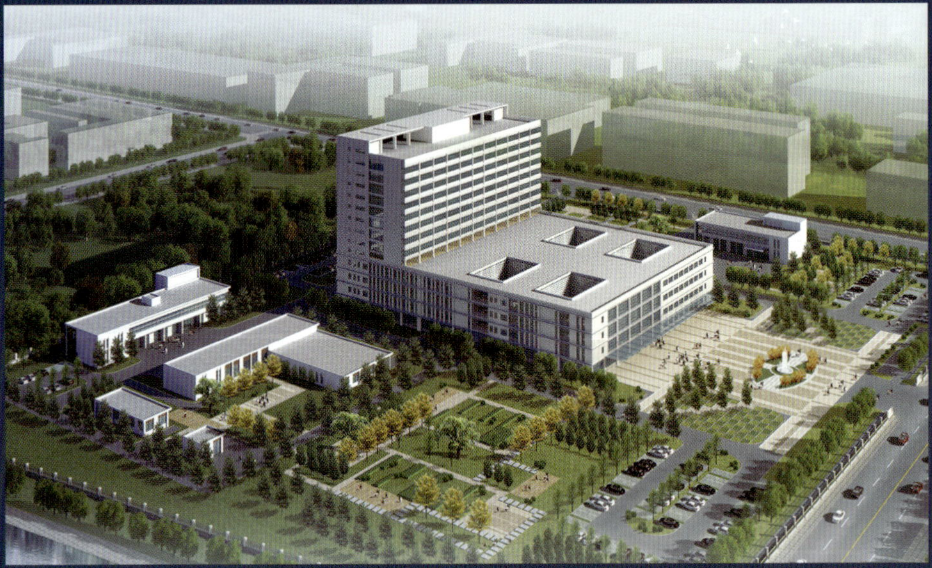

深圳机场航站区扩建工程新货站

张家港市生活垃圾焚烧发电厂

梅兰芳大剧院

国家天文台 500 m 口径球面射电望远镜 (FAST) 观测基地

大连华锐船用曲轴有限公司——加工车间内景

长春长东北核心区城市设计

中国石化工程建设公司
SINOPEC ENGINEERING INCORPORATION

中国石化工程建设公司（Sinopec Engineering Incorporation,以下简称SEI）地处北京市朝阳区奥运商圈，是中国石油化工集团公司直属的，以炼油和化工工程设计为主体，可以实施工程建设总承包和工程项目管理的工程公司。公司主要从事炼油、化工等石化工程项目的设计、设备材料采购、施工管理、工程总承包、项目管理服务、工程监理、技术咨询、技术服务等工作。在2010年国际权威的《工程新闻纪录》杂志（ENR）公布的全球最大的国际工程设计公司200强排名（按国际营业额排名）中，SEI排名37位。在全球最大的工程设计公司150强排名（按总营业额排名）中，SEI排名39位，在我国住房和城乡建设部公布的“2010年全国工程勘察设计百强企业”名单，SEI名列榜首。

SEI(前身)创建于1953年,具有57年的发展历史，承接过数千个石化项目的工程设计、工程总承包和项目管理，积累了丰富的工程设计和建设经验，在全国勘察设计单位综合实力测评中名列榜首。拥有专业门类齐全，梯次结构合理的人力资源。截至2010年底,公司正式员工2170人，其中中国工程院院士2名，中国工程设计大师5名，教授级高级工程师100多名，高级工程师、高级经济师等高级职称人员1200多名。

SEI拥有中华人民共和国对外经济合作经营资格证书、工程设计综合甲级资格证书、工程监理甲级资格证书、工程造价咨询单位甲级资格证书、工程咨询甲级资格证书、甲级环境影响评价证书、压力容器设计单位批准书、压力管道设计资格批准书等国家顶级资质，并取得了IS09001质量管理体系认证证书、HSE管理体系认证证书以及英国劳氏认证公司颁发的QHSE认证证书。

在50多年的发展历史中，SEI长期致力于中国石化工业的建设、创新与发展，承担设计和建设的大型炼油、石油化工生产基地遍布全国各地。特别在催化裂化、连续重整、加氢裂化、乙烯、裂解炉、聚丙烯等领域形成了有自己特色的工程技术，持有国家专利190多项和专有技术近百项，获得国家及省部级以上科技进步等奖励900多项。中国石化行业的13个专业设计技术中心站设在SEI。

SEI建有先进的计算机网络平台体系和应用体系，拥有国际先进的工艺技术、工程设计、项目管理及办公自动化等应用软件和工程数据库，能够按照国际通用模式开展工程设计和管理。

SEI与世界上著名的专利商、工程公司、科研机构和学府有着广泛的交流与合作，并承接了众多的海外工程项目，在国际工程建设市场上享有较高知名度和良好声誉。

执行项目简介：

公司近十年成功执行了一批国内外大型总承包工程项目，主要有：上海赛科90万t/a乙烯工程、海南800万t / a炼油工程、茂名100万t/a乙烯改扩建工程、神华集团煤直接液化工程、青岛1000万t/a炼油工程、福建炼油乙烯一体化工程、川东天然气净化厂工程、伊朗国家石油公司的里海周边国家石油串换项目、伊朗ARAK炼油厂扩建工程等。

福建炼油乙烯一体化工程

福建炼油乙烯项目依托福建炼化公司400万t / a的炼厂设施，将原有的炼油能力扩大到1200万t / a。同时，建设80万t / a乙烯、40万t / a聚丙烯和70万t / a芳烃联合等装置。

SEI承担整个项目的总体设计、基础设计和PMC，并且承担了常减压装置、芳烃联合装置、乙烯装置、聚丙烯装置、碳四装置及化工罐区、火炬单元的EPC总承包，以及原炼油装置及配套工程的改造设计和新区部分公用工程的设计。该工程于2009年下半年全面投产，所有装置均一次开车成功。

中国石化茂名100万吨/年乙烯改扩建工程

该工程不仅是我国首个百万吨乙烯工程，也是中国石化集团公司依靠自主创新建设的国内第一个大乙烯工程。SEI承担了乙烯装置、高密度聚乙烯装置、裂解汽油加氢装置、公用工程及辅助设施的设计以及聚丙烯装置的总承包工作。作为整个工程“心脏”的乙烯裂解装置，总共510台设备中有448台是国内制造，国产化率达87.8%，创下国内技术和设备国产化的最高纪录。这标志着国产化技术在大型石化基地的建设中开始发挥重要的作用，也真正实现了引进技术、自己进行大型化装置设计的全面突破，为大型乙烯项目逐步实现国产化提供了丰富的经验。2006年9月，该项目如期建成投产，并创造了我国大乙烯建设工期短、国产化率高、投资成本低等一系列新纪录。

2008年，该工程中30万t/a聚丙烯装置获中国勘察设计协会及中国工程咨询协会颁发的全国工程总承包银钥匙奖。

神华集团煤直接液化工程

该项目是国内最大规模的煤制油项目，也是世界上第一套采用煤直接液化方法制油的工业化项目，被中国煤炭工业“十一五”发展规划列为煤化工示范工程。SEI承担了一期工程中100万t/a煤直接液化装置的EPCM总承包与服务，325 万t/a加氢稳定装置、 100 万t/a加氢改质及轻烃回收生产装置的EPC总承包，以及除煤液化装置和T-STAR装置外全部装置的基础设计。经过近4年的艰苦建设，成功建成世界首套煤直接液化工业化示范装置，并于2008年12月30日胜利完成煤液化装置的投料试车。

煤液化装置的投料一次成功，标志着我国成为世界上唯一掌握百万吨级煤直接液化关键技术的国家，也奠定了SEI乃至中国在煤制油领域的工程化技术领先地位。

中国石化普光天然气净化厂项目

中国石化川气东送工程项目是国家“十一五”重点工程，整个工程包括气田勘探、气田开发、地面集输、净化厂、外输管线等五个部分。其中，普光天然气净化厂工程是普光气田开发的重点建设工程，也是咽喉工程，主要负责高含硫天然气的脱硫以及硫磺回收和外运。SEI承担了该厂的EPC总承包工作。到2009年底，该厂全部投入使用。

中国石化青岛1000万吨/年炼油工程［2006年—2008年］

该工程是国内第一套单系列为千万吨级炼油项目。一期工程综合配套原油加工能力为1000万t/a，其中1000万t/a常减压、150万t/a连续重整、290万t/a催化裂化、320万t/a蜡油加氢、250万t/a延迟焦化、410万t/a柴油加氢等9套装置是国内单系列最大的工艺装置，大型设备国产化率100%。

SEI作为总体院负责项目总体设计阶段和基础设计阶段的全部工作。承担了常减压装置、加氢处理装置、催化裂化装置、延迟焦化装置、聚丙烯装置等7套重要生产装置以及全厂系统、公用工程和厂前区生产辅助设施等共计46个单元的EPC总承包任务。2008年5月24日，该项目打通全厂流程，产出全部合格产品，所有装置均实现投料开车一次成功，且未发生一起安全事故、人身伤害事故和设备事故。

伊朗阿拉克（ARAK）炼厂扩建和产品升级项目

2006年7月30日，经过长达一年多的投标报价和合同谈判， SEI与伊朗国家石油公司正式签署了ARAK炼厂扩建和产品升级项目的总承包合同。并与伊朗当地两家工程公司组建了承包商联合体,共同实施EPC总承包工作。

EPC总承包合同总工期为36～42个月，是一个大规模的国外总承包项目。项目的成功实施，展现了SEI在海外执行大型项目的能力。

BIAD 北京市建筑设计研究院

Company profile
公司简介

北京市建筑设计研究院（英文名称：BEIJING INSTITUTE OF ARCHITECTURAL DESIGN。以下简称 BIAD）自成立以来，经过几代人的开拓创新、励精图治，累计完成建筑设计面积已超过 1.5 亿平方米，在建筑设计及科研领域取得了突出的成绩，曾被北京市政府授予“首都建筑设计突出贡献设计研究单位”荣誉称号。BIAD1979 年开始实行事业单位企业化管理， 1992 年开始享有对外经营权，成为改革开放后最早进入国际建筑市场的国内著名设计企业之一。1998 年通过 ISO9001 质量管理体系认证。BIAD 业务范围包括：建筑设计、环境工程设计、园林景观设计、建筑智能化系统工程设计、城乡规划、旅游规划、工程概预算编制、投资策划、工程监理、工程总承包、对外承包等领域。 回首 60 余载发展历程，BIAD 始终坚持科学发展、坚持市场导向、坚持改革创新、坚持品牌建设，在主业经营、创优创新、人才队伍、运营模式、全国化发展以及品牌建设方面不断开拓进取，取得了引人瞩目的成绩。

展望未来，BIAD 要紧密围绕国家和北京市“十二五”时期国民经济和社会发展规划，抓住北京建设世界城市和“人文北京、科技北京、绿色北京”的重要历史机遇，贯彻落实科学发展观，以品牌建设为核心，提升自主创新能力，促进建筑创作的繁荣，拓展新的业务领域，实现发展方式的转变。顺应企业化改革的要求，建立现代企业制度。高度关注人才发展，创造人才成长的良好环境。在保持已有成绩和和谐稳定发展的前提下，全面推进品牌建设。

未来五年，BIAD 要积极推进品牌建设各项基础工作，坚持以丰富业务板块和转变发展方式作为品牌建设的主攻方向，以繁荣创作和科技进步作为品牌建设的重要支撑，以管理创新和建立现代企业制度作为品牌建设的强大动力，以稳定队伍和凝聚人才作为品牌建设的出发点和落脚点，为建设勘察设计行业品牌企业而不懈奋斗。

国家大剧院

合作设计单位：法国巴黎机场工程公司
建筑规模：14.96 万 m^2

国家体育馆

合作设计单位：法国巴黎机场工程公司
建筑规模：8.09 万 m^2

五棵松体育馆

合作设计单位：法国巴黎机场工程公司
建筑规模：6.3 万 m^2

首都机场 T3 航站楼

合作设计单位：NFA 设计联合体
建筑规模：90 万 m^2

中国电影博物馆

合作设计单位：RTKL 国际有限公司
建筑规模：3.79 万 m^2

BIAD

北京市建筑设计研究院

中国科学技术馆新馆

合作设计单位：RTKL 国际有限公司
建筑规模：10.28 万 m^2

中国石油大厦

合作设计单位：英国泰瑞、法瑞设计公司
建筑规模：20 万 m^2

北京电视中心

合作设计单位：日本日建设计
建筑规模：19.8 万 m^2

深圳文化中心

合作设计单位：株式会社矶崎新设计室
建筑规模：5.5 万 m^2

深圳湾体育中心

合作设计单位：株式会社佐藤综合计画
建筑规模：33.53 万 m^2

北京市勘察设计研究院有限公司
BGI ENGINEERING CONSULTANTS LTD.

2007年金秋10月，在北京市委、市政府和市国资委的领导和指导下，以“维护人才、谋求发展”为目的，始建于1955年的北京市勘察设计研究院（北京市属事业单位）通过分立式体制改革，主业改为股权多元化的高新技术企业－北京市勘察设计研究院有限公司。

北勘公司为经北京市科学技术委员会、北京市财政局、北京市国家税务局和北京市地方税务局联合认定的国家高新技术企业，具有国家工程勘察综合甲级、工程咨询甲级、地质灾害危险性评估甲级、地质灾害治理工程勘查、设计和施工甲级等资质，主要从事环境地质灾害防治、工程勘察、工程测量、工程设计咨询、工程检测监测、地基基础与岩土工程设计、施工及环境、地能工程和相关科学研究工作。

北勘公司专业齐全，技术力量雄厚，拥有各类技术人员近300名，具有高级专业技术职称以上人员60余名（其中中国工程院院士1名、中国工程勘察设计大师4名、教授级高工12名），以及一批享受政府特贴专家、青年学科带头人为代表的专业人才队伍。

在过去的五十多年中，北勘公司为历次首都城市总体规划提供了专业技术支撑，在工程应用、岩土环境、抗震防震和地下水等方面持续进行了大量专题研究，积极参加了城市交通突发地质灾害的应急抢险工作，主编、参编了十多部国家、行业和北京市地方技术标准，承担了北京市浅层地下水动态监测网维护等工作，累计为北京及外埠的4万多项工业与民用建筑、市政基础设施、公路和轨道交通工程、环境地质灾害防治工程提供了优质技术服务，为首都北京的总体规划和工程建设、设计、施工和推动行业科技进步做出了积极贡献。北勘公司获得国家与省部级科技进步奖、全国优秀工程勘察设计金银铜奖和省部级优秀工程勘察设计奖总计近400项次，在技术研究、科技发展和工程质量水平方面获得了国内业界和国际同行的高度评价；荣获中央精神文明建设委员会颁发的全国创建文明行业先进单位、首都精神文明单位标兵和首都有突出贡献先进集体等一批荣誉称号。

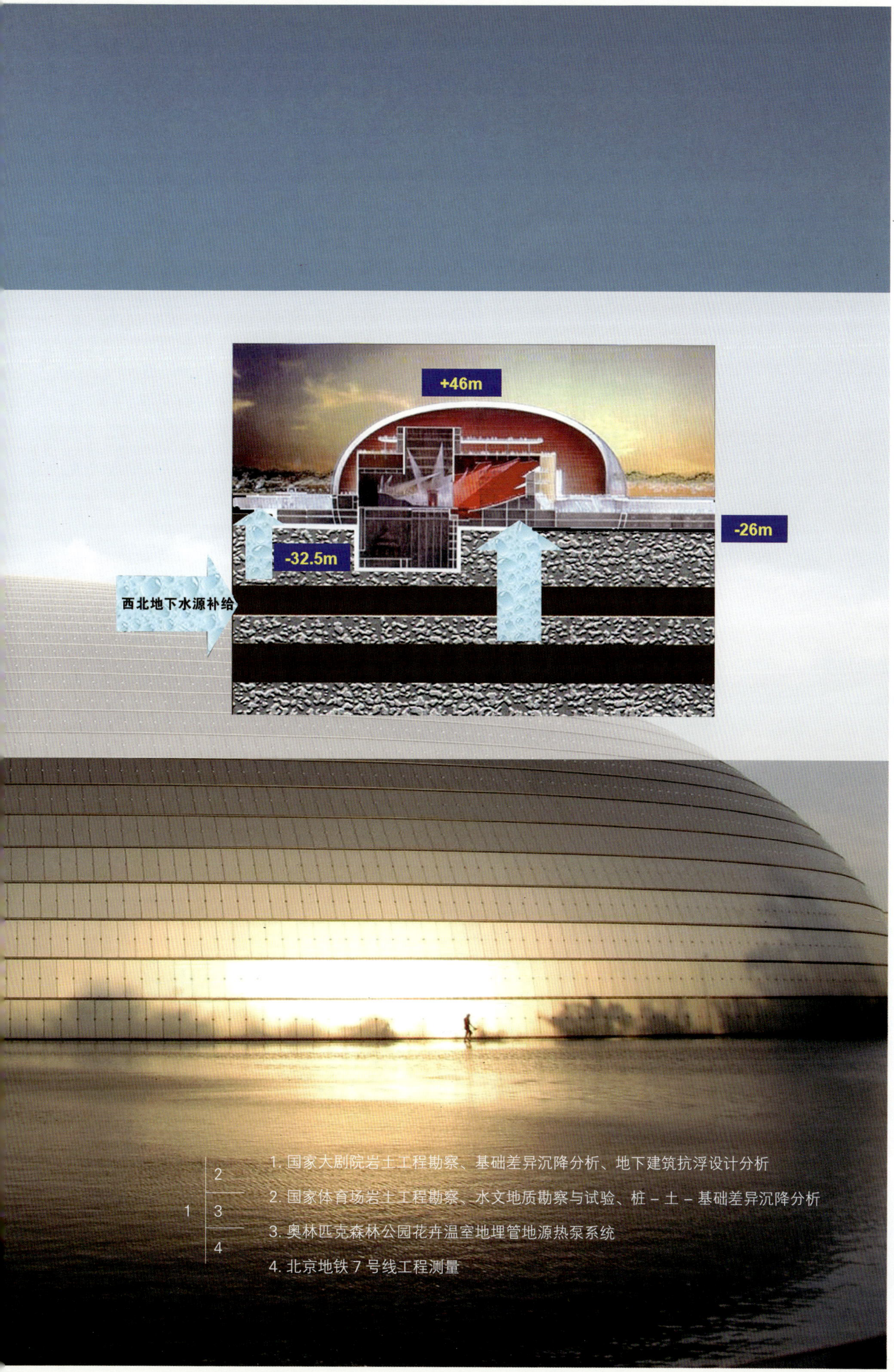

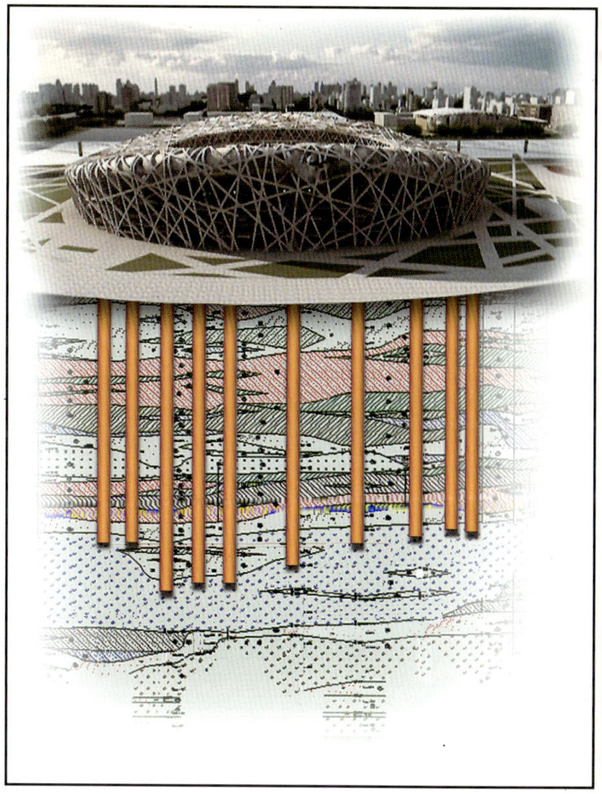

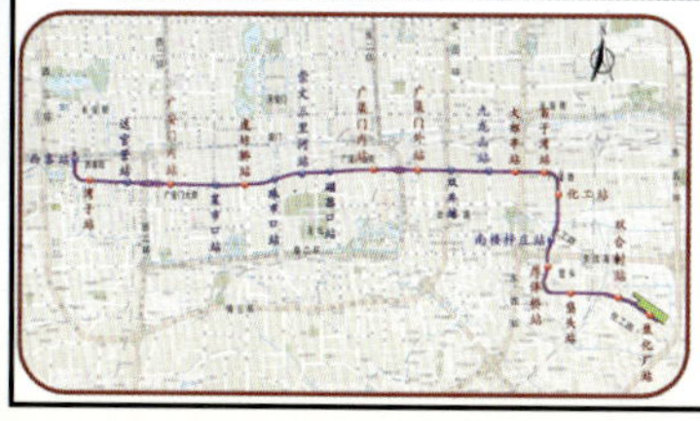

1. 国家大剧院岩土工程勘察、基础差异沉降分析、地下建筑抗浮设计分析

2. 国家体育场岩土工程勘察、水文地质勘察与试验、桩－土－基础差异沉降分析

3. 奥林匹克森林公园花卉温室地埋管地源热泵系统

4. 北京地铁7号线工程测量

1. 京津高速公路第二通道高填方路基综合监测
2. 双大路滑坡项目勘察、设计、治理、监测
3. 北京市典型场地污染的关键原位修复技术研究与示范
4. 海天公建施工降水、边坡支护的设计与施工

地层结构
污染物分布

PROVIDER OF INTEGRATED PROJECT SERVICES FOR CHINA URBAN DEVELOPMENT

CCDI 创立于 1994 年，是在城市建设和开发领域从事综合专业服务的大型设计咨询机构，拥有涉及广泛业务领域的产品事业部，实现专业化发展，在上海、北京、深圳、成都、纽约设置五大区域公司，实现跨地区经营。曾成功主持设计了国家游泳中心“水立方”等六个 2008 年北京奥运会比赛场馆，实现了大量自主创新和绿色理念的科技成果。

CCDI 谋求运用现代企业管理，创建中国设计企业提升创新能力的实操策略。公司汇聚了近两千名优秀的建筑师、工程师、规划师、咨询师、项目经理和管理顾问等人才，通过我们的综合能力推动城市的科学发展与社会的和谐进步。

应对中国高速城市化进程在经济、科技和文化上对专业服务的要求，CCDI 探寻服务于城市区域及组团长远建设的最优方案，我们在建筑楼宇、轨道交通、医疗卫生和环境能源等各领域内，提供咨询、建筑设计、建设管理和工程顾问等综合专业服务。帮助客户寻找解决所面临问题的系统方案。

我们珍爱身处的城市环境，为此 CCDI 将一如既往地担负起企业的社会责任，为建设行业的科学发展以及释放工程专业人才的创造力而不懈努力。

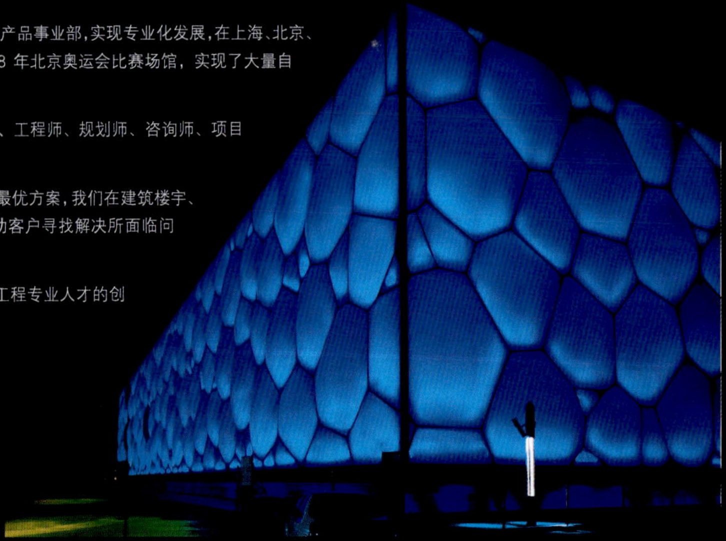

国家游泳中心（水立方）

设计单位：中建国际设计顾问有限公司
项目地点 ：北京市
建筑面积 ：87283m²

大梅沙 万科中心

设计单位：中建国际设计顾问有限公司
项目地点 ：深圳市盐田区大梅沙旅游度假区
建筑面积 ：137000m²
合作单位：Steven Holl Architects, Transslor, Arup

广渠路15 号(金茂府)

设计单位：中建国际设计顾问有限公司
项目地点 ：北京市朝阳区广渠路外
总建筑面积 ：359056m²

哈尔滨西站综合体

设计单位：中建国际设计顾问有限公司
项目地点 ：哈尔滨市哈西新区
总建筑面积 ：69965m²

深圳平安国际金融大厦

设计单位：中建国际设计顾问有限公司
项目地点 ：深圳市中心区一号地块
建筑面积 ：460665m²
高度 ：646m
合作单位 ： KPF

杭州奥体中心

设计单位：中建国际设计顾问有限公司
项目地点 ：杭州市滨江区滨江路
建筑面积 ：500000m²
合作单位 ： NBBJ

中国石油钻井工程技术研发中心

设计单位：中建国际设计顾问有限公司
项目地点 ：北京市昌平区新城沙河组团
建筑面积 ：211523m²

深圳平安国际金融大厦

设计单位：中建国际设计顾问有限公司
项目地点：天津
建筑面积 ：360000m²
合作单位：MAD

中国人寿研发中心

设计单位：中建国际设计顾问有限公司
项目地点 ：北京市
建筑面积 ：296990m²

前言

勘察设计行业是工程建设的灵魂，在建设过程中居于重要的先导地位，发挥着不可替代的作用。建国以来，我国勘察设计行业经历了巨大的变化。在前进的道路上，既充满辉煌灿烂，也有过曲折坎坷。经过多年的发展，我国勘察设计行业的业务范围已涵盖了工业、能源、交通、军工、民用建筑、农林、水利等各个工程建设领域。

改革开放以来，勘察设计行业走在全国科技单位体制改革的前列，率先开始转企改制的工作，获得了长足发展。企业服务功能从单纯的工程设计，发展到为工程建设项目的勘察设计、采购、施工、调试等提供全过程服务的工程总承包和项目管理，服务领域也从单纯的工程技术服务延伸到向 BOT、BOOT 等生产经营管理服务，在工程建设中发挥越来越重要的作用。

目前，我国工程勘察设计行业已拥有 14622 家企业，勘察设计从业人员达 142.3 万人；2010 年全行业实现营业收入 9547 亿元；人均产值达 67 万元 / 人。与此同时，勘察设计企业活力和实力不断增强，行业里涌现出一大批勘察设计大师和优秀管理人才，拥有了一大批能与国际上同行同台竞争的骨干企业。

在我国转变经济增长方式和两型社会的建设中，勘察设计单位大胆探索，率先示范。在我国走向国际市场、参与国际竞争的过程中，勘察设计越来越成为综合国力竞争的主要因素，日益成为国家软实力的重要组成部分。

2010 年是“十一五”的收官之年，也是中国勘察设计协会第五届理事会开展工作的第一年。协会将加强行业调研、扩大行业宣传、凝聚行业力量作为工作的重点。为了准确反映勘察设计行业的现状、荟萃年度的成果，为各级领导和相关单位管理与决策提供服务，同时也为了展示行业风采、凝聚行业力量，团结广大勘察设计工作者继续开拓奋进、创新发展，协会在开展调研、充分听取各方意见的基础上，决定启动《中国勘察设计年鉴（2010）》的编撰工作，将此项工作作为行业发展研究工作的一个重要组成部分。并希望以此为开端，逐年记录并积累行业基础史料，为系统研究行业发展轨迹提供依据和参考。

本年鉴包括了领导讲话、行业概况、行业综述、优秀展示、特载、大事记和附录等章节。刊载了依据行业统计年报摘录的全行业及各省市的年度主要统计数据，介绍了中国勘察设计协会以及相关同业协会的年度主要工作情况，同时收录了 2010 年的重要领导讲话、政策文件和主要奖项等，并对全国勘察设计大师的情况做了比较全面的介绍。为了促进行业科技进步和技术信息的交流，年鉴中还根据企业上报资料刊登了行业内各企业获得的专利 208 项，拥有的专有技术 170 项，2010 年颁布的各项标准 260 个，行业技术专著 22 部。

年鉴是一项牵涉面广，头绪繁多的庞杂的系统工程。本次年鉴能够顺利出版是因为得到业内人士的广泛支持，共有来自各同业协会的 48 位专家指导年鉴的编写工作，46 家单位参与了编委工作，有 206 家单位通过年鉴的网上资料征集系统上报的资料。作为承编单位《工程建设与设计》杂志承担了繁重的资料征集与编写工作，北京建设信源资讯有限公司为年鉴提供了重要的资料。尤其是住房与城乡建设部的有关司局及住房和城乡建设部执业资格注册中心等相关领导部门和管理机构对年鉴工作给予了大力的支持，在此一并表示衷心的感谢。

由于本次年鉴属首度编写，经验比较欠缺，组织不够系统，资料收集亦不全面，希望业内人士提出宝贵意见和建议。我们将在今后的编写过程中及时改正，以使年鉴日臻完善。中国勘察设计协会将以今年的年鉴编撰工作为开端，不断改进、继续坚持，忠实记录我国勘察设计行业发展的足迹，使年鉴成为一部反映行业年度进步的值得珍藏的史籍资料，同时希望广大勘察设计工作者继续支持年鉴工作，使之越办越好。

中国勘察设计协会理事长 王素卿

The exploration and design industry is the pioneer and the soul of engineering construction, playing an irreplaceable role in the process of construction. Since the founding of the New China, China's exploration and design industry has undergone dramatic changes. The process is full of glories as well as many setbacks. With years of development, the business of China's exploration and design industry has covered industry, energy, transportation, military project, civil construction, agriculture and forestry, water conservancy and other engineering construction sectors.

Since the reform and opening up, the exploration and design industry was among the first in the national science and technology unit system to carry out system transformation to enterprise and has gained considerable development. Its corporate service function develops from pure engineering design to EPC (Engineering, Procurement, Construction) and project management which provide services during the whole process of engineering construction projects, like exploration and design, procurement, construction and debugging. In addition, its services scope extends from simple engineering technology service to BOT, BOOT and other production and business management services. Exploration and design industry business has been playing an increasingly important role in engineering construction.

Currently, China's engineering exploration and design industry has 14,622 enterprises, and employees in this industry have reached 1,423,000. In 2010 the revenue of the industry has reached 954.7 billion yuan and per capita output value has increased up to 670,000 yuan per person. In the meantime, the vitality and strength of exploration and design enterprises continuously grow, and a good many masters and management talents spring up in the industry. Also, the industry has a number of leading enterprises that are competitive enough among other international enterprises.

During the transformation of China's economic growth model and the construction of resource-efficient society and environment-friendly society, the exploration and design units take a bold step to explore and take the lead to set an example for other units. In the process of China's entering to international market and international competition, exploration and design has become a major factor in the competition of comprehensive national strength, and an increasingly important part of national soft power as well.

The year 2010 is the last year of the "Eleventh Five-year Plan", and also the first year of the work of the Fifth Council of China Exploration & Design Association. To strengthen industry research, enlarge industry publicity and unite industry strength are working priorities of the Association. The Association aims to accurately reflect the status quo of the exploration and design industry, and gather the annual results of the industry, so that it can provide services for the management and decision-making of relevant units and leaders at all levels. Besides, the Association aims to exhibit the development of the industry, unite industry strength and rally workers in the industry to continue forging ahead, carrying out innovation and development. In order to achieve these goals, the Association decided to launch the compilation of the China Exploration & Design Yearbook (2010) on the basis of comprehensive research and fully listen to opinions from all parties. The Association takes this work as an important part of the industry development studies. The Association also hopes that this becomes the beginning of the accumulation of the annual industry-based historical records, which will provide reasons and references for the systematic study on the history of industry development.

The yearbook covers leaders' speeches, industry outline, industry overview, best examples, special excerpts, chronicle of events and appendix and other chapters. It includes key annual statistics about the whole industry and statistics of different provinces and cities based on the excerpts from the industry annual report, and it also gives an introduction to the annual work of China Exploration & Design Association and other related associations of the same industry. At the same time, important leaders' speeches, policy documents and major awards in 2010 are also collected in the yearbook. This yearbook also contains a relatively comprehensive introduction to the masters in the exploration and design industry nation-wide. In order to promote industry science and technology and the exchanges of technical information, the yearbook carries 208 patents of the enterprises in the industry, 170 pieces of proprietary technology, 260 standards issued in 2010, and 22 industry professional works according to materials from enterprises.

The compilation of the yearbook is a complex and systematic project that involves many parties. The publication of the yearbook is the result of the wide and strong support from many people in the industry. Altogether, 48 experts from each industry association guided the compilation of the work, 46 units took part in the editorial board, and 206 units provided information collected through the yearbook online data collection system. As the editor of the yearbook, the magazine *Construction & Design for Project* has carried out the heavy work of data collection and the compilation of the yearbook. China Construction Information Resources Co., Ltd provided important data for the work. Related departments and management agencies of the Ministry of Housing and Urban-Rural Development such as the Practice Qualification Registration Center of the Ministry, have offered great support to the work on the yearbook. The China Exploration & Design Association here would like to extend its sincere thanks to all the above mentioned agencies.

Since this is the first time to compile a yearbook of the industry, we may lack of enough experience, perfectly systematic organization and a complete data collection. We sincerely hope that everyone in the industry will generously give valuable opinions and suggestions, so that we can solve the problems and improve ourselves in later compilation so as to edit a better yearbook. China Exploration & Design Association will take this year's compilation of the yearbook as a beginning, keep on improving ourselves and insist on faithfully recording the development of China's exploration and design industry, so as to make the yearbook a worthy collection of historical materials which reflect the annual progress of the industry. We also sincerely hope that every member in the vast exploration and design industry will always support the work of the yearbook to make it better and better.

China Exploration & Design Association Director Wang Suqing

目录

领导讲话

001 在中国勘察设计协会第五届会员代表大会上的讲话

004 继往开来 改革创新 促进发展——在中国勘察设计协会第五届会员代表大会上的讲话

007 改革创新 共担使命 同创勘察设计行业发展新篇章——在 2010 年全国工程勘察设计行业发展研讨交流汇报会上的讲话

013 提高认识 共同努力 务实推进工程勘察设计行业信息化建设——在中国勘察设计协会信息化工作会议暨工程设计计算机应用工作委员会 2010 年年会上的讲话

016 在市政工程总承包经验交流会上的讲话

018 加速技术装备革命 促进勘察行业快速发展

020 继往开来，为开创协会工作新局面做出新的努力——中国勘察设计协会 2010 年下半年及近期工作的重点

023 在中国勘察设计协会信息化工作会议暨工程设计计算机应用工作委员会 2010 年年会上的讲话

025 中国勘察设计协会第四届理事会工作报告

029 关于修改《中国勘察设计协会章程》的报告

行业概览

031 中国勘察设计协会

032 中国勘察设计协会第五届理事会名单

051 中国勘察设计协会章程

054 中国勘察设计协会建筑设计分会

058 中国勘察设计协会园林和景观设计分会

062 中国勘察设计协会市政工程设计分会

066 中国勘察设计协会工程设计计算机应用工作委员会

068 中国勘察设计协会工程勘察与岩土分会

072 中国勘察设计协会建设项目管理和工程总承包分会

074 中国勘察设计协会工程智能设计分会

076 中国勘察设计协会高等院校勘察设计分会

082 中国勘察设计协会建筑环境与设备分会

084 住房和城乡建设部相关机构职能介绍

086 中国勘察设计行业 2010 年统计数据与排名

行业综述

100 中国煤炭建设协会勘察设计委员会

104 中国石油和化工勘察设计协会

108 中国石化集团公司勘察设计协会

110 中国医药工程设计协会

112 中国石油工程建设协会石油勘察设计专业委员会

114 中国电力规划设计协会

116 中国冶金建设协会

118 中国有色金属建设协会

122 中国机械工业勘察设计协会

128 中国商业设计协会（简称）

130 中国核工业勘察设计协会

132 中国通信企业协会通信设计施工专业委员会

134 中国轻工业勘察设计协会

140 中国纺织勘察设计协会

144 中国建材工程建设协会

158 中国航空工业建设协会

162 中国水利水电勘测设计协会

166 北京市行业综述

170 天津市行业综述

174 河北省行业综述

178 山西省行业综述

182 内蒙古自治区行业综述

186 辽宁省行业综述

190 吉林省行业综述

204 黑龙江省行业综述

目录

214 上海市行业综述
216 江苏省行业综述
222 浙江省行业综述
226 安徽省行业综述
230 福建省行业综述
234 江西省行业综述
240 山东省行业综述
244 河南省行业综述
250 湖北省行业综述
254 湖南省行业综述
256 广东省行业综述
268 广西壮族自治区行业综述
272 海南省行业综述
276 重庆市行业综述
280 四川省行业综述
292 贵州省行业综述
296 云南省行业综述
302 西藏自治区行业综述
304 陕西省行业综述
310 甘肃省行业综述
312 青海省行业综述
318 宁夏回族自治区行业综述
322 新疆维吾尔自治区行业综述
326 部分勘察设计企业名录

优秀展示

356 全国工程勘察设计大师名单
358 全国工程勘察设计大师简介（部分）

398 中国勘察设计行业 2009 年国家优质工程奖
408 2009 年度全国优秀工程勘察设计行业奖获奖项目汇总
436 第五届优秀工程项目管理和优秀工程总承包项目获奖名单
438 2010 年度全国优秀工程咨询成果获奖项目名单
458 全国工程勘察与岩土行业第二批“诚信单位”名单
460 全国勘察设计行业优秀民营设计企业名单
461 全国勘察设计行业优秀民营企业家名单
463 2010 年度国家工程建设（勘察设计）优秀 QC 小组
465 “创新杯”——建筑信息模型（BIM）设计大赛获奖名单
467 工程勘察设计行业实施信息化建设先进单位获奖名单
468 中国勘察设计行业 2010 年度企业集体荣誉汇总
472 中国勘察设计行业部分企业优秀人物汇总
480 中国勘察设计行业部分企业知名人士汇总

特　　载

482 中国工程勘察设计行业年度发展研究报告（2009 年—2010 年）（摘登）
502 中国工程勘察设计行业专题调研报告
523 中国勘察设计行业 2010 年政策文件（摘登）

大事记

547 2010 年中国勘察设计行业大事记

附　　录

553 2010 年度工程建设行业实施与发布标准目录汇编（部分）
561 中国勘察设计行业 2010 年度企业专利技术汇总
568 中国勘察设计行业 2010 年度企业专有技术汇总
574 中国勘察设计行业 2010 年度企业专业著作汇总

CONTENTS

Leaders' Speeches

001 Speech on the Fifth Members' Congress of China Exploration & Design Association

004 To promote development by reform and innovation — Speech on the Fifth Members' Congress of China Exploration & Design Association

007 Reform and innovation: to fulfill the shared mission and create a new chapter — Speech on the Seminar of National Exploration & Design Industry

013 To promote the informatization of Exploration & Design Industry with keen awareness and concerted efforts — Speech on the Informatization Meeting of China Exploration & Design Industry and the 2010 Annual Conference of Engineering Design Computer Applications Working Committee

016 Speech on the Experience–exchange Meeting of Municipal EPC

018 Accelerate the revolution in technology and equipment,so as to promote the rapid development of the exploration industry

020 Make new effort to open a new era for the work of the Association— Focuses of the second half of 2010 and the near future of China Exploration & Design Association

023 Speech on the Informatization Meeting of China Exploration & Design Association and the 2010 Annual Conference of Computer Applications Working Committee

025 Work Report of the Fourth Council of China Exploration & Design Association

029 Report on Revising *Articles of China Exploration & Design Association*

Industry Outline

031 China Exploration & Design Association (CEDA)

032 The Fifth Council List, CEDA

051 Articles of China Exploration & Design Association

054 Architectural Design Branch, CEDA

058 Garden and Landscape Design Branch, CEDA

062 Municipal Engineering Design Branch, CEDA

066 Engineering Design Computer Applications Working Committee, CEDA

068 Engineering Investigation and Rock and Soil Branch, CEDA

072 Construction Project Management and Engineering, Procurement and Construction Branch, CEDA

074 Engineering Smart Design Branch, CEDA

076 Institutions of Higher Learning Exploration & Design Branch, CEDA

082 Building Environment and Facilities Branch, CEDA

084 Introduction to Institutions of Ministry of Housing and Urban–Rural Development

086 Statistics and Ranking of China Exploration & Design Industry 2011

Industry Overview

100 Exploration & Design Committee, China Coal Construction Association

104 China Petroleum & Chemical Engineering Survey and Design Association

108 Exploration & Design Association, China Petrochemical Corporation (Sinopec Group)

110 China Pharmaceutical Association of Engineering Design

112 Petroleum Exploration and Designing Committee, China Petroleum Engineering Construction Association

114 China Electric Power Planning & Engineering Association

116 China Metallurgical Construction Association

118 China Nonferrous Metals Construction Association

122 China Machinery Industry Exploration & Design Association

128 China Commerce Design Association

130 China Nuclear Industry Exploration & Design Association

132 Communication Designing and Construction Committee, China Association of Communication Enterprises

134 China Investigation and Design Association of Light Industry

140 China Textile Exploration & Design Association

144 China Building Materials and Engineering Building Society

158 China Aviation Industry Construction Association

162 China Water Conservancy and Hydropower Investigation and Design Association

166 Beijing industry overview

170 Tianjin industry overview

174 Hebei Province industry overview

178 Shanxi Province industry overview

182 Inner Mongolia Autonomous Region industry overview

186 Liaoning Province industry overview

190 Jilin Province industry overview

204 Heilongjiang Province industry overview

214 Shanghai industry overview

216 Jiangsu Province industry overview

222 Zhejiang Province industry overview

226 Anhui Province industry overview

230 Fujian Province industry overview

234 Jiangxi Province industry overview

240 Shandong Province industry overview

CONTENTS

244 Henan Province industry overview
250 Hubei Province industry overview
254 Hunan Province industry overview
256 Guangdong Province industry overview
268 Guangxi Zhuang Autonomous Region industry overview
272 Hainan Province industry overview
276 Chongqing industry overview
280 Sichuan Province industry overview
292 Guizhou Province industry overview
296 Yunnan Province industry overview
302 Tibet Autonomous Region industry overview
304 Shaanxi Province industry overview
310 Gansu Province industry overview
312 Qinghai Province industry overview
318 Ningxia Hui Autonomous Region industry overview
322 Xinjiang Uygur Autonomous Region industry overview
326 Directory of Some Exploration & Design Enterprises

Best Examples

356 List of China Engineering Exploration & Design Masters
358 Introduction to Some China Exploration & Design Masters (part)
398 China Exploration & Design Industry National Quality Project Award 2009
408 Summary of the Winning National Outstanding Projects in Engineering Exploration & Design Industry Award 2009
436 List of Winners of the Fifth Outstanding Engineering Project Management and Outstanding EPC Projects Award
438 List of Winners of National Outstanding Engineering Consulting Projects Achievement Award 2010
458 List of the Second "Units of Credibility" in National Engineering Investigation and Rock and Soil Industry
460 List of Outstanding Private Design Enterprises in National Exploration & Design Industry
461 List of Outstanding Private Entrepreneurs in National Exploration & Design Industry
463 Outstanding Quality Control Groups in National Engineering Construction (Exploration & Design) 2010
465 List of Winners of the Innovation Cup – Building Information Modeling Design Competition
467 List of Advanced Units of Informatization Construction in Engineering Exploration & Design Industry
468 Summary of Enterprise Collective Honors in China Exploration & Design Industry 2010

472 Summary of Some Outstanding People in China Exploration & Design Enterprises
480 Summary of Some Celebrities in China Exploration & Design Enterprises

Special Excerpts

482 Annual Development Research Report on China Engineering Exploration & Design Industry 2009–2011 (Excerpted)
502 Special Research Report on China Engineering Exploration & Design Industry
523 Policy Documents of China Exploration & Design Industry 2010 (Excerpted)

Chronicle of Events

547 Chronicle of Events in China Exploration & Design Industry 2010

Appendix

553 Compilation of Implement and Publishment Standard Contents in Engineering Construction Industry 2010 (Part)
561 Summary of Enterprise Patented Technology in China Exploration & Design Industry 2010
568 Summary of Enterprise Proprietary Technology in China Exploration & Design Industry 2010
574 Summary of Enterprise Professional Literature in China Exploration & Design Industry 2010

编委索引

扉1 中国石油天然气管道工程有限公司
扉18 中国武汉工程设计产业联盟
扉22 中国中元国际工程公司
扉26 中国石化工程建设公司
扉30 北京市建筑设计研究院
扉34 北京市勘察设计研究院有限公司
扉38 CCDI（中建国际设计顾问有限公司）
056 上海现代建筑设计（集团）有限公司
060 上海市园林设计院有限公司
064 中国市政工程中南设计研究总院
070 中冶地勘岩土工程有限责任公司
078 沈阳建筑大学建筑设计研究院
080 天津大学建筑设计规划研究总院
102 中国煤炭科工集团武汉设计研究院
106 中国天辰工程有限公司
120 中国恩菲工程技术有限公司
124 中国联合工程公司
126 中国重汽集团设计研究院有限公司
136 中国中轻国际工程有限公司
138 中鼎纪元（北京）国际工程设计有限公司
142 中国昆仑工程公司
146 中国建材国际工程集团有限公司
148 中铁第一勘察设计院集团有限公司
150 中铁二院工程集团有限责任公司
152 中铁第四勘察设计院集团有限公司
154 中铁工程设计院有限公司
156 新疆铁道勘察设计院有限公司
160 中国航空规划建设发展有限公司
164 陕西省水利电力勘测设计研究院
194 吉林省建筑设计院有限责任公司
196 中国电力工程顾问集团东北电力设计院
198 中石油东北炼化工程有限公司吉林设计院
200 中国市政工程东北设计研究总院
202 长春市城乡规划设计研究院
208 黑龙江省建筑设计研究院
210 哈尔滨工业大学建筑设计研究院
212 哈尔滨方舟建筑设计有限公司
220 江苏省邮电规划设计院有限责任公司
238 江西省建筑设计研究总院
258 深圳市建筑设计研究总院有限公司
260 香港华艺设计顾问（深圳）有限公司
284 信息产业电子第十一设计研究院科技工程股份有限公司
290 四川海辰工程设计研究有限公司
300 云南省设计院
308 中国建筑西北设计研究院有限公司
316 青海九〇六工程勘察设计院

承编单位

575 《工程建设与设计》杂志

广告索引

577 北京清尚环艺建筑设计院有限公司
578 广州中望龙腾软件股份有限公司

在中国勘察设计协会第五届会员代表大会上的讲话

住房和城乡建设部副部长　郭允冲

今天，中国勘察设计协会第五届会员代表大会和2009年度全国优秀工程勘察设计奖颁奖大会同时在这里隆重举行，刚才对获得全国优秀工程勘察设计奖金奖的单位进行了颁奖，中国勘察设计协会也选举产生了新一届理事会，会议开得很成功。在此，我谨代表住房和城乡建设部向新一届理事会的成立表示祝贺！向获奖单位和个人以及全国工程勘察设计工作者致以亲切的慰问和良好的祝愿！下面，我谈几点意见。

一、正确认识工程勘察设计行业面临的形势和任务

改革开放以来，我国经济社会发展取得了辉煌成就，同样，我国工程勘察设计咨询业也得到了迅速发展。

一是工程勘察设计相关法律法规逐步完善。我们通过《中华人民共和国建筑法》《建设工程质量管理条例》《建设工程勘察设计管理条例》等法律法规和一系列规范性文件，建立了市场准入、市场监管、技术进步、质量安全监管等工程勘察设计基本制度，走出了一条既借鉴国际惯例，同时又适合中国国情、符合工程建设内在规律的发展道路。

二是工程勘察设计技术快速发展。近年来，我国工程勘察设计企业结合实际自主开发了一大批具有自主知识产权的专利、专有技术，同时，在消化吸收引进技术的基础上加强科研攻关再创新，工程勘察设计能力不断提高，在超高层大跨度房屋建筑、大跨径桥梁、大型水电枢纽、高速铁路、大型火电工程等设计领域都达到或接近国际先进水平。以三峡工程、西气东输、青藏铁路、奥运工程等为代表的一大批特大型建设工程高质量、高水平、高速度地建成，标志着我国工程建设技术水平发展到了一个新的高度，工程质量正在向更高的水平迈进。

三是工程勘察设计队伍不断发展壮大。经过多年的发展，我国勘察设计行业的业务范围涵盖了工业、能源、交通、军工、民用建筑、农林、水利等各个工程建设领域，企业服务功能从单纯的工程设计，发展到为工程建设项目的勘察设计、采购、施工、调试等提供全过程服务的工程总承包和项目管理，服务领域也从单纯的工程技术服务领域延伸到BOT、BOOT等生产经营管理模式的服务领域。据初步统计，目前我国工程勘察设计行业已拥有14 200多家企业，127万勘察设计从业人员，2009年全行业实现营业收入6 853亿元，施工图完成投资额58 833亿元，施工图完成建筑面积$38.2\times10^8m^2$。与此同时，勘察设计企业活力和实力不断增强，行业里拥有了一大批能与国际上同行同台竞争的骨干企业。

在工程勘察设计咨询业取得成绩的同时，我们也应清醒地认识到还存在一些问题和不足。一是我国工程勘察设计质量技术总体水平与经济社会发展的要求和人民群众改善居住条件的需求相比还存在着一定差距，与国际先进水平相比也存在差距。二是有的建设单位违规建设、随意压缩工期和费用、质量意识淡漠；勘察设计企业恶性压价竞争、技术质量保证能力参差不齐、质量行为不规范等问题仍然存在。三是勘察设计现代企业制度建设步伐缓慢、基础科研和关键技术开发力量弱化、高端人才流失以及一些企业在质量管理能力和技术储备上投入不足，满足于低水平徘徊等问题日益成为行业进一步发展的阻碍。四是有的企业对职业道德教育重视不够，一些从业人员作风浮躁，缺乏事业心和上进心，缺乏精益求精的工作热情，法律意识淡漠、责任意识欠缺，这种现象对于勘察设计这样创造性的脑力劳动尤为有害。对此，我们必须高度关注、认真研究，通过进一步完善制度、体制和机制，通过严格监管和积极引导加以改进。

当前，工程勘察设计行业面临着更为紧迫的任务。今年是继续应对国际金融危机、保持经济平稳较快发展、加快转变经济发展方式的关键一年，是全面实现“十一五”规划目标、为“十二五”发展打好基础的重要一年，民生工程、基础设施、生态环境建设和灾后重建任务仍然繁重而艰巨，建设投资大、项目规模大、工程进度紧、任务集中，对勘察设计行业的要求很高。同时，提高自主创新能力，加快转变经济发展方式，调整优化经济结构等战略任务也给勘察设计行业的发展提出了更高的要求。我们一定要按照国家战略大局，立足勘察设计行业实际，深入贯彻落实科学发展观，切实通过行业自身的进步为经济社会发展做出更大的贡献。一是要狠抓行业技术进步。

要大力推进自主知识产权和专有技术研发，努力提升行业信息化技术水平，继续加强勘察设计人才队伍建设，进一步增强勘察设计企业创新能力和核心竞争力。二是要推进行业改革发展。要大力推进工程总承包和项目管理，提供工程全过程的服务，要积极稳妥地推进深化国有大型勘察设计单位公司制、股份制改革，加快建立现代企业制度，探索适应中小型勘察设计单位的股权激励制度，促进行业协调发展。三是要狠抓质量监管。要进一步完善法律法规，完善监管机制，要进一步加强施工图设计文件审查和质量监督检查工作，落实勘察设计企业和注册执业人员质量责任，严格市场准入和清出，不断提高执法能力和执法水平，确保监管效能，确保勘察设计质量。这里我要特别强调一下工程质量安全问题。大家知道，前一段时间，全国工程建设领域的工程质量和施工安全事故时有发生，中央领导同志专门做过批示。同时，有些事故也引起了网民的关注，造成不好的社会影响。这说明，当前在工程建设中质量和安全工作还做得不是很好，还存在一些问题。勘察设计是施工项目质量安全的第一道关口，勘察设计是不是符合深度要求，是不是符合标准规范，是不是高标准严要求，对保证工程质量安全非常重要。在座的都是勘察设计行业的专家、学者，都是内行，希望大家一定要重视起来，一定要严格按照国家的标准规范，一定要严格按照勘察设计的深度要求，保证勘察设计质量，为整个工程的质量安全打下坚实基础。四是要推进企业文化建设。要倡导社会主义核心价值体系，培育优秀的、先进的企业文化，使遵守法纪、遵守标准规范、敬业守信、团结创新、社会责任等精神融入员工的思想、言行，提升企业综合素质，形成持续发展进步的“软实力”。

二、充分发挥协会在勘察设计行业发展中的重要作用

工程勘察设计行业的发展任重而道远，要营造一个有利于推动勘察设计技术创新、有利于保证勘察设计质量、有利于充分发挥市场配置资源作用、有利于促进勘察设计企业良性发展的政策环境和市场环境，确保工程勘察设计质量技术水平不断提升和行业发展，还有很多工作要做，政府、协会、企业以及各类相关机构都需要下大力气认真研究、踏实工作，协会的角色非常重要。行业协会是社会主义市场经济体制的一个重要组成部分，随着我国经济体制改革的深化，政府职能的转变，市场经济的发展和逐步完善，行业协会在市场经济中的影响和作用将日益明显。

中国勘察设计协会多年来认真贯彻执行党和国家的各项方针政策，坚持为会员和行业服务，配合政府部门不断加强和改进行业管理，在推进勘察设计行业改革开放，推动企业拓展服务领域和提升自主创新能力等方面做了大量扎实有效的工作，充分发挥了“提供服务、反映诉求、规范行为”的作用，取得了显著的成绩。吴奕良同志在任理事长期间，带领大家积极创新、积极导向，为完善协会组织、开拓协会工作、推进协会改革、促进协会和行业发展做出了突出贡献。我代表部里对吴奕良同志和上一届理事会所做的工作表示衷心的感谢！王素卿同志对勘察设计业务很熟悉，长期在部机关从事这方面的工作，工作热情也很高，这次当选新一届理事长，既是部党组的信任也反映了行业的认可，在这里我代表部党组向王素卿同志表示衷心的祝贺，也希望她能够再接再厉，再立新功。

广大会员单位、行业上下对协会寄予了很高的期望和要求，希望中国勘察设计协会在新一届理事会领导班子的带领下，在广大会员单位的大力支持下，继续发扬开拓创新、不断进取的精神，进一步解放思想，创新工作方法，努力把中国勘察设计协会打造成为会员拥护、政府信任、社会公认的行业组织，为勘察设计行业的改革和发展做出更大的贡献。在此，我对协会工作提几点希望和建议。

一是要紧紧围绕国内外经济形势、行业重点关注的问题开展协会工作。工程勘察设计在提高投资效益、调整经济结构、转变经济发展方式、节能减排、保护生态环境和确保工程质量安全等方面，肩负着重要的责任。协会要多做调查研究，积极推动会员单位贯彻落实好党和国家的各项政策，在工程建设项目、技术更新改造、建筑节能减排和执行标准规范的源头上把好关，为实现国民经济持续健康发展做出努力。

二是要切实履行服务宗旨。服务是协会的根本，也是协会生存和发展的力量所在。要积极开展行业的信息、经验交流和研讨，促进企业深化改革、技术创新、管理创新和转变生产经营方式，要不断更新观念，改进服务方式和服务方法，积极创新服务内容，构建服务平台，扩展服务领域，在服务中积累经验，提升协会服务功能和服务水平。

三是要在参与研究制定行业改革与发展政策方面发挥作用。行业协会起着联系行业、联系企业、联系政府的作用，有责任将国家的方针政策贯彻到企业，也有责任把企业在改革发展中的新情况和存在的问题、困难向政府反映。要深入开展行业调查研究，反映行业和会员诉求，并积极参与有关行业发展的政策法规制定工作，为政府部门科学决策提供依据。

四是要引导企业、行业加强自律。行政执法与行业自律相结合，是完善市场监管体制的重要内容。行业协会是自律性组织，要按照国家倡导“诚信建设”的要求，积极宣传“拓展市场，促进消费，诚信经商，和谐发展”理念，大力开展诚信教育，强化行业信用制度建设，帮助会员建立信用风险防范机制，推进行业诚信建设，规范会员经营行为，树立会员良好形象，积极营造公平竞争的市场环境。

五是要不断加强协会自身建设。中国勘察设计协会已经有了很大的发展，但在前进的道路上仍需不断地提高服务功能和服务水平。新一届理事会要按照国办发36号文件有关行业协会坚持培育发展和管理监督并重的精神，进一步

加强自身建设。要锐意改革，大胆创新，按市场化方向，建立“市场化、国际化、科学化”的协会运行机制，拓展服务功能，提高服务质量；要积极拓展服务空间，根据会员需求，构建服务平台，切实为会员办实事；要坚持高标准，严要求，各项工作要经过论证分析，做到民主决策、科学决策；要充分发挥协会分支机构的作用，团结行业协会和地方协会的力量，充分利用一切社会资源，增强协会的整体活力。

三、继续做好工程勘察设计创优工作

全国优秀工程勘察设计奖的评选包括各类建设工程中最优秀的勘察设计成果，是全国勘察设计行业最高荣誉奖。这个奖项自1980年设立以来，遵循实事求是、科学严谨的工作态度，坚持公开、公平、公正的原则，严格评选，优中选优，在行业及社会上得到了广泛的认可，也得到了国务院有关部门、各地建设主管部门、有关行业协会和勘察设计企业的大力支持。截至目前，共开展了13届评选，有3 303项优秀项目获奖。评选活动的开展推动了工程勘察设计行业技术创新，提高了工程勘察设计水平，引导、鼓励工程勘察设计单位和工程勘察设计人员积极运用新材料、新技术，创作出大量质量优、水平高、效益好的工程项目。

2006年至2008年，监察部会同有关部门，组织开展了各级行政机关、事业单位、社会团体评比达标表彰活动的清理工作。全国优秀工程勘察设计奖项最终予以保留，我想这和这个奖项对勘察设计行业技术进步的作用，和这个奖项评选的规范操作是分不开的。我们一定要严格按照有关规定，继续抓好评选工作。

第一，要坚持严格评选。历届全国优秀工程勘察设计奖获奖项目是我国勘察设计多年来技术创新的一个缩影，是我国勘察设计技术水平和建设成就的一个集中展现，深入人心、备受关注。一直以来，广大勘察设计人员和企业把参评获奖作为动力，积极投入科技创新、强化质量管理，评奖活动已成为推动技术进步、促进行业发展的重要激励手段。希望进一步完善评审办法，严格程序、规范评审，确保评选结果真正代表我国工程勘察设计技术和质量的最高水平，经得起行业人士和社会公众的检验，经得起历史的检验。

实事求是地讲，以前的达标评比表彰活动确实存在过多过滥的问题，通过这几年的清理整顿，应该说取得了很好的效果。全国优秀勘察设计奖这个奖项是好的、规范的，但不能否认的是，其他一些奖项可能还存在一些问题。因此我认为在评比活动中一定要坚持“质量要高、程序要规范、数量要少”三个原则。一是质量要高，就是说不能马虎，不能低标准低要求，要高标准严要求，不能凑合，更不能滥竽充数，一定要经得起历史的检验，经得起社会公众的检验。大家都知道，前段时间某市有个获奖项目出现质量问题，虽然这个奖项不是住房和城乡建设部评的，也不是省住房和城乡建设厅评的，是有关协会学会评的，但经过网上炒作后，还是对我们住房城乡建设系统造成了不好的影响。二是程序上必须规范，要做到公平、公正、公开。三是数量要少，数量少了才是精品，数量多了就滥了，就容易出现“你好我好大家好”的问题。千万不能出现我们的评奖项目将来发生质量安全问题。

第二，要认真总结推广。历届获奖项目的勘察设计单位多为行业的骨干单位，技术水平高、管理能力强，随着这些优秀工程的诞生也涌现了一批行业领军人物和科技创新人才。他们的优秀作品，他们的成功经验，是一笔宝贵的财富，希望认真加以总结、宣传和推广，继而带动和引领整个勘察设计行业的技术进步，这也是这个奖项评选活动应有的责任。勘察设计协会可以在这方面协助部里多做些工作。

最后，我还想强调的是，企业是自主创新的主体，最终实现勘察设计质量保证和技术进步的是企业，因此，推动行业的进一步发展一定要充分发挥企业的主体作用，特别是要注重发挥骨干勘察设计企业的引领和示范作用。骨干勘察设计企业有能力在推进勘察设计自主知识产权和专有技术研发、推进勘察设计现代企业制度建设、推动勘察设计在更广的领域发展、推行先进的企业文化、抓好人才队伍建设等方面领先一步，要给骨干企业更多的发展空间并积极扶持其发展。同时，引领和带动整个行业的进步也是骨干勘察设计企业应尽的责任和义务。全国优秀工程勘察设计奖的获奖单位大都是行业的骨干勘察设计企业，希望你们珍惜荣誉、严格要求、更进一步，要有战略考虑，要真正在企业改革、技术进步、市场行为、质量保证、企业文化等各方面做行业的表率，这不仅是企业增强自身竞争力、保证可持续发展的需要，也是整个勘察设计行业健康发展的需要。

同志们，勘察设计是工程建设的灵魂，不仅直接影响建设工程的投资效益和质量安全，其技术水平和指导思想对城市建设和整个社会经济建设的发展也会产生重大影响。正如温家宝总理在去年的政府工作报告中讲到的：“所有工程建设都要坚持百年大计、质量第一，给子孙后代留下宝贵财富”，大力提升工程勘察设计技术水平、确保工程质量，是我们不可推卸的历史使命和责任，必须始终牢记这一点。让我们振奋精神、开拓进取，以更加饱满的热情努力工作，共同推动勘察设计事业进一步又快又好发展，取得更大的成绩！

最后，我代表住房和城乡建设部对在座各位多年来为勘察设计事业作出的不懈努力表示衷心的感谢！祝大家身体健康，工作顺利，谢谢大家！

（2010年7月6日）

继往开来 改革创新 促进发展

——在中国勘察设计协会第五届会员代表大会上的讲话

中国勘察设计协会理事长　王素卿

第五届理事会选举我担任中国勘察设计协会理事长，这是大家对住房和城乡建设部党组推荐理事长人选的认可和支持，也是大家对我的信任、行业的重托。对此，我表示衷心的感谢！同时也有决心、有信心挑起这副担子，不辜负对我的信任和重托。今后，我要与本届副理事长、常务理事和各理事单位以及协会秘书处的全体同志一起，尽职尽责，求真务实，努力把协会的工作做好，共同为工程勘察设计行业的科学发展做出贡献。

中国勘察设计协会自1985年成立以来，协会工作已历经了四届理事会，每一届的理事会都根据当时的形势与任务积极努力地发挥协会作用，为行业的进步与发展做出了贡献。特别是近15年来，第三届和第四届理事会在吴奕良理事长的领导下，成绩斐然，为行业的改革和发展做出了许多卓有成效的工作，行业的面貌发生了很大的变化，积累了协会工作宝贵的成功经验。在这里，我代表第五届理事会向他们表示由衷的谢意！

中国勘察设计协会取得的成绩离不开政府部门的指导和关怀。在此，我也代表第五届理事会向政府有关部门的领导和同志们表示诚挚的感谢和敬意！我们希望今后能够更多地得到支持和帮助。

协会现有68家同业协会成员，二十多年来大家共同努力，建立起一条紧密协同为行业改革发展提供工作支持和服务的链条，正是这条链条的联动，发挥了中国勘察设计协会的重要作用，为此，我向各同业协会的同仁们表示衷心感谢！与此同时，我还要特别感谢一大批协会工作者，他们为协会履行工作职能，完成协会承担的任务，默默地做出了自己无私的奉献。虽说我从事行政管理工作多年，但从事协会工作还是一名新兵，我要好好向大家学习，继往开来，为服务行业做出自己的努力。

为了做好协会换届筹备工作，我反复学习了国办发[2007]36号文件，了解了协会《章程》及修改的情况，参加了第四届协会理事长扩大会议，研读了第四届理事会的工作报告，调研收集了各方意见和建议，我认为：协会是市场经济体制的有机组成部分，协会的职能将随着社会主义市场经济体制完善的进程而逐步拓展与健全。协会作为连接勘察设计企业与市场、企业与政府的社会中介服务组织，承担着行业自律管理的功能，代表会员利益和维护合法权益的功能，协调业内企业关系和促进市场规范、有序竞争的功能，承担政府委托的任务，参与和组织及协调相关工作。协会是行业、企业的代表，是政府的参谋、助手，协会要充分发挥这些功能，履行好职能，开展好具有实效的活动。结合协会面临的形势、任务和工程勘察设计行业的实际，在此，我把第五届理事会如何做好工作的一些想法向大家作一个简要的沟通与交流，借此机会，进一步听取大家的意见和建议。

第五届理事会的工作方向是：深入贯彻落实科学发展观和国家的有关方针政策，积极推进工程勘察设计行业的深化改革、结构调整和企业自主创新；充分发挥协会“提供服务、反映诉求、规范行为”的职能与作用，努力当好政府的参谋助手，做好行业的代表，把行业协会办成行业和企业之家，为行业和企业发展提供有效的支持与服务；全面提升协会整体素质，提高服务能力水平，加强行业自律和协会自身建设，承前启后，砥砺奋进，为我国加快经济发展方式转变做出切实的努力，促进行业又好又快地发展，开创协会工作的新局面。概括起来，就是在工作上要努力做到“三个做好、一个加强”。“三个做好”：一是做好政府参谋助手工作；二是做好行业代表工作；三是做好为企业的服务工作。“一个加强”：即加强行业自律和协会自身建设。

一、做好政府的参谋、助手，切实贯彻党和国家方针政策，围绕“中心”工作，服务大局，把协会办成政府信赖、行业信任的协会

做好政府的参谋、助手，是协会在政府和企业间发挥桥梁纽带作用的一个重要体现。政府主管部门担负着宏观调控、经济调节、市场监管、公共服务的职能，服务于国家的经济建设和社会发展。行业协会为行业的科学发展提供服务，向政府反映行业及企业的愿望要求，加强行业自律，推动规范市场秩序，服务于国家大政方针和现代化建设，将政府宏观调控的政策、经济调节的举措在行业予以贯彻、加以落实。因此，协会协助政府服务于共同的工作目标和服务对象，有着形成合力的坚实基础。我们也要看到在改革发展的现阶段，

政府行政职能的转移和行业协会职能的到位，尚要经过深化改革及逐步发展的过程。因此，行业协会要把握形势，与时俱进，找准定位，吃透上情，服务大局，积极与及时地配合政府推动的工作和关注、关心的问题，进行调研，献策建言，组织宣传、培训、交流等活动，积极参与政府部门对行业标准、规范、发展规划、市场准入条件等法规、文件的修订、制定工作，以表达行业及企业的意见、建议，反映行业的愿望，企业的呼声和面临的困难，为政府部门科学决策提供依据。协会协助政府部门工作的成果必将回馈于行业的科学发展，使行业获得更好效益。与此同时，协会协助政府的作为和工作的实效得到放大，协会作用得到进一步的提升，创造和拓展协会更好的发展环境与空间。

工程勘察设计行业是国家工程建设中的一个重要行业。工程勘察设计工作具有对投资工程建设项目贯彻落实科学发展观不可替代的主导作用，工作的定位决定了行业及其企业对此肩负重大责任。

现在我国已经进入碳排放总量控制时代，协会要积极地按照政府关于节能减排、保护环境的总体部署和要求，组织研究提出行业的相应意见、建议和技术措施，协助政府推进这一基本国策的实施。协会要加强这方面的工作力度，发挥工程勘察设计行业在循环经济、低碳发展中“技术主力军”作用。抓住这个机遇，大力推动技术创新及在工程上的应用和促进“产、学、研、设”创新体系的发育发展，提升工程勘察设计的社会影响，提高在经济社会中的地位。

工程质量与安全是政府始终关注与关心的一个重点，协会对此应当做出积极的配合。协会要通过分会、工作委员会组织专家梳理工程勘察设计中的共性问题，提出加强质量、安全的管理措施，开展培训、组织讲座活动加以推进，要以“评优”为机制，促进工程勘察设计水平不断地提高，确保工程质量和安全。

工程建设项目实施组织方式的改革，实施“走出去”发展战略是政府落实我国加快经济发展方式转变上的一个重要举措。协会将继续大力推进行业“一业为主，两头延伸”的发展模式，探索跨行业、跨地区的横向发展，逐步形成业内不同类型单位的合理的市场分工结构；继续大力推进为业主提供建设工程全过程、工程全寿命周期的管理服务业务的开展，进一步提高行业整体效益和企业的经济实力；继续大力推进以信息化带动勘察设计技术、管理的现代化，提升企业在国际工程建设市场的竞争能力。对此，协会要加强调查研究，着力推动，协助政府部门为实现工程勘察设计行业加快经济发展方式转变的目标做出切实的努力。

市场监管是政府工作重点之一。协会要协助政府建立公开和公平竞争的市场机制，促进完善市场准入制度，随着工程勘察设计行业注册执业制度的实施，加强对执业的监管，维护执业人员权益也是企业和政府共同关心与关注的问题。协会要在这些方面有所作为，承担起治理市场秩序、加强行业管理、保障公众权益的责任。

二、做好行业代表，提高全行业对协会工作认同感，把协会办成社会认可的协会

充分发挥协会在经济建设和社会发展中的作用，树立行业的良好形象，提高行业的社会地位，是增强行业凝聚力的重要途径。中国勘察设计协会是跨行业、跨部门、跨地区的行业性的全国性的社会组织。它与各行业、各部门、各地方勘察设计协会虽是同业协会关系，但由于行业管理职能覆盖范围不同，使它处于行业的领军位置，是行业组织的高层平台，是各同业协会的总代表。因此，从这个意义上讲，要发挥引领作用，体现全行业代表性，工作的精力主要放在行业改革发展的共同关注的问题上。初步归纳，要在具体工作中重点抓好7个方面：一是坚持调查研究工作，积极参与政府部门相关立法工作，反映企业的意愿、诉求，使国家法律法规更加符合国情和企业实际，以利于行业发展；二是紧紧围绕政府的重点工作、中心任务开展协会工作，完成好政府委托的任务；三是做好行业性、宏观性、公共性的服务，如“十二五”规划的编制，企业“走出去”信息与经验的共享，研究共性问题；四是行业改革难点、热点问题的研讨与交流，推进行业深化改革建立符合勘察设计行业特点的产权制度，探求生产力的进一步解放；五是加强经济形势及工程建设形势分析，搜集国外行业动态、信息，为企业开展业务及拓宽范围、走出国门提供指导、借鉴；六是协会要主动参与行业对外的贸易争议，积极组织会员单位做好反倾销、反补贴和保障措施的应诉、申诉等相关工作，维护正常的进出口经营秩序与企业的合法权益；七是行业协会要为企业提高知名度、资信度搭建平台，发布权威性的有价值资讯，使企业受益。

三、做好为企业的服务，提高协会是企业之家的归属感，把协会办成会员拥戴的协会

服务是协会的根本宗旨，也是协会生存和力量所在。协会始终要把为工程勘察设计行业发展提供有益、有效的服务作为协会工作的出发点和立足点。在市场经济体制下，协会可做的事很多，我们要解放思想，开拓思路，认真研究企业需要协会做什么事，协会能做好什么事，并以此统一同业协会的思想、制定工作目标，通力合作，努力做好服务工作。同时，要创新服务方式和方法，拓展服务领域，积累服务经验，提升服务效能。我认为当前会员单位急需解决的大致有7个方面的问题：

(1) 面对新的形势，需要协会指导如何寻求在后金融危机时期的国内外竞争中，抢占新一轮发展的制高点，争创新优势；

(2) 引导不同类型企业明确在加快经济发展方式转变中的战略定位，制定企业自身的发展方针；

(3) 推进会员单位的体制、机制改革，全面提升企业综合素质；

(4) 呼吁政府有关法规的制定，改善企业外部经营环境；

(5) 促进企业技术创新和管理创新，增强企业竞争实力；

(6) 帮助企业进行人才队伍建设，弥补高级专业人员的不足，建立符合行业特点的人才建设与人才激励机制，培养适应工程建设需要的高素质的专业化人才队伍；

(7) 引导企业遵守法律法规，特别是强制性标准的执行，要依法经营，诚信经营，使企业用优良的业绩在市场经济中赢得发展。

协会要通过分会、工作委员会等机构发挥服务平台作用，开展多种形式的服务活动，给会员单位以切实的指导与支持。

四、加强行业自律和协会自身建设

行业自律，就是行业内的各种组织机构、单位及其个人都要按照行业制定的规范性要求在行为上厉行自我约束，自我管理。加强行业自律，既是提高行业精神文明建设水平的需要，也是提升行业及企业的社会地位、社会威望和社会信任度的需要，更是增强企业承担社会责任的自觉性和推动行业科学发展的必要举措。协会要继续发挥《行业公约》《职业道德准则》和《诚信宣言》的作用，增强行业自律的自觉性；以诚信评估为机制，加强监督和激励的力度。围绕规范市场秩序，加强协会自律性管理制度建设，建立科学有效的协会工作程序，适时组织行业职业道德准则实施情况的调研，探索行业自律性管理新的有效约束机制，以规范会员行为，协调会员关系，维护公平、公正的市场竞争环境。

协会自身建设是行业协会生存发展之本，也是协会履行职责，发挥功能，为经济社会发展服务的基础。搞好协会工作关键在于加强思想、业务、作风、制度等方面的建设，提高协会工作人员的素质。要按照树立为会员、为行业、为经济社会发展服务的大局意识，开拓、创新、求实的敬业精神，勤恳、扎实、进取的工作作风，不断提高政策水平、业务能力、廉洁奉公的自觉性的要求，加强队伍建设，接受会员单位和社会的监督，希望大家随时向协会提出建议、要求和批评意见，使协会为行业多办实事、多出成效、多做贡献。

协会要遵循《章程》的规定开展工作活动，充分发挥理事会、常务理事会的作用，研究、协商和决策重大问题。要进一步加强同地方协会、部门协会的联系沟通，密切协作。要按照协会制定的规章制度管理内部事务，加强对分会、工作委员会和秘书处等组织机构的领导与工作的指导，更好地发挥协会工作“方面军”的作用。

对协会近两年的工作思路和要点，现已有了一个初步的考虑，将在下午召开的五届一次常务理事会上听取意见再修改、整理后，印发给各同业协会。

第四届理事会已经胜利地完成了历史使命，以其载入行业史册的显著业绩划上了圆满的句号。第五届理事会将承前启后，与时俱进，续写工程勘察设计行业改革、创新、发展、进步新的历史篇章。我相信，在住房和城乡建设部的关怀和指导下，在同业协会和会员单位的大力支持和共同努力下，第五届理事会坚持团结奋进、开拓创新，一定能够做出“提供服务、反映诉求、规范行为”的新成绩，为行业又好又快发展做出新的贡献。

谢谢大家。

(2010年7月6日)

改革创新　共担使命　同创勘察设计行业发展新篇章

——在2010年全国工程勘察设计行业发展研讨交流汇报会上的讲话

中国勘察设计协会理事长　王素卿

今天，我们在这里召开全国工程勘察设计行业发展研讨交流汇报会，对今年下半年开展的全行业专题调研工作进行回顾，总结调研成果，交流发展经验，研讨工作思路和目标，共同促进行业的发展。下面，我主要讲三部分内容。

一、行业专题调研背景

2010年7月，中国勘察设计协会召开了第五届会员代表大会，选出了新一届协会领导班子。作为各同业协会的总代表，作为行业领军的团体组织，中国勘察设计协会在新形势下应当如何开展工作，是摆在协会新一届理事会面前的首要课题。经常务理事会讨论，大家一致认为，服务是协会的根本宗旨，也是协会生存的力量所在。协会始终要把为工程勘察设计行业发展提供有益、有效的服务作为协会工作的落脚点、立足点和出发点。确定了今年下半年从调查研究入手，摸清情况、找准问题，制定出切实可行的发展目标，从而统一思想，动员全行业的力量共同做好工作。为此，常务理事会确定了“开展调研，厘清思路，明确目标，促进发展”的指导思想，决定协会2010年下半年重点开展调查研究工作。

调研工作主要了解三个层面的问题：一是在当前国家关心的热点问题上，如何发挥好勘察设计行业的作用。二是在应对影响行业发展的突出问题上，我们应当采取什么样的行动。三是协会如何支持帮助企业解决当前迫切需要解决的问题。针对以上问题，本次调研确定了三个重点课题，分别是：(1)贯彻节能减排，发挥设计主导作用；(2)发挥评优引导作用，推动技术进步和技术创新，确保质量安全；(3)推进企业结构调整，实施“走出去”战略，强化自律机制，维护市场秩序。

协会调研工作从9月份开始。为发动全行业力量共同做好调研工作，协会要求各地方勘察设计同业协会负责组织本地区行业情况的调研，各部门勘察设计同业协会负责组织本行业系统的调研，协会的各个分会、工作委员会负责组织本专业领域的调研。协会秘书处负责组织对行业面上的调研和专题研究，并负责行业调研工作成果的汇集、归纳和整理工作。

此次专题调研工作，得到了各有关勘察设计同业协会单位的充分配合，截至2010年9月30日，协会共收到各单位报送的材料361份，其中调研报告58份，调查表303份。

协会秘书处组织协会工作人员和有关专家近20人，组成三个专题调研组分赴北京、上海、沈阳、武汉、郑州、西安等地，以座谈、实地考察等形式，与六十余家勘察设计企业进行了广泛的交流，听取了意见和建议，获得了大量的第一手资料。

本次调研通过多层次、多角度、相互配合的研讨活动，取得了摸清行业基本状况、明确重点诉求的预期成效。

二、行业专题调研情况

勘察设计是工程建设的灵魂，是科技转化为现实生产力的关键环节。党的十七届五中全会指出，“加快转变经济发展方式是我国经济社会领域的一场深刻变革，必须贯穿经济社会发展全过程和各领域”。勘察设计行业正是国家转变发展方式、调整产业结构、培养新兴产业的一支重要力量。

从调研总的情况看，在投资拉动经济的发展阶段，勘察设计作为工程建设的重要环节，发挥了先导作用，保证了庞大的投资得以落实，建设项目得以实施。伴随着工程设计技术的逐渐成熟，设计企业不仅在国内设计了一系列世界瞩目的重大工程，而且走出国门参与国际竞争，并带动了中国的机电出口、材料出口、劳务出口，对国家形象的树立和国家实施“走出去”战略发挥了重大作用。在当前建设两型社会、发展低碳经济的工作中，工程设计作为节能减排和产品转化、应用的关键环节，对工程建设项目贯彻落实科学发展观正在发挥着不可替代的主导作用。

近10年来，在勘察设计体制改革的推动下，勘察设计行业高速发展，勘察设计企业取得了长足进步。目前，我国工程勘察设计行业已拥有14 200多家企业，比2001年增加了25.2%，勘察设计从业人员达127万，比2001年增加了71.6%，2009年全行业实现营业收入6 853亿元，是2001年营业收入的9.5

倍。人均营业收入达53.96万元，是2001年的5.5倍。在“一业为主、两头延伸、横向拓宽”的思想指导下，勘察设计企业延伸产业链，跨地域、跨行业、跨专业发展经营，不断做大做强，逐步成为我国工程建设的中坚力量。具体体现在以下几个方面。

(一) 在工程建设贯彻落实节能减排国策中发挥着主导和关键作用

1. 勘察设计具有不可替代的重要作用

勘察设计工作决定着工艺技术的应用、工程技术的优化以及新设备新材料的采用，是将先进、适用的节能减排技术及措施应用在工程项目中的关键转化环节，直接关系到整个工程建设全过程和最终工程产品能否达到节能减排的效果。相比某个工艺环节上单元技术和关键设备的改进，工程设计的集成化、工程化开发具有更大的优势，更有能力汇集各个环节的成果对整个工艺流程进行改进和完善，取得并保证整体工程的综合节能减排效果，具有不可替代的重要作用。

2. 勘察设计行业具有较强的节能减排意识

调查中，许多企业意识到在落实节能减排中设计院所承担的社会责任，自觉从组织保障、人才保证、技术支撑、资金支持、制度管理等方面落实节能减排项目，各行业都涌现出了一批节能减排的先进企业。电力行业的设计企业通过引进大容量、高参数发电机组技术并国产化，发电煤耗、厂用电率和耗水量分别降低了约91%、41%和64%，而全厂热效率由41.5%提高到了45%；上海市隧道工程交通轨道设计研究院将“城市轨道交通综合节能技术研究与应用示范”课题的研究成果集成应用在轨道交通新建线路上，达到了综合节能10%的显著效果；中国中元国际工程公司成立了能源与环境工程设计研究院，积累了一批节能减排专有技术；江苏省邮电规划设计院有限责任公司自主投资，以合同能源管理模式对多家电信企业的通信机房、基站进行节能改造并取得良好效果；许多民用院也积极参与绿色建筑和节能减排实践，从设计源头综合考虑建筑节能要求，推广使用节能新材料、新技术。如中国建筑设计研究院在可再生能源利用专项技术、建筑节能专项技术、建筑节能技术优化集成、水资源综合利用与节水技术研究等方面拥有很强的技术实力，在中新天津生态城、北京奥运村污水源热泵系统、广州亚运村江水源热泵与太阳能系统、拉萨火车站太阳能系统等项目上得到了很好的应用。

3. 勘察设计企业主动采用先进适用的节能减排新技术，培育新的经济增长点

许多勘察设计企业主动采用先进适用的节能减排新技术，以技术创新延伸工艺流程和产品链，拓展业务领域，培育新的经济增长点。如中国有色工程有限公司在原有业务基础上，将多晶硅生产、光伏发电、垃圾焚烧发电、污水处理等节能减排与环保领域作为企业发展的重点着力培养，取得了显著成效和丰厚回报；中国电子工程设计院自主研发低品位余热发电技术与装置，开拓工业节能领域，在钢铁和有色金属行业的烧结、转炉、电炉等生产工艺环节取得多个成功案例；信息产业电子第十一设计研究院科技工程股份有限公司形成光伏建筑一体化的技术，建设光伏工程的项目累计超过20个。

4. 勘察设计节能减排工作取得丰硕成果

各勘察设计企业应用节能减排技术，尤其是在一些重点行业和重点工程中取得了良好的效益，体现了我国的实际行动，形成了国际影响，也彰显了我国政府推进节能减排工作的决心。如华东电力设计院在外高桥第三发电厂应用低温省煤器系统技术，首创大机组“零能耗脱硫”和大型锅炉节油启动新方法等一系列技术，项目节能减排效果达到国际领先水平；中国恩菲工程技术有限公司开发了液态高铅渣侧吹还原技术，创造了目前世界铅冶炼的最低能耗；参与奥运会、世博会设计的单位更是广泛采用多项节能减排新技术，设计了“鸟巢”、“水立方”、“中国馆”等世界瞩目的工程项目。

5. 勘察设计节能减排前景广阔，极具潜力

目前，勘察设计企业已经拥有一大批具有节能减排意识的设计人员和管理人员，积累了丰富的经验和详尽的技术资料，建立了一批节能减排的科研机构，拥有大量的技术储备，勘察设计行业已经成为我国开展节能减排、发展低碳经济的一支重要生力军。

(二) 积极推进技术创新，科技成果工程化成绩显著，新技术在市场竞争和企业发展中的重要作用凸显

1. 技术创新能力进一步增强

近几年来，勘察设计企业进一步重视技术创新工作，加大了技术研发投入。据中国石油和化工勘察设计协会统计，146家会员单位2009年科技活动费用支出总额达20亿元，较2008年增长近40%，占营业总收入的2.44%；协会会员单位科技成果转让收入总额36亿元，占营业总收入4.4%，是2005年的13.6倍。由于重视科技投入，这些企业的专利和专有技术有了大幅度增加，2009年累计拥有专利技术1 292项、专有技术1 171项，分别比2005年增长2.3倍和2倍。同时，很多企业都设置了专门的技术研发中心。如上海市政工程设计研究总院形成了以企业研发中心为核心，院士工作室、博士后工作站和各设计院为运作载体的技术创新体系，形成了国际领先的22项企业核心技术。

在引进消化吸收再创新方面，勘察设计企业注重结合中国的具体国情和国家节能减排政策，积极研发具有自主知识产权的工艺技术，努力降低企业采用新技术的投资成本。如中国五环工程有限公司在引进消化吸收国外先进的壳牌洁净煤气化技术基础上，开发出了全流程工艺新型煤气化技术——五环炉煤气化技术，达到国际一流水平。

此外，勘察设计企业特别注重发挥信息化技术在技术创新中的作用。

近年来，设计单位大力发展信息化技术，积极向国际先进水平看齐，应用三维设计、协同设计等信息技术，促进了行业技术水平的快速提升。如江苏省电力设计院培养出一支近百人的数字化设计团队，利用其强大的三维协同设计能力在国内率先开展了“数字化电厂”设计。中机六院在杭州卷烟厂项目中实现了国内制造业企业工程建设中建筑信息模型(BIM)技术的首次应用。

2. 科技成果工程化成绩突出

勘察设计企业在技术创新过程中，坚持以市场为导向，以项目为依托，高度重视科技成果工程化，自主创新成果得到了很好的产业化应用。如上海市政工程设计研究总院利用大型现代桥梁前沿设计、综合交通枢纽和资源利用生态道路等方面的核心技术，成功建成上海世博园区、上海高速磁浮等一大批重大市政工程；长江水利委员会长江勘测规划设计研究院利用其研发的新的风电场接入电网法技术，增加了风电场接入电网的传输距离和传输容量，改善了风电场并网电能质量。

3. 新技术的主导与核心作用进一步体现

在激烈的国内外市场竞争中，自主知识产权和创新能力是企业的核心竞争力，在企业可持续发展中发挥着基础和主导作用，通过技术创新，勘察设计企业降低了工程造价，赢得了市场美誉，在提高核心竞争力的同时，又对突破资源、能源及环境制约，实现经济发展方式的转变起到重要的作用。

(三) 坚持深化改革，转变经营模式，积极实施“走出去”战略

1. 立足企业实际坚持深化改革

勘察设计企业立足自身实际，结合企业发展战略积极探索适合本企业发展的改革道路。一大批立足于向工程公司战略转型的大型设计企业积极引进战略投资者，走资本运作道路；行业内具备一定实力的优秀企业为谋求企业快速做大，加快实施并购重组战略；部分企业则着手进行二次改革，通过进一步优化资源配置，完善股权设置和公司治理结构，建立主辅分离、股权激励等促进骨干员工积极性发挥、适应企业长期发展的有效机制。

2. 积极推进经营模式转变

在坚持深化改革同时，勘察设计企业积极推进工程建设项目实施组织方式的改革，转变企业经营模式，主要有三种情况：

第一是发展“一业为主、两头延伸、横向拓宽”的模式，为业主提供建设工程全过程、工程全寿命周期的管理服务，跨地域、跨行业、跨专业发展经营。如原属机械行业的中国中元国际工程公司开拓了医疗建筑、机场物流、能源与环境工程等业务板块；机械工业第六设计研究院在烟草行业工程设计中取得了很大的发展；中冶南方公司利用从事工程承包业务拥有的现金流从事房地产开发，进入了全新的专业领域。

第二是做精做专，挖掘业务深度。量大面广的地方中小设计院大部分完成了产权制度的改革，设计人员的热情得到焕发，他们在专业上做细做精，向深度发展，站稳市场，赢得了知名度，如北京筑福建筑事务有限责任公司开发抗震隔震技术，形成独有技术特色；成都市通用工程技术有限责任公司，在合成氨、甲醇生产装置设计中开发出一批节能增效的专利和专有技术，并提供相应的成套技术，取得了非常可观的经济效益。

第三是转型工程公司，工程总承包增长势头很快。2000年全国勘察设计行业工程总承包收入为3 533亿元，较2001年增长20.3倍(同期行业总收入增长8.5倍)；2009年工程总承包收入占行业总收入的51.6%，是2001年的2.2倍。

3. 推进“走出去”战略的实施

勘察设计行业积极实施“走出去”的国际化战略，行业的整体效益和企业的经济实力得到大幅提升。

2009年，参加全国工程总承包百强企业排名的企业在境外承揽总承包项目的合同额折合人民币460亿元，较2008年增长54.4%，是2003年的14.8倍。根据ENR(《工程新闻记录》杂志)统计数据，2009年度中国海外工程承包企业海外收入的份额达到9%以上，位居美国、法国、德国之后，首次上升到第四位。中国企业在非洲的份额由2008年的26.9%大幅上升到2009年的42.4%，超过法国、英国、意大利、西班牙等欧洲国家的总和，首次位居第一。

我国企业对外工程业务领域已经从房建、筑路等劳动力密集型行业扩展到电力、冶金、石化、通讯等资金、技术密集型行业；从土木建设逐步发展到冶金、石化、地铁、机场、通讯、水电、矿山建设以及环保、航空航天、和平利用核能等高科技领域；一些国内企业还在开发海外市场方面开展了有益的合作，携手闯荡海外市场。如中交第一航务工程勘察设计院有限公司与铁道第三勘察设计院集团有限公司各自发挥在码头和铁路上的优势，在很多项目上进行合作，已经有许多成功的案例。在“走出去”战略的引导下，“中国工程”和“中国设计”在海外的影响力迅速提升。从搭船出海、借船出海发展到独自出海，我国勘察设计企业实力不断增强，逐渐成为国际化竞争中不可忽视的力量。铁路、冶金、水利、电力、石油化工及建材等行业通过引进吸收和自主开发，已经掌握了世界最先进的技术，具备了世界级的集成设计和建设技术。如五环科技公司，其开拓国际市场过程中不断升级的模式颇具代表性，从单纯的技术服务发展到技术+劳务服务，再到技术+劳务+管理，直至技术+劳务+管理+资本的模式。

(四) 存在的主要问题

近年来，勘察设计行业积极响应国家号召，紧密围绕国家方针政策，获得

了快速发展，取得了较大成绩，但在调研中，我们感觉到勘察设计行业的社会评价和认可度并不高，影响力也不太大，勘察设计行业主要存在着以下几个问题。

1. 勘察设计在工程建设中的灵魂和先导作用被淡化，地位逐渐边缘化

首先，工程设计在“产学研”科技创新体系中的应有作用尚未得到体现。设计作为“研”中的重要环节，由于缺乏明确界定，缺少重点强调，造成勘察设计企业在认定高新技术企业、申报创新成果、享受扶植政策、获得优惠贷款等方面得不到应有的重视。其次，勘察设计的行业特点得不到重视。智力密集型的勘察设计企业并入较大的企业集团后，虽然人均指标突出，但因企业规模较小，在集团战略发展上只能处于从属地位，在政策上缺乏对设计人员创造性工作的激励与扶植，没有很好地把勘察设计企业的特点发挥出来。此外，受不正当竞争的制约，设计人员在工程实施过程中处于弱势地位。面对业主要求，作为乙方的设计单位在设计周期、技术方案选择等方面处于被动地位，缺乏话语权。

2. 勘察设计市场行业壁垒和地方保护现象比较普遍，不正当竞争行为依旧存在

一是行业保护壁垒明显。一些垄断性行业对工程设计项目人为地设置一些非技术壁垒的现象依然存在。2007年，住房和城乡建设部首次推出的工程设计综合甲级资质，为技术实力雄厚的设计咨询企业开展以设计为龙头的工程总承包业务创造了条件，但受行政管理体制及投资主体方建设程序的影响，工程设计综合甲级资质在一些行业仍然难以被认可。二是地方保护主义尚未消除。出于保护地方企业或增加地方税收的考虑，许多地区人为设置了当地市场苛刻的准入条件和五花八门的备案制度。三是不正当竞争行为搅乱市场。目前，不正当的恶性压价竞争、业主强行打折现象比较普遍，实际收费率偏低，同时由于恶性竞争和忽视行业整体利益，也导致了现在行业凝聚力不高。

3. 勘察设计体制改革进程放慢，部分企业经营模式转变迟缓

近年来，客观上由于勘察设计企业承接任务较为饱满，旧有体制的一些矛盾暂时被掩盖，体制改革的进程有所放慢。在经营模式转变上，一些企业满足现状，囿于传统业务领域，对形势发展缺乏清醒认识，战略转型工作迟缓。另外，在发展工程总承包和项目管理业务上，由于遇到取费标准不明、市场准入条件苛刻、人才缺乏、融资能力不足等问题，部分勘察设计企业产生畏难情绪，放慢了探索和改革的步伐。

4. 高端人才流失现象增多，优秀勘察设计人才缺乏

随着勘察设计市场竞争加剧，由于一些设计企业在内部管理、分配制度、企业文化建设等方面存在问题，造成了核心技术人才的大量流失。同时，国内勘察设计企业薪酬激励作用发挥有限，在国外工程公司、建筑师事务所以及研发单位、房地产公司的高薪、优厚福利等条件吸引下，高端的优秀人才流失现象日益严重。此外，勘察设计企业高级专业人员不足的现象也比较普遍，尤其是开展海外工程业务需要的熟悉国际市场情况，兼具语言、技术、管理、法律、商务等方面能力的复合型人才更是缺乏。

5. 专有技术知识产权保护比较薄弱，创新技术政策扶持和引导力度不足

首先，由于相关法律法规对勘察设计知识产权的概念过于简单和笼统，对行业内知识产权管理的强制性规范较少，缺少必要的监管机制与处罚手段，勘察设计成果被任意套用、抄袭、复制或者盗用、盗卖，企业专有技术的认定、使用和交易缺乏规范和保护；而勘察设计企业往往囿于业主的强势，缺乏保护自有知识产权的能力和有效办法，专有技术应用的有偿收费问题在实施中得不到业主的尊重和认可。其次，我国没有专门的技术创新法，对与技术创新密切相关的一些领域如风险投资、科技投入等缺乏专门的立法规范；在政策层面也缺少扶持和引导，如税收优惠、优质优价、招投标向新技术方案倾斜等，一定程度上抑制了国内勘察设计企业技术创新的能力。此外，工程勘察设计行业评优工作的权威性不强，削弱了对技术创新的推动和引导作用，制约了工程勘察设计水平的提高。

6. 部分勘察设计标准规范管理滞后，国际化水平不高

一是标准规范的编制缺乏协调，政出多门，难以统一。如石油化工系统存在4个标准体系，内容上相互冲突和矛盾。标准规范发布单位众多，缺少统一的标准规范信息平台。二是标准规范的修订滞后。不仅新兴领域诸如地下空间、轨道交通工程的勘察设计缺少适用的技术标准规范，而且已有的一些标准规范更新周期较长，无法满足新理念、新技术的应用，而新老标准规范衔接上又存在交替期过短的问题。三是勘察设计标准规范的国际化水平不高。我国许多标准与国际标准还有较大差距，而有些接近或已达到国际水平的标准，却因为没有外文版或宣传不足，得不到外方的认可，直接制约了我国企业国际工程业务的开展，导致我国工程企业在国际竞争中处于不利地位。

7.个人执业资格管理发展缓慢，违规使用资质扰乱市场

10年来，勘察设计注册工程师执业工作取得了较大进展，但目前只有资格不执业、已经执业的责任欠明确、出现问题责任追究不落实、权益保护难到位等关键问题仍影响个人执业资格管理制度的健康发展。同时，勘察设计企业资质挂靠现象继续存在。一些企业或个人通过资质挂靠，越级承揽业务和完成工程，或出卖资质、图章，违法违规收取管理费，扰乱了正常的市场秩序。此外，在施工图审查方面，一些地区审查机构批准过多，无序压价，审查人员业务水平差异较大，影响了施工图审查质量。

8.实施“走出去”战略困难重重，国际竞争力不强

一是国际形势多变，成本不可控因素增加，政局不稳定、自然灾害频发、

风俗文化差异等众多不确定因素使得风险增大。二是中国的人力成本优势逐渐削弱，而国内企业在国际项目上的争夺加剧，价格战频发，进一步压缩了利润空间。三是勘察设计企业的融资能力低、资金运作能力弱导致国际工程市场竞争力不强，此外，由于复合型国际人才的短缺和对国外法律、标准规范、财务体系、用工制度、专利等各类信息缺乏了解，也制约着我国勘察设计企业进一步开展国际工程业务。

三、建议和下一步工作

“十二五”时期，是全面建设小康社会的关键时期，是深化改革开放、转变经济发展方式的攻坚时期。这个时期对我们勘察设计行业来说是个机遇，我们要牢牢把握时机，立足行业实际，切实解决存在的问题。在勘察设计行业调研的基础上，我们要认真整理归纳，积极向政府有关部门反映和呼吁，要推进“产学研”创新体系的构建与深化，特别要突出“研”中的设计环节；要推进规范评优程序，确立全国优秀工程勘察设计奖作为行业最高奖的权威地位；要推进对工程勘察设计行业高新技术企业认定，进一步优化相关税收政策；要推进制定切实可行的、合理的工程设计收费标准，加大扶持力度以提升勘察设计企业的融资能力和抗风险能力；要推进出台总承包业务取费的政策意见，进一步明确以设计为龙头的总承包地位；要推进加强对勘察设计标准规范的管理，提高国际化水平；要完善企业资质和个人执业资格管理，推进消除地方保护主义和打破行业壁垒，进一步规范勘察设计市场竞争秩序。同时，协会要继续加强研究和指导，积极引导企业围绕发展战略转型这个中心，加快组织结构和经营模式的探索和转变，加强适应市场竞争需要的人才队伍建设，加大创新型企业文化建设，培养和提升企业可持续发展能力。

勘察设计协会要根据党的十七届五中全会精神和“十二五”规划的安排，以科学发展观为指导，积极围绕国家经济建设重点，团结带领全行业共同努力，切实发挥勘察设计在工程建设中的主导作用，进一步体现行业价值，提高影响力，提升行业地位，重点要做好以下工作。

(一) 贯彻落实节能减排基本国策，为经济建设和社会发展做出新贡献

首先，协会要加强行业内有关节能减排的宣传交流工作，在适当的时候举办工程勘察设计行业节能减排的专题论坛和节能减排的技术产品展示会等主题活动，动员全行业力量向政府和社会宣传行业节能减排的作用和成果。其次，在评优奖项中研究设置“节能减排专项优秀奖”，加强对企业的引导，带动全行业开展节能减排工作的热情，有效地促进节能减排科技成果工程转化。再次，从行业组织来讲，要筹备组建或充实现有的工作机构，建立节能减排工作委员会，在行业内组织节能减排的专家团队，研究勘察设计行业节能减排长效机制的建立，引导设计企业创新模式，在工程实施中推广采用合同能源管理方式。

此外，要建立完善的信息库和交流平台。搭建技术协同开发和成果共享的节能减排科技创新平台，建设技术推广网络平台，根据不同技术的适用范围开展节能减排的专题宣传和培训教育，组织国内外节能减排先进技术的交流活动，提供节能减排技术成果信息化服务，普及先进的节能减排技术，行业协会要加强宣传和引导，形成一定的声势。

(二) 强化评优引导作用，推进技术创新，提升行业工程技术水平

全国优秀工程勘察设计奖的评选包括各类建设工程中最优秀的勘察设计成果，是勘察设计行业最高荣誉奖。协会要充分发挥评优工作引导作用。一是要结合国家政策和勘察设计行业的发展丰富全国优秀工程勘察设计奖体系，设立技术创新、节能减排等专项奖，改革奖项设置办法，确保评奖工作与时俱进，真正代表我国工程勘察设计技术和质量的最高水平。二是要进一步明确“省优-行业优-国优”的逐级推荐评选机制，确立工程勘察设计协会开展评优的有效性和权威性。三是要提高评优工作的宣传和奖励力度，加强组织获奖项目的技术交流和经验交流，以引导勘察设计企业加强技术创新、发展专有技术，大力发展三维设计、协同设计、优化设计、信息管理技术等新型技术在勘察设计中的应用，以信息化带动勘察设计现代化。四是要搭建技术转化平台，促成技术开发和生产相结合，进一步增强企业创新能力和核心竞争力，提升勘察设计行业工程技术水平。

(三) 深化体制改革，注重管理创新，推进企业战略转型

协会要研究行业的发展，今后每年要发布勘察设计行业的年度报告，继续推动深化勘察设计行业体制改革，积极探索新时期企业管理创新的思路和方法，对不同规模、不同类型的企业提供分类指导，帮助企业选好定位，推进勘察设计企业的战略转型。要加强对先进管理经验和组织结构模式的介绍，树立典型，交流经验，收集、总结、宣传以设计为龙头的总承包管理典型成功案例，进一步推进勘察设计企业发展工程总承包业务，并探索研究适合行业特点的专业项目管理和战略咨询等业务模式。

(四) 推进实施“走出去”战略，提升国际竞争力

协会要加大宣传力度，为我国工程公司走出去创造良好的舆论环境。一方面要向国外大力宣传代表我国工程能力和设计能力的现代化工业以及基础设施工程，突出宣传具有我国专有知识产权的工程技术和设计技术，体现我国工程技术和设计水平的先进性和可靠性，塑造中国工程设计咨询行业的整体形象；

另一方面要加大国内宣传力度，强调以设计为龙头的总承包企业走出去对于扩大我国产品、设备出口和输出中国标准的重要意义。此外，协会要建立“国际建筑市场信息反馈系统”，扩大信息来源，加强信息共享，为国内企业定期提供国际市场变化情况和重大工程的招标信息等，促进我国国际工程公司又好又快的发展。

（五）通畅行业信息渠道，建设整合宣传载体，提升行业影响力

协会要利用和提高行业内报刊、杂志、网站的宣传能力，加强协会与各同业协会的联系，切实推进信息报送制度建设、通讯员队伍建设和行业形象整体建设，提高整合力，增强宣传效果。要加强对勘察设计行业在国民经济建设和转变发展方式中的独特功能和重要作用的宣传，积极通过人大、政协、政府参事等渠道反映情况，收集资料、树立典型、扩大宣传，提升勘察设计行业地位和影响力。

（六）强化诚信评估机制，提升行业自律水平

协会要继续发挥《行业公约》《职业道德准则》和《诚信宣言》的作用，增强行业自律的自觉性；以诚信评估为机制，加强监督和激励的力度，建立行业信誉度评价指标体系。围绕规范市场秩序，加强协会自律性管理制度建设，按照章程建立科学有效的协会工作程序，探索行业自律性管理新的有效约束机制。要借鉴境外国家和地区的先进管理经验，加强对个人执业管理工作的研究，将个人执业行为和行业自律紧密结合；提高协会的队伍素质、工作水平和能力。建议加强施工图审查机构自律管理，加强对施工图审查人员的培训，规范审图机构行为，维护审图人员权益。

结束语

本次调研是落实协会“三个做好、一个加强”工作方针，履行服务职能的重要一步，协会将在调研基础上扎实推进以上六方面工作，任务十分艰巨，并涉及方方面面，希望各同业协会能积极配合和支持勘察设计协会，围绕以上六方面内容制定符合各自实际的具体措施并切实落到实处，积极履行职能，共同承担使命，更加奋发有为地引领勘察设计行业稳定、高效、快速发展，为实现“十二五”经济社会发展目标而贡献我们行业的力量！

（2010年11月3日）

提高认识　共同努力
务实推进工程勘察设计行业信息化建设

——在中国勘察设计协会信息化工作会议暨工程设计计算机应用工作委员会2010年年会上的讲话

中国勘察设计协会理事长　王素卿

一年一度的中国勘察设计协会信息化工作会议暨工程设计计算机应用工作委员会年会今年在广西壮族自治区南宁召开。刚才，广西建设厅的杨处长、国家知识产权局的赵处长和协会的老领导吴奕良名誉理事长发表了很好的讲话，王彦梅主任委员做了工程设计计算机应用委员会的工作报告。这次会议的召开，正值党的十七届五中全会提出“十二五”发展规划建议之际，行业的改革创新发展面临着新的任务和要求，因此有着重要意义。

我们这次会议的主要任务是：总结工程勘察设计行业信息化建设“十一五”的工作和经验，筹划“十二五”的发展，通过交流研讨，提出目标措施，推动全行业信息化建设水平再上一个新的台阶。

工程勘察设计行业的信息化建设，历来为政府部门、行业协会和广大的企业所重视，视之为发展生产力的一个必不可少又十分重要的条件和抓手。自20世纪80年代中期以来，全行业引进CAD辅助绘图甩掉了图板，加强软件正版化工作，推广应用国产软件，推动信息技术在协同设计、企业管理中应用等方面取得了显著成绩。“十一五”期间，协会提出了“一个中心、两条主线、三个为主、四个提升”的工作思路和目标，有效地指导了过去五年的信息化建设工作，同时也为“十二五”工作奠定了良好的基础。

下面，为做好新时期工程勘察设计行业信息化工作，我讲几点意见和建议，供大家工作中研究和参考。

一、“十一五”期间工程勘察设计行业信息化建设总体情况

“十一五”期间，我国工程勘察设计行业信息化建设取得了不小的成绩，主要体现在以下几方面。

1. 全行业进一步加大投入，加快发展信息化技术

行业内企业对信息化带动工程勘察设计现代化的认识不断深化，把信息化工作与事关提高市场竞争力、提升企业综合素质和实现可持续发展紧密联系，自觉加大了在信息化上的投入。如中铁二院“十一五”期间，信息化建设资金投入1.7亿元，较“十五”期间计算机硬件投入持续增加，软件投入为“十五”期间的3.5倍。近年来，勘察设计单位积极利用信息化技术，努力向国际先进水平看齐，应用信息技术实现三维设计、协同设计等，促进了行业信息化水平的快速提升。如江苏省电力设计院培养出一支近百人的数字化设计团队，利用其强大的三维协同设计能力在国内率先开展了“数字化电厂”设计；中机六院在杭州卷烟厂项目中实现了国内制造业企业工程建设中建筑信息模型(BIM)技术的首次应用。

2. 行业信息化建设已处于初级集成化阶段

我国勘察设计企业协同设计和工程信息管理水平有了较大的提升，信息共享和信息集成已经初见成效。中冶东方工程技术有限公司“实施地域优化战略，推进集中统一管理，实现公司科学发展”的战略思路，形成国内多地跨地域办公的形式，总部设立网络数据中心，各地分公司设立网络数据分站，建立覆盖中冶东方所有部门的统一的信息化平台，使得公司内部的互联互通、资源共享、企业信息流、资金流、工作流的融合，逐步实现大营销、大财务、大调度以及全公司集中统一管理。

3. 信息化创造价值效果显著

勘察设计企业积极推进工程设计、项目管理的协同设计，利用信息技术优化设计，提高了经济效益，创造了价值。比如，北京首钢国际工程技术有限公司自2006年采用国际先进的三维设计和协同设计平台软件，在“十一五”重点工程首钢京唐钢铁厂的建设中收到明显的应用效果，提高了设计质量和经济效益，改变了传统的设计习惯，新的设计理念和集成创新促进了公司的技术进步，极大地提高了工作效率。公司通过完成国内多项大型总承包项目，以及承揽海外工程项目，扩大了对外交往的影响。重庆勘测设计院收集积累城市勘测的基础数据，形成城市地上地下勘测基础数据库，建成了集景三维软件系统，

为城市规划、设计、开发、地下管网使用、管理提供服务平台，已成为院里三大业务板块之一，取得了很好的社会效益和经济效益。在调研中发现，一些企业信息化过程中采用的先进的设计手段及管理提高工作效率约15~25倍。

4. 使用正版软件获得长足进步，国产软件应用水平得到较大提高

目前，大型工程勘察设计企业基本全部实现软件正版化，国产软件发展得到有效推进，行业涌现了大批国产软件用户，国产CAD软件市场占有率大幅提升，许多企业的国产CAD平台软件达到了85%以上的使用率。

以上成绩的取得，也反映出协会的工程设计计算机应用工作委员会在指导委员会的指导和专家们的帮助下为行业信息化做了大量切实有效的具体工作，并取得了很好的成效，为行业信息化建设做出了积极的努力与贡献。

二、“十一五”期间工程勘察设计行业信息化工作存在的主要问题

我们在看到了行业信息化工作“十一五”期间取得的重大成绩和进步的同时，也要看到当前存在的一些问题，以明确下一步的工作目标和任务。初步分析，大体上主要有以下问题。

1. 信息化建设发展不平衡

不同地区、不同规模的勘察设计企业信息化建设存在很大差距，主要体现为东部发达地区的大型勘察设计企业信息化建设推进力度大，水平较高，而一些欠发达地区的中小型勘察设计企业，尤其是部分小型企业的信息化建设工作步伐已明显落后，不能适应时代发展技术进步的要求。

2. 国产软件应用水平有待进一步提高

一方面国产软件产品在技术水平、质量和服务水平上仍需进一步提高，以适应和满足工程勘察设计企业的需要；另一方面勘察设计企业也需要进一步提高认识，对国产软件功能完全胜任的工程勘察设计积极使用国产软件，既降低企业成本，又促进民族企业发展和提高。

3. 对信息化工作的认识和重视程度不足

相当一部分勘察设计企业在信息化工作上的投入不足，满足于有活干的现状，对信息化建设推进力度不大；还有的企业将信息化建设作为“面子工程”，没有务实推进的打算及长远规划，对信息化在企业发展中发挥的重要作用缺乏应有的足够认识。

4. 基础工作和标准化工作难以满足信息化发展要求

技术资源、管理资源的积累和整理工作以及标准规范的制定工作滞后，已经制约了信息化水平的进一步提升。如当前应用和推广三维设计技术缺乏应用规范和技术标准；信息化综合管理系统则由于缺乏规范，难以进行准确评估和有力推进。

5. 信息化人才队伍建设薄弱

从调研情况看，约半数的勘察设计企业没有信息化工作主管，没有安排到“一把手工程”的位置上；信息化工作人员的职称评定不被重视，制约了积极性的调动，在其他方面的人才激励力度也不足。

总之，与国外发达国家先进水平相比，我们的信息化水平尚存在着较大的差距，集成化、智能化设计水平较低，需要付出更大的努力跟上国外的信息化发展步伐。

三、对“十二五”期间工程勘察设计行业信息化建设的建议

党的十七届五中全会提出：全面提高信息化水平，推动信息化和工业化深度融合，加快经济社会各领域信息化。作为勘察设计行业，我们要在“十二五”期间，结合行业特点，大力推广和应用先进信息技术，开发并充分利用信息资源，提高企业管理水平，提升集中管控能力，增强企业在国内和国外两个市场的竞争力，促进行业持续、快速、健康发展。协会提出的“十二五”工程勘察设计行业信息化建设工作目标是：“到‘十二五’末，以同行业为主，规划全行业统一集成的信息资源系统，启动全行业信息集成、共享、协同的工作模式；有条件的企业的信息化基础建设、核心业务应用信息系统和综合管理系统达到和接近同行业的世界先进水平，大力扶持中小企业信息化，使其加快发展步伐，缩小行业内不同企业之间的信息技术应用水平差距，创造协调发展的环境。”为实现这一目标，我提出以下几点建议。

1. 进一步提高对信息化工作的认识

信息化对勘察设计企业实现战略转型、推进技术创新和管理创新，超越传统模式提高核心竞争力具有重要作用，推进信息化建设，是提高效率和创造价值的需要，是提高设计水平和保证工程质量的需要，要坚定“信息化带动现代化”理念，关注信息化技术发展动向与趋势，制定企业切实可行的发展规划，有计划地持续增加相应投入，把信息化工作作为一件大事来抓，下力气抓好，抓出成效。

2. 开展调研，摸清现状，区别对待，加强指导

对协会的工程设计计算机应用工作委员会来说，要从工程勘察设计的实际出发，加强调查研究工作，根据行业的现状和愿景，提出符合国情和立足行业实际的合理的信息化建设目标；区别不同行业、不同规模、不同业务定位的工程勘察设计企业，加强分类引导与指导，务实地推进信息化工作，并希望企业根据自己实际和行业发展的需要，积极反馈意见、积极跟进，形成互动、配合局面。请大家认真研究计算机应用工作委员会提出的行业信息化工作“十二五”发展指导意见初稿，提出修改的意见、建议，待会后进一步归纳整理，再

印发给大家，以指导信息化建设工作。

3. 提高国产软件应用水平

软件应用的前提，一是质量要保证，二是满足工程勘察设计企业的实际需要，三是能够为企业带来价值。协会一贯支持业内企业采用民族软件，热忱欢迎国产软件为工程勘察设计行业服务。希望国产软件在不断提高自身的适用性和可靠性的过程中，取得更大的进步，打造新的优势，营造国内软件公司合理和适度竞争的市场环境。协会将继续推动勘察设计企业与软件公司的沟通、交流与合作的加强，创造两个行业双赢的良性循环局面。

4. 推进信息化基础工作和标准化工作

协会要通过计算机应用工作委员会，充分发挥信息化工作指导委员会和业内信息化专家作用，加强信息化基础建设，“基础不牢，发展难稳”，要适时地抓紧组织力量编写实现行业三维协同设计相关的系列基础标准，规划并逐步建立三维图库、工程数据库等，减少企业因“各自为战”造成重复劳动，大力夯实三维协同设计的基础工作，提高资源集约利用水平，实现资源的共享。

5. 加强研讨和交流，推进信息化水平的提高

工程勘察设计行业是知识密集、技术密集的行业，人才是企业的第一资源，队伍建设是企业最重要的一项工作。要大力加强业内信息化技术的学习培训和经验交流，开展形式多样、增长能力、见诸实效、培养骨干的活动，推进信息化人才队伍建设；积极开展国际间及境内外的交流，学习发达国家、先进地区和先进企业信息化建设的经验，通过借鉴，促进进步；计算机应用工作委员会和企业都要密切关注三维信息模型技术、云计算等新技术的动态，加强研究，引导行业的信息化技术和管理的发展方向，在跟踪发展的同时，要力求创新发展，提升信息化水平

6. 推动白图替代蓝图工作取得实质性进展

“十二五”期间，要在科学实验的基础上，力求在电子签名等技术、法规方面的突破，将白图替代蓝图工作从行业倡导，上升到政策规范层面，取得实质性进展，从而为实现推广电子图档，提高工作效率和促进节能环保做出积极贡献。

我们这次会议是在“十一五”即将收官，“十二五”将要开端的承接之时举行。面对新形势，我们在“十二五”新的起点上，要继续深入贯彻落实科学发展观，承担改革发展新阶段、新任务的历史使命，进一步推进发挥信息化在勘察设计转型升级、技术创新、管理创新和实现可持续发展方面的重要作用。希望这次受到表彰的信息化建设先进单位再接再厉，做出新的成绩，争取更大的荣誉。我深信，在行业协会和会员单位的大力推动下，在行业专家和信息化工作者的共同努力下，工程勘察设计行业信息化工作必将更上一层楼，信息化建设取得令人瞩目的新成就。

(2010年11月28日)

在市政工程总承包经验交流会上的讲话

中国勘察设计协会名誉理事长　吴奕良

市政工程设计分会在成都召开工程总承包经验交流会，比第一次在兰州召开时有很大的发展。众所周知，市政设计院是由给排水专业设计发展起来的。目前已发展到道桥、煤气热力、环境工程等。道桥发展不是非常快，交通部的桥梁实力雄厚些，市政要有自己的专长，如果市政院没有自己的专有技术，没有自己的产业链，仅仅只做设计，市场空间就狭小，发展就跟不上时代。工程设计已经进入现代化的阶段，现代化就要有现代化的思路，就要有现代化的技术，要有现代化的管理，要有现代化的软件平台。如果设计单位都没有上述现代化的条件，那我们做出来的工程也就达不到现代化的水平。因此，努力提升市政设计单位现代化的综合能力是改革的重要方向。

工程设计单位的改革有几条成功的经验："一业为主，两头延伸"，就是其中的重要方面。20多年来，工程设计单位的业务一头向工程咨询延伸，工程咨询发展很快，成绩斐然。工程咨询协会常务理事单位基本上均是设计单位；另一头向工程总承包延伸，经过二三十年的发展转变，工业院已基本上走向正轨成为可持续发展之路。市政院有一定发展，但不够快，今天讨论市政院的工程总承包工作，确实落后于时代了，在座的院长会不会有危机的感觉，"一业为主，两头延伸"的政策提了很多年，但没有跟上步伐(袁纽同志插话：希望市政院的同志们利用化工、石化已经进入国际市场的种种优势，可以找我们帮忙，结对子，快速结对子)。现在，工程总承包的收入已占全行业的收入的60%以上，如果不实施两头延伸，设计院没有今天的发展成绩，从数字看，说明转变设计院的生产增长方式是非常重要的。工程总承包的确是设计单位转变经济发展方式的主要途径。比如成达工程公司，工程总承包的收入超过了设计的收入，每年达上百亿元人民币，而且国外的收入超过国内的收入，基本上吃国外饭，这么一个转变，如果没有两头延伸的支撑是无法实现的。

另外，在计算机应用上也有很成功的经验：我们甩掉了图板，还要甩掉蓝图，现在提倡低碳经济，硫酸纸有污染，现在一张光盘什么都搞定了。就像袁会长说的数据库，我们可以把很多东西放到数据库里。还有标准化，三维数字模型设计，一个工程完成后，基本上没有浪费。我觉得市政设计院在三维模型应用上有点落后了，现在是人手一台二维，协同设计，协同管理水平不高，要进行工程总承包还差得很远。要加快三维设计和工程控制软件发展的步伐，把基础工作提升到工程管理高端水平上来。

再一条经验就是工程勘察向岩土工程转变，效果特别显著，其收入已占70%以上。市政设计院勘察专业也要加快向岩土工程转变。但现有的勘探装备太落后了。现在是小型钻机当家，到处打眼，数据并不精确。这么多地质灾害，如果装备不先进，没有大型高尖仪器，就很难对付越来越严重的地质灾害。所以装备提升问题，就成为勘察岩土企业发展的关键，市政设计院勘察系统也是有装备问题。要抓紧引进和制造先进设备，提升装备现代化水平。

在发展工程承包中，还有几个方面要协调进行：

一是单有技术还不全面，还要有设备的连接。钢铁设计院不但有技术也有设备，工程承包发展迅速。机械设计院在工程总承包中就是以设备为主，已走向世界。现在成达公司也与设备制造商联手，运用工程技术把装备带出去。现在市政院给排水有什么好的设备，路桥有什么设备，要提升。高铁通过技术带出整个线路的设备，既有技术也有装备。设计院和设备制造商联合起来，打到国外去。有了技术，有了装备，还要有标准。现在国内的标准国外不太认，标准太低，特别是材料标准、设备标准、节能减排、环境保护等一些标准。市政院要打出去，首先把国际上的标准收集起来，拿来参照一下，提高标准水平。化工标准基本上国际化了。专有技术+设备+标准+程序这一套都要有，工程总承包才能走向正规。我问过化八院的曹总，你在国外承包了那么多工程，最缺的是什么，他说，以前缺融资，现在这个问题解决了，最缺的是信誉，是国外业主对你的信心，因为我们在国外承包工程的时间较短，信誉比不上老承包商。我们有发展，但也有很大差距，要迎头赶上。

二是工程总承包事业是设计单位可持续发展的重要途径，也是行业协会的一项重要工作。特别是行业协会要抓好人才培训工作，栗元珍同志为此做出了很大努力，各位院长要积极支持分会工作，把工程承包作为分会的一项主要工作来抓。基本建设有个客观规律，这个客观规律就是要有一个总包单位和一批项目管理人才来负责承担。如果一个工程大家都在那里打乱仗，没有一个单位和项目经理来牵头，那怎么行呢？我们看了日本的总承包，他的建筑队伍全部是专业化的，路桥有路桥的专业公司，地基有地基的专业公司，墙体有墙体的专业公司，混凝土有混凝土的专业公司，全部都是专业化的。他要建起一座大楼，他有二十几个专业公司在那里配合，这样的话，它就产生了一个专门的总包单位和项目经理，这个项目经理就要与二十几个专业公司协调、合作，保证质量、保证进度。怎么交叉，怎么完成，项目经理是相当相当重要的。这样的项目经理就必须是懂技术、会管理的高端人才。我们行业已经培训了几万名这样的项目经理，市政院要加强这方面的人才建设，尽快培训一批这方面的高专人才。

三是市政设计院还是要以专业化为主，不要过于追求大综合，有本事可以跨越某些相近行业。美国注册工程师就是这样的，只要你有能力，你就可以跨行业，你要签字负责，出了问题，就承担法律责任。市政院要走专业化的道路，要有专有技术、专业设备，也可以联合。我有这个技术，你有这个设备可以联合，形成了一个产业链，这样才能把整个行业发展起来。市政设计院需要转变生产方式，按照市场的导向，按照市政建设的规律，提倡为工程建设全过程服务，那就要抓住专业承包这个方向去发展。要坚持“一业为主，两头延伸”的发展思路，发挥专有技术的长处，形成品牌技术和名人效应，这样才能形成拳头，占领市场，发展自我。

希望通过这个会议，大家好好研究一下，把市政院定好位。如果定位不准，目标就不好确定。有了目标，还要有思路，如果院长没有思路，那长远发展就无从谈起。现代企业家要有企业家的思路、要有企业家的战略、要有企业家的文化、要有企业家的本事，所以我们院长要认识到自己的地位，带领设计院前进，不能停留在单一设计上。这样的话，市政院的潜力还是蛮大的，现在全行业人均产值60万，如果大院达不到这个数，那院长就不好交差。同时，还要记住一个最基本问题，就是不能把企业精神、企业文化最基本的东西丢了，不管你过去怎么样，如果把最基本的东西丢了，你这个企业长不了。我们要办一个企业，要长远发展下去，院长要有一个智囊班子，要人尽其才，把人才战略提起来，把雄心壮志提起来，和企业文化融为一体，我相信我们的市政院就一定能够赶上或超过先进工业设计院。

(2010年6月10日)

加速技术装备革命　促进勘察行业快速发展

中国勘察设计协会名誉理事长 吴奕良

中国勘察设计协会工程勘察与岩土分会今天在武汉召开五届三次常务理事会，内容很丰富，具有实际指导作用，是很重要的一次会议。但我还感到提升装备技术和制定先进标准是行业当前发展的重中之重。如果装备技术落后、标准缺乏先进性，贯彻落实科学发展观和实现勘察行业价值的提升和持续发展就无从谈起。在这次会上我就装备革命为题讲几点意见，希望能得到大家的共同认识，把装备技术提升到现代化的水平上来，提升到国际先进水平上来，以优良的装备技术和先进的标准去参与国内外市场竞争，提高行业的综合核心竞争力和国内外的社会地位。

改革开放以来，我国岩土工程勘察技术水平取得了较大的进步和发展，勘察设计单位在改革开放中逐步实现了平稳过渡、效益增长、和谐发展的新局面。当前岩土工程勘察行业正面临着全球化竞争的环境，在科学发展观的引导下，调整装备结构、更新技术标准、提高综合素质、加速装备现代化，已成为勘察与岩土企业生存和发展的紧迫需要解决好的新课题。

一、勘察技术装备现状

建国以来，国内工程勘察单位和勘察装备生产厂家艰苦奋斗，自力更生，开发完善钻机、钻具、室内和原位测试的仪器设备，在一定程度上提高了勘察精度，减轻了劳动强度，满足了各类工程的要求，在技术上逐步缩短了与发达国家的差距。

从改革开放到20世纪90年代中期，我国勘察行业在设备更新方面的工作做得相对比较好，许多大中型勘察单位纷纷自主开发或引进了一系列先进的测试设备，如：在原位测试方面，许多单位都研制或购置了旁压仪、十字板剪切仪、数字化静力触探仪；在室内试验方面，研制或购置了三轴剪切仪、电动直剪仪，开始使用试验、测试的自动采集技术等。

但是，近20年来，我国勘察行业设备更新方面发展相对缓慢，许多勘察单位的装备水平还停留在上世纪末的水平。这里除了勘察企业管理者的重视程度和企业经济实力的原因外，还有企业难以摆脱的外部环境因素的影响，主要是市场恶性竞争、收费标准不尽合理(以钻孔进尺为基数)、合同工作周期短(不允许进行深入的勘察测试试验分析)、市场合同价格普遍偏低，由此大大降低了企业购买和研发能力，设备仪器制造一直未能形成持续发展的产业，高端品牌产品少，相关的设备研发未成体系，使得现有的勘察技术装备和技术标准得不到更新。

我们从以下几个方面来看我国勘察行业装备水平现状。

1. 取样技术装备

我国勘察单位许多钻探设备更新速度非常缓慢，大量小型钻探设备的泛滥加剧了市场的无序竞争，制约了先进钻探机具的引进和推广。目前，许多特殊岩土的取样技术不能满足精细化的工程技术需求；致力于研究开发先进钻探、取样技术的勘察单位大量减少；相关专业制造厂商的设计、工艺基本仍是在十多年前的水平，研发的新技术、新产品很少。现有钻探设备的工作效率相对较低、自动化程度不够高，针对国内不同地区岩土条件的钻探、取样装置的研制基本停滞。与国外发达国家相比，差距较大，国外全液压式钻机自动化程度很高，而且钻探质量控制好，不仅效能高而且工作条件优越。

2. 原位装备

由于取样及其储运扰动对岩土天然工程性状的不利影响，行业技术发展的导向是尽可能多地采用原位测试手段，如旁压、静探、标贯、动探、扁铲、十字板及各种工程物探设备等。因此，工程勘察企业应根据业务和工作地区的情况，着力配置先进的适用装备。现有国产原位测试装备及产品的升级研发还不能高质量地全面满足各种条件下的岩土特性测试需求，设备的自动化和数字化程度低，在全天候性能稳定、适用于各类岩土条件方面，仍存在不同差距。由于企业内外部因素，较全配备关键原位测试设备的单位不多，有条件的单位要从战略上考虑，引进或与国内制造商共同研发关键的原位测试设备，如现场钻孔剪切设备，自动化、数字化程度较高的动力触探和静力触探设备等。同时，要大力提升工程物探的应用研究和工作能力，努力提高工程物探的准确性和可靠性，使之更加广泛和更加深入地发挥物探技术的作用和效益，特别是在山区和地质构造复杂场地更要发挥物探的优势。

3. 试验装备

国内一些大型勘察单位已经建立了土工试验自动化采集和自动控制系统，并实现了试验成果的共享，减少了人为因素的干扰，提高了室内试验的精度。但由于市场竞争原因，许多中小型勘察单位没有足够的资金投入到室内试验的装备更新和升级，土工试验装备老化、手动化、精度差的现象依然存在。

4. 测量装备

GPS技术为测量专业带来了一次技术革命，许多勘察单位也开始使用实时动态测量技术(RTK)等先进测量技术和装备，极大地提高了工程测量的工作效率。但是，目前还有相当多的单位的测量技术设备停留在全站仪、水准仪的水平上，工作效率低下，无法承担大型和复杂条件下的工程测量任务。

我们应该清醒地认识到，与欧美发达国家相比，我国的勘察行业的技术和装备水平相对落后。随着我国经济建设不断发展，国际化招标和新的低碳经济的建设项目对勘察设计的要求越来越高，勘察设计企业面临的竞争压力将会越来越大。有鉴于此，为了改变技术落后造成的竞争力不足，除了加强人才的培养，理论体系、技术标准的创新外，必须加大装备技术的更新力度，进行一次装备技术的革命。

二、装备革命的必要性和建议

推行勘察装备的革命，既是提高勘察技术工作的深度与精度的需要，也是提高工作效能、企业效益，实现安全生产、体现以人为本的需要。优良的装备也是工程勘察不断发展和提升所必需的重要基础。

在当今市场经济的大潮中，在国内国际市场一体化融合的过程中，努力推行勘察技术装备的现代化革命，必将推动行业的技术进步。经济效益好的大型单位应带头推行装备革命，依靠先进的装备抢占市场，促进产业结构调整；依靠先进的装备深化技术服务能力，提高勘察工作效率，促进工程勘察行业技术创新。

加快勘察装备的更新步伐，大力提高行业的技术装备水平，改变技术手段的落后面貌，建议从以下几个方面采取措施。

(1) 着力提高钻探和原状土取样、室内试验和原位测试的技术水平与装备水平，丰富技术装备种类，进一步推进勘探、取样设备和测试等产品的自动化、标准化、系列化，使之与时俱进，更加科学化。

(2) 加速测试装备的自动化、数字化和智能化。现代测试技术较传统机械式的测试技术已发生了根本性的变革，在符合岩土力学理论和满足工程要求的前提下，广泛吸收现代电子技术、传感器技术、计算机技术的最新成果，将电测技术与信息处理技术结合在一起，制成智能化仪器，应用于工程实践。近年来，我国工程物探顺应了这种变革，开发了适应工程需要的新技术、新方法、新领域，并与岩土工程测试密切结合，逐步显示出了它的生命力。由于工程物探具有精度高、成本低的特点，在结合工程需要，探测诸如基岩面、地下洞穴、孤石、管线、古墓、防空洞、桩身缺陷、破碎带、漏水点等目的物探方面，已成为岩土工程勘察不可缺少的技术手段。

(3) 积极研制新的水文地质钻探设备，改进钻探工艺。提高钻机的机械化、自动化水平，向全液压、仪表化的方向发展，不断研制适应不同地层的新型钻头及相应的辅助设备。近十几年来，水文地质专业不被重视，技术装备更显落后，甚至后继无人，这次南方抗旱救灾就是见证。作为工程勘察的一门专业，更要加强装备和技术的更新，特别是标准的更新。

(4) 加速勘察单位的信息化建设步伐，推行项目管理系统，实现资源共享，协同勘察设计，有计划地开发具有自主知识产权、面向日益复杂工程问题和多样化的岩土工程分析技术与软件，实现勘察设计科技水平和产品服务科技含量的新提高，提升工程勘察行业的社会价值，促进工程勘察行业又好又快的发展。

综合上述，我们要共同努力，在加大自主研发创新的同时，争取在某些发达国家放宽高新装备技术对华出口限制的时机，结合自身的实际，加大投入或引资购置一批现代化的岩土装备技术，进行消化、吸收、再创新，使我国的勘察岩土行业的装备实力和技术功能进入国际发达国家行列，为我国现代化建设做出新的贡献。

(2010年6月18日)

继往开来，为开创协会工作新局面做出新的努力

——中国勘察设计协会2010 年下半年及近期工作的重点

中国勘察设计协会秘书长　王子牛

今天上午，我们召开了协会的新一届会员代表大会，通过了工作报告和修改后的协会新《章程》，按照章程的规定和大会程序，选出了协会的第五届理事、常务理事、正副理事长、正副秘书长，推举了名誉理事长，聘请了新一届顾问等，完成了协会的换届工作。我们都深感历史使命的神圣和肩负责任的重大。“而今迈步从头越”。第五届理事会将竭尽全力地为行业的发展做出贡献，继往开来，努力开创协会工作的新局面。

现在，根据王素卿理事长对今年下半年工作的考虑和通过征求部分会员单位意见提出的协会近期工作重点，向大家作汇报，听取大家意见，以达成共识，形成合力，为开创协会工作的新局面开好头，为勘察设计行业又好又快发展做出新的努力。

一、关于2010 年下半年协会的工作安排

今年年初，各同业协会以及协会的各个分会、工作委员会在总结2009 年工作的基础上，已经提出或制定了2010年的工作计划并做出了安排，一些工作事项正在具体组织实施，从目前看，有的已可能取得或接近预期成效。请大家按各自的工作计划继续进行。从工作年度来看，现已时间过半，希望抓紧推进与落实。今年下半年，中国勘察设计协会换届后重点要开展调查研究工作，简要概括为十六个字即“开展调研，厘清思路，明确目标，促进发展”。调查研究是做好任何工作的一个必要前提和重要的基础，是制定阶段性工作目标的基本依据。大家知道，我国为应对国际后金融危机时期经济社会的发展，中央把加快经济发展方式转变作为深入贯彻落实科学发展观的重要目标和战略举措，提出了必须紧紧抓住机遇，承担起历史使命，毫不动摇地加快经济发展方式转变的新要求。

工程勘察设计行业的一些先进企业积极拓宽业务领域、发展战略性新兴产业，推进工程服务业与制造业有机融合以及在管理体制、经营模式方面深化改革的新一轮探索正在兴起。新形势、新任务、新情况对协会今后如何为行业科学发展提供更加有效的服务，如何为企业提升市场竞争力、增强发展后劲提供更加有力的支持提出了新的课题。为此，协会拟利用3个月左右的时间，围绕四个重点课题开展调研，进一步厘清工作思路，提出协会深入贯彻落实科学发展观，促进行业发展的工作目标。调研的主要课题是：

(1) 工程勘察设计行业在落实节约资源和保护环境基本国策、在工程建设项目实施中履行节能减排工作责任制和保证工程建设项目质量、安全的现状情况；持续提升工程勘察设计工作节能减排水平，确保工程建设中勘察设计质量、安全的建议、对策以及长效机制架构；勘察设计企业如何迎接低碳经济将成为新的经济增长点这一挑战；协会在上述工作中应提供哪些服务。

(2) 工程勘察设计企业的技术创新、管理创新的现状情况，行业协会在企业技术进步方面要加强哪些工作，在技术标准、规范的建设中协会的地位、作用与应有的作为；企业的专有技术在行业内应如何取得确认，为推进行业技术进步应建立怎样的机制并切实保护专有技术拥有企业的权益。

(3) 建立良好的工程勘察设计咨询市场秩序当前需要解决哪些主要问题及应采取的对策，协会应在哪些方面发挥作用；协会在执业队伍、行业自律、诚信建设、企业文化建设方面应如何加大工作力度。

(4) 协会的各分会、工作委员会、各部门、行业协会同业协会和各地方同业协会，在协会第五届理事会(2011年至2014年)期间各自的促进工程勘察设计行业改革发展的工作思路及目标；并提出对全行业发展改革思路及工作目标的建议。这次的调研工作以各个同业协会、大协会的各分会和工作委员会为单位组织进行，在上述4个调研课题的基础上，结合实际，细化提纲，扎实开展，于9月底提出调研报告。中国勘察设计协会将与此同时进行全行业面上的调研与某些专题的深入调研工作，并将在11月份组织召开行业发展研讨交流汇报会，总结调研成果。通过多层次、全方位、相互配合的调研和研讨活动，达到摸清行业底数，明确重点诉求，完善工作思路，提出发展目标，制定措施办法，促进行业发展的目的。

二、对近期协会工作重点的考虑

中国勘察设计协会近期工作的指导思想是：深入贯彻落实科学发展观及

国家有关产业政策，积极推进工程勘察设计行业结构调整和企业创新，发挥协会“提供服务、反映诉求、规范行为”的作用，做好行业的代表，当好政府的参谋和助手，搞好为行业和企业的服务，抓好节能减排等创新技术措施的推广，加强行业自律和协会自身建设，推动工程勘察设计行业又好又快地发展，进一步加强制度建设，开创协会工作的新局面。

(一) 以科学发展观为统领，落实节能减排基本国策

工程勘察设计作为工程建设项目的先导和灵魂，是把科学发展观落实到投资运作全过程的重要载体，是在工程项目中落实节能减排国策的关键环节。拟在调研后抓紧以下工作：

第一，开展“节能减排创意行动”。以节能减排创新技术的工程化为支撑，以鼓励创新、推广典型、运用有关产业政策等为措施，大力推进工程建设事业低碳发展和实现我国节能减排的国际承诺。如组织“节能减排”专题调研，总结先进经验，开展“节能减排创意行动”，举办工程勘察设计行业节能减排的专题论坛和节能减排的技术产品展示会等活动。

第二，加强工程勘察设计节能减排工作机构的建设。技术措施的落实要以组织落实提供保证。将筹备组建或充实协会现有的工作机构，组织节能减排的专家团队，积极参与区域的、行业的、专业的战略发展规划、政策法规、标准规范的编制，协助政府管理部门修订有关节能减排的标准和规范，制定相关的技术措施，发挥工程勘察设计在落实节能减排国策中的桥梁纽带作用。

第三，引导节能减排工程技术发展的方向。在“评优”活动中要增加技术创新及节能减排在标准中的权值，研究设置“节能减排的专项优秀项目”，开展节能减排的专题宣传和培训教育，组织国内外节能减排先进技术的交流，引导和推动节能减排工程技术发展的方向。

(二) 以优质服务和工程项目质量、安全、节能减排的重点，推动技术创新，以优质的服务，推动技术创新和保证工程质量安全

协会要开展多种多样的技术咨询与交流活动，组织企业积极开展技术服务，以国家及社会关注的工程项目质量、安全、节能减排为重点，持续地推动技术创新。

第一，提高工程勘察设计在创新体系中的地位。鼓励企业加大技术创新的投入，鼓励企业拥有更多自主知识产权的专有技术，鼓励创新型人才的脱颖而出，鼓励参与“产-学-研-设”创新体系的建设，积极反映行业诉求，向政府建言献策；大力宣传工程设计将创新技术转化为现实生产力的重要作用，促使工程勘察设计行业在国家创新体系中取得应有的地位。

第二，促进工程勘察设计质量的不断提高。质量是工程建设的生命，是工程勘察设计企业安身立命的重要基础。协会要继续加强对企业质量管理体系建设的指导，建立企业改进质量管理体系有效运转的自律机制；协会将继续推广“三标一体化”认证，组织交流保证质量、安全的管理经验；组织交流在施工图审查中发现“常见病、多发病”的讲座及培训，将共性的有效的防治措施纳入标准的修订内容，在持续改进和创新中提升工程勘察设计的质量管理水平，从源头上保证工程的质量安全；协会将对质量管理工作委员会的职责进行调整，加强行业质量管理研究，引导企业持续提高工程质量，进一步确保工程建设项目的质量、安全和环保健康。

第三，发挥“评优”对创新和质量的引导作用。协会将加强“评优”工作的组织领导，完善“行业优”评选标准及办法，注重工程建设项目技术创新的含量、技术经济和质量管理的效果，研究专题优秀项目的设立，开展典型工程项目讲评和典型事故剖析交流活动，鼓励和引导技术创新，推动节能减排和环保，引导循环经济和低碳发展，促进企业技术、管理水平提高，增强市场竞争的实力。郭允冲副部长十分重视评优工作，最近做出专门指示：“评先评优三原则：一是保证质量，要高标准、严要求；二是程序要公正、公开、公平；三是数量要少，数量多了，就要发生你好我好大家好，送人情。”对此，我们一定要深刻领会，在开展评优工作中认真、切实地贯彻落实。

(三) 推进信息化管理创新，使行业技术进步登上新台阶，以信息化建设带动工程勘察设计水平的提高

在新的形势下，要继续推进信息化管理创新，努力跟上国际先进水平。把工程勘察设计行业的信息化建设提升到新的高度，带动行业技术进步，登上新的台阶。

第一，编制《“十二五”工程勘察设计行业信息化发展规划纲要》。要在总结《“十一五”信息化发展纲要》实施的基础上，调研行业的现状和尚待解决的问题，确定发展方向，找出现状差距，组织编制《“十二五”工程勘察设计行业信息化发展规划纲要》，提出建设思路，明确发展目标，制定相关标准，确定工作进度，推动逐年落实。

第二，创建行业、专业、地方的信息中心。研究行业、专业、地方信息中心的创建，推广适合国情的信息化管理平台软件，加快实现资源共享、协同设计、协同管理的步伐，促进管理手段的信息化。

第三，推广国产二维CAD平台软件的应用，推进使用正版软件。以典型引路的方法，推广信息化的先进应用经验，支持以服务工程勘察设计行业为目的的国产CAD平台软件协会、国产应用软件联盟，大力推广国产二维CAD平台软件。通过与主管部门、国内外软件商、有关协会和使用单位的多方协作，加强行业自律，继续积极推进软件正版化工作，更好地保护知识产权。

(四) 以坚持市场化导向，推进行业发展，坚持市场化改革方向，推进市场化改革进一步深化，是增强行业活力和实现可持续发展的重要前提

第一，坚持市场化、社会化的改革方向。要通过总结行业30年来改革的经验，参与《工程勘察设计行业“十二五”发展规划》的编制以及有关行业发展的课题研究，继续推进行业市场化、社会化的改革，引导企业在市场竞争中快速成长。

第二，推进工程总承包和项目管理。通过组织行业内外的工程总承包和项目管理经验的交流，积极推进市政等行业开展以设计为领衔的工程总承包和项目管理。加强与主管部门的沟通，继续做好项目经理资格考评工作，加强项目管理人才的培养，为行业实施“走出去”战略发挥作用。

第三，探索专业技术人员注册后执业的规范管理。协会拟成立专门的注册工程师执业管理研究机构，开展专业技术人员注册后执业管理的研究工作，厘清注册执业人员责权利的关系，探索加强执业管理的方式方法，协助政府部门进一步规范注册执业人员的行为，提高执业人员遵纪守法、尽职尽责的自觉性。

(五) 坚持服务宗旨，加强自身建设

协会必须认真贯彻落实党和国家的方针政策，履行“提供服务、反映诉求、规范行为”的职能，全心全意地为工程勘察设计行业服务，坚持务实高效地为行业办实事、办好事，推进行业的健康发展。

首先，努力有所作为，提升行业地位。协会将通过多种形式的咨询服务工作，在政策上、法规上、技术上、管理上和市场上等方面做出积极的贡献，发挥好政府与企业之间的桥梁纽带职能，凸显工程勘察设计在工程建设领域贯彻落实科学发展观的独特作用，努力提升行业的知名度、影响力和社会地位，为行业的科学发展拓展空间。

其次，加强沟通协作，提高服务效能。协会要加强与各级政府、各同业协会以及兄弟协会的沟通与协作，进一步加强对办事机构、分支机构、代表机构和实体机构的管理与指导。根据协会工作实际需要，适时对下属机构及人员进行调整，搞好各级“班子”建设，明确职责，加强思想、业务、作风、制度等方面的自身建设，弘扬学习风气，提高协会工作人员的政策水平、业务素质、工作能力和整体服务效能。

第三，发挥媒体、网站作用，通畅业内信息。加强对协会及各分会网站及刊物杂志出版的指导，加强与媒体的沟通，合作设立行业专版，为行业和企业的发展提供灵敏、准确、便捷、高效的服务，及时报道协会活动，宣传行业先进典型。

2010年是“十一五”计划的“收官”之年，又是协会第五届理事会承前启后、创新发展的开端之年，现在年已过半，我们希望各同业协会，各分会和工作委员会抓紧时间工作，调查研究先行，全体会员单位给予积极、认真的配合，群策群力，团结协作，在科学发展观指引下，协会要切实做好行业的代表，当好政府的参谋和助手，搞好为企业的服务，加强行业自律和协会自身建设，为行业又好又快地发展做出积极的贡献，共同谱写行业发展的新篇章。

(2010年7月6日)

在中国勘察设计协会信息化工作会议暨工程设计计算机应用工作委员会2010年年会上的讲话

中国勘察设计协会秘书长　王子牛

全行业的信息化工作会议是按年度召开的，今年比以往更具有特殊意义，因为当前正值“十一五”即将结束，“十二五”即将来临。在“十一五”期间，我国工程勘察设计行业信息化建设发展迅速，成绩显著，有许多企业在探索和实践中都取得了成功经验，值得全行业交流和借鉴。召开这次会议，正是为了总结好“十一五”行业信息化工作，筹划“十二五”发展大计，进一步提升水平，推动全行业技术进步。经过这两天的会议交流，取得了很大收获，主要有以下几个方面。

一、认真总结经验，明确今后发展方向

本次会议得到了有关部门和领导的关心和重视。广西自治区住建厅杨栋处长向我们介绍了广西建设发展的情况，国家版权局的赵秀玲处长介绍了我国在知识产权保护方面的有关情况和政策。吴奕良名誉理事长结合行业现状谈了正版化、三维CAD技术和白图替代问题，特别提出，希望大家居安思危，用更大的决心和勇气走出一条自主化的信息化道路。

在会上，计算机应用工作委员会王彦梅主任做了关于“十一五”期间工作总结以及下一年度工作设想的报告，并重点介绍了《“十二五”工程勘察设计行业信息化工作指导意见(讨论稿)》，以便于更广泛地征求意见。计算机应用工作委员会作为中国勘察设计协会的二级组织，工作十分努力，成绩非常出色，在提高全行业信息化应用水平上做出了重要贡献。无论是在推广国产二维CAD平台软件、推进企业软件正版化和信息管理系统创建，还是在白图替代蓝图、软件评优、软件测评上都做了大量工作，取得了很好的成果。王主任在讲话中还对“十二五”工作提出了高端引领、深化应用、因地制宜三个主要指导思想。

中国勘察设计协会王素卿理事长做了重要讲话。她的讲话全面、深刻，具有重要的指导意义。讲话既指出了行业取得的成绩，也指出了存在的不足，还对行业下一步发展提出了六点建议。王理事长在讲话中特别指出，面对新形势，我们在“十二五”新的起点上，要继续深入贯彻落实科学发展观，承担改革发展新阶段、新任务的历史使命，进一步推进发挥信息化在勘察设计转型升级、技术创新、管理创新和实现可持续发展方面的重要作用。

这次会上，还向荣获“十一五”期间工程勘察设计行业实施信息化建设先进单位奖的116个单位颁发了证书和奖牌。多家受表彰的单位分别介绍了经验。相信这些先进单位的做法和经验，一定会对其他单位有所启发，对今后推动行业的信息化发展、提高信息技术的应用水平都会起到积极的促进作用。同时，我们也向获奖单位表示祝贺，希望你们再接再厉，保持领先优势，创造新的业绩。

二、积极推进，共谋发展

推进行业信息化建设，是多年来协会的重点工作，目前取得了显著成效，在各个专业领域都十分重视。从召开这次会议的情况来看，参加非常踊跃，人数超过了280人，到会单位有100多家，不仅有各地方和各部门勘察设计同业协会的负责同志，还有来自于建筑、水利、电力、石油、石化、煤炭、铁道、公路、冶金、机械、船舶、航空航天、军队等各行业的勘察设计单位；而且还有为勘察设计行业提供服务的国内外主要软件厂商，绝大多数都参加了大会交流和产品推广介绍。这次介绍的新技术、新产品非常丰富，涵盖了咨询、设计、管理、安全等，面向高中低不同层次的需求。特别是对大家关心的最新信息技术，如：BIM、信息安全、云计算等方面，都安排有专题报告，结合实际应用进行论述。会议还特邀了台湾都市计划技师公会联合会的张吉宏理事长介绍了台湾同行的信息化建设情况以及需要注意的问题。这次会议是全国勘察设计行业的一次盛会，表明大家对信息化建设重要性的广泛认同，以及对协会工作的大力支持。

三、发展步伐加快，成效显著

这次会议一共安排了29个专题报告，从中可以看到，近年来信息技术发展

迅猛，应用水平明显提高。主要反映在：一是三维CAD技术、协同设计得到进一步推广，建筑信息模型在少数工程项目中进行应用实践，例如，机械六院在杭州卷烟厂设计项目中的实际运用取得了较好效果。二是勘察设计企业更加重视建立信息管理系统，借助于专业公司的研发力量，提升企业管理水平，规范工作流程，确保安全质量，经过不断探索，实际效果越来越好。三是国产软件研发水平明显提高，以中望和浩辰为代表的国产软件公司，在不断完善二维CAD产品的技术上，开始进军三维软件领域，从他们的报告中可以看到，已经取得了初步成果，未来前景充满希望；CAXA软件公司凭借比较雄厚的技术实力，在推进大型企业三位协同、总承包及项目管理方面取得了明显成绩，赢得了客户称赞。四是专业软件在研发方面更趋成熟，例如纬衡公司开发的协同设计软件系统，将知识管理理念贯穿到信息管理系统；特别是在建筑节能方面，以斯维尔软件公司为例，在节能设计方面发挥了良好的辅助作用，值得行业关注。

通过这两天的交流，可以说学到了许多经验，启发了思路，开阔了眼界，明确了方向，坚定了信心。

四、几点希望

一是要加强学习，及时了解新的信息技术发展动态，从实际出发，制定企业信息化发展规划。在信息技术迅猛发展的今天，我们都面临不断学习的任务，要结合各单位自身的实际，研究本系统的信息化建设方向和实施方案，关注三维技术的应用。很多有前瞻意识的单位已经在一些工程上尝试应用，既锻炼了队伍，又提高了效益，体会到其优越性。

二是要重视企业管理信息系统的创建工作，注意切合企业实际状况，循序渐进，坚持不懈。近年来，许多企业开始创建和应用管理信息系统，以此来解决企业资源和系统整合问题，实现企业管理的规范化，提高工作效率。但是要注意，必须有针对性地制定不同类型的实施方案。尤其要注重中小型企业的需求，信息系统应当更符合工具化、模块化、产品化、人性化的要求。在这方面，施惠特公司针对中小设计院在人力、资金方面资源短缺的特点，提供适合中小单位接受和应用的信息系统，这种探索是值得肯定的。

三是坚决执行软件正版化，尊重知识产权，制定落实计划。开幕式上赵秀玲处长对国家对于正版化工作的进展和决心已经做了介绍，我们一定要认清形势，加快正版化的步伐。实际上，国产软件日趋成熟，已经为我们提供了更多的选择方案，我们提倡用国产软件促进软件正版化。

四是勘察设计企业与软件开发公司之间要密切合作。软件开发企业应当树立与设计单位互惠共赢的思想，开发更好、更实用的产品；同时重视提高服务质量，实用的产品、务实的服务是成功的关键。此外，各软件开发企业也应当加强同行间的团结与合作，共同推进我国软件事业的发展，注意避免类似腾讯与360之间的内耗纷争。

五是要积极参与，共同促进行业发展。在这次会上印发了《“十二五”工程勘察设计行业信息化工作指导意见(讨论稿)》，希望大家给予足够的重视，多提宝贵意见和建议，这是关系到未来五年行业信息化建设的战略布局，希望将来正式颁发后能够切实发挥指导作用。

各位代表，这次会议在大家的共同努力下取得了圆满成功，我代表中国勘察设计协会向大家表示衷心的感谢！会议在南宁召开，得到了广西自治区建设厅、勘察设计协会的大力支持，我也代表大家向他们表示衷心的感谢！

2010年即将过去，“十二五”的大幕即将开启，让我们共同努力，加快推动行业信息化进程，为勘察设计行业又好又快发展贡献力量。

（2010年11月29日）

中国勘察设计协会第四届理事会工作报告

（中国勘察设计协会第五届会员代表大会2010年7月6日表决通过）

第四届理事会副理事长兼秘书长 郑春源

现在，我受吴奕良理事长的委托，代表中国勘察设计协会第四届理事会向大会做工作报告，请审议。

一、工作回顾及主要经验

第四届理事会自2000年9月成立以来，始终坚持以邓小平理论和“三个代表”重要思想为指导，认真贯彻党的十六大、十七大精神，坚持深入贯彻落实科学发展观，坚持解放思想，坚持改革开放，努力做到与时俱进、求真务实、创建和谐发展环境，坚持协会“提供服务、反映诉求、规范行为”的工作方针，扎实推进各项工作，使协会的凝聚力日益增强，行业发展不断创新。在原建设部和住房和城乡建设部的指导和各同业协会及各会员单位的大力支持与协同努力下，按照《章程》忠实地履行了协会职能，在“服务”、“纽带”、“自律”诸方面工作取得了一定的实效。在推动体制机制改革、促进市场转型、转变发展方式、推进技术进步和提高队伍素质方面做了许多有益的开创性工作，起到了促进企业深化改革和行业又好又快发展的重要作用。

九年多来，第四届理事会主要在五个方面着力开展了务实、有效的工作。

(一) 坚持行业改革为“主旋律”，着力推进市场化方向发展

协会努力促进工程勘察设计行业的改革开放，始终遵循党中央、国务院关于勘察设计单位实行企业化的改革方向，认真贯彻国务院1984年批转给国家计委的设计单位要政企职责分开、实行企业化、社会化的改革要求，积极推进国务院办公厅1999年12月转发的原建设部等六部委关于工程勘察设计单位体制改革的若干意见的落实。为加快实现全行业企业化、社会化和市场化改革，建立企业法人治理结构，建立不同类型勘察设计企业合理的市场分工和定位，建立企业内部有效机制，建立产权多元化，解决改革中产生的各种矛盾，向建立现代企业制度迈进做出了不懈的努力。协会把行业的体制机制改革作为工作主旋律，坚持改革方向，推动科学发展，着眼于国内国外两个市场的需求，倡导企业改革成果共享理念，行业面貌发生了令人振奋的可喜变化。从现有的政府统计资料看，2000年末，全国只有勘察设计单位10 753家，从业人员63.52万人，全年完成施工图投资额13 840亿元，年营业收入总计495.01亿元(其中境外收入15.28亿元)，人均7.79万元。此后的九年，行业取得了较大的发展，一些大型企业积极参与国际市场竞争，20家企业入围ENR世界设计企业200强，民营和外商投资企业数量近1 700家。到2009年末，全国勘察设计单位已发展到14 264家，从业人员127.3万人，全年完成施工图投资额58 832.6亿元，年营业收入总计6 852.9亿元(其中境外收入429.6亿元)，人均营业收入达到53.84万元，大大高于2000年的水平。

行业的企业化改革使工程勘察设计市场化程度大大提高，极大地调动了广大勘察设计人员的积极性和创造性，为企业和行业的发展注入了生机和活力。总之，改革成效斐然，这其中也包括了协会工作的成果。

(二) 转变行业发展模式，着力推进业务两个延伸

为改变工程勘察设计单位业务及功能单一的状况，同国际通行的工程建设运作模式和组织方式接轨，协会大力推动“一业为主、两头延伸”发展业务模式，积极推动勘察设计单位开展投资机会研究、可行性研究等前期服务和积极引导与推动开展为业主提供建设工程全过程、工程全寿命周期的管理服务，以进一步充分发挥设计在工程建设中的灵魂作用。2000年工程承包境内营业收入仅为75.2亿元，占境内营业收入479.7亿元的15.7%；到了2009年工程承包和技术管理服务境内营业收入达到4 143.9亿元，已占到境内营业收入6 423.3亿元的64.5%。工程承包和项目管理已从过去少数行业发展到了20多个行业，承包规模不断扩大，能力明显增强，水平不断提高，一批实力较强的工程公司显示出强大的生命力，近年来年合同额上升到上百亿、几百亿元人民币。

几年来，工程勘察设计行业业务范围拓展，使得勘察设计企业进一步做精做强、增添活力，建立起行业持续发展的有效机制；另一方面也使建设项目从立项的源头起，就做好惠及民生、节约资源、保护环境、为在我国建立循环经济和低碳发展的目标以及项目建成后实现其功能及预期的效益，把科学发展观

落到实处打下一个良好的基础。实践证明，“一业为主、两头延伸”的改革是符合工程建设客观规律、实现行业又好又快发展的一条必经之路。

(三) 引导行业持续发展，着力推进开拓三个市场

随着大型工程勘察设计企业综合实力不断增强，国内资本市场、工程建设市场的不断发展，项目、技术和资本已成为企业发展的主要要素。市场需要项目，项目需要技术，项目和技术需要资金，三者已形成各自独立的市场，但三者又是相互依存，相互制约，相互促进的关系。

协会大力宣传我国以设计为主业的工程公司在国内外市场胜出的经验，推介成达、中冶京诚、石化建设、天津水泥等企业成功的典型案例，组织多种形式交流，引导和推进企业了解与掌握三个市场，提升竞争优势。大力倡导勘察设计单位拥有原创或再创新技术，不断提高的设计水平，作为发展优势的前提，开拓技术市场；以完善工程项目管理、工程承包功能，开展工程建设项目全过程服务，作为发展优势的支撑，开拓项目市场；通过提高融资能力，进行资本运作和从事多种实业工程，作为发展优势的基础，开拓资本市场；以及做专、做精、做强、做出特色，专业化发展等方式，创造优势。引导企业合理地确定市场定位，实事求是地发展优势，推动行业的可持续发展。

(四) 增强行业发展基础，着力推进四个提升

通过总结行业几十年发展的经验，协会认为：队伍素质、信息技术、现代管理和企业形象是新形势下行业发展进步的重要基础，必须坚持不断提升水平、与时俱进地夯实这些基础。

协会以人才是第一资源、是行业第一发展要素的理念，大力开展各种人才的培训活动。如，为了提供人才对转变行业发展模式的支撑，实施“走出去”战略，2005年由石化协会具体操办同澳大利亚项目管理协会合作组织了3期国际型项目管理培训班，42名学员全部获得澳大利亚项目管理和高级项目经理资质证书。在国内自行培训万余人员的基础上，协会发布了《全国勘察设计行业工程项目经理资格考评办法》，并于2007年启动考评工作，有4 254人通过了高级项目经理和项目经理考评。开展这项工作，对行业长远发展和扩大市场领域具有战略性意义，拓展并提升了协会为行业服务的能力。据粗略统计，全行业举办的各个专业培训、讲座、交流和继续教育约20万人次，课题200余个，注重了对管理、法律、财务和金融高端方面的人才培养、引进及其在建设项目中发挥作用。

协会以信息技术是行业发展重要生产力的理念，贯彻信息化建设“一个中心，两条主线，三个为主，四个提升”的工作思路，有序地推进了勘察设计技术手段持续进步，积极推进三维协同技术，建立数据库，实现资源共享；开展专业软件的测评及发布公告与巡展等活动，使二维CAD国产正版软件市场占有率得到较大提升；为保护软件知识产权，坚决执行了关于正版化的规定，努力维护设计单位合法权益。为此，协会做了大量的工作，取得了切实的成效，平息了某些国外软件代理销售商挑起的版权争议，使设计单位彻底摆脱了正常生产工作被干扰的局面。

协会以贯彻公民道德建设纲要、“八荣八耻”社会主义荣辱观和规范行业行为为理念，2002年颁布了《行业公约》《职业道德准则》，2004年发布了《诚信宣言》，2007年发出了《关于印发<全国工程勘察设计单位诚信评估办法>的通知》，推动企业诚信经营为基础，管理创新为动力，员工权责为保证，社会责任为己任的企业文化建设，塑造企业自己的精神和品牌。在勘察和岩土单位开展的试点诚信评估有407家申报，经认真评选316家为诚信单位，引起了全行业和社会的关注，对促进行业自律，建设企业文化，注重社会形象，改善市场秩序产生了良好的影响。

协会把科学、严谨、公正、求实、有序地开展评优创优活动作为推进“四个提升”重要的机制与措施。组织了优秀工程勘察设计项目的“国优”、“行业优”、工程承包和项目管理、优秀QC小组、先进同业协会以及先进个人等多次评选活动。评优创优发挥了引导自主创新、激励人才辈出、推动技术进步、落实产业政策、提升管理水平、提高工程质量、增强企业竞争能力、促进行业科学发展的积极作用。

通过协会及分会和各同业协会不懈的工作，促进了行业自主创新与技术进步，推进了工程勘察设计规范、技术标准的制定与修订。

(五) 激励行业奋发有为，着力推进办好五件大事

协会是行业的代表，也是行业改革发展的引导者、促进者和行业扬帆奋进的激励者。为此，近几年协会主要办了影响深远的五件大事。

一是，精心编撰了《中国工程勘察设计五十年》丛书。在上级主管部门和同业协会大力支持下，协会组织300多名专家，历时4年，经费自筹，共8卷计400余万字的这套丛书于2007年3月完成印刷和出版。该丛书记载了建国50年来工程勘察设计创业和发展的历程，突出了改革开放25年来行业的巨大变化和辉煌业绩，填补了行业史的空白，发挥了汇集史料、明鉴得失、追求发展、促进创新的功能，展现了我国几代工程勘察设计人赤诚的报国之心。全国人大副委员长顾秀莲和原国家建委主任、中央纪委书记韩光同志为此书题词表示祝贺。丛书的面世，得到了业内外各界人士的赞许，激励着21世纪的工程勘察设计人员在科学发展观统领下乘胜前进。

二是，协会联合中国工程咨询协会、中国国际工程咨询协会于2007年成功举办了主题为“咨询发展，设计未来”的《全国工程咨询设计行业发展高峰论坛》。国务院副总理曾培炎亲临会议接见全体代表并作了重要讲话，充分肯定工程咨询设计的重要地位和作用以及在经济社会发展中做出的贡献，对新形

势下行业协会工作提出了明确要求。论坛总结了工程勘察设计行业近30年来改革开放的经验，通过了《北京宣言》。论坛提出，必须尽快把咨询设计工作转到科学发展观指引的轨道上来；必须解决好创新咨询设计理论和方法以及管理制度问题；必须改变咨询设计管理的部门分割体制，创新机制，为企业强盛、人才辈出和解放生产力服务。论坛推动了行业的科学发展和协会工作，扩大了社会影响，提升了工程勘察设计咨询的地位。

三是，2006年协会隆重举行了成立20周年庆典活动，同时召开了第三次理事会会议，原国家建委主任韩光同志发来贺信，住房和城乡建设部领导和有关司局负责同志到会祝贺并讲话，充分肯定了协会20年来的工作和成绩，提出了更高要求和殷切希望。会上对贡献突出的资深协会工作者、同业协会、会员单位、勘察设计企业与设计院和协会工作人员授予相应的“优秀”荣誉称号；总结了20年来改革开放行业的巨大进步、成绩和经验，提出了协会工作的指导思想和任务。会议进行了产权制度改革、国际通行运作模式、信息化建设、技术创新和企业文化等专题交流，宣传了先进经验。庆典活动激励了会员单位发扬成绩、团结奋进、不辱使命、改革发展的坚定信念。

四是，2009年4月，协会与中国国际工程咨询协会举办了主题是“创新发展、走向世界”的《工程总承包和项目管理发展论坛》。由建设项目管理和工程总承包分会承办的这个论坛，旨在贯彻国务院常务会议推进结构调整，转变经济增长方式，发展具有工程总承包、系统集成、国际贸易和融资能力大型企业集团的精神，推动在工程勘察设计行业的深入改革。论坛上，为获金、银、铜奖的优秀工程项目管理、获金钥匙、银钥匙、铜钥匙的优秀工程总承包项目以及获奖项目的项目经理颁发了奖牌及证书。论坛分别以技术为支撑、以成套设备为优势、以项目融资为手段开拓国际承包市场和风险规避四个专题，进行了12个成功案例的声像介绍、现场交流和专家点评，使已有的国际型公司经营思路得到了完善；使有条件的大型专业设计企业创建国际型公司加快了步伐；使一般设计企业特别是中型企业坚定了向项目管理公司发展，逐步走向工程全过程的服务；使专业事务所明确了紧跟国际先进技术，提高职业化水平，走新、精、特、专发展之路，积累与提升专业咨询设计服务的优势。

五是，协会于2009年10月隆重举办了四届三次常务理事会暨国庆60周年全国工程勘察设计行业表彰大会。大会盛况空前，群情激扬，欢歌成就，开来继往。国务院部门、行业23个同业协会和省、市、自治区、军队、建设兵团32个同业协会以及勘察设计单位的代表近400人济济一堂，盛赞祖国的日益富强，回顾行业铸就的辉煌，畅叙改革创新的经验，筹划科学发展的展望。住房和城乡建设部姜伟新部长发来贺信，郭允冲副部长出席会议并发表了热情洋溢的讲话，肯定了工程勘察设计行业60年来的长足进步，空前的变化，取得的辉煌成就，指出了今后行业协会的任务，期望谱写出改革发展新的篇章。伴随着如诗如歌的颁奖词，领导同志为荣获国庆60周年“感动中国工程设计”、“工程承包企业”、“自主技术创新企业”、“民营勘察设计企业”、“具有行业影响力人物”、“现代管理企业家”等六个“十佳”大奖及“业绩显著协会”、“突出贡献协会工作者”大奖的单位和个人颁发了奖杯与证书，并对“作用显著标准设计项目”进行了表彰。会上还总结了四届二次常务理事会5年以来协会的工作，对今年的工作进行了部署，要求协会工作者要继续发扬解放思想，求真务实，真诚服务，团结协作的优良作风，在新的起点上开创行业和协会改革发展的新局面。

五件大事，协会事前广求意见、民主决策，精心筹备、周密安排，举办活动务实、俭朴、隆重、有效。不断地激励起会员单位坚持与时俱进，有所探求、有所创新、有所开拓、有所前进的斗志，为社会主义现代化建设再立新功、再创佳绩的信念；进一步激励起协会及协会工作者坚持服务宗旨、维护行业权益、反映会员诉求的信念，增强自立、自强、自律的自觉性，承担起肩负的使命与责任。

第四届理事会9年多来，我们一直围绕行业改革这个主旋律，积极推动二个延伸，拓展三个市场，增强四个提升，办了五件实事，推进了行业又好又快的发展，同时也得到了会员单位的认可和赞扬。我们在总结本届协会工作的时候，感到虽然取得了一些成绩，但也还有许多不足，离中央的要求和会员单位的期盼还有很大的差距。在回顾成绩的时候，我们要感谢那些为行业改革发展做出积极贡献的协会工作者，他们全身心倾注于工程勘察设计事业，兢兢业业、甘于奉献、报效国家的工作态度，调查研究、建言献策、求实奋进的工作作风，为我们树立了典范和学习的榜样，是我们要继承、发扬的精神财富。为此，第四届理事会向他们表示最诚挚的感谢和崇高的敬意！

二、对下一届理事会工作的建议

为推进新形势下工程勘察设计行业又好又快的科学发展，希望也相信第五届理事会工作会做得更好，更有成效，取得更大成绩，为此，提出以下六点建议。

(一) 要坚持解放思想、改革开放，进一步解放生产力

大力推动和探索勘察设计企业以市场需求为导向，创新发展模式，不断提升技术市场，大力发展工程承包市场，积极开拓资本市场，增强企业综合竞争力。协助政府建立公开和公平竞争的市场机制，促进完善市场准入制度，继续深化不同类型勘察设计企业产权制度的改革，逐步建立符合勘察设计行业特点的产权制度，探求生产力的进一步解放。

(二) 要推动技术创新，促进由设计大国向设计强国的发展，促进“产、学、研、设”创新体系的发育与发展，鼓励和推动不断更新设计理念和提高创新意识

根据勘察设计工作的特点，在推动自主创新的同时还应鼓励集成创新和引进消化吸收再创新。当今，特别要重视节能减排，推进资源节约，保护环境，发展循环经济和低碳经济，在工程建设的源头上，发挥工程设计的主导作用，为我国实现节能减排的国际承诺做出贡献。

(三) 要推进以信息化带动勘察设计现代化

继续推进信息中心的建设，推动勘察设计单位信息化技术的有效应用和国产软件应用水平的提升。实现计算机协同勘察设计和在项目管理、工程管理上应用的效能不断提高。

(四) 要继续注重诚信体系和企业文化建设

诚信是企业文化建设的重要组成部分，通过行业诚信建设及评估使企业职工树立正确的价值观，提升行业及企业的社会地位、社会威望和社会信任度。今后，可在进一步完善诚信评估体系的基础上，在全行业逐步开展。

(五) 要加强队伍素质教育和专业培训

工程勘察设计的主要资产是人才。实施人才战略是提升企业核心竞争力的法宝。要建立符合行业特点的人才建设与人才激励机制，通过多种形式的教育、培训工作，培养适应工程建设需要的高素质的专业化人才队伍。

(六) 要坚持行业自律和承担社会责任

按照中央对协会的定位，建成按照市场化原则、规范运作的自律性组织。围绕规范市场秩序，健全自律性制度，规范会员行为，协调会员关系，在维护行业合法权益等行业管理方面，创新工作职责。同时，还要加强协会自身的思想、组织、业务、制度等方面的建设，成为“提供服务、反映诉求、规范行为”的会员之家，承担起社会责任。

我们要充分认识在新时期、新任务、新形势下所肩负的责任和使命，希望协会全体同仁齐心协力、精诚合作、鼎力相助，做好协会自身建设和行业发展的工作。让我们高举中国特色社会主义伟大旗帜，牢牢抓住发展为中心，践行服务宗旨，以自己的聪明才智，创新思维，开拓奋进，为深入贯彻落实科学发展观，为工程勘察设计行业又好又快的发展，再立新功。

预祝第五届理事会胜利诞生，祝第五届理事会取得更大成绩！

(2010年7月6日)

关于修改《中国勘察设计协会章程》的报告

（中国勘察设计协会第五届会员代表大会2010年7月6日表决通过）

第四届理事会副理事长 李爱民

按照民政部的规定，社会团体的章程在会员代表大会审议、通过之前，首先要经社团登记管理机关预先初步审核并同意。在会前已经发到大家手中并请予审阅的《中国勘察设计协会章程(草案)》，即是经过国家民政部初步核准同意的章程草案文本。

本次对章程的修改，大体上经历了两个阶段。2008年3月至2009年12月，为章程修订的初稿征求意见及秘书处修改章程文稿阶段；2010年1月至2月，是将章程送审稿报业务主管单位的住建部人事司初审与报民政部初核阶段，根据上级部门机关的要求，于2月8日最终完成了章程(草案)的定稿。

协会第五届章程(草案)修订的依据主要有：(一)民政部《社会团体章程示范文本》(1998年11月版本)；(二)《中国勘察设计协会章程》第四届理事会的版本；(三)《国务院办公厅关于加快推进行业协会商会改革和发展的若干意见》(国办发[2007]36号)；(四)换届筹委会工作小组归纳的同业协会及业内人士意见、建议；(五)民政部初步核准期间提出的具体要求。本次修订后的章程(草案)仍保留了八章四十八条的体例。所做的具体的修改主要有：

一、关于“第一章 总则”部分

第二条“协会的性质”的表述，改为“本团体是工程勘察设计咨询企事业单位、组织及相关人士自愿结成的行业性的全国性的非营利性的社会组织。”以更为简练的文字表述涵盖了协会成员构成的范围。略去了第四届版本的“由各工程勘察设计单位，各地区和各部门勘察设计协会、领导同志，以及相关注册专业人士”等文字。

在第三条“协会的宗旨”中，以“以邓小平理论和‘三个代表’重要思想为指导，全面贯彻落实科学发展观，坚持提供服务、反映诉求、规范行为，为经济社会发展服务的工作方针”，促进“自主创新”，“推动行业又好又快发展”等文字，取代了原版本“以邓小平同志建设有中国特色社会主义理论为指导”，“努力为会员单位服务”以及“加强行业自我管理开展各种活动”、“推动勘察设计事业的发展”等文字。体现了协会建设与时俱进的时代要求，明确了协会在新形势下坚持的政治方向、工作方针、工作目标及承担的任务。

二、关于“第二章 业务范围”部分

这一章仅设有一条，即《章程》的第六条。修改工作主要依据国办36号文件中的“二、积极拓展行业协会的职能”这一章中指出的工作方向和业务要求，按照发挥桥梁和纽带作用(主要反映在本草案第六条的“一”、“二”款)、加强行业自律(主要反映在本草案第六条的第“三”款)、履行服务企业的宗旨(主要反映在本草案第六条的第“四”、“五”、“六”、“七”款)和帮助开拓国际市场(主要反映在本草案第六条的第“八”款)等四个板块以及其他(主要反映在本草案第六条的第“九”款)的顺序进行内容及文字修订、调整。由于民政部对表述的文字数量有严格限制，因而表述用词力求内涵较为宽泛。

在具体表述“业务范围”时，本草案将第四届版本的第一、第二款主要内容合并在一款中，以突出“开展行业调查研究”，“为制定行业发展规划和技术经济政策提供依据”予以概括。草案在第二款中写进了协助政府部门研究、制定相关法律法规、产业政策、行业标准、行业准入条件和完善行业管理，促进改革发展等的文字，替代了第四届版本第一款中的“为政府提供建设性意见”和第九款中的“反映会员单位和勘察设计人员的建议和意见”的表述，明确了协会在研究和制定法规、政策、制度层面上直接参与工作的地位，具有表达建议的通畅渠道。

草案在第三款表述了协会加强行业自律的工作。将第四届版本第八款中关于职业道德、行规行约、协助政府监督执行有关法令、维护会员单位合法权益的内容移至此款，并增加了国办36号文件关于推进行业诚信建设、完善自律机制和维护公平竞争的市场环境等内容。

草案的第四、五、六、七款分别表述了协会提供的服务职能。业务范围涉及行业统计、发布信息、出版刊物、建立网站；开展相关咨询、培训、交流、提高行业技术与装备水平；参与行业资质认证、新技术与产品鉴定及推广、事故认定工作；组织评优、促进行业精神文明建设；举办行业交易会、展览会，为企业开拓市场创造条件等诸多方面，拓宽了协会的服务领域，赋予了新的工作项目，涵盖了第四届版本的第三、第四、第五、第七款的内容。

草案的第八款根据国办发36号文件指出的协会要拓展“积极帮助企业开拓国际市场”职能，在第四届版本第六款的基础上调整了个别文字，将“发展同国外勘察设计组织的联系”改为“发展同国际相关行业组织的联系”，以适应行业推进企业“一业为主、两头延伸”发展模式拓宽业务范围的需要，以及面临国际上尚无直接对应勘察设计行业组织的状况，便于开展国际行业组织间的合作。同时，增写了“支持、组织国内企业会员开拓国际市场，参与国际竞争”，维护会员和行业利益的表述。

本草案在第九款将第四届版本第十款“承担政府有关部门委托的任务”改写为“承担政府有关部门委托的其他任务和转移的工作”，以适应政府职能转移变化的需要，做这样的文字表述符合国办36号文“把适宜于行业协会行使的职能委托或转移给行业协会”的精神。

三、关于“第三章　会员”部分

本草案在第七条对会员的种类做了更为详尽的表述。进一步明确了个人会员的构成是“长期从事工程勘察设计咨询业务或管理工作、热心工程勘察设计咨询事业的知名人士和相关的执业注册专业人士”。单位会员由“持有国家颁发工程勘察设计资质证书的单位，管理持有国家颁发勘察设计资质证书企业的企业集团公司以及经社团登记管理机关注册的地方、部门或行业的同业协会”构成。这里需要特别指出的是，在单位会员构成中新增添了“管理持有国家颁发勘察设计资质证书企业的企业集团公司”，使会员构成符合了当前的实际状况。

草案第八条对照民政部的章程示范文本缩减了第四届版本的内容表述。将第四届版本原有的五款内容，在本草案第七款予以涵盖。

草案的第十二条对会员自动退会的条件做了修订，把第四届版本“如果壹年不交纳会费或不参加本协会活动的”期限调整为2年。改动的原因是以往确有会员因单位人事变动、法人变更或遇到重大事件等客观情况而耽误了缴纳会费、影响了参加协会活动，并非主观上要求退会。这个变动是对发生此类问题时，留有较为充分的处理空间。

四、关于“第四章 组织机构和负责人的产生、罢免”部分

草案在第二十四条第四款修改了秘书长最高任职年龄，按照住建部的社团管理办法做出了“不超过65周岁”的限定。

草案将第四届版本第二十八条理事长职权第三款的“代表本团体签署有关重要文件”移至第二十七条。草案在第二十七条增加了协会“法定代表人代表本团体签署有关重要文件”一句的表述。

五、关于“第五章　资产管理、使用原则”部分

草案的第三十一条在第四届版本相应文字之后增添了“本团体开展评比、评选、表彰等活动，不收取任何费用”一句，其依据是民政部对《章程》内容做出的新的规定。

六、关于对单位名称的表示

本草案将第四届版本在正文中出现的“建设部”、“民政部”和“中国勘察设计协会”或“本协会”字样之处，除非必须以其全称表示之外，均按照民政部《社会团体章程示范文本》的规定分别以“业务主管单位”、“社团登记管理机关”和“本团体”予以表示。

（2010年7月6日）

中国勘察设计协会

China Exploration & Design Association

中国勘察设计协会是具有社会团体法人地位的全国性组织。成立于1985年，现有四个方面的职责。一是反映行业要求：提出有关行业发展、行业标准、产业政策的立法意见和建议并参与相应的制定工作，反映行业、会员诉求；二是加强自律性管理：推行行业诚信建设，建立相应机制，规范会员行为，维护市场公平竞争环境，规范市场秩序，辅助于政府的行政执法；三是为行业服务：代表行业企业利益，掌握行业发展动态，办好报刊网站，开展咨询，组织培训，参与技术、产品鉴定及推广和事故鉴定，举办会展；四是帮助企业开拓国际市场：联系相关国际组织，建设交流平台，开展国内外合作，支持企业参与国际市场竞争，指导、规范和监督会员对外活动，维护行业利益。

会员的组成主要有：从事工程地质、水文地质、工程测量、岩土工程和工业工程的设计咨询企业、工程公司（500余家，称为直属会员），省级勘察设计协会（34家），城市勘察设计协会（11家），国务院直属部门的勘察设计协会（23家，称为团体会员）以及个人会员。在地域上基本上覆盖了中国大陆地区。

协会设有建筑设计、园林与景观设计、市政工程设计、抗震防灾、防空与地下建筑、工程勘察与岩土、建设项目管理与工程总承包、工程智能设计、建筑环境与设备、高等院校勘察设计、民营设计事务所等11个直属分会，设有工程计算机应用、工程建设标准设计、技术经济、质量管理、设计体制改革等5个工作委员会以及中国勘察设计杂志社、智能建筑与城市信息杂志社、计算机软件测评中心、勘察设计信息网和中设认证服务有限公司等服务机构，在协会秘书处内设有办公室、咨询部、资信部、培训部(培训中心)和工程设计评优专家委员会以及筹建中的法务部等办事机构，形成了较完整的为行业服务的工作组织体系。

20多年来，协会经历了国家实行计划经济体制和建立市场经济体制两个阶段，在政府主管部门的指导和会员单位的支持下，坚持服务行业和会员的宗旨，坚持改革开放，坚持与时俱进，坚持科学发展观，坚持工程对国家、对社会、对业主、对消费者质量安全负责的要求，在推进工程勘察设计行业改革发展、行业信息化建设与技术创新、行业自律管理和规范行为等方面，做出了切实的努力，取得了显著的成效，形成了较强的凝聚力和影响力。

中国勘察设计协会第五届理事会名单

中国勘察设计协会第五届理事会名誉理事长名单

（中国勘察设计协会第五届会员代表大会2010年7月6日通过）

名誉理事长： 郭允冲　叶如棠　吴奕良

中国勘察设计协会第五届理事会顾问组名单

（中国勘察设计协会第五届会员代表大会2010年7月6日通过）

顾问组组长： 郑春源

顾问组成员： 袁　纽　孟祥恩　邓泽洪　张发懋　杨启后　黄　芝

中国勘察设计协会第五届理事会理事长、副理事长、秘书长、副秘书长名单

（中国勘察设计协会第五届会员代表大会2010年7月6日选举通过）

理 事 长： 王素卿

副理事长： 赵俊林　曲际水　贾炳公　郑建钢　张　桦　郭成奎　武孟灵　曹　光　王　玉　李爱民　徐　建　白丽亚　施　设　沈小克　刘　辉　李晓明

秘 书 长： 王子牛

副秘书长： 栗元珍　齐继禄　李促进

中国勘察设计协会第五届理事会常务理事名单

（中国勘察设计协会第五届会员代表大会2010年7月6日选举通过）

王素卿
住房和城乡建设部建筑市场监管司原司长、中国勘察设计协会第五届理事会理事长

王子牛
中国勘察设计协会第五届理事会秘书长

张钟声
中国勘察设计协会建筑设计分会秘书长

张丽华
中国勘察设计协会园林和景观设计分会副会长兼秘书长、北京市园林古建设计研究院院长

刘桂生
中国勘察设计协会市政工程设计分会会长、北京市市政工程设计研究总院院长

苏经宇
中国勘察设计协会抗震防灾分会秘书长

于成林
中国勘察设计协会人民防空与地下空间分会副会长兼秘书长

王彦梅
中国勘察设计协会工程设计计算机应用工作委员会主任委员

孙　英
中国勘察设计协会工程建设标准设计工作委员会常务副主任委员、中国建筑标准设计研究院院长

严鸿华
中国勘察设计协会技术经济工作委员会主任委员

王　迁
中国勘察设计协会质量管理工作委员会主任委员

陈润生
中国勘察设计协会工程勘察与岩土分会常务副会长

胡　萍
中国勘察设计协会工程智能设计分会会长、中国电子工程设计院院长兼党委书记

孙光初
中国勘察设计协会高等院校勘察设计分会副会长兼秘书长

左肖思
中国勘察设计协会民营设计事务所分会会长、深圳左肖思建筑师事务所有限公司董事长、总建筑师

罗继杰
中国勘察设计协会建筑环境与设备分会理事长

杨天举
中国勘察设计协会咨询工作部主任、泛华建设集团总裁

王　玉
交通部原副总工程师、中国公路勘察设计协会理事长、中国勘察设计协会第五届理事会副理事长

李爱民
中国电力规划设计协会理事长、中国勘察设计协会第五届理事会副理事长

白丽亚
中国人民解放军工程建设协会秘书长、中国勘察设计协会第五届理事会副理事长

李孝振
中国水利水电勘测设计协会副理事长兼秘书长

李金英
中国核工业勘察设计协会理事长

叶体亚
中国纺织勘察设计协会理事长

洪　方
中国轻工业勘察设计协会副理事长兼秘书长

荣世立
中国石油和化工勘察设计协会副理事长兼秘书长、中国勘察设计协会建设项目管理和工程总承包分会秘书长

李国清
中国石化集团公司勘察设计协会副会长

李文绮
中国石油工程建设协会常务副理事长

焦凤山
中国冶金建设协会副会长兼秘书长

康南京
中国有色金属建设协会理事长

杨　磊
中国建材工程建设协会高级工程师

夏国军
中国兵器工业建设协会秘书长

毕孔耜
中国煤炭建设协会勘察设计委员会理事长

贺德琦
中国铁道工程建设协会勘测设计委员会主任

李致堂
中国通信企业协会通信设计施工专业委员会副主任委员兼秘书长

刘玉兰
中国水运建设行业协会副秘书长

方京川
中国航空工业建设协会副秘书长

林　进
中国林业工程建设协会秘书长

金　敏
中国医药工程设计协会会长

邱　成
中国商业设计协会副理事长兼秘书长

张大溶
中国航天科工集团公司发展计划部研究员

李德贵
中国船舶重工集团公司高级业务经理

王树平
住房和城乡建设部工程质量安全监管司副司长

刘宇昕
住房和城乡建设部建筑市场监管司副司长

王早生
住房和城乡建设部稽查办公室主任

周 畅
中国建筑学会秘书长

张 雁
中国土木工程学会秘书长

刘玉民
北京市规划委员会副主任

曲际水
北京工程勘察设计行业协会会长、中国勘察设计协会第五届理事会副理事长

贾炳公
天津市建委原总工程师、天津市勘察设计协会理事长、中国勘察设计协会第五届理事会副理事长

刘宝才
河北省工程勘察设计咨询协会会长

刘文林
山西勘察设计协会理事长

王汉义
内蒙古自治区勘察设计协会秘书长

赵俊林
辽宁省建设厅原厅长、辽宁省勘察设计协会理事长、中国勘察设计协会第五届理事会副理事长

佟 铁
辽宁省勘察设计协会常务副秘书长

安林克
吉林省勘察设计协会副理事长兼秘书长

构田滨
黑龙江省勘察设计协会秘书长

张 桦
上海现代建筑设计(集团)有限公司总裁、上海市勘察设计行业协会会长、中国勘察设计协会第五届理事会副理事长

黄 芝
上海市勘察设计行业协会副会长

陆根法
江苏省勘察设计协会理事长

景政治
浙江省勘察设计行业协会会长

吴晓勤
安徽省建设厅副厅长

沈元明
安徽省勘察设计协会常务副理事长兼秘书长

王 海
福建省勘察设计协会理事长

肖利平
江西省建设工程勘察设计协会理事长

张明琪
江西省勘察设计协会秘书长

顾发全
山东省勘察设计协会理事长兼秘书长

林效森
河南省勘察设计协会常务副理事长兼秘书长

张 申
河南省工程勘察设计行业协会常务副理事长兼秘书长

武孟灵
湖北省勘察设计协会理事长、中国勘察设计协会第五届理事会副理事长

王仁中
湖北省勘察设计协会秘书长

李新忠
湖南省勘察设计协会副理事长兼秘书长

郭成奎
广东省建设厅原巡视员、广东省工程勘察设计行业协会会长、中国勘察设计协会第五届理事会副理事长

何锦超
广东省建筑设计研究院院长、广东省工程勘察设计行业协会秘书长

孔穗虹
广西壮族自治区勘察设计协会理事长、广西城乡规划设计院总建筑师

罗华侬
海南省勘察设计协会会长

宋文学
重庆市勘察设计协会理事长

郑 怀
四川省勘察设计协会常务副秘书长

李晓云
贵州省工程勘察设计协会常务副理事长兼秘书长

石孝测
云南省勘察设计协会理事长

谭德茂
云南省勘察岩土工程协会理事长

郑建钢
陕西省住房和城乡建设厅副厅长、中国勘察设计协会第五届理事会副理事长

万人选
陕西省勘察设计协会理事长

梁文钊
甘肃省勘察设计协会理事长

杨民姝
宁夏建设厅勘察设计处处长

王 涛
青海省住房和城乡建设厅总工程师

贺 亮
新疆维吾尔自治区勘察设计协会常务副理事长兼秘书长

刘 平
新疆生产建设兵团建设局副局长

孟建民
深圳市勘察设计行业协会会长

刘 辉
中国中铁股份有限公司副总裁、总工程师、中国勘察设计协会第五届理事会副理事长

徐 建
中国机械工业集团总裁，中国机械工业勘察设计协会副理事长，中国勘察设计协会第五届理事会副理事长

施 设
北京钢铁设计研究总院院长、中冶京诚工程技术有限公司董事长兼党委书记、中国勘察设计协会第五届理事会副理事长

沈小克
北京市勘察设计研究院有限公司董事长、北京市工程勘察设计行业协会副理事长、中国勘察设计协会第五届理事会副理事长

李晓明
中国核电工程有限公司总经理、中国勘察设计协会第五届理事会副理事长

刘志明
水利部水利水电规划设计总院副院长兼总工程师

王民浩
中国水电工程顾问集团公司副总经理

汪建平
中国电力工程顾问集团公司总经理

刘朝安
中国电力工程顾问集团华北电力设计院工程有限公司董事长

刘家明
中国石化工程建设公司总经理

丁 建
中国中元国际工程公司总裁

余 斌
中国航天建筑设计研究院(集团)副院长

郭中泽
北京航天勘察设计研究院院长

张喜刚
中交公路规划设计院有限公司董事长、总经理

宋海良
中交水运规划设计院有限公司董事长

章向理
中国移动通信集团设计院有限公司院长

周鸿升
林产工业规划设计院院长

俞亚明
五洲工程设计研究院院长

熊仲林
中船建筑工程设计研究院党委书记、副院长

林长海
中广电广播电影电视设计研究院副院长

修 龙
中国建筑设计研究院院长

陈 杰
北京市建筑设计研究院副院长

刘 宁
中航勘察设计研究院院长、党委副书记

李耀刚
建设综合勘察研究设计院有限公司总经理

江世宏
中国寰球工程公司总经理

庄惟敏
清华大学建筑设计研究院院长、总建筑师

喻忠桥
总后勤部建筑设计研究院院长

周凤广
总装备部工程设计研究总院院长

姚焕忠
空军工程设计研究局局长

潘跃进
海军工程设计研究院院长

廉大为
中国航空规划建设发展有限公司总经理

王 伟
中国中材国际工程股份有限公司董事长

姚亚波
中国民航机场建设集团公司总经理

严金森
中兵勘察设计研究院顾问、中国勘察设计协会工程勘察与岩土分会常务副会长

王 斌
水电水利规划设计总院副院长

刘伯莹
中交桥梁技术有限公司董事长、总经理

娄德兰
中铁第五勘察设计院集团公司董事长兼院长

张建新
中国中轻国际工程有限公司董事长、总经理

金嘉玮
国内贸易工程设计研究院院长兼党委书记

韩志刚
中讯邮电咨询设计院有限公司董事长、总经理

孙福春
中国中建设计集团有限公司执行总经理

吴毅强
中国电力建设工程咨询公司党委书记、副总经理

李之铎
天津市建筑设计院副院长

徐 强
中国市政工程华北设计研究总院院长
邱志明
天津市市政工程设计研究院院长
王志远
中国天辰工程公司总经理
王洪宇
铁道第三勘察设计院集团有限公司总经理
冯仲武
中交第一航务工程勘察设计院有限公司董事长、总经理
宋寿顺
天津水泥工业设计研究院有限公司董事长
洪再生
天津大学建筑设计研究院院长
董 旭
中国石油天然气管道工程有限公司总经理
张学锋
山西省建筑设计研究院院长
胡锁民
内蒙古建筑勘察设计研究院有限责任公司董事长、总经理
刘廷吉
中冶北方工程技术有限公司董事长
于振东
中冶焦耐工程技术有限公司董事长
陈 涛
鞍钢集团工程技术有限公司董事长
乐维宁
沈阳铝镁设计研究院院长
冯晓明
中国建筑东北设计研究院院长
谢中立
大庆油田工程有限公司总经理
滕宪忠
大庆石化工程有限公司总经理
吴德荣
中国石化集团上海工程有限公司董事长、总经理
严晓俭
中国海诚工程科技股份有限公司总裁
苏异钢
上海纺织建筑设计研究院院长
黄 岗
中船第九设计研究院工程有限公司总经理
张富根
上海岩土工程勘察设计研究院有限公司董事长兼总裁
汤 伟
上海市政工程设计研究总院院长、党委副书记
王 健
同济大学建筑设计研究院常务副院长
孔祥国
中煤国际工程集团南京设计研究院院长

葛爱荣
东南大学建筑设计研究院院长
郭伟华
中国联合工程公司党委书记、总经理
朱瑞燕
浙江省电力设计院院长
施祖元
浙江省建筑设计研究院院长
董丹申
浙江大学建筑设计研究院院长
刘宪新
中国石化集团宁波工程有限公司党委书记、副总经理
杨裕官
煤炭工业合肥设计研究院院长
陈 轸
福建省建筑设计研究院院长、中国勘察设计协会建筑设计分会副秘书长
刘小檀
江西省建筑设计研究总院院长
唐其练
江西省电力设计院院长
冯永训
胜利油田胜利工程设计咨询有限责任公司总经理
侯 伟
山东省建筑设计研究院院长
吕建平
山东同圆设计集团有限公司董事长
李文学
黄河勘测规划设计有限公司董事长、党委书记
闫少春
中国石化集团洛阳石油化工工程公司经理
张 策
中色科技股份有限公司董事长
杨志敏
惠生工程(中国)有限公司副总经理
郭粤梅
中信集团武汉市建筑设计院院长
钮新强
长江水利委员会长江勘测规划设计研究院院长
吕卫东
东风设计研究院有限公司总经理
蒋再秋
中铁第四勘察设计院集团有限公司董事长
孟黔灵
中交第二公路勘察设计研究院有限公司董事长
许继辉
中国医药集团武汉医药设计院院长兼党委书记
张柏青
中南建筑设计院股份有限公司董事长兼总经理

杨传德
中国有色金属工业长沙勘察设计研究院院长

唐红键
广东省电力设计研究院院长

韦 宏
华南理工大学建筑设计研究院副院长

游赞培
中水珠江规划勘测设计有限公司董事长、总经理

肖学文
中冶赛迪工程技术股份有限公司董事长、党委书记

肖 光
成达工程公司总经理、中国勘察设计协会第五届理事会副理事长

赵振元
信息产业电子第十一设计研究院有限公司董事长兼院长、四川省勘察设计协会执行理事长

郑声安
中国水电顾问集团成都勘测设计研究院院长

李彦春
中国市政工程西南设计研究院院长、党委副书记

赵 翔
中国建筑西南勘察设计研究院有限公司总经理

龙卫国
中国建筑西南设计研究院有限公司总经理

漆宝瑞
中铁二院工程集团有限责任公司董事长、党委书记

毕跃洪
贵州省建筑设计研究院院长

付正浩
西藏自治区建筑勘察设计院院长

王争鸣
中铁第一勘察设计院集团有限公司董事长兼院长

张文斌
中国电力工程顾问集团西北电力设计院院长

朱杰利
中煤西安设计工程有限责任公司总经理

邢小史
中国新时代国际工程公司总经理

熊中元
中国建筑西北设计研究院有限公司执行董事兼总经理

张 炜
机械工业勘察设计研究院院长、党委书记

燕建龙
西北综合勘察设计研究院院长

张毅航
华陆工程科技有限责任公司副总经理兼总工程师

马育功
甘肃省建筑设计研究院院长

文中新
中国石油工程设计有限公司新疆设计院董事长

中国勘察设计协会第五届理事会理事名单

（中国勘察设计协会第五届会员代表大会2010年7月6日选举通过）

王素卿
住房和城乡建设部建筑市场监管司原司长、中国勘察设计协会第五届理事会理事长

王子牛
中国勘察设计协会第五届理事会秘书长

张钟声
中国勘察设计协会建筑设计分会秘书长

张丽华
中国勘察设计协会园林和景观设计分会副会长兼秘书长、北京市园林古建设计研究院院长

刘桂生
中国勘察设计协会市政工程设计分会会长、北京市市政工程设计研究总院院长

苏经宇
中国勘察设计协会抗震防灾分会秘书长

于成林
中国勘察设计协会人民防空与地下空间分会副会长兼秘书长

王彦梅
中国勘察设计协会工程设计计算机应用工作委员会主任委员

孙 英
中国勘察设计协会工程建设标准设计工作委员会常务副主任委员、中国建筑标准设计研究院院长

严鸿华
中国勘察设计协会技术经济工作委员会主任委员

王 迁
中国勘察设计协会质量管理工作委员会主任委员

陈润生
中国勘察设计协会工程勘察与岩土分会常务副会长
胡 萍
中国勘察设计协会工程智能设计分会会长、中国电子工程设计院院长兼党委书记
孙光初
中国勘察设计协会高等院校勘察设计分会副会长兼秘书长
左肖思
中国勘察设计协会民营设计事务所分会会长、深圳左肖思建筑师事务所有限公司董事长、总建筑师
张一莉
中国勘察设计协会民营设计事务所分会秘书长
罗继杰
中国勘察设计协会建筑环境与设备分会理事长
杨天举
中国勘察设计协会咨询工作部主任、泛华建设集团总裁
王 玉
交通部原副总工程师、中国公路勘察设计协会理事长、中国勘察设计协会第五届理事会副理事长
严文彪
中国公路勘察设计协会秘书长
李爱民
中国电力规划设计协会理事长、中国勘察设计协会第五届理事会副理事长
白丽亚
中国人民解放军工程建设协会秘书长、中国勘察设计协会第五届理事会副理事长
周志红
中国机械工业勘察设计协会秘书长
李孝振
中国水利水电勘测设计协会副理事长兼秘书长
李金英
中国核工业勘察设计协会理事长
叶体亚
中国纺织勘察设计协会理事长
洪 方
中国轻工业勘察设计协会副理事长兼秘书长
荣世立
中国石油和化工勘察设计协会副理事长兼秘书长、中国勘察设计协会建设项目管理和工程总承包分会秘书长
李国清
中国石化集团公司勘察设计协会副会长
李文绮
中国石油工程建设协会常务副理事长
焦凤山
中国冶金建设协会副会长兼秘书长
郭启蛟
中国冶金建设协会副秘书长
雷 震
中国冶金建设协会主任
康南京
中国有色金属建设协会理事长
杨 磊
中国建材工程建设协会高级工程师
夏国军
中国兵器工业建设协会秘书长
毕孔耜
中国煤炭建设协会勘察设计委员会理事长
贺德琦
中国铁道工程建设协会勘测设计委员会主任
李致堂
中国通信企业协会通信设计施工专业委员会副主任委员兼秘书长
刘玉兰
中国水运建设行业协会副秘书长
方京川
中国航空工业建设协会副秘书长
林 进
中国林业工程建设协会秘书长
金 敏
中国医药工程设计协会会长
邱 成
中国商业设计协会副理事长兼秘书长
张大溶
中国航天科工集团公司发展计划部研究员
李德贵
中国船舶重工集团公司高级业务经理
王树平
住房和城乡建设部工程质量安全监管司副司长
刘宇昕
住房和城乡建设部建筑市场监管司副司长
王早生
住房和城乡建设部稽查办公室主任
周 畅
中国建筑学会秘书长
张 雁
中国土木工程学会秘书长
刘玉民
北京市规划委员会副主任
曲际水
北京工程勘察设计行业协会会长、中国勘察设计协会第五届理事会副理事长
贾炳公
天津市建委原总工程师、天津市勘察设计协会理事长、中国勘察设计协会第五届理事会副理事长
刘宝才
河北省工程勘察设计咨询协会会长
刘文林
山西勘察设计协会理事长
王汉义
内蒙古自治区勘察设计协会秘书长

赵俊林
辽宁省建设厅原厅长、辽宁省勘察设计协会理事长、中国勘察设计协会第五届理事会副理事长

佟 铁
辽宁省勘察设计协会常务副秘书长

安林克
吉林省勘察设计协会副理事长兼秘书长

构田滨
黑龙江省勘察设计协会秘书长

王骏骥
黑龙江省勘察设计协会副秘书长

张 桦
上海现代建筑设计(集团)有限公司总裁、上海市勘察设计行业协会会长、中国勘察设计协会第五届理事会副理事长

黄 芝
上海市勘察设计行业协会副会长

陆根法
江苏省勘察设计协会理事长

陈继东
江苏省住房和城乡建设厅科研设计处处长

景政治
浙江省勘察设计行业协会会长

吴晓勤
安徽省建设厅副厅长

陈东明
安徽省工程勘察设计协会常务副理事长、秘书长

沈元明
安徽省勘察设计协会常务副理事长兼秘书长

王 海
福建省勘察设计协会理事长

肖利平
江西省建设工程勘察设计协会理事长

叶澄中
江西省建设工程勘察设计协会原理事长

熊根水
江西省建设工程勘察设计协会专职常务副秘书长

张明琪
江西省勘察设计协会秘书长

顾发全
山东省勘察设计协会理事长兼秘书长

林效森
河南省勘察设计协会常务副理事长兼秘书长

张 申
河南省工程勘察设计行业协会常务副理事长兼秘书长

孙冬梅
河南省工程勘察设计行业协会副秘书长

武孟灵
湖北省勘察设计协会理事长、中国勘察设计协会第五届理事会副理事长

王仁中
湖北省勘察设计协会秘书长

王云泉
湖北省建设厅勘察设计处处长

张 斐
武汉市建委设计处处长

李新忠
湖南省勘察设计协会副理事长兼秘书长

郭成奎
广东省建设厅原巡视员、广东省工程勘察设计行业协会会长、中国勘察设计协会第五届理事会副理事长

何锦超
广东省建筑设计研究院院长、广东省工程勘察设计行业协会秘书长

孔穗虹
广西壮族自治区勘察设计协会理事长、广西城乡规划设计院总建筑师

罗华侬
海南省勘察设计协会会长

练余勇
海南省勘察设计协会秘书长

宋文学
重庆市勘察设计协会理事长

唐晓智
重庆市勘察设计协会秘书长

郑 怀
四川省勘察设计协会常务副秘书长

李晓云
贵州省工程勘察设计协会常务副理事长兼秘书长

石孝测
云南省勘察设计协会理事长

谭德茂
云南省勘察岩土工程协会理事长

郑建钢
陕西省住房和城乡建设厅副厅长、中国勘察设计协会第五届理事会副理事长

万人选
陕西省勘察设计协会理事长

李若良
陕西省勘察设计协会常务副理事长兼秘书长

梁文钊
甘肃省勘察设计协会理事长

火 宏
甘肃省勘察设计协会秘书长

杨民姝
宁夏建设厅勘察设计处处长

王 涛
青海省住房和城乡建设厅总工程师

熊士泊
青海省住房和城乡建设厅勘察设计处处长

贺　亮
新疆维吾尔自治区勘察设计协会常务副理事长兼秘书长

刘　平
新疆生产建设兵团建设局副局长

孟建民
深圳市勘察设计行业协会会长

赵安君
珠海市规划勘察设计协会会长

俞公骅
广州市工程勘察设计行业协会理事长

钱棣荣
江门市勘察设计协会会长

张　晰
武汉勘察设计协会理事长

梁晋渝
成都市勘察设计协会秘书长

孟贵林
绵阳市勘察设计协会秘书长

彭成军
沈阳勘察设计协会秘书长

郭昌惠
大连市勘察设计协会理事长

孙　瑾
西安市勘察设计协会理事长

王纪跃
宁波市勘察设计协会理事长

刘玉勇
青岛市勘察设计协会名誉理事长

赵书健
南京市勘察设计行业协会理事长

刘　辉
中国中铁股份有限公司副总裁、总工程师、中国勘察设计协会第五届理事会副理事长

徐　建
中国机械工业集团总裁、中国机械工业勘察设计协会副理事长、中国勘察设计协会第五届理事会副理事长

施　设
北京钢铁设计研究总院院长、中冶京诚工程技术有限公司董事长兼党委书记、中国勘察设计协会第五届理事会副理事长

沈小克
北京市勘察设计研究院有限公司董事长、北京市工程勘察设计行业协会副理事长、中国勘察设计协会第五届理事会副理事长

李晓明
中国核电工程有限公司总经理、中国勘察设计协会第五届理事会副理事长

刘志明
水利部水利水电规划设计总院副院长兼总工程师

王民浩
中国水电工程顾问集团公司副总经理

汪建平
中国电力工程顾问集团公司总经理

刘朝安
中国电力工程顾问集团华北电力设计院工程有限公司董事长

刘家明
中国石化工程建设公司总经理

丁　建
中国中元国际工程公司总裁

余　斌
中国航天建筑设计研究院(集团)副院长

郭中泽
北京航天勘察设计研究院院长

张喜刚
中交公路规划设计院有限公司董事长、总经理

宋海良
中交水运规划设计院有限公司董事长

章向理
中国移动通信集团设计院有限公司院长

周鸿升
林产工业规划设计院院长

俞亚明
五洲工程设计研究院院长

熊仲林
中船建筑工程设计研究院党委书记、副院长

林长海
中广电广播电影电视设计研究院副院长

修　龙
中国建筑设计研究院院长

陈　杰
北京市建筑设计研究院副院长

刘　宁
中航勘察设计研究院院长、党委副书记

李耀刚
建设综合勘察研究设计院有限公司总经理

汪世宏
中国寰球工程公司总经理

庄惟敏
清华大学建筑设计研究院院长、总建筑师

喻忠桥
总后勤部建筑设计研究院院长

周凤广
总装备部工程设计研究总院院长

姚焕忠
空军工程设计研究局局长

潘跃进
海军工程设计研究院院长

廉大为
中国航空规划建设发展有限公司总经理

王　伟
中国中材国际工程股份有限公司董事长

姚亚波
中国民航机场建设集团公司总经理

严金森
中兵勘察设计研究院顾问、中国勘察设计协会工程勘察与岩土分会常务副会长

王 斌
水电水利规划设计总院副院长

刘伯莹
中交桥梁技术有限公司董事长、总经理

娄德兰
中铁第五勘察设计院集团公司董事长兼院长

张建新
中国中轻国际工程有限公司董事长、总经理

金嘉玮
国内贸易工程设计研究院院长兼党委书记

韩志刚
中讯邮电咨询设计院有限公司董事长、总经理

孙福春
中国中建设计集团有限公司执行总经理

吴毅强
中国电力建设工程咨询公司党委书记、副总经理

李晓江
中国城市规划设计研究院院长

周华堂
中国纺织工业设计院院长

李志谦
中国水电工程顾问集团北京勘测设计研究院院长

陆志方
中国恩菲工程技术有限公司董事长

何 巍
北京首钢国际工程技术有限公司董事长兼总经理

赵家平
中国友发国际工程设计咨询公司总经理

张永奕
国贸工程设计院副院长

范 强
中房集团建筑设计有限公司董事长、总经理

周建平
中国水利水电建设工程咨询公司总工程师

黄卫中
北京全路通信信号研究设计院副院长

邓中亚
北京电铁通信信号勘测设计院副总工程师

杨伯钢
北京市测绘设计研究院副院长

王翊虹
北京市地质工程勘察院副院长兼总工

徐晓冬
北京城建设计研究总院有限责任公司副院长

李寿兵
中铁工程设计咨询集团有限公司总经理

孟祥燕
北京市煤气热力工程设计院有限公司董事长

田 会
中国煤炭科工集团有限公司副董事长

郑友毅
中煤国际工程设计研究总院(北京华宇工程有限公司)董事长

陈 峰
北京电信规划设计院有限公司总经理

许杰峰
中国建筑科学研究院副院长

徐洪球
中铁工程设计院有限公司总工程师

王国锋
中国公路工程咨询集团有限公司董事长、总经理

徐文龙
城市建设研究院院长

刘四田
北京市市政专业设计院有限责任公司总经理

王统建
中机十院国际工程有限公司董事、总经理、党委书记

李 韫
北京李韫世纪结构设计事务所总经理

王秀丽
中基发展建设工程有限责任公司总工程师

刘 洪
北京赛能杰高新技术股份有限公司董事长、总经理

陈会利
北京东方新星石化工程股份有限公司总经理

李忠平
国家林业局调查规划设计院院长

余亿尧
北京中寰工程项目管理有限公司总经理

张青林
北京中厦建筑设计研究院院长

张 庆
北京市工业设计研究院副院长、总工

蔡 放
北京天鸿圆方建筑设计有限责任公司董事长

曾繁柏
北京新世纪建筑工程设计有限公司董事长

李之铎
天津市建筑设计院副院长

徐 强
中国市政工程华北设计研究总院院长

邱志明
天津市市政工程设计研究院院长

王志远
中国天辰工程公司总经理

王洪宇
铁道第三勘察设计院集团有限公司总经理

冯仲武
中交第一航务工程勘察设计院有限公司董事长、总经理

宋寿顺
天津水泥工业设计研究院有限公司董事长

洪再生
天津大学建筑设计研究院院长

顾　辉
河北省水利水电勘测设计研究院院长

陈耀勤
天津市房屋鉴定勘测设计院院长

张和平
中水北方勘测设计研究有限责任公司总经理

于　凯
机械工业第五设计研究院院长

杨寿荣
天津市化工设计院院长

李文春
天津市勘察院院长

王洪成
天津市园林规划设计院院长

李志刚
海洋石油工程股份有限公司总工程师

张先锋
中铁隧道勘测设计院有限公司董事长兼院长

刘兴华
天津市中天建筑设计院院长

胡　珂
天津市测绘院总工程师

张思原
天津中怡建筑设计有限公司总经理

董　旭
中国石油天然气管道工程有限公司总经理

赵广山
中冶京诚(秦皇岛)工程技术有限公司总经理

邹　毅
北方设计研究院院长

王振家
中国兵器工业北方勘察设计研究院院长

聂光辉
煤炭工业石家庄设计研究院院长

周　卫
河北省电力勘测设计研究院院长

王全占
中国石油集团工程设计有限责任公司华北分公司副总经理

车大水
中核第四研究设计工程有限公司总经理

杨书涛
中勘冶金勘察设计研究院有限责任公司副总经理

方福选
中国化学工程第一岩土工程有限公司总经理

张鸿超
中国寰球工程公司华北规划设计院总经理

杨　健
秦皇岛玻璃工业研究设计院院长

冯冠学
中煤邯郸设计工程有限责任公司总经理

张拥军
河北中佳勘察设计有限责任公司总经理

焦永顺
河北省交通规划设计院院长

郜　刚
河北建筑设计研究院有限公司总经理

韩立君
河北建设勘察研究院有限公司董事长

张学锋
山西省建筑设计研究院院长

张庆庚
赛鼎工程有限公司院长

刘皓洁
中核新能核工业工程有限责任公司副经理

赵锦明
山西省电力勘测设计院勘测部主任

韩栓奎
太原市市政工程设计研究院院长

贺天才
煤炭工业太原设计研究院院长

张金凯
水利部山西水利水电勘测设计研究院院长

聂承凯
山西省交通规划勘察设计院院长

张永胜
太原理工大学建筑设计研究院院长

上官安星
太原市建筑设计研究院副院长

胡锁民
内蒙古建筑勘察设计研究院有限责任公司董事长、总经理

赵宗波
中冶东方工程技术有限公司董事长、党委书记

刘英达
包头市建筑设计研究院有限责任公司院长

邢忠学
内蒙古筑业工程勘察设计有限公司董事长、总经理

洪树蒙
内蒙古电力勘测设计院院长

穆文光
内蒙古铁道勘察设计院有限公司总经理

王亚东
内蒙古自治区水利水电勘测设计院总工程师

白文亮
包钢勘察测绘研究院董事长

孟　和
呼伦贝尔盟建筑勘察设计研究院院长

刘廷吉
中冶北方工程技术有限公司董事长

于振东
中冶焦耐工程技术有限公司董事长

陈　涛
鞍钢集团工程技术有限公司董事长

乐维宁
沈阳铝镁设计研究院院长

冯晓明
中国建筑东北设计研究院院长

杨　晔
辽宁省建筑设计研究院院长

曲向进
辽宁省交通规划设计院院长

李晓明
辽宁省水利水电勘测设计研究院院长

耿文忠
沈阳铁道勘察设计院有限公司总经理

田中春
锦州铁道勘察设计院有限公司总经理

孙　云
辽宁省石油化工规划设计院院长

刘庆田
中煤国际工程集团沈阳设计研究院院长

邢　铭
辽宁省城乡建设规划设计院院长

代贵雪
中冶沈勘工程技术有限公司董事长

刘晓明
鞍钢集团矿业设计研究院院长

李云军
沈阳有色冶金设计研究院院长

王运阁
建设部沈阳煤气热力研究设计院院长兼党委书记

孟庆森
本钢设计研究院有限责任公司董事长兼总经理

张世良
大连市建筑设计研究院有限公司董事长、院长

李　镭
沈阳机电研究设计院院长

冯晓明
辽宁省轻工设计院有限公司院长

杜明成
大连九成测绘信息有限公司董事长兼总经理

吴　伟
抚顺市建筑设计研究院股份有限公司院长

陈殿强
辽宁有色勘察研究院院长

张林树
沈阳市建筑设计院院长

张成中
中石油东北炼化工程有限公司副总经理

宋继林
吉林省水利水电勘测设计研究院院长

田　霖
中石油东北炼化工程有限公司吉林设计院院长

刘松平
机械工业第九设计研究院院长

金正浩
中水东北勘测设计研究院有限责任公司总经理

孙学海
吉林铁道勘察设计院有限公司总经理

郭　晓
中国市政工程东北设计研究总院院长

焦洪军
吉林省建筑设计院有限责任公司董事长、总经理

董秀凯
吉林省林业勘察设计研究院院长

许金明
中国电力工程顾问集团公司东北电力设计院院长

宋　刚
长春市市政工程设计研究院院长

谢中立
大庆油田工程有限公司总经理

滕宪忠
大庆石化工程有限公司总经理

李景诗
哈尔滨市建筑设计院院长

赵　伟
黑龙江省建筑设计研究院院长

张　琼
哈尔滨市勘察测绘研究院院长兼党委书记

周　维
黑龙江省纺织工业设计院院长、党委书记

孙继华
黑龙江省林业设计研究院院长

戴春胜
黑龙江省水利水电勘测设计研究院院长

梅洪元
哈尔滨工业大学建筑设计研究院院长

白晓明
黑龙江省轻工设计院院长

赵英力
黑龙江省合江林业勘察设计院院长

王守恒
黑龙江省公路勘察设计院院长

李树彬
哈尔滨市市政工程设计院院长

吴德荣
中国石化集团上海工程有限公司董事长、总经理

严晓俭
中国海诚工程科技股份有限公司总裁

苏异钢
上海纺织建筑设计研究院院长

黄　岗
中船第九设计研究院工程有限公司总经理

张富根
上海岩土工程勘察设计研究院有限公司董事长兼总裁

汤　伟
上海市政工程设计研究总院院长、党委副书记

王　健
同济大学建筑设计研究院常务副院长

蒋为民
上海宝钢工程技术有限公司总经理

俞斯佳
上海市城市规划设计研究院院长

陈俊民
上海寰球石油化学工程有限公司总经理

王　祥
中交第三航务工程勘察设计院有限公司董事长、总经理

郑明光
上海核工程研究设计院院长

薛新功
中铁上海设计院集团有限公司院长

陈胜明
中国电力工程顾问集团华东电力设计院院长

韩伯平
上海海事局海测大队大队长

王　炯
上海市城市建设设计研究院院长

张俊杰
华东建筑设计研究院有限公司董事长、党委书记

李志平
中船勘察设计研究院院长

张伟国
上海建筑设计研究院有限公司董事长、党委书记

何晓平
上海市机电设计研究院有限公司院长

申伟强
上海市隧道工程轨道交通设计研究院院长

张祯平
上海勘测设计研究院副院长

朱祥明
上海市园林设计院院长

赵建松
上海海洋地质勘察设计有限公司董事长

李　岩
中国建筑上海设计研究院有限公司总经理

孔祥国
中煤国际工程集团南京设计研究院院长

葛爱荣
东南大学建筑设计研究院院长

陈沧杰
江苏省城市规划设计研究院副院长

仓慧勤
江苏省建筑设计研究院有限公司董事长、院长

张正康
南京市规划设计研究院有限责任公司董事长、院长

左　江
南京市建筑设计研究院有限责任公司董事长

汪　杰
南京长江都市建筑设计股份有限公司董事长、总经理

孙　祥
徐州市建筑设计研究院有限责任公司董事长

陈德兴
中石化南京工程公司院长

明图章
江苏省交通规划设计院有限公司董事长

侯兆泰
南京市测绘勘察研究院有限公司董事长

黄振伟
中蓝连海设计研究院院长

陆小伟
江苏省水利勘测设计研究院有限公司总经理

唐靖炎
苏州中材非金属矿工业设计研究院有限公司董事长

胡建斌
江苏省地质工程勘察院副院长

宗建君
常州市建筑设计研究院有限公司董事长、总经理

褚世仙
化学工业岩土工程有限公司董事长兼总经理

兰贵枝
江苏省第一工业设计院有限公司院长

梁勇然
常州市规划设计院副院长

戴雅萍
苏州市建筑设计研究院有限责任公司董事长

王树成
淮安市建筑设计研究院有限公司董事长

承明秋
无锡市建筑设计研究院有限责任公司董事长

史佩杰
苏州市市政工程设计院有限责任公司董事长

郭伟华
中国联合工程公司党委书记、总经理

朱瑞燕
浙江省电力设计院院长
施祖元
浙江省建筑设计研究院院长
董丹申
浙江大学建筑设计研究院院长
刘宪新
中国石化集团宁波工程有限公司党委书记、副总经理
张为民
中国水电顾问集团华东勘测设计研究院院长
吴德兴
浙江省交通规划设计研究院院长
余征然
华信邮电咨询设计研究院有限公司总经理
胡 勇
宁波市建筑设计研究院有限公司总经理
金国平
温州市建筑设计研究院院长
楼元仓
温州市勘察测绘研究院院长、书记
罗森尧
浙江省工程勘察院院长
李月明
浙江省水利水电勘测设计院院长
俞勤学
杭州市建筑设计研究院有限公司董事长
施国栋
杭州市城建设计研究院有限公司董事长、总经理、党委书记
顾 浩
浙江省城乡规划设计研究院院长
何 韦
杭州园林设计院有限公司董事长
林楚荣
中国新型建筑材料工业杭州设计研究院院长、党委书记
杨裕官
煤炭工业合肥设计研究院院长
王吉双
安徽省交通规划设计研究院院长
陈 静
安徽省电力设计院院长
高 松
安徽省建筑设计研究院副院长
彭 寿
中国建材国际工程有限公司董事长、总经理
李亚平
机械工业第一设计研究院院长
万 隆
中水淮河工程有限责任公司董事长
丁 叮
东华工程科技股份有限公司董事长兼党委书记

黄平华
中冶华天工程技术有限公司总经理
方正芳
马钢设计研究院有限责任公司董事长、院长
戴升弘
铜陵有色设计研究院院长
程现富
安徽省水利水电勘测设计院院长
唐世华
马鞍山市汇华建筑设计有限公司董事长
吴立人
安徽省交通勘察设计院院长
李 彪
安徽省建设工程勘察设计院院长
冯 卫
合肥市建筑设计研究院院长
江海东
安徽地平线建筑设计事务所有限公司董事长
苗一平
安徽国华建设工程项目管理有限公司董事长
余再明
安庆市第一建筑设计研究院有限公司董事长
王文华
淮北工业建筑设计院院长
王运敏
中钢集团马鞍山矿院工程勘察设计有限公司院长兼总工程师
陈 轸
福建省建筑设计研究院院长、中国勘察设计协会建筑设计分会副秘书长
杨伟中
福建省建筑设计研究院党委书记
郑瑰青
福建省林业勘察设计院副院长、总工程师
曹玉坤
福建省交通规划设计院院长
陈敏岩
福建省水利水电勘测设计研究院副院长、副书记
张惠莲
厦门合道工程设计集团有限公司董事长兼总经理
刘 敬
福建铁四院勘察设计研究院有限公司董事长兼总经理
洪清伟
福建省建筑轻纺设计院院长
林兴年
福州市建筑设计院院长
王宝金
厦门地质工程勘察院院长
吴 强
福建众合开发建筑设计院院长

刘小檀
江西省建筑设计研究总院院长

唐其练
江西省电力设计院院长

章晓波
中国瑞林工程技术有限公司董事长、总经理

詹龙和
江西省勘察设计研究院院长

聂复生
江西省交通设计院院长

孔俐丽
江西省水利规划设计院院长

武来成
江西省林业调查规划研究院院长

俞　允
景德镇陶瓷工业设计研究院副院长(主持工作)

敖　凌
江西省轻工业设计院院长

贾益纲
南昌大学设计研究院院长

李立新
江西省煤矿设计院院长

梁　豪
九江工业建筑设计院院长

冯永训
胜利油田胜利工程设计咨询有限责任公司总经理

侯　伟
山东省建筑设计研究院院长

吕建平
山东同圆建筑工程设计有限公司董事长

耿佃波
淄博市建筑设计研究院院长

柴宝贵
山东省城乡规划设计研究院院长

李胜山
中国石油天然气华东勘察设计研究院院长

刘士河
山东齐鲁石化工程有限公司董事长、总经理

韦昌华
青岛市勘察测绘研究院院长

李天世
烟台市建筑设计研究股份有限公司董事长

侯学众
山东电力工程咨询院院长

赵新华
青岛市建筑设计研究院股份有限公司董事长

马晓光
山东省纺织设计院院长

付宪章
山东省城乡建设勘察院院长

潘　军
济南市勘察测绘研究院院长

赵玉祥
山东省地矿工程勘察院院长

黄玉峰
济宁市建筑设计研究院院长

刘卫国
济南济钢设计院院长

崔荣平
潍坊市建筑设计研究院院长

马光辉
滨州市建筑设计研究院院长

亓树生
临沂市建筑设计研究院院长

戴良发
煤炭工业济南设计研究院有限公司总经理

申作伟
山东大卫国际建筑设计有限公司院长

姜振亭
山东省交通规划设计院院长

赵学义
山东建筑大学设计研究院院长

李胜华
中铁济南勘察设计咨询院有限公司总经理

李文学
黄河勘测规划设计有限公司董事长、党委书记

闫少春
中国石化集团洛阳石油化工工程公司经理

张　策
中色科技股份有限公司董事长

杨志敏
惠生工程(中国)有限公司副总经理

贺高凯
河南省建筑设计研究院有限公司董事长

陈有权
机械工业第四设计研究院院长

黄永刚
机械工业第四设计研究院勘察分院院长

赵景孔
机械工业第六设计研究院院长、党委书记

杨　彬
煤炭工业郑州设计研究院有限公司董事长、总经理

姚金山
洛阳规划建筑设计有限公司董事长兼总经理

庞　可
河南省电力勘测设计院院长

徐　强
河南省交通规划勘察设计院有限责任公司董事长、总经理

翟渊军
河南省水利勘测设计研究有限公司董事长、总经理

李　光
河南省纺织建筑设计院有限公司总经理

郭晓明
中国石化集团中原石油勘探局勘察设计研究院院长

李自新
核工业第五研究设计院院长

郭粤梅
中信集团武汉市建筑设计院院长

钮新强
长江水利委员会长江勘测规划设计研究院院长

吕卫东
东风设计研究院有限公司总经理

蒋再秋
中铁第四勘察设计院集团有限公司董事长

孟黔灵
中交第二公路勘察设计研究院有限公司董事长

许继辉
中国医药集团武汉医药设计院院长兼党委书记

张柏青
中南建筑设计院股份有限公司董事长兼总经理

项明武
中冶南方工程技术有限公司董事长

丰国斌
中国石化集团江汉石油管理局勘察设计研究院院长

姜友生
湖北省交通规划设计院书记

程腊春
五环科技股份有限公司董事长兼总经理

徐平佳
中国轻工业武汉设计工程有限责任公司董事长兼总经理

张　敏
中铁大桥勘测设计院有限公司总经理

吴爱清
中交第二航务工程勘察设计院有限公司总经理

宾洪祥
湖北省水利水电勘测设计院副院长

吴嘉林
中煤国际工程集团武汉设计研究院院长、党委书记

白　明
宜昌市建筑设计研究院有限责任公司董事长

朱小友
中冶集团武汉勘察研究院有限公司董事长、总经理

杨远东
中国市政工程中南设计研究总院院长

蒋　乐
武汉市政工程设计研究院有限责任公司副总经理兼总工程师

姚元君
武汉建筑材料工业设计研究院有限公司董事长兼总经理

谢秋野
中国电力工程顾问集团中南电力设计院院长

李小虎
武汉钢铁集团设计研究院有限公司院长

张怀庆
湖北中南勘察基础工程有限公司董事长

张三川
十堰市建筑设计研究院院长、党委书记

徐大勇
荆门市建筑设计研究院院长

杨传德
中国有色金属工业长沙勘察设计研究院院长

秦奇武
长沙有色冶金设计研究院院长

易　凡
中机国际工程设计研究院院长

易曙光
中冶长天国际工程有限责任公司董事长

周树根
长沙市规划设计院有限责任公司院长

罗建雄
湖南省机械工业设计研究院院长

张振全
湖南省水利水电勘测设计研究总院院长

彭建国
湖南省交通规划勘察设计院院长

魏业秋
化工部长沙设计研究院院长

熊卫国
湖南省农林工业勘察设计研究总院院长

陈　忻
湖南省建筑设计院院长

欧阳念林
湘潭市建筑设计院总工程师

李国彪
湖南省轻工纺织设计院院长、党委书记

谢路国
湖南化工医药设计院院长

李玲龙
中国水电顾问集团中南勘测设计研究院院长

谭　毅
湖南雁能建筑设计研究有限公司总经理

唐国安
湖南大学设计研究院有限公司董事长、总经理

张　柏
长沙市建筑设计院有限责任公司总经理

樊　燕
中国轻工业长沙工程有限公司董事长

唐　昆
中国航空工业第三设计研究院院长

唐红键
广东省电力设计研究院院长

韦　宏
华南理工大学建筑设计研究院副院长

游赞培
中水珠江规划勘测设计有限公司董事长、总经理

肖方毅
广州市住宅建筑设计院有限公司院长

黄　捷
广州珠江外资建筑设计院院长

关祖华
广东省航运规划设计院院长

朱利翔
中交第四航务工程勘察设计院有限公司董事长兼总经理

陈云长
广东省水利电力勘测设计研究院副院长

宁平华
广州市市政工程设计研究院总工程师

梁立农
广东省公路勘察规划设计院有限公司总工程师

赵　路
广州市设计院院长

陈建华
广州市城市规划勘测设计研究院院长

吴志伟
深圳机械院建筑设计有限公司院长

刘琼祥
深圳市建筑设计研究总院有限公司总经理

张健康
深圳市勘察研究院有限公司总经理

胡丙齐
中铁四院集团广州设计院有限公司院长

宋宏忠
珠海市建筑设计院院长

林昭明
汕头市建筑设计院副院长

赖志坚
广东省电信规划设计院有限公司总经理

梁昆浩
佛山市顺德建筑设计院有限公司董事长、院长

李　逊
广东南海建筑设计院有限公司董事长

陈世民
深圳市陈世民建筑师事务所有限公司董事长、总建筑师

单增亮
中建国际(深圳)设计顾问有限公司总裁

马嘉军
广州市番禺城市建筑设计院有限公司董事长、院长

冼剑雄
广州瀚华建筑设计有限公司董事长

李　炜
广州城建开发设计院有限公司院长

徐明杰
广州地铁设计研究院有限公司院长

陈荣荣
中国轻工业广州设计工程有限公司总经理

沈　虹
广州园林建筑规划设计院院长

赵　成
广西华蓝设计(集团)有限公司副总经理

林国朝
广西电力工业勘察设计研究院院长

朱坚和
广西壮族自治区交通规划勘察设计研究院院长

程一祥
中国化学工业桂林工程公司董事长、党委书记

王毅军
中国轻工业南宁设计工程有限公司董事长兼总经理

朱　涛
广西城乡规划设计院副院长

任学斌
海南省建筑设计院院长

许宇汉
海口市城市规划设计研究院院长

吴晓峰
海南柏森建筑设计有限公司总经理

丁学武
海南有色工程勘察设计院院长

谢志军
海南省水利电力建筑设计院院长

于　瑞
海南华磊建筑设计咨询有限公司董事长

张新平
中元国际工程设计研究院海南分院院长

肖学文
中冶赛迪工程技术股份有限公司董事长、党委书记

王白空
中煤国际工程集团重庆设计研究院副院长、总工程师

詹　真
机械工业第三设计研究院副院长

姚本军
重庆市水利电力建筑勘测设计研究院院长、党委书记

李秉奇
重庆市设计院院长、总建筑师

杨　进
林同棪国际工程咨询(中国)有限公司总经理

曹　光
成达工程公司总经理、中国勘察设计协会第五届理事会副理事长

赵振元
信息产业电子第十一设计研究院有限公司董事长兼院长、
四川省勘察设计协会执行理事长

郑声安
中国水电顾问集团成都勘测设计研究院院长
李彦春
中国市政工程西南设计研究院院长、党委副书记
赵 翔
中国建筑西南勘察设计研究院有限公司总经理
龙卫国
中国建筑西南设计研究院有限公司总经理
漆宝瑞
中铁二院工程集团有限责任公司董事长、党委书记
魏蜀刚
四川省化工设计院院长
黄贞蓉
中国华西工程设计建设有限公司董事长
周大吉
中国电力工程顾问集团西南电力设计院院长
花景权
攀枝花市规划建筑设计研究院有限公司董事长
李崇明
四川省交通厅交通勘察设计研究院总工程师
雷文明
四川省川建勘察设计院院长
骆建国
四川省林业勘察设计研究院院长
向 波
中国石油集团工程设计有限责任公司西南分公司副总经理
樊 晟
四川省城乡规划设计研究院院长
何浩东
成都市建筑设计研究院院长
唐永建
四川省交通厅公路规划勘察设计研究院院长、党委书记
陈中义
四川省建筑设计院院长
朱轩华
四川省机械研究设计院副院长
崔玉琦
中国轻工业成都设计工程有限公司总经理
张 毅
成都市交通规划勘察设计院院长
黄晓春
四川远建建筑工程设计有限公司董事长
毕跃洪
贵州省建筑设计研究院院长
马平均
贵州省交通规划勘察设计研究院副院长、总工程师
申献平
贵州省水利水电勘测设计研究院院长
杨正东
贵州省煤矿设计研究院院长、党委书记

黄粮成
贵阳铝镁设计研究院院长
封云亚
中国水电顾问集团贵阳勘测设计研究院副院长
唐芳林
国家林业局昆明勘察设计院院长
蔡绍宽
中国水电顾问集团昆明勘测设计研究院院长
刘 刚
云南华昆工程技术有限公司总经理
李光熙
云南省设计院院长
陆增建
中国有色金属工业昆明勘察设计研究院院长
杨绍兴
云南化工设计院有限公司党委书记、董事长
张发春
云南省交通规划设计研究院院长
张 辉
云南省城乡规划设计研究院院长
孟奇猛
云南地质工程勘察设计研究院院长
李光慧
中铁二院昆明勘察设计研究院有限责任公司总经理
付正浩
西藏自治区建筑勘察设计院院长
王争鸣
中铁第一勘察设计院集团有限公司董事长兼院长
张文斌
中国电力工程顾问集团西北电力设计院院长
朱杰利
中煤西安设计工程有限责任公司总经理
郝小更
中国新时代国际工程公司总经理
熊中元
中国建筑西北设计研究院有限公司执行董事兼总经理
张 炜
机械工业勘察设计研究院院长、党委书记
燕建龙
西北综合勘察设计研究院院长
张毅航
华陆工程科技有限责任公司副总经理兼总工程师
霍 明
中交第一公路勘察设计研究院有限公司董事长兼总经理
张明生
陕西市政建筑设计研究院有限公司总工程师
王建杰
陕西省水利电力勘测设计研究院院长
马海晨
中国水电顾问集团西北勘测设计研究院院长

王振堂
陕西省建筑设计研究院有限责任公司常务副总工程师

许志安
中联西北工程设计研究院院长

李一文
中国轻工业西安设计工程有限责任公司总经理

党景中
陕西省林业勘察设计院院长

程方方
中国有色金属工业西安勘察设计研究院院长

张 耀
西部建筑抗震勘察设计研究院院长

何宗平
西安长庆科技工程有限责任公司董事长兼总经理

王海峰
西安航天神舟建筑设计院董事长

马育功
甘肃省建筑设计研究院院长

杨存部
兰州煤矿设计研究院院长

蒲钢青
中国市政工程西北设计研究院有限公司总裁

刘尚礼
兰州有色冶金设计研究院有限公司总经理、党委书记

王志强
甘肃省水利水电勘测设计研究院党委书记、副院长

卢海涛
甘肃省城乡规划设计研究院院长

张建新
兰州市城市建设设计院院长

张建中
宁夏建筑设计研究院有限公司董事长

哈岸英
宁夏水利水电勘测设计研究院有限公司董事长

王力明
青海省建筑勘察设计研究院有限公司董事长(院长)

苏晓波
青海省水利水电勘测设计研究院院长、书记

文中新
中国石油工程设计有限公司新疆设计院董事长

陈发明
新疆公路规划勘察设计研究院院长

于海鸣
水利部新疆维吾尔自治区水利水电勘测设计研究院院长

席建立
新疆维吾尔自治区建筑设计研究院院长

于锡胜
乌鲁木齐有色冶金设计研究院院长

张黎明
新疆兵团勘测规划设计研究院院长

郭建新
新疆煤炭设计研究院有限责任公司董事长兼总经理

卢向豹
新疆轻工业设计研究院有限责任公司董事长

刘 谞
新疆城乡规划设计研究院有限责任公司董事长

李 斌
新疆铁道勘察设计院有限公司董事长兼总经理

张晓白
新疆市政建筑设计研究院有限公司董事长

中国勘察设计协会章程

（中国勘察设计协会第五届会员代表大会2010年7月6日表决通过）

第一章 总 则

第一条 本团体的名称是：中国勘察设计协会，英文名称：China Exploration and Design Association，缩写：CEDA。

第二条 本团体是工程勘察设计咨询企事业单位、组织及相关人士自愿结成的行业性的全国性的非营利性的社会组织。

第三条 本团体的宗旨：

以邓小平理论和“三个代表”重要思想为指导，全面贯彻落实科学发展观，坚持提供服务、反映诉求、规范行为，为经济社会发展服务的工作方针，围绕提高工程投资效益，促进工程勘察设计咨询自主创新与技术进步，实施行业自我管理，为会员服务，维护行业、会员的合法权益，在政府和会员之间发挥桥梁纽带作用，推动行业又好又快发展。

本团体遵守宪法、法律、法规和国家政策，遵守社会道德风尚。

第四条 本团体接受登记管理机关中华人民共和国民政部和业务主管单位住房和城乡建设部的业务指导和监督管理。

第五条 本团体的住所：北京市。

第二章 业务范围

第六条 本团体的业务范围：

(一) 开展行业调查研究，收集研究国内外行业基础资料，为制定行业发展规划和技术经济政策提供依据。

(二) 协助政府有关部门研究、制定行业相关法律法规、产业政策、行业标准、行业准入条件，完善行业管理，促进行业改革发展。

(三) 建立健全职业道德标准和行规行约，推进行业诚信建设，完善自律性管理约束机制，规范会员行为，维护公平竞争的市场环境，协助政府监督工程勘察设计咨询单位执行有关法令，维护会员单位的合法权益。

(四) 根据授权进行行业统计，发布行业信息，依照有关规定编辑出版发行有关刊物和资料(含电子出版物)，建设协会网站，组织信息交流，宣传贯彻国家有关工程建设的方针、政策。

(五) 开展与勘察设计相关的法律、政策、技术、管理、市场等咨询服务，组织相关的人才、技术、管理、法规等培训，组织行业交流和推广先进经验和技术，协助会员单位提高行业信息化建设水平和技术装备水平。

(六) 经政府有关部门批准，开展新技术和新产品的鉴定、事故认定、参与行业资质认证等相关工作，组织行业优秀工程项目的评选、先进人物的推介活动，表彰和鼓励先进，促进行业精神文明建设和企业文化建设。

(七) 受政府委托承办或根据市场和行业发展需要举办交易会、展览会等，为企业会员开拓市场创造条件。

(八) 积极发展同国际相关行业组织的联系，开展国际间经济、技术和管理等方面的合作与交流。支持、组织国内企业会员开拓国际市场，参与国际竞争，维护会员单位和国内本行业企业的利益。

(九) 承担政府有关部门委托的其他任务和转移的工作。

第三章 会 员

第七条 本团体的会员种类：个人会员和单位会员。

个人会员是长期从事工程勘察设计咨询业务或管理工作、热心工程勘察设计咨询事业的知名人士和相关的执业注册专业人士。

单位会员是持有国家颁发工程勘察设计资质证书的单位，管理持有国家颁发勘察设计资质证书企业的企业集团公司以及经社团登记管理机关注册的地方、部门或行业的同业协会。

第八条 申请加入本团体的会员，必须具备下列条件：

(一) 拥护本团体的章程；

(二) 有加入本团体的意愿；

(三) 在本团体的业务(行业、学科)领域内具有一定的影响。

第九条 会员入会的程序是：

(一) 提交入会申请书；

(二) 经理事会讨论通过；

(三) 理事会闭会期间，由常务理事会讨论通过；

(四) 由理事会或理事会授权的机构发给会员证。

第十条 会员享有下列权利：

(一) 本团体的选举权、被选举权和表决权；

(二) 参加本团体的活动；

(三) 获得本团体服务的优先权；

(四) 对本团体工作的批评建议权和监督权；

(五) 入会自愿、退会自由。

第十一条 会员履行下列义务：

(一) 执行本团体的决议；

(二) 维护本团体合法权益；

(三) 完成本团体交办的工作；

(四) 按规定交纳会费；

(五) 向本团体反映情况，提供有关资料；

(六) 践行本团体制定的行规行约。

第十二条 会员退会应书面通知本团体，并交回会员证。会员如果2年不交纳会费或不参加本团体活动的，视为自动退会。

第十三条 会员如有严重违反本章程的行为，经理事会或常务理事会表决通过，予以除名。

第四章 组织机构和负责人产生、罢免

第十四条 本团体的最高权力机构是会员代表大会，会员代表大会的职权是：

(一) 制定和修改章程；

(二) 选举和罢免理事；

(三) 审议理事会的工作报告和财务报告；

(四) 制定并修改会费标准；

(五) 决定终止事宜；

(六) 讨论决定工作方针和任务；

(七) 决定其他重大事宜。

第十五条 会员代表大会须有2/3以上的会员代表出席方能召开，其决议须经到会会员代表半数以上表决通过方能生效。

第十六条 会员代表大会每届4年。因特殊情况需提前或延期换届的，须由理事会表决通过，报业务主管单位审查并经社团登记管理机关批准同意。但延期换届最长不超过1年。

第十七条 理事会是会员代表大会的执行机构，在闭会期间领导本团体开展日常工作，对会员代表大会负责。

第十八条 理事会的职权是：

(一) 执行会员代表大会的决议；

(二) 选举和罢免理事长、副理事长、秘书长；选举和罢免常务理事；

(三) 筹备召开会员代表大会；

(四) 向会员代表大会报告工作和财务状况；

(五) 决定会员的吸收或除名；

(六) 决定设立办事机构、分支机构、代表机构和实体机构；

(七) 决定副秘书长、各机构主要负责人的聘任；

(八) 领导本团体各机构开展工作；

(九) 制定内部管理制度；

(十) 决定其他重大事项。

第十九条 理事会须有2/3以上理事出席方能召开，其决议须经到会理事2/3以上表决通过方能生效。

第二十条 理事会每年至少召开一次会议，情况特殊的，也可采用通讯形式召开。

第二十一条 本团体设立常务理事会。常务理事会由理事会选举产生，在理事会闭会期间行使第十八条第一、三、五、六、七、八、九项的职权，对理事会负责(常务理事人数不超过理事人数的1/3)。

第二十二条 常务理事会须有2/3以上常务理事出席方能召开，其决议须经到会常务理事2/3以上表决通过方能生效。

第二十三条 常务理事会至少半年召开一次会议；情况特殊的也可采用通讯形式召开。

第二十四条 本团体的理事长、副理事长、秘书长必须具备下列条件：

(一) 坚持党的路线、方针、政策、政治素质好；

(二) 在本团体业务领域内有较大影响；

(三) 理事长、副理事长最高任职年龄不超过70周岁；

(四) 秘书长最高任职年龄不超过65周岁，秘书长为专职；

(五) 身体健康，能坚持正常工作；

(六) 未受过剥夺政治权利的刑事处罚；

(七) 具有完全民事行为能力。

第二十五条 本团体理事长、副理事长、秘书长如超过最高任职年龄的，须经理事会表决通过，报业务主管单位审查并经社团登记管理机关批准同意后，方可任职。

第二十六条 本团体理事长、副理事长、秘书长任期4年，最长不得超过两届。因特殊情况需延长任期的，须经会员代表大会2/3以上会员代表表决通过，报业务主管单位审查并经社团登记管理机关批准同意后方可任职。

第二十七条 本团体理事长为本团体法定代表人，法定代表人代表本团体签署有关重要文件。

本团体法定代表人不兼任其他团体的法定代表人。

第二十八条 本团体理事长行使下列职权：

(一) 召集和主持理事会、常务理事会；

(二) 检查会员代表大会、理事会、常务理事会决议的落实情况。

第二十九条 本团体秘书长行使下列职权：

(一) 主持办事机构开展日常工作，组织实施年度工作计划；

(二) 协调各分支机构、代表机构、实体机构开展工作；

(三) 提名副秘书长以及各办事机构、分支机构、代表机构和实体机构主要负责人，由理事会或常务理事会决定；

(四) 决定办事机构、代表机构、实体机构专职工作人员的聘用；

(五)处理其他日常事务。

第五章 资产管理、使用原则

第三十条 本团体经费来源：

(一) 会费；

(二) 捐赠；

(三) 政府资助；

(四) 在核准的业务范围内开展活动或服务的收入；

(五) 利息；

(六) 其他合法收入。

第三十一条 本团体按照国家有关规定收取会员会费。

本团体开展评比、评选、表彰等活动，不收取任何费用。

第三十二条 本团体经费必须用于本章程规定的业务范围和事业的发展，不得在会员中分配。

第三十三条 本团体建立严格的财务管理制度，保证资产来源合法，真实、准确、完整。

第三十四条 本团体配备具有专业资格的会计人员。会计不得兼任出纳。会计人员必须进行会计核算，实行会计监督。会计人员调动工作或离职时，必须与接管人员办清交接手续。

第三十五条 本团体的资产管理必须执行国家规定的财务管理制度，接受会员代表大会和财政部门的监督。资产来源属于国家拨款或者社会捐赠、资助的，必须接受审计机关的监督，并将有关情况以适当方式向社会公布。

第三十六条 本团体换届或更换法定代表人之前必须接受社团登记管理机关和业务主管单位组织的财务审计。

第三十七条 本团体的资产，任何单位、个人不得侵占、私分和挪用。

第三十八条 本团体专职工作人员的工资和保险、福利待遇，参照国家对事业单位的有关规定执行。

第六章 章程的修改程序

第三十九条 对本团体章程的修改，须经理事会表决通过后报会员代表大会审议

第四十条 本团体修改的章程，须在会员代表大会通过后15日内，经业务主管单位审查同意，并报社团登记管理机关核准后生效。

第七章 终止程序及终止后的财产处理

第四十一条 本团体完成宗旨或自行解散或由于分立、合并等原因需要注销的，由理事会或常务理事会提出终止动议。

第四十二条 本团体终止动议须经会员代表大会表决通过，并报业务主管单位审查同意。

第四十三条 本团体终止前，须在业务主管单位及有关机关指导下成立清算组织，清理债权债务，处理善后事宜。清算期间，不开展清算以外的活动。

第四十四条 本团体经社团登记管理机关办理注销登记手续后即为终止。

第四十五条 本团体终止后的剩余财产，在业务主管单位和社团登记管理机关的监督下，按照国家有关规定，用于发展与本社团宗旨相关的事业。

第八章 附 则

第四十六条 本章程经2010年7月6日第五届会员代表大会表决通过。

第四十七条 本章程的解释权属本团体的理事会。

第四十八条 本章程自社团登记管理机关核准之日起生效。

Z 中国勘察设计协会建筑设计分会

hongguo kancha sheji xiehui jianzhu sheji fenhui

一、分会概况

中国勘察设计协会建筑设计分会成立于2001年，协会现有会员单位338家，张桦任会长，张钟声任秘书长。

中国勘察设计协会建筑设计分会下设改革与发展委员会、专家委员会、技术质量指导委员会、行业咨询委员会、信息化工作委员会。

协会宗旨：遵守国家、法律、法规，遵守社会主义道德风尚，维护会员合法权益，保护行业公平竞争，发挥桥梁纽带作用，沟通会员与政府和社会的联系，促进行业技术进步和经济效益和提高，促进建筑设计咨询事业发展。

二、分会2010年度主要工作

2010年，中国勘察设计协会建筑设计分会（以下简称分会）在住房和城乡建设部及中国勘察设计协会的指导下，在广大会员单位的热情支持和大力协助下，为推动建筑设计行业的改革与发展做了大量的工作，同时也对分会的自身建设起到了积极的作用，为此得到了广大会员单位的普遍肯定与赞扬。

(1) 为了提高我国职业建筑师的执业能力与水平，参照国外实际情况，进一步明确建筑师执业工作范围，分会配合中华人民共和国住房和城乡建设部执业中心共同组织编写了《执业建筑师业务指导手册》，本书已被确定为全国建筑师职业教育和业务培训的必修教材，它将在构建中国特色的建筑师职业教育制度中发挥积极的作用。

(2) 电气火灾已成为当前我国城市火灾中的最主要失火因素之一。为降低电气火灾的发生，为帮助设计人员正确理解和掌握《高层民用建筑设计防火规范》最新修订版条文详细内容，及时了解《建筑电气防火设计规范》制定进程，解决建筑电气防火设计中实际存在的问题，2010年1月分会在深圳举办了“《高层民用建筑设计防火规范》最新修订版暨建筑电气防火规范设计培训班”，参会人数27人。

(3) 由于2009年11月在苏州举办的“设计企业年终财务决算、所得税汇算、纳税筹划暨工程承包项目财务管理实务研讨班”的反响颇好，应各设计单位要求，2010年1月，分会再次于深圳举办了“工程承包项目财务管理与纳税筹划暨2009年汇算清缴实务操作培训班”。

(4) 根据中国勘察设计协会《关于评选2009年度全国勘察设计行业优秀工程勘察设计行业奖的通知》文件要求，2010年1月和3月，分会分别在北京和成都组织召开了2009年全国工程勘察设计行业奖(建筑组)评选会议和获奖项目的复审会议。最后共评选出全国2009年度优秀建筑工程设计一等奖25项，二等奖90项，三等奖172项，其中中外合作设计项目一等奖8项，二等奖20项，三等奖19项；优秀住宅与住宅小区项目一等奖2项，二等奖23项，三等奖27项，其中中外合作设计项目二等奖1项，三等奖2项；优秀建筑结构项目一等奖4项，二等奖9项，三等奖18项，其中中外合作设计项目一等奖3项，二等奖1项，三等奖5项。

(5) 为推动工程设计档案管理向电子化和数字化方向发展，2010年3月，分会在广西桂林举办了“2010建筑设计行业档案管理数字化和白图替代蓝图解决方案交流会”。会议就工程设计档案管理信息化发展趋势以及数字化图档管理信息系统建设方案等进行了经验交流，为设计院档案管理电子化、数字化的创新与发展工作提供了很好的经验。本次会议得到了与会领导、专家及代表的一致好评。

(6) 2010年3月，分会在长沙组织召开了中国勘察设计协会建筑设计分会会长、秘书长工作会议。出席本次会议的中国勘察设计协会领导、分会正副会长、正副秘书长以及各工作委员会负责人共计24人。会议由张钟声秘书长主持，张桦会长就2010年换届工作提出了建议并听取了与会代表的意见和建议，吴奕良理事长在本次会议上就分会新一年工作做了重要讲话。最后，张钟声秘书长在总结大家意见的基础上，提出了2010年分会的工作重点。

(7) 根据党中央、国务院关于加快社会诚信体系建设的要求以及住房和城乡建设部关于加速推进建筑市场诚信体系建设的意见，为加强建筑设计单位的诚信意识和社会责任感，规范市场行为、服务行为，维护市场秩序，营造诚信的市场环境，分会在总结工程勘察岩土行业诚信评估工作的基础上，决定从

2010年5月起在全国建筑设计行业开展诚信评估的工作。

(8) 为适应行业发展环境的变化，加强同业交流、促进行业发展，共同探讨新的经济环境下实现企业的持续健康发展。2010年7月，分会联合民营设计分会在呼和浩特市举办了“2010建筑设计企业发展战略交流研讨会”。围绕建筑设计企业的战略转型和管理创新等主题，来自住房和城乡建设部行业资格注册中心的修璐副主任、中国勘察设计协会名誉理事长吴奕良、上海现代建筑设计集团有限公司张桦总裁、中国建筑设计院欧阳东院长助理、中国中元国际工程公司王漪副总裁、青岛腾远设计事务所有限公司赵广俊董事长、浙江华锐设计院咨询有限公司李宏凯总经理和分会秘书长张钟声分别在会上进行了交流，受到了与会代表的高度评价。

(9) 为了帮助各有关工程总承包模式下企业加强工程承包项目财务管理、内部控制，有效加强资金管理、加强项目成本费用控制、合理避税，对潜在财务风险进行有效识别和评估，并有针对性地制定适合本企业的防范对策，构建企业的风险防范体系，降低潜在风险发生的机会，减少或转移已发风险造成的损失，使企业获得最大的利润，2010年7月~8月，分会在上海市举办了“工程承包项目财务管理实务操作专题培训班”，共24人参会。

(10) 根据中国勘察设计协会建筑设计分会六届五次会长、秘书长扩大会议研究决定，并报经住房和城乡建设部批准，2010年8月，分会在北京召开了编写《中国建筑设计行业发展研究报告中(2010—2011)》课题研究报告的启动会议。

(11) 2010年11月，分会在上海召开了第六届三次常务理事会。出席本次会议的有住房和城乡建设部质量司副司长王树平、技术处处长张鹏、市场司设计处处长陈波，住房和城乡建设部执业注册中心副主任修璐，中国勘察设计协会理事长王素卿、副秘书长栗元珍、副秘书长齐继禄，天津市勘察设计协会理事长贾炳公，浙江省勘察设计行业协会理事长景政治，河南省勘察设计协会秘书长郭健平及常务理事单位代表共计84人。

(12) 为推动行业技术发展，全面提升建筑设计品质，并为本行业优秀设计评选工作提供更加良好的基础平台，分会在会员单位推荐的基础上，对全国建筑设计专家库进行了优化重组。本次入选专家库的专家总人数300人左右，各位入选专家均具有教授级高级技术职称，一级注册师资格，担任过甲级设计单位副总建筑师(副总工程师)以上职务，从事本专业技术工作20年以上，有较高的专业素养和丰富的专业实践经验。入选专家的年龄控制在70周岁以下(全国设计大师、院士不超过75岁)，其中建筑专业专家占60%左右，结构、机电设备、经济、消防、建筑技术等专业专家占40%左右。

(13) 为进一步扩大会员的行业覆盖面，并进一步完善分会的组织管理工作，在2010年中，分会一方面鼓励各大区联席会议积极吸纳新会员入会，另一方面与各大区联席会议进行了一次比较系统的会员名录核对工作，编制完成“中国勘察设计协会建筑设计分会会员通讯录”，并及时分发各个会员单位。

过去的一年，为适应新时期行业发展的需要，分会组织开展了大量工作，取得了一些积极的成效。在此期间，感谢会员单位对分会工作给予的热情支持和无私帮助，同时还要感谢一批常年热心于行业工作的会员单位领导，为分会履行各项工作职能，完成各项任务，做出了积极的奉献。

中国勘察设计协会建筑设计分会

地址：北京市海淀区马神庙 1 号核二院内科技楼 210 室

邮编：100840

电话：010-88023453

邮箱：jzsjfh010@163.com

网址：www.cada.org.cn

上海现代建筑设计（集团）有限公司

1. 昆明市红庙村重建改造项目
2. 杭州萧山国际机场二期工程国内航站楼
3. 都江堰市档案馆
4. 都江堰聚源职业中学

上海现代建筑设计(集团)有限公司是一家以建筑设计为主的现代科技型企业，集团旗下拥有华东建筑设计研究院和上海建筑设计研究院等20余家专业公司和机构。在2009年中国工程设计企业60强排名中跻身于前五名；2001年至2009年连续九年被美国《工程新闻记录》(ENR)列入“国际工程设计公司200强”或“全球工程设计公司150强”。2010年，集团在“全球工程设计公司150强”中跻身百强，排名第80位。

专业的团队：集团拥有职工3500余人，其中包括中国工程院院士2名、国家设计大师5名、国家有突出贡献中青年专家6名。各专业技术人员约占83%，高级工程师约占23%，技术力量雄厚。

全过程服务：集团业务领域涵盖工程项目建设全过程咨询服务，包括规划设计、建筑工程设计、市政设计、历史建筑保护和利用设计、环境与装饰设计、建筑声学设计、工程地质勘察、项目管理、工程监理、项目可行性研究、投资控制、工程总承包、科技咨询、投资开发等。2009年度全集团实现营业收入人民币超过21亿元。

经验与成就：集团累计完成了3万余项工程的设计与咨询，创作成果遍及全国29个省市及20多个国家和地区，其中850余项工程设计、科研项目和标准设计获国家、省(市)级优秀设计和科研进步奖。

市场与合作：集团已在北京、天津、重庆、武汉、青岛、深圳、西安、厦门、大连、南宁、苏州等地设有23个内地机构(分公司、办事处、分院)，并在香港设有全资子公司。至今集团与美国、加拿大、英国、法国、德国、澳大利亚、日本、新加坡、韩国、香港、台湾等国家和地区的设计机构已合作设计达400多个项目。

服务与理念：集团的专业设计人员以完美的创意和先进的建筑技术，将古典与现代、艺术与商业、舒适与功能、美感与科技完美地结合在一起，赋予建筑独特的风格和超凡的魅力，以在最大程度上满足客户的需求。

中国勘察设计协会园林和景观设计分会

Zhongguo kancha sheji xiehui yuanlin he jingguan sheji fenhui

一、分会概况

中国勘察设计协会园林和景观设计分会成立于1986年，现有会员单位48家。朱祥明任会长，张丽华任秘书长。

协会宗旨：遵守宪法、法律、法规和国家政策，遵守职业道德和行约行规，围绕提高园林设计水平，促进各会员单位间的业务交流，在政府和会员单位之间发挥桥梁和纽带作用，加强会员单位自我约束和自我管理，开展各项活动，努力为会员单位提供服务，反映诉求，维护会员单位的合法权益，推动园林设计行业的良性发展。

二、分会2010年度主要工作

(一) 围绕园林和景观设计行业特点开展专题调研

按照中国勘察设计协会的要求，结合园林景观设计行业的特点，围绕节能减排工作、技术质量工作、发展转型工作三个专题在园林和景观设计分会会员单位开展了调研。全国共有10个省(市、自治区)的16家会员单位提交了调研表或调研报告。通过汇总和分析，取得了一定的成果。

(1) 在节能减排工作方面，有占43.75%的单位根据自身实际情况建立了节能减排工作责任制及相应的考核机制，有占68.75%的单位在工程项目中采用了节能减排专项技术。采用的节能减排专项技术主要有人工湿地生态处理技术、河流生态护坡技术、雨水与中水利用技术、节能灯具和节水设备的利用、建筑节能技术、利用太阳能发电技术、透水地面技术、干雾降湿技术、康复花园技术、新型绿色节能材料、再生材料运用等。这些节能减排专项技术有的已实施多年，效果良好。

(2) 在技术质量工作方面，有占37.5%的单位自主开发采用了相关专利及专有技术，对企业的设计工作起到了加快速度、提高精度、降低出错率等方面的良好效果。

对创优评优工作大家认为其对推动技术进步和提高工程质量起着积极和重要的作用，可以激发技术人员更多创意，产生更多新理念；可以促进新技术的研发和运用；可以推动专业人才队伍的建设；可以保证产品的高质量和高科技含量。同时，提出当前评优工作稍显复杂，种类多，数量多，主办单位多。希望协会能统起来，规范化。

(3) 在发展转型工作方面，有占31.25%的单位于2007年至2009年涉足工程总承包业务和项目管理，目前尚处于探索阶段，但随着市场的变化其发展趋势已开始显现。

有占25%的单位于2007年至2009年承揽了6个国家的9个海外工程项目，由于全球金融危机，海外项目风险较大，付出的成本较高，海外项目偏少。

本次专题调研工作得到了会员单位的大力支持。调研成果将进一步运用到园林和景观设计分会的工作中，促进分会的建设。

(二) 围绕园林和景观行业特点开展行业规范、标准的制定

改革开放30多年以来，特别是近10余年来，中国经济的快速发展为风景园林设计企业创造了广阔的市场空间，我国城乡绿化建设发展的速度、规模、质量和效益，已突破了现有的园林行业的标准体系

中国勘察设计协会园林和景观设计分会2011年年会合影 2011.5.14 昆明

和技术标准，而我国行业的技术标准建设远远跟不上发展的需要。分会已充分认识到技术标准建设的重要性，因此，完善我国风景园林设计行业标准体系，强化城市绿化建设中规划、设计等基础性标准研制，提高我国园林建设水平是分会义不容辞的职责。

2010年，在各会员单位的积极努力下，分会申报了六项技术标准，分别是《植物园设计规范》《游乐公园设计与管理规范》《避灾绿地规范》《古树名木养护管理技术规范》《城市景观灯光设计标准》和《湿地公园设计规范》。其中，《植物园设计规范》已被列入“2011年工程建设城建、建工行业标准制定、修订计划”(草案)中。

(三) 围绕园林和景观行业的特点开展评优活动

按照中设协字(2008)31号《全国工程勘察设计行业优秀工程勘察设计行业奖评选办法》的要求和中设协字(2009)38 号《关于评选2009 年度全国工程勘察设计行业优秀工程勘察设计行业奖的通知》安排，结合园林和景观行业的特点，在园林和景观分会会员单位的积极参与下，组织了园林和景观设计的评优工作。全国有16个省(市、自治区)的29家设计单位推荐了59个设计项目参加评选，这59个设计项目在当地省(市、自治区)取得了省级优秀设计二等以上奖励。

通过专家评审，共有34项工程设计项目获奖。其中，一等奖5项，二等奖9项，三等奖20项。

(四) 围绕园林和景观行业的特点加强分会的建设

园林和景观行业在整个建筑行业中是微小的一部分，但是随着经济的发展，全球对绿色环境的需求，园林和景观在整个社会建设中的比重不断增加。园林和景观设计分会作为中国勘察设计协会一个分支，作为全国园林和景观设计的一个团体，需要不断地发展自己，完善自己。

园林和景观设计分会坚持了常务理事会会议制度，特别是2010年10月23日在四川召开的五届三次常务理事会有13位常务理事参加，分会秘书处的同志参加了会议。会议就贯彻落实中国勘察设计协会调研要求、园林行业技术标准体系建设、园林设计企业管理和发展转型、2011年分会年会及分会日常工作等内容展开了热烈讨论，取得了共识。为了加强秘书处的工作，2010年对秘书处人员进行了调整，秘书处按照常务理事会议的要求，积极开展日常工作。

中国勘察设计协会园林和景观设计分会

地址：北京市园林古建设设计研究院（北京市海淀区白石桥村 2 号）
邮编：100081
电话：010-68423978
邮箱：yljgsjfh@163.com

上海市园林设计院有限公司

SLADI SHANGHAI LANDSCAPE ARCHITECTURE DESIGN INSTITUTE CO.LTD

上海市园林设计院有限公司成立于1946年，是中国勘察设计协会的理事单位，也是第五届中国勘察设计协会园林和景观设计分会的会长单位。持有建设部颁发的风景园林设计和建筑工程设计的甲级资质，城市规划乙级资质等；并已在2002年2月正式通过ISO9001:2000国际质量管理体系认证。

我院技术力量雄厚，专业配备齐全，拥有一批专业经验丰富的学科带头人；技术人员占全院总人数的83%，注册人员占技术人员总数的30%。

六十多年来我院完成了近千项公园、绿地、风景区、高尔夫球场等项目的规划和设计，同时，还完成了宾馆、别墅、高层建筑、旅游建筑的设计，并先后在境外设计建造了十余座中国庭园。

据统计，从1984年至2010年，我院已荣获国家、省、市各类奖励过百项。

1 2
3 4
5

1. 上海辰山植物
2. 新江湾城生态绿地
3. 上海世博公园
4. 上海东方绿舟
5. 上海滨江森林公园

中国勘察设计协会市政工程设计分会

Zhongguo kancha sheji xiehui shizheng gongcheng sheji fenhui

一、分会概况

中国勘察设计协会市政工程设计分会成立于1990年，协会现有会员单位89家，刘桂生任会长，栗元珍任秘书长。

中国勘察设计协会市政工程设计分会下设三个工作委员会。

协会宗旨：以邓小平同志理论为指导，坚持四项基本原则和党的基本路线，遵守宪法、法律、法规和国家政策，遵守社会道德风尚，围绕提高工程投资效益，促进工程设计技术进步，加强行业自我管理能力方面，开展各项活动，在行业主管部门和理事单位之间发挥桥梁纽带作用，努力为理事单位服务，维护理事单位的合法权益，推动市政工程设计行业的发展。

二、分会2010年度主要工作

2010年，市政工程设计分会在中国勘察设计协会的领导下，在分会各工作部门的积极配合和各理事单位的大力支持下，积极开展各项工作。分别开展了工程总承包和项目管理现状的调研工作；召开了工程总承包和项目管理经验交流会；完成了《市政公用工程设计文件编制深度规定》修订工作；开展了工程勘察设计市政行业专题调研工作；召开了分会第四届四次理事会暨庆祝分会成立二十周年大会。现就具体工作内容总结如下。

(一) 开展工程总承包和项目管理现状的调研工作

2010年3月，由中国勘察设计协会副秘书长、市政工程设计分会秘书长栗元珍和建设项目管理和总承包分会秘书长荣世立、副秘书长王护才、中国天辰工程有限公司上海分公司副总经理施展组成的调研组分别对中国市政工程西北设计研究院有限公司、上海市政工程设计研究总院、中国市政工程西南设计研究院、北京市市政工程设计研究总院、中国市政工程华北设计研究院等单位的工程总承包和项目管理工作进行了专题调研。

通过调研，对全国市政行业设计院目前推行工程总承包和项目管理的现状、主要业绩和总承包项目实施过程中遇到的问题等有了比较清晰的认识，也为协会如何帮助企业从改善内部环境，完善与国家有关推进工程总承包法律法规相配套的政策措施，帮助市政行业的设计院更好地推进工程总承包和项目管理有了一些新的思考。

通过调研也深切地感受到，虽然国家在积极鼓励和推广工程总承包，也出台了相关政策和法规，但是目前一些政府职能部门和人员在落实这些相关法律、法规的过程中往往还是沿用原来的一套管理模式，不能适应工程总承包市场发展的需要，有些方面甚至对于工程总承包项目的发展有一定的不利影响。加上企业内部的体制和机制都还没有完全跟上工程总承包发展的需要，市政行业设计院要想真正发展成为一个工程公司还有很长的一段路走。为此，建议市政行业设计院从以下几方面开展工作：要提高对工程总承包和项目管理工作的认识；要建立与工程总承包相适应的项目管理构架；要逐步建立与工程总承包相适应的项目管理体系。同时，呼吁政府各有关部门尽快完善相关的法律法规和配套的政策措施，为工程总承包和项目管理工作的开展提供更加良好的外部环境。

该调研工作已于2010年4月完成，并向中国勘察设计协会提交了调研报告。

(二) 召开市政工程总承包和项目管理经验交流会

市政工程设计分会于2010年6月10日至12日在成都召开了“市政工程总承包和项目管理经验交流会”。

这次会议受到四川省住建厅和中国勘察设计协会的高度重视。四川省住建厅副厅长于桂、设计处长冯江、中国勘察设计协会理事长吴奕良、副理事长(建设项目管理和工程总承包分会会长)袁纽、副理事长(四川省勘察设计协会顾问)杨启后亲临会议。于桂副厅长、吴奕良理事长、袁纽副理事长做了重要讲话。会议由中国勘察设计协会副秘书长、市政工程设计协会秘书长栗元珍主持，29家设计单位约70位代表参加会议。

会议特邀中国成达工程公司(原化八院)介绍开展工程总承包26年的成功经验，副总经理孙志做了题为《中国成达工程公司的发展历程及思考》的精彩演讲。上海市政工程设计研究总院副院长王育做了题为《提升能力，全力发展市政工程的全过程管理》、中国市政华北设计研究总院副院长王起做了题为《围绕企业战略，全面推行工程总承包》、北京市市政工程设计研究总院项目中心主任王弢做了题为《发挥技术优势，推行市政领域工程总承包的发展》、中国市政西北设计研究院总裁助理全星做了题为《坚持高起点、高标准的项目管理体系，提升项目管理能力》的大会交流。这次会议的经验交流受到与会代表的一致好评。

（三）开展工程勘察设计市政行业专题调研工作

按照中国勘察设计协会《关于共同做好工程勘察设计行业专题调研工作的通知》要求，市政工程设计分会常务副秘书长钟建同志组织部分理事单位在行业内开展了调研工作。本次调研侧重于三个方面：如何贯彻节能减排，推进科技进步；如何发挥评优引导作用，推动技术进步，确保质量安全；如何强化自律机制，维护市场秩序。

通过调研，了解到各理事单位在节能减排方面都能积极响应国家号召，参与节能减排的课题研究、产品研发，推进科技进步。如：在大型现代桥梁前沿设计、综合交通枢纽和资源利用生态道路、净水厂污染源水处理技术集成、污水处理升级节能改造和水资源利用、大型地下空间综合开发等方面，积极探索，科技创新，依托城市重大基础设施项目，贯彻节能减排，体现以人为本、发展循环经济先进设计理念，开展多项核心技术研究，并在工程中得以实现；在发挥评优引导作用，推动技术进步方面各理事单位具有较强的意识和认识。这些单位通过多年来的工作实践，深刻认识到以企业为主体开发专有技术，提倡科技创新，对提升专业发展水平、提高工程内涵、扩大市场份额和促进企业可持续性发展，具有十分重要的作用。同时，也充分认识到工程建设的发展具有起点高、规模大和综合性强的特点，必须由科技创新作为支撑点，形成企业的专有技术。为此，很多单位在工程建设的同时，坚持科技创新，取得了一系列的具有前瞻性的科技成果，获得了多项专利技术；在强化自律机制，维护市场秩序方面希望借助协会的力量，加强监督和管理。

（四）召开了第四届四次理事会暨庆祝分会成立20周年大会

2010年10月15日~16日，在济南召开第四届四次理事会暨庆祝分会成立20周年大会。分会53家理事单位近百名代表参加了会议。

山东省住建厅副厅长宋守军同志、副巡视员耿庆海同志、济南市人民政府常务副市长王良同志、中国勘察设计协会理事长王素卿同志亲临会议。宋守军副厅长和王良常务副市长分别做了热情洋溢的讲话，对近年来积极参与山东省和济南市市政基础设施建设的单位表示衷心的感谢，对中国勘察设计协会市政工程设计分会成立20周年表示热烈祝贺！王素卿理事长做了重要讲话。她首先对市政工程设计分会成立20年来的工作给予充分肯定，认为市政工程设计分会是中国勘察设计行业的一支重要力量，在城市建设、工程建设的快速发展中发挥了重要作用。同时，王素卿理事长对市政分会及各理事单位也提出了几点希望：认真贯彻落实节能减排基本国策，推动企业为经济建设和社会发展做出新贡献；推进技术创新，增强企业的自主创新能力；注重管理创新，建设现代化设计企业；加强人才队伍建设，为企业持续健康发展提供根本保证。

分会会长、北京市市政工程设计研究总院院长刘桂生同志做了分会成立20周年的发展回顾。他强调分会20年走过的历程是探索的20年，是服务的20年。这20年来，分会各理事单位伴随着改革开放，积极投身到城市巨变中去寻求务实的发展；这20年来，市政行业科技创新硕果累累，人才辈出。20年的历程分会积累了不少的宝贵经验。只要分会各理事单位共同努力，分会就会更具凝聚力，分会就能发挥更大的作用。

（五）完成了《市政公用工程设计文件编制深度规定》修订工作

根据住房和城乡建设部专题项目合同书要求，由市政工程设计分会组织，市政工程设计分会和园林景观设计分会的9家设计单位对《市政公用工程设计文件编制深度规定》(2004年版)进行了修编。

（六）组织开展行业评优工作

2010年1月，在北京进行了2009年度全国工程勘察设计市政公用行业优秀设计奖的初评工作。共23位专家参加了评审工作。今年共收到满足申报条件的项目215项，其中道桥专业105项，轨道专业26项，给排水、环境专业57项，燃气热力专业27项。经过专家评审组认真评审后，推荐获奖项目155项。

（七）配合中国勘察设计协会开展有关工作

(1) 2010年3月，按照中国勘察设计协会2010年第12号文的要求，组织分会部分常务理事单位开展“全国工程勘察设计行业第五届优秀工程项目管理和优秀工程总承包项目奖评选”申报及初评工作。

(2) 2010年3月，按照中国勘察设计协会2010年第13号文的要求，组织分会部分常务理事单位开展“从事工程项目管理和工程总承包企业营业额2010年百名排序”申报工作。

中国勘察设计协会市政工程设计分会

地址：北京市海淀区西直门北大街32号3号楼
邮编：100082
电话：010-82216887
邮箱：zy@bmdei.cn

中国市政工程中南设计研究总院

Company profile 公司简介

中国市政工程中南设计研究总院（简称：中南市政总院）创建于 1954 年，原直属建设部。2000 年中央所属工程勘察设计单位体制改革后，进入中国中信集团。

经过 50 多年的发展，中南市政总院已成为设计、勘察、科研、工程总承包等实力雄厚的高科技企业，具有市政公用行业甲级、建筑工程甲级、水利行业（城市防洪）甲级、公路工程甲级、工程勘察综合类甲级、风景园林专项甲级、工程咨询甲级、工程监理甲级、环境污染治理设施（生活污水）运营甲级、造价咨询乙级、城市规划乙级以及压力管道（GAI）等设计资质。

中南市政总院下设 9 个设计院、2 个公司（监理公司、咨询公司）、19 个分院及工程勘察院和工程总承包部、造价咨询部，现有在册职工近 1400 人。

建院以来，中南市政总院共完成勘察、设计、科研任务 4000 余项，获国家、部、省优秀勘察、设计、咨询等各类奖项 300 余项。该院历来注重科技创新和技术进步，相继承担国家“七五”至“十一五”科技攻关项目、水专项和国家 863 项目的研究及地方、企业的科研项目，累计完成各类科研项目 100 余项，获全国科学大会奖，部、省及市级科技进步奖 50 余项，主编或参编给水排水等专业国家标准规范 30 余项，拥有发明专利 4 项，实用新型专利 7 项。

我院坚持贯彻质量、环境和职业安全健康管理体系，严格遵守“质量第一顾客至上、环境保护节能降耗、职业安全员工健康、科学管理持续创新”的管理方针，发扬“求实、奉献、创新、和谐”的企业精神，为国内外客户提供满意的工程技术服务。

武汉市三金潭污水处理厂

武汉市三金潭污水处理厂工程服务面积 61.4km^2，服务人口 88 万。排水系统为雨污合流与分流并存，合流制排水系统截流倍数 n_0=1，工程总规模 40 万 m^3/d(雨季最大流量 62 万 m^3/d)。污水厂厂址位于武汉市汉口张公堤北侧、府河堤南面东西湖区与江岸区交界的三金潭地区。厂区总占地 23.8 公顷。

污水处理采用先进的改良型 A/O 生物除磷工艺。为确保生物除磷效果，生物池前置选择区；好氧区采用微孔曝气，配以智能化的鼓风供氧系统，实际运行电耗 0.16~0.18kW·h/m^3 水，能耗显著低于同类工艺。出水水质优于设计标准。

污水处理厂新建了亚洲最大、世界第三的 2 座卵形消化池，其单池容积约 14000m^3。该池采用了高效、低耗的一级中温厌氧消化污泥处理工艺。

昆山市第三水厂

昆山第三水厂是昆山市区域供水的两座水厂之一，规模 60 万 m^3/d，分三期建设。水源采用傀儡湖，而傀儡湖的水量由阳澄湖补给。水源受到有机物微污染，藻含量较高。根据水源水质特点和我院在受污染水源水处理方面的经验，净水工艺采用预 O_3→常规处理→O_3-BAC 工艺，并设置多点加氯的氧化设施。常规处理采用机械混合→网格絮凝→平流沉淀（含串联气浮）池→气水反冲洗翻板滤池工艺。出水水质达到国家饮用水水质标准。工程获 2008 年度全国优秀工程勘察设计铜奖。

昆明 863 项目

在 10 万 km^2 的排水区域，研究暴雨期间雨污合流污水的调控及强化处理集成技术，进行反硝化补充碳源脱氮和强化除磷技术及优化工艺运行的研究，提出具有推广意义的技术经济可行的雨污合流污水强化处理技术及氮磷深度强化处理技术。

示范工程：

●建成包括利用现状合流管道、渠道的调蓄容积，在污水厂内新建 3000m^3 调蓄池，总容积大于 27000m^3 的合流污水调蓄系统。同时，通过污水厂运行优化和改造措施的实施，使 10 万 m^3/d 的污水处理系统在暴雨期间的处理能力达到 16 ~ 20 万 m^3/d，出水水质达到一级 B 标准。

●建成规模建 2 万 m^3/d 的同步脱氮除磷滤池深度处理示范工程，出水水质达到：TN < 10mg/L、TP < 0.3mg/L。

青岛胶州市少海新城南湖一期景观工程

胶州市少海新城南湖一期景观工程位于青岛胶州市新城区东部。项目由入口广场、北岛、南岛、长堤、沿少海南路景观区五部分组成，总用地面积为 478500m^2。其中道路及铺装工程 95512m^2、公建及绿化用地 378853m^2、特色水景 4135m^2。项目总投资 41744.5 万元，2010 年建成开放。

设计本着人与自然和谐共存的设计理念，以生态环境营造为目标，将“回归自然”作为城市绿地的发展方向，使市民徜徉于林间，接受绿色的洗礼，让游人与阳光同行，享受林间的芬芳与新鲜空气，带给人们更大的精神愉悦和身心健康，并在尽量不破坏湿地资源的基础上建设不同类型的辅助设施，将物种及其栖息地保护和生态旅游、生态环境、教育功能有机结合起来，使少海新城南湖景观工程具有主题性、自然性、生态性等特点。

红岭北立交

红岭路、红岗路与泥岗路辅道属市政交通，红岗路高架桥与泥岗路主线属快速交通。经多方案比选，最后确定在十分狭小的空间里进行布局，对现有桥梁、匝道和管线尽量充分利用，快速系统、市政道路系统及立交微循环系统有机协调，充分发挥了该立交的使用功能。目前通车使用 3 年，立交交通十分顺畅。

Z中国勘察设计协会工程设计计算机应用工作委员会

Zhongguo kancha sheji xiehui gongcheng sheji jisuanji yingyong gongzuo weiyuanhui

一、工作委员会概况

工程设计计算机应用工作委员会成立于1984年9月。王彦梅任工作委员会主任，胡宏任秘书长。

工程设计计算机应用工作委员会下设北京中设软件技术测评有限公司。

协会宗旨：提升全行业信息化建设水平，助力勘察设计行业健康发展。

二、工作委员会2010年度主要工作

(一) 努力推广国产二维CAD平台软件，促进国产软件的发展

2010年，开展了“国产软件应用交流论坛”、“国产二维CAD软件巡展活动”，支持了“浩辰国产软件用户联席会”、“国产CAD应用软件联盟”的活动，支持了国产软件平台上应用软件商，如：深圳斯维尔建筑软件的宣传活动，以拉近软件厂商与用户的距离，都取得了显著效果，行业内涌现出了大批的国产软件用户，带动更多的勘察设计单位积极使用国产CAD平台软件，同时，促进了国产软件产品的技术改进及整体提升，打破了垄断，繁荣了CAD软件市场，为设计单位提供了多种选择。国产CAD平台软件的销售量较以往有50%~60%的增长，国产CAD软件市场占有率大大提升，已有很多中小设计单位国产CAD平台软件达到了85%以上的使用率。有很多不同类型的设计院在努力尝试使用国产CAD平台软件，一些大院也加入了使用国产二维CAD软件平台的行列。

(二) 坚持不懈地推进行业软件正版化工作

协会坚决贯彻九部委《关于推进企业使用正版软件工作的实施方案》的通知要求，重视行业使用软件正版化的工作，本着维护会员单位及行业的合法权益，加强行业自律的宗旨，在全行业内积极贯彻执行该文件精神及办法，针对勘察设计行业软件正版化工作的特点，积极寻求有针对性的解决方案，使整个行业在推进使用正版软件工作上有了长足的进步。在全行业转发了国家版权局《推进企业使用正版软件工作计划》的通知，以及时传达政府对企业正版化的要求。

(三) 倡导三维设计，引导技术水平进一步提高

1. 支持国产三维软件的发展

2009年7月，中国软件联盟宣布成立了以CAXA为主的中国工程建设行业软件产业联合体。协会依据行业信息化专家的测评和评审意见，认为由北京数码大方科技有限公司(CAXA)完全自主研发的二维、三维CAD平台、图文档管理系统具有在勘察设计行业应用的良好前景，特别是他们针对勘察行业应用需求，积极致力于在CAXA平台上联合广联达软件股份有限公司、北京天正工程软件有限公司的专业应用软件所集成的中国特色建筑全生命周期BLM信息化解决方案，具有完全自主知识产权，操作不改变主流应用习惯，技术领先，满足设计单位对国产二维、三维CAD平台、专业应用软件、协同管理和BLM解决方案的需求，对于实现设计、施工等上下游各环节信息共享和推广三维协同应用具有重要的意义。为使广大设计单位对国产BLM解决方案有更全面更深入的了解，对国产三维协同软件新技术进行研讨，在内蒙、成都等部分省市召开了《天正多专业三维协同一体化解决方案》巡展会。

2. 关注先进的国外三维设计技术

勘察设计行业对先进的IT技术的需求日趋增大，中国勘察设计协会“十一五”期间信息化发展思路中明确提出：要尽快实现三维协同勘察设计，并强调要以大型勘察设计院为主，在新技术的支撑下，实现协同设计、优化设计和信息集成；制定行业应用标准，实现系统集成与资源共享。因此，我们积极探寻能够实现上述目标的新的技术或设计手段，BIM是三维协同设计的基础，可视化、数字化地呈现勘察设计和工程建设流程中的各个阶段，减少低级错误、协调各专业、提升生产力以及勘察设计质量，节约建造成本，提高投资效益，助力建设资源节约型社会。举办了第二期勘察设计行业BIM技术高级培训班，邀请了香港BIM专家及清华大学BIM标准研究小组负责人介绍了BIM的理念和全球BIM的应用趋势、案例，以及中国应用BIM的现实需求及标准建设。2010年1月，与欧特克软件(中国)有限公司联合启动了“创新杯”——建筑信息模型(BIM)应用设计大赛；出版了《实用的BIM框架》一书，联合部分“创新杯”获奖单位参加了欧特克有限公司与台湾中华顾问工程司、中华营建资讯标

准协会合作在台举办的“2010海峡两岸工程建设行业BIM高峰交流会”，分享两岸绿色建筑趋势及绿色设计经验，这些活动使大家认识到，BIM技术是未来的发展方向，今后更多要做的是解决实践中发现的问题和探索其如何适合中国国情。

(四) 提升信息化管理系统平台的技术水平，实现资源共享、管理规范的高效工作模式

1. 搭建平台，加强行业内技术经验交流

(1) 与纬衡浩建科技(深圳)有限公司携手举办了“2010勘察设计企业CIO高峰论坛暨新一代图形技术推动勘察设计企业信息化建设(第三届)研讨会”，本次会议两大特色：第一，参加会议的200多名嘉宾中70%都是CIO、副院长、院长级别的领导，说明企业管理者对信息化工作的重视。第二，本次会议增加了CIO专题培训课程，期望以培训来提升我国工程勘察设计企业CIO的整体理论水平，为加速信息化建设进程注入新的知识和动力。

(2) 近年来，SOA新技术正逐步成为推动企业信息化的主导技术，为在行业内及时发布、推广及交流这一前沿技术的应用成果，2010年5月，我协会和北京建设信源资讯有限公司联合举办了SOA新技术推动勘察设计企业信息化建设成果研讨会，同时召开“勘察设计企业信息化示范工程”建设成果研讨会，与广大设计单位分享“勘察设计企业信息化示范工程”的项目建设经验及创新应用。

(3) 2010年4月，在北京和施惠特公司举办了“快速实施、立见成效的信息化解决方案”研讨会。会上发布了施惠特公司研制开发的“信天使综合信息管理系统”，该产品降低了企业信息化的投资成本与风险，提高企业信息化实施效率及成功率，满足中小企业实施信息化的需求。

2. 加强行业信息化网站建设，提高服务水平

于2008年7月正式开通的中国勘察设计行业信息化建设网站(www.cedait.org)，其宗旨是办成国内第一个行业信息化工作的专业网站，为所有会员单位和关心我们行业建设的人士提供相关信息、交流平台。搭建会员之间、会员和厂商之间的桥梁。2010年已初见成效，与国内外14家为行业提供软件的公司做了链接。2010年改版后，增加了软件体验中心。今后，我们将努力把协会信息化网站办成集新闻资讯、信息服务为一体的更加强大的行业专业性媒体和网上新闻信息总汇。

(五) 承担了“行业优”的软件评优工作

承办了2009年度全国优秀工程勘察设计行业奖，共计评出一等奖2名，二等奖5名，三等奖3名。

(六) 评选全国工程勘察设计行业实施信息化成绩突出的先进单位奖

2010年，评选出了实施信息化成绩突出的先进单位116个。以此激励先进、弘扬成就、促进发展。

中国勘察设计协会工程设计计算机应用工作委员会

地址：北京西城区安德路甲 67 号 105 室
邮编：100120
电话：010-51586321　51979456
邮箱：Yangrongjian@bcdst.com
网址：www.cedait.org

Z 中国勘察设计协会工程勘察与岩土分会

Zhongguo kancha sheji xiehui gongcheng kancha yu yantu fenhui

一、分会概况

中国勘察设计协会工程勘察与岩土分会成立于1986年1月，协会现有会员单位320家，吴奕良任理事长，萧汉英任秘书长。

中国勘察设计协会工程勘察与岩土分会下设秘书处、《中国勘察与岩土工程》编辑部、技术评优工作部、岩土信息工作部、行业发展与国际联络部、体制改革工作部、市场管理工作部、质量管理工作部、教育培训工作部、企业文化建设委员会。

协会宗旨：认真贯彻执行国家的方针政策；为行业(企业)发展促进技术进步和技术创新；在政府和会员间发挥(起)桥梁纽带作用；加强行业自律，积极开展各项活动，反映诉求，努力为会员单位为行业发展服务。

二、分会2010年度主要工作

2010年，中国勘察设计协会工程勘察与岩土分会(以下简称分会)以科学发展观为统领，认真落实2010年制定的工作思路和工作目标，积极地开展各项活动。一年来主要工作综述如下。

(一) 认真做好“诚信单位”的复查、评审工作，推动全国工程勘察与岩土行业诚信建设

依照《全国工程勘察设计行业诚信评估办法》及《全国工程勘察设计行业诚信评估办法实施细则》，对获“诚信单位”企业实施动态管理，两年复查之规定，2009年12月底~2010年1月下旬，我们进行了全国第一批“诚信单位”企业的复查和第二批申报“诚信单位”企业的评审工作。经过评估专家预审，评估专家委员会评审和分会会长会议审定，并报中国勘察设计协会批准。第一批324家“诚信单位”企业中，322家单位复审通过，仍保持“诚信单位”称号；有两家单位未报送复审材料，复审不通过，收回诚信单位牌匾、证书，取消“诚信单位”称号；同时对申报第二批“诚信单位”的企业102家进行评审，经过预审、评审和会长会议审定，95家获得通过，并上报中国勘察设计协会批准。到目前为止，全国工程勘察与岩土行业“诚信单位”企业有417家。通过两批“诚信单位”的评审和一次“诚信单位”的复查工作，我们从中得到了5条经验和5点建议，为全国工程勘察设计行业开展诚信建设和诚信评估工作提供了做法、经验与建议，对今后在全行业开展这一工作起到了很好的助推作用。

(二) 认真学习、交流、总结企业文化建设经验，推进行业企业文化建设迈上新台阶

为学习宣传贯彻胡锦涛总书记关于文化建设和文化体制改革的一系列重大理论观点，全面推进工程勘察与岩土行业企业文化建设，2010年9月16日~21日，工程勘察与岩土分会企业文化工作委员会在新疆克拉玛依市召开了2010年年会。总结了“委员会”一年来的工作，提出了下一步行业企业文化建设的指导意见；会上6个单位(企业)分别从人本文化、创新文化、诚文化、和谐文化等方面交流、介绍了各自文化建设的做法、特色及成绩；组织与会者参观、学习“全国企业文化建设先进单位”、“全国创建学习型组织先进单位”的企业文化建设成就和经验；会上工程勘察与岩土分会吴奕良会长以《直面三大挑战，加强文化建设，实现三大转变》为题发表了重要讲话。通过会议和企业文化建设过程中，使我们清楚地认识到企业文化建设是工程勘察与岩土行业深化改革，加快发展，是企业提高管理水平、增强凝聚力、打造核心竞争力的战略举措，是行业企业又好又快发展的需要，为今后推进企业文化建设迈上新台阶起到了很好的助推作用。

(三) 完成政府主管部门和中国勘察设计协会交办的工作

1. 完成2009年度工程勘察行业奖的评选工作

分会技术评优工作部受中国勘察设计协会的委托，进行了2009年度全国工程勘察行业优秀工程的评审工作。这次评选工作，累计收到113家单位202项(份)申报材料。2010年1月30日~2月3日，评审专家委员会专家，按照评审(选)原则和要求，经认真评审，推荐出121项工程勘察成果获奖，占申报总数的59.9%。其中，一等奖14项(岩土综合专业11项，工程测量专业3项)，二等奖42项，三等奖65项。

2. 完成“专题调研”工作

2010年7月6日，中国勘察设计协会五届一次常务理事会议做出部署，2010年下半年开展全行业专题调研，模清我国勘察设计行业目前的现状与问题，提出对策，促进行业又好又快发展。对此，分会于2010年8月9日印发了《关于转发中国勘察设计协会<关于共同做好工程勘察设计行业专题调研工作的通知>的通知》”，并在分会网站上和2010年第四期分会会刊上全文刊载“中设协字(2010)第43号文”，将“调研的专题”内容落实到工作部，要求高度重视，积极投入资料收集(或调研)工作，并将调研成果在2010年9月20日前发送至秘书处电子信箱中。经大家的努力，提出并完成了4个方面内容的“专题调研”，成果呈报中国勘察设计协会：①不断完善评选工作，引导行业健康发展；②工程勘察质量现状调研报告；③目前勘察市场状况的调查报告；④工程勘察单位体制改革状况调研报告。这些“专题调研报告”，较好地反映了我国目前工程勘察与岩土行业的现状和问题，对了解当前工程勘察与岩土行业的情况很有帮助；提出的对策与建议，对促进行业发展也很有帮助。

(四) 加强协会自身建设

1. 策划筹备召开有关会议

2010年，有计划有目的地筹备、召开了3次会长暨秘书长工作会议和2010年6月18日~20日在武汉市召开的五届三次常务理事会暨诚信建设经验交流会。由于这些会议事前经过精心策划，认真准备，均收到了很好的效果。

2. 重视组织建设

不断完善组织建设是较好地发挥协会作用，做好服务工作，提升服务水平与质量的保证。2010年1月~6月，先后召开秘书长工作会议，研究了分会换届问题。2010年7月26日，秘书处向各正副会长、正副秘书长寄送了《关于征集工程勘察与岩土分会工作机构设置意见的通知》，并将收到的反馈意见整理、归纳出5种方案，向2010年12月2日~4日在深圳召开的会长暨秘书长工作会议上报告。

3. 策划、筹备、召开了五届三次常务理事会暨诚信建设经验交流会

2010年6月18日~20日，在武汉市召开了分会五届三次常务理事会暨诚信建设经验交流会。会前，起草了“关于推荐表彰西南五省市在抗旱救灾找水积极做贡献的工程勘察单位和个人的通知”，并以中国勘察设计协会名义寄发给云南、贵州、广西、重庆、四川五省市的勘察设计协会，请他们提出推荐表彰名单和先进事迹材料。

出席这次会议的有常务理事，除有中国勘察设计协会、住房和城乡建设部市场司、湖北省住房和城乡建设厅、武汉市建设委员会、湖北省勘察设计协会等单位领导外，还有抗旱救灾先进单位、先进个人代表、第二批“诚信单位”企业代表、获行业优秀工程勘察一等奖单位代表，共计126人。会议内容丰富，有分会工作报告、“诚信单位”企业介绍加强诚信建设，推进企业文化工作的总结与经验交流、抗旱找水救灾先进单位和个人代表的感人事迹介绍、颁发荣誉证书和奖牌等活动，会场氛围热烈而欢快，会议取得圆满成功，受到与会者的好评和赞许。

中国勘察设计协会工程勘察与岩土分会

地址：北京市西城区西便门内大街79号（中兵勘察设计研究院）
邮编：100053
电话：010-83119001
邮箱：Mishuchu@ZGKC.org
网址：WWW.ZGKC.org

中冶地勘岩土工程有限责任公司

1. 辽宁红沿河核电厂一期工程取、排水口围堰及导流堤塑性混凝土防渗墙工程。该项目位于辽宁省大连市，防渗墙总长 807m，最大高度为 15m~29m；防渗墙墙厚 80cm，深度以进入强风化花岗岩约 1.00m 为准，获全国优秀质量管理小组称号

中冶地勘岩土工程有限责任公司成立于1987年，具有地基与基础工程专业承包一级、工程勘察综合类甲级、地质钻探甲级、地质灾害治理工程施工甲级和勘查及评估乙级资质；通过了质量、环境和职业健康安全管理体系认证。施工领域涉及城建、环保、交通、能源、水电、通讯、灾害地质和特种工程施工等行业。

公司现有员工600余人，各类专业技术人员284人，其中教授级高工3名；高级职称46名；中级职称132名；注册土木(岩土)工程师、注册建造师等各类注册人员84名。公司技术力量雄厚、施工手段齐全，拥有先进的岩芯钻探设备、旋挖钻机等各类设备设施1000余台(套)。成功施工了首都国际机场停车楼抗浮桩、天津海河大桥超大口径超深钻孔灌注桩、邯郸安居义尚国际基坑支护工程、辽宁红沿河核电厂一期防渗墙工程、天津大沽化工厂真空预压工程、邯钢新区挤扩支盘灌注桩工程、长春地铁1号线岩土工程勘察、唐山开平东矿地形测量、长沙市北区地形图航测等一大批工程项目，先后获得国家或省(部)级优秀工程勘察奖和工程建设优秀质量管理奖等60多个奖项。

公司奉行“诚信、务实、勤奋、创新”的企业精神，愿以此与社会各界建立友好的合作关系。

诚信、务实、勤奋、创新

2. 天津大沽化工临港分厂真空预压地基处理工程。该项目是公司首次承接的真空预压项目，位于塘沽区临港工业区，地基处理总面积超过 27.36 万 m^2，获冶金行业优秀工程勘察一等奖

3. 长春地铁 、二号线岩土工程勘察。该项目是我公司承接的轨道交通领域单项合同额最大的工程勘察项目

5. 唐山市中环广场基坑支护工程。该项目位于北新道以南、学院路以东。建筑物包括 1# 写字楼、2# 公寓、3# 住宅楼和商场，总建筑面积约 20 万 m^2，建筑物高度除五层商场外高 99.95m，地下三层，基坑深度为 16m

4. 邯郸安居义尚国际基坑支护工程。该项目是邯郸市质检站在此项目现场召开现场观摩会的样板工程，系邯郸市第一深基坑工程

中国勘察设计协会建设项目管理和工程总承包分会

Zhongguo kancha sheji xiehui jianshe xiangmu guanli he gongcheng zongchengbao fenhui

一、分会概况

中国勘察设计协会建设项目管理和工程总承包分会成立于1992年1月。分会现有会员单位184家，袁纽任会长，荣世立任秘书长。

协会宗旨：为会员和工程建设行业服务，维护会员的合法权益，遵守宪法、法律、法规和国家政策，维护社会道德风尚，推动行业自律，在政府和企业间发挥桥梁和纽带作用，促进我国建设项目管理和工程总承包事业的进步和发展。

二、分会2010年度主要工作

2010年，中国勘察设计协会建设项目管理和工程总承包分会(以下简称分会)按照中国勘察设计协会的部署和袁纽会长提出的“创新意、增亮点”的指导意见，认真做好各项工作。在继续巩固、做好原有各板块工作的基础上，积极开展市政、建筑等行业工程项目管理和工程总承包情况调研；参与水利水电、市政、电力、煤炭行业工程总承包工作交流；积极推动勘察设计行业建设项目管理和工程总承包事业的发展。

(一) 开展了第五届优秀工程项目管理项目和优秀工程总承包项目评选

按照中国勘察设计协会2010年3月1日印发的《关于开展全国工程勘察设计行业第五届优秀工程项目管理和优秀工程总承包项目奖评选工作的通知》(中设协字[2010]第12号)和《全国工程勘察设计行业优秀工程项目管理和优秀工程总承包项目评选办法》的规定，分会组织各相关行业和企业开展了全国工程勘察设计行业第五届优秀工程项目管理和优秀工程总承包项目奖评选工作。经企业自主申报，各行业、地方勘察设计协会初评和推荐，分会组织行业专家评审委员会评审，共评选出获奖项目52项，其中，优秀工程项目管理金奖1项、银奖2项、铜奖4项；优秀工程总承包金钥匙奖9项、银钥匙奖11项、铜钥匙奖25项。

(二) 完成了2010年度工程项目管理和工程总承包企业营业额百名排序工作

按照中国勘察设计协会中设协字[2010]第13号文《关于开展从事工程项目管理和工程总承包企业营业额2010年百名排序工作的通知》规定和要求，中国勘察设计协会建设项目管理和工程总承包分会组织开展了2010年《百名排序》工作。截至2010年6月14日，共有163家企业进行了网上注

第五届优秀工程项目管理和优秀工程总承包项目评审会在京召开

中国五环工程有限公司总承包云南三环中化化肥有限公司年产30万吨磷酸装置(金钥匙奖)

册申报并递交了书面材料。分会秘书处完成了对各企业申报表的内容和数据的初审并汇总建立了数据库。经各行业勘察设计协会复核，分会秘书处排出了《工程项目管理营业收入二〇一〇年度排序名单》和《工程总承包完成合同额二〇一〇年度排序名单》，中国勘察设计协会于2010年7月30日以中设协字[2009]第35号文发布了排序结果。

(三) 推动市政、建筑等行业工程项目管理与工程总承包事业的健康发展

按照协会领导的要求，对市政、建筑行业开展工程项目管理和工程总承包工作情况进行调研，提出了调研报告。参与市政、电力、水利水电、煤炭等行业建设项目管理与工程总承包交流研讨，通过多种方式，帮助各行业促进项目管理和工程总承包快速发展。

(四) 积极推动勘察设计行业工程总承包项目经理队伍建设

按照中国勘察设计协会的的文件精神，积极做好勘察设计行业工程项目经理的考评工作。完成了第二批工程项目经理资格证书的制作和发证。在广泛听取考评专家意见的基础上，对《全国勘察设计行业工程项目经理资格考评暂行办法》进行了修改和完善。

(五) 按照政府部门要求做好专题研究

按照住房和城乡建设部建筑市场监管司的要求，做好《工程总承包合同示范范本》的报批和《推行工程总承包措施与对策研究》专题研究。

中国勘察设计协会建设项目管理和工程总承包分会

地址：北京市朝阳区安立路 60 号润枫德尚 A 座 13 层
邮编：100101
电话：010-64827416
邮箱：zcb@ccesda.com
网址：http：//www.china-epc.com/

中石化工程建设公司总承包青岛大炼油工程项目(金钥匙奖)

中国成达工程有限公司总承包缅甸YENI制浆造纸项目(金钥匙奖)

中石化洛阳石油化工工程公司总承包洛阳油品质量升级改造项目(金钥匙奖)

中国电力工程顾问集团华北电力设计院总承包首钢京唐钢铁联合有限责任公司自备电站工程(金钥匙奖)

Z 中国勘察设计协会工程智能设计分会

hongguo kancha sheji xiehui gongcheng zhineng sheji fenhui

一、分会概况

中国勘察设计协会工程智能设计分会成立于2003年7月。分会现有会员单位120家，胡萍任会长，梁娟任秘书长。

协会宗旨：搭建平台，加强引导，提升智能建筑行业科技创新能力。

二、分会2010年度主要工作

2010年，中国勘察设计协会工程智能设计分会在中国勘察设计协会的领导下，在广大会员企业支持和积极参与下，认真贯彻落实科学发展观，按照工程智能设计分会《工作规则》所规定的职责和任务，围绕“提供服务、反映诉求”两大主题，发挥政府、市场、企业之间的桥梁纽带作用，在落实建立自主创新型国家和人才强国的战略部署，建立创新及人才培养的激励机制，强化实效服务等方面，主要开展了以下几方面的工作。

(一) 针对“节能减排”，开展培训和研讨活动

2010年2月，为响应温家宝总理在哥本哈根会议上的碳排放总量控制的承诺，分会邀请了相关专家，在会长亲自主持下，在京召开了“节能减排高级研讨班”，得到广大会员企业的积极响应，并在会上演示了由“初设”开始控制减排的优化设计软件。同时，会上对节能减排技术在项目中的应用进行了认真研究。与会代表表示，节能减排技术的研讨，是建筑智能化行业的核心技术研究重点。

同时，分会还组织专家、会员企业参与了青少年数字文化节和多媒体电视教学片的制作等公益活动。

(二) 建立创新人才的激励机制

建筑智能化行业人才是重要资源，分会通过评选活动，激励和促进人才的

培养，使发现、培养的人才成为行业发展的重要力量，为建筑智能化行业的科学持续发展打下良好基础。

2010年，分会组织评选《建筑智能化行业创新企业》《建筑智能化行业青年创新人才》和《建筑智能化行业杰出女性》活动。经过评选，最终评出中国电子工程设计院等10大创新企业，马德忠等46位同志为“青年创新人才”，朱丹等8位同志为“2009年度杰出女性”。

评优及评选“创新”活动不仅提升了企业的知名度和竞争力，而且建立了以企业为主体、市场为导向的技术创新体系。

分会一直将行业专家团结在一起，为行业的技术创新发展，为会员企业提升创新水平，为中青年创新人才的培养等工作进行保驾护航，在行业上做出了表帅和贡献。

(三) 开展“简讯”编写与发放工作

为使会员企业及时了解国家的方针政策和重大战略部署，以及建筑智能化行业新的相关法规；提高围绕中心工作，遵纪守法的自觉性；提高社会责任感，分会以“简讯”方式与会员企业进行联系与沟通。

通过以上主要的服务和及时反映诉求，不仅使会员企业能紧紧围绕中心工作，自觉贯彻国家有关方针政策，遵纪守法，推动市场有序发展，而且提高了会员企业的知名度，增强了会员企业的竞争力，拓宽了业务范围，推动了会员企业的健康持续发展。

(四) 开展技术培训、交流与研讨活动

2011年，分会举办多次智能建筑新技术培训，主要有：建筑智能化集成技术、智能化综合布线系统技术、绿色数据中心技术、宣贯建筑智能化技术新标准、视听系统与视听环境技术等项培训工作，得到广大会员企业的欢迎和响应。

2010年12月，分会在京组织召开智能建筑发展趋势研讨会，主要内容有：数据中心技术发展趋势、数字社区与三网融合发展趋势、物联网在智能建筑上的应用、节能建筑规划设计集成分析模拟等新技术的交流与研讨，为智能分会的后续技术发展奠定了基础。

中国勘察设计协会工程智能设计分会
地址：北京市西城区月坛南街69号西华饭店510室
邮编：100045
电话：010-68583640 68682643
邮箱：gcznxh2011@sina.com
网址：www.cedaib@org.cn

中国勘察设计协会高等院校勘察设计分会

Zhongguo kancha sheji xiehui gaodeng yuanxiao kancha sheji fenhui

一、分会概况

中国勘察设计协会高等院校勘察设计分会成立于2004年12月，分会现有会员单位50余家。何镜堂院士任会长，孙光初任秘书长。

中国勘察设计协会高等院校勘察设计分会下设秘书处、学术工作委员会、资质初审工作组。

协会宗旨：以“三个代表”重要思想为指导，坚持科学发展观，锐意创新，携手奋斗，努力为会员服务，提升会员单位的核心竞争力，增强高校设计院的凝聚力，发挥政府与高校设计单位之间的桥梁和纽带作用，建设高校设计单位会员之家，为我国的勘察设计行业增辉，为我国的高等教育事业和我国宏伟的经济建设谱写新篇章。

二、分会2010年度主要工作

在教育部和中国勘察设计协会的领导下，高等院校分会从为会员单位服务，促进高校勘察设计单位持续发展出发，认真进行资质初审，推进体制改革，坚持设计创新交流，积极参与灾后重建，努力完成教育部交给的各项任务，并向政府反映会员的诉求，发挥了应有的作用。

(一) 推进高校勘察设计单位改制工作

继2009年高校分会传达了教育部教技发(2009)1号文件精神后，为进一步推进高校勘察设计单位改制工作，分会于2010年3月在武汉华中科技大学建筑设计研究院召开“改制工作交流会”。

会上，请教育部主管部门领导介绍部属高校产业近一年来改制工作情况和2010年改制工作的具体要求。

(二) 资质管理工作

1. 工程咨询资质初审

继2009年工程咨询资质换证工作结束后，根据发改委的文件要求，2010年步入接受常规办理升级、扩大业务范围、新增专业及初次申请等申报的审批工作。分会受教育部委托于2010年3月22日在清华大学召开了2010年度工程咨询资质初审工作会，完成了两家提出申请的初审。

2. 工程设计资质换证和正常资质初审

工程设计换证工作按住房和城乡建设部要求于2010年3月31日结束。我分会根据住房和城乡建设部颁布的新资质标准和实施细则，根据各院申报的材料，自2009年以来先后分4批进行初审，报教育部发展规划司核定签署意见，经住房和城乡建设部审查已全部获得通过。2010年连同资质升级、核定、变更、扩大范围等申报材料的申报，共受理和初审26家/次。

(三) 成功举办首届“建筑工程设计技术创新论坛”

“建筑工程设计技术创新论坛”是我高校分会创办的品牌学术活动，旨在进一步发挥高校设计院“产-学-研”三结合的优势，鼓励设计创新和创优，交流国内外建筑工程设计最新设计成果，繁荣设计创作，提高高校设计院的整体水平。

2010年5月，分会在同济大学举办了首届建筑工程设计技术创新论坛。会上何镜堂院士作“世博会中国馆的设计创新”的主题报告；郑时龄院士作“绿色的宜居城市”的专题报告；曾群、章明和康子本教授分别做了“世博会主题馆”、“世博未来探索馆”和“世博会城市最佳实践区”等学术报告。结构专业由丁洁民院长、韦宏副院长、高佐人教授也分别做了学术报告。

2010年10月，分会在湖南和中国建筑学会建筑师分会教育建筑学组共同举办了“大学校园的有机更新学术研讨会”。

此外，根据中国勘察设计协会关于工程勘察设计行业奖评选的规定，在2009年教育部优秀勘察设计评选的基础上，分会将评出的部优一、二等奖推荐参加全国行业奖的评选，取得了优异成绩。建筑专业获一等奖占全国35%，二等奖占27.6%。充分显示了教育部直属高校勘察设计单位在全国工程创新设计中发挥了独有的导向和领军作用。

(四) 积极参与地震救灾后重建，成绩突出

地震发生后，第一时间很多设计院自发派出工程技术人员赶赴现场，了解建筑物震损情况，主动与当地救援指挥部、政府及教育部有关司局取得联系，迅速汇入到全国抗震救灾的洪流中。根据教育部发展规划司的要求，分会在清华召开常务理事扩大会，紧急研究参与抗震救灾方案。由教育部主持，清华大学、同济大学、东南大学、重庆大学、天津大学、华南理工大学、浙江大学、西南交通大学和四川大学等建筑设计研究院抽调院总师及总工，迅速编制了《汶川地震灾后重建学校规划建筑设计导则》，由教育部、住房和城乡建设部、国家发改委联合发布；其中7家设计院还根据《汶川地震灾后重建学校规划建筑设计导则》对口援助设计了32所学校规划建筑设计方案，汇编出版了《汶川地震灾后重建学校规划建筑设计参考图集》。

此外，同济大学和长安大学建筑设计研究院分别编写了《汶川地震灾后重建农民自建房设计图集》《陕西省农村农民自建房抗震设计要点及图集》，天津大学洪再生院长、于敬海书记受教育部委托，译著了日本《地震灾后建筑物受灾度评述基准及修复技术指南》。据不完全统计，部属高校在汶川地震发生后，先后派出现场考察、现场设计、现场救援9 080人次，参与恢复重建项目576项，总面积216万m^2。其中，中小学180项，其他建筑396项。华南理工大学建筑设计院还以设计人员个人名义援建希望小学1所。四川大学工程设计院派出5 400余人次数十次奔赴灾区现场考察、设计救援，承担了335项，22.2万m^{2}的恢复重建设计任务。重庆大学建筑设计院派出2 000多人次赶赴灾区现场，承担恢复重建42项，共完成面积47.7万m^2。西南交通大学完成37万m^2，长安大学完成24万m^2。

青海玉树地震，派出现场救援、现场设计、现场考察共192人次，清华大学、华南理工大学、天津大学等设计院承担多项抗震救灾的规划设计任务。

(五) 协助教育部完成预算内基建项目评估等工作

1. 部属74所高校“十二五”规划财务能力评价

2010年6月初，受教育部发展规划司的委托，分会组织了清华大学、天津大学、同济大学、东南大学、浙江大学、华南理工大学等设计院的经济及财务专家，组成评估小组在清华集中3天，在发展规划司直属处的直接领导下，统一指导思想，统一评价方法，对74所大学“十二五”基建项目规划所涉及的学校财务能力进行了初步评价。会后用了近两周时间，按要求完成了各高校的相关评价工作。

2. 2010年预算内建设项目可研及初设评估

分会协助教育部组织被遴选的工程咨询单位，承担完成教育部委托的2010预算内建设项目可研及初设评估。全年共完成评估26项，为教育部直属高校建设项目预算内投资的科学性、稳定性和优化项目建设方案做出了贡献。

3. 协助教育部理顺注册造价师管理工作

2010年，继2009年12月协助教育部发展规划司办理直属高校13名注册造价师个人资质的延续注册后，根据教育部决定，分会继续协助教育部，根据住房和城乡建设部关于造价师个人资质属地管理的原则，进一步办理了这些注册造价师的注册机构变更，由教育部变更至地方。

(六) 组织“新税法学习研讨会”

2010年10月27日，继2008年分会组织新税法培训会后，结合两年来执行新税法的体会，分会还在东南大学建筑设计研究院举办了由各单位财务主管领导和主管会计参加的《新税法学习研讨会》。

中国勘察设计协会高等院校勘察设计分会

地址：南京市四牌楼 2 号
邮编：210096
电话：025-83793870
邮箱：guangchu42@yahoo.cn
网址：www.ubceda.com

沈阳建筑大学建筑设计研究院

Company profile

公司简介

研究院成立于1979年，1999年成为国家建设部全国首批换发建筑工程甲级资质证书的76家设计单位之一，是直属于沈阳建筑大学并具有独立法人资格的综合性建筑设计单位。具有国家建筑行业、建材行业、市政公用行业、风景园林工程等多项资质。

以建筑大学为依托，人才济济，现拥有辽宁省工程设计大师、国家一级注册师等各类专业人才，设备先进，技术力量雄厚，善于了解、掌握世界上先进的建筑思想和现代化设计手段，能够承担和完成各种等级的建筑工程任务。建院30多年以来，先后承担了省内外大量的建筑工程设计与研究项目，并获国家、省、市各类优秀奖80余项，向社会提供了丰硕的设计成果，为繁荣建筑事业做出了应有的贡献。

丹东仪器仪表产业基地综合楼

关东影视城

沈阳建筑大学新校区

铁人纪念馆夜景 / 大庆铁人王进喜纪念馆

盘锦大学城主楼

国际交流中心

沈阳市少儿图书馆

沈阳世界园艺博览会玫瑰园

东北东部十二城市联合体大厦

天大建筑
Design changes the world
设 计 改 变 世 界

天津大学建筑设计规划研究总院

天津大学建筑设计规划研究总院由创建于1958年的天津大学建筑设计研究院与天津大学城市规划设计研究院组合而成，是国家重点大学中第一家具有建筑设计、城市规划设计、工程咨询、历史文物建筑规划设计、旅游规划等八项甲级资质的设计机构。

总院现有员工近400人。依托重点大学的人才优势、学科优势和技术优势，凭借严谨的工作作风和良好的服务意识，在教育和科研建筑、旅游和疗养建筑、办公和商贸建筑以及大型医院建筑，体育建筑设计和城市规划、古建筑修缮保护规划、深基坑支护以及建设项目策划和可行性研究等方面都有不同凡响的建树。众多设计项目在国内外各类设计竞赛中屡获殊荣，受到项目委托单位的好评。

“科研强院、效益大院、国际知名设计机构”的发展战略，已深深地融入总院的企业文化与服务理念之中，特色鲜明、风格独具的天津大学建筑设计规划研究总院，愿为中国的城市建设精心勾绘更具地方特色、更具竞争力、更具时代精神的发展蓝图。

1. 天津响螺湾商务区
2. 利顺德大饭店
3. 天津大学生体育中心夜景
4. 1895天大建筑创意大厦
——天津大学建筑设计规划研究总院办公楼
5. 宝鸡青铜器博物院
6. 天津大学第26教学楼

中国勘察设计协会建筑环境与设备分会

zhongguo kancha sheji xiehui jianzhu huanjing yu shebei fenhui

一、分会概况

中国勘察设计协会建筑环境与设备分会成立于1977年，经民政部批准，划归为中国勘察设计协会所属单位。是以国务院各部委、各省市、自治区和各军兵种系统的暖通空调工程设计工作委员会组成的全国性的设计企业行业组织。分会现有会员单位63家，下设机构23个。罗继杰任理事长，杨爱丽任秘书长。

分会聚集了全国工业、民用、军用设计院暖通空调专业的总工，其中不乏设计大师、资深专家。他们在暖通空调工程的设计中引领方向，在规范编制、标准化建设、设备注册师考核、科技成果转化等方面发挥重要作用，使分会在行业中具有高度的权威性和广泛的影响力。

30余年来，分会秉承责任、团结、奉献的优良传统，瞄准暖通空调技术前沿，积极有效组织学术交流、信息交流、推动科技成果转化，促进科技水平持续提高，成绩斐然。

在改革开放的新形势下，分会新老交替，薪火相传，三十而立，与时俱进，更上一层楼：加强组织建设、信息化建设；以新理念创新的工作内容和方式，实施专业优秀设计评奖活动，激励先进，提高设计水平；举办总工论坛，对专业方向和重点做前瞻性研讨；组织设计总工专家团为生产企业献策；积极完成上级协会安排的各项工作。

协会宗旨：遵守宪法、法律、法规和国家政策，坚持为社会主义现代化服务，以合理使用资源、保护环境和提高人民生活质量为重点，积极开展信息交流、技术开发、咨询服务，促进科技成果转化为生产力，促进暖通空调学术创新与提高，促进暖通空调行业的可持续发展。

分会主要工作任务：

(1)掌握暖通空调行业的现状与发展动向，收集相关的设备制造、工程设计、工程施工、经营管理等方面的信息，开发本行业智力资源、聚集专家力量，实现资源共享；

(2)根据社会需要，组织技术交流、专业继续教育与培训、产品与工程技术评议、产品信息介绍、咨询服务与协作攻关等活动；

(3)根据国家发展战略、重点攻关项目、重大工程建设的需要，组织和实施优秀设计项目评选，并承办有关领导部门委托的工作；

(4)编辑出版信息性、科普性、专题性的刊物和技术资料；

(5)关注行业发展与社会经济建设，向政府有关部门提出有关建议；

(6)开展国际专业技术合作与交流。

二、分会2010年度主要工作

(一)召开了“全国工程勘察设计行业优秀工程勘察设计行业奖建筑环境与设备专业”评审会议

根据中国勘察设计协会第31号文件及第38号文件的要求，中国勘察设计协会建筑环境与设备分会于2009年上半年向各地方和各系统委员会下发文件，广泛征集工程评优项目。为做好初评工作，建筑环境与设备分会成立了初评领导小组和评审办公室，由分会理事长罗继杰担任组长；组建了专家库，并在专家库中随机抽选本行业专家，报协会批准；建立了由9名教授级专家组成的全国工程勘察设计行业奖建筑环境与设备专业专家评审组。遵照中国勘察设计协会《优秀工程勘察设计行业奖评选办法》，制定了初评细则和评审要点。2010年1月在京召开了“全国工程勘察设计行业优秀工程勘察设计行业奖建筑环境与设备专业”评审会议，本着“实事求是、坚持标准、科学严谨、公正选优”的原则，初评出一等奖2项，二等奖4项，三等奖6项。这些项目通过了中国勘察设计协会的最终评审。

(二)组织召开了2010年全国热泵实用技术研讨会

热泵技术被认为是绿色的节能减排技术，目前在国内发展很快，但实际应用中存在很多问题。针对现状，分会在充分准备的前提下于2010年9月16日~17日在重庆市召开了2010年全国热泵实用技术研讨会，全国各地的设计院、高等院校、工程施工与设备制造企业的140名代表参加了会议。会上就热泵技术应用中共同关注的焦点问题展开了充分的交流和热烈的讨论，形成了一致意见，认为热泵“源”的基础资料不完备，相关的技术标准和政策、法规尚不完善，应坚持“因地制宜合理利用”的原则，提高工程应用预评估质量，规模化利用亟需总体规划。建议首先政府部门应制定完善、合理的市场准入制度，加强对设计市场的监管；另外，设计部门应高度重视知识的储备和补充，加强跨专业、跨行业的合作，通过创新的设计合作模式提高地源热泵、水源热泵系统的设计质量。

(三) 组织专家团与企业进行技术交流

为了更好地落实分会“广泛组织会员单位和暖通空调行业的科技人员，积极开展信息交流、技术开发、咨询服务，促进科技成果转化为生产力，促进暖通空调技术创新与提高，促进暖通空调行业的可持续发展”的服务宗旨，根据行业设备系统技术创新发展的需求，制定了《中国勘察设计协会建筑环境与设备分会工程设计专家服务团实施办法》，组织了工程设计专家服务团(简称专家团)，针对产品创新开发及其系统工程应用方面的难点和问题，有针对性地为企业提供技术服务和咨询服务；同时通过这项活动使分会及其成员深入了解和掌握了生产企业的新技术和新产品信息。2010年组织了3次专家团活动：第一次在江苏昆山，服务对象为昆山台佳空调设备制造公司；第二次在山东，服务对象为青岛海信日立空调公司等4家企业；第三次在浙江，服务对象为浙江盾安人工环境股份有限公司等3家企业，均达到了预期目的。

(四) 开展暖通空调设计行业贯彻节能减排国策情况调研

根据中国勘察设计协会第43号文的要求，建筑环境与设备分会向分会所属各省、系统的委员会发出通知，就暖通空调设计行业贯彻节能减排国策的情况、暖通空调设计行业与分会发挥的作用、暖通空调技术的发展水平等进行专题调研，得到各单位的积极响应，分会认真完成了调研报告并上报中国勘察设计协会。

(五) 完善和推广暖通空调设计产品选型软件

与合作伙伴中国设计师网开发了暖通空调产品设计选型软件，并于2010年在以下城市召开选型软件推广会：5月，南京；7月，太原；9月，深圳；10月，长沙；11月，成都。每次会议参会人员200人左右。

(六) 筹备2011年全国暖通技术交流大会

于2010年5月召开二届二次常务理事会，拟定2011年全国暖通空调技术交流大会地点和大会召开日期及大会交流主题等。2010年12月28日，在京召开理事长扩大会议，进一步落实大会的筹备工作。确定第四届大会的主题为“绿色设计、节能减排”。大会拟就“绿色设计与低碳”、“太阳能利用与热泵”、“世博会建筑空调通风设计”以及计量、节能等作为大会技术论坛的内容。

中国勘察设计协会建筑环境与设备分会

地址：北京市西直门外车公庄大街 19 号
邮编：100044
电话：010-88383814
邮箱：yangal@cadg.cn
网址：www.shejis.com

住房和城乡建设部相关机构职能介绍

住房和城乡建设部建筑市场监管司

拟订规范建筑市场各方主体行为、房屋和市政工程项目招标投标、施工许可、建设监理、合同管理、工程风险管理的规章制度并监督执行；拟订工程建设、建筑业、勘察设计的行业发展政策、规章制度并监督执行；拟订建筑施工企业、建筑安装企业、建筑装饰装修企业、建筑制品企业、建设监理单位、勘察设计咨询单位资质标准并监督执行；认定从事各类工程建设项目招标代理业务的招标代理机构的资格。

住房和城乡建设部工程质量安全监管司

拟订建筑工程质量、建筑安全生产和建筑工程竣工验收备案的政策、规章制度并监督执行；组织或参与工程重大质量、安全事故的调查处理；组织拟订建筑业、工程勘察设计咨询业技术政策并监督执行；组织工程建设标准设计的编制、审定和推广；组织编制城乡建设防灾减灾规划并监督实施；拟订各类房屋建筑及其附属设施和城市市政设施的建设工程抗震设计规范。

住房和城乡建设部建筑节能与科技司

拟订建筑节能的政策和发展规划并监督实施；组织实施重大建筑节能项目。指导房屋墙体材料革新工作；组织拟订住房和城乡建设的科技发展规划和经济政策；组织重大科技项目研究开发；组织国际科技合作项目的实施及引进项目的创新工作，指导科技成果的转化推广。

中华人民共和国住房和城乡建设部

地址：北京市海淀区三里河路 9 号

邮编：100835

住房和城乡建设部执业资格注册中心

住房和城乡建设部执业资格注册中心于1996年4月经中央机构编制委员会办公室批准成立，正式组建于1996年12月，是住房和城乡建设部直属事业单位。内设10个处室：办公室、计划财务处、考试处、注册处、教育处、国际联络处、综合研究与协调处、注册城市规划师管理办公室、建造师办公室、物业管理师办公室。

在住房和城乡建设部的直接领导下，作为全国注册建筑师管理委员会、全国勘察设计注册工程师管理委员会、全国城市规划执业制度管理委员会、全国物业管理师制度管理委员会的办事机构，主要承担注册建筑师、勘察设计注册工程师、注册城市规划师、建造师的考试、注册、继续教育和国际交流工作，以及物业管理师的考试、注册工作，协调并指导各地、各专业委员会开展执业资格相关工作。

1. 2010年执业资格考试工作

2010年5月8日至11日，全国一级注册建筑师资格考试。全国共有142 743人次报名参加考试。2010年5月8日、9日，全国二级注册建筑师资格考试。全国共有33 254人次报名参加考试。

2010年9月18日、19日，全国勘察设计注册工程师15个专业基础考试以及16个专业的专业考试。具体数据见表1和表2。

表1 2010年执业资格基础考试报考情况

专　业	报名人数
一级注册结构工程师	30035
注册土木工程师（岩土）	13697
注册公用设备工程师（暖通空调）	7774
注册公用设备工程师（给水排水）	9473
注册公用设备工程师（动力）	2502
注册电气工程师（供配电）	11956
注册电气工程师（发输变电）	4574
注册化工工程师	3757
注册土木工程师（港口与航道工程）	1015
注册土木工程师（水利水电工程）（水利水电工程规划）	1609
注册土木工程师（水利水电工程）（水工结构）	3372
注册土木工程师（水利水电工程）（水利水电工程地质）	352
注册土木工程师（水利水电工程）（水利水电工程移民）	379
注册土木工程师（水利水电工程）（水利水电工程水土保持）	1724
注册环保工程师	10583

表2 2010年执业资格专业考试报考情况

专 业	报名人数
一级注册结构工程师	18702
二级注册结构工程师	8750
注册土木工程师（岩土）	4741
注册公用设备工程师（暖通空调）	2408
注册公用设备工程师（给水排水）	4180
注册公用设备工程师（动力）	729
注册电气工程师（供配电）	2805
注册电气工程师（发输变电）	1024
注册化工工程师	1376
注册土木工程师（港口与航道工程）	276
注册土木工程师（水利水电工程）（水利水电工程规划）	482
注册土木工程师（水利水电工程）（水工结构）	1068
注册土木工程师（水利水电工程）（水利水电工程地质）	290
注册土木工程师（水利水电工程）（水利水电工程移民）	217
注册土木工程师(水利水电工程)(水利水电工程水土保持)	717
注册环保工程师	2363

2. 执业资格注册工作

2010年，共办理一级注册建筑师、一级注册结构工程师和注册土木工程师(岩土)各类注册及证书、印章发放共计36 418人次。其中，一级注册建筑师各项注册11 318人次，一级注册结构工程师各项注册21 742人次，注册土木工程师(岩土)各项注册3 358人次。全国累计一级注册建筑师有效注册人数22 853人、一级注册结构工程师有效注册人数37 168人、注册土木工程师(岩土)有效注册人数10 148人。全国二级注册建筑师统计备案注册人数20 672人，二级注册结构工程师统计备案注册人数6 612人。

2010年4月1日，启动了注册公用设备工程师、注册电气工程师和注册化工工程师注册工作。2010年，共办理完成注册公用设备工程师注册9 973人、注册电气工程师注册7 352人、注册化工工程师注册1 878人。

组织开发了《全国一级注册建筑师、注册工程师注册人员照片和手写签名数据库》软件工作，并于2010年11月1日起在深圳市开始了一级注册建筑师和一级注册结构工程师注册人员照片和手写签名上报的试点工作。

3. 继续教育工作

2010年初，启动了注册建筑师第七注册期必修课继续教育工作，举办了必修课教材师资培训班，制定并下发了教学计划，各地共培训注册建筑师18 000余人。

编撰完成了注册建筑师第八注册期的必修课教材——《职业建筑师业务指导手册》。确定了注册结构工程师第六注册期的必修课选题——《建筑施工新技术》。

4. 综合研究与协调工作

对2006年以来全国注册建筑师、勘察设计注册工程师执业资格管理工作情况进行了总结，研讨分析了当前执业资格管理工作中存在的问题，研究部署今后一段时期执业资格管理工作。

协调开展桥梁、海洋和材料专业的执业资格启动报批工作。根据《勘察设计注册工程师总体框架及实施规划》，桥梁工程专业管理委员会、海洋专业管理委员会和材料专业管理委员会拟定了各自专业的《暂行规定》《资格考试实施办法》和《资格考核认定办法》，并上报全国委员会主任审批。

进一步加大沟通协调力度，积极做好勘察设计注册工程师尚未实施执业资格制度的专业行政许可立项的审批准备工作。积极筹备铁路工程、农业工程、核工业工程、民航工程、电信工程等专业的报批工作。

督促即将进行首次资格考试的专业做好命题准备工作。针对目前已经启动的机械、冶金、采矿/矿物、石油天然气和道路工程等专业还没有考试的情况，进一步加强与相关部门的沟通协调，争取考试收费标准的尽快审批。同时，督促专业委员会做好首次考试的各项准备工作。

积极开展相关课题的研究工作。督促、指导各有关专业部门修改完善本专业部门在《勘察设计注册工程师执业管理办法》中有关执业范围和签章目录等工作。

规范与专业委员会之间的制度化建设。加强委员会秘书处管理制度化建设方面的研究，明确全国委员会和各专业委员会的工作职能、责任和义务，规范与专业委员会之间的工作程序，明确各项工作环节的规章制度。

住房和城乡建设部执业资格注册中心

地址：北京市海淀区甘家口 21 号楼二层
邮编：100037
电话：010-68313380
传真：010-68313556
网址：http://www.pqrc.org.cn
Email：zczx@pqrc.org.cn

中国勘察设计行业2010年统计数据与排名

（本年鉴统计数据均依企业年报数据整理，未含我国港、澳、台地区数据）

中国勘察设计企业2010年统计数据汇总项目表

企业资质情况（个）	从业人员情况（人）	财务情况（亿元）	科技活动情况
企业总数 14622	从业人员合计 1422995	营业收入合计 9546.76	活动费用支出总额 （亿元）218.94
工程勘察企业数 1715 其中：甲级 623 乙级 878	技术人员合计 926031 其中：高级 255300 中级 363378	工程勘察收入合计 530.34 其中：境外收入 11.77	成果转让收入总额 （亿元）248.92
工程设计企业数 9038 其中：甲级 乙级	注册建筑师合计 其中：一级 17202 二级 16213	工程设计收入合计 2151.43 其中：境外收入 61.61	企业累计拥有专利 （项）24476
专项合计企业数 3081 其中：甲级 乙级	注册结构工程师合计 其中：一级 24610 二级 5480	管理服务收入合计 226.94 其中：境外收入 5.23	累计拥有专有技术 （项）15036
设计施工一体化企业数 750 其中：甲级 乙级	注册建造工程师合计 其中：一级 8752 二级 17507	工程承包收入合计 5634.02 其中：境外收入 406.35	获国家级、省部级奖 （项）12319 其中：国家级（项）2078
综合资质企业数 50	注册土木工程师合计 7401	其他收入合计 1004.03 其中：境外其他收入 10.41	参编国家、行业、地方 标准设计（册）3950 其中：国家级（册）1186
内资企业数 14394	注册城市规划师合计 3490		
港澳台商企业数 101	注册造价工程师合计 10129	营业成本合计 7878.47	
外商投资企业数 127	注册监理工程师合计 12176	人均营业收入（万元）67.09	

中国勘察设计行业2010年企业资质等级构成图

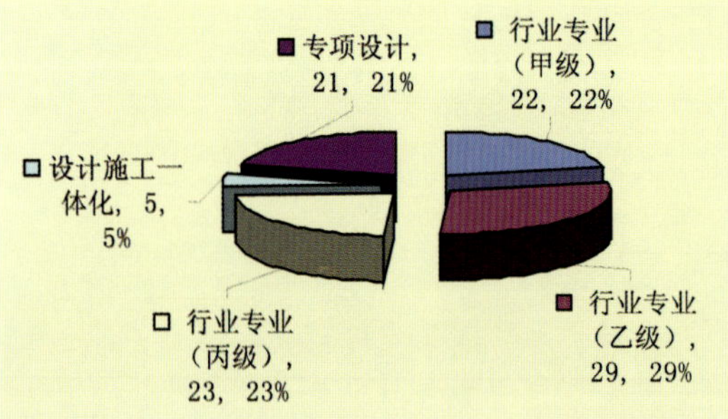

中国勘察设计行业2010年注册执业人员构成图

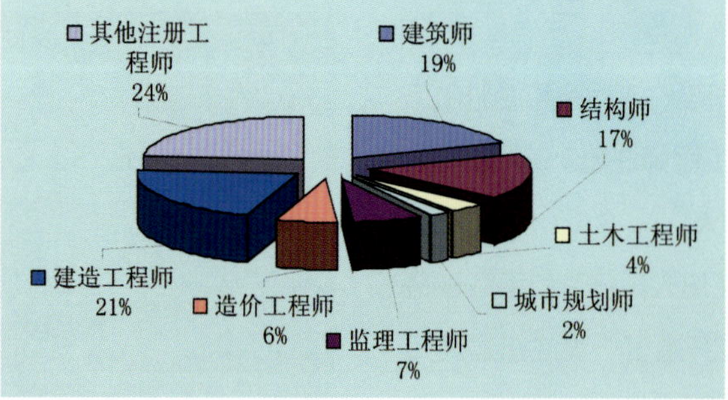

中国勘察设计行业2010年合同完成额分类构成图

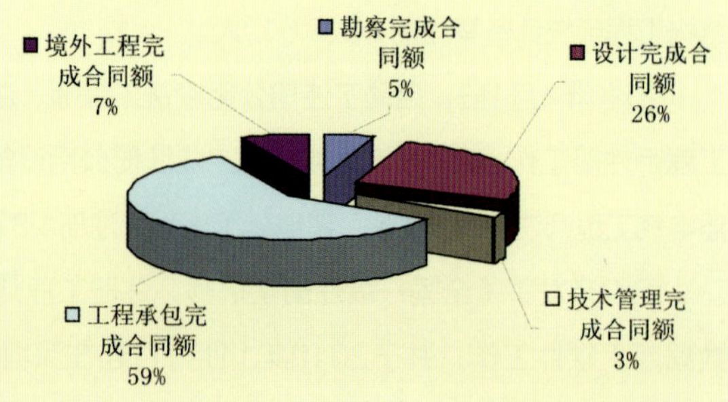

中国勘察设计行业 2006 年—2010 年企业数发展图

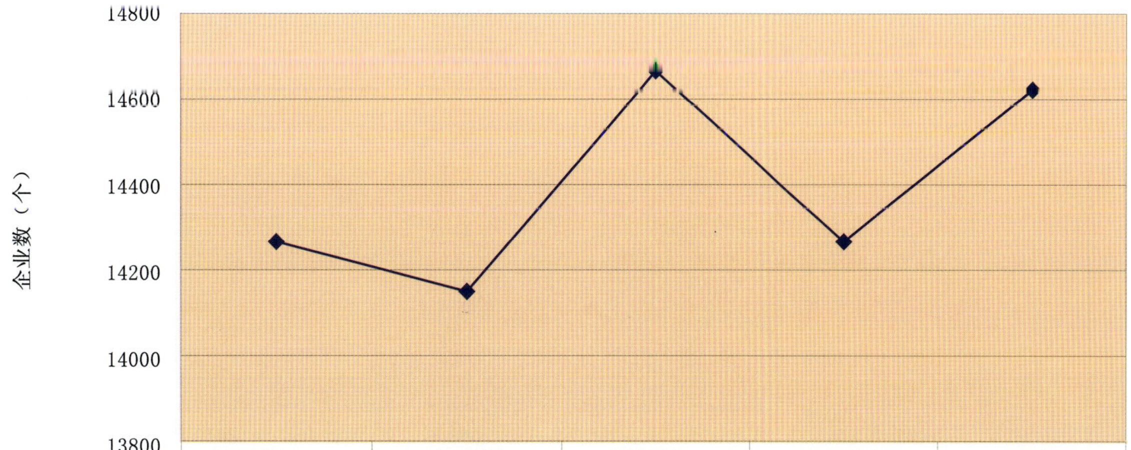

	2006 年	2007 年	2008 年	2009 年	2010 年
企业数（个）	14264	14151	14667	14262	14622

中国勘察设计行业 2006 年—2010 年从业人数发展图

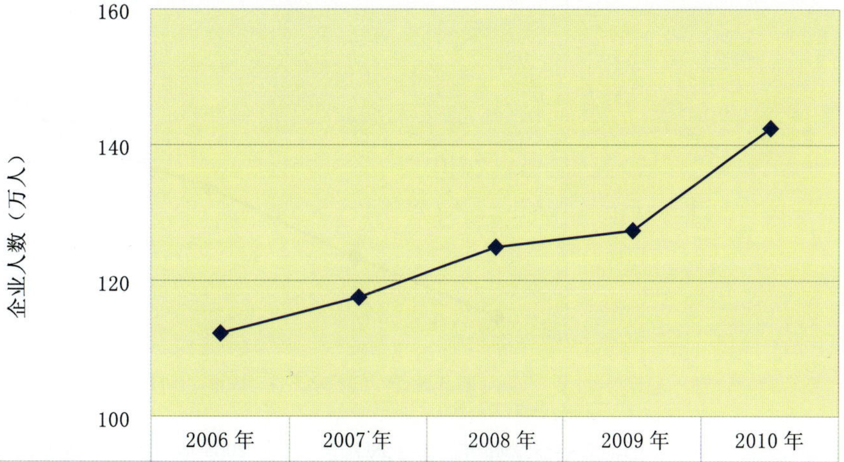

	2006 年	2007 年	2008 年	2009 年	2010 年
企业人数（万人）	112.11	117.53	124.91	127.3	142.3

中国勘察设计行业 2006 年—2010 年营业收入发展图

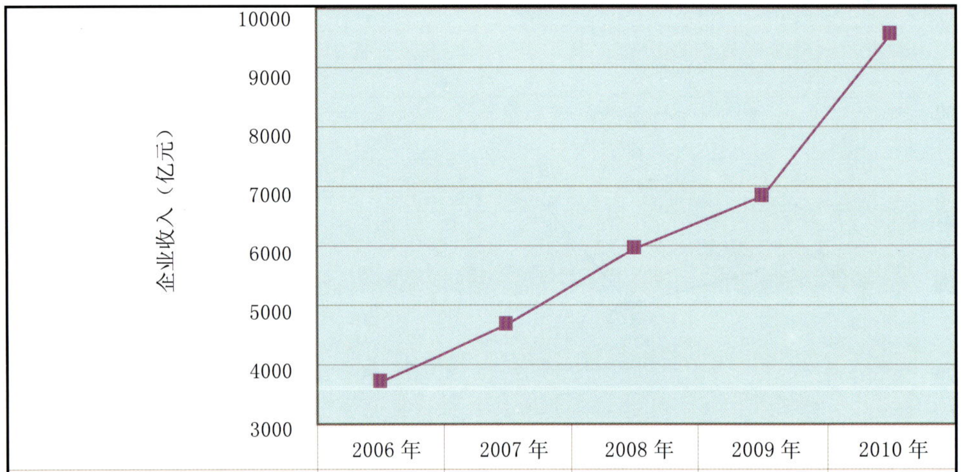

	2006 年	2007 年	2008 年	2009 年	2010 年
企业收入（亿元）	3714	4684	5968	6853	9547

中国勘察设计行业 2006 年—2010 年人均营业收入发展图

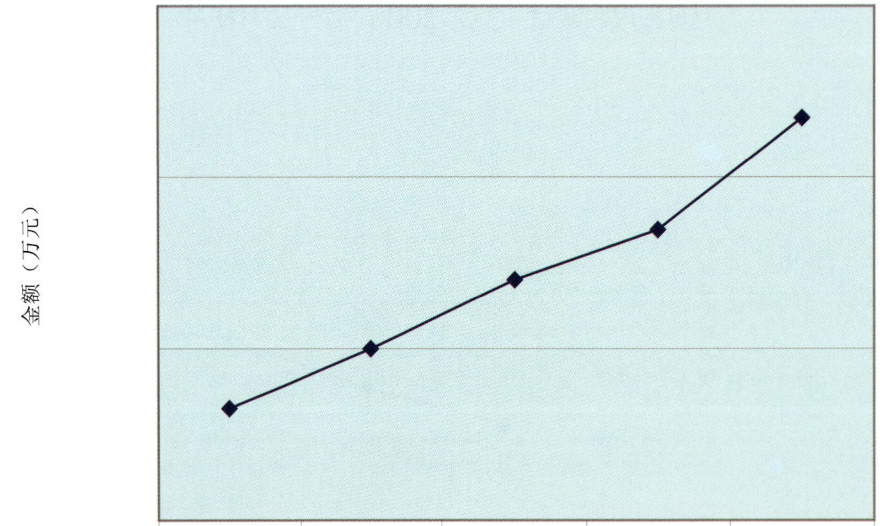

	2006 年	2007 年	2008 年	2009 年	2010 年
人均营业收入（万元）	33	40	48	54	67

中国勘察设计行业企业资质等级发展图

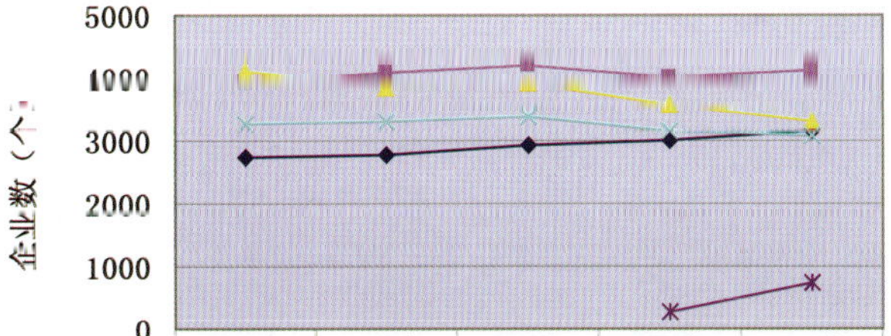

	2006年	2007年	2008年	2009年	2010年
甲级合计（个）	2749	2760	2927	2986	3147
乙级合计（个）	3932	4063	4204	4016	4133
丙级合计（个）	4099	3861	3913	3571	3321
专项（个）	3258	3304	3387	3152	3081
设计施工一体化（个）				283	750

中国勘察设计行业 2006 年—2010 年营业收入分类发展图

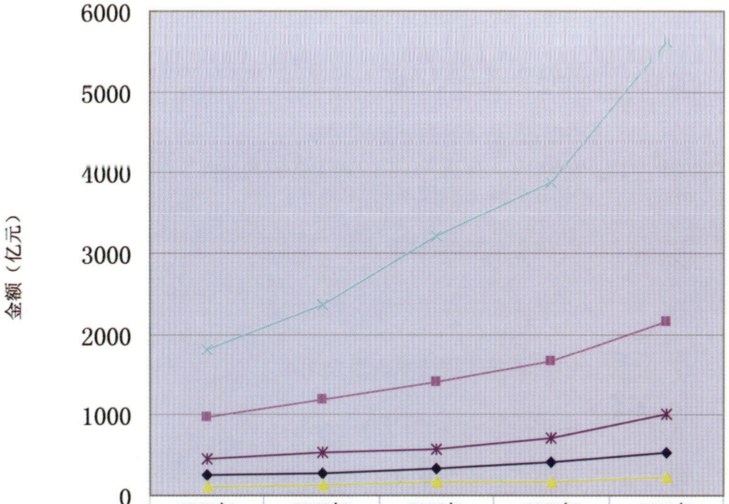

	2006年	2007年	2008年	2009年	2010年
工程勘察收入（亿元）	250	276	337	409	530
工程设计收入（亿元）	959	1183	1400	1655	2151
技术管理服务（亿元）	125	147	171	186	227
工程承包收入（亿元）	1807	2363	3218	3883	5634
其他收入（亿元）	457	536	564	719	1004

中国勘察设计行业 2006 年—2010 年技术人员职称、注册人员发展图

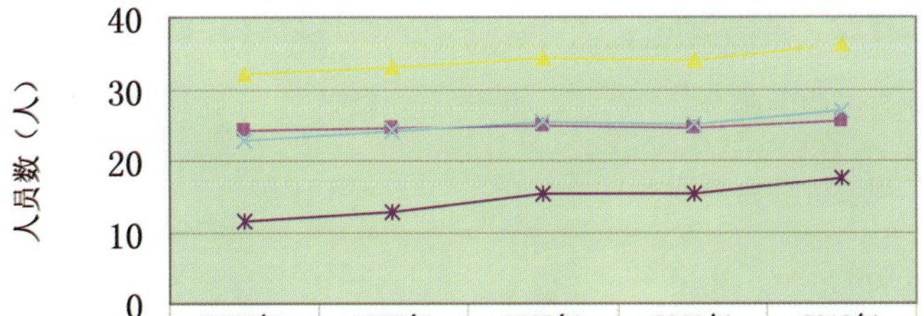

	2006年	2007年	2008年	2009年	2010年
高级职称（万人）	24.1	24.34	24.78	24.35	25.53
中级职称（万人）	32.14	32.87	34.2	33.83	36.34
初级职称（万人）	22.9	24.06	25.5	25.07	27
注册执业人员（万人）	11.55	12.81	15.23	15.11	17.41

中国勘察设计行业 2006 年—2010 年初步设计完成投资额和施工图完成投资额发展图

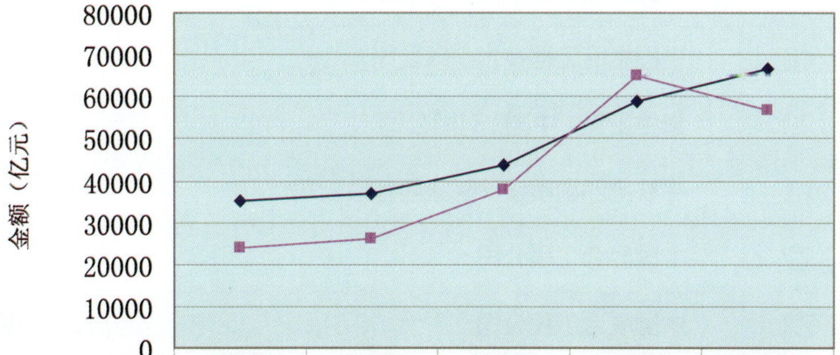

	2006年	2007年	2008年	2009年	2010年
施工图投资（亿元）	35125	36813	43758	58833	66801
初步设计投资（亿元）	23808	26035	37600	64976	56620

中国勘察设计行业2010年度
企业营业收入前100名排序

排名	企业名称	资质等级	勘察设计行业类别	期末从业人员合计（人）	营业收入合计（万元）
1	中国石化工程建设公司	甲级	工程设计综合资质	2492	1552026.00
2	中国寰球工程公司	甲级	工程设计综合资质	2883	1537127.86
3	中国水电工程顾问集团公司	甲级	电力	222	1289293.82
4	中冶京诚工程技术有限公司	甲级	工程设计综合资质	6827	1098809.70
5	中国核电工程有限公司	甲级	核工业	4624	948216.83
6	中冶赛迪工程技术股份有限公司	甲级	工程设计综合资质	4121	853534.51
7	中冶南方工程技术有限公司	甲级	工程设计综合资质	3230	688814.00
8	中铝国际工程有限责任公司	甲级	冶金	2310	670140.47
9	中国石油集团工程设计有限责任公司	甲级	工程设计综合资质	2321	621562.00
10	天津水泥工业设计研究院有限公司	甲级	建材	1008	605565.00
11	中国石化集团洛阳石油化工工程公司	甲级	工程设计综合资质	2331	584135.00
12	中铁二院工程集团有限责任公司	甲级	工程设计综合资质	6147	579647.00
13	中国成达工程有限公司	甲级	工程设计综合资质	1280	546955.00
14	泛华建设集团有限公司	甲级	建筑	2507	502890.57
15	合肥水泥研究设计院	甲级	建材	1148	481582.00
16	中国建材国际工程集团有限公司	甲级	建材	713	461369.00
17	中国中建设计集团有限公司	甲级	建筑	896	456916.83
18	中国华电工程（集团）有限公司	甲级	电力	586	452753.00
19	中国恩菲工程技术有限公司	甲级	工程设计综合资质	1345	439385.00
20	惠生工程（中国）有限公司	甲级	化工石化医药	952	435435.37
21	中铁第四勘察设计院集团有限公司	甲级	工程设计综合资质	4908	434465.00
22	中国昆仑工程公司	甲级	轻纺	1457	422442.00
23	中国联合工程公司	甲级	工程设计综合资质	1337	416820.00
24	烟建集团有限公司	甲级	建筑	2484	414712.00
25	长江勘测规划设计研究有限责任公司	甲级	工程设计综合资质	3111	403671.61

排名	企业名称	资质等级	勘察设计行业类别	期末从业人员合计（人）	营业收入合计（万元）
26	铁道第三勘察设计院集团有限公司	甲级	工程设计综合资质	4159	388229.00
27	中国京冶工程技术有限公司	甲级	建筑	1986	382443.40
28	中油辽河工程有限公司	甲级	石油天然气（海洋石油）	657	374615.00
29	中国航天建筑设计研究院（集团）	甲级	军工	985	367357.73
30	北京首钢国际工程技术有限公司	甲级	工程设计综合资质	1113	351260.00
31	中国电力工程顾问集团西北电力设计院	甲级	工程设计综合资质	1562	340127.26
32	中国石油天然气管道工程有限公司	甲级	工程设计综合资质	1832	332609.00
33	中铁第一勘察设计院集团有限公司	甲级	工程设计综合资质	3905	315362.00
34	中冶华天工程技术有限公司	甲级	冶金	903	307576.00
35	中国电力工程顾问集团华北电力设计院工程有限公司	甲级	工程设计综合资质	1331	299863.00
36	中冶焦耐工程技术有限公司	甲级	冶金	1663	298069.30
37	信息产业电子第十一设计研究院科技工程股份有限公司	甲级	工程设计综合资质	1404	296332.00
38	中国建筑设计研究院	甲级	建筑	1097	291002.00
39	中国天辰化学工程公司	甲级	工程设计综合资质	1332	276222.00
40	国核电力规划设计研究院	甲级	工程设计综合资质	737	275652.90
41	中国石油天然气华东勘察设计研究院	甲级	化工石化医药	1229	272087.00
42	中国五环工程有限公司	甲级	工程设计综合资质	1015	265794.00
43	中冶长天国际工程有限责任公司	甲级	冶金	1250	252847.00
44	机械工业第四设计研究院	甲级	机械	1812	250923.00
45	上海现代建筑设计（集团）有限公司	甲级	建筑	744	250218.23
46	中国中元国际工程公司	甲级	工程设计综合资质	824	247351.22
47	中国航空规划建设发展有限公司	甲级	工程设计综合资质	2900	246140.00
48	中国水电顾问集团成都勘测设计研究院	甲级	工程设计综合资质	1695	237267.00
49	山东电力工程咨询院有限公司	甲级	电力	1548	234707.00
50	中国石化集团上海工程有限公司	甲级	工程设计综合资质	1360	231201.63

排名	企业名称	资质等级	勘察设计行业类别	期末从业人员合计（人）	营业收入合计（万元）
51	中国石化集团宁波工程有限公司	甲级	工程设计综合资质	1297	222798.76
52	中国公路工程咨询集团有限公司	甲级	公路	1085	220788.18
53	赛鼎工程有限公司	甲级	工程设计综合资质	1291	215975.00
54	北京全路通信信号研究设计院	甲级	铁道	941	215566.00
55	北京矿冶研究总院	甲级	冶金	1017	213829.00
56	中国核动力研究设计院	甲级	核工业	4612	208340.00
57	中国建筑技术集团有限公司	甲级	建筑	1139	207014.00
58	广东省电力设计研究院	甲级	工程设计综合资质	1568	206057.00
59	上海市政工程设计研究总院（集团）有限公司	甲级	工程设计综合资质	2146	205558.94
60	中船第九设计研究院工程有限公司	甲级	工程设计综合资质	959	204417.90
61	中国移动通信集团设计院有限公司	甲级	电子通信广电	3372	202520.00
62	中国水电顾问集团西北勘测设计研究院	甲级	工程设计综合资质	2432	201407.00
63	中铁工程设计咨询集团有限公司	甲级	工程设计综合资质	2097	198318.00
64	山东省冶金设计院股份有限公司	甲级	冶金	752	197188.00
65	中石油东北炼化工程有限公司	甲级	化工石化医药	1415	189501.00
66	东华工程科技股份有限公司	甲级	化工石化医药	771	183584.00
67	中国水电顾问集团华东勘测设计研究院	甲级	工程设计综合资质	869	181215.32
68	五洲工程设计研究院（中国兵器工业第五设计研究院）	甲级	工程设计综合资质	1200	180322.69
69	中国纺织工业设计院	甲级	轻纺	472	178155.00
70	中国水电顾问集团中南勘测设计研究院	甲级	工程设计综合资质	2616	176906.65
71	同济大学建筑设计研究院（集团）有限公司	甲级	建筑	1413	165329.00
72	中国电子工程设计院	甲级	工程设计综合资质	775	163456.00
73	中国水电顾问集团昆明勘测设计研究院	甲级	工程设计综合资质	1593	162666.96
74	中国电力工程顾问集团中南电力设计院	甲级	工程设计综合资质	1433	161740.30
75	华陆工程科技有限责任公司	甲级	工程设计综合资质	1008	161356.00

排名	企业名称	资质等级	勘察设计行业类别	期末从业人员合计（人）	营业收入合计（万元）
76	东风设计研究院有限公司	甲级	机械	770	161304.01
77	武汉凯迪电力工程有限公司	甲级	电力	182	160400.00
78	深圳中广核工程设计有限公司	甲级	核工业	2184	160216.00
79	胜利油田胜利勘察设计研究院有限公司	甲级	石油天然气（海洋石油）	1168	151063.00
80	上海市机电设计研究院有限公司	甲级	机械	787	149911.00
81	中冶连铸技术工程股份有限公司	甲级	冶金	1066	140777.00
82	招商局重庆交通科研设计院有限公司	甲级	公路	519	139487.00
83	中色科技股份有限公司（原洛阳有色院）	甲级	冶金	1855	138984.00
84	成都建筑材料工业设计研究院有限公司	甲级	建材	848	135325.44
85	中国原子能科学研究院	甲级	核工业	2855	135230.00
86	中国电力建设工程咨询公司	甲级	电力	196	134174.00
87	中交公路规划设计院有限公司	甲级	公路	566	130747.06
88	中冶东方工程技术有限公司	甲级	冶金	1239	130393.00
89	大庆油田工程有限公司	甲级	工程设计综合资质	1869	128753.00
90	中国建筑西南设计研究院有限公司	甲级	建筑	1915	128700.00
91	中国瑞林工程技术有限公司	甲级	冶金	1219	128000.00
92	中交第一航务工程勘察设计院有限公司	甲级	工程设计综合资质	785	124747.59
93	中煤国际工程集团沈阳设计研究院	甲级	煤炭	536	124596.39
94	河北建设勘察研究院有限公司	甲级	勘察综合类	1799	124432.70
95	大地工程开发（集团）有限公司	甲级	煤炭	356	124020.00
96	机械工业第六设计研究院	甲级	机械	2057	122276.00
97	中交第一公路勘察设计研究院有限公司	甲级	公路	2345	120850.00
98	中铁上海设计院集团有限公司	甲级	铁道	929	120719.54
99	北方设计研究院（中国兵器工业第六设计研究院）	甲级	军工	872	118431.00
100	南京凯盛国际工程有限公司	甲级	建材	346	115683.33

中国勘察设计行业2010年度
企业勘察设计收入前50名排序

排名	企业名称	勘察设计行业类别	资质等级	期末从业人员合计（人）	勘察设计收入合计（万元）
1	中铁二院工程集团有限责任公司	工程设计综合资质	甲级	6147	452468
2	中铁第四勘察设计院集团有限公司	工程设计综合资质	甲级	4908	332141
3	铁道第三勘察设计院集团有限公司	工程设计综合资质	甲级	4159	296109
4	长江勘测规划设计研究有限责任公司	工程设计综合资质	甲级	3111	267056
5	中国石化工程建设公司	工程设计综合资质	甲级	2492	195602
6	中国移动通信集团设计院有限公司	电子通信广电	甲级	3372	180410
7	中铁第一勘察设计院集团有限公司	工程设计综合资质	甲级	3905	178119
8	深圳中广核工程设计有限公司	核工业	甲级	2184	159419
9	中国水电顾问集团成都勘测设计研究院	工程设计综合资质	甲级	1695	150551
10	中铁工程设计咨询集团有限公司	工程设计综合资质	甲级	2097	134898
11	中国核电工程有限公司	核工业	甲级	4624	133812
12	中国寰球工程公司	工程设计综合资质	甲级	2883	132919
13	中国水电顾问集团华东勘测设计研究院	工程设计综合资质	甲级	869	124748
14	中国石油天然气管道工程有限公司	工程设计综合资质	甲级	1832	120241
15	上海市政工程设计研究总院（集团）有限公司	工程设计综合资质	甲级	2146	120184
16	中国石化集团洛阳石油化工工程公司	工程设计综合资质	甲级	2331	114996
17	中国水电顾问集团昆明勘测设计研究院	工程设计综合资质	甲级	1593	113820
18	中国航天建筑设计研究院（集团）	军工	甲级	985	113181
19	中交公路规划设计院有限公司	公路	甲级	566	107443
20	中国石油集团工程设计有限责任公司	工程设计综合资质	甲级	2321	105243
21	中国水电顾问集团西北勘测设计研究院	工程设计综合资质	甲级	2432	102835
22	北京市建筑设计研究院	建筑	甲级	1488	96833
23	中铁第五勘察设计院集团有限公司	建筑	甲级	1426	95142
24	中国水电顾问集团中南勘测设计研究院	工程设计综合资质	甲级	2616	93164
25	中国恩菲工程技术有限公司	工程设计综合资质	甲级	1345	92153

排名	企业名称	勘察设计行业类别	资质等级	期末从业人员合计（人）	勘察设计收入合计（万元）
26	中国电力工程顾问集团华北电力设计院工程有限公司	工程设计综合资质	甲级	1331	90744
27	中国联合工程公司	工程设计综合资质	甲级	1337	88755
28	中国电力工程顾问集团西北电力设计院	工程设计综合资质	甲级	1562	88647
29	同济大学建筑设计研究院（集团）有限公司	建筑	甲级	1413	87930
30	中国石油天然气华东勘察设计研究院	化工石化医药	甲级	1229	86011
31	中国电力工程顾问集团西南电力设计院	工程设计综合资质	甲级	1246	85956
32	机械工业第六设计研究院	机械	甲级	2057	85564
33	中交第一航务工程勘察设计院有限公司	工程设计综合资质	甲级	785	85535
34	中交第二公路勘察设计研究院有限公司	公路	甲级	1865	85259
35	中国电力工程顾问集团中南电力设计院	工程设计综合资质	甲级	1433	84355
36	中国中元国际工程公司	工程设计综合资质	甲级	824	81523
37	河南省电力勘测设计院	电力	甲级	817	81005
38	中国航空规划建设发展有限公司	工程设计综合资质	甲级	2900	80243
39	北京城建设计研究总院有限责任公司	市政	甲级	525	78116
40	中铁上海设计院集团有限公司	铁道	甲级	929	77811
41	中国水电顾问集团贵阳勘测设计研究院	工程设计综合资质	甲级	1310	77524
42	中国市政工程中南设计研究总院	市政	甲级	1375	77132
43	中交第一公路勘察设计研究院有限公司	公路	甲级	2345	76552
44	中交第三航路工程勘察设计院有限公司	水运	甲级	613	76018
45	中交水运规划设计院有限公司	工程设计综合资质	甲级	946	76007
46	中讯邮电咨询设计院有限公司	煤炭	甲级	714	76004
47	中国建筑西南设计研究院有限公司	建筑	甲级	1915	75983
48	中国电力工程顾问集团公司华东电力设计院	工程设计综合资质	甲级	1163	75505
49	大庆油田工程有限公司	工程设计综合资质	甲级	1869	75290
50	黄河勘测规划设计有限公司	工程设计综合资质	甲级	1906	74302

中国勘察设计行业2010年度
企业总承包完成合同额前50名排序

单位：万元人民币

排名	单位名称	完成合同额合计	排名	单位名称	完成合同额合计
1	中广核工程有限公司	2683085	26	中冶长天国际工程有限责任公司	298644
2	中冶京诚工程技术有限公司	1576259	27	中油辽河工程有限公司	287367
3	中国石油工程建设公司	1492326	28	中国电力工程顾问集团西北电力设计院	286038
4	中国中材国际工程股份有限公司	1413912	29	中国水电工程顾问集团公司	282087
5	中国寰球工程公司	1240102	30	中国石油集团工程设计有限责任公司	280053
6	中国石化工程建设公司	950175	31	五环科技股份有限公司	274536
7	中冶南方工程技术有限公司	870782	32	中船第九设计研究院工程有限公司	271362
8	海洋石油工程股份有限公司	862294	33	中国联合工程公司	259255
9	中冶赛迪工程技术股份有限公司	850002	34	中国有色金属工业华昆工程承包公司	254000
10	中国电力工程顾问集团公司	733422	35	山东电力工程咨询院有限公司	245242
11	中国石化集团上海工程有限公司	608355	36	惠生工程（中国）有限公司	243460
12	中国核电工程有限公司	584504	37	合肥水泥研究设计院	242951
13	中国石化集团洛阳石油化工工程公司	583001	38	中国航空规划建设发展有限公司	173270
14	中国成达工程有限公司	507124	39	大地工程开发（集团）有限公司	166049
15	中国天辰工程有限公司	421078	40	胜利油田胜利勘察设计研究院有限公司	165063
16	中国石化集团宁波工程有限公司	418211	41	成都建筑材料工业设计研究院有限公司	164085
17	中钢设备有限公司	403967	42	洛阳矿山机械工程设计研究院有限责任公司	163088
18	中国恩菲工程技术有限公司	369917	43	东华工程科技股份有限公司	160885
19	中铝国际工程有限责任公司	359191	44	中石油东北炼化工程有限公司吉林设计院	148122
20	中冶焦耐工程技术有限公司	357435	45	中冶东方工程技术有限公司	148003
21	中国建材国际工程有限公司	342872	46	中国海诚工程科技股份有限公司	141940
22	天津水泥工业设计研究院有限公司	332841	47	中国汽车工业工程公司	141127
23	中冶北方工程技术有限公司	330878	48	赛鼎工程有限公司	140743
24	中国电力工程顾问集团华北电力设计院工程有限公司	304105	49	中铁第一勘察设计院集团有限公司	133138
25	北京首钢国际工程技术有限公司	302555	50	华陆工程科技有限责任公司	128094

中国勘察设计行业2010年度
企业工程项目管理营业收入前50名排序

单位：万元人民币

排名	单位名称	营业收入合计
1	中铁第一勘察设计院集团有限公司	143596
2	中铁二院工程集团有限责任公司	97505
3	中国水电工程顾问集团公司	95616
4	中冶京诚工程技术有限公司	64217
5	铁道第三勘察设计院集团有限公司	52000
6	中国寰球工程公司	49486
7	中铁第四勘察设计院集团有限公司	47025
8	中广核工程有限公司	41000
9	中国水电顾问集团中南勘测设计研究院	40270
10	中国建材国际工程有限公司	39573
11	中交第四航务工程勘察设计院有限公司	36400
12	广东省电力设计研究院	29179
13	中冶赛迪工程技术股份有限公司	23646
14	中冶集团武汉勘察研究院有限公司	22441
15	中冶南方工程技术有限公司	22113
16	信息产业电子第十一设计研究院有限公司	20261
17	中国电力工程顾问集团公司	18955
18	山东诚信工程建设监理有限公司	17369
19	中国联合工程公司	16391
20	机械工业第六设计研究院	15785
21	中国恩菲工程技术有限公司	15412
22	上海现代建筑设计（集团）有限公司	14645
23	中国海诚工程科技股份有限公司	14525
24	华陆工程科技有限责任公司	14354
25	中国水电顾问集团西北勘测设计研究院	13802
26	中国水电顾问集团成都勘测设计研究院	12837
27	中国水电顾问集团昆明勘测设计研究院	11853
28	中国中元国际工程公司	11784
29	中国石化工程建设公司	11725
30	中国成达工程有限公司	10188
31	中铁工程设计咨询集团有限公司	9974
32	中国石化集团南京设计院	9850
33	大庆油田工程有限公司	9631
34	中国水电顾问集团北京勘测设计研究院	9414
35	机械工业第九设计研究院	9062
36	中冶东方工程技术有限公司	8938
37	中国瑞林工程技术有限公司	8659
38	中国天辰工程有限公司	8189
39	中国有色金属工业长沙勘察设计研究院	7890
40	东风设计研究院有限公司	7189
41	惠生工程（中国）有限公司	6534
42	山西省电力勘测设计院	6384
43	中国电力工程顾问集团西南电力设计院	6268
44	中国市政工程华北设计研究总院	5241
45	中国电力工程顾问集团华北电力设计院工程有限公司	5047
46	中国电力工程顾问集团东北电力设计院	5040
47	中国石化集团宁波工程有限公司	4968
48	中国轻工业长沙工程有限公司	4746
49	中冶焦耐工程技术有限公司	4635
50	中国石化集团上海工程有限公司	4400

中国勘察设计行业2010年度
企业境外项目营业收入前50名排序

排名	企业名称	勘察设计行业类别	资质等级	年末从业人员合计（人）	营业收入合计（万元）
1	中国石化工程建设公司	工程设计综合资质	甲级	2492	692406
2	天津水泥工业设计研究院有限公司	建材	甲级	1008	361213
3	中铝国际工程有限责任公司	冶金	甲级	2310	232267
4	中国寰球工程公司	工程设计综合资质	甲级	2883	227531
5	中国石油天然气管道工程有限公司	工程设计综合资质	甲级	1832	219561
6	合肥水泥研究设计院	建材	甲级	1148	171995
7	中国成达工程有限公司	工程设计综合资质	甲级	1280	163653
8	山东省冶金设计院股份有限公司	冶金	甲级	752	141935
9	泛华建设集团有限公司	建筑	甲级	2507	125878
10	中国京冶工程技术有限公司	建筑	甲级	1986	124348
11	中国石油天然气华东勘察设计研究院	化工石化医药	甲级	1229	119608
12	中国恩菲工程技术有限公司	工程设计综合资质	甲级	1345	118095
13	中国石油集团工程设计有限责任公司	工程设计综合资质	甲级	2321	117883
14	长江勘测规划设计研究有限责任公司	工程设计综合资质	甲级	3111	105628
15	中国五环工程有限公司	工程设计综合资质	甲级	1015	100416
16	中铁二院工程集团有限责任公司	工程设计综合资质	甲级	6147	86409
17	中国天辰化学工程公司	工程设计综合资质	甲级	1332	79478
18	中国建材装备有限公司	建材	甲级	225	75479
19	长江岩土工程总公司（武汉）	勘察综合类	甲级	771	54559
20	中国水电顾问集团中南勘测设计研究院	工程设计综合资质	甲级	2616	48653
21	中国电力工程顾问集团华北电力设计院工程有限公司	工程设计综合资质	甲级	1331	41340
22	广东省电力设计研究院	工程设计综合资质	甲级	1568	39653
23	北京首钢国际工程技术有限公司	工程设计综合资质	甲级	1113	37435
24	中冶南方工程技术有限公司	工程设计综合资质	甲级	3230	36405
25	中国电力工程顾问集团中南电力设计院	工程设计综合资质	甲级	1433	35490

排名	企业名称	勘察设计行业类别	资质等级	年末从业人员合计（人）	营业收入合计（万元）
26	武汉凯迪电力工程有限公司	电力	甲级	182	28480
27	中国华电工程（集团）有限公司	电力	甲级	586	27112
28	四川电力设计咨询有限责任公司	电力	甲级	464	26115
29	中交第四航务工程勘察设计院有限公司	工程设计综合资质	甲级	768	25561
30	东风设计研究院有限公司	机械	甲级	775	24200
31	中国电力工程顾问集团西北电力设计院	工程设计综合资质	甲级	1562	23964
32	武汉建筑材料工业设计研究院有限公司	建材	甲级	276	22955
33	北京钢研新冶工程设计有限公司	冶金	甲级	107	22401
34	中交第一公路勘察设计研究院有限公司	公路	甲级	2345	22011
35	国核电力规划设计研究院	工程设计综合资质	甲级	737	17492
36	北京凯盛建材工程有限公司	建材	甲级	144	17198
37	山东电力工程咨询院有限公司	电力	甲级	1548	17081
38	中冶京诚工程技术有限公司	工程设计综合资质	甲级	6827	16192
39	中国新时代国际工程公司	机械	甲级	2245	15466
40	中国水电顾问集团西北勘测设计研究院	工程设计综合资质	甲级	2432	15362
41	福陆（中国）工程建设有限公司	化工石化医药	甲级	781	15030
42	中冶东方工程技术有限公司	冶金	甲级	1239	14965
43	中国水电顾问集团昆明勘测设计研究院	工程设计综合资质	甲级	1593	13626
44	机械工业勘察设计研究院	勘察综合类	甲级	351	12344
45	中国电力工程顾问集团西南电力设计院	工程设计综合资质	甲级	1246	11316
46	中国中元国际工程公司	工程设计综合资质	甲级	824	10865
47	中国石化集团上海工程有限公司	工程设计综合资质	甲级	1360	10330
48	中国电子工程设计院	工程设计综合资质	甲级	775	10080
49	中冶赛迪工程技术股份有限公司	工程设计综合资质	甲级	4121	9833
50	中国石化集团洛阳石油化工工程公司	工程设计综合资质	甲级	2331	9631

中国煤炭建设协会勘察设计委员会

Zhongguo meitan jianshe xiehui kancha sheji weiyuanhui

一、设计委员会概况

中国煤炭建设协会勘察设计委员会(原名煤炭勘察设计协会)成立于1987年，现共有勘察设计单位会员73个。

理事会理事119人(含个人理事)，常务理事26人，副理事长5人。毕孔耜任理事长。

中国煤炭建设协会勘察设计委员会业务范围：负责全国煤炭设计行业管理法规、设计标准、设计规范的编制工作；全国煤炭设计行业勘察设计、标准通用设计等项目的评优活动；组织调研和交流设计改革、新技术开发、提高设计和设计市场开拓等方面的经验；向政府和有关部门反映煤炭设计行业的问题和诉求，维护设计单位合法权益，推进行业自律等。

二、设计委员会2010年度主要工作

(1) 2010年2月2日在海口召开年会。在年会上武汉院吴嘉林院长、华宇公司李明辉总经理、南京院孔祥国院长就荣获国庆60周年工程勘察设计行业“十佳”大奖汇报了本单位工作；沈阳院刘庆田院长、合肥院杨裕官院长和华宇公司张保连总工分别介绍了安家岭露天矿、顾桥和塔山矿井的设计特点；济南院戴良发总经理、郑州院杨彬总经理介绍了改革和改企建制的经验。

设计大师戴少康和兰州煤矿设计院技术部主任郭崇远分别介绍了《选煤工艺设计实用技术手册》编著心得和设备选型软件开发体会。

会议还展示了华宇公司主编的《矿井多绳提升井架参考图册》、设计大师戴少康编著的《选煤工艺设计实用技术手册》、华宇公司李玉瑾同志编著的《多绳摩擦提升系统动力研究与工程设计》、邯郸院邵一谋同志编著的《结构设计论文集》，这些都受到与会同志关注。

大会还讨论了制定“煤炭勘察设计行业制止不正当竞争公约”的问题。决定继续进行推动工作。

(2) 2010年4月15日，召开了国家标准《煤炭工业洗选工程制图标准》审查会。

(3) 2010年4月，完成了《矿井多绳提升钢井架参考图集》的出版工作。为在市场经济下，加强行业专业交流，取得了经验。

(4) 2010年5月12日，在苏州召开《选煤专业交流会和选煤设计规范培训班》。戴少康设计大师主讲了他本人编著的《选煤工艺设计实用技术手册》，在我国煤化工大发展的形势下，煤炭选煤工作中，对煤质问题的研究做了精辟的讲解，受到高度评价。

同煤塔山矿煤仓

安家岭露天煤矿

国家干线物流港

顾桥矿井

(5) 2010年6月15日，召开了国家标准《煤炭工业矿井建设标准》《煤炭工业露天矿建设标准》两项标准审查会。这两项标准是煤炭工业第一次正式编制的。

(6) 2010年7月21日，勘察设计委员会副理事长刘毅同志给发改委张平主任写信反映关于《煤炭勘察设计行业制止不正当竞争公约》(以下简称“公约”)的问题。

(7) 2010年7月30日，召开了国家标准《煤炭露天采矿制图标准》审查会，现已经颁布实施。

(8) 2010年9月6日，召开国家标准《煤矿提升系统工程设计规范》审查会。

(9) 2010年9月7日，在昆明召开了煤矿设计专业研讨会，邀请了工厂技术负责人参加。会上李玉瑾同志介绍了本人编著的《多绳摩擦提升系统动力研究与工程设计》主要内容。张振文、王荣相同志宣讲了他们主编的《带式输送机工程设计规范》《煤矿井下辅助运输设计规范》两个规范。会上进行了热烈的讨论，曾涛同志做了总结。

(10) 2010年10月21日，国家发展和改革委员会价格司对“公约”问题做了答复，表示支持，并对“公约”提出了很好的修改意见。

(11) 2010年10月25日，在宜昌召开《煤矿建筑结构专业研讨会》。研讨节材指标，决定编制《钢筋混凝土圆形仓》《井塔》《提升机房》等图册和《百座多绳提升钢井架技术经济指标》。讨论了《煤炭工业矿井抗震设计规范》。评选出10项煤炭行业建筑结构优秀设计奖一等奖、16项二等奖、38项三等奖、贡献奖一项。

(12) 2010年11月26日，我会副理事长刘毅同志给张平主任写信，反映不同意降低设计收费标准的意见。

(13) 2010年12月2日，由我会邀请部分行业协会秘书长座谈会，研究给温总理写信，反映几年来工程建设勘察设计标准规范进展情况。

(14) 2010年12月15日，经专家研究后申报了《煤炭矿井通信设计规范》《钢筋混凝土筒仓设计规范》《煤炭洗选工程设计规范》《煤炭工业矿井设计规范》《煤炭工业露天矿设计规范》五项新修订规范。

(15) 2010年12月20日，去函住房和城乡建设部市场监督司，请提供持有煤炭行业甲、乙级设计资质的单位，以便通知其参加签订《煤炭勘察设计行业制止不正当竞争公约》。

中国煤炭建设协会勘察设计委员会

地址：北京市德外安德路67号
邮编：100120
电话：010-62044437　82015693
邮箱：ceda@163.com
网址：www.cceda.cn

布尔台煤矿及选煤厂

中国煤科
CCTEG

中国煤炭科工集团武汉设计研究院

中国煤炭科工集团武汉设计研究院成立于1954年，是原煤炭工业部直属设计院，现隶属于中国煤炭科工集团有限公司，是具有辉煌历史的全国综合甲级勘察设计研究院。现有员工700余人，高级职称以上技术人员近300名，有全国勘察大师等众多专家，享受国务院政府特贴专家30余人，各类注册工程师近300名。

业务范围涉及矿区、矿井、露天矿、选煤厂、煤化工配套工程、矿区机修厂、输变电及自动化工程、路桥、长距离管道输煤、供水、污水处理厂、建筑工程等领域。可为上述工程提供工程设计、工程勘察、工程总承包及工程监理全方位优质服务。

近60年来，我院承担了矿区总体规划100余部，矿井500余对及其他单项工程4000余项。其中有200余项荣获省部级以上奖项。

我院先后荣获全国工程勘察先进单位、湖北省文明单位、全国优秀勘察设计院称号、湖北省企业改革开放30年杰出贡献单位、武汉市先进基层党组织等荣誉称号，2011年获武汉市信用优胜企业。

1
2 3
4 5

1. 神华集团布尔台煤矿及选煤厂设计

神华集团布尔台煤矿是世界最大井工矿井(20Mt/a)，选煤厂是世界最大群矿选煤厂(31Mt/a)。矿井斜井开拓，近水平多煤层，“三综五连”达到20.0Mt/a生产能力，工业广场占地面积57.5hm²。选煤工艺为：200mm~13mm级块煤采用重介浅槽分选，13mm~1.5mm级末煤采用有压两产品重介旋流器分选，−1.5mm级采用分级旋流器粗煤泥回收的联合工艺。该项目开创了多项世界第一，是中国乃至世界煤矿建设的典范。

2. 我院自行设计的新办公楼

我院近年来先后在北京、重庆、浙江、湖北、江苏、河南、贵州、内蒙古、海南等地承揽了众多园区规划和高等院校教学楼、图书馆、宾馆酒店、高档写字楼等大型公共建筑工程设计。高校规划和建筑设计独具特色。我院设计的新办公大楼高208m，共48层，已成为武汉市武昌区第一高楼和标志性建筑。

3. 陕西煤化集团神—渭输煤管道EPC总承包工程

我院承接的陕西神渭管道输煤项目EPC总承包工程，负责该项目的设计、设备采购、施工。目前工程可研报告已通过评审，隧道工程已于2010年5月开工建设。我院目前正抓紧设计及实验研发工作，该项目将采取EPC总承包模式建设及运营管理。750km长的陕西神渭输煤管道工程长度和运量在全世界最大，该项目建成后在全球属于领先水平。

4. 神华集团包头煤制烯烃项目卸储煤装置EPC总承包工程

神华集团包头煤制烯烃项目卸储煤装置EPC总承包工程是目前世界上最大的煤制烯烃项目，也是目前国家发改委批准的第一个大型煤制烯烃项目，属于国家示范工程。该项目卸储煤装置EPC总承包工程的建成，奠定了我院在煤化工配套工程EPC总承包方面的龙头地位，我院在煤储运EPC总承包方面已达到国内领先水平。

5. 鹤壁煤业集团矿井水回收利用工程

我院环境工程集科研、设计、制造、安装调试及培训服务为一体，主要从事矿井水及各种污水处理领域的新技术研发和推广，可承接矿井水和各种污水处理工程设计、设备开发制造、施工安装及工程的总承包，已完成一百多项水处理工程，矿井水处理及综合利用工程技术为国内领先水平。鹤壁煤业集团矿井水回收利用工程的规模：处理水量90240m³/d，输出水量81816m³/d，供电厂冷却用水及其他生产用水；2004年6月被国家发改委列为矿井水回收利用示范工程。

Z 中国石油和化工勘察设计协会

hongguo shiyou he huagong kancha sheji xiehui

一、协会概况

中国石油和化工勘察设计协会成立于1985年11月，协会现有会员单位209家，袁钮任理事长，荣世立任秘书长。

中国石油和化工勘察设计协会下设办事机构6个，分支机构22个，代表机构1个。

协会宗旨：为会员单位服务，实施“全方位、宽领域、多层次”的服务方针，维护会员单位的合法权益。协助政府主管部门实施行业管理，遵守国家宪法、法律、法规政策，遵守社会道德风尚，在政府和企业间发挥桥梁纽带作用，促进我国勘察设计行业的进步和发展。

二、协会2010年度主要工作

(一) 积极完成政府主管部门委托的各项任务

1. 化工工程建设标准的归口管理

协会受原化工部和原国家石化局委托承担化工工程建设标准的归口管理工作。2010年，协会重点抓了标准现状清理、完善标准体系、建立管理制度、加强计划落实、提高标准质量等五个方面的工作。建立完善了化工工程建设标准信息库和标准文本库；完成了《工程建设标准体系》(化工部分)修订稿初稿；召开了第一次标准化工作会议；按照工信部要求完成了33项行业标准的复审；申请国家标准立项3项，申请行业标准立项29项；完成国家标准报批9项，行业标准报批19项；年内颁布国家标准7项。

2. 全国化工设计技术中心站和协会专业委员会管理

全国化工设计技术中心站是原化工部组织设立的专门从事化工工程建设技术基础工作的专业机构，1998年委托协会负责组织管理。为巩固这支队伍，协会以中心站技术委员会为基础，设立了22个专业委员会。

3. 压力容器和压力管道设计许可评审和培训考核

特种设备设计许可鉴定是国家质量监督检验检疫总局授权协会开展的具有行政许可性质的专项工作。2010年，协会完成了13家企业压力管道设计许可和5家压力容器设计许可鉴定评审工作。完成压力管道设计审批人员培训考核685人。

4. 注册工程师化工专业管理委员会工作

协会按照住房和城乡建设部、执业资格注册中心的要求和部署，2010年完成了化工注册工程师专业考试的试卷组题等基础工作；完成了2010年度注册化工工程师专业考试工作；配合住房和城乡建设部做好注册化工工程师首次执业注册终审工作；完成了《注册化工工程师专业考试复习指南》修订出版工作。

2010年，化工、石化、纺织、医药、轻工5个行业1 175人参加了专业考试，428人合格，合格率36.43%。到2010年12月底，已终审通过首次执业注册化工工程师1 900人。

(二) 引导会员企业做好战略定位，实现科学发展

1. 引导会员单位正确把握行业发展方向

为引导会员企业正确把握行业发展趋势，做好企业战略定位，协会召开多个区域和层次的专题研讨会。

(1) 先后分4个片区召开第五届九次理事会暨会员单位经验交流会。

(2) 利用“设计现代化管理专业委员会”这一平台，组织召开了原部属院院长为核心的专题交流与研讨会。

(3) 组织省市设计院召开了“创新　战略　发展论坛”。论坛围绕中小设计企业在当前市场激烈竞争的形势下，如何保持稳定发展，做好战略定位、战略规划与实施等主题，进行了广泛交流与研讨。通过论坛研讨，帮助企业认清形势，把握发展方向。

(4) 召开了勘察专业委员会年会，结合勘察行业实际情况，制定了《关于推进勘察单位创建国际型岩土工程公司的指导意见》，进一步推进勘察企业创建岩土工程公司，加快与国际接轨。

2. 开展行业统计分析，引导企业发展

2010年，会员企业报送统计报表的有155家，比2009年上升6.1%。协会综

烟台万华聚氨酯股份有限公司 16×10^4 t/a MDI 工程获全国优秀工程设计金奖

65×10^4 t/a~70×10^4 t/a 乙烯装置改造联合工程获全国优秀设计金奖

西气东输工程天山后沟段铺设施工现场

贵州瓮福磷矿 250×10^4 t/a 采选工程获全国优秀工程设计金奖

合2005年至2009年5年的统计数据进行全面分析，形成了分析报告，并先后在协会召开的各片区会员经验交流大会等有关会议上做了汇报。

(三) 推动技术创新和管理创新，不断提升企业核心竞争力

1. 组织工程类优秀项目的评选工作

为推动石油和化工行业技术创新、节能减排，协会开展多项评优活动。

(1) 按照中国工程咨询协会要求组织优秀工程咨询成果奖评审

2010年，会员企业共申报行业优秀工程咨询成果奖评选61项。经协会组织专家评审，获得行业优秀工程咨询成果奖的项目37项。其中：一等奖6项，二等奖12项，三等奖19项。协会推荐参加全国工程咨询优秀成果奖评选的6项，地方推荐7项。经中国工程咨询协会组织专家评审，协会会员企业获国家一等奖1项，二等奖2项，三等奖4项。

(2) 组织优秀工程勘察奖评审

2010年，会员企业共申报优秀工程勘察奖27项。经协会组织专家评审，获奖项目18项。其中，一等奖3项，二等奖6项，三等奖9项。

(3) 组织优秀工程设计奖评审

2010年，会员企业共申报优秀工程设计奖32项。经协会组织专家评审，获奖项目23项。其中，一等奖4项，二等奖9项，三等奖10项。

(4) 组织参加石化联合会科技进步奖的评选工作

2010年，会员企业申报石油和化工行业工程建设类科技进步奖8项。经专家评审，获二等奖2项，三等奖3项。

2. 开展专有技术评定工作

根据住房和城乡建设部《建设工程勘察设计资质管理规定实施意见》对专有技术的规定，以及协会制定的《设计专有技术评审实施细则(试行)》，2010年，对会员企业申报的43项勘察设计专有技术(其中设计专有技术41项、勘察专有技术2项)进行了评审，共评出设计专有技术36项，勘察专有技术1项。

3. 推进健康安全环境（HSE）管理体系建设

HSE管理体系建设是与国际工程公司接轨的重要内容。协会在前几年HSE工作平台建设的基础上，以国家安全生产监督管理总局颁布实施《化工建设项目安全设计管理导则》（以下简称《导则》）为契机，组织召开《导则》发布会暨安全设计管理经验交流会，制定《导则》宣贯计划，编制《导则》宣贯培训要点。充分发挥协会HSE研究会的专家作用，组织专家到会员单位宣传化工安全的理念、目标、原则、范围和程序，交流HSE体系在实施过程中的经验，推进企业HSE体系建设。

4. 积极推动会员企业信息化建设

协会组织专家开展了企业信息化水平评价体系研究。通过组织会员单位采用优选、团购等手段，积极做好计算机软件的推广应用，收到了较好的效果。

(四) 推进会员企业诚信建设，倡导行业自律

1. 开展企业信用评级，推进行业信用建设

2007年，国家商务部、国资委联合授权中国石油和化工勘察设计协会开展信用评价工作。3年来，共评出AAA级信用企业24家；AA级信用企业11家。

2. 开展资质咨询服务

协会认真贯彻落实国家勘察设计条例和市场准入等各项政策，规范市场准入，为企业在设计资质的申请、变更、增项等方面提供咨询服务。全年为62家会员企业提供资质政策咨询138次。

中国石油和化工勘察设计协会

地址：北京市朝阳区安立路60号润枫德尚A座13层

邮编：100101

电话：010-64820646

邮箱：ccesda@mx.cei.gov.cn

网址：www.ccesda.com

中国天辰工程有限公司
CHINA TIANCHEN ENGINEERING CORPORATION

Company profile

公司简介

成立于1953年的中国天辰工程有限公司前身是原化学工业部第一设计院。是首批成立的大型国家级专业设计院之一；是国资委管理的大型企业集团——中国化学工程集团公司所属企业。2008年3月公司首批获得了由国家住房和城乡建设部颁发的工程设计综合资质甲级。可以承接化工石化医药、石油天然气、电力、冶金、铁道、公路、电子通信广电、民航、市政等我国工程设计行业划分表中全部21个行业的工程设计和工程总承包业务，并且规模没有限制。

公司同时具有工程咨询甲级、建设项目环境影响评价甲级、国家特种设备设计许可证（压力容器、压力管道）、国家对外承包工程经营资格证书（国家商务部颁发）等资质。

公司注册资本24 390万元，现有职工1331人，其中大专以上人数1189人，高级工程师546人，硕士以上341人。获得注册咨询工程师、国家一级注册建筑师、注册工程师、注册造价工程师、一级建造师、注册监理工程师等150多人。有享受国务院专家特殊津贴专家29人。

兖矿国泰全景

重庆万州大全多晶硅项目(一年建成)

金陵化肥技改工程

新疆己二酸项目

Z 中国石化集团公司勘察设计协会

hongguo shihua jituan gongsi kancha sheji xiehui

一、协会概况

中国石化集团公司勘察设计协会成立于1990年，经原中国石化总公司批准，是在中国石化集团公司领导下凝聚石化勘察设计行业的社会团体组织，是中国勘察设计协会的团体会员单位。业务管理部门为中国石化集团公司工程企业管理部和中国石化股份有限公司工程部。协会会长张克华，秘书长孙晓波，下设机构两部一室，企业部，培训部和办公室。2008年，由勘察设计、施工、监理三家协会整合成立了中国建筑业协会石化建设分会，民政部备案，业务主管部门为中国石化集团公司工程企业管理部和中国石化股份公司工程部。

中国石化集团公司勘察设计协会(中国建筑业协会石化建设分会)的宗旨是：面向企业，为石化工程建设企业服务，为石化重点工程和海外炼化工程项目服务。团结和教育会员企业遵守《中华人民共和国建筑法》《建设工程质量管理条例》《建设工程勘察设计管理条例》和有关法律、法规及工程建设强制性标准，推进石化工程管理体制改革，提高会员企业的管理素质，维护会员企业的合法权益，加强行业自律，开展国内外同行业的交流，促进石化工程建设管理水平不断提高。

中国石化集团公司勘察设计协会(中国建筑业协会石化建设分会)现有勘察设计会员企业49家，其中：勘察企业4家、设计企业45家(含勘察设计合一企业4家)，主要从事油田地面工程、气田地面工程，长距离管道输送工程、油气库工程、油气加工工程、石油炼制工程、石油化工工程、石油化工产品储运工程建设的勘察、设计、咨询、工程总承包、工程项目管理以及相关的技术开发与咨询服务。业务范围覆盖工程项目的规划咨询、项目建议书、可行性研究和基础工程设计、详细工程设计、工程总承包、工程项目管理、技术开发与咨询服务等。主要任务是围绕中国石化集团公司重点工程建设项目开展有针对性、专业化的技术服务。

协会现有49家会员企业中具有综合甲级工程勘察企业2家、专业甲级工程勘察企业6家；综合甲级工程设计企业4家、行业甲级工程设计24家、专业甲级13家，乙级工程设计企业8家。其中，一部分大中型勘察设计企业已经由院转变成为工程公司，在业务经营模式上也陆续由单一的勘察设计转向工程总承包和项目管理。从近几年石化勘察设计企业的收入统计中可以看到，工程总承包和项目管理的收入比例在持续增长，在一些转型较早的大型石油化工设计企业，工程总承包与项目管理已经成为工程建设的主流模式。

二、协会2010年度主要工作

(一) 工程勘察设计资质管理

按照住房和城乡建设部办公厅《关于工程设计专项资质换证工作的通知》(建市资函〔2008〕34号)、《关于工程设计资质证书更换新证有关问题的通知》(建办市函〔2009〕331号)以及住房和城乡建设部《建设工程勘察设计资

仪征站15万方油罐罐组
The 150,00m³ Tank Unit of Yizheng Station

质管理规定实施意见》（建市[2007]202号）的精神，根据住房和城乡建设部对工程勘察设计企业资质换证工作的部署以及石化行业的具体情况，完成了申请企业全部工程设计资质材料的初审与申报工作，完成工程设计资质延续换证的扫尾工作，协会会员企业所有的甲级工程设计资质均得到延续与保持，部分企业的资质得到进一步升级。参加国家住房和城乡建设部组织的工程勘察设计企业资质审查工作。

(二) 工程勘察设计“四优”评选

1. 集团公司“四优”评选情况

受中国石化股份有限公司工程部委托开展2008年—2009年度集团公司“四优”评选工作。2010年，完成中国石化集团公司“四优”的初审、评选工作，经过集团公司评优委员会审议、评选，共评出优秀工程设计53项(其中，一等奖11项、二等奖25项、三等奖17项)，缓评4项；优秀工程勘察9项(其中，一等奖2项、二等奖4项、三等奖3项)，缓评1项；优秀计算机软件11项(其中，一等奖1项、二等奖4项、三等奖6项)，缓评1项。

2.国家“四优”评选成果

根据住房和城乡建设部《全国优秀工程勘察设计奖评选办法》《关于开展2008年度全国勘察设计奖评选工作的通知》和中国勘察设计协会《关于开展2008年度全国勘察设计奖评选工作的补充通知》要求，组织12家工程勘察设计企业申报的29个工程勘察设计项目，共有6家设计企业的9个项目通过住房和城乡建设部与中国勘察设计协会组织的专家审查和最终审定，分别获得国家金、银、铜牌奖：其中金奖1个、银奖3个、铜奖5个，住房和城乡建设部与中国勘察设计协会于2010年7月6日在北京召开了隆重的颁奖大会。

(三) 石化行业勘察设计企业专题调研

根据中国勘察设计协会《关于共同做好工程勘察设计行业专题调研工作的通知》精神，组织开展了集团公司石化勘察设计企业以及改制企业的调研工作，结合集团公司“十一五”工作总结和“十二五”发展规划的研讨，对“十一五”以来在贯彻节能减排、推进技术创新、发挥评优引导作用、确保质量安全、不断调整企业结构、实施“走出去”战略等方面的情况进行了调查和摸底，对取得的成果以及存在的问题进行汇总和归纳总结，提出建议30余条并对下步工作进行了预测，形成近32 000余字40余页的《石化工程勘察设计行业专题调研工作报告》，上报中国勘察设计协会。

(四) 注册化工工程师工作

根据全国注册工程师管理委员会的工作进程，转发了中华人民共和国住房和城乡建设部《关于开展注册公用设备工程师、注册电气工程师、注册化工工程师注册工作的通知》，要求各有关设计企业按照文件精神要求，结合本企业现有注册执业资格人员情况，认真地组织开展本企业符合条件人员的资格注册工作，积极申报国家注册工程师相关专业执业资格注册。并强调各有关勘察设计企业要提高认识，专人负责，坚持标准，严格把关，严格按照勘察设计注册工程师管理委员会文件规定的申报条件、申报程序和申报材料要求开展工作，切实做好国家注册工程师相关专业执业资格的注册申报工作。截至2010年底，会员企业共有45家工程设计企业参与了注册公用设备工程师、注册电气工程师、注册化工工程师的注册申报工作。向全国注册化工工程师管理委员会推荐4名石油化工行业的专家，参与了注册化工工程师的注册审核工作。

(五) 石化勘察设计企业信息化建设

2010年，推荐全国勘察设计企业信息化管理先进单位，石化行业推荐4家工程设计企业，获得全国勘察设计企业“十一五”信息化推广先进单位荣誉称号。

中国石化集团公司勘察设计协会
地址：北京市朝阳区惠新东街 11 号紫光发展大厦 A 座 21 层 2106 室
邮编：100029
电话：010 － 64823189
网址：www.pbccia.com

Z 中国医药工程设计协会

Zhongguo yiyao gongcheng sheji xiehui

一、协会概况

中国医药工程设计协会成立于1993年，经中华人民共和国民政部登记注册，是由医药工程设计及其相关的单位和个人自愿组成的行业性、非营利性并具有法人资格的全国性社会团体。

中国医药工程设计协会归口国务院国有资产监督管理委员会，受社团登记管理机关民政部的监督管理。在业务上接受住房和城乡建设部、工信部等有关部委的指导，是政府医药管理部门的参谋和助手。

2009年2月，中国医药工程设计协会召开了第四届协会代表大会，选举产生了第四届理事会和会长、副会长、秘书长等协会新的领导班子。会议还决定本届协会由中国石化集团上海工程有限公司来管理。由于企业管理协会是一种全新管理模式的探讨，这种新模式对国家的医药工程设计行业的发展具有重要意义的尝试。

目前，协会有会员单位73家(其中：会长和副会长单位17家，理事单位31家)，普及到全国19个省及4个直辖市。金敏任理事长，杨丽敏任秘书长。

协会性质：中国医药工程设计协会是由全国从事医药和化工工程咨询、工程勘察、工程设计、项目管理、工程总承包、设备制造等为医药工程建设服务的工程公司、工程咨询公司、勘察设计企业等按照自愿、平等原则组成的全国性社会团体。

协会宗旨：以邓小平理论和“三个代表”重要思想为指导，贯彻落实科学发展观，遵守法律法规和社会道德风尚，全心全意为会员服务，为医药行业服务，为政府医药主管部门服务。

协会业务范围：学术交流、业务培训、专业展览、书刊编辑、国际合作、咨询服务。

二、协会2010年主要工作

(一) 组建中国医药工程设计协会组织机构

制度建设是协会发展的保证。协会换届后，修改、完善和制定了各部门的职责范围和管理要求，各部门都有可以各自实施职责范围内的任务和印章；制定了行业从业准则、HSE管理、财务资产管理、档案管理、财务规章制度等一系列的管理制度和要求。到目前为止，协会基本完成制定了一整套比较完善的内部规章制度。通过建立良好的管理制度，形成工作合力，为卓有成效地工作提供保证。基本做到了协会每个管理人员明确了自己的工作范围和管理职责，使得管理有依据，管理有责任。

(二) 开展医药行业建设工程设计项目评优

医药行业建设工程设计项目评优活动，是一项国家支持，企业拥护，推进创新，具有积极意义的重要活动；也是一项有利于调动医药建设工程设计单位和设计人员的积极性、创造性，不断提高设计质量和设计水平的活动；这对推动医药行业健康发展和参与国际竞争提供有力的支持。

完善推荐评优机制是协会向国家推荐好项目的保证，也是一项协会的长期工作，所以这套机制要加以逐步完善。协会将继续做好医药行业优秀设计的评优工作，认真负责向国家推荐优秀的医药行业建设工程设计项目。

项目评优活动原则上两年一次，本届协会已组织开展了2009年度全国医药优秀工程设计项目评优推荐活动，这次评优推荐活动中，协会专门组织评优专家参与了评审，严格把关，经专家组评审评选出全国医药优秀工程设计奖11项，其中一等奖1项，二等奖4项，三等奖6项。

(三) 中国医药工程设计协会专家库设立

根据中国医药工程设计协会发展的需要，协会在医药建设工程的评优、标准规范评审、技术咨询和培训方面需要选聘一批具有一定工程经验和资质的专家。经协会理事会讨论，决定设立医药建设工程项目评优专家、医药标准规范评审专家、技术咨询和培训专家的专家库。专家库的基本要求、专业胜任能力等条件已经中国医药工程设计协会四届二次理事会讨论通过。经各会员单位推荐，协会评定专家组审核，投票产生了113名专家(其中工程评优专家41名，医药标准规范评审专家37名，技术咨询和培训专家35名)。入选后的专家名单公示于协会网站，通过公示无重大异议正式列为专家库名单，协会正式发于聘书，以便协会日后需要时调用。

(四) 中国医药工程设计协会的标准规范编制和培训等活动

1. 国家标准规范的编制

行业的标准规范是贯彻执行国家有关标准的具体实施规定。自2005年以来，建设部连续几年把医药行业工程建设标准规范制定、修订项目列入国家计划。这是对医药行业工程建设标准规范编制工作的肯定和支持，也体现了国家对标准规范的重视。医药行业工程建设标准规范制定、修订工作是国家交给中国医药工程设计协会的一项重要任务，关系到我国医药设计和医药工程建设水平、技术进步、技术创新，增强参与国际合作和竞争能力的重要工作，更是填补医药行业工程建设法规和标准的空白，促进医药行业健康发展的大事，因此协会严格遵照住房和城乡建设部的要求，专门组织各方面的力量，全力以赴确保标准规范制(修)订计划的落实。到目前为止，协会已编制完成和出版了《医药工业洁净厂房设计规范》(GB 50457—2008)；同时正在编制《医药工程建设项目设计文件编制标准》《医药工程基本术语标准》《医药实验术语标准》《医药工业洁净厂房施工及验收规范》《医药工业环境保护设计规范》《医药工业废弃物处理技术规范》等规范。

《维生素C产业准入条件》征求意见稿，提交专家评审。在资源利用、环境保护、质量安全等方面提高对维生素C产业的要求，以推动我国的产业升级和技术进步。

2. 协会的培训和交流活动

住房和城乡建设部批准的国家规范《医药工业洁净厂房设计规范》，从2009年6月1日起正式实施。为使广大会员单位及从事医药设计、生产、监督工作的技术人员和管理人员，尽快熟悉和领会规范的各项规定，全面了解规范制定思路、正确理解规范内容、交流规范实施技术，协会组织开展了对规范的宣传和培训工作。

新版《药品生产质量管理规范》正式颁布，为帮助会员单位更好地理解和实施新版GMP，协会组织有经验的专家进行了有针对性学习交流讲座。

积极探讨国际交流活动，努力提高我国医药工程建设项目设计水平。

中国医药工程设计协会

地址：北京市西城区德胜门东滨河路三号 C 座 411
邮编：100120
电话：010-62050006
邮箱：Chinaped@126.com
网址：www.cpaed.org

Z 中国石油工程建设协会石油勘察设计专业委员会

Zhongguo shiyou gongcheng jianshe xiehui shiyou kancha sheji zhuanye weiyuanhui

一、勘察设计专委会概况

中国石油工程建设协会(以下简称“协会”)成立于1984年，在国家民政部注册，国务院国有资产监督管理委员会为业务主管，是国内石油工程建设行业唯一具有独立法人地位的社会组织。中国石油工程建设协会石油勘察设计专业委员会(简称“勘察设计专委会”)属于中国石油工程建设协会下设的3个专业委员会之一，依托于中国石油集团工程设计有限责任公司。李文绮任勘察设计专委会主任，丁全林任秘书长，李懿宏任副秘书长，秘书处成员6人。

勘察设计专委会现有勘察设计会员单位57家，其中具有甲级资质的47家，具有综合甲级资质的20余家。这些勘察设计会员企业来源及专业覆盖面广泛，分别来自中石油、中石化及中海油三大石油公司，以及其他的会员企业。覆盖了中国石油工程建设行业的油气田建设、油气长输管道及油气储库建设、炼油化工等上、中、下游。这些企业人员层次高、实力雄厚、业绩突出，是中国石油工程建设行业勘察设计的主力军。近些年来，在国内外承揽和完成了大量的规模大、影响面广的重要工程项目，在石油工程建设领域书写了辉煌的篇章。

勘察设计专委会业务范围：

(1) 自主或配合有关部门组织行业和国家的优秀勘察设计、优秀QC小组的评选和申报工作，组织企业或个人的各种“创优、评优”活动，促进企业创优意识，提高工程建设质量，提高企业市场竞争力。

(2) 组织工程技术、企业管理、项目管理等方面的经验交流，并开展有关培训；开展技术、经济和市场信息服务，为企业搭建交流和沟通的平台。

(3) 跟踪国内外前沿技术，开展新技术鉴定、推广，促进企业和行业的技术进步。

(4) 承担业务主管部门以及中石油等大型国有企业委托和交办的工作，并完成会员单位要求办理的各项业务工作。

二、勘察设计专委会2010年主要工作

(一) 积极开展各类“创优、评优”活动，提升企业市场竞争力

组织及配合有关主管部门开展了各类“创优、评优”活动。本着为会员企业负责的原则，开展了深入细致的工作，使这些活动涉及面逐年拓宽，影响力逐年增加。同时，也提升了勘察设计企业和勘察设计人员的实力和影响力，促进了技术进步和质量进步。

1. 石油工程优秀勘察设计评选

在进一步完善2010年度石油工程优秀勘察设计评选工作的同时，于2011年1月至6月又开展了2011年度石油工程优秀勘察设计的评选工作。29个单位共申报了143个项目，其特点主要体现在以下4个方面：

一是申报项目的数量不断增加。2009年申报项目为101项，2010年申报项目为123项，2011年达到143项。这说明我们处在了一个石油工业大发展的时代，各个企业完成的工程项目越来越多；同时，在这个时代，各企业为了更好地发展，对工程质量越来越重视了，因此，创优的积极性也越来越高了。

二是覆盖面扩大，申报企业增多。2011年申报的企业较往年有所增加，申报的项目覆盖了中石油和中海油所属的设计企业，评选范围不断扩大。

三是申报的项目除在国内建设的工程项目外，国外的建设项目较往年有所增加，达到了8项。

四是项目涉及的类型多，有工程勘察、岩土及测量，油气田集输、油气储运、炼油化工、建筑、电力、供热、水处理、三次采油注入、节能、环保、软件等。值得一提的是炼油化工项目增加较显著。

根据“石油工程优秀勘察设计奖评选办法”，经过形式审查、专业评审，以及石油天然气工程建设质量奖审定委员会委员审定，共评选出石油工程优秀勘察设计99项，其中一等奖21项，二等奖39项。2011年，还组织了国家级优秀工程勘察设计的申报，根据近三年的行业评选情况，已推荐了优秀的项目参

加国家级优秀勘察设计的评选。

2. 质量管理活动小组评审

在完善2010年质量管理活动小组评审工作的同时，于2011年4月与施工企业联合开展了2011年质量管理活动小组评审工作。共评出石油工程建设行业勘察设计优秀QC小组活动成果45项，较2010年增加了8项，其中一等奖7项，二等奖15项，三等奖23项。其中有7项获得2011年度国家工程建设(勘察设计)优秀QC小组。

3. 石油工程建设行业勘察设计大师的评选

在完善了“优秀项目经理”等评选的同时，为了激励先进、调动广大技术人员的积极性、推动行业技术进步、增强企业在国内外的竞争力，协会于2011年初至2011年6月末，开展了石油工程建设行业勘察设计大师的评选活动。经过单位推荐、资料审查、评选委员会评选及公示等严格的评选程序，共评出了35名中国石油工程建设行业勘察设计大师(其中5名勘察大师)，涉及中石油、中石化、中海油三大石油公司的19个甲级勘察设计企业。

(二) 积极发挥勘察设计专委会作用，推动企业管理及技术进步

积极发挥勘察设计专委会的交流平台作用，通过独立、合作及配合等形式组织设计年会及技术研讨会、新技术推介会、经验交流会、论坛等，利用期刊和网站等多种形式，推动会员企业的管理及技术进步。

(1) 举办了大型油气储罐技术研讨会，共有26家单位参加，其中10家单位代表发言，共收集论文31篇，对于推进大型油气储罐的设计技术提高和标准化工作起到很大促进作用。

(2) 2010年10月，在吉林召开了“2010年石油设计年会暨地面工程技术交流会”，总结了近年来石油工程设计行业管理及技术发展的工作，分享了各设计企业适应改革重组新形势、加强现代化管理方面的经验，交流了在地面工程技术方面取得的成果，研讨推进了石油工程设计行业管理及技术进步的对策。会议取得了非常好的效果，与会代表交流热烈，会议共收到论文近60篇。

(3) 2011年9月，与中国石油学会地面工程委员会石油天然气储运技术中心站联合，在延吉召开了“2011年国内油气管道设计技术研讨会”，会议除发言交流外，还进行了书面论文交流及优秀论文的评选，并编辑出版了论文集。通过此次研讨会，总结交流了近年来油气管道的设计经验，展望了未来的发展方向，推进了我国油气储运技术的不断发展。

中国石油工程建设协会石油勘察设计专业委员会

地址：北京市西城区安德路 112 号西 227 室

邮编：100120

电话：010-62047578

邮箱：oilzyjx@tom.com

网址：www.zyjx.org.cn

Z 中国电力规划设计协会

Zhongguo dianli guihua sheji xiehui

一、协会概况

中国电力规划设计协会成立于1985年，协会现有会员单位176家，李爱民任理事长，马洪任秘书长。

中国电力规划设计协会下设经营管理研究委员会、质量管理研究委员会、供用电设计分会、勘测分会。

协会宗旨：提供服务、反映诉求、规范行为、和谐发展。

二、协会2010年度主要工作

2010年，协会坚持“提供服务、反映诉求、规范行为、和谐发展”的工作方针，适应改革形势，把握发展方向，开创电力勘测设计行业服务的新局面。

(一) 电力勘测设计行业服务与管理

1. 开展政策调研工作

2010年，政策调研工作主要是紧密跟踪电网公司主辅分离改革，积极反映省级电力设计院的诉求，向国务院电力体制改革工作小组办公室报送了《关于各省电力公司抽调设计单位系统等专业人员情况的反映》。

对全国电力行业内具有丙级以上设计资质供用电设计单位的资质和人力资源的配置情况进行了统计分析，并向国务院电力体制改革工作小组办公室报送相关资料。

编辑出版了《工程勘察设计行业改革发展文件资料汇编》（2008.01—2010.06），汇编编录了国家和政府有关部门对工程勘察设计行业改革与发展所制定的法律法规、规章和政策性文件，供会员单位学习使用。

2. 市场监管与服务

2010年，协会加大对设计市场的监管，对17个发电设计项目进行了招投标协调，有效地节制了无序压价竞争。

针对国网公司压低输变电项目设计费价格，协会向国家发改委、住房和城乡建设部等有关政府部门进行了反映，并向国家电网公司基建部递交了“关于对《国家电网公司输变电工程勘察设计费概算计列办法(征求意见稿)》的意见”，以维护会员单位的权益。

推进工程总承包和项目管理工作的开展，组织召开了电力勘测设计行业工程总承包经验交流会。

组织涉外工程总承包交流研讨会。继续开展信用评价工作。根据新颁发的《企业信用评价国家标准》，组织行业专家对2007年制定的《电力勘测设计行业企业信用评价办法》《电力勘测设计行业企业信用评价办法实施细则》和《电力勘测设计行业企业信用评价动态管理办法》进行修订，并对电力设计企业原信用等级重新进行评定。

在推行电力工程设计责任保险制度的基础上，适应会员单位业务功能的需求，开展工程总承包和涉外工程保险的调研，并协助会员单位开展涉外工程保险业务，进一步增强会员单位风险防范能力。

3. 技术标准、质量管理

为适应电力设计单位参与国际市场的竞争，开展设计标准中译英工作。组织编写翻译了《电力工程设计标准汉英术语》(火力发电、输变电)和15项标准。

组织6项国家标准送审稿的审查。组织17项标准的报批和19项标准和大纲的审查。

组织召开了“中国电力设计标准国际化工程一期成果发布会”。组织电力设计行业质量奖的申报，推荐会员单位参加中国水利电力质量管理协会评奖活动。4个电力设计单位获全国电力行业实施卓越绩效模式先进企业特别奖、15个单位获全国电力行业实施卓越绩效模式先进企业、12个单位获全国电力行业用户满意企业等。

组织召开了电力勘测设计行业2010年QC小组成果发表会，102项参加申报和发表。经协会分别向中国勘察设计协会质量委员会和中国水利电力质量管理协会推荐，有4项获得全国优秀质量管理小组奖，6项获得全国工程建设优秀质量管理小组奖，26项获得全国电力行业优秀QC小组活动成果奖。

推动行业软件业的发展。协会组织有关专家对32项设计软件进行评审，并积极开展国产CAD软件的推广应用工作，规范正版软件应用标准，提升全行业的CAD软件正版化水平。

组织编制修订了《电力工程设计软件专有技术成果转让管理办法》《电力工程设计软件评审办法》和《电力工程设计专有技术评审及管理办法》，建立电力工程设计专有技术(软件)信息发布平台，对申报的119项电力工程设计

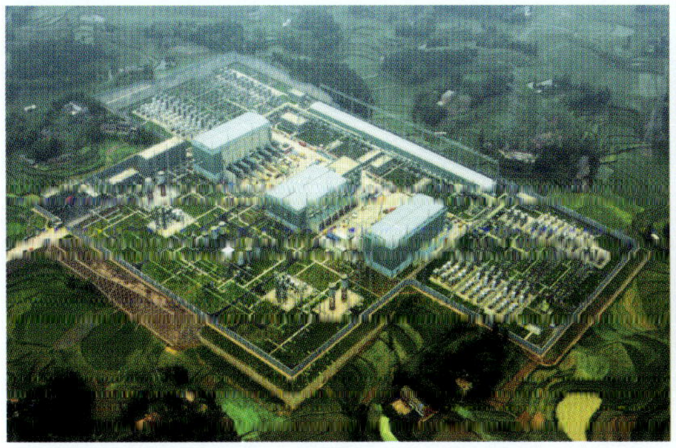  

专有技术组织了评审。

组织召开了数字化变电站论坛，推动电网技术进步与创新。

积极推动行业的人才队伍建设，开展了首届电力勘测设计行业资深专家评选。23人荣获首届电力勘测设计行业资深专家的称号。经协会推荐，两位资深专家沈又幸、陈仁杰被中国勘察设计协会评为全国设计大师。

组织行业专家对会员单位申报的2009年度电力行业311个“四优”项目进行了初评、终评，评出获奖项目201个。

组织行业专家，对会员单位申报的2010年度205个电力行业咨询成果项目进行了评审，评出获奖项目116个。

组织会员单位申报2010年度全国优秀工程咨询成果奖41项，并参与全国优秀工程咨询成果奖的评选工作。

编制《发电专业技术负责人培训教材》，举办发电设总、送变电设总培训班、注册电气师考前培训班，压力管道设计审批人员培训班等。

4. 行业出版物

协会主办的《电力勘测设计》和《电力设计信息》如期发表国内外电力勘测设计前沿技术和相关学科发展动态，及时传递会员单位生产经营、企业管理的成果和信息，为行业技术发展和管理创新服务。

(二) 协助政府和有关行业协会开展工作

受中国勘察设计协会委托，组织有关专家对14家会员单位上报的18个工程总承包项目的报优资料进行了初评，并参加第五届优秀工程项目管理和优秀工程总承包项目评优工作。7个工程总承包项目获奖，其中金钥匙奖2个，银钥匙奖1个，铜钥匙奖4个。

受国家质量监督检验检疫总局委托，主持修改了《压力管道设计许可鉴定评审机构管理过程控制程序》体系文件。按照国家质量监督检验检疫总局颁发的《压力容器压力管道设计许可规则》等相关规定和要求，从事行业内的压力管道资格申请、行政许可受理、鉴定评审工作。

全国勘察设计注册工程师电气专业管理委员会设在协会。按照2010年专家组的工作计划，组织专家进行了当年试题的命题工作。对2009年全国注册电气工程师考试1 096道试题进行了终审。完成了2009年度注册电气工程师考试的组卷和执业资格考试。对全国具备注册条件的13 338人开展了注册电气工程师的注册工作。2010年，鉴于协会在注册电气工程师的管理和专家组的工作成绩显著，被全国勘察设计注册工程师管理委员会评为优秀注册管理人员和优秀命题专家。

协助中国工程咨询协会编制完成了“注册咨询工程师继续教育6个专业的培训大纲”，起草了“注册咨询师继续教育(相关专业)实施方案”。

协助中国电力企业联合会组织了“电力工程造价专业资格”认证考试。

积极参加中国勘察设计协会组织的专题调研工作，受其委托组织召开了“北京同业协会工程勘察设计行业专题调研工作会”，并组织有关会员单位填报《工程勘察设计单位节能减排工作情况调查表》《工程勘察设计单位技术质量工作情况调查表》《工程勘察设计单位发展转型工作情况调查表》。依据调查编写完成了《电力设计行业节能减排专题调研报告》。

受住房和城乡建设部市场管理司委托，通过行业调研，组织专家编写完成了《推行工程总承包对策研究》课题报告。

中国工程咨询协会质量管理委员会挂靠在协会，2010年，由协会牵头，组织质量管理委员会成员单位，启动了《中国工程咨询业质量管理导则》的修订工作，并完成修订初稿。

协会作为《工程咨询管理条例》起草工作组中唯一的勘测设计行业协会，代表勘察设计行业积极参与国家发展和改革委员会投资司委托中国工程咨询协会组织的《工程咨询管理条例》起草工作。

中国电力规划设计协会
地址：北京市西城区安德路65号
邮编：100120
电话：010-58388786
邮箱：sjhao@cpecc.net
网址：www.ceppea.net

Z 中国冶金建设协会

hongguo yejin jianshe xiehui

一、协会概况

中国冶金建设协会是我国冶金建设行业各种所有制企业和相关经济组织自愿组成的全国性、行业性、非营利性社团组织。1984年7月经原冶金工业部批准成立；1991年2月经民政部社会团体登记管理机关批准为第一批全国性专业社会团体予以登记；在国家于1998年开始的全国性社团清理整顿工作中，我协会经民政部审查和核准，于1999年3月第一批重新登记，社团登记号为3042号。本协会目前有会员单位252个，包括了在我国冶金工程建设和技术改造工作中从事规划、勘察、设计、施工、监理、咨询、科研、工程管理和大专院校等各个方面的企业、事业单位。

沈鹤庭任会长；王毅、赵周礼、周秉利、李占国、王秀峰、卢进、徐德龙、朱小友、施设、肖学文、项明武、陈明、李勇、李玉龙、刘传海、李佩勋、张战波、焦凤山任副会长；焦凤山兼任秘书长；郭启蛟、李祖息、刘喆、雷震任副秘书长。

协会业务范围：

(1) 以国家法律法规为依据，结合行业特点，制定行业的行规行约，建立行业自律机制，不断规范企业的市场行为。在贯彻国家产业政策，提高行业运行质量等工作中，积极引导、推进行业结构调整和企业转型，推动行业诚信建设，协调企业关系，反映企业诉求，促进企业公平竞争，努力维护企业合法权益和行业整体利益。

沙钢高炉

(2) 开展调查研究，参与拟订行业发展规划，产业政策和法规的相关工作，为政府加强宏观调控和市场监管提出咨询建议，向政府反映企业要求和争取政策支持。

(3) 经政府部门授权或委托，参与或组织制定、修订有关的技术规范、质量标准、服务规范，组织行业统计，参与企业诚信评估，办理行业有关企业资质和从业人员执业资格的申报、评审和管理工作。

(4) 开展行业“创优争先”活动，努力在行业内推进实施名牌战略。

(5) 开展行业人才培训、技术与管理咨询和信息服务等工作；编辑会刊，建立和管理行业网站，出版技术、经济和管理的书刊、资料；总结、交流和宣传、推广行业先进典型经验。

(6) 经政府部门授权或委托，参与行业内重大投资、改造、开发项目的先进性、经济性和可行性的前期论证。组织行业技术成果的评审、推广和应用，促进行业制度创新、结构创新、管理创新和技术创新。

(7) 代表行业，组织会员企业同国内外相关企业、经济组织开展技术、经济交流与合作事务，协助会员企业开拓国内外市场。

(8) 举办行业和社会公益福利事业及为会员服务的有关事项。

(9) 承担主管单位和政府部门交办的有关事项，接受会员和社会委托，提供专项服务。

(10) 依据法律法规应办理的其他事项。

为了有利开展活动，协会根据冶金建设行业的实际需要下设了勘察、设计、施工、工厂建设、监理、技术装备等6个行业性委员会，以及工程经济、继续教育、质量管理、技术标准、抗震防灾、混凝土等6个专业委员会。

二、协会2010年度主要工作

2010年，协会在政府主管部门的指导、关怀和支持下，在冶金建设行业广大会员单位的积极参与下，中国冶金建设协会始终坚持为政府主管部门服

首钢京唐公司

务、为会员服务、为行业服务的办会宗旨，紧紧围绕贯彻党的方针、政策，结合行业实际，在推动冶金建设管理体制改革、协助会员单位提高市场竞争能力、促进行业技术进步和行业整体素质提高，向政府反映会员要求和行业情况，维护会员合法权益和行业整体利益，搞好行业自律管理等方面做了一些工作，较好地在会员单位和政府之间发挥了桥梁纽带作用，得到了包括政府主管部门、冶金建设行业的广大会员和社会有关方面的肯定。协会六届理事会决心在我国全面建设小康社会、实现中华民族伟大复兴的历史进程中，为把冶金建设行业建成“技术创新型、资源节约型、环境友好型行业”，推进行业持续健康发展做出新的更大贡献！协会也热忱期望在新时期，在新的形势面前，能和社会有关各界的朋友携手，共同发展技术经济合作关系，努力为实现我国从钢铁大国向钢铁强国的历史性转变和为我国各项现代化建设事业做出应有的新贡献。

中国冶金建设协会

地址：北京市海淀区西土城路 33 号
邮编：100088
电话：010-82229786　82227790　82227797
邮箱：cacm84@sohu.com

Z 中国有色金属建设协会

Zhongguo youse jinshu jianshe xiehui

一、协会概况

中国有色金属建设协会成立于1985年4月，协会现有会员单位321家，陆志方任理事长，张荣京任秘书长。

中国有色金属建设协会下设工程勘察分会、设计分会、建设监理分会、施工分会、厂矿建设分会、标准化委员会、工程造价委员会和思想政治工作委员会8个分支机构。

协会宗旨：以邓小平理论和“三个代表”重要思想为指导，贯彻落实科学发展观，坚持党的基本路线和各项方针政策，遵守宪法、法律、法规和国家政策，遵守社会道德风尚，发挥桥梁与纽带作用，为政府、会员单位和有色金属工程建设行业服务，维护会员合法权益，促进行业健康发展。

二、协会2010年度主要工作

中国有色金属建设协会在国务院国资委和中国有色金属工业协会的领导下，坚持以邓小平理论和“三个代表”重要思想为指导，认真贯彻落实科学发展观，积极面对后金融危机给有色金属建设行业带来的各种不利因素，推动企业改革，维护稳定大局，为保持行业持续稳步发展做出了积极贡献。

(一) 抓好创新评优工作 提升企业创新能力

技术创新是企业稳定发展的重要法宝和持久的推动力。协会坚持在全行业积极开展创新评优活动，推动行业技术进步，提升企业创新能力。2010年，评出部级优秀工程设计奖44项，部级优秀工程咨询成果奖48项，部级工法63项，优秀QC成果奖21项；获全国优秀工程咨询成果奖6项、全国优质工程银奖两项、境外鲁班奖一项。

15家企业获有色金属优秀建筑企业称号，14位同志被评为有色金属建筑业优秀企业经理，76名同志被评为有色金属建筑业企业优秀项目经理，8位同志被评为全国优秀建造师，4位同志被评为全国优秀项目经理。

2010年，为不断提高我国有色金属行业勘察设计水平，繁荣有色勘察设计市场，激励勘察设计人员不断提高创造能力和技术能力，参照国家住房与城乡建设部及其他行业和省市的做法，结合有色建设行业实际，开展了首届全国有色金属行业勘察设计大师评选活动，共评出勘察大师10名，设计大师21名。得到有色勘察、设计行业各单位和广大勘察设计人员的欢迎和好评。

(二) 做好单位资质和个人资质管理

2010年，受国家质量监督检验检疫总局委托，先后对湖南省冶金规划设计院、中钢集团工程设计研究院有限公司、北京矿冶研究总院首次申请压力管道单位设计许可进行取证审查工作。完成对金川镍钴研究设计院、中色科技股份有限公司压力管道设计许可换证及增项审查，取得了相应的压力管道设计许可证书。

根据《国务院关于投资体制改革的决定》和《国家发展改革委委托投资咨询评估管理办法》(发改投资〔2009〕802号)的有关规定，国家发展和改革委员会决定进一步对有色冶金、机械、电子、化工行业进行评估。协会积极配合国家发展和改革委员会做好各项工作准备，派出专家参与评估工作，对各单位报送的评估报告进行认真审阅，并提交了评审报告。此外，还参加了国家发展和改革委员会组织的注册咨询工程师资格的审查工作，参加了国家发展和改革委员会组织的2010年度咨询单位资质评审工作，对有色、钢铁行业的咨询单位，申请升级、扩项、扩大服务范围等进行评审。

参加住房和城乡建设部注册工程师启动考试筹备工作；参加由中国工程咨询协会承办的注册咨询工程师继续教育的筹备工作。

为适应工程设计市场的需要和工程设计定额编制的连续性，组织有关设计

洛阳中硅高科技有限公司厂区

金川富氧顶吹镍熔炼厂房

株冶常压富氧直接浸出搭配锌浸出渣炼锌工程

单位完成了《通用工程设计定额(环境工程、民用建筑工程、市政工程、自备热电站、煤气站等辅助设施工程)》的编辑出版。

(三) 加强培训工作，为企业提供合格人才

2010年，协会根据住房和城乡建设部的要求，完成了有色建设行业注册监理工程师注册换证工作。为使该项工作顺利进行并减少对换证人员正常工作的影响，协会选派优秀师资，采用送教上门服务方式，先后在兰州、铜陵、济南、焦作、洛阳、沈阳举办了6期注册监理工程师继续教育培训班，共培训监理工程师368人，经考试全部合格，获得重新注册监理工程师资格。受到了住房和城乡建设部的充分肯定和监理单位的好评。

2010年，协会走进企业举办了三期压力管道培训班。先后培训压力管道设计审批人员175人。同时加强对施工企业管理人员从业资格的管理，配合企业开展了有色金属建筑业专业管理人员岗位培训，并对考核合格的319名各类管理人员颁发了岗位证书。

(四) 努力推进工程建设标准化建设工作

为尽快建立和完善有色金属工业工程建设标准体系，适应工程建设发展的需要，确保工程建设标准化的发展，根据发展改革委、工业和信息化部、住房和城乡建设部要求，协会组织完成了《有色金属工业工程建设标准体系》《有色金属工业工程建设标准化工作现状与对策研究》的编制。其中《有色金属工业工程建设标准体系》已于经住房和城乡建设部批准发布实施。该体系是目前和今后一定时期内有色金属工业工程建设标准编制、修订和管理工作的重要依据。

2010年，已完成近年来有色金属建设行业制定、修订国家工程建设标准52项中的17项(其中，2006年前立项25项、2007年立项9项、2008年立项8项、2009年立项7项、2010年立项3项)。已发布实施的国家标准7项，通过专家委员会审查，处于报批的国家标准10项，其余立项的35项国家工程建设标准处于送审或编制初稿阶段。

根据工业和信息化部的要求，有色金属建设行业各勘察、设计、施工单位，开展了有色金属行业工程建设标准全面复审工作，对有色金属行业62项工程建设标准进行了复审。复审结果17项继续有效、42项需修订、3项废止。这些标准制定、修订和复审后，基本改变了有色金属工业工程建设标准落后的状况，为有色金属工业工程建设提供了保障。

(五) 积极参加民政部进行的行业协会评估工作

为贯彻落实《国务院办公厅关于加快推进行业协会商会改革和发展的若干意见》的精神，根据民政部《关于推进民间组织评估工作的指导意见》和中国有色金属工业协会的要求，中国有色金属建设协会参加了行业协会评估。从基础条件、内部治理、工作绩效、社会评价等方面，对协会历年的工作进行了一个疏理，按要求完成了2个大项68小项的评估材料撰写、收集、整理。民政部专家组于2010年11月18日对我会进行了实地考察与工作指导。专家组对我会的基础条件、内部治理、工作绩效、社会评价等方面给予了积极评价和肯定，由民政部授予3A级协会荣誉。

(六) 重视会刊工作

2010年，共出版了《中国有色建设》4期，协会《简讯》6期，收到了良好的效果，受到了读者的好评。

中国有色金属建设协会

地址：北京市海淀区复兴路戊 12 号恩菲科技大厦 A 座 1000 号
邮编：100038
电话：010-63936008
邮箱：canc@enfi.com.cn
网址：www.canc.org.cn

ENFI 中国恩菲

中国有色工程有限公司暨中国恩菲工程技术有限公司(简称“中国恩菲”，英文简称ENFI)，其前身是中国有色工程设计研究总院。它是集技术研发、工程一体化、产业投资为一体的科技型企业，拥有工程设计综合甲级资质。主营业务包括提供从咨询设计到总承包的工程一体化服务。以多晶硅材料生产为龙头的新材料产业、光伏发电产业，污水处理BOT项目、垃圾焚烧发电BOT项目，以及海外矿产资源开发投资。

中国恩菲现有中国工程院院士1名，全国工程设计大师3名，各类注册工程师及项目经理等240余名。有教授级高级工程师171名，高级工程师257名，专业技术人员占员工总数76%。

中国恩菲设有博士后科研工作站、多晶硅材料制备技术国家实验室，拥有国内外专利200多项。

巴布亚新几内亚瑞木镍钴项目

中国恩菲采用EP模式承包的瑞木镍钴项目，由矿山、冶炼厂和矿浆输送管道三部分组成，冶炼厂年处理矿浆(固体量)321万t，产氢氧化镍钴79331t(干基)，按金属计为镍32601.1t、钴3335.1t。项目采用先进的红土矿高压酸浸工艺，将大于250°C的高温酸溶解技术应用于有色金属冶炼，创造性地将圆筒洗矿机+槽式擦洗机用于镍红土矿的洗矿工艺，在世界上首次采用长距离管道(135km)输送镍红土矿浆体，首次采用深海填埋技术处理红土矿冶炼尾渣。

金川富氧顶吹镍熔炼项目介绍

中国恩菲设计的金川富氧顶吹镍熔炼项目，采用JAE富氧顶吹浸没喷枪熔池熔炼技术，是目前全球最大的富氧顶吹镍熔炼和单系列冶炼烟气制酸系统，也是亚洲最大的余热锅炉系统。该工艺具有处理量大，对物料适应能力强，自动化程度高，能耗低、环保效果好，金属回收率高等优点。项目于2008年建成投产。这是中国恩菲与金川公司50多年合作发展历程中的又一亮点。中国恩菲设计的“金川有色金属公司采、选、冶工程”，1994年荣获“全国最佳工程设计特奖”。

德兴铜矿采选工程介绍

中国恩菲设计的德兴铜矿是我国最大的铜矿山，日处理铜矿石13万t，年采剥总量11220万t。设计以充分利用低品位矿石资源为主，强调规模效益和节能降耗，强调装备大型化和管理简单化。设计采用的采、选设备都是国内金属矿山首次引进或国产的最大型装备，拥有众多国内第一，投产后年产矿产铜16万t，约占我国矿产铜产量的1/5，成为国内有色金属矿山中生产规模最大、技术装备和自动化水平最高、生产成本最低、综合资源利用水平最高的样板矿山。

云南驰宏锌锗股份有限公司20万t/a铅锌资源综合开发利用环保节能采选冶技改项目介绍

“云南驰宏锌锗股份有限公司20万t/a铅锌资源综合开发利用环保节能采选冶技改项目”由中国恩菲承担设计并总承包冶炼系统DCS和PLC自动控制系统。该项目会泽矿山部分于千米井下成功应用膏体充填技术；曲靖冶炼部分铅系统应用顶吹熔炼工艺，实现了粗铅冶炼的清洁生产；锌系统在国内首次使用1.6m²大极板、长周期锌电极技术和自动化机械剥锌装置。本项目的建设已成为国内一流、国际领先的铅锌冶炼行业样板工程，荣获2007年度国家优质工程银质奖。

江西金德年产8万t铅冶炼项目介绍

中国恩菲拥有自主知识产权的“氧气底吹熔炼-鼓风炉还原技术”以其低污染、低能耗、低品位原料，高回报、高回收率、高自动化水平，赢得了国家科技进步二等奖、中国专利优秀奖、中国矿业国际合作最佳技术创新奖等一系列殊荣。依托该技术，中国恩菲于2007年以EPC方式总承包江西金德年产8万t铅冶炼项目。项目团队发扬严谨扎实、敢打硬仗的精神，使设计、采购和施工紧密配合，确保项目的设计出图、设备采购、施工安装进度无缝连接，协调推进。该项目在短短一年多的时间里顺利建成投产。

中国机械工业勘察设计协会

Zhongguo jixie gongye kancha sheji xiehui

一、协会概况

中国机械工业勘察设计协会成立于1989年。协会下设体制改革委员会、工程勘察工作委员会、生产经营工作委员会、技术质量工作委员会、科技信息工作委员会、人才教育工作委员会、企业设计院工作委员会、省市设计院工作委员会、企业文化建设工作委员会。

本协会代管单位为中国机械工业联合会；业务主管单位是国务院国有资产监督管理委员会。孟祥恩任理事长，关建勋、徐建、毛文中任副理事长。周志红任秘书长。

本协会坚持以服务为宗旨，反映机械工业勘察设计咨询单位工作者诉求，规范会员自律行为，按照行业性、服务性、公正性、国际对应性的原则开展业指导和服务工作。

本协会是“全国勘察设计先进协会”(1993年)，“优秀同业协会”(2006年全国勘察设计行业)，“全国工程勘察设计行业国庆60周年业绩显著协会”(2009年)。

二、协会2010年度主要工作

(一) 积极为行业和会员服务

1. 共同探讨在新的经济发展转型期，勘察设计企业的思考与应对

调整经济结构，转变经济发展方式——经济转型是贯彻落实科学发展观，实现经济社会可持续发展必然的战略选择，国际金融危机的冲击更显其重要和紧迫。经济转型对工程勘察设计行业提出了新的更高的要求；为经济转型发挥积极作用，是工程勘察设计企业义不容辞的责任。为适应新形势的新要求，于2010年6月下旬召开了协会五届四次理事扩大会议。会议主题为“经济转型，工程勘察设计企业的思考与应对”。会议邀请上海天强管理咨询公司专家就勘察设计企业发展模式的转型做了专题报告。同时观摩考察了京兴国际工程管理公司承担的：“武当山太极湖生态文化旅游区工程”项目。会议主题引起与会院长的极大兴趣，专题发言、小组讨论，颇受启迪。

同一题目也成为省、市设计院工作委员会年会的主题，进行了深入的研讨。

2. 以节能减排技术和信息化建设为抓手，努力提高技术创新能力

(1) 节能减排是贯彻落实科学发展观的有效途径，是工程咨询勘察设计的重要任务。协会通过多种形式，会议研讨、评选优秀项目、修订标准规范等，学习宣传、认真落实节能减排的理念和要求，涌现出一批技术先进、节能减排效果显著的工程设计成果，体现了良好的经济效益、环境效益和社会效益。

(2) 继续推进信息化建设。2010年，技术质量年会仍旧以企业信息化建设为主题，由中船九院协同设计工作平台、机械六院和东风设计院BIM工程设计案例做了专题介绍。总体看，近几年各单位的信息化建设有一定进展，但突破不够，特别是在协同管理和协同设计方面，还需更多努力。要密切关注并积极探索信息化三维设计技术和BIM技术的发展与应用。

(3) 研究启动《机械工厂信息模型设计标准》(暂定名)编制。

(4) 委托上海机电设计研究院编著《机电工业工程设计》培训教材。已完成编写工作。

(5) 组织推荐“工程勘察设计行业实施信息化建设先进单位”。机械六院、机械九院、机械三院、兵器五院、电子十院、中船九院获得表彰。

3. 调整业务结构，转变经营模式，拓宽服务范围，力争在工程项目管理和工程总承包业务上有新的突破

2010年生产经营年会，继续以开拓工程总承包(项目管理)业务作为主题，以获奖项目专题介绍的方式展开交流，与会代表颇感启发。近几年，机电工程设计行业工程总承包和项目管理取得了长足的发展，合同额从2003年的11.3亿元到2009年的176亿元；总承包营业额占企业总营业额比重由44.5%增长到65%~70%。其中，走出去项目在2009年上升到9.75%；积极探索多种运作形式，如EPC、EP、PMC、PM、D-B、EPM、BT等；建立相应的管理体系并不断提高管理水平、注重培养高端人才等方面都有所进步。

4. 勘察设计企业文化建设取得了可喜的成效

至2010年，协会组建企业文化建设工作委员会已有7年。由于企业高度重视，认真实践，涌现出一些企业文化建设开展比较好的单位，而且使每年的年会都有新鲜内容展示。中联西北院创造的企业文化“六道加法”建设模式；中机六院围绕责任意识、质量意识、服务意识的提高入手，提炼企业理念，初步形成“百年六院”的治院思想的理念；中国中元企业文化突出“家”文化建设，将企业和员工融为一体，成为“家”文化等，很有特色，富有成效。中联西北院被中国企业文化研究会举办的“中外企业文化2010北京峰会”评为2010年度“全国企业文化建设优秀单位”。

5. 完成各项评优工作

本协会组织的评优工作分别是在住房和城乡建设部、机械工业联合会、中国工程咨询协会、中国建设监理协会等统筹安排下进行的。2010年完成的评优工作有：

(1) 机械工业科学技术奖，评出一等奖1项、二等奖8项、三等奖12项；

(2) 机械工业工程咨询成果奖，评出一等奖11项、二等奖18项、三等奖27项；申报全国优秀工程咨询成果奖，获全国一等奖2项、二等奖5项、三等奖7项；

(3) 机械工业优秀工程项目管理和优秀工程总承包项目奖，评出一等奖4项、二等奖7项、三等奖10项，并将其中的一等奖和二等奖共11个项目报中国勘察设计协会参加全国评选；

(4) 评出机械工业先进工程监理企业14家、优秀总监理工程师13人、优秀监理工程师28人。

6. 工程建设标准、规范修编工作

2010年完成的工作有：6项规范正式公告发布；5项已经通过审核后正式上报住房和城乡建设部；2项报批稿审核后退回主编单位修改、确认；1项正在审核之中；2项已通过会审；5项进入征求意见稿阶段、2项进入初稿讨论阶段；2项已启动进入正常工作。

7.《机械勘察设计协会通讯》的编制出版工作

《机械勘察设计协会通讯》是协会的内部刊物(月刊)。内容涵盖勘察设计文件、住房和城乡建设部等部委、全国性相关协会的有关信息，在项目管理和工程总承包、建设监理、技术质量管理、标准规范、信息化建设、企业文化建设、改革发展和综合管理等方面的信息，专题文章、论文等，及时交流，为会员间的沟通起到一定作用，受到欢迎。

(二) 个人执业注册管理工作

1. 公用设备专业考试工作

(1) 考试工作。公用设备专业包括给水排水、暖通空调和动力3个分专业，2010年度考试在全国公用设备注册工程师专业管理委员会指导下，专业委员会秘书处负责组织编写试题、审题、选题、组卷，多次审校核对。按国家人事考试中心规范要求编制了3×2=6套正式试卷(电子版、纸质)上报。9月下旬完成考试，12月上旬组织数十位专家完成了试卷复评。

(2) 专业复习教材的更新再版。完成了给水排水专业考试复习教材新一版的定稿，将于2011年初正式出版。

(3) 上报并经批准调整或增补聘任了给排水专家组组长和6位专家组成员。

2. 公用设备专业初始注册管理工作

根据住房和城乡建设部2010建办市函[2010]9号《关于开展注册公用设备工程师、注册电气工程师、注册化工工程师注册工作的通知》的部署，于2010年4月1日开始在全国范围内实施公用设备专业初始注册工作。按照文件规定的程序，由专业委员会负责对各省、市、区报送的个人申报资料(纸质及电子资料)进行复审，即对申报资料全部信息的完整性、真实性、合规性进行书面审查与网上审查。为此，专委会制定了复审工作程序、专人负责，开展了认真细致的审查工作。截至2010年12月底完成了对11 000多人的复审工作。

3. 专家与管理人员受表彰

2010年8月下旬召开的全国工程建设执业资格管理工作座谈会暨全国注册建筑师、勘察设计注册工程师会议表彰了优秀命题专家、优秀执业资格管理者。其中，公用设备专业优秀命题专家42人，优秀管理者4人。

(三) 协助全国性相关协会完成的主要工作

(1) 配合中国勘察设计协会工作。为进一步推进全国勘察设计行业发展，新一届中国勘察设计协会要求在全行业围绕节能减排、技术创新、质量管理等进行一次调研。为此，本协会专门发文给有关会员单位，收回了11个单位的书面反馈材料，并以本协会名义报送了《机电行业调整业务结构、推行工程总承包的调研报告》和《坚持自主技术创新，引领企业持续发展》的书面材料。

(2) 配合中国勘察设计协会建设项目管理和总承包分会做好2010年工程项目管理和工程总承包的百名排序工作。2010年，机械行业16个单位参加工程管理排名，营业收入总计9.98亿元；17个单位进入工程总承包百名排序，合同额达到177.3亿元。

(3) 参加中国勘察设计协会建设项目管理和总承包分会组织的全国第五届优秀项目管理和优秀工程总承包项目专家评审会议，机械行业(含机械、电子和船舶)获优秀项目管理金奖1项、铜奖1项；获优秀工程总承包项目银钥匙奖3项、铜钥匙奖3项。

(4) 配合中国建设监理协会完成全国机电专业注册监理工程师继续教育培训工作，举办了两期机电专业注册监理工程师继续教育培训班，举办了一期一级注册建筑师必修课培训。

(5) 配合中国建设工程造价管理协会完成2010年注册造价工程师继续教育、机械行业造价工程师初始注册、延续注册和变更注册的初审工作。

(6) 协助中国工程咨询协会完成一批企业资质、个人注册的审查工作。

中国机械工业勘察设计协会

地址：北京市西城区白云路西里 15 号楼 1 层 108-112 室

邮编：100045

电话：010-63326376

邮箱：cdam@263.net.cn

国机集团
中國聯合工程公司
CHINA UNITED ENGINEERING CORPORATION

中国联合工程公司

中国联合工程公司是以原机械工业第二设计研究院为核心，联合多家国家甲级勘察设计单位组建的大型科技型工程公司，总部设在杭州。现有在职员工3500多人，专业技术人员占90%以上，其中中国工程院院士1人，全国勘察设计大师7人，“新世纪百千万人才工程”国家级人选1人，享受国务院政府特殊津贴专家95人，高级技术职称专家660多名（含教授级高工146名），各类国家一级注册工程技术人员1100多人次。公司具有工程设计综合甲级等资质，已完成一万多项大中型工程；主编、参编国家、地方和行业标准、规范80余项；获得国家级奖100多项、各类省部级奖850多项。在建设部对全国一万多家勘察设计单位综合实力和营业收入排名中，连年进入百强榜；在美国《工程新闻记录》ENR对中国工程设计企业60强的统计排名中，连年榜上有名。

公司以国际型工程公司为发展方向，依托人才和综合技术优势，遵循“为顾客创造价值”的经营理念，以专业能力和规范管理，为国内外业主各类建设项目提供全方位、全过程服务。

1. 杭州国际会议中心（杭州洲际酒店）
2. 东方汽轮机有限公司灾后异地重建工程
3. 上海临港重型装备制造基地
4. 浙江海外高层次人才创新园EPC工程总承包
5. 印度尼西亚T.J. AWAR AWAR 2×350MW电厂
6. 苏丹吉利电厂2×240t/h (CFB)+ 2×CC57MW

中国重汽集团设计研究院有限公司

中国重汽集团设计研究院有限公司成立于1986年，前身是济南汽车制造总厂工厂设计院和中国重型汽车集团公司工厂设计院，2006年完成改制工作，现为上市公司。公司下设工业工程所、建筑工程所、工程监理所、工程造价所、工程承包所等主要生产部门。

公司目前持有机械行业工程咨询和工程设计双甲级资质和建筑工程、工程监理乙级资质，2002年通过ISO9001：2000质量管理体系认证。

公司可提供机械行业工厂设计和技术改造设计；民用建筑、小区规划、城市供热、道路及污水处理等公用设施的设计；上述工程的项目管理（工程承包和工程监理）；为用户提供产业政策、技术经济规模的研究；选择发展方向与战略，确定合理的生产规模；优选工艺和设备方案，进行企业诊断；编制发展规划和项目申请报告及可行性研究报告等全方位服务。

公司技术力量雄厚，专业技术人员占员工总数的90%以上，特别是技术骨干多来自重汽集团各专业厂生产一线，其丰富的实践经验是服务质量的有力保障。

近年来，公司累计完成机械行业大中型技术改造、基本建设等工程咨询、工程设计、工程监理项目数百项，其中施工图完成投资额100余亿元，完成建筑面积200余万平方米，涉及汽车整车及零部件、工程及农业机械、机械基础件、重型机械、机床工具、工业建筑、民用建筑等多个专业和领域。公司多次获得山东省机械系统先进设计院和山东省机械系统技术改造先进单位等称号。

中国重汽集团济南（桥箱）有限公司建设项目

项目厂址位于济南高新技术产业开发区孙村片区，征地面积 868590m^2（1304.2 亩），建设用地面积 558216m^2（838.2 亩）。厂区占地面积 399070m^2，新增建筑面积 166577.48m^2。项目生产规模为年产斯太尔、HOWO 系列前桥总成 20 万根，斯太尔、HOWO 系列驱动桥总成 28 万根。项目固定资产投资为 98214.34 万元。

项目内容包含重型汽车驱动桥、前桥机加工、热处理、装配、涂装、试验等各大工艺。主要生产设备达 1600 余台，主要生产线 52 条。其中冲压焊接桥壳线由大型压力机组、国际水平的磨擦焊机、加工中心及自动焊接机器人等组成；铸造桥壳加工线由网络智能化系统控制的自动加工中心组成；减速器壳、转向节等智能、柔性、无人操作加工线由中央控制计算机、机器人、数控加工中心组成，将复合加工技术、智能识别技术、机器人技术等多项前沿技术成果相结合，展现了世界最先进加工理念的集成；而柔性化的主减速器装配线和桥总成装配线可实现多品种车桥的装配，空中自动化运输系统的采用减少了地面物流运输，生产现场整洁有序；各生产线的工艺水平在国内处于领先地位。

本项目场地情况复杂，总图布置通过对厂区杨家河河道进行综合治理，绿化，形成绿色风景连廊，最终实现花园式工厂的设计理念。

厂房建筑主要采用门式或网架轻钢结构、双层钢板围护、玻璃棉隔热。厂房配电、动力、采暖通风方式均按目前国内先进水平设计。厂区内合理布置公用动力站房满足了全厂的生产生活的需要。

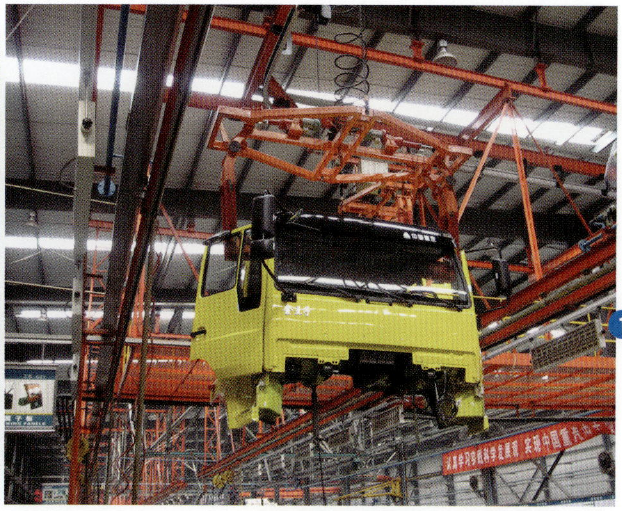

中国重型汽车集团济南商用车有限公司搬迁项目

项目厂址位于山东省济南市章丘重汽工业园，厂区占地面积 300070m^2，新增建筑面积 106076m^2。项目生产规模为年产 50000 辆重型汽车。项目固定资产投资为 38530 万元。

项目内容包含重型汽车车架生产、车身冲压、车身焊装、车身涂装、整车装配等各大工艺。其中车架生产采用数控冲孔、液压折弯、机动化铆接线、车架电泳线工艺；车身冲压采用机器人上下件及大型压力机组成的自动化生产线；车身焊装主线采用往复杆输送方式，程控车身焊接夹具。车身涂装线含车身底漆电泳、中涂、面漆等各生产单元，输送方式采用滑橇、自行葫芦等机动方式；整车装配中各条装配线均采用板式链、地面返回小车等机动输送方式，采用空中自行葫芦方式实现各装配线之间的物流输送。项目整体工艺水平处于国内先进水平。

厂房建筑主要采用门式轻钢结构、双层钢板围护、玻璃棉隔热。厂房配电、动力、采暖通风方式按目前国内先进水平设计。厂区合理布置变配电室、换热站、压缩空气站、消防水泵房等公用动力站房满足全厂的生产生活的需要。厂区总图布置合理，从原材料、零部件入厂到整车调试下线真正实现了物流无反流、物流少交叉的理想状态。

Z 中国商业设计协会（简称）

Zhongguo shangye sheji xiehui

一、协会概况

中国商业设计协会（简称）于2009年5月经国务院国有资产监督管理委员会行业协会管理部门批准后报送民政部审查。2009年8月民政部准予登记，从此商业行业的设计企业有了自己的“行业协会”，搭建起一个各企业相互沟通、交流、发展和创新的平台，并于2010年3月在北京召开了成立大会暨第一届会员代表大会，成为推动商业设计行业发展的重要举措。

(一) 基本职能

中国商业设计协会本着为政府服务、为行业服务、为会员服务的宗旨，努力搭建连接政府、行业与会员之间的沟通桥梁与交流平台。

中国商业设计协会将依照国家有关法律法规、方针政策和工作规范(章程)，对全国商业工程建设进行理论研究、制定行业规范标准，探讨商业工程设计行业中的工程咨询、设计、施工、监理、质量监督、招标代理、材料设备供应的发展方向，目标、体制、政策、管理的理论和实际问题，促进工程设计的科技创新，技术进步，会员之间交流，为我国商业设计行业与相关行业开发建设和经营管理的健康、科学、有序、和谐发展做出积极贡献。

(二) 会员与机构

目前，协会的团体会员单位有26家，另有个人会员100余人。

中国商业设计协会第一届会员代表大会全体与会代表通过了协会组织框架，推举了第一届理事长俎先萌、副理事长金嘉玮、王建强、明卫国、高康伶(女)、朱正钧、刘德刚、于长海、胡冰(排名不分先后)、秘书长邱成。协会副秘书长黄楚权。

衡水湖东方威尼斯温泉度假村

昆明马街

武汉光谷步行街

(三) 服务内容

(1) 本行业勘察设计体制改革，促进技术进步和科学管理，提高投资效益等方面的问题，开展调查研究，为政府提供建设性意见，为会员单位服务和创造良好效益。

(2) 收集国内外有关本行业经济技术信息，开展行业基本情况的调查，为制定行业发展规划和技术经济政策提供依据。

(3) 为推动本行业工程建设技术进步，鼓励设计单位和设计人员做出优秀设计，开展工程建设优秀设计评选，参加"全国优秀工程勘察设计"评优工作。

(4) 编辑出版有关刊物和资料，组织信息交流，开展咨询服务。

(5) 开展本行业勘察设计人员的培训活动，举办各种技术业务培训和研讨，协助会员单位进行人才开发。

(6) 面向社会与国内外同行业组织进行联系，开展国际间经济技术和管理方面的合作与交流。

(7) 协调本行业勘察设计单位之间的互相联系、宣传、职业道德，严肃行规行为，维护会员单位的合法权益，为会员单位服务。

(8) 反映本行业会员单位和勘察设计人员的建议和意见，承担政府委托的任务。

二、协会2010年度主要工作

2010年，对商业设计协会来说，应该是刚扬起风帆的航船，踏上了新的征程，归纳起来做了以下几项工作：

(1) 召开成立大会暨第一届会员代表大会，建立组织机构，完善有关规程。

(2) 组织行业内"商物粮优秀工程勘察设计评选"按"中国勘察设计协会评优"要求评出了一、二、三等奖的作品，有待参加住房和城乡建设部2010年全国优秀工程勘察设计评选。

(3) 配合参加中国勘察设计协会的诚信体系建设和行业调研工作。

(4) 围绕国家有关科技创新政策和推动技术进步的形式要求，商业设计协会积极参与中国勘察设计协会筹备召开以"创新设计、低碳发展"为主题的全行业科技创新大会。在本协会团体会员中征集论文，最后有两篇论文被选入工业、能源组论文集内，其中有一篇在论坛会上发言。

(5) 组织参加了中国勘察设计协会举办的科技创新技术与产品展览会，在商业设计协会的展位上，展出了15项体现"节能减排、科技创新"的工程项目，与参观者交流。

(6) 组织召开了商业设计协会第一届二次理事会，及时出版简报。近一年来，在广大会员单位的全力支持配合下，在上级协会的领导下，工作取得了一点成效，但还需进一步努力提高服务能力和水平，加强行业自律和协会自身建设，充分发挥协会"提供服务、反映诉求、规范行为"的职能与作用，更好地为行业发展贡献力量。

中国商业设计协会（简称）
地址：北京市右安门外大街99号华商科技大厦808室
邮编：100069
电话：010-63558989
邮箱：wongcq@sina.com

Z 中国核工业勘察设计协会

Zhongguo hegongye kancha sheji xiehui

一、协会概况

中国核工业勘察设计协会成立于1987年4月，协会现有会员单位73家，李金英任理事长，陈华任秘书长。

中国核工业勘察设计协会下设秘书处、工程勘察专业委员会、工程设计专业委员会、工程监理专业委员会、信息化专业委员会、工程项目管理和总承包专业委员会、注册核工业工程师工作委员会。

协会宗旨：遵守国家宪法、法律、法规和政策，遵守社会道德风尚。按照国防科工局和中国核工业集团公司有关政策和规定，开展各项活动，在上级主管部门和会员单位之间发挥桥梁与纽带作用，协助上级主管部门搞好行业管理，努力为会员单位服务，维护会员单位的合法权益。

二、协会2010年度主要工作

2010年，中国核工业勘察设计协会在第五届理事会的领导下，在国家国防科技工业局及中国核工业集团公司规划发展部的关心、指导与支持下，各项工作取得了较好的成绩。

(一) 圆满完成了3项重点工作

(1) 2010年，协会的第一项重点工作是工程设计单位工程设计资质证书的换证工作。

住房和城乡建设部规定，2010年4月1日起，所有旧版工程设计资质证书全部作废，各单位必须在此之前换领新版证书。

这项工作进展顺利，2010年3月底前，协会所属各设计院，均已领到了新版证书。

(2) 2010年，协会的另一项重点工作是为3个会员单位办理工程咨询资质的申请、变更申报工作。

这项工作已经顺利完成，经国家发改委审查批准，3个单位均已领到了新的工程咨询资质证书。

(3) 协会的第三项重点工作是召开协会第五届理事会第三次大会。该会于2010年8月12日在新疆乌鲁木齐市召开，李金英理事长主持了这次大会，并做了重要讲话。9个会员单位的领导或专家进行了单位工作情况和发展情况的交流，取得了很好的效果。

(二) 努力做好协会日常工作

(1) 为4个会员单位办了4期核工业监理工程师培训班，共培训核工业监理工程师248名，还对150名持证核工业监理工程师进行了继续教育，办了延期手续。为7名注册设备监理工程师办理了延续注册手续。

(2) 在核工业部级奖评选方面，进行了工程咨询奖、工程监理奖、优秀QC小组成果奖的评选，有的还择优申报了国家级奖。

(3) 在各种工作交流、技术交流方面，工程设计专业委员会于2010年11月3日召开了年会，内容是参观广东省电力设计研究院，向广东省电力设计研究院学习，广东省电力设计研究院唐红键院长、彭雪平总工程师做了专题报告，与会代表都认为很有收获。工程监理专业委员会于2010年4月26日在苏州召开会议，进行了工作交流，并修改了工程监理的有关文件。计算机工作委员会于2010年12月16日在成都市召开了年会，李金英理事长、陈华秘书长出席了会议，会议就各单位“十一五”期间信息化建设情况及“十二五”发展规划，以及网络安全等问题，进行了交流，取得了很好的效果。

(4) 协会的工程项目管理和工程总承包工作委员会经过调整，重新正式组成，并且于2010年12月9日在石家庄市中核第四研究设计工程有限公司召开了第一次会议，宣布调整后的工程项目管理和工程总承包工作委员会正式组成，

并研究了委员会的活动范围、活动内容及活动方法。工程项目管理和工程总承包工作委员会挂靠在中核第四研究设计工程有限公司，由车大水总经理担任主任，刘金波副总经理担任副主任，该公司总承包部总经理王金明同志担任秘书长。李金英理事长出席会议并做了重要讲话。除7个委员单位外，有9个有关建设公司及勘察院的领导应邀出席了会议。

(5) 2010年9月15日，在哈尔滨市召开了一次协会联络员大会，协会秘书处向各会员单位联络员汇报了工作，并做了一个核工业发展情况的科普报告。

(6) 按照协会业务主管部门国家国防科技工业局的安排，协会进行了科学发展观的学习，开展了清查"小金库"的活动。

(7) 完成了民政部对协会每年一次的年检，以合格通过。

(8) 年初，协会进行了一年一度的财务审计。

(三) 在协会自身建设方面取得了较好成绩

(1) 调整、健全了工程监理专业委员会、工程项目管理和工程总承包工作委员会。

(2) 发展了3个新会员单位，使会员单位达到73个。

(3) 召开了常务理事会，研究了换届工作，确定了第六届理事会理事长、副理事长、秘书长的候选人，秘书处为2011年换届已进行了一系列具体筹备工作。

中国核工业勘察设计协会

地址：北京市海淀区马神庙 1 号热力站三层（核二院小区内）
邮编：100840
电话：010-88024119
邮箱：wst4119@yahoo.com.cn
网址：www.zhksx.org.cn

中国通信企业协会通信设计施工专业委员会

Zhongguo tongxin qiye xiehui tongxin sheji shigong zhuanye weiyuanhui

一、专业委员会概况

中国通信企业协会通信设计施工专业委员会成立于2003年7月，现有会员单位305家。章向理任主任委员，李致堂任秘书长。

中国通信企业协会通信设计施工专业委员会下设：秘书处、设计工作部、咨询工作部、施工工作部、监理工作部、招标投标工作部、工程建设管理工作部、国际业务协调中心、培训考试中心、行业自律协调中心。

专业委员会宗旨：遵守中国通信企业协会章程，在上级协会的领导下，贯彻执行政府的有关方针政策，坚持"服务于政府业务主管部门、服务于通信建设行业、服务于会员企业"的服务宗旨，充分发挥对政府业务主管部门工作的支撑作用和政府与企业之间的桥梁纽带作用。协助政府业务主管部门对信息通信建设市场、通信建设工程质量进行行业管理，促进行业自律，监督通信建设企业自律和他律，维护通信建设企业的合法权益，为推进会员企业的改革和发展，不断提高企业人员的技术业务素质和职业道德水准，开展各项技术业务交流、培训和咨询服务活动，逐步提高企业经营管理水平和竞争力，培育和发展信息通信建设市场良好秩序，更好地为我国信息通信事业发展服务。

二、专业委员会2010年度主要工作

(一) 努力协助政府业务主管部门开展通信建设市场监管的相关工作

(1) 受工业和信息化部通信发展司(以下简称部业务主管部门)委托，印制了《通信建设管理文件汇编》，及时增编了《通信建设管理文件汇编》补充单行本，同时汇编印制了《通信建设安全生产管理文件汇编》。

(2) 根据政府业务主管部门要求和施工安全生产、工程监理工作的需要，施工工作部、监理工作部分别组织业内专家，重新修订了《通信施工企业管理人员安全生产培训教材》《通信施工企业管理人员安全生产培训大纲》及相应题库和《通信建设监理工程师培训教材》。这些教材均已正式印制提供培训使用。

(3) 继续协助工业和信息化部、住房和城乡建设部、国家发展和改革委员会(中国工程咨询协会)，开展各类执业注册资格及继续教育培训有关准备工作。完成了《全国勘察设计注册信息工程师(通信)培训教材》《全国注册咨询工程师(通信与广电专业)继续教育培训教材》《全国一级注册建造师考试大纲》及《通信与广电工程管理与实务》，继续教育专用教材《全国注册建造师(通信与广电)继续教育培训教材》，并在教学课件制作、继续教育管理系统开发等方面，也做了进一步的准备和完善。

(4) 继续承担并圆满完成政府业务主管部门委托的通信信息建设行业设计、咨询、施工、监理、系统集成、招投标代理等单位企业资质的专家审查工作和通信工程咨询企业资质的专家审查工作。对通信信息建设企业的资质申报和延续、升级的233家企业组织专家审查工作，经过参审专家的辛勤工作，有148家企业资质获准通过；接收并审查通过通信工程咨询资质企业3家。

(二) 继续协助政府业务主管部门组织通信工程建设标准的编制和专家审查工作

(1) 组织各设计、施工、监理企业申报工程建设标准制(修)订项目，参加行业标准编制计划座谈会；落实部行业标准主、参编单位，并及时搭建了项目组信息沟通平台。2010年，会员企业共申报通信行业工程建设标准87项，经审查正式立项19项。参与编制的主编单位12家、参编单位7家，组织专门的调研、研讨活动2次，专家分项审查会议7次、另加分项函审4次，参与的专家达到180多人次，是历年来规模较大、人数较多的。

(2) 2010年，协助工业和信息化部共发布、出版通信工程建设标准12项，正在网上公示待发布12项。

(3) 协助工业和信息化部业务主管部门召开了"申报2011年国家工程建设标准项目座谈会"，邀请十多家设计、施工企业，拟定了11项国家工程建设标准(通信)题目，编写了项目申请表，参与了住房和城乡建设部组织的2011年度"国标"讨论会，争取"国标"列项10项。

(4) 组织设计、施工、咨询、监理工作部参与中国通信企业协会承担的工业和信息化部通信发展司下达的《通信产业链和谐发展咨询报告》课题研究活动，按要求提供书面材料8份，参加各种编撰座谈会7次，协助组织调研活动2次。特别是施工、咨询工作部，派出专家自始至终参与了课题的编写工作。

(5) 按照工业和信息化部业务主管部门的要求，对2005年至2010年共132项已发布的通信行业标准文本的有效性，进行系统梳理，编辑形成了电子汇总文

档，并由专业委员会负责整理归档有效通信行业标准纸质文件。

(三) 依靠会员单位和行业专家的大力支持，把政府业务主管部门关注的热点、难点问题与企业的诉求相结合，组织力量深入开展调查研究，取得新突破

(1) 在部业务主管部门和上级协会指导下，提出重大专项课题10项，已正式申报部级年度科研咨询计划。除《通信建设行业统计体系表》由专业委员会直接组织外，其余课题由各个工作部按专业进行组织完成。其中，咨询工作部提出2项，设计工作部提出3项，施工工作部提出2项，监理工作部提出2项。经部业务主管部门初步筛选，已预列2011年候选专项课题4项；已计划作为候选通信建设行业标准1项；已要求作为重大继续完善课题2项。

(2) 各工作部突出专业特点，努力践行科学发展观，解决了一批实际和理论问题。解决了初级监理人员持证上岗的专业技术培训问题；设计工作部和咨询工作部利用年会研究工作的机会，对通信工程前期咨询、设计方案中如何突出节能减排进行积极探讨，提出了多项绿色环保的解决途径和建议；施工工作部组织会员企业就工程施工中提高质量意识、突出安全生产工作和规范招投标行为等进行座谈、自律。其中，提出的“中间价中标”建议被政府业务主管部门采纳，拟推荐在通信工程招标工作中采用；监理工作部组织会员企业就许多专题开展“2010年通信建设监理优秀论文征文活动”，共收到全国各地20家监理企业的101篇论文，经初审，遴选获奖论文34篇，并装订成册，在业内广泛交流。

(四) 创优评优活动进一步规范化，对通信建设行业的发展，起到了积极地推动作用

(1) 协助工业和信息化部业务主管部门完成了《工业和信息化部优秀通信工程设计奖评选办法》《工业和信息化部优质通信工程奖评选办法》的修订工作，并根据评选办法的要求，完成了《工业和信息化部优秀设计奖和优质工程奖评审实施细则》的修订工作。

按照新修订的《工业和信息化部优秀通信工程设计奖评选办法》《工业和信息化部优质通信工程奖评选办法》和《工业和信息化部优秀设计奖和优质工程奖评审实施细则》，协助工业和信息化部业务主管部门，完成了2010年度工业和信息化部优秀通信工程设计奖和优质通信工程奖的评审工作。各通信企业共申报项目413项(其中，申报优秀通信工程设计奖项目310项，申报优质通信工程奖项目103项)。经合规性审查和专家评审，共评选出224个项目(其中，申报优秀通信工程设计奖169项，申报优质通信工程奖55项)推荐入围工业和信息化部组织的评审，最终评审出优秀通信工程设计奖130项，其中，一等奖19项，二等奖45项，三等奖66项；优质通信工程奖44项，其中，一等奖6项，二等奖13项，三等奖25项。在获奖单位中设计37家，施工26家，监理14家。

(2) 根据上级协会的要求，组织修订了《全国优秀通信工程咨询成果奖评选办法》和《全国优秀通信工程咨询成果奖评选工作实施细则》。2010年度全国优秀通信工程咨询成果奖的评审，就是按修订后的《全国优秀通信工程咨询成果奖评选办法》和《全国优秀通信工程咨询成果奖评选工作实施细则》组织的，各方面反映颇好，认为更加切合通信咨询行业的发展实际，使评审工作更加科学、规范、公正、公平。2010年度有220个通信咨询项目参加了评审，共有80项获得行业表彰。其中，一等奖15项，二等奖23项，三等奖42项。

在行业表彰的80项全国优秀通信工程咨询成果奖中，向中国工程咨询协会推荐了38个项目参加“2010年度全国优秀工程咨询成果奖”竞选。最终通信行业推荐的项目有23项获奖。其中，一等奖4项，二等奖7项，三等奖12项 。

(3) 组织修订了《全国通信工程建设优秀施工企业评选管理办法》《中国通信工程建设优秀职业经理表彰管理办法》《全国通信建设优秀项目经理评选管理办法》及相应实施细则，现已经报批印发，并在2010年度三项优秀奖的评选中实行。

(4) 完成了2010年度优秀QC小组的推荐工作。遴选推荐了行业内2个QC小组参加了2010年度全国通信行业优秀质量管理小组的评选。

(5) 完成了2010年度全国通信行业用户满意企业的推荐工作。推荐辽宁邮电规划设计院有限公司为2010年度通信行业用户满意企业，并及时将有关材料上报中国通信企业协会。最终辽宁邮电规划设计院有限公司荣获“2010年度全国通信行业用户满意企业”称号。

(6) 完成了全国通信行业企业管理现代化创新成果奖的推荐工作。经过遴选推荐广东电信规划设计院申报的“构建一体化财务集中管理体系”，参加了企业管理现代化创新成果奖的评选。

(7) 按照中国施工企业管理协会3月25日发中施企协字[2010]10号《关于表彰2009年度全国优秀施工企业的决定》的要求，推荐相关施工企业参评，最终中国通信建设第四工程局有限公司被评为“2009年度全国优秀施工企业”。

(8) 组织参与“第二届FIDIC中国优秀青年咨询工程师”评选，最终通信行业共有2位获此殊荣，分别是华信邮电咨询设计研究院有限公司总工程师朱东照、广东省电信规划设计院有限公司高级工程师李宝文。

中国通信企业协会通信设计施工专业委员会
地址：北京市西城区西单兴隆街 5 号 国信苑宾馆五层
邮编：100031
电话：010-66032807 66033752
网址：www.cace-dc.org.cn

Z 中国轻工业勘察设计协会

Zhongguo qinggongye kancha sheji xiehui

一、协会概况

中国轻工业勘察设计协会成立于1986年6月16日，是经民政部批准的国家一级协会。

协会理事长由原轻工业部副部长、中国轻工业联合会副会长杨志海担任；副理事长：陈鄂生、徐淮、洪方、肖能懿、严晓俭、张建新、卢向豹、汪宝林、徐平佳、邓华欢。秘书长：洪方(兼任)。

中国轻工业勘察设计协会是由全国从事轻工业工程咨询、工程勘察、工程设计、项目管理、工程总承包等工程技术服务的工程公司、工程咨询公司、勘察设计企业以及相关机构按照自愿、平等原则组成的全国性社会团体，具有社会团体法人资格。该协会不分地区、不分部门和所有制，现有会员单位近百家，包括了轻工行业历史悠久、技术领先、市场广泛的工程勘察设计咨询单位和相关企业，另聘有多名行业内有一定影响的高级顾问和个人会员。

协会宗旨：为会员单位服务，维护会员单位的合法权益，反映会员的意见和要求，遵守宪法、法律，贯彻执行国家方针政策，协助政府主管部门实施行业管理，在政府和企业间发挥桥梁纽带作用，促进我国轻工勘察设计行业的进步和发展。

协会的基本业务：

(1) 调查、研究和探讨行业发展规划，为会员单位的改革发展和技术进步提出指导性意见；

(2) 向政府部门反映行业情况和问题，为政府部门制定有关政策、法规提出建议；

(3) 负责协调本行业工程咨询、勘察、设计、监理、造价、工程总承包和项目管理、压力管道设计等的市场准入管理；

(4) 开展轻工行业优秀工程勘察设计项目和优秀工程咨询成果、优秀工程项目管理和工程总承包项目等的评选并推荐参与国优评选；

(5) 协助政府行业主管部门及勘察设计、工程咨询等全国协会做好授权范围内的各类注册建筑师、注册工程师及执业资格的管理工作；组织行业会员单位及工程技术人员的相关业务培训；

(6) 组织行业的发展战略、企业改革、技术进步等研讨活动，开展行业信息交流活动；

(7) 反映行业问题及会员单位的诉求和意见，为会员单位提供其他综合性服务，维护会员单位的合法权益，实施行业自律；

(8) 完成政府部门和上级领导部门交办的其他各类工作。

中国轻工业勘察设计协会是中国轻工业联合会的理事单位，内设中国工程咨询协会轻工专业委员会、中国勘察设计协会轻工专业委员会、压力管道设计鉴定评审机构和技术委员会、工程总承包及工程监理专业委员会等。协会内日常工作由秘书处主持。

二、协会2010年度主要工作

(一) 配合政府部门，协助会员单位实施行政许可的业务及培训工作

近年来，主管政府部门已将工程咨询、勘察设计、监理、特种设备等市场准入资质管理全部纳入行政许可范围。为配合和适应其实施，协会按照政府机构新发布的调整的市场准入机制即各种资质管理规定：一方面积极协助政府部门及综合性协会进行规则的制定、实施、审查等工作；另一方面指导和协助会员单位完成了各项资质的申报、换证、转正、升级、变更和增项等工作。针对市场经营管理体制的不断变化，对部分会员提出了调整经营管理体制的建议。积极推进了工程项目管理和工程总承包的组织管理体制建立，为会员单位的下一步发展打下基础。特别为完善会员单位工程监理和造价机构的调整做了一些协调工作。

广西东亚扶南精糖有限公司精糖车间成糖工段

原糖车间成糖工段连续结晶罐主要管路布置

(1) 按照住房和城乡建设部《工程设计企业资质标准》(建市[2007]86号)及《工程设计企业资质标准实施细则》《工程监理企业资质标准》(建市[2007]131号)等文件的要求，协会为贯彻新的管理规定，特别为配合“设计资质换证”举办轻纺行业宣讲会后，继续对会员的资质申报进行了反复初审和材料完善工作。较好地协助了会员单位资质的正常增项、升级，基本完成了会员单位的全面换证工作，保持了轻工业工程设计市场的稳定。

(2) 在工程咨询(投资)资质管理上，继续贯彻国家发展和改革委员会第29号令，开展了按照新标准重新认定工程咨询单位资格的工作。协会协助国家发展和改革委员会、中国工程咨询协会开展工程咨询单位资格认定的有关基础性工作。2010年，协会多次参加国家发展和改革委员会及工程咨询协会组织的会议，参加工程咨询单位资格重新认定的工作及多次专家评审注册咨询工程师工作。

(3) 协会在工程监理管理工作中积极为会员单位服务。按照住房和城乡建设部注册监理工程师继续教育的工作部署，积极开展了机电专业培训工作。2010年以来，继续举办培训班共5个，共计14个班，累计培训机电安装专业注册监理工程师4 600多人，并审发培训证书，为监理工程师继续教育工作做出极大努力。积极筹划网络继续教育工作，并已初见成效。

(4) 协会结合本行业的实际情况在执行住房和城乡建设部颁发的《工程造价咨询企业管理办法》上做了系列的协调工作，继续履行轻工造价管理职能，为轻工行业造价的服务创造了必要条件。在全国甲级工程咨询造价单位资质证书换证工作中，为造价单位做了大量协调工作。适应住房和城乡建设部对全国造价员、管理员提出新的要求，完善了轻工行业造价师管理体制，开展了造价员管理工作。现又开展了网络造价员管理系统的管理工作。

(5) 开展了轻工行业压力管道设计资格、资质审查和培训工作。2010年，组织了一期“压力管道设计审批人员培训班”。协会通过对会员单位的鉴定评审工作，进一步提高企业压力管道设计质量和水平，帮助企业提高和重视压力管道设计的管理工作，通过鉴定评审过程推动企业全面清理自身的管理制度和完善设计作品，有目的地改进企业的管理工作水平。2010年，接受了国家质量监督检验检疫总局对协会评审机构的审查，针对提出的问题进行了整改。

(二) 组织工程咨询及设计评优工作，提高技术质量管理，推动技术创新

2010年，协会对促进技术创新和进步的各类评优活动高度重视。已经完成优秀工程咨询的行业及全国的评选和优秀工程造价评选工作。

2010年，协会组织本行业工程咨询的评优活动。经过单位申报、专家评审、评委会评选，共评出轻工行业优秀工程咨询一等奖11项，二等奖23项，三等奖29项。经协会推荐参加全国工程咨询评优，获得全国工程咨询一等奖1项，二等奖2项，三等奖4项的成绩。

为推动轻工行业工程造价水平的提高，协会举办第三次优秀工程造价项目的评优活动。评选出我行业的优秀工程造价奖，并积极推荐参加了全国性评优活动，获得2项优秀奖及2个优秀单位的成绩。为轻工行业工程造价工作发展起到促进作用。

2010年，协会通过各类评优活动，对促进总体设计水平和工程质量的提高表彰优秀单位和个人，鼓励创新都起到了积极推动作用，对设计人员取得各类执业注册资格起到积极的作用。在日益激烈的市场竞争中，使各咨询设计单位的品牌和无形资产得到了提升。

积极开展工程建设标准规范制修订工作，组织制修订《生物液体燃料工厂设计规范》《乳制品厂设计规范》《造纸厂设计规范》3个工程建设国家标准，制使中断了多年的行业标准规范制修订工作又有了新的起步。

(三) 积极反映会员诉求，发挥协会桥梁作用

2010年8月，在上海召开了第六届二次理事会，广泛听取理事单位的意见，会后组织了研究，并逐项落实各方面的建议和意见。在国家逐步推进行政管理体制改革和深化投资体制改革时期，事业单位和行业协会改革也提上议事日程的新形势下，协会积极参与国家发展和改革委员会组织的“第四批工程咨询资质换证”、住房和城乡建设部组织的“工程咨询业市场准入研究”等课题的研究工作，征询部分会员单位的意见，代表轻工行业反映了会员诉求。

2010年，由于工程咨询、勘察设计等市场准入标准及管理办法修定变化较多，一些会员要求协会在资质申报中给予咨询辅导。协会适应会员的需要，协助资质申报工作。

在会员单位的技术业务培训服务方面，协会利用所有可利用资源和权限，积极开展会员所需要的培训活动。继续组织“压力管道审批人员培训”、“造价工程师再教育”等，举办了大量“监理工程师继续教育培训班”，2011年将启动网络教育和“工程咨询工程师再教育”等。

2010年以来，协会秘书处坚持编撰《轻设通讯》。特别是启动了协会的网站，信息沟通便捷，受到会员的欢迎。

中国轻工业勘察设计协会

地址：北京市阜外大街乙22号

邮编：100833

电话：010-68396539　68396538　68396537

邮箱：qgsjxh@yahoo.com.cn

网址：www.qgsjxh.cn

中国中轻国际工程有限公司

BCEL

1

2　3　4

5

1. 山东日照森博浆纸有限责任公司浆板工程（国家金质奖）
2. 呼和浩特万达广场工程
3. 华润雪花啤酒（南京）有限公司工程
4. 华润油化（博兴）有限公司2万t/a脂肪胺工程
5. 肇庆通产玻璃技术产业园一期工程

中国中轻国际工程有限公司(BCEL)　即原中国轻工业北京设计院，始建于1953年，经过近六十年的努力，BCEL已成为以设计为主体实行工程总承包的国内外知名的大型科技型企业，2009年被认定为国家高新技术企业。

五十多年来，BCEL伴随着中国经济建设的改革和发展，以雄厚的技术力量，为我国的制浆造纸、日用精细化工、玻璃建材、食品盐化、工业电力、医药、商物粮、建筑、市政、环保等领域的基本建设事业作出了重大贡献。

BCEL的技术团队拥有国家级设计大师2人、享受政府特殊津贴专家9人，持有各类行业、专业资质40余种，拥有一批专利和专有技术，在国内具有领先优势。300余项成果获得国家、部、省级奖励。

BCEL 坚持以市场为导向、以项目为中心、以创新为动力、以服务为宗旨、以质量为保证，为顾客提供满意的服务。BCEL正在沿着科技兴业、质量强业、管理治业的可持续发展之路，向“中国一流、世界知名”的科技型国际工程公司迈进。

SYMB
SYMB

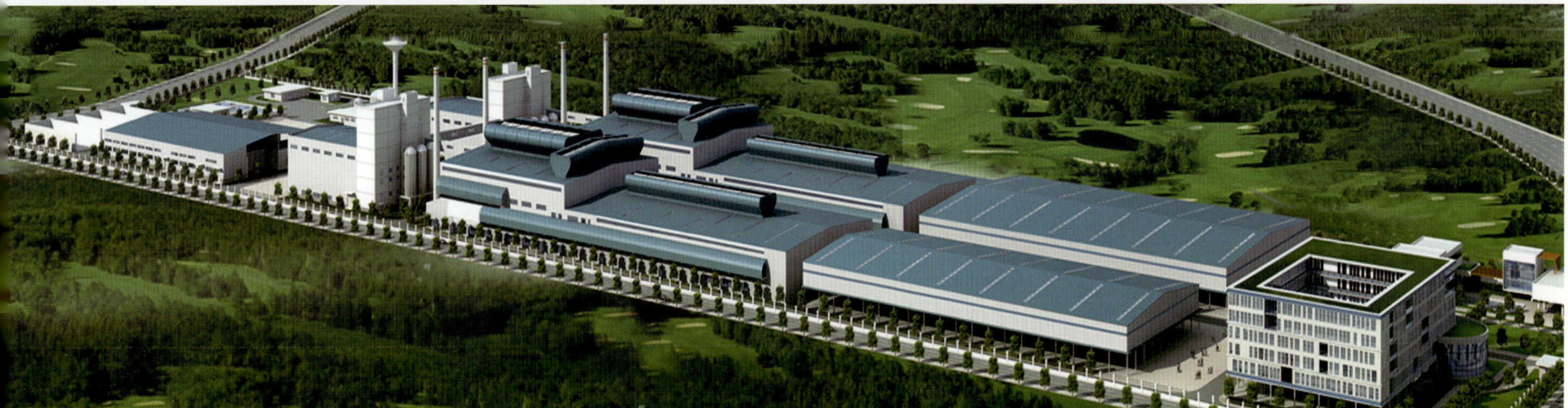

中鼎纪元（北京）国际工程设计有限公司

China United Architecture & Engineering Co.,Ltd.

中鼎纪元（北京）国际工程设计有限公司的前身是中国轻工建设工程总公司工程设计院。公司自1952年成立以来，主要从事民用住宅、制浆造纸、食品、日用化工等轻工行业的工程的设计、咨询、监理及工程总承包，并得到党和国家领导人、主管部门领导及广大业主的一致好评。

2004年经中国海诚国际工程投资总院的批准，中国轻工建设工程总公司工程设计院改制为中鼎纪元（北京）国际工程设计有限公司。公司具有建筑设计甲级资质，城市规划设计乙级资质。

公司通过了ISO9001-2008质量管理体系认证，是北京市规划建设学会的常务理事单位和中国勘察设计协会会员单位。2006年荣获了中国建筑艺术双年展 “设计风尚奖”及“中国最具影响力创新成果百强大奖”，2008年被评为“2008年中国建筑规划设计百强”单位。

近年来，公司将设计技术重点放在绿色生态建筑、既有建筑节能改造、社会主义新农村建设以及生态旅游配套设施，并承揽了多项大型公共建筑及房地产设计。

唐山市路北区常各庄平改 ▷

建设地点：唐山市路北区常各庄村

建筑面积：400万m^2

用地面积：84.87万m^2

◁ 星光影视设备产业基地扩建工程

建设地点：北京大兴区经济开发区

建筑面积：14.4万m^2

占地面积：24986.23m^2

◁ 唐山新世界中心规划设计

建设地点：河北唐山

建筑面积：305533.53m²

◁ 渤海明珠北戴河国际新城

建设地点：秦皇岛

建筑面积：216万m²

占地面积：43.7万m²

◁ 大漠之鲨——新疆警察培训基地

建设地点：乌鲁木齐

建筑面积：14万m²

占地面积：68.3万m²

◁ 凤凰新华创意谷

建设地点：南京

建筑面积：37万m²

占地面积：5.9万m²

Z 中国纺织勘察设计协会

hongguo fangzhi kancha sheji xiehui

一、协会概况

中国纺织勘察设计协会成立于1987年，现有勘察设计单位会员41个，专业分会5个。

理事会理事41人，常务理事17人，副理事长10人。叶体亚任理事长；王耀荣，邓华欢，孙天柱，李大川，苏异钢，杨纪朝，赵强，徐琪，虞卫民，戴国荣任副理事长；刘承彬任秘书长。

协会主要业务范围：

(1) 对勘察设计体制改革，促进技术进步和科学管理，提高投资效益等方面的问题，开展调查研究，为政府提供建设性建议，为会员单位服务；

(2) 收集国内外经济技术和行业信息，开展行业基本情况的调查，为制定行业发展规划和技术经济政策提供依据；

(3) 组织信息交流，开展咨询活动；

(4) 开展勘察设计人员的培训活动，举办各种技术业务培训和研讨班，协助会员单位进行人才开发；

(5) 协调勘察设计单位之间的相互关系，宣传职业道德；严格执行行规行约，维护会员单位的合法权益；

(6) 面向社会、与国内外组织进行联系，开展国际间经济技术和管理方面的合作交流；

(7) 反映会员单位和勘察设计人员的建议和意见；

(8) 承担政府委托的任务。

协会宗旨：坚持提供服务、反映诉求、规范行为；围绕提高工程投资效益，促进工程勘察设计咨询自主创新与技术进步；加强行业自我管理水平，在政府和会员之间发挥桥梁纽带作用；努力为会员服务，维护行业、会员的合法权益，推动行业又好又快地发展。

本协会遵守宪法、法律、法规和国家政策，遵守社会道德风尚。

二、协会2010年度主要工作

第五届理事会自2006年成立以来，围绕协会“提供服务、反映诉求、规范行为”的工作方针，推进各项工作。协会在力所能及的范围内，积极参与政府、纺织工业协会、中国勘察设计协会和中国工程建设标准化协会等组织开展的活动；组织会员单位开展行业关注的其他业务活动，搭建好会员之间互惠互利交流的平台，协会的凝聚力日益增强，促进了行业健康发展。

(1) 参与国家工程设计资质标准的制定和协助会员单位的贯标工作。

(2) 开展行业和全国的优秀工程勘察、设计项目的评选活动。在2010年度的行业评优工作中获得行业一等奖勘察2名，设计22名；行业二等奖勘察3名，设计24名；行业三等奖勘察2名，设计2名。

(3) 开展纺织工程建设标准化工作。我协会受中国纺织工业协会委托，负责部分纺织工程建设标准化工作的日常管理，也是住房和城乡建设部工业领域标准规范工作协调委员会办公室的成员单位，中国工程建设标准化协会纺织分会的挂靠单位和常务理事单位。协会与会员单位共同努力，开展了纺织工程建设标准化工作。

① 制定了纺织工程建设标准体系。

② 组织和协调了24项设计标准规范编制申报计划。严格按照工程建设标准的编写规定和程序，开展编制工作，2010年已批准发布的工程设计标准规范6项。完成编制已上报的还有1项；正在编制过程中有6项。

③ 2010年11月，组织《纺织工程设计防火规范》宣贯培训班，全国各地纺织行业设计单位的94位专业技术人员参加了培训。

(4) 推进纺织勘察设计行业信息化工作。设计企业都甩掉了图板，实现了100%的计算机出图，各自建立了区域网，做到了专人管理，进入了网络时代。自从普及了工程设计CAD技术，工程设计效益提高了15~25倍。

参与了中国勘察设计协会组织的信息化建设先进集体和个人的表彰活动，

促进会员单位加快信息化建设。

组织会员单位在信息化建设方面的经验交流，提高信息化的应用水平。

(5) 开展全国勘察设计行业工程项目经理资格的考评活动。

我协会中一些有条件的会员单位以设计为主业，向两头延伸了经营领域，向设计后的项目管理和工程总承包方面拓宽业务。为了培育项目管理和工程总承包的管理人员，住房和城乡建设部与中国勘察设计协会组织了业务培训，在实践和培训的基础上，开展工程项目经理资格考评工作。我协会作为纺织专业组负责纺织勘察设计行业的资格初评。协会理事长、秘书长和行业内专家组成的考评小组，对具有申报条件的材料进行初评。此项活动于2007年和2009年开展了二批，共考评合格的高级项目经理57人，项目经理38人。

(6) 开展工程项目管理和工程总承包企业百名排序活动。同时也参与了中国勘察设计行业的工程项目管理和工程总承包的评比活动。

(7) 开展住房和城乡建设部委托的专题研究课题的编制工作。协会秘书处参加了住房和城乡建设部委托的两项专题研究课题的编制，编制过程中在行业内进行相关的调研，主要形式是以书面答卷形式和召开座谈会的形式。第一项课题是由中国纺织工业协会产业部牵头的《纺织行业工程建设标准化工作现状与对策研究报告》，第二项课题是由中国石油和化工勘察设计协会牵头的《工程设计技术转移制度研究》。

(8) 开展注册化工工程师系列纺织行业的管理活动。我协会是全国勘察设计注册工程师化工专业管理委员会的成员单位，负责统计纺织勘察设计行业内的注册化工工程师通过认定和考试取得资格的人数以及了解反映注册化工师的工作中的问题和意见。

(9) 参加纺织行业企业信用等级评价活动。中国纺织工业协会作为国资委和商务部第三批行业信用评价的参与单位，遵循求实客观、企业自愿、公开透明、服务会员、扶优扶强的原则开展企业信用等级评价活动。我协会在中国纺织工业协会指导下，推荐会员单位参加评价活动。首批3家、第二批3家企业通过了3A级的评审。

(10) 开展推荐纺织行业年度创新人物活动。

(11) 开展各类培训活动。针对行业中需要解决的问题，协会近年来开展了部分企业、专业人员的培训活动。例如，单位资质政策讲解、《纺织工程设计防火规范》宣贯培训等。

(12) 开展行业自律活动。纺织行业的工程设计市场存在着压价竞争的恶性循环，会员单位在几次理事会议上提出了行业自律的要求。

(13) 情系灾区，为抗震和灾后重建做贡献。四川汶川发生特大地震灾害后，我协会即时向位于成都的四川省纺织工业设计院了解地震灾害情况，各会员单位纷纷捐款捐物，如北京维拓时代建筑设计有限公司(不到200人)捐款23万元，支援灾区一座希望小学的建设。多家企业的领导和专业人员奔赴灾区为各地对口支援的灾区恢复重建工作做好参谋。

中国纺织勘察设计协会

地址：北京市东长安街 12 号 514 室

邮编：100742

电话：010-85229514

邮箱：fzks514@sina.com

中国昆仑工程公司

中国昆仑工程公司隶属于中国石油天然气集团，是集咨询、研发、设计、采购、施工管理、开车指导、工程总承包、项目管理承包等多功能于一体的国际工程公司，2009 年底由中国纺织工业设计院、大庆石化工程有限公司、中国石油集团工程设计有限责任公司所属辽阳分公司重组而成。

公司持有国家颁发的石油天然气行业、化工石化医药行业（有机化工）、轻纺行业、建筑行业等多项工程设计、工程勘察、工程咨询、工程监理、工程造价、工程总承包、环境治理等甲级资质证书。通过了 ISO9001 质量管理体系、ISO14001 环境管理体系、OHSAS18001 职业健康安全管理体系和中国石油 HSE 管理体系认证。建有先进的计算机网络平台和应用体系，拥有国际先进的工程设计、项目管理及办公自动化等应用软件和数据库。享有国家授予的对外经营权。

公司拥有雄厚的技术及研发力量，现有职工 1600 余人，其中，全国工程设计大师 3 人，享受政府津贴的专家 57 人，教授级高工 30 人，高级工程师 368 人，工程师 438 人，拥有各类国家注册执业资格人员 500 人。

公司长期致力于石油化工、煤化工、纺织化纤、环境工程、建筑工程等领域的建设、创新与发展。承担设计和建设完成各类大中型石油化工、化纤及其原料和民用建筑等工程数千项，国外经援、经贸工程百多项，遍布全国及 26 个国家、地区。获国家科技进步一、二等奖，全国、省部级优秀勘察设计特等奖、金质奖、优秀奖、管理奖数百项。拥有雄厚的科研和技术实力，承担了多项国家科技攻关任务，在大型连续缩聚聚酯（PET）、精对苯二甲酸（PTA）、顺丁橡胶、ABS、己烯－1、工业废水处理等领域拥有专有技术，获得国家授权专利 48 项，其中，PCT 专利 10 项。参编国家、行业及协会标准规范 56 项，其中主编 25 项。

公司被评为国庆 60 周年勘察设计行业“十佳工程承包企业”，获得中央企业先进集体，首批“AAA 级信用企业”和北京市“高新技术企业”，连续十年被评为中央国家机关和首都文明单位，一直位居国家勘察设计百强企业行列，在国内外工程建设领域享有较高知名度与良好信誉。

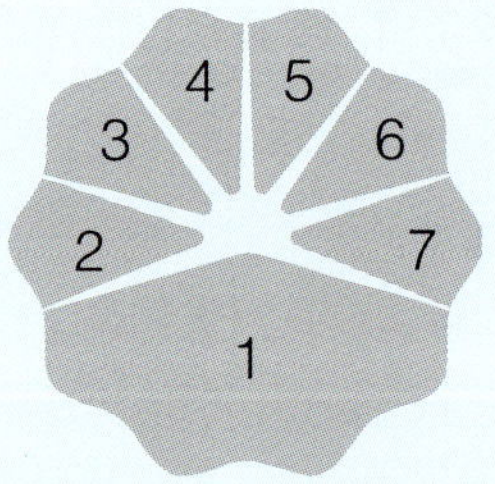

1. 仪征化纤股份有限公司
（年产 20 万 t 化纤工程）
2. 浙江恒逸聚合物有限公司
（年产 50 万 t 大型聚酯装置）
3. 通辽金煤化工有限公司
（年产 20 万 t 乙二醇工程）
4. 浙江华联三鑫石化有限公司
（年产 60 万 t PTA 污水处理工程）
5. 重庆蓬威石化有限责任公司
（年产百万吨精对苯二甲酸（PTA）工程）
6. 中石油大庆石化公司
（年产 120 万 t 加氢裂化装置）
7. 北京盈科中心
（22 万 m^2 大型综合公共建筑）

中国建材工程建设协会

Zhongguo jiancai gongcheng jianshe xiehui

一、协会概况

中国建材工程建设协会是在民政部正式登记注册的具有法人地位的社会团体。成立于1989年2月25日，1991年8月8日正式更名为中国建材工程建设协会并召开成立大会。协会有较完善的组织机构，设有设计委员会、勘察委员会、施工委员会、计算机应用委员会、新型材料工程应用委员会、全面质量管理委员会6个分支机构；代表行业设有中国咨询协会建材专业委员会；秘书处设有联络部、培训部、编辑部、工程部等常设工作部门。中国中材集团有限公司总经理刘志江任会长，于红旗任副会长兼秘书长。

协会宗旨：贯彻执行党和国家的方针、政策，遵守法律和法规，遵守社会道德风尚。在政府与企业之间承担起桥梁和纽带作用，为建材行业及相关工程建设业务服务，组织会员单位等落实科学发展观，促进社会和谐，维护行业公平竞争秩序和企业的合法权益，引导行业自律及行业规范，推动我国建材行业工程建设事业又好又快发展。

本协会是由与建材行业工程建设业务相关的工程勘察、设计、施工、监理、装饰装修、科研教育等企事业单位和个人，不受部门、地区和所有制限制自愿组成的全国性的非营利性的社会组织。

二、协会2010年度主要工作

(一) 积极组织协调建材行业工程勘察技术标准规范的编制工作

2009年10月组织召开了“编制建材行业工程勘察类技术标准规范工作会议”。会议对工程建设标准基础知识和“建材行业工程建设标准体系”进行了宣贯，确定了向住房和城乡建设部申报的标准题目。

2010年3月，在协会、国家建材定额总站、中国建材地质工程勘查中心以及西安建材地质工程勘察院和中材地质工程勘查研究院的共同努力下，申报的《石灰石矿山工程勘察技术规范》项目作为国家标准得到住房和城乡建设部正式批准，并与主编单位签订了工作合同。6月10日，协会在北京召开《石灰石矿山工程勘察技术规范》大纲审查暨项目启动会，正式启动了这项工作。

2010年，协会又向住房和城乡建设部申报了《露天装饰石材矿山设计规范》的编制计划并得到批准，这项工作已经在2010年开始组织相关单位和专家进行操作。

(二) 积极推动建材专业注册工程师工作的实施

建材专业注册工程师的工作是行业的一件大事，协会为此付出了多年的努力。协会秘书处及时加强筹备委员会和专业委员会的工作，调整充实了有关专家，积极推进相关的基础工作。

(三) 积极协助企业进行资质升级换证工作

长期以来，协会承担着受政府有关部门委托，对建材行业设计资质进行初审的工作。2010年，协会专门安排人员对企业资质升级换证工作进行了详细具体的咨询指导，使其顺利完成了资质的审核和升级。在办理中国建材装备公司和国宇公司合并后的资质衔接等工作中，以企业的业绩为基础，协助整理资料，发挥协会的作用，使合并后的企业资质由单项甲级提升为整体甲级。

(四) 根据企业需求，积极开展培训工作

2010年，协会根据企业需求，积极开展培训工作。组织完成了建材行业第一批注册监理工程师继续教育的培训和上传信息工作；考虑到降低企业负担，节约成本，充分发挥信息网络的作用，协会还专门组织业内专家录制了一批培训资料，为第二轮培训做好准备工作。

根据《全国建设工程造价员管理暂行办法》的精神，对企业需求进行了调查摸底，组织完成“建材行业建设工程造价员资格培训班”。同时利用社会资源，与有关培训机构联合组织完成了岩土工程师的培训工作。

(五) 根据国家有关部门公布的全国清理评比达标保留项目，积极推荐本行业的项目参评

根据《国务院办公厅转发监察部等部门关于清理评比达标表彰活动意见的通知》(国办发[2006]102号)文件公布的项目，协会组织了相对应的项目推荐工作。

1. 组织建材工程建设优质工程申报国家优质工程的推荐准备工作

2009年推荐苏州中材越南项目，获得首届评选境外工程中国建设工程鲁班奖。2010年推荐河北四建大连水泥厂土建项目，苏州中材建设有限公司承建的大连水泥厂搬迁异地改造新建日产5 000t 水泥生产线项目，获2010年—2011年度中国建设工程鲁班奖。

组织建材行业先进建设工程监理企业、优秀总监理工程师、优秀监理工程

2010年6月，首个国标《石灰石矿山工程勘察技术规范》启动会在京召开

冀东海天水泥闻喜有限责任公司资源综合利用5 000 t/d新型干法水泥生产线工程——南京凯盛国际工程有限公司设计

阿尔博安庆白水泥有限公司40万t/a熟料白水泥生产线建设工程——天津水泥工业设计研究院有限公司设计

成都南玻日产1 000 t特种玻璃生产线鸟瞰图——中国建材国际工程有限公司　蚌埠玻璃工业设计研究院设计

师参加全国评选的推荐准备工作。共推荐优秀企业3个，个人8个。其中，蚌埠玻璃工业设计研究院荣获全国优秀监理企业称号；河北众诚建业工程项目管理有限公司王宪生同志荣获全国优秀总监理工程师称号；天津仕敏工程建设监理技术咨询有限公司侯成同志荣获全国优秀监理工程师称号。

2. 组织参加全国优秀工程咨询成果奖评选活动的推荐准备工作

蚌埠玻璃工业设计研究院申报的“海南省硅产业发展规划研究报告”获一等奖。

中国中材国际工程股份有限公司申报的“芜湖海螺水泥有限公司三期2×1.2万t/d水泥熟料生产线项目申请报告”获二等奖。

天津水泥工业设计研究院有限公司申报的“水泥企业能效对标指南”获二等奖。

天津水泥工业设计研究院有限公司申报的“甘肃京兰水泥有限公司6 000t/d熟料水泥生产线及纯低温余热发电项目申请报告”获三等奖。

安徽海螺建材设计研究院申报的“吉林亚泰水泥有限公司发电改造工程项目可行性研究报告”获三等奖。

河南建筑材料研究设计院有限责任公司申报的“河南同力水泥股份有限公司再融资环境保护核查技术报告”获三等奖。

天津水泥工业设计研究院有限公司获中国节能协会2010年节能中国贡献奖和2010年节能中国十大新技术应用奖。

天津水泥工业设计研究院有限公司获中国勘察设计协会建设项目管理和工程总承包分会第五届优秀工程项目管理和优秀工程总承包银钥匙奖和铜钥匙奖。

3. 组织参加2008年度全国优秀工程勘察设计奖活动

中国建材国际工程有限公司申报的“东莞南玻超白光伏电子太阳能玻璃生产线工程”获金奖。

成都建筑材料工业设计研究院有限公司申报的“阿联酋联合水泥公司10 000t/d水泥熟料生产线工程”获铜奖。

组织推荐天津水泥工业设计研究院有限公司等单位参加中国建材联合会2011年“创新出强”先进企业评选活动。

(六) 积极加强与政府有关部门及协会之间的联络

2010年，协会积极加强了与住房和城乡建设部、人力资源和社会保障部等有关政府部门的联系，参加有关会议，及时了解信息和相关的产业政策，更好地架设政府与企业之间的桥梁。同时，协会积极加强与中国勘察设计协会、中国建筑业协会、中国施工企业管理协会、中国工程咨询协会等组织的沟通交流，尽可能参加有关会议，增加信息量；并多次就具体问题或广泛性的工作进行沟通，与这些组织进行接触；彼此加强了解，沟通了信息，建立了较为通畅的工作渠道，为企业服务创造了更加有利的条件。

(七) 积极做好行业协会商会评估工作

根据《全国性民间组织评估实施办法》和《民政部关于推进民间组织评估工作的指导意见》的要求，协会积极参加了评估工作。在　“评估”材料的汇总申报中，大家都表现出很高的积极性，付出了辛勤的劳动，有力地推动了这项工作的进展。

2011年1月，我会收到民政部的正式文件，经民政部评估专家委员会考察审核，我协会被评为3A级社团组织。

(八) 积极加强会刊和网站建设，不断提高质量

2010年，协会编辑的《中国建材资讯》共6期。会刊在为企业提供信息，加强沟通，促进行业发展和技术进步等方面发挥了很大作用，2010年又荣获中国工程咨询协会评选的“第二届中国工程咨询行业优秀期刊奖”称号。

总承包的青州 12000t
水泥熟料生产线

总承包的印尼 900t 浮法玻璃生产线

投资建设的中国玻璃
新材料科技产业园

CTIEC

设计和总承包建
设的太阳能光伏
玻璃生产线

蚌埠龙子湖体育馆

总承包建设的国内首条超薄液晶玻璃基板产品成功下线

浮法玻璃新技术国家重点实验室

中国建材国际工程集团有限公司

中国建材国际工程集团有限公司(以下简称“中国建材工程集团”)隶属于中国建材集团，是中国建材股份有限公司的工程技术服务平台，是具有50多年历史的科技型企业和国际化工程公司，是国家火炬计划重点高新技术企业，拥有建筑材料行业甲级、建筑行业(建筑工程)甲级、轻纺行业(日用硅酸盐工程)专业甲级、环境工程(大气污染防治工程)专项甲级、排水工程和环境卫生工程专业乙级等资质。

从2002年起，中国建材工程集团连续多年跻身全国工程总承包企业、项目管理企业和勘察设计企业50强，连续多年被上海市评为“走出去”先进企业，并先后获得中央企业先进集体、全国先进基层党组织、全国国有企业“创建‘四好’领导班子先进集体”等称号。

投资建设的凯盛科技园

中铁第一勘察设计院集团有限公司

中铁第一勘察设计院集团有限公司是新中国成立后的第一批铁路勘测设计单位，持有国家工程设计综合甲级资质及工程勘察、工程建设监理、工程咨询等21项专业甲级资质证书，在国家历年的勘察设计综合排名中名列前茅。

全院现有员工近4000人。其中，十七届中央委员会候补委员1人，中国工程院院士1人，全国工程勘察设计大师6人，全国劳模和先进工作者10余人，高、中级专业技术人员2000余人。

建院以来，荣获国家、省部级科技奖项400余项，其中国家科技进步特等奖3项、一等奖2项，全国优秀工程勘察设计金奖7项。荣获国家级“守合同、重信用”企业、全国五一劳动奖状、全国建设质量管理优秀企业、中国勘察设计行业“十佳自主技术创新企业”、“全国抗震救灾英雄集体”等重大荣誉百余项。

1 2 3
4

1. 铁一院设计的上海沪青平立交枢纽解决了二十个流向的完全互通，建筑规模堪称“世界第一”

2. 铁一院设计的包兰铁路，全长990km，其全套防沙技术设计获国家科技进步特等奖，被联合国列为世界沙漠防治技术的典范加以推广

3. 铁一院设计的我国第一条在湿陷性黄土地区修建的高速铁路郑西客运专线（陕西段）

4. 铁一院设计的青藏铁路攻克了多年冻土、高寒缺氧、生态脆弱三大世界性工程难题，获得国家科技进步特等奖、环境友好工程奖、三项国家金奖

中铁二院工程集团有限责任公司

中铁二院工程集团有限责任公司（简称中铁二院），原名铁道第二勘察设计院，成立于1952年，总部设在成都，隶属于世界企业500强、世界品牌500强的中国中铁股份有限公司。

公司属全国大型综合甲级勘察设计企业，是全国首批获得“工程设计综合资质甲级”的企业，现持有国家甲级勘察、设计、咨询、工程监理、环境评价等资质证书和对外经营资格证书。2009年经国家发改委确认为铁路、城市轨道交通投资咨询评估任务的咨询机构，是国内铁路行业勘察设计企业率先获建设部颁发的具有公路勘察设计“四甲”资质证书的企业。国家人事部、全国博士后管理委员会在中铁二院设有“博士后工作站”。

近年来，中铁二院依托勘察设计主业，不断拓展工程总承包、工程咨询、监理和工程项目管理等业务，大力进军海外市场，并逐步向高科技技术产品产业化、房地产、矿产资源等多元领域延伸。企业排名及行业影响力不断攀升，在住建部公布的2010年“全国勘察设计企业营业收入100名排序”中位列第12名，其中，勘察设计收入自2005年起连续排名全国第一；在中国勘察设计协会公布的2010年 “全国勘察设计企业工程项目管理营业额100名排序”中位列第2位；在ENR（Engineering News-Record）联合建筑时报举办的 2010年度“中国工程设计企业60强”中名列第5位。

1 | 2 | 3 | 4

1. 成灌铁路
2. 成都地铁一号线
3. 重庆轻轨较新线
4. 遂渝无砟轨道综合实验段

CRH

中国铁建

中铁第四勘察设计院集团有限公司

中铁第四勘察设计院集团有限公司（简称铁四院），成立于1953年，拥有工程技术人员3272人，其中教授级高工189人，各类执业注册工程师700多人。首批获得国家甲级工程勘察和设计综合资质证书，拥有甲级测绘资质，能承担多行业工程勘察、设计、咨询、监理、环境评估和工程总承包。是国家铁路建设投资评估单位，国家高新技术企业，建有博士后工作站。获“全国五一劳动奖状”、“全国最佳诚信单位”、建国六十周年全国勘察设计行业“十佳自主创新企业”等称号。

建院以来，铁四院完成铁路勘测设计59579线路折算千米和17722电化折算千米。先后获得国家级大奖71项，省部级奖349项。其中全国优秀工程勘察设计奖14项，国家优质工程奖29项，国家工程勘察设计优秀软件奖3项，国家科技进步奖25项，获得鲁班奖12项、詹天佑奖8项。拥有各类专利47项，143项工程设计入选中国企业新纪录。

铁四院致力于中国高速铁路研究设计。至2010年底，铁四院所勘察设计的时速250千米～350千米客运专线先后有武广、郑西、沪宁、沪杭等累计3430km投入运营，占全国新建高铁营业里程的67%；设计在建的京沪高速等高速铁路有6000多千米。在第七届世界高速铁路大会上，铁四院被作为中国高速铁路重点建设企业中勘察设计强院向大会推介。

1	2
	3	4

1. 中铁第四勘察设计院集团有限公司总部大楼
2. 武昌火车站改扩建工程获第10届中国土木工程詹天佑奖和中国建筑学会建国60周年建筑创作大奖
3. 铁四院设计的京沪高速铁路徐州至上海段2011年6月30日投入运营
4. 武广客运专线2009年12月26日投入运营，总体设计获铁道部铁路优质工程（设计）特等奖

中铁工程设计院有限公司

中铁工程设计院有限公司主要业务包括铁路工业、建筑工程、城市轨道交通的勘察设计及咨询、工程勘察、装备制造、岩土工程等四大业务板块。是我国铁路设计系统唯一从事铁路机车车辆工业勘察设计咨询的设计院，在机车车辆、高速铁路动车组、地铁轻轨车辆等制造技术集成以及工艺装备的开发研制方面，始终保持着国内领先水平。并参与了高速铁路动车组的技术引进、消化吸收、自主创新及国产化等项目的设计工作。建筑设计产品涵盖了多层、高层住宅，以及商场、宾馆、写字楼、学校、医院、体育场馆等公共建筑物。先后获国家发明奖、国家科技进步奖、国家专利、国家优秀设计金奖、银奖、铜奖及国家优秀标准设计奖33项，省部级科技进步奖、优秀设计奖78项。

2 3 4 5/6
1

1. 苏州金鸡花园
2. 苏州高新国际商务广场
3. 中铁建工集团丰台办公大楼
4. 南京浦镇车辆厂静调车间
5. 苏州金湾
6. 武广高铁韶关站

新疆铁道勘察设计院
中国铁建 THE SURVEY AND DESIGN INSTITUTE OF XINJIANG RAILWAY

新疆铁道勘察设计院有限公司

新疆铁道勘察设计院有限公司，是集工程咨询、工程勘察、工程设计、工程总承包、工程测绘、工程实验为一体的以铁路勘察设计为核心竞争力的大型综合性勘察设计企业，现有员工600余人，具有勘察、设计、咨询等多项国家级甲级资质。成立55年来，以“信守合同、质量第一、客户至上、全程服务”的企业宗旨创造出100余项国家级和省部级优秀勘察设计成果奖，获国家级、省部级46个优秀质量管理小组QC成果奖，连续21年保持了自治区级文明单位称号，分别于2007年、2010年被授予国家级优秀设计院和国家级诚信单位光荣称号。

“十一五”期间，由新疆铁道勘察设计院勘察设计的精伊霍铁路、乌鲁木齐至精河二线、奎屯至北屯铁路、乌鲁木齐至准东铁路等新线开通运营，成为新疆经济快速发展的“助推器”；吐鲁番至库尔勒二线、喀什至和田铁路、兰新铁路安北至红柳河电化工程、红柳河至阿拉山口电化改造、库车至俄霍布拉克铁路、乌准铁路五彩湾至将军庙段以及兰新铁路第二双线、哈密至罗布泊等多条铁路全面开工建设，刷新了新疆铁路建设史纪录，为新疆经济社会又好又快发展提供了强有力的支撑和保障。同时，额济纳至哈密、哈密至将军庙、北屯至富蕴至准东、淖毛湖至红柳河、库尔勒至格尔木等长大铁路干线的勘察设计已经全面展开。到2020年新疆铁路“四横四纵”网络将基本形成，新疆铁道勘察设计院建设者将再次展示“开路先锋”的风采，以自己的苦干拼搏、勇于创新、勤勉奉献为新疆铁路发展做出新的贡献。

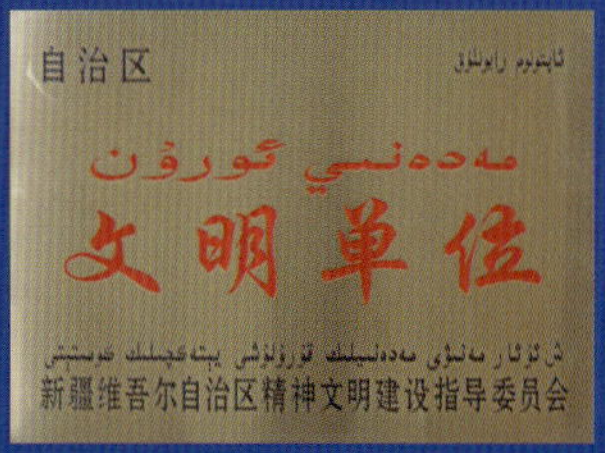

1 2 3 4 5
6 7 8 9

1. 2008 年 10 月 16 日，由该院勘察设计的 4 条铁路干线开工典礼在库尔勒举行
2. 2009 年 11 月 4 日兰新铁路第二双线开工典礼
3. 2010 年 12 月 10 日由该院勘察设计施工总承包的克石化铁路专运线建成通车
4. 5. 房建设计
6. 该院勘察设计的乌鲁木齐苏州路立交桥
7. 独山子石化铁路专用线 EPC 总承包
8. 乌准铁路穿越古尔班通古特沙漠风沙路基设计
9. 该院勘察设计的奎北铁路奎屯河特大桥

中国航空工业建设协会

Zhongguo hangkong gongye jianshe xiehui

一、协会概况

中国航空工业建设协会成立于1995年，是中国航空工业基本建设、技术改造领域的行业性社团组织。由中华人民共和国民政部和国家国防科技工业局负责业务指导和监督管理，中国航空工业集团公司(以下简称集团公司)负责日常领导，主要开展行业管理、咨询服务、信息交流、业务培训、国际合作等业务。协会现有会员单位120家，陈元先任理事长，方京川任秘书长。

协会宗旨：以邓小平理论和“三个代表”重要思想为指导，全面贯彻落实科学发展观，立足航空行业，全力推进科学发展和促进技术进步，提高双向专业支持服务能力，维护会员单位合法权益，发挥桥梁和纽带作用，为航空工业建设事业的发展服务。

二、协会2010年度主要工作

2010年，协会本着为政府部门、集团公司和会员单位双向服务的宗旨，充分发挥了在政府和企业间桥梁和纽带作用：一方面协助上级机关实施行业管理，推动了我国航空工业工程建设领域市场的健康发展；另一方面维护会员单位的合法权益，促进了我国航空工业工程建设领域各企业综合竞争能力的提高。

(一) 创先争优　反腐倡廉　促进协会健康发展

根据《中央创先争优活动领导小组转发<关于在社会组织、党组织和党员中深入开展创先争优活动的指导意见>的通知》的精神，自创先争优活动开展以来，本协会要求兼职主要领导和专职工作人员深刻领悟中共中央精神，认真按照创先争优活动实施方案的安排和部署，积极参加各自单位的创先争优活动。协会专职工作人员精神风貌和工作作风得到进一步转变，责任意识、服务意识、竞争意识、进取意识得到进一步增强，各项工作也取得了阶段性成效。

根据《中共中央办公厅　国务院办公厅印发<关于深入开展“小金库”治理工作的意见>的通知》和《中共中央纪委　监察部　财政部　审计署关于印发<社会团体“小金库”专项治理实施办法>的通知》精神，为进一步提高对推进“小金库”治理工作重大意义的认识，协会按照中央治理“小金库”精神和国防科技工业局文件要求，认真学习了中央关于反腐倡廉，加强党风廉政建设的精神和相关规定，多次开展了“小金库”自查工作，并接受了国防科工局有关部门对本协会进行的“小金库”专项治理检查。

创先争优、反腐倡廉活动的开展，意义深远，影响重大，协会在取得阶段性成果的基础上，将进一步深化学习，继续采取有力措施，贯彻落实中央精神，为协会又好又快健康发展做出更大贡献。

(二) 通过年检

按照业务主管国防科工局的通知要求，如期完成2009年度年检报告书的填报并顺利通过民政部年检。年检结果为合格。

(三) 以协会的工作、活动为载体，加强与会员单位的联系，做好各项服务与管理工作

(1) 组织会员单位参加勘察设计、工程总承包、项目管理等行业和地方协会的活动。

(2) 受中国航空工业集团公司的委托，组织了2010年度的航空工业优秀咨询设计评选工作，并推荐获奖的项目参加“全国优秀工程咨询成果奖”的评选，最终有两个项目获奖。

(3) 建立协会专家数据库，储备高端技术人才参与行业发展战略研究和建设项目管理咨询等工作。目前，专家库中已有专家近200名。专家数据库的建立为集团公司和广大会员单位的工程建设项目决策、支持、服务提供了高水准的技术支撑。

(4) 建立会员企业资质管理数据库，掌握了集团公司内工程建设领域咨询、勘察、设计、施工全过程服务的能力，为集团公司和会员单位大力推进建设工程建设领域全价值链产业体系的决定起到了积极的支持服务作用。

(5) 举办建设工程技术研讨会，邀请业务主管部门领导对工程建设领域的政策进行宣贯，高等院校和研究单位的专家对建设工程技术进行培训。提高会员单位对国家政策的进一步理解与把握，促进专业技术的提高与推广。

(6) 开通航天航空专业继续教育的在线学习平台。协会承担了注册监理工程师航天航空专业继续教育工作，聘请专家录制了专题视频讲座，与中国建设监理网站合作开通了在线学习，方便大家的学习培训。

(四) 日常工作

(1) 与民政部和国防科工局沟通、洽谈换届事宜，与中航工业集团和相关会员单位积极进行换届准备。

(2) 按期召开了理事及常务理事会议。

(3) 建立并开通协会网站。发挥建设协会网站的作用，更好地服务于上级机关和广大会员单位。建设协会的互联网网站，将通过及时发布国家及相关部委的法律法规、行业标准，宣传集团公司管理规章制度和实施细则，收集并发布相关行业资讯，建立资质资格专业数据库，设立并开通会员网上交流平台，链接专家信息平台、机构信息平台、会员单位网站及其他行业协会网站，提高建设协会在全国工程建设领域的知名度，加强建设协会与会员单位间的沟通，提高会员单位对国家、行业、集团等相关信息的把握程度，更好地服务于会员单位、服务于集团、服务于政府。

(4) 派专家配合民政部进行全国性行业协会商会评估工作。

(5) 协会领导结合工作实际情况，派员参加中国航空工业集团、国防科工局以及其他相关行业协会的有关会议。

(6) 按期出刊印发协会《简讯》。《简讯》期刊以集团发展战略为指引，以推进工程建设领域管理及技术创新为宗旨，为固定资产投资建设过程科学决策和规范管理提供一个政策指导平台；为中航工业系统内工程建设领域各类人才提供一个学术交流和成果展示平台。成为搭建在企业与政府、企业与企业之间的信息桥梁。

(7) 行业内注册造价工程师转注册管理工作。

(8) 其他相关工作。

中国航空工业建设协会
地址：北京市德外大街 12 号
邮编：100120
电话：010-62038452
邮箱：hkjsxh@avic-aca.org
网址：www.avic-aca.org

中国航空规划建设发展有限公司

CHINA AVIATION PLANNING AND CONSTRUCTION DEVELOPMENT CO., LTD.

中国航空规划建设发展有限公司由中国航空工业规划设计研究院、中国航空建设发展总公司、中航勘察设计研究院、中国航空工业第三设计研究院四家实力雄厚、历史悠久的企业组建而成。经过60年的发展，历经航空工业建立发展的全过程，参与了国防科技工业等多个领域的投资规划和建设，积累了丰实的经验和优秀工程项目业绩。拥有一支高水平的专业人才队伍，是中国航空工业集团公司在固定资产投资领域的规划、咨询、勘察、设计、建设、运营全价值链的专业化子公司。已经形成从前期的咨询规划、勘察设计、工程设计、工程总承包、设备总承包到中后期评估一条完整的产业链。中航工业规划建设将以更广阔的视野、更坚实的技术储备、不懈创新的精神，提供更优质的服务和管理，开创“行业多元化、业务专业化、技术国际化、服务一体化”的发展格局，成为国际一流的投资咨询建设全过程服务的航母型企业!

	2
1	3
4	5

1. 2010 年上海世博会中国航空馆
2. 北京鲁家山生物质能源项目
3. 河南艺术中心
4. 兰州中川机场航站楼
5. 北京飞机维修工程有限公司(AMECO) A380 飞机维修机库

Z 中国水利水电勘测设计协会
Zhongguo shuili shuidian kance sheji xiehui

一、协会概况

中国水利水电勘测设计协会成立于1985年4月，是由全国水利水电勘测设计咨询单位、有关地区勘测设计协会自愿组织和参加的全国性行业社会团体。同时也是全国水利水电勘测设计咨询行业唯一全国性社会团体。协会现有会员单位180家，基本覆盖了全国水利水电勘测设计行业甲级设计单位和骨干乙级设计单位。2009年，在民政部组织的先进社会组织评选和全国性行业协会商会评估活动中，协会分别荣获“全国先进社会组织” 荣誉称号和评估最高等级5A级。

协会的最高权力机构是会员代表大会，理事会是执行机构，常务理事会是理事会的工作机构，秘书处是协会常设办事机构。协会理事、常务理事、正副理事长和秘书长均由选举产生，名誉理事长由理事会聘任。协会现任理事181人，常务理事42人，理事长1人，副理事长12人，秘书长1人，副秘书长3人。刘志明任理事长，李孝振任秘书长。

协会下设技术标准研究工作委员会、计算机应用工作委员会、设计单位改革研究委员会、信用评价工作委员会4个分支机构。同时，协会内设综合部（编辑部）、市场协调管理部、科技信息部、咨询培训部4个内设机构。

协会宗旨：为会员单位服务，维护会员单位的合法权益，遵守宪法、法律、法规和国家政策，遵守社会道德风尚，协助政府主管部门实施行业管理，在政府和企业间发挥桥梁纽带作用，促进我国水利水电勘测设计行业的进步和发展。

协会业务范围：

(1) 贯彻落实党和政府的方针、政策；调研行业发展情况，收集会员单位的意见、要求，积极向政府和有关各方反映，提出建议，维护会员合法权益，促进行业发展。

(2) 组织调研和交流水利水电勘测设计咨询行业的体制机制改革、经营管理、财务管理、质量管理、科技进步、标准建设、文化建设以及人力资源管理等方面的问题和经验，促进行业发展。

(3) 经政府有关部门授权或委托开展以下工作：

① 开展勘察设计咨询资质评审、执业资格管理等工作，配合主管部门完善水利水电勘测设计咨询市场管理；

② 开展水利水电勘测设计技术标准研究，组织或参与技术标准编制工作，并监督执行，加强行业技术标准建设；

③ 开展行业统计、信息发布和行业评优工作；

④ 开展行业软件登录、推荐、团购工作和科技成果鉴定、技术推广工作，加强质量管理。

(4) 制定并组织实施行规行约，宣传职业道德，开展行业信用评价，推动水利水电勘测设计咨询行业信用建设，建立并完善善行业自律和约束机制，规范会员行为，维护公平竞争的市场环境，促进勘测设计咨询行业健康发展。

(5) 组织开展专业技术、业务管理等方面的信息和经验交流，组织人才、技术、标准和职业培训，开展技术服务。

(6) 依照有关规定建设行业网站，编印内部资料，宣传党和国家有关方针政策。

临淮岗主体工程鸟瞰图

(7) 积极开展国际、国内的交流与合作，促进行业的改革和发展。

(8) 承担主管部门及有关单位委托的各项任务。

二、协会2010年度主要工作

(一) 水利水电勘测设计协会荣获全国行业协会评估最高等级5A级

中国水利水电勘测设计协会继2009年荣获由中国勘察设计协会组织的全国勘察设计行业国庆60周年“六个十佳”、“业绩显著协会”大奖的殊荣后，在民政部组织的先进社会组织评选和全国性行业协会商会评估活动中，分别荣获“全国先进社会组织”荣誉称号和评估最高等级“中国社会组织评估等级5A级”。

(二) 中国水利水电勘测设计协会编制《关于建议水利行业大力推行以设计为主体的工程总承包(EPC)建设管理模式的调研报告》

为顺应我国水利水电建设项目发展形势，在工程建设中引入国际上通行的以设计为龙头的工程总承包建设项目组织实施方式。2010年，中国水利水电勘测设计协会组织专家到开展工程总承包较好的中石化、建材、机械等行业进行考察和学习，并与中国勘察设计协会项目管理和工程总承包分会进行交流，结合水利水电行业实际，编写了《关于建议水利行业大力推行以设计为主体的工程总承包(EPC)建设管理模式的调研报告》，该报告拟呈报水利部。希望在政府主管部门的支持下，在水利水电行业积极推动以设计为主体的工程总承包(EPC)。

(三) 湖北省水利水电勘测设计协会成立

2010年11月，在中国水利水电勘测设计协会的指导下，由湖北省水利水电勘测设计院牵头成立了中国水利水电勘测设计协会湖北省水利水电勘测设计协会。地方协会的成立对于服务地方勘测设计单位、规范地方市场竞争、促进地方勘测设计市场发展具有积极的推动作用。

(四) 中国水利水电勘测设计协会百余位院长畅谈创新型勘测设计单位

中国水利水电勘测设计协会积极关注新形势下水利水电勘测设计单位发展所遇到的新问题，关注各勘测设计单位创新单位建设动态，围绕勘测设计单位在创新发展中遇到的共性问题，以设计单位改革创新为主题，在吉林举办了全国水利水电勘测设计单位创新型设计单位院长论坛，围绕各单位创新建设中的单位转型、开拓新业务领域、丰富服务手段、完善体制机制、加强信息化建设等内容共同探讨，130余位院长参加，共同研究问题、介绍经验，取得了良好效果。

(五) 中国水利水电勘测设计协会发布了《全国优秀水利水电工程勘测设计奖评选办法》

全国清理规范评比表彰工作联席会议办公室于2010年初下发了《关于评比达标表彰保留项目的通知》，同意中国水利水电勘测设计协会开展全国优秀水利水电工程勘测设计奖评选工作。2月，水利部办公厅印发了《关于全国优秀水利水电工程勘测设计奖由中国水利水电勘测设计协会组织实施的通知》(办水总[2010]36号)，明确原水利部组织评选的部级奖“全国优秀水利工程勘测设计奖”变更为“全国优秀水利水电工程勘测设计奖”，并由中国水利水电勘测设计协会组织实施。中国水利水电勘测设计协会制定《全国优秀水利水电工程勘测设计奖评选办法》，经协会九届三次常务理事会审议通过并颁布实施。

(六) 中国水利水电勘测设计协会发出《关于向西南旱区开展“送温暖、献爱心”活动的倡议书》

2009年入秋以来，我国一些省区发生了严重旱灾，特别是西南地区遭遇历史罕见的特大旱灾，中国水利水电勘测设计协会充分发挥行业影响力，向全体会员发出《关于向西南旱区开展“送温暖、献爱心”活动的倡议书》并带头向灾区捐款，得到了广大会员单位的积极响应。

中国水利水电勘测设计协会
地址：北京市西城区六铺炕北小街 2-1 号
邮编：100120
电话：010-62033377　62070506
邮箱：anyuqun@giwp.org.cn
网址：www.giwp.org.cn

陕西省水利电力勘测设计研究院

SHANXI SHENG INSTITUTE OF RESOURCES AND ELECTRIC POWER INVESTIGATION AND DESIGN

陕西省水利电力勘测设计研究院（以下简称“陕西院”）成立于1956年，为全民事业性质，是内部实行企业化管理的国家甲级综合勘测设计研究单位。1999年加挂水利部西安水土保持生态环境规划设计院牌子，为全国目前唯一一家水土保持生态环境规划设计院。现有职工959人，其中中高级以上职称400多人，主专业工程系列正高级工程师33人；有18人获得全国、全省劳模和先进工作者荣誉称号，6人为国家有突出贡献专家，享受政府特殊津贴。企业经济总量连年以20%以上的速度递增，2010年三项主要经济指标再创历史新高。全院现拥有9项甲级资质和14项乙级资质；2001年通过ISO9001国际质量管理体系认证；现有200余台（套）大中型水利水电工程勘测先进设备，300多项规划设计软件，基本实现勘测设计各专业全覆盖。近年来全院出案产品合格率达100%，一次通过率达100%，优良品率达95%以上，合同履约率达100%，共获鲁班奖三项（次）、大禹奖两项（次），技术质量成果蜚声国内外。先后荣获全国精神文明建设工作先进集体、全国优秀水利企业、全国水利水电勘测设计行业AAA+级信用等级企业等多项荣誉称号。

1. 西安黑河金盆水库
2. 石头河水库
3. 宝鸡峡水利枢纽
4. 西安市护城河景观改造工程
5. 规模宏大的洛河渡槽

北京市行业综述

北京市2010年统计数据汇总项目表

企业资质情况（个）	从业人员情况（人）	财务情况（亿元）	科技活动情况
企业总数 859	从业人员合计 162101	营业收入合计 2474.51	活动费用支出总额 （亿元）64.38
工程勘察企业数 51 其中：甲级 26 乙级 24	技术人员合计 113616 其中：高级 32632 中级 39789	工程勘察收入合计 53.40 其中：境外收入 0.36	成果转让收入总额 （亿元）129.01
工程设计企业数 434 其中：甲级 302 乙级 110	注册建筑师合计 3091 其中：一级 2465 二级 626	工程设计收入合计 390.10 其中：境外收入 11.56	企业累计拥有专利 （项）7387
专项合计企业数 271 其中：甲级 169 乙级 100	注册结构工程师合计 3298 其中：一级 3194 二级 104	管理服务收入合计 60.43 其中：境外收入 0.64	累计拥有专有技术 （项）4285
设计施工一体化企业数 94	注册建造工程师合计 4213 其中：一级 3045 二级 1168	工程承包收入合计 1636.69 其中：境外收入 183.95	获国家级、省部级奖 （项）2170 其中：国家级（项）411
其他企业数 9			
综合资质企业数 16	注册岩土工程师合计 629	其他收入合计 333.91 其中：境外其他收入 6.80	参编国家、行业、地方 技术标准（项）914 其中：国家级（项）307
内资企业数 804	注册城市规划师合计 325		
港澳台商企业数 20	注册造价工程师合计 1303	营业成本合计 2171.51	
外商投资企业数 35	注册监理工程师合计 1298	人均营业收入 0.015	

北京市勘察设计行业 2001 年—2010 年企业数发展图

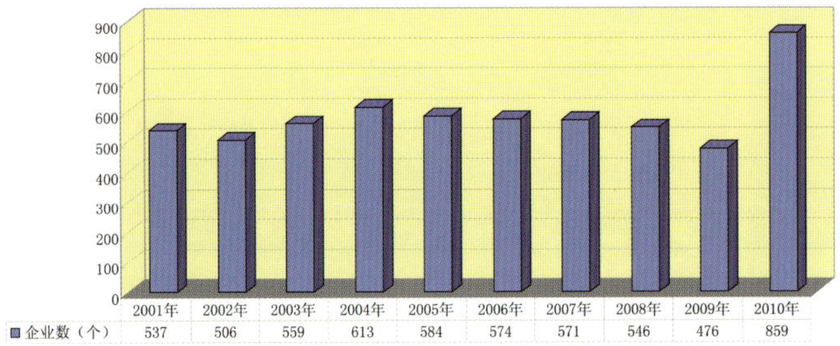

北京市勘察设计行业 2001 年—2010 年从业人数发展图

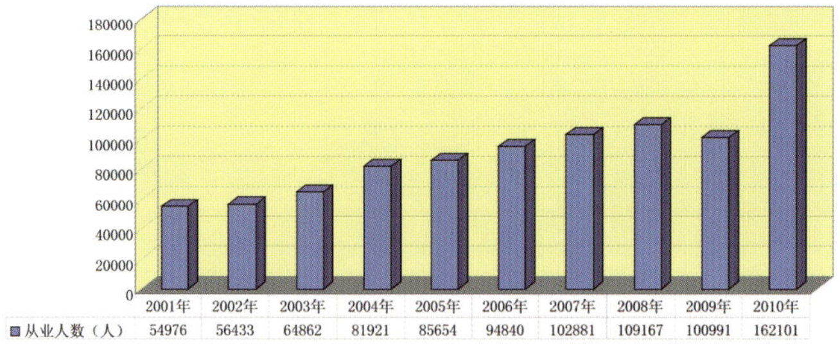

北京市勘察设计行业 2001 年—2010 年营业收入发展图

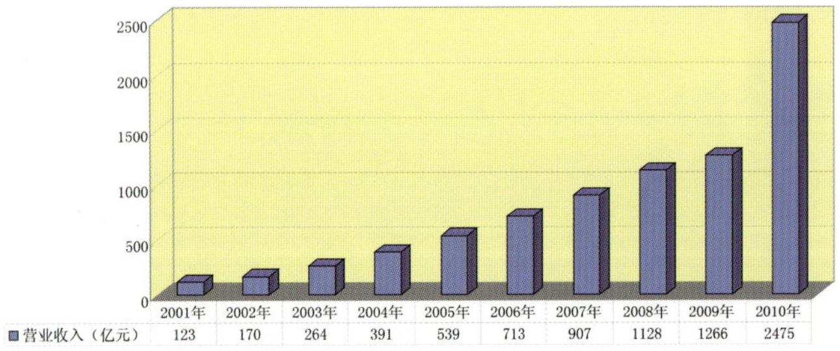

北京市勘察设计行业 2001 年—2010 年人均营业收入发展图

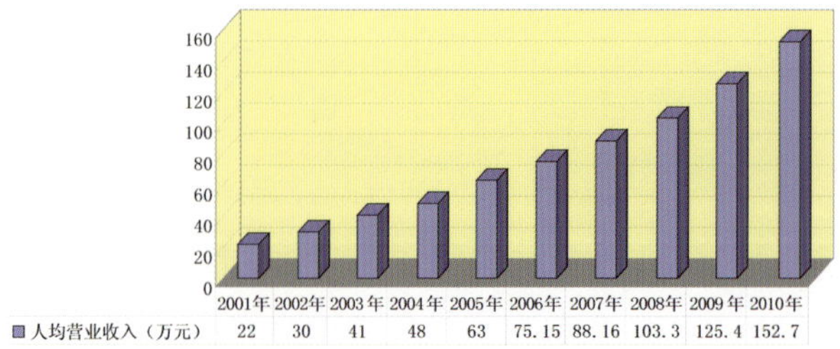

北京市勘察设计行业2010年度企业营业收入前20名排序

排名	企业名称	勘察设计行业类别	企业资质等级	年末从业人员合计（人）	营业收入合计（万元）
1	中国石化工程建设公司	工程设计综合资质	甲级	2492	1552026.00
2	中国寰球工程公司	工程设计综合资质	甲级	2883	1537127.86
3	中国水电工程顾问集团公司	电力	甲级	222	1289293.82
4	中冶京诚工程技术有限公司	工程设计综合资质	甲级	6827	1098809.70
5	中国核电工程有限公司	核工业	甲级	4624	948216.83
6	中铝国际工程有限责任公司	冶金	甲级	2310	670140.47
7	中国石油集团工程设计有限责任公司	工程设计综合资质	甲级	2321	621562.00
8	泛华建设集团有限公司	建筑	甲级	2507	502890.57
9	中国中建设计集团有限公司	建筑	甲级	896	456916.83
10	中国华电工程（集团）有限公司	电力	甲级	586	452753.00
11	中国恩菲工程技术有限公司	工程设计综合资质	甲级	1345	439385.00
12	中国昆仑工程公司	轻纺	甲级	1457	422442.00
13	中国京冶工程技术有限公司	建筑	甲级	1986	382443.40
14	中国航天建筑设计研究院（集团）	军工	甲级	985	367357.73
15	北京首钢国际工程技术有限公司	冶金	甲级	1113	351260.00
16	中国电力工程顾问集团华北电力设计院工程有限公司	工程设计综合资质	甲级	1331	299863.00
17	中国建筑设计研究院	建筑	甲级	1097	291002.00
18	国核电力规划设计研究院	工程设计综合资质	甲级	737	275652.90
19	中国中元国际工程公司	工程设计综合资质	甲级	824	247351.22
20	中国航空规划建设发展有限公司	工程设计综合资质	甲级	2900	246140.00

B 北京工程勘察设计行业协会

Beijing gongcheng kancha sheji hangye xiehui

一、协会概况

北京工程勘察设计行业协会成立于1987年，原名：北京勘察设计协会，2009年2月，经北京市社会团体管理办公室等部门批准改为“北京工程勘察设计行业协会”，是由北京地区工程勘察设计单位自愿参加组成，经北京市社会团体管理办公室核准登记的行业性、非营利性社会团体法人。协会会长由曲际水担任，周荫如任秘书长。

协会坚持依法办会、自主办会和民主办会的原则，接受北京市规划委员会、北京市社会团体管理办公室的业务指导和监督管理。

协会现有会员单位446家；内设机构4个：办公室、综合部、信息部、责任保险部；经济实体1个：培训中心；分支机构9个：市场工作委员会、技术经济工作委员会、技术质量工作委员会、财务工作委员会、工程总承包工作委员会、勘察与测量工作委员会、企业文化工作委员会、中小单位工作委员会、民营企业工作委员会。

协会宗旨：以邓小平理论和“三个代表”重要思想为指导，全面贯彻落实科学发展观，遵守宪法、法律、法规和国家政策，遵守社会道德风尚，维护会员和行业的合法权益，提供服务、反映诉求、规范行为，围绕提高工程投资效益，促进工程勘察设计行业自主创新与技术进步，提高行业自主管理水平，改善市场环境，开展活动，促进北京地区工程勘察设计行业的改革和发展，为首都和全国经济社会发展贡献力量。

二、协会2010年度主要工作

(一) 履行协会宗旨，为会员单位提供服务

1. 抓好培训工作，提高勘察设计人员的素质

根据国家有关政策，紧密结合北京地区工程勘察设计实际和设计人员的实际需要，将行业中最新科技发展水平、成熟经验、设计过程中的常见问题、工程实例等作为培训内容。结合设计人员的实际需求，制定培训计划。截至12月底，培训中心共举办注册建筑师和注册结构师继续教育培训班28期。其中：建筑师必修课6期，选修课9期；结构师必修课5期，选修课8期；5 069人次参加了培训，4 900人次通过考核，合格率达97%。满足了注册人员继续教育学时的要求，受到广大设计人员的赞许。

技术经济工作委员会与北京市工程咨询协会联合举办了咨询工程师从业上岗培训班，就工程咨询有关法规和项目审批程序、可行性研究报告和项目申请报告的编制等进行培训，经考试合格110余人取得了结业证书。

2. 组织会员单位学习考察上海世博园

为帮助会员单位更好地加强与世界交流，近距离对话世界文化和了解世博园工程建设技术，协会培训中心分期分批组织工程技术人员近600人赴上海学习考察世博园工程。学习考察采取实地参观和专题讲座相结合，参观以建筑结构、节能环保为主题。同时，还特地安排了“上海世博园场馆工程建设”系列专题讲座，邀请上海同行业专家做“上海世博园场馆工程建设”介绍。

3. 开展调查研究，共谋行业发展

为切实反映和解决当前一些影响勘察设计行业发展的突出问题，了解广大会员单位的诉求，推动行业的科学发展，及时向政府主管部门反映会员单位的具体要求和建议、围绕会员单位关心的热点问题，协会领导先后到7家勘察设计单位和部分工作委员会进行调研，就生产经营、改革发展、创优创新、资质管理等方面进行座谈、交流，深入了解会员单位的诉求。同时，充分听取大家对协会工作的意见和建议，结合北京市关于世界城市、节能降耗等要求，调查研究了北京勘察设计行业的基本状况，摸清家底、认清形势、正确定位，构建自身的独特竞争优势。提出北京勘察设计行业要注重科技创新、科技进步和“四新技术”的推广应用。从同质化向特色化、专业化转变，走新、精、特、专之路，开创企业发展的新途径。

4. 宣传高新技术企业认定政策，推动认证工作

为使勘察设计企业充分享受高新技术企业的优惠政策，依据高新技术企业认定的相关法律规定，结合勘察设计行业的特点，详细解读了新标准认定条件、介绍了申报程序、申报工作组织安排与材料准备、申报审计等事项及申报经验。使参会单位对高新技术企业认定政策有了充分认识，对高新技术企业申报工作也有了全面了解。

(二) 围绕政府中心工作，发挥桥梁纽带作用

1.《迈向世界城市的新建筑——2010年北京市勘察设计测绘行业工作会暨首届城市规划设计论坛》会务工作

受北京市规划委员会的委托，协会和市勘察设计与测绘管理办公室共同承办了《迈向世界城市的新建筑——2010年北京市勘察设计测绘行业工作会暨首届城市规划设计论坛》的参会人员组织和会务工作。市规划委领导以及来自本市及在京的规划、勘察、设计、测绘单位的代表近2 000人参加了会议。会议总结了前两年的工作，部署了当前和今后一个时期北京规划勘察设计和测绘的重点工作。强调行业单位要紧密结合规划建设需求，努力提升行业工作水平，同时行业主管部门要进一步加强勘察设计测绘市场监管，不断提高规划设计工作的质量和水平，使北京的城市形象、空间形态、环境品质更加美好、更加宜居。

2.《房屋建筑和市政基础设施工程施工图设计文件技术审查要点》的编制组织工作

为保证建设工程质量，提高勘察设计水平，规范建筑工程和市政基础设施工程施工图设计文件审查工作，明确审查内容，统一审查标准，根据《房屋建筑和市政基础设施工程施工图设计文件审查管理办法》(第134号部令)的规定，受市勘察设计与测绘管理办公室的委托，承担了《建筑工程和市政基础设施工程施工图设计技术审查要点》的编制工作。目前，已初步完成了征求意见初稿。

3.“六省市勘察设计工作交流会”会务工作

2010年，协会承办了市勘察设计与测绘管理办公室委托的“六省市勘察设计工作交流会”的会务工作。北京、天津、上海、重庆4个直辖市和河北省、深圳市勘察设计主管部门、行业协会、住房和城乡建设部的主管领导和部分勘察设计企业代表40多人参加了会议。会议交流了行业管理取得的成功经验，探讨了行业存在的问题，对引领勘察设计行业健康发展提出了一些意见和建议。

4. 行业基础资料收集工作

为全面真实、客观准确地记述北京勘察设计行业的发展历程，受市勘察设计与测绘管理办公室委托，协会参与了《北京勘察设计行业发展报告》一书的编撰工作，其中承担了2006—2009年间“优秀工程勘察设计奖评选”、“工程勘察与岩土行业诚信单位评选”结果和工程勘察设计企业基本信息的收集、整理、汇总工作，全部资料供《北京勘察设计行业发展报告》采用。

5. 推选“高新技术企业认定专家 ”工作

经市科委、市规划委商定，由市勘察设计与测绘管理办公室和协会在行业内共同推选“北京地区勘察设计行业高新技术企业认定专家库”，包括各主要专业技术人员、财务、经济管理人员。已整理收录了北京地区40余家通过了高新技术企业认证的勘察设计企业推荐的400余人专家信息，经核对后提出完善意见，与市科委共同确认。

(三) 开展设计单位诚信评估，加强行业自律

根据中国勘察设计协会《关于在全国建筑设计行业开展诚信评估工作的通知》要求和北京工程勘察设计行业协会《关于在北京地区建筑设计单位开展诚信评估工作的通知》的工作安排，结合北京地区的工作，制定了《北京地区建筑设计单位诚信评估评分细则》和工作计划，在北京地区建筑设计会员单位中开展诚信评估工作，100余家建筑设计单位参加了申报动员会。

北京工程勘察设计行业协会
地址：北京市西城区二七剧场路东里新11号楼2层北段
邮编：100045
电话：010-68016541 68022699 68010400
网址：www.bjkcsj.com

天津市行业综述

天津市2010年统计数据汇总项目表

企业资质情况（个）	从业人员情况（人）	财务情况（亿元）	科技活动情况
企业总数 278	从业人员合计 35415	营业收入合计 315.38	活动费用支出总额 （亿元）12.60
工程勘察企业数 25 其中：甲级 10 乙级 15	技术人员合计 27703 其中：高级 9603 中级 9397	工程勘察收入合计 36.80 其中：境外工程勘察收入 0.32	成果转让收入总额 （亿元）33.19
工程设计企业数 145 其中：甲级 80 乙级 59	建筑师合计 799 其中：一级 449 二级 350	工程设计收入合计 83.14 其中：境外工程设计收入 0.90	企业累计拥有专利 （项）494
专项合计企业数 108 其中：甲级 55 乙级 53	结构工程师合计 744 其中：一级 681 二级 63	管理服务收入合计 8.50 其中：境外管理服务收入 0.08	累计拥有专有技术 （项）243
设计施工一体化企业数 0 其他企业数 0	建造工程师合计 1032 其中：一级 598 二级 434	工程承包收入合计 162.01 其中：境外工程承包收入 46.78	获国家级、省部级 奖（项）281 其中：国家级（项）40
综合资质企业数 3	注册岩土工程师合计 185	其他收入合计 24.93 其中：境外其他收入 0.03	参编国家、行业、地方技 术标准（项）108 其中：国家级（项）14
内资企业数 264	注册城市规划师合计 43		
港澳台商企业数 6	注册造价工程师合计 370	营业成本合计 238.06	
外商投资企业数 8	注册监理工程师合计 325	人均营业收入 0.00891	

天津市勘察设计行业 2001 年—2010 年企业数发展图

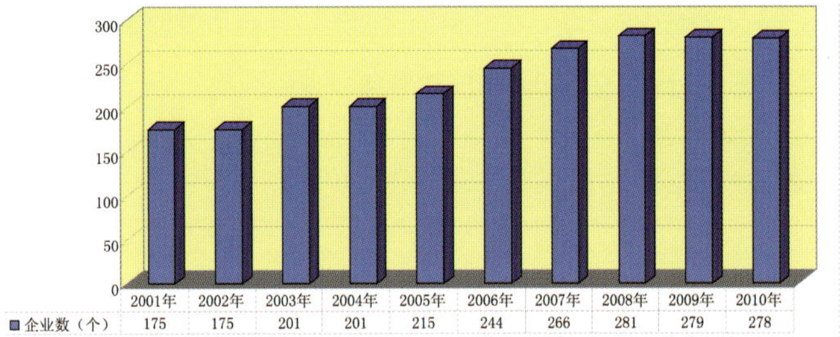

天津市勘察设计行业 2001 年—2010 年从业人数发展图

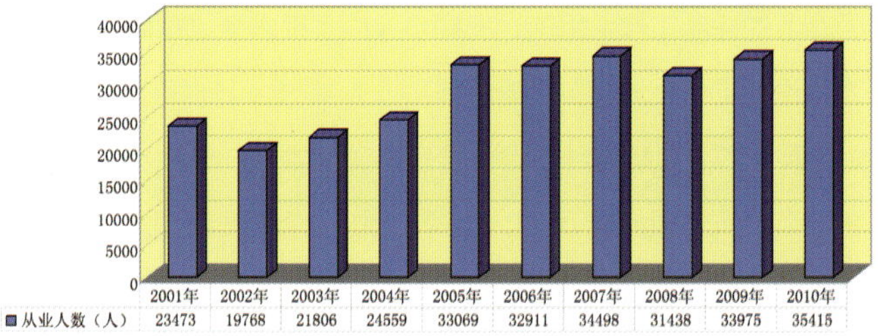

天津市勘察设计行业 2001 年—2010 年营业收入发展图

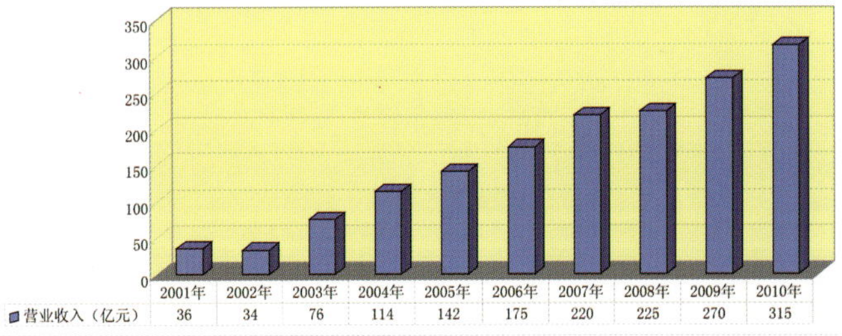

天津市勘察设计行业 2001 年—2010 年人均营业收入发展图

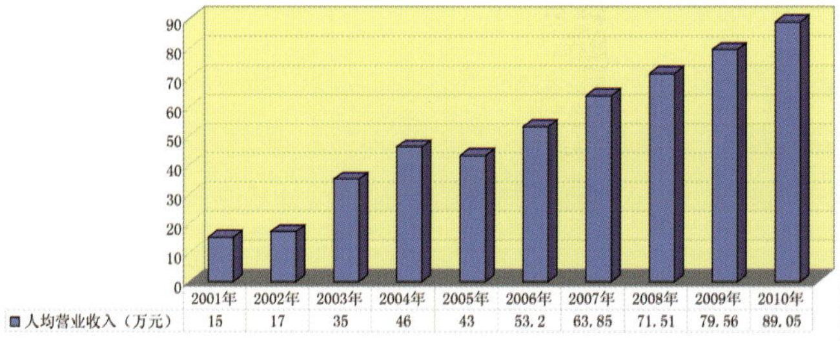

天津市勘察设计行业2010年度
企业营业收入前20名排序

排名	企业名称	勘察设计行业类别	企业资质等级	年末从业人员合计（人）	营业收入合计（万元）
1	天津水泥工业设计研究院有限公司	建材	甲级	1008	605565.00
2	铁道第三勘察设计院集团有限公司	工程设计综合资质	甲级	4159	388229.00
3	中国天辰化学工程公司	工程设计综合资质	甲级	1332	276222.00
4	中交第一航务工程勘察设计院有限公司	工程设计综合资质	甲级	785	124747.59
5	中国市政工程华北设计研究总院	工程设计综合资质	甲级	1029	92771.00
6	天津市建筑设计院	建筑	甲级	1119	78414.66
7	天津市市政工程设计研究院	市政	甲级	733	59511.00
8	机械工业第五设计研究院	机械	甲级	431	52987.00
9	海洋石油工程股份有限公司	石油天然气（海洋石油）	甲级	767	52525.91
10	中水北方勘测设计研究有限责任公司	水利	甲级	1068	33252.00
11	中铁隧道勘测设计院有限公司	铁道	甲级	697	28649.00
12	天津市勘察院	勘察综合类	甲级	298	26762.00
13	中海油天津化工研究设计院	化工石化医药	甲级	173	21383.00
14	中铁电气化勘测设计研究院有限公司	铁道	甲级	481	16618.00
15	天津大学建筑设计研究院	建筑	甲级	214	15638.70
16	德希尼布天辰化学工程（天津）有限公司	化工石化医药	甲级	257	11216.00
17	天津电力设计院	电力	甲级	178	11181.00
18	中交天津港湾工程设计院有限公司	水运	甲级	123	10688.31
19	天津水运工程勘察设计院	水运	甲级	156	9929.44
20	天津市地质工程勘察院	勘察综合类	甲级	377	9853.58

天津市勘察设计协会

Tianjinshi kancha sheji xiehui

一、协会概况

天津市勘察设计协会成立于1989年2月，协会现有会员单位326家，贾炳公任理事长，华军任秘书长。

天津市勘察设计协会下设勘察工作委员会。

协会宗旨：以邓小平理论和“三个代表”重要思想为指针，认真贯彻落实科学发展观和创建和谐社会的重要思想，遵守国家宪法、法律、法规，协助政府加强行业管理，组织开展促进行业进步、推动事业发展和为会员单位服务的各种活动。加强行业自律，维护会员正当权益，保障会员与社会、政府间的密切沟通，促进会员与国际间的合作。

二、协会2010年度主要工作

2010年，天津市勘察设计协会的工作是紧紧围绕中国勘察设计协会和天津市建设委员会设计处的工作部署、行业的发展趋势以及会员单位的需求开展的。在业务主管部门的指导下、在广大会员单位的大力支持下，在提高行业技术水平、为会员提供优质服务和加强自身建设等方面，做了很多工作。

(一) 加强资质初审管理，为企业做好资质换证工作

截至3月31日，通过本市初审换证单位255家(甲级单位55家，乙级单位62家，丙级单位9家，事务所8家，专项121家)。其中，已通过换证初审单位205家(甲级单位54家，乙级单位47家，丙级单位7家，事务所5家，专项92家)，未通过换证的单位50家(包括甲级单位1家，乙级单位15家，丙级单位2家，事务所3家，专项29家)。截至2010年11月23日，本市共有勘察设计单位275家。其中，驻津单位28家，包括26家驻津甲级单位，2家驻津乙级单位。市属勘察设计单位共计247家。桩基检测单位33家。

(二) 组织优秀勘察设计项目的评选和作品集的制作工作

(1) 按照建交委建设[2010]371号文《关于开展2010年度天津市“海河杯”优秀勘察设计奖评选工作的通知》要求，协会对2010年开展的天津市“海河杯”优秀勘察设计奖评选工作做了精心部署，并向勘察设计单位下发了津设协[2010]第09号《2010年度天津市“海河杯”优秀勘察设计奖评选申报细则通知》。2010年，协会共收到参评项目244项，高于往年，这充分体现了勘察设计单位争创设计精品的设计氛围。协会经过专家初审和组织专家于6月19日~20日两天的集中审查，评出2010年“海河杯”优秀勘察设计奖项目139项。其中，建筑28项，市政59项，勘察及岩土29项，住宅9项，标准3项，人防、智能化、装饰、暖通、电气、总承包11项。

(2) 为单位和个人获奖者打印获奖证书，制作2010年优秀设计作品集。

(三) 组织各种培训，提高行业竞争力

培训工作是协会的重要工作之一。2010年，培训工作共涉及6个方面：勘察外业培训、注册结构师培训、工程总承包项目经理培训、土工试验培训、桩基换证培训、《建筑抗震设计规范》培训。共举办了11期培训班，总人数约2 000人次。单次参加人数超过200人以上的培训进行了3次，单次时间达6天以上的培训进行了2次。

在2010年注册结构师继续再教育的培训中，协会领导非常重视，亲自到会场做训前动员，并针对一些老年技术人员的具体困难，征得市注册办公室同意，采取了分散学习、集中考试的办法，既保证了学习质量又完成了培训任务。

在组织项目经理的培训中，协会领导采取各种方式宣传以设计院为龙头的工程总承包的意义，动员我市各院参加培训的人员达150人之多。

在2010年的培训工作中，协会感到各单位对协会的培训工作十分支持，不断派出技术骨干参加学习，大家一致认为协会的培训内容及时，对实际工作很有帮助。例如，大家踊跃报名参加抗震新条例的学习，学习人数达260人。

(四) 扩展宣传范围，及时报道行业动态

(1)《天津勘察设计》会刊是协会对外宣传行业信息、行业技术、行业发展的重要工具。2010年，协会对会刊的内容进行了调整，增加了世博场馆系列介绍栏目，让设计师们能够了解其他国家的新技术、新材料和先进的设计理念。

天津市勘察设计行业在各级领导的关注下，在广大会员单位的支持下，取得长足的发展

(2) 协会网站对及时报道行业信息动态，宣传行业的优秀设计作品和优秀设计师以及设计人员关心的政策、法规等内容起到了重要的作用。勘察设计行业的各种文件、会议及临时通知都能通过协会网站及时发送，网站已经成为政府、协会和设计单位离不开的阵地。

(3) 采用手机群呼这一快捷、灵活的信息传递方式，既避免了信件邮寄容易丢失和无法确认是否收到的问题，又节省了时间还节约了开支，得到了会员单位的普遍好评。

(五) 提高勘察质量，勘察工作委员会起到了推动作用

(1) 勘察工作委员会对我市拥有土工实验室的勘察单位的实验室继续进行了全面、认真的检查，并形成了详细的审查报告。根据我市土工实验室的具体情况，制定并颁布了《天津市土工试验室分级认定管理办法》(勘工[2009]1号)。勘察土工实验室定级工作已经完成，认定结果为：甲级8家，乙级15家，丙级3家。并为天津市经过分级认定的土工试验室刻制了“土工试验技术成果专用章”。专用章于2010年1月1日正式启用(勘工[2009]2号)。

(2) 为提高我市工程勘察技术质量水平，保证工程勘察外业施工质量和土工试验质量，提高工程勘察外业技术人员、施工人员和土工试验人员技能水平，天津市勘察工作委员会组织了外业技术人员、施工人员和土工试验人员的培训。工程勘察外业技术人员和施工人员分4批次共计培训996人，颁发培训合格证书940张，其中技术人员486张，施工人员454张。证书自2010年4月30日生效。并要求在工程勘察成果报告中附外业人员责任页。工程勘察土工试验人员分2次共计培训309人，颁发证书309张。

(3) 组织土工试验室人员观摩学习了有代表性的优秀试验室，通过参观学习，增加了试验室间的相互了解，同时对我市土工试验工作又好又快的发展起到了很好的促进作用。

(六) 开展丰富的文体活动，提高行业凝聚力

(1) 举世瞩目的上海世博会汇集了全球189个国家和57个国际组织参加，世博会的场馆都是建筑艺术的结晶体。协会在8月份组织部分设计单位的设计师参观了世博会。

(2) 协会于2010年12月组织第二届行业乒乓球比赛，共有50个队237人报名参赛。

天津市勘察设计协会

地址：天津市南开区亮丽道阳光公寓5号楼A座底商
邮编：300381
电话：022-23932668　23926336
邮箱：kcsj@tjkcsj.com
网址：www.tjkcsj.com

河北省行业综述

河北省2010年统计数据汇总项目表

企业资质情况（个）	从业人员情况（人）	财务情况（亿元）	科技活动情况
企业总数 525	从业人员合计 40820	营业收入合计 183.77	活动费用支出总额 （亿元）0.77
工程勘察企业数 111 其中：甲级 41 乙级 62	技术人员合计 29220 其中：高级 9382 中级 11127	工程勘察收入合计 17.62 其中：境外工程勘察收入 0.23	成果转让收入总额 （亿元）0.51
工程设计企业数 333 其中：甲级 96 乙级 149	建筑师合计 1105 其中：一级 536 二级 569	工程设计收入合计 51.70 其中：境外工程设计收入 2.14	企业累计拥有专利 （项）221
专项合计企业数 78 其中：甲级 30 乙级 47	结构工程师合计 1075 其中：一级 864 二级 211	管理服务收入合计 3.41 其中：境外管理服务收入 0	累计拥有专有技术 （项）394
设计施工一体化企业数 3	建造工程师合计 926 其中：一级 481 二级 445	工程承包收入合计 100.21 其中：境外工程承包收入 20.01	获国家级、省部级奖 （项）392 其中：国家级（项）35
其他企业数 0			
综合资质企业数 1	注册岩土工程师合计 416	其他收入合计 10.82 其中：境外其他收入 0	参编国家、行业、地方 技术标准（项）125 其中：国家级（项）37
内资企业数 524	注册城市规划师合计 30		
港澳台商企业数 0	注册造价工程师合计 388	营业成本合计 156.95	
外商投资企业数 1	注册监理工程师合计 523	人均营业收入 0.00450	

河北省勘察设计行业 2001 年—2010 年企业数发展图

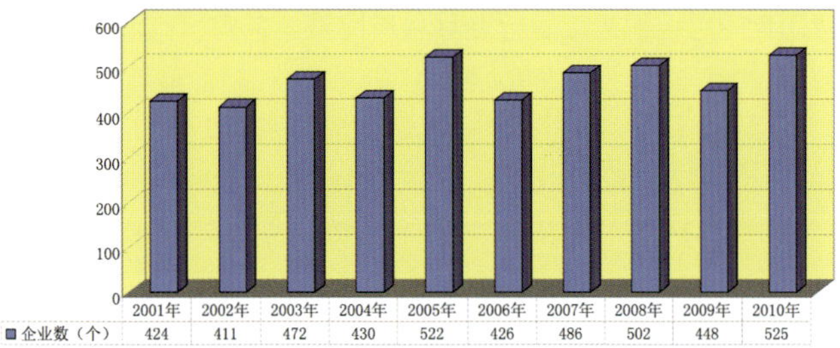

河北省勘察设计行业 2001 年—2010 年从业人数发展图

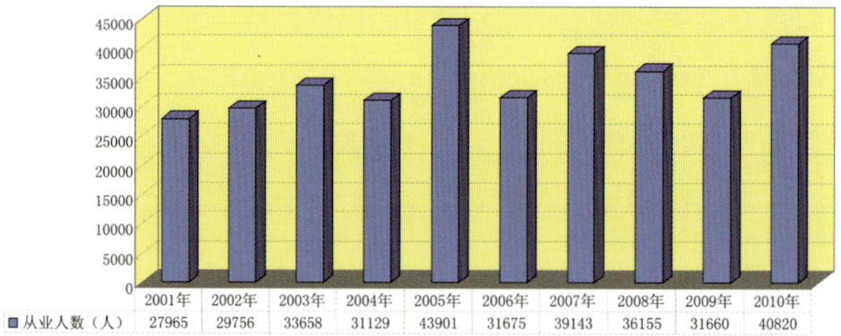

河北省勘察设计行业 2001 年—2010 年营业收入发展图

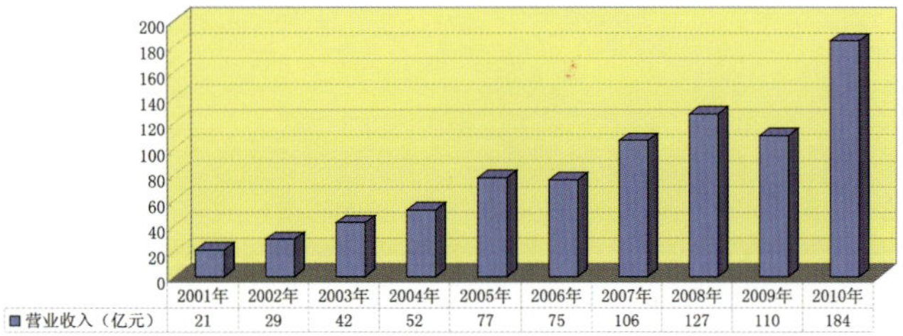

河北省勘察设计行业 2001 年—2010 年人均营业收入发展图

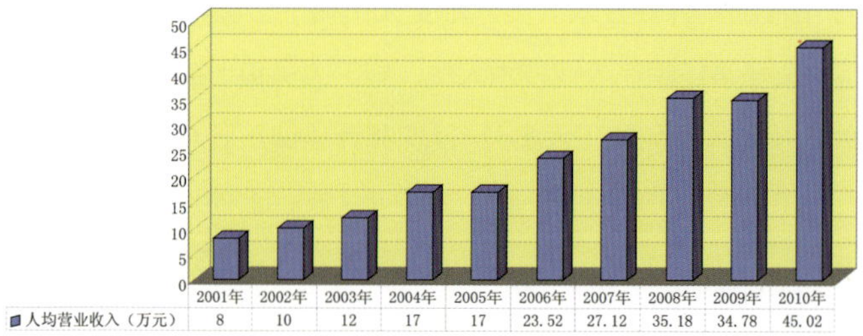

河北省勘察设计行业2010年度
企业营业收入前20名排序

排名	企业名称	勘察设计行业类别	企业资质等级	年末从业人员合计（人）	营业收入合计（万元）
1	中国石油天然气管道工程有限公司	工程设计综合资质	甲级	1832	332609.00
2	河北建设勘察研究院有限公司	勘察综合类	甲级	1799	124432.70
3	北方设计研究院（中国兵器工业第六设计研究院）	军工	甲级	872	118431.00
4	河北省电力勘测设计研究院	电力	甲级	533	40122.00
5	中冶地勘岩土工程有限责任公司	勘察综合类	甲级	516	38461.54
6	秦皇岛玻璃工业研究设计院	建材	甲级	363	33960.00
7	中勘冶金勘察设计研究院有限责任公司	勘察综合类	甲级	488	33404.00
8	唐山钢铁设计研究院有限公司	冶金	甲级	336	32251.21
9	中国化学工程第一岩土工程有限公司	勘察综合类	甲级	509	29147.00
10	中冶京诚（秦皇岛）工程技术有限公司	冶金	甲级	424	27833.40
11	中核第四研究设计工程有限公司	核工业	甲级	463	26720.00
12	中煤邯郸设计工程有限责任公司	煤炭	甲级	480	24765.00
13	河北省交通规划设计院	公路	甲级	352	21581.00
14	河北建筑设计研究院有限责任公司	建筑	甲级	423	15820.88
15	河北省水利水电勘测设计研究院	水利	甲级	869	15215.37
16	廊坊荣盛建筑设计有限公司	建筑	甲级	28	13334.00
17	华北有色工程勘察院有限公司	勘察综合类	甲级	118	13216.00
18	中国兵器工业北方勘察设计研究院	勘察综合类	甲级	246	10588.00
19	中电科技集团河北工程项目管理有限公司	电子通信广电	甲级	66	10571.00
20	唐山市规划建筑设计研究院	建筑	甲级	260	10059.55

H 河北省工程勘察设计咨询协会

Hebeisheng gongcheng kancha sheji zixun xiehui

一、协会概况

河北省工程勘察设计咨询协会成立于1992年12月，协会现有会员单位567家，刘宝才任会长，张建梅任秘书长。

协会宗旨：以邓小平同志建设有中国特色社会主义理论为指导，坚持四项基本原则和党的基本路线，遵守社会道德风尚，围绕提高工程投资效益，促进技术进步，加强本行业的自我管理开展各项活动，在政府主管部门和会员单位之间发挥桥梁纽带作用，努力为会员单位服务，维护会员单位的合法权益，推动勘察设计、工程造价咨询事业的发展。

二、协会2010年度主要工作

(一) 坚持以科学发展观为统领，促进行业持续又好又快发展

1. 鼓励自主创新和科技进步，认真做好各项评优工作

2010年，协会认真组织2009年度河北省工程勘察设计优秀奖评选工作，经评审委员会评审，河北大学科技教育园区综合教学楼、京承公路冀京界至承

德市段公路、王快水库除险加固工程等178项工程获得2009年度河北省优秀工程勘察设计奖，其中一等奖24项；二等奖68项；三等奖86项。

另外，组织了2010年度全省勘察设计优秀QC质量小组评奖工作。共评出工程建设(勘察设计)优秀QC小组22项，其中一等奖7项；二等奖7项；三等奖6项。通过评优活动的开展，全省勘察设计工作者科技创新的意识得到增强，从而推动行业技术不断进步，促进工程勘察设计技术创新和管理创新，加快科技成果向现实生产力的转化，大大提升了勘察设计企业的市场竞争力。

2. 开展全省保障性住房方案设计竞赛活动

为深入贯彻国家和省委、省政府关于保障性安居工程的决策部署，提高保障性住房设计水平和建设品质，2010年9月在全省开展了保障性住房设计方案竞赛活动。共报来参赛方案190多项，通过组织专家认真评选，评出一等奖8项，二等奖44项，三等奖60项。

3. 开展我省建筑设计大师、工程设计大师评选活动

为了激发广大工程勘察设计人员的责任感与荣誉感，为社会提供具有良好经济效益、社会效益和环境效益的优秀勘察设计成果，2009年，开展了河北省勘察(岩土)设计大师评选活动，通过遵循客观、公平、公正的原则，严格按照评选条件评选，评出省勘察大师10名；2010年又开展了河北省设计大师评选活动，评出省建筑设计大师5名、省工程设计大师10名。

4. 开展既有街道整治规划设计评估工作

根据我省三年大变样工作要求，依据省办公厅《关于城市主要街道两侧既有建筑外观改造和街道景观环境整治的实施意见》，我省开展了主要街道两侧既有建筑外观改造和街道景观环境整治规划设计评审工作，从景观规划设计、改造既有建筑外观、整治景观环境等方面进行了评估。

(二) 协助政府主管部门，做好各方面工作

1. 协助政府主管部门完成全省勘察设计行业监督检查工作

根据《河北省建设工程勘察设计企业和施工图审查机构监督检查管理办法》等有关规定，完成了全省工程勘察设计企业、施工图审查机构监督检查工作。

2. 积极推进施工图审查工作

2010年，完成了全省施工图审查机构换证工作，截至目前，全省共有各类

审查机构40家，审查人员1 100余人。2009年，全省共审查房屋建筑和市政基础设施工程项目3 322项，审查出违反强制性标准11 392条，存在安全隐患173项。

3. 完成全省设计企业资质换证工作

2010年，协会协助省建设厅按照工程设计新资质标准及住房和城乡建设部有关要求，完成了全省符合新资质标准要求的设计企业资质证书的换发工作，并对2010年4月1日前未进行换证的设计企业撤销了资质。

4. 协助政府主管部门完成各项资质审查工作

根据《中华人民共和国行政许可法》等有关规定，协会组织专家对工程勘察设计、工程质量检测、工程造价等企业申报的资质许可申报资料进行审查，协助政府主管部门按时完成了许可事项审批工作。

(三) 坚持协会的服务宗旨，努力提升服务工作的水平

1. 开展培训、交流，为行业发展与科技进步服务

2010年9月，举办了全省岩土工程勘察质量安全培训班，聘请了多名省内外专家分别就《岩土工程勘察安全规范》、岩土工程勘察技术与管理、河北省地基承载力确定的经验与方法、岩土工程勘察质量管理和报告编制内容及要求进行了讲解和案例分析，学习效果显著。

2010年召开了全省施工图审查工作交流会，组织全省施工图审查人员贯彻学习住房和城乡建设部新修订的《建筑抗震设计规范》(GB 50011—2010)，并对各专业审查人员进行统一考试。

为了落实省委、省政府关于繁荣建筑创作、提高城乡规划和建筑设计水平的指示精神，省建设厅自2009年1月开始，组织了“河北建筑创作高端论坛”系列活动。

2. 开展我省勘察设计行业专题调研工作

为落实中国勘察设计协会《关于共同做好工程勘察设计行业专题调研工作的通知》的工作部署，我省于2010年9月份，在全省勘察设计行业贯彻节能减排，推进技术创新；发挥评优引导作用，推动技术进步，确保质量安全；企业结构调整，实施“走出去”战略，强化自律机制，维护市场秩序等方面进行了调研。

河北省工程勘察设计咨询协会

地址：河北省石家庄市新华路539号408室

邮编：050057

电话：0311-87880441　87883323

邮箱：zhianchu@126.com

网址：www.hebkcsj.com

3. 逐步推行全省行业诚信体系建设

搞好行业自律，加强行业的信用建设，是社团组织的一项重要任务。为提高全行业的整体素质和道德风尚，在工程勘察设计行业建立自我管理、自我约束、互相监督、共同发展的自律机制，印发了《河北省勘察设计行业自律公约》《河北省勘察设计企业执行国家收费标准实施细则》等相关文件。按照党中央、国务院关于“加快社会信用体系建设”的要求，根据国家制定的《全国工程勘察设计单位诚信评估办法》《行业公约》《职业道德准则》等文件，印发了《河北省工程勘察设计单位、施工图审查机构诚信评估办法》和《河北省工程勘察设计单位诚信评估评分细则》，在全省勘察设计行业开展了诚信单位评估活动，在全行业逐步推行行业诚信体系建设，形成以道德为支撑、产权为基础、法律为保障、社会为监督的符合工程勘察设计行业实际情况的信用制度。

山西省行业综述

山西省2010年统计数据汇总项目表

企业资质情况（个）	从业人员情况（人）	财务情况（亿元）	科技活动情况
企业总数 432	从业人员合计 28520	营业收入合计 84.27	活动费用支出总额（亿元）1.20
工程勘察企业数 76 其中：甲级 20 乙级 55	技术人员合计 20238 其中：高级 5850 中级 8462	工程勘察收入合计 9.12 其中：境外工程勘察收入 0	成果转让收入总额（亿元）0.05
工程设计企业数 311 其中：甲级 44 乙级 140	建筑师合计 751 其中：一级 301 二级 450	工程设计收入合计 30.00 其中：境外工程设计收入 0.03	企业累计拥有专利（项）112
专项合计企业数 43 其中：甲级 4 乙级 37	结构工程师合计 646 其中：一级 462 二级 184	管理服务收入合计 2.31 其中：境外管理服务收入 0.06	累计拥有专有技术（项）82
设计施工一体化企业数 2	建造工程师合计 300 其中：一级 121 二级 179	工程承包收入合计 37.71 其中：境外工程承包收入 0	获国家级、省部级奖（项）142 其中：国家级（项）20
其他企业数 0			
综合资质企业数 1	注册岩土工程师合计 218	其他收入合计 5.13 其中：境外其他收入 0.03	参编国家、行业、地方技术标准（项）19 其中：国家级（项）6
内资企业数 431	注册城市规划师合计 103		
港澳台商企业数 0	注册造价工程师合计 167	营业成本合计 67.90	
外商投资企业数 1	注册监理工程师合计 263	人均营业收入 0.00296	

山西省勘察设计行业 2001 年—2010 年企业数发展图

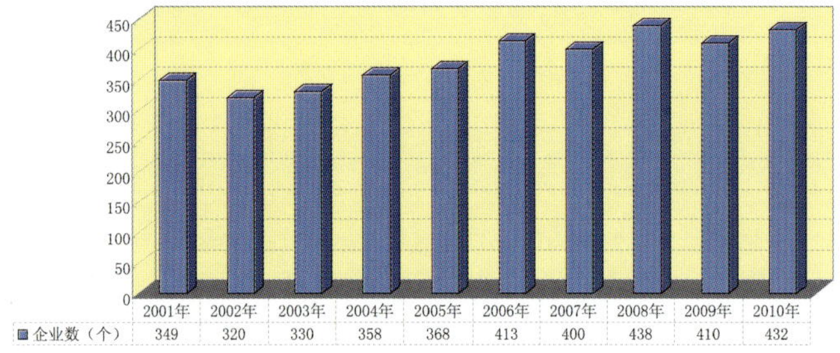

山西省勘察设计行业 2001 年—2010 年从业人数发展图

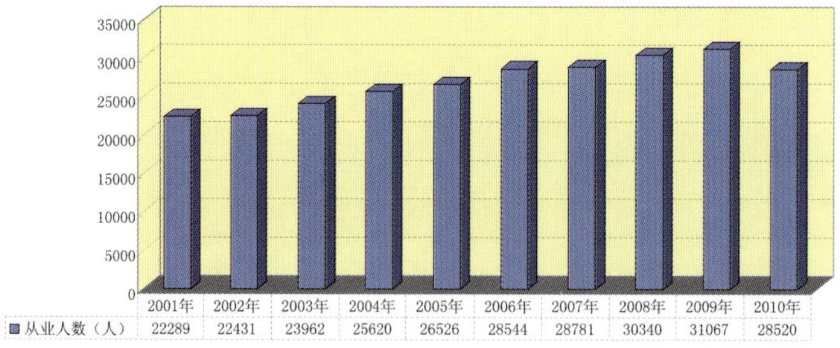

山西省勘察设计行业 2001 年—2010 年营业收入发展图

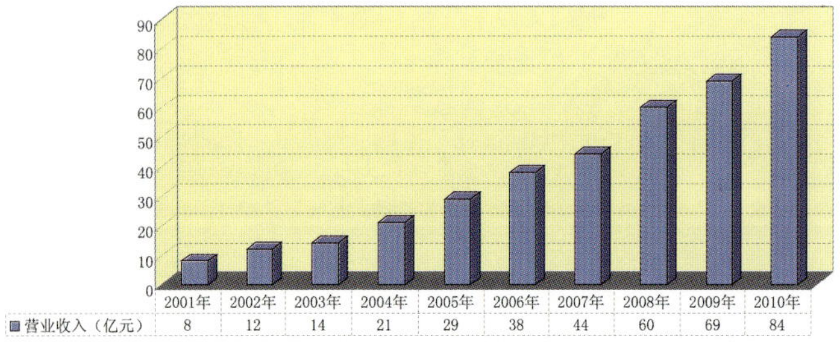

山西省勘察设计行业 2001 年—2010 年人均营业收入发展图

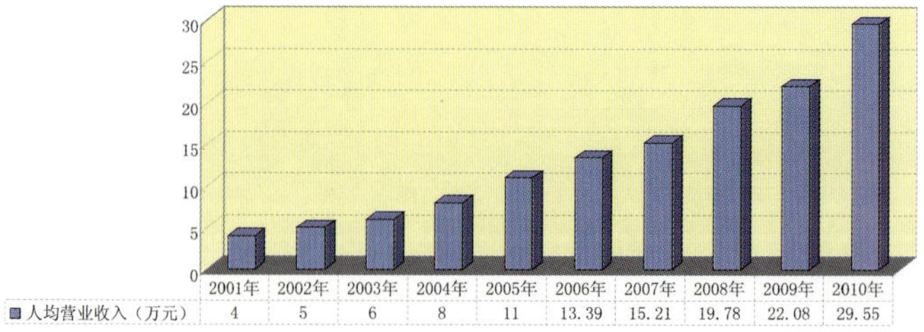

山西省勘察设计行业2010年度
企业营业收入前20名排序

排名	企业名称	勘察设计行业类别	企业资质等级	年末从业人员合计（人）	营业收入合计（万元）
1	赛鼎工程有限公司	化工石化医药	甲级	1291	215975.00
2	山西约翰芬雷华能设计工程有限公司	煤炭	甲级	167	78357.00
3	山西省电力勘测设计院	电力	甲级	674	60050.00
4	中核新能核工业工程有限责任公司	核工业	甲级	444	52937.00
5	山西交科公路勘察设计院	公路	甲级	251	24798.05
6	煤炭工业太原设计研究院	煤炭	甲级	572	18542.61
7	山西华晋岩土工程勘察有限公司	勘察综合类	甲级	154	14940.67
8	山西冶金岩土工程勘察总公司	勘察综合类	甲级	650	14843.07
9	太原市建筑设计研究院	建筑	甲级	218	14706.00
10	山西省建筑设计研究院	建筑	甲级	493	13530.95
11	山西省勘察设计研究院	勘察综合类	甲级	521	12779.09
12	山西省交通规划勘察设计院	公路	甲级	434	11950.00
13	山西省水利水电勘测设计研究院	水利	甲级	760	11873.26
14	山西省地质工程勘察院	勘察综合类	甲级	545	11278.49
15	山西信息规划设计院有限公司	电子通信广电	甲级	319	9896.00
16	山西太钢工程技术有限公司	冶金	甲级	240	5696.70
17	山西国辰建设工程勘察设计有限公司	煤炭	甲级	203	4988.61
18	太原市市政工程设计研究院	市政	甲级	174	4413.00
19	山西中方森特建筑工程设计研究院	建筑	甲级	244	4333.44
20	山西省化工设计院	化工石化医药	甲级	209	4091.22

S 山西勘察设计协会

Shanxi kancha sheji xiehui

一、协会概况

山西勘察设计协会成立于1987年，是具有社会团体法人资格的勘察设计行业全省性的社会团体。共有勘察设计单位会员400余个，下设各市勘察设计协会、专业分会、工作委员会8个，基本覆盖了全省的勘察设计单位。是一个知识密集、人才济济的行业协会组织。

2010年9月，召开了第五届会员代表大会，并进行了换届选举。协会第五届理事会理事133人，常务理事59人，副理事长16人，原省建设厅总工程师刘文林任理事长，原省重点办副主任刘继承任秘书长。本届理事会特聘请煤炭工业部太原设计研究院副总工程师、全国工程勘察大师王步云，山西省政府工程建设事务管理局局长、一级注册建筑师赵友亭为协会顾问。

协会宗旨：以邓小平理论和“三个代表”重要思想为指导，全面贯彻落实科学发展观，遵守国家宪法、法律、法规和国家政策，遵守社会道德风尚；坚持提供服务、反映诉求、规范行为，为经济社会发展服务的工作方针；围绕提高工程投资效益，促进工程勘察设计咨询行业自主创新与技术进步；实施行业自我管理，为会员服务，维护行业、会员的合法权益，在政府和会员之间发挥桥梁纽带作用，推动行业又好又快发展。

协会主要工作范围：调查研究、技术合作、经验交流、人才培训。

二、协会2010年度主要工作

2010年，山西勘察设计协会在省住房和城乡建设厅及民政厅的领导下，围绕政府主管部门的中心工作，围绕会员单位的工作需要，坚持以科学发展观为指导，开展了多种多样的活动，较好地发挥了桥梁、纽带、参谋和助手作用。

(1) 协会于2010年9月10日在太原市召开了第五届会员代表大会，进行了换届工作。会上张立光副厅长做了重要讲话，他首先对上一届理事会工作给予充分肯定，并对新当选的理事会成员表示祝贺。他在讲话中指出，新一届理事会要认真总结“十一五”期间的工作，谋划好“十二五”规划。“十二五”规划的谋划与发展首先要对“十一五”做出客观的评价与总结，从行业管理、技术创新、发展战略方面寻找不足，认清当前形势，抓住发展机

遇，从行业的可持续发展、人才培养、创新型领域上提高竞争力。协会要进一步做好对企业的服务和帮助，在行业自律，市场优化上发挥积极的作用，要进一步重视工程质量安全，尽职尽责，加强售后服务，遏制安全隐患，明确方向，找准定位，实现我省勘察设计行业的转型跨越发展。

(2) 2010年9月10日，召开了山西勘察设计协会五届一次常务理事会。第五届常务理事参加了本次会议，会议特邀了山西省住房和城乡建设厅建筑与勘察设计市场监管处周翠芬处长、综合处郝竹青处长、工程质量安全处项连斌处长出席了会议。3位处长分别介绍了各自处室的概况和处室当前的任务，并希望协会真正起到政府与企业之间的桥梁和纽带作用，为政府部门当好助手、参谋。

协会第五届理事会刘继承秘书长就协会工作提出了希望和要求。要求协会继续认真完成今年年初制定的2010年度工作计划，同时布置安排了明年的工作目标。

会议上，刘文林理事长做了总结发言，要求各会员单位认清当前形势、抓住发展机遇，实现我省勘察设计行业的转型跨越发展。同时，要求协会工作一定要履行服务宗旨，为企业服务、为行业发展服务。

(3)“省城十大建筑”是我省建国以来规模最大的建筑群，为改善省城形象，提升城市品位，增强城市综合承载能力具有十分重要的意义。“省城十大建筑”设计理念、结构与形式的统一、现代技术文明与建筑艺术结合，从设计到施工存在着诸多创新和难点。协会于7月13日组织省内会员单位专业技术人员约150人参观考察了“省城十大建筑”中的“山西大剧院”、“山西体育中心”、“中国(太原)煤炭交易中心”、“太原铁路新站”四大在建建筑。

(4) 根据中国勘察设计协会(中设协字[2010]第01号)和山西省质量与名牌协会(晋质协字[2010]3号)文件精神要求，山西勘察设计协会对全省工程建设(勘察设计)行业申报的QC小组进行了认真的评选申报。本年度共获得国家级及省、部级优秀质量管理小组12个，其中，山西省电力勘测设计院热机专业节能QC小组、山西省第二建筑设计院结构所地基处理设计QC小组获全国优秀质量管理小组奖；山西省电力勘测设计院热机专业节能QC小组、山西省建筑设计研究院综合设计七所QC小组获国家工程建设(勘察设计)优秀质量管理小组奖；太原钢铁(集团)设计院(有限公司)工程经济QC小组等10个QC小组获山西省优秀质量管理小组奖；山西省建筑设计研究院 综合设计七所总图组QC小组、山西省第二建筑设计院设备所电气QC小组、太原理工大学建筑设计研究院设计三所QC小组获山西省质量信得过班组；山西省第二建筑设计院获山西省质量管理小组活动优秀企业；山西省建筑设计研究院院长张学锋、山西省第二建筑设计院院长吴建平获山西省质量管理小组活动卓越领导者称号；山西省建筑设计研究院牟秀泉、山西省第二建筑设计院黄丽黎、山西省第二建筑设计院王安平获山西省质量管理小组活动优秀推进者称号。

(5) 2010年12月，协会分三期完成了全省近600人的注册建筑师、注册结构工程师的继续教育培训工作，很好地完成了2010年度的继续教育培训工作，为注册执业人员及时了解和掌握相关的新理论、新方法、新技术，不断提高自身的执业能力发挥了重要作用。

(6) 受主管部门委托，负责组织完成了勘察设计单位年报受理工作。

(7) 根据《关于转发〈关于在全国建筑设计行业开展诚信评估工作的通知〉的通知》(晋勘设协字[2010]04号)文件要求，山西勘察设计协会在我省建筑设计单位自评自报的基础上，组织有关专家进行了评审，山西省建筑设计研究院等13个单位被评为山西省建筑设计行业“诚信单位”，推荐山西省建筑设计研究院等5个单位为全国建筑设计行业“诚信单位”。

(8) 协助主管部门参与了2010年设计资质证书的换证工作及勘察设计单位年度动态考核工作。

(9) 协会在统计、调查、考核的基础上，撰写了《2009年山西省工程勘察设计企业统计年报说明》《山西省工程勘察行业现状调查分析》报告。

(10) 办好协会刊物，加强会员单位之间的信息传递和经验交流。《山西勘察设计》期刊是协会的内部刊物。2010年共刊发四期约2 600余册，分别发至全省400余家勘察设计单位及省内外近百家兄弟单位，为双向服务发挥了重要作用。

山西勘察设计协会

地址：山西省太原市建设北路 85 号
邮编：030013
电话：0351-3580156
邮箱：sxkcsjxh@126.com
网址：www.sxkcsjxh.com

内蒙古自治区行业综述

内蒙古自治区2010年统计数据汇总项目表

企业资质情况（个）	从业人员情况（人）	财务情况（亿元）	科技活动情况
企业总数 252	从业人员合计 16195	营业收入合计 51.19	活动费用支出总额（亿元）0.66
工程勘察企业数 47 其中：甲级 8 乙级 21	技术人员合计 13564 其中：高级 4735 中级 4847	工程勘察收入合计 5.98 其中：境外工程勘察收入 0.04	成果转让收入总额（亿元）0.38
工程设计企业数 191 其中：甲级 38 乙级 74	建筑师合计 435 其中：一级 146 二级 289	工程设计收入合计 25.95 其中：境外工程设计收入 0.02	企业累计拥有专利（项）141
专项合计企业数 14 其中：甲级 0 乙级 14	结构工程师合计 363 其中：一级 231 二级 132	管理服务收入合计 0.51 其中：境外管理服务收入 0	累计拥有专有技术（项）193
设计施工一体化企业数 0	建造工程师合计 61 其中：一级 27 二级 34	工程承包收入合计 15.53 其中：境外工程承包收入 1.50	获国家级、省部级奖（项）61 其中：国家级（项）11
其他企业数 0			
综合资质企业数 0	注册岩土工程师合计 104	其他收入合计 3.22 其中：境外其他收入 0	参编国家、行业、地方技术标准（项）50 其中：国家级（项）27
内资企业数 252	注册城市规划师合计 25		
港澳台商企业数 0	注册造价工程师合计 128	营业成本合计 39.96	
外商投资企业数 0	注册监理工程师合计 65	人均营业收入 0.00316	

内蒙古自治区勘察设计行业 2001 年—2010 年企业数发展图

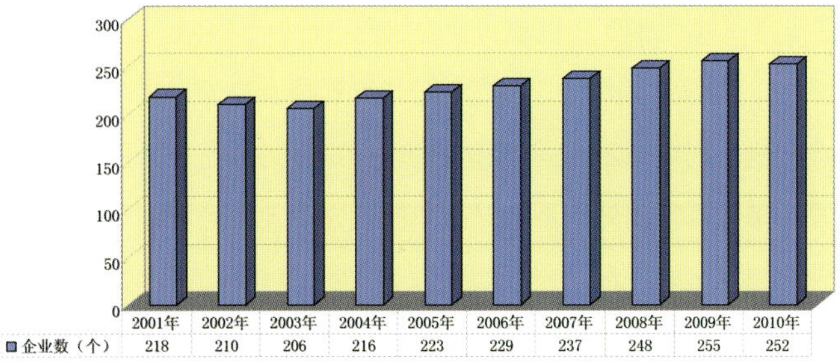

内蒙古自治区勘察设计行业 2001 年—2010 年从业人数发展图

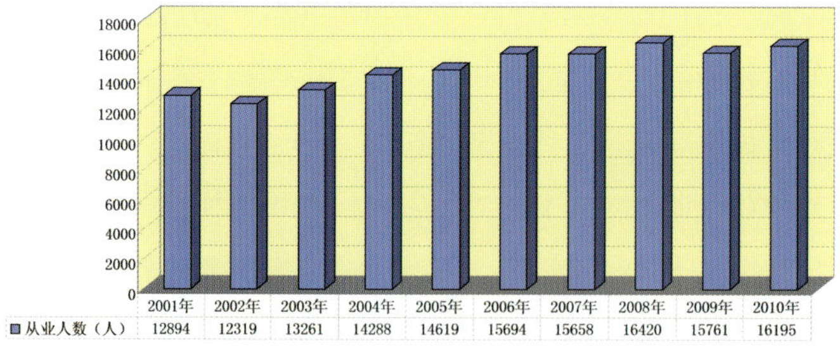

内蒙古自治区勘察设计行业 2001 年—2010 年营业收入发展图

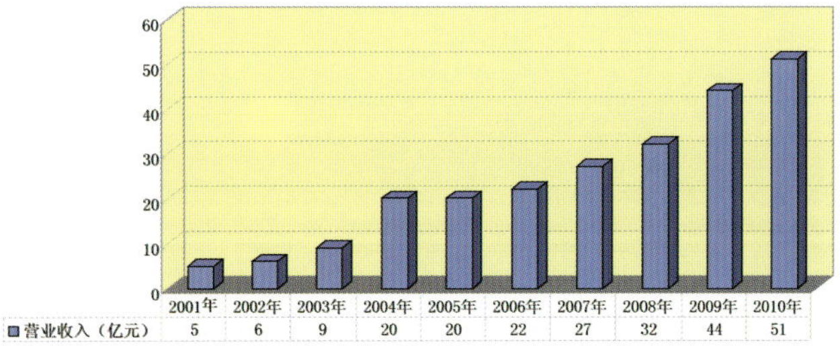

内蒙古自治区勘察设计行业 2001 年—2010 年人均营业收入发展图

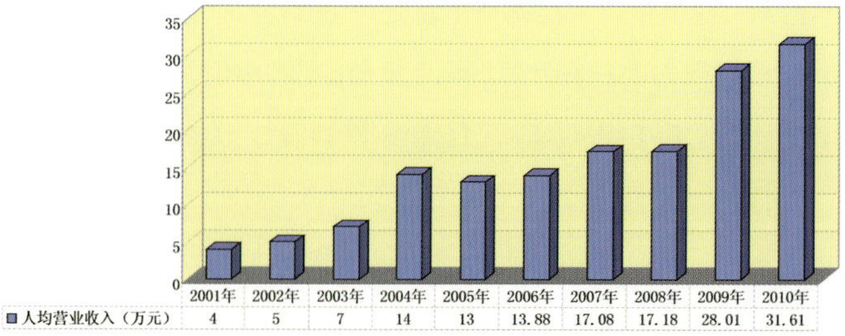

内蒙古自治区勘察设计行业2010年度企业营业收入前20名排序

排名	企业名称	勘察设计行业类别	企业资质等级	年末从业人员合计（人）	营业收入合计（万元）
1	中冶东方工程技术有限公司	冶金	甲级	1239	130393.00
2	内蒙古电力勘测设计院	电力	甲级	752	112701.51
3	内蒙古自治区水利水电勘测设计院	水利	甲级	709	21500.73
4	包钢集团设计研究院（有限公司）	冶金	甲级	361	13023.35
5	内蒙古交通设计研究院有限责任公司	公路	甲级	271	12885.00
6	内蒙古铁道勘察设计院有限公司	铁道	甲级	198	10051.98
7	内蒙古煤矿设计研究院有限责任公司	煤炭	甲级	218	7856.80
8	包钢勘察测绘研究院	勘察综合类	甲级	322	6887.02
9	中城建北方建筑勘察设计研究院有限公司	建筑	甲级	269	4095.50
10	内蒙古城市规划市政设计研究院有限公司	市政	甲级	182	4037.00
11	赤峰市中交公路勘察设计有限责任公司	公路	甲级	126	2819.84
12	通辽市建筑规划设计研究院	建筑	甲级	80	2663.00
13	内蒙古新雅建筑设计有限责任公司	建筑	甲级	79	2619.00
14	呼和浩特市公路勘察设计院有限责任公司	公路	甲级	95	2513.00
15	鄂尔多斯市神东工程设计有限公司	煤炭	甲级	109	2498.73
16	内蒙古自治区土地勘测规划院	农林	甲级	130	2407.50
17	呼伦贝尔市公路勘测规划设计有限公司	公路	甲级	82	2355.00
18	内蒙古建筑勘察设计研究院有限责任公司	建筑	甲级	137	2260.40
19	内蒙古自治区邮电规划设计院有限公司	电子通信广电	甲级	104	2202.28
20	呼和浩特市建筑勘察设计研究院有限责任公司	建筑	甲级	162	1920.18

内蒙古勘察设计协会

Neimenggu kancha sheji xiehui

一、协会概况

内蒙古勘察设计协会成立于1984年，协会现有会员单位260家，下设机构3个。吴龙任理事长，王汉义任秘书长。

协会宗旨：高举邓小平理论和“三个代表”重要思想的伟大旗帜，牢固树立和全面落实科学发展观，坚持党的基本路线，遵守宪法、法律、法规和国家政策，遵守社会道德风尚，接受政府主管部门的指导，当好政府的助手和参谋，围绕提高工程投资效益，促进工程勘察设计技术进步，加强行业自我管理水平开展各项活动，在政府和会员单位之间发挥桥梁纽带作用，努力为会员单位服务，维护会员单位合法权益，推动勘察设计事业的发展，为建设更加繁荣富裕和谐的内蒙古做贡献。

二、协会2010年度主要工作

(一) 协会开展的主要工作

(1) 协助自治区住房和城乡建设厅继续推进以产权制度为核心的勘察设计单位改革。按照扶优扶强、自愿整合的原则，培养发展具有实力雄厚、市场竞争力强的勘察设计企业。同时，结合住房和城乡建设部统一安排的工程设计资质换证工作，指导协调全区10家企业完成了资产重组及人员整合，使企业上规模，设计质量上水平。这些企业提前谋划更远的发展之路，为全区勘察设计企业进一步深化体制改革和发展提供了借鉴。

(2) 为进一步加强工程勘察、设计企业和施工图设计文件审查机构的监管力度，规范工程勘察设计市场秩序，健全工程勘察设计市场诚信体系，营造诚实守信的市场环境，推动工程勘察设计行业又好又快、持续健康发展，根据住房和城乡建设部《建筑市场诚信行为信息管理办法》，同时结合自治区实际出台了《内蒙古自治区工程勘察设计行业诚信行为信息管理办法》，为逐步建立和完善全区勘察设计市场责任主体监管信息和信用评价打下了基础。

(3) 为了展示和交流区内外建筑设计单位在内蒙古自治区设计的优秀建筑设计作品，从整体上促进全区建筑设计水平的提高，推动住房和城乡建设行业技术进步和技术创新，2010年10月，在内蒙古博物院举办内蒙古自治区第二届建筑设计及规划作品展览。全区共有约50家建筑设计单位的130个项目参加了展览。自治区分管领导，各盟市建设局、规划局领导及设计人员近千人参观了展览。

(4) 组织注册期满的一、二级注册建筑师、注册结构工程师和注册土木工程师(岩土)继续教育培训，结合全国及自治区对抗震设防的要求和建筑设计消防方面存在的问题，在完成国家规定的必修课培训内容后，对建筑师和结构工程师增加了《建筑工程抗震设防分类标准》(新修订版)《建筑抗震设计规范》(新修订版)《建筑消防设计规范》和《高层建筑消防设计规范》内容的培训，全区参加培训人员571人。

(5) 组织全区建筑设计单位的建筑电气专业技术人员培训学习新颁布的《民用建筑电气设计规范》，培训班邀请了该规范的主要编制人员进行了讲授，全区约150余人参加了学习。

(6) 为使全区中小学校舍安全工程健康有序地开展，我们及时组织专家编制了《内蒙古自治区中小学校舍安全工程新建、改扩建与加固技术导则》，为校舍建筑的新建、改扩建和加固提供政策、技术和管理指导，保证校舍建设的工程质量，创造良好的学校环境。

(二) 优秀成果展示

(1) 为激励广大工程勘察设计人员努力钻研技术，开拓创新，树立精品意识，提高全区勘察设计质量，繁荣建筑创作，根据《全国优秀工程勘察设计奖评优办法》，2010年6月，开展了全区优秀勘察设计评选工作。在评优工作开始之前强化评审专家队伍建设，调整和充实了专家库，使评优工作更加规范化、科学化、制度化。全区共评出工程勘察项目一等奖5项，二等奖8项，三等奖9项；民用建筑设计项目一等奖3项，二等奖4项，三等奖16项；工业及市政设计项目一等奖5项，二等奖10项，三等奖16项。全区近30家企业获得表彰，使我区勘察设计水平踏上一个新的台阶。

(2) 为了引导激励广大工程勘察设计人员在工程勘察设计工作中积极争优创优，不断提高工程勘察设计水平，内蒙古自治区于2001年和2009年分两批评选出勘察设计大师共51人。

内蒙古勘察设计协会

地址：内蒙古自治区呼和浩特市新华大街 63 号 7 号楼 517
邮编：010055
电话：0471-6965662　6944397
邮箱：nmgkcsj@163.com
网址：www.nmkcsj.org.cn

内蒙古博物馆

辽宁省行业综述

辽宁省2010年统计数据汇总项目表

企业资质情况（个）	从业人员情况（人）	财务情况（亿元）	科技活动情况
企业总数 822	从业人员合计 69269	营业收入合计 381.76	活动费用支出总额（亿元）4.46
工程勘察企业数 95 其中：甲级 28 乙级 65	技术人员合计 40682 其中：高级 13065 中级 16627	工程勘察收入合计 23.56 其中：境外工程勘察收入 0.13	成果转让收入总额（亿元）0.57
工程设计企业数 481 其中：甲级 138 乙级 173	建筑师合计 1516 其中：一级 692 二级 824	工程设计收入合计 69.87 其中：境外工程设计收入 0.69	企业累计拥有专利（项）1328
专项合计企业数 241 其中：甲级 86 乙级 146	结构工程师合计 1165 其中：一级 965 二级 200	管理服务收入合计 3.72 其中：境外管理服务收入 0.007	累计拥有专有技术（项）757
设计施工一体化企业数 5	建造工程师合计 842 其中：一级 506 二级 336	工程承包收入合计 268.46 其中：境外工程承包收入 31.21	获国家级、省部级奖（项）338 其中：国家级（项）52
其他企业数 0			
综合资质企业数 0	注册岩土工程师合计 251	其他收入合计 16.15 其中：境外其他收入 0.0025	参编国家、行业、地方技术标准（项）74 其中：国家级（项）26
内资企业数 802	注册城市规划师合计 85		
港澳台商企业数 8	注册造价工程师合计 295	营业成本合计 300.09	
外商投资企业数 12	注册监理工程师合计 224	人均营业收入 0.00551	

辽宁省勘察设计行业 2001 年—2010 年企业数发展图

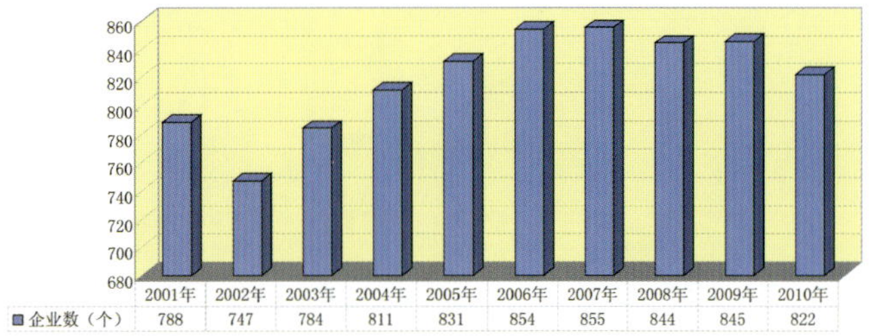

辽宁省勘察设计行业 2001 年—2010 年从业人数发展图

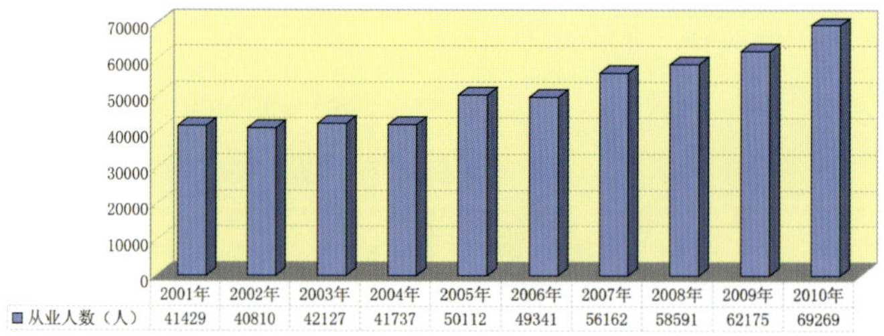

辽宁省勘察设计行业 2001 年—2010 年营业收入发展图

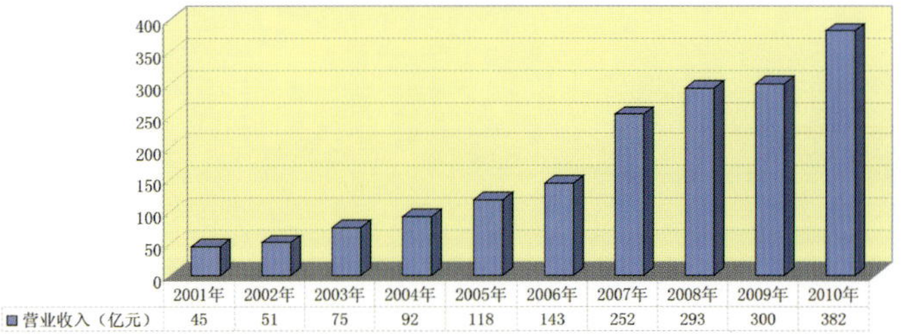

辽宁省勘察设计行业 2001 年—2010 年人均营业收入发展图

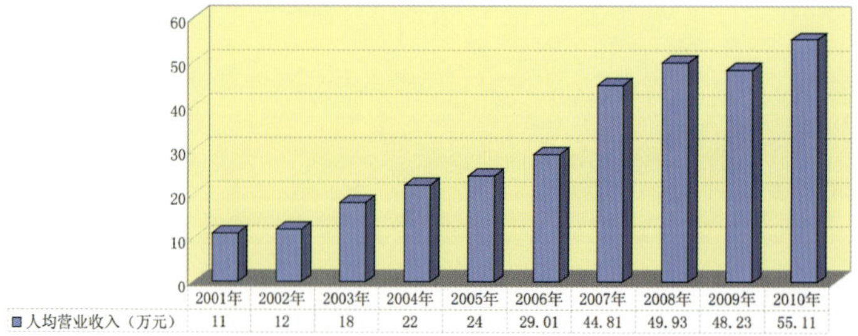

辽宁省勘察设计行业2010年度企业营业收入前20名排序

排名	企业名称	勘察设计行业类别	企业资质等级	年末从业人员合计（人）	营业收入合计（万元）
1	中油辽河工程有限公司	石油天然气（海洋石油）	甲级	657	374615.00
2	中冶焦耐工程技术有限公司	冶金	甲级	1663	298069.30
3	中石油东北炼化工程有限公司	化工石化医药	甲级	1415	189501.00
4	中煤国际工程集团沈阳设计研究院	煤炭	甲级	536	124596.39
5	中冶北方工程技术有限公司	冶金	甲级	758	114449.00
6	中冶沈勘工程技术有限公司	勘察综合类	甲级	393	66497.00
7	中国建筑东北设计研究院有限公司	建筑	甲级	1067	56602.83
8	鞍钢集团工程技术有限公司	冶金	甲级	699	47330.00
9	辽宁电力勘测设计院	电力	甲级	439	26468.00
10	辽宁邮电规划设计院有限公司	电子通信广电	甲级	510	22312.00
11	沈阳铁道勘察设计院有限公司	铁道	甲级	255	19578.00
12	辽宁省水利水电勘测设计研究院	水利	甲级	441	18818.00
13	沈阳铝镁设计研究院	建筑	甲级	381	18047.00
14	东北大学设计研究院（有限公司）	冶金	甲级	218	17852.75
15	大连市建筑设计研究院有限公司	建筑	甲级	396	15859.00
16	沈阳电力勘测设计院	电力	甲级	132	14170.00
17	辽宁省城乡建设规划设计院	建筑	甲级	295	13859.00
18	大连市市政设计研究院有限责任公司	市政	甲级	223	13336.78
19	大连电力勘察设计院有限公司	电力	甲级	119	12908.00
20	大连市勘察测绘研究院有限公司	勘察综合类	甲级	120	12840.00

L 辽宁省勘察设计协会

Liaoningsheng kancha sheji xiehui

一、协会概况

辽宁省勘察设计协会成立于1987年3月，协会现有会员单位455家，赵俊林任理事长，佟铁任秘书长。

协会宗旨：以马列主义、毛泽东思想、邓小平理论和“三个代表”重要思想为指导，坚持科学发展观，遵守宪法和法律、法规，遵守社会道德风尚，贯彻执行国家有关勘察设计行业建设和管理的方针、政策。坚持为行业和会员服务，维护会员合法权益，促进行业公平竞争，维护市场秩序。发挥沟通政府和会员单位之间的桥梁纽带作用，促进辽宁省勘察设计事业持续、稳定、健康发展。

二、协会2010年度主要工作

(一) 企业资质进一步夯实

2010年，为进一步提高企业整体素质，加快完成企业资质换证工作，辽宁省勘察设计协会结合行业实际，制定了换发资质证书的过渡改革方案，在各市建设主管部门的积极配合下，全省共完成换证企业637家，换证率达81%，新增勘察设计企业48家。新增勘察设计资质91项。2010年，辽宁省建设厅会同辽宁省勘察设计协会组织召开资质评审会12次，聘请专家48人次，完成582家勘察设计企业的资质审查任务。其中，实施省级许可的522项，专家审查一审通过率为67.6%，复审通过率为91.7%；经初审的60家具备升级、增项、延续等条件的甲级资质企业，均按时上报住房和城乡建设部。截至2010年底，全省有勘察设计企业786家，其中，工程勘察企业96家，工程设计企业685家，工程设计施工一体化企业5家。资质数量1 110项，其中，甲级311项，乙级581项，丙级217项，丁级1项。

(二) 行业管理得到加强

(1) 2010年，全省各级建设主管部门加大了勘察设计市场的监管力度，不定期地对辖区内的勘察设计企业资质达标情况进行核查，并通过日常的业务管理来实现更为灵活、全面的资质监管。

(2) 为加强对施工图审查机构的监督管理，提高施工图审查质量，各市建设行政主管部门对辖区内施工图审查机构进行了监督检查。2010年12月，省住房和城乡建设厅与省勘察设计协会组成检查组，在审查机构自检、市建设行政主管部门初检的基础上，检查了审图机构的资格达标情况、质量责任情况及市场行为情况，实地查看了部分审查机构的办公地点和工作情况，抽查了79项建筑和市政工程项目，并就检查出的问题与审查人员进行了现场交流指导。针对检查中发现的问题，省住房和城乡建设厅下发了通报，对存在严重质量问题的企业进行了认真处理。

(3) 根据勘察设计行业的实际和特点，加强建设工程勘察设计招投标管理工作，强化设计招标文件电子化，通过规范的招标投标，使优秀设计单位的优秀设计中标。

(4) 为了营造规范有序的市场环境，起草了《外埠工程勘察设计企业入辽管理试行办法》，进一步强化了对外埠勘察设计的市场行为监管。

(5) 加强全行业的统计工作，企业的统计报表上报工作完成情况良好，在全国统计报表上报率排行中名列前茅。各市勘察设计行业统计报表上报率达到95%以上。

(三) 勘察设计质量进一步提升

(1) 为开阔设计人员的视野，省建设厅组织部分城市的勘察设计处(科)长、施工图审查机构负责人到上海世博会进行考察，对提高设计水平起到了积极作用。

(2) 加强了技术培训工作，省建设厅会同协会根据新出台的《建筑抗震设计规范》，组织了全省范围的技术培训，组织全省900余名工程技术人员参加培训。

(3) 在“全省建设工程信息系统”中建立了施工图审查项目备案系统，使全省施工图审查项目的情况更加全面、准确。

(4) 为促进我省勘察设计质量和水平的提高，开展了2010年辽宁省优秀工程勘察设计奖评选工作。共收到449个申报项目，评出2010年度省优秀勘察设计项目258项，其中，一等奖55项，二等奖85项，三等奖118项。

(5) 为加快全省工程勘察设计领域高层次人才队伍建设步伐，2010年，开展第二届勘察设计大师的评选工作。评出10名辽宁省工程勘察设计大师，全省工程勘察设计大师达到35人。

(6) 举办了“低碳经济　绿色建筑　生态文明论坛”会议，为提高绿色建筑设计水平起到了积极地推动作用，在全省产生了较好的社会影响。

(四) 抗震防灾工作进一步加强

(1) 加强对全省中小学校舍安全工程鉴定、加固、改造工程的技术指导和质量安全工作，转发了《住房和城乡建设部关于进一步做好全国中小学校舍安全工程有关工作的通知》，严格执行基本建设程序，落实建设管理的各项制度，依法依规执行建设工程质量标准，组织必要的工程质量检查。督促有关参建各方责任主体，严把施工现场安全关，做好学校施工区与作业区的分离，及时发现和消除安全隐患，保证学校师生和施工人员的安全。我省的校舍安全工程工作受到了省校安办的肯定。

(2) 正在建立重大市政公用设施抗震防灾专项论证专家库。进行“512防灾减灾日”演练工作。强化超限高层建筑工程初步设计抗震设防专项审查工作，印发了《关于进一步做好超限高层建筑工程抗震设防专项审查工作的通知》。

(五) 行业协会、学会服务效能凸显

2010年，协会、学会加强了自身建设，省勘察设计协会完成了换届工作，并接受辽宁省民政部门的评估，被评为4A级社团单位。协会、学会进一步发挥了桥梁纽带作用，协助建设主管部门完成多项工作，如资质专家评审，评优评先，大师评选，组织编写相关管理规定，组织开展各类培训等工作。作为行业自律管理的角色凸显了出来。

辽宁省勘察设计协会
地址：辽宁省沈阳市和平南大街 84 号
邮编：110005
电话：024-23398786 23390374
邮箱：lnkcsjxh@163.com
网址：www.lneda.com.cn

吉林省行业综述

吉林省2010年统计数据汇总项目表

企业资质情况（个）	从业人员情况（人）	财务情况（亿元）	科技活动情况
企业总数 426	从业人员合计 24777	营业收入合计 66.05	活动费用支出总额 （亿元）1.65
工程勘察企业数 66 其中：甲级 12 乙级 24	技术人员合计 20300 其中：高级 7951 中级 7489	工程勘察收入合计 7.20 其中：境外工程勘察收入 0.0006	成果转让收入总额 （亿元）0.08
工程设计企业数 311 其中：甲级 65 乙级 105	建筑师合计 672 其中：一级 247 二级 425	工程设计收入合计 34.84 其中：境外工程设计收入 0.28	企业累计拥有专利 （项）133
专项合计企业数 46 其中：甲级 15 乙级 31	结构工程师合计 584 其中：一级 433 二级 151	管理服务收入合计 2.20 其中：境外管理服务收入 0	累计拥有专有技术 （项）102
设计施工一体化企业数 3	建造工程师合计 261 其中：一级 180 二级 81	工程承包收入合计 19.97 其中：境外工程承包收入 0	获国家级、省部级奖 （项）169 其中：国家级（项）10
其他企业数 0			
综合资质企业数 1	注册岩土工程师合计 108	其他收入合计 1.85 其中：境外其他收入 0.005	参编国家、行业、地方技术标准（项）39 其中：国家级（项）8
内资企业数 424	注册城市规划师合计 58		
港澳台商企业数 1	注册造价工程师合计 263	营业成本合计 49.56	
外商投资企业数 1	注册监理工程师合计 303	人均营业收入 0.00267	

吉林省勘察设计行业 2001 年—2010 年企业数发展图

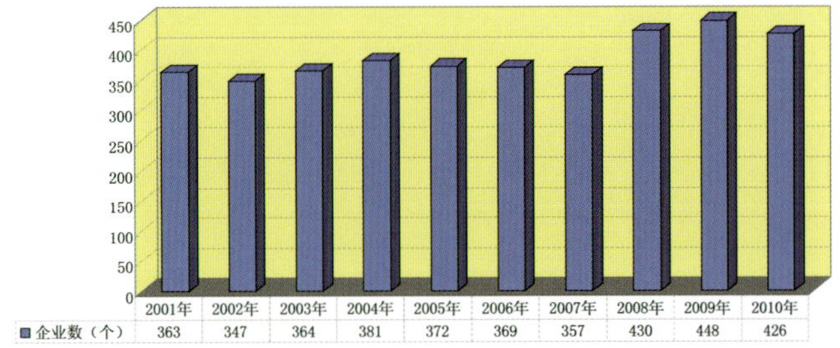

吉林省勘察设计行业 2001 年—2010 年从业人数发展图

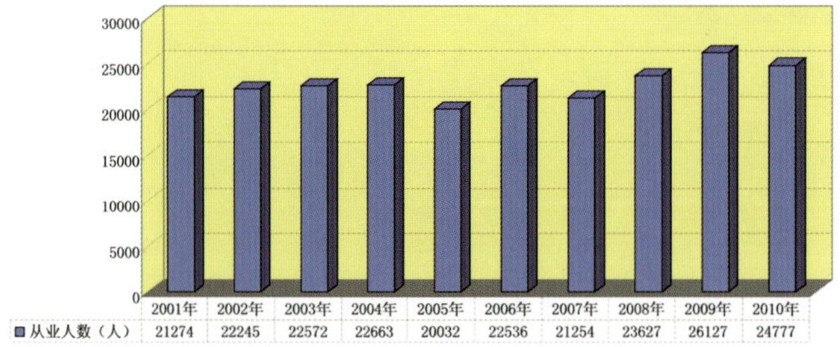

吉林省勘察设计行业 2001 年—2010 年营业收入发展图

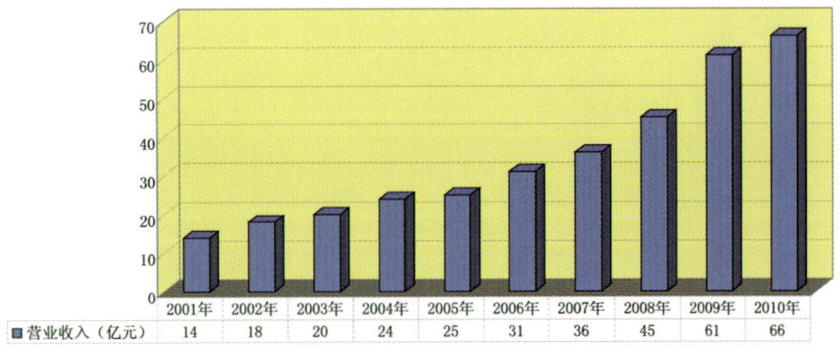

吉林省勘察设计行业 2001 年—2010 年人均营业收入发展图

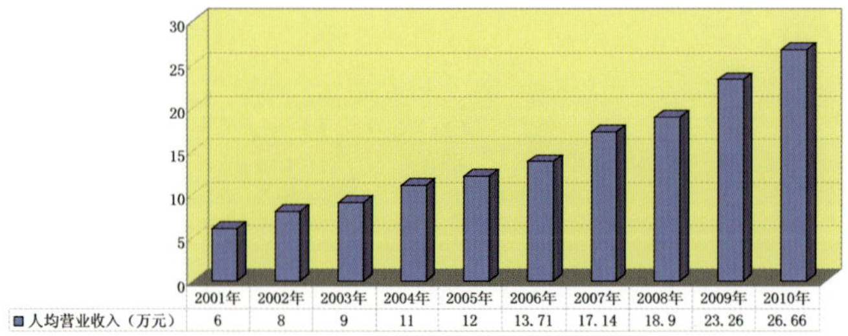

吉林省勘察设计行业2010年度
企业营业收入前20名排序

排名	企业名称	勘察设计行业类别	企业资质等级	年末从业人员合计（人）	营业收入合计（万元）
1	机械工业第九设计研究院	机械	甲级	473	111139.59
2	中国电力工程顾问集团东北电力设计院	工程设计综合资质	甲级	1307	97607.00
3	中水东北勘测设计研究有限责任公司	水利	甲级	1401	42209.00
4	吉林省电力勘测设计院	电力	甲级	229	25981.00
5	中国市政工程东北设计研究总院	市政	甲级	605	22634.00
6	中石油东北炼化工程有限公司吉林设计院	化工石化医药	甲级	757	19734.00
7	吉林省水利水电勘测设计研究院	水利	甲级	529	15765.34
8	吉林省交通规划设计院	公路	甲级	296	14690.00
9	吉林省建筑设计院有限责任公司	建筑	甲级	303	13003.00
10	长春电信工程设计院股份有限公司	电子通信广电	甲级	211	9088.00
11	吉林省林业勘察设计研究院	农林	甲级	435	8530.00
12	吉林铁道勘察设计院有限公司	铁道	甲级	224	8011.00
13	吉林石油集团石油工程有限责任公司	石油天然气（海洋石油）	甲级	478	7484.50
14	长春黄金设计院	冶金	甲级	151	5671.00
15	吉林省邮电规划设计院有限公司	电子通信广电	甲级	121	5307.00
16	吉林省绿地建筑工程设计事务所（普通合伙）	建筑	甲级	108	4787.00
17	长春建业集团有限公司	公路	甲级	164	4194.00
18	吉林吉信通信咨询设计有限公司	电子通信广电	甲级	137	4099.00
19	吉林省建筑科学研究设计院	建筑	甲级	83	4024.00
20	吉林石化工程设计有限公司	化工石化医药	甲级	172	3989.00

吉林省勘察设计协会

Jilinsheng kancha sheji xiehui

一、协会概况

吉林省勘察设计协会成立于1987年3月，协会现有会员单位498家，赵世才任理事长，徐亮任秘书长。

吉林省勘察设计协会下设建筑、勘察、质量、计算机、企业文化5个工作委员会。

协会宗旨：遵守宪法、法律、法规和国家政策，执行行规行约，遵守社会道德风尚，执行有关政策，为政府和会员单位服务，完成主管部门交办的任务，维护会员单位的合法利益，在政府与会员单位之间发挥桥梁和纽带作用，推动勘察设计行业的发展。

二、协会2010年度主要工作

(一) 加强行业法制建设和规章制度建设

为确保新形势下政策法规的权威性和全面性，正确指导和规范全省勘察设计工作，协会配合主管部门组织修订了《吉林省工程建设勘察设计管理条例》。完成了省住房和城乡建设厅法规处组织的《吉林省建筑市场管理条例》的修订工作和涉及勘察设计管理部分的修改工作。为加强市场监管，保证和提高勘察设计质量和水平，制定了《外省勘察设计企业进入吉林省承接勘察设计业务备案管理办法》《吉林省房屋建筑、市政工程勘察监理见证实施意见》《吉林省建设工程优秀勘察设计评选办法》《吉林省勘察设计大师评选办法》。

(二) 强化市场和质量监督

按照住房和城乡建设部331号文件规定，协会配合政府主管部门完成了设计企业资质重新核定和换发证书工作。目前，全省已有369家设计企业启用国家新版工程设计资质证书。实现了加强市场管理，规范市场秩序，调整优化队伍结构的目的。按照住房和城乡建设部令第134号及吉建设[2004]30号文件要求，认真完成了房屋建筑和市政基础设施工程施工图设计文件审查机构的资质延续认定工作。新核定后的16家审查机构的名单及审查业务范围在吉林省住房和城乡建设厅网站公布。为加大对工程勘察市场和勘察质量的日常监管力度，严格查处工程勘察中虚假钻探和试验、压价竞争、资质转包和挂靠等扰乱市场秩序，危害工程质量安全行为，实行了岩土工程试验室认证制度，勘察技术岗位从业人员考核持证上岗制度。为加强勘察设计技术质量安全管理，促进勘察设计技术质量和水平的提高，协会协助政府主管部门组织开展了全省建筑工程勘察设计质量专项检查。会同各市(州)建设行政主管部门重点对勘察设计企业和施工图审查机构贯彻国家及省勘察设计政策法规、执行建筑节能、无障碍建设设计标准、保证地基基础和主体结构安全等方面内容进行了质量检查。共抽检9个地区的市政工程项目7项，房屋建筑工程项目41项，涉及勘察单位38家，设计单位46家，施工图审查机构16家。对此次检查不合格的20家勘察设计单位和7家施工图审查机构，按核实存在的不同程度的违法违规行为，做出记入企业不良行为记录、处以经济罚款的处理决定。

(三) 加快诚信体系和信息化建设

进一步完善全省勘察设计单位、施工图审图机构信息管理系统建设工作。目前，全省已有482家勘察设计企业、16家审图机构纳入管理信息系统，企业资质申报、出省证明、项目信息管理(质量检查抽取项目)、统计报表都已实现网上信息化办公。为配合省住房和城乡建设厅建筑市场诚信体系建设信息系统的研发和应用，按要求及时向厅信息办提供全省勘察设计企业数据库和人员数据库信息及勘察设计企业资质办理流程图表，实现了企业资源信息和诚信行为的公开透明，接受社会监督。完成勘察设计行业、施工图审查机构2010年统计年报工作，为政府主管部门分析我省勘察设计行业现状，制定行业发展规划提供可靠依据。

(四) 积极推进工程建设标准化工作

加快地方标准和标准设计的推广应用，促进科技成果转化。全年批准发布

《岩土工程勘察大纲及详勘报告编制标准》《民用建筑外保温工程防火技术规程》《静压预应力混凝土管桩基础技术规程》《建设工程施工图设计文件审查文本编制标准》《建筑外窗(三玻窗)标准图集》5项地方标准和标准图集，对规范技术质量管理、保障消防安全和节能效果起到了重要作用。全面完成了清理吉林省工程建设地方标准和标准设计工作。目前，我省现行的工程建设地方标准和标准设计中，有相当一部分编制和使用时间较长，其涉及的技术、材料已不适应我省工程建设发展的需要，根据住房和城乡建设部《工程建设标准复审管理办法》，组织省内相关专家对我省现行标龄超过5年的工程建设地方标准和标准设计进行了全面复审和清理，共废止工程建设地方标准18项，标准设计55项。

(五) 建设工程优秀设计评选

根据《吉林省建设工程优秀勘察设计评选办法(试行)》和《关于开展吉林省2010年度建设工程优秀设计评选活动的通知》(吉建设［2010］3号)精神，省住房和城乡建设厅组织专家开展了2010年度优秀专业工程项目设计评选活动。经过专业小组评审及评审组审定，共评选出37个优秀设计项目。其中，一等奖12项，二等奖12项，三等奖13项。

本次评选工作是由省住房和城乡建设厅勘察设计处负责，省勘察设计协会协助组织并实施的。在3月29日召开的评审会上，徐亮处长、付海彬副处长参加会议，并分别做了重要讲话和宣布评审原则。使得评选活动符合既定的目标，坚持了公正和科学性的原则，强调了评优创优持续提高的要求，贯彻了正确导向。不仅恰当地掌握获奖比例，大力提倡原创设计，注重节能和环保意识，而且充分激励了中小设计企业参与评优活动的积极性。为把我省工程建设水平不断推进，对获一等奖、二等奖项目，已推荐参加申报国优和部优评选。

吉林省勘察设计协会

地址：吉林省长春市贵阳街 287 号
邮编：130051
电话：0431-82752400
邮箱：13644411486@163.com

吉林省建筑设计院有限责任公司

长春科技文化中心综合馆

Company profile 公司简介

吉林省建筑设计院有限责任公司前身为城市建设部长春民用建筑设计院，2002 年经吉林省人民政府批准整体改制成立，公司具有深厚设计历史底蕴、不断创新、发展、壮大的国内知名综合甲级建筑设计企业。

公司技术力量雄厚、专业齐全，拥有一支四百余人的高端人才队伍，其中全国优秀青年建筑师 1 人、吉林省勘察设计大师 10 人；具有国家注册资格人员 120 人，其中一级注册建筑师 21 人、一级注册结构工程师 37 人、注册设备工程师 13 人、注册电气工程师 9 人。

公司创作的优秀设计作品遍布国内及世界许多国家，获得了业主和建设行政主管部门的广泛赞誉，仅改制后就获得国家省部级优秀建筑设计奖项 99 项。在大型办公、体育、文化、医疗、酒店、会展、商业、住宅小区等项目上积累了丰富的设计经验，尤其对北方寒冷地区的建筑节能设计有较深入研究，达到国内先进水平。

汽车文化中心——公司办公楼

长春市政府新建办公楼

长春赛德广场购物中心

延吉体育中心

延边州行政办公中心

长春龙嘉国际机场航站楼

长春市传染病医院

延边大学新校区

CPECC NEPDI

中国电力工程顾问集团东北电力设计院

Company profile 公司简介

东北电力设计院创建于1950年，是新中国诞生后成立的第一个电力设计单位，是我国电力行业的奠基者和开拓者，经过60多年的探索与发展，东北院已成长为专业配备齐全、技术实力雄厚、科技人才荟萃、拥有7万多平方米办公面积的全国一流综合甲级设计院。

东北院现有职工1268人，拥有一大批电力勘察设计行业的专家。其中国家级设计大师3人，省级设计大师6人，各类注册师322人。

工程业务领域从电力工程勘察设计到工程建设总承包，从环境影响评价到市政工程设计，从常规火电站设计到核电站的总体设计及AP1000常规岛设计，从超超临界参数电站到特高压输变电工程，东北电力设计院一直致力于中国和世界电力建设事业的发展，并伴之走过了六十多年的历史。

进入21世纪，东北电力设计院将以建设具有国际竞争力的工程公司为战略目标，秉承“以人为本，和谐发展”的核心价值观，本着“为员工和客户提升价值，为股东和社会创造效益”的企业使命，与各界朋友一道，互利双赢，共谋发展，并肩创造美好未来。

田湾核电站

武汉潜江500KV变电所电力行业优秀工程设计一等奖

元锦辽输电线路

九台发电厂

哈尔滨第三电厂二期工程2002年荣获国家优秀工程设计金奖

铁岭电厂

江苏利港电厂

营口发电厂一二期工程

伊冯大送电线路

越南锦普电站

伊敏发电厂工程

绥中发电厂一二期工程

通辽电厂一期工程、供水水文地质勘查 1989 年荣获国家银奖

中石油东北炼化工程有限公司吉林设计院

PetroChina Northeast Refining & Petrochemical Engineering Co. Ltd Jilin Design Institute

中石油东北炼化工程有限公司吉林设计院的前身是创建于1958年的化工部第九设计院，是拥有化工石化医药行业、石油天然气（海洋石油）行业（油气库）专业等多项甲级设计资质的大型设计企业。

吉林设计院拥有一支实力雄厚的工程设计、工程总承包、技术咨询、环境影响评价、工程勘测和项目管理队伍。截至2011年6月末，共有员工1027人，各类工程技术人员占职工总数的84%，具有中级以上职称人员占40%，持有各类注册执业资格证书人员占30%。有PMP、IPMP项目经理证书人员17人，全国工程建设企业项目经理证书人员29人，压力容器设计审批等其他各类岗位资格证书人员124人；公司级技术专家4人。设置有项目管理部等9个职能管理部门、工艺系统室等7个专业室、勘测和环境保护2个专业公司、档案室和实业发展中心2个生产辅助单位。

经过50多年的积累和发展，吉林设计院生产业绩卓著，专业技术优势明显；工程设计基础扎实、能力突出，总承包能力持续提升。目前掌握丙烯酸及酯专利技术。聚乙烯、丁二烯、丙烯酸及酯、ABS、双氧水、甲基香兰素、环氧乙烷、有机硅、化工污水处理等方面，在国内具备显著技术优势。建院以来，已完成国内外煤化工、石油化工、医药、轻工、市政工程等大小设计项目近5000项。曾先后承担了乙烯、合成氨、丙烯酸酯等一批国家重点和大型工程的设计工作，1992年、1996年被评选为全国勘察设计单位综合实力百强单位，1993年最早一批获得国家工程总承包甲级资质，并连年入选中国勘察设计协会《工程总承包企业营业额百名排序》名单。企业有200余项优秀技术成果获得省、部和国家级奖励。编制国家标准、行业标准和地方标准共69项，其中有27项获得省部级优秀基础工作奖或优秀标准设计奖励。

吉林设计院创建了质量、职业健康、安全和环境四标一体的QHSE管理体系，是国内较早通过ISO9001质量管理体系标准认证的企业之一。

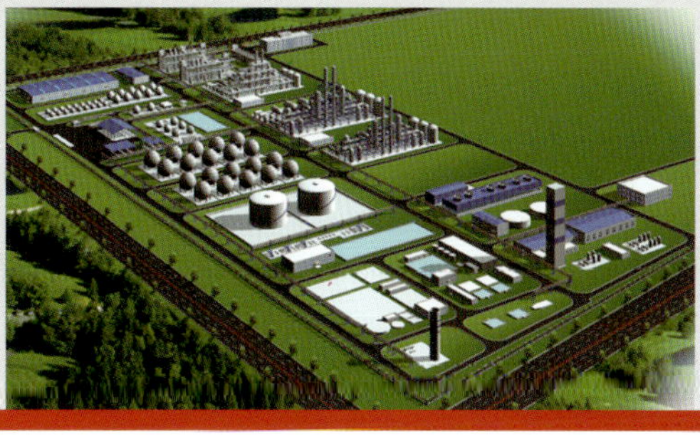

1 2 3 4 5 6 7
8

1. 中石油东北炼化工程有限公司吉林设计院
2. 中国石油兰州石化年产8万t丙烯酸及11.5万t丙烯酸酯装置
3. 绍兴污水处理厂
4. 吉林化学工业公司70万t乙烯建成全景
5. 大唐年产18万t合成氨30万t尿素工程
6. 泰兴市丹天化工有限公司年产26万t环氧乙烷及配套项目
7. 新疆独山子石化乙烯工程年产30万t高密度聚乙烯装置总包
8. 沈阳化工集团年产13万t丙烯酸及酯装置

中国市政工程东北设计研究总院

Company profile 公司简介

总院创建于 1961 年，原隶属于建设部，现隶属中国交通建设股份有限公司。具有市政行业设计、勘察综合类甲级资质；城市防洪、建筑工程、风景园林设计、市政工程设计甲级资质；生态建设和环境工程咨询甲级资质；市政、房屋建筑工程监理，工程造价咨询，环评、运营甲级资质；海外工程总承包资质。

院内技术力量雄厚，现有中国工程院院士 1 人，省级勘察设计大师 4 人，教授 80 余人，各类执业注册师 200 余人。院内设有博士后工作站。具有低温低浊、生物固锰等多项专利技术。先后完成国内工程设计 6000 余项，国际工程设计 20 余项，同时开展工程咨询、勘察测量、项目管理、BOT、EPC 等多项业务。获国家、部、省级科技进步奖和优秀勘察设计奖 150 余项。承担规范、手册、标准主编工作 20 余项。

我院将竭诚为国内外客户提供全过程、多元化的优质服务。

引滦入津

大连引碧入连供水工程

哈尔滨磨盘山净水厂

委内瑞拉供水工程

哈尔滨文昌污水处理厂

沈阳仙女河污水处理厂

龙嘉机场热力工程

深圳工商贸大厦

烟台生活垃圾处理站

通化燃气工程

长春西解放立交桥

长春市城乡规划设计研究院

Company profile
公司简介

长春市城乡规划设计研究院成立于改革开放初期的1980年，是我国成立较早的城乡规划设计单位。主要职责是为政府和社会提供城乡规划及相关领域的技术服务。院内设有规划条件编研所、城乡规划研究中心、综合规划编研一所、综合规划编研二所、综合规划编研三所、市政规划编研所、交通规划编研所、莲花山分院等十四个部门。现有员工136人，其中研究员13人、高级工程师37人、注册规划师28人、注册咨询师9人，是一个具有甲级规划设计、甲级工程咨询资质的单位。

30年来，全院坚持“以人为本、依法规划、胸怀长春、争创名院”的方针，先后完成各类城乡规划编制、科研课题成果数千项，其中4项获国家级优秀设计成果奖，40余项获省级优秀设计成果一等奖，6项获省、市级科学技术进步奖，为促进城乡规划技术进步和经济发展发挥了重要作用。

经过几代人的开拓，长春市城乡规划设计研究院已发展成一个技术门类齐全、专业配置合理、人才荟萃、装备先进、服务优良、实力雄厚的融科研与设计为一体的规划咨询服务机构。

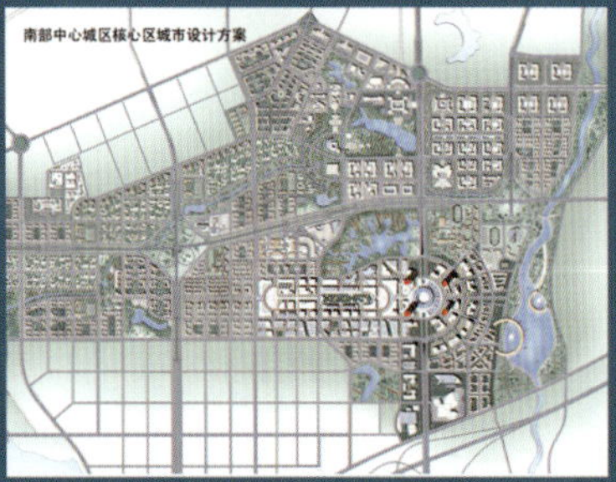

南部中心城区核心区城市设计方案

长春市快速轨道交通线网规划研究

北站前商业中心城市设计

世纪广场区域城市设计

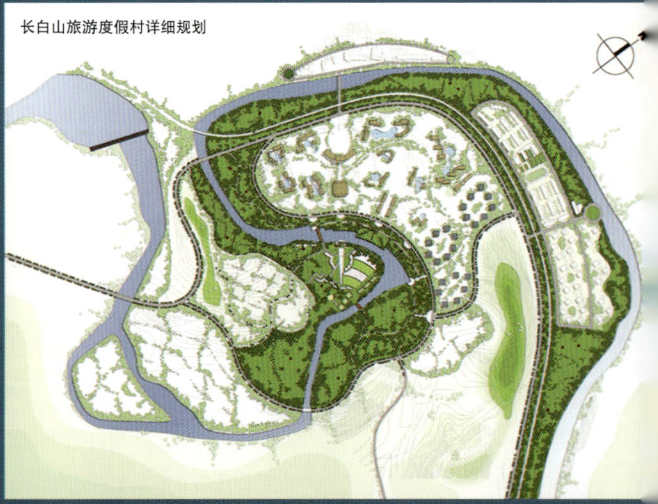
长白山旅游度假村详细规划

西客站站前区规划设计

宽城儿童四季公园详细规划

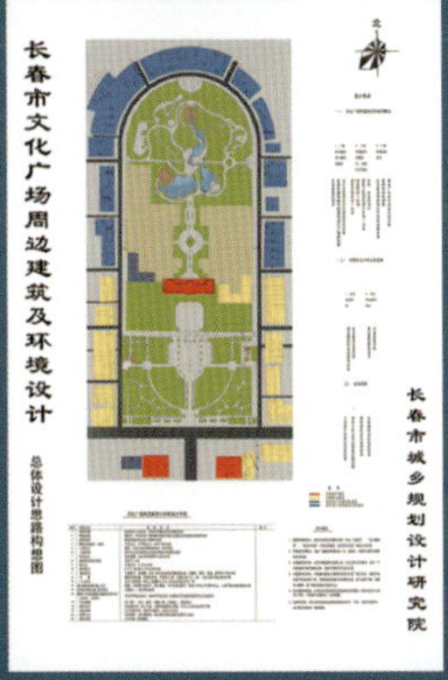

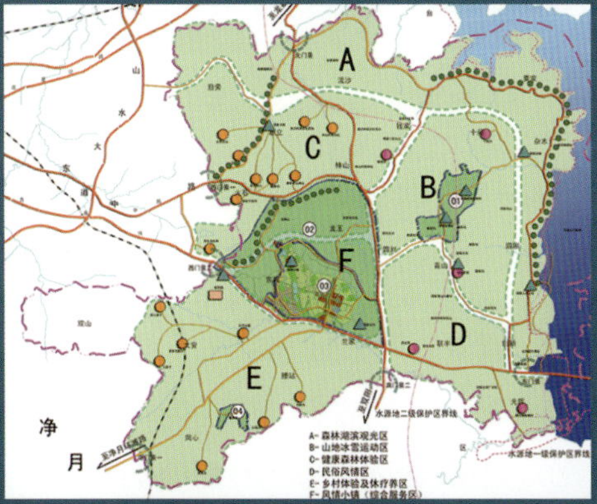

长春东方之珠居住区详细规划

长春市文化广场周边建筑及环境设计

力旺·康城居住小区概念规划

长春市莲花山旅游发展总体规划

长春市劝农山镇总体规划

长春市二道分区规划

东方广场区域城市设计

长春汽车工业高等专科学校新校区详细规划

净月生态区域空间发展模式及方案图

黑龙江省行业综述

黑龙江省2010年统计数据汇总项目表

企业资质情况（个）	从业人员情况（人）	财务情况（亿元）	科技活动情况
企业总数 284	从业人员合计 22466	营业收入合计 180.40	活动费用支出总额 （亿元）10.22
工程勘察企业数 44 其中：甲级 12 乙级 29	技术人员合计 15253 其中：高级 6154 中级 5674	工程勘察收入合计 4.61 其中：境外工程勘察收入 0.004	成果转让收入总额 （亿元）0.43
工程设计企业数 214 其中：甲级 42 乙级 87	建筑师合计 478 其中：一级 211 二级 267	工程设计收入合计 28.37 其中：境外工程设计收入 0.06	企业累计拥有专利 （项）221
专项合计企业数 23 其中：甲级 11 乙级 12	结构工程师合计 443 其中：一级 315 二级 128	管理服务收入合计 2.09 其中：境外管理服务收入 0.02	累计拥有专有技术 （项）41
设计施工一体化企业数 2 其他企业数 1	建造工程师合计 151 其中：一级 102 二级 49	工程承包收入合计 11.16 其中：境外工程承包收入 0.22	获国家级、省部级奖 （项）85 其中：国家级（项）11
综合资质企业数 1 内资企业数 284	注册岩土工程师合计 88 注册城市规划师合计 16	其他收入合计 134.16 其中：境外其他收入 0.02	参编国家、行业、地方 技术标准（项）88 其中：国家级（项）3
港澳台商企业数 0	注册造价工程师合计 125	营业成本合计 154.80	
外商投资企业数 0	注册监理工程师合计 74	人均营业收入 0.00803	

黑龙江省勘察设计行业 2001 年—2010 年企业数发展图

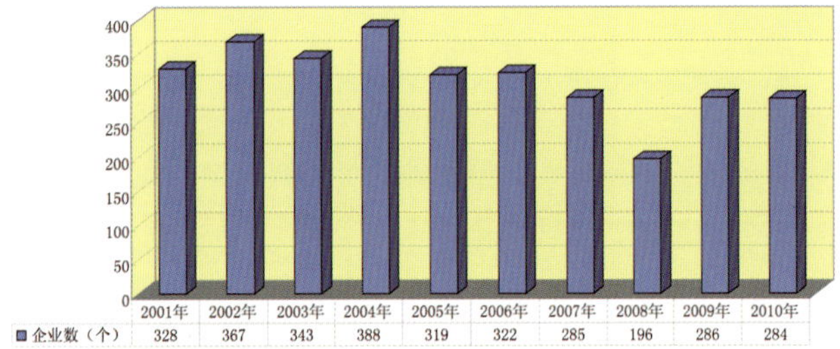

黑龙江省勘察设计行业 2001 年—2010 年从业人数发展图

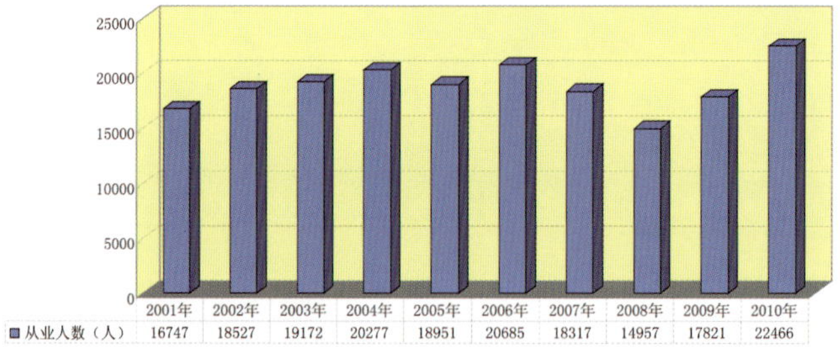

黑龙江省勘察设计行业 2001 年—2010 年营业收入发展图

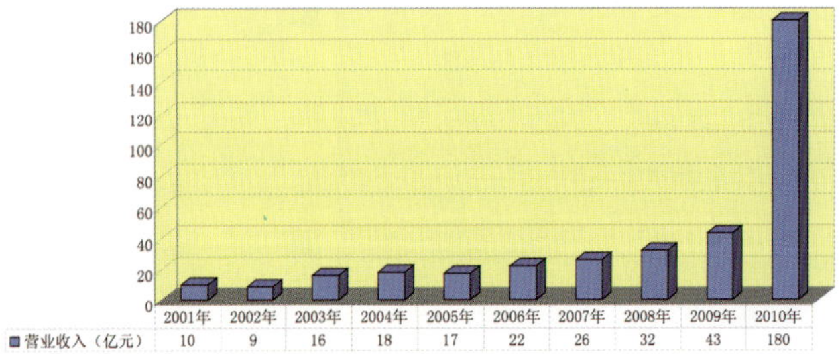

黑龙江省勘察设计行业 2001 年—2010 年人均营业收入发展图

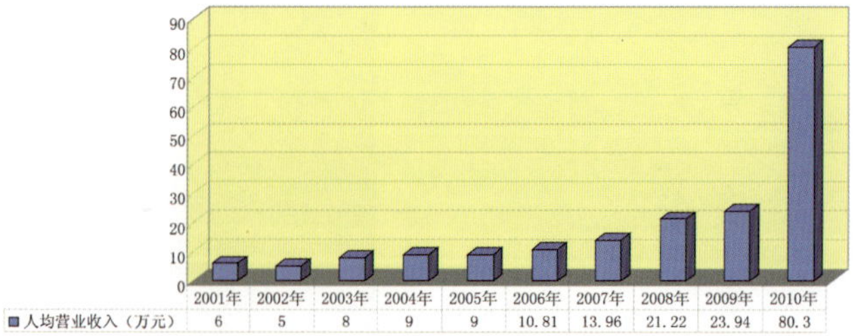

黑龙江省勘察设计行业2010年度企业营业收入前20名排序

排名	企业名称	勘察设计行业类别	企业资质等级	年末从业人员合计（人）	营业收入合计（万元）
1	大庆油田工程有限公司	工程设计综合资质	甲级	1869	128753.00
2	大庆石化工程有限公司	化工石化医药	甲级	652	75299.00
3	哈尔滨工业大学建筑设计研究院	建筑	甲级	604	27606.00
4	黑龙江省公路勘察设计院	公路	甲级	584	21038.00
5	黑龙江省电力勘察设计研究院	电力	甲级	347	18377.00
6	哈尔滨市市政工程设计院	市政	甲级	136	10283.00
7	国脉通信规划设计有限公司	电子通信广电	甲级	295	8153.00
8	哈尔滨市勘察测绘研究院	勘察综合类	甲级	177	8068.00
9	哈尔滨市建筑设计院	建筑	甲级	138	7964.00
10	黑龙江省水利水电勘测设计研究院	水利	甲级	957	7722.50
11	黑龙江农垦勘测设计研究院	农林	甲级	290	7674.00
12	大庆高新技术产业开发区规划建筑设计院	建筑	甲级	157	7045.38
13	黑龙江省建筑设计研究院	建筑	甲级	255	6492.00
14	大庆市规划建筑设计研究院	建筑	甲级	152	4250.00
15	牡丹江市建筑设计研究院有限责任公司	建筑	甲级	97	3000.00
16	黑龙江省同信通信规划设计有限公司	电子通信广电	甲级	253	2016.00
17	黑龙江省水文地质工程地质勘察院	勘察综合类	甲级	310	1811.29
18	哈尔滨天源石化工程设计有限责任公司	化工石化医药	甲级	93	1606.00
19	佳木斯市建筑设计研究院	建筑	甲级	78	1542.00
20	黑龙江建工建筑设计研究院有限公司	建筑	甲级	122	1535.09

H 黑龙江省勘察设计协会

eilongjiangsheng kancha sheji xiehui

一、协会概况

黑龙江省勘察设计协会成立于1985年，现有勘察设计单位会员384家，下设各市(地)勘察设计协会15个、专业分会4个、工作委员会2个。

理事会理事52人、常务理事15人，副理事长4人，王大文任会长，田建军任秘书长。其他重要负责人5人。

协会宗旨：全心全意为勘察设计企业服务，充分发挥协会的桥梁和纽带作用。

二、协会2010年度主要工作

(1) 协助省住房和城乡建设厅组织实施2010年度全省优秀勘察设计评选工作。2010年，推荐参评项目76项，分为建筑、工业、市政、岩土、计算机软件及标准5个类别，共评出一等奖4项，二等奖15项，三等奖28项，总计获奖项目47项。

(2) 工程技术人员继续教育培训

组织全省注册建筑师、注册结构工程师、施工图审查人员分三批进行继续教育培训学习，培训注册人员830余人。

(3) 编辑出版了6期《黑龙江勘察设计》。

(4) 加强勘察设计行业管理

协助主管部门开展资质审查和年检工作，省住房和城乡建设厅对66家未能按时进行资质换证和年检未通过单位的名单予以公布，取消了这些单位的勘察设计资质。

协助配合省住房和城乡建设厅完成了对施工图审查机构的清理和核定，重新审核认定了19家房屋建筑审查机构和6家市政基础设施工程审查机构，取消了5家技术力量未达标的机构。

(5) 组织全省勘察设计企业技术骨干参观上海世博会，并考察了全国小城镇建设模范城市。

(6) 2010年5月24日至6月4日，组织开展了全省工程勘察质量专项检查。对全省13个市(地)及省森工总局、农垦总局所属的勘察单位进行勘察质量抽查。共抽查勘察项目49项，含勘察外业现场5项，并对承担项目的所有勘察单

大庆油田化学助剂厂聚合物、润滑油、二次加工工程

位进行了检查，检查结果在全省通报，由省住房和城乡建设厅或市(地)建设主管部门负责对存在问题的单位监督整改。

(7) 2010年9月10日，组织召开了全省建筑设计企业的质量工作会议。全省甲级建筑设计企业的一把手和总工程师共计130余人出席了会议。会议对全省建筑设计质量情况进行了通报，省住房和城乡建设厅正厅级调研员庄严做了“有关北欧建筑”的学术讲座。

(8) 2010年12月8日至10日，对全省棚户区改造项目进行了全面质量检查，组织专家抽查了棚户区改造项目66项，并对各地(市)抽查项目情况进行了排序，对于排序在最末位的项目在全省进行了通报。

黑龙江省科技创新服务平台

黑龙江省勘察设计协会

地址：黑龙江省哈尔滨市南岗区东大直街 308 号

邮编：150001

电话：0451-53605267

邮箱：HeiKanXie@163.com

世界文化与自然遗产博览会展演馆

大连医科大学新校区工程——体育馆

扎赉诺尔博物馆

萧红纪念馆

哈尔滨龙安大厦

黑龙江省建筑设计研究院

黑龙江省建筑设计研究院(英文缩写HIAD)，始建于1954年8月，是一个具有甲级建筑工程设计、咨询、勘察以及建筑装饰、智能建筑、城市规划、园林、热力、测量等多项乙级资质的勘察设计单位。现有职工352人，工程技术人员262人，其中全国勘察设计大师1人，国家一级注册建筑师15人，国家一级注册结构工程师16人，取得其他各类专业注册资质的40余人；研究员级高级建筑(工程)师32人，高级建筑(工程)师58人，建筑(工程)师67人，初级技术职称105人。设有建筑、规划、结构、给水排水、暖通、动力、电气、建筑经济、工程地质、工程测量等专业。HIAD除设置了10个设计所、审定中心和勘察处，还设有施工图审查公司、建筑装饰公司、工程监理公司、岩土工程公司等下属企业。生产辅助部门有：综合办公室、人力资源处、技术质量处、生产经营处、财务处、总务处及档案室、成品室、计算机应用中心等。

黑龙江省电力勘察设计研究院办公楼

大连长兴岛临港工业区中心医院

哈尔滨国际会展体育中心

哈尔滨香格里拉大酒店

哈尔滨麦凯乐休闲购物广场

伊春·鹿鸣钼矿中心林场生活区整体规划

建院以来，HIAD共有163项建筑工程设计、10项工程勘察成果和12项建筑标准设计、规范和标准分别获省部级和东北地区奖励；有25项建筑科研成果分别获国际、国家和省级奖励；有47个建筑设计方案分别在国家、部和省市建筑设计方案竞赛中获得奖励。建筑作品如明珠缀玉，遍布祖国大地。多年来，连续被省、市政府和主管部门评为建筑工程质量管理先进单位，贯彻城市规划法先进单位，省文明建设单位先进标兵，被中国资信评估学会和中国质量标准研究中心评为中国建设系统信誉、信用3A级企业。

哈爾濱工業大學建築設計研究院
ARCHITECTURE DESIGN AND RESEARCH INSTITUTE OF H I T

哈尔滨工业大学建筑设计研究院是知名的大型国有勘察设计机构，与中国建设事业同步发展壮大；始终扎根北方致力于寒地建筑设计与研究，坚持产学研相结合的技术创新；历经五十余载的发展，综合实力跻身国内同行前列，被授予中国十大设计公司荣誉称号，辉煌成就令业界瞩目。

我院业务领域涵盖工程项目建设的全过程，包括建筑设计、规划设计、市政设计、环境与景观设计、工程勘察、工程监理、工程咨询与项目代建等；六百余人的专业技术队伍力量雄厚，拥有中国工程院院士、国家设计大师、国家级有突出贡献专家等一大批设计领域专家；取得了突出的行业成就，300余项工程项目获得国家各级优秀设计奖励；哈尔滨总部与北京、深圳等发达地区分支机构资源共享，与众多国际知名设计机构开展了长期广泛的技术合作。

我院将一如既往地秉承苛求完美、精益求精的设计宗旨和诚信服务、持续发展的经营理念，充分发挥人才和技术优势，与社会各界携手合作，以拼搏创新和不懈努力为社会奉献建筑精品。

1	2	3
4		

1. 大连市体育中心

2. 黑龙江省博物馆新馆

3. 黑龙省科技创新服务平台

4. 哈尔滨市国际会展体育中心

![FANGZHOUARCHITECTS]

哈尔滨方舟建筑设计有限公司

哈尔滨方舟建筑设计有限公司坐落于美丽的冰城哈尔滨，是在我国建筑设计行业改革大潮中涌现出来的一支新军。多年来，方舟人依靠着卓越的团队、精湛的管理以及努力拼搏的精神始终立于本地区建筑设计行业的不败之地，使得企业经历了由小到大由弱到强的深刻变化过程。已经成为拥有建筑、规划、景观、结构、给排水、暖通、空调、电气、工程咨询等专业的强大设计咨询企业。目前公司拥有150人，一级注册建筑师、一级注册结构工程师、注册设备工程师与高级工程师48人，公司下设3个综合设计所，1个景观设计所，4个工作室，1个工程咨询中心。公司成立十年来，为社会贡献了许许多多优秀的设计作品，得到了各界的广泛赞誉，在省优、部优以及全国民营设计企业华彩奖评选中多次获奖。今天的方舟凭借着自己的实力与诚信，已经成为了黑龙江省内建筑设计行业顶尖机构，得到了社会各界充分的认可。

我们在本书中推出的一小部分作品，仅仅反映来了我们企业的点滴成果，目的在于同全国乃至境外的优秀设计机构创造更多的切磋、交流的机会，从而使我们的设计水平有更大的提高。

1

2 | 3 | 4 | 5 | 6 | 7 | 8

1. 大庆奥林匹克公园体育馆
2. 大庆市西城区体育馆
3. 哈尔滨工程大学图书馆
4. 东北农业大学创新科技园区
5. 黑龙江中医药大学综合楼
6. 纳帕英郡
7. 大庆市红岗医院
8. 哈尔滨市第一医院

上海市行业综述

上海市2010年统计数据汇总项目表

企业资质情况（个）	从业人员情况（人）	财务情况（亿元）	科技活动情况
企业总数 549	从业人员合计 73144	营业收入合计 762.10	活动费用支出总额（亿元）20.18
工程勘察企业数 30 其中：甲级 16 乙级 9	技术人员合计 43795 其中：高级 9159 中级 15518	工程勘察收入合计 13.06 其中：境外工程勘察收入 0.01	成果转让收入总额（亿元）7.00
工程设计企业数 231 其中：甲级 160 乙级 58	建筑师合计 1910 其中：一级 1429 二级 481	工程设计收入合计 166.16 其中：境外工程设计收入 1.96	企业累计拥有专利（项）2189
专项合计企业数 145 其中：甲级 79 乙级 62	结构工程师合计 1806 其中：一级 1716 二级 90	管理服务收入合计 20.50 其中：境外管理服务收入 1.53	累计拥有专有技术（项）975
设计施工一体化企业数 143	建造工程师合计 2858 其中：一级 1364 二级 1494	工程承包收入合计 511.32 其中：境外工程承包收入 1.35	获国家级、省部级奖（项）890 其中：国家级（项）192
其他企业数 0			
综合资质企业数 5	注册岩土工程师合计 243	其他收入合计 51.06 其中：境外其他收入 0.04	参编国家、行业、地方技术标准（项）372 其中：国家级（项）135
内资企业数 515	注册城市规划师合计 141		
港澳台商企业数 11	注册造价工程师合计 460	营业成本合计 571.55	
外商投资企业数 23	注册监理工程师合计 260	人均营业收入 0.01042	

上海市勘察设计行业 2001 年—2010 年企业数发展图

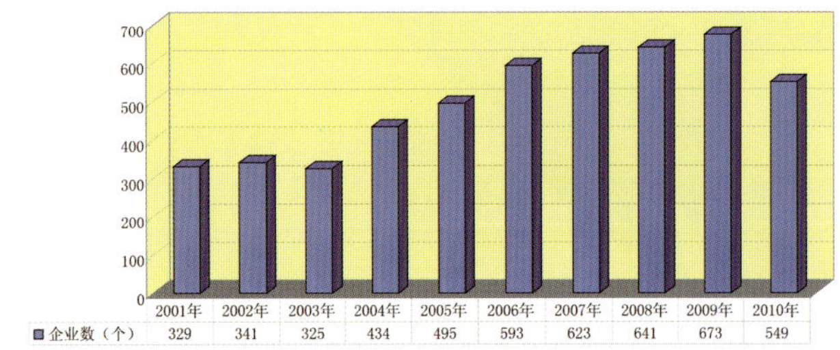

上海市勘察设计行业 2001 年—2010 年从业人数发展图

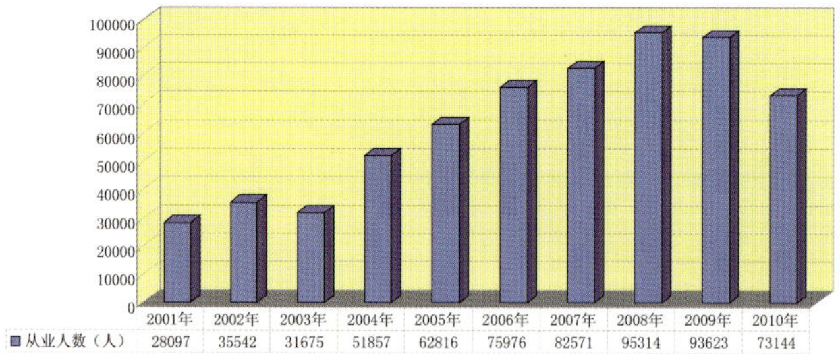

上海市勘察设计行业 2001 年—2010 年营业收入发展图

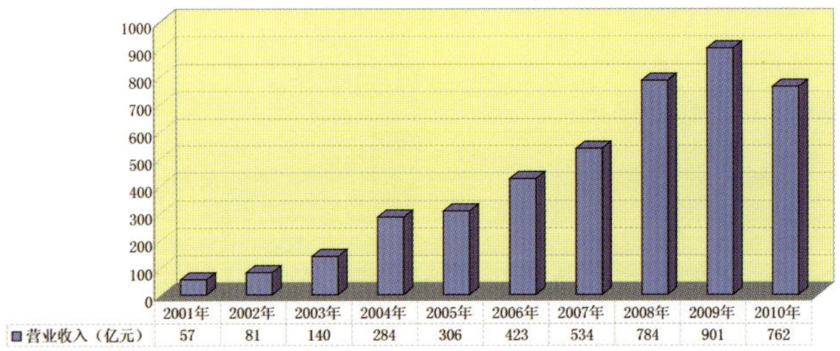

上海市勘察设计行业 2001 年—2010 年人均营业收入发展图

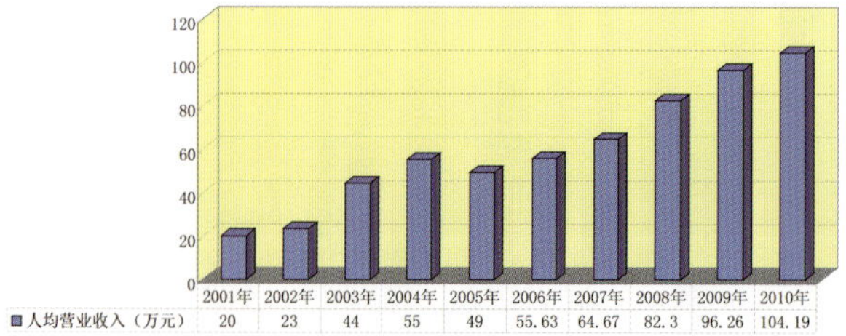

上海市勘察设计行业2010年度
企业营业收入前20名排序

排名	企业名称	勘察设计行业类别	企业资质等级	年末从业人员合计（人）	营业收入合计（万元）
1	中国建材国际工程集团有限公司	建材	甲级	713	461369.00
2	惠生工程（中国）有限公司	化工石化医药	甲级	952	435435.37
3	上海现代建筑设计（集团）有限公司	建筑	甲级	744	250218.23
4	中国石化集团上海工程有限公司	工程设计综合资质	甲级	1360	231201.63
5	上海市政工程设计研究总院（集团）有限公司	工程设计综合资质	甲级	2146	205558.94
6	中船第九设计研究院工程有限公司	工程设计综合资质	甲级	959	204417.90
7	同济大学建筑设计研究院（集团）有限公司	建筑	甲级	1413	165329.00
8	上海市机电设计研究院有限公司	机械	甲级	787	149911.00
9	中铁上海设计院集团有限公司	铁道	甲级	929	120719.54
10	中交第三航务工程勘察设计院有限公司	水运	甲级	613	102364.00
11	福陆（中国）工程建设有限公司	化工石化医药	甲级	781	85842.01
12	中国电力工程顾问集团公司华东电力设计院	工程设计综合资质	甲级	1163	83683.76
13	上海宝钢建筑工程设计研究院	建筑	甲级	63	82572.95
14	上海核工程研究设计院	核工业	甲级	1220	73339.80
15	华东建筑设计研究院有限公司	建筑	甲级	723	59940.34
16	上海勘测设计研究院	水利	甲级	682	50806.00
17	上海建筑设计研究院有限公司	建筑	甲级	785	47895.00
18	上海微波技术研究所（中国电子科技集团公司第五十研究所）	电子通信广电	甲级	694	45527.62
19	中交上海航道勘察设计研究院有限公司	水运	甲级	284	42619.00
20	上海天华建筑设计有限公司	建筑	甲级	854	36682.25

江苏省行业综述

江苏省2010年统计数据汇总项目表

企业资质情况（个）	从业人员情况（人）	财务情况（亿元）	科技活动情况
企业总数 1101	从业人员合计 83274	营业收入合计 505.55	活动费用支出总额 （亿元）8.15
工程勘察企业数 101 其中：甲级 42 乙级 55	技术人员合计 57293 其中：高级 12696 中级 21860	工程勘察收入合计 20.18 其中：境外工程勘察收入 0.10	成果转让收入总额 （亿元）1.21
工程设计企业数 468 其中：甲级 172 乙级 217	建筑师合计 2220 其中：一级 1368 二级 852	工程设计收入合计 115.42 其中：境外工程设计收入 0.31	企业累计拥有专利 （项）1039
专项合计企业数 341 其中：甲级 158 乙级 166	结构工程师合计 2073 其中：一级 1846 二级 227	管理服务收入合计 8.14 其中：境外管理服务收入 0.03	累计拥有专有技术 （项）685
设计施工一体化企业数 191 其他企业数 0	建造工程师合计 4639 其中：一级 1917 二级 2722	工程承包收入合计 341.26 其中：境外工程承包收入 0.32	获国家级、省部级奖 （项）913 其中：国家级（项）126
综合资质企业数 0	注册岩土工程师合计 514	其他收入合计 20.56 其中：境外其他收入 0.10	参编国家、行业、地方 技术标准（项）327 其中：国家级（项）99
内资企业数 1079	注册城市规划师合计 204		
港澳台商企业数 12	注册造价工程师合计 648	营业成本合计 488.92	
外商投资企业数 10	注册监理工程师合计 686	人均营业收入 0.00607	

江苏省勘察设计行业 2001 年—2010 年企业数发展图

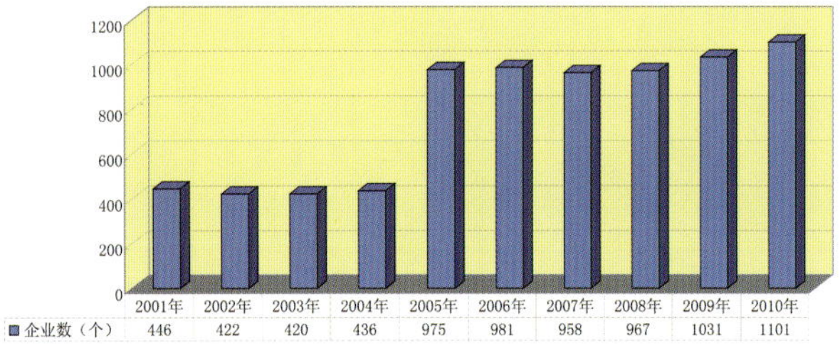

江苏省勘察设计行业 2001 年—2010 年从业人数发展图

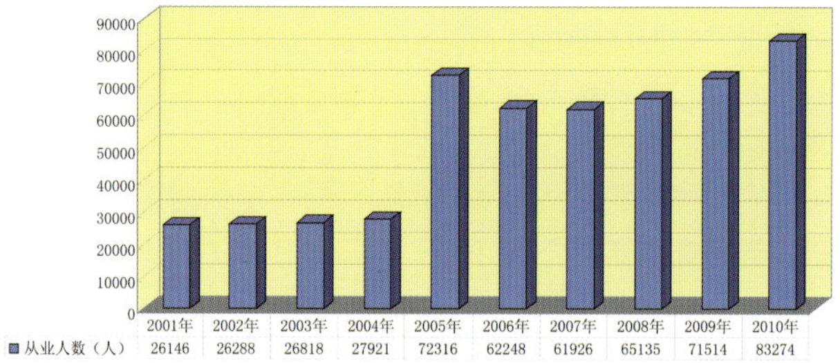

江苏省勘察设计行业 2001 年—2010 年营业收入发展图

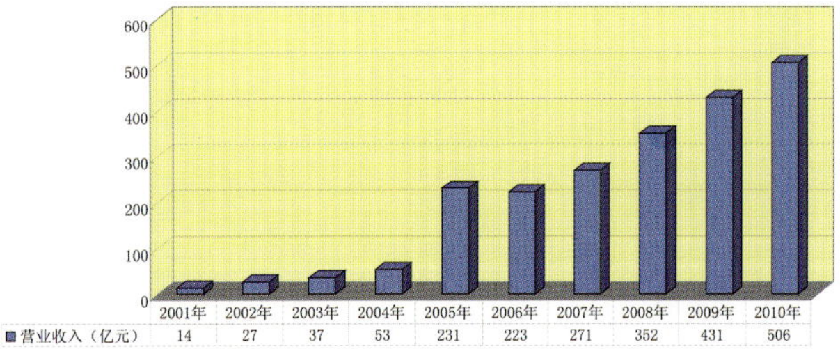

江苏省勘察设计行业 2001 年—2010 年人均营业收入发展图

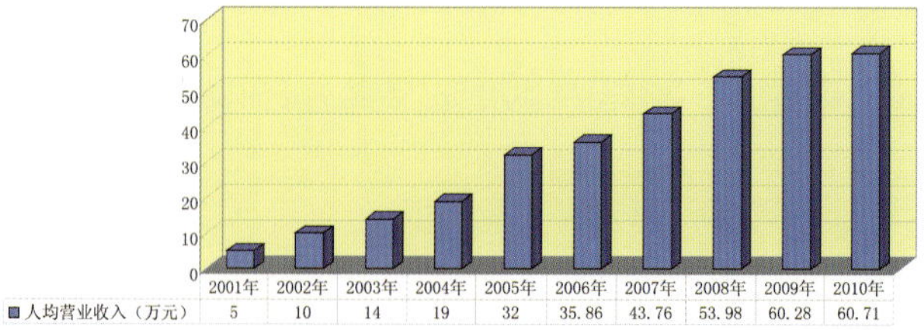

江苏省勘察设计行业2010年度企业营业收入前20名排序

排名	企业名称	勘察设计行业类别	企业资质等级	年末从业人员合计（人）	营业收入合计（万元）
1	南京凯盛国际工程有限公司	建材	甲级	346	115683.33
2	江苏省交通科学研究院股份有限公司	公路	甲级	960	83755.11
3	江苏省邮电规划设计院有限责任公司	电子通信广电	甲级	726	64150.00
4	江苏省电力设计院	电力	甲级	467	57453.00
5	江苏省交通规划设计院股份有限公司	公路	甲级	886	54077.00
6	化学工业岩土工程有限公司	勘察综合类	甲级	343	47591.00
7	南京洛普股份有限公司	电子通信广电	甲级	160	46082.36
8	中煤国际工程集团南京设计研究院	煤炭	甲级	730	42567.00
9	中蓝连海设计研究院	化工石化医药	甲级	600	36430.00
10	江苏南京地质工程勘察院	勘察综合类	甲级	226	29357.00
11	中国中材国际工程股份有限公司	建材	甲级	1020	23084.88
12	东南大学建筑设计研究院	建筑	甲级	475	22949.13
13	江苏省地质工程勘察院	勘察综合类	甲级	345	20046.18
14	苏州中材非金属矿工业设计研究院有限公司	建材	甲级	226	19351.00
15	江苏省建筑设计研究院有限公司	建筑	甲级	356	18116.30
16	国家粮食储备局无锡科学研究设计院	商物粮	甲级	240	18073.55
17	苏州市市政工程设计院有限责任公司	市政	甲级	211	15803.39
18	南京长江都市建筑设计股份有限公司	建筑	甲级	310	15565.00
19	苏州市建筑设计研究院有限责任公司	建筑	甲级	310	15032.67
20	南京市建筑设计研究院有限责任公司	建筑	甲级	268	14649.15

J 江苏省勘察设计协会

Jiangsusheng kancha sheji xiehui

一、协会概况

江苏省勘察设计协会成立于1986年，协会现有会员单位860家，下设机构14个。陆根法任理事长，陈继东任秘书长。

协会宗旨：想会员所想，急会员所急，尽心尽力为会员单位服务。

二、协会2010年度主要工作

2010年，我协会在江苏省住房和城乡建设厅领导的关心和具体指导下、在广大会员的共同努力和支持下，齐心协力、扎实工作，各项工作都取得了较好的成绩，被评为“江苏省社会组织深入学习实践科学发展观活动先进单位”。

(一) 围绕江苏省住房和城乡建设厅勘察设计中心工作，配合和协助做好行业监管及行业发展工作

完成行业统计工作，并协助省厅科研设计处召开全国勘察设计统计会议；参与勘察设计市场进出省资质核验；协助开展江苏省公共租赁住房优秀设计方案竞赛、江苏省农民节能抗震住宅优秀设计方案竞赛等各项竞赛和省级“四优”评选等评优工作；配合开展全省勘察设计市场集中检查。

(二) 充分发挥行业协会作用，积极组织开展一系列提高勘察设计企业综合实力、增强企业核心竞争力的活动

开展第二届“江苏省勘察设计企业综合实力排序“工作。经评审有25家单位获得“江苏省勘察设计企业综合实力排序前30名”荣誉，有9家单位获得“江苏省建筑设计企业综合实力排序前10名”荣誉。

开展“江苏省勘察设计单位质量管理运行状况评价”的工作。制定评价方法和细则，举办“加强勘察设计质量管理，提高勘察设计水平”研讨会，组织专家评价组，经专家组评价和现场考核，认定有38家为江苏省勘察设计单位质量管理运行状况良好单位。

开展我省建筑设计企业参加全国建筑设计行业诚信评估工作。推荐23家企业参加全国建筑设计行业诚信评估。

为培养与江苏城市建设发展相适应的高水平设计人才，激励勘察设计师创优创新，鼓励企业专业技术骨干。首次开展“江苏省优秀工程勘察设计师评选”活动。全省有110名设计师获得“江苏省优秀工程勘察设计师”称号。

组织进行2010年全省工程勘察设计行业(建筑结构、建筑智能化工程专业、建筑环境与设备专业)优秀工程勘察设计行业奖评选工作。评出获奖项目42项。

开展2010年度省级工程建设(勘察设计)优秀QC小组的评选工作。3个QC小组为省级建设工程(勘察设计)优秀小组。

(三) 研讨勘察设计行业发展方向，为企业探讨经济发展新模式构筑交流平台

召开以探讨发展思路、创新管理理念、提升核心竞争力为主题的“江苏省工程勘察设计企业经济发展新模式”院长高层论坛。针对经济结构转型升级的大背景，勘察设计企业如何应对；勘察设计企业可持续发展，涉及哪些相关问题；勘察设计中小企业面对兼并收购如何思考；勘察设计企业业务多元化利弊分析；资本运作是否适应所有设计企业；在内部管理和完善机制方面有哪些好的做法6个主题，会议聘请全国著名改制重组与变革管理咨询专家为嘉宾主持，邀请省内外在改革创新、转型发展做出一定成绩的知名企业的领导，就经济结构转型升级、企业可持续发展等问题，与我省100多个参会的勘察设计企业的高层领导，共同深入探讨在我国体制改革深化和经济结构转型的重大时期企业的发展战略。

(四) 完成“江苏省勘察设计企业信息管理系统”研发工作

截至2009年底，我省工程勘察设计企业已有1 000多家，其中我协会的会员单位就有860多家，涉及专业资质3 000多项。专业资质数2008年、2009年每年都以10%的增长速度递增，传统的统计、分析和管理模式已无法满足工作需要。为了提高勘察设计行业管理创新的能力，充分利用现代数字化技术和

信息传递技术，掌握全省勘察设计企业发展趋势、进行现代化动态管理，经省住建厅批准立项，我会承担了“江苏省勘察设计企业信息管理系统”课题的研发工作。经课题组近一年努力，系统已开发研制完成，并经历了实践检验，在配合省厅开展勘察设计市场集中检查活动中已呈现很大作用。该系统为我会快捷、准确动态的掌握全省勘察设计企业的发展情况，又为政府主管部门市场监管、行业发展，行业规划等工作提供了决策依据。

(五) 牢记为会员单位服务的宗旨，举办专题培训和研讨班，在学习和交流中不断提高管理和技术水平

组织工程勘察设计企业相关岗位技术人员约120人到有关院校，进行有系统的本专业学习。

举办“加强勘察设计质量管理提高勘察设计水平”为主题的研讨会，贯彻执行国家建设工程的有关条例、规定，进一步推动我省勘察设计质量管理和保证体系建设上一个新台阶。

(六) 进一步办好协会期刊，加强网站建设，发挥宣传报道、信息交流作用

完成《江苏勘察设计》及简讯的组稿、编辑、发行工作。期刊版面上加重了对行业改革发展和成功经验的宣传，对行业发展的热点、难点进行研讨，对企业文化内涵、行业体制和创新理念等内容的剖析，刊物水平不断提高。

协会网站根据勘察设计行业内关注的热点和协会当前工作，对栏目设置及内容及时调整、更新，使栏目设置更加清晰、方便查找。协会举办的各类活动采用文字和图片相结合的报道方式，互动效果较好。缩短了协会期刊、简讯在出版发行后上网的时间，并及时、准确转载上级主管部门、同业协会、地方管理部门、会员单位最新动态，更加方便广大会员单位及个人阅览。

(七) 加强协会建设，做好协会自身工作

积极开展行业调查，反映诉求。召开设计企业调研座谈会，围绕深入学习实践科学发展观，找准影响和制约协会发展问题、促进行业发展，进行座谈。在调研、学习的基础上，结合我会平时工作实践，形成了“江苏省勘察设计协会学习实践科学发展观活动调研报告”以及“江苏省勘察设计协会学习实践科学发展观活动总结”上报省厅，并成立了协会秘书处临时党支部。因成绩突出，我会被评为“江苏省社会组织深入学习实践科学发展观活动先进单位”(省属厅局管社团组织仅9家获此荣誉)。

定期召开省勘察设计协会分会负责人会议、常务理事会议，总结协会年度工作、研究协会新一年工作安排、确定协会重大事情、通过有关事宜的决议。

年初召开江苏省勘察设计协会、各省辖市同业协会工作座谈会。全省13个省辖市协会的领导参加会议，总结交流协会工作，达到加强了解，增进友谊，相互学习，共同提高的目的。

重视加强分会组织建设，结合行业特点，开展分会活动。省协会六届一次常务理事会提出进一步加强协会分支机构建设的工作要求，2010年12月，对各分会组织机构进行了调整、充实和完善。2010年，各分会除积极支持和参加省协会开展的各项工作外，结合本分会情况开展各类活动，取得良好效果。

此外，我会驻上海联络处、继续教育基地等办事机构也积极开展工作，努力为会员单位服务。

江苏省勘察设计行业协会

地址：江苏省南京市江东北路银城广场辅楼2楼

邮编：210036

电话：025-51868131

网址：www.JSSKS.com

江苏省邮电规划设计院有限责任公司

江苏省邮电规划设计院有限责任公司总部坐落于博爱之都南京，1963年始建，系致力于通信建设、信息服务和建筑工程咨询、设计、研究、实施的国家级高新技术企业，综合实力位居全国同行业前列。

公司拥有通信规划设计院等12家专业设计院；所属的通信与信息技术研究院、建筑设计研究院、软件研究院、通信产品部、系统集成公司等各具特色，形成自己的品牌优势。

公司系中国通信服务公司战略业务单元之一，拥有完备的资质、领先的技术、先进的装备、多元化的业务、优良的业绩、广泛的本地化服务网络和独具特色的一体化服务模式。

公司专业配套齐全，机构完善、人才荟萃。通信、建筑等专业拥有一批高素质的、在行业内公认的学科领头人，密切服务支撑于各大运营商集团总部、省市级运营商、政府部门、企业客户，已成为全国通信行业领先的咨询、设计、研究企业和技术服务提供商。

公司业务遍布全国及欧洲、东南亚、中亚、非洲、北美洲、南美洲的多个国家。为适应新一轮信息化和建筑工程建设的需求，公司在全国通信设计业界率先提出向专家咨询型企业转型的目标并努力实践，建立覆盖工程咨询、管理咨询、IT咨询、节能减排研究、智慧城市研究、物联网研究及其软件开发的业务体系。

公司获全国高新技术企业、全国用户满意工程创建先进单位、全国先进通信设计企业、全国青年文明号、省文明单位标兵、省五一劳动奖状先进集体、省文明单位、省模范职工之家、省通信行业诚信建设先进企业、省AAA级信誉单位、省质量管理优秀企业等20多项省级以上荣誉称号。

公司秉承“满足客户需求、创造客户商机、超越客户期望、成就客户事业”的经营理念，竭诚为通信运营商和社会各行业的通信信息化和建筑工程建设持续提供全方位、多元化、个性化、差异化、集成化的咨询、设计、研究服务。

1 | 2 | 3 | 4 | 5 | 6

1. 中国移动通信集团江苏大区物流中心
2. 南京新城科技园科技创新综合体
3. 四川移动成都南区枢纽工程
4. 国家开发银行数据中心
5. 宣城香溢梅溪小区
6. 江苏电信无锡国际数据中心

浙江省行业综述

浙江省2010年统计数据汇总项目表

企业资质情况（个）	从业人员情况（人）	财务情况（亿元）	科技活动情况
企业总数 647	从业人员合计 64988	营业收入合计 431.77	活动费用支出总额（亿元）6.35
工程勘察企业数 55 其中：甲级 28 乙级 27	技术人员合计 39214 其中：高级 9683 中级 16814	工程勘察收入合计 21.91 其中：境外工程勘察收入 0.14	成果转让收入总额（亿元）1.42
工程设计企业数 446 其中：甲级 138 乙级 189	建筑师合计 2013 其中：一级 1173 二级 840	工程设计收入合计 113.77 其中：境外工程设计收入 1.35	企业累计拥有专利（项）637
专项合计企业数 138 其中：甲级 47 乙级 76	结构工程师合计 1695 其中：一级 1467 二级 228	管理服务收入合计 7.29 其中：境外管理服务收入 0.43	累计拥有专有技术（项）293
设计施工一体化企业数 6 其他企业数 2	建造工程师合计 1212 其中：一级 693 二级 519	工程承包收入合计 264.71 其中：境外工程承包收入 0.60	获国家级、省部级奖（项）609 其中：国家级（项）83
综合资质企业数 3	注册岩土工程师合计 390	其他收入合计 24.09 其中：境外其他收入 1.44	参编国家、行业、地方技术标准（项）205 其中：国家级（项）43
内资企业数 643	注册城市规划师合计 181		
港澳台商企业数 2	注册造价工程师合计 375	营业成本合计 346.56	
外商投资企业数 2	注册监理工程师合计 334	人均营业收入 0.00664	

浙江省勘察设计行业 2001 年—2010 年企业数发展图

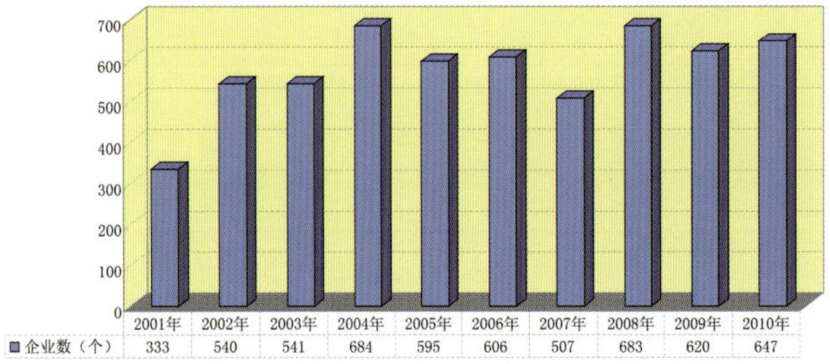

浙江省勘察设计行业 2001 年—2010 年从业人数发展图

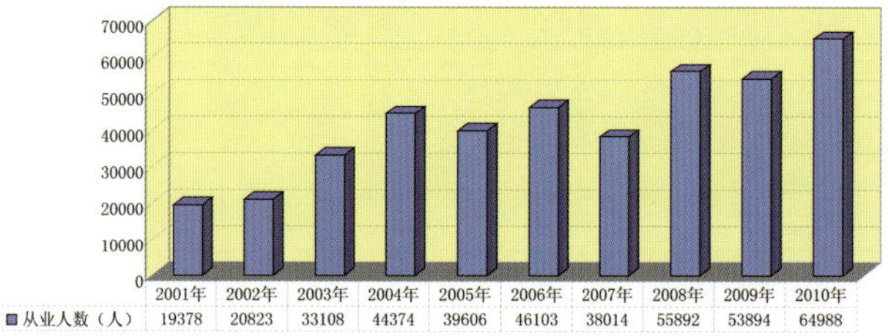

浙江省勘察设计行业 2001 年—2010 年营业收入发展图

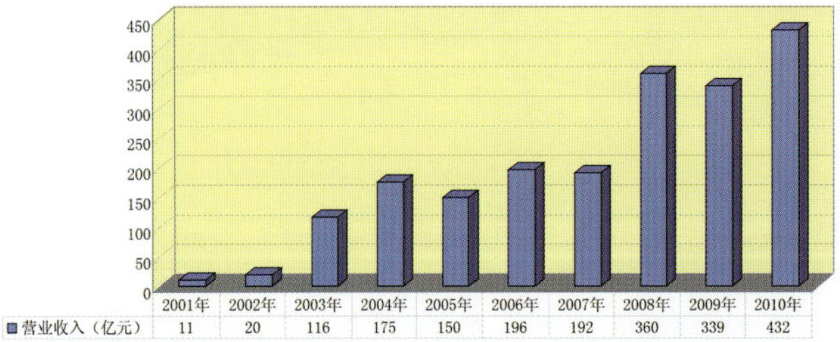

浙江省勘察设计行业 2001 年—2010 年人均营业收入发展图

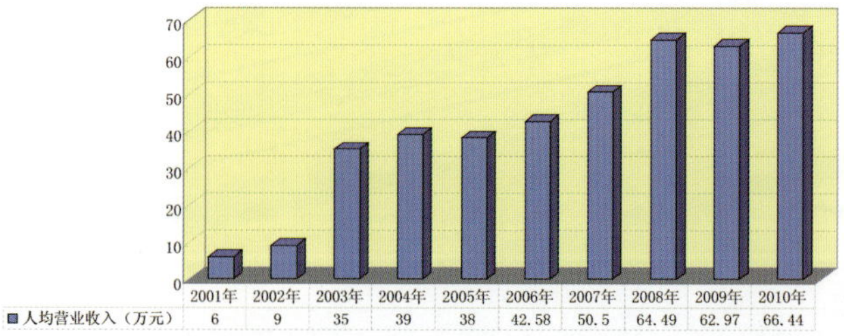

浙江省勘察设计行业2010年度
企业营业收入前20名排序

排名	企业名称	勘察设计行业类别	企业资质等级	年末从业人员合计（人）	营业收入合计（万元）
1	中国联合工程公司	工程设计综合资质	甲级	1337	416820.00
2	中国石化集团宁波工程有限公司	化工石化医药	甲级	1297	222798.76
3	中国水电顾问集团华东勘测设计研究院	工程设计综合资质	甲级	869	181215.32
4	华信邮电咨询设计研究院有限公司	电子通信广电	甲级	1401	78744.78
5	浙江省电力设计院	电力	甲级	429	60034.00
6	汉嘉设计集团股份有限公司	建筑	甲级	983	44464.00
7	浙江大学建筑设计研究院	建筑	甲级	438	34627.33
8	浙江省机电设计研究院有限公司	机械	甲级	410	32566.00
9	浙江华东建设工程有限公司	勘察综合类	甲级	317	29486.00
10	浙江省交通规划设计研究院	水运	甲级	334	28770.00
11	镇海石化工程股份有限公司	化工石化医药	甲级	269	27428.67
12	浙江绿城建筑设计有限公司	建筑	甲级	211	26670.75
13	浙江省工程物探勘察院	勘察综合类	甲级	311	23761.00
14	浙江南方建筑设计有限公司	建筑	甲级	102	23600.85
15	浙江省建筑设计研究院	建筑	甲级	420	23536.00
16	浙江绿城东方建筑设计有限公司	建筑	甲级	315	22727.00
17	浙江省水利水电勘测设计院	水利	甲级	531	21184.00
18	中国新型建筑材料工业杭州设计研究院	建材	甲级	399	21157.00
19	浙江省天正设计工程有限公司	化工石化医药	甲级	385	17312.15
20	宁波市城建设计研究院有限公司	市政	甲级	186	15900.00

Z 浙江省勘察设计行业协会

hejiangsheng kancha sheji hangye xiehui

一、协会概况

浙江省勘察设计行业协会成立于1990年6月，协会现有会员单位421家，景政治任会长，高根生任秘书长。

浙江省勘察设计行业协会下设思想政治工作委员会、建筑装饰设计专业委员会、工程勘察专业委员会、工程智能设计专业委员会、施工图审查专业委员会。

协会宗旨：以邓小平理论为指导，坚持“三个代表”重要思想和科学发展观，在国家宪法、法律、法规和政策范围内开展活动，努力做好行业服务、行业自律、行业代表、行业协调工作，团结全体会员，联合业内各方力量，认真贯彻国家的方针政策，反映企业的意愿和要求，维护行业的合法权益，促进行业的健康发展，在政府业务主管部门与勘察设计企业之间发挥纽带和桥梁作用。

二、协会2010年度主要工作

2010年，是全面实现“十一五”规划目标的收官之年。同时，正值协会成立20周年。这一年里，协会在中国勘察设计协会、浙江省住房和城乡建设厅、省民政厅的关心和指导下，紧紧围绕建设系统工作中心，把握勘察设计行业重点关注的问题开展各项工作，践行科学发展观，坚持以服务为宗旨，引领企业深化改革、开拓创新、加强自律，积极开展各项工作，取得了明显的成效，主要体现在以下5个方面。

(一) 以科学发展观为指导　以评优为载体推进科技进步

浙江省建设工程钱江杯奖(优秀勘察设计)的评选是协会的一项重要工作。2010年度浙江省建设工程钱江杯奖(优秀勘察设计)评选活动共计收到申报项目209项。根据浙江省建设厅《关于公布2010年度浙江省建设工程钱江杯奖(优秀勘察设计)评选结果的通知》，共评出获奖项目117项。其中，优秀工程勘察一等奖3项，二等奖9项，三等奖11项；优秀工程设计一等奖19项，二等奖37项，三等奖38项；另有表扬奖20项。我省援建青川县灾后重建的3个工程设计项目被评定为2010年浙江省援川抗震救灾工程设计特别奖。

2010年度优秀QC小组的评选受到了会员单位的重视。经专家评选，共评出一等奖6个，二等奖6个，三等奖8个。其中，5个QC小组荣获2010年度国家工程建设(勘察设计)优秀QC小组称号。

(二) 坚持服务宗旨　充分发挥参谋和助手作用

协会认真贯彻执行党和国家的各项方针政策，坚持服务宗旨，配合上级主管部门不断加强和改进行业管理，在推进勘察设计行业科学发展，规范市场秩序，加强行业自律等方面积极开展调查研究，做了大量扎实有效的工作，取得了一定的成绩。

由浙江省住房和城乡建设厅、浙江省科技厅、浙江省经济和信息化委员会、浙江省环保厅主办的“2010第四届浙江省绿色建筑与建筑节能技术、产品博览会”3月在杭州举办，协会承办了本届博览会。博览会汇集了来自建筑节能领域内的部分企业，主要展示了各种绿色建筑示范工程以及绿色建筑技术和产品，展出面积约6 000m²。协会专门策划举办了3场以“绿色、节能、创新”为主题的论坛，其中，在建筑节能产业互动交流会上，共有7家生产企业与7家房地产、设计单位分别签订了技术合作意向书。本届博览会受到了各界的好评。

2010年，协会继续协助、配合浙江省建设厅建筑节能与科技设计处做好施工图审查机构的管理工作，规范市场秩序。2010年初，完成了浙江省施工图审查机构2009年度报表的汇总上报工作。4月，协会陪同浙江省住房和城乡建设厅设计处分别赴宁波、嘉兴等市检查图审机构的人员和审图质量情况，并对个别审图机构提出改进意见和建议，对违规操作的单位进行处理。在决策参谋方面，协会受杭州市建设委员会委托，开展了“加强施工图审查管理办法研究”的课题调研。另外，由协会组织专家负责的“浙江省施工图设计文件审查要点”编制工作，向省住房和城乡建设厅申报了2010年度全省建设科研项目并立项，已完成了各专业要点的编撰工作。

2010年7月，中国勘察设计协会发出《关于共同做好工程勘察设计行业专题调研工作的通知》，为配合中国勘察设计协会做好调研工作，协会在调研的同时，邀请各市同业协会秘书长共同围绕贯彻节能减排、调整企业结构、加强和规范市场等三大方面的问题开展了座谈和交流，会后，协会将调查研究的情况汇总并上报中国勘察设计协会。

勘察设计行业是我省首批推进软件正版化工作重点行业之一，协会配合浙江省使用正版软件工作领导小组，对行业内重点企业进行了专门的调查，并推荐上报了首批35家勘察设计企业为推行软件正版化重点骨干企业，其中有26家企业获得2009年度“浙江省企业软件正版化工作示范单位”。我协会被授予2009年度浙江省软件正版化工作先进单位。软件正版化工作的推行，有力地促进了勘察设计企业的信息化建设，协会将不遗余力地继续做好这项工作。

(三) 加强交流合作　开展多项学习活动

根据行业的实际需求，协会在2010年内举办了多次学术交流、技术讲座和业务培训活动，受到了广大会员单位的欢迎和好评。

2010年3月，协会和浙江省建筑师分会与浙江大学建筑设计研究院在浙江大学邵逸夫科学馆举办学术报告会。会上，中国工程院何镜堂、王小东院士分别做《世博会中国馆》《新疆喀什旧城改造》的学术报告。

2010年5月，为加强勘察设计行业基础人才的培养，应广大会员单位的要求，协会与宁波市勘察设计协会合作举办了“浙江省建设工程地质勘察作业人员岗位操作培训”，全省勘察设计单位的68位钻探机长与记录员参加了本期培训。

另外，协会还与中国建筑科学研究院、中国建筑设计研究院等单位合作，在杭州举办了有关最新《技术措施》、最新《建筑节能设计标准》、新版《工程建设强制性条文》、最新国家标准《建筑抗震设计规范》，以及建筑防火设计疑难问题解析等多项相关培训和学习班。今后协会将继续以服务为宗旨，从行业实际出发办好有关培训。

2010年6月，华东六省一市勘察设计工作交流年会在宁波隆重举行。此次会议由我协会牵头，并得到了宁波市和舟山市建设委员会的大力支持，由宁波市建筑设计研究院有限公司、省工程勘察院一起承办。各有关省、市建设委员会(建设局)勘察设计责任处室的负责人和勘察设计行业协会会长、秘书长参加了会议。会上，来自省、市、行业协会的代表分别针对当前勘察设计行业发展状况，进一步做好建筑节能、绿色环保、低碳建筑等方面工作发表讲话，并围绕落实科学发展观，根据各省、市实际，对如何整顿和规范勘察设计市场秩序，确保工程质量和效益，加强行业指导，促进行业持续发展等问题进行了交流。

(四) 抓好行业诚信　保持行业的健康发展

开展诚信活动，抓好行业信用建设是推动行业改革发展的重要保证，协会一直以来都将推动行业诚信建设作为协会工作的重点内容。

2010年3月，中国勘察设计协会下发《关于公布全国工程勘察与岩土行业第二批“诚信单位”的通知》。我省核工业金华工程勘察院、浙江海北勘察股份有限公司、浙江省地矿勘察院榜上有名。同时，获得第一批全国工程勘察与岩土行业“诚信单位”的15家企业通过了中国勘察设计协会的复审。

2010年5月，中国勘察设计协会下发中设协字[2010]第29号文，决定在建筑设计行业开展诚信评估工作，要求各地同业协会根据文件内容组织实施申报工作，协会积极配合，组织专家对申报单位的材料进行初评并将初评结果推荐上报。

(五) 组织开展成立20周年系列活动　推进企业文化建设　促进行业和谐发展

2010年是我协会成立20周年，为庆祝这项协会的盛事，总结成绩展望未来，协会四届三次常务理事(扩大)会议审议并通过了《庆祝省协会成立20周年系列活动方案》，根据方案陆续举办了浙江省勘察设计行业首届男子篮球赛、全省勘察设计行业首届摄影展、青年设计师优秀作品评选等系列活动，并组织编撰了《浙江勘察设计20年》文集。系列活动及文集的编纂工作受到了各市同业协会、各专业委员会以及广大会员单位的积极响应和大力支持。

除了举办系列活动，协会在服务会员单位的工作上也丝毫没有松懈，坚持热情服务，对会员单位的电话咨询以及上门求助都耐心回应，积极帮助。在浙江省建设工程钱江杯奖(优秀勘察设计)的评选过程中，协会对申报项目进行了初审，同时，努力做好评审的服务工作。

经过20年的辛勤积累，协会现有会员单位421家，其中，2010年新增会员单位21家。多年来，协会工作取得了一定成绩，得到了有关部门的充分肯定，2010年3月18日，浙江省民政厅发出浙民民[2010]48号《浙江省民政厅关于2009年度全省性社会组织评估结果的通报》，我协会被评定为AAAAA(5A)级社会组织。

浙江省勘察设计行业协会

地址：浙江省杭州市狮虎桥路38号4单元302室

邮编：310006

电话：0571-85156807 85156809(传真)

邮箱：kcxh@zjjs.com.cn

网址：http://kcxh.zjjs.com.cn/jstkcsjweb

安徽省行业综述

安徽省2010年统计数据汇总项目表

企业资质情况（个）	从业人员情况（人）	财务情况（亿元）	科技活动情况
企业总数 449	从业人员合计 28164	营业收入合计 197.94	活动费用支出总额（亿元）2.96
工程勘察企业数 54 其中：甲级 11 乙级 26	技术人员合计 22411 其中：高级 6370 中级 8666	工程勘察收入合计 9.22 其中：境外工程勘察收入 0.02	成果转让收入总额（亿元）0.42
工程设计企业数 279 其中：甲级 50 乙级 87	建筑师合计 855 其中：一级 330 二级 525	工程设计收入合计 41.51 其中：境外工程设计收入 0.31	企业累计拥有专利（项）441
专项合计企业数 66 其中：甲级 14 乙级 41	结构工程师合计 789 其中：一级 588 二级 201	管理服务收入合计 3.17 其中：境外管理服务收入 0.005	累计拥有专有技术（项）739
设计施工一体化企业数 45	建造工程师合计 791 其中：一级 336 二级 455	工程承包收入合计 99.02 其中：境外工程承包收入 17.55	获国家级、省部级奖（项）192 其中：国家级（项）48
其他企业数 5			
综合资质企业数 0	注册岩土工程师合计 145	其他收入合计 45.03 其中：境外其他收入 0.07	参编国家、行业、地方标准设计（项）110 其中：国家级（项）37
内资企业数 448	注册城市规划师合计 154		
港澳台商企业数 0	注册造价工程师合计 247	营业成本合计 158.62	
外商投资企业数 1	注册监理工程师合计 405	人均营业收入 0.00703	

安徽省勘察设计行业 2001 年—2010 年企业数发展图

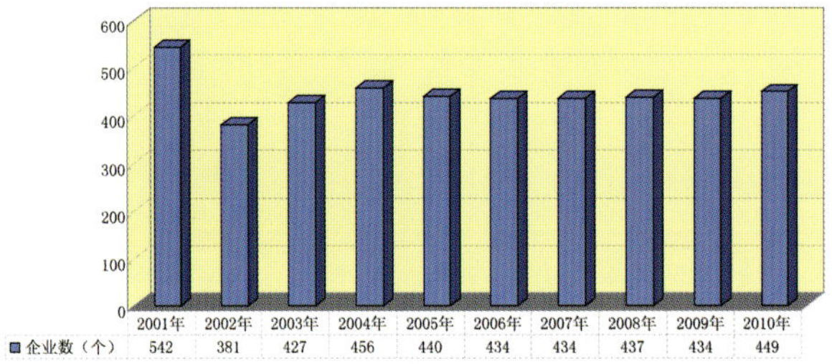

安徽省勘察设计行业 2001 年—2010 年从业人数发展图

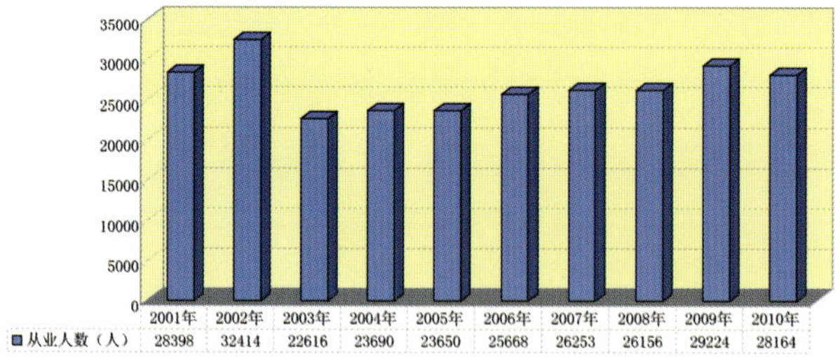

安徽省勘察设计行业 2001 年—2010 年营业收入发展图

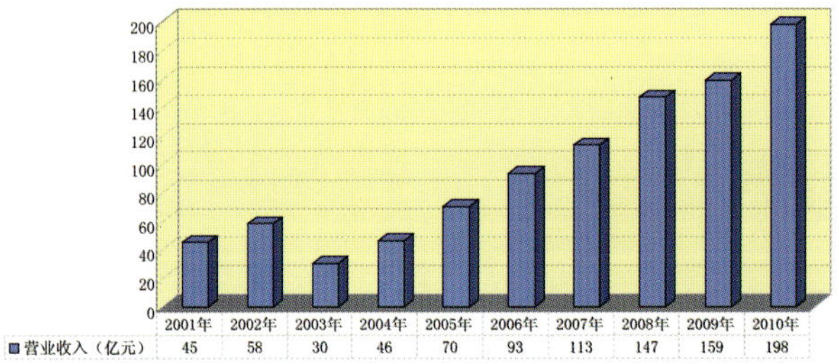

安徽省勘察设计行业 2001 年—2010 年人均营业收入发展图

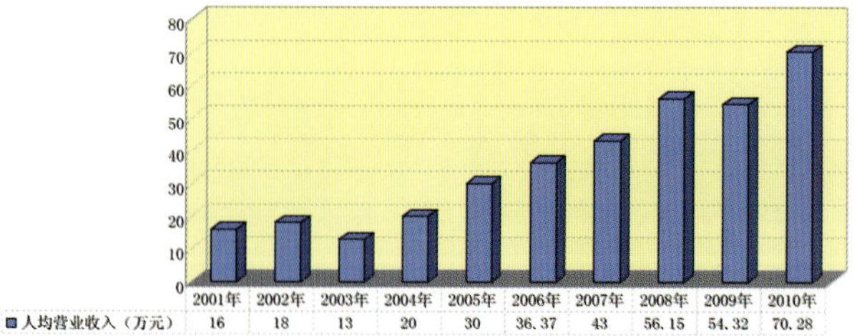

安徽省勘察设计行业2010年度
企业营业收入前20名排序

排名	企业名称	勘察设计行业类别	企业资质等级	年末从业人员合计（人）	营业收入合计（万元）
1	合肥水泥研究设计院	建材	甲级	1148	481582.00
2	中冶华天工程技术有限公司	冶金	甲级	903	307576.00
3	东华工程科技股份有限公司	化工石化医药	甲级	771	183584.00
4	安徽省电力设计院	电力	甲级	429	37425.00
5	安徽省交通规划设计研究院	公路	甲级	536	28451.78
6	机械工业第一设计研究院	机械	甲级	663	26336.00
7	冶金工业部华东勘察基础工程总公司	勘察综合类	甲级	339	23297.00
8	中钢集团马鞍山矿院工程勘察设计有限公司	冶金	甲级	123	17515.93
9	煤炭工业合肥设计研究院	煤炭	甲级	305	15730.00
10	安徽省建筑科学研究设计院	建筑	甲级	213	14774.70
11	安徽省建筑设计研究院	建筑	甲级	223	14570.00
12	马钢设计研究院有限责任公司	冶金	甲级	271	13685.83
13	安徽省水利水电勘测设计院	水利	甲级	563	13001.00
14	合肥工业大学建筑设计研究院	建筑	甲级	353	12459.00
15	中水淮河规划设计研究有限公司	水利	甲级	226	12263.58
16	安徽电信规划设计有限责任公司	电子通信广电	甲级	370	11871.22
17	安徽省建设工程勘察设计院	勘察综合类	甲级	235	9514.00
18	安徽省交通勘察设计院	水运	甲级	287	8394.00
19	安徽省化工设计院	化工石化医药	甲级	183	8070.00
20	安徽省城乡规划设计研究院	建筑	甲级	165	7257.70

安徽省工程勘察设计协会

Anhuisheng gongcheng kancha sheji xiehui

一、协会概况

安徽省工程勘察设计协会成立于1997年1月，协会现有会员单位296家，陈东明同志任协会法定代表人（协会常务副理事长兼秘书长）。

安徽省工程勘察设计协会下设岩土勘察专业工作委员会、电力专业工作委员会、建筑设计专业委员会（待成立）。

协会宗旨：全力做好服务，促进安徽勘察设计事业又好又快发展。

二、协会2010年度主要工作

(一) 科学管理，提高效能，促行业发展

2010年，围绕以资质结构调整为重心，加大对综合型、科技型企业扶持力度，坚持“抓大不放小”原则，继续加强对县级勘察设计单位的扶持。

坚持以“科学管理、依法行政、优质服务、廉洁高效”的十六字质量方针为指导，规范程序，提高效能，认真做好企业资质审批、执业注册核准工作。

2010年，共受理、审批勘察设计单位和设计施工一体化企业资质申请711项，初审合格上报住房和城乡建设部53项。于2010年4月30日，全面完成我省工程设计单位资质换证工作，共换发证书402家。其中，住房和城乡建设部发证81家。

2010年，共受理、审核、许可勘察设计类执业注册申请1 656人次，其中注册建筑师487人次，注册结构工程师507人次，注册岩土工程师116人次，注册公用设备工程师248人次，注册电气工程师210人次，注册化工工程师88人次。

组织部分勘察设计单位分勘察、工业、专业、建筑设计、民营企业等5个小组赴先进省、市考察、学习，调研勘察设计市场监管、诚信建设、队伍建设、制度建设、体制创新及质量控制诸方面的经验和做法。分别撰写了考察报告，并结合我省实际提出了一些政策性建议。

(二) 以弘扬“徽匠”精神，大力发展建筑业为目标，加强勘察设计行业人才、队伍建设

(1) 组织完成第二批“安徽省工程勘察设计大师”评选工作。共评选出姚志钢等20名安徽省工程勘察设计大师。同时，积极组织全国第七届工程勘察设计大师推荐申报工作。

(2) 筹备开展了我省较紧缺的给排水、暖通空调等专业的短期学历教育培训工作。

(3) 组织部分设计单位和注册建筑师，以改善农民居住环境，推进新农村建设为目标，开展了农村农房建设与改造课题研究。共有17家工程设计单位和80名注册建筑师、注册结构工程师参与，形成研究报告及改造方案35份。

(4) 组织注册建筑师、注册结构工程师继续教育。鼓励各勘察设计单位组织专业技术人员参观世博会，提倡从自己专业的角度看世博、写世博、论世博，把世博精神融入工程设计中，提升素质，创作精品。

(5) 开展行业诚信评估活动。积极组织开展我省建筑设计单位诚信评估工作。经审核，向中国勘察设计协会推荐了安徽省建筑设计研究院等24家企业为全国建筑设计诚信单位。

(三) 推进我省勘察设计行业信息化体系建设

全面推进我省勘察设计行业信息化体系建设，完善勘察设计人员信息库、勘察设计单位信息库、勘察设计项目信息库和勘察设计专家信息库“四库”建设，形成一个整体。于2010年底前搭建了安徽省建设工程市场管理服务平台。组织开发了安徽省注册建筑师、勘察设计注册工程师执业注册管理系统，于2010年7月试运行。为实现行业动态监管提供了技术保障。

(四) 组织会员单位完成五项调研交流工作

为了进一步扩大视野，借鉴省外先进经验、全面提高我省勘察设计质量水平，协会自2010年5月开始，组织部分勘察设计单位赴外地先进省市进行考察学习活动。

（五）完成中国勘察设计协会安排的行业专题调研工作

根据中国勘察设计协会《关于共同做好工程勘察设计行业专题调研工作的通知》(中设协字〔2010〕第43号)文件要求，协会对此项工作进行了详细部署。

协会委托各市的常务理事负责组织调研工作，在调研中，采取走访和集中座谈相结合的形式，了解勘察设计行业在贯彻节能减排、推进技术创新过程中所获得的经验和遇到的问题；调研行业在推动技术进步和确保质量安全方面的经验和不足；调研勘察设计企业的诚信建设和自律机制；征求勘察设计企业对行业协会的意见和建议。

调研结束后，各勘察设计单位撰写了调研报告，2010年9月底将汇总的报告送至中国勘察设计协会，由于报送及时、内容完善，得到好评。11月底在重庆召开的全国工程勘察设计行业发展研讨交流汇报会上，我协会调研报告被印发给大会交流。

（六）完成我省建筑设计行业诚信评估专题工作

根据中国勘察设计协会《关于在全国建筑设计行业开展诚信评估工作的通知》(中设协〔2010〕第29号)的要求，结合我省行业实际情况，在全省建筑设计行业积极开展诚信评估工作。

协会积极与中国勘察设计协会汇报、联系，明确申报条件。具体申报条件如下：

(1) 凡具有建设行政主管部门颁发的建筑工程设计资质的单位均可申报，并提供建筑工程设计资质证书复印件；

(2) 申报单位除了是中国勘察设计协会或建筑设计分会的建筑设计会员单位之外，各省、市、自治区勘察设计协会的建筑设计会员单位也可申报。

协会坚持自愿申报和实事求是的原则，制定了适合我省建筑设计行业实际情况的实施办法，成立了安徽省建筑设计行业诚信评估专家委员会。该委员会由省内知名建筑设计行业专家组成，确保评审工作的权威性，保障评审的公开、公正、公平。

协会还成立诚信评估技术初审小组，对各会员单位申报的材料进行技术和形式上的审查，再报省建筑设计行业诚信评估专家委员会。经过技术初审、专家审查和网上公示，对公示无异议的24家符合上报条件的单位，在规定期限内将材料报送至中国勘察设计协会。

（七）完成两期注册建筑师和注册结构师继续教育专题

协会受省住房和城乡建设厅委托，于2010年7月初对全省各级建设行政管理部门和勘察设计及设计施工一体化企业具体负责企业资质、人员注册管理的人员以及具体负责年报统计工作的人员进行培训。培训内容是：

(1)《建设行业信息管理信息系统》(勘察设计企业版)5.0版本软件操作技术培训；

(2)《建设行业信息管理信息系统》(勘察设计管理版)操作技术培训；

(3) 讲解企业备案的内容及操作程序；

(4)《全国工程勘察设计统计报表信息管理系统》操作技术培训；

(5)《安徽省注册建筑师、注册工程师注册管理信息系统》业务操作培训。

在培训纪律上严格要求、务求规范，确保了培训工作的质量和效果。

（八）推荐上报优秀民营企业和优秀民营企业家专题工作

根据中国勘察设计协会文件，协会推荐的马鞍山汇华建筑设计有限公司等5家民营设计单位获得中国勘察设计协会优秀民营设计企业，其单位负责人被授予优秀民营设计企业家光荣称号。

安徽省工程勘察设计协会

地址：安徽省合肥市宣城路64号星辰花园B座1906室

邮编：230001

电话：0551-4661750

邮箱：156252974@qq.com

网址：www.ahkcsj.com.cn

福建省行业综述

福建省2010年统计数据汇总项目表

企业资质情况（个）	从业人员情况（人）	财务情况（亿元）	科技活动情况
企业总数 520	从业人员合计 38948	营业收入合计 142.40	活动费用支出总额 （亿元）1.91
工程勘察企业数 41 其中：甲级 25 乙级 13	技术人员合计 24775 其中：高级 4830 中级 10441	工程勘察收入合计 12.45 其中：境外工程勘察收入 0.006	成果转让收入总额 （亿元）1.41
工程设计企业数 303 其中：甲级 99 乙级 95	建筑师合计 1061 其中：一级 569 二级 492	工程设计收入合计 41.06 其中：境外工程设计收入 0.20	企业累计拥有专利 （项）294
专项合计企业数 176 其中：甲级 49 乙级 114	结构工程师合计 927 其中：一级 733 二级 194	管理服务收入合计 1.68 其中：境外管理服务收入 0.0002	累计拥有专有技术 （项）218
设计施工一体化企业数 0	建造工程师合计 1592 其中：一级 428 二级 1164	工程承包收入合计 80.42 其中：境外工程承包收入 0.39	获国家级、省部级奖 （项）268 其中：国家级（项）68
其他企业数 0			
综合资质企业数 0	注册岩土工程师合计 228	其他收入合计 6.79 其中：境外其他收入 0.80	参编国家、行业、地方 技术标准（项）55 其中：国家级（项）12
内资企业数 506	注册城市规划师合计 91		
港澳台商企业数 10	注册造价工程师合计 243	营业成本合计 116.64	
外商投资企业数 4	注册监理工程师合计 250	人均营业收入 0.00366	

福建省勘察设计行业 2001 年—2010 年企业数发展图

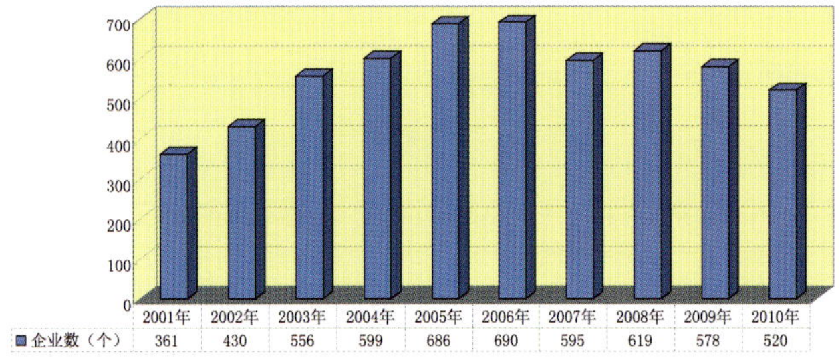

福建省勘察设计行业 2001 年—2010 年从业人数发展图

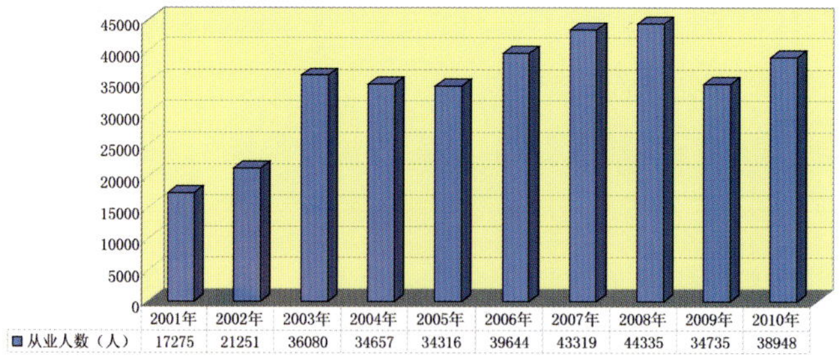

福建省勘察设计行业 2001 年—2010 年营业收入发展图

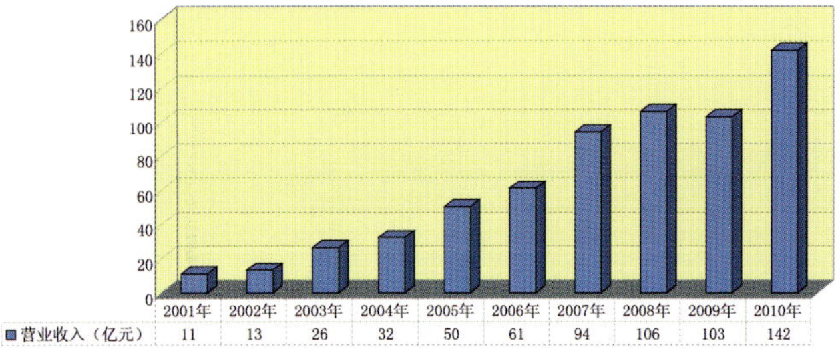

福建省勘察设计行业 2001 年—2010 年人均营业收入发展图

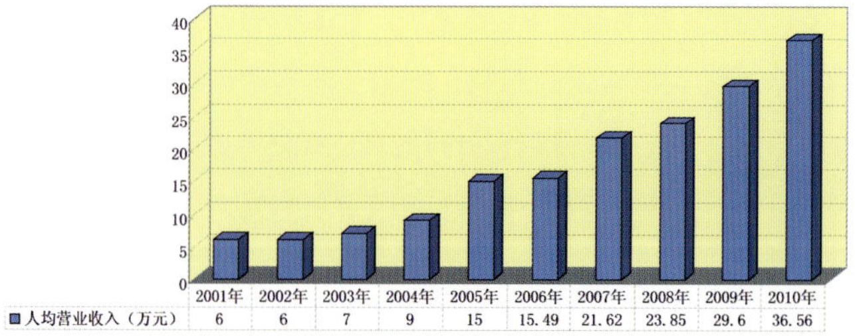

福建省勘察设计行业2010年度
企业营业收入前20名排序

排名	企业名称	勘察设计行业类别	企业资质等级	年末从业人员合计（人）	营业收入合计（万元）
1	厦门合道工程设计集团有限公司	建筑	甲级	383	47975.43
2	福建省交通规划设计院	公路	甲级	536	46735.00
3	福建邮科通信技术有限公司	电子通信广电	甲级	726	31147.00
4	福建省电力勘测设计院	电力	甲级	429	23903.48
5	福州市规划设计研究院	市政	甲级	334	17774.75
6	福建永福工程顾问有限公司	电力	甲级	272	17289.00
7	福建省邮电规划设计院有限公司	电子通信广电	甲级	355	16747.00
8	福建省建筑设计研究院	建筑	甲级	345	13036.39
9	福州市勘测院	勘察综合类	甲级	320	11759.02
10	福建省水利水电勘测设计研究院	水利	甲级	476	11322.46
11	富春通信股份有限公司	电子通信广电	甲级	315	10354.91
12	福建省地质工程研究院	勘察综合类	甲级	175	7285.61
13	福州市建筑设计院	建筑	甲级	198	7130.00
14	厦门地质工程勘察院	勘察综合类	甲级	207	6427.01
15	福建省港航勘察设计研究院	水运	甲级	149	5937.13
16	厦门市市政工程设计院有限公司	市政	甲级	136	5463.00
17	中土集团福州勘察设计研究院有限公司	铁道	甲级	181	4859.00
18	福建永盛设计装饰工程有限公司	建筑	甲级	303	4839.00
19	福建省城乡规划设计研究院	市政	甲级	108	4802.85
20	厦门佰地建筑设计有限公司	建筑	甲级	95	4002.35

F 福建省勘察设计协会

Fujiansheng kancha sheji xiehui

一、协会概况

福建省勘察设计协会成立于1988年4月，是福建省工程勘察设计咨询行业的社会团体，其业务主管部门是福建省住房和城乡建设厅，社团登记管理机关是福建省民政厅。20多年来，协会在省住房和城乡建设厅直接领导下，在中国勘察设计协会的指导下，积极开展工作，为会员单位服务，较好地发挥了政府和企业之间的桥梁纽带作用。目前已有会员单位430家，省外工程勘察设计企业入会14家。

协会下设机构有：省勘察设计协会工程勘察与岩土分会、省勘察设计协会思想政治与行业自律专业委员会、省勘察设计协会水利水电分会、省勘察设计协会室内与环境设计专业委员会、省勘察设计协会信息化专业委员会、省勘察设计协会质量管理专业委员会、省勘察设计协会结构与抗震专业委员会、省勘察设计协会公用设备与环境专业委员会、省勘察设计协会电力与电气专业委员会、省勘察设计协会施工图审查专门委员会。

协会宗旨：遵守宪法、法律、法规和国家政策，在政府和会员单位之间发挥桥梁纽带作用，协助政府搞好行业管理，为会员单位服务，推动勘察设计咨询事业的发展和进步。

二、协会2010年度主要工作

福建省勘察设计协会在省住房和城乡建设厅正确领导下，在中国勘察设计协会、省民政厅民间组织管理局的正确指导下，在广大会员单位和社会各界积极支持、帮助下，本着服务的宗旨，努力开展工作。

(一) 加强协会自身建设

1. 召开了第五届第三次常务理事会议

2010年3月24日，在福州(左海大厦)召开了省勘察设计协会第五届第三次常务理事会，共56位常务理事及10位正、副秘书长出席了本次会议。会议总结了2009年的工作，探讨了2010年工作要点。会议选举王海同志为福建省勘察设计协会理事长。

2. 通过了社团年检和财务检查

2010年5月，省勘察设计协会和下属的10个专委会(分会)顺利通过了省民间组织管理局的2009年度社会团体年检。2010年10月，省勘察设计协会通过了省住房与城乡建设厅的财务大检查。为进一步加强和规范全省建设类社团及分支机构财务管理，严肃财经纪律，预防违法违纪行为发生，确保全省建设类社团有序健康发展，结合全省建设类社团情况，2010年12月，协会及10个分支机构与省住房和城乡建设厅签订了“全省建设类社团及分支机构财务管理工作责任状”，进一步规范了财务管理。

3. 充分发挥各分会、专业委员会作用

充分发挥各分会、专业委员会专业的优势，开展了大量工作，得到勘察设计单位的肯定。如岩土分会举办了多期岩土工程编录员、钻探工培训班；水利分会举办了两期《水利水电工程标准施工招标资格预审文件和水利水电工程标准施工招标文件》宣传贯彻培训班；结构专委会举办了“建筑抗震设计规范”修订讲座；思想政治与行业自律专委会召开了2010年年会，发表了14篇论文；信息化专委会开展了“建筑信息模型BIM及三维技术”活动；质量管理专委会组织了优秀QC小组评选；施工图专委会召开了2010年会员大会。

4. 进一步办好《福建勘察设计》和省勘察设计协会网站

《福建勘察设计》按照科学发展观的要求，宣传党的路线、方针政策和勘察设计行业的最新发展方向和动态。及时选登住房和城乡建设部领导及省住房和城乡建设厅领导的重要讲话；及时选登与勘察设计有关的法律法规和主要文件，紧跟形势，突出重点。

省勘察设计协会网站信息量有所增加，质量明显提高。省勘察设计协会的文件、通知、各种活动，住房和城乡建设部、中国勘察设计协会、省住房和城

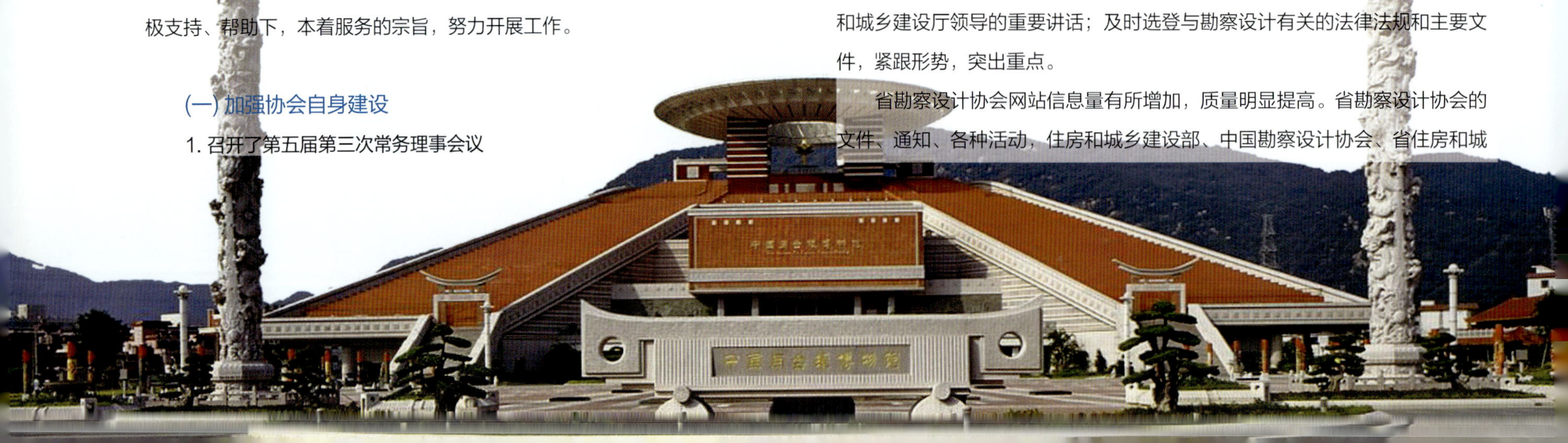

乡建设厅文件，国家标准、企业资质、执业注册、行业新闻等信息及时在网站公布。网站在省级优秀勘察设计评选和省工程建设(勘察设计)优秀QC小组评选结束后，将获奖的省级优秀勘察设计项目照片、优秀QC小组的成果内容及时刊登在网站上。

(二) 宣传版权意识，宣传绿色建筑与建筑节能

(1) 2010年5月18日，参加了中国 · 福州海峡版权(创意)产业精品博览交易会(简称“版博会”)，省勘察设计协会选送了建筑设计作品9项，装修设计作品51项参展。建筑设计作品获“版博会”设的金奖1个，银奖1个，铜奖1个，优秀奖2个；装修设计作品获“版博会”设的金奖3个，银奖5个，铜奖8个，优秀奖10个。通过“版博会”这个平台，使设计人员对进一步提高版权意识，加强版权保护，营造产业发展环境，推动版权产业发展，具有十分重要的意义。

(2) 2010年6月18日~20日，第四届海峡绿色建筑与建筑节能博览会在福州举行。省勘察设计协会大力宣传、积极组织设计单位参观第四届海峡绿色建筑与建筑节能博览会。6月19日，第四届国际绿色建筑与建筑节能论坛在福州举行，新加坡、新西兰专家、建筑师35人参加，省勘察设计协会组织有关设计单位负责人、技术骨干近100人参加。通过“绿博会”推广勘察设计行业节能、节材、节地和环保的节能减排新技术、新产品，加强行业信息传递、沟通。

(三) 开展培训考察活动，提高设计人员素质

(1) 2010年6月22日~30日，省勘察设计协会与省建设干部培训中心联合组织了我省注册建筑师130人，注册结构师102人分二批赴上海世博会参观学习，首次将参观学习与继续教育结合起来。参观学习上海世博会期间，邀请了参加世博园设计，世博轴、主题馆、世博中心、世博文化中心等主场馆的设计单位华东建筑设计研究院汪大绥大师、何志军、朱莹、包联进、汪孝安、付海聪总工，同济大学建筑设计研究院的曾群总工给福建的一、二级注册建筑师、结构师授课。大师及各位老总围绕设计新理念精彩、丰富、严谨的授课给学员留下了深刻的印象。

(2) 2010年10月19日~11月1日，省勘察设计协会会同福建省建设干部培训中心举办了2010年度一、二级注册建筑师、注册结构师继续教育培训4期。参加一、二级注册建筑师继续教育培训686人，参加一、二级注册结构师培训260人。

(3) 2010年5月28日~29日，福建省勘察设计协会召开了“高层民用建筑设计防火(给排水、电气、暖通专业)研讨会，邀请公安部四川消防研究所《高层民用建筑设计防火规范》管理组黄德祥研究员进行学术交流，全省施工图及部分设计单位专家100多人参会。

(四) 加强行业自律，推进企业诚信建设

为树立建筑设计单位的诚信意识和社会责任感，规范市场行为、服务行为，维护市场秩序，营造诚信的市场环境，实现行业自律，推进“诚信为本、操守为重”的信誉建设，为建设资源节约型、环境友好型社会和构建和谐社会服务，省勘察设计协会根据中设协字[2010]第29号《关于在全国建筑设计行业开展诚信评估工作的通知》，向全省具有乙级建筑设计资质以上会员单位转发该通知，号召会员单位积极申报全国建筑设计行业诚信单位。通过初评，省勘察设计协会报送福建省建筑设计研究院等20家设计单位参加全国建筑设计行业诚信评估。

(五) 推动质量管理工作，通过评选优秀项目，引导企业技术进步

(1) 2010年4月，省勘察设计协会质量管理专业委员会组织专家进行了2010年度福建省工程建设(勘察设计)优秀QC小组评选。本次评选共评出2010年度福建省工程建设(勘察设计)优秀QC小组一等奖4个，二等奖3个，并在此基础上，将获得一等奖的3个优秀QC小组上报中国勘察设计协会参评。福建省交通规划设计院的“降低安全设施预埋件工程造价QC小组”获得“2010年度国家工程建设(勘察设计)优秀QC小组”称号。

(2) 根据申报“全国工程勘察设计行业优秀工程勘察设计行业奖”的条件，省勘察设计协会将获得2009年度省级优秀勘察设计一、二等奖项目推荐参加“2009年度全国优秀工程勘察设计行业奖”评选。经评选，我省有19个项目获2009年度全国优秀工程勘察设计行业奖。

(3) “十一五”期间，我国工程勘察设计行业信息化建设取得了显著成绩，根据中国勘察设计协会《关于推荐工程勘察设计行业实施信息化建设先进单位的通知》(中设协字[2010]第51号)精神，我省5家单位获得中国勘察设计协会“工程勘察设计行业实施信息化建设先进单位”称号。

(4) 根据申报中国建筑工程“鲁班奖”的条件，省勘察设计协会受委托组织专家对“福建电力调度通信中心大楼”、“厦门地产大厦”、“厦门建发五缘湾营运中心写字楼”、“漳州市丽园广场”4个项目工程设计进行评审，并提出评审意见。

福建省勘察设计协会
地址：福建省福州市北大路208号203室
邮编：350003
电话：0591-87616844
邮箱：fjkcsj@163.com
网址：www.fjkcsj.com

江西省行业综述

江西省2010年统计数据汇总项目表

企业资质情况（个）	从业人员情况（人）	财务情况（亿元）	科技活动情况
企业总数 376	从业人员合计 24452	营业收入合计 101.57	活动费用支出总额 （亿元）0.87
工程勘察企业数 49 其中：甲级 11 乙级 17	技术人员合计 18361 其中：高级 4756 中级 7503	工程勘察收入合计 8.29 其中：境外工程勘察收入 0.14	成果转让收入总额 （亿元）0.51
工程设计企业数 264 其中：甲级 36 乙级 66	建筑师合计 738 其中：一级 239 二级 499	工程设计收入合计 21.56 其中：境外工程设计收入 1.06	企业累计拥有专利 （项）157
专项合计企业数 60 其中：甲级 11 乙级 42	结构工程师合计 558 其中：一级 376 二级 182	管理服务收入合计 5.48 其中：境外管理服务收入 0.06	累计拥有专有技术 （项）170
设计施工一体化企业数 0 其他企业数 3	建造工程师合计 723 其中：一级 280 二级 443	工程承包收入合计 59.93 其中：境外工程承包收入 9.44	获国家级、省部级奖 （项）160 其中：国家级（项）26
综合资质企业数 0 内资企业数 374	注册岩土工程师合计 121 注册城市规划师合计 74	其他收入合计 6.30 其中：境外其他收入 0.004	参编国家、行业、地方 技术标准（项）6 其中：国家级（项）1
港澳台商企业数 2	注册造价工程师合计 156	营业成本合计 75.26	
外商投资企业数 0	注册监理工程师合计 300	人均营业收入 0.00415	

江西省勘察设计行业 2001 年—2010 年企业数发展图

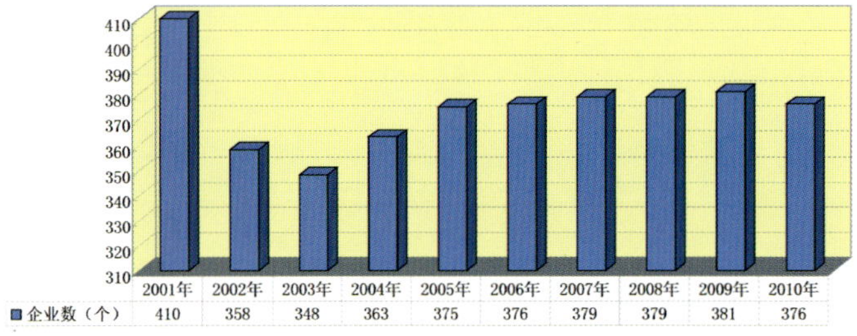

江西省勘察设计行业 2001 年—2010 年从业人数发展图

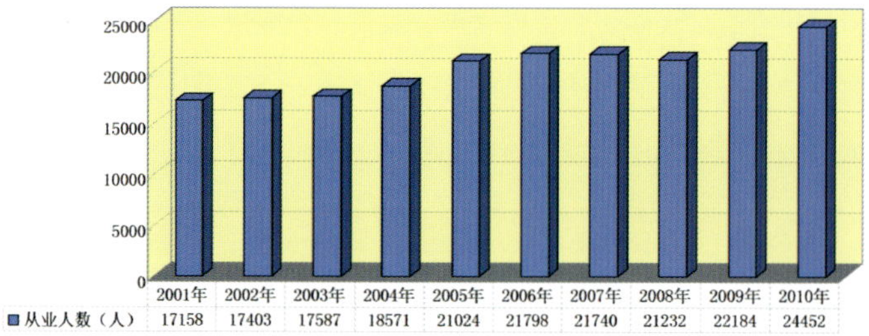

江西省勘察设计行业 2001 年—2010 年营业收入发展图

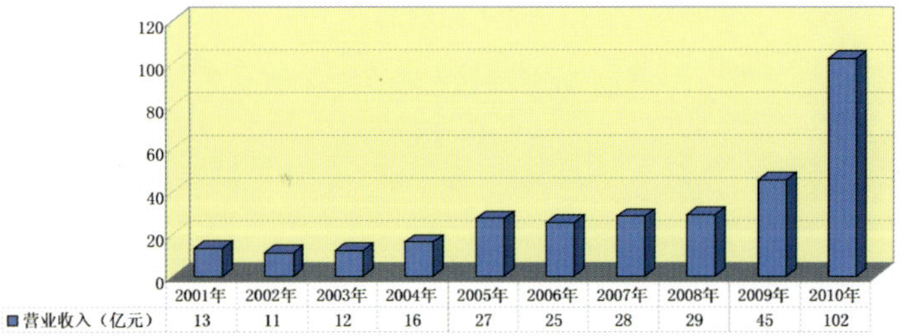

江西省勘察设计行业 2001 年—2010 年人均营业收入发展图

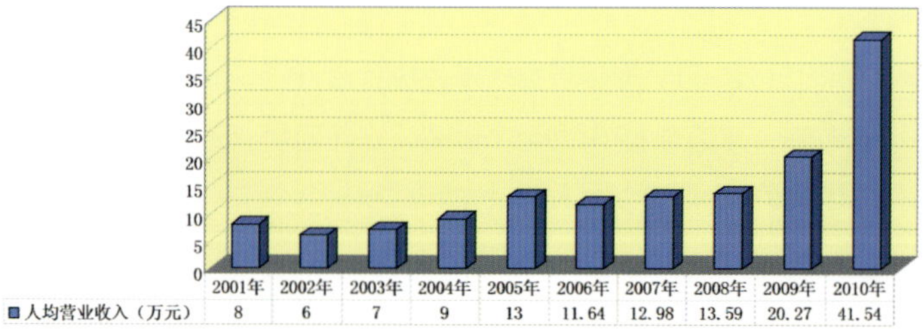

江西省勘察设计行业2010年度企业营业收入前20名排序

排名	企业名称	勘察设计行业类别	企业资质等级	年末从业人员合计（人）	营业收入合计（万元）
1	中国瑞林工程技术有限公司	冶金	甲级	1219	128000.00
2	江西省交通设计院	公路	甲级	498	20728.00
3	江西省电力设计院	电力	甲级	444	20315.00
4	江西省建筑设计研究总院	建筑	甲级	422	15800.00
5	江西省勘察设计研究院	勘察综合类	甲级	261	14791.18
6	江西省邮电规划设计院有限公司	电子通信广电	甲级	640	10743.42
7	江西省水利规划设计院	水利	甲级	403	8269.70
8	南昌市城市规划设计研究总院	市政	甲级	202	8068.10
9	江西南方建筑装潢配套公司	建筑	甲级	55	4828.03
10	江西省煤矿设计院	煤炭	甲级	129	3871.37
11	江西省赣南公路勘察设计院	公路	甲级	96	3061.30
12	赣州市建筑设计研究院	建筑	甲级	109	2458.42
13	南昌市建筑设计研究院有限公司	建筑	甲级	144	2192.80
14	吉安市建筑设计规划研究院	建筑	甲级	91	2055.76
15	江西省公路科研设计院	公路	甲级	128	1778.45
16	南昌大学设计研究院	建筑	甲级	82	1736.15
17	江西省华杰建筑设计有限公司	建筑	甲级	37	1387.00
18	江西省化学工业设计院	化工石化医药	甲级	147	1282.00
19	江西省纺织工业科研设计院	轻纺	甲级	96	1211.00
20	江西省航务勘察设计院	水运	甲级	80	1049.54

江西省建设工程勘察设计协会

Jiangxisheng jianshe gongcheng kancha sheji xiehui

一、协会概况

江西省建设工程勘察设计协会成立于2002年11月，业务主管单位为江西省住房和城乡建设厅。现有会员单位373家。下设秘书处、代表机构11个和分支机构10个。肖利平任理事长、曾鹏任秘书长、熊根水任专职常务副秘书长。

协会宗旨：以邓小平理论和“三个代表”重要思想为指导，遵守宪法、法律、法规和国家政策，全面贯彻落实科学发展观，坚持提供服务、反应诉求、规范行为的工作方针，发挥桥梁、纽带和参谋、助手作用，提升勘察设计行业整体素质，促进全省勘察设计行业和住房城乡建设事业又好又快发展。

二、协会2010年度主要工作

2010年，在江西省住房和城乡建设厅和省民政厅的领导、重视与关心下，在中国勘察设计协会的指导下，我会认真贯彻落实党的十七大和十七届历次中央全会精神，以邓小平理论和“三个代表”重要思想为指导，以科学发展观统领协会工作，积极配合省住房和城乡建设厅开展工作，团结、依靠会员单位与勘察设计管理工作者，协会工作取得了新的成绩，较好地发挥了社团组织的桥梁、纽带和参谋、助手作用，受到各方面的好评。

(一) 积极配合并协助省住房和城乡建设厅开展工作

(1) 配合省住房和城乡建设厅(以下简称省厅)开展全省第十四次工程勘察设计“四优”评选工作。

(2) 配合省厅组织专家对省外驻南昌地区勘察设计单位的市场行为进行检查，省厅对存在问题的单位依法进行处理。

(3) 配合编制工程建设技术法规(包括建筑标准设计图集)，并已由省厅颁布实施。

(4) 配合组织工程建设、勘察设计法规以及新结构、新技术、新工艺、新规范的学习研讨。利用协会《江西建设工程勘察设计》杂志，及时刊登国家和我省工程建设、勘察设计法规。以会代培，组织学习工程建设新法规、新结构、新规程、新技术和新工艺。

(5) 完成省厅布置的开展“小金库”自查自纠工作。

(6) 完成省厅布置的对社团组织的服务和收费专项治理进行“回头看”的自查工作。

(二) 较好地完成了上级协会交办的工作

我协会作为中国勘察设计协会和省社会组织发展促进会的会员单位，认真履行职责和义务，加强联系、沟通、请示与汇报，积极完成交办任务。

(1) 协会负责同志利用多种方式，多次向中国勘察设计协会汇报请示工作；经常去省民间组织管理局和省社会组织发展促进会汇报工作，同时多次向省厅请示汇报，及时得到了指导和帮助。

(2) 勘察设计行业创优取得好成绩。我省4个项目获2009年度全国优秀工程勘察设计行业奖，其中：优秀工程勘察二等奖、三等奖各1项；优秀建筑工程设计三等奖2项。

(3) 2010年，我省14个首批全国工程勘察与岩土行业诚信单位全部通过中国勘察设计协会复审；同时，7个企业经中国勘察设计协会批准为第二批全国工程勘察与岩土行业诚信单位，现全省21个单位荣获全国工程勘察与岩土行业诚信单位称号，诚信体系的工作步伐加快。

(4) 根据中国勘察设计协会部署，我协会2010年7月至10月在全省建筑设计行业开展了诚信单位评估工作。省厅王建平副厅长为此做出重要批示，勘察设计与标准定额处罗敏处长给予了热情的指导和帮助，工作进展顺利，我协会向中国勘察设计协会报送9个单位参加全国建筑设计行业诚信单位的评审。

(5) 建设项目管理和工程

滕王阁

总承包事业取得新成绩。经中国勘察设计协会批准，我省37人获得第二批工程项目经理资格，截至2010年底，全省勘察设计行业已有高级工程项目经理24人、工程项目经理61人。我省中国瑞林工程技术有限公司2010年度工程项目管理营业收入列全国第37位；中国瑞林工程技术有限公司和省电力设计院2010年度工程总承包合同额排序分别列全国第93位和第113位。

(6) 协会和一批会员单位以及个人，受到中国勘察设计协会或上级主管部门的表彰。一是我省4个民营企业被评为全国勘察设计行业优秀民营设计企业，上述4个企业的主要负责人分别被授予全国勘察设计行业优秀民营企业家称号；二是6个单位被中国勘察设计协会评为工程勘察设计行业实施信息化建设先进单位；三是2010年11月，我协会第三次被省民政厅授予全省先进社会组织荣誉称号。

(7) 2010年1月，江西省勘察设计研究院院长、协会工程勘察与岩土专业委员会主任委员曾马荪参加了中国勘察设计协会组织的2009年度全国工程勘察设计行业奖工程勘察评审组的评审工作。

(8) 2010年7月，协会理事长肖利平和秘书处负责同志及部分会员单位的院长参加了中国勘察设计协会第五届会员代表大会，期间向中国勘察设计协会领导做了工作汇报，并与外省同行进行了交流。

(9) 积极配合完成中国勘察设计协会布置的工程勘察设计行业专题调研工作并上报调研报告，协会理事长肖利平于11月在重庆召开的全国工程勘察设计行业发展研讨交流汇报会上做了大会发言。

(三) 积极开展对外交流与交往

一是派员参加了中国勘察设计协会召开的若干会议；二是省厅罗敏处长和协会肖利平理事长等参加了由浙江省建设厅勘察设计处和浙江省勘察设计行业协会主办的2010年华东地区六省一市勘察设计工作交流年会；三是派员参加了省社会组织发展促进会和国家部委协会在我省召开的有关会议。

(四) 协会联络处工作取得新成绩

我协会2008年年初即在各设区市建设行政主管部门设立联络处。设区市联络处是省协会的组成部分和代表机构，按省协会《章程》和工作部署开展工作，在设区市建设行政主管部门的支持下，组织隶属关系在当地的省协会会员单位开展活动。2009年工作取得新的进展，召开两次联络处主任工作座谈会，省协会和设区市联络处做到联手为会员单位服务，会员单位满意，政府主管部门也予肯定。

(五) 协会专业委员会工作继续推进

专业委员会是协会的组成部分和分支机构，是做好工作的重要支撑点和平台。为加强专业委员会的工作，协会召开了专业委员会主任委员会议，下达了《关于进一步搞好省协会专业委员会工作的若干意见》，各专业委员会制定了工作计划并付诸实施。专业委员会组织机构不断完善，对工作岗位变动的委员及时进行调整，以保证工作的连续。专业委员会及各委员所在单位，根据省厅的要求指派专家参与了工程建设技术法规的编制工作。积极开展了学术交流、技术研讨和参观考察活动。9月，省协会成立了电力设计专业委员会，年底协会专业委员会已达10个。

八一南昌起义纪念塔

(六) 协会自身建设工作进一步强化

(1) 我协会严格遵照《章程》规定，依法开展工作和进行活动，工作有序推进。

(2) 完成了社团年检和协会代码证的年检工作。

(3) 协会组织建设进一步加强。重大问题如吸收会员单位和撤销会员单位会员资格、调整(增补)理事、常务理事、联络处主任和主任委员等事项，均及时召开理事会议或常务理事会议进行审议，工作程序到位，做到科学决策。

(4) 加强了协会财务管理，年初即编制2010年度工作经费预算并报省厅。财务状况通过会计事务所审计，会费专用收据、行政事业性收费收据及票据购领证通过了省财政厅的年检。

(5) 协会《江西建设工程勘察设计》杂志，由于共同努力，办得较好，受到各方面的肯定与好评，并顺利通过省新闻出版局的年检。

(6) 协会自身建设进一步推进。秘书处同志认真搞好政治和业务学习，素质进一步增强，思想建设、组织建设和作风建设取得新的成绩。

江西省建设工程勘察设计协会
地址：江西省南昌市省府大院北二路66号（江西省建筑设计研究总院四楼）
邮编：330046
电话：0791-86286362　86282506
邮箱：kcxh2002@sina.com

江西省建筑设计研究总院

江西省建筑设计研究总院创建于1952年，系江西省最早成立的工业和民用建筑设计院，是集规划设计甲级、工程设计甲级、工程勘察甲级、工程咨询甲级、工程监理甲级、施工图审查及工程总承包为一体的甲级资质综合性企业。

江西省建筑设计研究总院现拥有职工500人，其中专业技术人员456人。国务院特殊津贴专家3名，省政府特殊津贴专家6名，教授级高级工程师47人，高级建筑师、高级工程师和高级政工师148人，建筑师、工程师和政工师188人，拥有一级注册建筑师29人，一级注册结构工程师47人，注册规划师4人，注册电气、注册岩土、设备工程师50人，注册咨询师60人，注册监理工程师22人，注册造价工程师8人。

江西省建筑设计研究总院机构设置如下：

设计、咨询、研究机构及下属公司：设计一所至设计七所、吴旭设计事务所、研究所、绿色节能建筑设计研究中心、建筑创作中心、赣建施工图设计审查中心、市政院、勘察分院、赣建工程建设监理有限公司、夏鲧工程造价咨询有限公司、汇和建筑工程管理咨询有限公司、汇和房地产有限公司、兴赣特种工程有限公司、高思科技有限公司、汇和园林景观公司。

管理部门：总工办、生产经营部、技术质量部、信息中心、人力资源部、计划财务部、院务部、院工会、物业公司。

驻外分院：设有珠海(广东德晟建筑设计研究院)、厦门、上海分院。

总院建有一幢15000m²的现代化办公大楼，工作环境舒适优美，技术装备国内领先，已全面实现生产、办公管理信息化、网络化。

设计科研项目遍布全国几十个省、市，特别是改革开放以来，先后在上海、广州、珠海、厦门、北京、重庆、拉萨等地承担了国内外各种大、中型及高层、超高层的工业与民用建筑设计，并先后在中国香港、科威特、伊拉克、赞比亚等10多个国家和地区承担了工程设计项目，先后与美国、加拿大、英国、法国合作设计众多项目。近20年来，120余项工程设计、科研项目荣获国家、部、省级优秀勘察设计和科技进步奖。

在总结近五十年来建筑设计的成果和推行全面质量管理经验的基础上，贯彻ISO9001:2008国际质量保证体系、GB/T20041—2004环境管理体系和GB/T/28001—2001职业健康安全管理体系，建立和实施有效的三大体系，促进产品质量稳步提高。江西省建筑设计研究总院已发展成为具有省内外竞争实力，致力于原创技术进步，集科研开发、工程设计与技术服务、工程总承包、工程代建于一体的综合性科技型的设计院。正在朝着建筑国内一流设计院的目标前进。为实现建筑设计业可持续发展和创建人类美好家园做出新的、更大的贡献。

2	3	4	5
	6	7	8
		1	

1. 红谷滩新区综合服务中心和文化中心
2. 富隆城超高层写字楼
3. 红谷滩万达商业广场
4. 吉安科技馆、青少年活动中心
5. 南昌高新区
6. 上高抗日会战纪念馆
7. 世茂红谷滩
8. 唐宁街C座

山东省行业综述

山东省2010年统计数据汇总项目表

企业资质情况（个）	从业人员情况（人）	财务情况（亿元）	科技活动情况
企业总数 1193	从业人员合计 80365	营业收入合计 369.44	活动费用支出总额 （亿元）6.16
工程勘察企业数 149 其中：甲级 39 乙级 104	技术人员合计 55493 其中：高级 14853 中级 21404	工程勘察收入合计 16.99 其中：境外工程勘察收入 1.50	成果转让收入总额 （亿元）1.72
工程设计企业数 701 其中：甲级 135 乙级 312	建筑师合计 1989 其中：一级 971 二级 1018	工程设计收入合计 88.92 其中：境外工程设计收入 11.07	企业累计拥有专利 （项）786
专项合计企业数 243 其中：甲级 67 乙级 167	结构工程师合计 1867 其中：一级 1500 二级 367	管理服务收入合计 4.67 其中：境外管理服务收入 0.12	累计拥有专有技术 （项）372
设计施工一体化企业数 100	建造工程师合计 3046 其中：一级 1191 二级 1855	工程承包收入合计 238.80 其中：境外工程承包收入 16.93	获国家级、省部级奖 （项）480 其中：国家级（项）100
其他企业数 0			
综合资质企业数 0	注册岩土工程师合计 401	其他收入合计 20.07 其中：境外其他收入 0	参编国家、行业、地方 技术标准（项）104 其中：国家级（项）31
内资企业数 1191	注册城市规划师合计 340		
港澳台商企业数 2	注册造价工程师合计 572	营业成本合计 303.24	
外商投资企业数 0	注册监理工程师合计 468	人均营业收入 0.00460	

山东省勘察设计行业 2001 年—2010 年企业数发展图

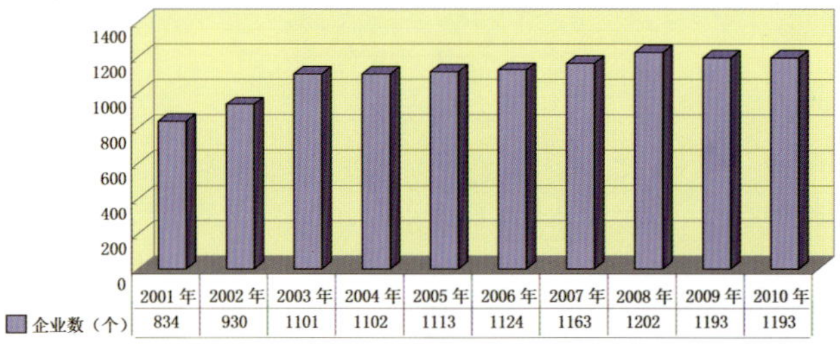

山东省勘察设计行业 2001 年—2010 年从业人数发展图

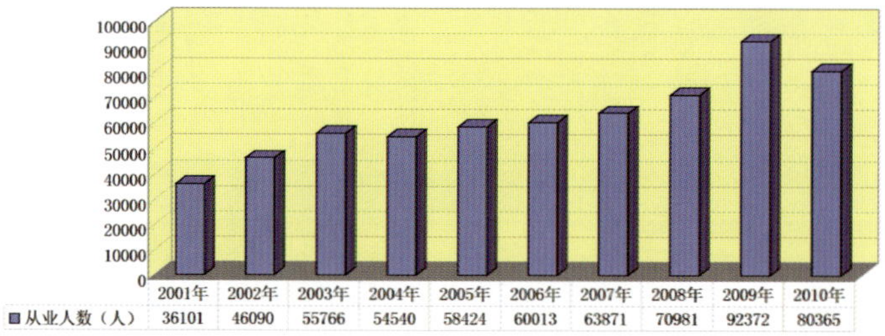

山东省勘察设计行业 2001 年—2010 年营业收入发展图

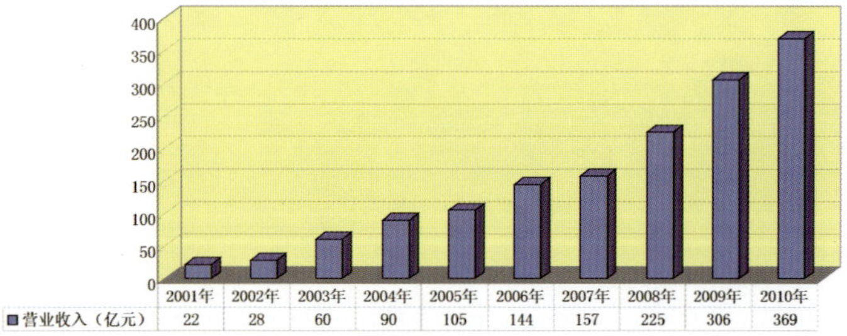

山东省勘察设计行业 2001 年—2010 年人均营业收入发展图

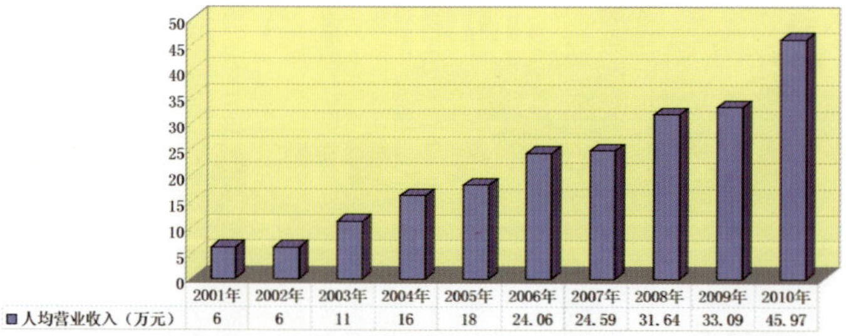

山东省勘察设计行业2010年度
企业营业收入前20名排序

排名	企业名称	勘察设计行业类别	企业资质等级	年末从业人员合计（人）	营业收入合计（万元）
1	烟建集团有限公司	建筑	甲级	2484	414712.00
2	中国石油天然气华东勘察设计研究院	化工石化医药	甲级	1229	272087.00
3	山东电力工程咨询院有限公司	电力	甲级	1548	234707.00
4	山东省冶金设计院股份有限公司	冶金	甲级	752	197188.00
5	胜利油田胜利勘察设计研究院有限公司	石油天然气（海洋石油）	甲级	1168	151063.00
6	山东正元建设工程有限责任公司	勘察综合类	甲级	773	64639.67
7	山东同圆设计集团有限公司	建筑	甲级	512	40026.67
8	济钢集团国际工程技术有限公司	冶金	甲级	263	26459.41
9	煤炭工业济南设计研究院有限公司	煤炭	甲级	598	25030.68
10	山东省建筑设计研究院	建筑	甲级	440	25004.05
11	中海油山东化学工程有限责任公司	化工石化医药	甲级	543	24309.14
12	山东省鲁南地质工程勘察院	勘察综合类	甲级	175	23224.52
13	济南市市政工程设计研究院有限责任公司	市政	甲级	285	22369.69
14	海工英派尔工程有限公司	化工石化医药	甲级	403	21424.00
15	山东省城乡建设勘察院	勘察综合类	甲级	347	19982.84
16	青岛市勘察测绘研究院	勘察综合类	甲级	444	19505.00
17	山东齐鲁石化工程有限公司	化工石化医药	甲级	461	19341.56
18	山东省交通规划设计院	公路	甲级	301	17456.41
19	山东省邮电规划设计院有限公司	电子通信广电	甲级	546	15798.70
20	青岛腾远设计事务所有限公司	建筑	甲级	195	13513.69

山东省勘察设计协会

Shandongsheng kancha sheji xiehui

一、协会概况

山东省勘察设计协会成立于1985年，是全省性社会团体，由山东省和省外驻鲁的工程勘察设计单位、施工图审查机构、各市和省直有关勘察设计协会团体会员自愿组成的非营利性的社团法人。协会现有会员单位1 164家，下设20个分会(专业委员会)。顾发全任理事长兼秘书长。

协会宗旨：坚持四项基本原则和改革开放方针，以“三个代表”重要思想为指导，积极实践科学发展观，贯彻执行国家政策、法律，遵守社会道德风尚，围绕提高勘察设计水平、促进科技进步开展活动，在政府和会员单位之间发挥桥梁纽带作用，努力为会员单位服务，推动勘察设计事业的改革和发展，为经济社会发展做贡献。

二、协会2010年度主要工作

(一) 坚持依法监管，勘察设计市场秩序不断规范

1. 行业法规建设得到加强

《山东省建设工程勘察设计管理条例》经省十一届人大常委会审议通过并正式施行，标志着我省建设工程勘察设计管理步入法制化、规范化发展的新时期，对于规范建设工程各方主体行为和责任意识、强化政府监管和依法行政能力、提高建设工程勘察设计质量和水平、促进环境保护和资源节约等，具有十分重要的意义。协会配合省直有关部门、各市建设行政主管部门、各施工图审查机构和勘察设计企业开展了内容丰富、形式多样的活动，广泛宣传该《条例》，全省上下形成了领导重视、部门支持、公众参与、社会监督的良好氛围。

2. 市场管理制度逐步完善

完善了勘察设计市场准入、清除等市场管理制度，强化了资质管理和审批，市场行为进一步规范。为优秀企业发展创造良好环境，实施了山东省勘察设计行业管理“绿色通道”制度，对入选的30家单位在监督检查、备案方面和资质许可方面给予优惠和支持。

3. 勘察设计市场更加有序

持续开展勘察设计市场、省外勘察设计单位进鲁承担业务备案管理等专项检查，累计抽查省内外勘察设计单位337家。其中，省内企业有67家被限期整顿，166家被吊销、77家被注销资质，73家予以不良行为记录，省外企业有14家被警告，10家2年内不予办理进鲁备案手续。各市积极打击扰乱市场秩序行为，针对乱挂靠、压价竞争的专项打击活动，均收到明显成效，勘察设计市场中出卖证书、证章、图签、乱挂靠、压价竞争等不良现象得到了有效遏制。

(二) 坚持繁荣创作，勘察设计创新能力和技术水平不断提高

1. 各项勘察设计评优活动广泛开展

协会两次组织开展山东省优秀工程勘察设计评选，共评出一等奖69项、二等奖137项、三等奖254项。积极参加国家相关评选，共获得全国优秀勘察设计行业奖(原建设部部优)一等奖2项、二等奖10项、三等奖28项，全国优秀工程勘察设计金奖2项、银奖1项、铜奖11项。会同中国建筑学会、威海市政府举办了第四届、第五届中国威海国际建筑设计大奖赛，组织开展了省第三届、第四届优秀建筑装饰设计大赛，举办了“和谐 · 创新”装饰设计高峰论坛。另外，还开展了全省城市设计精品工程、优秀智能建筑及智能住宅小区、优秀建筑设计方案、建筑专业优秀论文、抗震防灾优秀论文等评选活动。

2. 勘察设计学术交流不断深化

为增强建筑文化内涵，提升城市品位，协会举办了“建筑设计与城市文化建设”高峰论坛，邀请了4名国家设计大师和知名专家做学术报告，500名建筑师参加了论坛。

(三) 坚持人才优先，勘察设计队伍素质不断提高

1. 勘察设计大师评选活动深入开展

为激发勘察设计工作者的积极性和创造性，在全行业形成尊重人才、培养人才、用好人才的良好局面，培养造就一批拔尖人才，带动行业队伍整体素质提高，省建设厅组织协会开展了两届工程勘察设计大师评选活动，共有26名同志获“山东省工程勘察设计大师”荣誉称号。

2. 优秀青年建筑师评选活动

2008年省厅和团省委联合开展了首届“山东省十大杰出青年勘察设计师”评选活动。

(四) 坚持规范管理，勘察设计质量水平不断提升

1. 企业质量管理体系逐步完善

勘察设计单位普遍树立“质量第一”的观念，建立健全了质量保证体系和岗位责任制，将质量管理贯穿到勘察设计全过程，不少勘察设计单位通过了ISO 9000质量体系认证。

2. 施工图审查作为质量监管总抓手的作用日益稳固

目前，全省共有施工图审查机构48家，其中一类21家、二类27家。施工图审查在确保工程质量、规范市场秩序、提升勘察设计水平等方面的综合作用日益显现。为提高施工图审查质量，颁布实施了施工图审查机构考核办法和考核标准，开展了全省施工图审查机构考核工作，查处了一批资质不符、越级承揽、压价竞争、多头受聘、违反强条等违规行为。

3. 工程勘察与建筑基坑工程质量监督管理进一步加强

出台了《山东省建筑边坡和基坑工程勘察设计审查与评审办法》，组织专家对部分工程深基坑设计方案进行审查，保证了建设工程质量和安全。2010年，审查各类勘察报告320项、深基坑评审11项，为建筑工程设计提供了坚实可靠保障。

4. 工程建设(勘察设计)QC小组评选成果丰硕

5年来，共评出一等奖100个、二等奖140个、三等奖145个，在国家评选中获奖12项。

(五) 坚持城乡并举，抗震防灾工作不断加强

1. 抗震防灾规划编制取得阶段性成果

绝大部分城市抗震防灾规划编制工作已经完成，部分城市正在按新的规范进行修编。根据国家黄河三角洲及山东半岛蓝色经济区战略构想，确立了“山东半岛城市群及郯庐断裂带综合防御体系规划编制”项目，区域抗震防御等基础工作得到加强。

2. 城市抗震防灾能力进一步提高

加强新建工程抗震设防工作，制定了新的《山东省超限建筑工程和学校、幼儿园、医院等建筑工程抗震设防专项审查实施细则》。2010年，组织开展了超限建筑工程抗震设防专项审查19项，为保障超限建筑工程质量安全提供了有力的技术服务。加强地震应急管理，印发了《山东省建设厅破坏性地震应急预案》。加强抗震科研工作，着手开展“FRP加固框架结构整体抗震性能研究”项目。

3. 村镇抗震防灾工作进一步加强

为提高农村抗震防灾水平，协会会同省地震局制定了《山东省农村民居地震安全工程实施方案》。

(六) 坚持服务全局，勘察设计引领作用更加突出

1. 推动建筑节能

率先在省域范围内实施居住建筑节能65%、公共建筑节能50%设计标准，编制了《围护结构保温构造详图》等10项技术标准和标准设计。将节能审查管理纳入工程建设程序，编写了《山东省施工图建筑节能设计审查要点》。为提高太阳能应用技术水平，编辑出版了《太阳能热水系统建筑一体化设计与应用》标准设计图集，开展了“力诺瑞特杯”太阳能与建筑一体化设计竞赛。组织开展了山东省“同圆杯”绿色建筑设计方案竞赛，提高了我省的绿色建筑设计水平。

2. 指导农房建设

开展了“齐鲁新农居”农村住宅建筑优秀设计方案竞赛，评出一等奖13个、二等奖38个、三等奖94个，精选51个获奖方案编印成册，向所有市县和乡镇免费发放，引导农民科学建房。

3. 促进中小套型住宅设计

为贯彻国家房地产宏观调控政策，引导住房结构合理调整，召开了中小套型住宅设计技术路线主题报告会，开展了山东省中小户型住宅建筑设计方案竞赛，编印了获奖方案图集，举办了获奖作品展览，为中小户型设计和建设提供了更多思路。

4. 加强大中型建设项目初步设计审查

为加强重点工程项目和大型公共建筑工程初步设计审批审查管理、提高工程质量、节约投资，出台了《山东省建设工程初步设计审查实施细则》。5年来，共审查工程项目210余项，经过优化设计方案，保证了工艺合理和结构安全，为国家节约了大量资金。

5. 强化工程建设标准设计管理

5年来，共完成标准设计图集56项，为更好地指导工程项目建设提供了依据。

(七) 坚持服务行业，协会工作富有成效

协会在各会员单位的大力支持下，稳妥扎实地开展工作，在自身建设、行业管理、促进技术进步与创新、繁荣创作市场、传递信息、组织交流等方面做了大量工作，为推动行业健康发展发挥了积极作用，协会的社会影响力和行业凝聚力进一步增强。协会连续8年被省民政厅评为“优秀社会团体”，还荣获中国勘察设计协会“建国60周年业绩显著协会大奖”。

山东省勘察设计协会

地址：山东省济南市经五路小纬四路 46 号
邮编：250001
电话：0531-87087238　87087239　87087240
邮箱：shandks@163.com
网址：www.sdkcs.com

河南省行业综述

河南省2010年统计数据汇总项目表

企业资质情况（个）	从业人员情况（人）	财务情况（亿元）	科技活动情况
企业总数 614	从业人员合计 49454	营业收入合计 204.19	活动费用支出总额 （亿元）7.91
工程勘察企业数 80 其中：甲级 25 乙级 45	技术人员合计 35621 其中：高级 9740 中级 15612	工程勘察收入合计 11.96 其中：境外工程勘察收入 0.02	成果转让收入总额 （亿元）2.10
工程设计企业数 441 其中：甲级 75 乙级 161	建筑师合计 1576 其中：一级 477 二级 1099	工程设计收入合计 67.83 其中：境外工程设计收入 0.38	企业累计拥有专利 （项）1017
专项合计企业数 91 其中：甲级 13 乙级 78	结构工程师合计 1378 其中：一级 896 二级 482	管理服务收入合计 7.98 其中：境外管理服务收入 0.02	累计拥有专有技术 （项）2177
设计施工一体化企业数 0	建造工程师合计 679 其中：一级 451 二级 228	工程承包收入合计 104.26 其中：境外工程承包收入 1.01	获国家级、省部级奖 （项）464 其中：国家级（项）42
其他企业数 2			
综合资质企业数 2	注册岩土工程师合计 230	其他收入合计 12.16 其中：境外其他收入 0	参编国家、行业、地方 技术标准（项）105 其中：国家级（项）24
内资企业数 611	注册城市规划师合计 117		
港澳台商企业数 2	注册造价工程师合计 369	营业成本合计 163.57	
外商投资企业数 1	注册监理工程师合计 853	人均营业收入 0.00413	

河南省勘察设计行业 2001 年—2010 年企业数发展图

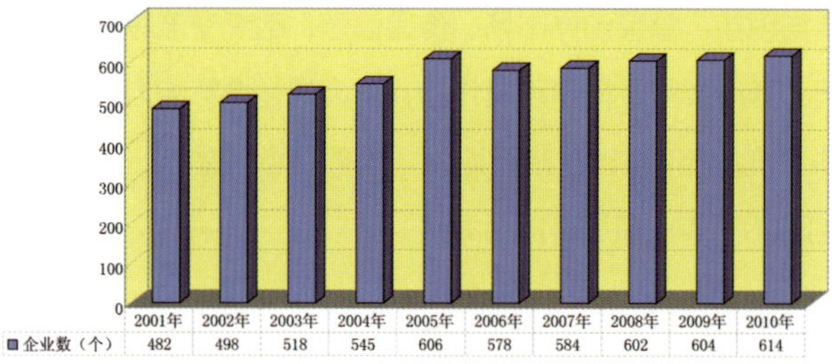

河南省勘察设计行业 2001 年—2010 年从业人数发展图

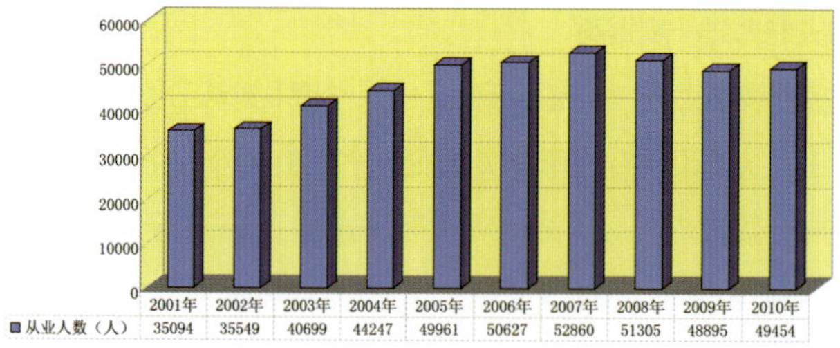

河南省勘察设计行业 2001 年—2010 年营业收入发展图

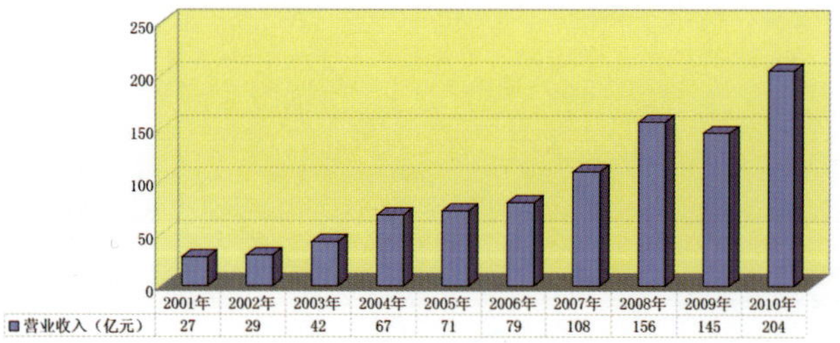

河南省勘察设计行业 2001 年—2010 年人均营业收入发展图

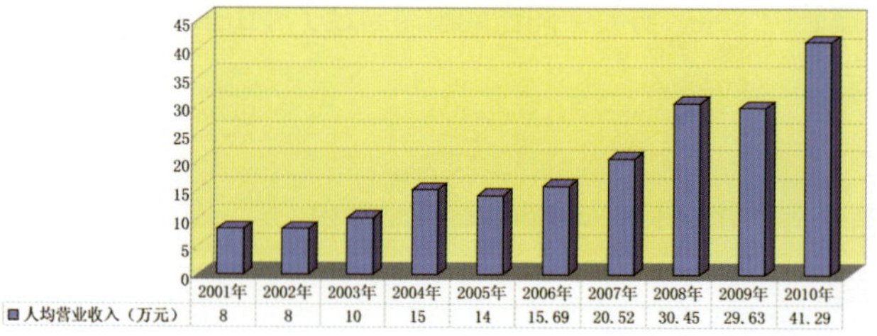

河南省勘察设计行业2010年度企业营业收入前20名排序

排名	企业名称	勘察设计行业类别	企业资质等级	年末从业人员合计（人）	营业收入合计（万元）
1	中国石化集团洛阳石油化工工程公司		甲级	2331	584135.00
2	机械工业第四设计研究院		甲级	1812	250923.00
3	中色科技股份有限公司（原洛阳有色院）		甲级	1855	138984.00
4	机械工业第六设计研究院		甲级	2057	122276.00
5	河南省电力勘测设计院		甲级	817	86051.00
6	黄河勘测规划设计有限公司		甲级	1906	74812.02
7	中国石化集团中原石油勘探局勘察设计研究院		甲级	464	59758.85
8	河南省交通规划勘察设计院有限责任公司		甲级	368	23464.00
9	煤炭工业郑州设计研究院有限公司		甲级	510	21960.00
10	河南省水利勘测设计研究有限公司		甲级	357	18718.00
11	河南省地矿建设工程（集团）有限公司		甲级	1744	14801.20
12	河南省建筑设计研究院有限公司		甲级	341	12838.36
13	河南省有色工程勘察有限公司		甲级	400	12703.00
14	中国石化集团河南石油勘探局勘察设计研究院		甲级	337	11285.00
15	国家粮食储备局郑州科学研究设计院		甲级	164	9566.00
16	河南省城市规划设计研究院有限公司		甲级	332	9231.90
17	核工业第五研究设计院		甲级	413	9200.00
18	郑州大学综合设计研究院		甲级	320	8047.00
19	郑州电力设计院		甲级	142	7864.11
20	河南省水利勘测有限公司		甲级	321	6703.00

H河南省勘察设计协会

Henansheng kancha sheji xiehui

一、协会概况

河南省勘察设计协会成立于1982年11月，协会现有会员单位200余家，陈永石任理事长，林效森任秘书长。

河南省勘察设计协会下设办公室、行业管理部、编辑部、建筑设计委员会、勘察与岩土委员会、经营管理工作委员会、质量管理工作委员会、财会专业委员会、工业工程设计委员会、计算机专业委员会、思想政治工作委员会、离退休工作委员会、工会工作委员会、高校专业委员会。

协会宗旨：敬业乐群，开拓务实，协商协调，协作协同。

二、协会2010年度主要工作

2010年，重灾连发，国际贸易矛盾及国家安全形势陡然加剧，国民经济结构性、体制性矛盾，发展方式转变中短期与长期利益的矛盾，相互交错、集中突显，通胀势头令人担忧，是近年来最困难、最复杂、最具挑战的一年，也是深入学习、冷静思考、战略谋划、进一步应对后金融危机的一年。协会在省发展和改革委员会(以下简称“省发改委”)党组的指导下，结合行业实际，自觉学习，深入理解，围绕“转变”，推动科学发展，力所能及、扎扎实实地开展了以下工作，取得了一定成效。

(一) 自觉学习，深入理解转变

在省发改委分管主任的支持下，协会派副秘书长到省发改委各相关处室收集“关于河南省‘十二五’规划基本思路研究报告”、“河南省‘十一五’规划节能专项规划”、“郭省长的政府工作报告”、“张维宁主任在省发改委会议上的专题讲话”等有关河南省加快经济发展方式转变的相关文件、资料，以供秘书处和行业学习。

组织秘书处进行加快转变的专题学习。

协会秘书长拟出“秘书长带头，秘书处专题学习计划”：自2010年4月~6月，用3个月的时间，专门学习郭省长的政府工作报告；省发改委2010年工作要点；张维宁主任在省发改委会议上的讲话、胡锦涛总书记在中央党校省部级领导干部学习科学发展观，加快经济发展方式转变研讨班开班式上的讲话。秘书长在学习会上做“关于经济发展方式转变的学习思考”、“城镇化不是造城运动”专题报告；副理事长、副秘书长分别在学习会上做“企业文化及思想政治工作”、“设计行业管理”、“绿色建筑”、“协会的改革与发展”专题讲座。秘书处其他同志做“细节决定成败”、“文化是行业品牌”的专题发言。对加深理解经济发展方式转变，主动服务方式转变，提高秘书处关于贯彻加快转变的自觉性、创新力、执行力都起到了作用。

(二) 主题年会，宣传推动转变

在秘书处专题学习的基础上，秘书长将2010年理事会年会主题定为“转变经济发展方式和行业责任”，提出年会构想和筹备方案。年会邀请中国勘察设计协会名誉理事长吴奕良到会做“加快三个转变，推进企业发展”的专题报告；请原省建设厅助理巡视员、总建筑师张万立同志做“浅议我国绿色建筑的现状与任务”专题讲座；书面发表了中国工程设计大师、省交通设计院原院长王用中同志的“适时发展我国桥梁钢结构”，全国政协委员、机械四院副院长柳崇禧的“大力推进装备自主化振兴机械装备制造业”，机械六院副院长李凯的“重视前期规划设计工作振兴河南装备制造业”，原省纺织设计院院长朱明达等人的“促进我省纺织工业调整振兴的几点思考”，惠生河南化工设计院的“全面贯彻落实省化工产业调整振兴规划，大力促进河南石化产业快速持续发展”等专题报告。

(三) 着眼规划，参与筹划转变

组织省勘察设计行业关于“十二五”规划建言献策活动；积极收集中国石化行业关于“十二五”规划研究意见，收集中国轴承工业“十二五”规划草案；受省发改委资源节约和环境保护处委托对“河南省节能环保产业发展规划”组织行业征求意见；秘书长就省环保三大体系建设应纳入“十二五”规划向省长提出的建议，已被采纳。

(四) 及时换届，进行组织转变

经协会秘书处研究，拟出协会第七届理事会换届方案，及时召开会员代表大会进行选举换届，组成协会第七届理事会。

会议修订了章程，将科学发展观及多年探索民主办会改革实践的成果——轮值理事长制度、常务副理事长制度写进章程；由省发改委分管副主任兼任协会理事长，由专职秘书长担任法人代表；聘请有管理经验的中年同志任副秘书长，组成新的工作班子；调整了协会分支机构，撤销“民营”、“技术经济”两个分支机构，新组建“工会工作”、“离退休工作”、“高校工作”三个分支机构；修订了分支机构工作管理办法；实施了与时俱进的制度创新、组织创新，顺利进行新老接替，进一步发挥行业协会的桥梁纽带作用、行业自律作用、行业协调作用、行业代表作用及社会稳定功能。

(五) 反映诉求，持续转变作风

2010年初，省人大、政协“两会”召开期间，协会组织了行业人大代表、政协委员、政府参事座谈会，会议推动了委员代表们关于落实改制设计单位所得税优惠政策的联名建议。

2010上半年，秘书处组织省直勘察设计单位改制进程调研统计，向政府部门提出省直勘察设计单位改制后续及扫尾工作建议。

协会如实向中国勘察设计协会调研组反映行业意见，并组织专题座谈会，面对面直接听取设计院对现行设计管理的法规及办法的意见。

协会认真收集主要会员单位关于设计资质管理、分支机构项目备案登记、设计收费标准、有关招标案件的意见及有关行业协调的诉求。

(六) 行业活动，有效运作求转变

(1) 组织行业年度创新奖评选。共有12个专业68个项目获奖。其中，一等奖17项，二等奖30项，三等奖14项，未定等次7项。

(2) 组织行业年度论文发布及评选。书面发布论文60篇，其中22篇评为优秀论文。

(3) 组织行业年度QC小组成果及优秀推进者评选。评出省协会QC小组一等奖8名，二等奖13名；由省协会推荐获省质量管理协会QC小组一等奖1名，优秀奖6名；获省质量管理小组活动优秀企业1名，获全国质量管理小组活动卓越领导者1名，获省质量管理小组活动推进者2名。

(4) 组织行业人大代表、政协委员、政府参事座谈会。讨论了由协会起草的《关于工程勘察设计事业单位改制为民营企业后净资产为负值的所得税处理建议》提案稿，供代表、委员作为提案参考。

(5) 组织各位秘书长到洛阳石化、中色科技、机械四院、中机十院、洛阳规划建筑等市级院及安阳市建筑、安阳规划、豫北水利院、中讯邮电、核工业五院、省水利院、郑州煤炭、中铁郑州院进行调研。

(七) 编辑出版，尝试创新图转变

(1) 编印12期《工程勘察设计》内部会刊；

(2) 编印2009年《协会年鉴》；

(3) 编印2010年《专业论文汇编》；

(4) 编印《行业内参》3期；

(5) 编印《协会通讯》3期；

(6) 编印由秘书长作序，副理事长张万立所著的行业丛书《岁月留痕》；

(7) 设计并印制为行业宣传的2011年台历；

(8) 策划编辑《河南省勘察设计单位改制实录》。

(八) 内务工作，统筹安排顺应转变

在协会新任理事长支持下，为秘书处工作人员补办公务员补充医疗保险；为青年工作人员适当调整了工资，进行了体检；及时组织了秘书处工作人员年度述职考评工作；2009年度档案归档，证照年检如期完成，会务组织水平有了提升，财务管理及控制工作进一步做实；协会组织各分支机构到民政厅注册；组织为地震灾区捐款。

河南省勘察设计协会

地址：河南省郑州市纬五路 38 号物华大酒店五楼

邮编：450003

电话：0371-65977392

邮箱：hnsxoa@163.com

H 河南省工程勘察设计行业协会

Henansheng gongcheng kancha sheji hangye xiehui

一、协会概况

河南省工程勘察设计行业协会成立于1995年，协会现有会员单位652家。张德成任理事长，张申任秘书长。

河南省工程勘察设计行业协会下设协会秘书处、《河南勘察设计》编辑部、勘察专业委员会、企业文化专业委员会、智能与计算机应用专业委员会、市场管理专业委员会。

协会宗旨：以“双向服务”为宗旨。

二、协会2010年度主要工作

2010年，河南省工程勘察设计行业协会在省住房和城乡建厅、省民政厅指导下，在各会员单位与各方大力支持下， 坚持以“提供服务、反映诉求、规范行为”为原则，以“双向服务”为宗旨，按照协会章程和年初制定的工作思路、目标，在不断促进我省勘察设计行业体制、机制和管理创新，完善质量管理体系，加强行业诚信体系建设，提高勘察设计质量管理水平方面做了大量卓有成效的工作。

(一) 组织开展各项优秀评选活动，促进行业发展进步

(1) 受省住房和城乡建设厅的委托，省协会积极组织实施了2010年度优秀工程勘察设计行业奖评选工作。2010年度共收到申报优秀工程勘察项目47项(含岩土专业)、优秀建筑设计项目136项(含住宅与住宅小区、结构专业)、优秀市政工程设计项目55项、优秀标准设计7项、专项工程13项。经专家评审，共评出优秀工程勘察(含岩土工程)一等奖8项、二等奖14项、三等奖12项。优秀建筑工程、住宅与住宅小区设计一等奖23项、二等奖46项、三等奖43项。优秀市政工程设计一等奖13项、二等奖22项、三等奖20项。优秀专项设计一等奖1项、二等奖7项、三等奖6项。

(2) 为表彰先进，促进行业良性发展，省协会推荐省水利勘测设计有限公司等企业参加了中国勘察设计协会工程勘察设计行业实施信息化建设先进单位的评选活动。其中，河南省水利勘测设计有限公司、机械工业第六设计研究院、河南省电力勘测设计院、河南省建筑设计研究院有限公司、黄河勘测规划设计有限公司荣获“工程勘察设计行业实施信息化建设先进单位奖”。

(3) 12月，协会在全省工程勘察设计行业开展了优秀设计企业、精神文明单位、优秀院长、先进协会以及优秀协会工作者的评选活动。根据条件，经单位自荐、各省辖市协会(学会、办事处)初审、省协会批准，共评出优秀勘察设计企业72家、精神文明先进单位84家、优秀施工图审查机构8家、优秀勘察设计院长123名、先进协会(学会)13个、优秀协会工作者25名。本次评优活动，对提高企业的社会责任感，树立良好的行业形象有着独特的作用。

(二) 积极推进全省勘察设计行业信用体系建设

根据《河南省建筑市场诚信行为信息记录和公示管理办法》，我会连续3年在全省开展了勘察设计行业诚信评估工作，并将勘察设计企业和从业人员的诚信记录记入档案。在2010年度开展的全省工程勘察设计行业诚信评估工作中，共有49家勘察设计企业自愿报名参加省级诚信评估。经评估9家单位达到全省工程设计行业AAA级诚信单位标准；3家单位达到全省勘察与岩土行业AAA级诚信单位标准；1家单位达到全省勘查与岩土行业AA级诚信单位标准。通过4年来诚信评估工作的连续开展，到目前为止，全省共有179家企业获省级AAA级诚信企业称号、117家企业获省级AA级诚信企业称号。

(三) 积极开展多形式活动，推进勘察设计行业健康发展

(1) 提高一刊一网水平，优化交流平台。按照省新闻出版局的要求，2010年度协会秘书处共完成4期《河南勘察设计》编辑、印刷和发行工作。充分利用《河南勘察设计》这个平台，对相关资讯及时上传下达、对优秀成员单位予以充分表彰，并搭建起专业技术人员的交流平台。4期共发表优秀论文20余篇，为勘察设计行业专业技术人员的成长进步起到了很好的推动作用。

协会秘书处在充分征求有关用户意见、建议的基础上，于2010年2月底

对已经开通运行的《河南工程勘察设计信息网》网站及《二级注册人员申报系统》进行了改版升级，做到了网站简洁明了、功能齐全、使用方便，为会员单位了解政策、交流经验、咨询查询、注册申报、动态监管等提供了有效保障。河南省工程勘察设计信息网站已成为协会会员之间联系的平台，也成为了会员的关注驿站。

(2) 加强交流、增进沟通。协会于2010年8月召开了2010年度企业文化建设座谈会，围绕进一步宣贯《全国勘察设计行业从业公约》《全国勘察设计行业职业道德准则》《诚信宣言》和《注册工程师工作自律保证书》等文件精神，进一步规范勘察设计市场、提高企业管理水平、规避市场风险和提高市场竞争力，坚持诚信服务和承担社会责任；研讨建设中原经济区，加快中原崛起和河南振兴的有利时机下，勘察设计企业如何加速发展，更好实现省委、省政府提出的城乡面貌“三年大提升、五年换新颜”和努力促进“城乡规划上水平、城乡建设上速度、城乡管理上台阶”的总体要求等方面进行了探讨，共有40余家企业负责人参加，会议热烈而卓有成效，达到了预期目的。

3月5日-7日，省协会在郑州召开了庆祝“三八”国际劳动妇女节100周年暨2010年河南省工程勘察设计行业女院长座谈会，全省工程勘察设计行业19个单位的27名女董事长、总经理、书记、院长参加了会议，与会代表就新形势下如何抓住机遇，加快勘察设计行业改革发展，充分发挥女同志在工程勘察设计行业中的作用进行了深入探讨。会议明确女院长联谊会将制度化并实行轮值制度，确定每年“三八”国际劳动妇女节为联谊会活动日，届时将组织庆祝、表彰等活动。参加会议的女院长们一致表示，大家一定要共同努力，全力支持联谊会的工作，力争把女院长联谊会的各项活动开展得越来越好。

(3) 为促进我省勘察设计行业的信息化工作健康发展，省协会2010年12月份举办了“河南省工程勘察设计行业信息化工作会议”。会议传达了全国勘察设计行业信息化会议精神，总结了近几年来省协会在工程勘察设计行业信息化建设中所做的主要工作，并经与会代表充分讨论，制定了我省勘察设计行业信息化工作规划，协会还对“十一五”所做的工作进行了总结，就行业信息化“十二五”发展规划进行了研讨。

(4) 行业协会利用自身优势，协助省建设行政主管部门完成全省工程勘察质量检查以及全省施工图审查质量检查，制定并签署了全省39家施工图审查机构的《自律公约》，完善了我省勘察设计行业质量管理体系；协会还组织了4家甲级建筑设计单位对全省特色民居进行了调研并形成了成果；协会组织部分会员单位结构专业人员参加了新版《建筑抗震设计规范》学习，对建筑工程在勘察、设计、施工、监理环节执行国家强制性技术标准情况进行了监督检查，对存在问题建议有关部门责令整改并进行相应处罚；协助省建设行政主管部门完成了全省工程勘察专业外业现场人员培训教材等准备工作，为提高行业从业人员的技术水平做出了应有的贡献；按照省住房和城乡建设厅统一部署，协会根据全省勘察设计行业发展现状以及存在的主要问题，完成了2010年度调研计划，并形成了调研成果；按照时间要求提交了《关于加快技术创新，促进我省勘察设计咨询业健康发展的政策研究》的调研报告。

(四) 圆满完成注册工程师各项工作任务

协会自受省住房和城乡建设厅委托负责勘察设计注册工程师工作以来，每年都按照计划圆满完成了注册工程师各项工作。在2010年度，一是完成了总计2 600人次的全省注册建筑师、注册结构工程师、注册土木工程师(岩土)及注册公用设备、电气、化工的初始、延续、变更、更改补办注册工作；二是完成了2010年度注册建筑师及注册结构、岩土、公用设备、电气、化工工程师等13个专业职业资格考试报名资格审查工作，总计6 838人次。其中，一级注册建筑师合格人数44人，二级注册建筑师合格人数为50人，二级注册结构工程师合格人数为91人；三是完成了2010年度注册建筑师、注册结构工程师、注册岩土工程师的继续教育工作，总计参加人数为1 106人。

河南省工程勘察设计行业协会

地址：河南省郑州市郑东新区康平路 16 号
邮编：450016
电话：0371-66229282
邮箱：ygcsjxh@126.com
网址：www.hngks.com

湖北省行业综述

湖北省2010年统计数据汇总项目表

企业资质情况（个）	从业人员情况（人）	财务情况（亿元）	科技活动情况
企业总数 675	从业人员合计 73432	营业收入合计 502.38	活动费用支出总额 （亿元）12.07
工程勘察企业数 69 其中：甲级 29 乙级 24	技术人员合计 51193 其中：高级 15639 中级 20039	工程勘察收入合计 41.46 其中：境外工程勘察收入 1.31	成果转让收入总额 （亿元）15.05
工程设计企业数 406 其中：甲级 91 乙级 138	建筑师合计 1527 其中：一级 607 二级 920	工程设计收入合计 140.12 其中：境外工程设计收入 11.40	企业累计拥有专利 （项）1170
专项合计企业数 195 其中：甲级 46 乙级 144	结构工程师合计 1468 其中：一级 1157 二级 311	管理服务收入合计 11.50 其中：境外管理服务收入 0.91	累计拥有专有技术 （项）558
设计施工一体化企业数 3 其他企业数 2	建造工程师合计 1281 其中：一级 755 二级 526	工程承包收入合计 279.32 其中：境外工程承包收入 38.36	获国家级、省部级奖 （项）616 其中：国家级（项）78
综合资质企业数 6	注册岩土工程师合计 419	其他收入合计 29.97 其中：境外其他收入 0.02	参编国家、行业、地方 技术标准（项）168 其中：国家级（项）73
内资企业数 664	注册城市规划师合计 213		
港澳台商企业数 2	注册造价工程师合计 566	营业成本合计 389.22	
外商投资企业数 9	注册监理工程师合计 760	人均营业收入 0.00684	

湖北省勘察设计行业 2001 年—2010 年企业数发展图

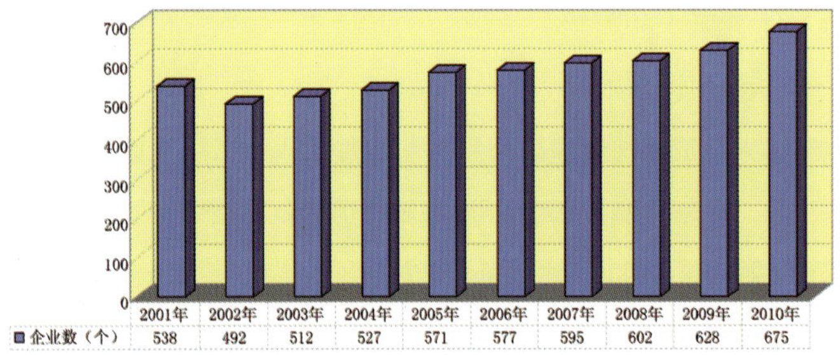

湖北省勘察设计行业 2001 年—2010 年从业人数发展图

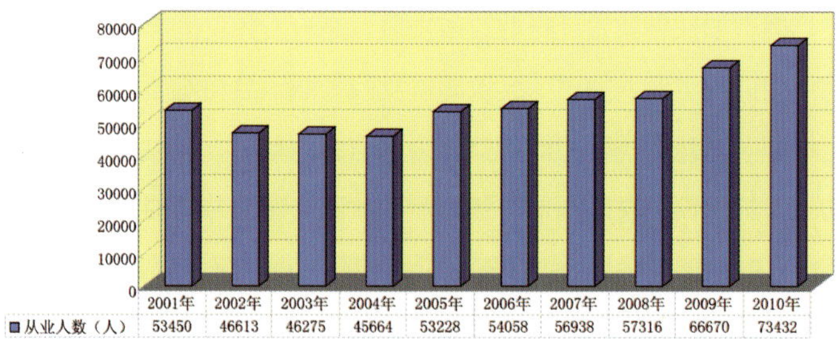

湖北省勘察设计行业 2001 年—2010 年营业收入发展图

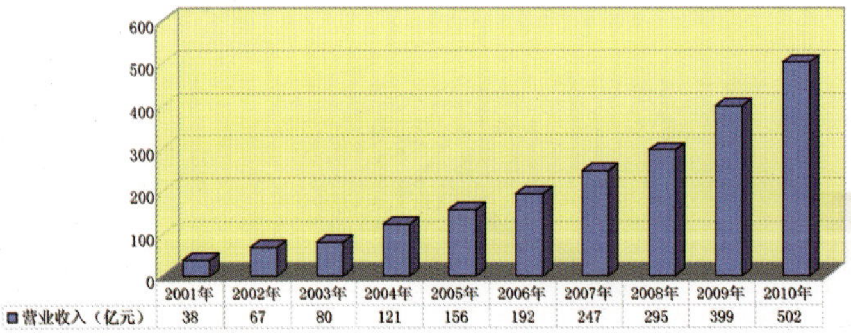

湖北省勘察设计行业 2001 年—2010 年人均营业收入发展图

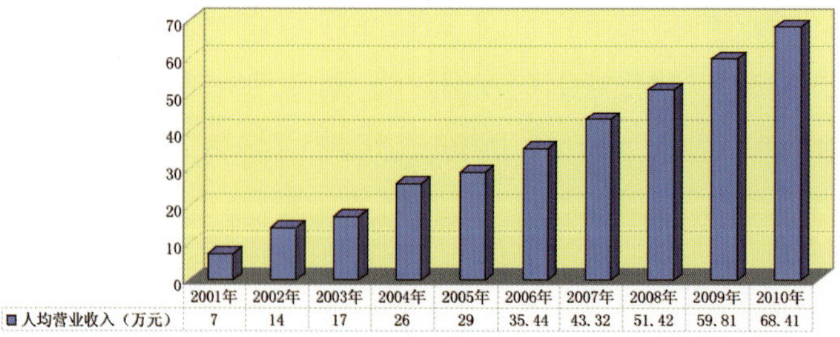

湖北省勘察设计行业2010年度 企业营业收入前20名排序

排名	企业名称	勘察设计行业类别	企业资质等级	年末从业人员合计（人）	营业收入合计（万元）
1	中冶南方工程技术有限公司	工程设计综合资质	甲级	3230	688814.00
2	中铁第四勘察设计院集团有限公司	工程设计综合资质	甲级	4908	434465.00
3	长江勘测规划设计研究有限责任公司	工程设计综合资质	甲级	3111	403671.61
4	中国五环工程有限公司	工程设计综合资质	甲级	1015	265794.00
5	中国电力工程顾问集团中南电力设计院	工程设计综合资质	甲级	1433	161740.30
6	东风设计研究院有限公司	机械	甲级	775	161304.61
7	武汉凯迪电力工程有限公司	电力	甲级	182	160400.00
8	中冶连铸技术工程股份有限公司	冶金	甲级	1066	140777.00
9	中交第二公路勘察设计研究院有限公司	公路	甲级	1865	102197.05
10	长江岩土工程总公司（武汉）	勘察综合类	甲级	771	95569.80
11	中交第二航务工程勘察设计院有限公司	工程设计综合资质	甲级	749	84255.00
12	中冶集团武汉勘察研究院有限公司	勘察综合类	甲级	699	81812.00
13	中国市政工程中南设计研究总院	市政	甲级	1375	79635.00
14	湖北省电力勘测设计院	电力	甲级	643	72368.91
15	中煤科工集团武汉设计研究院	煤炭	甲级	607	64857.00
16	武汉市建筑设计院	建筑	甲级	679	62952.00
17	中南建筑设计院股份有限公司	建筑	甲级	780	50083.22
18	湖北中南勘察基础工程有限公司	勘察综合类	甲级	626	45439.09
19	中铁大桥勘测设计院有限公司	铁道	甲级	707	41826.00
20	武汉钢铁集团设计研究院有限公司	冶金	甲级	232	41745.79

湖北省勘察设计协会

Hubeisheng kancha sheji xiehui

一、协会概况

湖北省勘察设计协会成立于1993年9月，协会现有会员单位364家，武孟灵任会长，王仁中任秘书长。

湖北省勘察设计协会下设：质量技术委员会、信息化工作委员会、施工图审查机构工作委员会、建设工程项目管理及工程总承包分会和工程勘察分会。

协会宗旨：以邓小平理论和“三个代表”重要思想为指导，贯彻执行党和国家的方针、政策，遵守中华人民共和国宪法、法律、法规，遵守社会道德风尚，开展调查研究，反映会员正当要求，在政府和会员单位之间发挥桥梁纽带作用，坚持科学发展观，促进勘察设计事业的改革、发展和进步，为繁荣社会主义和现代化建设事业做出贡献。

二、协会2010年度主要工作

(一) 围绕政府中心工作，开展各项活动

1. 协助开展省优秀工程勘察设计评选

受政府主管部门的委托，协助开展了2010年度湖北省优秀工程勘察设计的评选工作。2010年10月中旬召开了专家评审会，对符合评选条件的项目进行了认真评选。评选结果经网上公示，最后由省住房和城乡建设厅(以下简称：省住建厅)发布公告公布，共有145个项目分获优秀工程设计奖、优秀工程勘察奖、优秀工程软件设计奖和优秀工程标准设计奖。在这次评选中，实力雄厚的大院继续囊括了主要高等级奖项，且中小勘察设计企业、民营企业、市州设计单位都有不同的斩获，尤其是襄樊市建筑设计院、襄樊市第二建筑设计院所完成的襄樊市体育馆和襄樊市中心医院外科大楼分别获得优秀工程设计二等奖。

2. 协助省建设主管部门开展勘察设计企业综合实力十强的评选工作

经省住建厅和省统计局的共同评选并经省人民政府批准，中南建筑设计院有限公司、武汉市建筑设计院、湖北省交通规划设计院、湖北省电力勘测设计院、武汉市都市环保工程技术股份有限公司、武汉市政工程设计研究院有限责任公司、武汉凯迪电力工程有限公司、武汉凯迪电力环保有限公司、武汉市勘测设计研究院、武汉地质工程勘察院等十家企业入选2009年度湖北省勘察设计综合实力十强企业。

3. 协助省住建厅开展人员培训、继续教育

(1) 2010年6月，受省住建厅委托，省勘察设计协会联系中国建筑科学研究院科技干部培训中心举办了2009年版《工程建设标准强制性条文》(房屋建筑部分)宣贯培训班，结合建筑(节能)、结构(勘察)、设备(给排水、电气、暖通)等专业要求，对相关工程技术人员进行了宣贯培训。

(2) 开展注册建筑师和注册结构工程师继续教育培训

根据《中华人民共和国注册建筑师条例》《注册建筑师继续教育实施意见》(暂行)的规定以及省建设行政主管部门的要求，省勘察设计协会注册办于2010年5月、6月和10月在武昌通过授课教师面授和测试相结合的方式组织举办了3次一、二级注册建筑师和注册结构工程师继续教育培训班，全省各地共有793名注册人员参加了相关的继续教育学习和培训。

4. 完成政府主管部门委托、交办的资质管理、市场管理、质量管理和注册执业管理等方面的工作

(1) 配合省住建厅认真做好省内勘察设计企业的资质核定、升级、转正、增项、更换新资质证书的受理及组织专家评审。完成上报住房和城乡建设部以及办理资质变更、遗失补办、网上申报等具体工作。

(2) 按政府主管部门的要求，开展各类勘察设计注册人员的考核、考试、注册执业、继续教育等日常工作。

5. 对省外工程勘察设计单位资质重新核定

积极配合省住建厅对省外工程勘察设计单位驻鄂分支机构的资质重新核定进行了审查。

(二) 开展行业调研，促进行业发展

1. 对全省勘察设计行业发展情况进行调研

根据省勘察设计协会四届二次理事会《关于开展对勘察设计行业及省属企业发展状况调查研究的意见》及中国勘察设计协会五届一次常务理事会提出的“关于共同做好勘察设计行业专题调研工作”的要求，省勘察设计协会于2010年8月，召开了“勘察设计企业节能减排”、“工程勘察设计企业技术管理创新”、“建立良好的工程勘察设计市场”及“省属勘察设计企业发展”等4个专题调研座谈会。

2010年10月，省勘察设计协会调研组一行3人先后赴宜昌、荆门、襄樊三市开展中小勘察设计企业发展情况调研。调研组在三地分别召开了3个座谈会。各地不同行业、不同规模的勘察设计企业结合多年来市场运营、业务承揽、改制建设，企业管理等方面的工作进展和存在问题向调研组做了详尽的反映，并对各级勘察设计协会和行业主管部门提出了许多有益的意见和建议。

2. 协助、配合中国勘察设计协会开展对湖北勘察设计行业发展的调研

2010年9月，中国勘察设计行业协会王素卿理事长、王子牛秘书长、齐继禄副秘书长一行8人到武汉开展勘察设计行业发展专题调研。中交二航院等8家在汉勘察设计企业分别参加了调研座谈，武孟灵会长等省勘察协会调研组成员全程陪同并参与了调研。参加调研座谈的我省勘察设计企业分别介绍了各自在贯彻节能减排，推进技术创新；发挥评优引导作用，推动技术进步，确保质量安全；企业机构调整，实施“走出去”战略，强化自律机制，维护市场秩序等方面开展的工作和存在的问题，并就企业在经营管理和面对市场激烈的竞争中希望得到行业协会的支持方面向中国勘察设计协会领导提出了建议。

(三) 根据勘察设计行业实际，积极发挥协会作用

1. 组织评选湖北省勘察设计行业十件大事

2010年3月，省勘察设计协会组织有关专家对全省勘察设计行业2009年度十件大事进行了评选。经省勘察设计协会会长工作会议审议批准，建国60周年庆祝活动中我省勘察设计行业在全国性相关行业协会各项评选中成绩斐然；中铁大桥勘测设计院有限公司完成的“分阶段施工桥梁的无应力状态控制法与工程实践”项目荣获2008年度国家科技进步二等奖；中铁大桥勘测设计院有限公司设计的东海大桥工程，中冶南方公司设计的马钢“十一五”技改和结构调整500X10^4t/a钢铁联合工程，武钢第二硅钢片厂工程，中南电力院参与设计的国家电网公司输变电工程典型设计荣获2008年度全国优秀工程勘察设计金奖等十大项较有影响的事件被列为2009年度湖北省勘察设计行业十件大事。

2. 坚持组织开展群众性的质量管理活动

为了做好2010年度全省工程建设(勘察设计)优秀质量管理小组评选工作。省勘察设计协会5月中旬在湖北宜昌市召开了2010年度湖北省工程建设(勘察设计)优秀质量管理小组成果发布会。经评审专家结合事先预审并对现场发布效果进行综合评定，湖北中南勘察基础工程有限公司的广东凡口帐幕注浆项目QC小组等32个QC小组被评为2010年度湖北省工程建设(勘察设计)优秀质量管理小组。按照评审专家的意见，省勘察设计协会将其中的9个QC小组推荐给中国勘察设计协会申报国家工程建设(勘察设计)优秀QC小组，后经中国勘察设计协会组织专家评选，中铁二院武汉勘察设计研究院有限责任公司的武汉铁路局界口货运综合职能系统设计QC小组等7个QC小组被评为2010年度国家工程建设(勘察设计)优质质量管理小组。其中，中国电力工程顾问集团中南电力设计院的建筑QC小组被推荐在2010年度全国优秀QC小组成果发布会上进行成果发布。

3. 继续对设计软件的国产化、正版化推进工作给予大力支持

为了推进我省勘察设计行业信息化建设，促进勘察设计企业创新发展和科学发展，省勘察设计协会近几年来一直大力支持各勘察设计企业的信息化建设工作，支持浩辰、中望、斯维尔等软件厂商推行的设计软件国产化、正版化工作。这项工作的推广进行，对我省勘察设计行业加快结构调整，转变发展方式，实现科技创新和管理创新进而实现可持续发展具有重要的推进作用。2010年11月底，在广西南宁举行的中国勘察设计协会信息化工作会议暨计算机应用工作委员会年会上，我省有7家勘察设计企业被评为工程勘察设计行业实施信息化建设先进单位。

4. 关心西南旱情，积极组织支援

2010年初，西南五省旱情严重，中国勘察设计协会发文号召向中国金属工业昆明勘察设计研究院学习，为抗旱救灾找水做贡献。省勘察设计协会积极组织我省各地勘察设计单位以实际行动积极支援，帮助受灾地区取得抗旱救灾的最后胜利。湖北省地质环境总站暨湖北省水文地质工程地质勘察院快速响应、积极行动，在短短的两个月时间里，组织了203名工程技术人员，投入钻探设备42台(套)，承担了云南大理、红河两州9县、市的抗旱打井任务，完成了钻探进尺9 755.9m，成井115口，解决了当地逾20万群众及4万牲畜的饮水问题，谱写了一曲千里驰援、忘我奉献的爱心之歌。

湖北省勘察设计协会

地址：湖北省武汉市武昌中南路 12 号建设大厦 A 座 1214 室

邮编：430071

电话：027-68873337

邮箱：kcsjxh@tom.com

网址：http：//kcsj.hbcic.gov.cn

湖南省行业综述

湖南省2010年统计数据汇总项目表

企业资质情况（个）	从业人员情况（人）	财务情况（亿元）	科技活动情况
企业总数 398	从业人员合计 37362	营业收入合计 174.38	活动费用支出总额（亿元）6.02
工程勘察企业数 45 其中：甲级 31 乙级 14	技术人员合计 27902 其中：高级 8329 中级 11555	工程勘察收入合计 15.19 其中：境外工程勘察收入 0.15	成果转让收入总额（亿元）31.44
工程设计企业数 292 其中：甲级 69 乙级 103	建筑师合计 1053 其中：一级 397 二级 656	工程设计收入合计 50.10 其中：境外工程设计收入 1.62	企业累计拥有专利（项）699
专项合计企业数 54 其中：甲级 17 乙级 32	结构工程师合计 929 其中：一级 724 二级 205	管理服务收入合计 5.99 其中：境外管理服务收入 0.08	累计拥有专有技术（项）372
设计施工一体化企业数 5 其他企业数 2	建造工程师合计 807 其中：一级 502 二级 305	工程承包收入合计 82.37 其中：境外工程承包收入 5.57	获国家级、省部级奖（项）429 其中：国家级（项）49
综合资质企业数 1	注册岩土工程师合计 236	其他收入合计 20.73 其中：境外其他收入 0.001	参编国家、行业、地方技术标准（项）99 其中：国家级（项）50
内资企业数 394	注册城市规划师合计 185		
港澳台商企业数 1	注册造价工程师合计 411	营业成本合计 132.57	
外商投资企业数 3	注册监理工程师合计 752	人均营业收入 0.00467	

湖南省勘察设计行业 2001 年—2010 年企业数发展图

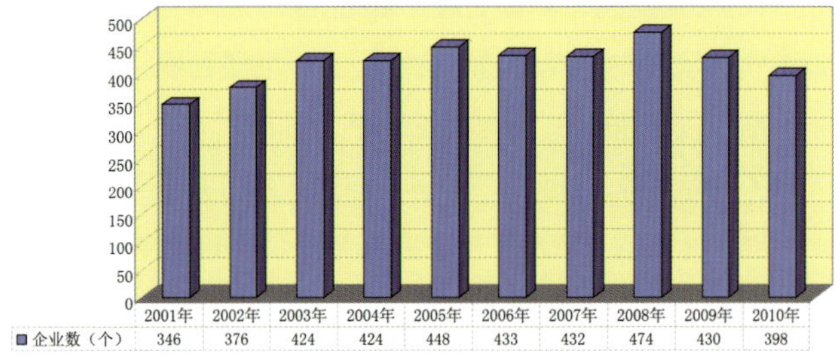

湖南省勘察设计行业 2001 年—2010 年从业人数发展图

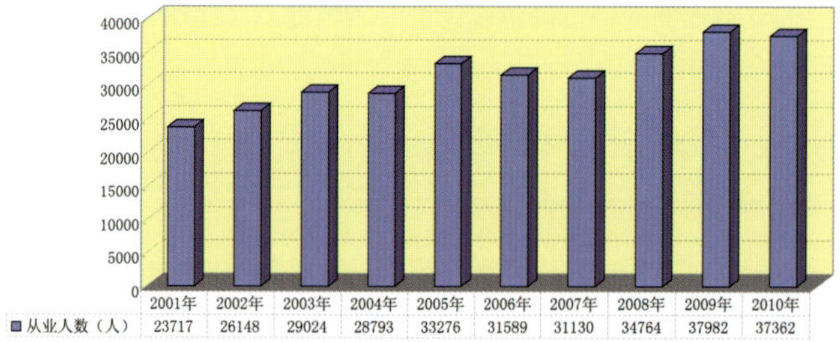

湖南省勘察设计行业 2001 年—2010 年营业收入发展图

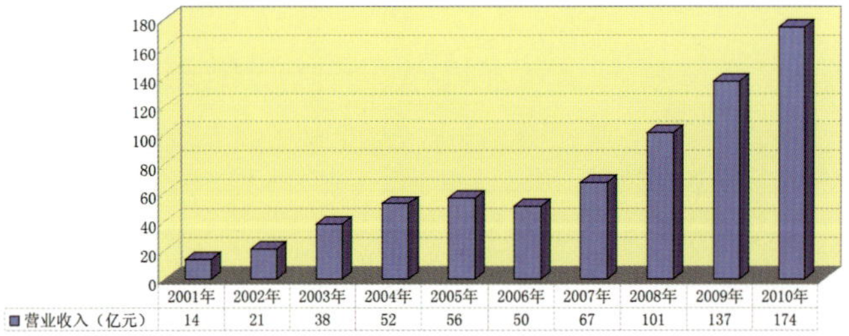

湖南省勘察设计行业 2001 年—2010 年人均营业收入发展图

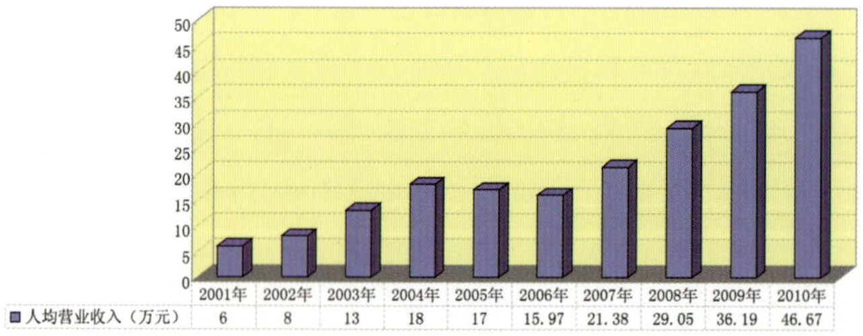

湖南省勘察设计行业2010年度企业营业收入前20名排序

排名	企业名称	勘察设计行业类别	企业资质等级	年末从业人员合计（人）	营业收入合计（万元）
1	中冶长天国际工程有限责任公司	冶金	甲级	1250	252847.00
2	中国水电顾问集团中南勘测设计研究院	工程设计综合资质	甲级	2616	176906.65
3	长沙有色冶金设计研究院	冶金	甲级	725	61097.44
4	湖南省交通规划勘察设计院	公路	甲级	615	47072.00
5	中国轻工业长沙工程有限公司	轻纺	甲级	517	26449.42
6	中机国际工程设计研究院有限责任公司	机械	甲级	696	24493.09
7	湖南省电力勘测设计院	电力	甲级	431	23787.61
8	湖南省建筑设计院	建筑	甲级	572	23327.70
9	湖南安淳高新技术有限公司	化工石化医药	甲级	525	22169.62
10	化工部长沙设计研究院	化工石化医药	甲级	428	21002.00
11	湖南中移通信技术工程有限公司	电子通信广电	甲级	144	18169.52
12	湖南省水利水电勘测设计研究总院	水利	甲级	1008	17767.00
13	中国有色金属工业长沙勘察设计研究院	勘察综合类	甲级	609	15785.81
14	湖南省邮电规划设计院有限公司	电子通信广电	甲级	505	14932.65
15	湖南百利工程科技有限公司	化工石化医药	甲级	236	14526.00
16	长沙市规划设计院有限责任公司	建筑	甲级	234	12946.00
17	湖南中大设计院有限公司	建筑	甲级	278	11835.25
18	湖南省冶金规划设计院	冶金	甲级	197	10775.00
19	湖南省农林工业勘察设计研究总院	农林	甲级	445	9723.96
20	湖南省交通科学研究院	公路	甲级	300	9259.99

广东省行业综述

广东省2010年统计数据汇总项目表

企业资质情况（个）	从业人员情况（人）	财务情况（亿元）	科技活动情况
企业总数 1046	从业人员合计 175416	营业收入合计 1060.90	活动费用支出总额 （亿元）13.93
工程勘察企业数 89 其中：甲级 45 乙级 44	技术人员合计 68492 其中：高级 13830 中级 28028	工程勘察收入合计 35.80 其中：境外工程勘察收入 0.25	成果转让收入总额 （亿元）10.86
工程设计企业数 562 其中：甲级 221 乙级 192	建筑师合计 2604 其中：一级 1686 二级 918	工程设计收入合计 193.03 其中：境外工程设计收入 1.96	企业累计拥有专利 （项）804
专项合计企业数 254 其中：甲级 129 乙级 111	结构工程师合计 2341 其中：一级 1986 二级 355	管理服务收入合计 12.98 其中：境外管理服务收入 0.12	累计拥有专有技术 （项）383
设计施工一体化企业数 137 其他企业数 4	建造工程师合计 4572 其中：一级 2822 二级 1750	工程承包收入合计 707.44 其中：境外工程承包收入 6.02	获国家级、省部级奖 （项）1066 其中：国家级（项）379
综合资质企业数 2	注册岩土工程师合计 485	其他收入合计 111.65 其中：境外其他收入 0.16	参编国家、行业、地方 技术标准（项）249 其中：国家级（项）70
内资企业数 1020	注册城市规划师合计 540		
港澳台商企业数 17	注册造价工程师合计 925	营业成本合计 884.32	
外商投资企业数 9	注册监理工程师合计 523	人均营业收入 0.00605	

广东省勘察设计行业 2001 年—2010 年企业数发展图

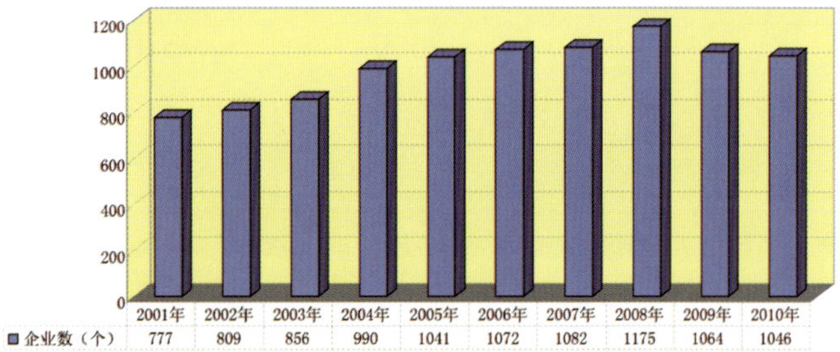

广东省勘察设计行业 2001 年—2010 年从业人数发展图

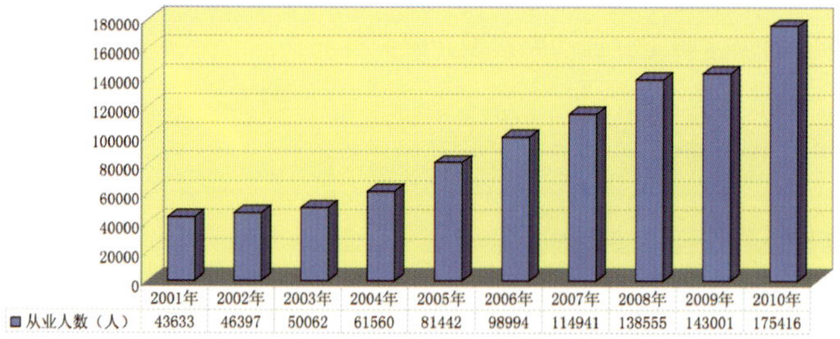

广东省勘察设计行业 2001 年—2010 年营业收入发展图

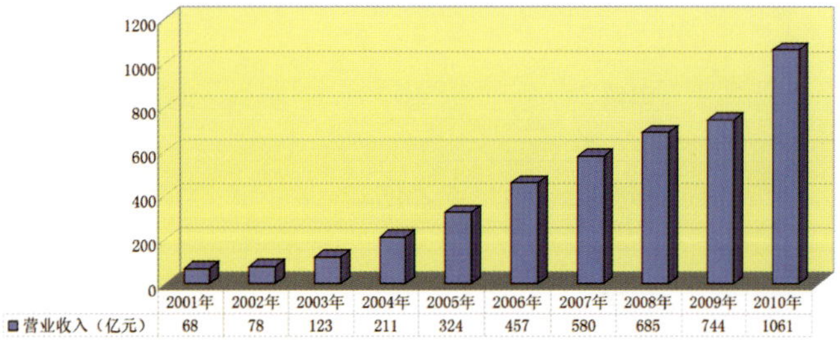

广东省勘察设计行业 2001 年—2010 年人均营业收入发展图

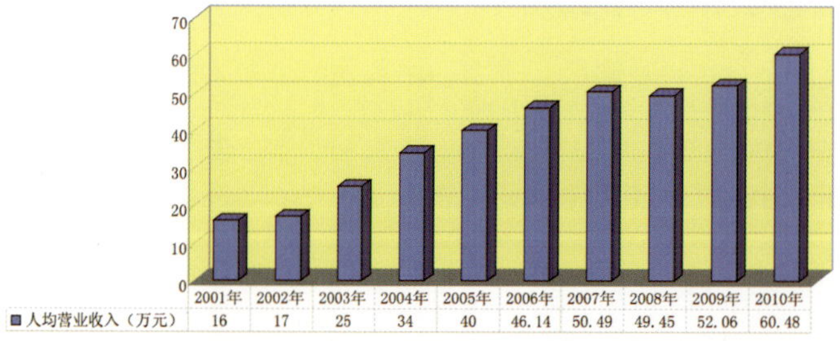

广东省勘察设计行业2010年度
企业营业收入前20名排序

排名	企业名称	勘察设计行业类别	企业资质等级	年末从业人员合计（人）	营业收入合计（万元）
1	广东省电力设计研究院	工程设计综合资质	甲级	1568	206057.00
2	深圳中广核工程设计有限公司	核工业	甲级	2184	160216.00
3	广州杰赛科技股份有限公司	电子通信广电	甲级	1850	95207.00
4	中交第四航务工程勘察设计院有限公司	工程设计综合资质	甲级	768	89963.00
5	中建国际（深圳）设计顾问有限公司	建筑	甲级	1666	83385.00
6	广东省水利电力勘测设计研究院	水利	甲级	981	71436.00
7	深圳市建筑设计研究总院有限公司	建筑	甲级	2246	70189.00
8	广州中煤江南基础工程公司	勘察综合类	甲级	2388	69799.00
9	广东省建筑设计研究院	建筑	甲级	985	66994.00
10	广州市城市规划勘测设计研究院	建筑	甲级	987	58977.00
11	深圳市勘察测绘院有限公司	勘察综合类	甲级	460	46143.00
12	深圳地质建设工程公司	勘察综合类	甲级	257	43017.00
13	广东省公路勘察规划设计院股份有限公司	公路	甲级	500	40708.00
14	深圳市工勘岩土工程有限公司	勘察综合类	甲级	382	39069.00
15	广州地铁设计研究院有限公司	市政	甲级	611	37736.00
16	广州市市政工程设计研究院	市政	甲级	735	36396.00
17	深圳市市政设计研究院有限公司	市政	甲级	827	33042.00
18	深圳华森建筑与工程设计顾问有限公司	建筑	甲级	495	29469.00
19	华南理工大学建筑设计研究院	建筑	甲级	354	29378.00
20	广东南方电信规划咨询设计院有限公司	电子通信广电	甲级	1001	28615.00

Company profile

公司简介

深圳市建筑设计研究总院有限公司始建于 1982 年，伴随着深圳经济特区的发展而不断成长，目前拥有从业人员 2000 余人，为深圳市直属的大型国家甲级设计院。并获国家科技部授予“高新技术企业”称号。本部深圳，下设第一、二、三分公司，城市规划设计院，城市环境设计研究院，装饰设计研究院及直属设计部所，驻外机构有重庆分公司、武汉分公司、北京分公司、合肥分公司及成都分公司，控股 / 参股公司有总源物业管理有限公司、众望建设监理公司、精鼎建筑工程咨询有限公司。

深圳大运中心体育场

深圳大运中心体育场

合肥政务中心

<<< 深圳西部通道旅检大楼

玉树遗址纪念馆

<<< 云天化集团总部大楼

HUAYI

華藝設計顧問有限公司

HUAYI DESIGN CONSULTANTS LTD.

华艺设计顾问有限公司1986年在香港注册，同年在深圳独资设立香港华艺设计顾问（深圳）有限公司，设有上海、南京、武汉、北京、重庆和广州分公司，是具有甲级工程设计资质的工程设计咨询企业（证书号为：AW144017173）。2009年成立的北京中海华艺城市规划设计有限公司持有“城乡规划编制甲级资质证书”[建城规编]第（101205）。

华艺拥有500多人的高素质专业设计团队，设有规划、建筑、结构、强电、弱电、给排水、暖通空调、总图、概预算、室内设计等专业，主要承接各类公共与民用建筑工程设计、城市设计、居住区规划与住宅设计、室内设计及前期顾问和建筑策划研究等业务。公司凭借先进的管理，国际视野的底蕴，凸显出强大的竞争力，发展足迹已遍布全国。

华艺多年来坚持“创意为先、质量为本”的质量方针，赢得了客户、政府、合作伙伴等社会各届的广泛赞誉和尊重。先后共有110多个项目获得260余次国家、省部级及深圳市优秀设计奖。

1	2	3		4
		5	6	7

1. 中海油深圳大厦
2. 北京大学深圳研究分院
3. 深圳大鹏地质博物馆
4. 深圳赛格广场
5. 深圳大学基础实验室及办公楼
6. 深圳莱蒙水榭春天
7. 深圳招商华侨城曦城

25

1986-2011

www.huayidesign.com

广州市工程勘察设计行业协会

Guangzhoushi gongcheng kancha sheji hangye xiehui

一、协会概况

广州市工程勘察设计行业协会成立于1990年，协会现有会员单位165家。

广州市工程勘察设计行业协会下设秘书处、市场工作委员会、技术工作委员会3个机构。

协会宗旨：遵守国家宪法、法律、法规以及国家政策；协助政府建设主管部门搞好勘察设计行业管理，规范行业行为；为会员提供服务，维护行业合法权益；开展业务交流与协作，促进行业进步和发展，为社会主义现代化建设服务。

二、协会2010年度主要工作

2010年，在中国勘察设计协会的指导和广州市有关领导部门的大力支持下，广州市工程勘察设计行业协会完成了以下工作：

(一) 协助政府做好行业管理工作，认真完成广州市城乡建设委员会交派的各项工作

(1) 办理广东省建设工程勘察设计、规划出图专用章及建设工程施工图设计文件审查专用章备案工作(第五批，约300项)。

(2) 协助广州市城乡建设委员会完成勘察设计行业年度统计工作及即时数据统计工作等。

(3) 受广州市城乡建设委员会设计处委托，调查某公司涉嫌城启项目设计违法涉案情况，并将调查结果和处理意见呈报设计处。

(4) 受广州市城乡建设委员会委托，协助组织“广州市绿色建筑优秀设计奖”的评选工作。

(二) 获评广州市“首批全市性行业协会评估”4星级行业协会

广州市民政局启动全市性行业协会商会评估工作，对首批10家试点行业协会进行评估，我协会获评“4A级全市性行业协会”。

(三) 完成2010年度广州市优秀工程勘察设计评选活动

组织两年一度的广州市优秀工程勘察设计评选工作是协会主要职责之一，本届评优共收到参评项目310项，比上届参评项目增加80项，其中：建筑类154项，勘察类57项，市政交通地下空间类73项，专项类26项。本届评优增设了建筑智能化专业、建筑环境与设备专业、建筑结构专业、工程勘察设计计算机软件专业4个专项奖。2010年6月，协会专门组织协会常务理事会讨论有关评选工作事项。9月份，经广州市优秀工程勘察设计评审委员会的认真评议和审定，共评出大奖4项，一等奖65项，二等奖96项，三等奖71项。其中，一，二等奖项目(包括大奖)将推荐参加2011年广东省优秀勘察设计评选活动。

另外，受广州市城乡建设委员会的委托，2010年协会首次组织评选广州市绿色建筑优秀设计奖，经专家认真评审，评出二等奖2项，三等奖1项。“广州市绿色建筑优秀设计奖”由广州市城乡建设委员会颁奖。

广州市工程勘察设计行业协会获评“4A级全市性行业协会”，广州市副市长陈国、市政府副秘书长林道平为包括我会在内的十家协会颁发了星级牌匾

两年一度的广州市优秀工程勘察设计评选工作是协会主要工作之一，图为广州市2010年度优秀工程勘察设计评选大会

协会举办“广州大剧院建筑设计”讲座，由广州珠江外资建筑设计院院长黄捷主讲

协会举办“高效节能的绿色建筑设计”讲座，由广州市设计院副院长马震聪主讲

2010年，协会共召开一次会员大会、两次常务理事会、一次理事会，图为五届三次会员大会暨六届一次理事会会议现场

协会组织部分会员单位代表参观广州市观光塔，观摩活动包括设计讲解、现场观摩等

协会组织第五届“广州市勘察设计杯”羽毛球赛，共有22个会员单位参加了比赛

(四) 组织学术讲座和研讨会

2010年，协会共组织5项学术讲座和研讨会，致力推进行业技术进步。为配合政府大力推进建筑节能和绿色建筑的建设方针及积极推广设计新理念、新技术，协会举办以下5项讲座。

1. 绿色建筑系列软件新技术学术讲座

4月16日，我协会与深圳市斯维尔科技有限公司联合举办“绿色建筑系列软件新技术”讲座。

2. 广州市观光塔观摩活动

广州市观光塔是广州市重点工程，采用新型结构体系，建筑设计也很有特色，备受设计人员的关注。为观摩学习，协会于5月26日组织部分会员单位代表参观广州市观光塔。观摩活动包括设计讲解、施工技术及现场观摩等。

3. “高效节能的绿色建筑设计”和“广州大剧院建筑设计”学术讲座

着重讲述珠江城建设项目中为争取零能耗，应用了11项绿色节能建筑新技术，以及广州大剧院基于自然环境、文化底蕴和高科技应用的观演建筑设计理念。

4. 珠江城(烟草大厦)和广州大剧院结构设计讲座

讲解了珠江城和广州大剧院新型结构体系重点设计问题分析及技术特点。

5. 节能审查及斯维尔BIM软件新技术学术讲座

8月26日，协会与深圳市斯维尔科技有限公司联合举办节能审查及斯维尔BIM软件新技术学术讲座。

(五) 做好为会员单位的服务工作，加强与会员单位的沟通与联系

(1) 2010年，协会共召开一次会员大会、两次常务理事会、一次理事会，讨论、开展协会工作，提高服务质量。

(2) 进一步办好会刊《广州勘察设计》，传达政府有关精神和行业法律法规、为会员单位提供信息服务，宣传介绍优秀会员单位和优秀工程项目。2010年，共出版会刊6期(双月刊)，并与全国同业协会交流。

(3) 为会员单位承接外地工程业务，核查及出具诚信证明；为会员单位提供政策咨询服务，包括解答有关单位资质标准事宜、节能审查标准等。

(4) 继续与太平洋保险公司合作，为会员单位提供设计保险服务。

(5) 开展行业内的联谊活动，加强会员单位的交流与沟通。12月份，协会组织了第五届“广州市勘察设计杯”羽毛球赛，共有22个会员单位参加了比赛；组织第三届“勘察设计杯”摄影比赛，选送作品400多张，并组织优秀作品巡回展出。

广州市工程勘察设计行业协会

地址：广东省广州市东风中路 318 号嘉业大厦 9 楼
邮编：510030
传真：020-83630090
邮箱：gzgsed@vip.tom.com
网址：www.gz-design.com

深圳市勘察设计行业协会

Shenzhenshi kancha sheji hangye xiehui

一、协会概况

深圳市勘察设计行业协会成立于1991年12月，协会现有会员单位216家。孟建民任会长，高青、陈宜言、司马晓、张健康、张大明、周栋良、田玉山、盛烨、徐先林、李念中任副会长，李良胜任秘书长。

深圳市勘察设计行业协会下设建筑、市政、勘察、景观、专业专项分会；专家委员会。

协会宗旨：竭诚为会员提供优质服务，维护行业及会员的合法权益；沟通会员与政府、社会之间的关系，营造公平开放、竞争有序的市场环境；加强行业自律，促进行业健康发展。

二、协会2010年度主要工作

2010年度，本协会得益于全体会员单位的奋力拼搏和政府职能部门的有力指导及大力支持，围绕“全心全意为会员服务，积极充当政府与企业联结纽带”的建会宗旨，脚踏实地，锐意进取，着力宣传及服务企业，提升行业技术水平，积极开展评先奖优和互动交流，成功完成协会换届，实现政会和谐联动，共推行业进步与发展。

(一) 宣传企业，服务会员

(1) 做好协会网站日常更新、运营，发布会员新闻301条、协会动态75条、通知公告170条；在省住房和城乡建设厅粤建网发布新闻42条。

(2) 编辑出版本年度会刊《深圳勘察设计》4期，大力宣传会员单位；5月起，协助市史志办为编撰《设计之都——深圳纪事》(建设工程篇)而约稿、组稿。

(3) 5月16日~20日，组织优秀师资力量，受托开展本市注册结构工程师选修课继续教育培训。

(4) 6月，受托首度开展本市工程勘察现场作业人员上岗培训工作。培训机长442名、记录员286名。

(5) 7月，为宣传企业，记录历史，由会长首倡创刊的《2009年度深圳市勘察设计行业年鉴》出版发售；12月，启动《深圳市勘察设计行业2010年鉴》组稿编撰工作。

(二) 推进学术，提升技术

(1) 1月起，相继举办给排水、电气、建筑等专业设计及审图要点交流会。

(2) 开展系列学术活动：1月12日，举办“住宅标准化设计及产业化”调研座谈会；7月22日，主办“智能配电产品发布暨技术研讨会”；7月27日，联办“BIM&VR技术应用于工程设计(施工)高级研讨会”；11月26日，举办“勘察设计行业财务工作交流会”；11月30日，参加CCDI新立方建筑文化论坛。

(3) 2月以来，继续深入研发“智能型深圳市建设工程专家库信息管理系统”(获市优一等奖)，逾1 400名专家申报，可提供多元化技术咨询和专业服务，已用于年度职称评审及工程评标等抽取评委。

(4) 8月起，承接课题研究(主编)——《深圳市房屋建筑施工图设计文件审查要点》《深圳市市政基础设施工程施工图设计文件审查要点》和《深圳市建设工程勘察文件审查要点》。

(5) 9月起，承接课题研究(主编)——《深圳市工程勘察数据标准化技术规程》；协编《深圳市勘察设计行业“十二五”战略发展规划》，参编深圳市地方标准《LED道路照明工程技术规范》。

(三) 评比评审，奖励表彰

(1) 1月，对协会网站信息发布先进单位和优秀通信员予以评选、奖励及表彰。

(2) 6月起，开展深圳市勘察设计行业第二届“十佳”评选，产生了结构、给排水、暖通、电气、市政、审图等各专业69名“十佳青年工程师”。

(3) 11月，受托组织完成深圳市第十四届优秀工程勘察设计评审，产生42个一等奖、85个二等奖和106个三等奖。

(4) 12月，隆重召开全行业颁奖表彰大会，从业35年以上卓越贡献专家和十佳青年设计师代表上台受奖。

(四) 纵合连横，互动交流

(1) 倡导绿色低碳：1月18日，参加深圳市建筑科学研究院“绿色建筑与低碳生态城市建设研讨班”；4月15日，参加市绿色建筑协会“节能夹胶玻璃技术及应用研讨会”；6月25日，与深圳市规划和国土资源委员会光明管理局等联办“光明新区绿色建筑实践与发展研讨会”。

(2) 参加中国勘察设计协会、省勘察设计协会会议：3月24日，参加“省勘察设计协会三届六次常务理事扩大会议暨2009年度广东省优秀工程勘察设计奖颁奖大会”；7月6日，赴京参加中国勘察设计协会换届暨国优颁奖大会；11月10日，参加省勘察设计协会“2011年度广东省优秀工程勘察设计评选研讨暨工程勘察设计单位专题调研工作”座谈会；11月23日，赴渝参加中国勘察设计协会“全国工程勘察设计行业发展研讨交流汇报会”。

(3) 横向行业联合：7月2日，参加市社会组织总会组织的“深圳经济特区30年杰出贡献企业和行业领军人物评选活动”组委会工作会议；8月17日，作为评委，参与深圳经济特区30年杰出贡献企业和行业领军人物评审；12月1日，参加市委宣传部召开的深圳设计行业第三次联席会议。

(4) 论坛讲座：9月2日~3日，与省住房和城乡建设厅(局)及CCDI联办“建设城市美好生活”大型公共建筑与城市发展论坛。700多位专家、学者和专业技术人员共襄盛会；10月18日，协助深圳大学建筑与城市规划学院主办“建筑人生 · 何镜堂院士建筑创作访谈暨作品展”。

深圳地王大厦

(五) 政会联动，共推发展

(1) 2月起，协助开展《深圳市建筑工程设计招标投标管理办法》《深圳市房屋建筑和市政基础设施工程施工图审查管理办法》和《深圳市勘察设计企业预选承包商管理办法》等相关文件的研讨、征询或起草。

(2) 随政府部门一道，密集开展行业调研，分别于3月、6月，至京、沪、苏、宁、穗、莞及本市多家大型勘察设计企业学习、参访；10月，协助接待上海、珠海住房建设主管部门和同行来访与交流。

(3) 6月起，协助市住房和城乡建设局、报业集团开展“深圳市30年30个特色建设项目”评审活动。

(4) 8月起，为强化行业管理、规范市场秩序，配合市住房建设主管部门，开展多轮勘察现场飞行检查。

(5) 8月起，协助市住房和城乡建设主管部门开展深圳市建筑工程专业技术资格第二评审委员会(施工、管理、造价及建材等专业)的职称评审。

(6) 11月，荣获省住房和城乡建设厅授予的“2009年度粤建网优秀通信员”称号；2011年1月16日，荣膺市住房和城乡建设局颁发的“2010年度深圳市住房和建设系统先进集体”称号。

(7) 协办联办会务：4月26日~27日，省住房和城乡建设厅在深召开“全省勘察设计市场管理和施工图审查工作研讨会”；7月26日，与市住房和城乡建设局联办“打造设计之都、扶持勘察设计行业健康发展”政企恳谈会；11月3日，住房和城乡建设部在深召开“勘察设计、建筑施工企业跨省承揽业务监管制度研讨会”。

(8) 受市住房和城乡建设局委托，办理告知登记530项，开具外出经营诚信证明文件1 102份，受理企业信息备案158家，协助办理注册事宜1 020人次。此外，办理施工图审查合同备案1 096份。

(9) 接受委托，联办论坛，承办工程评优、勘察培训、课题研究、注册培训等事宜。

(六) 圆满换届，续写辉煌

(1) 分别于1月27日、6月21日和8月2日，召开五届第十三、十四、十五次常务理事会，决议协会重大事务，研判行业发展方向。其中，第十五次常务理事会主要研讨了协会换届前期筹备事宜。

(2) 11月30日，召开五届三次理事会，为2010年年底会员大会顺利召开，做好实施性筹备工作。

(3) 12月21日，正式召开六届一次会员大会，完成协会换届选举，孟建民连任第六届协会会长，增补4名副会长、6名常务理事和17名理事。会员总数比五届初期增加29%，达216家。

(4) 2011年1月4日，召开六届一次常务理事会，拟定新一年协会工作计划框架，决议成立分会，续聘协会正、副秘书长。

深圳市勘察设计行业协会

地址：广东省深圳市振华路 8 号设计大厦 20 楼 2009 室
邮编：518031
电话：0755 - 83786785 83786806
邮箱：kcsjxh@163.vip.com
网址：www.szjs.com.cn

Z 珠海市规划勘察设计行业协会

huhaishi guihua kancha sheji hangye xiehui

一、协会概况

珠海市规划勘察设计行业协会成立于1996年，协会现有会员单位84家。赵安君任会长，付若愚任秘书长。

协会宗旨：为社会服务、为政府服务、为会员单位服务。

二、协会2010年度主要工作

2010年是协会第四届常务理事会换届的第一年，协会在市民政局的正确领导和市住规建局、市社会组织总会的具体指导下，在中国勘察设计协会和省勘察设计协会的大力支持下，协会以科学发展观为指导，各级领导精心谋划，全体会员团结协作，励精图治，创造了协会建设的崭新局面。

(一) 创新思路、明确职责——科学治理定目标

新一届协会常务理事会，明确了解放思想、与时俱进，积极探索、打牢基础，扎实工作、全面服务，开创协会工作新局面的总体工作思路；明确了团结全体会员、规范内部管理、扩大服务范围、约束行业行为、开展合作交流、保障会员权益、维护市场秩序、促进和谐发展、争创一等成绩的基本工作目标；确立了为会员服务、为政府服务、为社会服务的3大基本职责和13项工作范围；制定了协会4年发展规划、年度工作计划和年度4项工作重点。协会2010年的工作，是主动谋划的一年、是自我完善的一年、是重塑形象的一年、是规范发展的一年、是创新发展的一年。

(二) 创新模式、固本强基——严格管理攀台阶

一年来，协会坚持了在管理中创新发展，在创新中规范管理的工作模式，为改变协会面貌作了大量的工作：

(1) 协会依据编制，按照专业化、年轻化、规范化的标准，完成了专职人员的调整工作，建立了一个长期稳定、创新型、知识型的人才结构。

(2) 协会吸收了未建立党支部的中小设计院8名党员，正式成立了党支部，召开了支部会议，选举了支部组织领导机构，制定了支部工作计划。

(3) 协会成立了监事会，按章程规范了协会组织机构和监事、议事程序，保证了对协会规范运作的有效监督。

(4) 协会兼收并蓄、多方学习，在实践中不断创新，规范了内部各项管理工作，2次修改完善了协会工作制度并正式颁发实施。

(5) 协会强化了法律意识和法律工作，聘请了珠海集大成律师事务所武风春律师为本协会的常年法律顾问。

(6) 协会迁入了全新的永久办公场地，更换了全套办公设施设备，改善了协会的信息化办公条件，建立了协会网站系统，提高了协会整体形象和对外观瞻。

(7) 协会加强了财务管理工作，聘请了专业的会计师事务所和专职出纳人员，广开渠道、合理创收，确保了协会年度财务收支平衡略有结余。

(8) 协会多次组织专职工作人员进行业务培训，提高了工作人员的基本素质和办事能力。

2010年11月，本协会经市民政部门组织的全市协会年度资格综合评估检查，以全市第一名的成绩，高分获得5A级社会团体组织荣誉(全市仅一个5A级)。这是本协会全体会员的光荣。

(三) 创新方法、全面服务——规范服务立标准

一年来，协会坚持全心全意为会员服务的基本理念，在扩大服务范围、创新服务方法、开展全面服务方面广开思路，与行业管理部门、业务指导部门建立了多项协调机制，促进了相关监管配套政策的完善，与市住建规局签订了《政府职能转移服务协议》，协助市住规建局规范了15项《行业对外服务指引》，并完成了以下工作。

(1) 协会在市行政服务中心支持下，组织市相关行政审批部门完成了《建筑工程设计方案和施工图设计规范化讲座》。

(2) 协会受市住规建局委托，承办了全市建设项目行政审批服务培训工作，相关单位1200余人次参加培训，影响广泛，反映强烈。

(3) 协会受市住规建局委托，完成了《全市设计服务业专项调研》和《建筑市场情况调研》两项工作。

(4) 协会受市住规建局委托，完成了庆祝珠海经济特区建立30周年，“珠海城市建设成就摄影展览”、编印了“珠海城市建设成就摄影图集”和“珠海十大知名建筑”评选展览活动。

(5) 协会受市住规建局招标投标管理办公室委托，组织编写了《珠海市岩土勘察和规划设计2个招标文件》(示范文本)。

(6) 协会受市住规建局委托，完成2010年度珠海市规划勘察设计项目的评优工作。

(7) 与广东省建设执业资格注册中心协作，以“两岸四地”研讨会的形式，在珠海市举办了注册工程师继续教育选修课程，该项活动在全省引起了强烈反响，受到了省住房和建设厅领导的高度赞扬。

(8) 协会与全国8个建筑软件开发公司签署了勘察设计信息服务合作协议，组织了5场信息化专业知识讲座，为会员开展设计软件推广提供了经常性服务的便利条件，为推行正版化设计软件创新了合作方式。

(9) 协会不间断地组织了《杂志》的编辑出版工作，扩大了协会的影响，宣传了会员单位。

(10) 协会积极协助会员索要被拖欠工程款等维权工作，向欠款单位发出协商函42封，协助会员要回拖欠款102万元，另有339万承诺今年分批还款，协会以主动性的维权活动，提高了协会的威信和声誉。

(11) 协会向社会推出了《珠海市规划勘察设计行业自律公约》和《珠海市建筑工程施工图审查机构自律公约》。

(12) 协会协助行业主管部门，完成了本年度26家外来勘察设计分支机构备案，85家外来勘察设计机构单项备案，受理了6家设计企业的资质换证，3家设计企业的资质申请，3家勘察设计单位的资质变更申请，36家勘察设计企业资质许可后的核查资料，现场检查了6家单位，为82名注册工程师代办了执业证章变更等其他事项。

(13) 协会组织77个单位322名工程师参加了注册工程师考试并协助省建设执业资格注册中心进行判卷工作。

(14) 协会向会员赠送了中国建筑设计大师陈世民的《写意空间》书籍，为吉林大学珠海学院建筑学系全体学生组织了专家专题讲座，提高了专业人员学习的热情和设计水平，传授了专业人员职业操守的养成经验。

(15) 协助珠海规划设计研究院、珠海市交通设计研究院争创了“全国勘察设计行业‘十一五’信息化建设先进单位”的荣誉，协助珠海建筑设计院上报了争创全国行业诚信先进单位荣誉的工作，协助几个单位完成了资质升级等工作。

(16) 协会组织会员为青海玉树地震灾区和广东省扶贫活动捐款20.178万元。

(四) 创新手段、扩大交流——全面发展上水平

一年来，协会在市行业行政主管部门和业务指导部门的监管、指导下，充分发挥行业协会沟通政府与会员的桥梁和助手作用，坚持全面发展上水平的基本目标，在创新服务手段、扩大交流合作方面开展了全方位的工作，与中勘协、省勘协、市相关部门和各级各类组织建立了良好的工作关系，宣传了珠海、扩大了本协会的影响力，畅通了办事的各种渠道，为协会拓展了广阔的活动空间。

(1) 新吸收了吉林大学珠海学院等10个会员单位。极大地改变了协会的会员结构，提高了协会的学术和技术含量，进一步提高了协会的行业地位。

(2) 邀请了台湾建筑考察团、市相关行政部门领导、会员单位、相关单位和协会工作人员参观了上海世博会。

(3) 组织邀请了会员单位和相关行政部门领导3批60余人到台湾开展建筑考察联谊活动，与台湾同业组织建立了协作关系。

(4) 受中勘协委托，邀请了台湾同行信息化专家到南宁，为全国同业专家授课。

(5) 积极联系国际合作，推动会员单位走出珠海进行跨区域合作发展。

珠海市规划勘察设计行业协会

地址：广东省珠海市红山路288号国际科技大厦A座401
邮编：519000
电话：0756—2259384　2132584
邮箱：gxf651124@163.com
网址：http：//zhgksx.zhia.org.cn

广西壮族自治区行业综述

广西壮族自治区2010年统计数据汇总项目表

企业资质情况（个）	从业人员情况（人）	财务情况（亿元）	科技活动情况
企业总数 330	从业人员合计 19949	营业收入合计 53.56	活动费用支出总额（亿元）0.66
工程勘察企业数 60 其中：甲级 23 乙级 33	技术人员合计 17009 其中：高级 4760 中级 7362	工程勘察收入合计 7.46 其中：境外工程勘察收入 0	成果转让收入总额（亿元）1.58
工程设计企业数 241 其中：甲级 34 乙级 83	建筑师合计 670 其中：一级 222 二级 448	工程设计收入合计 25.90 其中：境外工程设计收入 0.21	企业累计拥有专利（项）17
专项合计企业数 28 其中：甲级 6 乙级 21	结构工程师合计 551 其中：一级 389 二级 162	管理服务收入合计 2.72 其中：境外管理服务收入 0.02	累计拥有专有技术（项）21
设计施工一体化企业数 1	建造工程师合计 417 其中：一级 173 二级 244	工程承包收入合计 8.93 其中：境外工程承包收入 0.83	获国家级、省部级奖（项）62 其中：国家级（项）6
其他企业数 0			
综合资质企业数 0	注册岩土工程师合计 212	其他收入合计 8.56 其中：境外其他收入 0	参编国家、行业、地方技术标准（项）26 其中：国家级（项）1
内资企业数 330	注册城市规划师合计 89		
港澳台商企业数 0	注册造价工程师合计 158	营业成本合计 42.72	
外商投资企业数 0	注册监理工程师合计 165	人均营业收入 0.00269	

广西壮族自治区勘察设计行业 2001 年—2010 年企业数发展图

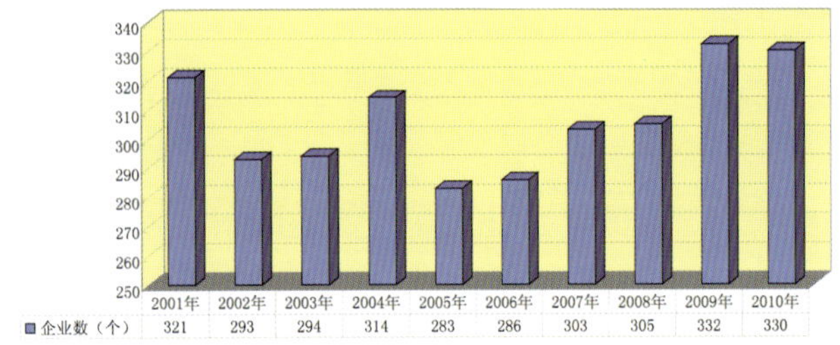

广西壮族自治区勘察设计行业 2001 年—2010 年从业人数发展图

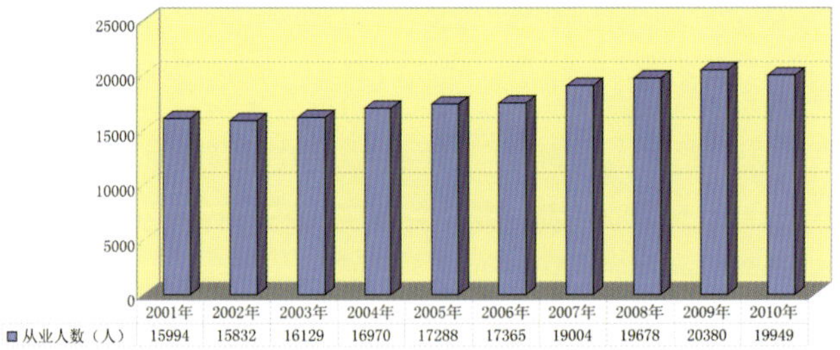

广西壮族自治区勘察设计行业 2001 年—2010 年营业收入发展图

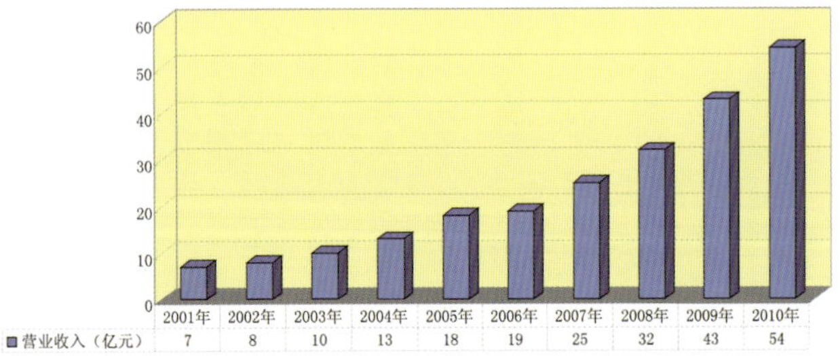

广西壮族自治区勘察设计行业 2001 年—2010 年人均营业收入发展图

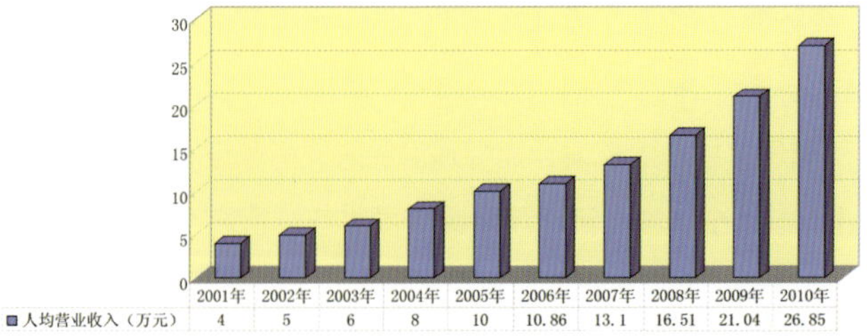

广西壮族自治区勘察设计行业2010年度企业营业收入前20名排序

排名	企业名称	勘察设计行业类别	企业资质等级	年末从业人员合计（人）	营业收入合计（万元）
1	广西电力工业勘察设计研究院	电力	甲级	1218	50066.67
2	广西华蓝设计（集团）有限公司	建筑	甲级	564	38208.50
3	中国化学工业桂林工程有限公司	化工石化医药	甲级	496	38055.00
4	广西壮族自治区交通规划勘察设计研究院	公路	甲级	481	31601.00
5	中国轻工业南宁设计工程有限公司	轻纺	甲级	222	20023.00
6	广西交通科学研究院	公路	甲级	159	19599.00
7	广西壮族自治区城乡规划设计院	建筑	甲级	311	11868.06
8	广西壮族自治区水利电力勘测设计研究院	水利	甲级	428	10023.94
9	中铁四院集团南宁勘察设计院有限公司	铁道	甲级	175	9073.00
10	南宁市建筑设计院	建筑	甲级	214	8474.00
11	广西华蓝岩土工程有限公司	勘察综合类	甲级	98	8235.43
12	广西壮族自治区建筑科学研究设计院	建筑	甲级	306	8087.94
13	广西水文地质工程地质勘察院	勘察综合类	甲级	261	7866.78
14	柳州市建筑设计科学研究院	建筑	甲级	198	6451.00
15	广西壮族自治区林业勘测设计院	农林	甲级	269	5923.05
16	广西壮族自治区桂林水文工程地质勘察院	勘察综合类	甲级	189	5175.80
17	广西通信规划设计咨询有限公司	电子通信广电	甲级	170	4208.00
18	桂林市建筑设计研究院	建筑	甲级	161	3491.00
19	广西华锐钢铁工程设计咨询有限责任公司（原广西钢铁设计院）	冶金	甲级	112	3324.00
20	广西荣泰建筑设计有限责任公司	建筑	甲级	140	2410.69

广西勘察设计协会

Guangxi kancha sheji xiehui

一、协会概况

广西勘察设计协会成立于1986年7月，协会现有会员单位382家，顾涛任理事长，庞俊韬任秘书长。

广西勘察设计协会下设广西勘察设计协会勘察专业委员会。

协会宗旨：遵守宪法、法律、法规和国家政策，遵守社会道德风尚。贯彻执行国家勘察设计咨询业的有关法律、法规、方针、政策及有关规定；协助和配合政府主管部门加强勘察设计咨询业的管理；为会员单位服务，维护会员单位和勘察设计人员的合法权益，充分发挥会员和广大职工的积极性，推动勘察设计咨询事业的进一步发展，积极组织会员为社会提供服务，为广西的改革开放、经济建设的发展贡献力量。

二、协会2010年度主要工作

(一) 全面质量管理

根据中国勘察设计协会的工作部署，协会认真做好每年度广西工程建设(勘察设计)优秀QC小组的评选工作。全区勘察设计行业的优秀QC小组评比工作在每年4月份展开，协会邀请勘察设计质量管理的专家组成评选委员会，对各单位申报的QC小组进行认真评选。召开优秀QC小组成果发布会，评出广西工程建设(勘察设计)优秀QC小组奖项，并择优推荐7~9个优秀QC小组参加国家工程设计(勘察设计)优秀QC小组的评选。2010年，我协会组织评选出广西工程建设(勘察设计)优秀QC小组一等奖9个，二等奖9个，并择优推荐了9个优秀QC小组参加2010年度国家工程设计(勘察设计)优秀QC小组的评选。

(二) 诚信评估、行业自律

诚信是勘察设计企业立身之本，加强行业自律和诚信体系建设，开展诚信评估工作，对于提升企业核心竞争力、提高企业的社会信誉、树立良好的企业形象、促进企业的可持续发展有着独特的作用，有利于规范企业行为，维护市场秩序，促进行业健康发展。

2007年，中国勘察设计协会为推动全国工程勘察设计行业的诚信建设，率先在工程勘察行业开展诚信评估工作。根据中国勘察设计协会相关文件精神，广西勘察设计协会认真做好广西工程勘察与岩土行业“诚信单位”评估工作和复审工作。按照中国勘察设计协会开展诚信评估活动的要求，协会组织同

业专家对申请诚信评估的广西工程勘察设计单位，依据《全国工程勘察设计单位诚信评估办法》及《全国工程勘察设计单位诚信评估评分细则》进行初评，并将初评结果上报中国勘察设计协会。2007年，我区有26家工程勘察与岩土行业勘察设计单位申报诚信单位，经广西勘察设计协会组织有关领导和专家初审、推荐，并经中国勘察设计协会综合评审，我区有9家单位荣获全国工程勘察与岩土行业第一批“诚信单位”称号。2009年11月，根据中国勘察设计协会要求，我会组织专家对我区荣获全国工程勘察与岩土行业第一批“诚信单位”称号的9家企业进行复核，对申报第二批工程勘察与岩土行业“诚信单位”的6家企业进行初审，并将复核和初审结果上报中国勘察设计协会，经中国勘察设计协会综合评审，我区有4家单位荣获全国工程勘察与岩土行业第二批“诚信单位”称号。

(三) 会刊工作

协会会刊是协会加强信息交流和做好信息服务的主要工作，对于宣传贯彻国家对勘察设计咨询工作的方针政策、法律法规，沟通行业信息都具有积极的意义。为进一步弘扬“科学发展和改革”的理念，适应勘察设计领域蓬勃发展的需要，更好地为广西建设事业服务，为企业服务，协会注意多方收集资料，积极联系会员单位组织稿件，扩大信息量，提高刊物质量，确保按时出刊，每年均出版四期《广西勘察设计》杂志，除选登政府文件、领导讲话外，主要刊登交流勘察设计经验的论文和一些主题文章，为扩大行业影响起到了积极作用。

(四) 重大活动

2010年12月3日，广西勘察设计协会第五次会员代表大会在南宁市召开，大会选举产生了广西勘察设计协会第五届理事会、常务理事会和协会领导机构并审议通过了《广西勘察设计协会2007年10月1日~2010年10月30日财务执行情况报告》《关于修改广西勘察设计协会章程部分条款的说明》《关于调整广西勘察设计协会会费标准的建议》。

广西勘察设计协会
地址：广西南宁市金湖路 58 号，广西建设大厦 24 楼 2401 房
邮编：530028
电话：0771-2260230

海南省行业综述

海南省2010年统计数据汇总项目表

企业资质情况（个）	从业人员情况（人）	财务情况（亿元）	科技活动情况
企业总数 89	从业人员合计 6363	营业收入合计 23.17	活动费用支出总额（亿元）0.06
工程勘察企业数 12 其中：甲级 7 乙级 5	技术人员合计 4523 其中：高级 1200 中级 1739	工程勘察收入合计 2.75 其中：境外勘察收入 0	成果转让收入总额（亿元）0
工程设计企业数 57 其中：甲级 24 乙级 19	建筑师合计 171 其中：一级 123 二级 48	工程设计收入合计 8.14 其中：境外工程设计收入 0	企业累计拥有专利（项）0
专项合计企业数 17 其中：甲级 8 乙级 9	结构工程师合计 156 其中：一级 138 二级 18	管理服务收入合计 0.71 其中：境外管理服务收入 0	累计拥有专有技术（项）1
设计施工一体化企业数 2	建造工程师合计 118 其中：一级 51 二级 67	工程承包收入合计 9.35 其中：境外工程承包收入 0	获国家级、省部级奖（项）12 其中：国家级（项）6
其他企业数 1			
综合资质企业数 0	注册岩土工程师合计 47	其他收入合计 2.22 其中：境外其他收入 0	参编国家、行业、地方技术标准（项）0 其中：国家级（项）0
内资企业数 88	注册城市规划师合计 42		
港澳台商企业数 1	注册造价工程师合计 54	营业成本合计 17.57	
外商投资企业数 0	注册监理工程师合计 76	人均营业收入 0.00364	

海南省勘察设计行业 2001 年—2010 年企业数发展图

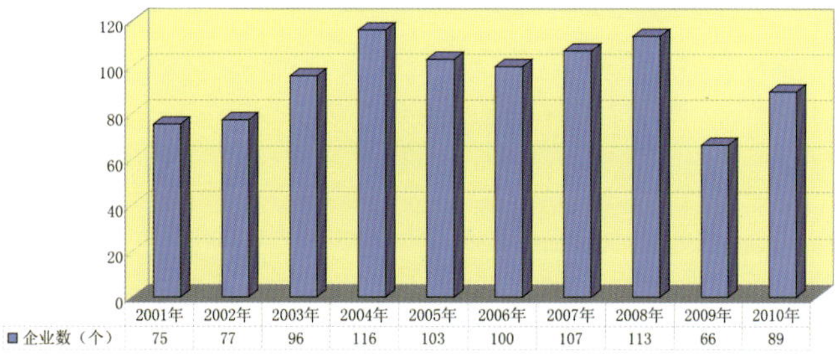

海南省勘察设计行业 2001 年—2010 年从业人数发展图

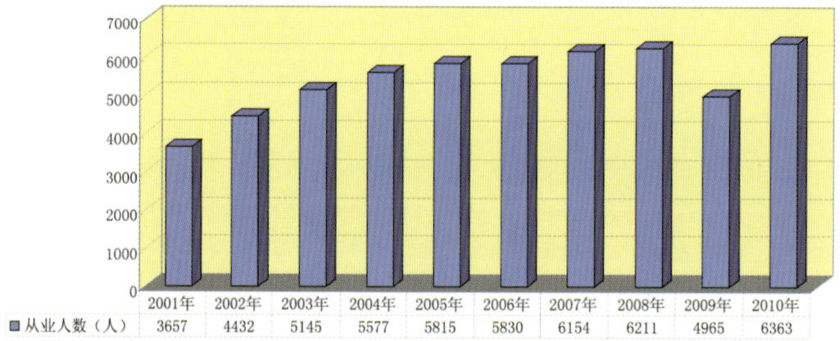

海南省勘察设计行业 2001 年—2010 年营业收入发展图

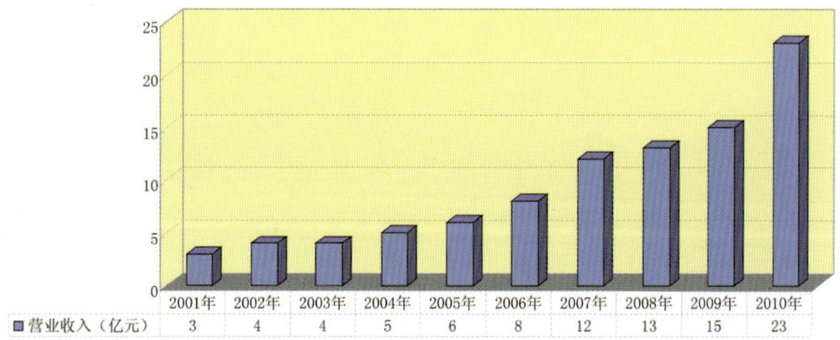

海南省勘察设计行业 2001 年—2010 年人均营业收入发展图

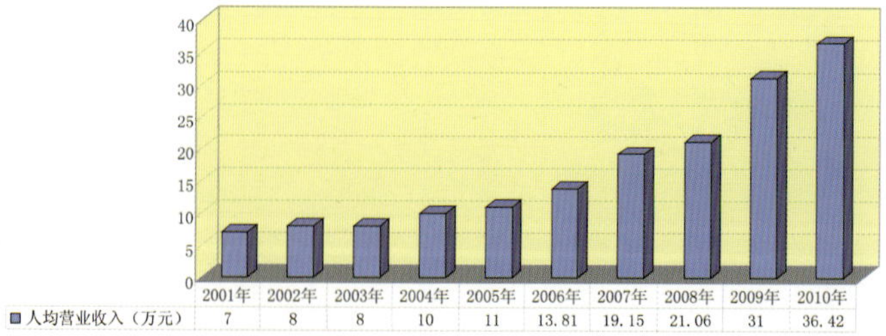

海南省勘察设计行业2010年度
企业营业收入前20名排序

排名	企业名称	勘察设计行业类别	企业资质等级	年末从业人员合计（人）	营业收入合计（万元）
1	海南华磊建筑设计咨询有限公司	建筑	甲级	165	8394.00
2	海南元正建筑设计咨询有限责任公司	建筑	甲级	287	8282.00
3	海南南方建筑设计有限公司	建筑	甲级	161	5485.60
4	海口市城市规划设计研究院	建筑	甲级	210	5404.00
5	海南省公路勘察设计院	公路	甲级	103	3989.00
6	海南省水利电力建筑勘测设计院	水利	甲级	255	3960.45
7	雅克设计有限公司	建筑	甲级	118	3453.49
8	海南有色工程勘察设计院	勘察综合类	甲级	250	3363.61
9	海南省建筑设计院	建筑	甲级	167	3323.80
10	海南省农垦设计院	农林	甲级	135	2881.76
11	海南省海洋开发规划设计研究院	海洋	甲级	50	2685.00
12	海南水文地质工程地质勘察院	勘察综合类	甲级	201	2607.55
13	海南（上海）建筑设计研究院有限公司	建筑	甲级	68	2423.00
14	海口市市政工程设计研究院	市政	甲级	75	2392.84
15	海南泓景建筑设计有限公司	建筑	甲级	104	2245.00
16	海南柏森建筑设计有限公司	建筑	甲级	62	1849.00
17	中元国际工程设计研究院海南分院	建筑	甲级	97	1643.00
18	海南京创国际建筑设计研究有限公司	建筑	甲级	55	1588.00
19	北京市建筑设计研究院海南分院	建筑	甲级	26	1420.00
20	中信建筑设计（海南）研究院	建筑	甲级	42	1252.76

H 海南省勘察设计协会

Hainansheng kancha sheji xiehui

一、协会概况

海南省勘察设计协会成立于1989年8月。协会现有会员单位135家，罗华侬任理事长，练余勇任秘书长。

协会宗旨：遵循为会员单位服务、为行业服务、为政府服务的宗旨，以促进行业发展为主要任务，在团结会员单位遵守行规行约，维护会员单位的合法权益，协助政府进行行业管理，规范市场行为，推动技术进步，提高勘察设计质量等方面发挥积极作用。受省住房和城乡建设厅委托，协会组织和开展我省勘察设计单位的年检初审、年报统计、勘察设计质量检查、市场调查、设计评优、技术与信息交流、执业注册培训、发挥专家库专家的作用等。在政府与企业、会员单位中起到桥梁和纽带作用。

二、协会2010年度主要工作

(一) 勘察设计质量及市场管理

1. 质量管理

2010年，组织开展了工程勘察设计质量、建筑节能设计质量及市场行为检查。

本次抽检了工程勘察设计项目66项，其中建筑工程项目38项，勘察项目17项，市政11项(含风景园林)，涉及勘察设计单位71家。合格项目65项，不合格项目1项，合格率为98%。对质量管理未严格把关的6家单位进行了通报批评，对本次质量抽查不合格的单位(2家)，给予停业整顿6个月处分。印发了《2010年工程勘察设计质量、建筑节能设计质量及市场行为检查的通报》。

2. 市场管理

为了进一步规范建筑市场不良行为记录和信息公布活动，加强市场各方主体监管，推进社会信用体系建设，提高企业诚信经营意识，制定了《海南省建筑和房地产市场不良行为记录和公布办法(试行)》，其中对勘察设计单位不良行为记录制定了具体的认定标准约30项。

(二) 评优

根据中国勘察设计协会关于《开展全国工程勘察设计行业优秀民营设计企业和优秀民营企业家评选活动》的通知精神，经省勘协组织申报推荐，报中勘协评选，我省有5家企业荣获全国勘察设计行业优秀民营设计企业。同时获全国勘察设计行业优秀民营企业家荣誉称号的有5人。

为传承和弘扬黎族苗族特色建筑文化，探索具有黎、苗族特色和地域特色的住宅户型，发展黎、苗族乡村旅游，加快推动国际旅游岛建设，组织开展了首届黎、苗族住宅建筑设计方案竞赛活动。有20家设计单位申报了51个设计方案参赛，其中有31个方案分别获得一、二、三等奖和优秀奖(一等奖1个，二等奖4个，三等奖8个，优秀奖18个)。对10家设计单位和95名设计人员予以通报表彰，并将这些优秀设计方案编辑成图册15 000册，全部免费发放到各市县。其中部分有代表性的作品还编入了海南省建省20周年精品建筑集。

在我省开展的五指山黎峒文化园“黎祖殿”建筑方案设计竞赛活动中，有1家设计院获得二等奖。

(三) 建筑节能

2010年12月22日至25日，住房和城乡建设领域节能减排监督检查第四小组对我省省级及海口市、三亚市、陵水黎族自治县等相关县市的建筑节能、可再生能源城市(县)示范、城镇污水处理以及生活垃圾处理及城市照明等情况进行检查。

(四) 勘察设计行业专题调研

根据中国勘察设计协会《关于共同做好工程勘察设计行业专题调研工作的通知》(中设协字[2010]第43号)，省勘察设计协会组织有关工程勘察设计单位的专家及相关专业人员组成调研组，对我省贯彻节能减排，推进技术创新；发挥评优引导作用，推动技术进步，确保质量安全；企业结构调整，实施“走出去”战略，强化自律机制，维护市场秩序等问题进行了专题调研。提出了2011年至2015年的工作思路和目标，以及全行业发展与改革的意见与建议。通过收集和整理形成了《海南省勘察设计行业专题调研报告》。

调研期间，分别召开了座谈会10余次，印发调查问卷约50份。

(五) 重大活动

2010年，海南省住房和城乡建设厅副厅长陈孝京与美国能源基金会中国可持续项目能源项目副主任张瑞英作为双方代表，在海口签署了《美国能源基金会与海南省住房和城乡建设厅关于建设绿色建筑示范省合作备忘录》，旨在联手打造海南绿色建筑示范省。

5月6日，海南省住房和城乡建设厅与中国建筑科学研究院携手，在海口市签署《战略合作协议》，省住房和城乡建设厅厅长李建飞、中国建筑科学研究院院长王浚代表双方签字。

11月4日，由省住房和城乡建设厅、省科技厅联合举办的“海南省2010年绿色建筑与建筑节能新技术新产品博览会”在海口会展中心开幕。

(六) 组织救灾活动

2010年10月初，我省遭受60年不遇的大水灾，强降雨导致城镇积涝、村庄受淹、房屋倒塌、山体滑坡、道路积水、交通中断等灾害，致使16个市县、202个乡镇(街道)受灾，受灾面积超过90%，受灾人口273.88万，直接经济损失约91.4亿元。灾害发生后省住房和城乡建设厅、省勘察设计协会迅速组织我省勘察设计企业开展捐款赈灾。2天时间捐善款达200多万元，其中捐款10万元以上的勘察设计企业有12家。

印发了《关于开展汛期水浸区域房屋安全隐患排查工作的通知》《关于水浸区域房屋回迁使用注意事项的通知》及《关于汛期水浸区域房屋加固重建指导意见的通知》；组织编制了《2010年海南省农村灾后重建房屋设计方案》图集，免费发放到各受灾市县，以满足受灾村庄房屋重建的迫切需要。该《方案》共收录了30个农村住宅建筑设计方案。

海南省勘察设计协会
地址：海南省海口市琼苑路省政府住宅南区 24 栋 304 室
邮编：570002
电话：0898-65318730 65390492
邮箱：hikcsj@sina.com
网址：www.hikcsj.org

重庆市行业综述

重庆市2010年统计数据汇总项目表

企业资质情况（个）	从业人员情况（人）	财务情况（亿元）	科技活动情况
企业总数 265	从业人员合计 25403	营业收入合计 199.12	活动费用支出总额 （亿元）5.84
工程勘察企业数 21 其中：甲级 13 乙级 6	技术人员合计 19467 其中：高级 5546 中级 8070	工程勘察收入合计 9.94 其中：境外工程勘察收入 0.02	成果转让收入总额 （亿元）0.01
工程设计企业数 163 其中：甲级 50 乙级 48	建筑师合计 733 其中：一级 344 二级 389	工程设计收入合计 38.86 其中：境外工程设计收入 0.21	企业累计拥有专利 （项）786
专项合计企业数 77 其中：甲级 27 乙级 43	结构工程师合计 602 其中：一级 505 二级 97	管理服务收入合计 6.72 其中：境外管理服务收入 0.002	累计拥有专有技术 （项）700
设计施工一体化企业数 4	建造工程师合计 494 其中：一级 328 二级 166	工程承包收入合计 129.72 其中：境外工程承包收入 0.92	获国家级、省部级奖 （项）211 其中：国家级（项）22
其他企业数 0			
综合资质企业数 1	注册岩土工程师合计 170	其他收入合计 13.88 其中：境外其他收入 0	参编国家、行业、地方 技术标准（项）113 其中：国家级（项）25
内资企业数 262	注册城市规划师合计 34		
港澳台商企业数 0	注册造价工程师合计 158	营业成本合计 164.68	
外商投资企业数 3	注册监理工程师合计 302	人均营业收入 0.00784	

重庆市勘察设计行业 2001 年—2010 年企业数发展图

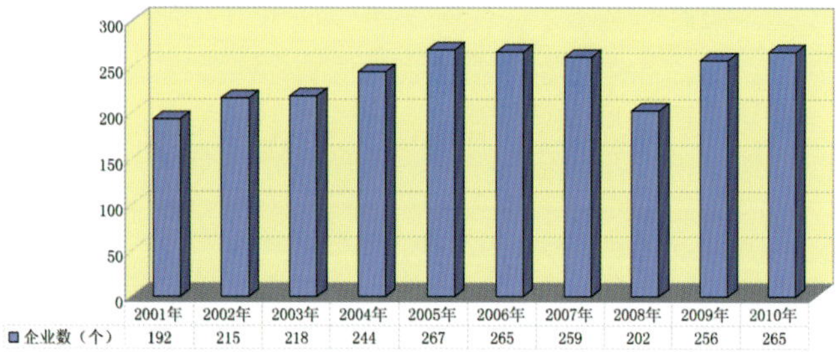

重庆市勘察设计行业 2001 年—2010 年从业人数发展图

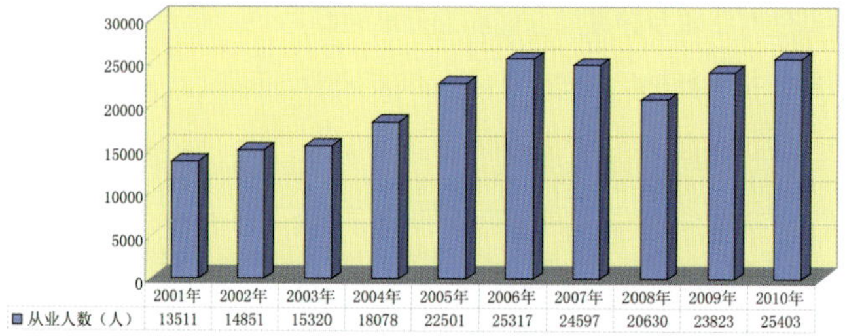

重庆市勘察设计行业 2001 年—2010 年营业收入发展图

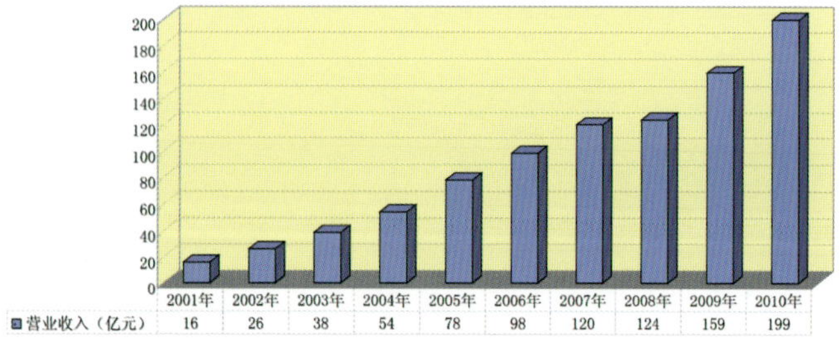

重庆市勘察设计行业 2001 年—2010 年人均营业收入发展图

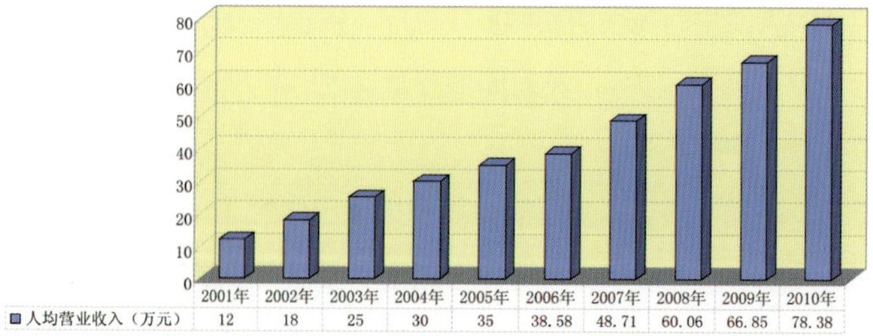

重庆市勘察设计行业2010年度
企业营业收入前20名排序

排名	企业名称	勘察设计行业类别	企业资质等级	年末从业人员合计（人）	营业收入合计（万元）
1	中冶赛迪工程技术股份有限公司	工程设计综合资质	甲级	4121	853534.51
2	招商局重庆交通科研设计院有限公司	公路	甲级	519	139487.00
3	机械工业第三设计研究院	机械	甲级	1227	93337.45
4	中煤国际工程集团重庆设计研究院	煤炭	甲级	1162	58036.00
5	重庆市设计院	建筑	甲级	709	50239.41
6	重庆市勘测院	勘察综合类	甲级	265	21784.06
7	重庆钢铁集团设计院	冶金	甲级	157	20252.00
8	林同棪国际工程咨询（中国）有限公司	市政	甲级	441	19060.00
9	重庆同乘工程咨询设计有限责任公司	机械	甲级	182	15183.00
10	重庆市交通规划勘察设计院	公路	甲级	169	14166.00
11	重庆南江地质工程勘察院	勘察综合类	甲级	182	11790.79
12	重庆市市政设计研究院	市政	甲级	287	10062.00
13	重庆电力设计院	电力	甲级	92	9104.60
14	重庆中设工程设计有限公司	市政	甲级	138	8444.42
15	重庆市轨道交通设计研究院有限责任公司	市政	甲级	194	7769.59
16	重庆大学建筑设计研究院	建筑	甲级	199	7659.00
17	重庆市水利电力建筑勘测设计研究院	水利	甲级	377	7473.46
18	重庆川东南地质工程勘察院	勘察综合类	甲级	210	6519.69
19	重庆卓创国际工程设计有限公司	建筑	甲级	121	6288.20
20	重庆市电信规划设计院有限公司	电子通信广电	甲级	180	5425.00

C 重庆市勘察设计协会

hongqingshi kancha sheji xiehui

一、协会概况

重庆市勘察设计协会成立于1992年3月，协会现有会员单位350家，宋文学任理事长，唐晓智任秘书长。

重庆市勘察设计协会下设2个分会（建筑设计分会、工程勘察与岩土分会），2个自律委员会（施工图审查自律委员会、工程勘察市场自律委员会），3个工作委员会（交流培训工作委员会、市场质量工作委员会、信息化工作委员会）。

协会宗旨：服务会员，成就行业。

协会理念：敬业、协作、高效、责任。

协会愿景：创全国一流，建百年协会。

二、协会2010年度主要工作

2010年，重庆市勘察设计协会的工作较往年呈现出较大的特点，在加强自身建设，拓展为行业、会员服务等方面开展了大量卓有成效的工作，取得了可喜的成绩。因此，经市城乡建设委员会推荐，被重庆市民政局评为“全市性先进行业协会”，受到通报表彰。

(一) 持续不断加强自身建设

1. 举行会员代表大会，选举产生新的领导班子

2010年初，协会召开了第三次会员代表大会，市城乡建设委员会、中国勘察设计协会、各区县建委和会员代表共300余人出席了大会。大会选举了第三届理事会，产生了新一届领导班子，为协会的持续发展奠定了最重要的组织基础。

2. 调整协会的组织架构，推动协会内部各项工作的有效开展

首先，对协会秘书处的工作职能进行了梳理，调整了工作部门的设置，明确划分了各部门的职责范围，形成了秘书处新的分工格局。

2010年6月，召开了三届二次理事会暨三届一次理事长会议，决定了协会的法定代表人和分会换届及工作委员会改组计划。

在第四季度，召开了工程勘察与岩土分会第一次会员代表大会，完成了岩土分会的换届工作；还召开了协会工作委员会改组工作会议，将原设的4个工作委员会改组为市场质量、交流培训和行业信息化等3个工作委员会。

(二) 继续发挥作用，做好政府助手

1. 初步设计技术审查工作

截至2010年2月，我会承担了61项(其中，5项为重新申报)市管建设工程初步设计技术性审查相关工作，在新申报的56项中，房建项目40项，市政项目16项。8项工程一次性通过，占14.3%，48项工程修改通过，占85.7%。

2. 施工图备案管理工作

2010年，施工图备案登记项目共330余个，对15家主城施工图审查机构监章共计2 376项(其中，房建项目1 711项、市政项目265项、装饰项目268项、边坡项目132项)，共提审查意见74 264条，回复74 264条；违反强条4 445条，违强率约5.99%。在做好施工图审查备案管理的日常工作外，协会还组织了动态抽查。受检项目59个，涉及审查机构14家，设计单位59家。

3. 资质初审工作

2010年，协会共完成4批次300余家单位的资质核定、升级、增项、延续的初审工作；进行了2批近30家单位的资质培训工作。

4. 编制出台《重庆市主城区主干道设计收费指导意见》

为了进一步规范重庆市主城区主干道环境综合改造设计收费，受市城乡建设委员会的委托，协会组织专家编制出台了《重庆市主城区主干道设计收费指导意见》。

(三) 加大工作力度，助推行业发展

1. 改进工作手段，扩大对外宣传

2010年，对《重庆勘察设计》(双月刊)进行了改版和栏目调整工作。在市新闻出版局进行的评比工作中，《重庆勘察设计》被评为我市100家优秀连续

性内部资料。

2010年，还进行了协会网站的改版。新网站拥有完善的信息发布功能，同时，集合了会员管理系统、在线考试系统、统计报表系统，能为行业及会员提供更全面的服务。

2. 开展多项工作，强化质量意识

(1) 评优评先工作

2010年7月，启动2010年度优秀勘察设计项目评选工作，12月正式结束。本次评选共有71个申报项目，共评选出优秀勘察设计项目56项，其中一等奖9项、二等奖14项、三等奖23项。

(2) 诚信评估工作

在开展诚信评估工作方面，根据中勘协的统一部署，开展了建筑设计行业的诚信评估工作，经协会组织专家评审后，向中国勘察设计协会上报了7家单位参加全国评选。

(3) 技术咨询工作

根据区县建设行政主管部门、业主单位的需求，利用行业协会的平台优势，积极组织专家开展了技术咨询服务工作。2010年共召开18次技术咨询、审查会，为区县建设发挥了积极作用。

(4) 技术文件编制工作

为帮助会员单位更好地开展设计工作，组织专家编制、审查了《重庆市建设工程审查要点》《消防设计审查要点》和《设计文件编制深度规定》等技术文件。

3. 积极组织交流培训，增强行业发展后劲

(1) 进行了三期550人的注册建筑师继续教育、培训和网上考试。

(2) 进行了4个专业309人的施工图审查人员继续教育、培训和网上考试。

(3) 分3期完成了4个专业1 018人的建筑节能培训工作。

(4) 协助市城乡建设委员会节能处组织了全市工程设计行业节能考试，完成了共2次2 130人的考试、阅卷工作。

(5) 注册师资格考试报名：协助重庆市勘察设计注册工程师管理委员会办公室完成了17个专业的基础与专业考试报名工作，共审查注册建筑师报名人员1 313人、结构、岩土等其他专业报名人员4 650人。

(6) 2010年，首次开展了重庆市勘察设计行业新员工入行培训工作，组织了1期共219人参加培训。

(7) 2010年，组织了1期2个班730人的“抗震新规范宣贯会”、105人参加的“空心楼板技术交流研讨会”和80人参加的“高层建筑结构计算中疑难问题及其处理办法研讨会”。还组织了会员单位人员参观考察上海世博会，共4批84人参加。

4. 大力推动行业信息化建设

(1) 2010年4月份，就行业信息化工作情况进行了全行业的摸底调查。

(2) 2010年4月28日，联合北京天正公司、重庆浩软公司举行了“二/三维一体协同设计解决方案技术研讨会暨天正全系列软件协同设计研讨会”，约80人参会。

(3) 2010年5月25日，联合深圳斯维尔公司、重庆斯戈公司举办了“斯维尔绿色建筑设计BIM系列软件展示会”，约100人参会。

(4) 2010年12月21日，召开了行业信息化工作委员会年终总结会，商讨2011年度委员会工作规划。

(四) 成功承办“2010年全国工程勘察设计行业发展研讨交流汇报会”

受中国勘察设计协会的委托，在渝成功承办了“2010年全国工程勘察设计行业发展研讨交流汇报会”，来自全国勘察设计行业的代表近180人参加了本次会议。

重庆市勘察设计协会

地址：重庆市渝北区红金街 2 号总商会大厦 12 楼
邮编：401147
电话：023－67524496 67522131(传真)
邮箱：cqcksx@126.com
网址：www.cksx.org

四川省行业综述

四川省2010年统计数据汇总项目表

企业资质情况（个）	从业人员情况（人）	财务情况（亿元）	科技活动情况
企业总数 548	从业人员合计 63899	营业收入合计 394.62	活动费用支出总额 （亿元）12.07
工程勘察企业数 77 其中：甲级 31 乙级 35	技术人员合计 41833 其中：高级 11462 中级 16952	工程勘察收入合计 51.13 其中：境外工程勘察收入 4.89	成果转让收入总额 （亿元）6.03
工程设计企业数 368 其中：甲级 85 乙级 133	建筑师合计 1571 其中：一级 652 二级 919	工程设计收入合计 102.72 其中：境外工程设计收入 6.18	企业累计拥有专利 （项）718
专项合计企业数 102 其中：甲级 30 乙级 66	结构工程师合计 1345 其中：一级 1012 二级 333	管理服务收入合计 17.36 其中：境外管理服务收入 0.98	累计拥有专有技术 （项）425
设计施工一体化企业数 0	建造工程师合计 1227 其中：一级 633 二级 594	工程承包收入合计 171.14 其中：境外工程承包收入 17.46	获国家级、省部级奖 （项）628 其中：国家级（项）115
其他企业数 1			
综合资质企业数 5	注册岩土工程师合计 351	其他收入合计 52.27 其中：境外其他收入 0.04	参编国家、行业、地方 技术标准（项）218 其中：国家级（项）75
内资企业数 547	注册城市规划师合计 103		
港澳台商企业数 0	注册造价工程师合计 465	营业成本合计 316.98	
外商投资企业数 1	注册监理工程师合计 843	人均营业收入：0.00618	

四川省勘察设计行业 2001 年—2010 年企业数发展图

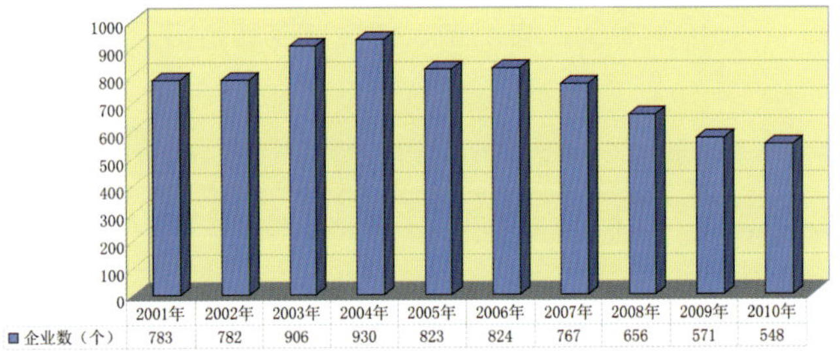

四川省勘察设计行业 2001 年—2010 年从业人数发展图

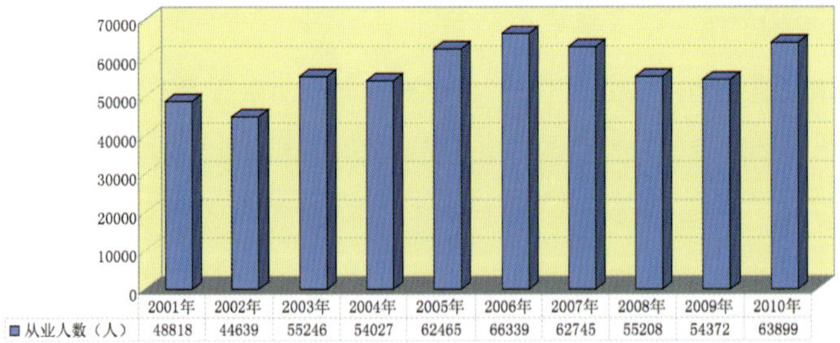

四川省勘察设计行业 2001 年—2010 年营业收入发展图

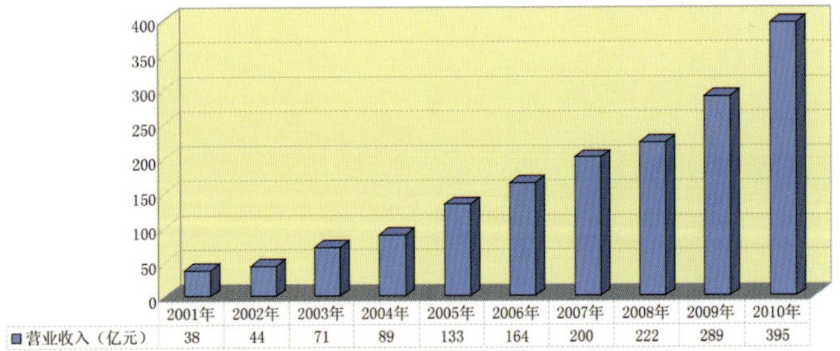

四川省勘察设计行业 2001 年—2010 年人均营业收入发展图

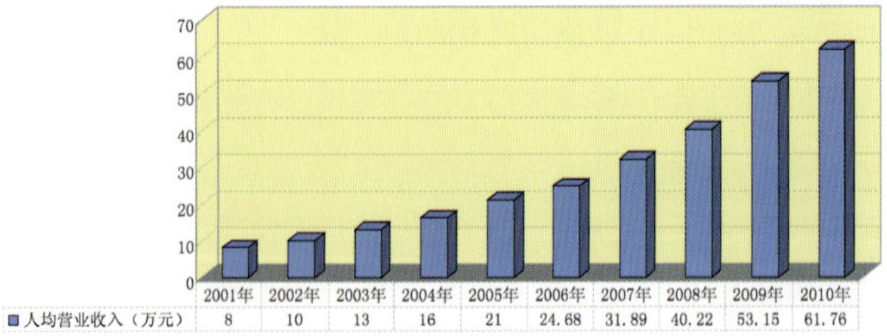

四川省勘察设计行业2010年度
企业营业收入前20名排序

排名	企业名称	勘察设计行业类别	企业资质等级	年末从业人员合计（人）	营业收入合计（万元）
1	中铁二院工程集团有限责任公司	工程设计综合资质	甲级	6147	579647.00
2	中国成达工程有限公司	工程设计综合资质	甲级	1280	546955.00
3	信息产业电子第十一设计研究院科技工程股份有限公司	工程设计综合资质	甲级	1404	296332.00
4	中国水电顾问集团成都勘测设计研究院	工程设计综合资质	甲级	1695	237267.00
5	中国核动力研究设计院	核工业	甲级	4612	208340.00
6	成都建筑材料工业设计研究院有限公司	建材	甲级	848	135325.44
7	中国建筑西南设计研究院有限公司	建筑	甲级	1915	128700.00
8	攀枝花攀钢集团设计研究院有限公司	冶金	甲级	311	93487.75
9	中国电力工程顾问集团西南电力设计院	工程设计综合资质	甲级	1246	92653.61
10	四川电力设计咨询有限责任公司	电力	甲级	464	56895.00
11	四川省建筑设计院	建筑	甲级	801	44155.00
12	四川省蜀通岩土工程公司	勘察综合类	甲级	428	43509.90
13	中橡集团炭黑工业研究设计院	化工石化医药	甲级	458	32746.00
14	中铁二院成都勘察设计研究院有限责任公司	铁道	甲级	258	31841.00
15	四川天一科技股份有限公司	化工石化医药	甲级	354	31584.55
16	中冶成都勘察研究总院有限公司	勘察综合类	甲级	357	28766.00
17	四川通信科研规划设计有限责任公司	电子通信广电	甲级	817	28319.00
18	中机工程勘察设计研究院	勘察综合类	甲级	395	25583.93
19	核工业西南勘察设计研究院有限公司	勘察综合类	甲级	495	20096.04
20	四川省水利水电勘测设计研究院	水利	甲级	1121	18430.53

四川省勘察设计协会

Sichuansheng kancha sheji xiehui

一、协会概况

四川省勘察设计协会成立于1986年10月，协会现有会员单位345家，赵振元任理事长，蔡立鸿任秘书长。

四川省勘察设计协会下设机构有：工程勘察分会、抗震防灾分会、市州工作委员会、工程总承包工作委员会、企业文化工作委员会、工程技术专业委员会、计算机应用专业委员会、工程设计智能专业委员会、建筑装饰装修设计专业委员会。

协会宗旨：提供优质服务，反映合理诉求，遵守宪法、法律、法规和国家政策，执行行规、行约，遵守社会道德风尚，在政府和会员之间发挥桥梁和纽带作用，促进四川省勘察设计咨询行业持续健康的发展。

二、协会2010年度主要工作

(一) 开展行业评优荐优，促进行业管理及技术水平提升

1. 做好四川省第三批工程勘察设计大师评选

根据《四川省住房和城乡建设厅关于开展第三批四川工程勘察设计大师评选工作的通知》要求，按照《四川工程勘察设计大师评选办法》规定的程序，协会提出了"大师评选领导小组成员建议名单"及"大师评选专家组成员建议名单"，提出"第三批四川工程勘察设计大师提名名单"，组织专家评审并收集公示意见。四川省第三批工程勘察设计行业的专家共27位获此殊荣。

2. 做好各类优秀项目评选

2010年8月，协会共组织专家40人次，分三批对上海、浙江、河北、辽宁、山东、广东等6省市上报参加我省"四优"评选的172项援建项目进行了评审，选出一等奖22项，二等奖42项，三等奖57项，表扬奖39项。并对获奖单位及个人颁发了奖牌和个人证书。受省住房和城乡建设厅委托，协会分别下发了《四川省住房和城乡建设厅关于成立2010年度四川省"四优"评选委员会的通知》和《四川省住房和城乡建设厅关于开展2010年度四川省工程勘察设计"四优"评选活动的通知》，组织了56名专家分6个专业组对省内企业申报的246项申报项目进行了评审，经专家组初评、上网公示，省住房和城乡建设厅审批，评选出一等奖43项，二等奖58项，三等奖70项，表扬奖28项。

根据中国勘察设计协会《关于申报、评选2010年度国家工程建设(勘察设计)优秀QC小组的通知》要求，协会下发了《关于开展2010年度四川省工程建设(勘察设计)优秀QC小组评选工作的通知》，并委托协会工程技术专业委员会组织专家对申报的18个QC小组进行了评审，评出四川省优秀QC小组一等奖7个，二等奖6个，三等奖5个，同时向中国勘察设计协会推荐了7个优秀QC小组，申报参加全国优秀QC小组评选。

积极配合建筑业协会开展我省建筑企业申报鲁班工程奖的评选，协会组织专家对申报项目的工程设计进行了评选，共评选出"四川大学双流校区行政及教学楼工程"等9个优秀工程设计项目。

协会组织专家开展了我省新农村农房设计评优活动，参评的800多个设计方案中，评出优秀方案一等奖8项，二等奖20项，三等奖32项。

根据《住房城乡建设厅关于组织开展彝区农房设计方案竞赛活动的通知》要求，协会及时向有关设计单位征集设计方案，并前往西昌、乐山传达省委、省住房和城乡建设厅的有关指示精神，讲解竞赛的有关要求，指导设计方案制作。申报的97个方案经专家评审，省住房和城乡建设厅审定，评出一等奖1项，二等奖3项，三等奖5项，表扬奖21项，同时将入选方案编辑、印刷成《四川省彝区新农村建设农房设计方案图集》共计3 000册，免费向设计单位发放。

3. 做好全国优秀民营企业评选推荐工作

积极推荐我省民营勘察设计企业参加全国优秀民营勘察设计企业评选，经协会推荐的四川众恒建筑设计有限公司、四川海辰工程设计研究有限公司、成都基准方中建筑设计事务所全部获得全国优秀民营勘察设计企业称号。

4. 做好全国信息化先进单位推荐工作

按照中国勘察设计协会《关于推荐工程勘察设计行业实施信息化建设先进单位的通知》要求，协会向中国勘察设计协会推荐了中国成达工程有限公司、中国中铁二院工程集团有限责任公司、中国电力工程顾问集团西南电力设计院、成都建筑材料工业设计研究有限公司4家单位，4家单位全部荣获"全国工程勘察设计行业实施信息化建设先进单位"。

(二) 大力推进诚信建设，加强行业自律，维护勘察设计市场秩序

1. 做好全国建筑设计行业诚信评估初评工作

按照中国勘察设计协会《关于转发<关于在全国建筑设计行业开展诚信评估工作的通知>的通知》《关于转发<关于在全国建筑设计行业开展诚信评估填表的说明>的通知》要求，组织专家对26家设计单位的申报材料进行了初评。同时，指导申报单位做好申报工作。

2. 开展省外入川备案勘察设计企业市场秩序的监督检查

受省住房和城乡建设厅委托，我协会按照《四川省住房和城乡建设厅关于开展四川省勘察设计行业市场秩序监督检查的通知》要求，在企业自查的基础上，对部分省外入川从业的勘察设计企业进行了实地检查。检查结果为：符合要求的企业9家，自行整改的企业29家，限期整改并通报的企业40家。

(三) 搭建学习交流平台，不断提高从业人员素质

1. 积极开展全省注册人员继续教育选修课培训

2010年上半年，协会培训全省注册结构工程师共1 520人，培训全省注册建筑师共1 869人。

2. 举办技术规范培训，帮助工程技术人员及时、全面、系统地掌握最新规范和标准

2010年4月，受省住房和城乡建设厅委托，我协会与日本国际协力机构(JICA)联合举办了“中日建筑抗震技术人员培训项目国内技术人员培训班”。

2010年11月，协会举办了《建筑抗震设计规范》(GB 50011—2010)宣贯培训会及免费为会员单位举办了《夏热冬冷地区居住建筑节能设计标准》(JGJ134—2010)暨建筑设计节能培训班。

3. 举办各类研讨会、座谈会，满足会员单位的不同需求

2010年1月，协会和四川省版权局共同举办了“四川省工程勘察设计建筑作品版权保护座谈会”。

2010年5月，协会计算机应用专业委员会在中国成达公司组织召开了“勘察设计企业信息化建设研讨会及现场经验交流会”，全省50余家设计单位70多名信息化负责人参加会议。

2010年11月，协会计算机应用专业委员会组织会员单位在成都召开了“虚拟化技术研讨会”。本研讨会旨在为推动勘察设计行业的信息化应用发展，分享行业内信息化的成功经验。

(四) 开展行业调研，反映会员诉求，提出发展建议

1. 做好行业基础调研，反映会员合理诉求

协会勘察分会利用2010年3月召开五届三次理事会，就我省勘察行业的现状同建设行政主管部门领导进行了面对面的沟通交流，分会理事长就我省勘察行业的诚信建设、技术进步、人才培养、质量安全以及市场监管提出了意见和建议。

2. 做好专题调研，为政府决策提供保障

一是根据中国勘察设计协会部署，积极做好“工程勘察设计单位专题调研”工作；二是积极配合天强公司做好住房和城乡建设部委托的全国工程勘察设计行业调研工作；三是积极配合省住房和城乡建设厅上报西部大开发10周年我省勘察设计行业相关素材；四是按照省住房和城乡建设厅关于印发《四川省建设事业“十二五”规划编制工作方案》的通知精神，协会对“十一五”期间勘察设计行业的情况进行了收集、汇总和整理，提供了部分基础性资料，同时对“十二五”规划(勘察设计部分)的编制提出了意见和建议；五是受省住房和城乡建设厅委托，协会组织专家对78家入川备案的勘察设计企业实施了检查并向省住房和城乡建设厅提交了“省外入川备案勘察设计企业监督检查情况总结报告”。

(五) 努力为行业健康发展做好宣传工作

1. 办好简讯和期刊

为了充分展示企业风采，加大对企业的宣传，加强协会和会员单位的联系，2010年特别增设了《四川勘察设计简讯》。

2. 通过各种途径做好信息传递工作

协会利用自己的网站、刊物、qq群等各种手段及时发布国家相关政策法规、文件通知、行业动态、协会工作等，及时转载或发布会员单位的各项获奖情况、经营情况、专利情况等。

(六) 积极协助政府主管部门工作，努力完成其委托的各项任务

1. 做好全省注册人员的基础管理

2010年共接收、初审、录入、上报勘察设计行业的注册建筑、结构、岩土、公用设备、电气、化工等注册人员的注册资料3 649份，联系刻制注册章和出图章4 310枚，发出注册章和出图章3 761枚。

2. 协助省住房和城乡建设厅设计处完成企业年(季)报工作

完成2010年勘察设计企业和施工图审查机构统计年报；完成2010年勘察设计企业一、二、三季度季报统计工作。

四川省勘察设计协会

地址：四川省成都市人民南路四段 36 号省住建厅办公楼 301—310 室
邮编：610041
电话：028-85565955
邮箱：sckcsjorg@sina.com
网址：www.sckcsj.org/

Company profile 公司简介

信息产业电子第十一设计研究院科技工程股份有限公司（EDRI）（以下简称“公司”）是国内著名的高科技工程设计院，是国内最大的集成电路工程设计院，也是国内率先整体改制的大型设计院。公司以工程设计、咨询、总承包为主业，是国内百强设计院之一，也是中国电子信息产业集团有限公司的控股公司。公司拥有电子通信广电行业电子工程类、建筑行业建筑工程、化工石化医药行业、市政公用行业、军工行业甲级设计证书和工程造价咨询、工程监理、环境影响评价甲级证书以及电子通信广电行业通信工程类、广电类、农林行业畜牧工程（疫苗制品厂）、机械行业、轻纺行业、市政公用行业的乙级设计证书。此外还拥有压力管道和环境污染防治工程的设计甲级证书。2008 年 9 月，公司获得国家颁发的工程设计综合甲级资质，横跨 21 个行业。2009 年 4 月，公司获得国家颁发的房屋建筑工程施工总承包一级资质。公司先后承担了设计、咨询、监理、总承包工程近 2600 多项，对大规模集成电路、新型显示器件、生物制品、新能源（多晶硅与光伏产业）、高科技工程等高新技术产品生产环境所需要的大面积、高级别净化空调系统、高纯工业气体系统、超纯水系统、化学品系统、自动控制系统、数据通信系统以及防静电、防微振、电磁环境污染控制等方面的设计具有独特的专长。公司主营业务是电子高科技工程、新能源工程、生物工程、综合业务、建筑业务、传统化工等六大业务板块。EDRI 自 1978 年以来获优秀设计、科技进步奖 197 项，其中国家级奖励 40 项，部省级奖励 157 项。

公司与美国 IDC、德国 M+W、荷兰 DHV 、法国 TPT、TECHNIP、中国台湾亚翔、日本大气社、大林组、竹中工务店、鹿岛建设、清水建设、三菱化学、韩国 SAMSUNG、LG、中国成达、成都建材等国际著名工程公司保持良好的合作关系，并为国内外著名公司提供了优质服务。

公司总部设在成都，在无锡、苏州、南京、杭州、洛阳、合肥、南通、上海、武汉、深圳、厦门、重庆、西安、西宁、山西、大连、沈阳、长春、北京、济南、天津、呼和浩特、绵阳、昆明等设有二十四个分院，竭诚就近为顾客服务。公司拥有国家级设计大师 3 名、四川省设计大师 3 名、享受政府特殊津贴专家 24 人、教授级高工 11 名领衔的由 300 多名注册工程师为主体的技术队伍。公司通过了质量管理体系、环境管理体系和职业健康安全管理体系认证。

拟建总部大楼 >>>

国电内蒙古晶阳能源有限公司年产 3000 吨多晶硅项目

苏州阿特斯阳光电力有限公司新建项目

英特尔半导体（大连）有限公司 Fab68 项目（12 英寸芯片生产线）

南京中电熊猫液晶显示器件科技有限公司
第六代 TFT-LCD 建设项目

无锡尚德太阳能有限公司一期项目

成都市勘察设计协会

Chengdushi kancha sheji xiehui

一、协会概况

成都市勘察设计协会成立于1993年12月，协会现有会员单位276家，汪必忍任理事长，梁晋渝任秘书长。

成都市勘察设计协会下设机构有：行业自律及经营专委会、工程质量管理专委会、建筑设计及装饰专委会、工程勘察专委会、水利水电专委会、建筑工程智能专委会、市政工程专委会。

协会宗旨：遵纪守法，提供服务，反映诉求，规范行为。

二、协会2010年度主要工作

协会在2010年各项工作中认真贯彻和实践科学发展观，坚持服务宗旨，在为行业服务和为会员单位服务方面加大工作力度，充分发挥协会的桥梁和纽带作用，不断促进我市勘察设计行业全面、协调和可持续发展。

(一) 认真学习、努力实干、完成政府交办的工作

(1) 2010年协会受市建设委员会委托，3月份举办了注册结构工程师继续教育培训班，共60个学时，313人参加。9月份又举办了注册建筑师继续教育培训(选修)，共40个学时，261人参加。授课内容主要包括：建筑抗震设计、鉴定、加固及标准规范；乡村建筑设计；建筑节能设计规范；建筑外立面设计中的问题以及汽车库、修车库、停车场设计防火规范等。

(2) 根据市建设委员会安排，协会先后对174名参加注册建筑师考试人员进行了资格审查。对参加注册结构工程师以及电气、环保、化工、公用设备、岩土、水利水电等专业考试人员的资格进行了审查。共有748人通过审查。

(3) 受市建设委员会委托，2010年10月，协会组织进行了第二季度勘察、设计、施工图审查机构质量检查，其中涉及19个项目的16个勘察单位，38个设计和施工图审查机构。

(4) 受省住房和城乡建设厅的委托和市建设委员会的安排，协会参加了全省对勘察设计市场秩序的监督检查工作，共对72家勘察设计单位进行了营业执照、设计资格、超资质勘察设计、无证挂靠、出卖图章及合理收费等内容的检查。

(5) 根据省住房和城乡建设厅的安排，协会还参加了对全省申报中国勘察设计协会诚信体系单位的初评工作，对申报的27个单位的资料进行了认真的审查，推荐了21家单位参加中国勘察设计协会的评审。

(6) 配合成都市建设委员会完成关于“小金库”专项治理。

(二) 加强建设、密切联系、热情为会员单位服务

(1) 为会员单位提供信息服务是协会的重要工作，努力办好《成都市勘察设计通讯》，将会刊免费发送给会员单位。协会还免费为各会员单位订购《工程勘察》《建筑设计管理》杂志。并与全国部分勘察设计协会进行信息资料交流。2010年，协会共给各位理事长、会员单位和兄弟协会发送各种刊物7 560册。

(2) 重视现阶段存在的问题，切实做好协会的改革和管理，更好地开展活动，吸纳发展新会员。2010年，协会真诚地向各在蓉勘察设计单位、施工图审查机构及装饰设计单位发出了加入成都市勘察设计协会的邀请函。全年共发展新会员57家。

成都金沙遗址博物馆文物陈列馆

(3) 积极宣传执行国家和行业的政策、法规，宣传“名人”、“名企”、“名牌”，对成都市建设委员会和四川三众建筑设计有限公司郭峰在抗震救灾中的工作和事迹进行了宣传，使会员单位了解他们的事迹，并参加成都市委、市政府“建设成都杰出贡献”评选活动的投票工作。

(4) 由成都市建设委员会牵头，协会具体承办的成都市农村住房重建图集库，以提高我市农村住房的建设水平，推广具有成都特色的灾后农村住房重建的经验，服务农村地区的广大群众为目的，为以后的城乡建设统筹计划做出指导和参考的作用。建库工作分为资料收集、整理评审、进库登录三个阶段，分批实施，成熟一批推出一批。建库工作于今年4月中旬展开，8月底完成第一批项目资料最后的评审、检查入库工作，并顺利在成都市建设委员会网站上公布亮相。7月底开始第二批项目的整理，9月初第二批项目资料检查工作完成，开始收集补充资料。目前，图集库第一批建库工作已经完成，第二批项目已确定，补充资料收集工作正在进行中，第三批项目资料整理工作也已经展开。

(三) 积极组织，发挥作用，认真开展协会的活动

(1) 2010年1月，召开四届二次理事会，肯定了协会2009年的各项工作，确定了2010年工作目标；指出了协会在工作中的一些问题，各位领导也对协会的工作提出建议，希望协会创建新思路及新的管理和工作方法，认真研究市场竞争的规律和法则，加强协会核心竞争力的建设。

(2) 协会为了使广大的会员单位及时得到学习和交流，为进一步了解国际勘察设计行业的运行机制、产业政策和技术结构，于4、5两月组织各会员单位赴日本、西班牙、葡萄牙、美国以及中国台湾等地考察。进而对下一步科学建设田园城市建言献策，提供智力和技术支撑，为会员单位提供有更多更好的新技术、新知识的信息平台。

(3) 2010年4月，协会与中国建筑科学研究院共同免费为会员单位举办了建筑设计PKPM节能软件产品推广会，共40人参加，取得了很好的效果。

(4) 2010年8月，协会按照省住房和城乡建设厅的要求，通知甲、乙级会员单位参加省住房和城乡建设厅开展的四川省第三批工程勘察大师评选活动，并转发了四川省住房和城乡建设厅关于申报诚信体系单位的通知。

(5) 2010年9月，与成都市城市公共环境艺术协会、成都市房地产开发企业协会、成都市建筑装饰协会、成都市墙材革新建筑节能协会和四川省土木建筑学会等六协(学)会共同举办了“低碳经济中的建筑节能研讨会”，到会100多人。会上各位领导与专家对低碳经济中的建筑节能的概念和发展，以及如何开展相关工作提出了宝贵的意见。

(6) 2010年11月11日，召开了协会秘书长会议与理事长会议，汇报2010年度工作，提出2011年度工作内容和工作方向，制定了召开此次理事会的主要内容和安排。

(7) 支持和参加成都市装饰协会举办的2010年中国国际创意设计周成都分会，与美国工业设计师协会董事克里夫 · 罗克思，德国IF国际设计论坛总裁拉夫 · 维格曼，意大利工业设计协会会长路易萨 · 博克切托，中国知名设计师许燎原等嘉宾，共同探讨国际最新时尚设计理念及潮流，把脉创意设计产业的未来发展。

(四) 提高素质，明确宗旨，强化协会的自身建设

(1) 协会顺利地通过了成都市民政局历年的社会团体年检、组织机构代码证年检、财务地税年检及银行年检工作。

(2) 协会工作人员加强自身建设，提高自身的素质，战胜和克服种种困难，分析目前协会工作中存在的问题，集中分析问题的热点和难点。按照协会章程努力为各会员单位做好服务工作。在会员单位和政府之间架起一座服务创新和改革创新的金色桥梁。

(3) 协会秘书处为了能更好地为政府、为行业、为会员服好务，在日常工作中，切实加强了为会员单位服务的工作力度。免费为会员单位搭建人才交流平台，免费为企业提供资质、注册、改制等政策咨询。只要能办到的，都满腔热情尽快帮助解决。需要协调的，都极尽可能地同有关部门协商帮助解决，最大程度地为行业的发展做好各项工作。

(4) 2010年，协会进一步加强信息化建设，使成都市勘察设计协会网站得到充分高效的利用。网站的多个板块先后发布和应用，并及时转发住房和城乡建设部、四川省住房和城乡建设厅、成都市建设委员会和成都市公安消防支队的文件、通知、公告等。共发布文件通知14件，领导讲话、指示12件，技术推广公告16件。为各项信息及时地上传下达起到了积极作用。

成都市勘察设计协会
地址：四川省成都市东城根上街 78 号建设大厦四楼
邮编：610015
电话：028- 86640031 86649068
邮箱：cdskcsjxh@163.com
网址：http://kc.cdcc.gov.cn/

S 四川省绵阳市勘察设计协会

Sichuansheng mianyangshi kancha sheji xiehui

一、协会概况

四川省绵阳市勘察设计协会成立于1988年9月，其前身是绵阳市建筑勘察设计行业基金会，20多年来，协会由成立之初不足20个会员单位和600多名专业技术人员的状况，发展到现今拥有64家会员单位，2 000多名专业技术人员的行业协会。一直以来，协会以当好行政助手、服务会员单位为职能，以提高行业自我管理水平，促进工程勘察设计技术进步为目的，坚持科学发展观，树立先进的咨询设计理念，坚持科学、客观、公正的行业标准和执业道德，集思广益，树精品意识，紧紧围绕着建筑设计质量、专业人才培训开展工作，走过了一条不断发展壮大的道路。

二十多年来，协会在市委、市政府、建设行政主管部门的领导下，在最初人员、经费严重不足、办公条件差的情况下，通过不断努力，经历了由小到大逐渐规范的过程。协会在发展过程中一直受到各级政府部门的关怀和支持，市政府、人大、政协主要领导出任历届协会的名誉理事长。为了保证协会工作的有效开展，协会常务副秘书长、副秘书长均由专职专业技术干部担任。现任理事长詹林，秘书长孟贵林。

协会宗旨：团结和带领本市勘察设计单位，贯彻执行党和国家的方针政策，遵守宪法、法律、法规和国家政策，遵守诚实守信的基本准则，遵守社会道德，维护国家根本利益。围绕提高工程投资效益、改善市场环境，促进工程勘察设计技术进步和提高行业自我管理水平开展各项工作。做会员单位和政府主管部门联系的桥梁和纽带。繁荣本市勘察设计行业，为本市现代化建设服务。

二、协会2010年度主要工作

(一) 当好助手，做好服务

1. 发挥桥梁、纽带作用，做好行政助手

协助行政主管部门完成每年的建设工程勘察设计质量检查工作。受市住房和城乡建设局委托，组织专业人员开展勘察设计质量检查工作，确保勘察设计质量，提高勘察设计水平。

协助行政主管部门做好民用建筑节能设计审查备案工作。自2007年起，协会安排专业技术骨干协助市住房和城乡建设局完成民用建筑节能设计审查备案，节能设计审查备案项目合格率达100%，确保了建筑节能政策的贯彻、落实。

响应政府号召，支持企业改制。全省本行业首家改制企业是绵阳市勘察设计协会会员单位，协会为改制企业保驾护航，解决改制企业经营中出现的问题。

组织会员单位参加了国家及地方标准图集和技术规范的编制。

1999年，绵阳市作为全国首批施工图审查工作试点城市。按照建设行政主管部门的要求协会成立了咨询部，在会员单位中抽调了20多名技术骨干组成了施工图审查专家组，承担了市内建设工程施工图审查工作的任务，得到了住房和城乡建设部和四川省建委的表扬和肯定。

为适应形式发展需要，按照行政主管部门的指示，组建了绵阳市勘察设计行业专家委员会。组织专业技术人员参与了应急抢险工程及建筑工程质量事故的处理、建设行政审批过程中的技术咨询和服务，当好了行政主管部门的参谋，提供了有力的技术支撑。

2. 做好会员单位服务工作

采取有效措施鼓励会员单位资质增项升级。1993年，绵阳市勘察设计协会会员单位——绵阳市建筑规划勘测设计院成为全省地市州中首家建筑设计甲级资质单位。

组织会员单位进行学术交流、外出考察，提高专业技术水平。

鼓励和支持有条件的会员单位积极开拓外部市场。其中，几个甲级资质单位业务范围已拓展到全省及新疆、云南、重庆等地区。

为了提升全市勘察设计行业的整体水平，培养一批青年技术骨干，协会与我市高等院校建立联系，定向培养一批年轻的高层次技术骨干。

树立精品意识，争创省级“四优”项目。每年组织会员单位积极参加“四优”评选，每年都有项目获得省级“四优”奖项。

1999年，成立了绵阳市勘察设计协会市场监督执行委员会，2004年，会员单位共同商订绵阳市勘察设计行业公约，规范勘察设计行业市场行为。

(二) 抗震救灾 铸就辉煌

2008年5月12日14:28分，汶川发生8.0级特大地震，绵阳全市受灾严重，人员伤亡、房屋倒塌，电力、通讯、交通中断。地震发生后，协会在市建设系统抗震救灾指挥部的统一指挥下，紧密团结会员单位，第一时间投入抗震救灾工作。

1. 面对灾难，挺身而出

2008年5月14日，根据市建设系统抗震救灾指挥部的部署。协会组织会员单位的115名专业技术人员与来自全国各地支援绵阳的第一批专家343人迅速开展房屋应急检查工作。至2008年6月22日，完成了城区57座桥梁、1 433.5 × 10^4m^2公共建筑、2 910.47 × 10^4m^2居民住房以及市政基础设施的检查和复查。

协会按照市住房和城乡建设局、市规划局的要求组织电子十一院、创艺、海辰等单位的设计人员完成了学校、医院、福利院、敬老院灾后重建图集编制任务。

一方有难、八方支援，虽然会员单位也身处灾区，在协会的组织下仍然为极重灾区捐献钱物共计60余万元。同时，协会还组织会员单位到北川擂鼓灾民安置点进行慰问，为灾民和战斗在灾民安置点的建设系统工作人员送去生活必需品，带去了勘察设计界的关爱。

2. 深入震后北川县城，为地震灾害研究采集资料

为更好地开展地震灾害研究、科学地开展抗震救灾工作，按照省建设厅和市政府要求，由市建设局组织，市卫生局、市勘察设计协会等部门抽调18名同志组成调查组于2008年9月上旬深入震后北川县城，对“5.12”特大地震后尚存的84个片区近500幢建筑物的震害数据进行采集、编号、拍照。确保了震害调查资料的完整性。

3. 为灾后农房建设、城镇住房鉴定提供技术保障

“5.12”汶川特大地震，灾区农房大面积倒塌，损毁严重。灾后，市政府成立了农房建设技术指导与督查组，在市住房和城乡建设局领导下协会从会员单位中组织了各专业专家进入技术指导与督查组参与农房重建工作，指导全市农房建设更加安全、适用、经济地进行，保证了农房建设的质量。

(三) 灾后重建显身手

为实现党中央、国务院制定的“灾后重建三年任务两年基本完成”的目标，我市勘察设计行业的全体单位，积极投身到这场艰巨的战斗中。由于灾后重建工作表现突出，我市的勘察设计企业及个人先后受到全国总工会、中国勘察设计协会、绵阳市政府的表彰。

绵阳市勘察设计协会荣获全国工程勘察设计行业国庆60周年业绩显著协会大奖。

四川海辰工程设计研究有限公司获得全国勘察设计行业“优秀民营设计企业”奖。

余海同志获得“全国五一劳动奖章”、全国勘察设计行业“优秀民营设计企业家”奖、绵阳市灾后重建先进个人、绵阳市劳动模范。

陈晓祥、梅冬、赵怡、张静、范海涛、徐海涛、韩云、扈小云、陈杰、邓军等10人获得绵阳市灾后重建先进个人及绵阳市劳动模范称号。

四川省绵阳市勘察设计协会

地址：四川省绵阳市涪城路 76 号

邮编：621000

电话：0816-2235325

邮箱：776291580@qq.com

四川海辰工程设计研究有限公司

湖北仙岛湖鸟瞰图

成都星慧国际酒店夜景鸟瞰图

花园国际商业中心

绵阳市特殊教育学校

四川海辰工程设计研究有限公司成立于1992年，是一家具有国家建设部建筑甲级设计资质、景观乙级设计资质的设计机构。

公司拥有一支敬业精神强、创造力丰富、技术力量雄厚的专业技术队伍，现有职工103人，拥有国家一级注册建筑师8人，一级注册结构师7人，注册公用设备工程师5人，注册电气工程师5人，高、中级专业技术人员70余人。

海辰一直致力于城市发展前瞻性的研究，提供城市发展战略规划咨询及建设投资咨询服务，以互动的工作模式为客户提供行之有效的设计方案。目前海辰在中国已经完成多项设计项目，业务遍及北京、四川、浙江、湖南、重庆、云南、新疆、陕西等国内众多省市。

海辰开创了可持续发展的局面，成就了在行业中的良好品牌声誉。2011年公司董事长余海先生荣获“全国五一劳动奖章”；2010年荣获中国勘察设计协会颁发的“优秀民营设计企业”奖，董事长余海先生同时荣获“优秀民营设计企业家”称号。2005年、2006年连续荣获“东方园林”杯“中国优秀设计机构”称号。

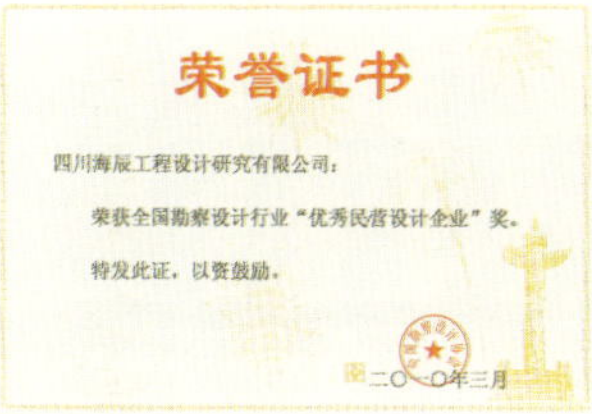

贵州省行业综述

贵州省2010年统计数据汇总项目表

企业资质情况（个）	从业人员情况（人）	财务情况（亿元）	科技活动情况
企业总数 202	从业人员合计 29423	营业收入合计 81.96	活动费用支出总额（亿元）2.01
工程勘察企业数 41 其中：甲级 14 乙级 21	技术人员合计 15384 其中：高级 3252 中级 6008	工程勘察收入合计 11.66 其中：境外工程勘察收入 0	成果转让收入总额（亿元）0.97
工程设计企业数 149 其中：甲级 19 乙级 66	建筑师合计 400 其中：一级 134 二级 266	工程设计收入合计 20.38 其中：境外工程设计收入 0.08	企业累计拥有专利（项）2547
专项合计企业数 12 其中：甲级 3 乙级 9	结构工程师合计 321 其中：一级 258 二级 63	管理服务收入合计 2.23 其中：境外管理服务收入 0	累计拥有专有技术（项）297
设计施工一体化企业数 0	建造工程师合计 757 其中：一级 324 二级 433	工程承包收入合计 44.00 其中：境外工程承包收入 3.22	获国家级、省部级奖（项）109 其中：国家级（项）9
其他企业数 0			
综合资质企业数 1	注册岩土工程师合计 163	其他收入合计 3.69 其中：境外其他收入 0.03	参编国家、行业、地方技术标准（项）56 其中：国家级（项）12
内资企业数 202	注册城市规划师合计 38		
港澳台商企业数 0	注册造价工程师合计 162	营业成本合计 72.08	
外商投资企业数 0	注册监理工程师合计 228	人均营业收入 0.00279	

贵州省勘察设计行业 2001 年—2010 年企业数发展图

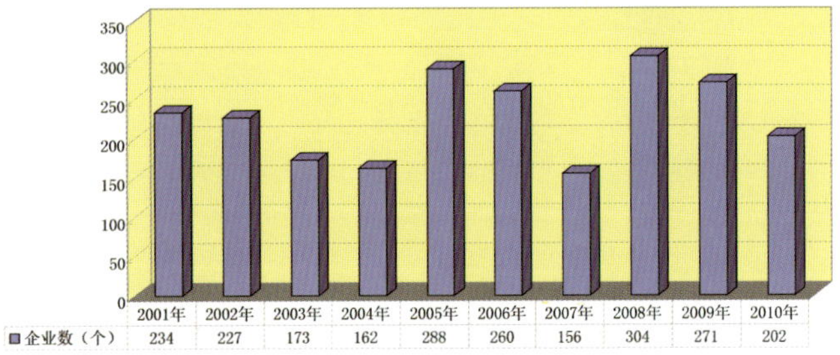

贵州省勘察设计行业 2001 年—2010 年从业人数发展图

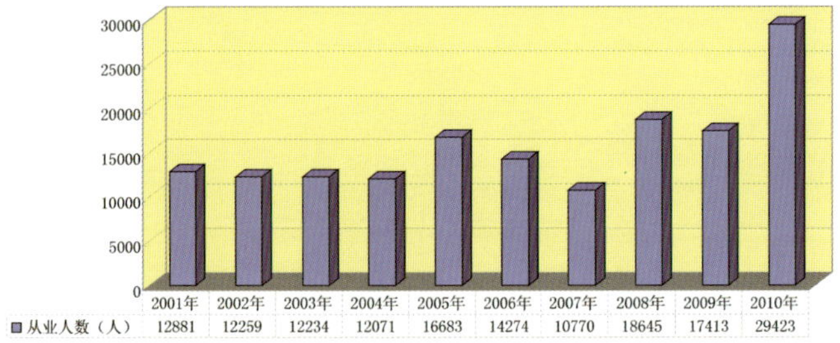

贵州省勘察设计行业 2001 年—2010 年营业收入发展图

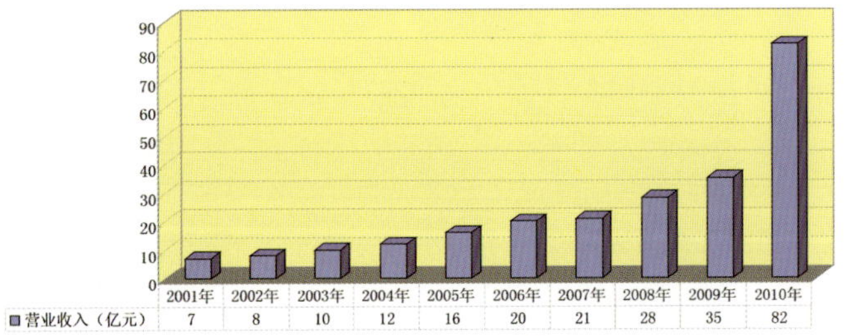

贵州省勘察设计行业 2001 年—2010 年人均营业收入发展图

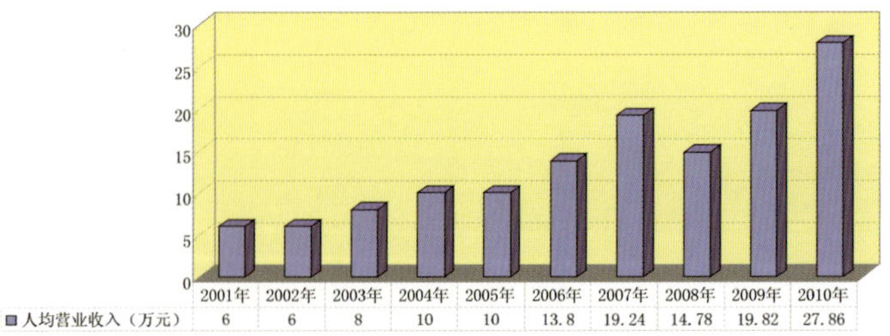

贵州省勘察设计行业2010年度
企业营业收入前20名排序

排名	企业名称	勘察设计行业类别	企业资质等级	年末从业人员合计（人）	营业收入合计（万元）
1	中国水电顾问集团贵阳勘测设计研究院	工程设计综合资质	甲级	1310	90885.05
2	贵州省交通规划勘察设计研究院	公路	甲级	733	36363.00
3	贵州电力设计研究院	电力	甲级	529	34813.24
4	贵州省水利水利勘测设计研究院	水利	甲级	633	23668.00
5	贵阳市建筑设计院有限公司	建筑	甲级	386	13827.00
6	贵州省建筑设计研究院	建筑	甲级	563	13072.03
7	贵阳铝镁设计研究院	冶金	甲级	660	10823.00
8	贵州省煤矿设计研究院	煤炭	甲级	303	8670.00
9	贵州鼎盛岩土工程有限公司	勘察综合类	甲级	50	8138.00
10	贵州省邮电规划设计院有限公司	电子通信广电	甲级	481	7647.57
11	贵阳建筑勘察设计有限公司	勘察综合类	甲级	265	6892.00
12	贵州首钢国际工程技术有限公司	冶金	甲级	128	4725.94
13	贵州地质工程勘察院	勘察综合类	甲级	289	4157.27
14	贵州省林业调查规划院	农林	甲级	176	4094.90
15	贵州东华工程股份有限公司	化工石化医药	甲级	175	4082.06
16	贵州有色地质工程勘察公司	勘察综合类	甲级	258	3728.57
17	贵州大学勘察设计研究院	建筑	甲级	128	3184.20
18	贵州省地矿局第二工程勘察院	勘察综合类	甲级	368	3180.17
19	贵州省城乡规划设计研究院	建筑	甲级	167	2491.68
20	贵州省黔美基础工程公司	勘察综合类	甲级	307	2417.00

贵州省工程勘察设计协会

Guizhousheng gongcheng kancha sheji xiehui

一、协会概况

贵州省工程勘察设计协会成立于1986年，协会现有会员单位200多家。毛方益任理事长，李晓云任秘书长。

协会宗旨：遵守中华人民共和国宪法、法律、法规和政策，遵守社会公共道德，坚持贯彻落实科学发展观，促进行业技术创新和管理创新，加强行业自律，规范市场行为，维护行业利益，促进行业发展，全面为会员单位服务。

二、协会2010年度主要工作

2010年是勘察设计行业推进率先发展、科学发展、和谐发展，不断自主创新的一年。在这一年中，协会积极适应形势，努力学习实践科学发展观，在政府主管部门的支持和指导下，依靠广大会员单位，从行业现状和发展需要出发，改进工作作风，提高服务意识和服务能力，脚踏实地的为行业发展服务，为政府部门服务，为会员单位服务。

(一) 发挥评优引导作用，推动行业技术进步

勘察设计行业的创优评选活动是提高我省工程勘察设计质量水平，推动我省工程勘察设计行业技术创新与技术进步，引导和鼓励我省广大勘察设计企业在这个平台上，创优争先、提升企业核心竞争力，勘察设计工作者创作了一批质量优、水平高、技术新的优秀勘察设计作品。

为做好2010年“贵州省优秀工程勘察设计奖”的评选工作，按照“进一步完善评审办法，严格程序、规范评审，确保评选结果真正代表我省工程勘察设计技术和质量的水平”的指导思想，在进行“贵州省优秀工程勘察设计奖(二级)”评选的基础上，结合“全国优秀工程勘察设计行业奖”及“全国优秀工程勘察设计奖”的有关评选要求，协会组织专家修订了《贵州省优秀工程勘察设计奖评选办法》和《贵州省优秀工程勘察设计奖评分细则》。在2010年度“贵州省优秀工程勘察设计奖”的评选活动中，成立了由省人事厅、省住房和城乡建设厅和有关业务主管厅局领导及专家组成的评优组织机构，严格按照评选办法和评分标准对参评项目进行了评审。全省各勘察设计单位共申报项目130个，经资格审查，符合申报条件的共104个项目，共评出获奖项目60项。其中，一等奖10项，二等奖19项，三等奖31项。

(二) 抓好业务培训，提高队伍素质

在2010的资质就位工作中，我省设计企业完成换证工作的有190余家，换证率约60%。注册人员不足是严重影响我省行业发展的根本问题。引导企业加强人才培养，增强建设企业核心竞争力是摆在行业协会面前的头等大事。协会于4月和7月分别举办了注册建筑师(作图)和注册结构工程师考前培训班。协会本着服务企业的思想，精心组织，注重质量，不计成本，取得了较好的培训效果，得到设计企业的好评。

在注册人员继续教育培训工作中，对于注册建筑师和注册结构工程师继续教育，聘请必修课程主编教授和《建筑抗震设计规范》的主编，亲临贵州进行注册师继续教育培训，保证了一、二级注册建筑师和注册结构工程师的继续教育培训质量。针对注册土木工程师(岩土)继续教育工作，协会选用了实用性较强的《土力学与岩土工程师——岩土工程疑难问题答疑笔记整理之一》作为教材。并有幸邀请到该书的作者亲临贵阳讲授。除注册岩土工程师外，还有近百名岩土专业从业人员参加了培训，效果反响良好。

经住房和城乡建设部批准，自2010年12月1日起实施新修订的《建筑抗震设计规范》(GB 50011—2010)，省住房和城乡建设厅于2010年11月22日下发了《关于做好新〈建筑抗震设计规范〉实施工作的通知》，为了更好地贯彻落实文件精神，做好新的《建筑抗震设计规范》的宣贯工作，同时配合“中日建筑抗震技术研修项目”工作的开展，结合省内审图专家专业培训工作的需要，协会与中国建筑标准设计研究院合作，聘请《建筑抗震设计规范》的主要编写人及日本抗震专家，就有关规范的修订过程、原则、主要修订内容要点及依据、日本隔震减震技术及典型工程实例等内容进行了专题培训。

(三) 积极宣传推荐先进典型，切实加强诚信建设

(1) 经协会推荐及协会会员单位的自身努力，贵阳建筑勘察设计有限公司、贵州中水建设项目管理有限公司荣获“全国勘察设计行业优秀民营设计

企业”，袁志英、郑国旗两位同志荣获“全国勘察设计行业优秀民营企业家称号”。在中国勘察设计协会表彰的西南五省抗旱救灾先进单位和个人中，贵州地质工程勘察院和贵州有色地质工程勘察公司位居前列。在2010年8月中国建筑学会举办的第八届“中国建筑学会青年建筑师奖”评选中，贵阳建筑勘察设计有限公司建筑设计总监魏浩波凭借其出色的创作激情与想象力和对“本土化”的关注，获得该奖项，成为贵州获此殊荣的第一人。

(2) 工程勘察设计行业的诚信问题，不仅关系到建设事业的健康发展，也关系到勘察设计行业的可持续发展，是勘察设计单位生存之根本。为了更好地促进贵州省勘察设计行业诚信建设，协会积极配合中勘协做好2010年全国建筑设计行业诚信评估工作。按照《全国建筑设计单位诚信评估办法》的有关规定，成立了初评委员会，做好贵州省建筑设计企业诚信评估初审工作，共推荐5家设计企业参加评估。

(四) 组织开展调查研究，探讨实施“走出去”发展战略

根据中国勘察设计协会《关于共同做好工程勘察设计行业专题调研工作的通知》，协会委托贵州中水建设项目管理有限公司进行调研，撰写了专题调研报告《贵州勘察设计企业实施“走出去”的现状与对策探讨》，对贵州省勘察设计企业如何实施“走出去”发展战略，积极开拓市场，进行了深入细致的分析，并针对目前我省勘察设计企业在实施“走出去”发展战略中所面临的问题与困境，明确提出了应采取的对策和措施。

(五) 做好软件本地服务，提高勘察设计行业绿色建筑水平

根据住房和城乡建设部全国建设工作会议有关“大力推进建筑节能、积极发展绿色建筑、努力推动科技创新”的总体部署，为提升企业的竞争力，协会与贵州科源计算机系统工程有限公司、深圳市斯维尔科技有限公司联合举办“绿色系列软件新技术交流会”，推广国产软件在“能耗标识与节能设计”、“日照与太阳能分析”等方面的最新技术成果，有效地解决设计单位对绿色系列软件的应用需求。

(六) 认真完成政府主管部门交办的工作，促进行业规范化发展

(1) 协会受省住房和城乡建设厅委托，承办省外勘察设计企业入黔备案工作已有两年多的时间。自承办该项工作以来，协会严格按《贵州省建设厅关于修订省外勘察设计企业入黔备案条件的通知》和《关于印发<贵州省建设工程勘察设计质量和市场管理办法>的通知》文件精神和有关规定执行，在具体备案工作中，秉承服务至上的工作宗旨，按照工作程序和流程，为前来办理备案的企业提供认真详细的咨询，耐心细致地解答企业提出的有关问题，保证了备案工作正常有序地进行。

(2) 根据住房和城乡建设部《关于报送2009年工程勘察设计统计报表的通知》和省住房和城乡建设厅《关于加强2010年贵州省工程勘察设计企业统计数据报送工作的通知》精神，为了更好地完成数据报送工作，协会在专用邮箱的基础上，开设了电话专线，及时督促各企业进行统计报表报送，对在申报中有困难的企业进行指导。同时，协会还对全省勘察设计单位的资质变动情况进行动态追踪，把有关的数据报送要求及时通报给新申办的企业，提高了企业统计报表上报率。

(3) 为贯彻落实《国务院办公厅关于印发全国中小学校舍安全工程实施方案的通知》精神，依据国家11个部委署局发布的《全国中小学校舍安全工程实施方案》的原则，结合贵州省中小学发展的安全工程需要，由省教育厅牵头，在省住房和城乡建设厅的指导下，协会组织专家编制了《贵州省中小学校舍安全工程技术指南》，以便对全省中小学校舍安全工程的监督管理，指导设计、勘察、施工、监理、质监等行业从业人员对中小学校舍安全工程具体工作的顺利实施，提高全省中小学校舍的综合防灾能力。

(七) 建立激励机制，提高工作人员素质，打造和谐团队

(1) 建立和实施有效的激励制度，激发工作人员的学习热情，形成“工作中学习，学习中工作”的良好风气，提高了工作人员的综合素质，拓展了知识结构，增强了业务工作能力。

(2) 努力营造健康、向上的工作氛围，促进全体工作人员转变思想观念和思维方式，积极培养相互协作、宽容和谐的团队意识，推动建设和谐团队，促进协会健康发展。

2010年，协会本着脚踏实地、真抓实干、务求实效的精神，认真做好各项服务工作，坚持在服务工作中创优争先，为推进行业的科学发展做出了应有的贡献。

贵州省工程勘察设计协会

地址：贵州省贵阳市延安西路 2 号

邮编：550002

电话：0851-5360405　5360423

邮箱：gzkcsj@163.com

网址：www.gzkcsj.com

云南省行业综述

云南省2010年统计数据汇总项目表

企业资质情况（个）	从业人员情况（人）	财务情况（亿元）	科技活动情况
企业总数 541	从业人员合计 40072	营业收入合计 136.01	活动费用支出总额 （亿元）3.88
工程勘察企业数 55 其中：甲级 7 乙级 25	技术人员合计 23921 其中：高级 5314 中级 10375	工程勘察收入合计 13.83 其中：境外工程勘察收入 0.77	成果转让收入总额 （亿元）0.35
工程设计企业数 423 其中：甲级 34 乙级 93	建筑师合计 843 其中：一级 254 二级 589	工程设计收入合计 39.43 其中：境外工程设计收入 0.98	企业累计拥有专利 （项）135
专项合计企业数 57 其中：甲级 16 乙级 38	结构工程师合计 577 其中：一级 449 二级 128	管理服务收入合计 2.70 其中：境外管理服务收入 0.08	累计拥有专有技术 （项）112
设计施工一体化企业数 1 其他企业数 5	建造工程师合计 825 其中：一级 369 二级 456	工程承包收入合计 71.68 其中：境外工程承包收入 0.36	获国家级、省部级奖 （项）450 其中：国家级（项）23
综合资质企业数 1	注册岩土工程师合计 205	其他收入合计 8.36 其中：境外其他收入 0.10	参编国家、行业、地方技术标准（项）46 其中：国家级（项）5
内资企业数 539	注册城市规划师合计 58		
港澳台商企业数 1	注册造价工程师合计 150	营业成本合计 107.33	
外商投资企业数 1	注册监理工程师合计 230	人均营业收入 0.00339	

云南省勘察设计行业 2001 年—2010 年企业数发展图

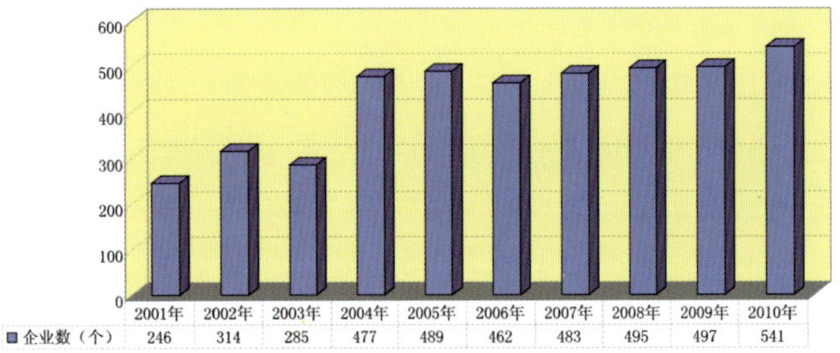

云南省勘察设计行业 2001 年—2010 年从业人数发展图

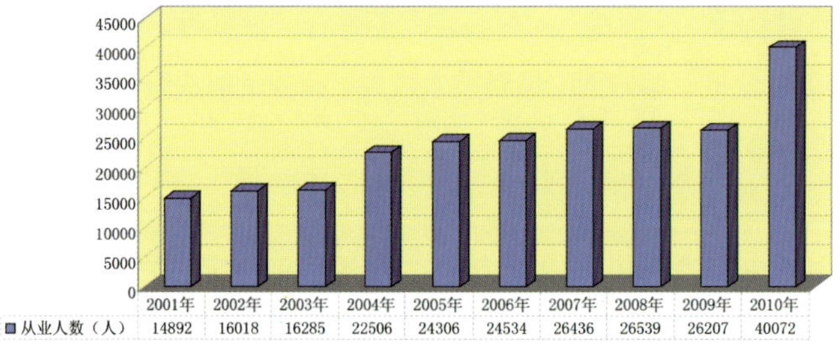

云南省勘察设计行业 2001 年—2010 年营业收入发展图

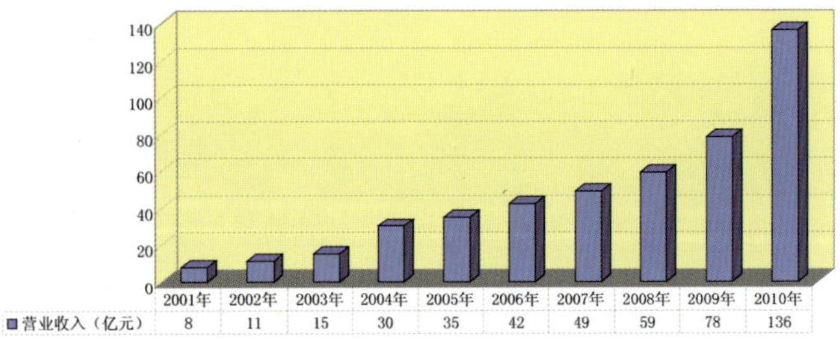

云南省勘察设计行业 2001 年—2010 年人均营业收入发展图

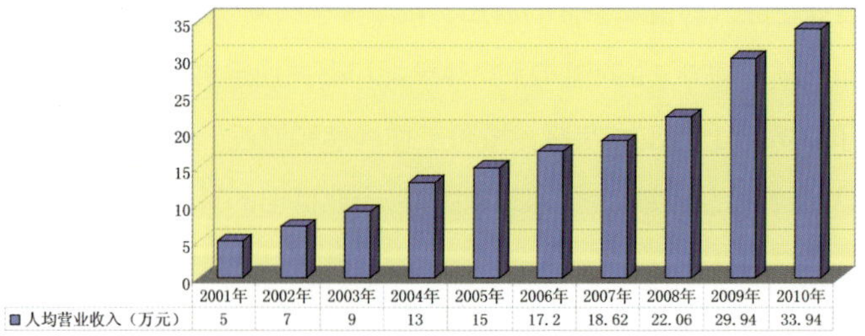

云南省勘察设计行业2010年度
企业营业收入前20名排序

排名	企业名称	勘察设计行业类别	企业资质等级	年末从业人员合计（人）	营业收入合计（万元）
1	中国水电顾问集团昆明勘测设计研究院	工程设计综合资质	甲级	1593	162666.96
2	昆明有色冶金设计研究院股份公司	冶金	甲级	530	107778.00
3	中国有色金属工业昆明勘察设计研究院	勘察综合类	甲级	569	40622.00
4	云南省交通规划设计研究院	公路	甲级	445	31793.00
5	西南有色昆明勘测设计（院）股份有限公司	勘察综合类	甲级	564	29246.59
6	中国水利水电第十四工程局有限公司	水利	甲级	669	27297.46
7	云南省电力设计院	电力	甲级	606	25082.26
8	云南省设计院	建筑	甲级	641	23488.00
9	云南省水利水电勘测设计研究院	水利	甲级	345	20269.38
10	云南地质工程勘察设计研究院	勘察综合类	甲级	571	18638.52
11	中铁二院昆明勘察设计研究院有限责任公司	铁道	甲级	402	18400.30
12	昆明三合钢结构制造有限公司	建筑	甲级	47	18124.27
13	昆明市建筑设计研究院有限责任公司	建筑	甲级	249	12133.00
14	国家林业局昆明勘察设计院	农林	甲级	207	11997.29
15	云南省城乡规划设计研究院	建筑	甲级	152	7484.00
16	昆明市政工程设计科学研究院有限公司	市政	甲级	114	5270.52
17	昆明理工大学设计研究院	建筑	甲级	180	4505.00
18	云南省建筑工程设计院	建筑	甲级	154	3935.54
19	云南邮电规划设计院（有限公司）	电子通信广电	甲级	143	3813.20
20	云南双翊科技有限公司	建筑	甲级	36	3422.43

Y 云南省勘察设计协会

Yunnansheng kancha sheji xiehui

一、协会概况

云南省勘察设计协会成立于1991年11月，现有勘察设计会员单位570家，李光熙任理事长，李青海任秘书长。

云南省勘察设计协会主要是云南省境内从事工程勘察设计咨询业的企事业单位和部分长期从事工程勘察设计咨询业或管理工作、热心工程勘察设计咨询业的知名人士，自愿结成的非营利性、跨系统、全省性的勘察设计行业群众性组织。经业务主管部门原云南省建设厅审查同意，报经社团登记管理机关云南省民政厅审核批准成立，是全国成立较早的省级勘察设计协会之一。云南省勘察设计协会同时是中国勘察设计协会的团体会员。依照云南省人民政府办公厅关于培育和发展行业协会的指导意见，报经省民政厅审核批准，云南省勘察设计协会于2007年8月23日升格为云南省勘察设计协会。现有会员单位从业人员约2万多人。

协会宗旨：遵守宪法、法律、法规和国家政策，遵守社会道德风尚。

以邓小平理论和“三个代表”重要思想为指导，全面贯彻落实科学发展观，坚持提供服务、反映诉求、规范行为，为经济社会发展服务的工作方针，围绕提高工程投资效益，促进工程勘察设计咨询自主创新与技术进步，实施行业自我管理，为会员服务，维护行业、会员的合法权益，在政府和会员之间发挥桥梁纽带作用，推动行业又好又快发展。

二、协会2010年度主要工作

(一) 开展各项评优工作

2010年，认真组织了全省优秀工程勘察设计的评选工作。经评委会认真公平的评选，评出优秀工程勘察奖39项，优秀工程设计奖106项，优秀工程勘察设计软件奖3项。其中，一等奖12项，二等奖20项，三等奖50项，表扬奖66项。

(二) 优秀企业及个人

在国庆60周年大庆之际，云南省勘察设计协会秘书长谭德茂同志荣获全国勘察设计行业国庆60周年“突出贡献协会工作者大奖”。

云南省设计院设计的“昆明99世博会中国馆”荣获全国建筑行业国庆60周年“建筑设计大奖”，李光熙院长荣获全国建筑设计行业国庆60周年“管理创新奖”；中国有色金属工业昆明勘察设计研究院荣获全国工程勘察与岩土行业国庆60周年“十佳岩土工程企业”奖，陆增建院长荣获“十佳现代管理企业家”奖；云南省设计院勘察分院荣获全国工程勘察与岩土行业国庆60周年“十佳企业文化建设先进”奖。

(三) 筹备换届工作

2010年底，云南省勘察设计协会已经开始筹备换届工作，将选出新一届的理事长、秘书长、常务理事等。换届工作在2011年完成。新一届的云南省勘察设计协会，将本着服务勘察设计单位、个人的原则，配合行政部门做好本省的勘察设计工作，为云南省勘察设计事业的发展，做出应有的贡献。

云南省勘察设计协会
地址：云南省昆明市西昌路 189 号 5 楼 510 室
邮编：650032
电话：0871-4144168
邮箱：ynskcsjxh@126.com

Company profile 公司简介

云南省设计院创建于 1951 年，是承担民用与工业项目建设的大型国有综合性甲级设计院，持有建筑工程设计、城市规划、工程勘察、工程咨询、工业设计甲级资质。1999 年通过了 ISO9001 国际质量管理体系认证。

全院现有在职职工 750 人，232 名设计师持有各类国家注册师资格。全院下设建筑、规划、市政、结构、设备、电气、勘察、咨询八个专业分院。

云南省设计院拥有先进的技术设备和设计手段，采用 Doyen 信息化管理系统，实现“流程管理，环节控制”的全程计算机协同设计及管理，大大提高了设计效率和管理水平，保证了技术水平和顾客满意度的不断提升。

通过深化改革和开拓创新，我院建筑设计水平不断提高，涌现出一大批体现科技进步和地域文化特色的优秀建筑设计作品，获得了国家级、省部级优秀设计奖。

云南省设计院有着 60 年的光辉历史，共承担各类设计项目一万余项，累计完成设计面积 6900 多万平方米，设计成果遍及省内外及国外，在工程勘察、设计和科研方面获国家级、部级和省级优秀奖 200 余项，为国家经济建设做出了重大贡献，一直受到社会各界的广泛赞誉。

云南省设计院注重设计创新和对外交流，与国内外众多著名设计公司保持着良好的合作关系。同时注重勘察设计质量，重视科技进步，本着“精心设计、严格管理、满意服务”的执业宗旨，愿与社会各界人士携手合作，共创美好明天。

云南海埂会议中心
本工程荣获 2009 年度云南省优秀工程设计一等奖、第二届《云南卡瓦格博优秀建筑创作奖》一等奖

昆明翠湖宾馆

本工程荣获2004年度云南省优秀设计一等奖

昆明野鸭湖山水假日城

本工程荣获2009年度云南省优秀工程设计一等奖、第二届《云南卡瓦格博优秀建筑创作奖》一等奖、2009年度全国优秀工程勘察设计奖住宅与住宅小区一等奖

云南省委机关办公大楼

本工程荣获2008年度云南省优秀工程设计一等奖、2009年度中国建筑学会优秀建筑结构设计三等奖

昆明五华（绿地）广场

本工程荣获第四届全国优秀建筑结构设计三等奖、2006年度云南省优秀工程设计一等奖、2007年度国家优质工程银质奖、2009年度中国建筑学会60年建筑设计创作大奖

丽江悦榕酒店

本工程荣获2007年度云南省优秀工程设计一等奖、2008年度全国优秀工程勘察设计行业奖建筑工程一等奖、2008年度全国优秀工程勘察设计奖银奖

西藏自治区行业综述

西藏自治区2010年统计数据汇总项目表

企业资质情况（个）	从业人员情况（人）	财务情况（亿元）	科技活动情况
企业总数 18	从业人员合计 821	营业收入合计 1.31	活动费用支出总额 （亿元）0.01
工程勘察企业数 3 其中：甲级 0 乙级 3	技术人员合计 547 其中：高级 117 中级 233	工程勘察收入合计 0.36 其中：境外工程勘察收入 0	成果转让收入总额 （亿元）0
工程设计企业数 15 其中：甲级 2 乙级 9	建筑师合计 32 其中：一级 7 二级 25	工程设计收入合计 0.89 其中：境外工程设计收入 0	企业累计拥有专利 （项）1
专项合计企业数 0 其中：甲级 0 乙级 0	结构工程师合计 19 其中：一级 8 二级 11	管理服务收入合计 0.02 其中：境外管理服务收入 0	累计拥有专有技术 （项）1
设计施工一体化企业数 0 其他企业数 0	建造工程师合计 13 其中：一级 2 二级 11	工程承包收入合计 0 其中：境外工程承包收入 0	获国家级、省部级奖 （项）6 其中：国家级（项）1
综合资质企业数 0	注册岩土工程师合计 4	其他收入合计 0.04 其中：境外其他收入 0	参编国家、行业、地方 技术标准（项）1 其中：国家级（项）1
内资企业数 18	注册城市规划师合计 4		
港澳台商企业数 0	注册造价工程师合计 14	营业成本合计 0.83	
外商投资企业数 0	注册监理工程师合计 34	人均营业收入 0.00159	

西藏自治区勘察设计行业 2001 年—2010 年企业数发展图

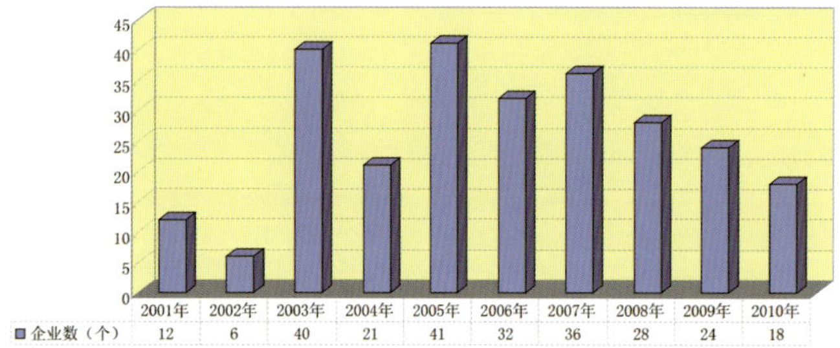

西藏自治区勘察设计行业 2001 年—2010 年从业人数发展图

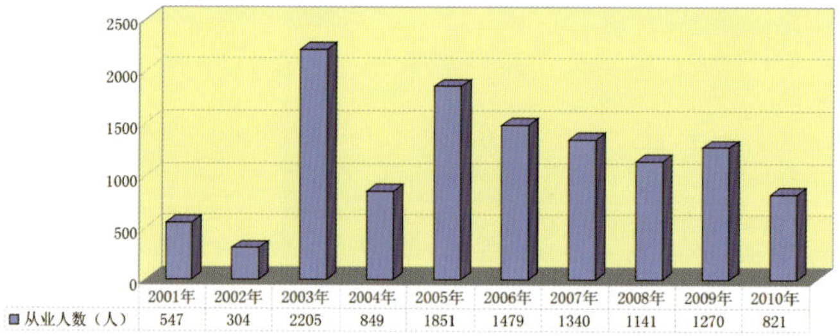

西藏自治区勘察设计行业 2001 年—2010 年营业收入发展图

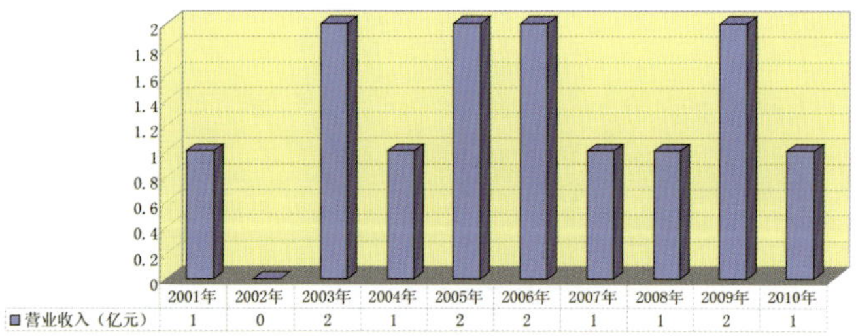

西藏自治区勘察设计行业 2001 年—2010 年人均营业收入发展图

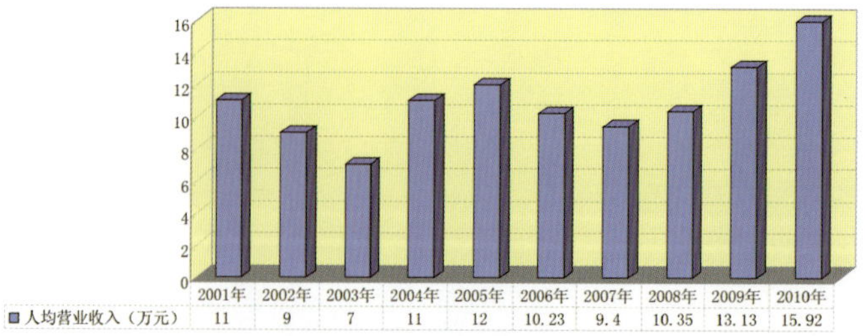

西藏自治区勘察设计行业2010年度企业营业收入前10名排序

排名	企业名称	勘察设计行业类别	企业资质等级	年末从业人员合计（人）	营业收入合计（万元）
1	西藏自治区建筑勘察设计院	建筑	甲级	143	4206.00
2	西藏自治区交通勘察设计研究院	公路	甲级	147	3249.00
3	西藏自治区水利规划勘测设计研究院	水利	乙级	99	1750.41
4	西藏山南地区建筑规划设计院	建筑	乙级	35	626.00
5	西藏地勘局地热地质大队	勘察综合类	乙级	57	559.92
6	西藏雪峰市政建筑勘察设计院	建筑	乙级	54	500.00
7	西藏日喀则地区建筑勘察设计院	建筑	乙级	32	471.80
8	西藏地质勘察局第六地质大队	勘察专业类	乙级	25	413.33
9	西藏地质勘查局第六地质大队	勘察专业类	乙级	25	413.33
10	那曲地区建筑勘察设计院	建筑	乙级	15	290.00

陕西省行业综述

陕西省2010年统计数据汇总项目表

企业资质情况（个）	从业人员情况（人）	财务情况（亿元）	科技活动情况
企业总数 533	从业人员合计 57337	营业收入合计 324.06	活动费用支出总额 （亿元）8.86
工程勘察企业数 70 其中：甲级 36 乙级 29	技术人员合计 38228 其中：高级 12080 中级 15245	工程勘察收入合计 49.69 其中：境外工程勘察收入 1.29	成果转让收入总额 （亿元）2.06
工程设计企业数 342 其中：甲级 121 乙级 116	建筑师合计 1186 其中：一级 580 二级 606	工程设计收入合计 103.77 其中：境外工程设计收入 6.07	企业累计拥有专利 （项）740
专项合计企业数 118 其中：甲级 60 乙级 58	结构工程师合计 1240 其中：一级 851 二级 389	管理服务收入合计 15.69 其中：境外管理服务收入 0.04	累计拥有专有技术 （项）288
设计施工一体化企业数 3 其他企业数 0	建造工程师合计 1781 其中：一级 840 二级 941	工程承包收入合计 134.26 其中：境外工程承包收入 2.37	获国家级、省部级奖 （项）505 其中：国家级（项）61
综合资质企业数 4	注册岩土工程师合计 431	其他收入合计 20.64 其中：境外其他收入 0.18	参编国家、行业、地方 技术标准（项）177 其中：国家级（项）50
内资企业数 529	注册城市规划师合计 61		
港澳台商企业数 3	注册造价工程师合计 416	营业成本合计 238.94	
外商投资企业数 1	注册监理工程师合计 829	人均营业收入 0.00566	

陕西省勘察设计行业 2001 年—2010 年企业数发展图

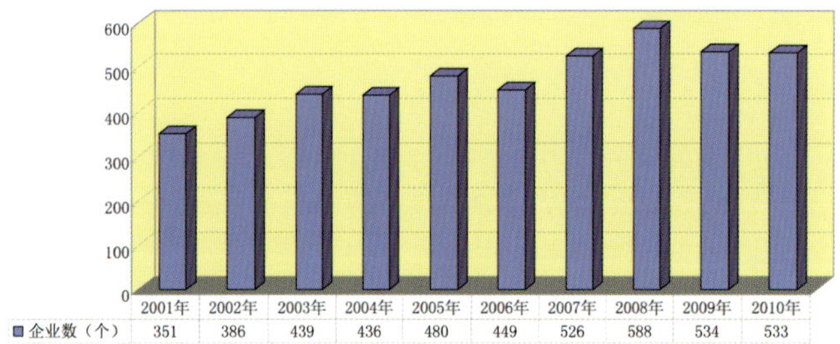

陕西省勘察设计行业 2001 年—2010 年从业人数发展图

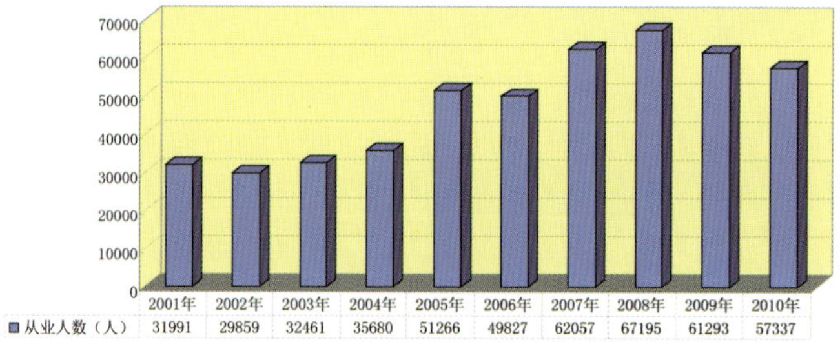

陕西省勘察设计行业 2001 年—2010 年营业收入发展图

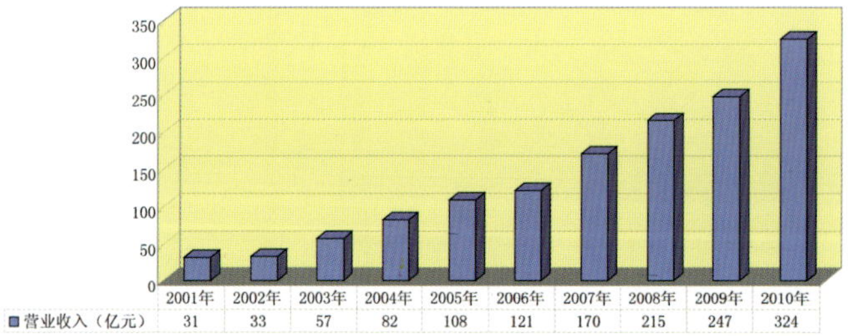

陕西省勘察设计行业 2001 年—2010 年人均营业收入发展图

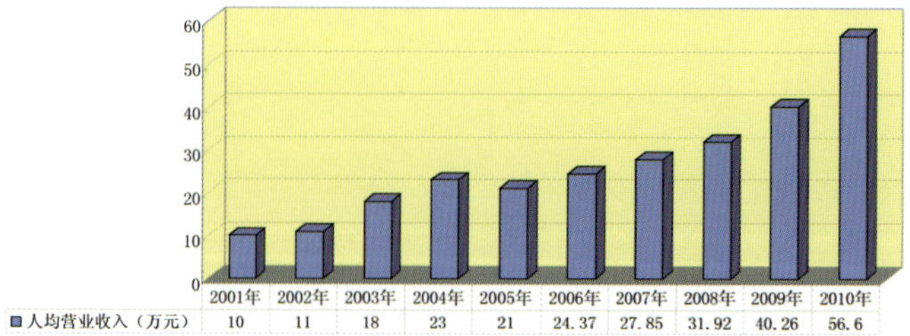

陕西省勘察设计行业2010年度企业营业收入前20名排序

排名	企业名称	勘察设计行业类别	企业资质等级	年末从业人员合计（人）	营业收入合计（万元）
1	中国电力工程顾问集团西北电力设计院	工程设计综合资质	甲级	1562	340127.26
2	中铁第一勘察设计院集团有限公司	工程设计综合资质	甲级	3905	315362.00
3	中国水电顾问集团西北勘测设计研究院	工程设计综合资质	甲级	2432	201407.00
4	华陆工程科技有限责任公司	工程设计综合资质	甲级	1008	161356.00
5	中交第一公路勘察设计研究院有限公司	公路	甲级	2345	120850.00
6	中国新时代国际工程公司	机械	甲级	2245	105879.00
7	煤炭科学研究总院西安研究院	勘察综合类	甲级	1434	102546.00
8	中煤西安设计工程有限责任公司	煤炭	甲级	1115	68939.00
9	中国有色金属工业西安勘察设计研究院	勘察综合类	甲级	739	57125.49
10	中国建筑西北设计研究院有限公司	建筑	甲级	979	50000.00
11	西安长庆科技工程有限责任公司	石油天然气（海洋石油）	甲级	639	42524.00
12	陕西省公路勘察设计院	公路	甲级	499	39303.66
13	中联西北工程设计研究院	建筑	甲级	585	39176.00
14	机械工业勘察设计研究院	勘察综合类	甲级	351	37126.00
15	西北水利水电工程有限责任公司	勘察综合类	甲级	502	28722.53
16	信息产业部电子综合勘察研究院	勘察综合类	甲级	420	28649.24
17	陕西省水利电力勘测设计研究院	水利	甲级	768	20321.59
18	陕西省电力设计院	电力	甲级	330	18014.00
19	中交通力建设股份有限公司	公路	甲级	320	14587.80
20	中冶地集团西北岩土工程有限公司	勘察综合类	甲级	253	12622.75

陕西省勘察设计协会

Shaanxisheng kancha sheji xiehui

一、协会概况

陕西省勘察设计协会成立于1987年，现有勘察设计单位会员545个，专业分会1个，工作委员会2个。

理事会理事153人、常务理事65人，副理事长18人，万人选任理事长，李若良任秘书长，李荣海任副秘书长。

协会宗旨：以邓小平理论和“三个代表”重要思想为指导，遵守宪法、法律、法规，贯彻执行党和国家的方针政策，遵守社会道德风尚，围绕党和政府的中心工作，在政府和会员单位之间发挥桥梁纽带作用，努力为会员单位服务，维护会员单位的合法权益，促进勘察设计事业的改革、发展和进步，为繁荣社会主义市场经济和现代化建设事业做出贡献。

协会的主要工作范围：为会员单位服务；为政府业务部门服务；为行业提供咨询服务、交流培训。

二、协会2010年度主要工作

2010年，协会以邓小平理论和“三个代表”重要思想为指导，以深入学习实践科学发展观为主线，努力把“学践活动”贯穿到协会的各项工作中去。一年来，在大家的共同努力下，比较圆满地完成了2010年的各项工作任务。

(一) 开展行业专题调研，摸清行业基本情况

为进一步摸清全省勘察设计行业发展的现状与存在的问题，协会按照省住房和城乡建设厅领导和中国勘察设计协会的要求，在全省范围内开展行业专题调研。

协会于8月18日召开了行业发展调研工作会，同时下发《关于组织开展工程勘察设计行业有关专题调研工作的通知》，围绕践行科学发展观，贯彻节能减排基本国策；发挥评优引导作用，推动技术创新；坚持市场化导向，推进行业发展；信息化建设带动勘察设计质量提高等四个专题开展全行业调研。

在调研的基础上，协会组织召开了全省勘察设计行业发展研讨会，万人选理事长对此次调研取得的成绩给予了充分肯定，并就调研的思路和下一步的工作提出了指导性意见。

协会秘书处根据专题调研报告，综合归纳写出了《关于我省开展勘察设计行业发展调研活动的汇报材料》，并报送中国勘察设计协会及省住房和城乡建设厅。通过这次全行业专题调研，基本摸清了全省勘察设计行业状况，为行业发展决策提供了依据。

(二) 举办北方省(区)市会议，交流行业发展经验

北京市、天津市、河北省、山西省、内蒙古自治区、山东省、河南省和我省等北方八省(区)市协会发起组织的行业经验交流会，对促进行业的发展起到了很好的推动作用。2009年河北省主办，增加了黑龙江、吉林和辽宁三省。2010年我省承办，又新增了甘肃、宁夏、青海、新疆四省(区)，会议定名为“北方省(区)、市勘察设计经验交流会”。会议上各省充分交流了工作经验，收到了很好的效果。

(三) 开展诚信评估工作，推进行业市场体系建设

诚信评估工作是行业市场体系建设一项十分重要的工作。协会依据中国勘察设计协会《关于在全国建筑设计行业开展诚信评估工作的通知》精神，成立了“陕西省建筑设计行业诚信评估委员会”。

2010年9月3日，“评估委员会”举行全体会议，对29个申报单位的申报材料按要求进行了审查和评选。最后评选确定西北勘测设计研究院等23家单位为“陕西省建筑设计行业诚信先进单位”。并推荐其中的13个单位参加“全国建筑设计行业诚信单位”的评选。这次诚信评估工作将对推进我省勘察设计行业信用体系建设，促进行业健康发展发挥积极作用。

(四) 坚持创优意识，促进勘察设计质量全面提升

2010年，协会受省住房和城乡建设厅的委托，于10月25日—28日组织了陕西省第十五次优秀工程设计(工业类)和第十届工程建设优秀标准设计及工程勘察设计计算机优秀软件的评选工作。评选工作坚持“坚持标准、严格程序、确保质量、统筹全局、公平公正”的原则，共评出省级优秀工程设计(工业类)一等奖31项、二等奖34项、三等奖32项、表扬奖19项；省级优秀标准设计一等奖1项、二等奖1项、三等奖2项；省级优秀软件一等奖2项、二等奖6项、三等奖3项。

2010年4月19日—20日，举办“陕西省2010年度工程建设(勘察设计)优秀QC小组成果发表评选会”，组织评审专家对发表的QC小组成果进行评选，共评出优秀QC小组成果一等奖16个、二等奖12个、三等奖14个。

经协会推荐，西安长庆科技工程有限公司等单位的15个优秀QC小组成果参加全国评选。2010年6月，经中国勘察设计协会评选，我省有10个优秀QC小组成果获得了奖项，占全国81个优秀QC小组的12%，是我省历年来参加中国勘察设计协会优秀QC小组评选获奖最多的一次。

(五) 推进企业文化建设，促进行业全面发展

企业文化建设反映企业的精神、特点和风貌，也体现出企业的灵魂，随着市场经济的不断发展，企业文化建设的重要作用也日益显现出来。

2010年12月10日，在中联西北工程设计研究院召开了“陕西省勘察设计协会企业文化建设工作委员会”首届年会，会上收到31个单位撰写的企业文化专题论文31篇，协会组织了论文评审，共评出一等奖3篇，二等奖4篇，三等奖11篇，优秀奖13篇。

(六) 评选先进，促进协会工作不断进步

发挥会员单位的积极性，鼓励协会工作的热心人，是协会一项十分重要的工作。根据《陕西省勘察设计协会关于评选“先进单位”和“协会先进工作者”的办法》，协会进行了评选先进的工作，评出“先进会员单位”54个，“先进工作者”49名。

(七) 探索软件正版化工作，维护会员单位的合法权益

协会在软件正版化工作中，为维护勘察设计企业形象，维护行业利益，一直在努力探索着。2010年，加强了软件正版化工作的推进工作，先后在中联西北工程设计研究院等单位分片开会，进行软件正版化工作动员。又重点对10多个单位软件正版化进行了检查，并分别对他们提出了具体的指导意见和建议。通过以上工作，有力地推进了全行业的信息化建设工作。

(八) 办好会刊，搭建行业交流平台

协会会刊《陕西勘察设计》，从2000年起在内容和质量方面都有了较大的提升。充分发挥“会刊编委会”成员单位的作用和调动通讯员队伍的积极性是重要的推动力量。现在各编委单位对每月轮流担任主编表现出了极高的热情，会刊的通讯员也都能积极地投稿，这都对办好会刊起到了保证作用，由于大家的共同努力，协会会刊已发展成为行业交流的一个重要平台。

陕西省勘察设计协会

地址：陕西省西安市西七路 291 号

邮编：710003

电话：029-87273595　87279779

邮箱：SXKSXH@bylink.com.cn

中国建筑西北设计研究院有限公司
CHINA NORTHWEST BUILDING DESIGN RESEARCH INSTITUTE CO.,LTD.

中国建筑西北设计研究院有限公司的前身成立于1952年6月1日，是新中国成立初期国内六个大区甲级建筑设计院之一，1980年实行企业化管理，1982年起隶属于中国建筑工程总公司。我院拥有工程设计甲级证书12项、工程设计乙级证书7项，工程总承包甲级证书和工程招标代理甲级资质。我院在各类大型公共建筑设计、高层超高层建筑设计、大型居住小区规划与设计、传统建筑设计等方面有显著优势，先后与30多个国家和地区的建筑同行进行过多项合作设计和技术交流。

我院坚持科技创新，严格技术质量管理。2010年5月初完成了质量、环境、职业健康安全管理体系认证及新版标准的换证工作。自1980年以来，我院获国家级、部省级优秀设计和优秀工程奖200余项，获国家、部省级科技进步奖60余项，多次荣获部省级以上个人和集体荣誉。

我院努力发展“和谐发展共生，合作友谊共赢”的企业文化，愿与各建设单位、国内外同仁进行广泛交流、合作。

奋斗理念：竞争取胜、持续发展

追求理念：快乐工作、胜过昨天

	1	
	2	3
4	5	6

1. 大唐芙蓉园
2. 中国延安干部学院
3. 西安市新行政中心
4. 宁夏回族自治区党委办公楼
5. 天人长安塔
6. 黄帝陵轩辕庙祭祀大殿

甘肃省行业综述

甘肃省2010年统计数据汇总项目表

企业资质情况（个）	从业人员情况（人）	财务情况（亿元）	科技活动情况
企业总数 209	从业人员合计 16971	营业收入合计 48.78	活动费用支出总额（亿元）1.12
工程勘察企业数 33 其中：甲级 13 乙级 14	技术人员合计 13273 其中：高级 3752 中级 5801	工程勘察收入合计 6.56 其中：境外工程勘察收入 0.03	成果转让收入总额（亿元）0.02
工程设计企业数 142 其中：甲级 20 乙级 50	建筑师合计 395 其中：一级 162 二级 233	工程设计收入合计 20.44 其中：境外工程设计收入 0.14	企业累计拥有专利（项）91
专项合计企业数 33 其中：甲级 9 乙级 21	结构工程师合计 367 其中：一级 269 二级 98	管理服务收入合计 1.25 其中：境外管理服务收入 0	累计拥有专有技术（项）74
设计施工一体化企业数 0	建造工程师合计 309 其中：一级 104 二级 205	工程承包收入合计 14.13 其中：境外工程承包收入 0	获国家级、省部级奖（项）185 其中：国家级（项）23
其他企业数 1			
综合资质企业数 0	注册岩土工程师合计 107	其他收入合计 6.39 其中：境外其他收入 0.53	参编国家、行业、地方技术标准（项）17 其中：国家级（项）4
内资企业数 208	注册城市规划师合计 34		
港澳台商企业数 0	注册造价工程师合计 170	营业成本合计 36.43	
外商投资企业数 1	注册监理工程师合计 286	人均营业收入 0.00287	

甘肃省勘察设计行业 2001 年—2010 年企业数发展图

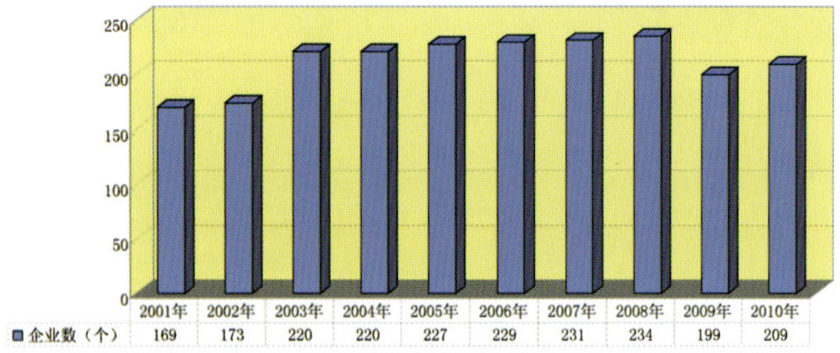

甘肃省勘察设计行业 2001 年—2010 年从业人数发展图

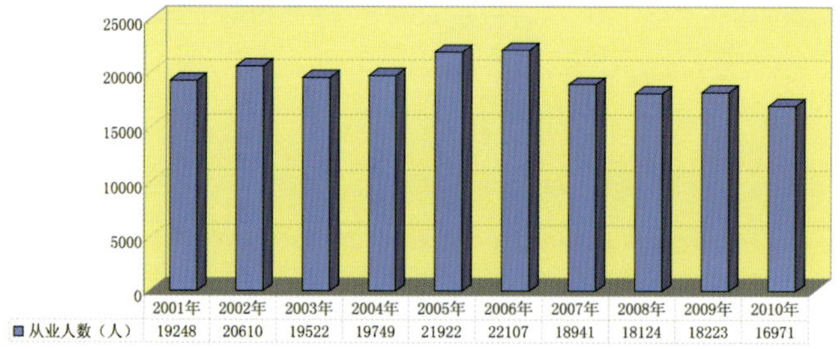

甘肃省勘察设计行业 2001 年—2010 年营业收入发展图

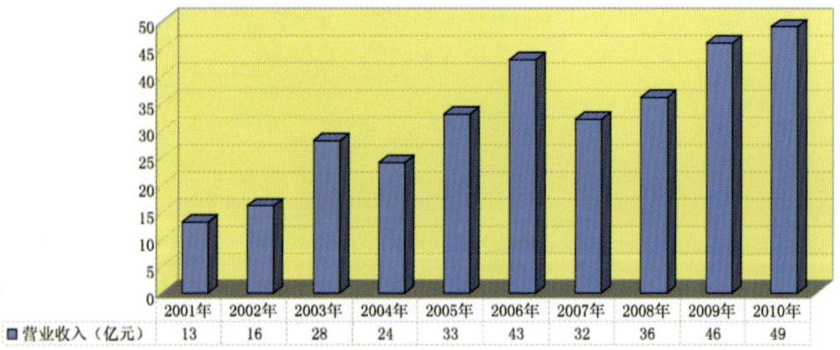

甘肃省勘察设计行业 2001 年—2010 年人均营业收入发展图

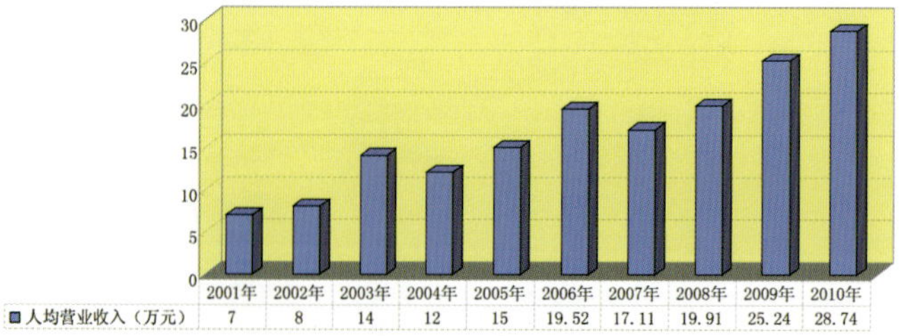

甘肃省勘察设计行业2010年度企业营业收入前20名排序

排名	企业名称	勘察设计行业类别	企业资质等级	年末从业人员合计（人）	营业收入合计（万元）
1	中国市政工程西北设计研究院有限公司	市政	甲级	756	59614.00
2	兰州寰球工程公司	化工石化医药	甲级	468	50323.00
3	兰州铁道设计院有限公司	铁道	甲级	341	29979.63
4	甘肃省电力设计院	电力	甲级	269	27346.00
5	甘肃铁道综合工程勘察院有限公司	勘察综合类	甲级	714	23884.00
6	甘肃省交通规划勘察设计院有限责任公司	公路	甲级	330	20646.70
7	甘肃省建筑设计研究院	建筑	甲级	584	16198.86
8	甘肃省水利水电勘测设计研究院	水利	甲级	965	11532.00
9	兰州有色冶金设计研究院有限公司	冶金	甲级	358	10381.00
10	甘肃省城乡规划设计研究院	建筑	甲级	220	9496.00
11	甘肃省通信产业咨询设计有限公司	电子通信广电	甲级	151	6360.00
12	甘肃水文地质工程地质勘察院	勘察综合类	甲级	79	5248.02
13	兰州市城市建设设计院	市政	甲级	274	4578.91
14	金川镍钴研究设计院	冶金	甲级	350	3983.96
15	兰州煤矿设计研究院	煤炭	甲级	225	3139.00
16	天水市建筑勘察设计院	建筑	甲级	97	2750.00
17	甘肃市政工程承包公司	勘察综合类	甲级	44	2479.00
18	兰州交通大学勘察设计院	建筑	甲级	90	1256.95
19	甘肃省建材科研设计院	建材	甲级	109	1154.50
20	甘肃省轻纺工业设计院有限责任公司	轻纺	甲级	92	804.00

青海省行业综述

青海省2010年统计数据汇总项目表

企业资质情况（个）	从业人员情况（人）	财务情况（亿元）	科技活动情况
企业总数 105	从业人员合计 5882	营业收入合计 9.06	活动费用支出总额 （亿元）0.39
工程勘察企业数 15 其中：甲级 7 乙级 6	技术人员合计 4289 其中：高级 1087 中级 1610	工程勘察收入合计 2.26 其中：境外工程勘察收入 0	成果转让收入总额 （亿元）0.008
工程设计企业数 76 其中：甲级 5 乙级 21	建筑师合计 83 其中：一级 17 二级 66	工程设计收入合计 4.35 其中：境外工程设计收入 0	企业累计拥有专利 （项）56
专项合计企业数 14 其中：甲级 0 乙级 10	结构工程师合计 69 其中：一级 35 二级 34	管理服务收入合计 0.49 其中：境外管理服务收入 0	累计拥有专有技术 （项）23
设计施工一体化企业数 0	建造工程师合计 49 其中：一级 9 二级 40	工程承包收入合计 1.27 其中：境外工程承包收入 0	获国家级、省部级奖 （项）38 其中：国家级（项）2
其他企业数 0			
综合资质企业数 0	注册岩土工程师合计 41	其他收入合计 0.70 其中：境外其他收入 0	参编国家、行业、地方 技术标准（项）19 其中：国家级（项）1
内资企业数 105	注册城市规划师合计 2		
港澳台商企业数 0	注册造价工程师合计 48	营业成本合计 6.69	
外商投资企业数 0	注册监理工程师合计 68	人均营业收入 0.00154	

青海省勘察设计行业 2001 年—2010 年企业数发展图

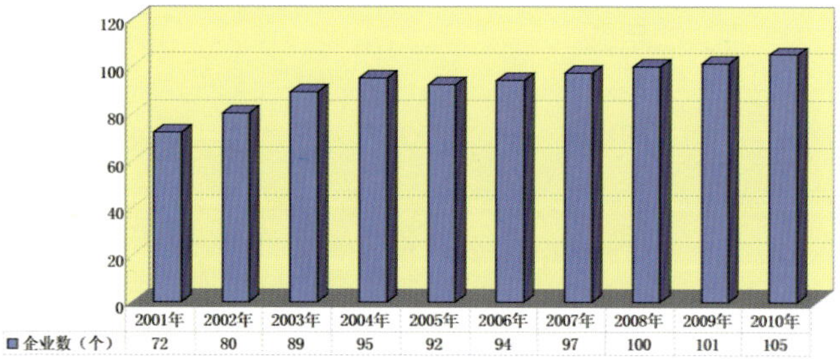

青海省勘察设计行业 2001 年—2010 年从业人数发展图

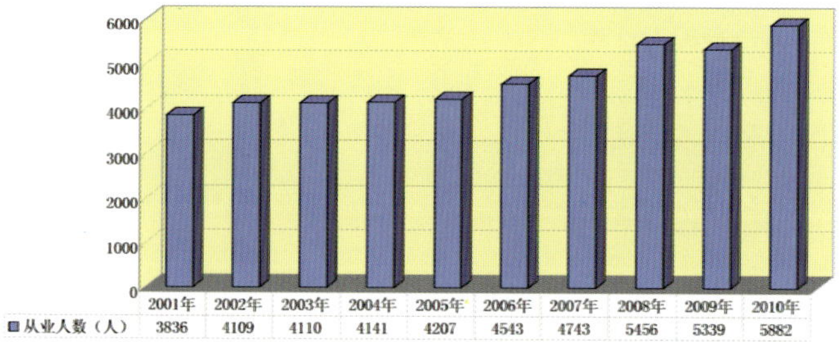

青海省勘察设计行业 2001 年—2010 年营业收入发展图

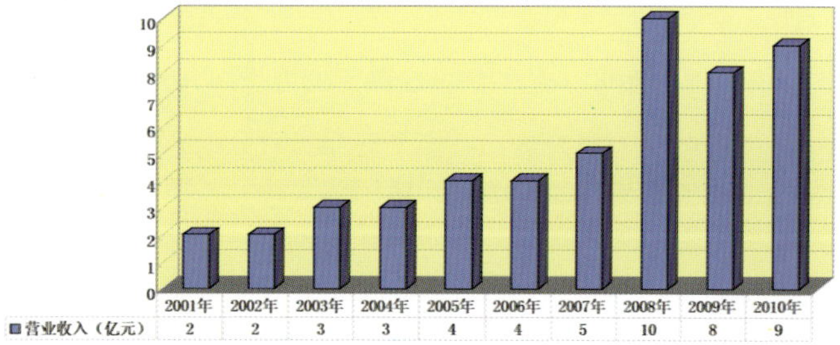

青海省勘察设计行业 2001 年—2010 年人均营业收入发展图

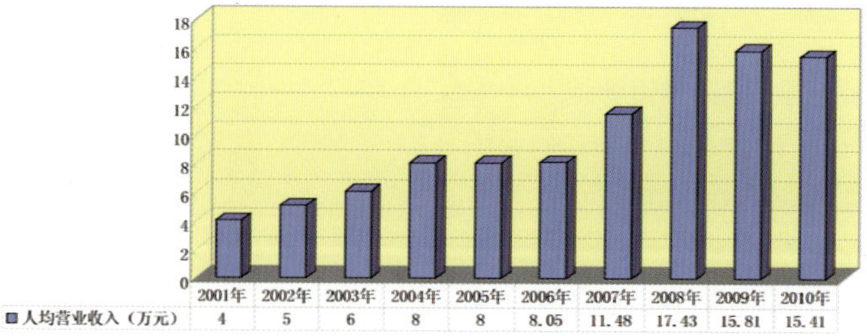

青海省勘察设计行业2010年度企业营业收入前5名排序

排名	企业名称	勘察设计行业类别	企业资质等级	年末从业人员合计（人）	营业收入合计（万元）
1	青海省电力设计院	电力	甲级	253	10598.00
2	青海省建筑勘察设计研究院有限公司	建筑	甲级	219	6358.00
3	青海省公路科研勘测设计院	公路	甲级	234	5600.80
4	青海省水利水电勘测设计研究院	水利	甲级	379	3102.24
5	青海九0六工程勘察设计院	勘察综合类	甲级	236	2675.00

青海省勘察设计协会

Qinghaisheng kancha sheji xiehui

一、协会概况

青海省勘察设计协会成立于1989年，协会现有会员单位146家，王 涛任理事长，熊士泊任秘书长。

协会宗旨：依照党和政府的路线、方针和政策，遵守社会道德风尚，维护会员和行业的合法利益，提供服务，反映诉求，规范行为。

二、协会2010年度主要工作

2010年，青海省勘察设计协会在省住房和城乡建设厅、省民间组织管理局的指导下，在会员单位的大力支持下，以贯彻落实科学发展观为指导方针，紧紧围绕为政府服务、为市场服务、为企业服务的原则，履行协会的职责。

(一) 认真筹备五届会员代表大会，组建了新一届协会的组织机构

2010年初，协会充实了秘书处的力量，积极筹备换届选举有关事宜。4月13日，第五届会员代表大会如期召开，会议通过了四届理事会工作报告和财务工作报告、章程修改说明，产生了新一届组织机构。

(二) 发挥协会协调职能，努力完成抗震救灾任务

2010年4月14日，青海省玉树地区发生了7.1级强烈地震。省住房和城乡建设厅紧急安排部署，抗震救灾是厅属单位的第一要务。协会积极响应，以抗震救灾为工作中心，协助和配合勘察设计处，全力投入到抗震救灾中。

协会理事长王涛，副秘书长王志川同志，第一时间赶到玉树灾区，在较短的时间内两次组织专家、设计单位精干力量开展抗震救灾房屋安全应急评估工作和救灾工作，及时向省厅提供了地震房屋受损情况报告；及时组织专家制定并由省厅下发了《关于加强全省城镇房屋建筑抗震鉴定与加固工作的通知》《青海玉树地震灾区过渡安置活动板房建设技术管理暂行规定》等文件；组织设计单位编制了《过渡安置区临时厕所建筑施工图设计》文件，在最短的时间内保证了过渡安置区的环境卫生建设。

为抓好玉树灾后重建阶段的地质勘察设计工作，协会积极配合厅勘察设计处，组织省内具备较强实力的5家工程勘察单位，640名工程技术人员、116台勘探钻机及数十台实验设备，在短短的20天，完成了总面积约16平方千米的重建区工程地质初步勘察，为恢复重建工作奠定了基础。同时号召各会员单位开展了抗震救灾捐款活动，共有15家勘察设计企业捐款共计104 370元，为玉树抗震救灾做出了积极努力。

(三) 开展调研工作，做好企业、政府的双向服务

2010年，协会坚持做好调查研究工作，认真听取企业的意愿、诉求，并如实向政府主管部门反映企业的意愿、诉求。8月份，按照省住房和城乡建设厅的工作要求及中国勘察设计协会的工作部署，开展了一次全省勘察设计行业的专题调研，围绕行业在贯彻节能减排、技术创新、结构调整以及市场监管等方面存在的问题，问计于企业。很多企业都能结合企业实际，针对市场时弊，提出了非常好的建议和意见。在调研的基础上，向政府主管部门和中国勘察设计协会上报了《关于青海省勘察设计行业现状、问题与对策》的专题调研报告。

为认真贯彻住房和城乡建设部《关于积极推进工程设计责任保险工作指导意见》，协会认真做好勘察设计责任保险推广的基础工作。在借鉴其他省、自治区成熟经验的基础上，对责任保险的有关内容进行了广泛宣传和意见征询，向全省勘察设计企业发放50份10条征询意见，90%以上的被调查企业都积极赞同实行勘察设计责任保险。在此基础上，向政府主管部门提交了关于推行勘察设计责任保险指导意见的建议。根据建议，省住房和城乡建设厅下发了《关于全省推行工程勘察设计责任保险工作的通知》，为政府决策提供了信息。

(四) 及时宣传党和政府的方针政策

协会通过主办的《青海勘察设计》期刊，及时刊登住房和城乡建设部、省住房和城乡建设厅有关领导的讲话文章，以及国家勘察设计行业动态、标准规范和法律法规。2010年，共编辑出版《青海勘察设计》五期，刊登学术论文

43篇，国家颁布的标准规范三批20项，法律法规15篇等，促进了与其他省同业协会的工作交流，更为我省的勘察设计企业和技术人才提供了良好的信息、学习、交流的平台。

(五) 举办业务培训班，搞好勘察设计技术人员职业继续教育

开展职业继续教育培训，提高勘察设计人员的业务水平。8月份，与中国建筑设计研究院人才培训中心联合举办了最新版国家标准《岩土工程勘察安全规范》及“岩土工程勘察报告规范编制与审查要点”培训班，来自全省工程勘察单位和审图机构的66名技术人员，经过培训取得由中国建筑设计院人才培训中心颁发的合格证书、38人取得由青海省人力资源和社会保障厅职工教育办公室颁发的继续教育证书。

(六) 抓好日常工作，加强协会自身建设

一是做好营业执照、组织机构代码证及《青海勘察设计》期刊准印证年检。二是参加有关会议、培训。2010年11月，参加了省民间组织管理局举办的培训班，对社会团体的规范运作进行了系统学习；参加了北方省勘察设计企业工作经验交流会，参加了全国工程勘察设计行业发展研讨交流汇报会等，学习其他省市同行协会的先进经验，在加强自身建设方面，有较大提高。

(七) 积极配合、服务于政府主管部门，共同促进行业发展

动态考核工作是政府主管部门对勘察设计企业市场行为进行监管的重要措施，也是与协会的工作分不开的。一年来，协会积极努力，较好地完成了政府职能部门委托的工作。

(1) 配合完成全省工程设计单位的资质换证工作。抽调管理经验丰富的人员组成专家审查小组，对申请资料进行初审。

(2) 繁荣建筑创作，促进技术进步。根据省住房和城乡建设厅工作计划和玉树灾后恢复重建工作需要，配合省住房和城乡建设厅勘察设计处先后组织编制了《青海省廉租住房(可改造项目)建筑设计方案图集》《青海省玉树地震灾后恢复重建民居建筑设计方案图集》。

(3) 进一步推进勘察设计单位体制改革，加快培育勘察设计龙头企业。新申请资质单位，要求其必须是独立法人、自负盈亏的企业；对已有工程勘察设计资质、还未进行体制改革的事业单位，督促其抓紧开展体制改革，真正进入市场公平竞争；对以设计为龙头的工程总承包，以新能源、可再生能源研发、设计、建设、生产等企业，给予积极的支持；对已形成龙头效应的工程勘察单位因势利导，带领其他工程勘察单位健康有序快速发展。

(4) 协助政府主管部门完成《青海省勘察设计咨询业“十二五”发展规划》。

青海省勘察设计协会

地址：青海省西宁市昆仑路28号建工大厦13楼
邮编：810001
电话：0971-6146224
邮箱：345603180@qq.com

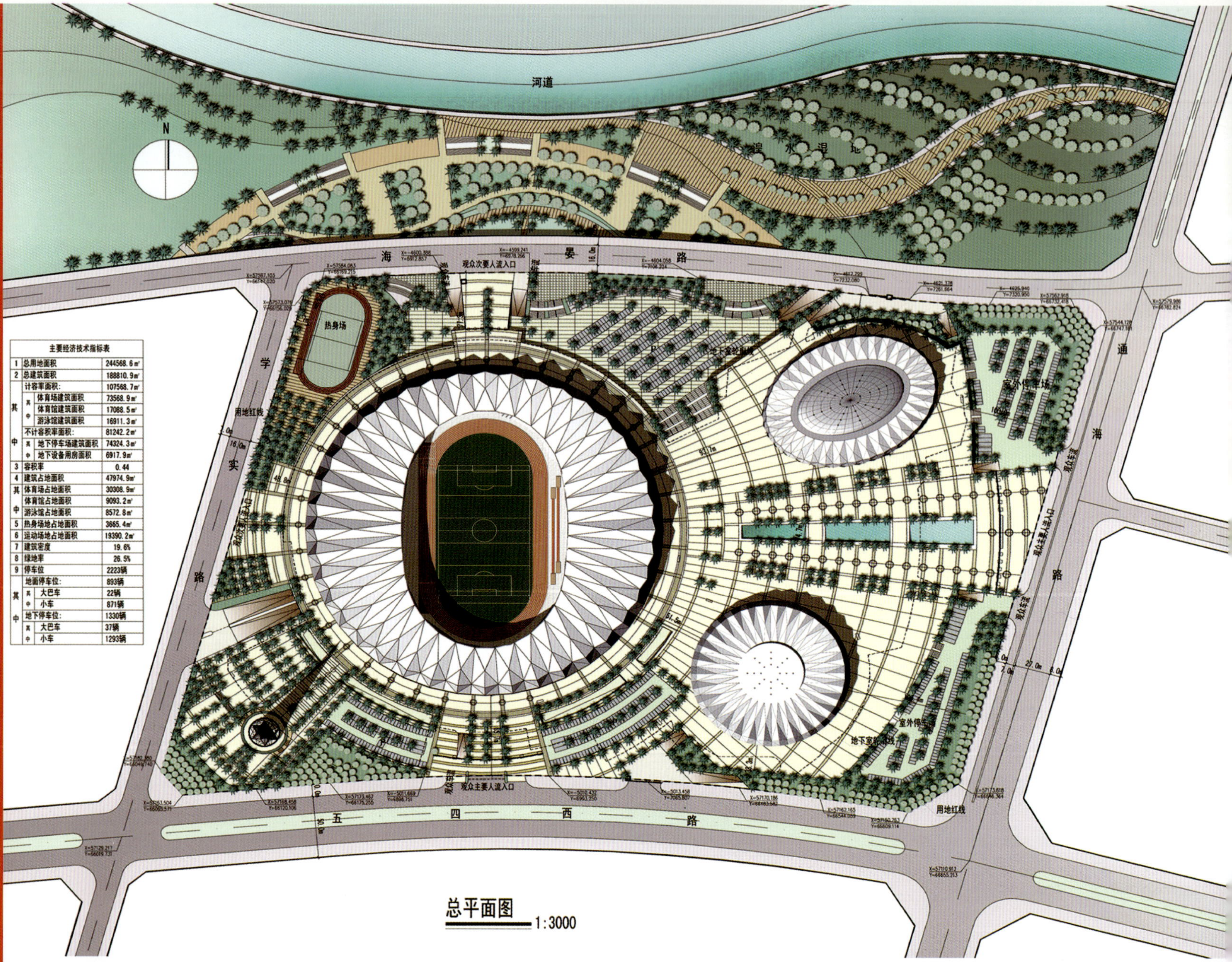

主要经济技术指标表

1	总用地面积		244568.6㎡
2	总建筑面积		188810.9㎡
其中	计容率面积:		107568.7㎡
	其中	体育场建筑面积	73568.9㎡
		体育馆建筑面积	17088.5㎡
		游泳馆建筑面积	16911.3㎡
	不计容积率面积:		81242.2㎡
	其中	地下停车场建筑面积	74324.3㎡
		地下设备用房面积	6917.9㎡
3	容积率		0.44
4	建筑占地面积		47974.9㎡
其中	体育场占地面积		30308.9㎡
	体育馆占地面积		9093.2㎡
	游泳馆占地面积		8572.8㎡
5	热身场地占地面积		3665.4㎡
6	运动场地占地面积		19390.2㎡
7	建筑密度		19.6%
8	绿地率		26.5%
9	停车位		2223辆
其中	地面停车位:		893辆
	其中	大巴车	22辆
		小车	871辆
	地下停车位:		1330辆
	其中	大巴车	37辆
		小车	1293辆

总平面图 1:3000

青海九O六工程勘察设计院前身系中国人民解放军基建工程兵水文地质部队，始建于1974年，1984年集体撤改归属地矿部，更名为地矿部九O六水文地质工程地质大队；2002年11月在建设部第二批资质换证后更名为青海九0六工程勘察设计院。我院现有职工267人，专业技术人员136人，其中教授级高工9人，高级工程师30人，工程师60人，技术干部占50%以上。我院占地42670m^2，总资产6000万元，房产40000m^2，我院现有设备186台（套），其中钻探设备46台，主要化验设备45台，物探设备35台，测绘仪器设备共25台（套）。

我院是青海省唯一一家集工程地质、水文地质、环境地质、地质矿产勘查，地质灾害防治工程勘查、设计、施工、监理，以及工程测绘、物探、化验于一身的综合性地勘单位。 现持有建设部颁发的工程勘察综合类甲级证书；国土资源部地质灾害防治工程勘察甲级、设计甲级、施工甲级、监理甲级证书、地质灾害危险性评估甲级资质；水利部颁发的水文水资源评价甲级资质证书；设有通过省级计量认证的化验测试中心。

多年来，我院先后完成了陕、甘、宁、冀、鲁、皖、蒙、辽、吉、黑、新、藏、青等省（区）的水文地质、工程地质、环境地质勘查普查项目1000余项，提交的各类专业报告1000余份，其中40多份大型勘查报告受到有关专家的高度评价，十五份勘查报告被评为部级勘查成果三、四等奖，八份报告评为部级勘查成果二等奖，十份报告被认为达到国内先进水平，大量学术论文被国内外专业刊物所采用。在完成国家计划勘查调查任务的同时，我院始终坚持以水工环为主业，发扬人民解放军的光荣传统，努力开拓市场，我院利用丰富的水、工、环等地质资料，凭借自身的技术优势和先进的装备，为青海省五州一地和西宁市、格尔木市、德令哈市；甘肃民勤；内蒙额济纳旗；新疆克拉玛依、喀什等城镇驻军、工矿企业、生态环境治理工程成井900余眼并完成百余项配套供水工程，深受各级政府和广大受益用户的好评。为配合国家“西北找水特别计划”，实施的内蒙额济纳旗极度贫水区找水，为边防驻军打出的一口优质水井，受到内蒙古自治区军区、国家计委的称赞和国务院副总理邹家华的赞扬，并立丰碑“戈壁甘泉”以示纪念。在工程地质领域，承担了丹（东）拉（萨）国道平安—西宁段高速公路、西宁—湟源一级公路工程地质勘察和西宁市、格尔木市、德令哈市等四十余个市县的基础设施市政工程项目的工程地质勘察任务；承担完成了全国第一条高海拔多年冻土区公路隧道勘察工作；完成穿越多年冻土区的国道214线姜路岭－清水河段、西藏国杰至洞错段等公路工程地质勘察；完成湿陷性黄土高陡边坡稳定性勘察、湿陷性黄土地区隧道工程地质勘察和盐渍土等特殊性岩土发育地区的工程地质勘察项目百余项；完成青海省黄南州西山滑坡、西宁市瓦窑沟泥石流地质灾害勘查设计等项目50多项；其中黄南州西山滑坡勘察和治理设计荣获建设部优秀勘察设计二等奖，西宁市南北过境线高架桥工程地质勘察、西宁市国源大厦等10份工程地质勘察项目获省级勘察二、三等奖；西宁市瓦窑沟泥石流综合治理工程勘察被青海省评为一等奖并推荐申报部级一等奖。因我院各项工作成绩突出，先后获得多项国家级和省市级奖励，2000年—2002年被省委、省政府授予全省56家地勘单位唯一的省级“文明单位”，2005年被中央文明委授予“全国文明单位”，2006年被中国勘察设计协会评为“全国优秀勘察设计院”、2007年被中国勘察设计协会授予“全国工程勘察与岩土行业诚信单位”荣誉称号。

1	3	5	6
2	4		

1. 西宁市海湖新区体育中心
2. 青海省西宁市火车站综合改造项目
3. 西宁市南北过境线同仁路高架桥
4. 西宁市昆仑桥
5. 西宁市第一污水处理厂
6. 浦宁之珠电视塔

宁夏回族自治区行业综述

宁夏回族自治区2010年统计数据汇总项目表

企业资质情况（个）	从业人员情况（人）	财务情况（亿元）	科技活动情况
企业总数 86	从业人员合计 5472	营业收入合计 15.82	活动费用支出总额（亿元）0.50
工程勘察企业数 16 其中：甲级 0 乙级 7	技术人员合计 3874 其中：高级 1083 中级 1292	工程勘察收入合计 1.53 其中：境外工程勘察收入 0	成果转让收入总额（亿元）0.30
工程设计企业数 56 其中：甲级 7 乙级 17	建筑师合计 135 其中：一级 36 二级 99	工程设计收入合计 6.20 其中：境外工程设计收入 0	企业累计拥有专利（项）5
专项合计企业数 14 其中：甲级 1 乙级 11	结构工程师合计 124 其中：一级 66 二级 58	管理服务收入合计 0.49 其中：境外管理服务收入 0	累计拥有专有技术（项）11
设计施工一体化企业数 0	建造工程师合计 58 其中：一级 16 二级 42	工程承包收入合计 4.15 其中：境外工程承包收入 0	获国家级、省部级奖（项）117 其中：国家级（项）4
其他企业数 0			
综合资质企业数 0	注册岩土工程师合计 43	其他收入合计 3.45 其中：境外其他收入 0	参编国家、行业、地方技术标准（项）3 其中：国家级（项）0
内资企业数 86	注册城市规划师合计 17		
港澳台商企业数 0	注册造价工程师合计 31	营业成本合计 11.07	
外商投资企业数 0	注册监理工程师合计 31	人均营业收入 0.00289	

宁夏回族自治区勘察设计行业 2001 年—2010 年企业数发展图

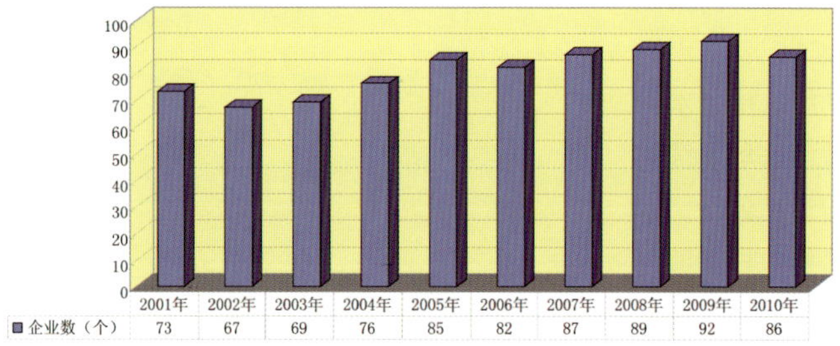

宁夏回族自治区勘察设计行业 2001 年—2010 年从业人数发展图

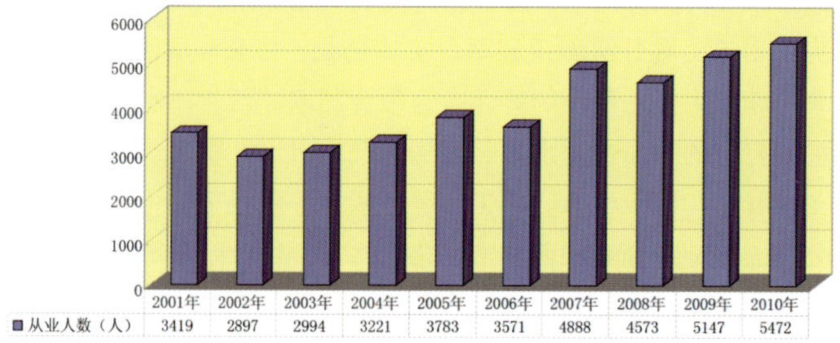

宁夏回族自治区勘察设计行业 2001 年—2010 年营业收入发展图

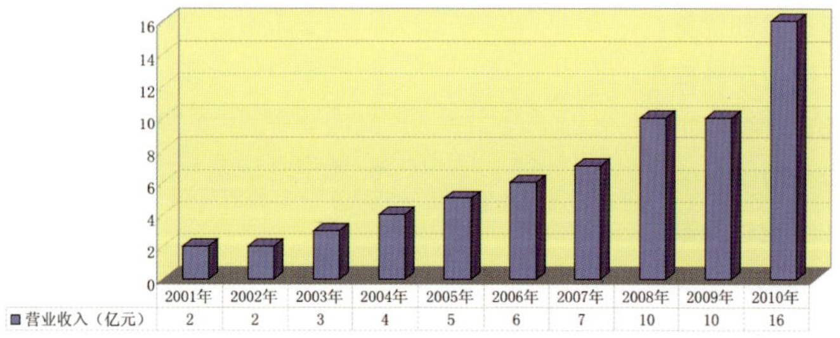

宁夏回族自治区勘察设计行业 2001 年—2010 年人均营业收入发展图

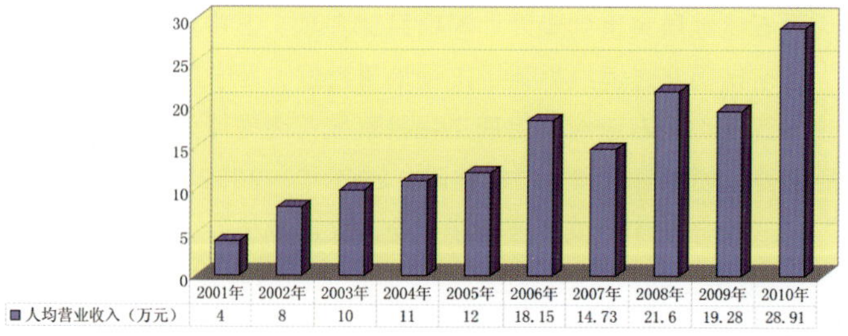

宁夏回族自治区勘察设计行业2010年度
企业营业收入前5名排序

排名	企业名称	勘察设计行业类别	企业资质等级	年末从业人员合计（人）	营业收入合计（万元）
1	宁夏建筑设计研究院有限公司	建筑	甲级	251	16076.00
2	宁夏回族自治区电力设计院	电力	甲级	162	11979.00
3	银川市规划建筑设计研究院有限公司	建筑	甲级	226	6698.00
4	宁夏水利水电勘测设计研究院有限公司	水利	甲级	184	5599.82
5	宁夏公路勘察设计院有限责任公司	公路	甲级	169	5125.37

宁夏规划勘察设计协会

Ningxia guihua kancha sheji xiehui

一、协会概况

宁夏规划勘察设计协会成立于1992年，现有勘察设计会员单位93家，工作委员会1个。张建中任理事长兼任秘书长。

协会宗旨：维护会员合法权益，加强行业自律管理，为促进建设科技事业发展与进步服务。

二、协会2010年度主要工作

(一) 加强政治学习，狠抓协会自身建设

换届大会结束后，协会在部署开展2010年工作的同时，进行了以健全组织机构为重点，以完善规章制度为手段，以增强服务功能为目的的协会自身建设。

首先，协会组织各理事长、副理事长单位负责人和协会专职人员认真学习中央、自治区有关规划勘察设计行业的法律法规、政策以及协会章程，明确协会的各项职能，熟悉规划勘察设计行业的现状，了解规划勘察设计行业存在的问题。坚持以邓小平理论和"三个代表"重要思想为指导，全面贯彻落实科学发展观，以提供服务为中心，以会员需求为导向及政府主管部门的要求为目标，强化队伍建设。进一步建立和完善协会管理运行机制和激励机制，建立一支稳定的专业化的工作队伍。使规划勘察设计协会工作在制度、人才、机制等方面拥有坚实服务能力的基础。

8月9日，自治区召开深入实施西部大开发战略动员大会，张毅书记和王正伟主席在会议上发表了重要讲话。为了学习好、领会好、落实好会议的主要精神，协会组织部分会员单位参加了住房和城乡建设厅召开的关于落实西部大开发动员大会精神的会议，并要求各会员单位认真学习领导的讲话，积极投入到西部大开发的建设中去。

(二) 积极参加同业、同行交流，互相学习，取长补短

为了学习和借鉴新形势下上级和兄弟省市协会工作的先进经验，探索和不断提高协会的服务水平，协会领导参加了中国勘察设计协会第五届会员代表大会，听取了中国勘察设计协会第四届理事会工作报告以及新当选为中国勘察设计协会理事长的王素卿同志《继往开来，改革创新，促进发展》的重要讲话，进一步领会了协会在新形势下的工作重点以及发展方向。根据上级协会的要求，协会在"三个做好，一个加强"上努力下功夫，即做好政府参谋助手工作，做好行业代表工作，做好为企业服务工作，加强行业自律和协会自身建设。

2010年8月，协会领导参加了住房和城乡建设厅主持召开的厅属八大协会工作座谈会，会议组织各协会负责人学习了《住房和城乡建设厅社会团体管理办法(试行)》的主要精神。共同研究探讨了在政府和社会团体分开后厅属社团组织如何加强管理，开展工作；如何更好地为行业和企业服务；怎样发挥社团组织在厅机关和企业之间的中介作用等问题。张建中理事长在会上就协会管理及工作方法与厅领导和其他协会的负责人进行了交流。

2010年10月，协会安排人员参加了由陕西省勘察设计协会主办的北方15省(区)、市勘察设计行业工作经验交流会。我会是第一次参加这种经验交流会，可以说受益匪浅，收获颇丰。在会议上，北京、天津、河南、陕西等具有数百个会员单位的大协会介绍了本协会先进的、成功的工作经验，通过这个交流平台，使我们向兄弟省区学习到了很多好的工作开展方法，开拓了思路。对我区的行业管理和协会工作有很大的启发和帮助，在今后的工作中我们将吸取他们好的经验，进一步促进我区勘察设计行业的进步和发展。

(三) 开展诚信评估，规范行业行为

在全区勘察设计行业开展诚信评估，大力宣传诚信先进单位，逐步形成以诚信为荣，以失信为耻的良好风气，推动全行业诚信建设。

为贯彻落实党中央国务院关于"大力推动行业诚信建设"的要求，规范市场行为，维护市场秩序，提高勘察设计单位的诚信意识和知名度，增强市场综合能力，实现行业自律，推动自治区勘察设计行业又好又快地持续发展，2010年6月，根据中国勘察设计协会《在全国建筑设计行业开展诚信评估工作的通知》[中设协字]第29号文的要求，协会协助上级主管部门下发了中国勘察设计协会关于建筑行业开展诚信评估工作的通知，要求符合条件的设计单位参加诚信单位评审申报工作。2010年9月，协会组织有关专家对申报单位进行了评估工作。最终同意推荐宁夏建筑设计研究院有限公司、银川市规划建筑设计研究院有限公司、宁夏煤矿设计研究院有限责任公司三家设计单位为诚信设计单位。

(四) 圆满完成自治区优秀工程勘察设计奖评选工作

优秀工程勘察设计奖评选工作对于推动宁夏勘察设计单位争优创优、提高勘察、设计人员业务能力，促进技术交流有着重要的意义。2010年10月，协会在住房和城乡建设厅主管部门的帮助下，对评审专家资格进行了严格的审定，选择了区内各专业的学科带头人或权威参加评审工作，最后确定了建筑工程、市政和风景园林、工程勘察、建筑装饰和水利电力公路通信煤炭等5个评审组。在评审工作开展之前，进一步完善评优办法，制定了详细的优秀勘察设计评审细则，保证评优工作规范化、科学化、制度化。保证了评选工作的公平、公正、公开以及严肃性。11月底，5个评审组经过一个星期左右紧张的初评和终评工作，从119个申报项目中评出一等奖4项、二等奖12项、三等奖19项、单项奖3项、表扬奖17项。评审结果已在宁夏日报和宁夏画报上进行宣传和展示。

(五) 扎实做好新技术、新规范、新标准的宣贯与培训工作

新技术、新规范、新标准的宣贯与培训工作是协会工作的重点之一，积极开展宣贯与培训，帮助会员单位开展人才资源建设，提高勘察设计质量和水平，增强创新能力，是协会为会员服务的主要职责。

(1) 为了贯彻落实党中央国务院关于加强节能减排工作的战略部署，建设资源节约型、环境友好型社会，推动绿色建筑与节能工作，住房和城乡建设部委托中国城市科学研究会、中国绿色建筑委员会主办“第六届国际绿色建筑与建筑节能大会暨新技术与产品博览会”。协会与宁夏建设新技术新产品推广协会，宁夏房地产业协会联合组织会员单位参加了本次大会，取得了良好的效果。

(2) 2010年5月，协会邀请了全国注册岩土工程师命题组组长张苏民大师，《建筑地基基础规范》《建筑地基基础处理规范》主要编委、中国建筑科学研究院地基所所长阎明礼教授来银川举办学术讲座，两位专家就建筑地基处理技术及设计、湿陷性黄土地基勘察设计等方面做了精彩的讲座，受到参加讲座的工程技术人员的高度好评，参加讲座的人数达到120人之多。

(3) 2010年11月26日~27日，应住房和城乡建设厅规划设计处、抗震办的要求，协会邀请了《建筑抗震设计规范》2010版的第一主编黄世敏教授对新规范进行了宣贯，全区工程勘察、结构工程等相关专业技术人员踊跃参加了规范的学习，为新抗震规范的执行打下了坚实的基础，取得了良好的效果。参加人数达229人。

(4) 2010年6月，岩土工程勘察专业技术人员由于对新规范的理解存在分歧，在施工图审查工作中出现了项目负责人和施工图审查员甚至施工图审查人员之间对规范条文理解不一致的情况，为了统一认识，化解矛盾，协会及时组织全区6个施工图审查中心的岩土工程专业施工图审查专家召开专题讨论会，对新规范、新标准的内容进行了深入的讨论，最终达成了共识，解决了勘察单位技术人员在具体工程中遇到的许多问题。

(5) 协会还帮助宁夏建筑电气学会委员会、宁夏建筑学术委员会等专业学术委员会联系聘请国内知名专家到区内进行学术交流及培训工作。

(六) 加强信息化建设，创办宁夏规划设计协会网站

在信息化高速发展的今天，互联网已成为信息传递最迅速、最便捷、最有效的方式。为了加强协会同各会员单位之间的联系，真正起到上传下达的作用，让政府职能部门、会员单位及社会各界能准确、及时地掌握第一手的行业资讯和协会工作情况，协会2010年10月份聘请计算机网络技术人员创办了“宁夏规划勘察设计协会网站”。现在网站的基本构架已经设计完成，在网站首页中可以浏览到协会新闻、机构设置、行业动态、会员展示、执业注册、设计评优、法律法规、交流培训等8个方面的内容。

2010年12月，协会组织有关专家对宁夏回族自治区住房和城乡建设厅建筑施工图设计文件审查管理信息系统进行了评审。与会领导和专家充分肯定了该软件对促进我区施工图审查工作走向高效、标准、有序、统一起到的推动作用，为建设行政主管部门、建设单位、勘察设计单位、施工图审查单位搭建了一个互相交流的高效的信息化平台。

(七) 加强行业自律，保护会员单位利益

在2010年，协会不遗余力地建立健全行业自律性管理约束机制，加强行业自律，加强行业监督管理，规范市场行为，维护市场公平，建立良好的市场秩序，营造良好市场环境，保护会员利益。

2010年5月，协会对存在问题较多的工程勘察行业率先进行了认真细致的调查工作，基本掌握了我区工程勘察行业存在的问题并向行政主管部门做了反映，初步形成了工程勘察行业公约，并在9月份协会副理事长单位工作会议上进行了讨论，并向全区各勘察单位广泛征求意见，对工程勘察行业恶性压价，严重影响勘察质量的现状起到积极的作用。

宁夏规划勘察设计协会

地址：宁夏银川市兴庆区文化西街 65 号

邮编：750001

电话：0951-5045697

邮箱：nxghkcsjxh@163.com

网址：www.nxkcsj.com

新疆维吾尔自治区行业综述

新疆维吾尔自治区2010年统计数据汇总项目表

企业资质情况（个）	从业人员情况（人）	财务情况（亿元）	科技活动情况
企业总数 207	从业人员合计 18099	营业收入合计 62.71	活动费用支出总额（亿元）1.03
工程勘察企业数 31 其中：甲级 9 乙级 21	技术人员合计 14286 其中：高级 4678 中级 5852	工程勘察收入合计 8.06 其中：境外工程勘察收入 0.03	成果转让收入总额（亿元）0.22
工程设计企业数 155 其中：甲级 39 乙级 80	建筑师合计 531 其中：一级 176 二级 355	工程设计收入合计 24.83. 其中：境外工程设计收入 0.41	企业累计拥有专利（项）104
专项合计企业数 21 其中：甲级 5 乙级 15	结构工程师合计 331 其中：一级 262 二级 69	管理服务收入合计 3.62 其中：境外管理服务收入 0	累计拥有专有技术（项）29
设计施工一体化企业数 0 其他企业数 0	建造工程师合计 194 其中：一级 80 二级 114	工程承包收入合计 20.95 其中：境外工程承包收入 0.0006	获国家级、省部级奖（项）176 其中：国家级（项）15
综合资质企业数 0	注册岩土工程师合计 125	其他收入合计 5.24 其中：境外其他收入 0	参编国家、行业、地方技术标准（项）35 其中：国家级（项）6
内资企业数 207	注册城市规划师合计 81		
港澳台商企业数 0	注册造价工程师合计 168	营业成本合计 49.28	
外商投资企业数 0	注册监理工程师合计 188	人均营业收入 0.00347	

新疆维吾尔自治区勘察设计行业 2001 年—2010 年企业数发展图

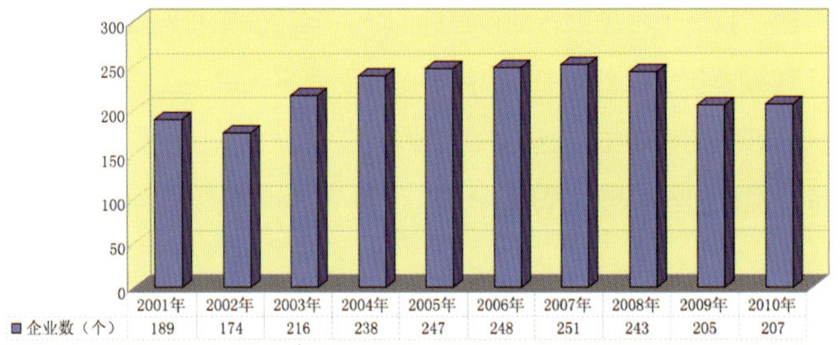

新疆维吾尔自治区勘察设计行业 2001 年—2010 年从业人数发展图

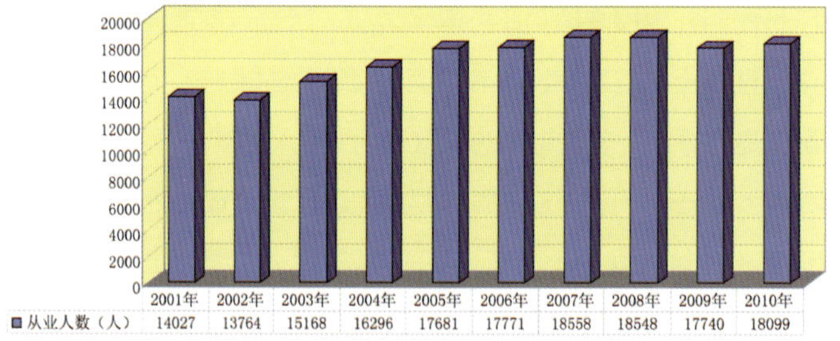

新疆维吾尔自治区勘察设计行业 2001 年—2010 年营业收入发展图

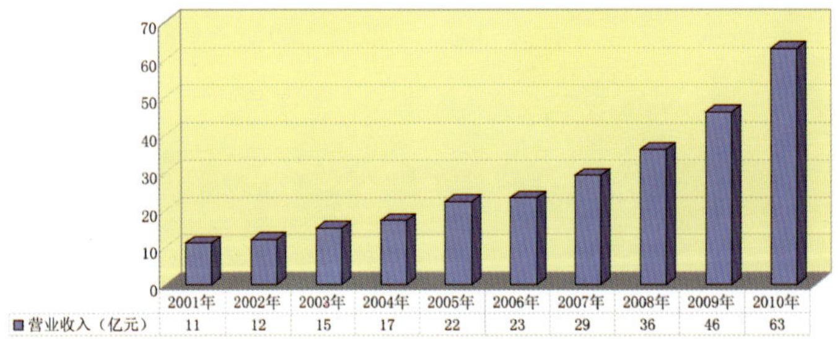

新疆维吾尔自治区勘察设计行业 2001 年—2010 年人均营业收入发展图

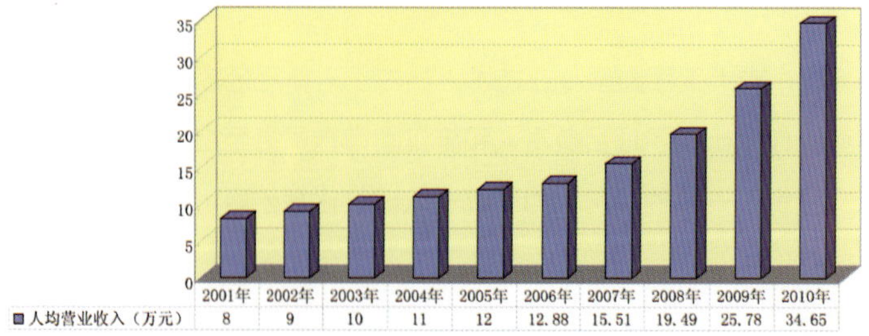

新疆维吾尔自治区勘察设计行业2010年度
企业营业收入前20名排序

排名	企业名称	勘察设计行业类别	企业资质等级	年末从业人员合计（人）	营业收入合计（万元）
1	新疆电力设计院	电力	甲级	1022	63269.00
2	新疆石油勘察设计研究院（有限公司）	石油天然气（海洋石油）	甲级	701	50208.87
3	新疆铁道勘察设计院有限公司	铁道	甲级	578	45398.00
4	新疆生产建设兵团勘测规划设计研究院（农业部新疆勘测设计院）	农林	甲级	888	42227.00
5	新疆寰球工程公司	化工石化医药	甲级	191	41051.80
6	水利部新疆维吾尔自治区水利水电勘测设计研究院	水利	甲级	1232	32801.20
7	新疆凯盛建材设计研究院（有限公司）	建材	甲级	203	32216.00
8	新疆建筑科学研究院（有限责任公司）	建筑	甲级	515	22916.60
9	新疆维吾尔自治区建筑设计研究院	建筑	甲级	541	20173.78
10	新疆公路规划勘察设计研究院	公路	甲级	445	13233.00
11	新疆煤炭设计研究院有限责任公司	煤炭	甲级	385	11250.04
12	新疆城乡规划设计研究院有限公司	市政	甲级	128	5577.00
13	新疆轻工业设计研究院有限责任公司	轻纺	甲级	116	5160.14
14	新疆化工设计研究院	化工石化医药	甲级	164	5038.00
15	乌鲁木齐建筑设计研究院有限责任公司	建筑	甲级	197	4459.48
16	新疆市政建筑设计研究院有限公司	市政	甲级	112	3444.00
17	新疆有色冶金设计研究院有限公司	冶金	甲级	149	2933.70
18	新疆东方瀚宇建筑规划设计有限公司	建筑	甲级	85	2918.08
19	农二师设计院有限责任公司	建筑	甲级	148	2900.00
20	乌鲁木齐市城建设计研究院	市政	甲级	76	2632.42

X 新疆维吾尔自治区勘察设计协会

Xinjiangweiwu'erzizhiqu kancha sheji xiehui

一、协会概况

新疆维吾尔自治区勘察设计协会成立于1987年，现有勘察设计会员单位185家，专业分会3个、工作委员会7 个。

理事会理事134人、常务理事72人，副理事长15人，肖徽任理事长，贺亮任秘书长。

协会主要业务范围：理论研究、学术交流、人才培训、咨询服务、出版刊物、兴办实体。

二、协会2010年度主要工作

(1) 召开协会理事长联席会议，贯彻落实中央新疆工作座谈会和自治区党委七届九次全委(扩大)会议精神，研究如何实现新疆勘察设计行业跨越式发展。

(2) 协会院(所)长工作委员会召开2010年年会，围绕诚信经营、自觉维护市场秩序、强化勘察设计质量管理等展开研讨。

(3) 召开协会各工作(专业)委员会负责人联席会议。通报了2010年协会工作思路，提出开展勘察设计行业“诚信年”和“工程勘察质量年”活动。要求各专业委员会根据行业总体部署，结合本专业委员会特点，积极开展好各项工作。

(4) 组织召开了新疆勘察工作座谈会，就近年来工程勘察设计质量存在的问题及解决的办法提出了意见和建议。对“工程勘察质量年”活动进行了具体安排部署。

(5) 根据《自治区工程勘察设计单位诚信评估办法》，新疆兵团勘测规划设计研究院等11家企业被评为“自治区工程勘察设计行业诚信单位”。

(6) 由协会评选推荐，新疆水利水电勘察设计院(勘察专业)等12家企业被评为全国工程勘察与岩土行业“诚信单位”。

(7) 受自治区住房和城乡建设厅委托，组织召开了自治区第十五届优秀工程设计暨第十届优秀工程勘察评定委员会议，最终审定获奖项目165项。其中，一等奖22项，二等奖48项，三等奖69项，表扬奖26项。

(8) 修订印发了《〈自治区勘察设计企业质量管理基本标准〉(2009版)审核程序》。举办《自治区勘察设计企业质量管理基本标准》宣贯学习班。全年共有24家企业根据《自治区勘察设计企业质量管理基本标准》编制上报了质量管理体系文件。协会按程序组织专家审核，给其中21家颁发了《文审合格证书》。

(9) 在全行业开展了QC小组创优活动。新疆电力设计院等6家企业11个QC小组被评为2010年度自治区勘察设计优秀QC小组。新疆铁道勘察设计院等4家企业4个QC小组被中国勘察设计协会评为2010年度国家勘察设计优秀QC小组。

(10) 组织召开全区勘察设计行业QC小组成果发布会、全国优秀QC小组成果发布演示会及QC小组培训班。

(11) 协会工程勘察工作委员会召开2010年年会暨学术交流会，对上一年度工作进行总结，对“工程勘察质量年”活动开展情况进行了汇报交流。

(12) 协会质量管理委员会召开2010年年会，报告2010年质量管理工作开展情况，并对进一步加强行业质量监管提出了具体措施。

(13) 协会与自治区住房和城乡建厅组成联合调研组，对乌鲁木齐地区部分疆内外勘察企业“工程勘察质量年”活动开展情况进行调研。

(14) 协会计算机应用委员会以软件正版化和企业信息化建设为主题，召开2010年年会。另举办《图档管理软件应用研讨会》。均邀请国内知名软件开发公司到会进行专题讲座和演示。

(15) 经协会推荐，新疆铁道勘察设计院等4家企业被中国勘察设计协会评为“工程勘察设计行业实施信息化建设先进单位”。

(16) 协会思想政治工作委员会召开2010年年会，就如何加强基层党建，做好思想政治工作，加强诚信建设等进行了研讨和交流。

(17) 由协会推荐，经中国勘察设计协会理事长会议审定，新疆市政建筑设计研究院等4家民营企业及其法人代表荣获全国工程勘察设计行业优秀民营企业和优秀民营企业家称号。

(18) 协会召开第五届常务理事会第四次会议。报告一年工作，提出下年安排，审查财务报告，通过机构人事变动议案等。

新疆维吾尔自治区勘察设计协会

地址：新疆维吾尔自治区乌鲁木齐市光明路 26 号建设广场 14 楼
邮编：830002
电话：0991-8880605
邮箱：xjkcsjxh@sina.com
网址：www.xjkcsj.com

新疆勘察设计协会召开五届四次常务理事扩大会议

新疆勘察设计协会召开理事长联席会议

新疆勘察设计协会召开专业委员会联席会议

新疆勘察设计协会召开全疆勘察工作座谈会

新疆勘察设计协会召开政治学习讨论会

新疆勘察设计协会举办 QC 小组培训及《自治区勘察设计企业质量管理基本标准》宣传学习班

部分勘察设计企业名录

（依企业网报数据整理）

北京市

单位名称：北京市建筑设计研究院
企业负责人：朱小地
行　业：建筑
资　质：甲级
营业收入（万元）：99 144
从业人员（人）：1 822
地　址：北京市西城区南礼士路 62 号
电　话：010－88043899
邮　编：100045
网　址：www.biad.com.cn

单位名称：北京城建勘测设计研究院有限责任公司
企业负责人：金　淮
行　业：勘察
资　质：综合甲级
营业收入（万元）：19 662
从业人员（人）：362
地　址：北京市朝阳区安慧里五区六号
电　话：010－64922389
邮　编：100101
网　址：www.cki.com.cn

单位名称：中铁工程设计咨询集团有限公司
企业负责人：李寿兵
行　业：铁道
资　质：甲级
营业收入（万元）：198 318
从业人员（人）：2 071
地　址：北京市丰台区广安路 15 号中铁咨询大厦
电　话：010－51835097
邮　编：100055
网　址：www.cec-cn.com.cn

单位名称：北京市煤气热力工程设计院有限公司
企业负责人：段洁仪
行　业：市政
资　质：甲级
营业收入（万元）：9 692
从业人员（人）：187
地　址：北京市西城区西单北大街小酱坊胡同甲 40 号
电　话：010－66057321
邮　编：100032
网　址：www.gasheat.com.cn

单位名称：中国电力工程顾问集团华北电力设计院工程有限公司
企业负责人：刘朝安
行　业：工程设计综合资质
资　质：甲级
营业收入（万元）：300 000
从业人员（人）：1 300
地　址：北京市西城区黄寺大街甲 24 号
电　话：010－59385588
邮　编：100120
网　址：www.ncpe.com.cn

单位名称：中兵勘察设计研究院
企业负责人：宁俊东
行　业：勘察
资　质：综合甲级
营业收入（万元）：12 107
从业人员（人）：252
地　址：北京市 573 信箱
电　话：010－83117601
邮　编：100053
网　址：zbkc.com.cn

单位名称：中广电广播电影电视设计研究院
企业负责人：许家奇
行　业：通信
资　质：甲级
营业收入（万元）：12 535
从业人员（人）：366
地　址：北京市西城区南礼士路 13 号
电　话：010－68043783
邮　编：100045
网　址：www.drft.com.cn

单位名称：中国中元国际工程公司
企业负责人：丁建
行　业：工程设计综合资质
资　质：甲级
营业收入（万元）：137 417
从业人员（人）：1 450
地　址：北京市西三环北路 5 号
电　话：010－68458355
邮　编：100089
网　址：www.ippr.com.cn

单位名称：清华大学建筑设计研究院有限公司
企业负责人：庄惟敏
行　业：建筑
资　质：甲级
营业收入（万元）：19 231
从业人员（人）：361
地　址：清华大学建筑设计研究院
电　话：010－62786999
邮　编：100084
网　址：www.thad.com.cn

北京市

单位名称：北京威斯顿建筑设计有限公司
企业负责人：李为
行　业：建筑
资　质：甲级
营业收入（万元）：85 600
从业人员（人）：106
地　址：北京市海淀区翠微路甲十号建筑大厦
电　话：010－68250274
邮　编：100036
网　址：www.westerndesign.com.cn

单位名称：中国电子工程设计院
企业负责人：胡萍
行　业：工程设计综合资质
资　质：甲级
营业收入（万元）：163 456
从业人员（人）：1 733
地　址：北京市万寿路 27 号
电　话：010－68207524
邮　编：100840
网　址：www.ceedi.com.cn

单位名称：中国恩菲工程技术有限公司
企业负责人：陆志方
行　业：工程设计综合资质
资　质：甲级
营业收入（万元）：439 385
从业人员（人）：1 345
地　址：北京市海淀区复兴路 12 号
电　话：010－63936622
邮　编：100038
网　址：www.enfi.com.cn

单位名称：中国中轻国际工程有限公司
企业负责人：张建新
行　业：轻纺
资　质：轻纺全行业甲级、建筑甲级
营业收入（万元）：25 500
从业人员（人）：553
地　址：北京市朝阳区白家庄东里 42 号
电　话：010－65826121
邮　编：100026
网　址：www.bcel-cn.com

单位名称：中国航空规划建设发展有限公司
企业负责人：廉大为
行　业：工程设计综合资质
资　质：甲级
营业收入（万元）：45 000
从业人员（人）：1 133
地　址：北京市西城区德外大街 12 号
电　话：010－62038425
邮　编：100120
网　址：www.avic-apc.com

单位名称：中国五洲工程设计有限公司
企业负责人：刘志刚
行　业：工程设计综合资质
资　质：甲级
营业收入（万元）：180 322.69
从业人员（人）：1 200
地　址：北京市西便门内大街 85 号
电　话：010－83196688
邮　编：100053
网　址：www.wuzhou.com.cn

单位名称：中讯邮电咨询设计院有限公司
企业负责人：韩志刚
行　业：通信
资　质：甲级
营业收入（万元）：75 987
从业人员（人）：1 659
地　址：北京市海淀区首体南路 9 号主语商务中心 3 号楼
电　话：010－68799999-6679
邮　编：100048
网　址：www.dimpt.com

单位名称：中国石油工程建设公司
企业负责人：侯浩杰
行　业：工程设计综合资质
资　质：甲级
营业收入（万元）：249 774
从业人员（人）：1 828
地　址：北京市东城区鼓楼外大街 28 号
电　话：010－58192788
邮　编：100120
网　址：www.cpecc.com.cn

单位名称：中钢集团工程设计研究院有限公司
企业负责人：周建宏
行　业：冶金
资　质：甲级
营业收入（万元）：105 673.49
从业人员（人）：575
地　址：北京市海淀区海淀大街 8 号中钢国际广场 18 层
电　话：010－62687111
邮　编：100080
网　址：www.sinosteel.com

北京市

单位名称：北京清尚环艺建筑设计院有限公司
企业负责人：吴晞
行　业：建筑
资　质：甲级
营业收入（万元）：15 569.94
从业人员（人）：120
地　址：北京市海淀区农大南路一号院7号楼0601
电　话：010－62668136
邮　编：100084
网　址：www.qingshangsj.com

单位名称：北京市工业设计研究院
企业负责人：沈安东
行　业：建筑、机械、冶金
资　质：甲级
营业收入（万元）：17 670
从业人员（人）：370
地　址：北京市西城区广安门外大街甲275号
电　话：010－63266648
邮　编：100055
网　址：www.bidri.com.cn

单位名称：大地工程开发（集团）有限公司
企业负责人：谢美华
行　业：煤炭
资　质：甲级
营业收入（万元）：124 020
从业人员（人）：356
地　址：北京市朝阳区利泽中一路1号博雅国际中心写字楼15层
电　话：010－82847305/06/07/08
邮　编：100102
网　址：www.dadieng.com

单位名称：中铁工程设计院有限公司
企业负责人：彭晓华
行　业：铁道
资　质：甲级
营业收入（万元）：25 800
从业人员（人）：534
地　址：北京市海淀区羊坊店路17号
电　话：010－51822222
邮　编：100038
网　址：www.credi.com.cn

单位名称：中国昆仑工程公司
企业负责人：周华堂
行　业：化工、石化、医药、轻纺
资　质：甲级
营业收入（万元）：422 442
从业人员（人）：1 457
地　址：北京市海淀区增光路21号
电　话：010－68395218
邮　编：100037

单位名称：建设综合勘察研究设计院有限公司
企业负责人：单昶
行　业：建筑
资　质：甲级
营业收入（万元）：31 122
从业人员（人）：976
地　址：北京市东直门内大街177号
电　话：010－64054215
邮　编：100007
网　址：www.cigis.com.cn

单位名称：中国煤炭科工集团北京华宇工程有限公司
企业负责人：李明辉
行　业：煤炭、市政、建筑
资　质：甲级
营业收入（万元）：147 000
从业人员（人）：1 107
地　址：北京市西城区安德路67号
电　话：010－82276518
邮　编：100120
网　址：www.chye.com.cn

单位名称：中鼎纪元（北京）国际工程设计有限公司
企业负责人：王巍
行　业：建筑
资　质：甲级
营业收入（万元）：2 885
从业人员（人）：144
地　址：北京市海淀区西三环北路25号青政大厦九、十层
电　话：010－88569901
邮　编：100089
网　址：www.chinauae.com

单位名称：中国建筑科学研究院
企业负责人：王俊
行　业：建筑
资　质：甲级
营业收入（万元）：376 400
从业人员（人）：1 835
地　址：北京市北三环东路30号
电　话：010－64517259
邮　编：100013
网　址：www.cabr.com.cn

天津市

单位名称：中国汽车工业工程公司
企业负责人：陈有权
行　业：机械
资　质：甲级
营业收入（万元）：303 910
从业人员（人）：1 449
地　址：天津市南开区红旗路 370 号
电　话：022－59528589
邮　编：300190
网　址：www.chinaaie.com.cn

单位名称：中铁隧道勘测设计院有限公司
企业负责人：张先锋
行　业：铁道、市政
资　质：甲级
营业收入（万元）：32 000
从业人员（人）：483
地　址：天津市红桥区新红桥益福里
电　话：022－27353506
邮　编：300133
网　址：www.crtdi.com.cn

单位名称：天津大学建筑设计规划研究总院
企业负责人：洪再生
行　业：建筑
资　质：甲级
营业收入（万元）：15 639
从业人员（人）：400
地　址：天津市南开区鞍山西道 192 号
电　话：022－27408055
邮　编：300073
网　址：www.aatu.com.cn

单位名称：天津市房屋鉴定勘测设计院
企业负责人：张文龄
行　业：勘察、建筑
资　质：甲级
营业收入（万元）：6 227.52
从业人员（人）：233
地　址：天津市和平区卫津路 131 号 8-14 层
电　话：022－27832902
邮　编：300070
网　址：www.tjfjy.com

单位名称：海洋石油工程股份有限公司
企业负责人：周学仲
行　业：石化
资　质：甲级
营业收入（万元）：52 525.91
从业人员（人）：767
地　址：天津市塘沽丹江路 1078 号
电　话：022－66909094
邮　编：300451
网　址：www.cnoocengineering.com

单位名称：中国天辰工程有限公司
企业负责人：王志远
行　业：工程设计综合资质
资　质：甲级
营业收入（万元）：276 222
从业人员（人）：1 332
地　址：天津市北辰区京津路 521 号
电　话：022－86810032
邮　编：300400
网　址：www.china-tcc.com

单位名称：天津市市政工程设计研究院
企业负责人：赵建伟
行　业：市政
资　质：甲级
营业收入（万元）：59 511
从业人员（人）：733
地　址：天津市和平区营口道 239 号
电　话：022－27815311
邮　编：300051
网　址：www.tmedi.com.cn

单位名称：中交第一航务工程勘察设计院有限公司
企业负责人：冯仲武
行　业：工程设计综合资质
资　质：甲级
营业收入（万元）：124 748
从业人员（人）：785
地　址：天津市河西区大沽南路 1472 号
电　话：022－28160808
邮　编：300222
网　址：www.fdine.com.cn

河北省

单位名称：中国石油天然气管道工程有限公司
企业负责人：董旭
行　业：工程设计综合资质
资　质：甲级
营业收入（万元）：332 609
从业人员（人）：1 832
地　址：河北省廊坊市和平路 146 号
电　话：0316－2075403
邮　编：065000

单位名称：河北建设勘察研究院有限公司
企业负责人：韩立君
行　业：勘察
资　质：甲级
营业收入（万元）：124 432.7
从业人员（人）：563
地　址：河北省石家庄市建华南大街 58 号
电　话：0311－85051475
邮　编：050031
网　址：www.hbkc.com.cn

单位名称：衡水市建筑设计院有限公司
企业负责人：赵连江
行　业：建筑
资　质：甲级
营业收入（万元）：831.43
从业人员（人）：93
地　址：河北省衡水市新华西路 269 号
电　话：0318－2686885
邮　编：053000

单位名称：保定市建筑设计院
企业负责人：陆峰
行　业：建筑
资　质：甲级
营业收入（万元）：7 560
从业人员（人）：193
地　址：河北省保定市五四中路 951 号
电　话：0312－5997907
邮　编：071000
网　址：www.bdad.com.cn

单位名称：唐山市煤气工程设计研究院
企业负责人：戚广辉
行　业：市政
资　质：甲级
营业收入（万元）：836.18
从业人员（人）：68
地　址：河北省唐山市路北区富康道 2 号
电　话：0315－2092942
邮　编：063000

单位名称：北方工程设计研究院
企业负责人：姜泽栋
行　业：军工、机械
资　质：甲级
营业收入（万元）：27 081.91
从业人员（人）：872
地　址：河北省石家庄市裕华东路 55 号
电　话：010－86690671
邮　编：050011
网　址：www.n6com.cn

单位名称：衡水龙翔公路工程勘察设计咨询有限公司
企业负责人：谢进通
行　业：公路、勘察
资　质：甲级
营业收入（万元）：1 600
从业人员（人）：72
地　址：河北省衡水市桃城区胜利东路 205 号
电　话：0318－2123959-0
邮　编：053000

单位名称：唐山钢铁设计研究院有限公司
企业负责人：刘玉华
行　业：冶金
资　质：甲级
营业收入（万元）：30 611.21
从业人员（人）：348
地　址：河北省唐山市路北区建华西道 1 号
电　话：0315－7252855
邮　编：063000
网　址：www.tsisd.com.cn

单位名称：河北天昊建筑设计有限公司
企业负责人：高振宇
行　业：勘察
资　质：劳务甲级
营业收入（万元）：900
从业人员（人）：85
地　址：河北省唐山市路北区卫国路金港国际怡园 B-b 座
电　话：0315－5390696
邮　编：063000
网　址：www.hbhad.com.cn

河北省

单位名称：石家庄都市建筑设计有限公司
企业负责人：周广胜
行　业：建筑
资　质：甲级
营业收入（万元）：500
从业人员（人）：60
地　址：河北省石家庄市槐北路 309 号嘉实蓝岸临街裙楼四楼
电　话：0311－85800074
邮　编：050000
网　址：www.sjzdssj.com

单位名称：石家庄新空间建筑设计有限公司
企业负责人：刘峰
行　业：建筑
资　质：甲级
营业收入（万元）：247.3
从业人员（人）：48
地　址：河北省石家庄市中山西路 486 号金城商务 B 座 6 层
电　话：0311－85235190
邮　编：050081
网　址：http://032376.com

单位名称：河北九易庄宸工程设计有限公司
企业负责人：梁冰
行　业：建筑
资　质：甲级
营业收入（万元）：14 000
从业人员（人）：230
地　址：河北省石家庄市建华南大街 101 号中方商务五楼
电　话：0311－85895291
邮　编：050031
网　址：www.jyzc.net

单位名称：廊坊荣盛建筑设计有限公司
企业负责人：沈加锋
行　业：建筑
资　质：甲级
营业收入（万元）：6 500
从业人员（人）：110
地　址：河北省廊坊市新开路 239 号
电　话：0316－5908580
邮　编：065000
网　址：www.risesun.cn

单位名称：中冶地勘岩土工程有限责任公司
企业负责人：梁洪启
行　业：勘察
资　质：综合甲级
营业收入（万元）：38 461.54
从业人员（人）：528
地　址：河北省三河市燕郊冶金路 52 号
电　话：010－61599106
邮　编：065201
网　址：www.zydk.net

单位名称：河北博华建筑设计有限公司
企业负责人：毕文雄
行　业：建筑
资　质：甲级
营业收入（万元）：1 032
从业人员（人）：64
地　址：河北省邯郸市开发区世纪大街 21 号创业中心 503 室
电　话：0310－8066390
邮　编：056000
网　址：www.bohuasheji.com

单位名称：河北白云建筑装饰集团有限责任公司
企业负责人：杨云英
行　业：建筑
资　质：甲级
营业收入（万元）：12 516
从业人员（人）：512
地　址：河北省保定市东风西路 11 号
电　话：0312－3062690
邮　编：071000
网　址：www.hbbyjt.com.cn

单位名称：中国化学工程第一岩土工程有限公司
企业负责人：方福选
行　业：勘察、石化
资　质：综合甲级、甲级
营业收入（万元）：30 979
从业人员（人）：509
地　址：河北省沧州市御河路 28 号
电　话：0317－2059200
邮　编：061001
网　址：www.ccgec.com

单位名称：河北省电力勘测设计研究院
企业负责人：周卫
行　业：电力
资　质：甲级
营业收入（万元）：40 122
从业人员（人）：533
地　址：河北省石家庄建华北大街 6 号
电　话：0311－87912222
邮　编：050031
网　址：www.hbed.com.cn

河北省

单位名称：中冶地建设集团（三河）建筑设计咨询有限公司
企业负责人：田凤阁
行　业：建筑
资　质：甲级
营业收入（万元）：866
从业人员（人）：60
地　址：河北省三河市燕郊开发区汇福路10号
电　话：010－61599375
邮　编：065201
网　址：zydsj.com

单位名称：张家口建筑勘察设计有限公司
企业负责人：陈守杰
行　业：勘察
资　质：甲级
营业收入（万元）：1 230
从业人员（人）：73
地　址：河北省张家口市桥西区古宏大街32号
电　话：0313－8035102
邮　编：075000

山西省

单位名称：山西省勘察设计研究院
企业负责人：胡孟卿
行　业：勘察
资　质：综合甲级
营业收入（万元）：28 300
从业人员（人）：513
地　址：山西省太原市敦化南路57号
电　话：0351－4434030
邮　编：030013
网　址：www.sxkcsj.com

单位名称：山西省交通规划勘察设计院
企业负责人：聂承凯
行　业：公路
资　质：甲级
营业收入（万元）：11 950
从业人员（人）：441
地　址：山西省太原市并州南路69号
电　话：0351－5669908
邮　编：030012
网　址：www.sxjtsj.com.cn

单位名称：山西省建筑设计研究院
企业负责人：张学锋
行　业：建筑
资　质：甲级
营业收入（万元）：13 530.95
从业人员（人）：493
地　址：山西省太原市府东街5号
电　话：0351－3285362
邮　编：030013
网　址：www.sxjzsj.com.cn

山西省

单位名称：山西省电力勘测设计院
企业负责人：高昂
行　业：电力
资　质：甲级
营业收入（万元）：60 050.16
从业人员（人）：717
地　址：山西省太原市迎泽大街 255 号
电　话：0351－8232214
邮　编：030001
网　址：www.ed.sx.sgcc.com.cn

辽宁省

单位名称：沈阳机电研究设计院
企业负责人：李镭
行　业：机械
资　质：甲级
营业收入（万元）：1 303.38
从业人员（人）：139
地　址：辽宁省沈阳市和平区砂阳路 926 号
电　话：024－23862183
邮　编：110006
网　址：www.nhi.com.cn

单位名称：沈阳市市政工程设计研究院
企业负责人：王树
行　业：市政
资　质：甲级
营业收入（万元）：5 900
从业人员（人）：210
地　址：辽宁省沈阳市市政工程设计研究院
电　话：024－23893014
邮　编：110015
网　址：www.smdi.com.cn

单位名称：中国建筑东北设计研究院有限公司
企业负责人：冯晓明
行　业：建筑
资　质：甲级
营业收入（万元）：22 000
从业人员（人）：1 252
地　址：辽宁省沈阳市光荣街 65 号
电　话：024－62123550
邮　编：110006
网　址：www.cscecnei.com

辽宁省

单位名称：沈阳建筑大学建筑设计研究院
企业负责人：孙长征
行　业：建筑
资　质：甲级
营业收入（万元）：6 618
从业人员（人）：118
地　址：辽宁省沈阳市浑南新区浑南东路九号
电　话：024－24507799
邮　编：110168
网　址：www.sjzu.edu.cn

单位名称：沈阳都市建筑设计有限公司
企业负责人：张立峰
行　业：建筑
资　质：甲级
营业收入（万元）：3 662
从业人员（人）：163
地　址：辽宁省沈阳市沈河区文艺路 44 号
电　话：024－23932126
邮　编：110015
网　址：www.urban2001.cn

单位名称：沈阳市建设工程施工图设计审查咨询中心
企业负责人：季丽美
行　业：建筑
资　质：甲级
营业收入（万元）：1 000
从业人员（人）：63
地　址：辽宁省沈阳市皇姑区昆山东路 28 号国源大厦 A 座 8 楼
电　话：024－86398046
邮　编：110032
网　址：www.syshentu.cn

单位名称：大连九成测绘信息有限公司
企业负责人：杜明成
行　业：勘察
资　质：甲级
营业收入（万元）：12 841.36
从业人员（人）：550
地　址：辽宁省庄河市世纪广场 9 号
电　话：0411－89832799
邮　编：116400
网　址：www.dljcch.cn

单位名称：大连九成市政有限公司
企业负责人：杜明成
行　业：市政、建筑
资　质：乙级
营业收入（万元）：3 335.993
从业人员（人）：91
地　址：辽宁省庄河市世纪广场 9 号
电　话：0411－89832799
邮　编：116400
网　址：www.dljcch.cn

单位名称：中油辽河工程有限公司
企业负责人：李志杰
行　业：石化
资　质：甲级
营业收入（万元）：231 201.63
从业人员（人）：1 360
地　址：辽宁省盘锦市兴隆台区石油大街 93 号
电　话：0427－7821565
邮　编：124010
网　址：www.lpe.com.cn

吉林省

单位名称：机械工业第九设计研究院有限公司
企业负责人：刘松平
行　业：机械
资　质：甲级
营业收入(万元)：111 139.59
从业人员(人)：781
地　址：吉林省长春市西新经济技术开发区创业大街 1958 号
电　话：0431－85125223
邮　编：30011
网　址：www.cjxjy.com

单位名称：长春燃气热力设计研究院有限责任公司
企业负责人：金永浩
行　业：市政
资　质：甲级
营业收入(万元)：1 000
从业人员(人)：101
地　址：吉林省长春市延安大路 421 号
电　话：0431－85668757
邮　编：130021
网　址：www.ccgas.com.cn

单位名称：中石油东北炼化工程有限公司吉林设计院
企业负责人：田霖
行　业：石化
资　质：甲级
营业收入(万元)：179.388
从业人员(人)：1 023
地　址：吉林省吉林市昌邑区通潭大路东端吉化经贸大厦
电　话：0432－65098559
邮　编：132002
网　址：www.cpene.com

单位名称：吉林省建筑设计院有限责任公司
企业负责人：焦洪军
行　业：建筑
资　质：甲级
营业收入(万元)：14 700
从业人员(人)：404
地　址：吉林省长春市正阳街 4326 号
电　话：0431－82723805
邮　编：130011
网　址：www.jadc.cn

单位名称：吉林省水利水电勘测设计研究院
企业负责人：宋继林
行　业：水利
资　质：甲级
营业收入(万元)：9 965.74
从业人员(人)：529
地　址：吉林省长春市解放大路 2382 号
电　话：0431－85622671
邮　编：130021
网　址：www.jlssy.com

单位名称：吉林石油集团石油工程有限责任公司
企业负责人：王宪忠
行　业：石油天然气、建筑
资　质：甲级
营业收入(万元)：7 899
从业人员(人)：470
地　址：吉林省松原市宁江区沿江西路 166 号
电　话：0438－6259761
邮　编：138000

单位名称：中国市政工程东北设计研究总院
企业负责人：郭晓
行　业：市政
资　质：甲级
营业收入(万元)：26 000
从业人员(人)：723
地　址：吉林省长春市朝阳区工农大路 618 号
电　话：0431－86611517
邮　编：130021
网　址：www.nemd.com.cn

单位名称：中国市政工程东北设计研究总院吉林省交通规划设计院
企业负责人：胡珊
行　业：公路
资　质：甲级
营业收入(万元)：14 690
从业人员(人)：294
地　址：吉林省长春市工农大路 689 号
电　话：0431－85932008
邮　编：130021
网　址：www.jglsj.com

单位名称：吉林省城乡规划设计研究院
企业负责人：张晓艳
行　业：建筑
资　质：甲级
营业收入(万元)：3 790
从业人员(人)：319
地　址：吉林省长春市百草路 239 号
电　话：0431－88960364
邮　编：130061
邮　箱：jlgh@public.ccjl.cn

吉林省

单位名称：中国电力工程顾问集团
东北电力设计院
企业负责人：许余明
行　业：电力
资　质：甲级
营业收入（万元）：97 000
从业人员（人）：1 395
地　址：吉林省长春市人民大街 4368 号
电　话：0431－85798880
邮　编：130021
网　址：www.nepdi.net

单位名称：长春市城乡规划设计研究院
企业负责人：方飞
行　业：建筑
资　质：甲级
营业收入（万元）：4 500
从业人员（人）：136
地　址：吉林省长春市同志街 1893 号
电　话：0431－85645875
邮　编：130021
网　址：www.ccupd.com

黑龙江省

单位名称：哈尔滨工业大学建筑设计研究院
企业负责人：梅洪元
行　业：建筑
资　质：甲级
营业收入（万元）：28 309
从业人员（人）：604
地　址：黑龙江省哈尔滨市黄河路
73 号哈工大二学区
电　话：0451－86283319
邮　编：150090
网　址：www.hitadri.cn

单位名称：哈尔滨方舟建筑设计有限公司
企业负责人：刘远孝
行　业：建筑
资　质：甲级
营业收入（万元）：3 000
从业人员（人）：150
地　址：黑龙江省哈尔滨市道外区
红旗大街 991 号
电　话：0451－87858504
邮　编：150030
网　址：www.fzjz.net

单位名称：黑龙江省同信通信规划设计
有限公司
企业负责人：高辉
行　业：通信
资　质：甲级
营业收入（万元）：2 008
从业人员（人）：268
地　址：黑龙江省哈尔滨市南岗区富水路
电　话：0451－53969899
邮　编：150090
网　址：www.hljtx.com

黑龙江省

单位名称：黑龙江省农垦建筑设计院
企业负责人：蔡江峡
行　业：建筑
资　质：甲级
营业收入（万元）：310
从业人员（人）：65
地　址：黑龙江省哈尔滨市公滨路 441 号
电　话：0451－55662126
邮　编：150036
邮　箱：nk20080101@163.com

单位名称：黑龙江省轻工设计院
企业负责人：白晓明
行　业：轻纺
资　质：甲级
营业收入（万元）：1 365
从业人员（人）：156
地　址：黑龙江省哈尔滨市香坊区和平路 121 号
电　话：0451－82620581
邮　编：150040
网　址：www.hcel.cn

单位名称：黑龙江省林业设计研究院
企业负责人：杨连云
行　业：建筑
资　质：甲级
营业收入（万元）：12 100
从业人员（人）：571
地　址：黑龙江省哈尔滨市南岗区和兴路 189 号
电　话：0451－86344827
邮　编：150080
网　址：www.hljslysjyjy.com

单位名称：黑龙江农垦勘测设计研究院
企业负责人：夏广亮
行　业：农林、水利
资　质：甲级
营业收入（万元）：7 674
从业人员（人）：305
地　址：黑龙江省哈尔滨市香坊区赣水路270号
电　话：0451－55193315
邮　编：150090

单位名称：黑龙江省纺织工业设计院
企业负责人：周维
行　业：轻纺、建筑
资　质：甲级
营业收入（万元）：1 200
从业人员（人）：123
地　址：黑龙江省哈尔滨市南岗区永和街 39 号
电　话：0451－83021310
邮　编：150001
网　址：www.hlgtadi.com

单位名称：哈尔滨工业大学空间钢结构幕墙有限公司
企业负责人：陈月明
行　业：建筑
资　质：甲级
营业收入（万元）：216
从业人员（人）：56
地　址：黑龙江省哈尔滨市南岗区黄河路 136 号香榭丽苑 A 栋四层
电　话：0451－82353698
邮　编：150090
网　址：www.hit-steel.com

单位名称：黑龙江省第一水文地质工程地质勘察院
企业负责人：田大勇
行　业：勘察
资　质：甲级
营业收入（万元）：5 057.35
从业人员（人）：102
地　址：黑龙江省齐齐哈尔市铁锋区城乡路 1 号
电　话：0452－2718237
邮　编：161006
网　址：www.hyshui.com

单位名称：大庆石化工程有限公司
企业负责人：樊奉瑭
行　业：石化
资　质：甲级
营业收入（万元）：75 299
从业人员（人）：652
地　址：黑龙江省大庆市龙凤区卧里屯大街 90 号
电　话：0459－6739057
邮　编：163714
网　址：www.dpec.com.cn

单位名称：黑龙江锦秀建筑装饰工程有限公司
企业负责人：马英
行　业：建筑
资　质：甲级
营业收入（万元）：15 000
从业人员（人）：150
地　址：黑龙江省哈尔滨市南岗区松花江街 139 号锦秀科技大厦 17 层
电　话：0451－86262035
邮　编：150006
网　址：www.hljjxzs.com

黑龙江省

单位名称：齐齐哈尔市勘察测绘研究院
企业负责人：刘曦光
行　业：勘察
资　质：乙级
营业收入（万元）：880
从业人员（人）：79
地　址：黑龙江省齐齐哈尔市文化大街 203 号
电　话：0452－2714784
邮　编：161006
网　址：www.qqhrjs.gov.cn/qiye/kcsj

单位名称：齐齐哈尔市建筑设计研究院有限责任公司
企业负责人：刘长君
行　业：建筑
资　质：甲级
营业收入（万元）：389
从业人员（人）：117
地　址：黑龙江省齐齐哈尔市建华区军校街 85 号
电　话：0452－2218116
邮　编：161000
邮　箱：qssjy@163.com

单位名称：化学工业部肇东地质工程勘察院
企业负责人：曾昭岭
行　业：石化
资　质：甲级
营业收入（万元）：1 398.8
从业人员（人）：118
地　址：黑龙江省肇东市铁东区地直路 207 号
电　话：0455－7701788
邮　编：151101
网　址：heilj@ccgmb.com

单位名称：佳木斯市建筑设计研究院
企业负责人：杨军
行　业：建筑
资　质：甲级
营业收入（万元）：1 633
从业人员（人）：108
地　址：黑龙江省佳木斯市向阳区中山路北段 40 号
电　话：0454－6122808
邮　编：154002

单位名称：哈尔滨市建筑设计院
企业负责人：李景诗
行　业：建筑
资　质：甲级
营业收入（万元）：7 964
从业人员（人）：168
地　址：黑龙江省哈尔滨市道里区友谊路 117 号
电　话：0451－84618448
邮　编：150010
网　址：www.hrbadi.com

单位名称：大庆市规划建筑设计研究院
企业负责人：张金生
行　业：建筑
资　质：甲级
营业收入（万元）：5 000
从业人员（人）：167
地　址：黑龙江省大庆市东风新村体育街 1#
电　话：0459－4667930
邮　编：163311
网　址：www.dqsghy.com.cn

单位名称：大庆油田工程有限公司
企业负责人：耿作孝
行　业：工程设计综合资质
资　质：甲级
营业收入（万元）：128 753
从业人员（人）：1 994
地　址：黑龙江省大庆市让胡路区西康路 6 号
电　话：0459－5902159
邮　编：163712
网　址：www.doe.com.cn

单位名称：黑龙江省建筑设计研究院
企业负责人：赵伟
行　业：勘察
资　质：甲级
营业收入（万元）：15 702.9
从业人员（人）：316
地　址：黑龙江省哈尔滨市南岗区果戈里大街 1 号
电　话：0451－82694042
邮　编：150008
网　址：www.hljiad.com

单位名称：黑龙江省公路勘察设计院
企业负责人：王守恒
行　业：勘察
资　质：甲级
营业收入（万元）：20 747
从业人员（人）：447
地　址：黑龙江省哈尔滨市南岗区清滨路 9
电　话：0451－86662508
邮　编：150080
网　址：www.hljglsj.gov.cn

上海市

单位名称：上海现代建筑设计（集团）有限公司
企业负责人：严鸿华
行　业：建筑
资　质：甲级
营业收入（万元）：250 218.23
从业人员（人）：3 419
地　址：上海市石门二路 258 号
电　话：021－52524567
邮　编：200041
网　址：www.xd-ad.com.cn

单位名称：上海岩土工程勘察设计研究院有限公司
企业负责人：张富根
行　业：勘察
资　质：综合甲级
营业收入（万元）：21 000
从业人员（人）：580
地　址：上海市徐汇区小木桥路 681 号 18 楼
电　话：021－60828290
邮　编：200032
网　址：www.sgidi.com

单位名称：上海电科智能系统股份有限公司
企业负责人：陈红洁
行　业：公路
资　质：专项甲级
营业收入（万元）：56 643
从业人员（人）：275
地　址：上海市普陀区武宁路 509 号电科大厦三楼
电　话：021－32557700
邮　编：200063
网　址：www.seisys.cn

单位名称：上海市政工程设计研究总院（集团）有限公司
企业负责人：徐征
行　业：市政
资　质：工程设计综合资质甲级
营业收入（万元）：205 558.94
从业人员（人）：2 146
地　址：上海市中山北二路 901 号
电　话：021－51299999
邮　编：200092
网　址：www.smedl.com

单位名称：上海核工程研究设计院
企业负责人：郑明光
行　业：核工业
资　质：甲级
营业收入（万元）：73 340
从业人员（人）：1 220
地　址：上海市虹漕路 29 号
电　话：021－61860000
邮　编：200233
网　址：www.snerdi.com.cn

单位名称：惠生工程（中国）有限公司
企业负责人：华邦嵩
行　业：化工、石化、医药
资　质：甲级
营业收入（万元）：435 435.37
从业人员（人）：1 196
地　址：上海市浦东新区张江张衡路 1399 号 惠生科技园
电　话：021－20306789
邮　编：201203
网　址：www.wison.com

单位名称：上海市园林设计院有限公司
企业负责人：朱祥明
行　业：市政
资　质：甲级
营业收入（万元）：5 800
从业人员（人）：138
地　址：上海市新乐路 45 号
电　话：021－54043588-8
邮　编：200031
网　址：www.shlandscape.com

单位名称：同济大学建筑设计研究院（集团）有限公司
企业负责人：丁洁民
行　业：建筑
资　质：甲级
营业收入（万元）：165 000
从业人员（人）：1 950
地　址：上海市四平路 1230 号
电　话：021－65987788
邮　编：200092
网　址：www.tjadri.com

单位名称：中国石化集团上海工程有限公司
企业负责人：吴德荣
行　业：工程设计综合资质
资　质：甲级
营业收入（万元）：231 201.63
从业人员（人）：1 360
地　址：上海市浦东新区张杨路 769 号
电　话：021－58354311
邮　编：200120
网　址：www.ssec.com.cn

上海市

单位名称：上海勘测设计研究院
企业负责人：石小强
行　业：水利、电力
资　质：甲级
营业收入（万元）：50 806
从业人员（人）：689
地　址：上海市虹口区逸仙路 388 号
电　话：021－65427100
邮　编：200434
网　址：www.sidri.com

单位名称：宝钢工程技术集团有限公司
企业负责人：蒋为民
行　业：冶金
资　质：甲级
营业收入（万元）：1 105 202
从业人员（人）：18 387
地　址：上海市宝山区铁力路 2510 号
电　话：021－66786678-2099
邮　编：201900
网　址：bsee.baosteel.com

单位名称：中交上海航道勘察设计研究院有限公司
企业负责人：周海
行　业：水运
资　质：甲级
营业收入（万元）：42 600
从业人员（人）：247
地　址：上海市浦东大道 850 号
电　话：021－58871456
邮　编：200120
网　址：www.shiw.com.cn

单位名称：上海浚源建筑设计有限公司
企业负责人：白亮
行　业：建筑
资　质：甲级
营业收入（万元）：5 107
从业人员（人）：267
地　址：上海市黄浦区广东路 500 号世界贸易大厦 30 楼
电　话：021－63621199
邮　编：200001
网　址：www.shjy.com.cn

单位名称：上海市隧道工程轨道交通设计研究院有限公司
企业负责人：申伟强
行　业：市政
资　质：甲级
营业收入（万元）：34 485
从业人员（人）：438
地　址：上海市中山西路 1999 号申隧设计大厦
电　话：021－33633609
邮　编：200235
网　址：www.stedi.cn

单位名称：中国建材国际工程集团有限公司
企业负责人：彭寿
行　业：建材
资　质：甲级
营业收入（万元）：513 487
从业人员（人）：2 337
地　址：上海市中山北路 2000 号中期大厦
电　话：021－52916280-2680
邮　编：200063
网　址：www.ctiec.net

江苏省

单位名称：江苏省邮电规划设计院有限责任公司
企业负责人：雷卫清
行　业：通信
资　质：甲级
营业收入（万元）：63 000
从业人员（人）：800
地　址：江苏省南京市中山南路 371 号
电　话：025－52868888
邮　编：210006
网　址：www.jsptpd.com

单位名称：南京凯盛国际工程有限公司
企业负责人：冯建华
行　业：建材
资　质：甲级
营业收入（万元）：137 834.11
从业人员（人）：346
地　址：江苏省南京市鼓楼区汉中门大街 303 号
电　话：025－68520322
邮　编：210036
网　址：www.tctec.com.cn

浙江省

单位名称：杭州市城建设计研究院有限公司
企业负责人：施国栋
行　业：建筑、市政公用
资　质：甲级
营业收入（万元）：14 570.18
从业人员（人）：255
地　址：浙江省杭州市上城区浣纱路 116 号
电　话：0571－87924668
邮　编：310001
网　址：www.hcj1952.com/web/index.asp

单位名称：浙江省建筑设计研究院
企业负责人：施祖元
行　业：建筑
资　质：甲级
营业收入（万元）：27 000
从业人员（人）：483
地　址：浙江省杭州市安吉路 18 号
电　话：0571－85154691
邮　编：310006
网　址：www.ziad.cn

单位名称：中国石化集团宁波工程有限公司
企业负责人：邵建雄
行　业：工程设计综合资质
资　质：甲级
营业收入（万元）：222 798.76
从业人员（人）：2 958
地　址：浙江省宁波市高新区院士路 660 号
电　话：0574－87975582
邮　编：315103
网　址：www.snec.com

浙江省

单位名称：中国新型建筑材料工业杭州设计研究院
企业负责人：林楚荣
行　业：建材
资　质：甲级
营业收入（万元）：20 648.38
从业人员（人）：411
地　址：浙江省杭州市中山北路 450 号
电　话：0571－85066682
邮　编：310003
网　址：www.cnhdi.com

单位名称：中国水电顾问集团华东勘测设计研究院
企业负责人：张春生
行　业：工程设计综合资质
资　质：甲级
营业收入（万元）：18 115.22
从业人员（人）：1 605
地　址：浙江省杭州市潮王路 22 号
电　话：0571－56738888
邮　编：310014
网　址：www.ecidi.com

单位名称：中国联合工程公司
企业负责人：郭伟华
行　业：工程设计综合资质
资　质：甲级
营业收入（万元）：243 765
从业人员（人）：1 337
地　址：浙江省杭州市石桥路 338 号
电　话：0571－88151997
邮　编：310022
网　址：www.chinacuc.com

单位名称：汉嘉设计集团股份有限公司
企业负责人：杨小军
行　业：建筑
资　质：甲级
营业收入（万元）：44 464
从业人员（人）：938
地　址：浙江省杭州市湖墅南路 501 号
电　话：0571－89975177
邮　编：310005
网　址：www.cnhanjia.com

单位名称：华信邮电咨询设计研究院有限公司
企业负责人：余征然
行　业：通信、建筑
资　质：甲级
营业收入（万元）：78 744.78
从业人员（人）：1 401
地　址：浙江省杭州市文晖路 183 号
电　话：0571－85455066
邮　编：310014
网　址：www.hxdi.com

单位名称：浙江省电力设计院
企业负责人：陈升
行　业：电力
资　质：甲级
营业收入（万元）：
从业人员（人）：435
地　址：浙江省杭州市古翠路 68 号
电　话：0571－88334013
邮　编：310012
网　址：www.zepdi.com

单位名称：浙江省交通规划设计研究院
企业负责人：吴德兴
行　业：其他
资　质：勘察综合类甲级，水运行业、公路行业设计甲级
营业收入（万元）：28 770
从业人员（人）：445
地　址：浙江省杭州市环城西路 89 号
电　话：0571－85156936
邮　编：310006
网　址：www.zjic.com

安徽省

单位名称：安徽省电力设计院
企业负责人：陈静
行　业：电力
资　质：甲级
营业收入（万元）：23 300
从业人员（人）：481
地　址：安徽省合肥市经济技术开发区繁华大道 369 号
电　话：0551－3678018
邮　编：230601
网　址：www.sjy.ah.sgcc.com.cn

单位名称：安徽省交通勘察设计院
企业负责人：吴立人
行　业：勘察
资　质：综合类甲级
营业收入（万元）：14 980
从业人员（人）：420
地　址：安徽省合肥市合裕路 1098 号
电　话：0551－4490022
邮　编：230011
网　址：www.ahjtsj.cn

江西省

单位名称：江西省电力设计院
企业负责人：唐其练
行　业：电力
资　质：甲级
营业收入（万元）：20 315
从业人员（人）：444
地　址：江西省南昌市高新区京东大道 426 号
电　话：0791－86357575
邮　编：330096
网　址：www.jx.sgcc.com.cn

单位名称：中国瑞林工程技术有限公司
企业负责人：章晓波
行　业：冶金
资　质：甲级
营业收入（万元）：128 000
从业人员（人）：1 219
地　址：江西省南昌市红谷滩新区绿茵路 669 号
电　话：0791－86274235
邮　编：330038
网　址：www.nerin.com

单位名称：江西中煤建设集团有限公司
企业负责人：姜海华
行　业：公路
资　质：专业乙级
营业收入（万元）：266 524.28
从业人员（人）：1 562
地　址：江西省南昌市青云谱区南莲路 76 号
电　话：0791－85210112
邮　编：330001

江西省

单位名称：上饶宏优公路勘察设计院
企业负责人：何少平
行　业：公路
资　质：乙级
营业收入（万元）：1 204
从业人员（人）：100
地　址：江西省上饶市丰溪路 28 号
电　话：0793－8216986
邮　编：334000

单位名称：核工业赣州工程勘察院
企业负责人：张宏
行　业：勘察
资　质：甲级
营业收入（万元）：1 500
从业人员（人）：54
地　址：江西省赣州市经济技术开发区
华坚中路二六四大队
电　话：0797－8285655
邮　编：341000

单位名称：会昌县城乡规划设计院
企业负责人：肖丽芳
行　业：建筑
资　质：丙级
营业收入（万元）：120
从业人员（人）：30
地　址：江西省赣州市会昌县
城乡规划设计院
电　话：0797－5629098
邮　编：342600

单位名称：江西省建筑设计研究总院
企业负责人：刘小檀
行　业：建筑
资　质：甲级
营业收入（万元）：20 330
从业人员（人）：608
地　址：江西省南昌市省政府大院北二路 66 号
电　话：0791－86265571
邮　编：330046
网　址：www.jxadi.com.cn

山东省

单位名称：中国重汽集团设计研究院有限公司
企业负责人：方健
行　业：机械
资　质：甲级
营业收入（万元）：5 678.79
从业人员（人）：129
地　址：山东省济南市历城区华龙路1110号1号楼
电　话：0531－85582582
邮　编：250100
网　址：www.cnhtc.cn

单位名称：济宁市建筑设计研究院
企业负责人：黄玉峰
行　业：建筑
资　质：甲级
营业收入（万元）：5 100
从业人员（人）：200
地　址：山东省济宁市建设路133号
电　话：0537－2968801
邮　编：272100
网　址：www.jnsjzsjy.com

河南省

单位名称：河南省邮电规划设计院
企业负责人：倪家庄
行　业：通信
资　质：专业甲级
营业收入（万元）：1 441
从业人员（人）：129
地　址：河南省郑州市政六街8号
电　话：0371－65998516
邮　编：450008

单位名称：黄河勘测规划设计有限公司
企业负责人：李文学
行　业：工程设计综合资质
资　质：甲级
营业收入（万元）：74 812
从业人员（人）：1 906
地　址：河南省郑州市金水路109号
电　话：0371－66025604
邮　编：450003
网　址：www.yrec.cn

湖北省

单位名称：湖北中南勘察基础工程有限公司
企业负责人：何成应
行　业：勘察
资　质：综合类甲级
营业收入（万元）：38 875.39
从业人员（人）：599
地　址：湖北省武汉市青山区和平大道1250号
电　话：027－86867319
邮　编：430081
网　址：www.znkj.cn

单位名称：中交第二航务工程勘察设计院有限公司
企业负责人：吴爱清
行　业：工程设计综合资质
资　质：甲级
营业收入（万元）：84 255
从业人员（人）：749
地　址：湖北省武汉市武昌区民主路555号
电　话：027－87317413
邮　编：430071
网　址：www.ctesi.com.cn

单位名称：中国市政工程中南设计研究总院
企业负责人：杨远东
行　业：市政
资　质：甲级
营业收入（万元）：79 635
从业人员（人）：1 375
地　址：湖北省武汉市解放公园路41号
电　话：027－82865081
邮　编：430010
网　址：www.znszy.com.cn

单位名称：中铁第四勘察设计院集团有限公司
企业负责人：蒋再秋 何义斌
行　业：工程设计综合资质
资　质：甲级
营业收入（万元）：434 464
从业人员（人）：3 891
地　址：湖北省武汉市武昌区和平大道745号
电　话：027－51155540
邮　编：430063
网　址：www.crfsdi.com

单位名称：中国电力工程顾问集团中南电力设计院
企业负责人：谢秋野
行　业：工程设计综合资质
资　质：甲级
营业收入（万元）：161 800
从业人员（人）：1 433
地　址：湖北省武汉市民主路668号
电　话：027－67816219
邮　编：430071
网　址：www.csepdi.com

单位名称：武汉凯迪电力工程有限公司
企业负责人：徐尹生
行　业：电力
资　质：甲级
营业收入（万元）：160 400
从业人员（人）：239
地　址：湖北省武汉市东湖新技术开发区江夏大道特1号凯迪大厦
电　话：027－67869203
邮　编：430223
网　址：www.kdpe.com.cn

单位名称：中国医药集团武汉医药设计院
企业负责人：许继辉
行　业：医药
资　质：甲级
营业收入（万元）：8 000
从业人员（人）：200
地　址：湖北省武汉市武昌黄鹂路25号
电　话：027－86783013
邮　编：430077
网　址：www.wpidi.com

单位名称：中南建筑设计院股份有限公司
企业负责人：张柏青
行　业：建筑
资　质：甲级
营业收入（万元）：50 083
从业人员（人）：780
地　址：湖北省武汉市武昌区中南路19号
电　话：027－87337159
邮　编：430071
网　址：www.csadi.net

单位名称：武汉建筑材料工业设计研究院有限公司
企业负责人：姚元君
行　业：建材
资　质：甲级
营业收入（万元）：50 000
从业人员（人）：331
地　址：湖北省武汉市武昌东湖路17号
电　话：027－87306485
邮　编：430071
网　址：www.sinoma-wbmdi.cn

湖北省

单位名称：中冶集团武汉勘察研究院有限公司
企业负责人：朱小友
行　业：勘察
资　质：甲级
营业收入（万元）：81 500
从业人员（人）：699
地　址：湖北省武汉市青山区冶金大道 17 号
电　话：027－86861906
邮　编：430080
网　址：www.wsgri.com

单位名称：中冶南方工程技术有限公司
企业负责人：项明武
行　业：工程设计综合资质
资　质：甲级
营业收入（万元）：688 814
从业人员（人）：3 679
地　址：湖北省武汉市东湖新技术开发区大学园路 33 号
电　话：027－81998199
邮　编：430223
网　址：www.wisdri.com

单位名称：中国煤炭科工集团武汉设计研究院
企业负责人：吴嘉林
行　业：煤炭
资　质：甲级
营业收入（万元）：64 857
从业人员（人）：673
地　址：湖北省武汉市武昌区武珞路 442 号
电　话：027－87717066
邮　编：430064
网　址：www.zmwhy.com.cn

湖南省

单位名称：中冶长天国际工程有限责任公司
企业负责人：易曙光
行　业：冶金
资　质：甲级
营业收入（万元）：252 862
从业人员（人）：1 250
地　址：湖南省长沙市劳动中路 1 号
电　话：0731－82760136
邮　编：410007
网　址：www.cie-cn.com

单位名称：湖南省水利水电勘测设计研究总院
企业负责人：张振全
行　业：水利
资　质：甲级
营业收入（万元）：17 600
从业人员（人）：1 900
地　址：湖南省长沙市雨花区劳动西路 26 号
电　话：0731－85607665
邮　编：410007
网　址：www.hhpdi.com

广东省

单位名称：广州地铁设计研究院有限公司
企业负责人：刘智成
行　业：铁道
资　质：甲级
营业收入（万元）：37 736
从业人员（人）：823
地　址：广东省广州市环市西路 204 号
电　话：020－83202577
邮　编：510010
网　址：www.dtsjy.com

单位名称：广州市设计院
企业负责人：赵路
行　业：建筑
资　质：工程设计建筑行业甲级
营业收入（万元）：26 069
从业人员（人）：515
地　址：广东省广州市天河区体育东路体育东横街 3 号
电　话：020－87544608
邮　编：510620
网　址：www.gzdi.com

单位名称：华艺设计顾问有限公司
企业负责人：盛烨
行　业：建筑
资　质：甲级
营业收入（万元）：23 020
从业人员（人）：460
地　址：广东省深圳市福田区华富路航都大厦 14、15 层
电　话：0755－83790262
邮　编：518031
网　址：www.huayidesign.com

单位名称：广州市番禺城市建筑设计院有限公司
企业负责人：马嘉军
行　业：建筑
资　质：甲级
营业收入（万元）：9 000
从业人员（人）：300
地　址：广东省广州市番禺市桥捷进中路 133 号
电　话：020－34809333
邮　编：511400
网　址：www.pycad.com

单位名称：广州市景森工程设计顾问有限公司
企业负责人：肖至
行　业：建筑
资　质：甲级
营业收入（万元）：6 500
从业人员（人）：400
地　址：广东省广州市天河区黄埔大道中 309 号羊城创意园 3－23D
电　话：020－62323666
邮　编：510665
网　址：www.jingsen.cn

单位名称：广州市市政工程设计研究院
企业负责人：隋军
行　业：市政
资　质：甲级
营业收入（万元）：36 000
从业人员（人）：780
地　址：广东省广州市环市东路 348 号东座
电　话：020－83875830
邮　编：510060
网　址：www.gzmedri.com

单位名称：广州市城市规划勘测设计研究院
企业负责人：周方
行　业：建筑
资　质：甲级
营业收入（万元）：58 042
从业人员（人）：1 247
地　址：广东省广州市建设大马路 10 号珠江规划大厦
电　话：020－83762170
邮　编：510060
网　址：www.gzpi.com.cn

单位名称：广州珠江外资建筑设计院有限公司
企业负责人：宋凯宏
行　业：建筑
资　质：甲级
营业收入（万元）：7 000
从业人员（人）：209
地　址：广东省广州市环市东路 360 号珠江大厦东 16 楼
电　话：020－83843211
邮　编：510060
网　址：www.pearl-river.com

单位名称：广州承总设计院
企业负责人：陈维耿
行　业：建筑
资　质：甲级
营业收入（万元）：1 000
从业人员（人）：85
地　址：广东省广州市体育东路体育东横街 3 号设计大厦 20 楼
电　话：020－87542218-311
邮　编：510620
网　址：www.gcdi.com.cn

广东省

单位名称：广东省建筑设计研究院
企业负责人：王洪
行　业：建筑
资　质：甲级
营业收入（万元）：62 559.5
从业人员（人）：1 496
地　址：广东省广州市流花路 97 号
电　话：020－86681497
邮　编：510010
网　址：www.gd-arch.com

单位名称：深圳市建筑设计研究总院有限公司
企业负责人：梁键
行　业：建筑
资　质：甲级
营业收入（万元）：69 583
从业人员（人）：2 018
地　址：广东省深圳市福田区振华路 8 号设计大厦 22 楼
电　话：0755－83785355
邮　编：518031
网　址：www.sadi.com.cn

重庆市

单位名称：中国医药集团重庆医药设计院
企业负责人：谢友强
行　业：医药
资　质：甲级
营业收入（万元）：3 458
从业人员（人）：178
地　址：重庆市渝中区大坪正街 8 号
电　话：023－68811174
邮　编：400042
网　址：www.cpidi.com

四川省

单位名称：四川省交通运输厅公路规划勘察设计研究院
企业负责人：唐永建
行　业：公路
资　质：综合甲级
营业收入（万元）：57 000
从业人员（人）：850
地　址：四川省成都市武侯祠横街 1 号
电　话：028－85527410
邮　编：610041
网　址：www.schdri.com

单位名称：中国电力工程顾问集团西南电力设计院
企业负责人：周大吉
行　业：工程设计综合资质
资　质：甲级
营业收入（万元）：92 533.79
从业人员（人）：1 246
地　址：四川省四川省成都市东风路 18 号
电　话：028－84401284
邮　编：610021
网　址：www.swepdi.com

单位名称：中国水电顾问集团成都勘测设计研究院
企业负责人：郑声安
行　业：电力
资　质：甲级
营业收入（万元）：226 725
从业人员（人）：1 678
地　址：四川省成都市浣花北路 1 号
电　话：028－87399193
邮　编：610072
网　址：www.chidi.com.cn

单位名称：中铁二院工程集团有限责任公司
企业负责人：漆宝瑞
行　业：工程设计综合资质
资　质：甲级
营业收入（万元）：581 034
从业人员（人）：5 110
地　址：四川省成都市通锦路 3 号
电　话：028－86445284
邮　编：610031
网　址：www.creegc.com

单位名称：中节能建设工程设计院有限公司
企业负责人：高世科
行　业：勘察
资　质：综合甲级
营业收入（万元）：25 584
从业人员（人）：443
地　址：四川省成都市龙潭总部经济城华冠路 31 号
电　话：028－65568701
邮　编：610052
网　址：www.zjnjs.com

单位名称：中国成达工程有限公司
企业负责人：曹光
行　业：工程设计综合资质
资　质：甲级
营业收入（万元）：546 954
从业人员（人）：1 288
地　址：四川省成都市天府大道中段 279 号成达大厦
电　话：028－65531291
邮　编：610041
网　址：www.chengda.com

单位名称：四川海辰工程设计研究有限公司
企业负责人：余海
行　业：建筑
资　质：甲级
营业收入（万元）：4 205.02
从业人员（人）：103
地　址：四川省绵阳市花园南街 66 号
电　话：0816－2363715
邮　编：621000
网　址：www.calsca.net

单位名称：信息产业电子第十一设计研究院科技工程股份有限公司
企业负责人：赵振元
行业：工程设计综合资质
资质：甲级
营业收入（万元）：296 332
从业人员：1 404
地址：四川省成都市双林路 251 号
电话：028－84390085
邮编：610021
网址：http://www.edri.net.cn

贵州省

单位名称：中国水电顾问集团贵阳勘测设计研究院
企业负责人：潘继录
行　业：工程设计综合资质
资　质：甲级
营业收入（万元）：91 471.91
从业人员（人）：1 422
地　址：贵州省贵阳市金阳新区兴黔路 16 号
电　话：0851－5388599
邮　编：550081
网　址：www.hydrochinaguiyang.com.cn

单位名称：贵阳建筑勘察设计有限公司
企业负责人：袁志英
行　业：勘察、建筑
资　质：综合甲级、甲级
营业收入（万元）：12 005
从业人员（人）：352
地　址：贵州省贵阳市金阳新区金阳北路南段 1 号
电　话：0851－8613502
邮　编：550081
网　址：www.gyjks.cn/chinese/

单位名称：贵阳铝镁设计研究院
企业负责人：黄粮成
行　业：建筑
资　质：甲级
营业收入（万元）：10 823
从业人员（人）：660
地　址：贵州省贵阳市金朱路 2 号
电　话：0851－6991300/6991582
邮　编：550081
网　址：www.gami.com.cn

单位名称：贵州地质工程勘察院
企业负责人：李开红
行　业：勘察
资　质：综合甲级
营业收入（万元）：4 157.27
从业人员（人）：326
地　址：贵州省贵阳市三桥百花大道 5 号
电　话：0851－4842205
邮　编：550002
网　址：www.gzkc.cn

单位名称：贵州电力设计研究院
企业负责人：刘钢
行　业：电力、勘察
资　质：甲级、综合甲级
营业收入（万元）：34 813.24
从业人员（人）：529
地　址：贵州省贵阳市遵义路 56 号
电　话：0851－5694009
邮　编：550002
网　址：www.gzed.cn

单位名称：贵州东华工程股份有限公司
企业负责人：廖宣昭
行　业：化工、石化、医药、建筑
资　质：甲级
营业收入（万元）：4 082.06
从业人员（人）：175
地　址：贵州省贵阳市遵义路 44 号
电　话：0851－5564976
邮　编：550002
网　址：www.gzecec.com

单位名称：贵州省城乡规划设计研究院
企业负责人：单晓刚
行　业：建筑、市政
资　质：甲级
营业收入（万元）：6 000
从业人员（人）：200
地　址：贵州省贵阳市安云路 19 号
电　话：0851－6825006
邮　编：550004

单位名称：贵州省邮电规划设计院有限公司
企业负责人：李晟
行　业：电子通信广电
资　质：甲级
营业收入（万元）：7 647.57
从业人员（人）：481
地　址：贵州省贵阳市枣山路 24 号
电　话：0851－6500466
邮　编：550003
网　址：www.gzcdc.com

单位名称：贵州有色地质工程勘察公司
企业负责人：李勇刚
行　业：勘察
资　质：综合甲级
营业收入（万元）：3 728.57
从业人员（人）：258
地　址：贵州省贵阳市油榨街东新区路 7 号
电　话：0851－5510759
邮　编：550005
网　址：www.gzysdk.com

贵州省

单位名称：化工部遵义地质工程勘察院

企业负责人：陈代良

行　业：工程勘察专业类岩土工程、劳务类

资　质：甲级

营业收入（万元）：1 183

从业人员（人）：104

地　址：贵州省遵义县南白镇

电　话：0852－7251341

邮　编：563100

邮　箱：gky7251341@163.com

陕西省

单位名称：中铁第一勘察设计院集团有限公司

企业负责人：王争鸣

行　业：勘察、工程设计综合资质

资　质：综合甲级、甲级

营业收入（万元）：315 362

从业人员（人）：3 905

地　址：陕西省西安市西影路 2 号

电　话：029－82365023

邮　编：710043

网　址：www.fxdi.com.cn

单位名称：中联西北工程设计研究院

企业负责人：许志安

行　业：建筑

资　质：甲级

营业收入（万元）：39 176

从业人员（人）：658

地　址：陕西省西安市劳动路 81 号

电　话：029－84696608

邮　编：710082

网　址：www.cuced.com

单位名称：中国有色金属工业西安勘察设计研究院

企业负责人：程方方

行　业：勘察、建筑

资　质：综合甲级、甲级

营业收入（万元）：135 065

从业人员（人）：1 222

地　址：陕西省西安市西影路 46 号

电　话：029－85513452

邮　编：710054

网　址：www.ysxk.com.cn

单位名称：西北有色勘测工程公司
企业负责人：夏季
行　业：勘察
资　质：专业类甲级
营业收入（万元）：21 344.76
从业人员（人）：398
地　址：陕西省西安市雁塔中路 78 号
电　话：029－85524634
邮　编：710054
网　址：www.xbys.com.cn

单位名称：西安市政设计研究院有限公司
企业负责人：高中俊
行　业：市政
资　质：甲级
营业收入（万元）：6 768
从业人员（人）：180
地　址：陕西省西安市朱雀路中段 50 号
电　话：029－88426296
邮　编：710068
网　址：www.xmedri.com/web

单位名称：西安市古建园林设计研究院
企业负责人：吴雪萍
行　业：勘察
资　质：乙级
营业收入（万元）：1 100
从业人员（人）：78
地　址：陕西省西安市锦园路 5 号
电　话：029－85227677 转 8103
邮　编：710082

单位名称：西北综合勘察设计研究院
企业负责人：燕建龙
行　业：勘察
资　质：甲级
营业收入（万元）：24 856
从业人员（人）：590
地　址：陕西省西安市莲湖区习武园 9 号
电　话：029－87321343
邮　编：710003
网　址：www.xbzk.com

单位名称：陕西省水利电力勘测设计研究院
企业负责人：王建杰
行　业：水利
资　质：甲级
营业收入（万元）：28 000
从业人员（人）：972
地　址：陕西省西安市东大街 57 号
电　话：029－87449695
邮　编：710001
网　址：www.slbsxy.com

单位名称：西安航天神舟建筑设计院
企业负责人：王海峰
行　业：建筑、军工
资　质：甲级
营业收入（万元）：6 303
从业人员（人）：150
地　址：陕西省西安市高新区沣惠南路 36 号橡树街区 B 座 12 层
电　话：029－88891518
邮　编：710075
网　址：www.isbd.com.cn

单位名称：中国建筑西北设计研究院有限公司
企业负责人：熊中元
行　业：建筑
资　质：甲级
营业收入（万元）：50 025
从业人员（人）：1 228
地　址：陕西省西安市文景路中段 98 号
电　话：029－68515995
邮　编：710018
网　址：www.cscecnwi.com

甘肃省

单位名称：中国市政工程西北设计研究院有限公司
企业负责人：蒲钢青
行　业：市政
资　质：市政行业甲级、建筑工程甲级、城市防洪甲级
营业收入（万元）：59 609
从业人员（人）：1 449
地　址：甘肃省兰州市定西路 459 号
电　话：0931－8616711
邮　编：730000
网　址：www.xibeiyuan.com

青海省

单位名称：中房集团西宁建筑工程设计有限公司
企业负责人：高永峰
行　业：建筑
资　质：乙级
营业收入（万元）：500
从业人员（人）：41
地　址：青海省西宁黄河路 90 号
电　话：0971－6109950
邮　编：810001

单位名称：青海九 0 六工程勘察设计院
企业负责人：曹德云
行　业：勘察
资　质：综合类甲级
营业收入（万元）：5 400
从业人员（人）：214
地　址：青海省西宁市德令哈路 278 号
电　话：0971－8122832
邮　编：810007
网　址：www.b2b-c.cn/md/26/261134.html

新疆维吾尔自治区

单位名称：新疆巴州建筑勘察规划设计院
企业负责人：张振江
行　业：建筑
资　质：甲级
营业收入（万元）：2 308.84
从业人员（人）：150
地　址：新疆库尔勒市石化大道 20 号
电　话：0996－2024178
邮　编：841000

单位名称：新疆煤炭设计研究院有限责任公司
企业负责人：郭建新
行　业：煤炭
资　质：甲级
营业收入（万元）：18 191.71
从业人员（人）：385
地　址：新疆乌鲁木齐市南昌路 177 号
电　话：0991－4513677
邮　编：830091
网　址：www.mtsjy.com

单位名称：新疆石油勘察设计研究院
企业负责人：骆伟
行　业：石化
资　质：甲级
营业收入（万元）：59 399.87
从业人员（人）：725
地　址：新疆克拉玛依市友谊路 115 号 C 座
电　话：0990－6882310
邮　编：834000
网　址：www.cnpc.com.cn

单位名称：新疆电力设计院
企业负责人：邹宗宪
行　业：电力
资　质：甲级
营业收入（万元）：75 000
从业人员（人）：1 022
地　址：新疆乌鲁木齐天山区三道弯路 100 号
电　话：0991－2923056
邮　编：830002
网　址：www.xj.sgcc.com.cn

单位名称：新疆有色冶金设计研究院有限公司
企业负责人：于锡
行　业：冶金
资　质：甲级
营业收入（万元）：2 933
从业人员（人）：149
地　址：新疆乌鲁木齐友好北路 585 号
电　话：0991－7739090
邮　编：830000
网　址：www.xjysjs.com

单位名称：新疆轻工业设计研究院有限责任公司
企业负责人：卢向豹
行　业：轻工
资　质：甲级
营业收入（万元）：5 160
从业人员（人）：116
地　址：新疆乌鲁木齐市新华北路 8 号红山新世纪 A 座 31 层
电　话：0991－2824144
邮　编 830004
网　址：www.xjdl.cn

单位名称：新疆铁道勘察设计院有限公司
企业负责人：李斌
行　业：铁道
资　质：甲级
营业收入（万元）：45 398
从业人员（人）：578
地　址：新疆乌鲁木齐市北京南路 703 号
电　话：0991－7956038
邮　编：830011

全国工程勘察设计大师名单

第一批全国工程勘察设计大师 120 人

丁大中	王麟旬	叶德灿	纪金连	李学纪	杨育之	吴名驹	何国伟	欧阳予
袁世春	郭均生	曾恒一	潘玉琦	潘家铮	王唯国	李　湘	周瑞明	赵安仁
洪圣善	郭重庆	聂运新	钱振中	黄乃良	潘耆芬	刘正急	钟　思	崔　宽
何本文	陆冠伟	林　兴	郭天祥	谢逸农	伍宏业	吴健生	陈鉴运	黄鸿宁
王序森	王昌邦	陈应先	邵厚坤	刘济源	杨仲谋	顾民权	廖权懋	周君亮
曹楚生	曹乐安	刘克非	李全熙	陈俊武	除承思	杨瑞祥	肖传俊	夏　伟
喇华佩	王业俊	朱有*	任震英	林元培	林治远	王广鋆	李志方	戴行洲
谢临深	孙孝孺	苏　更	金效先	邓听聪	张　农	徐松茂	杨宝德	韩师体
朱祖培	吴俊生	邹思久	张　镔	祝仲芬	王成武	金孟申	齐　康	孙芳垂
孙国城	严星华	杨先健	余浚南	陈　植	陈浩荣	陈登鳌	陈民三	张　铸
张开济	张锦秋	赵冬日	徐尚志	容柏生	黄耀莘	龚德顺	熊　明	戴念慈
王步云	王钟琦	刘渭滨	吴自迪	陈雨孙	陈德基	林在贯	林宗元	林杰勋
周亮臣	陆学智	袁浩清	徐介民	黄志仑	张苏民	张旷成	张国霞	常士骠
蒋荣生	熊大阅	广钱孝虹						

第二批全国工程勘察设计大师 120 人

王三一	许忠卿	汤蕴琳	吴奠清	周以国	贺辉亚	曹克明	蔡世泉	曾宪康
李庚午	吴文彬	郭　健	戴少康	柯友之	潘思霖	冯家潮	曲慎扬	耿福东
卫行熙	刘巽璋	李文军	陈绍元	高作揖	韩云岭	包锦明	顾尔矿	孙亨元
施立成	刘树屯	沈荫泰	胡丽雯	吴扎运	邹孝叔	唐先觉	梁立群	陈以楹
杨勤盛	章荣林	潘行高	史玉新	陈　新	胡惠泉	谢世华	王用中	李守善
林雄威	曹右元	谢世楞	孙贻让	林　昭	洪庆余	马恩华	汪景砺	吴协恭
张显林	郭志推	王世纯	王德润	陈登文	李锦莲	罗　玲	黄大健	雀健球
付文德	荣季明	徐　炽	余国俊	龚恐仁	郭孝礼	张志正	裘祖聿	田维良
胡宏泰	张启锡	周国材	冯克鑫	齐　诚	张泽明	马国馨	刘纯翰	刘克良
吴学敏	何镜堂	陈世民	沈希明	李娥飞	周方中	林　桐	金问鲁	胡庆昌
侥维纯	袁培煌	徐庆延	莫伯治	益德清	郭怡昌	黄克武	黄存汉	蔡镇钰
魏敦山	卞昭庆	方鸿琪	庄明骏	刘克远	刘兴辰	李国新	张文龙	张遵葆
林凤桐	范士凯	卓宝熙	胡海涛	赵永骅	姜　涛	袁炳麟	翁鹿年	莫群欢
崔政权	彭念诅	廖道伦						

第三批全国工程勘察设计大师 60 人

顾宝和	张在明	黄经秋	萧汉英	严伯铎	孟　融	邓晓阳	叶杏园	余学恒
陈德华	李大尚	张良杰	华　峰	陈祖茂	林可冀	严城一	石瑞芳	陶益新
吴启常	张文海	蒋继穆	赵祖望	韩光宗	张庆樾	蒋作舟	于建平	康来明
胡彤茂	高秀理	耿其瑞	马　一	黄三荣	邓雪明	骆学聪	罗文德	黄运基
刘志江	宋士诚	杨　进	王建瑶	王树森	牛恩宗	李猷嘉	羊寿生	许百立
何玉如	程泰宁	关肇邺	胡绍学	彭一刚	崔　恺	赵冠谦	黄星元	刘景樑
李高岚	黎佗芬	黄锡璆	林立岩	汪大绥	陈宗弼			

第四批全国工程勘察设计大师 60 人

徐瑞春	袁雅康	李九鸣	项　勃	沈小克	王秉忱	刘　力	柴裴义	郭明卓
沈济黄	吴庐生	张家臣	唐葆亨	郑国英	时　匡	唐玉恩	程懋堃	江欢成
张维嶽	黄汉炎	罗继杰	曾纪龙	李志强	叶学礼	冉天寿	康忠佳	李明武
王柏乐	谢国恩	熊显彬	项钟庸	李龙珍	高振文	张仁清	胡远涵	郁泉兴
董　元	夏祖讽	马志文	韩志刚	郑秉孝	华中令	李明良	郭大生	蔡玉良
马庭林	梁文灏	谢邦珠	车宇琳	廖朝华	杨高中	王汝凯	高士国	俞加康
朱兆芳	高安泽	徐麟祥	王宏斌	耿福明	肖小兵			

第五批全国工程勘察设计大师 21 人

王争鸣	田　会	艾　抗	刘　宁	刘　涛	刘放来	刘桂生	孙　锐	张　炜
李文纲	杨志雄	杨富强	孟凡超	孟建民	柯长华	胡　越	郝希仁	徐恭义
顾国荣	彭　寿	韩国瑞						

第六批全国工程勘察设计大师 26 人

于长顺	于兴敏	马汝成	王玉泽	王俊峰	冯永训	包琦玮	任庆英	刘厚健
刘培硕	孙铭绪	庄惟敏	许再良	吴　澎	张宗亮	邵长宇	周　恺	钮新强
徐张建	耿建平	梅洪元	谢　卫	谢秋野	裴　红	潘国友	霍　明	

第七批全国工程勘察设计大师 29 人

王　丹	王长进	王亚勇	冉　理	史　航	朱华兴	张同须	张　宇	张　辰
李明辉	杨启贵	汪双杰	汪孝安	沈又幸	陆国杰	陈仁杰	周凤广	郁银泉
姚素平	娄　宇	胡建华	钦明畅	倪　阳	高宗余	曹文宏	梁金国	傅学怡
蒋先国	戴一鸣							

全国工程勘察设计大师简介（部分）

第一批全国工程勘察设计大师（1990 年）

依企业网报数据整理（排名不分先后）

常士骠（1934– ）

专业：水文地质、工程地质　　职称：教授级高级工程师

大师评定时间：1990 年

单位：中国五洲工程设计有限公司

参与的重大项目与获奖情况

曾任中国地质学会工程地质专业委员会委员；
地质学会水文地质咨询部主任；中国科学院工程地质力学开放实验研究室学术委员会第一至第三届副主任委员；
地矿部环境地质开放研究实验室学术委员会委员；
1978 年　国家科学大会个人奖 2 项；
1985 年　国家科技进步三等奖一项；
1988 年　国家优秀勘察工程金质奖一项、银质奖一项。

陈登鳌（1916– 卒年不详）

专业：建筑设计　　职称：教授级高级工程师

大师评定时间：1990 年

单位：中国建筑设计研究院

参与的重大项目与获奖情况

陈浩荣（1931– ）

专业：建筑设计　　职称：教授级高级工程师

职务：副总建筑师 顾问总建筑师　　大师评定时间：1990 年

单位：黑龙江省建筑设计研究院

参与的重大项目与获奖情况

1973 年　黑龙江省广播电视大楼主设；
1976 年　参加北京毛主席纪念堂方案设计；
1977 年　参加北京老一辈革命家纪念馆方案设计；
1979 年　哈尔滨市北方剧场工程主设计；
1990 年　国家建设部劳动模范；
1990 年　黑龙江省人大办公楼主设 黑龙江省优秀设计一等奖。

陈俊武（1927– ）

专业：石油化工　　职称：教授级高级工程师

职务：技术委员会名誉主任　　大师评定时间：1990 年

单位：中国石化集团洛阳石油化工工程公司

参与的重大项目与获奖情况

20 世纪 60 年代　担任了我国第一套 60 万 t/a 流化催化裂化装置设计师，指导设计了我国第一套 120 万 t/a 的催化裂化装置，及时解决了催化剂损耗大的技术难题，并开创了国内首次大型流态化工业测试技术；
20 世纪 70 年代　指导设计了我国第一套同轴式催化裂化工业试验装置，并于 1982 年在兰州炼油厂工业化放大成功；
1982 年　开发了国家"六五"攻关重点项目"大庆常压渣油催化裂化"技术；
1959 年、1985 年分获全国劳动模范称号。

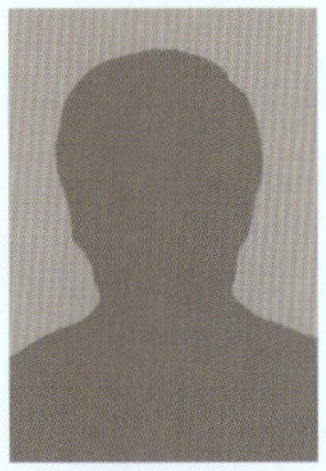

陈民三（1914– 卒年不详）

专业：土木工程　　职称：教授级高级工程师

大师评定时间：1990 年

单位：中国中元国际工程公司

参与的重大项目与获奖情况

1937 年毕业于交通大学土木系。曾任资源委员会资渝炼钢厂副总工程师、资源委员会中央化工厂筹备处工程师。建国后，历任华东建筑工程公司工程师，第一机械工业部第一设计院副总工程师，机械工业部（现中国中元国际工程公司）设计研究总院副总工程师、高级工程师，中国建筑学会第五、六届理事。20 世纪 50 年代在治淮工程中设计了高良涧节制闸、东淝河节制闸、江阴船闸闸门等。在上海电机厂旋转机厂房设计中采用上统弧形的门式框架结构。撰有《掺氯盐的钢筋混凝土结构的裂缝问题》等论文。

陈应先（1930– ）

专业：铁路站场与枢纽　　职称：教授级高级工程师

职务：原铁四院总工程师　　大师评定时间：1990 年

单位：中铁第四勘察设计院集团有限公司

参与的重大项目与获奖情况

20 世纪 60 年代初，两度援越，曾荣膺越南友谊奖章；
主持完成的郑州铁路枢纽工程被评为国家优秀设计和优质工程项目
1988 年 提出架构"三纵三横"六条干线为骨架的路网格局全部得到实施；
20 世纪 90 年代，担任广深准高速铁路、京沪高速铁路、磁悬浮高速列车应用等项目的技术顾问；
最先提出在万里长江上修建第一座高速铁路江底隧道越江方案
1999 年荣获第三届詹天佑铁道科学技术奖（成就奖）。

陈雨孙（1928- ）

专业：工程地质　　职称：教授级高级工程师

大师评定时间：1990 年

单位：建设综合勘察研究设计院有限公司

参与的重大项目与获奖情况

北京饭店、洛阳拖拉机厂等大型工程地质勘查、毛尔塔尼亚首都第二水源地质调查报告；
负责审定 801 工程、山东南墅、辽宁朝阳、山东石岛等水文地质勘察报告；
1985 年　地下水资源评价的原理和方法　建设部科技进步三等奖；
1989 年　北京南洋饭店基坑降水项目　建设部优秀勘察三等奖；
1990 年　《地下水运动及资源评价》　全国优秀建筑科技图书部级一等奖；
1991 年　《我国水资源的危机和出路》、《非稳定有限分析格式》、《中小型河谷中辐射井的计算公式》　中国建筑学会工程勘察学术委员会优秀论文一等奖；
1993 年　《略论地下水资源的科学管理》　中国建筑学会工程勘察学术委员会优秀论文一等奖。

龚德顺（1923-2007）

专业：建筑设计　　职称：教授级高级工程师

大师评定时间：1990 年

单位：中国建筑设计研究院

参与的重大项目与获奖情况

古巴吉隆滩胜利纪念碑　古巴政府奖；
深圳华夏艺术中心　全国优秀工程金奖；
建筑工程部办公楼　中国建筑学会创作奖。

顾民权（1931- ）

专业：工程总体设计　　职称：教授级高级工程师

职务：高级技术顾问　　大师评定时间：1990 年

单位：中交第一航务工程勘察设计院有限公司

参与的重大项目与获奖情况

秦皇岛煤码头二期工程，国家优秀设计金奖；
秦皇岛煤码头二期工程，国家科技进步三等奖；
秦皇岛煤码头三期工程，国家优秀设计金奖；
山海关船厂船坞工程，交通部优秀设计二等奖；
秦皇岛港 10 万 t 级航道，交通部优秀设计奖；
岭澳核电海域工程，交通部优秀设计一等奖；
《海港工程设计手册》，中国航海协会优秀一等奖；
《海港总体设计规范》，交通部科技进步二等奖等。

何国纬（1934- ）

专业：煤矿设计　　职称：教授级高级工程师

职务：原院长、总工程师　　大师评定时间：1990 年

单位：煤炭工业济南设计研究院

参与的重大项目与获奖情况

曾参与南屯矿井（150 万 t/a），兴隆庄矿井（300 万 t/a），济宁三号矿井（500 万 t/a），龙固矿井（600 万 t/a），大南湖矿井（1000 万 t/a），大井二号井（3000 万 t/a）设计；
曾参与兖州矿区、巨野矿区、大井矿区（规模 1.75 亿 t/a）、西黑山矿区（规模 1.45 亿 t/a）、鲁西基地等大型煤炭基地总体规划；
曾获得国家科技进步特等奖一项、全国最佳工程设计特奖一项、国家优秀设计金奖三项、银奖一项、国家科技进步二等奖一项；
全国优秀工程咨询成果一等奖一项，二等奖一项。

黄志仑（出生年不详）

专业：工程地质　　职称：教授级高级工程师

大师评定时间：1990 年

单位：中航勘察设计研究院

参与的重大项目与获奖情况

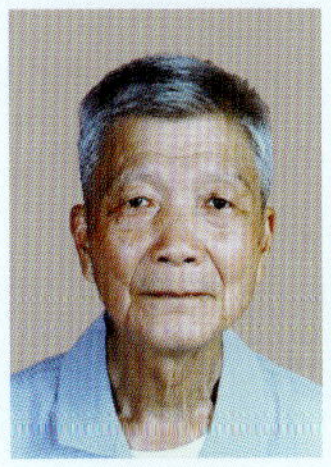

蒋荣生（1931- ）

专业：工程勘察　　职称：教授级高级工程师

职务：院长兼总工程师　　大师评定时间：1990 年

单位：中冶集团武汉勘察研究院有限公司

参与的重大项目与获奖情况

1987 年 武汉钢铁公司 1700mm 轧机工程地质勘察工程　国家优秀工程勘察金质奖；
1987 年 上海宝山钢铁总厂 A 阶段工程地质勘察　国家优秀工程勘察金质奖；
宝钢工程建设一等功，被评选为冶金部劳动模范。

金孟申（1931–　）

专业：广播电视工程　　职称：教授级高级工程师

大师评定时间：1990 年

单位：中广电广播电影电视设计研究院

参与的重大项目与获奖情况

1958 年—1960 年 国庆工程人民大会堂、天安门电视转播站工程设计施工调试；
1963 年—1965 年 超大型广播发射台（6307 工程）供电系统设计；
1990 年—1991 年 CRI 中国国际广播中心工艺设计总工程师；
1991 年 全国广电系统先进工作者称号；
1991 年—1992 年 CNR 中央人民广播电台新业务楼工艺设计总工程师；
1992 年 中央彩电中心工艺设计第五届全国工程设计金奖；
2004 年 第八届广电科学技术奖。

金效先（1914–　）

专业：日用玻璃　　职称：教授级高级工程师

大师评定时间：1990 年

单位：中国中轻国际工程有限公司

参与的重大项目与获奖情况

1936 年 参加引进美国主机 20t/d 玻璃的横火焰蓄热室池窑技术，首次自行设计了国内唯一的机械化玻璃瓶罐生产线；
1940 年—1945 年 成功设计并改造了横火焰蓄热室池窑；
20 世纪 40 年代后期首次设计成我国第一条压制玻璃杯自动生产线；
1951 年 主持设计建成马蹄型火焰蓄热室池窑；
20 世纪 50 年代 主持设计建成了建国后第一批机械化瓶罐玻璃厂；
1981 年 青岛晶华玻璃厂工程设计 国家级优秀设计奖。

李志方（1919–　）

专业：化学纤维　　职称：教授级高级工程师

大师评定时间：1990 年

单位：中国昆仑工程公司（中国纺织工业设计院）

参与的重大项目与获奖情况

仪征化纤工业联合公司一期工程总体设计和涤纶一厂工程设计，国家优秀设计金质奖；
仪征化纤工业联合公司涤纶一厂聚酯车间及熔体夹套管道设计，纺织工业部优秀设计一等奖；
聚酯熔体夹套管道设计，国家科技进步二等奖；
仪征化纤工业联合公司一、二期工程国家最佳工程设计特等奖。

林在贯（1928–　）

专业：岩土工程　　职称：教授级高级工程师

职务：顾问总工程师　　大师评定时间：1990 年

单位：西北综合勘察设计研究院

参与的重大项目与获奖情况

《湿陷性黄土地基的建筑特性——分区、评价标准及设计措施》、《工程地质全液压多能钻机研制》、《膨胀土地基勘察设计方法研究》论文 国家科技进步三等奖；
陕西省旬阳县兴旬路地质灾害 国家铜奖、部二等奖；
西安市钟鼓楼下沉式广场 国家银质奖；
全国城运会三位一体游泳馆 国家铜奖；
中国航天科技集团 067 抱龙峪试验基地 国家金奖；
2010 年获联合国教科文组织国际滑坡联合会 2010 年度伐内斯（Varnes）奖。

林宗元（1929–2011）

专业：水文地质、工程地质　　职称：教授级高级工程师

大师评定时间：1990 年

单位：中国五洲工程设计有限公司

参与的重大项目与获奖情况

1986 年起任中国工程勘察协会第一届至第三届副理事长；
1992 年被国务院授予“有突出贡献的科技专家”称号；
曾被英国剑桥和美国的传记中心选入《世界名人录》；
主持过国内外各类型、各种地层、各种地质环境条件、各种环境工程地质问题的大中型工程勘察项目一百多项；对红土、膨胀土等特殊性土有独特研究，在超高层建筑场地的岩土工程勘察、环境工程地质与环境岩土工程等方面有独创性见解；
曾获得国家级优秀工程勘察银质奖 2 项，部级优秀工程勘察奖或优秀论文奖 5 项。

刘克非（1932–　）

专业：有机化工　　职称：教授级高级工程师

职务：原副总工程师　　大师评定时间：1990 年

单位：中国石化集团宁波工程有限公司

参与的重大项目与获奖情况

1989 年 以减压渣油为原料的年产 30 万 t 合成氨和 52 万 t 尿素 国家优质工程银质奖；
1999 年 中石化九江石化公司，以减压渣油为原料的年产 30 万 t 合成氨和 52 万 t 的尿素工程 荣获国家优质工程银质奖；
8.5MPa 绕管式换热器研究及工业应用，获 2000 年度中石化科技进步二等奖；
低温甲醇洗气体净化工艺包，获 2000 年度中石化科技进步三等奖；
中石油宁夏石化公司 30 万 t 合成氨油改气技术改造获中石化优秀设计三等奖。

刘渭滨（1926-　）

专业：水利　　职称：教授级高级工程师

大师评定时间：1990 年

单位：中国电力工程顾问集团东北电力设计院

参与的重大项目与获奖情况

元宝山发电厂水文地质勘测工程　国家优秀工程勘察金奖；
富拉尔基发电厂工程地质勘测　国家优秀工程勘察银奖；
通辽发电厂水文地质勘测　国家优秀工程勘察银奖；
曾荣获吉林省英才奖章。

陆学智（1929-　）

专业：工程勘察　　职称：教授级高级工程师

职务：顾问总工　　大师评定时间：1990 年

单位：上海岩土工程勘察设计研究院有限公司

参与的重大项目与获奖情况

衍射频谱和投影成像的激光准直系统　国家发明三等奖；
香港宝莲寺天坛大佛建造中的控制与测绘工程　国家优秀工程勘察金质奖；
华中理工大学校区地形立体模型测量工程　国家优秀工程勘察银质奖；
军山长沙公路桥施工控制网（新网）测量工程　国家优秀勘察铜质奖；
建筑变形测量规范（JGJ8—2007）　华夏建设科学技术二等奖。

李学纪（1932- 卒年不详）

专业：电气　　职称：高级工程师

大师评定时间：1990 年

单位：中国电力工程顾问集团西北电力设计院

参与的重大项目与获奖情况

山东黄岛电厂（2×125MW）一期工程　国家优秀工程设计金奖；
常熟电厂（2×300MW）工程　国家优秀工程设计金奖；
渭河电厂（2×200MW）二期工程　国家优秀设计银奖；
山东龙口电厂（2×100MW）　国家优秀设计银奖；
山东黄岛电厂（2×210MW）二期工程　国家优秀设计银奖；
山东石横电厂（2×300MW）　国家优秀设计铜奖；
1993 年 合肥变压器厂工程设计 机械工业部优秀设计二等奖。

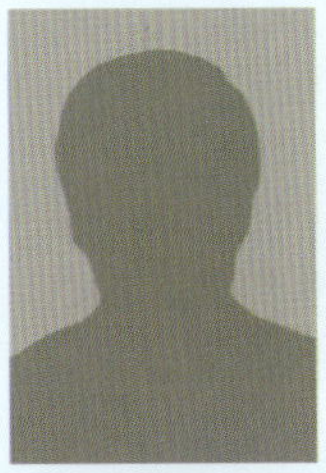

聂运新（1908-2005）

专业：机械工程设计　　职称：教授级高级工程师

大师评定时间：1990 年

单位：中国中元国际工程公司

参与的重大项目与获奖情况

原任机械电子工业部（现中国中元国际工程公司）设计研究院副总工程师。曾主持完成我国大型重机厂的设计，多次主持并参加我国重机行业发展规划的编制。他的代表性工程设计成果是 20 世纪 50 年代，我国第一个自行设计建设的机械工业骨干企业——太原重机厂和 70 年代初建成的我国重机行业中综合技术水平和生产等级最高的第二重机厂。

欧阳予（1927-　）

专业：核电工程、核反应堆、热工控制　　职称：教授级高级工程师

职务：院高级顾问　　大师评定时间：1990 年

单位：上海核工程研究设计院

参与的重大项目与获奖情况

1962 年 军用生产反应堆设计论文（绝密）　国家科委重大科技成果一等奖；
1991 年 当选为中国科学院院士（学部委员）；
1992 年 获全国五一劳动奖章和全国优秀科技工作者称号；
1994 年 秦山核电工程　建设部全国最佳工程设计特奖 1995 年获何梁何利基金会科技与技术进步奖；
1996 年 秦山核电厂安全设计与分析　部级科技进步一等奖；
1997 年 秦山核电厂设计与建造　国家级科技进步特等奖；
2000 年当选为俄罗斯工程院外籍院士。

邵厚坤（1929-2000）

专业：桥梁工程　　职称：教授级高级工程师

大师评定时间：1990 年

单位：中央工程设计咨询集团有限公司（原铁道部专业设计院）

参与的重大项目与获奖情况

负责我国第一孔后张法预应力混凝土铁路桥梁设计。参加我国第一座采用顶推法施工的 40 孔 40m 预应力混凝土连续梁的设计和施工。负责我国第一孔跨度 24m 无碴无枕预应力混凝土梁的设计施工。参加预应力混凝土梁制造工艺三大革新（底授工艺、管道形成环销锚）项目的实验研究。
1955 年　第二届詹天佑工程奖；
1987 年　优秀铁路建设者称号；
1988 年　首都劳动奖章获得者；
1989 年　全国劳动模范称号；
1990 年　五一劳动奖章。

孙芳垂（1920– 卒年不详）

专业：土木工程系　　职称：教授级高级工程师

大师评定时间：1990 年

单位：中广电广播电影电视设计研究院

参与的重大项目与获奖情况

中央彩电中心　优秀工程设计国家金奖；
中央电视塔筒中筒设计　建设部科技进步二等奖；
中央电视塔　优秀工程设计国家铜奖；
南京电视塔　全国第三届优秀建筑结构优秀设计奖；
辽宁电视塔　优秀工程设计国家银奖；
中国国际广播电台　国家级优秀工程设计银质奖。

孙国城（1937–　）

专业：建筑设计　　职称：教授级高级建筑师

职务：总建筑师　　大师评定时间：1990 年

单位：新疆建筑设计研究院

参与的重大项目与获奖情况

1986 年　新疆人民会堂设计　自治区优秀设计一等奖；
2000 年　新疆海德酒店　建设部优秀设计三等奖；
2005 年　新疆迎宾馆 9 号楼　建设部优秀设计三等奖；
2010 年　自治区科技馆　建设部优秀设计二等奖。

王步云（1932–　）

专业：岩土工程　　职称：教授级高级工程师

职务：资深顾问　　大师评定时间：1990 年

单位：煤炭工业太原设计研究院

参与的重大项目与获奖情况

参与大同云岗矿井工程勘察、引黄工程采空区勘察与治理工程、太原双塔寺西塔纠倾斜工程、太原拱极门地标古建筑复原工程勘察与治理工程、南水北调中线工程采空区治理工程、振密桩处理可液化地基等工程。
共获国家优秀勘察银奖 1 项、铜奖 2 项；部级优秀工程勘察一、二等奖 9 项；部级科技进步奖 1 项；山西省重大科研成果奖 1 项。山西省先进工作者奖章。

王成武（1915– 卒年不详）

专业：电讯专业　　职称：教授级高级工程师

大师评定时间：1990 年

单位：中广电广播电影电视设计研究院

参与的重大项目与获奖情况

人大会堂扩声系统改建工程　国家级优秀工程设计金奖；
天安门广场改造工程（扩声系统）设计　部级优秀工程设计二等奖。

王广銮（1934–　）

专业：建筑专业　　职称：教授级高级工程师

大师评定时间：1990 年

单位：中国纺织工业设计院

参与的重大项目与获奖情况

1989 年　仪征化纤工业联合公司一期工程总体规划及涤纶一厂设计　国家优秀设计金质奖；
1991 年　平顶山锦纶帘子布厂（二期工程）　国家优秀设计金质奖；
1994 年　仪征化纤工程　全国最佳工程设计特等奖。

吴自迪（1926—2008）

专业：铁路线路　　职称：教授级高级工程师

大师评定时间：1990 年

单位：中铁第一勘察设计院集团有限公司

参与的重大项目与获奖情况

曾先后参加和主持了兰青铁路、青藏铁路、阳安铁路、西延铁路、西合铁路、西康铁路、新菏铁路、侯月铁路、阳涉铁路、宝中铁路、神朔铁路等几十条铁路长大干线的国家重点干线、支线和地方铁路的选定、审查、优化等勘察设计工作。参加了宝成抗洪抢险，指导了天兰、包兰、兰武铁路的电气化改建；
1991 年，作为选线专家，被载入《中国人物年鉴》；
1993 年获政府特殊津贴。

王钟琦（1930- ）

专业：工程地质　　职称：教授级高级工程师

大师评定时间：1990 年

单位：建设综合勘察研究设计院有限公司

参与的重大项目与获奖情况

1958 年	放射性同位素测土的密度	原建工部技术革新奖；
1978 年	电测静力触探	全国科学大会重大科研成果奖；
1980 年	GC 型工程测振仪研制	国家建工总局二等奖；
1983 年	地震液化过程中力的耦合作用	第二届全国土力学重点项目；
1980 年	地震液化宏观形迹的研究	加拿大岩土工程会议推荐新项目；
1980 年	地面断裂机制及地震效应	加拿大岩土工程会议推荐新项目；
1984 年	唐山地震工程地质研究	全国建工机具双交会一等奖；
1985 年	地震工程地质研究及应用	国家科学技术进步三等奖。

吴名驹（1924- ）

专业：电机工程　　职称：教授级高级工程师

大师评定时间：1990 年

单位：中国电力工程顾问集团东北电力设计院

参与的重大项目与获奖情况

参与吉林热电厂二期扩建工程、浑江发电厂一、二期工程、牡丹江第二发电厂新建工程、富拉尔基第二发电厂一期工程、锦州发电厂新建工程、通辽发电厂一期工程、哈尔滨第三发电厂一期工程、双鸭山发电厂新建等工程。分别荣获国家级、部级优秀设计奖。

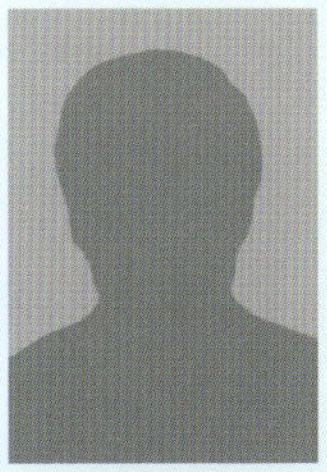

谢临深（1914- 卒年不详）

专业：土木工程和冷库设计　　职称：教授级高级工程师

职务：原副总工程师　　大师评定时间：1990 年

单位：国内贸易工程设计研究院（原商业部设计院）

参与的重大项目与获奖情况

组织和主持编制了 24 型 6000t、74 型 1500t 等八种冷库定型设计技术；
组织和主持编制了各工种常用的通用图、标准图、通用说明书、概算等额手册；
1978 年济南万吨冷库设计、1981 年重庆扩建一期 9000t 冷库设计等。
多次获商业部设计院先进工作者称号；
多次获全国优秀工程、优秀设计奖；
多次获国家科技进步奖二等奖、三等奖；
多次获商业部科技进步一等奖、二等奖；
国家优秀规范三等奖、商业部二等奖等。

夏伟（1928- ）

专业：有色金属加工　　职称：教授级高级工程师

职务：总工程师　　大师评定时间：1990 年

单位：洛阳有色金属加工设计研究院

参与的重大项目与获奖情况

1981 年 西南铝加工厂工程 国家第一届优秀设计奖；
1986 年 东北轻合金加工厂 2000mm 热轧机技术改造 国家经委引进技术改造现有企业全优奖、国际科学进步二等奖、全国第三届优秀工程设计金质奖。

肖传俊（1919- ）

专业：采矿　　职称：教授级高级工程师

职务：副总工程师　　大师评定时间：1990 年

单位：原南昌有色冶金设计研究院（中国瑞林工程技术有限公司）

参与的重大项目与获奖情况

主持的“急倾斜薄矿脉留矿法工艺及设备改进研究”项目，获国家级科技进步三等奖；
20 世纪 50 年代出席全国总工会召开的第一届先进工作者会议，受到毛泽东、刘少奇、周恩来、朱德等党和国家领导人的接见；
主持过华东有色“三五”规划、“四五”规划、“江西钨规划”、“江西铜基地”建设规划。

徐介民（1924- ）

专业：测量　　职称：教授级高级工程师

大师评定时间：1990 年

单位：宁波冶金勘察设计研究股份有限公司

参与的重大项目与获奖情况

参与了中条山铜矿测量、酒泉钢铁公司测量、太原钢铁公司厂区扩建控制测量、首钢迁安铁矿 600k ㎡ 1:2000 航测、贵州铝厂 1200k ㎡控制测量 1:1000 航测区等项目。

徐松茂（1931– ）

专业：通信工程　　职称：教授级高级工程师

大师评定时间：1990 年

单位：中讯邮电咨询设计院有限公司

参与的重大项目与获奖情况

1991 年全国政协八届委员；
京沪杭中同轴电缆干线设计 20 世纪 70 年代国家优秀设计银奖；
京汉广中同轴电缆干线设计　国家科技进步三等奖，国家优秀设计银奖；
宁汉渝数字传输光缆干线设计　国家优秀设计金奖，国家优质工程鲁班奖。

熊明（1931– ）

专业：建筑学、建筑设计与城市设计　职称：教授级高级工程师

大师评定时间：1990 年

单位：北京建筑设计研究院

参与的重大项目与获奖情况

1959 年　北京工人体育馆　中国建筑学会优秀创作奖；
1966 年　首都体育馆　全国第一届科技大会金奖；
1979 年　中国银行总部　北京市优秀设计一等奖；
1988 年　大学生体育馆　建设部优秀设计一等奖；
1988 年　木樨园体育馆　建设部优秀设计一等奖；
1988 年　北京市有突出贡献的科学，技术和管理专家。

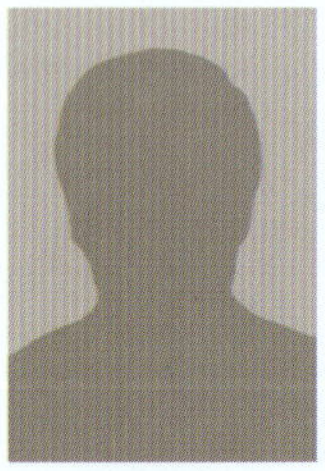

杨宝德（1937– ）

专业：总体规划　　职称：教授级高级工程师

职务：院常务副总工程师　　大师评定时间：1990 年

单位：黑龙江省林业设计研究院

参与的重大项目与获奖情况

参与了鹤北林业局总体规划、大兴安岭地区总体规划、松岭林业局总体规划、新林林业局总体规划、呼中林业局总体规划等项目，获得过国家质量银奖、林业部设计二等奖等奖项。
享受国务院津贴的专家。

严星华（1921– ）

专业：建筑学　　职称：教授级高级工程师

大师评定时间：1990 年

单位：中广电广播电影电视设计研究院

参与的重大项目与获奖情况

内蒙古自治区彩电中心工程 部级优秀工程设计奖；
中央彩电中心 第五届国家级优秀工程金奖；
农展馆 20 世纪 50 年代北京十大建筑。

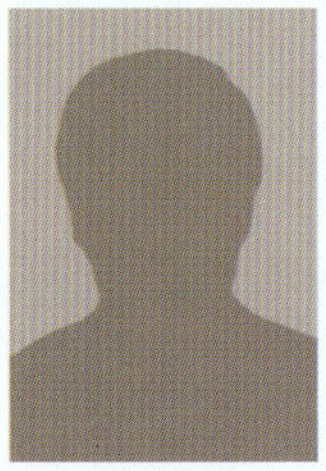

袁世春（1930– ）

专业：采矿　　职称：高级工程师

职务：主任工程师　　大师评定时间：1990 年

单位：中煤邯郸设计工程有限责任公司

参与的重大项目与获奖情况

1986 年 东庞矿井设计 煤炭部优秀设计二等奖；
1988 年 东庞矿井 国家质量奖银奖；
作为项目负责人主持了河北省邢台矿区东庞矿井、开滦矿区东欢坨矿井、邯郸矿区云驾岭矿井、峰峰矿区总体发展规划的设计工作。

袁浩清（1934– ）

专业：工程地质与岩土工程　　职称：教授级高级工程师

职务：高级技术顾问　　大师评定时间：1990 年

单位：中交第一航务工程勘察设计院有限公司

参与的重大项目与获奖情况

天津海岸带和海涂资源综合调查 天津市科技进步一等奖；
静力触探自动记录 科技进步科学大会奖；
石臼港工程测量 优秀勘察国家银质奖；
青岛前湾港区一期工程地质勘察 交通部优秀勘察一等奖；
天津港东突堤工程地质勘察 交通部优秀勘察二等奖；
黄骅港一期工程地质勘察 优秀勘察国家铜质奖；
青岛前湾港区二期工程地质勘察 交通部优秀勘察二等奖；
缅甸蒂洛瓦船厂一期工程地质勘察 天津市优秀勘察二等奖等。

张苏民（1933- ）

专业：岩土工程　　职称：教授级高级工程师

职务：顾问总工　　大师评定时间：1990 年

单位：机械工业勘察设计研究院

参与的重大项目与获奖情况

参与陕西省广播电视发射塔工程勘察、陕西体育科技文化中心科技信息大厦、西安大雁塔地基条件研究、陕西电信网管中心大楼单桩静载试验与工程桩检测、铁道部第一工程局科教培训中心基坑工程、西安市第二长途通信大楼岩土工程勘察灌注桩、试验及桩基检测、陕西移动通信枢纽楼钢筋混凝土钻孔灌注桩静载试验等项目。

曾获国家级奖励 17 项，省部级奖励 50 余项。担任主编的《工程地质手册》曾获 1978 年全国科学大会奖。

张国霞（1923- ）

专业：岩土工程　　职称：教授级高级工程师

大师评定时间：1990 年

单位：北京市勘察设计研究院

参与的重大项目与获奖情况

昆仑饭店工程　全国优秀工程勘察金奖；

北京国际文化交流中心　建设部优秀工程勘察一等奖；

卫星地面站基础及大型动力基础的勘测设计　全国科学大会奖；

北京地区的地震背景和典型结构地震影响的估计　北京市科学技术成果二等奖。

张锦秋（1936- ）

专业：建筑历史与理论研究　　职称：教授级高级建筑师

职务：院总建筑师　　大师评定时间：1990 年

单位：中国建筑西北设计研究院有限公司

参与的重大项目与获奖情况

1981 年　阿倍仲麻吕纪念碑　国家建工总局优秀工程奖；

1992 年　三唐工程　国家优秀设计铜奖；

1993 年　陕西历史博物馆　全国优秀工程设计铜奖；

2001 年　首届梁思成建筑奖；

2002 年　慈恩寺玄奘纪念院　全国优秀工程设计铜奖；

2004 年　群贤庄小区　全国优秀工程勘察设计金奖；

2008 年　大唐芙蓉园　全国工程勘察设计行业一等奖；

2009 年　黄帝陵祭祀大殿（院）工程　全国优秀勘察设计金奖；

2010 年　何梁何利基金 2010 年度科学与技术成就奖；

2011 年　陕西省科学与技术最高成就奖。

张开济（出生年不详）

专业：建筑设计　　职称：教授级高级工程师

大师评定时间：1990 年

单位：北京市建筑设计研究院

参与的重大项目与获奖情况

上海中国银行大厦、重庆南渝中学校舍、“满园”高级住宅区、上海南京一批高级住宅、中央民族学校、“四部一会”办公楼群、国家博物馆（原中国革命博物馆和中国历史博物馆）、钓鱼台国宾馆、天安门观礼台、北京天文馆；

第一届“梁思成建筑奖”获得者。

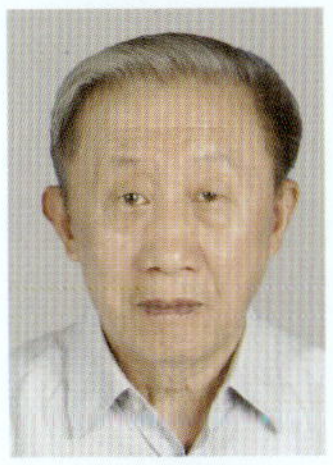

张旷成（1930- ）

专业：土木工程　　职称：教授级高级工程师

职务：顾问总工　　大师评定时间：1990 年

单位：机械工业勘察设计研究院

参与的重大项目与获奖情况

参与四川德阳第二重型机械厂勘察、渤海造船厂大型注水式船坞勘察、西安变压器电炉厂大型厂房勘察、陕西省广播电视中心勘察、深圳市会展中心勘察、深圳市后海湾、前海湾填海及软基处理工程设计等项目。

曾获国家科委颁发的科技成果完成者证书 1 项；国家科技进步二等奖 1 项；部、省、市科技进步二等奖 6 项、三等奖 3 项；国家优秀工程勘察银质奖 4 项、铜质奖 2 项等各种工程奖项共计 41 项。

邹思久（1925- ）

专业：玻璃工艺　　职称：高级工程师

职务：原总工程师　　大师评定时间：1990 年

单位：中国新型建筑材料工业杭州设计研究院

参与的重大项目与获奖情况

1981 年　洛阳浮法玻璃工艺　国家发明二等奖；

400t 级浮法玻璃工艺和装备的研究　国家科技进步一等奖；

洛阳玻璃厂浮法二线工程　建国四十年优秀工程设计特等奖。

赵冬日（出生年不详）

专业：建筑设计　　职称：教授级高级工程师

大师评定时间：1990 年

单位：北京市建筑设计研究院

参与的重大项目　获奖情况

人民大会堂、全国政协礼堂、中直礼堂、中国北京市委办公楼、投资招商大厦、北京伊斯兰教经学院、社会主义学院、实验大学及板式住宅、同仁医院、北京友谊医院、天井式高层塔式住宅、北京和平里小区规划、北京军区股规划、北京市城区详细规则、北京东西主轴线规划、北京龙坛小区规划、北京金融街详细规划、徐向前元帅纪念碑。

第一届“梁思成建筑奖”获得者；

1959 年 全国劳动模范称号。

周亮臣（1929－ ）

专业：油气储运　　职称：教授级高级工程师

职务：高级顾问　　大师评定时间：1990 年

单位：中国石油天然气管道工程有限公司

参与的重大项目　获奖情况

柴达木盆地花土沟盐渍土地区工程地质勘察 国家优秀工程勘察银质奖；

输油气管道工程地质勘察规范 中国石油天然气总公司科技进步二等奖；

《盐渍土的工程特性及其对建筑物的危害和处理对策》科研项目 国家科技进步三等奖。

周瑞明（1933－ ）

专业：化学工程　　职称：教授级高级工程师

大师评定时间：1990 年

单位：五洲工程设计研究院

参与的重大项目　获奖情况

1965 年 硝化甘油新工艺 国家发明二等奖；

1978 年 65 式程序控制硝化甘油连续工艺 全国科学大会奖；

1981 年 援罗马尼亚 R785 项目 部级设计方案奖；

1991 年 宣化啤酒厂 部级优秀工程设计三等奖；

1998 年 惠大丝束项目 部级优秀工程设计一等奖。

祝仲芬（1934－ ）

专业：药物化学　　职称：教授级高级工程师

大师评定时间：1990 年

单位：中国石化集团上海工程有限公司

参与的重大项目　获奖情况

担任医药、农药等项目的总工程师；

主持设计天津大塚制药有限公司（国内第一家符合 GMP 规范的医药企业）。

第二批全国工程勘察设计大师（1994 年）

依企业网报数据整理（排名不分先后）

包锦明（1930- ）

专业：无线电　　职称：教授级高级工程师

职务：原副总工程师　　大师评定时间：1994 年

单位：中国电子工程设计院

参与的重大项目与获奖情况

北京国际交换系统有限公司程控交换机项目、上海浦东软件园、珠海软件园、北京图书馆新建工程（电子计算机咨询）、广播电影电视部国际电台可研评估、电子部电子产品可靠性与环境试验研究所、天津计算机工业小区规划、福建半导体研究所、地质部及国家计委计算中心、高可靠和环境试验研究所（第五研究所）等。

曾获国家优秀设计银质奖，国家科技进步二等奖，部级优秀设计奖。

卞昭庆（出生年不详）

专业：工程地质　　职称：教授级高级工程师

大师评定时间：1994 年

单位：中煤国际工程集团 北京华宇工程有限公司

参与的重大项目与获奖情况

峰峰中央选煤厂工程地质勘查、京西王平村煤矿工程地质勘查、西山杜尔坪煤矿工程地质勘查、京西大安山煤矿工程地质勘查、开滦吕家坨副井塌陷事故勘查、开滦范各庄选煤厂工程地质勘查等共计 156 项工程；

开滦范各庄选煤厂工程地质勘查　国家优秀勘查银质奖。

蔡世泉（1932- ）

专业：电气　　职称：教授级高级工程师

职务：技术顾问　　大师评定时间：1994 年

单位：河南省电力勘测设计院

参与的重大项目与获奖情况

国家第一项超高压平武 500kV 输变电工程　国家优秀设计金奖；

洛阳 500kV 变电站获国家优秀设计金奖；

郑州 500kV 变电站获国家优秀工程银奖；

主持的工程中共获国家级金奖 2 项，银奖 3 项，铜奖 4 项。

蔡镇钰（1936- ）

专业：结构工程　　职称：教授级高级工程师

职务：顾问、总工程师　　大师评定时间：1994 年

单位：上海现代建筑设计（集团）有限公司

参与的重大项目与获奖情况

1989 年　上海电信大楼　建设部科技进步一等奖；

1989 年　上海曲阳新村居住区　1949-1989 年上海十佳建筑；

1992 年　上海曲阳新村居住区　国家科技成果完成奖；

1994 年　上海新世界城 上海市优秀设计一等奖；

1996 年　上海地铁一号线　上海市优秀设计一等奖、上海十大新景观设计奖；

1998 年　白俄罗斯明斯克电视塔——白俄罗斯之星白俄罗斯国际竞赛第一名；

1999 年　上海万里居住区 建国 50 周年上海经典建筑最佳小区奖；

2006 年　绍兴大剧院　建设部优秀设计二等奖。

曹克明（1928- ）

专业：水工　　职称：教授级高级工程师

职务：总工、世行特咨团专家　　大师评定时间：1994 年

单位：华东勘测设计研究院

参与的重大项目与获奖情况

以礼河四级小江水电站设计　国家优秀设计奖；

鲁布革水电工程设计　国家优秀设计奖；

天生桥一级水电站可行性研究报告　水电部水利水电总局二级优秀设计奖；

援外工程喀麦隆拉格都水电站设计　获得喀麦隆国家荣誉勋章。

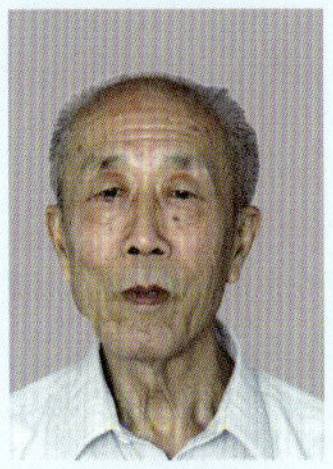

曹右元（1932- ）

专业：公路与城市道路　　职称：教授级高级工程师

职务：原副厅长、总工程师　　大师评定时间：1994 年

单位：辽宁省交通厅

参与的重大项目与获奖情况

参与国防公路 O 四 O 二线、国防公路沈阳～承德线、国家级 G15 沈海高速、G1 京哈高速、G16 丹锡高速、G25 长深高速、G1113 丹阜高速等工程设计。

曾获辽宁省优秀科技工作者、辽宁省“筑路功臣”、国家科技进步一等奖，中共辽宁省委、省人民政府授予“辽宁优秀专家”。

陈世民（1935- ）

专业：建筑工程　　职称：教授级高级工程师

大师评定时间：1994 年

单位：深圳市陈世民建筑师事务所有限公司

参与的重大项目与获奖情况

1999 年　深圳发展银行大厦　　广东省优秀工程设计二等奖；
2000 年　深圳赛格广场　　国家科技进步二等奖；
2001 年　深圳东方玫瑰园　　建设部优秀建筑设计三等奖；
2002 年　北京中国建筑文化中心　　全国第十届优秀工程设计银质奖；
2007 年　广州金海湾花园　　广东省优秀工程设计一等奖；
2008 年　TCL 工业研究院大厦　　全国优秀建筑工程设计三等奖；
2008 年　深圳诺德中心　　全国优秀建筑工程设计三等奖。

戴少康（1940- ）

专业：选矿工程　　职称：教授级高级工程师

职务：资深顾问　　大师评定时间：1994 年

单位：煤炭工业太原设计研究院

参与的重大项目与获奖情况

主持过镇城底选煤厂、马兰选煤厂、屯兰选煤厂等多座大型选煤厂工程设计；
获国家优秀设计金质奖 1 项、银质奖 2 项。

方鸿琪（1933- ）

专业：工程地质　　职称：教授级高级工程师

大师评定时间：1994 年

单位：建设综合勘察研究设计院有限公司

参与的重大项目与获奖情况

1978 年　岩石地下建筑技术措施工程地质勘测　全国科技大会奖；
1985 年　地震工程地质研究及应用　国家科技进步三等奖；
1990 年　城市工程地质系列图的组合原理及信息的空间传输暨应用研究　国家科技进步二等奖；
1995 年　城市地质环境与土地利用定量分析　国家科技进步奖；
1995 年　深圳福田保税区软基处理工程　建设部优秀工程二等奖；
1997 年　城市地质灾害地理信息系统研究　建设部科技进步一等奖；
1998 年　场地地基震害效应的预测方法研究　建设部科技进步二等奖；
1998 年　华能丹东电厂软基处理工程　建设部优秀工程勘察一等奖。

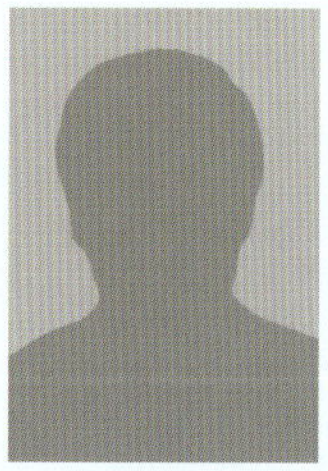

郭孝礼（1928- ）

专业：制冷　　职称：教授级高级工程师

职务：原副总工程师　　大师评定时间：1994 年

单位：国内贸易工程设计研究院（原商业部设计院）

参与的重大项目与获奖情况

1952 年、1953 年　河南军区军政干校 二等功两次；
1984 年、1985 年、1986 年、1988 年　商业部设计院级先进工作者；
1985 年获全国商业劳动模范称号。

贺辉亚（1927- ）

专业：电机工程　　职称：教授级高级工程师

大师评定时间：1994 年

单位：中国电力工程顾问集团东北电力设计院

参与的重大项目与获奖情况

500kV 海城变电所工程设计、500kV 东丰变电所工程设计、500kV 哈南变电所工程设计荣获电力部优秀设计奖；
主持制定的《500kV 变电所通用设计》获电力规划设计总院科技进步二等奖；
《330kV ~ 500kV 变电所无功补偿设计技术规定》荣获电力部科技进步三等奖。

胡庆昌（出生年不详）

专业：建筑结构设计　　职称：教授级高级工程师

大师评定时间：1994 年

单位：北京市建筑设计研究院

参与的重大项目与获奖情况

参与设计专家招待所（友谊宾馆）、民族文化宫、民族饭店、昆仑饭店、首都速滑馆、国家奥林匹克中心等工程。
1994 年　首都速滑馆　全国第六届优秀工程设计奖（铜质奖）；
1998 年　北京市有突出贡献的科学，技术，管理专家。

黄存汉（1927- ）

专业：土木工程　　职称：教授级高级工程师

大师评定时间：1994 年

单位：机械工业第六设计研究院

参与的重大项目与获奖情况

曾参与 20 世纪 50 年代 5 个 156 项重大军工项目；
20 世纪 60 年代 -70 年代大河机床厂，长城机床厂；
20 世纪 80 年代第六砂轮厂、第七砂轮厂；
20 世纪 90 年代武汉重型机床厂等项目的设计工作；
共获得机械部科技进步二等奖三项，建设部科技进步二等奖一项；
中国地震局科技进步一等奖一项，机械部优秀设计一等奖一项。

黄大建（1931- ）

专业：桥梁及水工结构　　职称：教授级高级工程师

职务：顾问总工　　大师评定时间：1994 年

单位：天津市市政工程设计研究院

参与的重大项目与获奖情况

1981 年　海河狮子林桥　国家优秀设计奖；
1983 年　天津市十一经路立交　国家优质工程银质奖；
1987 年　天津市中环线工程　国家优秀设计金奖；
1989 年　大连香炉礁立交　国家优质工程银质奖；
2000 年　上海市莘庄立交　国家优秀设计银质奖；
2002 年　天津市滨海立交　国家优秀设计银质奖；
2004 年　天津市塘沽海河大桥　国家优秀设计银质奖。

韩云岭（1931- ）

专业：汽车工厂设计　　职称：教授级高级工程师

职务：返聘专家　　大师评定时间：1994 年

单位：机械工业第九设计研究院有限公司

参与的重大项目与获奖情况

1998 年　一汽 - 大众 15 万辆轿车项目　国家优秀设计金奖；
1999 年　一汽 - 大众 15 万辆轿车项目　国家科技进步二等奖；
多次获得省部级和一汽集团科技进步和优秀工程设计奖；
2008 年评为改革开放 30 年“中国汽车工业杰出人物”。

李庚午（1938- ）

专业：矿井建设　　职称：教授级高级工程师

职务：资深顾问　　大师评定时间：1994 年

单位：煤炭工业太原设计研究院

参与的重大项目与获奖情况

曾参与古交西曲矿井、潞安石圪节矿井、阳泉二矿等项目设计；
获国家优秀设计金质奖 1 项，国家科技进步二等奖 1 项。

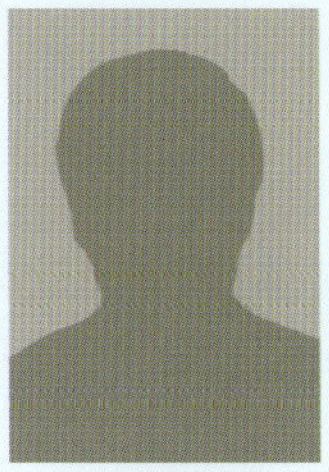

李锦莲（1936- ）

专业：轻金属冶炼　　职称：教授级高级工程师

职务：原副总工程师　　大师评定时间：1994 年

单位：沈阳铝镁设计研究院

参与的重大项目与获奖情况

主持郑州、山西铝厂等国家重点大型氧化铝工程设计科研、试车、烧结工艺试验研究，在母液中回收镓的设计是国内首创　有色总公司优秀设计二等奖；
高速自然强制循环蒸发器　辽宁省发明创造一等奖；
铝酸钠溶液蒸发用外流自由降膜板式蒸发器组开发应用及控制系统　中国有色金属工业科学技术二等奖。

李娥飞（1933- ）

专业：暖通空调　　职称：教授级高级工程师

大师评定时间：1994 年

单位：中国建筑设计研究院

参与的重大项目与获奖情况

1959 年　北京火车站工程　全国十大优秀建筑；
1960 年　乌兰巴托百货大楼　蒙古政府奖；
1976 年　塞拉里昂政府大楼　国家优秀设计银奖；
1986 年　北京国际饭店工程　国家优秀设计银奖；
1990 年　北京梅地亚中心　国家优秀设计金奖；
1999 年　外交部大楼　国家优秀设计银奖。

梁立群（1930– ）

专业：轧钢　　职称：教授级高级工程师

职务：高级技术顾问　　大师评定时间：1994 年

单位：中冶赛迪工程技术股份有限公司

参与的重大项目 获奖情况

1978 年 武钢 1700mm 热轧工程 全国科学大会奖；
1991 年 宝钢 2 号高炉 国家“七五”科技攻关重大成果奖；
1991 年 宝钢 2050 mm 热轧 国家设计金奖；
1993 年 武钢 1700mm 热轧计算机系统改造工程 国家科技进步一等奖；
1994 年 宝钢 2 号高炉 国家级优秀工程设计金奖；
2000 年 宝钢 1580mm 热轧 国家设计金奖；
2004 年 鞍钢 1780mm 热轧 国家设计银奖。

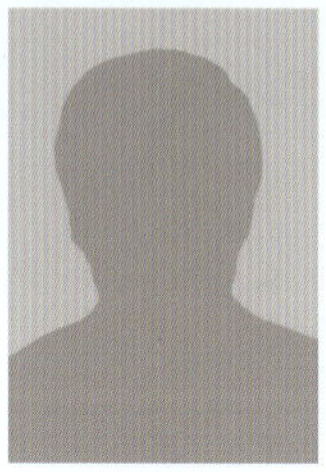

林凤桐（1940– ）

专业：岩土工程勘察　　职称：高级工程师

职务：总工程师　　大师评定时间：1994 年

单位：黑龙江省林业设计研究院

参与的重大项目 获奖情况

曾参与伊春发电厂供水水文地质勘察工程、《秦山核电站二、三期勘察、哈尔滨到伊春煤气工程勘察、哈尔滨市地铁工程勘察、哈尔滨市国际机场勘查工程。
1982 年黑龙江省政府劳动模范、1986 年黑龙江省特等劳动模范、全国五一劳动奖章、全国优秀科技工作者、全国勘察设计协会优秀工作者。

刘巽璋 （1927–2010）

专业：机械工程设计　　职称：教授级高级工程师

大师评定时间：1994 年

单位：中国中元国际工程公司

参与的重大项目 获奖情况

承担组织长沙矿山、郑州工程、贵阳矿山、长江挖掘机等项目的设计；
1967 年～ 1973 年 巴基斯坦重机厂项目总设计师 国家优秀设计项目；
1974 年～ 1975 年第一重机厂热加工技术改造项目设计主师
2010 年 中铸协授予刘巽璋同志“终身成就奖”。

罗玲（1940– ）

专业：道桥专业　　职称：教授级高级工程师

大师评定时间：1994 年

单位：北京市市政工程设计研究总院

参与的重大项目 获奖情况

1996 年 预应力钢与混凝土组合连续箱梁桥的设计 北京市科技进步二等奖；
1999 年 三车道公路隧道监控设计系统研究 北京市科技进步二等奖；
2002 年 北京市四环路工程 全国第十届优秀工程设计项目金质奖；
2008 年 城市桥梁抗震设计研究及已建桥梁抗震能力分析 北京市科技进步三等奖；
国庆 50 周年庆祝活动筹备和组织工作中做出突出贡献，荣立一等功。

马国馨（出生年不详）

专业：建筑设计及其理论　　职称：教授级高级工程师

大师评定时间：1994 年

单位：北京市建筑设计研究院

参与的重大项目 获奖情况

1978 年 毛主席纪念堂 全国科技大会特别奖；
1990 年 全国“五一”劳动奖章；
1991 年 北京国家奥林匹克体育中心与亚运村 全国优秀工程设计建筑金奖；
1995 年 全国先进工作者称号；
2002 年 第二届梁思成建筑奖；
2003 年 北京首都国际机场第二航站楼 全国优秀工程设计建筑金奖。

马恩华（1933– ）

专业：有机化工　　职称：教授级高级工程师

职务：原副院长　　大师评定时间：1994 年

单位：中国石化集团宁波工程有限公司

参与的重大项目 获奖情况

莫群欢（1935-　）

专业：水文工程地质　　职称：教授级高级工程师

职务：顾问总工　　大师评定时间：1994 年

单位：上海岩土工程勘察设计研究院有限公司

参与的重大项目与获奖情况

20 世纪 60 年代末，先后参与了上钢三厂、五厂、金山石化厂、宝山钢铁厂等 60 余项大型工程项目地基土的选址和详勘任务，后来又参与了东方明珠、杨浦大桥、金茂大厦、环球金融中心、浦东国际机场重大工程建设。

曾获得国家金奖 1 项，银奖 2 项，重大科技成果奖 1 项，上海市优秀工程一、二、三等奖共计 31 项。

潘行高（1929-　）

专业：化工　　职称：教授级高级工程师

职务：原总工程师高级顾问　　大师评定时间：1994 年

单位：华陆工程科技有限责任公司

参与的重大项目与获奖情况

参加和主持国内外化工项目近 50 项，其中有 15 项是我国设计建设的第一套化工生产装置，曾获国家和省部级科技进步奖及优秀工程设计奖共 22 项；

主持设计的千吨级四氟乙烯装置　国家科技进步一等奖；

自主制定工艺技术并主持设计的三千吨级无水氟化氢装置　化工部科技进步一等奖；

参加主持丙醛系列产品技术开发并主持完成的基础设计　“六五”国家科技攻关项目奖。

潘恩霖（1931-　）

专业：铀同位素分离　　职称：教授级高级工程师

职务：曾任院长、总工　　大师评定时间：1994 年

单位：核工业第七研究设计院（中核新能核工业工程有限责任公司）

参与的重大项目与获奖情况

曾参与 504 工程、814 工程、605 研究所工程、405 工程设计

离心厂供取料创新研究设计　国防科工委一等奖；

负压条件下管路阻力系数试验　国防科工委二等奖；

层架式级联计算单维优化法　国防科工委三等奖；

405-1 工程设计　中核集团公司一等奖。

曲慎扬（1929-　）

专业：油气储运　　职称：教授级高级工程师

职务：高级顾问　　大师评定时间：1994 年

单位：中国石油天然气管道工程有限公司

参与的重大项目与获奖情况

1989 年　沈阳—抚顺输油管道工程　总公司优秀工程二等奖；

1992 年　东营—黄岛输油管道复线工程　国家优秀工程设计金质奖；

曾参与克拉玛依－独山子输油管道项目、甘肃、青海与新疆等地区长输管道勘察与规划、西气东输管道等工程，累计建成管道已达 9000km。

齐诚（出生年不详）

职称：高级工程师

大师评定时间：1994 年

单位：空军工程设计研究局北京设计室

参与的重大项目与获奖情况

饶维纯（1935-　）

专业：建筑　　职称：教授级高级建筑师

职务：原总建筑师　　大师评定时间：1994 年

单位：云南省设计院

参与的重大项目与获奖情况

昆明大观电影院	云南省优秀设计二等奖；
昆明人民电影院	云南省优秀设计一等奖；
昆明联贸大厦	云南省优秀设计二等奖；
毛里求斯航站楼	建设部优秀设计二等奖；
毛里求斯中国文化中心	云南省优秀设计二等奖；
昆明国际贸易中心	建设部优秀设计二等奖；
楚雄民族博物馆	中国当代建筑艺术创作奖；
泉州展览城	云南省优秀设计二等奖。

史玉新（1938－ ）

专业：隧道及地下铁道　职称：教授级高级工程师
职务：专家组成员　大师评定时间：1994 年
单位：铁道第三勘察设计院集团有限公司

参与的重大项目与获奖情况

曾参加了邯长线、太岚线、太焦线及电气化改建，京津线、北京地铁复八线、天津地铁设计。并参与了国家重点工程朔黄铁路长梁山、寺铺尖隧道的设计与施工的技术工作。
1993 年 轻型格栅支护力学性能研究 铁道部科技进步三等奖；
浅埋暗挖大跨双层车站结构设计与施工技术研究 获铁道部科技进步一等奖；
1995 年 北京地铁西单车站主体结构设计 铁道部优秀设计一等奖；
曾获全国优秀科技工作者、全国五一劳动者奖章。

施立成（1934－ ）

专业：化工　职称：教授级高级工程师
大师评定时间：1994 年
单位：五洲工程设计研究院

参与的重大项目与获奖情况

1978 年 梯恩梯硝化、精制连续工艺 全国科学大会奖；
1978 年 4 号高能单质炸药 全国科学大会奖；
1991 年 845 厂 8 号工程设计 国家级优秀工程设计金质奖；
1991 年 复合推进剂制造与火箭发动机装药生产线设计 部级科技进步二等奖
1993 年 375 厂 TNT 生产线安全技术改造 国家级优秀工程设计金质奖；
2004 年 NP-110 项目 部级优秀工程设计一等奖；
2004 年 204 所重弹推进剂项目 部级优秀工程设计一等奖；
2009 年 粒状发射药自动化混同工艺技术 部级国防科学技术进步二等奖。

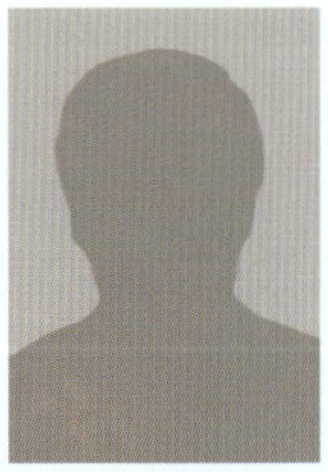

孙亨元（1932－ ）

专业：黑色金属铸造　职称：教授级高级工程师
职务：顾问总工　大师评定时间：1994 年
单位：北方工程设计研究院

参与的重大项目与获奖情况

曾任奔驰重型载重汽车项目总设计师，中德联合设计中方组长，组织完成奔驰卡车、改装车、KHD 风冷发动机、ZF 变速箱等 5 个项目工程设计。
组织主持国家重点工程 302 工程项目总设计，参加整体规划，组织完成整车、发动机、光学等 7 厂所得大型工程设计。参加了 502 工程、212 工程项目设计。
曾获国家优秀工程设计金奖、银奖 3 项，省部级优秀工程设计一等奖 4 项。

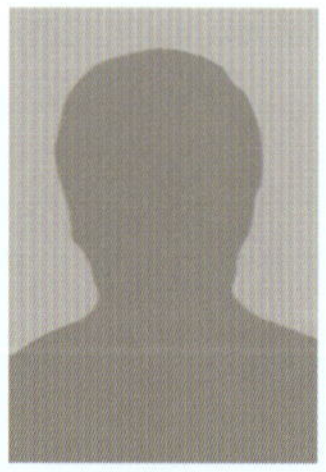

唐先觉（1932－ ）

专业：烧结球团工程　职称：教授级高级工程师
职务：公司副总工程师　大师评定时间：1994 年
单位：中冶长天国际工程有限责任公司

参与的重大项目与获奖情况

70 年代 攀枝花烧结工程 国家优秀设计奖；
1991 年 宝钢 $1^{\#}$ 烧结机大修改造设计 冶金部优秀设计一等奖和国家优秀设计银质奖；
1993 年 宝钢二期烧结工程 冶金部优秀设计一等奖、科技进步一等奖、1994 年 国家优秀设计金质奖和全国最佳工程设计特等奖。

王用中（1936－ ）

专业：交通　职称：教授级高级工程师
职务：设计院院长　大师评定时间：1994 年
单位：河南省交通规划勘察设计院有限责任公司

参与的重大项目与获奖情况

先后主持了郑州、开封、三门峡、东明、小浪底、鄄城六座黄河大桥设计施工，荣获国家优质工程金、银、铜质奖和国家科技进步三等奖一次，省部级奖多次。
1985 年—1996 年 先后获优秀党员、国家有突出贡献中青年专家、河南优秀专家、享受政府特殊津贴专家。

王世纯（1927－ ）

专业：有色金属加工　职称：教授级高级工程师
职务：副总工程师　大师评定时间：1994 年
单位：洛阳有色金属加工设计研究院

参与的重大项目与获奖情况

1989 年 洛阳铜加工厂铝板带技术改造扩建工程 省优秀工程设计一等奖；
1992 年 洛阳铜加工厂铜板带技术改造扩建工程 科技进步一等奖，全国优秀工程设计金质奖；
1999 年 上海有色金属总公司铜带公司铜带工程 全国优秀工程设计银质奖；
2010 年 中铝华中铜业有限公司高精度铜板带项目 协会优秀工程设计一等奖；
2010 年 可控气氛步进式铜扁锭加热炉 协会优秀工程设计一等奖。

汪景砺（1927– 卒年不详）

专业：石油化工　　职称：教授级高级工程师
大师评定时间：1994 年
单位：中国石化集团洛阳石油化工工程公司

参与的重大项目 获奖情况

1950 年—1956 年　油母页岩制取页岩原油技术　受到了东北人民政府的重奖；
1972 年—1974 年　格尔木 – 拉萨输油管线设计　国家科技进步三等奖、国家优秀设计银奖；
1978 年—1988 年　石油化工厂环保预评价方法及应用软件开发　石化总公司科技进步三等奖；
1988 年　约旦页岩油试验　中国石化总公司科技进步一等奖；
1989 年　建设部、河南省劳动模范。

魏敦山（1933–　）

专业：建筑　　职称：教授级高级工程师
职务：集团顾问与资深总师　　大师评定时间：1994 年
单位：上海现代建筑设计（集团）有限公司

参与的重大项目 获奖情况

1974 年　上海体育馆　载入英国皇家建筑学会出版的“世界建筑史”、国家科技进步奖三等奖；
1983 年—1986 年　埃及开罗国际会议中心　埃及“一级军事勋章”嘉奖、上海市优秀设计一等奖；
1993 年—1995 年　上海体育场　全国第九届优秀工程设计金奖、第二届詹天佑土木工程科学技术奖；
2000 年　首届梁思成建筑奖；
2001 年　中国工程院院士。

吴礼运（1933–　）

专业：钢铁冶金　　职称：教授级高级工程师
职务：专家　　大师评定时间：1994 年
单位：中冶南方工程技术有限公司

参与的重大项目 获奖情况

1988 年　大冶钢厂 2×50t 高功率电炉工程及密闭罩排烟除尘系统　国家优质设计银奖；
2000 年　武汉钢铁（集团）公司第三炼钢厂系统工程设计　全国优秀工程勘察设计银质奖。

谢世楞（1935–　）

专业：港口和海岸工程建筑物设计与研究　　职称：教授级高级工程师
职务：高级技术顾问　　大师评定时间：1994 年
单位：中交第一航务工程勘察设计院有限公司

参与的重大项目 获奖情况

主持设计及研究国家重点及大中型项目 40 多项。获国家优秀设计金质、银质奖和国家质量金、银质奖 6 项，国家科技进步二、三等奖 3 项，交通部优秀设计一等奖 5 项，交通部科技进步奖 3 项，联合国发明创新科技之星奖 1 项。
在交通部西部交通建设科技项目《离岸深水港波浪—防波堤—地基相互作用问题研究》中担任课题负责人。
1999 年　被评为中国工程院院士。

吴协恭（1930–　）

专业：药物化学　　职称：教授级高级工程师
大师评定时间：1994 年
单位：中国石化集团上海工程有限公司

参与的重大项目 获奖情况

五十多年来一直从事化工和石油化工工艺设计工作，具有丰富的设计实践经验和精湛的业务技术；
在 PTA 装置引进和改造方面有较深的造诣。

吴学敏（1935–　）

专业：工民建　　职称：教授级高级工程师
大师评定时间：1994 年
单位：中国建筑设计研究院

参与的重大项目 获奖情况

1976 年　人民日报社工程　国家建委优秀设计奖；
1990 年　北京图书馆工程　国家优质工程金奖、建设部全国优秀设计一等奖；
1994 年　北京梅地亚中心　国家优秀设计金奖；
1998 年　全国政协办公楼　建设部直属优秀设计一等奖；
1998 年　解放军总医院　建设部直属优秀设计二等奖；
1999 年　外交部大楼　国家优秀设计银奖；
2001 年　北京天银大厦　国家优秀设计铜奖。

益德清（1935– ）

专业：建筑结构　　职称：教授级高级工程师

职务：顾问总工程师　　大师评定时间：1994 年

单位：浙江省建筑设计研究院

参与的重大项目与获奖情况

曾参与杭州钢铁厂，杭州重型机械厂、杭州重型机床厂、沈阳鼓风机厂、杭州第一绵纺厂等十余项工厂设计总负责；舟山大干冷库、浙江展览馆、西藏体育馆等一批民用建筑工程的结构负责人或主要设计人。

共获得省部级科技进步奖一等奖 1 项、二等奖 2 项、三等奖 5 项；省建设科技进步奖一等奖 1 项。

1985 年获得国务院颁发的援藏建设贡献证书、2010 年获全国优秀科技工作者。

袁炳麟（1932– ）

专业：岩土工程　　职称：教授级高级工程师

大师评定时间：1994 年

单位：北京市勘察设计研究院

参与的重大项目与获奖情况

1987 昆仑饭店工程，全国优秀工程金质奖；

1987 中日友好医院工程，全国优秀工程勘察银奖；

1989 北京图书馆工程，全国优秀工程勘察银奖；

北京建国门外外交公寓　中日友好医院工程获国家优质工程银奖。

张志正（1929– ）

专业：通信工程　　职称：教授级高级工程师

大师评定时间：1994 年

单位：中讯邮电咨询设计院有限公司

参与的重大项目与获奖情况

主持完成北京市市话局总体规划、京汉广中同轴干线等多项国家重点项目、北京十万门程控电话扩容工程获国家优秀设计金奖、国家最佳工程设计特等奖。

赵永骅（1931– ）

专业：工程地质　　职称：教授级高级工程师

大师评定时间：1994 年

单位：中铁第一勘察设计院集团有限公司

参与的重大项目与获奖情况

曾先后参加和主持了兰新铁路、南疆铁路、北疆铁路、雅满苏支线、青藏铁路西延铁路、西中铁路、西康铁路、阳涉铁路、宝成铁路、宝中铁路、沈大铁路、浙干铁路、沪宁铁路等几十条铁路长大干线和葛洲坝坝址、金川镍矿、光明化工厂等水库、厂房的勘察设计工作。对特殊土的工程地质特征、性质、规律和对山坡变形的认识有较深的造诣。

1984 年　青海省劳动模范称号；

1987 年　铁道部优秀共产党员称号。

周国材（1940– ）

专业：物理系　　职称：教授级高级工程师

大师评定时间：1994 年

单位：中广电广播电影电视设计研究院

参与的重大项目与获奖情况

Ⅲ波段电视天线和 FM 天线　部科技进步奖；

米波三波段四偶极板电视天线　部级科技进步奖；

30kW 分米波电视天线　部级科技进步一等奖；

并馈式自立铁塔中波天线　部级科技进步二等奖；

大功率宽频段短波同相水平天线　北京市科学技术奖；

871 台西新工程　部级科技创新二等奖。

周以国（1933–卒年不详）

专业：热机　　职称：教授级高级工程师

大师评定时间：1994 年

单位：中国电力工程顾问集团西北电力设计院

参与的重大项目与获奖情况

山东邹县电厂一期（2×300MW）工程设计　国家级优秀设计金质奖；

山东邹县电厂一、二期（4×300MW）工程设计　最佳工程设计特等奖；

世行贷款的邹县电厂三期（2×600MW）工程　国家级优秀设计金质奖；

江苏常熟电厂一期（4×300MW）工程　国家级优秀设计金质奖；

世行贷款的上海吴泾电厂六期（2×300MW）工程　国家级优秀设计金质奖。

庄明骏（1934- ）

专业：测绘　　职称：教授级高级工程师

职务：曾任中冶武勘副总工程师　　大师评定时间：1994 年

单位：中冶集团武汉勘察研究院有限公司

参与的重大项目 获奖情况

1989 年 上海宝山钢铁总厂一期工程现状图测量 全国优秀勘察银质奖；
1993 年 武钢三炼钢控制测量 部优秀勘察工程一等奖；
1995 年 马鞍山钢铁公司姑山矿控制测量 部优秀勘察工程一等奖；
1995 年 宝钢二期工程现状图测量数字化成图 全国优秀勘察金质奖。

卓宝熙（1934- ）

专业：地质　　职称：教授级高级工程师

大师评定时间：1994 年

单位：中铁工程设计咨询有限公司

参与的重大项目 获奖情况

兰新线、成昆线、青藏线、西康线、朔黄线、南昆线、川渝东通道等约 30 余条铁路干线和多项国家重点工程项目。提出了“高原多年冻土地区工程地质分区方案”、“遥感综合评估隧道富水程度经验公式”等创新成果。
1990 年铁路优秀知识分子；1991 年全国“讲理想，比贡献”先进个人；“北京科技之星”；2003 年 第六届詹天佑铁道科学技术成就奖。

邹孝叔（1925- ）

专业：转炉炼钢　　职称：教授级高级工程师

大师评定时间：1994 年

单位：中冶京诚工程技术有限公司

参与的重大项目 获奖情况

1977 年 30t 氧气顶吹转炉 炼钢以及成套设备设计 全国科学大会嘉奖；
1978 年 本溪钢铁公司 120t 吹氧气转炉炼钢工程设计 第一届国家设计优秀奖；
2006 年 本溪钢铁（集团）公司 4 号转炉炼钢工程设计 部级优秀工程设计一等奖。

第三批全国工程勘察设计大师（2000 年）

依企业网报数据整理（排名不分先后）

陈祖茂（1941－ ）

专业：热能动力装置　　职称：教授级高级工程师

职务：高级顾问　　大师评定时间：2000 年

单位：中国电力工程顾问集团西北电力设计院

参与获奖的重大项目情况

山东邹县电厂 国家优秀设计金奖、全国最佳工程设计奖；
上海吴泾电厂六期 国家优秀设计金奖；
江苏常熟电厂一期 国家优秀设计金奖；
内蒙准格尔电厂二期 国家优秀设计银奖；
宁夏石嘴山电厂 国家优秀设计银奖；
四川广安电厂一期 国家优秀设计铜奖；
陕西宝鸡电厂一期 国家优质工程奖等。

程泰宁（1935－ ）

专业：建筑　　职称：教授级高级工程师

大师评定时间：2000 年

单位：杭州中联程泰宁建筑设计研究院有限公司、中国联合工程公司、东南大学建筑设计与理论研究中心

参与获奖的重大项目情况

杭州黄龙饭店 全国第四次优秀工程设计铜质奖；
1990 年 人事部授予的国家级突出贡献中青年专家；
1999 年 第二十次世界建筑师大会中华人民共和国建国 50 年建筑作品展 （3 项）；
加纳国家剧院、马里会议大厦 建设部优秀设计奖；
联合国国际小水电中心 当代中国建筑艺术创作成就奖；
2000 年 杭州铁路新客站 全国第九届优秀工程设计银奖；
2004 年 第三届梁思成建筑奖；
2005 年 中国工程院院士。

崔愷（1957－ ）

专业：建筑设计　　职称：教授级高级工程师

大师评定时间：2000 年

单位：中国建筑设计研究院

参与获奖的重大项目情况

2004 年 北京富凯大厦、北京金融街富凯大厦、北京外国语大学逸夫教学楼 全国优秀工程设计银奖；
2006 年 北京雅昌彩印天竺厂房综合楼 全国优秀工程设计奖银奖
2007 年—2008 年 殷墟博物馆 亚洲建筑师协会建筑奖金奖；
2008 年 青藏铁路拉萨站站房 全国优秀工程勘察设计金奖；
2008 年 首都博物馆 全国优秀工程勘察设计奖银奖。

邓雪明（1937－ ）

专业：无线电　　职称：教授级高级工程师

职务：原副总工程师　　大师评定时间：2000 年

单位：中国电子工程设计院

参与获奖的重大项目情况

曾参与北京松下彩色显像管工程（一期）、深圳赛格日立彩色显示器件工程（一期）、陕西彩色显像管工程、大连黑白显像管生产线等工程设计。
获得国家优秀工程设计银质奖，国家特等奖，电子部优秀设计一等奖、二等奖，机械电子部科技进步奖一等奖。

耿其瑞 （1936－ ）

专业：核科学技术　　职称：教授级高级工程师

职务：院长顾问、设计大师　　大师评定时间：2000 年

单位：上海核工程研究设计院

参与获奖的重大项目情况

曾参与秦山一期三十万千瓦核电厂、巴基斯坦恰希玛核电厂（一号机组）、巴基斯坦恰希玛核电厂（二号机组）等工程的设计与建造。
1985 获国家科学技术进步奖一等奖、1995 获核工业劳动模范、1995 获中国核工业总公司部级科技进步奖二等奖、1996 获国家科学技术进步奖三等奖。

顾宝和（1934－ ）

专业：工程地质　　职称：教授级高级工程师

大师评定时间：2000 年

单位：建设综合勘察研究设计院有限公司

参与获奖的重大项目情况

1986 年 中央彩电中心勘察与基础工程 国家优秀勘察银质奖；
1987 年 中国建筑技术政策 建设部科技进步一等奖；
1997 年 岩土工程勘察规范 建设部科技进步二等奖；
1998 年 场地地基耐震类型与震害效应 建设部科技进步二等奖；
1998 年 丹东华能电厂地基处理 国家优秀勘察银质奖。

关肇邺（1929- ）

专业：建筑学　　职称：教授级高级工程师

中国工程院院士　　大师评定时间：2000 年

单位：清华大学建筑设计研究院有限公司

参与的重大项目 获奖情况

清华大学图书馆新馆　建设部国家优秀工程设计金奖；
1989 年 埃及亚历山大图书馆　联合国教科文组织、国际建协，建筑设计国际竞赛特别奖；
1998 年 曲阜师范大学图书馆　军队优秀工程设计三等奖；
2000 年 获首届梁思成建筑奖；
2000 年 清华大学理学院建筑群　国家优秀工程铜奖；
2000 年 北京大学图书馆新馆　北京市 1999 年度首都建筑设计十佳建筑；
2009 年 中国工程院综合办公楼　北京市优秀建筑设计一等奖；
2010 年 清华大学医学院　国家优秀工程设计金奖。

何玉如（出生年不详）

专业：建筑设计　　职称：教授级高级工程师

大师评定时间：2000 年

单位：北京市建筑设计研究院

参与的重大项目 获奖情况

1993 年 北京大观园酒店　全国工程设计建筑银质奖；
1998 年 北京市有突出贡献的科学，技术，管理专家；
2002 年 北京国际金融大厦　詹天佑土木工程大奖；
2005 年 浙江平湖梅兰苑　建设部优秀住宅小区（金奖）。

胡绍学（1936- ）

专业：建筑学　　职称：教授级高级工程师

大师评定时间：2000 年

单位：清华大学建筑设计研究院有限公司

参与的重大项目 获奖情况

曾参与国家大剧院实施方案设计、2008 北京奥运会主赛场入围方案设计、上海虹桥交通枢纽入围方案设计、外交部大楼方案设计清华大学主楼前教学区建筑群设计（共九个楼）、武钢博物馆设计。

获得国家级优秀设计金奖一项、银奖两项，省部级优秀设计一等奖、二等奖共 15 项，建国 60 周年中国建筑学会建筑创作大奖三项。

华峰（1947- ）

专业：高分子化工　　职称：教授级高级工程师

职务：总工程师　　大师评定时间：2000 年

单位：中国石化集团上海工程有限公司

参与的重大项目 获奖情况

长期从事化工工艺设计工作，具有丰富的设计实践经验在乙烯装置设计方面有较深的造诣。

黄三荣（1939- ）

专业：通信工程　　职称：教授级高级工程师

大师评定时间：2000 年

单位：中讯邮电咨询设计院有限公司

参与的重大项目 获奖情况

主持完成京沪数字微波工程、国内卫星通信网首期和二期工程等多项国家重点项目。

共荣获部省级以上科技进步、优秀设计等奖 38 项，其中京沪数字微波工程、国内卫星通信网总体设计分别获得国家优秀设计银奖和铜奖。

黄锡璆（1941- ）

专业：建筑　　职称：教授级高级工程师

职务：公司首席总建筑师（医疗）　　大师评定时间：2000 年

单位：中国中元国际工程公司

参与的重大项目 获奖情况

2000 年 佛山市第一人民医院　第九届全国优秀工程设计铜奖；
中国人民解放军总医院群体扩建工程　全国优秀工程勘察设计行业建筑工程二等奖　中国机械工业科学技术奖二等奖；
卫生部北京医院老北楼重建工程　全国工程勘察设计行业优秀建筑工程设计一等奖　全国优秀工程设计铜奖；
北京安贞医院外科楼　第九届机械工业优秀工程设计一等奖。

黄星元（1938－ ）

专业：建筑学　　职称：教授级高级工程师
职务：原总工程师　　大师评定时间：2000 年
单位：中国电子工程设计院

参与的重大项目与获奖情况

海口彩虹大酒店、电子部科研大楼、北京海淀体育馆、大连软件大厦、大连信息中心、海口赛格喜来登国际大酒店、三亚山海天大酒店、海南广场、中国华录电子有限公司工程、上海永新彩色显像管有限公司工程、陕西彩色显像管厂等。
国家优秀设计金质奖、银质奖，全国最佳工程设计特奖，国家科技进步二等奖、三等奖，机电部第二届优秀工程设计一等奖，中国建筑学会建筑创作奖，电子工业部优秀设计一等奖。

黄运基（1933－ ）

专业：制浆造纸　　职称：教授级高级工程师
大师评定时间：2000 年

参与的重大项目与获奖情况

1964 年　获越南民主共和国三级劳动勋章；
1964 年　获越南民主共和国友谊奖章；
1964 年　获轻工业部援外人员甲等奖；
1983 年　《碱回收设计参考资料》　轻工业部业务建设奖；
1990 年　保定钞票纸厂 103 工程　中国人民银行优质设计工程一等奖；
1993 年　新疆博斯腾湖造纸厂　国家级优秀工程设计金质奖。

康来明（1939－ ）

专业：汽车工厂设计　　职称：教授级高级建筑师
职务：返聘专家　　大师评定时间：2000 年
单位：机械工业第九设计研究院有限公司

参与的重大项目与获奖情况

1988 年　重庆油泵油嘴厂康明斯技术引进技术改造项目　机械电子业部科技进步三等奖；
1991 年　潍坊柴油机厂斯太尔发动机引进技术改造项目　国家优秀设计金奖；
1999 年　一汽大众十五万辆轿车项目　国家科技进步二等奖；
2008 年　一汽无锡柴油机 6DL 技术改造项目　全国优秀工程勘察设计铜奖；
2009 年　奇瑞汽车发动机二厂技术改造项目　机械工业优秀工程咨询勘察设计三等奖。

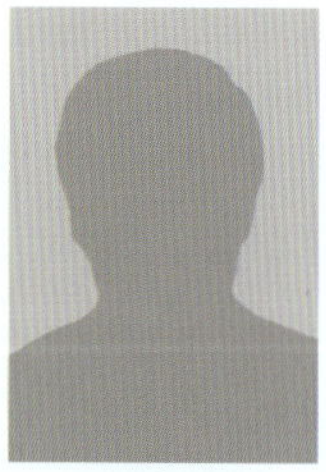

黎佗芬（1938－ ）

专业：建筑设计　　职称：教授级高级建筑师
职务：总建筑师　　大师评定时间：2000 年
单位：中国建筑西南设计研究院有限公司

参与的重大项目与获奖情况

城北体育馆　国家 70 年代全国优秀工程设计一等奖（金奖）；
重庆奥体中心体育场　第十二届全国优秀工程设计金质奖；
成都市人民体育场　第六届全国优秀工程设计铜质奖；
四川省体育馆　第五届全国优秀工程设计建筑银质奖；
常州市体育会展中心　建设部全国工程设计行业一等奖；
四川成都全兴酒厂　四川省优秀工程设计一等奖；
肯尼亚莫伊国际体育中心体育场　2000年中国建筑学会创作大奖。

李大尚（1940－ ）

专业：无机化工　　职称：教授级高级工程师
职务：院总工程师　　大师评定时间：2000 年
单位：赛鼎工程有限公司

参与的重大项目与获奖情况

20 世纪 60 年代—70 年代参加开发我国第一套焦炉气部分氧化转化制氨，我国第一套煤为原料 30 万吨 / 年合成氨、90 万吨 / 年硝酸磷肥引进与配套设计；
20 世纪 80 年代　哈尔滨煤气工程　国家优秀设计金奖；
1990 年　太原煤炭气化公司　国家银奖；
20 世纪 90 年代　河南义马煤气工程设计　山东科技进步二等奖；
大唐煤制天然气可研报告　获国家咨询二等奖。

李猷嘉（1932－ ）

专业：燃气　　职称：教授级高级工程师
职务：院顾问总工　　大师评定时间：2000 年
单位：中国市政工程华北设计研究总院

参与的重大项目与获奖情况

1958 年曾担任首都国庆工程中燃气工程设计总负责人，完成了人民大会堂、民族文化宫等工程的燃气供应设计。1959 年筹建了我国第一个燃气工程专业。1987 年筹建国家燃气用具质量监督检验中心。1996 年负责完成了世界银行委托与意大利国家燃气公司合作的《China- Huabei Urban Environmental Project-Town Gas Supply Study》研究。
我国大中城市燃气化途径研究　部科技进步二等奖；
国家科委蓝皮书《城市建设政策研究》　国家科委突出贡献奖；
城市燃气输配系统工况优化研究　建设部科技进步二等奖。
中国工程院院士。

林立岩（1935- ）

专业：建筑结构　　职称：教授级高级工程师

职务：顾问总工程师　　大师评定时间：2000 年

参与的重大项目　获奖情况

参与沈阳“环球国际大厦”等超高层建筑结构设计、用“最大应变能准则法”进行空间钢结构的优化设计。

获省、部级科技进步奖、一、二等奖共 7 项，三等共 6 项，其他优秀设计奖多项。

最新研究成果：用地下结构刚度扩展法修建高层建筑筏板基础、采用钢管混凝土叠合构件的多筒体组合巨型结构。

刘志江（1957- ）

专业：胶凝材料　　职称：教授级高级工程师

职务：总经理　　大师评定时间：2000 年

单位：中国中材集团有限公司

参与的重大项目　获奖情况

担任过多个国家重点工程项目的技术总负责人，主持完成了双阳水泥厂、池州海螺的国产化、10000 t/d 新型干法水泥生产工艺与成套设备研制等多项水泥工业工程项目的投资建设、工程咨询、勘察设计工作。其中二十多个项目获国家及部级优秀工程设计奖。

罗文德（1940- ）

专业：化工、化纤　　职称：教授级高级工程师

大师评定时间：2000 年

单位：中国纺织工业设计院

参与的重大项目　获奖情况

1987 年　仪征化纤联合公司聚酯熔体夹套管道设计技术开发　国家科技进步二等奖；

2000 年　仪征化纤公司 25 万 t/a PTA 装置增容技术改造　国家优秀工程设计金奖；

2006 年　20 万 t/a 聚酯四釜流程工艺及装备研发　国家科技进步二等奖；

2006 年　浙江华联三鑫石化公司 60 万 t/a PTA 项目工程设计　国家优秀工程设计金奖；

聚酯生产控制技术开发与工程应用研究项目　中国石油和化工自动化应用协会科技进步一等奖。

骆学聪（出生年不详）

专业：物理系　　职称：教授级高级工程师

大师评定时间：2000 年

单位：中广电广播电影电视设计研究院

参与的重大项目　获奖情况

亚运北京工人体育场扩声系统改建　部级优秀工程设计二等奖；

人民大会堂扩声系统改建工程　国家级优秀工程设计金奖、部级优秀工程设计一等奖；

天安门广场改造工程（扩声系统）设计　部级优秀工程设计二等奖；

北京音乐厅改造声学设计　部级科技进步二等奖。

马一（出生年不详）

专业：水文地质、工程地质　　职称：教授级高级工程师

大师评定时间：2000 年

单位：核工业第二研究院

参与的重大项目　获奖情况

1987 年　石墨水冷生产堆提高生产能力和经济效益的技术开发　国家科学进步二等奖；

担任秦山核电站二期工程设计与技术服务总包院的设计总工程师；

江苏田湾核电站设计总工程师。

孟融（1943- ）

专业：采矿　　职称：教授级高级工程师

职务：总工程师　　大师评定时间：2000 年

单位：中煤西安设计工程有限责任公司

参与的重大项目　获奖情况

神府矿区大柳塔矿井一期工程　国家优秀设计金奖；

神府矿区中心（大柳塔小区）规划设计　陕西省优秀工程设计一等奖；

曾参与神府东胜矿区总体设计、山西省河东煤田鲁能河渠矿区总体规划、陕西省榆林能源重化工基地煤炭液化总体规划、国家大型煤炭基地神东基体总体规划等项目。

彭一刚（1932- ）

专业：建筑学　　职称：教授

职务：名誉院长　　大师评定时间：2000 年

单位：天津大学建筑设计规划研究总院

参与的重大项目与获奖情况

威海甲午海战纪念馆 国家教委优秀建筑一等奖、建设部优秀建筑二等奖、全国优秀建筑铜奖；

1995 年 中国科学院院士；

2003 年 浙江省舟山市沈家门小学 全国第十一届工程设计银奖、中国第三届建筑学会建筑创作优秀奖、教育部优秀勘察设计二等奖、建设部优秀设计二等奖。

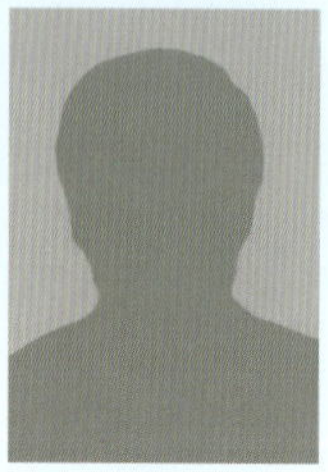

陶益新（1939- ）

专业：焦化、炼焦　　职称：教授级高级工程师

大师评定时间：2000 年

单位：中冶焦耐工程技术有限公司

参与的重大项目与获奖情况

曾参与国产 6m 焦炉的技术、7m 焦炉技术开发、8m 焦炉技术方案研讨；

国产 6m 焦炉的技术开发 国家科技进步二等奖。

汪大绥（1941- ）

专业：结构工程　　职称：教授级高级工程师

职务：总工程师　　大师评定时间：2000 年

单位：华东建筑设计研究院有限公司

参与的重大项目与获奖情况

2005 年 全国劳动模范称号；

2009 年 上海世茂国际广场 上海市优秀设计一等奖；

2010 年 上海环球金融中心 全国工程勘察设计行业奖一等奖；

曾参与东方明珠广播电视塔、浦东国际机场一期工程、交银金融大厦、上海铁路南站、世贸国际广场、中央电视台主楼、上海环球金融中心、浦东国际机场二期工程等工程设计。

王树森（1955- ）

专业：道桥　　职称：高级工程师

职务：厅长　　大师评定时间：2000 年

单位：吉林省交通运输厅

参与的重大项目与获奖情况

四平至长春高速公路 国家第八届优秀工程设计铜奖；

长春至吉林高速公路 国家第九届优秀工程设计金奖；

拉林河至长春高速公路 全国第十一届优秀工程设计银奖；

吉林至江密峰高速公路 吉林省级优秀勘察设计一等奖；

长春至营城子高速公路 第九次吉林省级优秀工程设计一等奖。

吴启常（1938- ）

专业：炼铁工艺　　职称：教授级高级工程师

大师评定时间：2000 年

单位：中冶京诚工程技术有限公司

参与的重大项目与获奖情况

1979 年 攀枝花钒钛磁铁矿高炉冶炼试验研究 国家发明一等奖；

1988 年 高炉冷却壁用高韧性铁素体基球墨铸铁及钢管防渗碳技术开发研究；

1993 年 唐钢扩建炼铁 1260m^3 高炉工程 国家优秀工程设计银质奖；

2000 年 上海宝山钢铁（集团）一号高炉大修工程 国家级优秀工程设计金质奖 。

萧汉英（1940- ）

专业：水文地质、工程地质　　职称：教授级高级工程师

大师评定时间：2000 年

单位：中国五洲工程设计有限公司

参与的重大项目与获奖情况

1994 年～2000 年 中国科技会堂专家委员会专家；

1995 年～2000 年 北京地质学会水文地质工程地质专业委员会副主任委员；

在承担技术工作中，先后获得全国优秀工程勘察银质奖、部级科技进步奖、部级优秀工程勘察奖、全国优秀质量管理奖等 12 项奖励。

严城一（1940-　）

专业：动力工程　　职称：教授级高级工程师

大师评定时间：2000年

单位：中国电力工程顾问集团东北电力设计院

参与的重大项目获奖情况

主持的铁岭发电厂、哈尔滨第三发电厂先后 国家优秀工程设计金奖；
双辽发电厂 吉林省工程设计特等奖；
主管的“600MW引进型机组主厂房参考设计”获国家标准设计金奖。

杨进（1930-　）

专业：桥梁工程　　职称：教授级高级工程师

职务：副总工程师　　大师评定时间：2000年

单位：中铁大桥勘测设计院集团有限公司

参与的重大项目获奖情况

1989年 广茂铁路肇庆西江大桥 国家优秀设计银质奖；
1990年 京广铁路衡阳至广州段增建第二线工程 全国优质工程银质奖；
1998年 广东省汕头海湾大桥 全国第八届优秀设计银质奖；
1999年 广东省汕头海湾大桥主航道现代悬索桥技术 国家科技进步二等奖
2004年 夷陵长江大桥（正桥设计）第四届詹天佑土木工程大奖；
2007年 柔性桥梁非线性设计和风致振动控制的关键技术 国家科技进步二等奖。

叶杏园（1934-　）

专业：石油化工　　职称：教授级高级工程师

大师评定时间：2000年

单位：中国石化集团洛阳石油化工工程公司

参与的重大项目获奖情况

1991年 中压加氢裂化技术开发及应用 国家科技进步奖三等奖；
1994年 中压加氢改质技术 中石化总公司科技进步奖一等奖；
1997年 镇海80万t/a加氢裂化成套技术 国家科技进步奖一等奖及全国第七届优秀工程设计奖金奖；
1999年 镇海120万t/a加氢精制装置设计 全国第八届优秀设计奖银奖。

张庆禨（1939-　）

职称：教授级高级工程师

大师评定时间：2000年

单位：五洲工程设计研究院

参与的重大项目获奖情况

1987年 5123厂整体设计 国家级优秀工程设计银质奖；
1987年 建新机械厂整体工程设计 部级科技进步二等奖；
1991年 5123厂危险品总仓库 国家级优秀工程设计铜质奖；
1994年 62号产品卧式螺旋装药自动线 部级科技进步三等奖；
1996年 8148工程 国家级优秀工程设计金质奖；
2002年 AFT09工程（重型反坦克导弹系统） 国家级优秀工程设计银质奖。

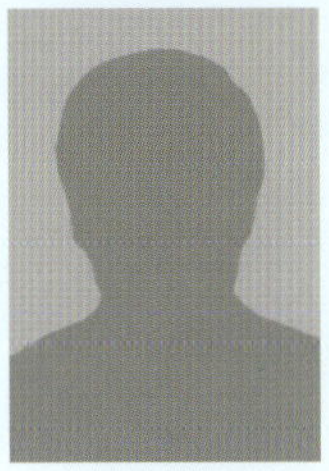

张文海（1939-　）

专业：有色金属冶金　　职称：教授级高级工程师

职务：副总工程师　　大师评定时间：2000年

单位：中国瑞林工程技术有限公司

参与的重大项目获奖情况

1978年 闪速熔炼新工艺 全国科技大会奖；
1998年 贵冶一期工程 国家有色局优秀工程设计一等奖；
1998年 金隆铜冶炼工程 国家有色局优秀工程设计一等奖；
1999年 金隆工程全厂自动化系统开发与应用 国家有色局科技进步一等奖；
1999年 铜陵金隆铜冶炼工程 全国优秀工程设计金奖；
2000年 常温变量喷射－动力波洗涤闪速炼铜技术 国家科学技术进步一等奖；
2004年 闪速冶金NCC 全国优秀工程计算机软件金奖。

张在明（1942-　）

专业：工业与民用建筑　　职称：教授级高级工程师

大师评定时间：2000年

单位：北京市勘察设计研究院

参与的重大项目获奖情况

1998年 中国工商银行总部 全国优秀工程勘察银奖；
2000年 北京东方广场工程勘察与分析 全国优秀工程勘察银奖；
2000年 工程勘察与地基评价专家系统 全国优秀工程软件银奖；
2002年 北京国际竹藤中心工程勘察与分析 全国优秀工程勘察金奖；
2007年 中国国家大剧院岩土工程勘察、水文地质勘察场地渗流场及建筑设防水位分析与基础设计分析 全国优秀工程勘察金奖；
2007年 北京LG大厦岩土工程勘察、设防水位分析与基础设计分析 全国优秀工程勘察银奖；
2007年 中关村西区地下综合管廊与地下空间开发项目岩土工程勘察与地基基础技术咨询 全国优秀工程勘察银奖；
2009年 北京银泰中心岩土工程勘察及建筑设防水位分析 全国优秀工程勘察金奖；
2003年 被评为中国工程院院士。

赵冠谦（1929- ）

专业：建筑　　职称：教授级高级工程师

大师评定时间：2000 年

单位：中国建筑设计研究院

参与的重大项目与获奖情况

1978 年 全国科学大会先进工作者；
1999 年 马鞍形壳板屋面建筑构造设计　全国优秀工程标准设计铜奖；
2000 年 湖州东白鱼潭小区　第九届全国优秀工程设计金奖；
2004 年 全国民用建筑工程设计技术措施　建设部华夏建设科学技术一等奖；
2005 年 南京聚福园小区　建设部全国绿色建筑创新二等奖；
2006 年 民用建筑设计通则　建设部华夏建设科学技术二等奖。

第四批全国工程勘察设计大师（2004 年）

依企业网报数据整理（排名不分先后）

蔡玉良（1962- ）

专业：硅酸盐工程热物理　　职称：教授级高级工程师

职务：总工程师　　大师评定时间：2004 年

单位：中国中材国际工程股份有限公司

参与的重大项目与获奖情况

新型干法水泥窑系统计算机模拟和反求工程方法的应用研究　国家“七·五”科技攻关项目；
国内首条全国产化 5000t/d 烧成系统技术装备的研发项目；
城市生活垃圾在水泥窑中的处理技术及装备研究　国家科技支撑计划；
新型干法水泥生产过程 NOx 减排技术的产业化研究　江苏省科技成果转化专项资金项目；
曾获得国家科学技术进步二等奖及国家级、省部级多项奖励。

柴裴义（出生年不详）

专业：建筑设计　　职称：教授级高级工程师

大师评定时间：2004 年

单位：北京市建筑设计研究院

参与的重大项目与获奖情况

1987 年 国家科技进步三等奖；
1988 年 国际展览中心 2#-5#　国际优秀设计奖；
1994 年 中国职工之家　全国第六届优秀工程银奖；
2002 年 加蓬国民议会大厦　建设部优秀工程设计二等奖；
2003 年 孟中友好国际会议中心　建设部优秀工程设计奖一等奖；
2004 年 全总职工之家二期改扩建　全国第十一届优秀工程设计奖银奖；
2005 年 国际投资大厦建设部　优秀工程设计奖公共建筑一等奖；
2007 年 荣获第四届梁思成建筑提名奖。

车宇琳（1941- ）

专业：公路、桥梁勘察设计　　职称：教授级高级工程师

职务：总工程师、院长兼党委书记　　大师评定时间：2004 年

单位：江西省交通设计院

参与的重大项目与获奖情况

从事公路、桥梁勘察设计和科学研究工作，共主持完成前进大桥、江西洪门大桥、丰城赣江大桥、南昌新八一大桥、贵溪信江大桥设计等 30 余座大中桥梁的勘测设计。主持完成了 20 余条公路、两条铁路的勘测设计。

共获得了国家级银质奖、两个铜质奖和省部级优秀设计奖。

程懋堃（出生年不详）

专业：建筑结构设计　　职称：教授级高级工程师

大师评定时间：2004 年

单位：北京市建筑设计研究院

参与的重大项目与获奖情况

曾参与上海华东生化制品研究所、上海西门妇孺医院、北京新侨饭店、北京王府井百货大楼、机械部汽车局办公楼、北京市委党校、外交公寓、北京东郊各国驻华使馆、北京城近郊区中小学教育楼 50 栋、北京市储运公司仓库楼、东风电视机厂、北京西苑饭店、北京市首都宾馆、北京新世纪饭店、北京西客站、首都机场 T2 航站楼等工程的设计。

董元（1943- ）

专业：化工机械　　职称：教授级高级工程师

职务：总设备师　　大师评定时间：2004 年

单位：中国联合工程公司

参与的重大项目与获奖情况

1979 年—1986 年 秦山核电站设备制造国产化 总设计师；
1991 年—上海锅炉厂重型容器车间 7.5x30m 大型热处理炉工程研制 国家科学技术进步一等奖；
1998 年—2003 年 三峡设备制造项目 总设计师，负责总体、主要部件设计；
2001 年—2003 年 超万匹大马力船用柴油机的攻关项目总设计师；
2004 年 一炉三用对开移动罩式大型电阻热处理炉 机械工业科学技术进步二等奖；
2007 年 上海重型机器厂大型锻件热处理中心工程 集团科学技术一等奖。

高士国（1939- ）

专业：给水排水　　职称：教授级高级工程师

大师评定时间：2004 年

单位：北京市市政工程设计研究总院

参与的重大项目与获奖情况

第九水厂二、三期工程 中国土木工程詹天佑大奖；
第九水厂二期工程 北京市科技进步二等奖；
第九水厂三期工程 国家优秀工程金奖；
深圳市笔架山水厂改扩建工程 国家优秀工程银奖；
均质滤层过滤技术 建设部科技进步二等奖。

郭大生（1937- ）

专业：化机、化纤工艺　　职称：教授级高级工程师

职务：董事长　　大师评定时间：2004 年

单位：大连合成纤维研究设计院股份有限公司

参与的重大项目与获奖情况

1993 年 纺牵一步法纺丝技术及设备 国家科技进步二等奖；
1998 年 涤纶 FDY 长丝技术发展与推广 国家科技进步二等奖；
2008 年 黑龙江龙涤股份有限公司 2 万 t/a 涤纶连续固相聚合及纺丝工程 国家优秀工程设计铜奖；
2011 年 日产 60t 国产化连续固相聚合、高性能涤纶工业丝技术与成套设备 中国纺织科技进步二等奖。

郭明卓（1943- ）

专业：建筑　　职称：教授级高级建筑师

职务：顾问总建筑师　　大师评定时间：2004 年

单位：广州市设计院

参与的重大项目与获奖情况

广州天河体育中心 国家优秀设计银奖、国家科技进步二等奖；
广州体育馆 国家优秀设计银奖；
广州购书中心 国家优秀设计铜奖；
广州天河城广场（一期）、广州国际体育演艺中心、东莞常平文化中心 广东省优秀设计一等奖；
1989 年 韶山毛泽东遗物馆、中山纪念堂维修工程 建国 60 周年建筑创作大奖、国家科技进步二等奖。

韩志刚（1961- ）

专业：通信工程　　职称：教授级高级工程师

大师评定时间：2004 年

单位：中讯邮电咨询设计院有限公司

参与的重大项目与获奖情况

全国移动汇接网扩容改造一期工程　国家优秀设计金奖；
中国移动智能网二期工程设计　国家优秀设计银奖；
全国智能网上海、武汉等十三城市工程　国家优秀设计铜奖；
荣获多项全国优秀工程咨询成果奖、部省级科技进步奖、优秀工程设计奖等。

华中令（1936- ）

专业：化学生产机器及设备　　职称：教授级高级工程师

职务：原副总工程师　　大师评定时间：2004 年

单位：中国电子工程设计院

参与的重大项目与获奖情况

航天服试验工程、应急生保试验舱副舱工程、105m^2 燃油蓄热式显像管玻壳玻璃池炉、显像管玻壳池炉烟气电除尘系统、离子交换膜电渗析法提纯回收氢氧化钾废液、B49—1 / YL 型封闭轨悬挂输送机。
获得国家优秀设计奖，国家科技进步二等奖，国家科技成果完成者，电子工业部科技进步一等奖、信息产业部优秀设计一等奖、信息产业部电子工程优秀勘察设计一等奖。

黄汉炎（1934- ）

专业：土木建筑 结构设计　　职称：高级工程师

职务：总工程师、荣誉院长　　大师评定时间：2004 年

单位：广州珠江外资建筑设计院有限公司

参与的重大项目与获奖情况

1978 年　高层建筑剪力墙计算理论及工程实践　全国科学大会奖；
1980 年　广州白云宾馆　全国优秀设计二等奖；
1986 年　广州白天鹅现代化大型宾馆综合设计　全国科技进步金质奖；
1988 年　广州市儿童活动中心　建设部优秀设计二等奖；
1991 年　广州江南大厦　广东省优秀设计一等奖；
1991 年　广州国际金融大厦　广东省优秀设计二等奖；
1992 年　广州世界贸易中心　广东省优秀设计一等奖；
1996 年　钢铁高强混泥土柱应用于超高层建筑　建设部科技进步二等奖。

康忠佳（1942- ）

专业：采矿　　职称：教授级高级工程师

职务：曾任院总工、院长　　大师评定时间：2004 年

单位：煤炭工业合肥设计研究院

参与的重大项目与获奖情况

曾参与主持百善矿井（45 万 t/a）、新集矿井（90 ~ 300 万 t/a）、张集矿井（400 万 t/a）、顾桥矿井（500 ~ 1000 万 t/a）工程设计，新集矿区总体规划和设计；
组织花家湖矿井、刘庄矿井和东荣三号井等工程设计。
1992 年　全国优秀科技工作者称号和五一劳动奖章；
1999 年　安徽省优秀设计院长称号；
1999 年　新集矿井设计　全国优秀工程设计银奖；
2004 年　张集矿井设计　全国优秀工程设计金奖。

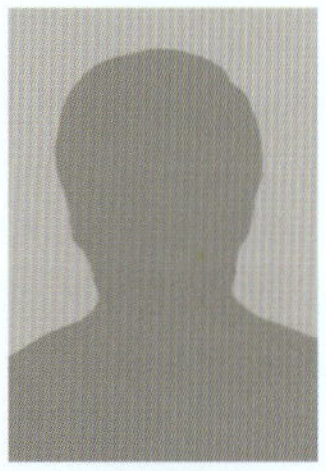

李龙珍（1945- ）

专业：冶金及自动化　　职称：教授级高级工程师

职务：原鞍钢设计院院长　　大师评定时间：2004 年

参与的重大项目与获奖情况

2003 年 1700ASP 短流程连铸连轧工艺及自动化技术 国家科技进步二等奖、冶金科技进步特等奖；
鞍钢 1700mm 连铸连轧生产线设计　全国优秀设计金奖；
济钢 1700mm 连铸连轧设计　全国优秀设计金奖；
鞍钢线材改造、厚板工程获国家优秀设计铜奖；
《国有特大型企业整体改造决策与实施》国家企业管理现代化创新成果一等奖。

梁文灏（1941- ）

专业：隧道及地下工程　　职称：教授级高级工程师

职务：顾问总工程师　　大师评定时间：2004 年

单位：中铁第一勘察设计院集团有限公司

参与的重大项目与获奖情况

1993 年单线铁路长隧道帘幕式自控运营通风设计　铁道部优秀工程建设标准设计二等奖；
2003 年秦岭特长铁路隧道修建技术　国家科学技术进步一等奖
2007 年　青藏铁路多年冻土隧道关键技术　中国铁道学会科学进步奖二等奖；
2008 年　乌鞘岭隧道修建技术 中国铁道学会科学技术奖；
2008 年　包茂高速公路秦岭终南山特长隧道综合工程设计　全国优秀工程勘察设计银奖。

刘力（出生年不详）

专业：建筑设计　　职称：教授级高级工程师

大师评定时间：2004 年

单位：北京市建筑设计研究院

参与的重大项目与获奖情况

1988 年 北京市有突出贡献的科学，技术，管理专家；
1989 年 昆仑饭店 建设部优秀设计二等奖；
1994 年 炎黄艺术馆 全国第六届优秀工程设计铜质奖；
2001 年 北京恒基中心（合作设计） 北京市 20 世纪 90 年代十大建筑；
2000 年 全国优秀工程设计铜质奖；
2003 年 首都图书大厦 建设部第九届优秀建筑设计二等奖。

罗继杰（出生年不详）

专业：建筑环境与设备暖通空调　　职称：高级工程师

大师评定时间：2004 年

单位：空军工程设计研究局

参与的重大项目与获奖情况

全国工程建设标准设计领导小组暖通专家委员会主任委员；
从事工程设计科研三十余年，获全国、全军优秀设计二十余项；
全国、全军科技进步奖十余项、获国家实用新型专利三项。

沈济黄（1938– ）

专业：建筑学　　职称：教授

职务：资深总建筑师　　大师评定时间：2004 年

单位：江大学建筑设计研究院

参与的重大项目与获奖情况

20 世纪 60 年代 浙江省体育馆 中国建筑学会优秀建筑创作奖；
20 世纪 70 年代 杭州剧院 中国建筑学会优秀建筑创作奖；
1981 年 杭州机场候机楼 国家优秀设计奖；
1991 年 中国水稻研究所 国家优秀设计银奖；
缙云博物馆暨李震坚艺术馆，国家优秀工程设计银奖；
浙江老年大学，国家优秀工程设计铜奖；
杭州西湖博物馆，全国优秀工程勘察设计行业奖一等奖；
苏州沿海国际中心，第六届中国建筑学会建筑创作优秀奖。

沈小克（1957– ）

专业：工业与民用建筑　　职称：教授级高级工程师

职务：院长　　大师评定时间：2004 年

单位：北京市勘察设计研究院

参与的重大项目与获奖情况

2000 年 北京东方广场地基基础设计分析与岩土工程勘察 全国优秀工程勘察银奖；
2002 年 杰宝购物中心岩土工程勘察 全国优秀工程勘察银奖；
2004 年 中关村科技大厦岩土工程勘察、设防水位分析与基础设计分析 全国优秀工程勘察金奖；
2004 年 中关村西区地下综合管廊与地下空间开发项目岩土工程勘察与地基基础 全国优秀工程勘察银奖；
2007 年 国家大剧院岩土工程勘察、水文地质勘察场地渗流场及建筑设防水位分析与基础设计分析 全国优秀工程勘察金奖；
2007 年 北京 LG 大厦岩土工程勘察、设防水位分析与基础设计分析 全国优秀工程勘察银奖。

唐葆亨（1927– ）

专业：建筑学　　职称：教授级高级建筑师

职务：顾问总建筑师　　大师评定时间：2004 年

单位：浙江省建筑设计研究院

参与的重大项目与获奖情况

1958 年 主持设计 杭州西子国宾馆；
1959 年 主持设计 杭州饭店小会堂；
20 世纪 60 年代 浙江体育馆；
20 世纪 70 年代 杭州剧院；
1949–2009 年 中国建筑学会建筑创作大奖。

唐玉恩（1944– ）

专业：建筑学　　职称：教授级高级工程师

职务：总师　　大师评定时间：2004 年

单位：上海建筑设计研究院有限公司

参与的重大项目与获奖情况

1989 年 大学文科教学科研楼 市优秀设计二等奖；
1991 年 复旦大学逸夫楼 市优秀设计一等奖；
1992 年 上海外贸谈判大楼 市优秀设计二等奖；
1995 年 连云港市财政干部培训中心 市优秀设计二等奖；
1997 年 图书馆（新馆） 市优秀设计一等奖；
1999 年 上海图书馆（新馆） 全国第八届优秀工程设计金奖；
2001 年 浦东新区少年宫、图书馆 市优秀工程设计二等奖；
2002 年 上海现代建筑设计大厦 全国第十届优秀工程设计项目铜奖。

王秉忱（1932— ）

专业：工程地质　　职称：教授级高级工程师

大师评定时间：2004 年

单位：建设综合勘察研究设计院有限公司

参与的重大项目与获奖情况

1991 年 内蒙河套灌区配套工程环境影响评价　内蒙古水利科技一等奖；
1992 年 沈阳市地下水人工回灌及其预测研究　辽宁省科技进步二等奖；
1992 年 山东省济宁市地下水资源管理模型研究　建设部科技进步二等奖。

吴庐生（1930— ）

专业：建筑　　职称：教授

职务：总建筑师、高级顾问　　大师评定时间：2004 年

单位：同济大学建筑设计研究院（集团）有限公司

参与的重大项目与获奖情况

2006 年 中国残疾人体育艺术培训基地——诺宝中心　第一届上海市建筑学会建筑创作奖；
2007 年 武钢技术中心科技大厦　上海市优秀工程设计二等奖；
2008 年 浙江大学紫金港校区中心岛建筑群　全国优秀勘察设计行业奖二等奖。

夏祖讽（1941— ）

专业：土建结构分析与设计　　职称：教授级高级工程师

职务：设计大师　　大师评定时间：2004 年

单位：上海核工程研究设计院

参与的重大项目与获奖情况

曾参与秦山一期 300MW 核电厂、巴基斯坦恰希玛核电厂（一号机组）、巴基斯坦恰希玛核电厂（二号机组）设计与建造。
1979 年 上海市先进生产者（1978 年度）；
1992 年 国家级有突出贡献中青年专家；
1992 年 中国核工业总公司部级科技进步奖一等奖；
1994 年 中国核工业总公司部级科技进步奖一等奖；
1995 年 国家级科技进步二等奖。

项勃（1936— ）

专业：工程地质　　职称：教授级高级工程师

大师评定时间：2004 年

单位：中国五洲工程设计有限公司

参与的重大项目与获奖情况

北京市建委科学技术委员会岩土工程技术专业委员会委员，
北京嘉里中心岩土工程勘察项目，获得国家优秀工程勘察铜奖；
福建惠安核电厂（陆域）、福建惠安核电厂（水域）、东便门立交桥、北京南苑北小区水泥灰土桩、北京琉璃河水泥厂技改项目等多项岩土工程勘察项目，分别获得全国优秀工程勘察铜质奖、部级优秀工程勘察奖等多项奖励。

项钟庸（1934— ）

专业：炼铁　　职称：教授级高级工程师

大师评定时间：2004 年

单位：中冶赛迪工程技术股份有限公司

参与的重大项目与获奖情况

1978 年—1984 年 宝钢 1 号高炉设计与建设；
1984 年—1990 年 宝钢 2 号高炉设计与建设；
1985 年—1988 年 重钢 5 号高炉　冶金部银奖；
1989 年—1995 年 宝钢 3 号高炉　国家设计金奖。

肖小兵（1956— ）

专业：木材加工　　职称：教授级高级工程师

职务：总工程师　　大师评定时间：2004 年

单位：国家林业局林产工业规划设计院

参与的重大项目与获奖情况

三岔子林业局刨花板厂均质刨花板生产线技术改造项目　全国第十届优秀工程设计银质奖；
2008 年 大兴安岭林业集团公司西林吉林业局刨花板项目可行性研究报告　全国优秀工程咨询成果二等奖；
光明集团淮滨麦秸板有限公司麦秸刨花板项目可行性研究　全国优秀工程咨询成果二等奖；
2010 年 广西百色丰林人造板有限公司单板层积材项目可行性研究报告　全国优秀工程咨询成果三等奖。

谢国恩（1938– ）

专业：电力系统及其自动化　职称：教授级高级工程师

职务：总工程师 / 设计大师　大师评定时间：2004 年

单位：中国电力工程顾问集团中南电力设计院

参与的重大项目 获奖情况

1981 年 葛洲坝至上海 ±500kV 直流输电工程 国家优秀设计金奖；
1990 年 天广直流输电工程线路 国家优秀设计金奖，换流站获国家优秀设计铜奖；
龙泉至政平高压直流输电线路工程 国家优秀设计银奖；
三峡至上海 ±500kV 高压直流输电工程 国家优秀设计银奖；
贵广二回直流输电换流站 电力行业优秀工程设计一等奖。

熊显彬（1941– ）

专业：热能动力　职称：教授级高级工程师

职务：副总工程师　大师评定时间：2004 年

单位：中国电力工程顾问集团西南电力设计院

参与的重大项目 获奖情况

黄桷庄电厂新建工程 2×200MW 工程，获全国优秀设计铜奖；
曲靖电厂一期工程 2×300MW 工程，获全国优秀设计银奖；
2002 年 漳州后石电厂 6×600MW 新建工程 全国优秀工程勘察银奖；
2005 年 广安电厂二期 (2×300MW) 扩建工程 四川省优秀设计一等奖；
2006 年 贵州黔北电厂（4×300MW）工程 四川省优秀设计一等奖；
2007 年 广安电厂三期（2×600MW）扩建工程 四川省优秀设计一等奖；
2008 年 福州可门火电厂一期工程 全国优秀设计铜奖。

俞加康（1939– ）

专业：轨道交通总体　职称：教授级高级工程师

职务：总建筑师　大师评定时间：2004 年

单位：上海市隧道工程轨道交通设计研究院

参与的重大项目 获奖情况

曾参与上海市地铁 1 号线车站建筑总体设计、上海市地铁 2 号线、5 号线、4 号线、1 号线北延伸、8 号线工程等总体设计，任总负责人；
上海市地铁 3 号线一期工程设计总监；
上海市地铁 2 号线总体设计获国家优秀设计金奖。

袁雅康（1940– ）

专业：岩土工程　职称：教授级高级工程师

职务：顾问总工　大师评定时间：2004 年

单位：上海岩土工程勘察设计研究院有限公司

参与的重大项目 获奖情况

曾参与金山石油化工总厂、宝山钢铁总厂、224 工程、浦东国际机场、漕泾化工总厂、环球金融中心、秦山核电站（一期）宁国水泥厂等项目的设计与建设。
2001 年 上海多层住宅沉降控制研究 上海市科技进步三等奖；
2009 年 上海环球金融中心工程勘察、降水、监测 建设部优秀勘察一等奖；
2011 年 上海原水工程五号沟泵站技术咨询 上海市科委优秀技术咨询一等奖。

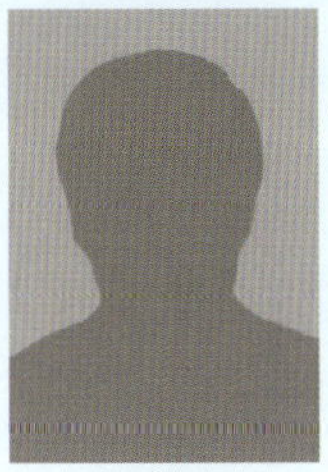

曾纪龙（1930– ）

专业：化工工艺　职称：教授级高级工程师

职务：副总工程师　大师评定时间：2004 年

单位：中国成达工程有限公司

参与的重大项目 获奖情况

四川化工厂 20 万 t 合成氨国产化 优秀设计金奖；
四川化工厂 30 万 t 合成氨 优秀设计银奖；
还承担中海油 60 万 t 甲醇、四川化工厂 8 万 t 硝酸和 11 万 t 硝铵、天然气和煤制合成气、合成甲醇和氨的技术开发、大型硝酸和加压硝铵的开发项目的建设与设计；
共获得优秀设计奖国家金奖 1 项、银奖 1 项；部省级二等奖 3 项、三等奖 2 项；科技进步奖部省级一等奖 1 项，部省级二等奖 2 项、三等奖 2 项；优秀工程咨询一等奖 2 项，二等奖 3 项。

张仁清（1939– ）

专业：水文地质、工程地质　职称：教授级高级工程师

大师评定时间：2004 年

单位：五洲工程设计研究院

参与的重大项目 获奖情况

1991 年 5124 厂整体项目设计 部级优秀工程设计一等奖；
1991 年 5124 厂军品技术改造工程设计 国家级优秀工程设计银质奖；
1998 年 207 所一期工程（移址建设） 部级优秀工程设计三等奖；
2009 年 218 厂中国兵器工业北京光电信息技术产业园项目可研报告 全国优秀工程咨询成果二等奖。

张维嶽（1931- ）

专业：工程结构　　职称：教授级高级工程师

职务：院顾问总工程师、原副院长　　大师评定时间：2004 年

单位：中国建筑科学研究院

参与的重大项目与获奖情况

负责完成“城市综合防灾研究”、“超高层建筑结构抗震设计理论”等国家级重大课题；

负责完成浙江省体育馆、浙江黄龙体育中心、中央电视台彩电中心大楼、深圳国际贸易中心大厦等重大工程项目的复杂结构咨询、分析及专项设计；

1978 年获全国科学大会奖、1985 年获城乡建设环境保护部二等奖、1987 年获国家发明四等奖、1989 年获建设部科技进步二等奖、1990 年获国家科技进步二等奖、1999 年获建设部科技进步一等奖。

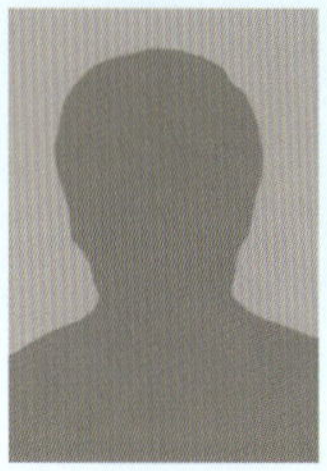

郑国英（1934- ）

专业：建筑设计　　职称：教授级高级建筑师

职务：资深总建筑师　　大师评定时间：2004 年

单位：中国建筑西南设计研究院有限公司

参与的重大项目与获奖情况

1991 年 四川省体育馆 全国优秀工程银质奖；

1999 年 广汉三星堆博物馆 国际建筑第 20 届当代中国建筑艺术成就奖、中国勘察设计协会国庆 60 周年建筑设计大奖；

2002 年 绵阳南郊机场候机楼 全国优秀工程银质奖；

2004 年 四川大学博物馆 全国优秀工程铜质奖；

2009年 国电大渡河流域梯级电站调度中心 全国优秀工程银质奖。

朱兆芳（出生年不详）

专业：城市建设工程（市政公路）　职称：教授级高级工程师

职务：顾问总工　　大师评定时间：2004 年

单位：天津市市政工程设计研究院

参与的重大项目与获奖情况

天津市中环线道路工程 国家优秀设计金奖；

上海外环线莘庄立交、天津滨海立交工程 国家优秀设计银奖；

上海内环线罗山路立交工程 国家优秀设计铜奖；

还参与上海内环线罗山路立交桥、上海内环线二期工程共和新路立交桥、大连香炉礁立交桥工程的设计与建设。

第五批全国工程勘察设计大师（2006年）

依企业网报数据整理（排名不分先后）

艾 抗（1957- ）

专业：电气　　职称：教授级高级工程师

职务：高级副院长　　大师评定时间：2006年

单位：山东电力工程咨询院有限公司

参与的重大项目与获奖情况

1991年 华能德州电厂一期2×300MW工程 全国优秀设计铜奖；

1996年 山东十里泉电厂四期2×300MW工程 全国优秀设计银奖；

1996年 火力发电厂300MW引进型机组主厂房参考设计 全国电力勘测设计科学技术进步二等奖；

2000年 2×300MW山东莱城电厂一期工程 全国优秀设计银奖；

2005年 广西防城港电厂一期工程（2×600MW超临界机组可研）国家工程设计咨询成果奖三等奖。

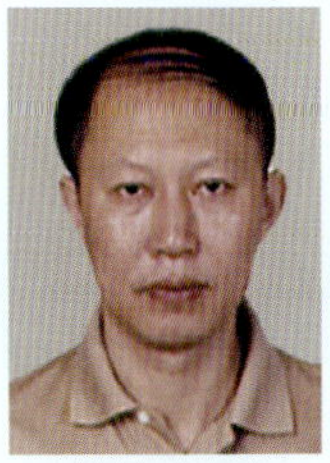

顾国荣（1960- ）

专业：岩土工程　　职称：教授级高级工程师

职务：副总裁　　大师评定时间：2006年

单位：上海岩土工程勘察设计研究院有限公司

参与的重大项目与获奖情况

先后独立承担各类工程勘察设计项目100多项，主持和审核、审定国家重点工程、中外合资、外商独资工程勘察设计项目300多项，其中金茂大厦（88层）、上海大众汽车公司、锦江分馆、内环线高架道路、轨道交通线、国际贸易中心、国际金融大厦、环球金融中心（96层）、大宇商务中心（92层）、上海浦东国际机场岩土工程勘察与咨询工作等二十多项工程获国家金、银、铜奖和建设部、上海市优秀工程奖；

1993年 全国城市勘测先进工作者；

2010年 全国劳动模范称号。

韩国瑞（1960- ）

专业：钢铁冶金　　职称：教授级高级工程师

大师评定时间：2006年

单位：中冶京诚工程技术有限公司

参与的重大项目与获奖情况

1996年 天津钢管公司无缝钢管工程设计 国家优秀工程设计金质奖；

1997年 太钢第二炼钢厂2号板坯连铸机工程 部优秀工程设计一等奖；

2006年 宝钢集团上海五钢有限公司不锈钢长型材工程设计 部优秀工程设计一等奖；

2008年 江阴兴澄特钢公司二期工程 部优秀工程设计一等奖；

2009年 南京钢铁联合有限公司中厚板卷续建工程 国家优秀工程总承包铜质奖；

2009年 宝钢集团上海浦东钢铁有限公司搬迁工程 部优秀工程设计一等奖；

2009年 宝钢特钢高合金钢工程 部级优秀工程设计一等奖；

2009年 南京钢铁联合有限公司中厚板卷续建工程 国家优秀工程总承包铜质奖。

郝希仁（1942- ）

专业：石油化工　　职称：教授级高级工程师

大师评定时间：2006年

单位：中国石化集团洛阳石油化工工程公司

参与的重大项目与获奖情况

1999年 中国石化上海炼油厂1#催化裂化装置掺渣改造工程 建设部优秀设计金奖；

2002年 中国石化镇海炼化公司300万t/a催化裂化装置 建设部优秀设计银奖；

2002年 中国石油大连石化公司350万t/a重油催化裂化装置投产。该装置是拥有自主知识产权的国内最大装置；

2004年 多产异构烷烃的催化裂化（MIP）工业应用 国家科技进步二等奖。

曾获中国石化集团公司科技进步奖一等奖3项，二等奖2项。

胡越（出生年不详）

专业：建筑设计　　职称：教授级高级工程师

大师评定时间：2006年

单位：北京市建筑设计研究院

参与的重大项目与获奖情况

2000年 北京国际金融大厦 全国第九届优秀工程设计金奖；

2003年 奥运场馆设计大纲 北京市规划委员会科学技术科研一等奖；

2004年 秦皇岛体育馆 全国第十一届优秀工程设计银奖；

2005年 望京科技园二期 建设部部级优秀建筑工程设计一等奖

2007年 全国五一劳动奖章；

2008年 五棵松篮球馆 第八届詹天佑土木工程大奖（国家科技创新工程）。

柯长华（1941- ）

专业：建筑结构设计　　职称：教授级高级工程师

大师评定时间：2006年

单位：北京市建筑设计研究院

参与的重大项目与获奖情况

1988年 中国国际信托大厦 国家优秀设计二等奖；

1994年 中国职工之家 国家优秀工程设计银奖；

1995年 北京高等检察院 北京市优秀工程一等奖；

1995年 北京建材大厦 北京市优秀工程一等奖；

1998年 塔那那利佛体育馆 北京市优秀设计一等奖；

2002年 北京会议中心 全国优秀工程设计银质奖；

2003年 北京东方广场 第三届詹天佑土木工程大奖；

2003年 五洲大酒店改扩建工程 全国第建筑结构设计二等奖。

刘桂生（1962－　）

专业：道路桥梁　　职称：教授级高级工程师

职务：院长　　大师评定时间：2006 年

单位：北京市市政工程设计研究总院

参与的重大项目与获奖情况

1993 年　北京市二环路新建改建工程　国家优秀设计奖；
1996 年　首都机场高速公路工程　国家优秀设计奖；
2000 年　首都机场高速公路工程四元立交桥　詹天佑大奖；
2002 年　北京市四环路工程　国家金质奖；
2003 年　北京市四环路工程　詹天佑大奖；
2005 年　北京中关村科技园海淀园中心区综合交通规划　市工程咨询一等奖；
2007 年　东莞市东部快速路工程　北京市优秀工程设计一等奖。

孟建民（1958－　）

专业：建筑设计及其理论　　职称：教授级高级工程师

职务：总建筑师　　大师评定时间：2006 年

单位：深圳市建筑设计研究总院有限公司

参与的重大项目与获奖情况

2007 年　合肥政务文化新区政务综合楼　省优秀工程勘察设计一等奖；
2008 年　云天化集团总部办公楼、科技楼　第五届中国建筑学会建筑创新奖；
2008 年　合肥政务文化新区政务综合楼　全国优秀工程勘察设计奖银奖；
2008 年　普瑞温泉酒店　全国优秀工程勘察设计建筑工程三等奖；
2009 年　深港西部通道口岸旅检大楼及单体建筑　全国优秀设计建筑工程二等奖；
2009 年　深港西部通道口岸旅检大楼及单位建筑　省优秀工程勘察设计一等奖；
2009 年　张家港市第一人民医院　全国优秀工程勘察设计行业建筑工程三等奖。

彭寿（1960－　）

专业：无机非金属材料　　职称：教授级高级工程师

职务：院长、董事长　　大师评定时间：2006 年

单位：蚌埠玻璃工业设计研究院、中国建材国际工程集团有限公司

参与的重大项目与获奖情况

“十一五”期间　东莞南玻超白光伏电子太阳能玻璃生产线　全国优秀工程勘察设计奖金奖；
印尼 900t/d 浮法玻璃生产线总承包　全国优秀工程总承包铜奖；
海南省硅产业发展规划研究报告　全国优秀工程咨询成果一等奖；
获得行业和省级科技进步奖的开发项目有：浮法玻璃工程技术优化集成及关键设备国产化项目、太阳能电池用超白玻璃生产技术及装备项目、浮法玻璃工艺及成套设备的研发和应用项目、浮法玻璃熔窑节能集成技术与工程应用开发项目等。
2010 年　全国劳动模范。

王争鸣（1957－　）

专业：交通运输　　职称：教授级高级工程师

职务：董事长、党委书记　　大师评定时间：2006 年

单位：中铁第一勘察设计院集团有限公司

参与的重大项目与获奖情况

1999 年　京九铁路总体设计　国家优秀工程设计金奖；
2002 年　铁路既有线平纵、纵横协同辅助实际系统　国家优秀工程设计软件铜奖；
2004 年　新建铁路线路数字化设计平台的设计及应用　国家优秀工程设计软件金奖；
2004 年　铁路工程项目设计流程控制管理系统　国家优秀工程设计软件铜奖；
2007 年　青藏铁路格尔木至拉萨段总体设计　铁道部优秀工程设计特等奖；
2008 年　青藏铁路工程　国家科技进步特等奖；
2008 年　青藏铁路格尔木至拉萨段总体设计　国家优秀工程设计金奖。

徐恭义（1963－　）

专业：工程　　职称：教授级高级工程师

职务：副总工程师　　大师评定时间：2006 年

单位：中铁大桥勘测设计院集团有限公司

参与的重大项目与获奖情况

1990 年　钢筋混凝土及预应力混凝土桥综合设计程序　国家科技成果奖；
1999 年　汕头海湾大桥　全国第八届优秀工程设计二等奖；
1999 年　汕头海湾大桥主航道现代悬索桥技术　国家科技二等奖；
2001 年　第五届詹天佑铁道科学技术奖人才奖；
2006 年　澳门西湾大桥　建设部优秀设计二等奖；
2007 年　双层桥面无隔板预应力混凝土箱梁斜拉桥创新技术　国家科技二等奖；
2008 年　柳州市红光大桥工程　全国优秀工程勘察设计行业一等奖。

杨志雄（1944－　）

专业：水工结构专业　　职称：教授级高级工程师

大师评定时间：2006 年

单位：中国水电顾问集团贵阳勘测设计研究院

参与的重大项目与获奖情况

普定碾压混凝土拱坝筑坝新技术研究　国家科技进步奖一等奖；
高混凝土拱坝防裂技术在东风工程中的应用　国家科技进步二等奖；
碾压混凝土拱坝筑坝配套技术研究　国家科技进步奖二等奖；
东风双曲拱坝防治裂缝的研究　全国第九届优秀工程设计金奖；
引子渡水电站工程　贵州省优秀工程勘察设计奖一等奖；
引子渡狭窄河谷面板堆石坝快速施工　贵州省科技进步奖三等奖。

张炜（1962- ）

专业：岩土工程与工程地质　　职称：教授级高级工程师

职务：院长、党委书记　　大师评定时间：2006 年

单位：机械工业勘察设计研究院

参与的重大项目与获奖情况

曾参与长庆石油勘探局第一采油厂河庄坪基地岩土工程勘察、西安财经学院新校区岩土工程勘察及场地试验研究、郑州至西安高速铁路桥梁桩基试验研究及湿陷性黄土地基设计参数等试验研究、西安地铁二号线施工与运行对西安城墙、钟楼影响专题研究；

曾获得国家级优秀工程勘察奖 9 项，省部级优秀勘察奖 25 项，省部级科技进步奖 2 项。

第六批全国工程勘察设计大师（2008 年）

依企业网报数据整理（排名不分先后）

包琦玮（1958- ）

专业：市政道桥设计　　职称：教授级高级工程师

大师评定时间：2008 年

单位：北京市市政工程设计研究总院

参与的重大项目与获奖情况

1989 年 京石公路一、二期工程（含永宁大桥） 市优秀设计奖一等奖；

1993 年 北京市二环路新建改建工程 国家优秀设计金奖；

1995 年 京石高速公路三、四期 市优秀设计奖一等奖；

2002 年 北京市四环路工程 国家金质奖；

2002 年 106 国道高速公路（玉泉营～公路二环段）工程 市优秀设计奖一等奖；

2002 年 哈尔滨二环路快速干道立交工程 市优秀设计奖一等奖；

2006 年 北京市五环路工程 国家金质奖；

2006 年 北京市三环路改造工程 国家铜质奖。

耿建平（1960- ）

专业：地下采煤　　职称：教授级高级工程师

职务：副院长、总工程师　　大师评定时间：2008 年

单位：煤炭工业太原设计研究院

参与的重大项目与获奖情况

参加了罗马尼亚合资项目霍州白龙、潞安矿务局王庄矿井改扩建工程等大型矿井设计；

主持完成了晋城矿区潘庄一号矿井、大宁一号矿井、大宁二号矿井和潞安矿区常村矿井等特大型现代化矿井设计；

主持完成煤炭行业 50 多项国家及省重点煤炭建设项目的设计工作；

曾获得国家优秀设计金质奖 2 项、铜质奖 1 项；国家科技进步二等奖 1 项国家优秀咨询成果奖 7 项；省部级优秀设计和科技进步奖 6 项；部级优秀咨询成果奖 7 项。

刘厚健（1958-　）

专业：工程地质　　职称：教授级高级工程师

职务：副总工程师　　大师评定时间：2008 年

单位：中国电力工程顾问集团西北电力设计院

参与的重大项目与获奖情况

主持完成陕西蒲城电厂、陕西宝鸡第二发电厂、宁夏石嘴山电厂、广东惠州换流站、±500kV 三峡——广东直流输电线路、西北 750kV 送变电示范工程、±800kV 向家坝——上海特高压输电线路、青藏直流联网线路等 100 多项大中型岩土勘察项目；获国家优秀工程勘察银奖 4 项，优秀工程勘察铜奖和优秀咨询三等奖 3 项，获省部级优秀勘察 8 项、获省部级科技进步奖 2 项。

刘培硕（1955 -　）

专业：隧道及地下工程　　职称：教授级高级工程师

职务：副院长　　大师评定时间：2008 年

单位：中铁第一勘察设计院集团有限公司

参与的重大项目与获奖情况

1999 年　宝鸡至中卫铁路（全线）　国家银奖；

2006 年　兰武二线乌鞘岭特长隧道控制测量　全国优秀工程设计铜奖；

2007 年　兰武二线乌鞘岭特长隧道　铁路优质工程勘察设计一等奖；

2008 年　包茂高速公路秦岭终南山特长隧道综合工程设计　全国优秀工程勘察设计银奖；

2008 年　乌鞘岭隧道修建技术　中国铁道学会特等奖；

秦岭特长铁路隧道修建技术　国家科技技术一等奖；

2008 年　国家“抗震救灾优秀共产党员”荣誉称号。

马汝成（1955-　）

专业：汽车涂装工艺设计综合主师工厂设计　　职称：教授级高级工程师

职务：副总工程师　　大师评定时间：2008 年

单位：机械工业第九设计研究院有限公司

参与的重大项目与获奖情况

1998 年　一汽 - 大众 15 万辆轿车项目　全国优秀工程设计金奖；

中国第一汽车集团提高中重型车竞争力技术改造项目　机械工业和汽车工业科技进步二等奖；

一汽—大众汽车有限公司轿车二厂工程建设项目　汽车工业和机械工业科技进步二等奖；

天津一汽丰田汽车有限公司新花冠项目　全国优秀工程咨询成果奖；

先后荣获国家、部级优秀设计奖和科技进步奖等奖项 20 余项。

梅洪元（1958-　）

专业：建筑学　　职称：教授

职务：院长、总建筑师　　大师评定时间：2008 年

单位：哈尔滨工业大学建筑学院、建筑设计研究院

参与的重大项目与获奖情况

2005 年　黑龙江省图书馆新馆　黑龙江省优秀工程设计一等奖；

2006 年　哈尔滨国际会展体育中心　全国优秀工程设计银奖；

2007 年　大连东软集团软件园　第五届中国建筑学会建筑创作佳作奖；

2009 年　寒地建筑技术研究与推广　黑龙江省省长特别奖；

2011 年　哈尔滨工业大学建筑研究院科研楼　省优秀工程设计一等奖。

潘国友（1961-　）

专业：钢铁冶金　　职称：教授级高级工程师

职务：副总经理、总工程师　　大师评定时间：2008 年

单位：中冶南方工程技术有限公司

参与的重大项目与获奖情况

武钢炼铁厂 7 号（3200m^3）高炉工程　全国优秀工程勘察设计铜奖；

武钢新 3 号高炉（容积 3200m^3）工程设计　全国优秀工程勘察设计银奖；

鞍钢冷轧 2 # 生产线工程　全国优秀工程勘察设计银奖；

宝钢 1800mm 冷轧带钢工程　全国优秀工程勘察设计银奖；

涟钢 2200m^3 高炉总承包项目，获全国优秀工程总承包项目国家金钥匙奖。

任庆英（1956-　）

专业：建筑结构　　职称：教授级高级工程师

大师评定时间：2008 年

单位：中国建筑设计研究院

参与的重大项目与获奖情况

2008 年　北京奥运会国家体育场　国家优秀设计金质奖；

北京梅地亚宾馆　国家优秀设计银质奖；

北京金融街富凯大厦　国家优秀设计银质奖；

2008 年　首都博物馆新馆　国家优秀设计银质奖；

2008 年　北京金融街 B7 大厦　国家优秀设计铜奖。

孙铭绪（1957- ）

专业：煤化工　职称：教授级高级工程师

职务：副总工程师　大师评定时间：2008 年

单位：中国天辰工程有限公司

参与的重大项目与获奖情况

2002 年 上海焦化总厂三联供煤气化工程德士古气化装置 第十届全国优秀工程设计金奖；
2006 年 兖矿国泰对置式水煤浆气化技术制甲醇及 IGCC 多联产项目 全国优秀工程设计铜奖、2007 年获得了国家优质工程金奖、
2007 年 多喷嘴对置式水煤浆气化技术 国家科技进步二等奖；
2009 年 当选建国 60 周年百项经典工程。

王俊峰（1957- ）

专业：铁道工程　职称：教授级高级工程师

职务：院副总工程师　大师评定时间：2008 年

单位：铁道第三勘察设计院集团有限公司

参与的重大项目与获奖情况

1993 年 北同蒲铁路电气化工程站场、信号及韩朔段开行重载单元列车电气化设计 全国优秀工程设计铜质奖；
1996 年 北京秦皇岛线北京铁路枢纽有关工程丰西编组站设计 全国优秀工程设计金奖；
2000 年 集通铁路引入通辽枢纽工程 全国优秀工程设计铜奖；
2005 年 石家庄至太原铁路客运专线勘测设计 全国优秀工程咨询成果一等奖；
2006 年 胶州至新沂线新建铁路工程 全国优秀工程设计金奖；
2006 年 胶州至新沂新建铁路工程跨沂沭断裂带工程地质选线勘察 全国优秀工程勘察金奖。

王玉泽（1960- ）

专业：铁道工程　职称：教授级高级工程师

职务：院总工程师　大师评定时间：2008 年

单位：中铁第四勘察设计院集团有限公司

参与的重大项目与获奖情况

组织和主持了京沪铁路电气化改造、京沪高速铁路前期及后期全过程的研究和勘察设计，宁启铁路、合宁铁路、武广客运专线等 20 多项国家重点工程项目；
参与或主持的项目获国家优秀设计金奖两项、银奖一项及多项省部级奖励；
2005 年 詹天佑铁道科技发展基金第四届中铁建专项基金奖（人才奖）；
2010 年 全国优秀科技工作者及十佳全国优秀科技工作者提名奖。

谢秋野（1959- ）

专业：电厂热能专业　职称：教授级高级工程师

职务：院长、设计大师　大师评定时间：2008 年

单位：中国电力工程顾问集团中南电力设计院

参与的重大项目与获奖情况

2002 年 山西河津发电厂一期工程（2×350MW） 建设部鲁班奖；
2004 年 内蒙古国华准格尔发电厂 2×330MW 工程 全国优秀工程设计银质奖；
2004 年 徐州阚山电厂工程机组选型论证报告 全国优秀工程咨询成果一等奖；
2006 年 河南沁北电厂一期工程 2×600MW 超临界机组工程 全国优秀设计工程设计金奖；
2007 年 北方主要产煤地区水资源研究报告 全国优秀工程咨询成果一等奖。

谢卫（1959- ）

专业：工业电气、自动化　职称：教授级高级工程师

职务：副总工程师　大师评定时间：2008 年

单位：中国电子工程设计院

参与的重大项目与获奖情况

“金宏工程”国家宏观经济管理信息系统一期工程设计，三峡工程后续工作综合管理能力建设规划编制，电子工业生产发展基金项目“电子工程信息集成应用系统”研发，国家“十一五”科技支撑计划项目“勘察设计企业信息化关键技术研究与应用”课题子项研发等；
国家优秀工程设计金质奖、银质奖 2 项，电子工业部科学进步一等奖，电子工业部优秀工程设计一等奖，信息产业部优秀电子工程设计一等奖，全国优秀工程咨询成果奖，主要设计完成的“北京新世界中心”项目荣获 20 世纪 90 年代北京市十大建筑奖。

徐张建（1964- ）

专业：工程勘察　职称：教授级高级工程师

职务：总工程师　大师评定时间：2008 年

单位：西北综合勘察设计研究院

参与的重大项目与获奖情况

中国航天科技集团六院 165 所抱龙峪火箭发动机试验基地岩土工程勘察及高边坡治理设计 国家优秀工程勘察设计金奖；
西安钟鼓楼广场岩土工程勘察、降水及监测 国家优秀工程勘察设计银奖；
旬阳县莱湾兴旬路南坡工程地质勘察 国家优秀工程勘察设计铜奖；
陕西省游泳跳水馆岩土工程勘察 国家优秀工程勘察设计铜奖；
延安凤凰山滑坡岩土工程勘察、治理设计及监测 国家优秀工程勘察设计铜奖；
另获建设部奖 9 项，陕西省奖 21 项。

许再良（1957- ）

专业：工程地质、岩土工程勘察　职称：教授级高级工程师

职务：院副总工程师　大师评定时间：2008 年

单位：铁道第三勘察设计院集团有限公司

参与的重大项目与获奖情况

1999 年　京－九铁路（黄村至深圳）总体设计　全国第八届优秀工程设计金奖；
2002 年　神府东胜煤田朔县至黄骅港新建铁路工程恒山越岭地段工程地质勘察　全国优秀工程勘察铜奖；
2005 年　石家庄至太原铁路客运专线工程可行性研究　国家优秀工程咨询成果一等奖；
2006 年　工程地质勘察信息资源应用研究与开发　铁路工程总公司科技进步一等奖；
2006 年　胶州至新沂新建铁路工程跨沂沭断裂带工程地质选线勘察　全国优秀工程勘察金奖、2005 年詹天佑土木工程大奖、全国十大建设科技成就奖。

于长顺（出生年不详）

专业：采矿工程　职称：教授级高级工程师

大师评定时间：2008 年

单位：中国恩菲工程技术有限公司

参与的重大项目与获奖情况

1998 年　新疆阿希金矿工程　黄金行业第五届优秀设计一等奖；
1999 年 04-1-001-15 特大型低品位斑岩铜矿床综合采选技术的研究与应用　国家科技进步一等奖；
2001 年　江西铜业公司德兴铜矿三期工程　中国有色金属建设协会部级工程设计创新一等奖；
2002 年　江西铜业公司德兴铜矿三期工程　全国第十届优秀工程设计金质奖。

于兴敏（1955- ）

专业：水泥工程设计　职称：教授级高级工程师

职务：副董事长、党委书记　大师评定时间：2008 年

单位：中国中材国际工程股份有限公司

参与的重大项目与获奖情况

2002 年　铜陵海螺水泥有限公司熟料生产线工程　第十届优秀工程设计银质奖；
2005 年　红狮水泥有限公司水泥熟料生产线工程　行业优秀工程设计一等奖；
2005 年　西藏高天水泥有限公司项目　行业优秀工程设计一等奖；
2005 年　枞阳海螺水泥股份有限公司水泥熟料生产线　行业优秀工程设计一等奖；
2008 年　老挝水泥工业有限公司项目　行业优秀工程项目管理和总承包一等奖；
2008 年　阿曼 RAYSUT 水泥有限公司三号线工程项目　行业优秀工程项目管理和总承包二等奖。

庄惟敏（1962- ）

专业：建筑学　职称：教授

职务：院长、总建筑师　大师评定时间：2008 年

单位：清华大学建筑设计研究院有限公司

参与的重大项目与获奖情况

2002 年　中国戏曲学院综合排演场　全国优秀工程设计项目铜质奖；
2006 年　中国美术馆改造装修工程　全国优秀工程设计项目金质奖；
2008 年　乔波冰雪世界滑雪馆及配套会议中心　全国优秀工程设计银质奖；
2008 年　奥运会北京射击馆　全国优秀工程设计项目银质奖；
2009 年　清华科技园科技大厦　全国 优秀工程设计项目银质奖；
2009 年　2008 奥运会北京飞碟靶场　市优秀工程设计奖二等奖；
2009 年　2008 年奥运会北京射击馆度　奥运工程落实“三大理念”突出贡献奖；
2009 年　北京科技大学体育馆　市奥运工程落实“三大理念”突出贡献奖。

第七批全国工程勘察设计大师（2011 年）

依企业网报数据整理（排名不分先后）

曹文宏（1961- ）

专业：软土隧道地下结构设计　　职称：教授级高级工程师

职务：总工程师　　大师评定时间：2011 年

单位：上海市隧道工程轨道交通设计研究院

参与的重大项目与获奖情况

2002 年 地铁 2 号线一期工程设计 全国优秀工程勘察设计金质奖;
2007 年 全国五一劳动奖章；
2007 年 上海翔殷路越江隧道 市优秀工程设计一等奖；
2008 年 超大直径、超长距离盾构推进技术 市科学技术进步一等奖；
2009 年 上海市轨道交通杨浦线（M8 线）设计（总体） 市优秀工程设计一等奖。

傅学怡（1945- ）

专业：建筑工程　　职称：教授级高级工程师

职务：总工程师　　大师评定时间：2011 年

单位：中建国际（深圳）设计顾问有限公司

参与的重大项目与获奖情况

2003 年 深圳特区报业大厦 全国优秀结构设计一等奖；
2005 年 深圳福建兴业银行大厦 全国优秀结构设计一等奖；
2005 年 复杂高层建筑结构研究 华夏建设科学技术一等奖；
2005 年 高层建筑混凝土结构技术规程 华夏建设科学技术一等奖；
2005 年 深圳市盐田区行政文化中心 广东省优秀建筑设计一等奖；
2008 年 国家游泳中心 全国优秀工程勘察设计金奖 、詹天佑土木工程大奖、国家科学技术进步一等奖；
2009 年 卡塔尔多哈超高层建筑 全国优秀结构设计一等奖、国际混凝土协会特别贡献奖 Fib Special mention。

高宗余（1964- ）

专业：桥梁工程　　职称：教授级高级工程师

职务：总工程师　　大师评定时间：2011 年

单位：中铁大桥勘测设计院集团有限公司

参与的重大项目与获奖情况

2001 年 汕头宕石大桥混合梁斜拉桥设计 建设部优秀设计一等奖；
2005 年 海上长桥整孔箱梁运架技术及装备 国家科技二等奖；
2005 年 第七届詹天佑铁道科学技术成就奖；
2006 年 新建武汉天兴洲公铁两用长江大桥可行性研究 全国优秀咨询一等奖
2007 年 柔性桥梁非线性设计和风致振动与控制的关键技术 国家科技二等奖
2007 年 南京大胜关长江大桥工程可行性研究 全国优秀咨询一等奖；
2008 年 东海大桥工程 全国优秀工程勘察设计金奖；
2009 年 分阶段施工桥梁的无应力状态控制法与工程实践 国家科技二等奖。

蒋先国（1964- ）

专业：铁道电气化　　职称：教授级高级工程师

职务：院副总工程师　　大师评定时间：2011 年

单位：铁道第三勘察设计院集团有限公司

参与的重大项目与获奖情况

2004 年 哈尔滨至大连铁路电气化改造工程 全国优秀工程设计银质奖；
2004 年 牵引变电所安全监控及综合自动化系统 铁道学会科学技术二等奖
2005 年 牵引供电自动化系统成套技术及应用 国家科学技术进步二等奖；
2005 年 电气化铁路牵引供电系统新型成套设计技术研究 市科学技术进步奖二等奖；
2009 年 京津客专牵引供电系统集成创新研究 铁道学会科学技术一等奖。

娄宇（1966- ）

专业：结构工程　　职称：教授级高级工程师

职务：副院长兼总工程师　　大师评定时间：2011 年

单位：中国电子工程设计院

参与的重大项目与获奖情况

曾参与上海永新（大屏幕）技改项目，南京华飞飞龙（大屏幕）工程，北京国际金融中心，首都机场新塔台，北京银泰中心，上海广电 NEC 第五代 TFT-LCD 生产线工程，杭州士兰集成电路芯片生产线工程，北京京东方第五代 TFT-LCD 生产线工程，国家安全生产监督管理总局办公楼改造项目，2008 年北京奥运会媒体村，北京凤凰城三期，江苏江阴“空中华西村”，江苏无锡国家集成电路设计园，北京北大国际医院；

获得全国优秀工程设计金质奖、银质奖、铜质奖，山东省科学技术科技进步二等奖，信息产业部电子工程优秀设计一等奖、二等奖、三等奖。

陆国杰（1967- ）

专业：航空工艺规划设计　　职称：教授级高级工程师

大师评定时间：2011 年

单位：中国航空规划建设发展有限公司

参与的重大项目与获奖情况

2002 年 沈阳飞机公司某工程 全国第十届优秀工程设计项目金质奖
2003 年 沈飞某工程第一阶段配套项目 集团公司科技进步奖一等奖
2006 年 603 所某型号研制条件建设工程项目 全国优秀工程设计项目银质奖；
2008 年 陕飞 XX-1 工程 航空建设协会勘察设计一等奖；
2008 年 上飞院综合试验室工程 航空建设协会勘察设计二等奖。

冉理（1951– ）

专业：铁路线路　　职称：教授级高级工程师

职务：顾问　　大师评定时间：2011 年

单位：中铁第一勘察设计院集团有限公司

参与的重大项目与获奖情况

1994 年 中华全国铁路火车头奖章；
2006 年 青藏线格尔木至拉萨段 1 ：2000 航测数字化地形图 全国优秀工程勘察铜奖；
2006 年 铁路勘测设计一体化、智能化研究 全国优秀工程设计铜奖；
2007 年 青藏铁路多年冻土工程技术 铁道部科技进步特等奖；
2007 年 青藏铁路多年冻土区路基新结构试验与应用 部科技进步一等奖；
2008 年 乌鞘岭隧道修建技术 科技进步特等奖；
2008 年 青藏铁路格尔木至拉萨段总体设计 全国优秀工程设计金奖；
2008 年 青藏铁路工程 国家科技进步特等奖。

沈又幸（1961– ）

专业：电力设计　　职称：教授级高级工程师

职务：副院长　　大师评定时间：2011 年

单位：浙江省电力设计院

参与的重大项目与获奖情况

2000 年 龙湾电厂设计工程 全国第九届优秀工程设计铜奖；
2004 年 温州电厂二期（2×300MW 机组）设计 国家优质工程银奖；
2004 年 浙江半山天然气发电工程可研报告 全国工程咨询成果二等奖；
2007 年 浙江大唐乌沙山发电厂工程可行性研究报告 全国工程咨询成果三等奖；
2008 年 国华宁海电厂（4×600MW 机组）设计工程 国家优秀设计银奖；
2008 年 华能玉环电厂（2×1000MW 机组）设计 国家优秀设计金奖；
2008 年 大唐乌沙山电厂（4×600MW 超临界机组）工程设计 国家优秀设计铜奖。

史航（1958– ）

专业：管道线路工程设计　　职称：教授级高级工程师

职务：线路总工程师　　大师评定时间：2011 年

单位：中国石油天然气管道工程有限公司

参与的重大项目与获奖情况

2000 年 鄯善－乌鲁木齐输气管道工程项目 全国优秀工程设计银奖；
2002 年 中国石油天然气集团公司优秀设计师称号；
2004 年 库尔勒－鄯善输油管道工程 集团公司优秀工程设计一等奖；
2005 年—2008 年 中国石油集团公司（第一批）高级技术专家称号；
2008 年 兰州—成都—重庆输油管道工程 全国优秀工程勘察设计奖金奖；
2009 年 西气东输管道工程 全国优秀工程勘察设计奖金奖；
2010 年 中国石油集团公司特等劳动模范称号。

汪孝安（1953– ）

专业：建筑设计　　职称：教授级高级工程师

职务：总师　　大师评定时间：2011 年

单位：华东建筑设计研究院有限公司

参与的重大项目与获奖情况

曾参与沪西清真寺、上海广播电视国际新闻交流中心、工新大楼、上海市电视台电视制作综合楼、蒙特利广场、中国工商银行浦东金融大厦等数十项工程设计，获得过多项国家和省部级优秀设计、优秀创作奖。其中
2009 年 中组部事业单位综合楼 上海市优秀设计一等奖；
2009 年 中央统战部办公用房大楼 上海市优秀设计二等奖；
2009 年 江苏广电城 全国工程勘察设计行业三等奖；
2009 年 中组部事业单位综合楼 全国工程勘察设计行业奖三等奖。

王长进（1964– ）

专业：工测及航测　　职称：教授级高级工程师

职务：院副总工程师　　大师评定时间：2011 年

单位：铁道第三勘察设计院集团有限公司

参与的重大项目与获奖情况

2007 年 天津地铁 1 号线工程精密工程测量 中国测绘学会优秀测绘工程银奖；
2008 年 京津城际铁路精密工程控制测量 全国优秀工程勘察金奖；
2009 年 京津时速 350km 线路工程技术及应用 中国铁道学会科学技术特等奖；
2009 年 京津城际精密工程控制测量技术与方法的研究 中国铁道学会科学技术二等奖；
还获得中华全国铁路总工会火车头奖章、茅以升铁道工程师奖、天津市五一劳动奖章、天津市劳动模范等荣誉称号。

王丹（1962– ）

专业：工程测量　　职称：教授级高级工程师

职务：副总经理　　大师评定时间：2011 年

单位：建设综合勘察研究设计院有限公司

参与的重大项目与获奖情况

1991 年 香港宝莲寺天坛大佛建造中的控制测绘工程 全国优秀工程勘察金奖；
1998 年 广州市大比例尺数字正射影像图制作及在城市规划中的应用 部科技进步二等奖；
1998 年 场地与地基地震耐震类型与震害效应的研究 部科技进步二等奖；
2002 年 山西侯马晋国遗址基础文物信息采集项目 全国优秀工程勘察银奖；
2006 年 北京市东城区地理信息资源数据库建设 全国优秀工程勘察金奖。

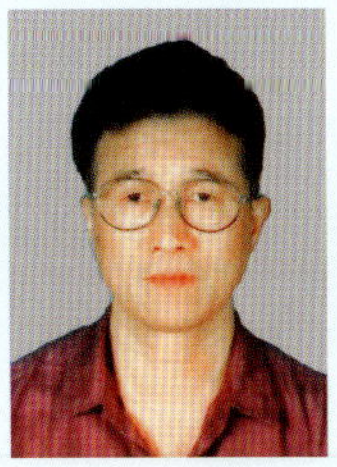

王亚勇（1943-　）

专业：土木工程抗灾与防护工程（工程抗震）　职称：教授级高级工程师

职务：院顾问副总工程师　大师评定时间：2011 年

单位：中国建筑科学研究院

参与的重大项目与获奖情况

主持省部级重大科研项目十余项，如：澜沧－耿马强震记录数据处理与分析，首都圈大型公共建筑抗震鉴定、加固和改造综合技术研发，奥运场馆加固、改造关键技术研究，强地震地面运动分析与应用系统等；

主持中国革命历史博物馆、北京火车站、全国农业展览馆、工人体育场、首都体育馆等大型建筑的抗震鉴定、加固改造设计；

2010 年获国家科技进步二等奖、1992 年获国家科技进步三等奖、2003 年获华夏建设科技一等奖、2004 年获华夏建设科技一等奖、2007 年获教育部科技进步一等奖。

姚素平（1957-　）

专业：有色冶金　职称：教授级高级工程师

职务：总工程师　大师评定时间：2011 年

单位：中国瑞林工程技术有限公司（原南昌有色冶金设计研究院）

参与的重大项目与获奖情况

阳谷祥光铜业 40 万 t 阴极铜工程　全国优秀工程勘察设计金奖；

清洁、高效、节能的“双闪”铜冶金系统集成工艺　中国有色金属工业科学技术一等奖；

祥光绿色生态铜冶金工艺及关键技术研究与应用　山东省科技进步一等奖；

江西铜业公司贵溪冶炼厂铜冶炼系统技改工程　部级优秀工程设计一等奖；

阳谷祥光铜业 40 万 t 阴极铜（一期 20 万 t）工程　全国优秀工程咨询成果二等奖；

江西铜业公司贵溪冶炼厂铜冶炼系统技改工程　全国优秀工程咨询成果三等奖。

郁银泉（1962-　）

专业：结构工程　职称：教授级高级工程师

大师评定时间：2011 年

单位：中国建筑标准设计研究院

参与的重大项目与获奖情况

2008 年　数字北京大厦　全国优秀工程勘察设计银质奖；

2009 年　复兴路乙 59-1 号改造工程　全国优秀工程勘察设计行业一等奖；

2009 年　中国残疾人体育综合训练基地　全国优秀工程勘察设计行业二等奖；

国家体育场大型柱脚—混凝土承台研究与应用　北京市科学技术奖二等奖。

朱华兴（1961-　）

专业：石油化工　职称：教授级高级工程师

职务：副总经理、总工程师　大师评定时间：2011 年

单位：中国石化集团洛阳石油化工工程公司

参与的重大项目与获奖情况

1992 年　缓和加氢裂化催化剂（3882）及工艺　国家科学技术进步奖二等奖；

2002 年　200 万吨 / 年渣油加氢处理（S-RHT）成套技术开发　国家科学技术进步奖一等奖；

2002 年　中石化茂名分公司 200×104t/a 渣油加氢脱硫装置　全国第十届优秀工程设计项目金质奖；

2006 年　FDC 单段两剂多产中间馏分油加氢裂化成套技术开发　中国石化集团科学技术进步奖一等奖；

2007 年　炼油分离过程大型化关键技术系统集成与节能　国家科学技术进步奖二等奖。

中国勘察设计行业2009年国家优质工程奖

国家工程建设质量奖审定委员会

(2010年发布，排名不分先后)

优质工程金奖(5项)

序号	工程名称	主申报单位	建设单位	勘察及设计单位
1	南京长江第三大桥(2008年缓评项目)	南京长江第三大桥建设指挥部	南京长江第三大桥建设指挥部	中交公路规划设计院有限公司
2	黄河公伯峡水电站工程	黄河上游水电开发有限责任公司	黄河上游水电开发有限责任公司	中国水电顾问集团西北勘测设计研究院
3	宁波万华年产16万吨MDI工程	中国化学工程第六建设有限公司	宁波万华聚氨酯有限公司	华陆工程科技有限责任公司
4	太钢新建150万吨不锈钢工程	山西太钢不锈钢股份有限公司	山西太钢不锈钢股份有限公司	太原钢铁(集团)设计院(有限公司)、中冶赛迪工程技术股份有限公司、中勘冶金勘察设计研究院有限责任公司
5	上海外高桥电厂三期扩建工程	上海外高桥第三发电有限责任公司	上海外高桥第三发电有限责任公司	中国电力工程顾问集团华东电力设计院

优质工程银奖(146项)

(2010年发布，排名不分先后)

序号	工程名称	主申报单位	建设单位	勘察及设计单位
1	河南省济（源）焦（作）新（乡）高速公路济源至焦作段工程	河南省济焦新高速公路有限责任公司	河南省济焦新高速公路有限责任公司	河南省交通规划勘察设计院有限责任公司
2	国道213线云南思茅至小勐养高速公路工程	云南思小高速公路建设指挥部	云南思小高速公路建设指挥部	云南省公路规划勘察设计院
3	上海浦东国际机场二期飞行区（第二跑道）工程	上海机场（集团）有限公司	上海机场（集团）有限公司	上海岩土工程勘察设计研究院有限公司
4	上海市浦东新区五洲大道（浦东北路—外环线）新建工程	上海浦东工程建设管理有限公司	上海浦东工程建设管理有限公司	中国建筑西南勘察设计研究院有限公司、上海市政工程勘察设计有限公司、上海市政工程设计研究总院、上海浦东建筑设计研究院有限公司
5	北京市成府路道路工程	北京市公联公路联络线有限责任公司	北京市公联公路联络线有限责任公司	北京市市政工程设计研究总院
6	苏州工业园区南环路东延工程	苏州工业园区地产经营管理公司	苏州工业园区地产经营管理公司	苏州市市政工程设计院有限责任公司、上海市隧道工程轨道交通设计研究院
7	佛山东平大桥工程	路桥华南工程有限公司	佛山市公用事业管理局	四川省交通厅公路规划勘察设计研究院、北京建达道桥咨询有限公司
8	合肥市金寨路高架桥工程	中铁四局集团有限公司	合肥市重点工程建设局、合肥市金寨路高架工程建设指挥部	合肥市市政设计院有限公司、上海市政工程设计研究总院
9	重庆嘉华嘉陵江大桥主桥及华村立交工程	中铁八局集团第一工程有限公司	重庆路桥股份有限公司	重庆市设计院
10	海河综合开发项目富民桥综合工程	天津城建集团有限公司	天津天城工程项目管理有限公司	天津城建设计院有限公司
11	济南段店互通立交桥工程	山东省路桥集团有限公司	山东省交通厅公路局	山东省交通规划设计院
12	青岛滨海公路仰口隧道工程	中铁十八局集团有限公司	中铁十九局集团有限公司	青岛市公路管理局、中铁隧道勘测设计院有限公司
13	西安市三环路西户立交工程	中铁五局（集团）有限公司	西安市三环路建设发展有限公司	中国市政工程西南设计研究院
14	宁淮高速公路南京六合南互通立交工程	中铁十五局集团第二工程有限公司	南京市高速公路建设指挥部	中交第二公路勘察设计研究院有限公司

序号	工程名称	主申报单位	建设单位	勘察及设计单位
15	大庆油田化工集团一期工程（20万吨/年醋酸项目）	大庆油田建设集团有限责任公司	大庆油田化工有限公司项目管理中心	上海化工设计院有限公司
16	江苏华昌化工股份有限公司环保搬迁建设项目——高浓度复合肥系列产品项目	江苏华昌化工股份有限公司	江苏华昌化工股份有限公司	江苏南京地质工程勘察院、中国成达工程有限公司、大连化工研究设计院、江苏省化工设计院有限公司、安徽省化工设计院
17	河北旭阳焦化有限公司20万吨/年甲醇项目（一期工程）	河北省安装工程公司	河北旭阳焦化有限公司	赛鼎工程有限公司
18	焦作千业水泥有限责任公司5 000 t/d熟料新型干法水泥生产线工程	河北省第四建筑工程公司	焦作千业水泥有限责任公司	河南省焦作地质工程勘察院、国中材国际工程股份有限公司
19	阿拉山口—独山子原油管道工程	中国石油天然气股份有限公司管道分公司	中国石油天然气股份有限公司管道分公司	中国石油天然气管道工程有限公司
20	渤中34-1油田开发工程	中海石油（中国）有限公司	中海石油（中国）有限公司	海洋石油工程股份有限公司设计公司
21	吉拉克凝析气田地面建设工程集中处理站工程	中国石油天然气股份有限公司塔里木油田分公司	中国石油天然气股份有限公司塔里木油田分公司	中油辽河工程有限公司巴州塔里木分公司
22	秦皇岛港煤五期水工工程	中交一航局第五工程有限公司	秦皇岛港股份有限公司	中交第一航务工程勘察设计院有限公司
23	日照港散粮码头工程	山东港湾建设有限公司	日照港（集团）有限公司	中交水运规划设计院有限公司
24	天津港北防波堤延伸工程	中交一航局第一工程有限公司	天津港建设公司	中交第一航务工程勘察设计院有限公司
25	天津港南疆港区神华煤炭码头工程	中交一航局第一工程有限公司	神华天津煤炭码头有限责任公司	中交第一航务工程勘察设计院有限公司
26	浙赣线电气化提速改造工程——温厚特大桥	中铁十一局集团第四工程有限公司	南昌铁路局浙赣线电气化提速改造工程指挥部	中铁二院工程集团有限责任公司
27	新建井冈山铁路井冈山市站工程	中铁十八局集团有限公司	南昌铁路局井冈山铁路工程建设指挥部	中铁第四勘察设计院集团有限公司
28	新建青藏铁路格尔木至拉萨段电力工程（格尔木至唐古拉北段）	中铁十一局集团电务工程有限公司	青藏铁路建设总指挥部	中铁第一勘察设计院集团有限公司
29	青藏铁路22标DIIK1666+798那曲以桥代路特大桥工程	中铁十九局集团有限公司	青藏铁路公司	中铁第一勘察设计院集团有限公司
30	攀宏钒制品厂扩能改造工程	攀钢集团冶金工程技术有限公司	攀枝花新钢钒股份有限公司	中国有色金属工业昆明勘察设计研究院攀枝花分院

序号	工程名称	主申报单位	建设单位	勘察及设计单位
31	珠海粤裕丰钢铁有限公司熔融还原配套技术改造项目棒线材工程	中冶京唐建设有限公司	珠海粤裕丰钢铁有限公司	中冶集团武汉勘察研究院有限公司、中冶京诚工程技术有限公司
32	武汉钢铁集团二硅钢改扩建工程	武汉钢铁建工集团有限责任公司	武汉钢铁（集团）公司	中冶集团武汉勘察研究院有限公司、中冶南方工程技术有限公司
33	武钢江北钢材加工配送金属制品区域工程	武汉钢铁建工集团有限责任公司	武汉钢铁（集团）公司	湖北中南勘察基础工程有限公司、武汉钢铁集团设计研究院有限公司
34	金川 20 万吨 / 年铜电解工程	金川集团有限公司	金川集团有限公司	金川镍钴研究设计院、南昌有色冶金设计研究院
35	金隆 35 万吨熔炼挖潜改造及 20 万吨电解工程	金隆铜业有限公司	金隆铜业有限公司	中冶集团武汉勘察研究院有限公司、中国瑞林工程技术有限公司
36	金川铜冶炼节能降耗技术改造合成炉系统工程	金川集团有限公司	金川集团有限公司	金川镍钴研究设计院、中国恩菲工程技术有限公司
37	中铝山东分公司新建 2 万吨 / 年微粉氢铝生产线	中国铝业股份有限公司山东分公司	中国铝业股份有限公司山东分公司	山东齐韵有色冶金工程设计院有限公司
38	兰州铝业股份有限公司大型预焙槽电解铝技术改造项目	中国铝业股份有限公司兰州分公司	中国铝业股份有限公司兰州分公司	机械工业勘察设计研究院、沈阳铝镁设计研究院
39	中国铝业中州分公司烧结法氧化铝挖潜改造工程（7# 烧成窑系统）	中国铝业股份有限公司中州分公司	中国铝业股份有限公司中州分公司	沈阳铝镁设计研究院
40	安徽华电宿州发电有限公司一期 2×600MW 机组工程	安徽华电宿州发电有限公司	安徽华电宿州发电有限公司	安徽省电力设计院
41	国投宣城电厂 1 号机组工程	国投宣城发电有限责任公司	国投宣城发电有限责任公司	安徽省电力设计院
42	福州可门火电厂一期 2×600MW 机组工程	福建华电可门发电有限公司	福建华电可门发电有限公司	福建省电力勘测设计院
43	淮浙煤电凤台发电厂一期 2×600MW 工程	淮浙煤电有限责任公司凤台发电分公司	淮浙煤电有限责任公司凤台发电分公司	中国电力工程顾问集团华东电力设计院
44	华能上海燃机电厂 3×400MW F 级燃气联合循环机组工程	华能上海燃机发电有限责任公司	华能上海燃机发电有限责任公司	河北省电力勘测设计研究院
45	天津华能杨柳青热电有限责任公司四期工程	天津华能杨柳青热电有限责任公司	天津华能杨柳青热电有限责任公司	中国电力工程顾问集团西北电力设计院
46	华能上安电厂三期扩建工程	华能国际电力股份有限公司上安电厂	华能国际电力股份有限公司上安电厂	河北省电力勘测设计研究院
47	鹤壁电厂三期 2×600MW 工程	鹤壁丰鹤发电有限责任公司	鹤壁丰鹤发电有限责任公司	河南省电力勘测设计院
48	华能沁北电厂二期 2×600MW 工程	华能沁北发电有限责任公司	华能沁北发电有限责任公司	中国电力工程顾问集团西北电力设计院

序号	工程名称	主申报单位	建设单位	勘察及设计单位
49	南阳天益 2×600MW 发电工程	南阳天益发电有限责任公司	南阳天益发电有限责任公司	河北省电力勘测设计研究院
50	湖南益阳电厂二期(2×600MW 机组)工程	湖南省火电建设公司	国电益阳发电有限公司	湖南省电力勘测设计院
51	华能吉林通榆风电特许权项目一期(100.5MW)工程	华能国际电力开发公司吉林通榆风电分公司	华能国际电力开发公司吉林通榆风电分公司	中国电力建设工程咨询公司、吉林省电力勘测设计院
52	辉腾锡勒风电场扩建 40.5MW 风力发电工程	内蒙古北方龙源风力发电有限责任公司	内蒙古北方龙源风力发电有限责任公司	内蒙古电力勘测设计院
53	宏腾能源百灵庙风电场 49.5MW 工程	内蒙古电力勘测设计院	宏腾能源(包头)有限公司	内蒙古电力勘测设计院
54	华能中电威海风力发电 49.5MW 风力发电场项目	华能中电威海风力发电有限公司	华能中电威海风力发电有限公司	上海勘测设计研究院
55	广西红水河乐滩水电站工程	广西壮族自治区水电工程局	广西桂冠开投电力有限责任公司	广西电力工业勘察设计研究院
56	莆田 LNG 电厂至莆田变Ⅰ、Ⅱ回 500kV 输电线路工程	福建省电力有限公司超高压输变电建设管理分公司	福建省电力有限公司超高压输变电建设管理分公司	福建省电力勘测设计院
57	贵州至广东第二回 ±500kV 直流输电工程	中国南方电网有限责任公司超高压输电公司	中国南方电网有限责任公司超高压输电公司	中国电力工程顾问集团中南电力设计院、广东省电力设计研究院、中国电力工程顾问集团西南电力设计院
58	平顶山变至洛南变 500kV 送电线路工程	华中电网有限公司	华中电网有限公司	河南省电力勘测设计院
59	500kV 六安(皋城)变电站	安徽省电力公司六安供电公司	安徽省电力公司六安供电公司	安徽省电力设计院
60	北京朝阳 500kV 变电站	北京市电力公司	北京市电力公司	北京电力设计院
61	河南省商丘 500kV 变电站工程	河南电网建设管理公司	河南电网建设管理公司	河南省电力勘测设计院
62	湖北黄冈(大吉)500kV 变电站工程	湖北省输变电工程公司	湖北省电力公司	中国电力工程顾问集团中南电力设计院
63	莱芜 500kV 变电站工程	山东电力集团公司	山东电力集团公司	山东电力工程咨询院有限公司
64	500kV 嘉应变电站工程	广东省电力第一工程局	广东电网公司梅州供电局	广东省电力设计研究院
65	邕州 500kV 变电站工程	广西送变电建设公司	广西电网公司	广西电力工业勘察设计研究院
66	500kV 锡西南变电站工程	江苏省送变电公司	江苏省电力公司	江苏省电力设计院
67	500kV 砚山变电所工程	云南省送变电工程公司	云南电网公司建设分公司	云南省电力设计院
68	500kV 温东变电所工程	浙江省送变电工程公司	浙江省电力公司超高压建设分公司	浙江省电力设计院
69	烟台市套子湾污水处理厂二级处理扩建工程	烟建集团有限公司	烟台市城市管理局	烟台市勘测设计研究院工程勘察有限公司、中国市政工程华北设计研究院

序号	工程名称	主申报单位	建设单位	勘察及设计单位
70	光大水务（淄博）有限公司水质净化一分厂升级改造工程	山东淄建集团有限公司	光大水务（淄博）有限公司	淄博市勘察测绘研究院有限公司、中国市政工程东北设计研究院
71	郑州市马头岗污水处理厂工程	郑州市污水净化有限公司	郑州市污水净化有限公司	黄河勘测规划设计有限公司、天津市市政工程设计研究院
72	山东济矿鲁能煤电有限公司阳城矿井	山东济矿鲁能煤电有限公司阳城煤矿	山东济矿鲁能煤电有限公司阳城煤矿	江苏长江地质勘查院、中煤国际工程集团南京设计研究院
73	江苏移动 GSM 网 9 期苏州业务区无线设备安装工程	中国移动通信集团江苏有限公司	中国移动通信集团江苏有限公司苏州分公司	江苏省邮电规划设计院有限责任公司
74	A380 机库工程	北京建工集团有限责任公司	北京飞机维修工程有限公司	中航勘察设计研究院、中国航空工业规划设计研究
75	北京奥林匹克公园（B 区）国家会议中心配套设施工程 A 座	中国建筑第八工程局有限公司	北京北辰会议中心发展有限公司	北京市勘察设计研究院有限公司、北京市建筑设计研究院
76	北京大学口腔医院门诊病房楼改扩建工程	中天建设集团有限公司	北京大学口腔医院	北京市勘察设计研究院有限公司、圣帝国际建筑工程有限公司
77	北京科技大学体育馆工程	中国新兴建设开发总公司	北京科技大学	清华大学建筑设计研究院
78	中国残疾人体育综合训练基地工程	北京住总第六开发建设有限公司	中国残疾人联合会	中国建筑技术集团有限公司、中国建筑设计研究院
79	新城大厦工程	北京万兴建筑集团有限公司	北京兴基伟业置业有限公司	北京中化东方工程勘察设计有限公司、中国中轻国际工程有限公司
80	宝鸡卷烟厂易地技术改造项目（一期）	中建三局第三建设工程有限责任公司	陕西中烟工业公司宝鸡卷烟厂	中国有色金属工业西安勘察设计研究院、机械工业第六设计研究院
81	宁夏图书馆工程	中铁建工集团有限公司	宁夏回族自治区工程咨询公司	银川市规划建筑设计研究院有限公司、宁夏建筑设计研究院有限公司
82	曲江池遗址公园工程	陕西省第三建筑工程公司	西安曲江城市建设发展有限公司、西安曲江新区园林建设有限公司、西安曲江文化产业投资（集团）有限公司	陕西工程勘察研究院、中国建筑西北设计研究院
83	西安电子科技大学新校区 B 栋教学楼工程	江苏江都建设工程有限公司	西安电子科技大学	深圳机械院建筑设计有限公司
84	西安市中级人民法院审判庭及办公楼工程	陕西建工集团第十建筑工程有限公司	陕西省西安市中级人民法院	西北综合勘察设计研究院、中国建筑西北设计研究院有限公司
85	延安卷烟厂易地技改联合工房工程	陕西省第一建筑工程公司	陕西中烟工业公司延安卷烟厂	机械工业勘察设计研究院、中国烟草总公司合肥设计院

序号	工程名称	主申报单位	建设单位	勘察及设计单位
86	天津城市建设学院现代化教育中心工程	天津二建建筑工程有限公司	天津城市建设学院	天津市建筑设计院
87	天津市天城大厦工程	中国建筑第八工程局有限公司	天津城建集团有限公司	天津市勘察院、天津市建筑设计院
88	中交第一航务工程局办公大楼工程	中交一航局第四工程有限公司	中交第一航务工程局有限公司	中国地质科学院工程勘察院、天津市天友建筑设计有限公司
89	天津市赛象大厦工程	广厦建设集团有限责任公司	天津市橡塑机械研究所有限公司	天津市勘察院、杭州浙华建筑设计事务所
90	星河世纪大厦工程	江苏省华建建设股份有限公司	深圳市东永峰实业有限公司	建设部综合勘察研究设计院深圳研究院、城脉建筑设计（深圳）有限公司
91	广州市林和西路商务办公楼一幢	广州市建筑集团有限公司	广州耀中房地产发展有限公司	广东省工程勘察院、广州瀚华建筑设计有限公司
92	合景国际金融广场工程	中国建筑第四工程局有限公司	广州新恒昌企业发展有限公司、广州合景房地产开发有限公司	广州容柏生建筑工程设计事务所
93	广西日报社印务中心厂房办公仓库综合楼工程	中建三局第一建设工程有限责任公司	广西日报社	广西华蓝设计（集团）有限公司
94	广州大学城建设项目华南师范大学体育馆工程	广州市建筑机械施工有限公司	广州大学城建设指挥部	广州地质勘察基础工程公司、中南建筑设计院
95	内蒙古琦琳家园小区工程	内蒙古巨华集团大华建筑安装有限公司	内蒙古巨华房地产开发集团有限公司	呼和浩特市建筑勘察设计研究院有限责任公司、内蒙古智汇工程设计咨询有限责任公司
96	内蒙古财经学院新校区教学楼工程	浙江海天建设集团有限公司	内蒙古财经学院	内蒙古建筑勘察设计研究院勘测有限责任公司
97	内蒙古医院医技与内科住院楼工程	内蒙古兴泰建筑有限责任公司	内蒙古自治区医院	内蒙古地华岩土工程有限责任公司、山东省建筑设计研究院
98	鄂尔多斯康巴什新区新闻中心工程	内蒙古兴泰建筑有限责任公司	鄂尔多斯市政府投资工程基本建设领导小组办公室	鄂尔多斯市地质工程勘察有限责任公司、中广电广播电影电视设计研究院
99	长沙卷烟厂联合工房二期工程项目	中国建筑第五工程局有限公司	湖南中烟工业有限责任公司长沙卷烟厂	湖南湘煤地质工程勘察有限公司、五洲工程设计研究院、湖南省轻工纺织设计院
100	河南省人民医院门诊医技楼工程	中国建筑第五工程局有限公司	河南省人民医院	河南省有色工程勘察有限公司、中国人民解放军总后勤部建筑设计研究院

序号	工程名称	主申报单位	建设单位	勘察及设计单位
101	神龙汽车有限公司第二工厂总装车间工程	中国建筑第七工程局有限公司	神龙汽车有限公司	东风设计研究院有限公司
102	郑州市第五人民医院病房楼及突发性公共卫生事件后备病房楼工程	河南省第一建筑工程集团有限责任公司	郑州人民医院	河南省建筑设计研究院有限公司、深圳市协鹏建筑与工程设计有限公司
103	聊城市体育馆工程	山东聊建集团总公司	聊城市体育公园建设管理中心	聊城市建筑科学设计研究院、聊城市规划建筑设计院
104	山东太古三期维修机库及附属工程	济南四建（集团）有限责任公司	山东太古飞机工程有限公司	济南市勘察测绘研究院、中国航天建筑设计研究院（集团）
105	中润华侨城北区 1 号商业楼工程	山东万鑫建设有限公司	山东中润集团淄博置业有限公司	山东纵横地质工程有限公司、济南同圆建筑设计研究院有限公司
106	桓台县体育馆工程	山东齐泰实业集团股份有限公司	桓台县文体中心工程建设指挥部	淄博市勘察测绘研究院有限公司、山东省城乡规划设计研究院
107	青岛鸿泰大厦工程	青岛市胶州建设集团有限公司	青岛众望置业有限公司	青岛市勘察测绘研究院、青岛国立设计有限公司
108	青岛国际会展中心三期工程	青岛恒生源集团建设有限公司	青岛颐正置业有限公司	青岛北洋建筑设计有限公司
109	青岛石油大厦工程	中国建筑第八工程局有限公司	青岛博泰置业有限责任公司	青岛市勘察测绘研究院、青岛北洋建筑设计有限公司
110	宜家物流仓储中心工程	山东德信建设集团股份有限公司	宜家分拨（上海）有限公司	上海申元岩土工程有限公司、世源科技工程有限公司上海分公司
111	上海海事大学临港新校区体育中心（南区体育馆）	上海市第四建筑有限公司	上海海事大学	上海岩土工程勘察设计研究院有限公司、上海市建筑设计研究院有限公司
112	宝莲城 7# 房工程	上海市第一建筑有限公司	上海宝莲房地产有限公司	上海海洋地质勘察设计有限公司、上海民港国际建筑设计有限公司
113	南汇区医疗卫生中心工程——病房楼	上海市第五建筑有限公司	上海南汇城乡建设开发投资总公司	上海申元岩土工程有限公司、华东建筑设计研究院有限公司
114	共和国际商务广场工程	浙江创业建设工程有限公司	上海市北置业发展有限公司	上海建筑设计研究院有限公司
115	中国农业银行数据处理中心工程	上海城建（集团）公司	上海农行数据处理中心	上海申元岩土工程有限公司、上海现代建筑设计（集团）有限公司
116	绿洲湖畔商务港 A 标 1# 楼工程	浙江中成建工集团有限公司	上海金午置业有限公司	武汉地质工程勘察院上海分院、上海建筑设计研究院有限公司
117	上海中建大厦工程	中国建筑第八工程局有限公司	上海中建投资有限公司	上海申元岩土工程有限公司、中建国际（深圳）设计顾问有限公司

序号	工程名称	主申报单位	建设单位	勘察及设计单位
118	南京高新区中科院软件产业中心工程	南京市第六建筑安装工程有限公司	南京高新技术经济开发总公司	中国化学工程南京岩土工程公司、东南大学建筑设计研究院
119	常州市体育场游泳馆工程	中国建筑第八工程局有限公司	常州民防建设投资有限公司	常州市中元建设工程勘察院有限公司、中国建筑西南设计研究院有限公司
120	常州天宁寺宝塔工程	常州第一建筑工程有限公司	常州天宁禅寺	常州市建筑设计研究院有限公司、同济大学建筑设计研究院
121	无锡机场改扩建工程航站楼工程	中国建筑一局（集团）有限公司	无锡机场改扩建工程指挥部	无锡市勘察设计研究院有限公司、上海民航新时代机场设计研究院有限公司
122	无锡市医疗中心A、B、C、D、E区工程	江苏苏阳建设有限公司	无锡市医疗中心工程建设指挥部	无锡市勘察设计研究院有限公司、上海建筑设计研究院有限公司
123	苏州科技新天地（国际科技园四期）人才公寓楼工程	苏州二建建筑集团有限公司	苏州工业园区科技发展有限公司	江苏省纺织工业设计研究院有限公司苏州勘察分公司、苏州工业园区设计研究院有限责任公司
124	吴江经济开发区企业投资服务中心（主楼）工程	吴江市建设工程（集团）有限公司	吴江经济开发区发展总公司	江苏省地质工程勘察院、广东省建工设计院
125	南通中央商务区二期D-04地块A楼工程	南通建筑工程总承包有限公司	南通中南新世界中心开发有限公司	启东市建筑设计院有限公司、南通市规划设计院有限公司
126	南通市第一人民医院综合病房楼工程	江苏南通二建集团有限公司	南通市第一人民医院	南通勘察设计有限公司、江苏省现代建筑设计研究院有限公司
127	扬州市公安局公安业务技术用房工程	江苏邗建集团有限公司	扬州市公安局	江苏省工程勘测研究院有限责任公司、江苏省建筑设计研究院
128	河北保定电谷大厦工程	河北中保建设集团有限责任公司	保定源盛投资发展有限公司	保定华北工程勘测设计研究院、天津大学建筑设计研究院
129	中国石油华北油田勘探开发综合楼工程	中铁建工集团有限公司	中国石油天然气股份有限公司华北油田分公司	中国石油集团工程设计有限责任公司华北分公司、同济大学建筑设计研究院
130	石家庄机场航站楼改扩建工程	河北建设集团有限公司	河北机场管理集团有限公司	河北建筑设计研究院有限责任公司
131	宣化大酒店工程	张家口市鑫盛建筑工程有限公司	张家口市宣化盛安房地产开发有限公司	核工业第四研究设计院
132	国电大渡河流域梯级电站调度中心工程	四川华西集团有限公司	国电大渡河流域水电开发有限公司	中国建筑西南勘察设计研究院有限公司、中国建筑西南设计研究院有限公司

序号	工程名称	主申报单位	建设单位	勘察及设计单位
133	昆明公交集团营运调度指挥中心工程	昆明一建建设（集团）有限公司	昆明公交集团有限责任公司	昆明市建筑设计研究院有限责任公司勘察分院、昆明市建筑设计研究院有限责任公司
134	云南省曲靖市第二人民医院门诊大楼工程	云南省第二建筑工程公司	曲靖市第二人民医院	云南地质工程勘察设计研究院、海南元正建筑设计咨询有限责任公司昆明分公司
135	四川国际网球中心会议中心工程	中国建筑第八工程局有限公司	四川川投国际网球中心开发有限责任公司	核工业西南勘察设计研究院有限公司、同济大学建筑设计研究院（集团）有限公司
136	云南农业大学科研综合楼工程	昆明二建建设（集团）有限公司	云南农业大学	昆明市建筑设计研究院有限责任公司
137	杭州白鹭湾君澜度假酒店（原良渚国际度假酒店）	浙江省长城建设集团股份有限公司	杭州长源旅游发展有限公司	浙江城建勘察研究院有限公司、浙江大学建筑设计研究院
138	杭州利群大厦项目	中建三局建设工程股份有限公司	浙江中烟工业有限责任公司	浙江省工程勘察院、华东建筑设计研究院有限公司
139	宁波市第六医院住院楼扩建工程	宁波建工股份有限公司	宁波市第六医院、波市育才建设开发有限公司	浙江省工程勘察院、浙江省建筑设计研究院
140	绍兴市人民医院主院迁建工程	浙江中联建设集团有限公司	绍兴市人民医院	浙江省绍兴综合工程勘察院、北京联华建筑事务有限公司
141	浙江时代大厦工程	浙江省建工集团有限责任公司	浙江时代大厦有限公司	浙江省工程物探勘察院、浙江新中环建筑设计有限公司
142	诸暨市新办证大楼及人防工程	浙江展诚建设集团股份有限公司	诸暨市人民政府办证中心	浙江展诚建筑设计有限公司
143	北安市阳光写字综合楼工程	黑龙江省农垦北安建筑安装总公司	黑龙江省北安农垦阳光房地产开发有限公司	哈尔滨中建建筑设计有限公司、黑龙江省农垦建筑设计院
144	东软国际软件园（河口园区）一期 A 组团工程	大连华禹建设集团有限公司	东软集团（大连）有限公司	辽宁有色大连勘察院、哈尔滨工业大学建筑设计研究院
145	建议花园工程	哈尔滨大东集团股份有限公司	黑龙江宝宇房地产开发有限责任公司	黑龙江省林业设计研究院地质勘察院、哈尔滨工业大学建筑设计研究院
146	齐齐哈尔医学院教学综合楼工程	江苏省苏中建设集团股份有限公司	齐齐哈尔医学院	黑龙江省第一水文地质工程地质勘察院、哈尔滨工业大学建筑设计研究院

2009年度全国优秀工程勘察设计行业奖获奖项目汇总

中国勘察设计协会

(2010年4月16日颁布)

工程勘察

一 等 奖		
1	深圳港铜鼓航道、西部港区公共航道工程及大铲湾港区(一期)工程	深圳市勘察测绘院有限公司
2	上海环球金融中心岩土工程勘察、监测及基坑降水设计施工	上海岩土工程勘察设计研究院有限公司
3	华能大厦岩土工程勘察、咨询、基坑工程设计	建设综合勘察研究设计院有限公司
4	国家体育场岩土工程勘察、水文地质勘察及基础设计分析咨询	北京市勘察设计研究院有限公司
5	西安财经学院新校区一期工程岩土工程勘察、试坑浸水试验及复合载体夯扩桩静载试验	机械工业勘察设计研究院
6	上海轨道交通 4 号线修复工程基坑降水设计施工、岩土工程勘察及工程物探	上海岩土工程勘察设计研究院有限公司 上海长凯岩土工程有限公司
7	北苑居住区一区 105#、106# 住宅楼及纯地下车库岩土工程勘察、复合地基、抗拔桩、与复合地基相结合的边坡支护工程	北京市勘察设计研究院有限公司
8	中国第二重型机械集团热处理车间新增设备基础基坑支护工程	中国建筑西南勘察设计研究院有限公司
9	大华纺织有限责任公司场区地基病害工程	西北综合勘察设计研究院
10	国家矿山公园阜新海州露天矿边坡(北帮)勘察、设计及综合治理项目	辽宁有色勘察研究院
11	陈塘庄热电厂三期扩建工程	天津市勘察院
二 等 奖		
12	广东惠州抽水蓄能电站工程	广东省水利电力勘测设计研究院
13	上海联合异氰酸酯工程岩土工程勘察、测试与环境调查	上海岩土工程勘察设计研究院有限公司
14	泉州千亿山庄边坡及场地工程	福建省建筑设计研究院
15	奥林匹克中心区多功能转播塔岩土工程勘察、场地渗流场及建筑设防水位分析与基础设计分析	北京市勘察设计研究院有限公司
16	西港国际大厦岩土工程勘察及桩基试验与检测	机械工业勘察设计研究院
17	云南滇东发电厂 4×600MW 新建工程	中国电力工程顾问集团西南电力设计院
18	北京至福州高速公路福建省境内(福州段)工程地质勘察	福建省交通规划设计院
19	锦州五星级国际酒店(含会展中心)勘察、基坑支护降水设计及监测	中国建筑东北设计研究院有限公司
20	北京地铁五号线工程勘察	北京城建勘测设计研究院有限责任公司
21	武汉市城市天然气供气工程(二期)天兴洲长江穿越工程	武汉市勘测设计研究院
22	上海长峰商城基坑围护工程设计	上海申元岩土工程有限公司
23	中原杏湾城时尚社区	河南省建筑设计研究院有限公司
24	北京市危险废物无害化处理中心场地综合工程地质勘察	北京市勘察设计研究院有限公司
25	深港西部通道口岸及单体建筑岩土工程详细勘察	深圳市勘察研究院有限公司 深圳市勘察测绘院有限公司

26	天津市地铁大厦	天津市地质工程勘察院
27	重庆市嘉华嘉陵江大桥南引道工程	重庆市勘测院
28	山海关关城及东罗城 6km 城墙修复工程（7、8、9、11、13、16、17、18、19、20、21 段）综合检测稳定性分析及评估	中冶沈勘秦皇岛工程技术有限公司
29	天津奥林匹克体育中心体育场	天津市地质工程勘察院
30	浦东世纪花园二期	中船勘察设计研究院有限公司
31	国家石油储备基地第一期项目岙山基地地质勘察、边坡支护设计	浙江省工程勘察院
32	北京首都国际机场线工程东直门站岩土工程勘察与安全风险监控	北京城建勘测设计研究院有限责任公司
33	南京市城市快速内环北线西段工程基坑支护结构设计	江苏今迈工程勘察有限公司
34	仲盛商业中心基坑工程	华东建筑设计研究院有限公司
35	常州武进新天地不夜城基坑支护工程	江苏华都建设有限公司
36	晶采世纪广场基坑支护设计	天津市勘察院
37	呼家楼商务居住综合区一期岩土工程勘察、设防水位分析与基础设计分析	北京市勘察设计研究院有限公司
38	深圳市南坪快速路一期工程详细勘察总结报告	中国瑞林工程技术有限公司
39	中国生物技术学术中心土方、护坡工程	北京综建科技有限公司 建设综合勘察研究设计院有限公司
40	广州市白云国际会议中心周边市政道路工程	广州市市政工程设计研究院
41	广东惠来电厂一期 1、2 号机组工程	广东省电力设计研究院
42	庆安水库除险加固工程	徐州市水利建筑设计研究院
43	西门子（中国）有限公司总部办公楼	北京市勘察设计研究院有限公司
	三等奖	
44	山东省潍坊市高崖水库除险加固工程地质勘察	山东省水利勘测设计院
45	北京顺义规划新城前期区域工程地质勘查	北京市地质工程勘察院
46	杭州钱江新城 28 号地块住宅岩土工程勘察	浙江省工程物探勘察院
47	天津滨海国际机场扩建工程新航站楼、高架桥	天津市勘察院
48	广东 LNG 接收站边坡、罐体及场地岩土工程勘察及边坡支护设计	深圳市工勘岩土工程有限公司
49	上海知音苑（二期）岩土工程勘察及桩基咨询设计	上海岩土工程勘察设计研究院有限公司
50	大观·天地 MALL 深基坑支护设计	南京南大岩土工程技术有限公司
51	首都机场第二通道岩土工程勘察、路基沉降分析、地基处理设计与路基检测	北京市勘察设计研究院有限公司
52	铜陵（朱村）至池州（毛竹园）高速公路工程勘察	安徽省交通规划设计研究院
53	广东省英德市锦潭水电站工程地质勘察	中水珠江规划勘测设计有限公司
54	吉林省广电中心	吉林建筑工程学院勘测公司
55	北京通州规划新城前期区域工程地质勘查	北京市地质工程勘察院
56	沈阳至大连高速公路改扩建工程	辽宁省交通规划设计院
57	中国石油广西石化千万吨炼油项目地基处理设计	上海申元岩土工程有限公司
58	广州市轨道交通三号线 C 标段详细勘察阶段岩土工程勘察	广州地质勘察基础工程公司

59	广州白云国际会议中心岩土工程勘察	广东省建筑设计研究院　广东省工程勘察院
60	济南奥体中心主体育场岩土工程勘察	济南市勘察测绘研究院
61	中华世纪城二期工程勘察	西北综合勘察设计研究院
62	滨湖新区启动区 33 层高层住宅区	安徽省建设工程勘察设计院
63	国电黄金埠电厂 (2×600MW) 新建工程岩土勘察	江西省电力设计院
64	南京金鼎湾花园 II 期	徐州中国矿大岩土工程新技术发展有限公司
65	佛山市一环城际快速干线（东线）工程	上海市政工程勘察设计有限公司
66	山东省兖州市王因水源地供水水文地质勘探	山东省鲁南地质工程勘察院
67	武汉轨道交通二号线一期工程汉口火车站～范湖站区间地下有害气体勘察	武汉地质工程勘察院
68	深圳市福龙路市政工程岩土工程地质勘察	深圳市勘察测绘院有限公司
69	武昌倒口湖地区综合开发项目中大 · 长江紫都 F 地块	武汉地质工程勘察院
70	武汉精英国际大厦（浦发银行大厦）	中南勘察设计院（湖北）有限责任公司
71	搜宝商务中心 2# 建筑等三项工程基坑护坡	北京爱地地质勘察基础工程公司
72	云南弥勒雷打滩水电站工程安全监测	中国水电顾问集团昆明勘测设计研究院
73	广州市轨道交通四号线车～金段（不含大学城专线）岩土工程勘察	广州地铁设计研究院有限公司 广东有色工程勘察设计院 广州地质勘察基础工程公司
74	新城花园酒店二期	江苏苏州地质工程勘察院
75	天津中新生态城总体规划勘察报告	天津市勘察院
76	天津市地铁一号线南楼车站工程	天津市市政工程设计研究院
77	重庆藤子沟水电站工程勘察	中水东北勘测设计研究有限责任公司
78	馨香庭院	常德市建筑设计院有限责任公司
79	山东省南水北调东线一期工程济平干渠（东平湖～济南段）输水工程地质勘察	山东省水利勘测设计院
80	广东省潮州供水枢纽工程	广东省水利电力勘测设计研究院
81	中凉公寓 1、2、3、4、5# 房	常州市基础工程公司
82	广西百色银海铝业有限责任公司一期 100kt/a 电解铝电解厂房工程基础加固	广西华蓝岩土工程有限公司
83	武汉市中环线西环段 (318 国道－白沙洲大桥）道路改扩建工程岩土工程勘察	武汉市政工程设计研究院有限责任公司
84	重庆市巴南区东温泉镇热洞地热水详查评价	重庆南江地质工程勘察院
85	济南龙奥大厦岩土工程勘察	济南市勘察测绘研究院
86	南水北调中线京石段应急供水工程（北京段）西四环暗涵工程	北京市水利规划设计研究院
87	天津站交通枢纽海河东路地道及主广场地下工程	天津市市政工程设计研究院
88	西安雁塔国际文化广场 A 区（包含西安地裂缝勘察）	西北综合勘察设计研究院
89	山东齐鲁商会大厦岩土工程勘察	山东省城乡建设勘察院
90	南京会展中心一期工程	江苏今迈工程勘察有限公司
91	泉州市大坪山非机动车及人行隧道工程	福建泉州岩土勘测设计研究院
92	山西古县“天上人间”五洲度假村地热井工程勘察与凿井工程	山西省第五地质工程勘察院

93	浙江广播电视高等专科学校演播楼岩土工程勘察	浙江省工程物探勘察院
94	广州科学城丰乐路隧道工程岩土工程勘察和基坑支护设计	广州市市政工程设计研究院
95	宝鸡石油机械厂 35 号楼	陕西省宝鸡市勘察测绘院
96	苏州工业园区海天广场岩土工程勘察	江苏省纺织工业设计研究院有限公司

工程测量

	一 等 奖	
1	郑西客运专线（省界至咸阳西段）无碴轨道工程控制网测量	中铁第一勘察设计院集团有限公司
2	轨道交通六号线全过程精密工程测量	上海岩土工程勘察设计研究院有限公司
3	广州市连续运行卫星定位城市测量综合服务系统	广州市城市规划勘测设计研究院
	二 等 奖	
4	福建省营运车辆卫星定位安全服务系统多元空间信息整合建库项目	福州市勘测院
5	北京地铁十号线（含奥运支线）工程测量	北京城建勘测设计研究院有限责任公司
6	青岛市数字化城管基础数据普查和建库	青岛市勘察测绘研究院
7	济南市连续运行卫星定位服务系统建设	济南市勘察测绘研究院
8	霍金斯延安科林姚店新区天然气综合利用工程（测量）	西安长庆科技工程有限责任公司
9	深圳市丹平快速路一期工程地形与地下管线测量	深圳市勘察测绘院有限公司
10	第二十九届奥运会铁人三项比赛场地十三陵水库大坝动态变形监测与预警分析	北京市水利规划设计研究院
11	深圳抽水蓄能电站施工控制网	广东省水利电力勘测设计研究院
12	海淀区城市部件普查及更新	北京市测绘设计研究院
13	溪洛渡、向家坝出线走廊数字化 GPS 外控工程 GPS-C 级网	中国电力工程顾问集团西南电力设计院
	三 等 奖	
14	郑州市轨道交通 1 号线工程控制网测量	郑州市规划勘测设计研究院
15	京津城际轨道交通工程站前 I 标工程测量	北京中天路通工程勘测有限公司
16	深圳市基本生态控制区信息化监测与研究	深圳市勘察研究院有限公司
17	基于信息测绘的广州市基础地形图 (1：500) 动态更新及数据入库	广州市城市规划勘测设计研究院
18	徐州市三维基础地理信息系统建设（一期）	徐州市勘察测绘研究院
19	杭州江东大桥控制网测量	上海市政工程勘察设计有限公司
20	合川沙溪基丁低空遥感测制 1：500 地形图与地形三维模型	重庆市勘测院
21	小湾水电站专一级监测控制网建网	中国水电顾问集团昆明勘测设计研究院
22	康定～崇州 500kV 线路工程测量	中国电力工程顾问集团西南电力设计院
23	沪青平高速公路 (A9) 西段工程	上海市城市建设设计研究院
24	长白山民用机场工程测量	吉林省水利水电勘测设计研究院
25	深圳市福龙路市政工程隧道施工监测	深圳市长勘勘察设计有限公司

建筑工程

一等奖		
1	侵华日军南京大屠杀遇难同胞纪念馆扩建工程	华南理工大学建筑设计研究院
2	多哥共和国总统府	北京市建筑设计研究院
3	凉山民族文化艺术中心	中国建筑设计研究院
4	奥林匹克公园下沉花园	北京市建筑设计研究院 中国建筑设计研究院 清华大学建筑设计研究院 北京齐欣国际建筑设计咨询有限公司 北京山川启示设计事务所
5	浦东国际机场二期工程 T2 航站楼	华东建筑设计研究院有限公司
6	成都金沙遗址博物馆文物陈列馆	清华大学建筑设计研究院
7	常州市体育会展中心	中国建筑西南设计研究院有限公司
8	广东科学中心	中南建筑设计院股份有限公司
9	同济大学教学科研综合楼	同济大学建筑设计研究院(集团)有限公司
10	上海光源(主体)工程	上海市建筑设计研究院有限公司
11	浙江美术馆	中国联合工程公司
12	华旭国际大厦	同济大学建筑设计研究院(集团)有限公司
13	中新天津生态城服务中心	天津市建筑设计院
14	复兴路乙 59-1 号改造工程	中国建筑设计研究院 中国建筑标准设计研究院
15	1933 老场坊保护性修缮工程 1# 楼 2# 楼	中国中元国际工程公司
16	甘肃省金昌市文化中心	北京清华安地建筑设计顾问有限责任公司
17	星河世纪(珠江广场)	城脉建筑设计(深圳)有限公司
二等奖		
18	国家动物博物馆及中科院动物研究所科研实验楼、标本楼	中科院建筑设计研究院有限公司
19	河北建设服务中心	河北建筑设计研究院有限责任公司
20	青岛海信广场	青岛雍达建筑设计有限公司
21	南京水游城	南京金宸建筑设计有限公司
22	金陵图书馆新馆	东南大学建筑设计研究院
23	辽宁五女山山城遗址博物馆	中国建筑设计研究院
24	2008 年奥运摔中跤比赛馆(中国农业大学体育馆)	华南理工大学建筑设计研究院
25	北京工业大学体育馆 (2008 年北京奥运会羽毛球与艺术体操比赛馆)	华南理工大学建筑设计研究院
26	华南理工大学大学城校区前广场建筑群	华南理工大学建筑设计研究院
27	南京工程学院图书信息中心	华南理工大学建筑设计研究院
28	中国人民解放军总医院群体扩建工程	中国中元国际工程公司

29	胶济铁路青岛客站改造工程	中铁工程设计咨询集团有限公司
30	联合利华（中国）研发中心	同济大学建筑设计研究院（集团）有限公司
31	天府软件园二期 C2-C7 号楼	中国建筑西南设计研究院有限公司
32	海运中心	广东省建筑设计研究院
33	金融街中心区活力中心	中国建筑技术集团有限公司
34	良渚文化村“玉鸟流苏”	南京大学建筑规划设计研究院
35	绍兴鉴湖大酒店	东南大学建筑设计研究院
36	青岛东海路 9 号行政商务酒店	江苏省建筑设计研究院有限公司
37	太湖度假区知湖轩度假酒店	苏州九城都市建筑设计有限公司
38	抚顺市平顶山惨案遗址纪念馆	辽宁省建筑设计研究院
39	长春市革命烈士陵园扩建工程	华南理工大学建筑设计研究院
40	新四军江南指挥部纪念馆	溧阳市现代建筑设计院有限公司
41	东北育才双语学校	沈阳新大陆建筑设计有限公司
42	深圳大学图书馆二期	深圳大学建筑设计研究院
43	中国工程院综合办公楼	清华大学建筑设计研究院
44	成都市高新西区技术创新组团 1、2、3 号楼（一期）	中国建筑西南设计研究院有限公司
45	世界城市广场	上海兴田建筑工程设计事务所
46	天山世纪广场	华东建筑设计研究院有限公司
47	中国第一商城 II 期	北京市建筑设计研究院
48	东莞松山湖酒店	天津华汇工程建筑设计有限公司
49	政协俱乐部扩建工程	天津市建筑设计院
50	张家浜逸飞创意街	上海江欢成建筑设计有限公司
51	烟台文化中心	华南理工大学建筑设计研究院 烟台市建筑设计研究股份有限公司
52	中国残疾人体育综合训练基地	中国建筑设计研究院
53	新江湾城 C2 地块高级中学	同济大学建筑设计研究院（集团）有限公司
54	同济大学嘉定校区机械工程学院	同济大学建筑设计研究院（集团）有限公司
55	丹东市第一医院（一期主体工程）	清华大学建筑设计研究院
56	西安市浐灞生态区行政中心	中国建筑西北设计研究院有限公司
57	南京银城大厦	南京市民用建筑设计研究院有限责任公司
58	苏州工业园区重元寺一期工程	东南大学建筑设计研究院
59	天津蓟县地质博物馆	天津大学建筑设计研究院
60	无锡博物馆	中南建筑设计院股份有限公司
61	北京科技大学体育馆	清华大学建筑设计研究院
62	西藏大学图书馆	中国建筑西南设计研究院有限公司

63	浙江传媒学院多层学生（女生）公寓	浙江大学建筑设计研究院
64	无锡医疗中心	上海市建筑设计研究院有限公司
65	利济巷项目 01、02 号办公楼	南京市民用建筑设计研究院有限责任公司
66	良渚文化村白鹭湾君澜度假酒店	浙江大学建筑设计研究院
67	韶山毛泽东文艺馆	湖南省建筑设计院
68	韩美林艺术博物馆	中国建筑设计研究院
69	合肥体育中心	北京市建筑设计研究院
70	第二实验小学	北京市建筑设计研究院
71	集美大学新校区三期工程文科大楼	同济大学建筑设计研究院（集团）有限公司
72	深圳大学师范学院教学实验综合楼	深圳大学建筑设计研究院
73	武汉琴台文化艺术中心－琴台大剧院	广州珠江外资建筑设计院
74	白云机场铂尔曼大酒店	广州市设计院
75	中国禄丰侏罗纪世界遗址馆	浙江大学建筑设计研究院
76	集美大学诚毅学院综合体育馆	同济大学建筑设计研究院（集团）有限公司
77	上海师范大学奉贤校区南区	浙江省建筑设计研究院
78	苏州伊顿国际学校	苏州市建筑设计研究院有限公司
79	中央音乐学院教学综合楼	同济大学建筑设计研究院（集团）有限公司
80	南京市规划局改造办公楼	南京大学建筑规划设计研究院
81	昆明星耀体育运动城体育场馆	中国建筑西南设计研究院有限公司
82	中关村西区地下空间开发（地下建筑）	北京城建设计研究总院有限责任公司
83	安徽报业大厦	中国美术学院风景建筑设计研究院
84	新疆科技馆改扩建	新疆维吾尔自治区建筑设计研究院
85	深圳机场信息大楼职工食堂	中国建筑东北设计研究院有限公司
86	重庆市委礼堂改造	重庆市设计院
87	中国闽台缘博物馆	福建省建筑设计研究院
	三等奖	
88	上海市公安局刑事侦查技术大楼	同济大学建筑设计研究院（集团）有限公司
89	富力中心	广州市住宅建筑设计院有限公司
90	维多利广场	广州城建开发设计院有限公司
91	卓亭广场	青岛北洋建筑设计有限公司
92	西安欧亚经济论坛	中国建筑西北设计研究院有限公司
93	中国银联项目（二期工程）培训中心	同济大学建筑设计研究院（集团）有限公司
94	上海交通大学闵行校区体育馆	上海建筑设计研究院五所
95	鄂尔多斯民族剧院	中房集团建筑设计有限公司
96	空港物流加工区投资服务中心	天津华汇工程建筑设计有限公司

97	重庆市江北城(CBD)招商楼	重庆市设计院
98	中国电信通信指挥楼、北京电信通信机房楼	中国建筑设计研究院
99	洋山深水港展示中心	上海市建筑设计研究院有限公司
100	国家中影数字制作基地	中广电广播电影电视设计研究院
101	中奥马哥孛罗大酒店	北京市建筑设计研究院
102	岳阳楼新景区	湖南大学设计研究院有限公司
103	江苏广电城	华东建筑设计研究院有限公司
104	中国磁州窑博物馆	河北建筑设计研究院有限责任公司
105	淮南市体育文化中心	哈尔滨工业大学建筑设计研究院
106	广州大学城广东药学院多功能体育馆	华南理工大学建筑设计研究院
107	浙江台州体育中心游泳馆	广州市设计院
108	重庆工商大学厚德楼	重庆市设计院
109	安徽大学图书馆	同济大学建筑设计研究院（集团）有限公司
110	湖州市大剧院	浙江大学建筑设计研究院
111	南通地税征管信息处理用房	上海兴田建筑工程设计事务所
112	吴江公共卫生控制中心	苏州工业园区设计研究院有限责任公司
113	中组部事业单位综合楼	华东建筑设计研究院有限公司
114	青岛天人集团生态办公楼	清华大学建筑设计研究院
115	深圳机场信息大楼	中国建筑东北设计研究院有限公司
116	天士力集团中药交流展示中心	天津市建筑设计院
117	中国平安集团全国后援管理中心	华东建筑设计研究院有限公司
118	中国资源卫星应用中心 1 号科研业务楼	中国航空规划建设发展有限公司
119	杭州高新产业大楼	汉嘉设计集团股份有限公司
120	国航综合业务楼一号楼	北京市建筑设计研究院
121	东银中心	上海现代建筑设计（集团）有限公司
122	广州市政务服务中心	广州市城市规划勘测设计研究院
123	现代教育技术培训中心	南京大学建筑规划设计研究院
124	中国银联项目（二期工程）客户服务中心	同济大学建筑设计研究院（集团）有限公司
125	现代 · 国际	广西城乡规划设计院
126	梨城花园酒店	新疆维吾尔自治区建筑设计研究院
127	陆家嘴 · 九六广场	上海天华建筑设计有限公司
128	中关村 e 世界	北京市建筑设计研究院
129	八达岭景区西部停车场综合服务设施	中国建筑设计研究院
130	北京奥特莱斯购物广场（二期工程）	北京维拓时代建筑设计有限公司
131	香樟雅苑会所	合肥市建筑设计研究院有限公司

132	桂林市中心城环城水系木龙湖景区（一期）	桂林市建筑设计研究院
133	铁人王进喜纪念馆	沈阳建筑大学建筑设计研究院
134	辽宁东北抗联史实陈列馆工程	辽宁省建筑设计研究院
135	陈嘉庚纪念馆	中国中元国际工程公司
136	灵山胜境三期工程	华东建筑设计研究院有限公司
137	中国矿业大学科技博物馆	华南理工大学建筑设计研究院
138	重庆南岸体育中心游泳馆	中国建筑西南设计研究院有限公司
139	深圳清华实验学校四期	深圳华森建筑与工程设计顾问有限公司
140	新疆民族歌舞学校	新疆维吾尔自治区建筑设计研究院
141	西北工业大学长安校区学生活动中心	中国建筑西北设计研究院有限公司
142	福建师范大学新校区河西校区一期工程	福建省建筑设计研究院
143	西安电子科技大学新校区巨构	深圳机械院建筑设计有限公司
144	北京大学公共教室楼	北京市住宅建筑设计研究院有限公司 北京别处空间建筑设计事务所
145	常熟理工学院逸夫图书馆	杭州中联程泰宁建筑设计研究院有限公司
146	梅兰芳大剧院	中国中元国际工程公司
147	延安火车站站房	中南建筑设计院股份有限公司
148	上海市消防指挥中心	上海天华建筑设计有限公司
149	国电大渡河流域梯级电站调度中心	中国建筑西南设计研究院有限公司
150	中国大唐集团公司技术经济研究院	华东建筑设计研究院有限公司
151	温州市华盟商务广场	温州市建筑设计研究院
152	深国投广场	深圳市中航建筑设计有限公司
153	本溪富虹国际饭店	中国建筑东北设计研究院有限公司
154	长春市赛德购物中心	吉林省建筑设计院有限责任公司
155	中华苏维埃共和国纪念馆	赣州市建筑设计研究院 上海现代建筑设计（集团）有限公司
156	福州林则徐纪念馆修缮及扩建工程	福州市规划设计研究院
157	山西省晋城市博物馆	山西省建筑设计研究院
158	中国黄酒城－黄酒博物馆	华汇工程设计集团有限公司
159	鉴真学院总体规划及教研楼、行政楼、鉴真图书馆建筑	苏州市建筑设计研究院有限责任公司
160	黄骅港开发区实验小学	天津大学建筑设计研究院
161	上海海事大学临港新校区图文信息中心	上海市建筑设计研究院有限公司
162	广州体育学院后勤管理大楼	华南理工大学建筑设计研究院
163	苏州大学独墅湖校区文科综合楼	同济大学建筑设计研究院（集团）有限公司
164	上海海事大学临港新校区科研楼	同济大学建筑设计研究院（集团）有限公司
165	欢乐森林生态园室内剧场	总装备部工程设计研究总院

166	河南出版大厦	郑州大学综合设计研究院
167	青岛麒麟大厦	青岛沿海建筑设计有限公司
168	沈阳华府天地商业广场	中国建筑东北设计研究院有限公司
169	北大科技园创新中心	北京市建筑设计研究院
170	呼伦贝尔市天骄宾馆	哈尔滨工业大学建筑设计研究院
171	帝宝花园大酒店	福建众合开发建筑设计院
172	时代盛典	北京中外建建筑设计有限公司西北分公司
173	烟台市广仁路、十字街历史街区更新改造	烟台市建筑设计研究院股份有限公司
174	北京市大兴区文化中心	中国建筑设计研究院 中旭建筑设计有限责任公司
175	乌鲁木齐市青少年宫、科技馆	新疆玉点建筑设计研究院有限公司
176	井岗山革命博物馆新馆	同济大学建筑设计研究院（集团）有限公司
177	海南省博物馆	北京市建筑设计研究院
178	2008 年奥运会北京飞碟靶场	清华大学建筑设计研究院
179	山东电子职业技术学院图书行政楼及教学实训楼	山东省建筑设计研究院
180	同济大学土木工程学院大楼	同济大学建筑设计研究院（集团）有限公司
181	西藏大学新校区改扩建工程艺术系教学楼	中国建筑西南设计研究院有限公司
182	苏州园区工业技术学校二期 E 栋科技楼	苏州工业园区设计研究院有限责任公司
183	北京地铁 5 号线雍和宫站（地下建筑）	北京城建设计研究总院有限责任公司
184	浙江省人大政协及有关厅局综合办公楼	杭州市建筑设计研究院有限公司
185	深圳气象塔	城脉建筑设计（深圳）有限公司
186	苏州工业园区科技五期创意产业园 B 区（研发楼）	苏州工业园区设计研究院有限责任公司
187	湖南华菱湘潭钢铁行政中心	湘潭市建筑设计院
188	北京航空食品有限公司新配餐楼工程	中国航空规划建设发展有限公司
189	银都国际广场	中联西北工程设计研究院
190	无锡金色港湾	南京市民用建筑设计研究院有限责任公司
191	和信商业广场	太原市建筑设计研究院
192	广西建设大厦	广西华蓝设计（集团）有限公司
193	天津大悲院商业街	天津市建筑设计院
194	泰州望海楼重建工程	东南大学建筑设计研究院
195	武汉体育中心二期工程游泳馆	武汉市建筑设计院
196	张家港市第一人民医院	深圳市建筑设计研究总院有限公司
197	沈阳市第四人民医院眼科大楼	中国建筑东北设计研究院有限公司
198	临床医学研究中心	沈阳都市建筑设计有限公司
199	云南省艾滋病关爱中心 / 传染病医院	云南省建筑工程设计院

200	中国光大银行长春分行营业大厦	中国建筑东北设计研究院有限公司
201	河南发展大厦	大连市建筑设计研究院有限公司
202	新疆人民广播电台播控译制楼	新疆维吾尔自治区建筑设计研究院
203	南京中山植物园南园二期工程	南京市民用建筑设计研究院有限责任公司
204	北京大学体育馆	同济大学建筑设计研究院（集团）有限公司
205	银川市第二中学	中国建筑西北设计研究院有限公司
206	合肥工业大学建筑技术研发中心	合肥工业大学建筑设计研究院
207	宁夏回族自治区党委办公新区	中国建筑西北设计研究院有限公司
208	深圳福田图书馆	香港华艺设计顾问（深圳）有限公司
209	南宁三中实验综合楼，艺术楼	广西华蓝设计（集团）有限公司
210	王稼祥纪念园改造项目	安徽艺源建筑艺术设计有限责任公司
211	沈阳二中北校区	沈阳新大陆建筑设计有限公司
212	广西中医学院第一附属医院住院综合楼	广西华蓝设计（集团）有限公司
213	青岛流亭机场国际航站楼	青岛市建筑设计研究院股份有限公司
214	北京市公安局刑侦科技大楼	建设综合勘察研究设计院有限公司
215	红谷大厦	南昌市建筑设计研究院有限公司 深圳市华筑工程设计有限公司
216	铁西体育中心	沈阳新大陆建筑设计有限公司
217	沈阳机床（集团）股份有限公司办公楼	中国建筑东北设计研究院有限公司
218	楚天传媒大厦	中南建筑设计院股份有限公司
219	长沙中建五局办公楼	香港华艺设计顾问（深圳）有限公司
220	西安市中级人民法院审判法庭和办公楼	中国建筑西北设计研究院有限公司
221	现代商务大厦	深圳奥意建筑工程设计有限公司
222	第五国际中心	中联西北工程设计研究院
223	重庆申基索菲特大酒店	深圳市汤桦建筑师事务所
224	阳澄湖置地度假酒店	苏州工业园区设计研究院有限责任公司
225	三亚亚龙湾铂尔曼度假酒店	深圳筑博工程设计有限公司
226	联达商业广场	桂林市建筑设计研究院
227	喀什科技文化广场	新疆玉点建筑设计研究院有限公司
228	厦门国际会展中心二期工程	中元（厦门）工程设计研究院有限公司
229	十堰市博物馆	中国建筑西南设计研究院有限公司
230	益阳市规划馆、博物馆	湖南省建筑设计院
231	西博会工业馆旧址整治改造工程	浙江省古建筑设计研究院
232	长沙理工大学新校区体育中心－体育馆、游泳馆	湖南省建筑设计院
233	南川体育馆	中煤国际工程集团重庆设计研究院

234	奥林匹克体育中心体育场改扩建	北京市建筑设计研究院
235	西北工业大学长安校区 17-1 学院楼	中国建筑西北设计研究院有限公司
236	泸州医学院城北校区图书馆	重庆大学建筑设计研究院
237	深圳市大剧院改造	北京市建筑设计研究院
238	营口经济技术开发区中心医院门诊病房楼	辽宁省建筑设计研究院
239	北京朝阳医院改扩建一期工程门急诊及病房楼	中国中元国际工程公司
240	深圳保利文化广场（剧院）	深圳市华筑工程设计有限公司

建筑工程（中外合作项目）

一等奖		
1	上海环球金融中心	华东建筑设计研究院有限公司
2	国家图书馆二期工程暨国家数字图书馆工程	华东建筑设计研究院有限公司
3	国家大剧院	北京市建筑设计研究院
4	北京首都国际机场 T3 航站楼	北京市建筑设计研究院
5	深圳文化中心	北京市建筑设计研究院
6	金茂三亚丽思卡尔顿酒店	上海市建筑设计研究院有限公司
7	未来资产大厦	华东建筑设计研究院有限公司 上海市建筑设计研究院有限公司
8	中央美院美术馆	北京新纪元建筑工程设计有限公司 中国建筑科学研究院
二等奖		
9	深圳市中心区深圳书城	深圳华森建筑与工程设计顾问有限公司
10	上海市地面交通工具风洞实验中心	同济大学建筑设计研究院（集团）有限公司
11	深港西部通道口岸旅检大楼及单体建筑	深圳市建筑设计研究总院有限公司
12	凯晨广场	北京市建筑设计研究院
13	上海银行大厦	华东建筑设计研究院有限公司
14	金地国际花园 A 区	北京市建筑设计研究院
15	新怡景商业中心	广东省建筑设计研究院
16	沈阳奥林匹克体育中心五里河体育场	上海市建筑设计研究院有限公司
17	天津奥林匹克中心体育场	天津市建筑设计院
18	深圳地铁皇岗站及福田口岸联检楼	北京市建筑设计研究院
19	水巷邻里	苏州工业园区设计研究院有限责任公司
20	泉峰集团总部办公楼	东南大学建筑设计研究院

21	京基大梅沙酒店	城脉建筑设计（深圳）有限公司
22	金源现代城	广西华蓝设计（集团）有限公司
23	设计师广场	北京新纪元建筑工程设计有限公司
24	内蒙古乌兰恰特大剧院、博物馆	北京市建筑设计研究院
25	复旦大学附属儿科医院迁建工程	上海市建筑设计研究院有限公司
26	上海市闸北区大宁商业中心	上海市建筑设计研究院有限公司
27	轻汽西厂区改造项目（主语国际中心）	中国建筑设计研究院
28	新世界商务中心	北京市建筑设计研究院
	三等奖	
29	浦江镇推广中心	上海天华建筑设计有限公司
30	西环广场	中国建筑设计研究院
31	琶洲保利国际广场	广州市设计院
32	新中关	北京市建筑设计研究院
33	由由国际广场	华东建筑设计研究院有限公司
34	华远企业号	泛华建设集团有限公司
35	苏州金鸡湖大酒店商务酒店	上海市建筑设计研究院有限公司
36	南京国际会展中心	华东建筑设计研究院有限公司
37	河南艺术中心	中国航空规划建设发展有限公司
38	大连正源秀馆	大连市建筑设计研究院有限公司
39	中国出口商品交易会琶洲展馆（一期工程、二期工程）	华南理工大学建筑设计研究院
40	新中国国际展览中心一期	北京市建筑设计研究院
41	松江大学城资源共享区体育馆游泳馆	上海市建筑设计研究院有限公司
42	大连医科大学基础医学院行政主楼	大连理工大学土木建筑设计研究院有限公司
43	中新科技城启动区	苏州工业园区设计研究院有限责任公司
44	宁波万豪大酒店	宁波市城建设计研究院有限公司
45	徐庄软件产业基地·动漫走廊	南京市民用建筑设计研究院有限责任公司
46	深圳盐田国际行政办公大楼	深圳机械院建筑设计有限公司
47	国际港务大楼	华东建筑设计研究院有限公司

住宅与住宅小区

	一等奖	
1	南京新城·翡翠谷住宅小区	南京市民用建筑设计研究院有限责任公司
2	昆明野鸭湖山水假日城二期	云南省设计院

二 等 奖		
3	广州万科南湖住宅小区	中国建筑东北设计研究院有限公司
4	宁波天合家园	中国建筑设计研究院 宁波市建筑设计研究院有限公司
5	中海大山地一期	城脉建筑设计（深圳）有限公司
6	南京汤山公馆住宅小区	南京市民用建筑设计研究院有限责任公司
7	深圳中海西岸华府一、二期	香港华艺设计顾问（深圳）有限公司
8	鑫苑·国际城市花园	河南徐辉建筑工程设计事务所
9	东方尊峪住宅小区	深圳市中航建筑设计有限公司
10	武汉万科润园	中南建筑设计院股份有限公司 北京市建筑设计研究院
11	华明镇示范小城镇住宅及配套公建	天津华汇工程建筑设计有限公司 天津市建筑设计院 天津大地天方建筑设计有限公司
12	百旺·茉莉园	清华大学建筑设计研究院
13	西安【南山庭院】	西安樊广智建筑设计事务所
14	南京栖园	香港华艺设计顾问（深圳）有限公司
15	白桦林居居住小区	中国建筑西北设计研究院有限公司
16	金成竹海水韵南区—荷塘轩、芦花洲组团	浙江大学建筑设计研究院
17	华浙银马公寓	浙江绿城建筑设计有限公司
18	重庆棕榈泉国际花园别墅区	重庆市设计院
19	杭州同人·春江时代小区	浙江省建筑设计研究院
20	云山诗意花园（珠海）	深圳华森建筑与工程设计顾问有限公司广州分公司
21	武汉万科城市花园 07 期	中南建筑设计院股份有限公司
22	山水风华（仙林 B 地块）	南京金宸建筑设计有限公司
23	西城映画	中国建筑西南设计研究院有限公司
24	云南大理洱海庄园—别墅	上海浚源建筑设计有限公司
三 等 奖		
25	桂林奥林匹克花园	福建省建筑设计研究院
26	东莞万科运河东一号花园二期	广州瀚华建筑设计有限公司
27	国家康居示范小区临海云水山庄工程设计	浙江省城乡规划设计研究院
28	中天金海岸 1# 地块一期、二期及幼儿园	福建众合开建筑设计院
29	北京世纪华侨城一期	北京市建筑设计研究院
30	金地梅陇镇花园二期	深圳华森建筑与工程设计顾问有限公司
31	新湖·仙林翠谷一期	汉嘉设计集团股份有限公司
32	佛山中海金沙湾西区	香港华艺设计顾问（深圳）有限公司

33	广州岭南新世界家园 2D-2 区 (5-15 栋)	深圳华森建筑与工程设计顾问有限公司广州分公司
34	望京新城 A1 区 A、B 组团	北京市建筑设计研究院
35	东岸国际	中国建筑设计研究院
36	天津“五一阳光南里 · 尊园”住宅小区	天津华汇工程建筑设计有限公司
37	尖岗山高尚住宅小区一期 (北区)	深圳华森建筑与工程设计顾问有限公司
38	武汉常青花园 11 小区	中南建筑设计院股份有限公司
39	新海公寓 (瑞海名苑) 住宅小区工程	天津华汇工程建筑设计有限公司
40	万科四季花城西半岛 (一、二期) 小区	武汉市建筑设计院
41	苏黎世小镇别墅 (南区)	杭州天人建筑设计事务所
42	西安融侨《紫薇馨苑》	中联西北工程设计研究院
43	石家庄中景四季花城	北京维拓时代建筑设计有限公司
44	武汉万科金色家园 C8 地块商住楼	武汉市建筑设计院
45	吴江 · 奥林清华住宅小区	汉嘉设计集团股份有限公司
46	水域天际	湖北天一建筑设计有限公司
47	大连蔚蓝海岸地产发展有限公司帝柏湾项目	大连市建筑设计研究院有限公司
48	天泰 · 太阳树 2 号楼	山东同圆设计集团有限公司
49	绿城 · 玫瑰园三期 (别墅小区) 工程	乌鲁木齐建筑设计研究院有限公司

住宅与住宅小区 (中外合作项目)

	二 等 奖	
1	东部华侨城天麓二区	深圳市建筑设计研究总院有限公司
	三 等 奖	
2	中信红树湾 · 花城 (一、二期)	深圳奥意建筑工程设计有限公司
3	中信红树湾 · 花城 (三、四期)	深圳市朝立四方建筑设计事务所

市政公用工程

给排水和环境工程

	一 等 奖	
1	上海白龙港城市污水处理厂升级改造及扩建工程	上海市政工程设计研究总院
2	西安南郊水厂工程	中国市政工程西北设计研究院有限公司
3	小红门污水处理厂工程	北京市市政工程设计研究总院
4	嘉兴市南郊水厂一期工程	上海市政工程设计研究总院

5	重庆市唐家沱污水处理厂二期工程	中国市政工程中南设计研究院
6	广州市猎德污水处理厂二期工程	广州市市政工程设计研究院
7	东莞市第四水厂二期工程	北京市市政工程设计研究总院
	二等奖	
8	成都市三瓦窑污水处理厂三期工程（第三污水厂）	中国市政工程西南设计研究院
9	北京市北小河污水处理厂改扩建及再生水利用工程	北京市市政工程设计研究总院
10	桐乡市运河水厂供水工程及其配套管网	中国市政工程华北设计研究总院
11	天津市咸阳路污水处理厂工程	天津市市政工程设计研究院
12	上海市污水治理三期工程	上海市政工程设计研究总院 上海市城市建设设计研究院
13	成都市第四污水处理厂	中国市政工程西南设计研究院
14	上海市竹园第二污水处理厂工程	上海市城市建设设计研究院 上海市政设计研究总院
15	南宁市城南生活垃圾卫生填埋场扩建工程	中国市政工程中南设计院
16	无锡市锡澄供水工程（一期）	上海市政工程设计研究总院
17	光大水务（淄博）有限公司北厂污水处理改造工程	中国市政工程东北设计研究院
18	北京市清河污水处理厂再生水回用工程	北京市市政工程设计研究总院
19	厦门市第二污水处理厂扩建工程	上海市政工程设计研究总院
20	烟台市生活垃圾 RD 湿解处理工程	城市建设研究院
21	沙河综合整治工程	成都市市政设计院
22	萧山区污水处理厂 HCR 工艺改造工程	山东省城建设计院
	三等奖	
23	苏州新区二水厂一期工程	南京市市政设计研究院有限责任公司
24	辽源市河滨净水厂改造工程	吉林东北建筑市政工程设计院有限公司
25	北京市南水北调配套工程 田村山水厂改扩建工程	北京市市政工程设计研究总院
26	富阳市八一污水处理厂工程	中国市政工程华北设计研究总院
27	沈阳市开发区污水处理厂工程	沈阳市市政工程设计研究院
28	石嘴山市垃圾无害化处理工程	中国市政工程西北设计研究院有限公司
29	海南金海浆纸业有限公司污水处理厂工程	沈阳市市政工程设计研究院
30	深圳市盐田区大梅沙－盐田坳共同沟工程	深圳市市政设计研究院有限公司
31	佛山市第三污水处理厂工程	中国市政工程华北设计研究总院
32	坦桑尼亚北部供水一期工程	上海市政工程设计研究总院
33	上海市昌平、康定地区排水系统改造工程	上海市政工程设计研究总院
34	沈阳市大辛生活垃圾处理场工程	沈阳市市政工程设计研究院
35	武汉市亚行贷款污水处理项目——黄家湖污水处理厂工程	武汉市政工程设计研究院有限责任公司

36	深圳市梅林水厂水质深度处理工程	中国市政工程中南设计研究院 深圳市利源水务设计咨询有限公司
37	长沙市第二水厂迁建工程	湖南省建筑设计院
38	郑州市第六人民医院污水处理站	郑州市市政工程勘察设计研究院
39	华明示范小城镇建设项目（西区）市政基础设施	天津城建设计院有限公司
40	慈溪汤浦水库引水工程	浙江省城乡规划设计研究院 浙江省水利水电勘测设计院
41	临朐县污水处理厂工程	城市建设研究院
42	晋城市污水处理厂工程	太原市市政工程设计研究院
43	稠联污水处理回用锅炉工程	中国石化集团河南石油勘探局勘察设计研究院
44	天津市新开河水厂生产排水（泥）处理工程	天津市华淼给排水研究设计院有限公司
45	萧山东片大型污水处理厂工程（一期）	北京国环清华环境工程设计研究院有限公司

道路和桥梁工程

一 等 奖		
1	杭州江东大桥及接线工程	上海市政工程设计研究总院
2	常州市高架桥道路工程	上海市城市建设设计研究院 常州市市政工程设计研究院有限公司
3	北京南中轴大容量快速公交线路示范工程	北京市市政工程设计研究总院
4	东莞市港口大道工程	深圳市市政设计研究院有限公司
5	天津市海河桥梁项目富民桥工程	天津城建设计院有限公司 中交桥梁技术有限公司
6	深港西部通道深圳侧接线工程	上海市政工程设计研究总院 招商局重庆交通科研设计院有限公司
7	潮州市金山大桥特大桥	广州市市政工程设计研究院
8	奥运场馆交通组织运行设计	北京市市政工程设计研究总院
9	济南市北园大街道路（快速路快速公交）及环境建设工程	济南市市政工程设计研究院有限责任公司
10	天津海河两岸综合改造工程－慈海桥工程	天津市市政工程设计研究院
11	杭州市德胜快速路（中、东段）工程	上海市政工程设计研究总院
二 等 奖		
12	北京首都机场扩建工程市政配套工程	北京市市政工程设计研究总院
13	A11 公路拓宽工程	上海市政工程设计研究总院
14	上海浦东国际机场二期市政配套工程	上海市政工程设计研究总院
15	京承高速公路（高丽营－沙峪沟段）工程 (K21-K43)	北京国道通公路设计研究院
16	京津高速路公路第二通道（五环化工路立交～市界）工程	北京市市政工程设计研究总院
17	兰州市雁盐黄河大桥	兰州市城市建设设计院
18	和平桥重建及高阳通道工程	抚顺市政工程设计研究院有限责任公司

19	南宁市青竹立交桥工程	成都市市政工程设计研究院
20	机场南线（京承高速－东六环）公路工程	北京市市政工程设计研究总院
21	无锡市内环快速路（惠山隧道北洞口－金城立交东引道）	无锡市政设计研究院有限公司 上海市政工程设计研究总院 中铁大桥勘测设计院有限公司
22	苏州市南环快速路东延工程	苏州市市政工程设计院有限责任公司 上海市隧道工程轨道交通设计研究院
23	中山市中山一桥主桥工程	广州市市政工程设计研究院
24	太平湖大桥	安徽省交通规划设计研究院
25	天津滨海津汉公路－机场大道立交工程	天津市市政工程设计研究院
26	天津站交通枢纽海河东路地道及主广场地下工程	天津市市政工程设计研究院
27	新三条石桥工程	天津城建设计院有限公司 中交桥梁技术有限公司
28	天津市中心城区凌西道、卫津南路立交工程	天津市市政工程设计研究院
29	深南路路面修缮及交通改善工程	深圳市市政设计研究院有限公司
30	胜辛南路（宝安公路－蕴藻浜桥）新建工程	上海市城市建设设计研究院
31	京承高速公路（高丽营－沙峪沟段）工程（K43-k68）	北京市市政工程设计研究总院
32	疏港路高架桥工程	厦门市市政工程设计院有限公司 上海市政工程设计研究总院
33	汉阳江城大道（梅子路）工程	武汉市政工程设计研究院有限责任公司
34	黄河路道路拓宽改造工程	大连市市政设计研究院有限责任公司
35	青岛市汇泉湾广场道路排水地道工程	青岛市市政工程设计研究院有限责任公司
36	沈阳浑河三好桥工程	林同棪国际工程咨询（中国）有限公司
	三 等 奖	
37	天津开发区泰达大街京山桥改造工程	上海市城市建设设计研究院
38	无锡市内环线快速路工程	上海市政工程设计研究总院
39	通惠河北路道路工程	北京市市政工程设计研究总院
40	北京市展西路道路工程	北京市市政工程设计研究总院
41	蓝靛厂南路（翠微路－北四环）工程	北京市市政工程设计研究总院
42	东莞市五环路市政工程	深圳市市政设计研究院有限公司
43	昆明市广福路改扩建工程	上海市政工程设计研究总院
44	世行贷款石家庄城市交通项目	上海市政工程设计研究总院
45	景德镇市白鹭大桥工程	上海市政工程设计研究总院
46	广州市城区快捷路新滘南西段道路工程	广州市市政工程设计研究院
47	厦门国际旅游码头专用通道工程	厦门市市政工程设计院有限公司 上海市政工程设计研究总院

48	首都机场第二高速（机场南线—五环路）道路工程	北京市市政工程设计研究总院
49	北京通州玉带河东大街跨北运河道路及桥梁工程	北京市市政工程设计研究总院
50	北京奥林匹克森林公园桥梁工程	北京城建设计研究总院有限公司
51	沈阳市沈北新区尚小规划路蒲河桥工程	沈阳市市政工程设计研究院
52	武汉市二环线（理工大学—洪山侧路）工程 子项：石牌岭东一路—武珞路	武汉市政工程设计研究院有限责任公司
53	高山路道路改造工程	抚顺市政工程设计研究院有限责任公司
54	102 国道扩建工程（含人民大街立交桥工程）	长春市市政工程设计研究院
55	厦门环岛路（香山—五通段）道路工程	厦门市市政工程设计院有限公司 上海市政工程设计研究总院
56	兰州市滨河西路延伸段工程	兰州市城市建设设计院
57	兰州市新城黄河大桥工程	兰州市城市建设设计院
58	迎泽大街改造道排工程	太原市市政工程设计研究院
59	珲春边境合作区基础设施建设工程	中国市政工程东北设计研究院
60	南通市滨江大桥及其引桥工程	无锡市政设计研究院有限公司
61	深圳市福龙路（南段）市政工程	中国市政工程中南设计研究院
62	广州市南沙开发区龙穴大道工程	中国市政工程中南设计研究院
63	雅安廊桥工程	中国市政工程西南设计研究院
64	厦门市快速公交 (BRT) 一期工程一号线岛内线	中铁第四勘察设计院集团有限公司
65	郑州市郑东新区龙子湖外环路暨东四环工程	郑州市市政工程勘测设计研究院
66	长沙市火星北路浏阳河大桥工程	长沙市规划设计院有限责任公司
67	徐州市和平路延长段市政工程	徐州市市政设计院有限公司
68	临沂市蒙山大道祊河大桥新建工程	上海林同炎李国豪土建工程咨询有限公司
69	徐州和平路跨铁路站场立交桥	中铁工程设计咨询集团有限公司
70	京杭运河常州市区段改线工程—青洋大桥	同济大学建筑设计研究院（集团）有限公司
71	上海市 A5(嘉金）高速公路新建工程	同济大学建筑设计研究院（集团）有限公司
72	京平高速公路（机场南线—市界）工程	北京国道通公路设计研究院
73	2007 年北京市疏堵工程	北京市市政专业设计院有限责任公司
74	南宁市五象大道工程	南宁市城市规划设计院
75	南宁市永和大桥	广西壮族自治区交通规划勘察设计研究院
76	杭州市秋石快速路一期工程	中铁第一勘察设计院集团有限公司

轨道交通工程

	一等奖	
1	北京地铁5号线工程	北京城建设计研究总院有限责任公司 中铁隧道勘测设计院有限公司 中铁第一勘察设计院集团有限公司 中铁第二勘察设计院集团有限公司 北京市市政工程设计研究总院
2	北京市轨道交通首都机场线工程	北京城建设计研究总院有限责任公司 中铁隧道勘测设计院有限公司 中铁第一勘察设计院集团有限公司 中铁第二勘察设计院集团有限公司 北京市市政工程设计研究总院
3	北京地铁十号线一期工程	北京城建设计研究总院有限责任公司 北京电铁通信信号勘测设计院有限公司 中铁电气化勘测设计研究院有限公司 中铁隧道勘测设计院有限公司 中铁工程设计咨询集团有限公司 中铁第四勘察设计院集团有限公司 中铁第一勘察设计院集团有限公司
	二等奖	
4	广州市轨道交通四号线工程设计	广州地铁设计研究院有限公司
5	北京市轨道交通指挥中心工程	北京城建设计研究总院有限责任公司 北京全路通信信号研究设计院
6	上海市轨道交通6号线工程世纪大道车站	上海市隧道工程轨道交通设计研究院
7	广州市轨道交通3号线工程设计	广州地铁设计研究院有限公司
8	大连市西部通道－石门山隧道工程	大连市市政设计研究院有限责任公司
	三等奖	
9	无锡市湖滨路蠡湖隧道工程	上海市隧道工程轨道交通设计研究院
10	上海市轨道交通杨浦线(M8线)工程人民广场站	上海市隧道工程轨道交通设计研究院
11	伊朗德黑兰地铁1号线北延伸线工程	北京城建设计研究总院有限责任公司 中机中电设计研究院 北京全路通信信号研究设计院 同方股份有限公司同方泰德国际科技(北京)有限公司
12	北京地铁1、2号线AFC系统(自动售检票)土建改造工程	北京城建设计研究总院有限责任公司 总参工程兵第四设计研究院
13	上海轨道交通6号线港城路车辆段	中铁第一勘察设计院集团有限公司
14	桂林至梧州公路平乐至钟山段木冲隧道	广西壮族自治区交通规划勘察设计研究院

15	淮南市山南新区洞山隧道	安徽省交通规划设计研究院
16	重庆轻轨较新线一期工程牛角沱站	北京城建设计研究总院有限责任公司
17	天府广场下穿隧道工程	成都市市政工程设计研究院

热力燃气工程

	一等奖	
1	重庆市主城区天然气系统改扩建工程头塘天然气储配站工程	中国市政工程华北设计研究总院
2	承德市滦河电厂供热管网工程	北京市煤气热力工程设计院有限公司
3	北京市六环路天然气工程（一期）工程	北京市煤气热力工程设计院有限公司
	二等奖	
4	山西晋城煤层气液化工程	中国市政工程华北设计研究总院
5	北京京会花园酒店燃气冷热电三联供能源中心工程	北京市煤气热力工程设计院有限公司
6	北辰－蓟县高压天然气管道工程	天津市煤气工程设计院
7	郑州市西南四环高压天然气管道工程	郑州市郑燃燃气设计开发有限公司
	三等奖	
8	黄石市天然气利用工程	中国市政工程中南设计研究院
9	哈尔滨市道里区集中供热工程	北京市煤气热力工程设计院有限公司 中国中元国际工程公司
10	天津市西横堤集中供热工程	中国市政工程华北设计研究总院
11	南昌市红角洲新区、凤凰洲新区 LNG 储存气化站工程	北京市煤气热力工程设计院有限公司
12	郑州燃气电站站外天然气管道工程	郑州市市政工程勘测设计研究院
13	新疆天富热电股份有限公司南热电厂厂外热网工程	新疆城乡规划设计研究院有限公司
14	大连开发区燃气公司五万立方米储气柜工程	建设部沈阳煤气热力研究设计院
15	秦皇岛晨砻新型建材工程煤气站	建设部沈阳煤气热力研究设计院
16	偃师中裕燃气有限公司煤制气工程	郑州市市政工程勘测设计研究院
17	大庆红岗压缩天然气母站工程	长春燃气热力设计研究院有限责任公司

园林与景观

	一等奖	
1	新江湾城公共绿地（一期）景观设计	上海市园林设计院有限公司 易道（上海）环境规划设计有限公司
2	第六届中国（厦门）园博园公共园林设计	深圳市北林苑景观及建筑规划设计院有限公司 厦门市城邦园林规划设计研究院有限公司
3	金山中央大道道路景观工程	上海市园林设计院有限公司
4	南海颐景园园林景观	苏州园林设计院有限公司
5	中国国家大剧院环境绿化工程	北京市园林古建设计研究院 北京创新景观园林设计有限责任公司

二等奖		
6	武汉市青少年宫后区改造	武汉市园林建筑规划设计院
7	瘦西湖风景区万花园工程	杭州市园林设计院有限公司
8	深圳园博园盐田主题园（共牛家园）	深圳市北林苑景观及建筑规划设计院有限公司
9	广东省佛山市顺德区顺峰山公园汀芷园	广州园林建筑规划设计院
10	第六届中国国际园林花卉博览会（武汉园）建设工程	武汉市园林建筑规划设计院
11	2006 中国沈阳世界园艺博览会景观设计	沈阳市园林规划设计院 尼克景观设计公司
12	天津站交通枢纽前广场景观工程	天津市建筑设计院
13	福州市动物园设计	福州市规划设计研究院 上海市园林工程有限公司
14	莱芜市红石公园改造设计	南京林业大学林产工业设计院
三等奖		
15	济宁市人民公园改建工程景观设计	天津市园林规划设计院
16	北京北苑公园	北京市园林古建设计研究院
17	北京 CBD 现代艺术中心公园	北京清华城市规划设计研究院
18	昆明风景林景观规划设计	昆明市园林规划设计院
19	布达拉宫周边环境整治及宗角禄康公园改造设计	中国建筑设计研究院 拉萨市设计院
20	上海动物园大猩猩馆园区改造	上海市园林工程有限公司
21	蒙自县城市生态河景观设计	昆明市规划设计研究院
22	武汉首义文化园（中外合作）	武汉市园林建筑规划设计院 泛亚景观设计（上海）有限公司
23	武汉月湖文化主题公园（中外合作）	武汉市园林建筑规划设计院 泛亚景观设计（上海）有限公司
24	天津市城建学院景观设计	天津市建筑设计院
25	昆明市绿地系统近期建设工程设计	昆明市园林规划设计院
26	青岛市大村河综合整治工程	青岛市市政工程设计院有限责任公司
27	韶山毛泽东铜像广场改扩建工程	湖南省建筑设计院
28	韶山南环线景观工程	湖南省农林工业勘察设计研究总院
29	天津市友谊公园、快速路迎宾线绿地景观设计	天津市园林规划设计院
30	济南红叶谷生态文化旅游区景观规划设计	济南园林集团景观设计有限公司
31	第六届中国国际园林花卉博览会上海园工程	上海市政工程设计研究总院
32	临港新城滴水湖湖岸景观工程 B1-B3 段设计	上海市园林设计院有限公司 易道（上海）环境规划设计有限公司
33	环大淀湖景观绿化工程	上海市园林设计院有限公司
34	乌鲁木齐市水磨沟公园河道改造设计	乌鲁木齐市园林设计研究院有限责任公司

人防工程

	一等奖	
1	三林新村 D4 地块配套商品房防空地下室	上海结建民防建筑设计有限公司
2	数字北京大厦－人防工程	中国建筑标准建筑设计院
3	“明日城市花园”人防工程	云南人防建筑设计院有限公司
4	大连西南路净水厂以西地块改造项目人防工程	辽宁省人防建筑设计研究院
	二等奖	
5	桐乡市“新世界广场”人防公用工程	浙江省地下建筑设计研究院
6	大唐盛世花园三期地下汽车库民防工程	上海结建民防建筑设计有限公司
7	万源居住小区 E 街坊 E-1 期 1# 地下汽车库	上海结建民防建筑设计有限公司
8	雅宝路 A1 座办公楼（人防工程）	中国建筑标准建筑设计研究院
9	绿宝广场（一期）(人防工程）	苏州市建筑设计研究院有限责任公司
10	大连铁龙动力院景 B 区人防工程	辽宁省人防建筑设计研究院
11	成都水韵天府住宅小区人防工程	四川省城市建筑设计研究院
12	塘夏三正半山豪苑棕榈园人防地下室	广东人防建筑设计院有限公司
13	昆明公园道一号人员掩蔽工程	云南人防建筑设计院有限公司
	三等奖	
14	大连铁龙动力院景 A 区人防地下工程	辽宁省人防建筑设计研究院
15	银河湾小区四期地下车库	抚顺市建筑设计研究院有限公司
16	中共杭州市委党校迁建人防工程	杭州市地下工程设计研究院有限公司
17	上海临港万祥社区二期 2# 地下汽车库民防工程	上海结建民防建筑设计有限公司
18	玉林国际中药港（一期工程）中药材市场防空地下室	玉林市城乡规划设计院
19	成都西线阳光防空地下工程	四川省城市建筑设计研究院
20	丹东金叶东方明珠居住小区地下车库	沈阳军区司令部工程科研设计院
21	浙大医学院附属第一医院人防急救医院	浙江省地下建筑设计研究院
22	浙江上百购物中心人防地下室	浙江省地下建筑设计研究院
23	祈福新邨二期西区 C2-11 地块人防工程	广东人防建筑设计院有限公司
24	华南碧桂园六期 F 型 63-71# 住宅人防地下室	广州军区司令部建筑工程设计院
25	锦绣阳光四季小区地下车库及人防工程	杭州市地下工程设计研究院有限公司
26	苏州万达商业广场 2 区（人防工程）	苏州市建筑设计研究院有限责任公司
27	华电二校区学生食堂（人防工程）	保定市建筑设计院

建筑工程标准设计

一等奖		
1	民用建筑电气设计与施工（上、中、下）	中国建筑设计研究院 中国建筑标准设计研究院 中铁工程设计咨询集团有限公司 中国航空工业规划设计研究院 机械工业第一设计研究院 五洲工程设计研究院 全国工程建设标准设计强电专业专家委员会 中国纺织工业设计院
2	玻璃采光顶	中国建筑标准设计研究院 建设部建筑制品与构配件产品标准化技术委员会
3	后张预应力混凝土结构施工图表示方法及构造详图	同济大学 中国建筑科学研究院
4	建筑防腐蚀构造	中国寰球工程公司 中国有色工程有限公司
二等奖		
5	钢结构施工图参数表示方法 制图规则和构造详图	中国建筑标准设计研究院
6	建筑隔声与吸声构造	中国建筑标准设计研究院
7	管道与设备绝热	中国建筑标准设计研究院 上海建筑设计研究院有限公司
8	双层幕墙	中国建筑标准设计研究院 北京中新方建筑科技研究中心 沈阳远大铝业工程有限公司
9	现浇混凝土空心楼盖	中国建筑科学研究院 同济大学
10	医疗建筑	中国建筑标准设计研究院 中国医院协会医院建筑分会 北京清水爱派建筑设计有限公司 北京北方天宇建筑装饰有限责任公司 苏州美瑞德建筑装饰有限责任公司 中国中元国际工程公司
11	通风管道沿程阻力计算选用表	空军工程设计研究局 中国建筑标准设计研究院
12	卫生设备同层排水安装	湖北省建筑标准设计研究院
13	外墙外保温建筑构造	吉林省建筑设计院有限责任公司
14	框架轻质填充墙构造图集	中国建筑西南设计研究院有限公司

三等奖		
15	钢结构住宅	中国建筑标准设计研究院 建设部住宅产业化促进中心 建设部科技发展促进中心
16	桩基承台	中国建筑标准设计研究院 中国建筑设计研究院结构专业设计研究院
17	机械式汽车库建筑构造	中国建筑标准设计研究院 中国重型机械工业协会停车设备工作委员会
18	通风天窗	中国建筑标准设计研究院 中钢集团工程设计研究院
19	轻型屋面梯形钢屋架（圆钢管、方钢管）	北京筑通建筑勘察设计院有限公司
20	混凝土异形柱结构构造（一）	天津大学建筑设计研究院
21	未增塑聚氯乙烯 (PVC-U) 塑料门窗	中国建筑金属结构协会 中国建筑标准设计研究院 北京天鸿圆方建筑设计有限责任公司
22	混凝土结构施工图平面整体表示方法制图规则和构造详图（箱形基础和地下室结构）	中国建筑标准设计研究院
23	常用电气控制原理图	华南理工大学建筑设计研究院
24	自隔热混凝土小型空心砌块块型及墙体结构构造图集	广西建筑科学研究设计院
25	混凝土小型空心砌块墙体建筑构造	总参三部设计研究所
26	钢筋混凝土桩承台	南京市建筑设计研究院有限责任公司
27	百叶窗	中冶京诚工程技术有限公司 中国建筑标准设计研究院
28	预制混凝土外墙挂板	中国建筑标准设计研究院 北京榆构有限公司
29	变形缝建筑构造	浙江省标准设计站
30	塑料门窗	江苏省建筑科学研究院有限公司 江苏东方建筑设计有限公司

工程勘察设计计算机软件

一等奖		
1	金路隧道监控系统软件 V2.0	中交第一公路勘察设计研究院有限公司
2	广东省公路工程水文设计检算系统	广东省公路勘察规划设计院有限公司
二等奖		
3	中国民航机场建设集团公司管理信息系统	中国民航机场建设集团公司 北京理正软件设计研究院有限公司
4	多层及高层空间结构一体化设计系统 TUS	清华大学建筑设计研究院

5	石家庄市工程勘察地理信息系统	河北建设勘察研究院有限公司
6	基于 GIS 平台的设计行业信息化管理系统研究	福州市规划设计研究院
7	万选通专业选型平台	北京万选通网络技术有限公司
三等奖		
8	太钢六轧改造常化酸洗机组、连续退火机组过程控制计算机系统软件开发及应用	中冶南方工程技术有限公司
9	公路软土地基处理信息化系统	中交第一公路勘察设计研究院有限公司
10	照明节能计算软件	漳州市旺元照明电器有限公司 福建省漳州市建筑设计院

建筑结构专业

一等奖		
1	常州市体育会展中心	中国建筑西南设计研究院有限公司
二等奖		
2	济南奥体中心体育馆	中建国际设计顾问有限公司
3	广州名盛广场	广东省建筑设计研究院
4	国家奥林匹克体育中心体育场改扩建	北京市建筑设计研究院
5	上海金玉兰广场二期 酒店	华东建筑设计研究院有限公司
6	新疆体育场	北京市建筑设计研究院
7	郑州新郑国际机场航站楼改扩建工程	中国建筑东北设计研究院有限公司
8	宿迁经济开发区商务中心	南京市建筑设计研究院有限责任公司
9	奥林匹克多功能演播塔	中国建筑设计研究院
三等奖		
10	重庆红鼎公寓	重庆市设计院
11	苏州工业园区中银惠龙大厦	苏州市建筑设计研究院有限责任公司
12	埃拉国际 · 自由水岸	苏州市建筑设计研究院有限责任公司
13	招商局南京国际金融中心	东南大学建筑设计研究院
14	重庆英利大厦	中国建筑西南设计研究院有限公司
15	北京通惠家园（通惠家园层间隔震结构设计）	北京城建设计研究总院
16	苏源集团有限公司办公研发大楼一期工程	东南大学建筑设计研究院
17	南京图书馆新馆	南京市建筑设计研究院有限责任公司
18	广东科学中心	中南建筑设计院股份有限公司
19	凉山民族文化艺术中心	中国建筑设计研究院
20	佛山世纪莲体育中心游泳馆	华南理工大学建筑设计研究院
21	扬州市体育馆	苏州市建筑设计研究院有限责任公司
22	常州市体育会展中心体育场	中国建筑西南设计研究院有限公司

建筑结构专业（中外合作项目）

一等奖		
1	国家游泳中心	中建国际设计顾问有限公司
2	北京金地中心	北京市建筑设计研究院
3	国家体育场	中国建筑设计研究院
二等奖		
4	北京首都国际机场三号航站楼 -GTC	北京市建筑设计研究院
三等奖		
5	天河城东塔	广州市设计院
6	重庆时代广场	重庆市设计院
7	锦州国际酒店	中国建筑东北设计研究院有限公司
8	金融街 F3 大厦（光大银行）B 楼及中庭结构设计	中国建筑设计研究院 清华大学土木工程系
9	中国电影博物馆	北京市建筑设计研究院

智能化建筑专业

一等奖		
1	公安部办公楼建筑智能化设计	中广电广播电影电视设计研究院
2	广州新白云国际机场航站楼弱电系统设计	中国电子工程设计院
3	国家体育场（鸟巢）	中国建筑设计研究院
4	沈阳机床（集团）有限责任公司发展数控机床及成套装备整体改造项目	机械工业第六设计研究院
5	大同市集中供热项目热网监控系统工程	同方股份有限公司
二等奖		
6	北京市轨道交通路网管理服务中心弱电系统工程	北京捷通机房设备工程有限公司
7	江苏省建设管理综合楼	东南大学建筑设计研究院
8	中国石化科研和办公用房智能化及 IT 机房工程	中国建筑设计研究院
9	北京银泰中心安全防范系统工程	北京中加集成智能系统工程有限公司
10	联想园区 C 座	北京市建筑设计研究院
11	武警总医院医疗综合楼弱电总包	北京北大青鸟安全系统工程技术有限公司
12	哈尔滨移动通信枢纽楼智能化系统工程	中国移动通信集团设计院有限公司
13	湖南省株洲市体育中心建筑智能化系统工程	北京北黄自动化设备安装有限公司
14	深圳会议展览中心	中国建筑东北设计院
15	北京市轨道交通路网管理服务中心工程指挥中心系统（TCC）	同方股份有限公司
16	天津赛顿大厦楼宇自动化控制系统	北京恒业世纪科技股份有限公司
17	中交大厦弱电系统工程	北京瑞拓电子技术发展有限公司

三等奖		
18	远洋 · 光华国际弱电工程	北京瑞拓电子技术发展有限公司
19	金陵图书馆新馆	东南大学建筑设计研究院 南京熊猫信息产业有限公司
20	武汉光明万丽大酒店建筑智能化设计	中南建筑设计院股份有限公司
21	首都国际机场公安分局指挥大楼	中国航空规划建设有限公司
22	广州市轨道交通四号线公共区照明母线智能配电系统工程设计	广州地铁设计研究院有限公司
23	深圳华润中心一期智能化系统工程	北京北黄自动化设备安装有限公司
24	仁恒国际公寓	南京竞丰达科技实业有限公司
25	苏州越溪城市副中心行政中心	苏州市建筑设计研究院有限责任公司
26	温州博物馆	浙江华卫智能建筑技术有限公司
27	天津空港物流加工区金融中心	北京恒业世纪科技股份有限公司
28	国电大渡河流域梯级电站调度中心智能化设计	中国建筑西南设计研究院有限公司
29	南通新城住宅小区智能化系统工程	江苏鑫瑞德系统集成工程有限公司
30	姜堰市人民医院门急诊大楼	东南大学建筑设计研究院

建筑环境与设备专业

一等奖		
1	北京首都国际机场 T3 航站楼	北京市建筑设计研究院
2	空军营区既有建筑节能改造工程	空军工程设计研究局
二等奖		
3	国家体育场	中国建筑设计研究院
4	奥林匹克（B 区）国家会议中心	北京市建筑设计研究院
5	上海浦东国际机场扩建工程新建 2# 能源中心（暖动设计）	华东建筑设计研究院有限公司 中船第九设计研究院工程有限公司
6	广东科学中心	中南建筑设计院股份有限公司
三等奖		
7	常州市体育会展中心游泳跳水馆暖通设计	中国建筑西南设计研究院有限公司
8	援圭亚那国际会议中心建筑环境与设备设计	中国建筑西南设计研究院有限公司
9	河北建设服务中心	河北建筑设计研究院有限责任公司
10	楚天传媒大厦	中南建筑设计院股份有限公司
11	琶洲保利国际广场暖通空调工程	广州市设计院
12	南京工程学院图书信息中心空调工程	南京市建筑设计研究院有限责任公司

第五届优秀工程项目管理和优秀工程总承包项目获奖名单

中国勘察设计协会

（2010年3月18日颁布）

序号	获奖项目名称	获奖单位	项目经理
	一、工程项目管理金奖项目		
1	中国驻美国大使馆办公楼新建工程	中国中元国际工程公司	许首珽
	二、工程项目管理银奖项目		
1	唐山国丰钢铁有限公司300万吨技改一期工程	中冶京诚工程技术有限公司	王 彤
2	南京化学工业园铁路专用线Ⅰ期工程	中铁第四勘察设计院集团有限公司	熊 刚
	三、工程项目管理铜奖项目		
1	利乐包装（呼和浩特）有限公司新建厂房	中国海诚工程科技股份有限公司	黄自力
2	中钢集团西安重机有限公司易地搬迁改造项目	机械工业第六设计研究院	张宏彬
3	九龙500kV输变电工程	四川电力设计咨询有限责任公司	孟祖进
4	上海五号沟LNG事故备用站扩建项目	中冶焦耐工程技术有限公司	房福刚
	四、工程总承包金钥匙奖项目		
1	中国石油化工股份有限公司洛阳分公司油品质量升级项目	中国石化集团洛阳石油化工工程公司	李智高
2	缅甸YENI制浆造纸项目	中国成达工程有限公司	袁 荣
3	中国石化青岛大炼油工程	中国石化工程建设公司	宁 波
4	云南三环中化化肥有限公司年产30万吨磷酸装置	中国五环工程有限公司	李志刚
5	大全多晶硅项目	中国天辰工程有限公司	耿玉侠
6	洛阳中硅高科技有限公司年产1 000吨多晶硅高技术产业化扩建项目	中国恩菲工程技术有限公司	严大洲
7	首钢京唐钢铁联合有限责任公司自备电站工程	中国电力工程顾问集团华北电力设计院工程有限公司	吴晓波
8	中国铝业兰州分公司3×300MW自备电厂工程	中国电力工程顾问集团西北电力设计院	王瑞军
9	宁夏宁鲁煤电有限责任公司任家庄煤矿洗煤厂工程	中煤国际工程集团北京华宇工程有限公司	吕建红
	五、工程总承包银钥匙奖项目		
1	海南炼化续建项目专用码头工程	中交第四航务工程勘察设计院有限公司	林 云
2	新余钢铁有限责任公司新建烧结机（$2\times360m^2$）工程	中冶长天国际工程有限责任公司	王自然
3	南干线西段（纳溪—成都）复线工程	中国石油集团工程设计有限责任公司西南分公司	秦兴述
4	黄岛国家石油储备基地工程	中国石化工程建设公司	黄左坚
5	中海油印尼天然气处理厂	胜利油田胜利勘察设计研究院有限公司	王育明
6	中船长兴岛造船基地一期工程民品造船区工程	中船第九设计研究院工程有限公司	姜乃锋
7	拜耳异氰酸酯和聚醚项目MDI联合装置罐区工程	中国石化集团南京设计院	徐伟清
8	神华亿利能源有限责任公司4x200MW煤矸石电厂工程	国核电力规划设计研究院 山东电力工程咨询院有限公司	王孟武

序号	获奖项目名称	获奖单位	项目经理
9	齐重数控涂装生产线及空调通风系统	机械工业第六设计研究院	刘 勇 王明磊
10	越南西宁 4 000t/d 水泥生产线建设工程	天津水泥工业设计研究院有限公司	韩长凯
11	上汽临港产业基地工程项目（一期）涂装类车间	机械工业第四设计研究院	曾永辉
	六、工程总承包铜钥匙奖项目		
1	伊朗 SSACO 纯碱项目	中国天辰工程有限公司	李相福
2	淮南矿业集团望峰岗选煤厂改扩建工程	中煤国际工程集团北京华宇工程有限公司	顾明健
3	山东新巨龙能源有限公司龙固矿井选煤厂主厂房	中煤国际工程集团北京华宇工程有限公司	肖 敏
4	山东鲁方金属材料有限公司氧气底吹造锍捕金新工艺示范工程	中国恩菲工程技术有限公司	颜 杰
5	宝钢集团浦钢公司搬迁罗泾转炉炼钢工程	中冶京诚工程技术有限公司	侯清国
6	中船长兴岛造船基地一期工程 3# 生产线工程	中船第九设计研究院工程有限公司	姜乃锋
7	山西省怀仁联顺玺达能源有限公司柴沟煤矿选煤厂工程	中煤国际工程集团沈阳设计研究院	曹茂川
8	中国石油独山子石化公司改扩建炼油及新建乙烯工程动力站	中国电力工程顾问集团西北电力设计院	杨建平
9	阳谷祥光铜业有限公司年产 40 万吨阴极铜（一期 20 万吨）硫酸系统工程	中国瑞林工程技术有限公司	蔡厚清
10	宏腾能源百灵庙风电场 49.5MW 工程	内蒙古电力勘测设计院	张淑清
11	唐山考伯斯开滦炭素化工有限公司 30 万吨 / 年焦油加工项目	赛鼎工程有限公司	黄顺泰
12	本溪钢铁（集团）有限责任公司热轧改造工程 (3) 板坯库及加热炉区工程	中冶赛迪工程技术股份有限公司	肖仕长
13	福建炼油乙烯项目海底原油输送管道工程	胜利油田胜利勘察设计研究院有限公司	栾希炜
14	珠海裕嘉矿产品有限公司 2×120 万吨 / 年球团厂一期工程	中冶长天国际工程有限责任公司	王均生
15	330kV 郭家湾电厂～大柳塔变双回线路	陕西省电力设计院	王小凡
16	武汉钢铁（集团）公司新二炼钢（炼钢总厂四分厂）新建 110kV 变电所工程	长江勘测规划设计研究院有限责任公司	石凤翔
17	俄罗斯 MMK 热轧公辅设施	中冶南方工程技术有限公司	翁利民
18	土耳其 TRACIM(5 000t/d) 水泥生产线建设工程	天津水泥工业设计研究院有限公司	徐立新
19	淮北矿业（集团）有限责任公司小湖集车站改建工程	中铁第四勘察设计院集团有限公司	刘和芳
20	禄思伟矿业资源（安徽）有限公司双膛细粉窑工程	中冶焦耐工程技术有限公司	初建民
21	江苏如东 25MW 秸秆发电项目	中国电力工程顾问集团东北电力设计院	刘同华
22	湖南湘丰特种纸业有限公司年产 8 000 吨特种纸工程	中国轻工业长沙工程有限公司	李景刚
23	禄思伟矿业资源（安徽）有限公司白云石煅烧和耐火材料项目	中国建材国际工程集团有限公司	吕宏炜
24	南京化学工业园 20 000m^3 低温乙烯储存装置	中国空分设备有限公司	高 原
25	中国石油塔里木油田分公司新建特种油外运雅克拉铁路专用线工程	中铁第一勘察设计院集团有限公司	鲜兵强

注：此名单同一奖项排名不分先后

2010年度全国优秀工程咨询成果获奖项目名单

中国工程咨询协会

(2011年1月6日发布)

一等奖(51项)

项目名称	主要完成单位	主要完成人
中国石化润滑油分公司新加坡8万吨/年润滑油脂项目可研报告	中国石化集团宁波工程有限公司	陈建华 秦统福 柏 莉 杨思青 蒋晓蕾 任 伟 黄文岐 朱 晔 陈 昕 田 方
中亚—中国天然气管道工程可行性研究	*北京中陆咨询有限公司、中国石油勘探开发研究院	寇 忠 刘 萍 冯 卫 管 伟 冯 桦 张 珊 王素花 代以斌 蒲 明 施 李
国家石油储备黄岛地下水封洞库工程可行性研究报告	海工英派尔工程有限公司	杨 森 李玉忠 宋广贞 李春燕 侯美荣 王敬奎 许 敏 修志勇 刘秀琴 彭振华
关于港珠澳大桥可行性研究报告的咨询评估报告	中国国际工程咨询公司	胡希捷 佘湘耘 彭振武 姜青春 李开孟 周晓勤 黄晓经 申培华 林 强
东莞市污水厂污泥处理工程可行性研究报告	中国环境科学研究院	宋乾武 席北斗 张 玥 苏 靖 邓伟斌 张 伟 温志良 秦 琦 高振斌 井 鹏
大中城市中央商务区空间低碳技术综合规划研究与应用	广州市城市规划勘测设计研究院	蔡云楠 李少云 杨玉奎 杨 戈 刘海明 刘明宇 张玉红 舒 然 朱晓宇 刘 德
上海迪士尼乐园项目申请报告及专项研究报告	上海投资咨询公司	祝兆松 钟贤宾 王 渝 耿海玉 马念君 金 扬 陈 立 朱丽蓉 张 彬
上海市轨道交通11号线南段工程、北段工程可行性研究报告	*上海市城市建设设计研究院、铁道第三勘察设计院集团有限公司、上海申通轨道交通研究咨询有限公司	徐正良 刘伟杰 顾伟华 饶雪平 杨立新 刘加华 戴孙放 沈国红 王卓瑛 蔡连岳
横琴总体发展规划	广东省城乡规划设计研究院	宋劲松 罗 勇 徐东辉 龚蔚霞 展 安 闻雪浩 徐建华 马 强 陈长云 郑泽爽
青岛市地铁一期工程(3号线)可行性研究报告	北京城建设计研究总院有限责任公司	华福才 芦睿泉 黄 舰 周婷婷 冯西培 杨绍玉 王凯建 陆 楠 段 伟 赵德芳
清洁高效煤电成套设备国家工程研究中心建设项目可行性研究报告	上海市机电设计研究院有限公司	钦明畅 吴美凤 严宏强 沈邱农 吴晓颖 柴银华 俞谷颖 蔡 骏 晏金炜 钱 敏
新东北电气集团精密设备有限公司营口滨海工业园区一期投资项目可研报告	机械工业第六设计研究院	黄力生 王秋菊 马进峰 杨晓红 高玉林 李育苗 薛 琳 董文杰 陆 珺
北京京东方显示技术有限公司第8代薄膜晶体管液晶显示器件项目可行性研究报告	中国电子工程设计院	杨光明 程星华 李 卫 曹 磊 常海霞 刘书兴 刘雅凝 刘 羽
2009年中国联通China169骨干网扩容工程可行性研究报告	中讯邮电咨询设计院有限公司	孔 力 马季春 梁新生 马 睿 李 彤 孙晶红 陈 樑 张桂玉 晏家豪 鲁华伟

项目名称	主要完成单位	主要完成人
中国移动 3G(TD-SCDMA) 网络热点优化工程可行性研究报告	中国移动通信集团设计院有限公司	赵旭淞 张海涛 周维 徐德平 李勇 赵黎明 刘群 张华 牛瑛霞 荣令睿
中国联通 WCDMA 网络规划总体方案	中讯邮电咨询设计院有限公司	马红兵 孔力 迟永生 耿玉波 王题 冯毅 陈崴嵬 吕振通 朱清峰 谷磊
中国移动南方基地支撑系统集中化一期工程可行性研究报告	中国移动通信集团设计院有限公司	崔海东 倪晓熔 钱宏蕊 刘爱洁 李玮 刘昭 韦薇 皮天一 董昭 申燕
山西大同矿区总体规划	煤炭工业太原设计研究院	贺天才 耿建平 翟建忠 赵正军 任林怀 王玉锦 郭三宝 何真 张兰庆 张良
甘肃省窑街油页岩综合利用有限责任公司油页岩炼油工程可行性研究报告	* 大地工程开发（集团）有限公司 三江煤化工有限责任公司	陈子彤 尚文智 李恩强 尚文忠 王东宁 王茂义 张荣航 张水军 鲜丽岩 可雪杰
神华宁夏煤业集团有限责任公司红柳矿井及选煤厂项目申请报告	中煤西安设计工程有限责任公司	刘清宝 刘静丽 华召文 魏洋 李伟峰 杨俊芳 路建涛 程吉宁 郑宏伟 史培宁
广东省清远市再生资源示范基地一期工程修建性详细规划	中国中轻国际工程有限公司	康俊祥 刘彤 刘倩 唐宪法 米树友 徐强 吴传斌 张扬修 李先来 董玉平
海南省硅产业发展规划研究报告	蚌埠玻璃工业设计研究院	彭寿 赵飞 茆令文 蒋文玖 任东风 洪伟 周祖芳 朱桂东
株洲冶炼集团有限责任公司常压富氧直接浸出搭配锌浸出渣炼锌可行性研究报告	中国恩菲工程技术有限公司	王自忠 蒋丽梅 周文龙 沙平 曹亮 刘晓辉 郭永生 张莉 张清卫 张艳华
宁波—舟山港梅山保税港区 1 号至 5 号集装箱码头工程可行性研究报告	中交第三航务工程勘察设计院有限公司	陈刚 史济辰 郑懿 李树国 徐明洪 张荫民 唐勤华 李海玲 朱林祥 华敏
青岛港董家口港区防波堤工程可行性研究	中交水运规划设计院有限公司	张志明 陈云飞 李冠华 彭玉生 李元青 李新国 唐敏 于英彬 蔡涛 李冰绯
浦东机场高速公路闵浦越江段（闵浦大桥）工程可行性研究报告	上海市政工程设计研究总院	马骉 岳贵平 邓青儿 温学钧 颜爱华 齐新 薛勇 张洪金 彭铭 谭显英
大庆至广州高速公路大庆至肇源（黑吉界）段工程可行性研究报告	* 黑龙江省公路勘察设计院 华杰工程咨询有限公司	齐志刚 赵逵 陈克丽 杨帆 胡亮 彭冬梅 刘立繁 谷艳梅 杨满 税常峰
港珠澳大桥设计技术标准研究报告	中交公路规划设计院有限公司	孟凡超 刘晓东 张劲文 周海涛 苏权科 徐军 查雅平 江晓霞 刘磊 陈虎成
深圳市梅观高速公路扩建工程可行性研究报告	* 深圳高速工程顾问有限公司 深圳市市政设计研究院有限公司	任华林 王先前 郝建平 潘海庆 李燕冰 贾磊 冯松 嘉捷 郑利辉 万江
新建铁路云桂线可行性研究	中铁二院工程集团有限责任公司	王毅 张可军 林晓龙 高超 甘目飞 毛玉顶 王铁中 杨庆辉 何乔亮 吴朝荣

项目名称	主要完成单位	主要完成人
山西中南部铁路通道可行性研究	* 铁道第三勘察设计院集团有限公司 中铁工程设计咨询集团有限公司 中铁大桥勘测设计院有限公司 中铁隧道勘测设计院有限公司	赵 斗 杨德修 曹 祥 杨文东 段悟哲 潘晓民 支东延 陈 剑 蔡云廷 翁东郁
新建铁路沪昆客运专线长沙至昆明段（玉屏至昆明）可行性研究	中铁二院工程集团有限责任公司	许佑顶 张雪才 郑天池 乐 重 郑亚飞 陈建国 吴学全 刘 鹏 曾 焰 魏 黎
江西洪屏抽水蓄能电站可行性研究报告	中国水电顾问集团华东勘测设计研究院	张春生 郑全春 姜长飞 姜忠见 时雷鸣 赵佩兴 王樱畯 林 健 陈宏宇 芮建良
北盘江董箐水电站可行性研究报告	中国水电顾问集团贵阳勘测设计研究院	湛正刚 慕洪友 刘 雯 张国富 陈 娟 蔡大咏 李晓彬 徐 敏 刘 涛 陈本龙
金沙江向家坝水电站泄洪消能专题报告	中国水电顾问集团中南勘测设计研究院	冯树荣 潘江洋 张金婉 张永涛 李延农 张建民 孙双科 龚德瑜 周红波 熊文清
南方电网电力工业发展“十二五”及中长期规划研究	* 中国电力工程顾问集团公司 中南电力设计院 西南电力设计院 广东省电力设计研究院	佟明东 杜忠明 戴剑锋 张诗滔 刘世宇 章 超 林 峰 陈 谦 刘小江 曹发文
国家风光储输示范工程可行性研究	中国电力工程顾问集团华北电力设计院工程有限公司	赵丽霞 武耀勇 蒋华庆 赵清姣 李 鹏 张 玮 张 钧 杜秀峰 郑玉莹 林 川
呼伦贝尔～辽宁直流输电及呼伦贝尔煤炭基地电源送出安全稳定控制方案专题研究	中国电力工程顾问集团东北电力设计院	吴晓蓉 王建华 张忠华 汤宇晖 薛 筠 尤天晴 王 颖
华电国际莱州电厂一期 2×1000MW 机组工程可行性研究报告	* 国核电力规划设计研究院 * 山东电力工程咨询院有限公司	王雷鸣 潘 苏 韩 磊 甄永平 翟慎会 张东文 李毅男 张桂英 于大海 李秀国
新疆电网 2008 年—2015 年及远景目标网架规划报告	* 中国电力工程顾问集团西北电力设计院 新疆电力设计院	范丽霞 黄明良 杨攀峰 张汝桢 白 伟 戴拥民 蔡瑞强 林雪峰 段少英 王新刚
平顶山～白河双回 500kV 线路可行性研究报告	河南省电力勘测设计院	曹志民 韩为民 唐明贵 郭咏华 安 巍 郭 杰 敖清诚 王国庆 魏 冲 杨晓持
高速公路生态环境恢复与景观综合设计研究	* 广东省公路勘察规划设计院有限公司 中国科学院华南植物园 厦门瀚卓路桥景观艺术有限公司	易 巍 彭向荣 邢福武 尹国斌 刘事莲 梁立农 罗旭东 陈新富 王 强 刘东明
甘南藏族自治州实施农牧互补推进一特四化发展高原特色生态畜牧产业规划	甘肃省农业工程规划院	王康保 张定军 赵银彦 王致晶 董永祥 杨振宇 廖吉方 杨保田 包会存
世行贷款淮河流域重点平原洼地治理工程可行性研究报告	安徽省水利水电勘测设计院	夏广义 阚延炬 丁瑞勇 程志远 徐有前 潘正丰 安 艳 朱 彤 丁美松 储正气

项目名称	主要完成单位	主要完成人
武汉市洪山区花山新农村示范区建设项目可行性研究报告	湖北省工程咨询公司	欧阳财棕　段　超　李山虎　孟宏刚　徐长明　林　鑫 邢泰景　李习民　王以云　唐道奎
嵩山国家森林公园总体规划	河南省林业调查规划院	曹冠武　郑晓敏　王丰军　王　君　孙　玲　张书奇 侯　洁　尚铁军　吕朝辉　毛瑞丽
陕西省定边县毛乌素沙地防沙治沙科技示范区总体规划	国家林业局西北林业调查规划设计院	王京民　冯利国　王志红　申永涛　孙景梅　金万洲 李媛媛　卢志伟　李清顺　刘义华
2011 西安世界园艺博览会秦岭园规划	林产工业规划设计院	彭　蓉　张小庚　李　霞　邱　雁　孟庆彬　米泉龄 张新先　郭青俊　李　鹏　于宁楼
中俄原油管道（漠河—大庆段）工程使用林地可行性报告	国家林业局调查规划设计院	于晓光　王　耀　胡继平　王小昆　王　林　张广军 蒋爱军　红　玉　石俊华　祝令辉
掘进机施工隧洞工程投资控制关键技术研究	* 水利部水利水电规划设计总院 中水北方勘测设计研究有限责任公司	王治明　杜雷功　胡玉强　王朋基　李文刚　王秀香 王光辉　洪　松　王跃峰　庞　浩
嘉陵江亭子口水利枢纽可行性研究报告	长江水利委员会长江勘测规划设计研究院	程卫民　汪庆元　陈永生　曾令华　冯建元　朱卫军 宋志忠　毛永斌　杨天清　管益平

二等奖（104 项）

项目名称	主要完成单位	主要完成人
Addax 公司油气项目收购申请报告	中国石油化工股份有限公司石油勘探开发研究院	熊利平　梁海云　李朝霞　李怀印 霍　红　齐黎明　夏海容
中国石化巴陵分公司 12 万吨 / 年苯乙烯建设项目可行性研究报告	中国石化集团上海工程有限公司	吴德荣　洪纯芬　吕　谦　徐歆桐 沈　勇　王玉枫　李艳明
苏里格气田 $230 \times 108m^3/a$ 开发规划（地面工程）	西安长庆科技工程有限责任公司	张凤喜　刘银春　刘　祎　王登海 郑　欣　张文超　苏海平
伊拉克艾哈代步 (AHDEB) 油田地面建设工程概念设计报告	中国石油集团工程设计有限责任公司	庄贵涛　李海荣　高彦平　焦圣华 孟文霞　李金林　白利英
万华实业集团有限公司老厂搬迁 MDI 一体化项目申请报告	华陆工程科技有限责任公司	张相平　惠樱花　王延安　杨　亮 董文胜　闫小茹　廖志强
内蒙古大唐国际克旗日产 1200 万 Nm^3 煤制天然气项目申请报告	* 赛鼎工程有限公司 中国石油和化工勘察设计协会煤化工设计技术中心	李大尚　梁杰华　韩　飞　黄一民 谷　磊　白晓军　王　芳
大连市“十二五”工业发展重点与方向及空间布局研究	辽宁立杰咨询有限公司	刘　立　孙德忠　曹传贞　陈　月 孙立平　段洪涛　迟国新

项目名称	主要完成单位	主要完成人
长江三峡库区万州城市移民迁建后评价报告	长江工程监理咨询有限公司（湖北）	张华忠 周志勇 刘永贵 马志刚 程丽君 黎爱华 李苓
广州市京溪污水处理厂工程可行性研究报告	广州市市政工程设计研究院	隋军 汪传新 邱维 陈贻龙 周建华 张中炎
云南省迪庆藏族自治州小中甸水利枢纽工程环境影响报告书	* 黑龙江农垦勘测设计研究院 湖南省水利水电勘测设计研究总院	夏广亮 刘正茂 李正坤 罗彬诚 刘立繁 张志方 赵艳波
海南昌江核电厂环境影响报告书（选址阶段）	中国核电工程有限公司	赵侠 郑伟 于红斌 侯树强 杨洪润 李京 毛喜道
环鄱阳湖生态经济区产业生态化耦合机制及其调控研究	江西省工程咨询中心	张福庆 廖亮 胡海胜 盛明 李慎飞
钢铁行业烧结机烟气脱硫适用技术研究报告	* 中国环境科学研究院 唐山市环境保护研究所	张凡 刘宇 高源山 王红梅 祝超伟 燕中凯 王大明
武汉市近期交通建设与组织规划	武汉市城市综合交通规划设计研究院	何继斌 张本湧 刘东兴 代义军 陈光华 王炜明 郑浩南
广州歌剧院项目可行性研究报告	广州市国际工程咨询公司	林海峰 曹文君 赖布克 李拥宪 谭盛 王浴波 朱光耀
广州与周边城市轨道交通线网衔接专题研究	* 广州地铁设计研究院有限公司 赛思达（上海）技术咨询有限公司 广州市交通规划研究所	吴梦 姬霖 李依庆 陈骞 吴家友 陈先龙 姜美利
深圳市轨道交通应急体系建设和轨道交通应急指挥协调中心(TCC)组建方案研究	深圳市综合交通设计研究院	张勇 葛宏伟 张彬 张鹏鹏 乔相荣 谢勇利 原华
青岛市环湾区域重大市政设施近期建设规划专题研究	青岛市城市规划设计研究院	刘建华 孟广明 王伟 陈吉升 林晓红 初开艳 尹丽丽
海口保税区区位调整项目可行性研究报告	海南省建设项目规划设计研究院	吕爱康 黄灏 张开明 钟文惠 陈飞 邢俏俏
北京市智能交通管理系统建设(2009—2011)项目建议书（代可行性研究报告）	北京市工程咨询公司	邢桂林 赵冬临 李赫 李妍婷 周秋菊 王翠 侯姗姗
洛阳 LYC 轴承有限公司以科技创新推动产业全面升级改造项目可行性研究报告	中机十院国际工程有限公司	王统建 胡淮滨 张悌恭 刘宏业 姜国强 李志刚 周建新
浙江天能电源材料有限公司年回收处理 15 万吨废铅蓄电池项目可行性研究报告	中国新时代国际工程公司	涂娟玉 卫鹏 高珍贤 刘晓龙 任行富 任安福
天津赛象科技股份有限公司子午线轮胎装备技术（工程）中心及产业化项目可研报告	机械工业第五设计研究院	陈宏 杨正 陈静捷 韩子森 冯恩涛 王津 杨冬霞
江苏苏南重工机械科技有限公司大型锻件项目可行性研究报告	机械工业第一设计研究院	李保谦 郜业见 滕纪云 黄士明 汪兴 汪炼钢 何鑑

项目名称	主要完成单位	主要完成人
一汽—大众汽车有限公司奥迪 X88 项目可行性研究报告	机械工业第九设计研究院	叶 新 吴永涛 刘成亮 殷新明 任 雯 王伟军 尹 娟
多晶硅工程技术中心和深加工基地建设项目可行性研究报告	信息产业电子第十一设计研究院有限公司	朱 琳 黄晓春 陈彦坤 杨 晓 黄琦玲 程建中
中国光学科学技术馆建设项目可行性研究报告	中国电子工程设计院	谢 卫 王 瑞 韩 翔 杨博洋 宋 磊 杜新明 曹景勇
彩虹（合肥）液晶玻璃公司高世代 TFT-LCD 玻璃基板生产线项目可研报告	中国电子工程设计院	陆 丹 蔡 明 王 琦 李志伟
广东移动绿色基站研究课题	江苏省邮电规划设计院有限责任公司	倪晓炜 张 骏 张 磊 朱 军 袁小明 邬明海 潘劲松
中国电信 2009 年 CN2 网络扩容工程可行性研究报告	* 广东省电信规划设计院有限公司 * 华信邮电咨询设计研究院有限公司	钟 庆 章建聪 赵联祥 林叶锋 李启荣 王 洁 姚建锋
中国电信澳门公司 2009 年—2011 年网络发展滚动规划	广东省电信规划设计院有限公司	张福佺 姚志刚 李 峰 曾沂粲 王 晖 张 磊 徐 京
中国联通北京 2009 年 WCDMA 网工程可行性研究报告	中讯邮电咨询设计院有限公司	迟永生 张亚秋 耿玉波 沈 涛 范现瑞 王 森 秦培松
中国电信浙江公司 2010 年—2012 年网络滚动规划	华信邮电咨询设计研究院有限公司	林叶锋 周振勇 张碧波 胡笑斌 叶笑刚 刘 宇 刘 昕
中国联通辽宁 2009 年 WCDMA 网工程可行性研究报告	辽宁邮电规划设计院有限公司	任 颋 姜日敏 周 巍 常 鹤 陈兴宏 姜文博 张升伟
我国互联网架构研究	工业和信息化部电信规划研究院	汤子健 王爱华 姜 华 李 原 姜 伟 孙 颖 杨 波
山西省晋中离柳矿区总体规划	中煤国际工程集团南京设计研究院	林功旺 吴燕飞 李 臣 徐海鹏 顾志宝 何寿君 苏 俊
北方联合电力公司魏家峁露天煤矿可行性研究报告	内蒙古煤矿设计研究院有限责任公司	王永军 孟建华 张 琼 薛 军 李永红 赵永强 李雪峰
新疆准东煤田大井矿区总体规划	* 新疆煤炭设计研究院有限责任公司 煤炭工业济南设计研究院有限公司	何国纬 王建军 张永喜 张荣营 郭建新 郭小平 朱 彧
内蒙古青春塔煤矿及选煤厂可行性研究报告	中煤国际工程集团北京华宇工程有限公司	华 斌 梁生芳 郑树柱 肖 敏 张钊平 金莉萍 李玉瑾
河南省平顶山矿区总体规划	中煤国际工程集团武汉设计研究院	周秀隆 辛德林 刘兴晖 于新胜 张忠文 张丽彬 王 斌
新疆准东煤田西黑山矿区总体规划	* 新疆煤炭设计研究院有限责任公司 煤炭工业济南设计研究院有限公司	王建军 张永喜 张荣营 郭建新 戴良发 杨庆铭 朱 彧

项目名称	主要完成单位	主要完成人
新疆和田玉核食品有限责任公司3万吨/年核桃综合深加工项目可行性研究报告	中国海诚工程科技股份有限公司	刘　丹　袁蔡斌　林　晨　周　铭　咸真珍　董卫红　杨　凡
广州造纸集团有限公司海珠厂区环保迁建方案项目规划报告	*中国中轻国际工程有限公司 广州市国际工程咨询公司	陈奇志　林正风　江国雄　王春开　黄　辉　王　蘅　李　远
梧州年产30万吨再生铜冶炼工程可行性研究报告	中国瑞林工程技术有限公司	陈　波　胡　青　黄　斌　周明文　万剑勇　徐　波　曹立宁
贵州铜仁市金丰锰业有限责任公司年产3万吨电解金属锰技改扩产工程可研报告	长沙有色冶金设计研究院	郑子恩　戴学瑜　谭荣和　黄军武　张成松　谢　飞　傅　扬
绿色药业中药配方颗粒及川芎系列提取物灾后重建项目可行性研究报告	中国医药集团重庆医药设计院	田国秀　陈　航　郭　友　肖景兰　陈国甫　李霜凌　李达志
芜湖海螺水泥有限公司三期2×1.2万吨/日水泥熟料生产线项目申请报告	中国中材国际工程股份有限公司	夏　晖　吕文平　王　宏　程千里　陈　燕　吕满根　杜　黎
水泥企业能效对标指南	天津水泥工业设计研究院有限公司	曾学敏　俞为民　胡芝娟　刘继开　陶从喜　柴星腾　刘瑞芝
连云港港区总体规划	交通运输部规划研究院	李善友　高　原　蒋　千　魏雪莲　胡晓晓　王达川　张民辉
湛江港霞山港区散货码头工程可行性研究报告	中交第四航务工程勘察设计院有限公司	卢永昌　刘汉东　廖建航　陈小南　方育平　赖　镰　陈　标
芜申运河青弋江入江口至三里埂段航道整治工程可行性研究报告	安徽省交通勘察设计院	徐启文　吴立人　沈保根　夏　伟　葛德杰　李云龙　武　斌
营口港鲅鱼圈港区25万吨级航道工程可行性研究报告	中交第一航务工程勘察设计院有限公司	季则舟　祝世华　张俊健　邹　湧　张毅森　时常明　王　松
成渝高速公路复线(重庆境)工程可行性研究报告	*重庆市交通规划勘察设计院 交通运输部规划研究院	钟明全　敬忠勇　刘　军　刘增军　崔英明　肖了林　李克武
云南省大理至丽江公路可行性研究报告	*云南省交通规划设计研究院 华杰工程咨询有限公司	施华湘　刘学华　池德振　杨绍云　张珊珊　朱晓艳　杨顺臻
杭州至瑞丽国家高速公路贵州境大兴(湘黔界)至思南段工程可行性研究报告	中交第一公路勘察设计研究院有限公司	李　涛　张稚光　王　敏　王兴达　王福生　赵　祥　赵　刚
海口至洋浦1小时交通圈洋浦出口高速公路工程可行性研究报告	海南省公路勘察设计院	吕　奋　陈泰忠　容国开　李　利　成家胜　韩善剑　范红静
国家高速厦蓉线贵州境水口(黔桂界)至都匀段工程可行性研究报告	贵州省交通规划勘察设计研究院	周宏凌　王明山　黄国建　邹序五　程晓慧　田　野　陈开强
国家高速公路网广州至昆明公路南宁外环段工程可行性研究报告	广西壮族自治区交通规划勘察设计研究院	梁　健　罗吉智　李迎春　杨鉴生　简志辉　周　旺　罗志辉

项目名称	主要完成单位	主要完成人
连云港—霍尔果斯高速公路星星峡至吐鲁番段工程可行性研究报告	新疆公路规划勘察设计研究院	李建新 任新平 苗江涛 郭方磊 王玉茹 王兴荣 伊里哈木
泰州至镇江高速公路泰州至高港段预可行性研究报告	江苏省交通规划设计院有限公司	范东涛 邹勇军 朱新松 姜舟 姜海涛 范操 施璐娟
新建大同至西安铁路可行性研究报告	* 铁道第三勘察设计院集团有限公司 中铁第一勘察设计院集团有限公司	王稳 张海兵 净文常 刘建利 缪铭铭 高世蕊 李强
新建铁路成都至重庆客运专线可行性研究	中铁二院工程集团有限责任公司	敖云碧 李伟 曾加胤 黄艳磊 单广平 关兆宏 王开云
新建南京至安庆铁路安庆长江大桥工程可行性研究报告	中铁大桥勘测设计院有限公司	徐伟 张强 肖海珠 傅战工 唐伟亮 胡勇 刘承虞
深圳市地铁 2 号线东延线工程可行性研究报告	中铁二院工程集团有限责任公司	周勇 周明亮 漆文年 刘伊江 张建祥 向红 李剑虹
南吕梁山隧道水文地质专题研究报告	中铁隧道勘测设计院有限公司	袁真秀 李彦军 付新平 崔庆国 闫高翔 杨军生 刘雪岭
新建铁路兰州至乌鲁木齐第二双线可行性研究	中铁第一勘察设计院集团有限公司	张学伏 王正邦 任军辉 安光保 宫万国 张炜 张平
上海市海上风电场工程规划报告	上海勘测设计研究院	陆忠民 李健英 宋强 胡志坚 程海锋 张大顶 江波
乌江思林水电站可行性研究修编报告	中国水电顾问集团贵阳勘测设计研究院	韦晓明 吕军 金城 张超杰 吴述彧 谢民峰 庞峰
锦屏二级水电站地下厂房围岩稳定与动态支护设计以及反馈分析阶段成果报告	中国水电顾问集团华东勘测设计研究院	陈祥荣 侯靖 陈建林 应和平 万祥兵 周春宏 毛志贤
金沙江溪洛渡水电站高拱坝建基面工程地质条件研究报告	中国水电顾问集团成都勘测设计研究院	杨建宏 王仁坤 李攀峰 崔长武 张绍成 赵文光 陈奎
水电建设促进地方经济社会发展政策研究报告	中国水利水电建设工程咨询公司	王斌 彭程 张一军 钱钢粮 蔡频 龚和平 郭万侦
湖南省沅水凌津滩—桃源河段补充规划报告	中国水电顾问集团中南勘测设计研究院	王东辉 方芳 杨定贵 吕朝阳 张丹庆 王红斌 李庆生
预想事故集选取原则研究	中国电力工程顾问集团华东电力设计院	张鹏飞 高斌 崔旻 郑建华 叶幼君 史大军 吴昊
铜陵发电厂六期“以大代小”改扩建 2×1000MW 级机组工程可行性研究报告	安徽省电力设计院	陶应东 张松 陈静 郭解云 汪海 段应超 胡蔚
东北电网消纳风电能力研究	中国电力工程顾问集团东北电力设计院	李广怀 李时莹 李志国 吴敬坤 肖景良 郭佳 傅光

项目名称	主要完成单位	主要完成人
南方电网公司节能发电调度技术支持系统可研报告	广东省电力设计研究院	孙　浩　李建设　宋兴光　刘　云 史作纲　杨淼锋　张仕鹏
110kV 蒙自变电站可行性研究	上海电力设计院有限公司	蔡光宗　唐宏德　吕伟强　曹林放 庄文柳　陈文升　朱　涛
广东粤电湛江生物质发电项目 (2×50MW) 工程可行性研究报告	广西电力工业勘察设计研究院	林永明　方振华　谢铭钊　王正峰 文　科　林华强　张　琨
西北—华中直流联网工程四川电网安全稳定控制 系统方案研究	中国电力工程顾问集团西南电力设计院	刘汉伟　吴　冲　吴安平　刘　涛 王晓宁　邓少华　梅　涛
山西煤电基地外送电规划研究	* 中国电力工程顾问集团公司 中国电力工程顾问集团华北电力 设计院工程有限公司	刘志铎　陈　铮　邬　炜　余　丹 郭艳芬
江苏沿海地区风电场接入系统规划	江苏省电力设计院	王之伟　李　刚　谢珍建　张　谦 黄俊辉　钱　康　汪　辉
江苏阚山电厂一期工程可行性研究	中国电力工程顾问集团华东电力设计院	赵　虎　刘鹤忠　武春霖　徐　勍 张　睿　徐敬华　丁　珞
中核赣州金瑞铀业有限公司 718 铀矿冶工程可行 性研究报告	中核第四研究设计工程有限公司	王合祥　陈　勇　张发平　田　埂 蒋　海　王世朋　杨润生
台山核电厂一期工程 (2×1750MW) 可行性研究报告	深圳中广核工程设计有限公司	祝　赫　杨天伟　黄　文　江添明 李小强　韩彬彬　王庆礼
上海市土地利用总体规划 (2006 年—2020 年)	* 上海市城市规划设计研究院 上海市规划和国土资源管理局 上海市地质调查研究院	冯经明　胡　俊　俞斯佳　姚　凯 黄吉铭　熊鲁霞　骆　悰
东太湖综合整治工程可行性研究报告	上海勘测设计研究院	盛根明　陈瑞方　李　巍　魏清福 杜心慧　纪洪艳　郑磊夫
西藏旁多水利枢纽工程可行性研究报告	中水东北勘测设计研究有限责任公司	胡志刚　郭东浦　郭世安　范景春 史光宇　许蕴宝　刘清利
中国农业科技华南创新中心项目工程可行性研究报告	广东省国际工程咨询公司	扶　松　蒋主浮　黄广东　汤春燕 陈伟东　叶鹏飞　韩荣发
吉林中新食品区开发建设投资有限公司生猪养殖 基地建设项目可行性研究报告	* 农业部工程建设服务中心 北京方正联工程咨询有限公司	李晓钢　牛明雷　张晓琳　谭瑶瑶 许延娜　王志强　王艳霞
三亚市热带特色现代农业发展规划	中国农业科学院农业资源与农业区 划研究所	尹昌斌　周　颖　信　军　杨秀春 邱建军　王立刚　周旭英
贵州省黔中水利枢纽一期工程可行性研究报告	* 贵州省水利水电勘测设计研究院 中水珠江规划勘测设计有限公司	向国兴　林少明　赵爱平　陈俊贤 蒙　进　杨秀荣　官长华

项目名称	主要完成单位	主要完成人
江西省峡江水利枢纽工程可行性研究报告	江西省水利规划设计院	张建华 詹寿根 陶柏强 许韵木 孔俐丽 柯劲松 刘润根
浙江大荡漾湿地修复工程项目可行性研究报告	国家林业局华东林业调查规划设计院	王金荣 凌 飞 朱勇强 殷觉炎 郑根清 汪全胜 王 涛
广西凭祥市白云山生态公园总体规划	广西壮族自治区林业勘测设计院	李玉清 邓智联 韦美玲 曾 嵘 邹馥蔓 潘丁晖 韦庆锋
海南省三亚市森林防火规划 (2010—2014)	国家林业局中南林业调查规划设计院	刘晓农 宁小斌 曾明宇 刘庭威 杨 帆 孙 宁 陈 昶
云南南滚河国家级自然保护区总体规划 (2009 — 2018)	云南省林业调查规划院	华朝朗 宋劲忻 晁增华 余昌元 胡 箭 顾祥顺 杨国伟
卧龙自然保护区都江堰大熊猫救护与疾病防控中心新建项目可行性研究报告	四川省林业勘察设计研究院	刘广兵 张彦斌 彭子江 卢晓川 王 毅 张礼果 雷 莉
基于 3S 的森林资源与生态状况年度监测技术研究报告	广东省林业调查规划院	魏安世 肖智慧 叶金盛 李 伟 刘飞鹏 黄宁辉 张华英
贵州省国家重要森林风景资源保护目录及森林风景资源分类系统	贵州省林业调查规划院	郭 颖 孙吉慧 夏焕柏 顾永顺 张光辉 官加杰 蒲应春
曲靖市两江沿河景观整治工程修建性详细规划	国家林业局昆明勘察设计院	蔡 芳 胡业清 耿 满 罗志远 苏 琴 吴明伟 宁希南
黄河海勃湾水利枢纽工程可行性研究报告	中水北方勘测设计研究有限责任公司	杜雷功 王宏斌 关志诚 杨志河 高玉生 郑永良 于玉森
海南省万泉河红岭水利枢纽工程可行性研究报告	中水珠江规划勘测设计有限公司	凌耀忠 戴力群 何力劲 陈斌华 刘 慧 朱春生 刘喜燕
河南省鸭河口水库除险加固工程可行性研究报告	河南省水利勘测设计研究有限公司	何 杰 吉 刚 李玉娥 李西平 齐 峰 刘兰勤 张一冰
浙江省新昌县钦寸水库工程可行性研究报告	浙江省水利水电勘测设计院	黄荣卫 陈国伟 唐巨山 郑雄伟 吴文峰 杜巧丰 周 毅

三等奖 (169 项)

项目名称	主要完成单位	主要完成人
陕京三线输气管道工程可行性研究报告	* 北京中陆咨询有限公司 中国石油工程设计有限公司西南分公司 中国石油勘探开发研究院廊坊分院	蒲 明 孙春良 朱 锋 孙 慧 杜 敏

项目名称	主要完成单位	主要完成人
中国石油装备制造业务发展战略及政策体系研究	中国石油集团工程咨询有限责任公司	刘炳义　朱景萍　丛　强　郝鸿毅　罗卓辉
中国石化安庆分公司含硫原油加工适应性改造及油品质量升级工程申请报告	中国石化工程建设公司	孙丽丽　侯凯锋　袁忠勋　王　淼　朱瑜芬
中石化天津石化分公司 2 万吨 / 年聚醚装置异地扩能改建工程可行性研究报告	天津辰鑫石化工程设计有限公司	李汝阁　于传文　赵木森　赵秀琪　刘峥嵘
克拉玛依金利化工有限公司 8 万吨 / 年精密分馏装置 (II 套) 可行性研究报告	新疆寰球工程公司	刘庆华　王国斌　王黎明　李　科　张　泉
10 万吨 / 年乙烯焦油综合利用项目资金申请报告	广东信怡工程咨询有限公司	杨　山　沈家龙　江　颖　卢　晟　苏培海
江西拓扑工程有限公司节能减排工程材料与设备产业化工程可行性研究报告	江西省化学工业设计院	吴庆南　李　安　付　强　何维达　王晓荣
攀枝花市红格南矿区钒钛磁铁矿综合开发利用产业发展规划	石油和化学工业规划院	曲　颖　顾宗勤　赵立群　张　方　周连碧
张家港保税区区域安全评价及安全生产规划	江苏省工程咨询中心	王　进　汪　澄　黄建国　胡惠良　王志飞
广州体育馆项目后评价报告	广东省国际工程咨询公司	黄　莹　蒋主浮　黄广东　扶　松　冯莉莉
温台沿海产业带发展规划温州市实施规划	温州市经济建设规划院	王　钢　李善武　徐剑光　陈秀益　武燕丽
关于北重集团项目的尽职调查报告	中国国际工程咨询公司	陈子琦　刘志兴　王忠诚　蒋茂森　王龙运
苏州太湖国家旅游度假区生态湿地一期工程后评价报告	江苏省工程咨询中心	朱　红　曾庆飞　蒋松凯　陆　健　郑建平
盐城市区饮用水源生态净化工程可行性研究报告	上海勘测设计研究院	赵井根　张宏伟　胡　伟　朱雪诞　李　巍
重庆市第二垃圾焚烧发电项目可行性研究报告	* 重庆国际投资咨询集团有限公司 重庆三峰卡万塔环境产业有限公司	杨通穆　黎义兵　司景忠　杨　栋　石　鹏
于桥水库水污染防治及水环境保护方案报告	天津市水利勘测设计院	廖先容　王幸福　闫学军　程君敏　王翠文
750kV 永登—金昌—酒泉—安西输变电工程环境影响报告书	中国电力工程顾问集团西北电力设计院	高文丽　谢永平　马继军　许光照　张　萍
云南威信扎西煤电一体化项目一期 2×600MW 机组新建工程环境影响报告书	中国电力工程顾问集团华北电力设计院工程有限公司	谢　波　任秀丽　付　铁　刘海燕　宋红军

项目名称	主要完成单位	主要完成人
华润贺州电厂一期（2×1000MW）工程环境影响报告书	中国电力工程顾问集团中南电力设计院	李 艳 李继洪 晏丽华 杨 倩 王向东
深圳市政府投资项目绿色技术评审标准体系研究报告	* 深圳市政府投资项目评审中心 深圳市建筑科学研究院有限公司	丘健明 尚海波 程慧俐 马晓雯 蒋凌云
新建铁路合肥至福州铁路（客运专线）环境影响报告书	中铁第四勘察设计院集团有限公司	方国星 黄 盾 王忠合 龚 平 彭胜群
浦东新区三林体育中心节能评估报告	中国轻工业上海工程咨询有限公司	孟 昕 虞永宾 孙 蓓 王 玮 戴经颐
新乡市 2009 年—2015 年循环经济发展规划	河南省工程咨询公司	徐夏楠 闫 雷 闫立林 刘麦霞 于朝霞
南京南站综合枢纽快速环线工程可行性研究报告	上海市政工程设计研究总院	赵建新 张 亮 王士林 袁慧玉 张剑英
亚行贷款兰州城市交通项目可行性研究报告	上海市政工程设计研究总院	曹 菁 徐 健 庄宝琨 王利俊 高芳芳
广州轨道交通车辆维修制造产业专题研究报告	广州市国际工程咨询公司	张 维 朱光耀 林海峰 赖布克 邓 涛
广佛同城化建设交通基础设施三年工作规划	广州市交通运输研究所	龙小强 关仕罡 闫攀宇 俞佳飞 段英侠
天津西站交通枢纽配套市政公用工程—市政道路工程可行性研究报告	天津市市政工程设计研究院	王海燕 王玉秀 唐 颖 梁大坚 赵 健
湖南有色金属控股集团中央研究院建设项目可行性研究报告	湖南省国际工程咨询中心	曾凡勇 潘旭兵 刘 新 杨 丹 彭 涛
陕西省科技资源中心建设项目可行性研究报告	中联西北工程设计研究院	倪 欣 高 峰 叶蔚清 邢 超 王福松
北环大道（银湖立交—港湾大道段）路面修缮及交通改善工程可行性研究报告	* 深圳市市政设计研究院有限公司 中国瑞林工程技术有限公司	刘敬华 朱秀兰 李为国 陈 光 苏轼鲲
昆明市城市快速轨道交通建设规划（2008—2016）	* 中国地铁工程咨询有限责任公司 昆明轨道交通有限公司 昆明市城市交通研究所	张 杰 袁和耀 林 卫 殷 伟 宗庆生
北京市清河再生水厂二期及再生水利用工程	北京市市政工程设计研究总院	李 艺 李振川 陈 怡 刘燕云 兰 建
世行贷款武汉城市交通（二期）项目可行性研究报告	* 武汉市政工程设计研究院有限责任公司 武汉市城市规划设计研究院 武汉市城市综合交通规划设计研究院、 武汉市交通科学研究所	车丽彬 周 俊 汪 峰 黄又清 陈 祺

项目名称	主要完成单位	主要完成人
北海市城市总体规划(2008—2025)	* 广西壮族自治区城乡规划设计院 北海市城市规划设计研究院	刘李力 兰 波 何 艺 李 霞 莫 滨
西宁经济技术开发区甘河工业园区(西区)市政工程可行性研究报告	中国市政工程西北设计研究院有限公司	柳顺贵 火玉峰 韩会锋 佟显武 童景盛
胶州湾高速公路(市区段)拓宽改造工程可行性研究报告	青岛市市政工程设计研究院有限责任公司	鲁洪强 张甫田 蒋海军 都治国 申桂顺
桂林福达重工锻造有限公司年产 10 万吨精密锻件建设工程项目可行性研究报告	机械工业第三设计研究院	何 强 李儒冠 朱嘉宁 邵继敏 叶 蕾
东风汽车有限公司花都工厂乘用车产能(60 万辆)扩建项目申请报告	东风设计研究院有限公司	吕卫东 周 鲲 汤 闽 王金宁 王 峰
冀东发展集团有限责任公司重型机械热加工中心建设项目可行性研究报告	中国联合工程公司	蔡建平 武秉兰 吴浩亮 薛强军 黄兆烈
北京科技大学重大工程材料结构服役安全评价试验装置建设项目可行性研究报告	中国中元国际工程公司	罗卫东 颜力源 刘 辉 宋 阳 于连会
一汽—大众汽车有限公司成都 35 万辆轿车建设项目可行性研究报告	机械工业第九设计研究院	王野青 郎庆东 李华峰 滕继东 高志纯
济南柴油机厂 JC15(140)、26/32(260) 发动机产能建设项目可行性研究报告	机械工业第三设计研究院	夏永红 熊卫东 叶 蕾 朱 丽 罗 德
安徽合力股份有限公司重型集装箱装运设备产业化建设项目资金申请报告	机械工业第一设计研究院	任永明 黄士明 顾 虹
北京京东方显示技术有限公司第 8 代薄膜晶体管液晶显示器件项目节能专篇	中国电子工程设计院	杨光明 程星华 李海庆 计玉帮 王凌旭
中国联通内蒙古 2009 年 WCDMA 网工程可行性研究报告	广州杰赛科技股份有限公司	胡 富 徐烈曙 沈文明 熊 武 袁有余
中国地震背景场探测项目可行性研究报告	中国电子工程设计院	谢 卫 王 瑞 韩 翔 宋 磊 杨博洋
无锡产业封装测试有限公司集成电路封装测试项目申请报告	信息产业电子第十一设计研究院有限公司	车 俊 谢乐生 黄宝莹
中国电信(美洲)公司增资可行性研究报告	华信邮电咨询设计研究院有限公司	鲍华俊 黄 红 莫昕玮 廖 艳 谢军建
中国移动世博专项规划	中国移动通信集团设计院有限公司	蒋 远 郭 陵 王 群 蒋旭峰 汤进凯
中国电信移动网络建设(2009 年一期)广东省无线网工程可行性研究报告	广东省电信规划设计院有限公司	曾沂粲 黄海艺 陈浩林 苏文俊 郑旭升

项目名称	主要完成单位	主要完成人
吉林电信 2010 年—2012 年客户群及重点产品支撑方案规划	上海邮电设计咨询研究院有限公司	徐　进　陶兰霞　蒋　军　单吉祥　顾一泓
2009 年上海电信固移融合 IT 系统 BOSS 域全面升级建设项目可行性研究报告	上海邮电设计咨询研究院有限公司	肖　宁　张钟琴　苒　瑾　杨　炼　陈毅敏
中国移动通信集团有限公司“绿色行动计划”2009 年—2011 年专项规划	中国移动通信集团设计院有限公司	颜海涛　胡　强　李江平　秦光泽　何　训
中国联通天津 2009 年 WCDMA 网工程可行性研究报告	北京电信规划设计院有限公司	李建华　刘向东　林朝辉　高金龙　刘清亮
中国移动应急通信网络抗灾超级基站卫星通信系统工程可行性研究报告	中国移动通信集团设计院有限公司	王激扬　边力军　黄曜明　薛　程　顾翔宇
中国电信安徽分公司 2010 年—2012 年综合规划	上海邮电设计咨询研究院有限公司	马晓峰　尹卫兵　赵胜利　钱　虹　刘淑敏
中国联通山东 2009 年 WCDMA 网工程可行性研究报告	山东省邮电规划设计院有限公司	张庆顺　孙连发　孟　辉　李广伦　石利萍
安徽移动新技术新业务投资项目评估及投资决策模型构建评估报告	* 华信邮电咨询设计研究院有限公司 中国移动通信集团安徽有限公司	独立强　沈　璞　沈　澎　叶　鹰　黄　锋
中国联通福建 2009 年 WCDMA 网工程可行性研究报告	* 中讯邮电咨询设计院有限公司 广州杰赛通信规划设计院 国脉通信规划设计有限公司	曹素华　朱　悦　王　帅　索小新　张　忖
山西河保偏矿区王家岭煤矿可研报告	煤炭工业太原设计研究院	贺天才　耿建平　白锦胜　王立斌　张建生
内蒙古准格尔大饭铺煤矿整合改造可研报告	北京圆之翰煤炭工程设计有限公司	李明武　张建生　冷　峰　高富基　葛永明
内蒙古自治区宝日希勒矿区总体规划	内蒙古煤矿设计研究院有限责任公司	苏利明　孟建华　薛　军　王永军　王铁柱
四川省筠连矿区总体规划	中煤国际工程集团重庆设计研究院	胡仕俸　周培江　蒲胜双　荆安勇　刘志刚
安徽国投新集一矿改（扩）建项目申请报告	煤炭工业合肥设计研究院	杨裕官　闫红新　陈吉华　冒海洋　王　勇
新疆天富大白杨矿井及选煤厂可研报告	中煤邯郸设计工程有限责任公司	牛保玉　李德春　王利欣　张　豪　任保利
大唐胜利东二号露天煤矿一期修改可行性研究报告	中煤国际工程集团沈阳设计研究院	马培忠　李汇致　高仁义　顾晓林　李铁东
中天合创葫芦素矿井及选煤厂环境影响报告书	中煤国际工程集团北京华宇工程有限公司	麦方代　王岁权　周　鹏　刘文荣　秦红正

项目名称	主要完成单位	主要完成人
神华宁夏煤业集团有限责任公司麦垛山煤矿新建工程环境影响报告书	中煤西安设计工程有限责任公司	郑修清　苗立永　何　山　韩奉平　王茂斋
山西锦兴肖家洼矿井及选煤厂环境影响报告书	煤炭工业太原设计研究院	马本秀　赵　民　宋玉香　李　原　杨少华
宜章弘源化工有限责任公司资源循环利用年产12万吨干法氟化铝项目可研报告	湖南省国际工程咨询中心	匡竹述　刘永安　王沛皇　曹　奇　李　铭
包头铝业股份有限公司135kA电解槽环境治理及置换产能技改工程可行性研究报告	沈阳铝镁设计研究院	陈传忠　杨昕东　宋海琛　曲展鸿　安艳芳
国核宝钛锆业股份公司核级锆材生产线项目可行性研究	江苏省冶金设计院有限公司	王宏森　黄生银　丁建宁　许宇兴　郭建平
常德市生活垃圾焚烧发电项目申请报告	中国轻工业广州设计工程有限公司	李　芳　程有东　王永佳　何仲文　周修璇
广西百色甘化股份有限公司制糖生产节能减排技改工程可行性研究报告	中国轻工业南宁设计工程有限公司	江　文　黄志柯　岑运煜　陈　坚　梁玉杰
乳制品发酵微生物代谢调控肽产业化工程项目资金申请报告	广东省轻纺建筑设计院	王　魁　邓华欢　温演停　黄飞鸿　韩宇红
甘肃京兰水泥有限公司4600t/d熟料水泥生产线及纯低温余热发电项目申请报告	天津水泥工业设计研究院有限公司	宋寿顺　王芳协　高　文　王万生　陈冬珍
吉林亚泰水泥有限公司发电改造工程项目可行性研究报告	安徽海螺建材设计研究院	郭文叁　张长乐　梅世江　何承发　李大明
河南同力水泥股份有限公司再融资环境保护核查技术报告	河南建筑材料研究设计院有限责任公司	查少翔　程　浩　张伟伟　王才梅　鲁然英
宝山钢铁股份有限公司焦炉系统升级综合改造工程可行性研究报告	中冶焦耐工程技术有限公司	王乐平　文相浩　白　健　肖　丽　王旭春
河南中医学院第一附属医院国家中医临床研究基地建设项目可行性研究报告	上海市卫生建筑设计研究院有限公司	林贻伟　顾敏生　王晓峰　陈颖娟　谢　骅
唐山港曹妃甸港区通用码头起步、二期工程可研报告	中交水运规划设计院有限公司	吴　澎　陈云飞　刘洪波　芦志强　杨晓彤
重庆主城港区寸滩作业区三期工程可行性研究调整报告	中交第二航务工程勘察设计院有限公司	俞武华　王　诚　彭亮星　谭　超　冯美果
天津港北港池杂货码头工程可行性研究报告	中交第一航务工程勘察设计院有限公司	邹北川　柴信众　朱子平　刘　铮　赵　娟
上海临港新城东港区一期工程项目申请报告	上海中交水运设计研究有限公司	强文辉　许宏纲　朱晓晨　徐　瑛　邱红娣

项目名称	主要完成单位	主要完成人
镇江港高资港区二重集团镇江基地码头工程可行性研究报告	中交第二航务工程勘察设计院有限公司	罗年生　周用华　蔡开程　王强立　罗　健
常州港夹江南港区德胜码头改扩建工程可行性研究报告	长江航运规划设计院	郭茂忠　许　云　叶　超　柏　猛　檀小平
长江下游马当河段航道整治一期工程可行性研究报告	长江航道规划设计研究院	雷国平　谭伦武　余　帆　赵凤亚　赵德玉
重庆市公路水路交通节能减排中长期规划	重庆市交通规划勘察设计院	李关寿　唐　兵　唐热情　苏小军　黄伟宏
国家高速公路荣成—乌海线荣成至文登段项目申请报告	山东省交通规划设计院	王淮南　李贻武　魏其运　纪文渤　王德庆
山东省高速公路沿线管理服务设施规划研究报告	中国公路工程咨询集团有限公司	李志军　杨春晖　冯美军　张江亭　曲明革
呼和木独至临河黄河公路大桥及其引线工程可行性研究报告	黄河勘测规划设计有限公司	李惠安　冯仲林　于剑丽　徐世俊　吴　健
国家高速公路十天线鄂陕界至安康公路工程可行性研究报告	陕西省公路勘察设计院	石飞荣　王天林　刘　洪　刘　振　李　超
德兴至南昌高速公路工程可行性研究报告	江西省交通设计院	罗梦琳　吕　庆　吴廷楹　余少华　肖志彪
辽宁中部环线高速公路 (M85) 新民至铁岭段工程可行性研究报告	辽宁省交通规划设计院	魏　军　李晓白　姚宏伟　田晓燕　苑丽敏
谷城至竹溪高速公路工程可行性研究报告	湖北省交通规划设计院	荣泽华　王　勇　廖向东　高　波　曾　骏
福银高速公路十天联络线湖北省段工程可行性研究报告	湖北省交通规划设计院	付军明　廖向东　王　勇　高　波　曾　骏
国道 213(317) 线都汶路映秀至汶川段二级公路灾后恢复重建工程可行性研究报告	四川省交通厅交通勘察设计研究院	王　玮　李崇明　许　毅　刘明刚　胡　斌
省道 306 线徐合公路岷县至合作段改建工程可行性研究报告	甘肃省公路网规划办公室	张汉舟　雷鸣涛　杨海龙　万生兵　蔡小宁
S205 线博乐至精河县五台镇岔口段公路改建工程可行性研究报告	新疆交通科学研究院	杨慧子　韩树峰　陈晓光　刘　涛　冯立群
江苏省公路养护现代化研究	* 江苏伟信工程咨询有限公司 交通运输部规划研究院	张晓冬　王双生　蒋　斌　邵　军　高　莉
蚌埠市大庆路淮河公路桥工程可行性研究报告	安徽省交通规划设计研究院	徐宏光　陈国祥　杨　超　单文胜　汪　俊

项目名称	主要完成单位	主要完成人
锡林浩特至多伦扩能改造工程可行性研究	内蒙古铁道勘察设计院有限公司	张亚东 王晨生 方勇毅 贾月明 王勇伟
哈尔滨至齐齐哈尔铁路客运专线可行性研究	铁道第三勘察设计院集团有限公司	卢茂胜 贾广志 王秀丽 耿 欣 袁博辉
新建广州和谐型大功率机车检修基地项目（机车新造系统）可行性研究报告	中铁工程设计院有限公司	孙佩明 张坤涛 赵 华 黄春燕 杜亚刚
新建铁路贵阳枢纽白云至龙里北联络线可行性研究	中铁二院工程集团有限责任公司	敖云碧 郑才辉 严 峻 杨 宇 韩长生
山西中南部铁路通道环境影响报告书	* 铁道第三勘察设计院集团有限公司 中铁工程设计咨询集团有限公司	张瑞锋 朱正清 席 社 周晓斌 韩运强
广西沿海铁路南宁至钦州北段扩能改造工程可行性研究	中铁二院工程集团有限责任公司	敖云碧 荣国琪 覃 庆 彭 涛 方云林
沈阳至丹东铁路客运专线可行性研究报告	铁道第三勘察设计院集团有限公司	范建国 郑贺民 仇炳宏 吕仁志 李庆生
新建铁路海天至青岛线可行性研究	中铁工程设计咨询集团有限公司	姚楚峰 刘成伟 刘勇进 栗 伟 耿红军
新建铁路玉林至铁山港线可行性研究报告	* 中铁四院集团南宁勘察设计院有限公司 中铁电气化勘测设计研究院有限公司 北京电铁通信信号勘测设计院有限公司	张北瑞 陆达飞 陈 更 伍建军 文大建
合福铁路客运专线安徽段新建工程项目规划选址专题论证报告	安徽省城乡规划设计研究院	胡厚国 董 扬 刘复友 唐厚明 白进成
江西景德镇发电厂“上大压小”2×600MW 级机组扩建工程可行性研究	江西省电力设计院	许思龙 肖美跃 刘祥玲 付 飞 黄家林
河北省能源中长期发展研究	河北省电力勘测设计研究院	周 卫 王 涛 夏保安 冯任卿 王 亮
华能岳阳电厂三期扩建工程可行性研究	中国电力工程顾问集团中南电力设计院	陈新军 刘东星 许维明 黄程鹏 吴 庆
福建智能电网调度技术支持系统试点工程可行性研究报告	福建省电力勘测设计院	蔡小玲 张继芬 陈允明 郑瑞忠 刘仁和
330kV 嘉瓜送电线路工程可研报告	甘肃省电力设计院	任志涛 安 宁 毛 矛 张国强 张 琦
220kV 永福输变电工程可行性研究报告	广州电力设计院	郭 峰 李一红 何 岗 梁 杰 秦锋明
新疆华电昌吉新热电 2×300MW 等级热电联产工程可研报告	新疆电力设计院	邹宗宪 朱 卫 章 勇 黄 磊 陈 曦

项目名称	主要完成单位	主要完成人
内蒙古准能矸石电厂 2×300MW CFB 空冷机组工程项目申请报告	内蒙古电力勘测设计院	刘 丰 聂维新 孙立新 范 飞 寇建玉
特高压投产后 500kV 电网规划方式研究	中国电力工程顾问集团华东电力设计院	郑建华 史大军 虞 瑄 周 晓 高 斌
国电霍州发电厂 2×600MW 以大代小工程可行性研究报告	山西省电力勘测设计院	张昌斌 王 建 杨国红 高建康 蔚湘战
云南电力工业发展“十二五”及中长期电网规划	* 中国电力工程顾问集团西南电力设计院 云南省电力设计院	丁 君 莫 骏 李品清 郑外生 吴安平
抚顺 220kV 新钢输变电工程可研报告	沈阳电力勘测设计院	李朝顺 万 青 杨益芹 龚树东 王 红
220kV 莹乡输变电工程可行性研究	浙江金华电力设计院有限公司	何明锋 程云华 叶国平 徐国忠 滕永禧
500kV 水乡输变电工程可行性研究报告	广东省电力设计研究院	张章亮 谢荣坤 黄志秋 简翔浩 杨 柳
河北建投沙河电厂 2×600MW 空冷机组工程可研报告	河北省电力勘测设计研究院	邱世平 张玉柱 赵晓利 董 舟 张 霞
上海漕泾电厂工程建设设计咨询意见	中国电力建设工程咨询公司	张国华 陈戍生 张建中 寿仕俊 钱仲伍
烟台市电力工业发展规划 (2009 年—2015 年)	山东省工程咨询院	梁荣进 任遵义 王开彬 刘从来 韩 芒
广东后续核电项目厂址普选报告	深圳中广核工程设计有限公司	姜晓玮 崔学军 许波涛 谢欣荣 姬国庆
重庆市开县东里河流域水电梯级开发规划报告	重庆江河工程咨询中心有限公司	张 剑 董岚江 梁 姚 周怡良 郑太文
四川大渡河黄金坪水电站建设征地移民安置规划报告	中国水电顾问集团成都勘测设计研究院	魏军亮 翟洪光 黄爱平 郭万侦 刘焕永
四川省大渡河双江口水电站建设征地移民安置规划大纲	中国水电顾问集团成都勘测设计研究院	黄 剑 余 琳 翟洪光 刘映泉 郭万侦
湖北堵河潘口水电站移民安置实施阶段库区建设征地移民安置规划设计专题报告	中国水电顾问集团中南勘测设计研究院	郗成利 姜正良 赵成林 郝 鹏 毛新平
山东文登抽水蓄能电站可行性研究阶段防震抗震研究设计专题报告	中国水电顾问集团北京勘测设计研究院	夏荣立 高立东 王雨会 郭敞良 傅 华
雅砻江卡拉水电站工程区滑坡群成因机制及稳定性专题研究	* 中国水电顾问集团华东勘测设计研究院 成都理工大学、福建华东岩土工程有限公司	单治钢 唐兴君 钟湖平 石豫川 周会信

项目名称	主要完成单位	主要完成人
山东文登抽水蓄能电站安全预评价报告	中国水利水电建设工程咨询公司	潘　建　薛联芳　戴向荣　肖小云　张晓利
四川省涪江古城水电站工程项目申请报告	中国水电顾问集团中南勘测设计研究院	朱　雄　王尚军　余　玮　胡近林　胡　伟
湖南省黑麋峰抽水蓄能电站水资源论证报告	中国水电顾问集团中南勘测设计研究院	周铁柱　张丹庆　杨定贵　赵增海　杨培炎
大庆至广州高速公路粤境连平至从化段水土保持方案报告书	广东省水利电力勘测设计研究院	郑国权　李建生　陈劲跃　郑悦华　黄汉禹
怀集县“珠三角安全食品产业基地”发展规划	广东省农业科学院	郑业鲁　周灿芳　蒋新祥　余华荣　李丹霞
中山市水资源综合规划	中山市水利水电勘测设计咨询有限公司	谢建麟　梁剑喜　黄　晶　王清香　张　新
宝鸡市石头河水库引水工程可行性研究报告	中国市政工程华北设计研究总院	韩　勇　刘继先　冯　岩　刘绪宗　孙静慧
湖南省洞庭湖区围堤湖等 10 个蓄洪垸堤防加固工程可行性研究报告	湖南省水利水电勘测设计研究总院	郑　洪　胡飞明　黄云仙　周立忠　左小平
湘江长沙综合枢纽工程可行性研究报告	* 湖南省交通规划勘察设计院 湖南省水利水电勘测设计研究总院	刘学著　彭映凡　范焱斌　彭厚德　周作茂
贵阳市农产品冷链物流发展规划 (2010 年—2020 年)	* 中国农业机械化科学研究院贵州项目咨询工作站 贵阳蓝德项目咨询服务中心	吕大明　吕敬堂　刘海萍　王祖泽　郭　勇
陕西省延安市南沟门水利枢纽工程可行性研究报告	陕西省水利电力工程咨询有限责任公司	刘　斌　李云英　李宇光　楚艳春　樊春贤
青海省海西州巴音河流域水资源综合开发利用规划	青海省水利水电勘测设计研究院	沈　奎　严顺君　齐国庆　刘东康　刘鸿仓
广西桂中治旱乐滩水库引水灌区一期工程可行性研究报告	广西水利电力勘测设计研究院	黄承泉　李科杰　韦贞景　陈宏明　张丽萍
小浪底南岸节水型生态农业灌区可研报告	洛阳水利勘测设计院	王家会　曹国东　上官保山　查　斌　黄朝玉
泉州市“十一五”海洋资源开发利用专项规划	泉州市工程咨询中心	张清楚　黄福铁　许建全　陈雍容　何国珍
南水北调工程建设征地补偿同地同价问题研究报告	水利部水利水电规划设计总院	姚玉琴　刘冬顺　朱闽丰　王俊海　李　曦
河北省廊坊市应急供水工程廊坊干渠工程可行性研究报告	水利部河北水利水电勘测设计研究院	王　海　孙景亮　吕满堂　杨　峰　石志学

项目名称	主要完成单位	主要完成人
湖南溇水皂市水利枢纽库区半淹村组环境容量复核及移民安置规划专题报告	长江水利委员会长江勘测规划设计研究院	高润德　袁永源　汤　建　常益中　白呈富
富春江船闸扩建改造工程防洪影响评价报告	中国水电顾问集团华东勘测设计研究院	计金华　刘光保　黄　靖　杨　娟　程开宇
唐山市陡河供水监测中心可行性研究报告	水利部河北水利水电勘测设计研究院	孙继江　杨铁树　张　岩　王传章　侯英杰
禹门口提水东扩工程可行性研究报告	山西省水利水电勘测设计研究院	孙万功　杨晋营　王引田　李智建　白　丽
洛羊物流片区呈黄路改建工程可行性研究报告	国家林业局昆明勘察设计院	钱春华　李陆勋　赵建新　冯志国　苏克启
武汉城市圈林业有害生物防控及森林健康示范工程建设项目可行性研究报告	湖北省林业勘察设计院	朱开宪　刘　侠　江建生　王春俊　林成军
承德市山体休闲公园建设总体规划 (2008—2010)	河北承德林业调查规划设计院	杨君林　崔立明　王占杰　赵小宇　陈雅娟
北京市湿地资源调查报告	北京市林业勘察设计院	杜鹏志　陈海燕　李瑞生　高淑学　李　伟
广东省油茶产业发展规划 (2010—2020)	广东省林业调查规划院	郑镜明　肖智慧　郭彦青　邓鉴锋　战国强
世界银行贷款浙江省林业综合发展项目可行性研究	浙江省林业调查规划设计院	谢哲根　陈高杰　陈征海　刘安兴　孙孟军
西藏林芝雅尼国家湿地公园总体规划	国家林业局昆明勘察设计院	蔡　芳　胡业清　苏　琴　耿　满　缪志缙
亚洲开发银行贷款西北三省（区）甘肃林业生态发展项目可行性研究报告	甘肃省林业调查规划院	石建忠　吴小舟　李育才　吕子君　周富山
中国绿色碳基金江西高峰人工林碳汇计量与监测项目报告	林产工业规划设计院	邓金龙　种　伟　王希群　尤　炜　付海曼
广西百色丰林人造板有限公司年产 50 000m^3 单板层积材项目可行性研究报告	林产工业规划设计院	肖小兵　喻乐飞　齐爱华　张忠涛　许焕义
南宁市百里环城森林生态圈建设项目可行性研究报告	广西壮族自治区林业勘测设计院	何彬元　曾　嵘　韦庆锋　邹馥蔓　潘　丹
西藏自治区重点区域生态公益林建设工程规划 (2007—2010)	* 西藏自治区林业调查规划研究院 国家林业局中南林业调查规划设计院	朱雪林　罗怀斌　张家平　姜仁华　付达夫

注："主要完成单位"栏内一个单位即申报单位；一个以上单位加"*"号者为申报单位。

全国工程勘察与岩土行业第二批“诚信单位”名单

中国勘察设计协会

（2010年3月6日颁布）

北京市(6家单位)

1.中国公路工程咨询集团有限公司（勘察专业）
2.中交公路规划设计院有限公司（勘察专业）
3.中铁工程设计院有限公司（勘察专业）
4.北京京岩工程有限公司
5.北京全路通通信信号研究设计院（勘察专业）
6.华杰工程咨询有限公司（勘察专业）

上海市(5家单位)

1.中铁上海设计集团有限公司工程勘察院
2.上海海洋地质勘察设计有限公司
3.上海地矿工程勘察有限公司
4.上海市岩土地质研究院有限公司
5.上海光华勘测设计有限公司勘察分院

天津市(3家单位)

1.天津华北工程勘察设计有限公司(勘察专业)
2.天津中怡建筑设计有限公司(勘察专业)
3.中水北方勘测设计研究有限责任公司(勘察专业)

重庆市(6家单位)

1.重庆六○七勘察实业总公司
2.重庆宏源勘测设计有限公司(勘察专业)
3.重庆一三六地质矿产有限责任公司
4.重庆长江工程勘察设计研究院
5.重庆市市政设计研究院(勘察专业)
6.重庆高新岩土工程勘察设计院

山西省(5家单位)

1.山西省建筑设计研究院工程勘察所
2.煤炭工业太原设计研究院(勘察专业)
3.山西省地质工程勘察院
4.山西省建筑科学研究院(基础工程处岩土工程所)
5.山西省第五地质工程勘察院

内蒙古(1家单位)

内蒙古建筑业工程勘察设计有限公司(勘察专业)

辽宁省(2家单位)

1.化工部锦州地质工程勘察院
2.沈阳市勘察测绘研究院

江苏省(4家单位)

1.核工业南京工程勘察院
2.江苏省第二地质工程勘察院
3.无锡市交通规划设计研究院有限公司(勘察分院)
4.江苏省地质矿产勘查开发公司

浙江省(3家单位)

1.核工业金华工程勘察院
2.浙江海北勘察股份有限公司
3.浙江省地矿勘察院

安徽省(5家单位)

1.核工业芜湖工程勘察院
2.合肥工业大学建筑设计研究院勘察分院
3.安徽省水利水电勘测设计院勘测分院
4.安徽华电工程咨询设计有限公司勘探分公司
5.合肥市勘察院有限责任公司

福建省(5家单位)

1.化工部福州地质工程勘察院
2.核工业华南工程勘察院
3.福建省泉州市水电工程勘察院
4.福建省水文地质工程地质勘察研究院
5.建材福州地质工程勘察院

江西省(7家单位)

1.江西省交通设计院勘察分院

2.赣北地质工程勘察院
3.江西赣北公路勘察设计院勘察所
4.江西赣西土木工程勘测设计院勘察分院
5.地矿新余地质工程勘察院
6.江西省九〇九地质工程勘察院
7.核工业鹰潭工程勘察院

山东省(3 家单位)

1.济南市勘察测绘研究院
2.山东省冶金地质水文勘察公司
3.青岛市城阳勘察测绘有限公司

湖北省(3 家单位)

1.武汉华中岩土工程有限责任公司
2.武汉市政工程设计研究院有限责任公司(勘察专业)
3.中交第二航务工程勘察设计院有限公司(勘察专业)

湖南省(8 家单位)

1.湖南省勘测设计院
2.湖南省地质工程勘察院
3.中冶长天国际工程有限公司(勘察专业)
4.湖南省湘南工程勘察院
5.湖南省交通科学研究院(勘察专业)
6.核工业衡阳第二地质工程勘察院
7.湖南省轻工业纺织设计院(勘察专业)
8.湖南省资源规划勘测院

广东省(6 家单位)

1.深圳市长勘勘察设计有限公司
2.广东科诺电力岩土工程有限公司
3.广州市市政工程设计研究院(勘察专业)
4.中交第四航务工程勘察设计院有限公司(勘察专业)
5.佛山市顺德区勘测有限公司
6.华南理工大学建筑设计研究院勘察工程有限公司

广西自治区(4 家单位)

1.广西华蓝岩土工程有限公司
2.广西河池水利电力勘测设计研究院(勘察专业)
3.广西水文地质工程地质勘察院
4.广西壮族自治区地质工程勘察院

四川省(2 家单位)

1.成都兴蜀勘察基础工程公司
2.核工业德阳金阳岩土工程有限公司

云南省(1 家单位)

云南省岩土工程勘察设计研究院

陕西省(4 家单位)

1.陕西省电力设计院(勘察专业)
2.陕西省公路勘察设计院(勘察专业)
3.西安长庆科技工程有限责任公司(勘察专业)
4.陕西核工业工程勘察院

新疆自治区(12 家单位)

1.水利部新疆维吾尔自治区水利水电勘测设计院(勘察专业)
2.新疆地质工程勘察院
3.新疆公路规划勘察设计院(勘察专业)
4.新疆铁道勘察设计院有限公司(勘察专业)
5.新疆煤炭设计院有限责任公司(勘察专业)
6.巴州基安岩土工程勘察设计有限公司
7.新疆维吾尔自治区建筑设计院工程勘察院
8.新疆油田勘察设计院有限公司(勘察专业)
9.新疆生产建设兵团勘测规划设计研究院(勘察专业)
10.新疆电力设计院(勘察专业)
11.新疆宝地工程勘察院有限责任公司
12.新疆轻工业设计院有限责任公司(勘察专业)

全国勘察设计行业优秀民营设计企业名单

中国勘察设计协会

（2010年3月16日颁布）

北京华茂中天建筑设计有限公司
北京九源三星建筑师事务所
北京维拓时代建筑设计有限公司
北京环洋世纪国际建筑顾问有限公司
天津市中天建都市建筑设计有限公司
天津市天友建筑设计有限公司
天津市华夏建筑设计有限公司
河北九易庄宸工程设计有限公司
北方绿野建筑设计有限公司
中交远洲交通科技集团有限公司
河北金润热力燃气工程设计咨询有限公司
太原王孝雄建筑设计事务所
山西凯的建筑工程设计事务所
太原市聚川建筑工程设计事务所
内蒙古建筑勘察设计研究院有限公司
内蒙古新雅建筑设计有限公司
包头市建筑设计研究院有限公司
呼市建筑勘察设计研究院有限公司
中城建北方建筑勘察设计研究院有限公司
内蒙古维都工程设计咨询有限公司
通辽市建筑规划设计研究院
大连市建筑设计研究院有限公司
沈阳都市建筑设计有限公司
吉林省建筑设计院有限责任公司
吉林省路桥设计有限公司
长春市海威市政工程设计有限公司
哈尔滨方舟建筑设计有限公司
大庆华凯石油化工设计工程有限公司
上海三益建筑设计有限公司
上海浚源建筑设计有限公司
苏州市建筑设计研究院有限责任公司
江苏省建筑设计研究院有限公司
南京市建筑设计研究院有限责任公司
南京长江都市建筑设计股份有限公司
杭州市城建设计研究院有限公司
宁波市城建设计研究院有限公司
汉嘉设计集团股份有限公司
马鞍山汇华建筑设计有限公司
安庆市第一建筑设计研究院有限公司
淮北市建筑勘察设计研究院有限公司
安徽省安德建筑设计有限公司
合肥三川自控工程有限公司
南昌市建筑设计研究院有限公司
江西省浩风建筑工程设计事务所
江西省桂能综合设计研究院有限公司
鹰潭市建筑设计院有限责任公司
厦门合道工程设计集团有限公司
福建永福工程顾问有限公司
厦门中平公路勘察设计咨询有限公司
福建经福建筑设计工程有限公司
青岛市建筑设计研究院股份有限公司
烟台市建筑设计研究院股份有限公司
济南市市政工程设计研究院有限责任公司
河南省新开元路桥工程咨询有限公司
河南省众慧电力工程咨询有限公司
河南省中纬测绘规划信息工程有限公司
河南省建筑设计研究院有限公司
河南省城市规划设计研究院有限公司
洛阳规划建筑设计有限公司
河南徐辉建筑工程设计事务所
湖北羿天建筑装饰设计有限公司
武汉和创建筑工程设计事务所有限公司
湖北中江建筑设计有限公司
湖南安淳高新技术有限公司
湖南方圆建筑设计事务所
长沙凯天环保科技有限公司
广州瀚华建筑设计有限公司
广州伯盛建筑设计事务所
广州市番禺城市建筑设计院有限公司
深圳市筑博工程设计有限公司
深圳市华阳国际工程设计有限公司
深圳左肖思建筑师事务所有限公司
广西华蓝设计(集团)有限公司
广西天艺建筑设计有限责任公司
柳州市荣泰建筑设计有限公司
雅克设计有限公司
海南宏生勘测设计有限公司
海南泓景建筑设计有限公司
海南柏森建筑设计有限公司
海南佳风工程设计有限公司
重庆市中设市政工程设计有限公司
重庆市得森建筑规划设计研究院有限公司
四川众恒建筑设计有限公司
成都基准方中建筑设计事务所
四川海辰工程设计研究有限公司
贵阳建筑勘察设计有限公司
贵州中水建设项目管理有限公司
云南怡成建筑设计有限公司
云南泛亚工程设计院有限公司
云南工程勘察设计院有限公司
中交通力建设股份有限公司
陕西恒瑞建筑设计工程有限公司
陕西宏基建筑勘察设计工程有限公司
甘肃泓文建筑设计院
甘肃金桥给水排水设计与工程(集团)有限公司
宁夏建筑设计研究院有限公司
银川市规划建筑设计研究院有限公司
宁夏工业设计院有限责任公司
青海东亚建筑设计责任有限公司
青海省新能源研究所有限公司
青海西拓交通工程咨询有限责任公司
新疆奎屯建筑规划设计研究院(有限公司)
新疆阿勒泰建筑规划设计有限责任公司
新疆石河子建筑规划设计研究院(有限公司)
新疆市政建筑设计研究院有限公司

全国勘察设计行业优秀民营企业家名单

中国勘察设计协会

（2010年3月16日颁布）

张钟声	北京华茂中天建筑设计有限公司总经理
江　曼	北京九源三星建筑师事务所总经理
孙祥恕	北京维拓时代建筑设计有限公司董事长兼总经理
胡　戎	北京环洋世纪国际建筑顾问有限公司总经理
张　波	天津市中天建都市建筑设计有限公司总经理
宋令涛	天津市天友建筑设计有限公司总经理
刘存发	天津市华夏建筑设计有限公司总经理
梁　冰	河北九易庄宸工程设计有限公司总经理
郝卫东	北方绿野建筑设计有限公司总经理
杨新洲	中交远洲交通科技集团有限公司总经理
杨新强	河北金润热力燃气工程设计咨询有限公司总经理
刘小平	太原王孝雄建筑设计事务所董事长
李奭夫	山西凯的建筑工程设计事务所总经理
张彦宁	太原市聚川建筑工程设计事务所总经理
胡锁民	内蒙古建筑勘察设计研究院有限公司董事长兼总经理
温捷强	内蒙古新雅建筑设计有限公司董事长
刘英达	包头市建筑设计研究院有限公司董事长
李俊奎	呼市建筑勘察设计研究院有限公司董事长兼院长
杨忠昌	中城建北方建筑勘察设计研究院有限公司董事长
白可宏	内蒙古维都工程设计咨询有限公司董事长兼总经理
刘玉山	通辽市建筑规划设计研究院董事长
张世良	大连市建筑设计研究院有限公司董事长
张立峰	沈阳都市建筑设计有限公司总经理
焦洪军	吉林省建筑设计院有限责任公司董事长
赵玉忠	吉林省路桥设计有限公司董事长
王　琦	长春市海威市政工程设计有限公司董事长
刘远孝	哈尔滨方舟建筑设计有限公司总经理
刘智泉	大庆华凯石油化工设计工程有限公司董事长兼总经理
李永杰	上海三益建筑设计有限公司董事长
白　亮	上海浚源建筑设计有限公司董事长
戴雅萍	苏州市建筑设计研究院有限责任公司董事长
仓慧勤	江苏省建筑设计研究院有限公司董事长兼总经理
左　江	南京市建筑设计研究院有限责任公司董事长
汪　杰	南京长江都市建筑设计股份有限公司董事长兼总经理
施国栋	杭州市城建设计研究院有限公司董事长
王纪跃	宁波市城建设计研究院有限公司董事长
杨小军	汉嘉设计集团股份有限公司总裁
唐世华	马鞍山汇华建筑设计有限公司董事长
余再明	安庆市第一建筑设计研究院有限公司董事长
郭淮成	淮北市建筑勘察设计研究院有限公司董事长
金　鑫	安徽省安德建筑设计有限公司院长
李　保	合肥三川自控工程有限公司总经理
黄小燕	南昌市建筑设计研究院有限公司总经理
张义锋	江西省浩风建筑工程设计事务所执行合伙人兼所长
易中理	江西省桂能综合设计研究院有限公司董事长兼院长
徐学云	鹰潭市建筑设计院有限责任公司董事长
张惠莲	厦门合道工程设计集团有限公司董事长
季征南	福建永福工程顾问有限公司总经理
江　锋	厦门中平公路勘察设计咨询有限公司董事长
王　育	福建经福建筑设计工程有限公司总经理
赵新华	青岛市建筑设计研究院股份有限公司董事长
李天世	烟台市建筑设计研究股份有限公司董事长
王　顺	济南市市政工程设计研究院有限责任公司董事长
王中要	河南省新开元路桥工程咨询有限公司董事长、总经理
丁宏伟	河南省众慧电力工程咨询有限公司董事长、总经理
黄贤忠	河南省中纬测绘规划信息工程有限公司董事长、总经理
贺高凯	河南省建筑设计研究院有限公司董事长
杨德民	河南省城市规划设计研究院有限公司董事长兼总经理
姚金山	洛阳规划建筑设计有限公司董事长
徐　辉	河南徐辉建筑工程设计事务所执行合伙人、首席建筑师
严　斌	湖北羿天建筑装饰设计有限公司董事长
吴洪滨	武汉和创建筑工程设计事务所有限公司总经理

阎国胜	湖北中江建筑设计有限公司董事长
谢定中	湖南安淳高新技术有限公司董事长
谭迪凡	湖南方圆建筑设计事务所董事长
叶明强	长沙凯天环保科技有限公司董事长
冼剑雄	广州瀚华建筑设计有限公司董事长
盛宇宏	广州伯盛建筑设计事务所董事长
马嘉军	广州市番禺城市建筑设计院有限公司董事长
徐先林	深圳市筑博工程设计有限公司董事长
唐崇武	深圳市华阳国际工程设计有限公司董事长
左肖思	深圳左肖思建筑师事务所有限公司董事长
雷　翔	广西华蓝设计（集团）有限公司董事长
秦　延	广西天艺建筑设计有限责任公司董事长
王日丰	柳州市荣泰建筑设计有限公司董事长
侯百镇	雅克设计有限公司总经理
曾春生	海南宏生勘测设计有限公司总经理
高荣奉	海南泓景建筑设计有限公司董事长
吴晓峰	海南柏森建筑设计有限公司董事长
符伟权	海南佳风工程设计有限公司总经理
黄华华	重庆市中设市政工程设计有限公司院长
刘　楷	重庆市得森建筑规划设计研究院有限公司董事长
袁闽翔	四川众恒建筑设计有限公司董事长
钟　明	成都基准方中建筑设计事务所执行合伙人兼总经理
余　海	四川海辰工程设计研究有限公司董事长兼总经理
袁志英	贵阳建筑勘察设计有限公司董事长兼总经理
郑国旗	贵州中水建设项目管理有限公司董事长
万迪恒	云南怡成建筑设计有限公司董事长
李　伟	云南泛亚工程设计院有限公司董事长
孙忠第	中交通力建设股份有限公司董事长
花　蓓	陕西恒瑞建筑设计工程有限公司总经理
尚鹏玉	陕西宏基建筑勘察设计工程有限公司董事长
冯文章	甘肃泓文建筑设计院院长
王继武	甘肃金桥给水排水设计与工程（集团）有限公司董事长
张建中	宁夏建筑设计研究院有限公司董事长
朱阿鲸	银川市规划建筑设计研究院有限公司董事长
张惠宁	宁夏工业设计院有限责任公司董事长
王亚峰	青海东亚建筑设计责任有限公司董事长
张治明	青海省新能源研究所有限公司总经理
闫醒春	青海西拓交通工程咨询有限责任公司董事长
刘国庆	新疆奎屯建筑规划设计研究院（有限公司）董事长
徐金武	新疆阿勒泰建筑规划设计有限责任公司董事长
李鸿保	新疆石河子建筑规划设计研究院（有限公司）董事长
张晓白	新疆市政建筑设计研究院有限公司董事长

2010年度国家工程建设(勘察设计)优秀QC小组

中国勘察设计协会

(2010年6月13日发布)

(按申报时的自然登录顺序排列)

中水东北勘测设计研究有限责任公司　土工格栅施工 QC 小组

吉林石油集团石油工程有限责任公司　滨江嘉园二区地下车库 QC 小组

中国水电顾问集团华东勘测设计研究院　★水机 QC 小组

金华电力设计院有限公司　变电二所 QC 小组

浙江省地球物理技术应用研究所　桥梁板力学性能试验 QC 小组

浙江省工程勘察院物探研究所　检测 QC 小组

上海市隧道工程轨道交通设计研究院　★申诚监理 QC 小组

上海市城市建设设计研究院　提高 ETC 交易成功率 QC 小组

中交第三航务工程勘察设计院有限公司　土工试验 QC 小组

河南省电力勘测设计院　技经室安装组 QC 小组

郑州电力设计院　小型变电站设计 QC 小组

中国石化集团中原石油勘探局勘察设计研究院　设备室 QC 小组

中国水电顾问集团成都勘测设计研究院　水文监测 QC 小组

中国电力工程顾问集团西南电力设计院　多年冻土地区铁塔基础选型研究 QC 小组

中国电力工程顾问集团西南电力设计院　电气一科 QC 小组

四川电力设计咨询有限责任公司　地质 QC 小组

江西省交通设计院　三所 QC 小组

沈阳铁道勘察设计院有限公司　起点 QC 小组

辽宁电力勘测设计院　土建建筑 QC 小组

中油辽河工程有限公司　★油气储运 QC 小组

广西电力工业勘察设计研究院　★ CAD 电子文件管理 QC 小组

广西华蓝设计(集团)有限公司　科技质量部 QC 小组

广西华蓝设计(集团)有限公司　网络管理室 QC 小组

广西建筑科学研究设计院　计算中心 QC 小组

广东省电力设计研究院　安全生产 QC 小组

河南省电力勘测设计院　安全监察部 QC 小组

河南省电力勘测设计院　工程测量 QC 小组

新疆铁道勘察设计院有限公司　线路设计 QC 小组

新疆地质工程勘察院　勇士 QC 小组

新疆生产建设兵团勘测规划设计研究院　公路 QC 小组

新疆电力设计院　系统室 QC 小组

山西省电力勘测设计院　★热机专业节能 QC 小组

山西省建筑设计研究院　综合设计七所

中铁第一勘察设计院集团有限公司　重庆地铁弱电电源设计 QC 小组

西安长庆科技工程有限责任公司　集气站设计 QC 小组

中国移动通信集团设计院有限公司　陕西分公司五朵金花 QC 小组

中铁第一勘察设计院集团有限公司　兰新第二双线临时电力设计 QC 小组

中国水电顾问集团西北勘测设计研究院　路桥 QC 小组

西安长庆科技工程有限责任公司　建筑预算 QC 小组

西安长庆科技工程有限责任公司　叠图机操作技术开发 QC 小组

福建省交通规划设计院　降低安全设施预埋件工程造价 QC 小组

江苏省电力设计院　水文气象 QC 小组

华北有色工程勘察院有限公司　帷幕注浆工程质量控制 QC 小组

铁道第三勘察设计院集团有限公司　天路 QC 小组

中国水电顾问集团中南勘测设计研究院　太阳能 QC 小组

中铁二院武汉勘察设计研究院有限责任公司　武汉铁路局局界口货运综合智能系统设计 QC 小组

中国电力工程顾问集团中南电力设计院　★建筑 QC 小组

中铁第四勘察设计院集团有限公司　地路处伪随机震源数据采集 QC 小组

中铁大桥勘测设计院有限公司　吉林雾凇大桥设计 QC 小组

中铁工程设计咨询集团有限公司济南设计院　★建筑所聊城站结构 QC 小组

山东地质测绘院　二次土地调查 QC 小组
煤炭工业济南设计研究院有限公司　矿井所采矿 QC 小组
山东电力工程咨询院有限公司　★管道放坡设计 QC 小组
中国核电工程有限公司河北分公司　给排水 QC 小组
广东省电力设计研究院　核电 P&ID 协同设计 QC 小组
核工业金华工程勘察院　勘察一处 QC 小组
广东省电力设计研究院　热控辅助设计软件实际应用的功能完善 QC 小组
广东核力工程勘察院　实验检测中心 QC 小组
中铁二院工程集团有限责任公司　成都至兰州铁路环评专业 QC 小组
中铁电气化勘测设计研究院有限公司　金点子 QC 小组
中铁大桥勘测设计院有限公司　测量工程部 QC 小组
中铁二院工程集团有限责任公司　南宁东站站场专业 QC 小组
中铁工程设计咨询集团有限公司　南广接触网 QC 小组
中国石油天然气管道工程有限公司　北京咨询中心项目管理 QC 小组
中国石油天然气管道工程有限公司　估算控制 QC 小组
西安长庆科技工程有限责任公司　★阀门管线保温 QC 小组
大庆油田工程有限公司　★油田化学剂应用 QC 小组

西安长庆科技工程有限责任公司　航测 QC 小组
中国水电顾问集团西北勘测设计研究院　★辅企利剑 QC 小组
中国水电顾问集团中南勘测设计研究院　★东凌风电基础施工 QC 小组
湖北中南勘察基础工程有限公司　红安县烟宝地水库除险加固工程 QC 小组
中冶地勘岩土工程有限责任公司　红沿河核电厂取、排水口围堰及导流堤塑性混凝土防渗墙施工质量管理 QC 小组
中冶地集团西北岩土工程有限公司　钻孔灌注桩灌注过程中断桩处理质量的控制 QC 小组
中基发展建设工程有限责任公司　唐山万达广场基坑工程 QC 小组
秦皇岛天元五一五钻探工程有限公司　内蒙大坝沟矿区坚硬与漏失地层中岩芯钻探施工提高钻进效率 QC 小组
中国电力工程顾问集团华北电力设计院工程有限公司　热机室 QC 小组
广西电力工业勘察设计研究院　档案管理 QC 小组
上海电力设计院有限公司　土建菁英 QC 小组
黑龙江省电力勘察设计研究院　热机 QC 小组
河北省电力勘测设计研究院　三维设计 QC 小组
中国电力工程顾问集团中南电力设计院　电气 QC 小组

注：QC 小组名称前带“★”标记的，是评委会要求在成果发表会上发表成果的 12 个小组。

"创新杯"——建筑信息模型(BIM)设计大赛获奖名单

中国勘察设计协会

(2010年6月18日)

最佳 BIM 建筑设计奖

一等奖		
1	世博文化中心	现代集团华东建筑设计研究院有限公司
2	敦煌莫高窟游客中心	中国建筑设计研究院
3	世博园国家电力馆	CCDI 中建国际设计顾问有限公司
二等奖		
4	世博上汽通用企业馆	上海现代建筑设计(集团)有限公司
5	湖州喜来登温泉度假酒店	上海现代建筑设计(集团)有限公司
6	世博上海案例馆	现代设计集团华东建筑设计研究院有限公司
7	世博奥地利馆	上海现代建筑设计(集团)有限公司
8	杭州奥体中心主体育场	CCDI 中建国际设计顾问有限公司
三等奖		
9	天津团泊湖网球中心	CCDI 中建国际设计顾问有限公司
10	天津团泊新城综合体育馆	CCDI 中建国际设计顾问有限公司
11	中山古镇灯都商厦	广东省建筑设计研究院
12	合肥滨湖国际会展中心	现代设计集团上海建筑设计研究院有限公司
13	哈尔滨西客站	CCDI 中建国际设计顾问有限公司
14	徐州建筑职业技术学院图书馆	中国建筑设计研究院
15	申都大厦改建工程	现代设计集团华东建筑设计研究院有限公司
16	广州从化温泉养生谷商务会议 III 区 D 型贵宾院落式酒店	深圳华森建筑与工程设计顾问有限公司

最佳 BIM 工程设计奖

一等奖		
1	世博文化中心	现代设计集团华东建筑设计研究院有限公司
2	世博国家电力馆	CCDI 中建国际设计顾问有限公司
二等奖		
3	浙江中烟工业公司杭州制造部"十一五"易地技术改造项目	机械工业第六设计研究院
4	世博上海案例馆	现代设计集团华东建筑设计研究院有限公司

5	杭州奥体中心主体育场	CCDI 中建国际设计顾问有限公司
6	天津团泊新城综合体育馆	CCDI 中建国际设计顾问有限公司
7	天津团泊湖网球中心	CCDI 中建国际设计顾问有限公司
三等奖		
8	世茂 · 工三广场	华通设计顾问工程有限公司
9	云南省第一人民医院住院综合楼	昆明市建筑设计研究院有限责任公司
10	某汽车工厂联合厂房	东风设计研究院有限公司
11	世博上汽通用企业馆	上海现代建筑设计（集团）有限公司
12	宜昌万达广场	CCDI 中建国际设计顾问有限公司
13	湖州喜来登温泉度假酒店	上海现代建筑设计（集团）有限公司

最佳 BIM 协同奖

一等奖		
1	世博文化中心	现代设计集团华东建筑设计研究院有限公司
二等奖		
2	浙江中烟工业公司杭州制造部“十一五”易地技术改造项目	机械工业第六设计研究院
3	世博国家电力馆	CCDI 中建国际设计顾问有限公司
三等奖		
4	杭州奥体中心主体育场	CCDI 中建国际设计顾问有限公司
5	世博奥地利馆	上海现代建筑设计（集团）有限公司
6	哈尔滨西客站	CCDI 中建国际设计顾问有限公司

最佳绿色分析应用奖

一等奖		
1	世博文化中心	现代设计集团华东建筑设计研究院有限公司
二等奖		
2	世博园国家电力馆	CCDI 中建国际设计顾问有限公司
3	大梅沙万科中心	CCDI 中建国际设计顾问有限公司
三等奖		
4	凤凰岭绿色建筑节能项目	CCDI 中建国际设计顾问有限公司
5	中都大厦改建工程	现代设计集团华东建筑设计研究院有限公司
6	世博上海案例馆	现代设计集团华东建筑设计研究院有限公司

最佳 BIM 应用企业奖

1	上海现代建筑设计（集团）有限公司
2	CCDI 中建国际设计顾问有限公司
3	机械工业第六设计研究院

BIM 应用企业鼓励奖

1	天津水泥工业设计研究院有限公司
2	沈阳市建筑设计院
3	华通设计顾问工程有限公司
4	福建省建筑设计研究院
5	宝钢工程技术集团有限公司
6	云南省设计院

工程勘察设计行业
实施信息化建设先进单位获奖名单

中国勘察设计协会

(2010年9月25日颁布)

1.中交水运规划设计院有限公司
2.中交第四航务工程勘察设计院有限公司
3.中交第二航务工程勘察设计院有限公司
4.中国石化工程建设公司
5.中国石化洛阳石化工程公司
6.中国石化宁波工程有限公司
7.中国石化上海工程有限公司
8.中国天辰工程有限公司
9.中国航空规划建设发展有限公司
10.中航勘察设计研究院有限公司
11.长沙艾佩克工程有限公司
12.中国寰球工程公司
13.中国石油集团工程设计有限责任公司西南分公司
14.中国昆仑工程公司
15.中国石油天然气股份有限公司规划总院
16.长江勘测规划设计研究院
17.中国水电顾问集团华东勘测设计研究院
18.中水珠江规划勘测设计有限公司
19.吉林省水利水电勘测设计研究院
20.中国核电工程有限公司
21.中国核动力研究设计院
22.江西省纺织工业科研设计院
23.上海纺织建筑设计研究院
24.中冶赛迪工程技术股份有限公司
25.中冶京诚工程技术有限公司
26.马钢设计研究院有限责任公司
27.北京首钢国际工程技术有限公司
28.中冶东方工程技术有限公司
29.中冶华天工程技术有限公司
30.铁道第三勘察设计院集团有限公司
31.中铁第四勘察设计院集团有限公司
32.中铁二院工程集团有限责任公司
33.中铁第一勘察设计院集团有限公司
34.机械工业第六设计研究院
35.机械工业第九设计研究院
36.机械工业第三设计研究院
37.中国电子工程设计院
38.五洲工程设计研究院
39.中船第九设计研究院工程有限公司
40.天津市建筑设计院
41.天津市市政工程设计研究院
42.天津大学建筑设计研究院
43.天津市勘察院
44.中国成达工程公司
45.中国电力工程顾问集团西南电力设计院
46.成都建筑材料工业设计研究院有限公司
47.深圳市建筑设计研究总院有限公司
48.深圳市市政设计研究院有限公司
49.深圳市勘察测绘院有限公司
50.中建国际(深圳)设计顾问有限公司
51.珠海市规划设计研究院
52.珠海市交通勘察设计院有限公司
53.中国瑞林工程技术有限公司
54.江西省建筑设计研究总院
55.江西省电力设计院
56.江西省交通设计院
57.江西省水利规划设计院
58.安徽省建筑设计研究院
59.安徽省建设工程勘察设计院
60.中铁合肥建筑市政工程设计研究院有限公司
61.黄山市建筑设计研究院
62.安徽国华建设工程项目管理有限公司
63.安徽省化工设计院
64.北京维拓时代建筑设计有限公司
65.北京城建设计研究总院有限责任公司
66.北京市住宅建筑设计研究院有限公司
67.北京市市政工程设计研究总院
68.江苏省建筑设计研究院有限责任公司
69.苏州市建筑设计研究院有限责任公司
70.江苏省电力设计院
71.南京长江都市建筑设计股份有限公司
72.东南大学建筑设计研究院
73.新疆铁道勘察设计院有限公司
74.新疆电力设计研究院
75.新疆煤炭设计研究院有限责任公司
76.新疆有色冶金设计研究院有限公司
77.浙江省建筑设计研究院
78.浙江省电力设计院
79.浙江大学建筑设计研究院
80.温州市建筑设计研究院
81.大庆油田工程有限公司
82.大庆石化工程有限公司
83.哈尔滨市建筑设计院
84.黑龙江省林业设计研究院
85.河南省电力勘测设计院
86.河南省建筑设计研究院有限公司
87.河南省水利勘测设计研究有限公司
88.黄河勘测规划设计有限公司
89.中冶南方工程技术有限公司
90.中国五环工程有限公司
91.中国电力工程顾问集团中南电力设计院
92.中南建筑设计院股份有限公司
93.福建省水利水电勘测设计研究院
94.福建省建筑设计研究院
95.福州市规划设计研究院
96.福建省电力勘测设计院
97.福建省交通规划设计院
98.上海市政工程设计研究总院
99.中国市政工程华北设计研究院
100.上海现代建筑设计(集团)有限公司
101.广西电力工业勘察设计研究院
102.广西壮族自治区交通规划勘察设计研究院
103.广西壮族自治区城乡规划设计院
104.广西华蓝设计(集团)有限公司
105.辽宁省建筑设计研究院
106.辽宁省电力勘测设计院
107.辽宁省交通规划设计院
108.中国建筑东北设计研究院有限公司
109.中国电力顾问集团西北电力设计院
110.中国水电顾问集团西北勘测设计研究院
111.中交第一公路勘察设计研究院有限公司
112.西安长庆科技工程有限公司
113.山东建大建筑规划设计研究院
114.中海油山东化学工程有限责任公司
115.山东同圆设计集团有限公司
116.青岛北洋建筑设计有限公司

中国勘察设计行业2010年度企业集体荣誉汇总

（依企业网报数据整理）

序号	企业名称	奖项名称	颁奖单位
1	中讯邮电咨询设计院有限公司	中国通信标准化协会优秀会员单位	中国通信标准化协会
2	安徽省电力设计院	全国电力行业质量奖	中国电力企业联合会和中国水电质协
3	安徽省电力设计院	国家电网特高压直流输电示范工程先进集体	国家电网公司
4	安徽省电力设计院	全国电力行业实施卓越绩效模式先进企业	中国电力企业联合会和中国水电质协
5	安徽省电力设计院	全国电力行业用户满意企业	中国电力企业联合会和中国水电质协
6	北京城建勘测设计研究院有限责任公司	“特大异型工程精密测量与重构技术研究及应用”国家科学技术进步奖	中华人民共和国国务院
7	北京城建勘测设计研究院有限责任公司	“华骏国际中心工程勘察项目”2009年度全国优秀城乡规划设计奖	中国城市规划协会
8	北京城建勘测设计研究院有限责任公司	北京工程勘察设计测绘行业轨道交通建设贡献奖	北京市规划委员会
9	北京城建勘测设计研究院有限责任公司	北京工程勘察设计测绘行业援建工作贡献奖（四川汶川）	北京市规划委员会
10	北京市建筑设计研究院	北京市节能减排先进集体	北京市发展和改革委员会、北京市财政局、北京市环境保护局、北京市人力资源和社会保障局
11	北京市建筑设计研究院	北京援建四川什邡、青海玉树、新疆和田勘察设计测绘先进单位	北京市规划委员会
12	北京市建筑设计研究院	北京市轨道交通建设贡献奖	北京市规划委员会
13	北京市建筑设计研究院	政策性住房规划设计奖	北京市规划委员会
14	中国五洲工程设计有限公司	2009年度首都文明单位	首都精神文明建设委员会
15	中国五洲工程设计有限公司 中国兵器工业集团公司五洲工程设计研究院一所化工工艺室	中央企业红旗班组（科室）	国务院国有资产监督管理委员会
16	机械工业第九设计研究院有限公司	2010年度中国一汽模范企业	一汽集团公司
17	上海现代设计集团	上海世博会先进集体	中共中央、国务院
18	上海现代设计集团	全国模范职工之家	中华全国总工会
19	上海现代设计集团	全国工人先锋号	中华全国总工会
20	上海现代设计集团	全国“三八”红旗集体	中华全国妇女联合会
21	上海现代设计集团	市创先争优，世博先锋行动“五好”基层党组织	中共上海市委

序号	企业名称	奖项名称	颁奖单位
22	上海现代设计集团	上海市劳动模范集体	上海市人民政府
23	上海核工程研究设计院	全国软件正版化工作示范单位	国家版权局、工业和信息化部、财政部、商务部、国资委、银监会、证监会、保监会、全国工商联
24	上海核工程研究设计院	全国实施卓越绩效模式先进企业	中国质量协会
25	上海核工程研究设计院	2008 年—2009 年上海市职工最满意企（事）业单位	上海市“职工最满意企（事）业单位”评选委员会
26	上海核工程研究设计院	中央企业“五四”红旗团委	中央企业团工委
27	黑龙江省林业设计研究院	精神文明创建活动先进集体	黑龙江省委、省政府
28	黑龙江省林业设计研究院	全省甲级勘察设计单位全面质量管理先进单位	黑龙江省建委
29	中石油东北炼化工程有限公司吉林设计院	中华全国总工会全国模范职工之家（吉林设计院管道室）	中华全国总工会
30	广州市城市规划勘测设计研究院	广州亚运亚残运省表彰先进集体	广东省委省政府
31	广州市城市规划勘测设计研究院	全国工人先锋号	中华全国总工会
32	广州市设计院	2010 年全国设计行业优秀团队	中国建筑业联合会
33	广州市设计院	广州亚运场馆供配电设计咨询服务突出贡献奖	广州亚组委、亚残运组委
34	河北建设勘察研究院	2010 年度河北省进蒙建筑业优秀企业	河北省住房和城乡建设厅
35	河北建设勘察研究院	全国厂务公开民主管理先进单位称号	全国厂务公开协调小组办公室
36	河北省电力勘测设计研究院	全国工会系统“五五”普法先进单位	中华全国总工会
37	黑龙江省公路勘察设计院	中华人民共和国交通部巾帼文明岗	交通部
38	华东勘测设计研究院	全国电力行业实施卓越绩效模式先进企业	中国水利电力质量管理协会
39	华东勘测设计研究院	2010 年全国实施卓越绩效模式先进企业	中国质量协会
40	江苏省邮电规划设计院有限公司	国家重点高新技术企业	科技部火炬高技术产业开发中心
41	江苏省邮电规划设计院有限公司	江苏省“五一”劳动奖状	江苏省委、省政府
42	江苏省邮电规划设计院有限公司	省文明单位	江苏省委、省政府
43	江苏省邮电规划设计院有限公司	省模范职工之家	江苏省总工会
44	江西省电力设计院	2010 年全国电力行业用户满意企业	中国水利电力质量管理协会
45	江西省电力设计院	第十二届 (2008—2009) 江西省文明单位	江西省委、省人民政府
46	中铁第四勘察设计院集团有限公司	湖北省 2009 年—2010 年最佳文明单位	湖北省委、湖北省人民政府
47	中铁第四勘察设计院集团有限公司线站处	火车头奖杯	铁道部
48	中铁第四勘察设计院集团有限公司电化处	火车头奖杯	铁道部
49	黄河勘测规划设计有限公司	全国水利系统勘测设计先进单位	水利部办公厅
50	黄河勘测规划设计有限公司	2008 年—2009 年全国优秀水利企业	中国水利企业协会

序号	企业名称	奖项名称	颁奖单位
51	黄河勘测规划设计有限公司	河南省文明单位	河南省委省、政府
52	山西省电力勘测设计院	全国优秀质量管理小组（机务部热机节能 QC 小组）	中华全国总工会、中华全国妇女联合会、共青团中央、中国科学技术协会、中国质量协会
53	山西省电力勘测设计院	全国电力勘测设计行业优秀质量管理小组（机务部热机 QC 小组）	中国电力规划设计协会
54	中煤科工集团武汉设计研究院	湖北省文明单位	湖北省委、省政府
55	中煤科工集团武汉设计研究院	中央企业“五四”红旗团委	中央企业团工委
56	清华大学建筑设计研究院	第十七届首都规划设计汇报展最佳组织奖	北京市规划委员会
57	上海电科智能系统股份有限公司	上海市模范集体	上海市人民政府
58	上海电科智能系统股份有限公司	全国十佳高速公路机电工程系统集成商	中国公路学会
59	上海勘察设计研究院	上海市创新型企业	上海市科委、上海市国资委、上海市总工会
60	天津市建筑设计院	天津市民族团结进步模范集体荣誉称号	天津市政府
61	天津市建筑设计院	全国“五一”劳动奖状	中华全国总工会
62	香港华艺设计顾问（深圳）有限公司	全国外商投资“双优”企业	中国外商投资企业协会 / 深圳外商投资企业协会
63	中国瑞林工程技术有限公司	全国“五一”劳动奖	中华全国总工会
64	中国瑞林工程技术有限公司	江西省对口援建小金县先进单位称号（小金项目部江西路项目部）	四川省委、四川省政府
65	中国石化集团宁波工程有限公司	徐工杯第一届全国吊装技能竞赛	中国建筑业协会石化建设分会、中国化工施工企业协会、中国石油工程建设协会、中国建筑业协会核工业建设分会、中国电力建设企业协会、中国冶金建设协会
66	中国石化集团宁波工程有限公司	全国工程建设质量管理优秀企业	中国建筑业协会
67	中国石油天然气管道工程有限公司	全国模范职工之家	中华全国总工会
68	中国市政工程西北设计研究院有限公司市政西北院	全国软件正版化工作示范单位	国家版权局等九部委
69	中国市政工程中南设计研究总院	省级文明单位	湖北省人民政府
70	中国有色金属工业西安勘察设计研究院	优秀会员单位	中国有色金属建设协会
71	中国有色金属工业西安勘察设计研究院	2010 年有色金属优秀建筑企业	中国有色金属建设协会
72	中国有色金属工业西安勘察设计研究院	CABR 杯华夏建设科学技术奖	华夏建设科学技术奖励委员会
73	中交第一航务工程勘察设计院有限公司	交通运输部第一届水运工程建设标准突出贡献奖（单位）	交通运输部
74	中交第一航务工程勘察设计院有限公司	河北省政府黄骅综合大港一期“突出贡献奖”牌匾单位	河北省政府

序号	企业名称	奖项名称	颁奖单位
75	中交第一航务工程勘察设计院有限公司海外设计所港珠澳人工岛设计项目部	天津市2009年度“五一”劳动奖状	天津市政府
76	中联西北工程设计研究院	全国先进设计企业	中国建筑业联合会
77	中联西北工程设计研究院	全国文明诚信示范单位	中国合作贸易企业协会、中国企业改革与发展研究会、全国企业信用评价办公室
78	中联西北工程设计研究院	新中国60年全国企业文化建设优秀企业	中国企业文化研究会
79	中铁第一勘察设计院集团有限公司	2010年国家火炬计划重点高新技术企业	科技部
80	中铁工程设计咨询集团有限公司济南设计院通讯信号工程设计所	中央企业红旗班组	国资委
81	中冶长天国际工程有限责任公司	第二批全国企事业知识产权示范创建单位	国家知识产权局
82	中冶集团武汉勘察研究院有限公司	全国企业文化建设优秀单位	中国企业文化研究会
83	中冶集团武汉勘察研究院有限公司	中央企业红旗班组	国务院国资委
84	中冶集团武汉勘察研究院有限公司	全国工会系统“五五”普法先进单位	中华全国总工会
85	中冶南方工程技术有限公司	中央企业先进基层党组织	国务院国资委党委
86	中冶南方工程技术有限公司	中央企业青年文明号	中央企业团工委
87	中冶南方工程技术有限公司	湖北省“扩大开放先进单位”	湖北省委、省政府
88	陕西省水利电力勘测设计研究院	全国优秀水利企业	中国水利企业协会

中国勘察设计行业
部分企业优秀人物汇总

（依企业网报数据整理）

序号	企业名称	姓名	性别	年龄	职称 / 职务	荣誉称号
1	新疆铁道勘察设计院有限公司	李斌	男	48	院长	新疆自治区开发建设新疆奖章
2	新疆铁道勘察设计院有限公司	刘岩	男	48	书记	建总优秀企业文化建设者奖章
3	新疆铁道勘察设计院有限公司	张诗彬	男	44	工会主席	新疆自治区优秀工会工作者
4	安徽省电力设计院	陈静	男	45	院长兼党委副书记	国家电网特高压直流输电示范工程先进个人
5	安徽省电力设计院	钱远军	男		电网工程部副主任	国家电网特高压直流输电示范工程先进个人
6	安徽省电力设计院	孟宪乔	男		电网工程部首席专家	国家电网特高压直流输电示范工程先进个人
7	北京市建筑设计研究院	刘晓钟	男	49	总建筑师	中国科学技术协会“全国优秀科技工作者
8	北京市建筑设计研究院	王兵	男	48	副总建筑师	北京市“五一”劳动模范
9	北京市建筑设计研究院	解莉	女	54	一所党支部书记	北京市优秀思想政治工作者
10	北京市建筑设计研究院	韦佳福	男	68		中国援外奉献金奖（商务部授予）
11	北京市煤气热力工程设计院有限公司	段洁仪	女	47	董事长	新世纪百千万人才工程国家级人选
12	北京市煤气热力工程设计院有限公司	冯继蓓	女	53	副总工程师	全国勘察设计注册工程师管理委员会“优秀命题专家”
13	大庆油田工程有限公司	杨春明	男	54	教授级高级工程师\总设计师	中国石油天然气集团公司劳动模范
14	大庆油田工程有限公司	冯涛	男	42	高级工程师\事业部机关书记	中国石油天然气集团公司优秀党务工作者
15	大庆油田工程有限公司	林长青	男	27	工程师	黑龙江省优秀共青团员
16	大庆石化工程有限公司	王广富	男	51	化工工艺工程师	中国石油天然气集团公司直属机关党委“优秀共产党员”
17	大庆石化工程有限公司	王广富	男	51	化工工艺工程师	中国石油天然气集团公司直属机关先进个人
18	大庆石化工程有限公司	赵光辉	男	44	工会干事	中国石油天然气集团公司优秀工会工作者
19	上海现代设计集团	郭建祥	男	49	华东院副总 正高	全国劳动模范
20	上海现代设计集团	高超	男	49	华东院第二建筑设计所经理 正高	全国“五一”劳动奖章
21	上海现代设计集团	刘云	男	47	集团公司经管部主任助理 工程师	全国“五一”劳动奖章
22	上海现代设计集团	周健	男	43	华东院第二结构设计所副总师正高	上海市劳动模范
23	上海现代设计集团	倪飞	男	43	现代咨询公司副总 高工	上海市劳动模范
24	上海现代设计集团	杨联萍	女	51	集团公司副总师、技术发展部主任 正高	市“三八”红旗手标兵　市巾帼创新奖
25	上海现代设计集团	贾薇	女	32	现代都市院设计师 工程师	市“三八”红旗手
26	上海现代设计集团	周红	女	51	上海院第三建筑设计所总师助理 高工	市“三八”红旗手　市“五一”巾帼奖 市“五一”劳动奖章
27	上海现代设计集团	姚政	女	40	现代咨询公司第一项目部副经理 高工	市“三八”红旗手

序号	企业名称	姓名	性别	年龄	职称 / 职务	荣誉称号
28	上海现代设计集团	潘琳	男	47	上海院副总 正高	市“五一”劳动奖章
29	上海现代设计集团	包建桢	男	38	现代咨询公司第三项目部经理助理 工程师	上海世博工作优秀个人
30	上海现代设计集团	旗勇	男	38	上海院办公室主管 高工	上海世博工作优秀个人
31	上海现代设计集团	杨明	男	41	华东院创作所经理 高工	市“五一”劳动奖章 上海市重点工程立功竞赛杰出人物
32	上海现代设计集团	陈众励	男	48	上海院副总师 正高	市“五一”劳动奖章 上海市重点工程立功竞赛杰出人物
33	上海核工程研究设计院	郑明光	男	49	研究员级高级工程师 / 院长	全国电力行业用户满意杰出管理者
34	上海核工程研究设计院	苗富足	男	46	研究员级高级工程师 / 副院长、堆芯设计所所长	国家核电优秀共产党员
35	上海核工程研究设计院	窦一康	男	52	研究员级高级工程师 / 院副总工程师 (工程管理)、先进核电技术研究中心主任、核电厂技术支持部总工程师	国家核电优秀党组织负责人
36	上海核工程研究设计院	窦一康	男	52	研究员级高级工程师 / 院副总工程师 (工程管理)、先进核电技术研究中心主任、核电厂技术支持部总工程师	中央企业先进职工与先进职工标兵
37	上海核工程研究设计院	刘瑾敏	女	53	副研究馆员 / 纪委副书记、党群工作部主任、纪检监察室主任	国家核电优秀党组织负责人
38	上海核工程研究设计院	方舟	男	32	工程师 / 项目综合管理部副主任	上海市青年岗位能手
39	上海核工程研究设计院	方舟	男	32	工程师 / 项目综合管理部副主任	国家核电 2010 年度十大岗位能手
40	上海核工程研究设计院	蔡强	男	34	高级工程师 / 总体技术部副主任	国家核电优秀共产党员
41	上海核工程研究设计院	蔡强	男	34	高级工程师 / 总体技术部副主任	国家核电 2010 年度十大岗位能手
42	上海核工程研究设计院	陈松	男	39	研究员级高级工程师 / 总体技术部主任助理	国家核电优秀共产党员
43	上海核工程研究设计院	贺湘炼	女	37	高级工程师 / 质量管理部主任助理	国家核电优秀共产党员
44	上海核工程研究设计院	何建东	男	30	工程师	国家核电优秀共产党员
45	上海核工程研究设计院	刘海滨	男	30	工程师	2009 年度上海市优秀青年突击队员
46	上海核工程研究设计院	李岗	男	31	工程师 / 工艺系统所副所长	国家核电优秀共产党员
47	上海核工程研究设计院	邱健	男	36	高级工程师 / 工艺系统所副所长 (主持工作)、总工程师	国家核电 2010 年度十大技术能手
48	上海核工程研究设计院	张淑慧	女	34	工程师 / 电气仪控所所长助理	国家核电优秀共产党员

序号	企业名称	姓名	性别	年龄	职称 / 职务	荣誉称号
49	上海核工程研究设计院	储艳春	男	40	高级工程师	国家核电优秀共产党员
50	上海市政工程设计研究总院（集团）有限公司	雷挺	男	40	高级工程师、市政设计集团第一设计院院长	全国“五一”劳动奖章
51	上海市政工程设计研究总院（集团）有限公司	俞明健	男	55	教授级高级工程师、市政设计集团副总工程师、地下空间设计院院长	上海市立功竞赛杰出人物 上海市“五一”劳动奖章
52	上海市政工程设计研究总院（集团）有限公司	周磊	女	39	高级工程师、一级注册建筑师	上海市“五一”巾帼奖
53	上海市政工程设计研究总院（集团）有限公司	许海英	女	38	高级工程师、市政设计集团道桥院副院长	第三届上海市“五一”巾帼创新奖（个人）
54	黑龙江省林业设计研究院	陈丽兰	女	56	院党委书记	省模范党务工作者
55	黑龙江省林业设计研究院	黄树峰	男	51	副院长	全国优秀档案工作者
56	黑龙江省林业设计研究院	隋艳革	女	45	研究员级高级工程师	省“五一”劳动奖章
57	黑龙江省林业设计研究院	周志远	男	61	研究员级高级工程师	省“五一”劳动奖章
58	黑龙江省林业设计研究院	王浪西	女	72	高级工程师	省“五一”劳动奖章
59	黑龙江省林业设计研究院	林凤桐	男	76	研究员级高级工程师	省特等劳动模范
60	黑龙江省林业设计研究院	崔德军	男	47	院副总工程师	省劳动模范
61	黑龙江省林业设计研究院	万秀兰	女	73	高级工程师	全国优秀工会积极分子
62	黑龙江省林业设计研究院	邹行煊	男	83	副处级待遇	省科技劳动模范
63	黑龙江省林业设计研究院	周照民	男	72	研究员级高级工程师	省劳动模范
64	沈阳市建筑设计有限公司	张立峰	男	47	总经理、副总建筑师	辽宁省优秀勘察设计院长
65	沈阳市建筑设计有限公司	尹旭东	男	46	副总经理、总建筑师	辽宁省优秀中青年建筑师
66	中石油东北炼化工程有限公司吉林设计院	朴龙焕	男	47	高工 / 党委书记	2010 年度中国石油天然气集团公司优秀党务工作者
67	复件哈尔滨工业大学建筑设计研究院	梅洪元	男	53	教授级高级建筑师 / 院长	2009 年度黑龙江省省长特别奖
68	广州地铁设计研究院有限公司	徐明杰	男	67	广州地铁设计研究院有限公司董事长	2009 年度广东省十项工程劳动竞赛模范企业家
69	广州地铁设计研究院有限公司	史海欧	男	46	广州地铁设计研究院有限公司副院长 总工程师	“十一五”全国建筑业科技进步与技术创新先进个人
70	广州市设计院	姚迪	男	34	建筑师，第二设计室总建筑师（主任建筑师）	第八届中国建筑学会青年建筑师奖
71	广州市设计院	吴树甜	男	52	高级工程师，院副总建筑师	2010 全国优秀设计工作者
72	广州市设计院	陆勇	男	42	高级工程师，第二设计室主任	2010 全国优秀设计工作者
73	广州市设计院	高玉斌	男	46	高级工程师，第三设计室主任	2010 全国优秀设计工作者
74	广州市设计院	黄惠菁	女	37	高级工程师（教授级），第六设计室副主任	2010 全国优秀设计工作者

序号	企业名称	姓名	性别	年龄	职称 / 职务	荣誉称号
75	广州市设计院	赵力军	男	54	高级工程师（教授级）、院副总工程师	全国建筑给水排水专业 100 名精英
76	广州市设计院	门汉光	男	60	高级工程师（教授级）、技术室总工程师（主任工程师）	全国建筑给水排水专业 100 名精英
77	广州市设计院	冯家禄	男	73	高级工程师（教授级）	广州亚运会亚残运会场馆建设和运行保障工作杰出贡献奖
78	广州市设计院	周名嘉	男	49	高级工程师（教授级）、院副总工程师	广州亚运会亚残运会场馆建设和运行保障工作杰出贡献奖
79	汉嘉设计集团股份有限公司	杨小军	男	44	总裁	优秀民营企业家
80	河北建设勘察研究院	韩立君	男	48	正高级工程师、董事长	河北省“五一”奖章
81	河北省电力勘测设计研究院	刘五军	男	56	党委副书记兼纪委书记兼工会主席	国家电网公司优秀工会工作者
82	黑龙江省公路勘察设计院	王守恒	男	54	院长	黑龙江省“五一”劳动奖章
83	黑龙江省公路勘察设计院	陈 重	男	45	黑龙江省公路勘察设计院第四设计公司经理	全国交通系统文明职工标兵
84	江西省电力设计院	曾鸿钧	男	36	团委书记兼党委工作部副主任	江西省青年岗位能手
85	江西省建筑设计研究总院	刘小檀	男	54	院长	全国“五一”劳动奖章
86	中铁第四勘察设计院集团有限公司	王玉泽	男	50	全国勘察设计大师、集团公司总工程师	2010 年全国优秀科技工作者
87	中铁第四勘察设计院集团有限公司	郭志勇	男	50	教授级高级工程师、集团公司副总工程师	全国劳动模范
88	中铁第四勘察设计院集团有限公司	王长法	男	45	教授级高级工程师、集团公司京沪高速铁路建设指挥部常务副指挥长	全国“五一”劳动奖章
89	黄河勘测规划设计有限公司	李文学	男	48	公司董事长、党委书记、教授级高工	2008 年—2009 年度全国优秀水利企业家
90	黄河勘测规划设计有限公司	李文学	男	48	公司董事长、党委书记、教授级高工	河南省 2009 年度优秀勘察设计院长
91	黄河勘测规划设计有限公司	李文学	男	48	公司董事长、党委书记、教授级高工	河南省 2010 年度优秀勘察设计院长
92	黄河勘测规划设计有限公司	李文学	男	48	公司董事长、党委书记、教授级高工	2009 年河南省勘察设计行业优秀管理者
93	黄河勘测规划设计有限公司	张金良	男	47	公司总经理、教授级高工	2009 年河南省勘察设计行业优秀管理者
94	黄河勘测规划设计有限公司	寇玉章	男	59	人力资源部、高级工程师	2009 年度省直统筹养老保险工作先进个人

序号	企业名称	姓名	性别	年龄	职称 / 职务	荣誉称号
95	黄河勘测规划设计有限公司	丁正忠	男	39	咨询中心主任工程师、高级工程师	黄委第五届十大杰出青年
96	黄河勘测规划设计有限公司	何予川	男	39	董事会办公室主任、高级工程师	黄委第五届十大杰出青年
97	黄河勘测规划设计有限公司	安催花	女	47	黄河设计公司规划研究院副院长、教授级高工	黄委第四届优秀青年科技工作者
98	黄河勘测规划设计有限公司	郭玉松	男	44	黄河设计公司工程物探研究院院长、教授级高工	黄委第四届优秀青年科技工作者
99	黄河勘测规划设计有限公司	杨立彬	男	37	黄河设计公司规划研究院水资源所所长、高级工程师	黄委第四届优秀青年科技工作者
100	黄河勘测规划设计有限公司	易学文	男	45	黄河设计公司地勘院院长、高级工程师	全国水利系统勘测设计先进个人
101	黄河勘测规划设计有限公司	王煜	男	42	黄河设计公司规划研究院院长、教授级高工	水利部第二批 5151 人才工程部级人选
102	黄河勘测规划设计有限公司	蔡明	男	40	黄河设计公司生态院总工、副教授	河南省优秀青年科技专家
103	黄河勘测规划设计有限公司	郭朝文	男	45	黄河设计公司生态院副院长、教授级高工	河南省优秀人才
104	黄河勘测规划设计有限公司	崔鹏	男	27	助理工程师	河南省优秀共青团员
105	中煤科工集团武汉设计研究院	吴嘉林	男	54	教授级高工、院长	中国勘察设计协会十佳现代管理企业家
106	中煤科工集团武汉设计研究院	于新胜	男	45	教授级高工、副总工程师、主任	中央企业先进职工
107	中煤科工集团武汉设计研究院	孟凡贞	男	48	教授级高工、所长	武汉市“五一”劳动奖章
108	中煤科工集团武汉设计研究院	黄文辉	男	42	高工、副总经济、主任	武汉市优秀共产党员
109	中煤科工集团武汉设计研究院	徐龙卿	男	46	教授级高工、副主任	中国煤炭科工集团优秀共产党员
110	中煤科工集团武汉设计研究院	徐宏伟	男	35	工程师、主任	中国煤炭科工集团优秀党务工作者
111	中煤科工集团武汉设计研究院	张建平	男	36	教授级高工、主任工程师	中央企业青年岗位能手
112	中煤科工集团武汉设计研究院	张建平	男	36	教授级高工、主任工程师	中国煤炭科工集团青年岗位能手
113	山西省建筑设计研究院	张学锋	男	46	教授级高级工程师、院长	2010 年度“山西省劳动模范”
114	山西省勘察设计研究院	贾迎泽	男		副院长、总工	“山西省科技奉献”一等奖
115	上海勘察设计研究院	林玉叶	男		上海市勘测设计研究院副总工程师	全国水利系统勘测设计先进个人
116	上海勘察设计研究院	李健英	男		上海市勘测设计研究院副总工程师	上海市劳动模范
117	上海勘察设计研究院	张开	男		上海勘测设计研究院 高级工程师	中央企业技术能手
118	上海勘察设计研究院	朱东海	男		上海勘测设计研究院 高级工程师	中央企业优秀选手
119	上海勘察设计研究院	林毅峰	男		上海勘测设计研究院 新能源分院总工	上海市重大工程立功竞赛先进个人
120	沈阳市市政工程设计研究院	王树	男	47	院长	辽宁省优秀设计院院长

序号	企业名称	姓名	性别	年龄	职称 / 职务	荣誉称号
121	天津市建筑设计院	刘军	男	42	正高级建筑师、院长	2010 年度天津市廉政勤政优秀党员干部
122	天津市建筑设计院	刘军	男	42	正高级建筑师、院长	2010 年度天津市劳动模范
123	天津市建筑设计院	刘军	男	42	正高级建筑师、院长	第十届天津青年科技奖
124	武汉凯迪电力工程有限公司	李雄浩	男	44	高级工程师、副总经理	2010 武汉市科技进步二等奖
125	新疆铁道设计院	张诗彬	男	44	工会主席	建总优秀思想政治工作者
126	中房集团西宁建筑工程设计有限公司	孔俊刚	男	36	主任助工	2010 年青海省廉租房建筑设计方案二等奖
127	中广电广播电影电视设计研究院	李丹江	男	48	教授级高工、副总工	中国广播电视协会广播电视科技贡献奖
128	中广电广播电影电视设计研究院	康玉清	男	38	高级工程师	第八届中国建筑学会青年建筑师奖
129	中国成达工程有限公司	曹光	男	56	董事长兼党委书记	2010 四川经济年度十大人物
130	中国电子工程设计院	王振军	男	46	总建筑师、副总工程师	中央企业参与 2010 年上海世博会荣誉个人
131	四川海辰工程设计研究有限公司	余海	男	50	总经理	全国“五一”劳动奖章
132	中国恩菲勘察设计年鉴资料	严大洲	男	47	教授级高工、副总工程师	全国劳动模范
133	中国建筑标准设计研究院	孙英	女		院长	中央企业优秀共产党员
134	中国煤炭科工集团北京华宇工程有限公司	钟会平	男	53	子公司经理	全国劳动模范
135	中国汽车工业工程公司	陈有权	男	49	总经理、教授级高工	2010 中国设计行业 100 位杰出贡献人物
136	中国汽车工业工程公司	仝桂荣	女	55	教授级高工	天津市“三八”红旗手
137	中国汽车工业工程公司	张林	男	56	总经理助理、教授级高工	天津市劳动模范
138	中国瑞林工程技术有限公司	章晓波	男	46	教授级高级工程师、公司总经理	江西省劳动模范、省第二届“江西省突出贡献人才”、2009 年度江西省优秀厂长（经理）
139	中国瑞林工程技术有限公司	张文海	男	71	中国工程院院士、副总工程师	新中国 60 年来江西 60 位最具影响力劳动模范、国家工程设计大师
140	中国瑞林工程技术有限公司	贺　健	男	48	教授级高级工程师、副总工程师	首届国内有色金属行业设计大师
141	中国瑞林工程技术有限公司	沈楼燕	女	40	教授级高级工程师、市场部部长	入选 2010 年江西省新世纪百千万人才
142	中国瑞林工程技术有限公司	王　玮	男	36	高级工程师、冶金所副所长	入选 2010 年江西省新世纪百千万人才
143	中国瑞林工程技术有限公司	吴润华	男	40	教授级高级工程师 项目管理部部长	入选 2010 年江西省新世纪百千万人才
144	中国石油工程建设公司	张励	女	54	总经理助理、高工	中国石油天然气集团公司劳动模范
145	中国石油工程建设公司	刘统华	男	32	工程师	中国石油天然气集团公司 2009 年度“青年岗位能手”
146	中国石油工程建设公司	王晓阳	女	45	副总、高工	中国石油集团公司先进科技工作者
147	中国市政工程西北设计研究院有限公司	宋恩海	男	56	公司副总裁、高级建筑师	2008 年—2009 年度中国建筑劳动模范
148	中国市政工程西北设计研究院有限公司	周新民	男	55	内蒙分院院长、高级工程师	2009 年度中国建筑优秀员工
149	中国市政工程西北设计研究院有限公司	孔令勇	男	56	公司总工程师、教授级高工	2010 年甘肃省劳动模范
150	中国市政工程西北设计研究院有限公司	赵紫娟	女	27	市场项目部专业员	2009 年度中央企业优秀团员
151	中国市政工程西北设计研究院有限公司	党　辉	男	28	设计三所助理工程师	2009 年度甘肃省优秀共青团干部

序号	企业名称	姓名	性别	年龄	职称 / 职务	荣誉称号
152	中国市政工程西北设计研究院有限公司	张振兴	男	25	财务部专业员	2009 年度甘肃省优秀共青团员
153	中国市政工程西北设计研究院有限公司	李 瑛	女	37	道桥所高级工程师	2009 年度中国建筑青年创优个人
154	中国市政工程西北设计研究院有限公司	康旺儒	男	52	公司党委书记、副总裁	2010 年度建设职工政研会优秀思想政治工作者
155	中国市政工程西北设计研究院有限公司	张恩祥	男	48	勘察分院院长、高级工程师	2010 年度建设职工政研会优秀思想政治工作者
156	中国医药集团武汉医药设计院	叶萍	女	39	高级工程师	中国医药集团优秀党员
157	中国有色金属工业西安勘察设计研究院	董忠级	男	48	院总工	全国有色金属行业勘察大师
158	中国有色金属工业西安勘察设计研究院	李珍英	女	48	院副总工程师	陕西省优秀工程勘察设计大师
159	中国有色金属工业西安勘察设计研究院	王建智	男	48	经理	陕西省优秀工程勘察设计大师
160	中交第一航务工程勘察设计院有限公司(一航院)	苏群	男	49	高工、综合所所长	天津市 2009 年度“五一”劳动奖章
161	中交第一航务工程勘察设计院有限公司(一航院)	张喜平	男	38	教授级高工、勘察处处长	中国交通建设十大杰出青年
162	中交第一航务工程勘察设计院有限公司(一航院)	高鸿富	男	69	教授级高工	全国勘察设计注册工程师管理委员会评为优秀命题专家、中国援外奉献奖金奖
163	中交第一航务工程勘察设计院有限公司(一航院)	申立明	男	41	工程师、深基公司总经理	全国优秀建造师
164	中交第一航务工程勘察设计院有限公司(一航院)	郑建民	男	47	高工、深基公司副总经理	全国优秀建造师
165	中交第一航务工程勘察设计院有限公司(一航院)	刘贵海	男	70	高工	中国援外奉献奖金奖(商务部)
166	中交第一航务工程勘察设计院有限公司(一航院)	邢复	男	75	教授级高工	中国援外奉献奖金奖(商务部)
167	中交第一航务工程勘察设计院有限公司(一航院)	张本立	男	65	高工	中国援外奉献奖金奖(商务部)
168	中交第一航务工程勘察设计院有限公司(一航院)	李澈	男	87	教授级高工	中国援外奉献奖金奖(商务部)
169	中交第一航务工程勘察设计院有限公司(一航院)	李金华	男	64	教授级高工	中国援外奉献奖金奖(商务部)
170	中交第一航务工程勘察设计院有限公司(一航院)	李金亮	男	71	高工	中国援外奉献奖金奖(商务部)
171	中交第一航务工程勘察设计院有限公司(一航院)	李晓博	男	57	译审、主任翻译	中国援外奉献奖金奖(商务部)
172	中交第一航务工程勘察设计院有限公司(一航院)	茅忠槐	男	66	高工	中国援外奉献奖金奖(商务部)
173	中交第一航务工程勘察设计院有限公司(一航院)	郑学良	男	72	高工	中国援外奉献奖金奖(商务部)
174	中交第一航务工程勘察设计院有限公司(一航院)	顾民权	男	79	设计大师、教授级高工	中国援外奉献奖金奖(商务部);被河北省政府赠授黄骅综合大港一期工程突出贡献奖章
175	中交第一航务工程勘察设计院有限公司(一航院)	谢世楞	男	75	院士、教授级高工	中国援外奉献奖金奖(商务部)
176	中交第一航务工程勘察设计院有限公司(一航院)	尹广田	男	47	高工	中国援外奉献奖银奖(商务部)
177	中交第一航务工程勘察设计院有限公司(一航院)	王治柱	男	80	正处 中级师	中国援外奉献奖银奖(商务部)
178	中交第一航务工程勘察设计院有限公司(一航院)	王琦	男	71	副高	中国援外奉献奖银奖(商务部)
179	中交第一航务工程勘察设计院有限公司(一航院)	孙育民	男	55	高工、中北监理党支部书记	中国援外奉献奖银奖(商务部)
180	中交第一航务工程勘察设计院有限公司(一航院)	宋庆华	男	48	教授级高工、副总工、勘察处副处长	中国援外奉献奖银奖(商务部)
181	中交第一航务工程勘察设计院有限公司(一航院)	李卫国	男	60	高工	中国援外奉献奖银奖(商务部)
182	中交第一航务工程勘察设计院有限公司(一航院)	杨志国	男	53	教授级高工、副总经理	中国援外奉献奖银奖(商务部)

中国勘察设计行业
部分企业知名人士汇总

（依企业网报资料整理）

序号	企业名称	姓名	性别	年龄	职称 / 职务	荣誉称号
1	清华大学建筑设计研究院有限公司	关肇邺	男	82	教授	中国工程院院士
2	中国建筑科学研究院	周锡元	男	73	研究员	中国科学院院士
3	中国建筑设计研究院	黄熙龄	男	84	研究员	中国工程院院士
4	中国城市规划设计研究院	邹德慈	男	77	教授级高级城市规划师	中国工程院院士
5	中国地铁工程咨询公司	施仲衡	男	80	教授级高级工程师	中国工程院院士
6	中国建筑设计研究院	傅熹年	男	78	研究员	中国工程院院士
7	北京城建勘测设计研究院有限责任公司	金淮	男	47	董事长、党委书记	住房与城乡建设部专家
8	北京市建筑设计研究院	朱小地	男	47	党委书记、院长、总建筑师、教授级高级工程师	北京市人大代表、国务院政府特殊津贴专家
9	北京市建筑设计研究院	马国馨	男	69	教授级高工	中国科学院院士
10	北京市建筑设计研究院	胡越	男	46	总建筑师、教授级高工	北京市人大代表、国务院政府特殊津贴专家、北京市有突出贡献的科学、技术、管理专家
11	北京市建筑设计研究院	陈杰	男	54	副院长、教授级高工	北京市政协委员、北京市侨联副主席
12	北京市建筑设计研究院	郑实	男	48	副总建筑师、教授级高工	北京市政协委员
13	上海现代设计集团	江欢成	男	72	总师、教授级高工	中国工程院院士
14	上海现代设计集团	魏敦山	男	77	总师、教授级高工	中国工程院院士
15	上海现代设计集团	武申申	女	54	董事长、高工	上海市人大代表
16	上海现代设计集团	汪孝安	男	57	总师、教授级高工	上海市政协委员
17	上海现代设计集团	严鸿华	男	60	董事长、党委书记、高级经济师	上海市政协委员
18	上海现代设计集团	高承勇	男	51	总师、教授级高工	上海市政协委员
19	上海现代设计集团	脱宁	女	53	总师、正高	上海市政协委员
20	上海核工程研究设计院	李韶平	男	48	教授级高工、所长	上海市人大代表
21	上海市政工程设计研究总院（集团）有限公司	汤炜	男	51	集团总裁、教授级高工	上海市人大代表
22	上海市政工程设计研究总院（集团）有限公司	王育	男	48	集团副总裁、教授级高工	上海市政协代表
23	黑龙江省林业设计研究院	袁丛立	男	45	院长	黑龙江省政协委员
24	黑龙江省林业设计研究院	高宴飞	男	47	院长	黑龙江省政协委员
25	铁四院	陈泽建	男	47	副总工程师	湖北省政协委员
26	黄河勘测规划设计有限公司	马跃生	男	52	副总经理、教授级高工	河南省政协委员
27	上海电科智能系统股份有限公司	陈红洁	男	43	教授级高工、总经理	全国劳动模范

序号	企业名称	姓名	性别	年龄	职称/职务	荣誉称号
28	上海电科智能系统股份有限公司	虞鸿	男	49	教授级高工、技术总监	上海市人大代表
29	天津市建筑设计院	刘景樑	男	70	名誉院长、正高级建筑师	天津市人大代表
30	天津市建筑设计院	张肇毅	男	61	副总工程师、教授级高工	全国人大代表
31	新疆石油勘察设计研究院	陈娟	女	55	高级顾问	新疆自治区政协委员
32	新疆维吾尔自治区建筑设计研究院	王小波	男	72	高级顾问	中国工程院院士
33	中国成达工程有限公司	周光耀	男	76	教授级高工	中国工程院院士
34	中国成达工程有限公司	陈润生	男	63	教授级高工	四川省政府参事
35	中国电子工程设计院	穆京祥	男	52	副总工、教授级高工	第十届、十一届全国政协委员
36	中交第一航务工程勘察设计院有限公司(一航院)	朱吉全	男	58	党委书记、副董事长、教授级高工	天津市人大代表
37	中交第一航务工程勘察设计院有限公司(一航院)	杨丽民	女	50	副总工、教授级高工	天津市政协委员
38	中铁第一勘察设计院集团有限公司	李金城	男	48	副院长、教授级高工	十七届中共中央候补委员
39	中铁隧道勘测设计院有限公司	王梦恕	男		顾问	全国政协委员
40	中冶长天国际工程有限责任公司	朱雪琴	女	58	设计经理、教授级高工	全国人大代表
41	中冶南方工程技术有限公司	项明武	男	48	董事长、党委书记	十至十二届湖北省人大代表
42	江西省建筑设计研究总院	刘小檀	男	54	院长	全国“五一”劳动奖章获得者
43	江西省建筑设计研究总院	王梦云	女	50	副总工	江西省政协委员
44	江西省建筑设计研究总院	王锦海	女	70	副总工	江西省政府参事、曾任全国政协委员
45	中国市政工程东北设计研究总院	张杰	男	74	名誉院长	中国工程院院士
46	中国电力工程顾问集团西南电力设计院	郝群岩	男	50	副院长	四川省人大代表
47	中国电力工程顾问集团西南电力设计院	周大吉	男	57	院长	四川省政协委员

中国工程勘察设计行业年度发展研究报告（2009年—2010年）（摘登）

中国勘察设计协会

前　言

工程勘察设计作为技术密集、智力集成型的生产性服务业，在工程建设领域落实科学发展观及实施国家产业政策方面发挥着重要的引领和主导作用。

翻开我国工程勘察设计行业的历史可以看到，自新中国建立起，就是服务于工业、商业贸易、交通、农林和水利等各项国民经济建设的行业，与我国国民经济的发展紧密相关。工程勘察设计行业作为现代服务业的重要内容之一，其本身的发展壮大对我国经济的结构调整产生直接影响，同时，工程勘察设计行业的服务内容和方式具备生产性服务行业的特点，有利于提高经济运行的整体效率，有利于国民经济的持续稳定增长。

在60余年的发展中，我国工程勘察设计行业从1949年不足1 000人，发展到2009年14 264家单位、近127万的从业人员。工程勘察是工程建设的先导，工程设计是工程建设的灵魂。工程勘察设计行业对于建设资源节约型、环境友好型社会，促进经济可持续发展起着关键性的作用，为祖国的建设事业做出了卓越贡献。总体来说，工程勘察设计行业在我国国民经济发展的不同时期发挥了不同的社会作用，承担着重要的社会责任。

未来，随着工程勘察设计行业主导性进一步增强，其在国民经济中的地位和作用将更加突出。在我国温饱问题已经解决、基本实现小康、社会的发展价值取向开始发生变化的背景下，传统注重“量”的扩张型发展模式逐渐向注重“质”的集约型发展模式转变，可持续发展越来越受到社会的认同，这将对工程勘察设计行业提出更高的要求，需要业内单位去思考和解决社会经济发展过程中产生的人与自然不和谐发展的问题，这需要整个行业对未来的人文、经济、技术、环境有前瞻性的思考。在我国经济发展从偏重物质层面开始转向从哲学层面统筹协调的背景下，工程勘察设计行业的地位也随之向社会发展理念的引领上转变。例如目前节能减排、绿色建筑、城市地下空间开发、减灾防灾等技术的快速发展，都体现了工程勘察设计行业在解决当前社会经济发展问题中的引领作用，关注于人本身及人类工程建设与环境的和谐因素，体现了人类社会可持续发展的理念。

为了更好地把握新时期下工程勘察设计行业的发展现状及未来发展趋势，为行业的发展提供相关对策与参考建议，中国勘察设计协会特组织开展了工程勘察设计行业年度发展研究工作，这对于工程勘察设计行业的发展具有非常重要的现实意义。《中国勘察设计年鉴(2010)》将《工程勘察设计行业年度发展研究报告》中的第二章、第三章和第四章的内容整理刊发，希望该部分报告内容能够为促进我国工程勘察设计行业的发展贡献绵薄之力！

工程勘察设计行业发展现状

一、2009年度工程勘察设计行业总体发展现状

2009年是金融危机应对年，为应对金融危机，国家采取积极的经济刺激政策，通过固定资产投资拉动经济发展。一方面，受投资影响，从GDP走势上看，2009年中国经济经历了一个V字型的发展走向。外部经济的变化对工程勘察设计行业市场和业务产生直接影响，国家积极经济刺激政策的出台，向基础设施、保障性住房和市政工程等建设项目注入资金，由此拉动了这些行业工程勘察设计市场旺盛的势头，工程勘察设计市场格局出现了新的调整。另一方面，我国政府为应对危机出台了大量经济刺激投资政策，在保证了经济增长的同时也产生了一定的副作用，经济转型和产业升级等问题更加突出。工程勘察设计行业在享有固定资产投资带来市场空间和容量急增的同时，可持续发展成为首要问题，更加关注整个经济转型对工程勘察设计行业带来的影响、工程勘察设计单位在经济转型中如何发挥作用以及如何应对等。

结合以上外部经济和行业背景，2009年的工程勘察设计行业发展总体现状呈现以下特点。

1. 2009年，工程勘察设计行业总体规模持续扩大，人员规模、业务完成情况均保持平稳增长，企业数量有所减少

据统计，2009年，全国工程勘察设计行业企业数量达到14 264个，比2008年减少403个，降低2.7%(参见图1)。其中，工程勘察设计单位数量居前五位的省市依次是：山东、广东、江苏、辽宁、上海。

勘察设计人才队伍建设也取得了新进步。2009年，全行业企业从业人员127.29万人，比2008年增长1.9%(参见图2)。其中，专业技术人员83.26万人，比上年减少5.2%；注册执业人员15.11万人，比上年减少0.8%。

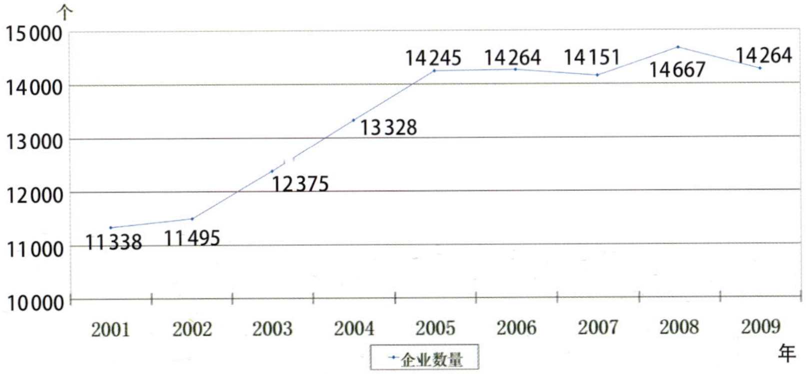

图 1 全国工程勘察设计行业企业发展图示

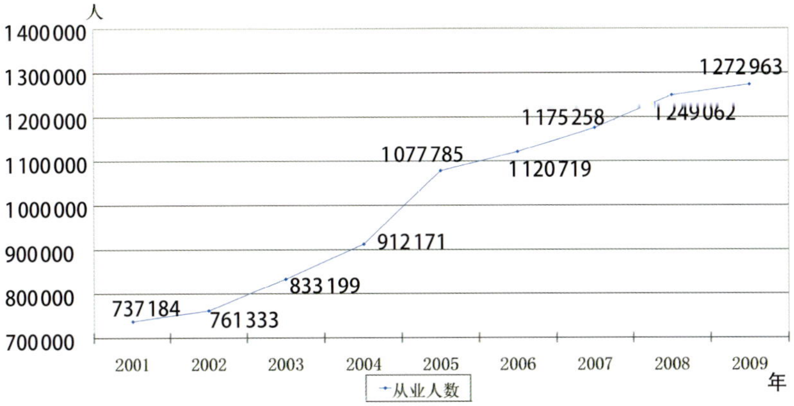

图 2 全国工程勘察设计行业从业人员发展图示

2009年，在4万亿投资等经济刺激政策的影响下，工程勘察设计单位业务完成情况依然良好，仍保持持续增长(参见表1)。其中，境外工程完成合同额同比增长最快，达到27%，完成境外工程合同额居前5位的省市依次是：北京、辽宁、湖北、天津、四川。同时，工程承包完成合同额在完成各类合同总额中占55%，可见工程承包业务逐渐成为工程勘察设计行业发展的方向，而北京、上海、广东、江苏、辽宁地区的工程承包业务完成情况较为突出。

此外，完成勘察合同额前5位的省市依次是：四川、天津、北京、湖北、广东；完成设计合同额前5位的省市依次是：北京、广东、上海、湖北、天津；完成工程技术管理服务合同额前5位省市依次是：北京、上海、陕西、湖北、广东。

表 1 2009 年工程勘察设计单位业务完成情况

	金额 (亿元)	同比(%)	占比(%)
工程勘察完成合同额	404.08	21	6
工程设计完成合同额	1 881.61	17	28
其中：施工图完成的投资额	58 832.59	34	
工程技术管理服务完成合同额	249.97	-22	3
其中：工程咨询	105.93	13	
工程监理	58.12	28	
项目管理	64.7	-53	
工程咨询造价	9.26	38	
工程承包完成合同额	3 694.88	15	55
境外工程完成合同额	520.98	27	8

2. 工程勘察设计行业营业收入持续增长，其中工程承包收入、境外收入均呈现快速增长势头，行业利润总额呈现大幅增长

2009年，工程勘察设计行业营业收入持续增长，全年营业收入6 852.88亿元，同比增长15%(参见图3)。其中，工程勘察设计行业营业收入前五位省市依次是：北京、上海、广东、江苏、湖北。

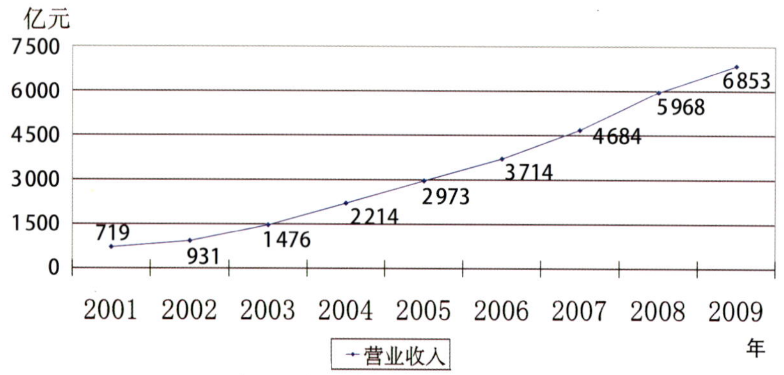

图 3 全国工程勘察设计行业营业收入发展图示

境内收入6 423.33亿元，比上年增长13%，占总营业收入的93.7%。其中，工程勘察收入409.21亿元，比上年增长21%；工程设计收入1 655.24亿元，比上年增长18%；工程技术管理服务收入186.3亿元，比上年增长9%。

行业人均营业收入53.84万元，同比上年增长13%。其中，人均营业收入居前五位的省市依次是：北京、陕西、上海、广东、江苏。

(1) 工程承包收入增长势头一定程度放缓，同比增长18%，在全行业营业收入中所占比重最高

2009年，在工程勘察设计行业境内收入中，工程承包收入达到3 533亿元，比上年增长9.8%，较上年度36%的增速有所放缓(参见图4)。其中，工程设计综合资质、建筑装饰工程设计、建筑幕墙工程设计、建筑智能化系统设计、冶金、建筑、环境工程设计等行业的工程承包收入总量较为突出；而工程承包收入居前五位的省市依次是：北京、上海、广东、江苏、辽宁。

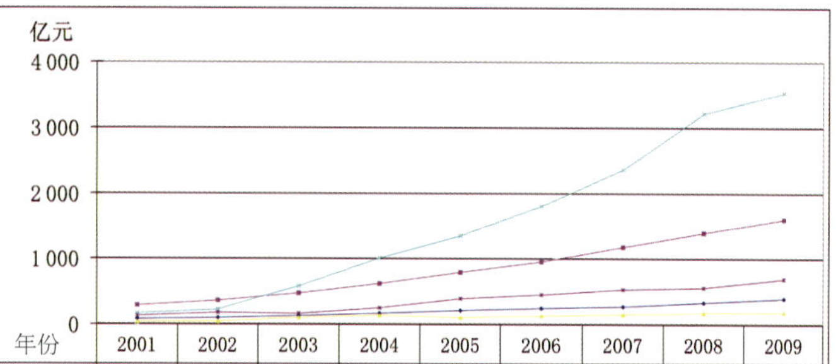

年份	2001	2002	2003	2004	2005	2006	2007	2008	2009
工程勘察收入	83	102	134	171	216	250	276	337	399
工程设计收入	292	367	478	625	797	959	1 183	1 400	1 612
工程技术管理服务收入	33	39	95	131	100	125	147	171	181
工程承包收入	166	225	580	1 007	1 349	1 807	2 363	3 218	3 533
其他收入	135	183	169	256	397	457	536	564	698

图 4 工程勘察设计行业境内营业收入分类发展图示

同时，在工程勘察设计行业境内、外收入中，工程承包收入占比高达55%，占总营业收入的一半多，对行业的发展贡献最大(参见图5)。

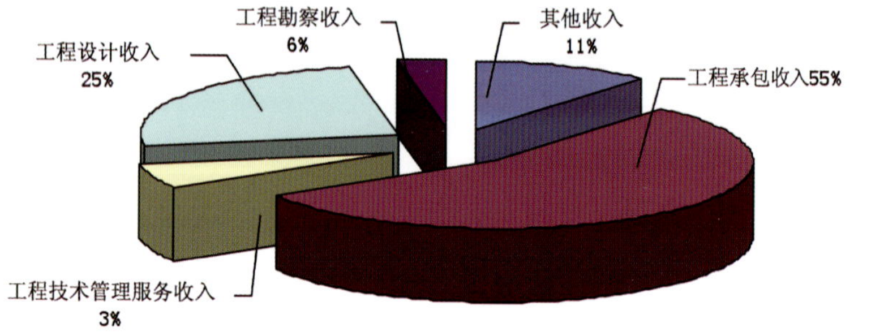

图 5 工程勘察设计行业境内、外营业收入分布图示

(2) 工程勘察设计行业境外收入继续大幅增长，同比增长35.4%，在总营业收入中的比重有所提高

2009年，工程勘察设计行业境外收入达到429.55亿元，比2008年增长35.4%，占总营业收入的6.3%，与上年的4.7%相比，境外收入在总营业收入中的比重有所提高，但国内工程勘察设计单位开拓国际市场的能力仍亟待提高。其中，工程设计综合资质、建材、冶金、电力、化工石化医药、环境工程设计等行业境外收入所占比例比较大；从地域上看，北京、天津、湖北、四川、上海地区的工程勘察设计单位境外收入较高。

(3) 工程勘察设计行业利润总额出现大幅增长，同比增长78%

2009年，工程勘察设计行业实现利润总额556.8亿元，比2008年增长78%；营业税金及附加值208.46亿元，比上年减少0.4%；应交所得税106.78亿元，比上年增长21%，实现净利润455.22亿元，比上年增加45%。从行业上看，工程设计综合资质、建筑、电力、建筑装饰工程设计、冶金、建筑智能化系统设计、建筑幕墙工程设计等行业的利润总额所占比例较大。从地域上看，广东、上海、江苏、北京、辽宁、浙江、山东地区的工程勘察设计行业利润总额较高。

3. 工程勘察设计行业企业不断优化整合，企业实力得到进一步提高，科技实力不断增强

(1) 内资企业不断发展壮大，其中国有企业所占比重略微减少，私营企业有所增加，境外投资企业数量同比减少14%

2009年，在14 264个工程勘察设计单位中，内资企业14 028个，同比减少3%，占全部企业的98%。其中，国有企业4 439个，同比减少12%，占企业总数的31.1%，与上年同期相比减少3.4个百分点，呈现逐年递减态势；集体企业同比减少12%，占企业总数的3%，与上年9%相比，下降3个百分点；私营企业大量增加，同比增长23%，占企业总数的10%，与上年同期相比增加0.3个百分点，呈现逐年递增态势(参见表2)。

表 2 我国工程勘察设计行业内资企业主要经济类型状况

类型	2006 年		2007 年		2008 年		2009 年	
	数量(个)	占比	数量(个)	占比	数量(个)	占比	数量(个)	占比
国有企业	5 419	38%	4 951	35%	5 054	34.5%	4 439	31.1%
集体企业	541	3.8%	479	3.4%	434	3.0%	381	2.7%
私营企业	1 374	9.6%	1 266	8.9%	1 422	9.7%	1 743	12.2%

境外投资企业236个，同比减少14%。其中，港、澳、台投资企业123个，同比减少10%，占全部企业的0.9%；外商投资企业113个，同比减少18%，占全部企业的0.8%。

(2) 企业资质水平不断提升，企业实力进一步提高，个人资格总量增长速度有所放缓

2009年，企业资质水平不断提高，进一步提高企业实力。据统计，甲级企业2 986个，比上年增长2%；乙级企业4 016个，比上年减少4%；丙级企业3 571个，比上年减少9%；持有专项证书的企业3 152个，比上年减少7%；设计施工一体化企业283个(参见图6)。由此可见，各地基层企业水平逐渐提高，向高质量转变。

其中，甲级勘察企业593个，增长1%；甲级设计企业2 393个，增长3%；甲级专项设计企业1 232个，减少3%。

从企业分布来看，工程设计甲级地方企业2 007个，占全部企业的14%；甲级中央企业386个，占全部企业的3%；其中工程设计甲级地方企业数量居前的省市依次是：广东、上海、江苏、北京、浙江。工程勘察甲级地方企业488个，占全部企业的3%；甲级中央企业105个，占全部企业的0.7%。其中，工程勘察甲级企业数量居前的省市依次是：广东、江苏、河北、辽宁、四川。

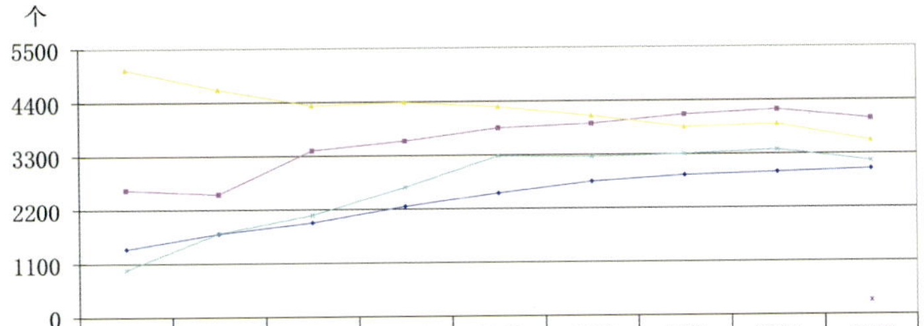

年份	2001	2002	2003	2004	2005	2006	2007	2008	2009
甲级	1 398	1 707	1 928	2 251	2 520	2 749	2 872	2 927	2 986
乙级	2 610	2 521	3 410	3 596	3 851	3 932	4 110	4 204	4 016
丙级	5 078	4 670	4 335	4 396	4 292	4 099	3 861	3 913	3 571
专项	976	1 714	2 084	2 649	3 283	3 258	3 304	3 387	3 152
设计施工一体化									283

图 6 工程勘察设计单位资质等级发展图示

但是，个人资格的发展情况不容乐观，专业技术人员与注册执业人员的数量均有所下降。据统计，2009年，专业技术人员83.26万人，同比减少5%。其中，高级职称人员24.4万人，同比减少2%；中级职称人员33.8万人，同比减少1%。注册执业人员15.11万人，同比减少0.7%，占从业人数的12%。(参见图7)。

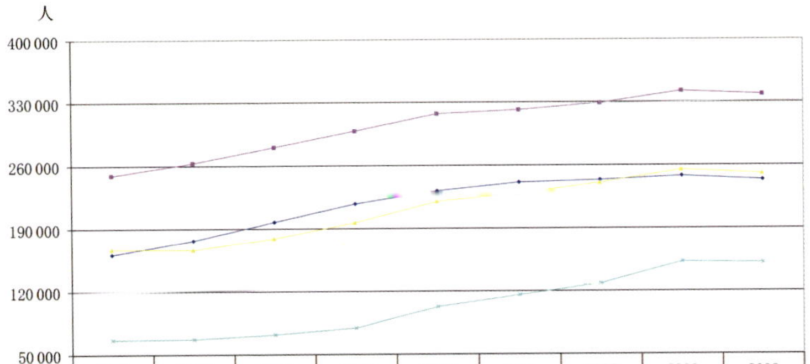

年份	2001	2002	2003	2004	2005	2006	2007	2008	2009
高级职称	161 122	176 679	197 315	217 454	231 619	240 919	243 432	247 795	243 500
中级职称	249 172	262 837	280 411	298 199	317 120	321 386	328 735	341 978	338 350
初级职称	167 249	166 733	179 124	196 678	220 094	229 002	240 579	254 933	250 723
注册执业人员	66 298	66 961	71 980	79 174	102 621	115 464	128 115	152 287	151 106

图 7 工程勘察设计行业技术职称、注册执业人数发展

(3) 工程勘察设计行业科技含量不断提高，科技成果转让收入取得突破发展

据统计，2009年，科技活动费用支出总额144.52亿元，比上年增长9%；科技成果转让收入总额154亿元，比上年增长34%；企业累计拥有专利17 315项，比上年增长40%；参加编制国家、行业、地方技术标准3 701项，比上年增长4%。说明国内工程勘察设计单位为提高企业的核心竞争力，加大了技术创新和科技进步的资金投入，并取得一定的效果。

综上所述，2009年全国工程勘察设计行业规模继续扩大，从业人员队伍进一步发展壮大，企业实力和科技活动投入明显提高，圆满完成了各项勘察设计任务。在四万亿元投资的带动下，全年营业收入、人均营业收入、行业利润以及各项业务完成情况等硬指标仍有明显提高，保持了行业的稳步发展，为确保工程建设顺利进行奠定了坚实基础，并取得了较好的经济效益。

4. 我国工程勘察设计行业正逐步由快速成长阶段进入初步成熟阶段，但由于我国区域发展不均衡，各区域的工程勘察设计行业发展阶段存在较大差异性

2009年，受金融危机的影响，我国整体经济发展模式转型、结构调整、实现可持续协调发展的问题更加突出，因此，国家在推动经济发展理念上将进一步转变。

工程勘察设计行业作为工程建设的先行环节，其发展在很大程度上受国家固定资产投资的拉动，2009年，在国家拉动经济的刺激政策下，总体上工程勘察设计市场业务呈现进一步扩大的态势。但可以预计，在国家经济发展思路转变并进一步落实到具体举措的前提下，工程勘察设计行业整体的增速

将有一个逐步放缓的过程，而2009年作为危机之后的第一年，作为国家刺激政策的推出年，在国家的刺激政策逐步退出后，其原有的市场空间被透支的情况下，其增速势必在将来出现一个拐点。因此，从一个长远的时间段来看，2009年将是工程勘察设计行业由快速增长进入初步成熟的转变期。

我国经济呈现显著的“二元性”，区域发展不平衡，受此影响，工程勘察设计行业也呈现出不同的地域表现为不同的发展阶段，不同区域工程勘察设计发展阶段的不同步。一些经济发达区域的工程勘察设计行业发展已较为成熟，如北京、上海等发达地区处于工程勘察设计行业成熟期，其自身固定资产投资不高，但其工程勘察设计行业产值相对较高，说明这些发达地区完成的工程勘察设计行业产值中有很大一部分是在其他区域完成的，企业对外开拓能力较强。一些区域的工程勘察设计行业处于快速增长期，如武汉、重庆、成都等多数二级城市仍处于成长期，市场规模快速增长，竞争不断加剧面临洗牌。此外，也有少数发展较为落后的地区尚处在初创期。

5. 2009年我国工程勘察设计行业对市场一体化的政策推动加强，但是市场区域分割的情况依旧存在

市场的一体化导向和区域市场分割并存。2009年，国务院先后批复《珠江三角洲地区改革发展规划纲要》等12个国家战略性区域发展规划。这些区域规划与以往经济特区设立、西部大开发战略等区域发展规划相比有着显著的区别。以往的区域发展规划是由中央直接决策、统一实施的，是国家战略，是一种“自上而下”的区域开发战略。如今这些区域发展规划更多的是由地方政府主导，上报中央政府批复，使之具有国家战略层面的意义，是一种“自下而上”的区域发展战略，这种区域发展规划的推出，目的在于适应区域经济发展的一体化趋势，将有可能在工程勘察设计行业由条块分割到真正市场完全一体化间提供一种中转平台。

即使有一体化导向以及区域一体化的挑战，但由于现实中受到市场接受程度、利益主体保护既得利益等因素的影响，未来我国工程勘察设计行业市场一体化进程仍然任重而道远，在未来一段时期，将呈现国家推动一体化的政策导向与区域行业割据的现实并存的局面。

6. 2009年是固定资产投资拉动的一个阶段性顶点，以往基于固定资产投资的外延式发展正在逐步转型为依靠企业能力提升和资源整合的内涵式发展

2009年，国家为了应对金融危机，加大了固定资产投入，相继推出4万亿元经济刺激政策和十大产业振兴规划，这些投资对工程勘察设计行业而言，是一个巨大的外部发展驱动，工程勘察设计行业获得了相当可观的市场空间。

但从将来看，在经济发展模式转型和产业结构调整的背景下，未来这种大规模的集中投放的固定资产投资再现的可能性不大，2009年可能是固定资产投资拉动的一个阶段性顶点。此后，在对将来外部投资驱动的不确定性预期下，工程勘察设计行业更为关注将来发展的驱动因素，以往基于固定资产投资的外延式发展正在逐步转型为依靠企业能力提升和资源整合的内涵式发展。

7. 2009年，工程勘察设计行业业务形态和客户需求继续呈现多样化趋势，工程勘察设计单位提供的产品和服务势必更加多样化

(1) 多样性的需求要求工程勘察设计行业提供多样化的产品和服务

从资源节约、可持续发展、绿色节能、低碳环保的角度来看，工程勘察设计方案不仅仅要满足项目本身的要求，还要帮助项目满足外部环境的要求，也就是要满足我国经济结构转型、建设资源节约型社会、实现可持续发展、体现低碳绿色理念的要求。这就是说工程勘察设计的客户范围不仅是工程建设的业主，还包括整个社会。这就要求工程勘察设计单位不能仅仅满足于获取、改进一系列工程设计技术方法，而是要从自身的使命和责任感层面，将整个社会作为自身的客户，担当起为社会服务、让社会满意的崇高责任。

另外，根据国家统计局数据，国有及国有控股固定资产投资完成额在固定资产总额中占比从2004年4月接近60%逐步下降到2009年9月的43%，同期民间投资的比重从37%上升到53%。在民间资本比重提升的背景下，工程勘察设计行业单位在业务获取、项目管理等方面将更加市场化，这将进一步推进工程勘察设计行业的市场一体化，各工程勘察设计单位面临的竞争将更加激烈。

(2) 企业战略定位呈现多元化趋势，势必提供多样化产品和服务

自1999年《关于工程勘察设计单位体制改革若干意见的通知》(国办发〔1999〕101号)提出要参照国际通行的工程公司、工程咨询设计公司、设计事务所、岩土工程公司等模式进行改造，国有大型工程勘察设计单位应当逐步建立现代企业制度，依法改制为有限责任公司或股份有限公司，中小型工程勘察设计单位可以按照法律法规允许的企业制度进行改革等方针后，整个工程勘察设计行业结合自身特点选择合适的发展模式，围绕纵向产业链、横向产业链进行相关衍生，工程勘察设计所提供的产品和服务相应地呈现多样化趋势。

二、2009年度工程勘察设计单位发展模式现状及特点

2009年，在金融危机、国家“四万亿”投资以及经济结构调整等多重因素作用下，不同细分行业内的工程勘察设计单位所面临的外部环境各不相同，其发展模式也随之呈现不同的特点。

在2009年市场环境变化巨大的情况下，不同工程勘察设计单位也经历着不同的发展状态。在2009年年初，除基础设施建设范畴内的工程勘察设计单位以外，其他大部分行业内的工程勘察设计单位都受到金融危机不同程度的影响，随着国家经济刺激政策的不断落实，经济的逐步回暖，这些单位也逐渐走出危机影响。但随着国家对产能过剩行业的重点调整以及经济结构调整的深入，一些工业类工程勘察设计单位又随之面临较大的转型压力。

这些宏观经济和政策的变化，以及企业对“十二五”期间国家经济政策走势的判断，使得2009年工程勘察设计单位在发展过程中显现以下几个方面的特点：

1. 外部环境的巨大变化，使得行业主体对企业发展模式的思考和探索从“外部推动”向“内外并举、以内为主”转变

长期以来，工程勘察设计单位在思考和探索企业发展模式的过程中，其推动因素主要是由国家政策、上级单位、市场环境等，而真正从自身长远发展的角度，思考和探索自身未来的业务发展模式的企业在行业内所占比例并不高。

随着2009年外部形势的巨大变化，2010年又处于“十一五”最后也是最关键的一年，主动思考和探索企业发展模式转型成为工程勘察设计单位必须面对的课题。2009年市场环境较好的细分领域内的工程勘察设计单位居安思危，开始着手在行业投资下滑以及市场更加开放后企业的发展理念和发展模式的转变；而处于国家调整重点领域的相关工程勘察设计单位已经开始积极寻求发展模式的转型，以适应目前以及未来的宏观环境和业主需求。总而言之，2009年工程勘察设计单位正处于“转型”的关键期，如何在此期间把握机遇，实现企业理念与业务发展模式的转变，是诸多单位都在积极思考和探索的问题。

2. 许多工程勘察设计单位将企业发展重点从“做大规模”转向“做强能力”，探索从“粗放式”向“精细化”发展模式的转变

在中国经济高速发展的10年间，工程勘察设计单位也通过自身努力，取得飞速发展，企业规模和实力也在不断提升。但随着经济结构调整、低碳等方面因素影响，工程勘察设计行业开始面临转型的巨大压力。

在谋求业务发展模式转型的过程中，部分企业通过自身的技术创新、资源整合等方式，不断提升自身业务技术水平，不断在传统工程勘察设计中加入绿色节能理念，不断通过设计手段的改进提升设计效率与质量。另一方面，企业也越来越重视在细分领域的设计能力提升，向专业化、精细化发展。总之，外部环境的压力使得一些工程勘察设计单位开始将企业发展重点从“做大”转向“做强”，从“粗放式发展”向“精细化发展”转变。

【案例】2009年底，中国电子工程设计院下属北京世纪源博科技有限责任公司(以下简称“世纪源博公司”)设计建设的广州珠江钢铁有限公司电炉烟气能源综合利用项目成功并网发电。该项目由世纪源博公司提供方案设计、关键设备、工程实施、人员培训等一揽子技术总承包服务。项目位于广州市经济开发区，装机容量10 000kW，项目达产后年发电量可达近5 800万kW·h，年可节约标煤约2万t，年减排二氧化碳约5万t。项目充分利用电炉在生产过程中产生的烟气余热，减少能源浪费和污染排放，达到节能减排、循环经济、清洁生产的目的，实现了良好的经济效益和社会效益。目前全球年钢产量超过11亿t，电炉炼钢量平均水平为30%以上，我国电炉钢产量约占全国粗钢产量的12%，大部分电炉炼钢的废热都没有得到有效的利用，这一项目的顺利实施是在电炉余热利用技术的成功尝试，为电炉生产节能减排开辟了新途径，将进一步推动电炉余热发电技术的发展，为低碳经济和循环经济的发展做出有益贡献。

3. 从工程建设领域向产业链前端投资和后端维护改造延伸，是部分工程勘察设计单位突破传统发展模式新的举措

(1) 部分工程勘察设计单位将业务向前端投资延伸，实现工程服务企业向综合实体企业的发展转型

工程勘察设计行业经过近10年的快速发展，不仅仅积累了大量的工程经验、技术实力以及人力资本，另一方面也使不少单位在企业管理和资金实力方面有了较大提升。在2008年和2009年上半年市场环境不尽理想的情况下，部分拥有雄厚资金实力和管理能力的企业在思考企业转型方向的时候，开始将业务领域从传统工程服务领域向更前端延伸，自主投资实业，使企业从工程服务企业向综合性实体企业发展。这种发展模式的转型已经在石化、电力、交通、建筑等细分行业有许多成功实践。

【案例】2009年9月，中国成达工程有限公司(以下简称“成达工程公司”)与新津县签订石化项目投资框架协议，成达工程公司希望通过现有技术优势，在四川新津化工园区投资建设90万t/aPTA、50万t/a PET等聚酯系列项目和20万t/a己二酸、15万t/a尼龙66切片等尼龙系列项目，于2010年上半年动工建设，建成后年销售收入约190亿元，年纳税约14亿元。2009年11月9日，中国银行四川省分行与成达工程公司在蓉正式签署了200亿元人民币的全面战略合作协议，及85亿元新津石化项目融资意向协议。此次项目的成功推进，标志着成达工程公司开始从单纯的工程服务企业向综合性实体企业转型。

(2) 在交通、工业等领域由于建成项目的增多以及国家政策要求，使得后期维护、技术改造成为企业业务拓展的重点

随着钢铁、建材、煤化工、多晶硅等高能耗、高排放行业被国家列入产能过剩重点调整行业，对这些行业严格控制新审批项目，要求加快进行产业结构调整。2009年，这些行业的相关工程勘察设计单位面临发展模式转型的重大压力。由于传统业务新开工项目越来越少，技术升级改造、后期维护、多元化业务发展、“走出去”成为这些行业内企业转型的重要方向。

而在交通设计领域，随着我国高速公路通车里程的不断增加，对高速公路、铁路等行业的改扩建、智能系统改造等方面的服务的需求也在大幅提升。虽然2009年交通勘察设计行业处于发展的高峰期，但企业经营者对“十二五”基础设施建设投资的担忧，也使得他们在积极思考企业转型

的方向，并在综合交通规划、改扩建、检测维护以及智能交通等领域开始积极探索。

4. 工程勘察设计单位在深入发展传统业务的同时，开始积极寻求新业务领域和区域的拓展机会

工程勘察设计单位在传统业务市场领域内，通过前后端延伸、精细化发展的同时，也在积极寻求新业务领域和市场区域。

2009年，基础设施建设领域迎来高速发展时期，在行业快速发展的情况下，很多工程勘察设计单位也意识到，这种高速发展的趋势难以长时间维持。在此背景下，除了进行产业链的延伸以外，很多企业也在积极通过建立分支机构、并购等各种手段寻求多元化业务、市场区域拓展。在业务领域方面，开始逐渐向城市轨道交通、市政、环境工程、公共建筑等领域重点拓展，而市政等领域内的单位在积极巩固传统领域的同时，也在向公路、桥梁、建筑、规划领域进行拓展。在市场区域方面，中西部地区、经济热点地区成为企业向外拓展的首选方向。

而冶金、石化、建材等工业工程勘察设计单位也在积极向交通、市政领域拓展，并通过其在传统主业中工程总承包经验以及资金实力，通过EPC、BOT等模式进入这些领域，提升企业发展业绩的同时，也带动了交通、市政领域EPC、BOT等业务模式的发展。

【案例】中冶南方工程技术有限公司(以下简称“中冶南方”)近年来开始通过BT\BOT的方式进入城市公路、垃圾处理、污水处理等领域，2009年，中冶南方先后通过BT方式中标武汉市东湖高新技术开发区八一路延长线项目，通过BOT方式中标豹澥污水处理厂项目。八一路延长线将于2011年9月竣工通车；豹澥污水处理厂计划于2011年4月初步完工，并成为武汉东湖高新区践行“两型”社会目标的优质环保工程。

三、2009年度工程勘察设计单位体制变革现状及特点

2009年是进入新世纪以来我国经济社会发展最为困难的一年，金融危机尚未见底，经济增速明显放缓。随着宏观经济环境的不确定性增强，工程勘察设计单位更加注重生产经营、持续发展，也更为谨慎地探索体制变革之路。体制变革不仅仅是一般意义上所说的改制，还包括了并购重组、上市等多种行为。

据统计，2009年，中央所属国有工程勘察设计单位437个，比上年减少17.86%，占全部国有工程勘察设计单位的9.8%。其中，国务院有关部门所属国有设计单位128个，比上年减少18.9%；隶属国务院国有资产监督管理委员会国有设计单位271个，比上年减少17.8%。地方国有设计单位所占比例比较大的省份依次是：山东、辽宁、广东、云南、湖北、陕西。

与往年相比，工程勘察设计单位2009年度体制改革呈现出以下特点。

1. 部分央企旗下设计单位通过“强强联合”进行战略性重组，以打造工程建设全过程服务能力，进一步整合各专业板块、提升品牌影响、扩大产业规模

2009年，部分央企旗下的设计单位以改革为契机，选择“强强联合”的方式进行战略重组，为的是通过资质、资本、市场、人才等关键性战略资源的整合，加快设计单位业务发展、创新发展模式、整合资源优势等，打造对工程建设全过程服务的强大核心能力，进一步整合各专业板块、提升品牌影响、扩大产业规模，实现设计单位的跨越式发展。例如：中国建筑股份有限公司组建中国中建设计集团有限公司，实现“设计+建造一体化运作”；中国航空规划建设发展有限公司通过对工程建设行业全价值链的所有甲级资质的完全覆盖，构建起一整套从咨询、规划、设计到建设、投产、运行、评估的完整的发展体系，打造全价值链产业发展强势。

【案例1】2009年12月28日，为加快中国建筑股份有限公司(以下简称“中国建筑”)设计勘察业务发展，积极培育“中建设计”品牌，打造中国建筑设计业务平台，创新发展模式，中国建筑整合旗下中国建筑东北设计研究院有限公司、中国建筑西北设计研究院有限公司、中国建筑西南设计研究院有限公司、中国建筑西南勘察设计研究院有限公司、中国建筑北京设计研究院有限公司、中国建筑上海设计研究院有限公司、中国市政工程西北研究院有限公司等七家甲级大型设计研究院，组建成立“中国中建设计集团有限公司”(以下简称“中建设计集团”)，进一步整合了公司的设计勘察业务资源，成为中国最大的建筑设计、城市规划、工程勘察、市政公用工程设计的综合企业集团之一。

中建设计集团依托中国建筑强大的资源优势可为客户提供建设项目全过程服务，实现设计+建造的一体化运作。目前各子公司独立运作，将来如何进一步整合，制定怎样的发展战略，建立怎样的发展模式还在酝酿之中。目标是成为国际知名、国内一流、行业内不可或缺的重要设计企业。

【案例2】2009年10月16日，由中国航空工业规划设计研究院(简称“中航院”)、中国航空建设发展总公司(简称“中航建”)、中航勘察设计研究院(简称“航勘院”)、中航工业第三设计研究院四家企业组建而成的中国航空规划建设发展有限公司(简称“中航规划建设公司”)宣告正式成立。标志着我国最大的航空装备工业集团中航工业集团旗下的航空规划设计板块实现战略重组。

组织机构的调整：改制过程中，中航院先做出了调整，搭起了中航规划的公司职能架构，目前中航规划设立了11个职能部门，下面有三家成员单位(航勘院、三院、中航建)，中航院之前的10家院作为中航规划的直属实体单位。

四家企业整合后，中航规划建设公司将以工程设计为龙头形成全产业链的服务模式，有力提升高端咨询能力、做强工程设计和勘察设计、做大工程和

设备总承包，创新商业模式、扩大产业规模。根据中航规划建设公司的三年发展规划，公司在完成资产整合后，将着手引进战略投资者，并计划在三年内完成上市目标。

2. 在进一步盘活资产、搞活经营机制、扩展业务范围等目标下，一些地方中小型设计单位选择被大院、大集团并购重组，进而实现核心竞争力的提升

一些地方中小型设计单位为了进一步盘活资产、搞活经营机制、扩展业务范围等，选择被大院、大集团并购重组。同时，这也有利于全面提升大院、大集团的整体实力和综合竞争力，进一步扩展业务区域及业务领域，实现跨区域、跨行业、完善产业链发展，从而实现双方的优势互补。其中，中铁大桥院以70%股权并购重组中铁芜湖建筑设计研究院有限公司和中铁芜湖规划设计研究院有限公司；河北省国资委直属企业河北省纺织建筑设计院完成重组，整体划转至河北建工集团名下；合肥市市政设计院、合肥市建筑设计院公开挂牌转让，分别由上海市城市建设设计研究院、中铁隧道勘测设计研究院有限公司以最高价摘牌，有效实现了企业国有产权转让的收益最大化。以上案例也进一步说明，大院、大集团并购中小型设计院，成为2009年度行业体制变革的主要方式之一。

【案例】中国铁路工程总公司所属中铁大桥勘测设计院有限公司(以下简称“大桥院”)以70%股权重组并购的中铁芜湖建筑设计研究院有限公司、中铁芜湖规划设计研究院有限公司于2009年12月8日正式成立，标志着这家拥有60年辉煌历史的勘测设计单位将从桥梁领域迈向建筑、规划等综合设计领域。完成战略重组后，一方面，芜湖建筑院、芜湖规划院可充分利用大桥院优良的人才与技术平台、优厚的项目平台和完善的制度与文化平台，不断发展和强化自身的核心能力；另一方面，大桥院在市场营销、业务建设、技术创新和人才发展等方面把自身的桥梁勘察设计优势与两院的建筑及规划设计优势结合起来，形成合力，相得益彰，相互促进，切实实现战略重组的初衷和目标。此外，此次改革重组得到了中国中铁、芜湖市各级领导和有关部门大力支持，架设了央企连通地方企业战略“桥梁”。

3. 部分国有单位积极推行“股权改革”，通过股份制改造用股权留住核心人才

为更好地从企业制度上体现人才的价值，把国家、企业、职工三者的利益有机结合起来，部分国有出资单位开始推行“股权改革”，使核心管理骨干与技术骨干成为股东，实行“薪酬”和“股权”双激励机制。比如，中南建筑设计院完成改制，成为职工参股的股份公司；水钢设计院改制后的公司性质为非国有控股的有限责任公司，是由首钢国际工程公司控股(51%)、水钢集团(20%)及水钢设计院骨干人员(29%)参股组建的一个产权清晰、投资主体多元化的新公司，这也是水钢二级单位整体进行职工身份转换的首例。通过此类的股份制改造，将核心人才的收入和股权、长远发展和短期发展、智力劳动和薪酬更好地紧密结合起来，利于企业留住核心人才，利于企业实现对人才的有效激励和有效约束。

【案例】中南建筑设计院(以下简称“中南院”)于2009年9月8日完成改制，更名为“中南建筑设计院股份有限公司”，由“完全国有”变成职工参股的股份公司。公司注册资本16 150万元，其中，湖北省国资委占总股本74%；182名管理人员、技术骨干成为中南院改制后的“新股东”，占总股本的23.93%；与其他公司股份制改造不同的是，设置了预留股份2.07%，旨在吸引更多高端拔尖人才，提高企业的核心竞争力。据介绍，中南院的院技术总一级持股60万，所一级总建筑师持股20万，技术骨干持股5万，院最高持股者90万。企业若盈利，他们在现有分配基础上会享有股权的分红，企业若亏损，他们的股权投资会同步缩水。

四、2009年度工程勘察设计单位内部管理现状及特点

(一) 品牌建设现状及特点

工程勘察设计单位的品牌是经典项目、资质、人员规模、企业形象等多种因素的综合体现。总体来看，2009年，尽管部分单位在品牌建设方面有所尝试，但是大多数企业的主要精力集中在保质保量完成市场任务上，对品牌建设的关注度不是很高。但是2010年及今后一段时间内，随着国家经济结构的调整和转型，工程勘察设计行业的市场容量会出现下降的趋势。一方面，业主单位对设计的技术和质量会提出更高的要求，客户需求的变化将逐步推动设计单位之间的品牌竞争；另一方面，人才是设计单位最为稀缺的资源之一，而具有品牌优势的设计单位能够吸纳更多的优秀人才，进一步增强品牌实力。

如何在竞争激烈的工程勘察设计行业中异军突起、脱颖而出，如何结合工程勘察设计行业特点塑造并提升自身品牌，如何推广自身的优势和品牌形象是工程勘察设计单位思考得越来越多的问题。

具体来说，2009年工程勘察设计单位品牌建设主要呈现出以下特征：

1. 单一品牌依然是工程勘察设计单位普遍采用的模式，并在品牌形象塑造和市场营销中发挥作用

目前，多数工程勘察设计单位的品牌架构以单一品牌模式为主，其他品牌模式如主副品牌、联合品牌为部分单位所采用，但多品牌、背书品牌则较少。单一品牌的特点在未来一段时间内不会发生较大变化，将继续成为行业主流，其他模式大多属于品牌建设的过渡形态。

单一品牌模式有助于设计单位建立统一的品牌形象，易于被客户识别和接受；同时，还能够明确品牌含义，降低导入性促销成本，以及开发新品牌的成本。但是并非所有工程勘察设计单位在任何发展阶段都应该采取单一品牌的

架构模式，品牌发展模式的选择需要与工程勘察设计单位自身的发展战略和市场拓展目标紧密结合。

2. 标志性项目、行业代表人物等是目前多数工程勘察设计单位品牌营销的主要手段

由于工程勘察设计单位所提供的产品是智力服务产品，客户在购买之前并不能直观地接触到产品(服务)的质量和价值，客户购买的是对服务的预期价值而非当前已生产成型的具体产品。因此，工程勘察设计单位标志性项目和有影响力的大师级人物在很大的程度上是项目品质和信誉的保证，成为了工程勘察设计单位品牌营销主推要素，以及客户选择评价服务方的主要依据。

但是从长远来看，单纯以标志性项目和设计大师为品牌主要营销手段的方式还有待改进。随着工程勘察设计行业市场化程度的不断提高，客户对产品(服务)的要求将逐步提高，因此，工程勘察设计单位品牌综合实力，即品牌所代表的技术研发实力、人才专业化程度、项目经验、专项资质以及服务水平等多种因素的整体效应将会决定品牌营销的效果。

3. 部分工程勘察设计单位开始从内部文化建设的角度来支撑品牌的发展，但对外部客户品牌体验的关注度相对欠缺，品牌内涵还较为单薄

大多数的工程勘察设计单位已经认识到了品牌管理的重要性，已经开始做品牌管理相关的工作。从目前来看，工程勘察设计单位的品牌管理多呈现出以内部文化建设为主的特征，即通过企业文化的塑造，增强内部员工对单位的认同感和归属感，强化员工的质量意识、工期意识和服务意识，希望以内部员工专业能力和服务水平的提升为抓手来塑造整体品牌形象。

但仅依靠内部文化建设支撑品牌发展，势必造成内涵的单薄，无法具备更强的品牌生命力，最终还是需要外部客户认知因素的持续提升。而从外部因素来看，忽视客户对品牌的体验是目前工程勘察设计单位品牌建设过程中存在的重要问题。对于客户信息的反馈多集中在个人或者某一项目小组内部，没有建立完善的客户服务和信息反馈通道和机制。

(二) 组织模式现状及特点

2009年，整个国家的发展重心落在如何应对危机、如何进一步落实经济转型工作上。工程勘察设计单位为应对外部严峻且多变的环境，以及顺应整体经济发展大趋势，纷纷通过联合重组、业务转移、区域拓展、产业链延伸等多种手段积极寻求新的增长点。组织模式是支撑企业发展和运营的重要保障，随着企业发展思路和模式的不同而有所不同。2009年，面对不稳定的外部环境以及企业发展转型的需求，工程勘察设计单位的组织模式主要呈现以下特点。

1. 实效的集团化管控，成为多数大中型企业以及联合重组企业关注和落实的重点

集团成为实现国家产业目标的重要载体，无论是出于政策力推，还是出于自身意愿，工程勘察设计单位或通过“强强联合”、或通过并购重组形成大中型集团公司，其发展的意义主要在于形成规模效益，通过核心能力有机统一和互补打造集团整体核心竞争力，进一步迎接来自复杂多变环境以及国际市场的挑战。

然而对经历过多年或初尝集团化管理模式的工程勘察设计单位而言，目前仍旧面临管控上的典型问题：首先，如何进一步理顺公司的治理结构；其次，如何进行集团内部资源更为有效的整合。集团下属子公司可能存在业务重叠从而导致整体经营效益下降的情况，这就涉及经营资源综合有效利用的问题；针对下属企业业务量负荷不一的情况如何处置，实现生产协同的问题；对于集团的资金资源，如何更大作用发挥整合配置和财富再创造的问题；再次，权责收放的问题。集团对下属企业各个管理细项的权责收放应该如何把握，才能既发挥这些企业的积极性灵活性，又不至于出现管理失控的状况。

【案例】中国某工程咨询集团有限公司(以下简称“集团”)成立于1992年，现下属有18家实体(不包括合资成立的公司)，现有人员2 000多名。集团2009年组织召开企业发展研讨会，考虑如何进行企业内部资源整合。集团清晰的分析外部环境，认为随着市场形势的改变，以前传统的分散式的狼群战术已不能适应市场的发展与要求，集团要把有限的资源整合起来，把集团在行业的洗牌过程中沉淀下来。对于如何资源整合思路，集团考虑先理顺公司结构治理，改造二级单位的董事会；然后走资源匹配模式，在人力资源、市场营销、资金上使整合进行互补；完成一系列基础工作后，再走资产发展和扩张的模式。而对于整合的目标与时间安排也做出相关的决心，至2010年12月31号前要完成对下属单位的全资改造，之前做好人员思想转变的引导和灌输工作，让员工更好地理解和支持此项工作的推进。

2. 工程勘察设计单位在组织模式上进行了一些新的探索，如事业部制等

对于工程勘察设计单位而言，随着自身业务规模的不断扩大，一些企业迫切需要一种新的组织模式，能有效整合更大范围的资源，以及在相应细分市场上做强做大，前些年业内所探讨的专业所和综合所已明显不能适应这种新的发展趋势。而随着业内单位对外界先进管理理念的吸收，一些单位根据自身业务和企业规模特点开始尝试运行“事业部制”的组织模式。该种组织模式最早在我国的制造行业出现，其往往具备高度灵活性、

能发挥较大主动性并极具战斗力和竞争力。这种组织模式在开放程度较高的工程勘察设计细分行业或发展步伐走在较为前列的行业企业也开始探索尝试。

【案例】中建国际设计顾问有限公司(以下简称“中建国际”)，成立于1994年，隶属于中建国际建设公司。其先后服务了北京燕莎中心、中国银行总行大厦、中央电视台新台址、2008奥运会国家游泳中心(水立方)、上海环球金融中心、迪拜棕榈岛(Palm Islands)等全国及世界级地标性建筑。该公司目前是业内较为典型的采取事业部制组织模式的设计企业，下设居住建筑事业部、公共建筑事业部、医疗事业部、城市规划事业部、国际事业部、结构事业部、机电事业部，同时各个事业部内含经营、项目管理、技术设计等职能。以建筑类型为事业部分类基础的组织模式，更能突出公司在专项领域上的专业性，也为公司在各个专项领域获得更高的品牌知名度。

3. 开展EPC项目的工程勘察设计单位组织模式呈现出多样化的特点

EPC项目对组织的集成化管理要求较高，就设计、采购和建造而言，其设计不仅包括具体的设计工作，还包括整个建设工程内容的总体策划及实施组织管理策划和具体工作；采购也不是一般意义上的建筑设备材料的采购，而更多是专业设备的选型和材料的采购；建造则包括施工、试车、技术培训等。

而从国内开展EPC业务的企业来看，为支撑该业务的开展，各家企业的组织模式也有所不同。部分转型较为成功的企业，已将EPC作为整个公司的职能，其所能承接的项目规模和组织的抗风险能力也较大，如国内的一些化工院等；部分企业将EPC作为设计的补充业务开展；还有部分企业将EPC分散在各个业务板块中，如中元国际。

多样化的EPC组织模式也为其他尝试开展该项业务的企业提供了借鉴，不同的业务特点，不同的发展规模和阶段，在涉足EPC业务时，均需要探索适应企业自身实际的组织模式来支撑业务的开展。

(三) 人力资源管理现状及特点

随着产业升级、企业自身业务模式的转变、以及技术的创新，各种类型的专业人才、综合管理人才成为支撑企业转型升级的重要保障之一。目前，多数工程勘察设计单位面临着人才结构调整以及人才层次提升等多种人力资源管理问题，这对工程勘察设计单位的人力资源管理提出了更高要求。

1. 在竞争加剧及业务转型的背景下，大多数工程勘察设计单位纷纷进行人才结构的调整和人员素质的提升

国家通过产业结构调整大力发展高新技术和创新型产业，而工程勘察设计单位原有人才已远远满足不了“升级换代”的要求，“合适人才”缺口将进一步扩大，我国工程勘察设计单位技能人才及高端人才短缺的矛盾将进一步凸显。

而这样的人才结构和素质调整不仅体现在中层干部和基层人员中，还表现在企业或集团高管人员结构的调整，特别是公司发展的新兴业务可能需要新型技术人才、金融服务人才、综合管理人才时，原有以传统技术为专长的高管体现出对新兴业务管理的不适应性。

2. 人才内部流动和发展受企业用人机制的制约，而人才向行业外流出也是目前出现的新特点

一些工程勘察设计单位的用人机制仍旧存在“能进不能出、能上不能下”的问题，人才缺少多元化的发展平台，不合格员工出不去，优秀员工上不去。而这一问题也间接导致优秀人才向外流失，这一流失不再仅仅是行业内的流动，而是开始转向相关行业外。同时，人才流动不再仅是开放程度较高的细分行业内单位面临的问题，像一些工业设计单位，也出现这样的问题。

3. 人才激励，特别是骨干人员的成长和激励问题为越来越多工程勘察设计单位所关注

传统的激励手段存在三方面典型问题：一是体系性缺陷。即缺少激励的整体策略和措施，往往重物质激励，少精神激励，而即便是关注物质激励的企业，也缺少客观的依据，造成内部的不公平感和新的矛盾；再者存在激励与约束分离的情况，在激励的目标上失去了方向和制约。二是存在激励方式一刀切的弊端。企业采取同一套体系下的激励方式，往往不能有效体现不同年龄层次、优秀骨干员工与一般员工、生产部门与管理部门的需求差异。三是激励模式缺少创新。大多数企业中，激励管理方式没有随着业务的发展、人员需求的变化而作相应的调整，致使业务转型或新业务的开展推动不力。

当然大多数企业管理者都已经发现管理过程中传统激励手段和方法对员工尤其针对骨干人员的效果在不断弱化。而为使得员工爆发出新的创造力，多数企业也在不断探究如何更好地运用激励手段，包括股权、年金等中长期激励，以及进一步优化薪酬福利等短期激励，并辅之以精神和情感为补充的精神激励。

(四) 技术质量管理现状及特点

随着时代的进步，人们对工程质量的关注程度进一步提升，关注面不断延展，即从过去仅注重工程本身的“坚固、耐用”，发展到为节约资源成本、保护生态环境、推进科技创新的新质量观。而工程勘察设计是工程建设的先导，技术质量管理的效果对工程整体质量、功能和造价有着重大影响。因此，较高的技术质量管理水平是设计单位占有市场竞争优势的重要筹码，

也是承担相应社会责任的必然要求。

与往年相比，2009年工程勘察设计行业技术质量管理主要体现出以下特点。

1. 为了完成相对繁重的市场任务，多数工程勘察设计单位技术质量控制的力度相对减弱

2009年，在国家经济刺激政策的作用下，多数工程勘察设计单位的业务量饱和，任务的工作量及工期要求较为紧。在这种情况下，如何在保证技术质量与完成市场任务之间寻求平衡点成为多数工程勘察设计单位关注的主要问题。大部分工程勘察设计单位为了“抓经营、保工期”，任用资格和经验不足的设计人员从事一线设计工作、省略某些必要的技术和质量检查环节，则成为多数单位面对保证技术质量和完成市场任务之间冲突的一种倾向和选择。项目质量不能很好地控制，为工程总体质量带来一定压力。

2. 项目分包管理中，如何做好技术质量控制成为当前需要重视的一个问题

项目分包管理有助于工程勘察设计单位甩掉低端生产资源，降低成本、提高利润率和生产率，以保证工程勘察设计单位自身的竞争力优势。但目前多数工程勘察设计单位尚未建立完善的分包技术质量管理体系，缺乏对分包商产品质量、流程规范和工期的有效控制。由于分包商合同意识薄弱，技术水平参差不齐，导致最终产品质量不佳、不符合技术规范和设计文件要求，以及延误工期等问题，严重影响了工程项目建设的质量以及工程勘察设计单位的品牌形象。

3. 部分工程勘察设计单位成立了专项技术研发及管理部门，以推进节能、环保技术在设计过程中的应用

工程勘察设计环节在保证工程项目节能、环保效果方面显得尤为重要。近年来，国家倡导发展绿色、低碳经济为勘察设计单位节能环保新技术的研究和应用提供了重要契机。新技术的掌握程度和标准化程度将成为设计单位有力的竞争要素。部分工程勘察设计单位在2009年顺势成立了专门部门从事相关技术研究和管理工作，但如何将节能、环保技术研究成果应用于勘察设计环节，并最终实现业务量的增长问题仍然困扰着部分工程勘察设计单位。

(五) 信息化建设现状及特点

2009年，工程勘察设计行业信息化建设在《“十一五”工程勘察设计行业信息化发展规划纲要》的指引以及中国勘察设计协会的推动下，工程勘察设计行业在行业信息化管理、国产化、正版化、企业信息化平台建设等方面取得了新的突破，但还存在着一些信息化发展不平衡的情况，具体可从以下几个方面呈现。

1. 大型工程勘察设计单位信息化集成应用系统初步建立

2009年，各大型工程勘察设计单位信息化集成应用系统已逐步建立。在网络技术共享平台的基础上，主要建立了以协同设计为核心的项目管理系统，并在此基础上和财务管理、人事管理、质量管理、综合办公管理、固定资产管理、科研管理、经营计划管理、图档管理、工程监理管理等相结合的集成应用系统。

各大型企业以企业门户、自动化办公系统、企业业务管理系统、企业知识管理系统为核心的协同办公系统全面推广使用，是企业使用信息技术，实现企业管理升级的最佳体现，推进了各企业的规范化管理、精细化管理，提高了企业的管控能力，降低了管理成本，提高了办公效率。

2. 工业类设计单位已逐步向三维协同设计迈进

2009年，我国工程勘察设计行业计算机二维辅助设计已经基本普及，三维设计发展迅速，不少工业类工程勘察设计单位已开始逐步向三维协同勘察设计发展。

我国工程勘察设计单位在计算机二维、三维辅助设计方面投入了大量的人力和物力，大大提高了设计效率和设计质量，进一步提升了行业的整体竞争力。一些大型工业类工程勘察设计单位在此基础上，已经开始向三维协同设计发展。三维协同设计的发展，进一步提升了设计质量和效率，而且使得数据转换和共享方面，突破了传统二维、三维设计的限制，即把不同专业、不同功能的应用系统有机地结合起来，用各种规范和标准，保证系统内信息流的畅通。

3. 不同区域、行业、企业间的信息化建设差距较大

由于我国区域经济发展不平衡、行业发展不平衡，以及行业管理部门统一的电子政务系统、工程全过程信息化平台的建设还未完全普及，缺乏统一的行业信息化建设标准，造成了不同区域、行业、企业间的信息化建设差距较大。在沿海城市以及省会城市中，工程勘察设计单位对企业信息化建设的认识较高，建设情况也好于一些中西部的二线城市；另外，一些工业勘察设计行业以及一些管理先进的其他工程勘察设计单位，企业信息化建设也已经取得很大突破，为企业发展及内部管理做出了重大贡献；就企业规模来说，大中型企业信息化建设也走在行业前列，大部分二线城市的中小型工程勘察设计单位企业信息化建设还处于单一化、平面化时期。

4. 工程勘察设计单位信息化建设过程中“重技术、轻管理”的情形依然存在

长期以来，“技术驱动”发展理念长期左右着工程勘察设计单位信息化建设。以系统集成为例，长期以来，系统集成理论、系统集成方案和系统集成产品可以说铺天盖地，但由于工程勘察设计单位在信息化建设功能水平和信息资源开发上均有局限性，对于系统集成大多数工程勘察设计单位并没有深入地进行需求分析和可行性研究，致使行业系统集成的成果可以说寥寥无几。

工程勘察设计行业发展展望和预测

一、工程勘察设计行业总体发展未来走势

2009年，作为应对金融危机的第一年，作为经济转型和调整的关键年，我国经济从整体上呈现出一些与以往不同的特征，我国的经济结构、产业结构也面临新的挑战，受此影响我国工程勘察设计行业总体发展走势将呈以下特征：

1. 在金融危机引发的刺激政策退出的背景下，国家即将出台的“十二五”规划中的固定资产投资将会有较大调整，对工程勘察设计行业的总体市场空间产生一定影响

根据相关测算，在“十二五”期间，第二产业固定资产投资比重可能呈下降趋势，第一产业投资比重略有上升，第三产业比重上升幅度较大；第二产业中制造业投资比重呈下降趋势；电力、燃气及水的生产和供应业投资比重呈上升趋势，建筑业比重略有下降；第三产业中除交通运输及仓储业和公共管理外，其他行业投资比重皆呈上升趋势，其中房地产业、科学研究、水利及居民服务业、教育事业、卫生、社会保障和社会福利事业等上升幅度较大。

在此预期下，将来“十二五”期间，国民经济增长格局将发生变化，与“十一五”时期相比，长期以来比重最高的工业投资份额将有所下降；与农业、城镇化进程、节能减排以及科技创新等领域有关的投资将会上升。

其一，与农业相关的投资。对勘察设计行业来说主要表现为政府掌握的水利投资应该继续有所增长，数量庞大且遍布农村的中小型水库的功能保持、安全维护将在“十二五”时期继续存在庞大的投资需求。这对勘察设计的水利、水电等细分行业有着较大的利好。

其二，与城镇化有关的投资。2009年，我国的城镇化率为46.6%，从社会发展的规律来看，我国已经进入了一个城镇化的高速发展阶段，预计未来10年，我国城镇化率将保持1%左右的年增长速度，每年将有1千万左右的人口从农村转移至城镇，给整个工程勘察设计行业创造了更大的发展空间。

与此同时，将来城市建设投资也会出现相应变化：一是投资配置重心应会下移，重点转向中小城市、县城、小城镇。在城市群建设中也应会重点带动核心城市周边、外围城市的建设；二是城市建设投资配置方向的“转向”，切实转向城市功能性建设，切实促进农村劳动者在城镇实现非农就业，以及农村人口(包括劳动者家属)在城镇定居。这对勘察设计的市政公用、轨道交通、铁路(高铁)等细分行业有着较大利好。

其三，新增投资将重点体现减排、提高附加值等。由于在相当长一个时期内，我国制造业中部分行业存在较大规模的“过剩产能”，这将在未来几年显著影响我国制造业投资增长，从而整个工业投资增长也会随之减弱，工业中惟有电、热、燃气的生产与供应业会随新能源建设以及城市化进程加快保持高于全社会平均增速的速度。工业投资的重点将向节能减排、污染治理、更新生产方式、淘汰落后产能，以及企业自发地通过科技创新提高产品附加值等方面转移。这将使在节能技术先进、绿色环保理念领先的相关勘察设计单位受益。

2. 国家经济发展模式转型和科学发展观的落实，对工程勘察设计行业提出了新的发展要求，工程勘察设计行业的发展将顺势而为，积极调整以应对国家经济发展模式转型

改革开放30多年来，经济高速发展的同时我国经济结构的升级和转型日益迫切，国家提出了加快经济增长方式转变以及可持续发展的发展理念，建设资源节约型、环境友好型国家，节水、节能、绿色、低碳将是我国下一步发展的基本原则。这将对我国勘察设计行业提出相应的发展要求。

其一，加速工程勘察设计行业的市场一体化。加快经济转型和转变的发展方式，加快推进国有经济战略性调整和垄断性行业体制改革，营造充分的市场经济环境，同时拉动内需发挥民间投资功能，这将对我国勘察设计行业的市场一体化建设提出相应的要求，工程勘察设计行业各分割市场将进一步放开。

其二，提升勘察设计的产品和服务水平。逐步促进经济增长由主要依靠增加物质资源消耗向主要依靠科技进步、劳动者素质提高、管理创新转变。而勘察设计作为工程建设的灵魂，在工程建设中起着至关重要作用，从而对勘察设计所提供的服务和产品提出更高的要求。

3. 在国家经济发展转型的背景下，工程勘察设计行业的地位将逐步回升，迎来发展的历史性机遇期，工程勘察设计行业将在“绿色低碳、节能环保”等理念的推广和落实上发挥更大作用

其一，工程勘察设计行业的地位将逐步回升，迎来发展的历史性机遇期。工程勘察设计行业在工程质量控制、进度控制、成本控制等方面具备相当优势，符合当前倡导的“资源节约型、环境友好型”两型社会的打

造，这将为工程勘察设计行业价值的发挥提供一个历史性机遇。

过去，工程勘察设计行业作为工程建设的前端，仅仅作为工程建设链条上的一个环节，其价值和功能往往体现在项目前期，而随着政府投资主体的退出，民间资本的进入，其地位和作用整体上呈现出下降趋势。

随着工程勘察设计行业向产业链两端延伸、向跨行业延伸，其作为工程质量、项目进度、建筑成本以及人与自然的和谐发展上的功能逐步显现，且随着国家对可持续发展、科学发展等理念的认识进一步到位，工程勘察设计行业将有一个更大的空间和舞台。

其二，工程勘察设计行业将在“绿色低碳、节能环保”等理念的推广和落实上发挥更大作用，工程勘察设计行业提供的产品和服务将进一步为绿色、节能、低碳和环保等理念提供落地的基础。

在提倡科学发展、协调发展和可持续发展等社会大环境背景下，绿色、低碳、可持续发展等成为政府、企业以及整个社会的需求热点。工程勘察设计行业作为工程技术的先导，技术工程化的重要环节，不仅要在勘察设计的设计方案中体现绿色、低碳、环保等理念，还要确保这些理念在技术上的可行，确保落地。因此绿色低碳作为勘察设计行业服务和产品中的必备元素，不仅仅是各投资主体对“绿色环保”理念关注的需要，更是工程勘察设计行业明确自身行业定位，服务社会的必要。

二、工程勘察设计单位发展模式未来走势

1. 产业链前后端延伸或聚焦于特色化发展是工程勘察设计单位发展模式转型的重要思路

在中短期内，经济结构转型、低碳将是我国经济发展的关键词，因此，部分工程勘察设计单位要进一步调整企业发展模式，产业链前后端的进一步延伸、能力提升仍然将是工程勘察设计单位发展模式转型的重点思路。部分工程勘察设计单位要逐渐向工程全过程服务、专业化服务、高技术含量转变，从而提升企业市场空间和竞争力，在愈加激烈的市场竞争中占得主动。

此外，部分工程勘察设计单位立足于自身优势的打造，坚持走特色化、专业化的道路，在设计产品的一些细分领域，或是工程建设的某些方面不断打造自身的核心竞争力。

2. 从传统勘察设计领域向新产品、新材料、新装备等产业化领域拓展将成为部分单位模式转型的新路径

由于工程勘察设计行业位于整个工程建设行业前端，因此对整个工程建设所用产品、材料、装备大多都较为了解，在适应国家技术创新以及低碳经济要求下，勘察设计行业更能作为工程建设的先导发挥作用；另一方面，由于勘察设计单位的人才、技术优势，在一些新产品、新材料、新装备的研发方面都有较明显的优势，因此，一些勘察设计单位已经在考虑将工程相关的新产品、新材料、新装备的研发、生产作为企业转型的重点领域，从单一的工程勘察设计盈利模式走向依靠以创新为驱动的盈利模式。

3. 工程勘察设计行业将有一批顶尖企业向大型综合性工程(设计)集团发展，走集成化、规模化发展之路

近年来，工程勘察设计行业保持快速发展，到2009年达到新的高度。在这期间，一批大型勘察设计单位通过不断提升自身管理水平和技术水平，取得了飞速发展，规模迅速扩张，为向大型综合性工程(设计)集团发展奠定了坚实的基础。未来，随着这些企业不断通过并购、人才引入、技术改进等方式使得其多元化业务逐渐成熟，将有一批顶尖企业成为融合工程设计、建设、产业发展、资本运作等大型综合性工程(设计)集团。未来这些大型工程集团将更关注工程全生命周期，甚至是更大的全产业链角度的业务发展，走集成化、规模化发展之路。

三、工程勘察设计单位体制变革未来走势

1. 国企整合重组进程将进一步提速，预计工程勘察设计行业在未来1~2年将进一步加快整合重组步伐

按照国资委规划，2010年央企将减少到80~100家，据此推算，2010年将至少有29家央企被整合重组。此外，从“中投二号”获得高层批准，到央企剥离作为非主业的酒店业务，以及央企对于非主业资产的管理举措出台、推行经济增加值(EVA)的考核，等等，都显示了国企重组到了一个非常重要的时期，2010年将成为“国企重组年”。可以预见工程勘察设计行业在2010年也将随之进一步加快整合重组的步伐。

同时，《关于加快推进企业兼并重组的意见》和《关于进一步加强淘汰落后产能工作的通知》已于2009年底上报国务院。2009年十大振兴产业中，钢铁、有色和船舶三个行业的兼并重组预计将在未来1-2年加大力度，同时建材、电子信息、航天军工行业都有较大的整合空间，与之相应的工程勘察设计行业也将是整合的重点。

2. 并购重组仍将是工程勘察设计单位未来体制变革的主要趋势，而强院并购弱院、大院并购小院以及工程勘察设计单位之间的强强联合仍是并购重组的主要模式，同时，“跨界”并购将逐步增多

根据近几年工程勘察设计行业内并购重组的种种迹象表明，并购重组的力度在逐步加剧，设计院切实地在利用并购手段扩大规模和市场根据地，实现规模效益递增，从过去的思考阶段进入操作阶段。可以说，目前已经逐步进入了通过并购重组提高行业集中度的新阶段。与整个行业市场集中度的提高相伴

随的是设计单位的两极分化，经过这一轮的洗牌，必将是强者越强，未来定位不清晰、竞争力不强的工程勘察设计单位则有出局的危险，也极有可能成为综合实力较强的企业并购的对象。因此，预计并购重组仍将是工程勘察设计单位未来体制变革的主要趋势，而强院并购弱院、大院并购小院、工程勘察设计单位之间的强强联合则仍是未来设计单位并购重组的主要模式。

同时，预计未来“跨界”并购将逐步增多。工程勘察设计单位未来竞争的成功要素不仅取决于单个环节为客户创造价值的高低，更取决于从产业链整体为客户提供工程产品或服务的价值如何最大化。从这个角度上讲，工程勘察设计单位或工程建设单位围绕产业价值链延伸所做的外部资源整合，其实就是如何通过各种合作方式与上、下游企业加强协同与互动，寻求整合价值，提升产业链整体价值的过程。因此，预计未来工程建设产业链内上下游企业之间的“跨界”并购将逐步增多，形成全产业链的运作。如一些有经济基础的上下游企业并购有资质的设计单位，如房地产企业并购甲级设计单位等；或是一些由设计院改制而来的大型工程公司并购上下游企业，整合为规模化、多元化的综合型工程企业集团。

3. 部分有实力的工程勘察设计单位将上市作为未来发展的一个阶段性目标

上市可以为企业带来有形和无形收益，越来越多有实力的工程勘察设计单位将上市作为未来发展的一个阶段性目标。目前有相当一部分有实力的设计单位已经在考虑上市，包括国有的、民营的、以及几年前改制后的民营单位。当然不同的单位在考虑上市的角度和出发点上不尽相同，一些单位希望通过上市为其在资本市场上持续融资开辟道路，为企业发展提供充足资金保障；一部分已具备较强融资等综合实力的单位希望通过上市，进一步提升企业的行业地位及品牌影响力。

4. 工程勘察设计单位未来体制变革将更加注重体现“以人为本”，注重对员工的长期股权激励

作为技术密集型和智力密集型的工程勘察设计单位，优秀的技术人才和管理人才都是设计单位争夺的热点，而切实有效的员工激励机制是设计单位更好地使用人才、留住人才的关键。为了更好地激励员工，使员工对企业有更强烈的责任感、荣誉感，使个人远期收益与企业持续发展更紧密地捆绑在一起，无论是大型还是中小型单位、国有企业或是民营企业，预计在未来体制变革中都将更加注重“以人为本”，核心员工将更多地参与到股权改革中，对核心员工实行长期股权激励。

四、工程勘察设计单位内部管理未来走势

(一) 品牌建设未来趋势分析

1. 总体来看，建立完善的品牌管理体系将成为工程勘察设计单位提升核心竞争力的必然趋势

建立完善的品牌管理体系能够提高工程勘察设计单位品牌建设的持续性和有效性，能够提升工程勘察设计单位的品牌竞争力。品牌管理体系主要是指建立专门的品牌管理组织，构建并落实品牌管理职能，在单位内部贯彻执行系统的品牌管理系统的工作流程，并管理好外部与客户的不同接触点。

面对复杂的宏观经济和市场环境，工程勘察设计单位采取不同的战略发展路径，对于品牌的定位将会产生一定的影响。因此，品牌管理体系建设的灵魂在于以工程勘察设计单位自身战略发展需求为纲，以提升核心竞争力为主要目标，这样才能最终实现品牌资产和品牌效应的最大化。

2. 提升服务能力和转变服务方式将成为行业内品牌价值化的主要载体

工程勘察设计单位的品牌是客户对有形部分的感知，以及服务过程中客户的综合体验，所以其核心价值是其服务对客户产生的实际价值。提升服务能力和服务水平是勘察设计单位品牌永葆优势地位的必然要求。从客户的需求来看，随着工程勘察设计产品的集成度和复杂性不断提高，客户不仅注重产品的质量，也更加需要勘察设计单位提供系统的整体的服务。因此，提升服务形象、强化服务理念、完善服务制度和创新服务模式将会成为工程勘察设计单位品牌形象塑造的重点。

3. 利用品牌实施业务扩张和业务整合将逐步成为大型工程勘察设计单位重要的战略抓手

大型工程勘察设计单位利用品牌的强势地位收购省内、省外甚至国外公司不失为业务领域延伸和市场开拓的一条捷径。根据工程勘察设计单位战略发展的需要和资源能力，利用品牌无形资产进行合理扩张，不仅可以节约宝贵的人力资源和管理成本，同时还能借助被收购的公司熟悉当地市场，迅速打开局面。

同时，大型工程勘察设计单位的品牌优势能够为中小单位提供相对稳定、持续的发展平台。大型工程勘察设计单位可以利用占有的市场领域为被整合的单位提供业务空间；另外，中小型单位可以借助母公司的资质、技术和产品(服务)优势来拓展新的市场领域。但母子品牌的定位、品牌管理模式以及营销方式等问题都需要根据总体发展战略进行相应的调整。

(二) 组织模式未来趋势

1. 未来几年，行业内大部分中小型设计单位仍将面临传统的组织管控问题，而多数大中型设计单位将面临业务模式转型过程中的跨区域、跨业务管控的问题

传统中小型设计单位未来仍将面临两个较为典型的组织管控问题：一是面对任务紧、项目多的情况下，如何合理安排现有人员更高效地完成工作；二是职能体系职责的进一步补充、明确，如何实现更好的分工与协作，如何更大

地发挥职能部门和岗位在组织运营过程中的作用。

对于大中型设计单位而言，不同的业务发展模式决定了企业经营中心的转移或调整，也引起了企业组织生产技术各个模块的转变，组织结构必须做出与其相适应的调整，在关键职能、相关的部门及业务单元设置上发生变化。

一般来说，多元化、跨区域经营的企业由于新的资源投入或配置，新市场的开发以及新业务的介入都将引起组织结构更加趋于复杂，各组织单元之间的职能分工也可能发生变化，甚至于原有的组织单元分裂或者合并成为新的组织单元；由于新市场的开发需要新的营销手段，新业务的介入需要新的技术和资源，为了提高组织单元的快速反应能力，组织结构也更倾向于较高分权的模式。

2. 大多数设计单位仍将面临项目管理模式如何进一步完善推进，以支持业务转型及整体管控水平提升的问题

矩阵式项目管理组织从项目质量、项目进度以及客户管理维护等方面都体现出明显的优势，是适合设计单位特别是工程公司的有效组织模式。这也是一种在国外运用较为成熟的组织模式。

目前，国内勘察设计行业的项目管理模式处于不同的发展阶段，一些化工、冶金类的企业已真正实现这种管理模式；也有一些企业采取职能式加项目管理的混合模式；还有一些企业甚至仍旧采取直线职能的模式。这其中体现出各家企业参差不齐的管理水平，总体而言，大多数企业设计单位仍面临项目管理如何进一步完善推进的问题，特别是在由工程勘察设计单位向工程公司转型过程中，项目管理的范畴和难度加大，更需要企业完善项目管理模式提升整体管控水平。

(三) 人力资源管理未来趋势

1. 调结构、提素质仍将是国内大多数工程勘察设计单位人力资源发展的主题

业务的转型、新业务的发展或原有业务的进一步做强，需要各类新型人才、复合型人才、中高端技术人才以及企业原有整体人员共同努力提升来促进业务的持续发展。工程勘察设计单位内部相对僵化的用人机制，以及“和谐”的文化氛围将成为人员更新换代的阻碍，这一根本性的问题无法在短时间内解决，企业很难对相关人员进行市场化的流动和调整，故调结构、提素质将成为一项较为长期的工作。

在此过程中，工程勘察设计单位首先需要根据业务发展目标前瞻性地规划、培养、储备相关人才队伍；再是根据经济增长速度和质量的要求设置不同机构、部门和岗位的工作能力要求和考核目标，引导和促进人员能力结构和工作重点的转变。

2. 众多工程勘察设计单位将不满足于人力资源管理基本工具和方法，不断探索和追求更为有效的管理方法和技巧

近几年，随着国内相关教育培训的跟进，人力资源管理基本工具和方法为多数企业的相关管理者所了解，工程勘察设计单位也在不断尝试和运用这些基本工具和方法。但实施一段时间，仍旧面临一些新的问题，如新的薪酬体系建立了，但缺少后期不断的差异化和动态化的调整改进；初步的绩效体系建立了，但过程中还是缺少员工的客观评价，缺少目标计划的分解落实；培训工作花费了大量的时间精力，但效果却不完全尽如人意。

环境在变、人员结构在变、人员素质也在变，人力资源管理的方法和技巧需要不断创新和发展才能适应新的时代。

(四) 技术质量管理未来趋势

1. 管理信息系统将逐渐成为工程勘察设计单位提高技术质量管理水平的重要载体

通过信息系统对工程项目的各个环节进行监控管理，将成为技术质量控制的有效方式，其作用主要体现在以下三个方面：首先可对项目的项目质量、项目进程、人力资源以及项目成本情况等随时进行全方位管理，能够将各类风险尽可能减到最小；其次，能有效地保存项目过程中的经验，为后续项目提供借鉴，并可为管理决策提供重要依据。另外，信息系统能够为工程勘察设计单位项目组内部成员之间，以及项目组与客户之间提供实时交互平台，从而有利于提高建设效率。因此，管理信息系统的应用将会促使工程勘察设计单位技术质量管理提高到一个全新的水平。

2. 技术质量管理将逐步呈现出与工程勘察设计单位内部业务流程紧密融合的发展趋势

技术质量标准的贯彻落实是通过员工在具体的业务活动中实现的，技术质量管理的实施效果很大程度上取决于员工的质量意识、技术水平，以及业务流程的清晰规范程度。因此，一方面，为了保证技术质量管理体系真正落实，在技术质量管理体系编制的过程中应当充分考虑到各个业务流程及人员情况，这样才能较好地实现对关键环节的质量监控和检测；另一方面，随着质量控制的不断完善，内部管理的能效度及业务运作过程的顺畅度的管理都将纳入到广义的质量管理体系之中。

3. 知识管理是工程勘察设计单位技术质量管理内涵的升华，将成为助力单位成长的核心要素之一

工程勘察设计单位是智力服务业的典型代表，知识创新，包括技术水平、工艺方法、设计方案等方面的创新是工程勘察设计单位核心竞争力的重要内容。技术质量管理强调的是对技术创新成果的管理以及创新成果应用过程中的质量保证，从某种程度上可以说，技术质量管理是知识管理的应用环节和发展阶段之一。而推进员工之间的知识共享交流，保存并推广既有知识的学习和应用，最终为员工进行知识创新提供良好的氛围和必要的知识资源支撑等都是知识管理能够为工程勘察设计单位带来的实实在在的价值。因此，随着市场竞争的激烈化，工程勘察设计单位将逐步认识到知识管理的价值，并将知识管理作为实现未来战略发展目标的重要支撑要素。

(五) 信息化建设未来趋势

1. 工程勘察设计行业管理电子政务平台将进一步完善

我国工程勘察设计行业管理信息化平台建设已经取得巨大的进步，然而，在行业监管、行业数据库等方面的信息化管理平台还需要进一步完善。未来，各级主管部门及协会将逐步建立各级的行业监管信息化平台，为企业资质申报、个人资格管理、行业诚信体系建设、质量监督、市场信息等方面建立统一的信息化平台，更好地为行业内企业服务，推动整个行业的健康发展。

2. 完善工程勘察设计行业统一的信息化建设标准

建立我国工程勘察设计项目生命周期信息化管理体系，就必须建立工程勘察设计行业统一的信息化建设标准，需要建立统一的技术标准，统一的数据来源、统一的编码和统一的数据交换格式，为集成系统的软件的可移植性、可互操作性、可伸缩性提供通用的环境。实践证明，如何结合企业的实际，逐步建立信息资源管理基础标准，对企业信息化的发展至关重要，是企业信息化建设成功的前提和基本保证。只有在统一的规划和统一的信息技术标准的指导下才能真正推进企业信息化的发展，设计企业也只有在完成信息标准化的前提下，才能解决各种工程数据、信息的集成化，工程应用软件的集成化，数据定位的自动化，过程控制的无缝化，打印输出权限化。

因此，未来，行业主管部门及行业协会将要在行业信息化建设标准编制方面投入更多的精力，推动整个行业信息化建设的发展。

3. 三维软件技术的发展和应用将进入崭新时代

中国勘察设计协会“十一五”期间信息化工作重点之一是大力推进国产CAD二维平台软件。随着三维设计的普及及协同设计的推广，中国勘察设计协会未来应当进一步促进国产CAD三维平台软件的研发及使用工作，进一步推进和支持基于国产软件平台上的应用软件移植或开发工作，以及在行业信息化标准体系建设中有针对性地制定基于国产软件的电子图纸、数据的存档标准，进而促进国产设计软件以及国产信息化平台软件的应用。

随着二维、三维辅助设计技术在工程勘察设计行业的逐渐普及，三维协同勘察设计已经在我国一些工业设计企业内开始应用。进入网络时代之后，信息技术在行业中的应用也进入了一个崭新的时代。CAD三维协同勘察设计走上舞台，CAD从单兵作战向集团军作战的模式迈进，企业通过网络实现资源的集成、多工种协作、跨地域的工作协同。因此，三维协同勘察设计技术将在越来越多的设计领域扮演重要角色。

美国早在2001年就提出虚拟设计与施工(Virtual Design and Construction，简称VDC)理论，目前，一些先进的企业也都开始了应用，并取得了很好的效果。在我国，信息化技术应用较为成功的工程勘察设计行业也势必跟进这一趋势。因此，虚拟设计与施工VDC技术在未来将逐渐在行业的先进企业中开始推广。

4. 信息化集成系统将逐步受到越来越多工程勘察设计单位的重视

企业的发展动力来源于技术创新、管理创新和工作模式的创新。展望未来，用计算机信息化技术逐步改造工程勘察设计行业传统的工程设计和管理方法，用信息技术促进业务流程优化重组，建立完全新型的基于网络技术和数据库技术，包含工程设计、采购、施工、管理全过程的业务支持数据库和以网络为支撑，专业CAD技术应用为基础，工程信息管理为核心，工程项目管理为主线，使设计、监理、承包与管理实现一体化的计算机集成应用系统。具体体现在：在业务活动方面，实现协同设计、协同经营和协同管理，提高企业市场竞争能力；在企业资源利用方面，实现企业客户、知识、人才等资源的完全共享，降低企业运行成本和工程建设成本；在工程项目服务方面，实现设计、采购、施工、管理全过程的一条龙服务，缩短工程建设周期和客户新产品投放市场的周期，赢得更多的客户；利用完善的企业管理信息系统和庞大的知识及客户信息库支持系统，进行技术创新、管理创新，保持企业较强的研发能力和核心竞争力。

从根本上缩小与国外工程公司及工程咨询公司的差距，提高企业的工作效率、反应速度，保证工程质量，保持长久的持续发展能力和竞争力，把我国勘察设计企业建成现代化、市场化、国际化的工程建设科技型企业。

工程勘察设计行业发展对策

一、政策层面相关对策建议

工程勘察设计行业作为智力型服务业，在工程建设中起着主导地位和关键作用。因此，政府部门应该进一步重视工程勘察设计行业、体现行业价值、提高行业地位，从政策层面规范工程勘察设计行业惯例，并给予一定的优惠和扶持，以切实促进工程勘察设计行业健康快速发展。

(一) 规范工程勘察设计行业管理的相关政策建议

1. 加强市场监管力度，建立市场准入和清出为主、诚信体系为辅的市场准入清出体系和动态监控机制

针对当前工程勘察设计单位市场行为存在一定混乱的现状，国家相关部门需要制定相关法律、法规，进一步完善市场准入制度建设，解决工程款支付规则混乱、虚假招标、转包挂靠、违法分包等市场不规范行为，切实有效地监督工程勘察设计单位的市场行为，推动市场机制的形成。

尽管住房和城乡建设部已经对工程勘察设计行业相关资质标准进行了修订和完善，特别是出台工程设计综合资质，促进和扶持大型工程勘察设计企业在建设良好市场秩序中发挥积极作用，但是仍然强调的是单位资质，这与我国投资体制和建设管理体制改革的背景不相适应，也未能与国际接轨。工程勘察设计行业个人执业资格制度也在不断探索完善中，但是与国际接轨的工程勘察设计行业市场准入制度还有一定差距，未来探索及逐步归并单位资质和个人执业资格类别，完善个人注册执业资格管理制度，强化个人执业责任，逐步形成以个人职业资格管理为主的市场准入模式，推动市场准入制度改革，将是变革的方向。

在现有条件下，需要继续完善市场准入和清出体系建设，完善单位资质和个人执业资格管理，并梳理、明确相应的主管部门，实现由以往的“静态审查批准”的模式转向“动态监控与市场退出机制相结合”的市场监管模式，扭转以往重准入、轻监控的思路，并通过建立健全工程勘察设计单位的诚信档案，对工程勘察设计单位进行动态监控，建立和完善市场准入和清出为主、诚信体系为辅的市场监管体系。

2. 完善市场机制，不断调整和完善相关法律、法规，建立公开、公正、规范的行业市场环境

住房和城乡建设部一方面要从行业整体层面出台规范市场秩序的相关法规、规范等，另一方面要发挥地方政府部门的监管职能，规范勘察设计市场秩序、促进行业健康发展。其中需要关注，虽然地方政府出台的政策具有相对较高的实用性和针对性，但其考虑角度往往从地方区域出发，或许难免存在一定的区域保护，因此需要进行相应的政策指导。

从规范工程勘察设计行业市场秩序的角度，行业整体层面需要调整和完善的相关法规主要包括：通过优化完善个人注册资格管理，进一步探索落实工程勘察设计行业从业人员的执业责任，为市场准入制度的改革积累基础；积极推动工程勘察设计行业产品与服务的收费标准的制定及价格体系的优化，真正通过市场手段体现产品或服务的价值，促进行业健康发展；积极探索建立全工程生命周期的质量监管体系，明确责任主体，提高工程勘察设计行业产品与服务的质量和安全可靠性，进而促进工程勘察设计行业在工程建设中地位的提升。

最后，在不断调整和完善相关制度的基础上，将对市场的管理从政策层面提升至法律层面，形成依靠各级政府，在行业层面和区域层面进行统筹管理，共同构建统一、开放、竞争、有序的勘察设计市场秩序。

(二) 促进工程勘察设计行业发展的相关政策建议

1. 结合当前我国推进发展模式转型和产业结构调整的背景，采取切实举措，提升工程勘察设计行业地位

提升工程勘察设计行业地位，首先是要求有关政府部门给予工程勘察设计行业足够重视，充分认识工程勘察设计在工程建设中的地位和作用；同时，工程勘察设计单位也需要结合当前经济发展形势，结合自身业务发展在节能环保、绿色低碳、社会和谐等方面发挥先行作用。

其次是要求政府从推动创新的高度重视工程设计，能将创新的构想转化为现实生产力的特有功能，明确“设计”在技术创新体系中“产学研设”并重的位置，倚重工程勘察设计单位在创新中尤其是技术创新和技术实现上的作用，形成技术创新与经济社会发展紧密结合的机制，提升我国的技术创新水平及其效益。

2. 促进工程勘察设计行业技术创新，推动业务结构调整与转型

工程勘察设计单位作为智力密集型服务业，需要建立自己的应用研究和应用类的核心技术。这需要以政府为主导，推动工程勘察设计行业技术标准建设，从国家技术创新层面来定位勘察设计行业的技术创新，建立工程勘察设计行业技术创新的统一管理组织和组织模式，建立相应的技术创新的协调机制和相关税收等优惠政策，整合政府、社会、企业等多方面资源进行技术创新，进而促进工程勘察设计行业的发展。

随着国内外市场需求的变化，特别是应对业主一体化、综合化服务需求的提升，工程勘察设计单位面临扩大和提升服务能力，向综合化、专业化方向发展的挑战。这需要以企业自身的技术创新和管理创新为基础，进行业务结构的调整与转型。尽管我国政府已经着力促进工程建设项目总承包模式的推广应用，但相关管理政策还不是很完善，尤其是工程总承包在基本建设管理体系相关环节中的地位和权力没有给予充分肯定，法律地位还不够明确。因此，亟待进一步研究明确工程总承包法律地位，并出台市场准入、税收政策等方面的相关文件，推动工程总承包在工程建设过程中的合法地位，为EPC业务的开展、工程公司的发展创造良好的法律环境。

3. 积极支持和促进工程勘察设计单位开拓国际市场

近年来，我国工程勘察设计行业对外承包业务的发展较为迅猛，特别是在亚非市场的表现较为出色，工程勘察设计单位谋求在海外独立发展总承包的愿望进一步增强。但仍需看到，目前工程勘察设计单位单独依靠勘察设计环节自身走出去难度非常大，基本上要采用工程总承包的方式才能走出去。

有鉴于此，我国工程勘察设计单位拓展国际市场的前景较好，但也面临较大的风险，需要加快熟悉国际规则，加强国际交流和合作，促进技术标准的国际化，培育品牌优势和国际竞争力，才能走好国际化之路。而这就亟需政府部门出台鼓励企业“走出去”的相关支持政策，积极引导、培育、扶持优势企业，探索国际市场拓展的经验，进而提升我国工程勘察设计行业的国际影响力和竞争力。同时，为了维护我国工程勘察设计行业的品牌和信誉，政府也应进一步加强对相关企业在国际市场开展业务的规范管理，强化责任，实现责权利对等，并利用对外经济合作项目优先推荐优秀企业，以充分发挥引导作用。

另外，随着工程勘察设计行业市场的开放，外资单位获得开展相关业务的资质，有利于提高我国工程勘察设计行业的整体水平，但从构建公平、公正的市场竞争环境的角度，国家也需要对外资工程勘察设计单位的业务活动进行规范，以有效保障竞争有序的市场环境的建立。

二、行业监管和引导层面相关对策建议

(一) 完善行业监管体系

1. 建立行业信息化平台，推进诚信体系建设，落实行业管理

中国勘察设计协会作为行业自律管理组织，担负着实施行业自律的重要职责。通过加强对地方、部门勘察设计同业协会的指导和协调，围绕规范市场秩序，健全各项自律性管理制度，制定并组织实施行业职业道德准则、注册人员的执业管理、大力推动行业诚信建设，建立完善行业自律性管理约束机制，规范会员行为，协调会员关系，维护公平竞争的市场环境。

随着工程勘察设计行业近年来的快速发展，市场监管的工作量和难度也愈加明显，亟待借助信息技术，建立工程勘察设计行业的信息化平台，整合相关的监管信息和数据，形成市场监管的信息平台，并以此为基础，实现相关数据的分析统计，作为政府决策的支持平台。

同时，行业协会需要积极探索工程勘察设计行业诚信体系的建设，通过完善评估标准、运行机制、激励奖惩机制等，充分发挥诚信体系在工程建设中的引导和督促作用，促使行业单位加强自律，使行业监管体系落实。

2. 为政府科学决策提供参考，积极推动有利于行业发展的外部环境建设

中国勘察设计协会作为广大工程勘察设计单位的代表，应该关注工程勘察设计行业单位发展的外部环境，特别是政策环境，对于限制或者影响行业持续健康发展的问题，通过对行业管理(包括市场管理)有关的基础性工作开展专题调研等方式，了解行业单位所关注的核心问题，积极组织业内单位、相关专注行业研究的智力机构和专家探讨对策，提出与行业发展方向、方针政策有关的意见和建议，与政府部门加强沟通，及时向政府相关部门反映工程勘察设计单位的诉求，提供政府主管部门立法和进行行业宏观调控决策的参考，积极推动有利于行业发展的政策环境的建设。

(二) 加强行业引导作用

1. 积极推进、落实国家政策，从行业协会层面推进产业结构优化升级，促进经济发展方式转变

2010年是我国“十一五”收关、“十二五”起步的关键一年，我国的经济结构调整和发展模式转型进入关键时期，国家和政府已经提出来的诸多方针、政策需要从多个方面进行推动。

行业协会作为辅助政府政策落实，引导行业健康发展的机构，要积极领会国家政策核心内容，积极推动、组织相关政策、法规的宣贯；做好上情下达以及下情上传的工作，确保勘察设计质量，提高工程的社会效益和经济效益。

2. 搭建行业交流平台，促进行业发展

组建行业协会的主要目的与出发点之一就是构建行业内单位的沟通交流平台，促进信息共享和经验交流，有助于互通有无，相互促进。因此，中国勘察设计协会需要积极探索行业单位多元化的沟通交流途径和方式，例如，开展论坛、编辑出版行业刊物等，促进国内外对口团体、单位的联系，开展交流活动；可以积极探索更加丰富的交流内容，包括技术交流培训、优秀运作管理经验交流等内容；另外，可以组织开展行业内外的交流，例如行业协会可以联合外部专注行业研究有影响力的智力机构和专家学者，共同探索未来行业单位所

共同关注的核心问题，以帮助行业单位开拓视野。

3. 探索推动工程勘察设计单位的体制改革和管理创新，促进企业整体素质的提升

结合工程勘察设计行业的发展需求和趋势，行业协会可以开展专项调研，对工程勘察设计单位体制改革和管理创新的优秀实践和共性问题进行调研，并积极探索、推广新形势下工程勘察设计行业的体制改革模式，积极营造行业内单位创新转型的变革环境，以适应工程勘察设计行业发展的要求；推广工程勘察设计行业单位深化改革、创新转型的好经验、好办法，促进工程勘察设计行业的改革发展，并进一步推动勘察单位内部管理变革的深化，促进行业整体素质的提升。

三、工程勘察设计单位层面相关对策建议

(一) 结合国内外市场环境的变化，积极探索发展模式的转型升级

全球经济危机的影响仍未完全褪去，国家提出建设资源节约型、环境友好型社会的发展模式转型，行业市场一体化进程加深加快，业主对综合化、一体化服务需求的提升等因素都导致工程勘察设计行业发展环境的巨大变化，竞争进一步加剧。工程勘察设计单位过去基于外部驱动的发展模式面临挑战，在新的竞争形势下谋求生存与发展，必须以明确的定位为前提构建核心竞争优势，实现发展驱动由外部为主向“内外并举、以内为主”的发展模式转型。在这种趋势之下，工程勘察设计单位的竞争模式必然面临从“同质化”的价格手段等低端竞争向以“特色化、综合化”等核心竞争力为基础的价值竞争转变，企业盈利模式也必然从过去立足“单环节”或“部分环节”向立足于整个产业链、价值链的模式转型。

大型工程勘察设计单位，凭借其自身的规模、实力优势转向以咨询设计为核心、为建设项目提供全过程、一体化服务的“全过程化”、“国际化”的模式发展，也有部分单位将通过并购、重组等方式，使工程技术与投融资相结合，向集约化、实业化的综合性产业集团公司方向发展。多数的中小型单位未来发展模式应该逐步走向专业化、特色化道路，以“专业化做精、个性化做熟”为目标，培养自身的专业技术优势及特色服务。工程勘察设计单位需顺应行业发展规律，整合内外部资源，选择相适应的发展模式，以能够在未来新的行业格局中占据有利地位。

(二) 以内部变革为抓手，提升组织的适应力，强化资源整合能力

在过去几年经济快速发展有力支持下，工程勘察设计单位内部管理的矛盾暂时掩盖在快速增长的业务发展之下。但是随着市场竞争加剧、行业成功要素由外转内，工程勘察设计单位的资源整合能力逐步成为核心的竞争优势，而这一转变有赖于内部管理的进一步优化理顺。工程勘察设计单位内部管理变革的核心问题重点体现在体制改革和组织变革。

体制改革方面：我国工程勘察设计行业长期以来都是国有企业、事业单位的管理体制，市场化运作的实践不足。尽管已经有部分工程勘察单位结合国家的相关政策进行了体制改革，但是原有管理体制因素的影响依然较大，其经营运作模式、内部管理机制等仍然延续了传统的方式，在日益深入市场竞争的过程中显示出劣势。随着工程勘察设计行业体制改革的不断发展，并购重组成为重要趋势之一。在这一背景之下，多数工程勘察设计单位未来将面临如何构建科学公司治理体系的挑战，即如何有效协调“人力资本”与“货币资本”的关系。可以预见，未来工程勘察设计单位的体制改革，必须通过监督制衡机制与多元化激励机制的完善，构建有效的技术要素、管理参与分配的良好格局，有效平衡“出资者”与“出智者”的关系，以优化公司治理体系，促进多元化主体为工程勘察单位的发展贡献各自的力量。

组织变革方面：随着工程勘察设计单位的规模扩张、以及项目制生产组织模式的广泛采用，未来工程勘察设计单位面临组织管控问题和项目管理体系构建问题，其中组织管控问题又特别体现在跨区域、跨业务管控方面。

在市场一体化背景下，工程勘察设计单位多通过设立跨区域的分支机构来实现市场拓展和业务运作，但随着管理半径的扩大，对于分支机构的定位、集分权的模式、资源的有效整合等方面均成为行业单位需要妥善解决的问题。而这些问题的解决，需要综合考虑企业发展战略、市场经营战略、管理基础等因素来确定。

工程勘察设计单位组织模式选择的关键在于能否适应项目管理的需要。目前国内工程勘察设计行业的项目管理模式处于不同的发展阶段，管理水平参差不齐，均有不同程度的提升空间。大多数工程勘察设计单位仍将面临项目管理模式如何进一步完善推进，以支持业务转型及整体管控水平提升的问题。从国内外的实践来看，矩阵式组织模式从项目质量、项目进度以及客户管理维护等方面都体现出明显的优势，是适应项目管理需要的最优选择，但其要求也相对较高。探索与企业实际相适应的项目管理体系，将是工程勘察设计单位在未来发展中需要持续努力的方向。

(三) 落实“以人为本”，优化人才激励机制

作为智力密集型单位，工程勘察设计单位拥有的核心资源是知识型员工。如何留住人才，并充分发挥其积极性和主动性，全力以赴创作精品工程、提供优质服务是工程勘察设计单位人力资源管理需要解决的重点问题。

要充分挖掘员工工作潜能，实现人才价值最大化，工程勘察设计单位必须首先转变管理理念，树立“人是企业第一资源”的人本管理理念，把“人”作为企业管理的核心，把企业全体员工作为管理的主体，围绕着怎样充分利用

和开发组织的人力资源，从而达到培养人、造就人，建立高素质和高凝聚力的队伍，促进优秀人才脱颖而出的目的。

在过去的人力资源管理中，工程勘察设计行业传统的机制，存在侧重个人激励、忽略团队激励、激励方式单一等问题。基于人本管理理念，工程勘察设计单位应优化健全立体的多维的系统化的人员激励机制，针对不同类型的人才建立具有针对性、全面系统的激励机制，不仅满足基本物质需要，通过中长期激励手段、精神激励、发展激励等方式，提供满足员工实现自身价值诉求的制度化保障。

(四) 以技术创新能力为基础，强化市场服务能力，塑造优势品牌

核心技术是工程勘察设计单位占有市场竞争优势的重要筹码，也是承担相应社会责任的必然要求。保持企业技术水平的竞争优势，工程勘察设计单位必须打造技术创新能力，首要就是明确树立适应技术创新特点的企业思维，明确技术创新不仅仅是技术行为，更是经济行为，企业的技术创新实际上是企业资源的整合利用，在企业内部树立全员创新观念；其次建立技术创新的评价和使用机制，灵活多变地依托项目特点进行技术创新；再次进行企业外部合作和技术协作，以协作战略实现创新资源共享；最后，在以上基础上构建和优化技术创新成果的扩散机制。

以技术创新能力为支撑，提升人员技术水平和能力，优化质量标准体系，建立有效的产品和服务质量保障机制，来确保工程勘察设计单位的产品和服务质量，作为塑造企业品牌形成的基础。

同时，工程勘察设计行业品牌竞争初显端倪，这就需要工程勘察设计单位增强品牌意识，通过探索优化产品结构，扩大服务范围，并以客户第一的服务理念，充分挖掘客户潜在需求，树立自身的服务优势，树立良好的市场形象，塑造优势品牌影响力。

中国工程勘察设计行业专题调研报告

中国勘察设计协会

前　言

根据中国勘察设计协会2010年下半年工作安排，协会从9月份开始围绕3个重点课题开展了全行业调研工作：一是贯彻节能减排，推进技术创新；二是发挥评优引导作用，推动技术进步，确保质量安全；三是企业结构调整，实施“走出去”战略，强化自律机制，维护市场秩序。

此次专题调研工作，受到了各有关勘察设计同业协会和会员单位的充分重视和积极配合，截至2010年9月30日，协会共收到各单位报送的调研报告58份，调查表 303份。

协会秘书处在王素卿理事长亲自率领下，组织协会工作人员和有关专家近20人，组成3个专题调研组分别赴北京、上海、沈阳、武汉、郑州、西安等地，以座谈、实地考察等形式，与60余家勘察设计单位进行了广泛的交流，听取了勘察设计单位的意见和建议，获得了大量的第一手资料。本次调研通过多层次、多角度、相互配合的研讨活动，取得了摸清行业基本状况，明确重点诉求，完善工作思路，提出发展目标，制定措施办法，促进行业发展的预期效果。经过对本次调研成果的汇总和整理，形成本报告。本报告由工程勘察设计行业专题调研报告主报告及工程勘察设计行业节能减排工作专题调研报告、工程勘察设计市场与质量专题调研报告、工程勘察设计行业发展相关问题调研报告、工程勘察设计行业技术创新专题调研报告4个分报告组成。

工程勘察设计行业专题调研报告主报告

一、行业发展情况

从调研总的情况看，在投资拉动经济的发展阶段，勘察设计作为工程建设的重要环节，发挥了先导作用，保证了庞大的投资得以落实，建设项目得以实施。伴随着工程设计技术的逐渐成熟，设计企业不仅在国内设计了一系列世界瞩目的重大工程，而且走出国门参与国际竞争，并带动了中国的机电出口、材料出口、劳务出口，对国家形象的树立和国家实施“走出去”战略发挥了重大作用。在当前建设两型社会、发展低碳经济的工作中，工程设计作为节能减排和产品转化、应用的关键环节，对工程建设项目贯彻落实科学发展观正在发挥着不可替代的主导作用。

近十年来，在勘察设计体制改革的推动下，勘察设计行业高速发展，勘察设计企业获得了长足进步。目前，我国工程勘察设计行业已拥有14 200多家企业，比2001年增加了25.24%；勘察设计从业人员达127万，比2001年增加了71.62%，2009年，全行业实现营业收入6 853亿元，是2001年营业收入的9.54倍。人均营业收入达53.96万元，是2001年的5.56倍。在“一业为主、两头延伸、横向拓宽”的思想指导下，勘察设计企业延伸产业链，跨地域、跨行业、跨专业发展经营，不断做大做强，逐步成为我国工程建设的中坚力量。具体体现在以下几个方面。

(一) 在工程建设贯彻落实节能减排国策中发挥着主导和关键作用

1. 勘察设计具有不可替代的重要作用

勘察设计工作决定着工艺技术的应用、工程技术的优化以及新设备新材料的采用，是将先进、适用的节能减排技术及措施应用在工程项目中的关键转化环节，直接关系到整个工程建设全过程和最终工程产品能否达到节能减排的效果。相比某个工艺环节上单元技术和关键设备的改进，工程设计的集成化、工

序号	企业名称	姓名	性别	年龄	职称 / 职务	荣誉称号
183	中交第一航务工程勘察设计院有限公司（一航院）	杨桂樨	男	69	教授级高工、原院长	中国援外奉献奖银奖（商务部）
184	中交第一航务工程勘察设计院有限公司（一航院）	尚军惠	男	57	高工	中国援外奉献奖银奖（商务部）
185	中交第一航务工程勘察设计院有限公司（一航院）	寇军	男	53	副译审	中国援外奉献奖银奖（商务部）
186	中交第一航务工程勘察设计院有限公司（一航院）	季则舟	男	45	总工、教授级高工	交通运输部第一届水运工程建设标准突出贡献奖先进（个人）
187	中联西北工程设计研究院	何　勇	男		副院长、党委副书记	全国机械行业优秀思想政治工作者
188	中联西北工程设计研究院	白　燕	女		华创所副所长、工会委员	陕西省优秀共产党员
189	中联西北工程设计研究院	秦　虎	男		团委副书记	西安市优秀共青团干部
190	中联西北工程设计研究院	余方智	男		工程师	西安市优秀共青团员
191	中铁第一勘察设计院集团有限公司	何金学	男	42	院航测遥感处副总工程师	全国劳动模范
192	中铁第一勘察设计院集团有限公司	刘朝晖	男	43	院副总工程师	新疆自治区劳动模范
193	中铁工程设计咨询集团有限公司	吴麦奎	男	49	教授级高工、集团副总工程师	中国中铁劳动模范
194	中铁工程设计咨询集团有限公司	陈达建	男	41	高级工程师	中国中铁劳动模范
195	中冶集团武汉勘察研究院有限公司	朱小友	男		董事长、总经理	中国工程建设优秀（高级）职业经理人
196	中冶集团武汉勘察研究院有限公司	占仲国	男		副总经理	中国工程建设优秀项目经理
197	中冶集团武汉勘察研究院有限公司	丁洪元	男		分公司总工	中国工程建设优秀项目经理
198	中冶集团武汉勘察研究院有限公司	周曙春	男		分公司副经理	中国工程建设优秀项目经理
199	中冶集团武汉勘察研究院有限公司	何丞杰	男		总经理助理、人力资源部部长	武汉“五一”劳动奖章
200	中冶集团武汉勘察研究院有限公司	杜坤乾	男		分公司经理、总支书	中冶集团劳动模范

程化开发具有更大的优势，更有能力汇集各个环节的成果对整个工艺流程进行改进和完善，取得并保证整体工程的综合节能减排效果，具有不可替代的重要作用。

2. 勘察设计行业具有较强的节能减排意识

调查中，许多企业意识到在落实节能减排中设计院承担的责任，自觉从组织保障、人才保证、技术支撑、资金支持、制度管理等方面落实节能减排项目，各行业都涌现出了一批节能减排的先进企业。如电力行业的设计企业通过引进大容量、高参数发电机组技术并国产化，发电煤耗、厂用电率和耗水量分别降低了约91%、41%和64%，而全厂热效率由41.5%提高到了45%；许多民用院也积极参与绿色建筑和节能减排实践，从设计源头综合考虑建筑节能要求，推广使用节能新材料、新技术。

3. 勘察设计企业主动采用先进适用的节能减排新技术，培育新的经济增长点

许多勘察设计企业主动采用先进适用的节能减排新技术，以技术创新延伸工艺流程和产品链，拓展业务领域，培育新的经济增长点。如一些企业将节能减排和环保领域作为企业发展重点着力培养，自主研发相关技术和装备，开拓了有关节能减排的新业务领域，取得了显著成效。

4. 勘察设计节能减排工作取得丰硕成果

各勘察设计企业应用节能减排技术，尤其是在一些重点行业和重点工程中取得了良好的效益，体现了我国节能减排的实际行动，形成了国际影响，也彰显了我国政府推进节能减排工作的决心。如大机组“零能耗脱硫”、液态高铅渣侧吹还原技术等的应用，使相关项目节能效果均达到了国际领先水平；参与奥运会、世博会设计的单位更是广泛采用多项节能减排新技术，设计了“鸟巢”、“水立方”、“中国馆”等世界瞩目的工程项目。

5. 勘察设计节能减排前景广阔，极具潜力

目前，勘察设计企业已经拥有一大批具有节能减排意识的设计人员和管理人员，积累了丰富的经验和详尽的技术资料，建立了一批节能减排的科研机构，拥有大量的技术储备，勘察设计行业已经成为我国开展节能减排、发展低碳经济的一支重要生力军。

(二) 积极推进技术创新，科技成果工程化成绩显著，新技术在市场竞争和企业发展中的重要作用凸显

1. 技术创新能力进一步增强

近几年来，勘察设计企业进一步重视技术创新工作，加大了技术研发投入，很多企业都设置了专门的技术研发中心。据中国石油和化工勘察设计协会统计，146家会员单位2009年科技活动费用支出总额达20亿元，较2008年增长近40%，占营业总收入的2.44%；协会会员单位科技成果转让收入总额36亿元，占营业总收入4.4%，是2005年的13.6倍。由于重视科技投入，这些企业的专利和专有技术有了大幅度增加。2009年，累计拥有专利技术1 292项、专有技术1 171项，分别比2005年增长2.3倍和2倍。

在引进消化吸收再创新方面，勘察设计企业注重结合中国的具体国情和国家节能减排政策，积极研发具有自主知识产权的工艺技术，努力降低企业采用新技术的投资成本。

此外，勘察设计企业特别注重发挥信息化技术在技术创新中的作用。近年来，设计单位大力发展信息化技术，积极向国际先进水平看齐，应用三维设计、协同设计等信息技术，促进了行业技术水平的快速提升。

2. 科技成果工程化成绩突出

勘察设计企业在技术创新过程中，坚持以市场为导向，以项目为依托，高度重视科技成果工程化，自主创新成果得到了很好的产业化应用。如在上海世博园区、高速磁浮等一大批重大工程中，就充分体现了先进技术工程化的成绩。

3. 新技术的主导与核心作用进一步体现

在激烈的国内外市场竞争中，自主知识产权和创新能力是企业的核心竞争力，在企业可持续发展中发挥着基础和主导作用，通过技术创新，勘察设计企业降低了工程造价，赢得了市场美誉，在提高核心竞争力的同时，又对突破资源、能源及环境制约，实现经济发展方式的转变起着重要的作用。

(三) 坚持深化改革，转变经营模式，积极实施“走出去”战略

1. 立足企业实际坚持深化改革

勘察设计企业立足自身实际，结合企业发展战略积极探索适合本企业发展的改革道路。一大批立足于向工程公司战略转型的大型设计企业积极引进战略投资者，走资本运作道路；行业内具备一定实力的优秀企业为谋求企业快速做大，加快实施并购重组战略；部分企业则着手进行二次改革，通过进一步优化资源配置，完善股权设置和公司治理结构，建立主辅分离、股权激励等促进骨干员工积极性发挥、适应企业长期发展的有效机制。

2. 积极推进经营模式转变

在坚持深化改革同时，勘察设计企业积极推进工程建设项目实施组织方式的改革，转变企业经营模式，主要有三种情况：

一是发展“一业为主、两头延伸、横向拓宽”的模式，为业主提供建设工程全过程、工程全寿命周期的管理服务，跨地域、跨行业、跨专业发展经营；二是做精做专，挖掘业务深度。量大面广的地方中小设计院大部分完成了产权制度的改革，设计人员的热情得到焕发，他们在专业上做细做精，向深度发展，站稳市场，赢得了知名度；三是转型工程公司，工程总承包增长势头很快。2009年，全国勘察设计行业工程总承包收入为3 533亿元，较2001年增长20.3倍(同期行业总收入增长8.5倍)；2009年，工程总承包收入占行业总收入的51.6%，

是2001年的2.2倍。

3. 推进“走出去”战略的实施

勘察设计行业积极实施“走出去”的国际化战略，行业的整体效益和企业的经济实力得到大幅提升。

2009年，参加全国工程总承包百强企业排名的企业在境外承揽总承包项目的合同额折合人民币460亿元，较2008年增长54.4%，是2003年的14.8倍。根据ENR(《工程新闻记录》杂志)统计数据，2009年度中国海外工程承包企业海外收入的份额达到9%以上，位居美国、法国、德国之后，首次上升到第四位。中国企业在非洲的份额由2008年的26.9%大幅上升到2009年的42.4%，超过法国、英国、意大利、西班牙等欧洲国家的总和，首次位居第一。

我国企业对外工程业务领域已经从房建、筑路等劳动力密集型行业扩展到电力、冶金、石化、通讯等资金、技术密集型行业；从土木建设逐步发展到冶金、石化、地铁、机场、通讯、水电、矿山建设以及环保、航空航天、和平利用核能等高科技领域。在“走出去”战略的引导下，“中国工程”和“中国设计”在海外的影响力迅速提升。从搭船出海、借船出海发展到独自出海，我国勘察设计企业实力不断增强，逐渐成为国际化竞争中不可忽视的力量。铁路、冶金、水利、电力、石油化工及建材等行业通过引进吸收和自主开发，已经掌握了世界最先进的技术，具备了世界级的集成设计和建设技术。

二、存在的主要问题

近年来，勘察设计行业积极响应国家号召，紧密围绕国家方针政策，获得了快速发展，取得了较大成绩，但在调研中，我们感觉到勘察设计行业的社会评价和认可度并不高，影响力也不太大，勘察设计行业主要存在着以下几个问题。

(一) 勘察设计在工程建设中的灵魂和先导作用被淡化，地位逐渐边缘化

首先，工程设计在“产—学—研”科技创新体系中的应有作用尚未得到体现。设计作为“研”中的重要环节，由于缺乏明确界定，缺少重点强调，造成勘察设计企业在认定高新技术企业、申报创新成果、享受扶植政策、获得优惠贷款等方面得不到应有的重视。其次，勘察设计的行业特点得不到重视。智力密集型的勘察设计企业并入较大的企业集团后，虽然人均指标突出，但因企业规模较小，在集团战略发展上只能处于从属地位，在政策上缺乏对设计人员创造性工作的激励与扶植，没有很好地把勘察设计企业的特点发挥出来。此外，受不正当竞争的制约，设计人员在工程实施过程中处于弱势地位。面对业主要求，作为乙方的设计单位在设计周期、技术方案选择等方面处于被动地位，缺乏话语权。

(二) 勘察设计市场部分行业壁垒和地方保护现象仍较突出，不正当竞争行为依旧存在

一是行业保护壁垒明显。一些垄断性行业对工程设计项目人为地设置一些非技术壁垒的现象依然存在。2007年，建设部首次推出的工程设计综合甲级资质，为技术实力雄厚的设计咨询企业开展以设计为龙头的工程总承包业务创造了条件，但受行政管理体制及投资主体方建设程序的影响，工程设计综合甲级资质在一些行业仍然难以被认可。二是地方保护主义尚未消除。出于保护地方企业或增加地方税收的考虑，许多地区人为设置了当地市场苛刻的准入条件和五花八门的备案制度。三是不正当竞争行为搅乱市场。目前，不正当的恶性压价竞争、业主强行打折现象比较普遍，实际收费率偏低，同时由于恶性竞争和忽视行业整体利益，也导致了现在行业凝聚力不高。

(三) 勘察设计体制改革进程放慢，部分企业经营模式转变迟缓

近年来，客观上由于勘察设计企业承接任务较为饱满，旧有体制的一些矛盾暂时被掩盖，体制改革的进程有所放慢。在经营模式转变上，一些企业满足现状，囿于传统业务领域，对形势发展缺乏清醒认识，战略转型工作迟缓。另外，在发展工程总承包和项目管理业务上，由于遇到取费标准不明、市场准入条件苛刻、人才缺乏、融资能力不足等问题，部分勘察设计企业产生畏难情绪，放慢了探索和改革的步伐。

(四) 高端人才流失现象增多，优秀勘察设计人才缺乏

随着勘察设计市场竞争加剧，由于一些设计企业在内部管理、分配制度、企业文化建设等方面存在问题，造成了核心技术人才的大量流失。同时，国内勘察设计企业薪酬激励作用发挥有限，在国外工程公司、建筑师事务所以及研发单位、房地产公司的高薪、优厚福利等条件吸引下，高端优秀人才流失现象日益严重。此外，勘察设计企业高级专业人员不足的现象也比较普遍，尤其是开展海外工程业务需要的熟悉国际市场情况，兼具语言、技术、管理、法律、商务等方面能力的复合型人才更是缺乏。

(五) 专有技术知识产权保护比较薄弱，创新技术政策扶持和引导力度不足

首先，由于相关法律法规对勘察设计知识产权的概念过于简单和笼统，对行业内知识产权管理的强制性规范较少，缺少必要的监管机制与处罚手段，勘察设计成果被任意套用、抄袭、复制或者盗用、盗卖，企业专有技术的认定、使用和交易缺乏规范和保护；而勘察设计企业往往囿于业主的强势，缺乏保护自有知识产权的能力和有效办法，专有技术应用的有偿收费问题在实施中得不到业主的尊重和认可。其次，我国没有专门的技术创新法，对与技术创新密切相关的一些

领域如风险投资、科技投入等缺乏专门的立法规范；在政策层面也缺少扶持和引导，如税收优惠、优质优价、招投标向新技术方案倾斜等，一定程度上抑制了国内勘察设计企业技术创新的能力。此外，工程勘察设计行业评优工作的权威性不强，削弱了对技术创新的推动和引导作用，制约了工程勘察设计水平的提高。

(六) 部分勘察设计标准规范管理滞后，国际化水平不高

一是标准规范的编制缺乏协调，政出多门，难以统一。如石油化工系统存在4个标准体系，内容上相互冲突和矛盾。标准规范发布单位众多，缺少统一的标准规范信息平台。二是标准规范的修订滞后。不仅新兴领域诸如地下空间、轨道交通工程的勘察设计缺少适用的技术标准规范，而且已有的一些标准规范更新周期较长，无法满足新理念、新技术的应用，而新老标准规范衔接上又存在交替期过短的问题。三是勘察设计标准规范的国际化水平不高。我国许多标准与国际标准还有较大差距，而有些接近或已达到国际水平的标准，却因为没有外文版或宣传不足，得不到外方的认可，直接制约了我国企业国际工程业务的开展，导致我国工程企业在国际竞争中处于不利地位。

(七) 个人执业资格管理发展缓慢，违规使用资质扰乱市场

十年来，勘察设计注册工程师执业工作取得了较大进展，但目前只有资格不执业、已经执业的责任欠明确、出现问题责任追究不落实、权益保护难到位等关键问题仍影响个人执业资格管理制度的健康发展。同时，勘察设计企业资质挂靠现象继续存在。一些企业或个人通过资质挂靠、越级承揽业务和完成工程，或出卖资质、图章，违法违规收取管理费，扰乱了正常的市场秩序。此外，在施工图审查方面，一些地区审查机构批准过多，无序压价，审查人员业务水平差异较大，影响了施工图审查质量。

(八) 实施“走出去”战略困难重重，国际竞争力不强

一是国际形势多变，成本不可控因素增加，政局不稳定、自然灾害频发、风俗文化差异等众多不确定因素使得风险增大。二是中国的人力成本优势逐渐削弱，而国内企业在国际项目上的争夺加剧，价格战频发，进一步压缩了利润空间。三是勘察设计企业的融资能力低、资金运作能力弱导致国际工程市场竞争力不强。此外，由于复合型国际人才的短缺和对国外法律、标准规范、财务体系、用工制度、专利等各类信息了解的缺乏，也制约着我国勘察设计企业进一步开展国际工程业务。

三、政策建议

在勘察设计行业调研的基础上，经过认真整理归纳，提出以下建议。

(一) 重视勘察设计作用，促进勘察设计行业发展

一是突出“产—学—研”创新体系中的设计环节，重视工程勘察设计企业地位和作用。要推动“产—学—研”创新体系的构建与深化，特别要突出“研”中的设计环节，突出勘察设计企业在技术创新体系中的桥梁和纽带作用，重视勘察设计企业的地位和作用，有效促进科学技术的工程化转化，真正发挥工程设计在创新体系中应有的作用。

二是推进工程勘察设计行业高新技术企业认定。现行《高新技术企业认定管理办法》所称的高新技术企业以基础研究技术为主，而工程勘察设计企业主要以应用研究为主，设计作为“研”中的重要组成部分，众多拥有自己的应用研究和应用类的核心技术的勘察设计企业理应纳入高新技术企业体系。应进一步优化高新技术企业认定相关政策，将基础研究技术和应用研究技术并重，促进工程勘察设计行业的发展。

三是改善工程设计收费标准，优化行业税收政策。目前，基本以项目金额为依据的工程设计收费方式无法很好地反映方案的成本和质量，应改善工程设计收费标准，体现优秀设计方案的价值。工程勘察设计行业相关的税收政策仍较为繁琐，应适度调整和优化税收政策，减轻设计单位的税收负担，提高勘察设计单位的积极性，从而促进工程设计行业的健康发展。

(二) 规范评优程序，营造良好的技术创新政策环境

建议进一步规范评优程序，明确工程勘察设计协会开展评优的有效性和权威性，确立全国优秀工程勘察设计奖的“行业优”的地位和作用，规范“省优—行业优—国优”的逐级推荐评选机制。同时推进制定具体的行业知识产权保护管理条例，确定企业专有技术的认定办法和程序，并在科技投入、税收激励、减免技术开发费、拓宽企业技术创新融资渠道等方面促进出台具体而操作性强的技术创新配套政策，营造适合创新的行业政策环境。

(三) 加大扶持力度，提升勘察设计企业国际竞争力

建议加大扶持力度，进一步促进勘察设计企业提升融资能力。对以设计为龙头的总承包企业的融资实行优惠和奖励政策，对在海外业务拓展有贡献企业建立国家担保制度和国家补偿制度，支持并推广诸如武汉市组建工程设计产业投资公司的尝试和经验，拓宽企业投融资渠道，提升我国国际工程公司的竞争力。

(四) 加强管理，提高勘察设计标准规范的国际化水平

一是建议对工程勘察设计标准规范实施统一的动态管理，统一发布、统一宣讲，建立统一的标准规范信息平台。二是加强组织标准规范的制定工作，加快新兴领域标准规范的制定，推进确定合理的勘察设计规范标准更新周期，适当延长新老规范的交替期，保证标准规范的及时有效和可操

作性。三是推进我国工程技术标准的国际化，加快标准规范的翻译工作，积极参与国际工程技术中通用标准的制定，逐步提高我国勘察设计标准规范的国际地位。

(五) 强化引导监管，加快建设统一、开放、有序的工程勘察设计市场

一是完善企业资质和个人执业资格管理，消除行业保护壁垒，理顺行业多头管理局面。建议探索符合中国国情并与国际惯例接轨的工程勘察设计准入制度，进一步理顺资质管理体制，整合资质分类，简化审批手续，充分发挥资质管理工作对规范市场秩序、调整行业结构、促进行业发展的积极作用。改进个人执业资格制度，明确工程勘察设计单位和勘察设计人员的责任，进一步优化完善我国目前工程勘察设计单位的资质管理，推动个人资质与单位资质的进一步结合。同时，建议结合工程勘察设计单位体制改革的进程，扶持大型优秀骨干企业，加强对综合甲级资质的宣传，提高认知程度，与相关行业沟通，争取对综合甲级资质的全面认可。针对目前工程勘察设计行业多头管理的局面，建议结合市场发展变化，适应国家投资体制改革要求，进一步梳理明确，优化行业运行模式和市场环境，提高勘察设计企业尤其是大型优秀骨干企业的活力和竞争力。

二是打破地方保护主义，维护勘察设计市场统一。建议规范地方备案制度，为工程勘察设计企业异地开展业务扫清障碍，进而促进全国统一市场的建立。建议制定勘察设计企业省外分支机构方面的管理意见，防止过多的行政审批，同时对国外企业实行本土化管理，执行国民待遇。

三是加强对勘察收费的研究，规范勘察企业市场行为，推动建立工程勘察“大岩土工程市场”。目前勘察收费不尽合理，按钻井进深数量收费影响企业的技术进步和创新，也对企业改革造成诸多不利，建议按照国务院2001年关于设计体制改革的文件，推行岩土公司和劳务公司分开的模式，明确收费标准，引导勘察企业的健康发展，建议修改勘察合同文本，引导规范勘察企业市场行为，推进勘察行业的发展。建议全面建立工程勘察钻探、试验机构的评估、认证和监管体系，健全工程勘察服务的过程管理体制，并加快出台相关政策法规，实现从传统工程勘察向岩土工程与环境岩土工程转变，落实注册土木工程师(岩土)执业制度，推动“大岩土工程市场”的建立。

四、协会下一步工作

协会要根据党的十七届五中全会精神和“十二五”规划的安排，以科学发展观为指导，积极围绕国家经济建设重点，团结带领全行业共同努力，切实发挥勘察设计在工程建设中的主导作用，进一步体现行业价值，提高影响力，提升行业地位，重点做好以下工作。

(一) 贯彻落实节能减排基本国策，为经济建设和社会发展做出新贡献

协会要加强行业内有关节能减排的宣传交流工作，在适当的时候举办工程勘察设计行业节能减排的专题论坛和节能减排的技术产品展示会等主题活动；要加强对企业的引导，在评优奖项中研究设置“节能减排专项优秀奖”，激发全行业开展节能减排工作的热情，有效地促进节能减排科技成果工程转化；要筹备组建或充实现有的工作机构，建立节能减排工作委员会，研究勘察设计行业节能减排长效机制的建立，引导设计企业创新模式，在工程实施中推广采用合同能源管理方式。

此外，要建立完善的信息库和交流平台。搭建技术协同开发和成果共享的节能减排科技创新平台，建设技术推广网络平台，根据不同技术的适用范围开展节能减排的专题宣传和培训教育，组织国内外节能减排先进技术的交流活动，提供节能减排技术成果信息化服务，普及先进的节能减排技术，行业协会要加强宣传和引导，形成一定的声势。

(二) 强化评优引导作用，推进技术创新，提升行业工程技术水平

协会要充分发挥评优工作引导作用。一是要严格评优办法和标准，坚决贯彻郭允冲副部长“控制数量、保证质量、严格程序”的指示，健全评优的保证体系。二是要结合国家政策和勘察设计行业的发展，完善全国优秀工程勘察设计奖体系，突出技术创新和节能减排，改进奖项设置办法，确保评奖工作与时俱进，获奖项目真正代表我国工程勘察设计技术和质量的最高水平。三是要进一步明确“省优—行业优—国优”的逐级推荐评选机制，确立工程勘察设计协会开展评优的有效性和权威性。四是要提高评优工作的宣传和奖励力度，加强组织获奖项目的技术交流和经验交流，以引导勘察设计企业加强技术创新，发展专有技术，大力发展三维设计、协同设计、优化设计、信息管理技术等新型技术在勘察设计中的应用，以信息化带动勘察设计现代化。五是要搭建技术转化平台，促成技术开发和生产相结合，进一步增强企业创新能力和核心竞争力，提升勘察设计行业工程技术水平。

(三) 深化体制改革，注重管理创新，推进企业战略转型

协会要研究行业的发展，以后每年要发布勘察设计行业的年度报告，继续推动深化勘察设计行业体制改革，积极探索新时期企业管理创新的思路和方法，对不同规模、不同类型的企业提供分类指导，帮助企业选好定位，推进勘察设计企业的战略转型。要加强对先进管理经验和

组织结构模式的介绍，树立典型，交流经验，收集、总结、宣传以设计为龙头的总承包管理典型成功案例，进一步推进勘察设计企业发展工程总承包业务，并探索研究适合行业特点的专业项目管理和战略咨询等业务模式。

(四) 推进实施“走出去”战略，提升国际竞争力

协会要加大宣传力度，为我国工程公司走出去制造良好的舆论环境。一方面要向国外大力宣传代表我国工程能力和设计能力的现代化工业以及基础设施工程，突出宣传具有我国专有知识产权的工程技术和设计技术，体现我国工程技术和设计水平的先进性和可靠性，塑造中国工程设计咨询行业的整体形象；另一方面要加大国内宣传力度，强调以设计为龙头的总承包企业走出去对于扩大我国产品、设备出口和输出中国标准的重要意义。此外，协会要建立“国际建筑市场信息反馈系统”，扩大信息来源，加强信息共享，为国内企业定期提供国际市场的变化情况和重大工程的招标信息等，促进我国国际工程公司又好又快的发展。

(五) 通畅行业信息渠道，建设整合宣传载体，提升行业影响力

协会要利用和提高行业内报刊、杂志、网站的宣传能力，加强协会与各同业协会的联系，切实推进信息报送制度建设、通讯员队伍建设和行业形象整体建设，提高整合力，增强宣传效果。要加强对勘察设计行业在国民经济建设和转变经济发展方式中的独特功能和重要作用的宣传，积极通过人大、政协、政府参事等渠道反映情况，收集资料、树立典型、扩大宣传，提升勘察设计行业的地位和影响力。

(六) 强化诚信评估机制，提升行业自律水平

协会要继续发挥《行业公约》《职业道德准则》和《诚信宣言》的作用，增强行业自律的自觉性；以诚信评估为机制，加强监督和激励的力度，建立行业信誉度评价指标体系。围绕规范市场秩序，加强协会自律性管理制度建设，按照章程建立科学有效的协会工作程序，探索行业自律性管理新的有效约束机制。要借鉴境外国家和地区的先进管理经验，加强对个人执业管理工作的研究，将个人执业行为和行业自律紧密结合；提高协会的队伍素质、工作水平和能力。建议加强施工图审查机构自律管理，加强对施工图审查人员的培训，规范审图机构行为，维护审图人员权益。

结束语

在中国勘察设计协会第五届会员代表大会上，协会确定了“三个做好、一个加强”的工作方针，即做好政府参谋助手工作，做好行业代表工作，做好为企业的服务工作，加强行业自律和协会自身建设。本次调研工作正是落实这一工作方针的重要一步。本次调研深入、广泛、成果丰硕，通过调研活动了解了行业现状，理清了存在的主要问题，为下一步工作明确了方向。在此基础上，协会将进一步抓住重点，完善工作思路，制定出切实可行的目标和具体措施，引领全行业稳定、高效、快速发展，为实现“十二五”时期经济社会发展的目标而贡献力量。

工程勘察设计行业节能减排工作专题调研报告

中国勘察设计协会秘书处组建的节能减排专题调研小组于2010年9月在北京、武汉、郑州、西安等地以召开座谈会方式与40余家勘察设计单位和4家地方同业协会、9家部门同业协会就节能减排专题进行了专题调研，并走访了6家企业。

调研主要内容是：工程勘察设计行业在落实节能减排基本国策中所发挥的作用、取得的成果、存在的问题及典型案例；实施低碳经济战略对工程勘察设计单位产生的影响，通过技术创新迎接挑战的典型案例；协会在行业落实节能减排中应怎样发挥作用，提供哪些有效服务等。

调研组未能前往的地区，许多单位按照协会提出的专题调研提纲(同业协会、协会分支机构)或按协会要求填报的《节能减排工作情况调查表》(工程设计企业或单位)提供了相应材料。

一、提出开展节能减排专题调研的背景

2006年8月，国务院在《关于加强节能工作的决定》中指出，要从战略和全局的高度，充分认识做好能源工作的重要性……实现能源的可持续发展。

2007年，《国务院关于印发节能减排综合性工作方案的通知》下发。

2008年4月，《中华人民共和国节约能源法》施行。与之配套的《民用建筑节能条例》《公共机构节能条例》《固定资产投资项目节能评估和审查暂行办法》等法规陆续出台。

2009年，我国在哥本哈根会议上发表减排CO_2措施，郑重承诺到2020年中国控制温室气体排放比2005年减排40%~45%的目标。

2010年4月，国务院常务会议部署确保实现“十一五”节能减排目标：加大淘汰落后产能力度；加快实施节能减排重点工程；加强重点用能单位节能管理；抓好建筑、交通、公共机构等重点领域节能减排；大力推广高效节能产品等8方面任务。

在中国勘察设计协会第五届会员代表大会上，住房和城乡建设部郭允冲副部长讲话着重指出：“工程勘察设计在提高投资效益、调整经济结构、转变经济发展方式、节能减排等方面，肩负着重要的责任。”王素卿理事长在讲话中也强调：“协会要积极地按照政府关于节能减排、保护环境的总体部署和要求，组织研究提出行业的相关意见、建议和技术措施，协助政府推进这一基本国策的实施。”

作为工程建设的先导、灵魂，作为将科学发展观落实到投资运作全过程的重要载体，工程勘察设计行业义不容辞地肩负着贯彻落实节能减排基本国策的重任。

二、行业现状及主要问题的调研情况

(一) 工程勘察设计行业具有较强的节能减排的责任意识

通过调研我们了解到，在工程勘察设计行业内普遍认识到工程建设是贯彻科学发展观及落实节能减排基本国策的重要环节，工程勘察设计单位落实节能减排国策体现在将先进、适用的节能减排技术及措施应用在工程项目中，以取得良好的经济效益、社会效益和环境效益。中国恩菲工程技术有限公司、中交第一航务工程勘察设计院有限公司、江苏邮电规划设计院有限公司等大中型勘察设计企业均按照《中央企业节能减排监督管理暂行办法》的要求，成立了以董事长为组长、主管副总经理为副组长、各部门主要领导为成员的节能减排“工作领导小组”，围绕节能、节水、节材、节地和减少污染物排放等重点，建立健全节能减排组织体系和管理体系，负责制定相关规定，研究节能减排工作重大事项，开展节能减排技术研究、产品开发，监督节能降耗项目进度、质量，落实“节能减排工作责任制”。工程勘察设计单位对落实节能减排基本国策，从思想上予以重视，从组织上予以保障，从技术上予以支撑，从制度上予以规范，从项目上予以落实。

调研中还了解到，为了落实节能减排，有的设计单位将快要完成的设计工作中途停下来，重新进行设计优化，反映出高度的责任感、使命感。从“节能意识”已逐步提升至“节能尽责”。江苏省的部分勘察设计单位通过承接节能示范工程项目、可再生能源利用示范工程项目等积累经验，形成了单位新的经济增长点。浙江省从省到各市有健全的建筑节能组织领导和协调机构，形成了齐抓共管、合力推进的局面，在推进省级建筑节能示范工程发挥示范引领作用的同时，还组织全省强制性标准执行、工程勘察设计建筑节能的综合检查，开展建筑节能的宣传培训。

中国五环工程有限公司讲得好：“节能减排从根本上说就是为了提高产能利用率和保护环境。勘察设计作为工程建设的前端，是工程建设的龙头和灵魂。工艺技术的应用、工程技术的优化、新设备新材料的采用，是确定节能减排内容的关键阶段。工程设计为项目的节能减排从技术层面上起到了决定性的作用。”中国电力规划设计协会提出了“电力设计企业是电力建设领域中履行节能减排的第一责任人”的工作定位。

(二) 在落实节能减排国策中发挥着不可替代的重要作用

1. 采用先进适用的节能减排新技术

因地制宜地向业主推荐适用的节能减排新技术、新工艺、新设备、新材料的技术方案。特别是高耗能、污染重的行业，从设计工作源头的工艺专业就注重采用指标先进的流程及装备，综合利用资源，实现工程项目的节能减排，以体现自身技术水平的“自选动作”落实节能减排国策。中冶京诚工程技术有限公司研发的电炉汽化冷却烟气回收装置，明显降低了电炉炼钢工序的能耗，应用于营口中试基地、江阴兴澄特钢、华菱锡钢等工程，每冶炼1t钢可增加效益5.4元~9元；研发的转炉煤气干法除尘技术，将烟气含尘量可降至5mg/m^3~10mg/m^3(标准状态)，在宝钢、天铁、唐山国丰、邯钢、首钢、济钢等工程项目上应用取得了良好的经济效益和社会效益。中国电力集团西北电力设计院在设计华电国际邹县发电厂四期2×1 000MW超超临界机组工程中，经过参数优化比选和论证，节能降耗效果明显，发电煤耗率为267.55g/(kW·h)，厂用电率4.79%，供电煤耗为281.54g/(kW·h)，全厂发电热效率达45.91%，达到国内外同类型机组先进水平。

2. 注重对引进、消化节能减排新技术的再创新

多数大型设计单位都能结合国情和项目的需求，积极研发具有自主知识产权的工艺技术，努力降低企业采用新技术的投资成本。中国五环工程有限公司在消化吸收引进国外先进的壳牌洁净煤气化技术基础上，开发出的全流程工艺新型煤气化技术——五环炉煤气化技术，包括8项自有专利技术，经济性与先进性达到国际一流水平。中国恩菲工程技术有限公司在第一代炼铅技术基础上开发了液态高铅渣侧吹还原技术，能耗减低到200kg标煤，该技术通过国家鉴

定，达到国际领先水平，为目前世界铅冶炼的最低能耗。中交第一公路勘察设计研究院有限公司通过修建公路隧道对地下水资源的环境影响的研究，提出处理隧道建设与保护环境矛盾的"公路隧道防排水技术"设计方法，在高速公路大兴(湘黔界)至思南段和宝鸡至汉中段的设计中采用，使得地下水系、当地生态环境、人们生活用水和珍稀野生自然资源得到了保护。

3. 以技术创新延伸工艺流程和产业链

在设计中严格遵守节能减排标准、规范的前提下，进而优化方案，优选设备，统筹兼顾，实现循环经济的深加工，在丰富产品结构的同时，实现循环利用，延伸产业链，最大限度地利用资源和能源，治理与控制"三废"，减少废弃污染物的排放。长江水利委员会长江勘测规划设计研究院在致力于水能资源开发利用的同时，积极开发风电、太阳能等新能源设计，已初具山区风电勘察设计方面的优势，风电场设计项目总装机达2 200MW，并创新研发了一种新的风电场接入电网法(已申报发明专利)，该方法既能增加风电场接入电网的传输距离和传输容量，又能改善风电场并网电能质量。河南省交通规划勘察设计院有限公司针对高速公路监控外场摄像机采用电网供电建设成本高、线路损耗大、电能利用率低问题，在连霍高速公路郑州和洛阳220km段内的100个监控点实施了太阳能供电示范工程，经过5年实际运行证明该技术方案与电网供电相比，节省供电配电工程建设投资58.3%，平均每公里节省3.13万元，5年来节省电费22万元，汽油费96万元，减少CO_2排量4 020 000t。

4. 攻克关键技术难题

积极创新，组织攻关，研发新技术为节能减排服务。中国电子工程设计院自主研发的机内除湿再热多级冲动式汽轮机技术，突破了低品质余热资源高效利用的瓶颈，填补了国内饱和蒸汽发电技术空白，超越国外同类技术水平，比其他同类技术发电效率高近30%，这项技术使各工业企业广泛存在的废弃蒸汽、烟气、热水、废渣等所含热量的高效回收利用成为现实。该院发明的烟气余热综合利用、多重供热余热锅炉、烧结生产线饱和蒸汽余热发电三项专利在钢铁和有色金属行业的烧结、转炉、电炉等生产工艺环节取得多个成功案例。

5. 加强标准化工作

暖通空调设计行业是实现工程建设节能减排的一个重要方面，近年来，建筑环境与设备的业内专家从节能技术发展角度对原有规范修正完善，新编规范《公共建筑节能设计标准》、《严寒和寒冷地区居住建筑节能设计标准》以及编制全国暖通空调统一技术措施等多项，科学地指导和规范节能减排设计。多数勘察设计单位均编制了本单位的《节能减排技术措施》，以提升单位整体节能减排技术水平。同时，还积极参与制定行业的节能减排规范和标准，将成熟的节能减排技术和指标及时纳入标准，通过技术和产品的升级，推动落实节能减排。中国航空规划建设发展有限公司编制了《各专业节能减排工作内容及技术措施》在工程设计项目中推行，在该公司设计的几十座大型集中供热工程中采用了锅炉及热网DCS集中控制、电机变频调速、变频二级泵系统、分层给煤装置、锅炉及水处理排放废水收集回收利用、凝结水回收利用等节能技术，据对北京顺义集中供热工程的测定，能耗指标比北京市平均水平降低20%。最近，协会的建筑环境与设备分会组织专家专门召开热泵技术应用研讨会，对这项技术的科学合理应用从"源"的基础资料、相关技术标准、因地合理利用、工程应用的预评估、规模化利用的总体规划、需完善的政策法规以及跨专业设计单位协同等7方面，向政府主管部门提出了《关于热泵技术的应用建议》。

(三) 关于在国家"创新体系"中工程勘察设计位置的问题

多数大型设计企业都制定有《科技创新与技术开发费管理办法》，每年用于科技研发、软件开发、专利、专有技术和引进、推广、业务建设及标准化等技术创新的投入，约占单位年总收入的3%~5%。以市场促研发，以设计促转化，促进了科技成果的工程化，增强了企业的核心竞争力，取得了显著的经济效益和社会效益。中铁第四勘察设计院集团有限公司长期以来坚持科技兴企战略，工程设计面向市场搞科研、创新机制上水平、强化管理保成果，形成了"以企业为主体，市场为导向，博士后工作站、科研院所及大专院校共同参与"的技术创新架构，近年来先后承担了60余项铁道部、湖北省的科研课题，自主立项开展了高速铁路、山区铁路、城市轨道交通、高速公路、水底隧道等方面的200余项科研课题，拥有国家专利36项、软件著作权24项，专利实施率达到80%。紧密依托工程项目将科研成果在生产实践中得到迅速转化为现实的生产力，凸显了设计在国家创新体系中的重要作用，也是工程设计行业技术创新的一个成功经验。

关于国家"创新体系"的结构，目前通常的提法是"产—学—研"创新体系，不少勘察设计单位反映，缺少"设计"的这个体系，构建是不够科学严密的，脱离设计的"产—学—研"运转状况也不尽理想。虽然有关部门解释说"研"中包含"设"，但是"研发"与"设计"不仅在概念上不同，在技术创新中的作用也不同。应进一步明确"设计"这一环节在创新体系中的独特地位与转化形成现实生产力的独特功能，将创新体系完善为"产—学—研—设"，以促使创新体系更加有效地运转，为建设创新型国家发挥积极作用。

当前，工程勘察设计企业单位的少数单位建立了技术研发中心、科研工作站等机构，大多数没有专设的研发机构。由于行业历史发展的原因以及普遍对国家创新体系构成的不同理解，致使企业单位内部资源配置一般是向生产倾斜，追求的是完成更多的生产任务。总体看来，工程勘察设计企业单位自主创新能力差、技术信息滞后、创新投入少、具备创新能力的专业带头人缺乏。

(四) 关于队伍建设问题

落实节能减排国策的关键是技术的支撑，技术支撑之本在于有专业技术的带头人、有创新型的专业技术人才以及管理机制。要促进人才的脱颖而出，需要把节能减排等新技术的应用作为考核技术人员的一项指标，作为必备的一项工作守则。

在调研中很多单位反映，现代化的工程勘察设计队伍，应当有符合时代要求的设计理念。这支队伍应树立节能减排设计理念，并在勘察设计工作中践行；应树立遵章守制的设计理念，严格执行法律、法规、标准、规范的规定；应树立节约资源的设计理念，开展综合利用，发展循环经济；应树立职业安全卫生和环境和谐的设计理念，坚持质量第一、安全至上，实现工程项目的可持续发展；应树立以人为本的设计理念，做好为工程项目的服务工作；应树立统筹兼顾的设计理念，全面协调，实现工程项目的科学发展；应树立技术创新的设计理念，积极采用新技术，合理选用技术经济指标，努力提升自主创新能力，落实节能减排、保护环境的基本国策；应树立博采众长、精心设计的理念，不断总结经验，持续提高勘察设计的水平。

(五) 关于采用节能减排新技术的风险与效益问题

目前尚缺乏完善的政策和制度措施鼓励和保障勘察设计单位对节能减排新技术的采用。需要解决的问题主要有：

(1) 提高工程建设单位的节能减排自觉性。采用节能减排新技术增加的设备及初始投资，往往因建设单位的支持度不够，在工程施工中得不到落实。

(2) 适当规避勘察设计单位因采用新技术产生的风险。应建立节能减排新技术风险基金，以规避由于新技术的首次采用可能带来风险。

(3) 勘察设计采用新技术的收费标准尚待落实。能够切实执行收费标准规定，增加20%的新技术设计费。

(4) 制定鼓励勘察设计企业节能减排技术研发的政策。对勘察设计企业研发节能减排新技术的投入，建立予以适当补偿或减免税收的政策及其实施的通畅渠道。

(5) 制定在招投标竞争中向采用节能减排新技术或技术含量高方案的倾斜或扶持的政策(如火电厂设计，采用或不采用空冷方式，成本差别较大)。

(六) 关于节能减排技术的标准化问题

标准化是推广节能减排技术及工程化的有效途径，标准是标准化活动的核心。调研中，反映较多的是标准制定和修订的滞后问题，这在一定程度上影响节能减排工作的推进与推广。当前面临的主要问题有：

表达节能减排建筑的名称多，无确切标准。现在都在讲“绿色建筑”、“低碳建筑”、“生态建筑”、“节能建筑”、“可持续发展建筑”等名词，而目前还没有衡量这些“XX建筑”的标准及统一的定义和具体指标参数；并且也缺乏对采用的节能减排新材料相应配套的验收标准等。需要建立标准。

标准的制定与归口管理问题。目前标准的管理仍延续计划经济时代的多头管理方式，住房和城乡建设部管一部分、工信部管一部分，其他有关部委也在管自己业务范围内的一部分，缺乏统一的协调和权威的管理。

标准化工作的经费问题。标准制定工作需要资金和人才的投入，仅靠行政主管部门立项后下拨的几万元经费难以支撑编制出高水平标准的实际需要。若继续延续以往的要靠承编单位贴补大量经费和参编人员的奉献进行标准规范编制工作，长此以往恐难以“可持续”。

标准参编人员的组成及本职工作和兼编标准的协调安排问题。标准参编人员的水平是决定标准水平的关键，而能主持和参编的骨干人选应当具有丰富工程实践经验并了解行业、专业的最新发展信息，然而他们大多又被本单位安排在重点项目负责人岗位上，需要协调好本职工作和兼编标准的安排，否则，虽然会有专家们对编制的标准审查把关，也会使水平和质量打折扣。

标准的加强宣贯问题。标准的发布既要见诸媒体，又要改变以往淡化宣讲的做法，并及时出台与贯彻标准相关的细则、措施等支撑性文件，同样要注重宣讲。对重要标准的宣讲，不仅让勘察设计人员了解和执行，也要让管理人员、施工人员、建设单位相关人员了解，以减少执行中的阻力。

修订标准的与时俱进问题。一是将工程标准翻译成国际通用语种以服务于实施“走出去”要及时落实与出台；二是标准颁布实施后仍需要不断修订，以臻完善，要事先落实每次修订前汇总意见的负责单位。按惯例，标准以实施5年左右为一个修订周期，而现在很难在这一较为合理的周期内完成修订。

(七) 关于约束与规范业主行为问题

部分业主重投资的近期收益而忽视长远效益，这种节能而不节“财”的观念影响落实节能减排新技术和新工艺的采用。为推进这一国策的实施，需要大力引导业主提高对节能减排的认知：一要对业主加大节能减排宣传、培训，加大教育的力度；二要将有关节能减排的规定列入标准的强制性条文，加大执行的力度；三要强化政府监管机制，严厉惩处超标违规事例，加大奖罚的力度。

地方制定相应的有关制度，将有利于节能减排设计的实施。有些地区(如西安)没有关于节能降耗制度上的要求，业主不愿意在增加投资的情况下采用节能减排新技术，致使设计工作推行先进的高效的节能减排技术有一定难度。

要制定法定的合理的勘察设计工作周期。现在业主往往提出不合理的交图时间，而勘察设计单位又没有有效的办法拒绝，只好疲于赶任务出图，不可能在优化方案上花费更多时间进行精心设计，更难于采用节能减排的新技术。一些设计单位为了保住拿到的工程项目，囿于谋生存，有时迁就业主的意愿而没能在设计中采用节能减排优化的设计。

(八) 关于创新技术的知识产权保护问题

技术创新的“拦路虎”之一是设计成果的知识产权得不到有效保护，得不到业主的尊重而被“借鉴”，挫伤了技术创新的积极性。

知识产权意识和观念薄弱反映在两个方面。一方面是一个优秀的方案、一项优秀成果，常被业主无偿套用、拼接、复制、转让；专有技术应用的有偿收费问题在现实中亦得不到业主的认可。而现有的法规缺乏对业主侵害知识产权的惩处条款。另一方面勘察设计企业单位也往往囿于业主的强势地位，缺乏保护自有知识产权的有效办法；在一些单位内往往重视对获得奖项工程的奖励，而忽视对获奖项目中具有决定性作用的专利、专有技术以及采用新技术的褒奖。

(九) 关于节能减排工作在“十二五”中发展的定位

党的十七届五中全会把调结构、产业升级、节能减排、加快转变发展方式等作为国家“十二五”发展规划的重要内容。工程勘察设计企业单位唯有坚持技术创新，依托领先的节能减排技术优势，开拓新领域和新市场，把握市场机遇和迎接严峻挑战，积极承担起低碳经济时代赋予勘察设计的重任。

目前，大多数单位都将“技术创新”列入规划，但一般性鼓励的较多、而落实到具体的可实施的技术创新项目上较少；希望得到国家政策支持的呼声较高，而具体主攻方向、协作对象、细化创新项目及保证措施落实上较少。

(十) 关于充分发挥协会作用的问题

工程勘察设计企业期望协会更好地发挥政府工作的参谋、助手和桥梁、纽带作用以及对行业的影响力，推动工程勘察设计市场秩序的规范化，建立既反映政府的愿望又代表企业普遍诉求的法规、政策，并使之更符合国情和行业发展及企业的实际。

希望协会通过已有平台，能加大在广大的投资客户群(业主)中对节能减排基本国策的宣传，提高业主在项目建设中对节能减排国策的认知度，在舆论引导上发挥作用。

协会应是国家标准规范的参与者和实施推广者，组织编写节能减排的行业标准及实施导则等指导性文件，在完善标准规范体系、标准规范的宣传、培训、推广及提高行业技术质量水平等方面起到重要的作用。

希望协会加大与国外同行的联络，积极“走出去”参加有关勘察设计行业的国际会议，加大我国标准规范在国际上的认同和推广，扩大影响力。

三、建议措施(与政府工作相关部分)

(1) 把节能减排的推广和管理工作贯穿于工程建设全过程，加大宣传和监管力度，注重勘察设计独特的作用，特别要抓住工程设计这一工程建设源头的关键环节，确保节能减排国策的实施。

(2) 由政府部门或委托协会组织修订工程勘察设计指导原则，规定工程项目节能减排评估的内容指标要求，制定规范业主行为的法规，加大贯彻执行节能减排的力度，提高勘察设计项目的社会满意度。

(3) 政府部门要支持协会研究建立勘察设计行业实施节能减排的长效机制。如节能减排法规、标准的制定和宣贯；落实勘察设计行业节能减排目标责任制；发布节能减排产品的推荐名单和高耗能、高碳排放产品的淘汰名单；落实节能减排国策的监督管理等。

(4) 要从单一的行政手段推行节能减排基本国策转变为多管齐下地运用法律、经济、技术和行政办法，统筹解决工程建设领域贯彻落实国策的问题。建议住房和城乡建设部新组建的建筑节能协会加强与部管其他协会的合作，调动现有力量共同做好节能减排工作。

(5) 由住房和城乡建设部牵头，会同工程勘察设计行业各有关主管部门与国家产权局联合修订和完善知识产权保护导则及办法，从法规上解决勘察设计行业知识产权保护不力的问题。

(6) 进一步完善以企业为主体、市场为导向的国家技术创新体系的结构，明确工程勘察设计地位，制定推进科技转化为现实生产力的政策办法，有效促进节能减排科技成果的工程化，鼓励自主创新。

(7) 注重发挥协会的桥梁、纽带作用，听取协会对制定法规、政策的意见，支持与指导协会有关节能减排工作的开展，形成推进落实节能减排国策的合力。

工程勘察设计市场与质量专题调研报告

2010年9月，中国勘察设计协会秘书处在王素卿理事长亲自率领下，组织协会工作人员和有关专家近20人，组成3个专题调研组分别赴北京、上海、沈阳、武汉、郑州、西安等地，以座谈、实地考察等形式，与60余家勘察设计单位进行了广泛的交流，听取了勘察设计单位的意见和建议，获得了大量的第一手资料。在协会秘书处3个调研组调研基础上，经整理总结，形成工程勘察设计行业市场和质量专题调研报告。

一、勘察设计行业市场

(一) 市场总体情况

1. 固定资产投资增加促使勘察设计市场增长

为应对金融危机，国家推出40 000亿元投资和十大产业振兴规划等经济刺激政策，通过加大固定资产投资来拉动经济增长。固定资产投资增加直接导致了工程勘察设计行业的市场空间扩大，尤其是大型基础设施项目，铁路、公路、基础建设相关的细分勘察设计行业市场增长明显。

2. 节能减排领域成为新兴市场

随着国家经济增长方式转型和节能减排国策的提出，勘察设计作为工程的先导，许多勘察设计企业主动采用先进适用的节能减排技术，以技术创新延伸工艺流程和产品链，拓展业务领域，培育新的经济增长点，节能减排领域成为勘察设计企业重要的新兴市场。

3. 对外工程承包市场得到快速发展

2009年，勘察设计企业全国工程总承包百强在境外承揽总承包项目的合同额折合人民币460亿元，较2008年增长54.4%，是2003年的14.8倍。根据ENR(《工程新闻记录》杂志)统计数据，2009年度中国海外工程承包企业海外收入的份额达到9%以上，位居美国、法国、德国之后，首次上升到第四位。中国企业在非洲的份额由2008年的26.9%大幅上升到2009年的42.4%，超过法国、英国、意大利、西班牙等欧洲国家的总和，首次位居第一。

我国企业对外工程业务领域已经从房建、筑路等劳动力密集型行业扩展到电力、冶金、石化、通讯等资金、技术密集型行业；从土木建设逐步发展到冶金、石化、地铁、机场、通讯、水电、矿山建设以及环保、航空航天、和平利用核能等高科技领域。在“走出去”战略的引导下，“中国工程”和“中国设计”在海外的影响力迅速提升。从搭船出海、借船出海发展到独自出海，我国勘察设计企业实力不断增强，逐渐成为国际化竞争中不可忽视的力量。铁路、冶金、水利、电力、石油化工及建材等行业通过引进吸收和自主开发，已经掌握了世界最先进的技术，具备了世界级的集成设计和建设技术。

(二) 存在的问题

1. 部分行业壁垒和地方保护现象较为突出

目前，一些垄断性行业通过制定限制其他企业进入本行业的内部“潜规则”，对工程设计项目人为地设置一些非技术壁垒的现象依然存在。2007年，为打破行业壁垒，建设部首次推出设计综合甲级资质，但综合甲级资质在一些行业目前尚不被认可，仍然要求相应的专业资质。有些集团公司本身承担了项目评估、项目审查的权力，既当运动员又当裁判员，人为地制造障碍，保护本集团下属企业的情况还客观存在。调研中某个获得综合甲级资质的企业反映，在他们具有优势的抽水蓄能领域，有些项目在他们已经完成预可研的情况下，由于行业保护竟然被禁止参加投标，而将项目指定给了其他设计院，而这个强制决定竟也可以堂而皇之地写入内部会议纪要。

出于保护地方企业或增加地方税收的考虑，许多地区人为设立当地市场苛刻的准入条件、五花八门的备案制度，勘察设计市场中地方保护主义仍然较为严重。如个别地方强行要求外地设计企业成立分公司、缴纳管理费，不仅要设立固定办公场所，甚至还规定了必须有100m²以上的会议室，否则就不能参加竞标，从而限制外地工程勘察设计单位承接项目。不仅中央企业在地方会受到阻碍，甚至一些地方企业在本省的其他地区也被要求成立分支机构。有的地方在项目审查时要求设计人员全体到现场，逐个核对身份，缺一人则上黑名单；有的地方要求查验单位公章或法人证书原件；还有的地方项目都直接下拨给当地的工程勘察设计单位承接，或是通过不当手段让当地的工程勘察设计单位能够轻松地在竞标中胜出。如由于水利系统投资大多由中央向各省市直接拨付，出于维护各省市自有直属设计院利益考虑，其他设计院进入地方市场困难重重。长江设计院表示作为水利系统实力雄厚的勘测设计单位，承担了三峡工程，却难以凭借自身的技术实力在地方水电市场竞争中有所作为。

2. 恶性压价竞争搅乱市场

目前，设计单位收费依据是2002年《工程勘察设计收费标准》(计价格[2002]10号文)，但从该文颁布至今，很少有业主能完全执行，采用“四新”技术(新技术、新材料、新工艺和新设备)可以上浮这一条根本没有业主采用。计算后的勘察设计费打八折是最好的结果，最低的可能只有两至三折，个别情况甚至更低。当前，在工程招标中最低价中标已经成为一种常态，工程设计人员的价值难以体现。部分勘察设计单位采取低价竞标的策略，报价极低，恶性竞争，扰乱了市场秩序，造成设计文件粗糙，水平不高，甚至给质量安全带来隐患。长此以往，设计人员工作积极性和创新热情下降，将造成勘察设计成果质量普遍下降，勘察设计单位效益下滑，生存和发展难以维系。

3. 分支机构管理不规范，资质挂靠现象严重

目前，分支机构管理缺乏有效办法，造成“大牌照小队伍”的挂靠现象，被挂靠的单位，只收取管理费，忽视对挂靠单位的工程质量管理，这不仅给被挂靠单位带来了运营风险，也扰乱了正常的市场秩序，难以保证工程设计水平和质量安全。

4. 个人执业资格管理有待推进

十年来，勘察设计注册工程师执业工作取得了较大进展，但目前只有资格不执业、已经执业的责任欠明确、出现问题责任追究不落实、权益保护难到位等关键问题仍影响个人执业资格管理制度的健康发展。一是对于已经执业的人员缺乏必要的监管，对执业人员所应承担的责任规定欠具体，责、权、利的严重不匹配。工程质量出现问题，往往只是企业法人承担责任，而执业人员没有承担相应的责任。二是一些个人利用执业资格，牟取非法利益。有些勘察设计注册执业人员私卖执业证书和印章，有些执业人员多处挂靠，造成不少企业没有配备相应的人员，只有“流动章”，一些紧缺专业已经到了明码标价的地步，如调研中了解到，中西部一些地区一级注册建筑师挂靠费已达到了10万元/年～15万元/年。三是后续一些专业虽然举行了多次执业资格考试，但取得执业资格人员很长时间未能注册执业，严重影响了这部分人的积极性，进而影响到国家执业制度的严肃性。四是执业人员的合法权益得不到充分保障，一些单位采取印章集中管理等措施，致使执业人员有资格没有印章，侵害了执业人员的合法权利。

5. 施工图审查质量有待提高

施工图审查人员水平参差不齐，实施效果不尽相同。一些地区审查机构批准过多，无序压价，审查人员业务水平差异较大，影响了施工图审查质量。

6. 开展国内总承包业务仍有较大困难

由于有的地方建设主管部门和业主不认可设计企业可以按原建设部2003(30)号文的规定进行总承包，出现了在国外业务顺利开展，在国内反而难以开展的怪现象。在发展工程总承包和项目管理业务时，还有取费标准不明，市场准入、人才培养、融资担保与设计院传统业务协调等问题都是比较大的阻碍。

7. 勘察收费不合理，影响勘察质量和技术进步

目前的勘察收费标准为2002年版，但在具体的执行过程中，仍以低价中标为主，大多成交价格在1992年指令性价格标准上下，甚至还打六、七折收费。由于收费太低，不仅滋生钻探、测试、试验数据资料的造假问题而影响勘察质量，而且致使工程勘察单位利润不合理减少，无力进行及时的设备更新和研发、引进新技术新方法，勘察行业难以形成良性循环发展局面。

(三) 建议

1. 加强法规制度建设

建议尽快出台《建筑市场管理条例》或《勘察设计市场管理办法》的部令，进一步规范建筑市场秩序；尽快制定和完善勘察设计企业省外承揽业务方面的管理意见和分支机构管理办法，规范地方备案制度和对分支机构的管理，防止过多的行政审批，为工程勘察设计企业异地开展业务扫清障碍，进而促进全国统一市场的建立。

2. 加大市场动态监管

建议加快信息化建设，建立和完善个人注册资格数据库、企业资质数据库以及重大工程数据库，加快信息更新，保证信息的及时性、有效性和权威性，要尽快形成“三库”联动和动态监管，从而加强对注册人员资格、企业资质以及工程项目的有效管理。

3. 加强对违法违规行为的处罚

在市场动态监管的基础上，对违法违规必须加大处罚力度，如资质挂靠、不履行执业责任的企业和人员，应及时依法撤销、吊销或降低其资质、资格，清出建筑市场，加强威慑力，提高建筑市场监管的有效性和权威性。

4. 加强指导，支持和促进协会开展工作

建议指导和支持勘察设计协会加强对个人执业管理工作的研究，将个人执业行为和行业自律紧密结合，成立执业资格人员的自律管理组织，同时通过协会加强施工图审查机构的自律管理，加强对施工图审查人员的培训，规范审图机构行为，维护审图人员权益。

5. 加强对勘察收费的研究，规范勘察企业市场行为

目前勘察收费不尽合理，按钻井进深数量收费影响企业的技术进步和创新，也对企业改革造成诸多不利，建议按照国务院2001年关于设计体制改革的文件，推行岩土公司和劳务公司分开的模式，明确收费标准，引导勘察企业的健康发展，建议修改勘察合同文本，引导规范勘察企业市场行为，推进勘察行业的发展。此外，建议根据勘察设计市场实际情况，拟定新的切实可行的收费指导意见，为勘察设计企业开展设计咨询及总承包业务提供依据，引导建立勘察设计行业有序竞争局面。

二、工程勘察设计质量

(一) 勘察设计质量总体评价

总体而言，工程勘察设计质量基本有保证，质量水平在逐步提高，主要在于：

1. 质量管理体系确保了勘察设计质量

改革开放以来，勘察设计单位在政府管理部门推行TQC质量保证体系基

础上，20世纪90年代逐步通过了ISO9000质量认证体系，近几年又通过质量、环境、职业健康安全管理三体系认证，质量保证体系基本健全，覆盖了各类勘察设计企业，确保了工程勘察设计质量。

2. 信息化建设有效保证了勘察设计质量

20世纪80年代中期以来，全行业引进CAD辅助绘图甩掉了图版，信息技术在协同设计、企业管理中应用等方面取得了较好成绩，勘察设计企业的信息化建设，是有效提高工程勘察设计质量水平的保证。

3. 施工图审查是设计质量的强制性保障

施工图审查制度的建立实施，通过对施工图涉及公共利益、公众安全和工程建设强制性标准的内容进行审查，发挥了设计质量监管的作用，成为设计质量的强制性保障。

4. 质量法规的完善加强了勘察设计质量监管

近年来，工程质量有关法规、规章的制定、修订工作不断加强，如《建设工程质量管理条例》的制定以及《建设工程勘察质量管理办法》的修订等，进一步规范了勘察设计行为，加强责任追究，强化了勘察设计质量监管力度。

近年来，诸如国家体育馆、国家游泳中心、东海大桥工程、青藏铁路多年冻土区工程、南京长江第三大桥、西藏林芝民用机场工程、北京银泰中心等一大批高质量的勘察设计工程得到了社会的高度认可。

(二) 存在问题

1. 设计粗糙，深度和精度不够

一些设计企业忽视内部质量控制，过分依赖审查机构，又加上建设单位肆意压低设计收费，不合理地压缩设计周期，部分设计企业对技术储备和技术创新有所轻视，导致设计的深度和精度不高，设计质量水平较低。

2. 勘察质量令人担忧

由于大批劳务农民工成为现场勘察施工队伍中的主力军，导致勘察施工队伍作业人员素质较低，一些钻机队伍技术能力大多未经考核认定，勘察技术工作和现场施工劳务的监督机制不明确，不落实，野外第一手资料准确率难以得到保证和控制。

3. 设计变更频繁，质量难以保证

由于设计人员在工程实施过程中处于弱势地位，面对业主要求，缺乏话语权，对于一些业主通过频繁的设计变更违规扩大建设规模和增加建设内容的行为难以有效制止，同时由于一些设计粗糙问题，工程实际与发包时提供的图纸不符，从而也产生更多的设计变更，导致工程设计质量难以保证。

4. 部分企业内部质量体系执行落实较差

在勘察设计企业质量管理体系落实上，“两层皮”现象依旧存在，一些企业尽管体系文件和各种管理制度比较完善，但在实际运行中却难以有效落实，个别企业甚至是为了应付质量管理体系的认证和年审工作，企业内部质量管理体系并未真正发挥作用。

5. 施工图审查水平有待提高，行为有待规范

在施工图审查方面，一些地区审查机构批准过多，审查人员业务水平差异较大，有时对规范的理解存在偏差，指出的问题也不切实际，而一些施工图审查单位片面追求经济效益，审查把关不严，有的存在假合同、阴阳合同等现象，相互间压价竞争严重，违背了建立审图制度的初衷，无法有效达到施工图审查监控勘察设计质量的目的。

(三) 建议

1. 强化监管，推动建立工程勘察“大岩土工程市场”

建议全面建立工程勘察钻探、试验机构的评估、认证和监管体系，健全工程勘察服务的过程管理体制，并加快出台相关的政策法规，实现从传统工程勘察向岩土工程与环境岩土工程转变，落实注册土木工程师(岩土)执业制度，推动“大岩土工程市场”的建立。此外，在工程勘察技术定价标准方面，建议改变以勘测工作实物工作量为主的计费标准体系，终止智力服务价值与劳务价值相关联的误导。

2. 加强管理，严格设计变更程序

在工程勘察设计中，对已批复的工程方案，若有重大变化，勘察单位应进行补充勘察，设计单位应主动提请建设单位将变化内容报请原审批单位批准。对正式提交或审查后的工程设计，建设、监理、施工以及其他单位不得擅自更改设计。设计变更原则上应由原设计单位进行。重大设计变更，除属上述情况外，设计单位应说明变更后的技术可靠性和提供工程投资变更分析，在建设单位确认的情况下，加以实施。施工单位提出的各类商榷单和签证单，对勘察、设计变更的内容，应事先报呈建设单位和监理单位后，由勘察、设计单位对变更的内容加以技术验证，在确保技术可靠性和安全性的前提下，由建设单位组织实施。对设计重大变更中违反规定的建设单位、设计单位和个人，应依法予以处罚。

3. 加强责任追究，督促企业落实质量管理体系

建议加强培训和宣传，明确质量责任，提升工程勘察设计人员质量意识和责任意识，加大勘察设计质量责任的追究和惩处力度，要求勘察设计企业强化全面质量管理，推进严格的质量监管，真正落实企业内部质量管理体系，保证勘察设计质量。

4. 成立施工图审查自律机构

建议在调研基础上，制定有关施工图审查的管理办法，通过中国勘察设计协会组建施工图审查人员自律的组织机构，加强对施工图审查人员的培训、审查以及标准、规范的制定，提高审查人员的水平。

工程勘察设计行业发展相关问题调研报告

2010年9月2日~26日，中国勘察设计协会专题调研组就勘察设计企业体制改革、转变经营模式、组织机构调整、实施“走出去”发展战略等问题进行了调研。专题调研组走访了北京、湖北、河南多家设计单位和行业协会，着重了解了近十年来行业的发展变化情况。现就此次专题调研的情况分几方面予以报告。

一、企业体制改革

(一) 现状特点

在勘察设计行业发展中，勘察设计体制改革对于促进设计单位转变经营模式，促进勘察设计行业的高速发展起到了重大作用。通过改革，大部分勘察设计单位都获得了长足发展。据初步统计，目前我国工程勘察设计行业已拥有14 200多家企业，比2001年增加了25.24%，勘察设计从业人员达127万，比2001年增加了71.62%，2009年，全行业实现营业收入6 853亿元，是2001年营业收入的9.54倍。人均营业收入达53.96万元，是2001年的5.56倍。依靠改革，勘察设计单位抓住了快速发展的机遇发展壮大，为行业履行社会职责奠定了坚实的基础。

目前，勘察设计企业的体制改革正在逐步走向深入，进入新的转型、升级时期。勘察设计企业立足自身实际基础上，结合企业发展战略积极探索适合本企业发展的体制改革道路。

1. 引进战略投资者，走资本运作道路

一大批立足于向工程公司战略转型的大型设计企业，通过引进具有较强互补共赢关系的战略投资者进行体制改革，走资本运作道路，从而实现工程公司目标，并迅速在规模、品牌和人才吸引等方面建立资本保障，获得新的发展机遇。一些企业通过公开募集上市，利用资本市场迅速崛起。

2. 实施并购重组战略

行业内具备一定实力的优秀企业为谋求企业快速做大，加快实施并购重组战略。一是以设计企业为主体，并购产业链上的相关企业，实现做大；二是国家级大型企业集团归并设计企业，以求集团公司做大，整体上市；三是一些有实力的民营企业、外资企业并购有资质的设计企业，以求形成产业链完整运作。

3. 进行二次改革实现可持续发展

面对改制后在内部体制、机制上出现的新问题，部分企业进入了“深化改制”时期，着手进行二次改革，通过进一步优化资源配置，完善股权设置和公司治理结构，建立主辅分离、股权激励等促进骨干员工积极性发挥，适应企业长期发展的有效机制。

(二) 存在的问题

(1) 勘察设计单位是智力密集型企业，一些企业并入较大的企业集团后，由于在集团内考核中偏重于规模指标，因此人均指标占优的设计单位得不到应有的重视，在集团战略发展上处于从属地位，设计院发展空间受到一定限制。

(2) 许多集团为考虑整体利益，对设计单位定的工资总额偏低，有的甚至参照一线工人的标准。在很多单位，工资总额偏低成为企业发展的瓶颈。许多院长表示，目前设计人员工作负荷很大，经常加班，在缺乏激励机制的情况下，无论个人还是企业都缺少了动力。

(3) 部分集团公司为了整体上市，对下属设计单位的员工股权进行回购。而职工退股后，企业失去了激励员工的重要手段，严重影响了员工的积极性。

(三) 对策建议

(1) 加强宣传，扩大影响。协会应营造舆论，加强对设计行业重要性和特殊性的宣传，在努力提高行业地位的同时，应引导正确认识设计行业的特点：

① 设计的价值不完全由产值来体现，设计对国家的贡献主要还是体现在技术进步上；

② 设计企业创造效益，人力资本是第一位的，因此相关政策的制定一定要建立在激励员工的创造性和发挥积极性上。应该鼓励这种智力投入创造较高的人均产值，并取得比较高的收入。

(2) 应当协助会员单位向有关方面反映情况，解决工资总额偏低的问题，在科技进步工作中体现设计人员的价值：

① 根据科技进步成果，应配套给予工资总额的奖励；

② 科研经费中应计提增加工资总额。

(3) 应当鼓励号召企业加大科研投入的力度，从技术进步工作中，体现设计人员的价值和勘察设计单位的作用，从而凸显行业地位，增加话语权。

二、经营模式和组织机构

(一) 现状特点

1. 经营模式多种多样

体制改革推动了工程建设项目实施组织方式的改革，勘察设计企业积极转变企业经营模式，发展“一业为主，两头延伸”的模式。各勘察设计单位在市场竞争中寻找到自己的定位，立足于自身生存、发展的需要，培育自己的特长，选择了不同的经营发展模式。

(1) 稳固原有领域，逐步扩大业务。一些勘察设计单位凭借自身的市场知名度及专业技术优势，在维持原有业务稳步发展的基础上，适度控制风险，保持企业发展。如北京市建筑设计研究院、上海现代集团、辽宁省建筑设计研究院等利用在本地区多年的发展优势，取得了本地多项重点工程和标志性工程。原属铁路、交通、石化等行业的设计单位抓住行业快速发展的契机，发挥传统优势获得很大发展。很多中小设计院在专业上做细做精，向深度发展，站稳市场，赢得了知名度。例如，北京筑福建筑事务有限责任公司开发抗震隔震技术，形成独有技术特色，抓住全国中小学抗震加固的有利时期，实现业务跨越式发展。成都市通用工程技术有限责任公司，是一个80多人的小型民营设计企业，几年来他们在合成氨、甲醇生产装置设计中，开发出一批节能增效的专利和专有技术，并可提供相应的成套技术，取得了非常显著的经济效益。

(2) 跨地域、跨行业、跨专业发展经营。许多设计单位跨地区设立分支机构，一些单位走出传统领域到发展较快的行业寻求发展，还有的单位利用主业形成的资源优势向金融贸易、矿山开发、设备制造等领域拓展。如中冶南方公司利用从事工程承包业务而获得的现金流从事房地产开发，进入了全新的专业领域等。

(3) 利用综合实力优势转型工程公司。近年来，越来越多的大型设计单位转型为工程公司，勘察设计企业工程总承包合同总额和项目管理合同总额逐年增加。目前，在全行业营业收入中，工程承包业务收入所占比重最高，呈现快速增长势头。2009年，全国勘察设计行业工程总承包收入为3 533亿元，较2001年增长20.3倍(同期行业总收入增长8.5倍)；2009年，工程总承包收入占行业总收入的51.6%，是2001年的2.2倍。

据统计，2009年参加排序的企业已签订并正在执行的合同总额达1.05万亿元人民币，按照7年来完成工程总承包合同额估算，全部执行完所签署的合同额需要3年多的时间。反映了今后的一、两年里，勘察设计企业工程总承包业务仍保持着强劲的增长势头。

2. 组织结构向国际化看齐

由于企业经营模式的转变，勘察设计企业也必须探索新的组织结构形式。目前，工程公司和设计单位为了建立高效的管理与控制能力，都在尝试国际通行的矩阵式项目管理组形式。如五环工程有限公司在建立了QHSE管理体系的基础上，实施项目经理负责制，完全与国际工程公司的组织机构形式接轨。而中建国际设计集团将公司业务整合为事业部，陆续成立了十几个事业部，同时建立了五个区域公司，由总部统一监管，形成了纵横交错的矩阵管理模式。这种灵活高效的机制保证了CCDI经过了迅速扩张、深度调整后，仍然保持高速的发展势头。

(二) 存在的问题

(1) 在传统设计业务领域中存在大量低水平重复竞争，一些中小企业往往陷入低价竞争和高薪留人的双重压力夹攻之下。企业急需提升管理能力，从创业阶段的粗放型管理向可持续发展的规范管理转变。

(2) 企业在跨地域、跨行业经营时遇到了地方保护和行业垄断的壁垒。

(3) 在发展工程总承包和项目管理业务时，遇到取费标准、市场准入、人才培养、融资担保与传统业务协调等问题。

(三) 对策建议

(1) 协会应当发挥评优的杠杆作用，将优秀总承包工程奖纳入全国优秀勘察设计系列奖，并增加专有技术和特色技术专项奖，以鼓励大型工程勘察设计单位向国际型工程公司转变，鼓励中小型工程勘察设计单位多数向具有较强专业技术优势和特色的专业设计公司和专业设计事务所发展。

(2) 利用协会组织和宣传平台，加强对先进的管理经验和组织机构模式的介绍，树立标杆企业，帮助设计单位从标杆企业中吸取经验，进一步探索适合自身发展的新的组织模式和管理体系，引导企业发展企业文化软实力。

(3) 政府部门在市场管理办法中，应进一步明确以设计为龙头的总承包的市场准入程序，减少设计企业开展总承包的市场准入障碍，帮助企业打开国内外工程总承包市场，推动企业战略转型。

三、实施“走出去”发展战略

(一) 现状特点

近年来，许多勘察设计单位积极“走出去”，开展国际业务，走国际型工程公司的发展道路，取得了显著业绩。

2009年，参加全国工程总承包百强企业排名的企业到境外承揽总承包项目的合同额折合人民币460亿元，比2008年增长54.4%，是2003年的14.8倍。根据ENR(《工程新闻记录》杂志)的统计数据，2009年度中国海外工程承包企业海外收入的份额达到9%以上，位居美国、法国、德国之后，首次上升到第四位。

中国企业在非洲的份额由2008年的26.9%大幅上升到2009年的42.4%，超过法国、英国、意大利、西班牙等欧洲国家的总和，首次位居第一。

我国企业对外工程业务领域已经从房建、筑路等劳动力密集型行业扩展到电力、冶金、石化、通讯等资金、技术密集型行业；从土木建设逐步发展到冶金、石化、地铁、机场、通讯、水电、矿山建设以及环保、航空航天、和平利用核能等高科技领域。

从搭船出海、借船出海发展到独自出海，我国勘察设计企业走出去的方式也不断变化。铁路、冶金、水利、电力、石油化工及建材等行业通过引进吸收和自主开发，已经具备了世界级的设计水平和集成能力。如五环科技公司开拓国际市场的模式不断升级：从单纯的拼技术服务发展到技术+劳务型服务，再到技术+劳务+管理，直至技术+劳务+管理+资本的模式。

在走向国际化道路上，有的同志总结：学习换来机遇，成本换来市场，创新换来竞争对手和国际业主的认可，发展速度换来资本。在“走出去”战略的引导下，“中国工程”和“中国设计”在海外的影响力在迅速提升。

(二) 存在的问题

1. 对国际市场不了解，缺乏承揽项目能力

一些规模较小、走出去较晚的设计单位，因为信息渠道少，无法及时获得工程信息、招投标信息。同时对外面情况不了解，特别是对国际标准、技术水平、法律、用工制度、专利等各类信息知之甚少，加之缺乏经验、经历、资金，他们只能依靠援外项目或外贸公司、制造企业带领走出去，影响其在国际市场上发展。同样，国外受一些负面报道的影响，对中国工程建设的水平和工程质量不信任，也对我国企业承揽业务造成了严重影响。

2. 国内标准难以得到国际认可，成为主要障碍

在国际工程市场上技术标准的制定者在竞争中往往处于更为有利的地位，而我国的技术标准目前还难以被国际广泛认可，已经成为中国企业走出国门的瓶颈。

一方面，我国许多技术标准、工艺标准、质量标准及材料标准与国际标准还有较大差距，需要按照外国标准，而有些我国企业又很难取得翻译许可。另一方面我国有些工程建设标准，已达到或相对接近国际标准，因为没有外文版本或宣传不足，得不到外方的认可。而由于外方对中国标准的不了解、不认可，这直接制约了我国企业国际工程业务量，也造成国内成套设备出口的困难，影响了业务层次的提升。

3. 复合型国际人才短缺

由于海外工作需要过语言关，还要熟悉国际市场情况，因此特别需要兼具语言、技术、管理、法律、商务等方面能力的复合型人才。由于人才缺乏，导致企业在国外工程的风险控制、项目运作、法律法规等方面的不成熟，致使国际工程业务开展缓慢，项目利润较低。

4. 国际形势多变，不可控因素增多、风险增大

(1) 受整个国际社会空前的经济刺激政策所带来的通胀预期影响，国际设备、材料市场波动大、价格上涨很快，成本不可控因素增加，对总承包合同的履行造成了一定的风险。

(2) 受人民币对美元升值迅速的影响，国际工程承包商的利润缩水，同样带来项目运作的较大风险。

另外，国际工程还面临着政局不稳定，自然灾害频发，风俗文化差异等许多不确定因素。值得注意的是一些国外大型工程公司为了规避风险，已经减少了工程总承包业务，转而增加项目管理业务。

5. 国外工程公司战略调整，海外竞争加剧

(1) 国际大型工程公司已将项目实施阶段的工作转移到印度等发展中国家，中国工程公司的人力成本优势已经不太明显。

(2) 一些国外公司甚至利用国内企业相对价格低的优势和急于取得项目的心理，联合国内企业与其他国内企业在国际市场上共同竞标，以降低成本，客观上导演了国内企业间的价格战。

6. 融资能力有限成为我国国际型工程公司的主要薄弱环节

我国企业参与对外工程项目中，国际金融机构资金占12.4%，业主和地方政府自筹资金占65.9%，而带资承包所占的比例比较低，这种状况与整个国际工程中65%采取带资承包的情况还有很大的差距。

设计单位虽然都有不少自有资金，但要垫资做大项目远远不够。由于设计单位通常不找银行贷款，而银行的信誉是以借贷额度和还贷能力为依据进行信誉评估的，所以设计单位一般信誉不高。另外，一些国有企业由于利润上交，所以企业在走出去的过程中，遇到风险时，企业缺乏必要的储备，抵御风险能力有限，难以独自应付。因此，必须解决好融资渠道问题，才能打开国外工程承包的大门。

(三) 对策建议

1. 加大宣传力度，为我国工程公司走出去制造良好的舆论环境

一方面，应当开辟渠道，向海外大力宣传三峡工程、青藏铁路、奥运场馆、杭州湾大桥等大规模、现代化的工业以及基础设施工程，并突出宣传具有我国专有知识产权的工程技术和设计技术，以体现我国工程技术和设计水平的先进性和可靠性，塑造中国工程设计咨询行业的整体形象。

另一方面，应当加大向国内的宣传力度，说明并强调以设计为龙头的总承包企业走出去对于扩大我国产品、设备出口和输出中国标准的重要意义，以得到政府和社会的理解与支持。

2. 搭建平台，加强服务，提供信息、法律、人才服务，协调整合行业资源

协会应当建立专门的服务机构，整合会员单位资源，开辟信息渠道，建立国际工程市场信息体系，实现信息共享，向企业提供最新招标信息和市场动态预警。服务机构还可以提供人才培训、法律咨询等服务，并利用协会优势结合开展

行业自律的工作。协调国内各公司在国际市场上加强合作、制止恶性竞争。

3. 协助企业提升融资能力，争取国家扶持

目前的国际工程业务，其融资渠道主要还是来自于国家政策性银行及商业银行。因此，协会应当积极争取国家对以设计为龙头的总承包企业融资采取优惠倾斜政策，使国际型工程公司能够从银行获得较高的授信额度。另一方面争取国家的奖励政策，努力促成对在海外业务拓展有贡献企业建立和出台国家担保制度和国家补偿制度。

另外，可以利用设计单位自有资金比较充裕的特点，支持并推广武汉市组建工程设计产业投资公司的做法，拓宽企业的投资和融资渠道。提升我国国际型工程公司的国际竞争力和资金使用水平。

4. 协调推进我国工程技术标准与国际接轨的工作，逐步提高我国技术标准的国际地位

政府对国外先进标准的翻译，应委托和支持协会整合行业资源，通过分工合作、成果共享的方式组织对通用性比较强的标准进行翻译，并协调国家对翻译成果的认定。进一步完善标准体系，对企业填补标准空白、积极输出标准的工作予以支持和奖励。努力在国际上创建一批采用我国标准的形象工程，推动中国技术标准的国际认可度。加强参与国际工程技术中通用性标准的制定，使中国标准的先进技术指标在国际标准中得以体现，以提高我国标准的国际地位和国际认知度，为我国国际型工程公司以及技术、产品打开海外市场铺平道路。

工程勘察设计行业技术创新专题调研报告

2010年9月5日~9月26日，第二调研组赴上海、辽宁和北京，以座谈和实地访问的形式，就企业专有技术开发、标准规范执行和评优创优等方面，与40多家勘察、设计单位进行了广泛的交流，获得了大量的第一手信息资料。

在被调研的40多家勘察设计单位中，涵盖了国有、股份制和民营企业；甲、乙、丙级不同勘察设计资质；建筑、市政、电力、水利、园林、勘察等专业。调研单位所属领域分布如图1所示。

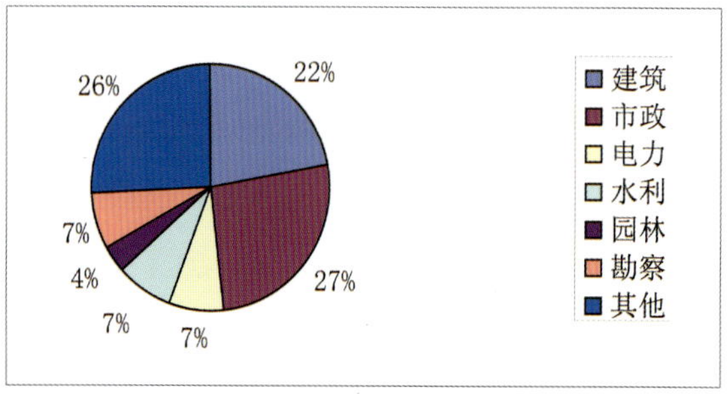

图1 调研单位所属领域分布图

一、专有技术开发

据了解，大、中型国有勘察设计单位在科技创新、开发专有技术方面，具有较强的意识和较高的认识，工作深入，开展力度也很大，成绩较突出。这些企业通过多年来的工作实践，深刻认识到当前的工程建设项目具有起点高、规模大和综合性强的特点，必须由科技创新作为支撑点。而企业自主开发专有技术，开展科技创新，对提升专业水平、扩大市场份额和促进企业可持续发展，具有十分重要的作用。在被调研的40多家勘察设计单位中，拥有专有(专利)技术的企业占56%。

一些规模相对较小的勘察设计企业，受限于人力、物力，相对开展力度不大，基本无企业专有(专利)技术，而激烈的市场竞争，使这些单位清醒地认识到科技创新对占有市场、支撑生产经营的重要性，这些企业迫切希望通过相应的平台和机制，掌握并应用新技术，推动企业的发展。

在上海，调研组实地查看了上海市政工程设计研究总院的研发中心，就该企业的科研研发、专利申请等进行了深入的了解，深感作为大型工程咨询设计企业，科技创新不仅提升了重大市政工程的科技内涵，同时为企业的可持续发展起到了强有力的推动作用。

上海市政工程设计研究总院是我国大型国有工程咨询企业。近年来，大力推进科技创新和技术进步工作，形成以企业研发中心为核心，院士工作室、博士后工作站和各设计院为运作载体的技术创新体系，取得了显著业绩。2003年起，连续7年获上海市高新技术企业认定，2007年成为上海市专利工作示范企业，2009年被认定为上海市企业技术中心。曾获得建设部授予的“十五”全国建设科技进步先进集体称号。2008年3月获国家首批工程设计综合甲级资质证书，成为可承接包括市政工程在内的共21个行业工程设计高新技术企业。上海市政院以其在市政工程领域长期积累的工程咨询设计经验和科技研发能

力，不断推进科技创新工作，在同行业中名列前茅。近年来，在大型现代桥梁设计、综合交通枢纽和生态道路、净水厂污染源水处理技术集成、污水处理升级节能改造和水资源利用、大型地下空间综合开发和高速磁浮运行线工程等六大方面，形成了22项企业核心技术，相关科研成果总体达到国际领先或国际先进水平。成功设计了上海卢浦大桥、东海大桥、长江大桥、闵浦大桥、上海虹桥综合交通枢纽、上海外滩通道、上海世博园区市政工程、嘉兴南郊水厂、上海白龙港污水处理厂、上海高速磁浮等一大批重大市政工程。通过科技研发和工程实践，企业积累了一大批工程专利。目前，拥有工程专利228项。其中，授权专利136项。

在辽宁，重点走访了辽宁省电力勘测设计院，该企业通过多年来的发展，逐步认识到开发专有技术对企业发展的重要推动作用，依托工程项目，开展科技创新，在特高压电网和超临界机组发电工程设计技术上，掌握了行业的前沿技术，取得了长足的进步。在电网技术研究和应用方面，通过科技创新，切实有效地推进节能减排，实施低碳经济，工程建设突出“少占地、少维护、高性能”的特点，设计了一大批有特点、有创新的工程项目。

近30年来，北京市勘察设计研究院有限公司，上海岩土工程勘察设计研究院有限公司，机械工业勘察设计研究院，铁道第一、第三勘察设计研究院，深圳市勘察测绘院有限公司等单位重视走产学研相结合的技术研发之路，克服困难、持续投入，通过政府立项和企业自筹，设立院士(大师工作室)等专职研发机构，紧密结合社会发展新需求和热点难点问题，开展新技术研发，在信息技术应用、检测监测技术、复杂工程问题的分析方法及其应用等方面创出了一批有分量的成果。如北京市勘察设计研究院有限公司获得国家与省部级奖近400项次。在技术创新、科技研发、工程质量服务能力与水平方面获得了国内业界和国际同行的高度评价。他们通过院士(大师)工作室、专业研究所，与国内外著名高校、科学研究机构和企业合作，平均每年开展10~20项研究，已获取计算机软件著作权7项，实用新型专利1项。中冶沈阳勘察工程技术有限公司尽管利润不多，每年还投入50万元科研经费，现已获得3项专有技术并申请了国家专利。但总体看，囿于收入和投入有限，勘察单位的专有技术开发落后于设计单位。

其他一些设计单位，如中船第九设计研究院工程有限公司、上海市城市建设设计研究院、沈阳铝镁设计研究院、中国建筑东北设计研究院有限公司等，在工程建设的同时，坚持科技创新，取得了一系列的具有前瞻性的科技成果，获得了专利技术，为企业的工程咨询、设计和总承包提供了有力的技术支撑。

在目前构建和谐社会的大前提下，对节能减排、资源综合利用和环境友好等方面的设计要求越来越高。这些新的设计理念的贯彻，离不开科学技术的支撑，离不开全体从业单位和从业人员的共同努力。只有全面开展科技创新，才能提升勘察、设计的整体质量。

调研中，各勘察设计企业普遍认为：由于勘察设计行业的特殊性，企业通过科技创新而形成的设计产品自我保护能力很弱，国家有关部门曾出台了《工程勘察设计咨询业知识产权保护与管理导则》，对行业内知识产权管理进行了规范，但《导则》中强制性的规定较少，行业内存在的知识产权管理问题依然无法较好解决。如何完善知识产权保护管理制度，健全勘察设计行业知识产权制度，促进勘察设计行业专有技术和自主创新能力的健康发展，各企业予以了极大的关注。同时，由于专有技术是通常所称的技术秘密，是指不为公众所知悉，具有实用性，能为企业带来经济利益，并经企业采取保密措施的非专利技术，因此，“由谁认定、如何认定、如何保护”的问题，也成为本次调研中各单位关心和关注的焦点。各勘察设计单位希望在科技创新、开发专有技术和知识产权保护方面能够切实得到帮助，以促进和提升企业的科技创新能力，主要建议如下：

(1) 建议政府部门根据企业的科技创新能力，在政策上加以扶植和支持。如在招投标活动中，注重企业科技创新能力，以此进一步提升工程科技内涵，同时调动企业在科技创新方面的积极性，取得双赢。

(2) 建议政府部门加快制定具体的行业知识产权保护管理措施，确定企业专有技术的认定办法和程序，使自主知识产权和企业专有技术等在法律层面得以保护。

(3) 希望政府部门通过适当的激励措施，鼓励设计人员开发专有技术，在引进消化吸收的基础上，提高集成创新能力和原始创新能力；同时，搭建技术转化平台，促成技术开发和生产相结合，使科技成果得以转化。

(4) 希望组织先进技术交流，有计划、有针对地邀请国内外相关单位、专家、学者和设计人员进行交流，及时掌握最前沿技术发展动向和最新技术，为企业的发展推波助澜。

二、标准规范执行

标准规范是勘察设计的技术依据和基本法规，也是检验和衡量产品质量的准绳。调研的40多家勘察设计单位，基本能够认真贯彻执行国家、行业和地方现行的标准规范，对现行标准规范实施动态管理，及时收集信息加以更新，以保证设计产品符合标准规范。

(一) 在标准规范的具体执行过程中存在的问题

(1) 工程勘察设计标准规范发布单位众多，有国家、各部委、各协会和地方的。作为一个企业，要全面收集来自各方面的标准规范信息有一定的难度。

(2) 业内和行业间，标准规范内容重复、交叉、矛盾现象比较严重。如石油化工系统，存在4个标准体系；各个行业编制的工程勘察、地基基础设计、岩土工程治理与检测监测等方面的规范标准超过200部，多有重复和矛盾。

(3) 标准规范的更新周期无相应的标准。有的标准规范更新周期较长，无法满足当今新理念、新技术的应用；有的标准规范施行时间不长，就作废了；有的新标准尚未颁布，老标准已宣布作废，给勘察设计工作带来了困难。

(4) 由于一些大型、综合性项目建设周期较长，有时正好处于新、老标准规范交替的时期，尤其是项目建设开始使用的标准规范，在项目竣工验收时，已被新标准规范替代，给工程建设带来了困惑。

(5) 新兴领域如地下空间、轨道交通工程的勘察、设计，适用的技术标准规范相对较少。

(6) 由于我国标准与国外标准的差异，或我国没有相应的标准规范等原因，在涉外工程中如何执行缺乏明确的规定。同时，由于我国现行有效的标准规范均为中文版，无经国家权威部门认可的外文版，约束了我国的技术标准走向国际市场。

(二) 勘察设计单位对政府、协会的建议

基于上述问题，各勘察设计单位希望政府部门、协会在标准规范的制定(修订)中充分发挥作用，为企业排忧解难，主要建议如下。

(1) 希望政府部门对工程勘察、设计标准规范，包括强制性标准条文实施统一的动态管理，并在网站发布，加强标准规范及时性、有效性管理。

(2) 制定标准规范是一项跨部门、跨行业、跨领域的综合性工作。政府部门可以委托协会对现行标准规范开展梳理，指导新兴领域的标准规范的制定。对重复、矛盾和不利于新技术应用的标准规范，应予以修订或编制新标准，并应征求勘察、设计、施工单位的意见和建议，使新标准规范更明确、更统一、更便于施行。

(3) 建议开展国内标准规范与国际标准规范的接轨工作研究，组织开展外文版标准规范的编制和出版工作。

(4) 建议加强并理顺标准规范的宣贯，可责成协会统一举办宣贯讲座，让参加制定(修订)的专家和勘察、设计人员有一个沟通的平台，以加深对标准规范的理解，改变目前乱办班、乱收费、不顾培训效果的状况。

(5) 政府部门要制定明确的规范更新周期，既紧跟当今社会经济技术发展的形势，又具有一定的稳定性。同时，适当延长新老规范的交替期，以利于工程项目的建设，同时也给勘察设计人员较多的学习和掌握时间。

三、勘察设计评优

(一) 评优是激励和示范的良好手段

调研中，勘察设计单位一致认为，评优是激励和示范的良好手段。企业创优过程，是对承担工程勘察设计项目的一个总结，是对项目中是否执行相应的标准规范、是否有技术创新、是否达到同类工程项目先进水平的一次检验。评优工作的开展，对于不断提高建设工程勘察设计水平，推动技术进步，加快科技成果应用，鼓励广大勘察设计人员创造出更多的质量优、水平高、效益好的优秀勘察设计项目起到了很好的推进作用。

根据历年评优结果，调研组选取部分数据进行了统计，详见2002、2004、2008年度各行业全国优秀勘察设计奖获奖项目汇总表(表1)和2008年度各行业获奖项目数量分布图(图2)。

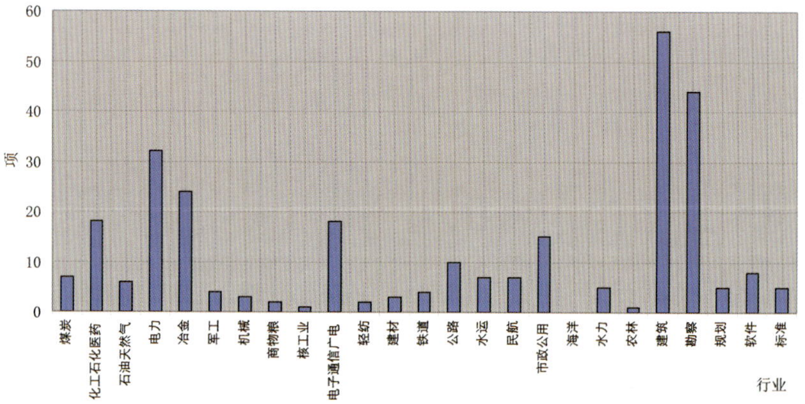

图2　2008年度各行业获奖项目数量分布图

通过数据分析可看出，获得全国工程勘察、设计奖项目分布范围较广，基本覆盖了所有工程建设行业，但各行业获奖数量差异较大，尤其是金质奖。以2008年为例，获得金奖数量最多的为建筑行业达11项，其次为电力行业达6项，分布不甚均匀。

(二) 评优制度存在的问题

通过多年来的创优评优，越来越多的企业认识到了创优对推动技术进步的重要性，提高了参加各级评优工作的积极性。勘察设计单位对目前评优制度认为总体上比较合理，但也有待进一步的改进，主要表现为：

(1) 评优过程中，存在着重建筑、轻工业和市政，重大院、轻小院，重中央、轻地方的现象。

(2) 由于所承担的项目在规模上、重要性上，中小型企业无法与大型国有企业相比，往往处于劣势。

(3) 由协会组织评定的行业优秀勘察设计奖项，在部分省市的工程投标、资质认定和职称晋升等方面不被认可。

(4) 对于综合性、超大型项目，如轨道交通、交通枢纽等项目，涉及专业较多，现行的获奖申报人员数量规定，不能满足实际需要。

表1 2002、2004、2008年度各行业全国优秀勘察设计奖获奖项目汇总表

序号	行业	2008 年度			2004 年度			2002 年度		
		金质奖	银质奖	铜质奖	金质奖	银质奖	铜质奖	金质奖	银质奖	铜质奖
1	煤炭行业	1	2	4	1	4	4	4	7	10
2	化工石化医药行业	3	7	8	3	12	16	9	15	21
3	石油天然气行业	2	1	3	1	1	2		1	2
4	电力行业	6	10	16	6	11	19	10	20	25
5	冶金行业	4	8	12	2	8	13	4	11	12
6	军工行业	1	1	2	1	4	1	1	4	
7	机械行业		1	2	2	3	6	1	2	4
8	商物粮行业		1	1			3			
9	核工业行业		1		1		1			1
10	电子通信广电行业	3	5	10	3	6	10	3	7	10
11	轻纺行业			2	2	3	4	2	5	2
12	建材行业	1	1	1	1	1	5		2	3
13	铁道行业	1		3		3	3		2	1
14	公路行业	2	4	4	2	3	7	6	7	8
15	水运行业		4	3	1	3	4	2	2	3
16	民航行业	3	2	2	2	2	1	2	2	3
17	市政公用行业	1	6	8	1	5	7	5	8	13
18	海洋行业									
19	水力行业	1	2	2	1	3	8	3	5	7
20	农林行业			1	1	4	3	1	2	4
21	建筑行业	11	19	26	5	15	20	5	10	14
22	勘察行业	7	15	22	9	25	42	9	18	44
23	规划行业	1	1	3	1	2	3	2	2	1
24	工程设计（软件）	1	3	4	5	10	13	5	8	17
25	工程设计（标准）		3	2	4	8	16	4	9	13
合计		49	97	141	55	136	211	78	149	218

(三) 勘察设计单位对评优工作的建议

针对目前的评优工作，考虑既严格要求，又调动大、中、小院的创优积极性，平衡发达地区、边远地区工程项目获奖的问题，各勘察设计单位开展了广泛的讨论，建议如下：

(1) 评优中应坚持科技创新的原则，除一般条件外，应结合我国国策和经济社会发展的要求，以科技创新为聚焦点，重点在低碳经济、循环经济、资源综合利用、环境友好等方面加以关注，对具有企业专有(专利)技术的项目，给予适当加分，体现可持续发展理念。

(2) 政府部门应明确工程勘察设计协会开展评优的权威性，确立行业优秀勘察设计奖项的地位和作用。同时，协会应加强宣传，进一步扩大“行业优”评奖的影响。

(3) 希望加强奖项申报和评选的管理。对“全国优秀勘察设计奖”的申报，归口统一管理；充分利用网络技术，采取网上申报和评优。

(4) 建议对于中、小企业的创优工程项目，在符合评优条件前提下，根据节能减排、新材料和新技术应用等设立专项奖励，以鼓励这些企业参与创优的积极性。对于边远地区，可适当提高获奖比例。

(5) 建议对于具有重大政治、经济、文化等社会影响或技术特别复杂的大型或特大型工程项目，按照工程建设周期和投资额度，适当放宽获奖人员的数量。

(6) 建议在评审专家的选择上，除应坚持选择行业中的优秀专家，年龄上老、中、青搭配的原则外，可适当邀请中、小设计院的专家代表参与，一方面起到激励中小企业参与创优的积极性，另一方面也给中小企业创造学习的机会。

(7) 建议将创优评优工作与勘察设计单位资质相结合，建立相应的考核机制，促进创优工作的深入开展。

(四) 调研组对评优工作的建议

调研组根据郭允冲副部长对评优活动的指示，结合勘察设计单位的意见，对评优活动提出以下建议。

(1) 修改“全国优秀勘察设计奖”、“全国工程勘察设计行业优秀工程勘察设计行业奖”评选办法，突出技术创新和节能减排，调整压缩奖项，降低获奖比例。

(2) 做好评优成果的总结、宣传。评优之后，要分专业组织获奖项目进行总结交流，使之起到带动和引领行业技术进步的作用。

(3) 建议政府部门明确“全国优秀工程勘察设计奖”(即国优)申报渠道为“省优—行业优—国优”。住房和城乡建设部管辖的勘察设计项目统一从中国勘察设计协会“行业奖”中获一、二等奖项目申报，避免多渠道受理和申报。

总之，通过调研，对行业的专有技术开发、标准规范施行和创优评优方面的现状有了深刻的了解。各勘察设计单位提出的有见地、可操作的建议，将进一步推进协会的工作，促进行业的发展。

中国勘察设计行业2010年政策文件（摘登）

关于开展注册公用设备工程师、注册电气工程师、注册化工工程师注册工作的通知

建办市函[2010]9号

各省、自治区住房和城乡建设厅，直辖市建委(建设交通委)，北京市规划委，新疆生产建设兵团建设局，总后基建营房部工程局，住房和城乡建设部执业资格注册中心，有关行业协会：

为了加强对注册公用设备工程师、注册电气工程师、注册化工工程师等专业技术人员的管理，根据《勘察设计注册工程师管理规定》(建设部令第137号)和《关于建设部机关直接实施的行政许可事项有关规定和内容的公告》(建设部公告第278号)的规定，决定于2010年4月1日起开展注册公用设备工程师、注册电气工程师、注册化工工程师等专业的注册工作，现将注册工作有关事项通知如下：

一、注册条件

申请注册的人员，应当具备以下条件：

(一) 通过考试、考核认定方式取得注册公用设备工程师、注册电气工程师、注册化工工程师等执业资格证书；

(二) 只受聘于中华人民共和国境内建设工程勘察、设计、施工、监理、招标代理、造价咨询、施工图审查、城乡规划编制等其中一个单位(以下简称聘用单位)；

(三) 达到继续教育要求。

申请人有下列情形的，不予注册：

(一) 不具有完全民事行为能力的；

(二) 因从事勘察设计或者相关业务受到刑事处罚，自刑事处罚执行完毕之日起至申请注册之日止不满2年的；

(三) 在申请注册之日前3年内因过错造成重大工程质量安全责任事故的或在申请注册之日前1年内因过错造成较大工程质量安全事故的；

(四) 法律法规规定不予注册的其他情形。

二、注册程序

(一) 申请注册的人员应当通过聘用单位向单位工商注册所在地的省、自治区、直辖市住房和城乡建设行政主管部门或者其委托的管理机构提出申请，军队系统勘察设计单位向总后基建营房部工程局提出申请。

注册申请须同时报送书面材料和电子文档。申请人在中华人民共和国住房和城乡建设部网站(网址：http：//www.mohurd.gov.cn)进入办事大厅，点击勘察设计工程师执业资格注册—在线申报，在《全国一级注册建筑师、注册工程师注册管理信息系统》上免费下载、安装和运行个人版软件，填写和打印相应专业的注册申请表(见附件1)，生成申报数据电子文档，并将书面材料和电子文档报送聘用单位。聘用单位在《全国一级注册建筑师、注册工程师注册管理信息系统》上免费下载、安装和运行企业版软件，接收、核对、汇总和上报申报数据电子文档，同时，在申报书面材料上签署意见、盖章后，将书面材料和电子文档一并报送单位工商注册所在省、自治区、直辖市住房和城乡建设行政主管部门或总后基建营房部工程局。

(二) 省、自治区、直辖市住房和城乡建设行政主管部门或总后营房部工程局在收到申请人申报的注册材料后，应当即时作出是否受理的决定，并向申请人出具书面凭证；申报材料不齐全或者不符合法定形式的，应当在五日内一次性告知申请人需要补正的全部内容。逾期不告知的，自收到申报材料之日起即为受理。

(三) 省、自治区、直辖市住房和城乡建设行政主管部门或总后营房部工程局受理后应当自受理申请之日起二十日内提出初审意见，并将申报材料和初审意见汇总表(见附件2)报相关专业委员会审查。

(四) 各专业委员会应当自收到省、自治区、直辖市住房和城乡建设行政主管部门或总后营房部工程局上报材料之日起，十日内审查完毕作出书面决定，并及时将初始注册人员的审查意见汇总表报住房和城乡建设部执业资格注册中心汇总，由住房和城乡建设部执业资格注册中心予以公示，公示时间为十个工

作日，公示时间不计算在审批时间内。

(五) 公示完成后由住房和城乡建设部执业资格注册中心报住房和城乡建设部审批，住房和城乡建设部按照《勘察设计注册工程师管理规定》规定的期限作出审批决定，自作出审批决定之日起十日内，公布审批结果。

(六) 各专业委员会根据公告结果打印注册执业证书，省、自治区、直辖市住房和城乡建设行政主管部门或总后营房部工程局负责颁发注册执业证书；准予注册人员的执业印章由各省、自治区、直辖市住房和城乡建设行政主管部门或总后营房部工程局根据各专业委员会提供的注册人员名单和印章编号，按照统一规则进行制作并颁发。注册执业证书和执业印章的内容及编号规则见附件3。

三、注册申请材料

注册申请材料包括书面材料和相对应的申报数据电子文档。

(一) 初始注册需提交的书面材料（略）

(二) 延续注册和变更注册需提交的书面材料（略）

四、其他（略）

附件：1.初始注册申请表(略)

2.初始注册汇总表(略)

3.注册执业证书和执业印章的编号规则及说明(略)

中华人民共和国住房和城乡建设部办公厅

二○一○年一月六日

住房和城乡建设部建筑市场监管司 2010年工作要点

（节选自建市综函 [2010]14 号文件）

2010年，建筑市场监管工作要按照党的十七大和十七届三中、四中全会精神，认真贯彻落实中央经济工作会议和全国住房和城乡建设工作会议精神，深入贯彻落实科学发展观，继续围绕规范建筑市场秩序和促进建筑业发展这两条主线，以开展工程建设领域突出问题专项治理为重点，加快建筑市场法规制度建设，健全市场准入清出制度，加大市场监管力度，努力营造统一开放、竞争有序的市场环境；以组织编制建筑业“十二五”发展规划为契机，明确行业发展的目标和措施，加强建筑业对外交流与合作，促进建筑业又好又快发展。

一、做好工程建设领域突出问题专项治理工作

(一) 按照中共中央办公厅、国务院办公厅《关于开展工程建设领域突出问题专项治理工作的意见》和《住房和城乡建设系统工程建设领域突出问题专项治理工作实施方案》等文件要求，以政府投资和使用国有资金项目为重点，依法治理工程建设项目标后监管薄弱、转包和违法分包、不履行监理责任等突出问题，做好部综合协调办公室相关工作。

二、加强建筑市场法规制度建设

(二) 完善建筑市场法规体系。一是继续做好《建筑市场管理条例》的调研、论证和配合协调工作；二是继续组织开展《建设工程监理条例》的论证起草；三是组织修订《勘察设计注册工程师管理规定》；四是组织制定《建设工程监理管理规定》。

(三) 加强合同管理。修订出台《工程设计合同示范文本》《建设工程施工合同示范文本》和《建设工程监理合同示范文本》等合同文本，制定《加强工程合同管理的指导意见》，指导各地做好建设工程合同管理工作，健全合同履约监管机制。

(四) 健全房屋建筑和市政工程施工招标投标制度。一是出台《房屋建筑和市政工程标准施工招标资格预审文件》和《房屋建筑和市政工程标准施工招标文件》，做好贯彻实施工作，规范房屋和市政工程招投标活动。二是研究制定房屋建筑和市政工程评标专家分类标准，建立涵盖房屋建筑和市政工程各相关专业的评标专家名册。

（五）加强施工许可管理工作。研究建立施工许可监管信息系统，推动各地加强施工许可发放信息管理，充分发挥施工许可在完善建筑市场监管方面的作用。

（六）推进建筑市场诚信体系建设。组织制定《建筑市场信用管理规定》，完善全国建筑市场统一的信用系统和信息平台；完善建筑市场主体不良行为认定标准，制定建筑市场注册执业人员不良行为认定标准，建立失信惩戒，诚信激励机制；加大企业和个人不良行为信息征集和发布力度。

（七）推动工程担保制度发展。组织召开建设工程担保试点现场经验交流会，研讨工程担保工作中存在的突出问题，提出进一步深化工程担保试点工作指导意见。

三、完善建筑市场准入制度，加强建筑市场动态监管

（八）进一步完善企业资质标准。一是修订出台《建筑业企业资质标准》和《工程勘察资质标准》及相关实施意见，组织做好宣贯活动，引导行业健康发展。二是研究出台《施工总承包企业特级资质标准实施办法》等规范性文件。

（九）继续完善个人注册执业制度。一是启动注册电气、化工、公用设备工程师等专业工程师的注册工作，进一步健全勘察设计注册工程师管理制度。二是出台《注册建造师继续教育管理暂行办法》，指导做好注册建造师继续教育启动的各项相关工作。三是修订注册监理工程师注册管理工作规程，进一步完善监理工程师注册工作。四是会同有关部门研究制定注册建筑师、勘察设计注册工程师取得监理工程师资格的相关办法。五是加强对注册人员执业活动的监督管理。

（十）完善企业资质审批配套制度，规范行政审批行为。一是研究制定《建设工程企业资质审查说明》，进一步明确审查条件；二是研究制定《建设工程企业资质审查专家及工作人员管理办法》，加强对资质审查专家和工作人员的培训与管理，建立审查专家评估机制；三是完善资质审查程序，加强对初审部门的指导，落实初审责任。

（十一）加强建筑市场动态监管。一是研究制定完善建筑市场准入清出制度工作方案，建立完善企业资质数据库、个人注册资格数据库，推进各地项目数据库的整合与联动，加强企业资质、个人注册资格的动态监管，对不满足资质标准、存在违法违规行为、发生重大质量安全事故的企业，以及出租出借资质资格、重复注册、不履行执业责任等行为的企业和执业人员，及时依法撤销、吊销或降低其资质、资格，清出建筑市场，加强市场与现场联动，提高建筑市场监管的有效性。二是加强对企业分支机构的监督管理，规范市场行为。三是规范工程监理招投标活动，加强对建设工程监理收费标准执行情况的监督检查，促进监理工作服务到位。

四、抓好行业发展和国际交流合作工作

（十二）进一步推进建筑业改革。大力发展工程总承包和项目管理，指导建筑业发展方式转变和结构调整，促进建筑业健康发展。

（十三）做好“十二五”行业发展规划编制。组织协调有关司局和行业协会，完成《建筑业“十二五”发展规划》编制，明确行业发展目标、主要任务和具体措施，指导行业科学发展。

（十四）加强建筑劳务分包管理。出台《关于加强劳务分包管理，规范建筑企业用工行为的指导意见》。

（十五）加强对外交流合作工作。配合有关部门，做好《对外承包工程资格管理办法》的实施工作；组织协调建筑企业开展对外承包和劳务合作；做好各项对外开放的谈判和要约工作；积极稳妥地做好与香港、澳门、台湾及其他国家和地区建筑师和工程师的交流工作。

（十六）组织编写《中国建筑业发展研究报告(2010)》，组织完成2009年建设工程勘察设计、工程监理、工程招标代理统计汇总工作。

住房和城乡建设部建筑市场监管司

2010年2月26日

住房和城乡建设部标准定额司 2010年工作要点

（节选自建办质函[2010]323号文件）

2010年标准定额的工作思路是：认真贯彻学习党的十七大、十七届四中全会和中央经济工作会议精神，紧密结合调整经济结构、转变发展方式，着力推进标准体系、标准实施监督的建设，认真梳理和清理现行和在编的标准项目，建立和完善标准制定程序、工程造价管理、政府投资建设标准等各项制度，夯实基础、增强能力，促进标准定额工作迈上新台阶。

一、精编标准立项计划，全面清理标准项目

在全面贯彻科学立标、民主立标、公开立标原则基础上，按照标准体系框架的规划要求，优先安排急需的加快经济发展方式中结构调整、可持续发展等标准项目，确保能效、低碳、环保、高强材料及城市轨道交通等内容得到

落实。与此同时，对已下达计划完成情况等基础资料进行清理和整理分析，对标龄满5年的标准进行复审，形成“五年一复审”良性循环，使复审工作制度化、规范化。

二、加强标准贯彻落实，积极探索标准实施监督办法

大力加强标准的实施监督，认真履行政府监管职能，以维护公共利益和消费者权益为重点，加强工程建设过程中标准的实施监督工作，针对工程质量安全、建筑节能、保障性住房建设等强制性标准执行情况，研究建立工程建设标准实施监督系统，积极采用信息技术，按照资源整合、分工协作的原则，拟在上海、深圳、沈阳等城市进行工程建设标准全过程实施监督的试点，并及时总结试点的经验，加快全国工程建设标准实施监督系统的建立。

三、继续完善工程计价依据的编制

加强各类定额编制工作，重点完善城市轨道交通工程计价体系，完成城市轨道概算定额和工程费用编制规则的编制工作。不断推进工程造价信息化建设，继续完善中国建设工程造价信息平台建设，做好人工成本信息、住宅建安造价指标和城市轨道交通工程有关造价信息的收集、整理和发布工作，强化工程造价管理部门面向行业的公共服务职能。

四、加快高强钢筋、混凝土结构规范的修订，促进钢材产业的调整

认真贯彻落实加快经济结构调整的精神，以建筑工程用量较大的钢筋、水泥为重点，按照《钢铁产业调整和振兴规划》的要求，加快推进高强钢筋在建筑工程中的应用，实现节约用钢量、节约资源能源的同时，提高建设工程结构的安全性、耐久性和可靠性。重点加强《混凝土结构设计规范》《高层混凝土结构设计规程》和《建筑抗震设计规范》修订工作，突出引导钢筋、混凝土消费结构升级，将结构用主要钢筋从335MPa提升到400MPa，积极采用高强钢筋和高性能混凝土。

五、大力开展村镇标准体系研究，适应城镇化的需要

以围绕推进中小城市为重点的城镇化要求，针对村镇建设技术基础薄弱，标准体系建设滞后的现状，全面分析我国村镇建设的标准需求，开展国家科技支撑项目《村镇建设标准体系及关键技术标准研究》的可行性工作，组织开展《镇(乡)域村镇体系规划规范》《村镇危险房屋鉴定标准》《村庄污水处理设施技术规范》等村镇建设关键领域急需技术标准的制修订。

六、科学界定办公用房建设标准，完善项目评价方法和参数

认真落实四中全会大兴艰苦奋斗之风，刹住贪大求洋、豪华装修办公楼不正之风，严格控制党政机关办公楼等楼堂馆所的建设的有关要求，做好办公楼建设标准的修订工作；完成公共机构办公楼节能建设标准的制定，加强业务用房建设标准的编制和修订工作。做好《城市建设项目社会评价导则》和《市政公用设施建设项目后评价导则》的编制工作，着力推进有关行业的建设项目经济评价方法与参数实施细则的编制和修订工作。

七、建立和完善工程造价控制制度，做好《工程建设标准化条例》的起草

在推进市场形成工程造价机制的同时，充分发挥工程造价管理的引导约束作用。重点加强工程造价管理约束机制建设，组织完成《建筑工程施工承发包计价管理办法》的修订工作。积极做好《建设工程市场管理条例》中工程造价部分条款的起草工作，完善工程量清单计价制度，建立工程招标控制价等工程造价管理的约束制度。继续修改完善《工程建设标准化条例》，继续深化工程建设标准化体制改革，研究工程建设强制性标准形成机制，加强工作机制创新，强化标准的编制管理，研究起草工程建设标准编制程序规定。

八、加快保障性住房标准规范编制，做好技术支撑工作

按照落实经济社会协调发展中社会保障体系建设的要求，尽快完成保障性住房建设标准，同时组织有关单位和专家，认真分析保障性住房建设的信息管理要求，加快城市低收入家庭住房保障的信息基础数据标准和信息系统技术规范的编制工作。

九、继续完善市场形成工程造价机制建设，深入推进清单计价的改革

不断总结实施工程量清单计价积累的经验，并着力研究解决工程量清单计价制度实践中遇到的问题，积极推动工程量清单计价在招投标和合同管理中的应用；组织完成国家标准《建设工程工程量清单计价规范》(GB50500—2008)附录部分的修订工作，进一步推进各地区、各行业工程量清单计价工作的发展。

十、推动工程造价咨询业发展，不断规范工程造价咨询市场的执业行为

加强工程造价咨询监管，发布并实施《工程造价咨询监管实施办法》，推动各地区各行业将工程造价咨询监管工作纳入制度化、规范化和常态化管理。建立工程造价咨询诚信管理和发布体系，发布并实施《工程造价咨询企业信用信息档案管理办法》，利用工程造价咨询信用信息管理系统平台，发布甲级工程造价咨询企业和注册造价工程师的信用信息。进一步完善工程造价咨询资质和注册造价工程师资格审批的工作程序和监督制约机制，强化落实各个审批环节的责任。加大对工程造价咨询企业违规后清出市场的力度，并选择部分地区进行试点工作。

十一、开展无障碍物质环境建设，全面启动创建城市验收

大力推动公益性服务基础设施建设，会同有关部门，加快老年护理院、残疾人服务设施建设标准的制定，大力推动《无障碍建设条例》出台，力争成为我国兑现《残疾人权利公约》的重要成果。及时总结、推广上海世博会场馆无障碍建设的国际国内先进经验，加强对各地无障碍建设的指导，提升无障碍建设品质。组织部门和专家对申请创建的100个城市进行全面验收，对符合创建标准的城市予以命名、表彰。

十二、着力推进战略研究与能力建设结合，不断夯实基础

认真总结工程建设标准化的发展经验、探索发展规律，促进工程建设标准化科学发展。继续开展基础性、战略性课题的研究，完成《工程建设技术支撑体系》《工程建设标准应对气候变化重大问题前期研究》《工程造价咨询服务标准》《工程建设标准的国际化战略研究》和《中国古代建设标准》等重大课题。组织开展工程总承包对计价行为和工程造价管理影响的研究，并推动纳入《建筑工程施工发包与承包计价管理办法》的修订中。

住房和城乡建设部标准定额司

2010年3月9日

关于开展第七批全国工程勘察设计大师评选工作的通知

建标综函 [2010]18 号

各省、自治区住房和城乡建设厅，直辖市建委及有关部门，新疆生产建设兵团建设局，总后营房部工程局，国务院有关部门：

根据工作安排，我部决定今年开展第七批全国工程勘察设计大师评选工作。请你们按照《全国工程勘察设计大师评选办法》(建质函[2006]161号)要求，认真做好第七批全国工程勘察设计大师的推荐申报工作。请将申报材料于2010年7月20日前报我部工程质量安全监管司。

附件：全国工程勘察设计大师申报表(略)

中华人民共和国住房和城乡建设部办公厅

二〇一〇年四月二十九日

关于调整全国勘察设计注册工程师管理委员会和全国注册建筑师管理委员会组成人员的通知

中设协字〔2010〕01 号

各省、自治区住房和城乡建设厅、人力资源社会保障厅，各直辖市建委(建交委)及有关部门、人力资源社会保障局，国务院各有关部门，总政干部部，总后基建营房部，新疆生产建设兵团建设局、人事局：

鉴于工作岗位变动等原因，经研究，对“全国勘察设计注册工程师管理

委员会”和“全国注册建筑师管理委员会”组成人员进行了调整，现将调整后的组成人员名单印发给你们。

附件：1.全国勘察设计注册工程师管理委员会组成人员名单

2.全国注册建筑师管理委员会组成人员名单

二○一○年八月二十三日

附件1：

全国勘察设计注册工程师管理委员会组成人员名单

主　任：郭允冲　住房和城乡建设部副部长

副主任：(共10人)

孙建立　人力资源社会保障部专业技术人员管理司司长

陈　重　住房和城乡建设部建筑市场监管司司长

赵　琦　住房和城乡建设部人事司副巡视员

容柏生　广东省建筑设计研究院 工程院院士

刘　桔　教育部高等教育司副司长

何　捷　交通运输部人事劳动司司长兼交通专业人员资格评价中心主任

苏全利　铁道部建设管理司副司长

刘伟平　水利部水利水电规划设计总院院长

赵春山　住房和城乡建设部执业资格注册中心主任

李广陵　人力资源社会保障部人事考试中心党委副书记

成　员：(共13人，按姓氏笔划排序)

王莲君　住房和城乡建设部执业资格注册中心综合研究与协调处处长

申　月　人力资源社会保障部专业技术人员管理司职称处处长

刘玉民　北京市规划委员会副主任

刘宇昕　住房和城乡建设部建筑市场监管司副司长

何志方　住房和城乡建设部人事司专业人才与培训处处长

吴剑英　人力资源社会保障部专业技术人员管理司副司长

李爱民　中国电力规划设计协会理事长

陈　波　住房和城乡建设部建筑市场监管司勘察设计监管处处长

孟祥恩　中国机械工业勘察设计协会理事长

赵英民　环境保护部科技标准司司长

袁　纽　中国石油和化工勘察设计协会理事长

陶建明　住房和城乡建设部执业资格注册中心副主任

覃章高　中国民用航空局机场司司长

秘书处：住房和城乡建设部执业资格注册中心

附件2：

全国注册建筑师管理委员会组成人员名单

主　任：陈　重　住房和城乡建设部建筑市场监管司司长

副主任：(共6人)

吴剑英　人力资源社会保障部专业技术人员管理司副司长

赵　琦　住房和城乡建设部人事司副巡视员

郑广大　住房和城乡建设部计划财务与外事司副巡视员

刘宇昕　住房和城乡建设部建筑市场监管司副司长

赵春山　住房和城乡建设部执业资格注册中心主任

周　畅　中国建筑学会秘书长

成　员：(共23人，按姓氏笔划排序)

于　桂　四川省住房和城乡建设厅副厅长

王莲君　住房和城乡建设部执业资格注册中心综合研究与协调处处长

申　月　人力资源社会保障部专业技术人员管理司职称处处长

刘玉民　北京市规划委员会副主任

刘燕辉　中国建筑设计研究院副总建筑师

庄惟敏　清华大学建筑设计研究院院长兼总建筑师

何志方　住房和城乡建设部人事司专业人才与培训处处长

何锦超　广东省建筑设计研究院院长

吴庆春　人力资源社会保障部人事考试中心标准与监督处处长

张泰青　教育部发展规划司副司长

李拱辰　河北建筑设计研究院有限责任公司资深总建筑师

李爱民　中国电力规划设计协会理事长

沈晓苏　上海市建筑业管理办公室副主任

邵韦平　北京市建筑设计研究院执行总建筑师

陈　波　住房和城乡建设部建筑市场监管司勘察设计监管处处长

陈　峥　中国电力工程顾问集团华东电力设计院副总工程师

周　韬　住房和城乡建设部法规司副司长

范越林　辽宁省住房和城乡建设厅副厅长

修　璐　住房和城乡建设部执业资格注册中心副主任

郭保宁　住房和城乡建设部执业资格注册中心考试处处长

曹嘉明　上海现代建筑设计(集团)有限公司副总裁

梁泽庆　山东省建设厅执业资格注册中心主任

雷　震　中国冶金建设协会代理副秘书长

秘书处：住房和城乡建设部职业资格注册中心

关于建设工程企业资质审查意见的公示

建办受理函 [2010]43 号

各省、自治区住房和城乡建设厅，直辖市建委，北京市规委，江苏省、山东省建管局，新疆生产建设兵团建设局，国务院有关部门建设司(局)，总后营房部工程管理局，国资委管理的总公司，各有关企业：

按照《行政许可法》及有关建设工程企业资质管理规定，我部对近期申请建设工程企业资质的申报材料进行了审查，现将审查意见在住房和城乡建设部网站(http：//www.mohurd.gov.cn)予以公示。请有关主管部门通知企业查阅。

本次资质审查意见的公示内容包括：企业申报材料中的人员情况、代表工程业绩情况及审查意见(点击“住房和城乡建设部网站主页→建筑市场→建设工程企业申报资质信息公开栏”，即可查询企业申报的人员、业绩情况。审查意见分为同意和不同意两种)。公示时间为：2010年9月20日至2010年10月9日。如企业对申报的人员、业绩情况及审查意见有异议，可在公示期间以书面形式提供陈述材料，经原初审单位确认并加盖本单位印章后报送我部办公厅，逾期不予受理(邮寄的陈述材料以邮戳日期为准)。陈述材料由初审单位统一上报，并附报送陈述材料的公函，企业不应随行。如原初审单位委托企业报送的，陈述材料应由初审单位密封并加盖印章，同时携带初审部门报送陈述材料的公函。任何有关单位及个人，如对企业申报资质情况有异议的，均可向我部建筑市场监管司或办公厅反映情况，单位反映情况需加盖公章，个人反映情况需签署真实姓名并留下联系电话、地址和邮政编码。凡对公示意见不清楚或不理解的，请直接向我部建筑市场监管司咨询。

住房和城乡建设部

二〇一〇年九月二十日

关于申报、评选2010年度国家工程建设(勘察设计)优秀QC小组的通知

建办人函〔2010〕668 号

各地方、各部门勘察设计同业协会：

为总结、交流和表彰在2009年度全面质量管理活动中涌现出的优秀小组所取得的成绩，推动2010年全面质量管理活动健康、持续发展，现将2010年度国家工程建设(勘察设计)优秀QC小组的申报、评选等有关事项通知如下：

一、申报的QC小组类型，包括攻关型、管理型、现场型、服务型、创新型课题QC小组。

二、申报的QC小组应优先选拔、推荐：

1. 为改进产品质量、提高服务质量、降低造价、环境保护、职业健康安全和改进质量管理体系运行中存在的问题而开展QC小组活动，并在经济效益、社会效益方面取得了成效，其经验具有推广意义。

2. 注重全员参与活动的全过程，总结活动的结果，并有创新。

3. 以企业员工为主体的，能够体现“小、实、活、新”特点的质量管理小组。

4. 各部门、地方原则上可在获得2010年度部、省级工程建设(勘察设计)优秀QC小组(包括工程勘察与岩土工程、工程咨询、工程设计、工程建设监理、工程总承包等方面)中推荐。过去曾经申报过而未被评上的QC小组，不得再申报。

三、各部门、地方原则上可申报7~9个QC小组，由行政主管部门或地方勘察设计协会申报均可。

四、申报材料规定如下：(略)

住房和城乡建设部

二〇一〇年一月十一日

关于武汉市打造我国“工程设计之都”的复函

中设协字 (2010) 第 10 号

湖北省勘察设计协会：

你会《关于申报武汉市为我国“工程设计之都”的报告》(鄂勘设协[2009] 43号文)收悉。你会为武汉市打造我国“工程设计之都”做了大量的积极有效工作，体现了行业协会履行为地方经济社会发展服务的工作方针，对此，我协会十分赞赏。经研究决定，我会全力支持武汉市打造“工程设计之都”的战略部署。

武汉市的工程勘察设计行业发展较早，发展基础条件扎实，特别是改革开放以来，经过改制为企业，强化技术进步，加强科学管理，面向国内、国外两个市场，得到了快速发展。目前武汉市的工程勘察设计单位已达400多家，其中综合甲级单位6家，工程勘察综合甲级单位12家，甲级资质企业123家，进入全国设计行业百强企业6家，营业收入总额达到284.8亿元；从业人员4.4万人，专业技术人员近3.2万人，其中工程院士11名，工程勘察设计大师27名，高级职称人员1万多人，拥有一批包括大型桥梁、高坝水利、超大容量水电、过江隧道、港口航道、高速铁路公路、城市轨道交通、水环境和水处理、地下空间勘察设计技术、地源热泵技术、钢铁汽车化工科技咨询等领域在国内外知名的品牌设计产品和核心技术，工程勘察设计行业总规模实力已居国内前列；同时，与工程勘察设计相关的教育、科研和咨询行业发达，与工程勘察设计互为支撑的先进制造业和建筑施工安装业实力雄厚，打造“工程设计之都”得到了省、市建设行政主管部门和武汉地区工程勘察设计单位的广泛赞同，已具有“工程设计之都”的良好条件。

我们认为，将武汉市打造成为“工程设计之都”，有着特殊重要的意义和作用：一是有利于进一步深入贯彻落实科学发展观，为推进武汉市加快转变经济发展方式发挥重要战略举措的作用；二是有利于进一步提升工程勘察设计行业在“两型社会”建设、低碳发展中的地位，在工程建设中更加充分发挥勘察设计的龙头、灵魂作用；三是有利于进一步密切在武汉市的高校、科研、勘察设计和生产单位的合作研发，促进“学研设产”创新体系的协调发展，发挥先进技术尽快转化为现实生产力的作用；四是做强做大工程勘察设计行业，发展武汉市产业优势，提升在中部地区的中心城市定位和国际知名度，提高国内外市场的竞争能力，将为国民经济建设做出更大的贡献。

诚挚地祝愿武汉市打造设计之都战略取得重大成功！

中国勘察设计协会

二〇一〇年二月八日

关于开展全国工程勘察设计行业第五届优秀工程项目管理和优秀工程总承包项目奖评选工作的通知

中设协字 [2010] 第 12 号

各地方、各部门勘察设计同业协会，各会员单位：

为了总结和推广工程项目管理的先进经验，鼓励先进，扩大交流，促进我国建设项目管理与国际通行的管理模式接轨，推动我国工程项目管理和工程总承包向专业化、市场化、科学化方向发展，根据《全国工程勘察设计行业优秀工程项目管理和优秀工程总承包项目评选办法》(以下简称《评选办法》)，经研究决定组织开展全国工程勘察设计行业第五届优秀工程项目管理和优秀工程总承包项目奖评选工作。现将有关事宜通知如下：

一、组织申报

1. 请各地方、各部门勘察设计同业协会分别向本行业或本地区有关企业转发该通知，并组织申报。

2. 中国勘察设计协会建设项目管理和工程总承包分会的会员单位，地方或行业勘察设计协会没组织申报的，可以直接向中国勘察设计协会建设项目管理和工程总承包分会秘书处(以下简称秘书处)申报。

二、申报条件

申报企业和申报项目应符合《评选办法》的规定条件。

三、申报方式及申报材料

1. 请各申报企业登陆中国工程项目管理联合网，下载“全国工程勘察设计行业优秀工程项日管理和优秀工程总承包项目评选办法”(见附件)，了解具体要求。

2. 进入中国工程项目管理联合网导航栏“项目评优”的“项目评优申请”，进行申报注册，注册用的申报单位名称为企业的真实名称。

3. 在申报项目目录中，按照评选项目类别分别填写申请表。打印网上填报的申报表，报本企业主管领导审查、签字后加盖公章。

4. 在中国工程项目管理联合网上提交填报的申报表电子文档。

5. 按照《评选办法》的要求汇编书面申报材料，每一个参评项目提交一套申报材料；将书面申报材料邮寄至组织本企业申报的地方或行业勘察设计协会(简称初评机构)。

四、要求(略)

五、联系方式(略)

附件：全国工程勘察设计行业优秀工程项目管理和优秀工程总承包项目评选办法

中国勘察设计协会

二〇一〇年三月一日

附件：

全国工程勘察设计行业优秀工程项目管理和优秀工程总承包项目评选办法

第一章 总 则

第一条 为了总结、推广工程项目管理和工程总承包先进经验，鼓励先进，扩大交流，促进我国建设项目管理与国际通行的管理模式接轨，推动我国工程项目管理和工程总承包向专业化、市场化、科学化方向发展，中国勘察设计协会决定在行业内开展优秀工程项目管理和优秀工程总承包项目评选活动(以下简称评优)。为使该项活动规范有序，特制定本办法。

第二条 开展优秀工程项目管理和优秀工程总承包项目评选工作不以盈利为目的，不收取企业申报费用，不给企业增加经济负担。

第三条 评选工作每两年进行一次。开展优秀工程项目管理和优秀工程总承包项目评定活动的年度简称“评优年度”。

第四条 中国勘察设计协会建设项目管理和工程总承包分会具体负责优秀工程项目管理和优秀工程总承包项目评选的组织工作。

第二章 申报条件

第五条 申报评优的企业应同时具备以下条件：

1. 企业具有国家建设行政主管部门颁发的工程勘察甲级或乙级资格证书、工程设计甲级或乙级资格证书，或具有国家发展和改革委员会颁发的工程咨询甲级或乙级资格证书。

2. 企业已建立了与工程项目管理和工程总承包业务相适应的组织机构和项目管理体系，实行项目经理负责制和项目成本核算制，采用先进的项目管理技术和项目管理方法，项目管理主要岗位职责明确，人员配备齐全。

第六条 申报评优的项目应同时具备以下条件：

1. 企业已依法与项目业主签订了工程项目管理或工程总承包合同，申报的项目应由申报单位独立完成或为主完成，申报时合同已执行完毕，项目经竣工验收并交付使用一年以上，取得环境保护、安全、消防、卫生(职业健康)、城建档案管理等主管部门签发的相关审批、验收文件，以及符合国家规定的建设项目竣工验收证明或业主签署的工程移交证明或业主签署的投产证明。

工程项目管理的范围包括了工程项目管理实施的全过程或若干阶段的管理和服务，主要合同形式为项目管理承包合同(PMC)、项目管理服务合同(PM)等合同形式。

工程总承包的范围包括工程项目实施的全过程或若干阶段的承包，主要合同形式为设计采购施工(EPC)/交钥匙工程总承包、设计—施工总承包(D-B)、设计—采购总承包(E-P)或者采购—施工总承包(P-C)等合同形式。

2. 合同执行效果好，能正确贯彻国家有关的方针、政策并符合有关标准、规范及规定；在安全、质量、费用和进度等方面进行了有效控制；试运行的结果达到了合同约定的各项指标。

第七条 同一个项目只允许申报一次。

第三章 奖项种类及评奖标准

第八条 优秀工程项目管理设金奖、银奖、铜奖。

第九条 优秀工程总承包项目设金钥匙奖、银钥匙奖、铜钥匙奖。

第十条 优秀工程项目管理获奖项目应达到以下标准：

工程项目管理金奖：项目为工程项目实施全过程项目管理承包(PMC)合同，采用国际通行的有风险责任的工程项目管理合同条件，项目管理的组织机构、项目管理技术达到同期国际先进水平，项目合同执行成效突出，对推动我国工程项目管理与国际通行的管理模式接轨有重大影响；

工程项目管理银奖：项目为工程项目实施若干阶段项目管理承包(PMC)或管理服务(PM)合同，采用有风险责任的工程项目管理合同条件，项目管理的组织机构、项目管理技术达到同期国内先进水平，项目合同执行成效显著，对推动我国工程项目管理与国际通行的管理模式接轨有重大意义；

工程项目管理铜奖：项目为工程项目实施若干阶段管理服务(PM)合同，采用其他工程项目管理合同条件，项目管理的组织机构、项目管理技术达到同期的行业先进水平，项目合同执行成效好，对推动我国工程项目管理与国际通行的管理模式接轨有较大意义；

第十一条 优秀工程总承包获奖项目应达到以下标准：

工程总承包金钥匙奖：项目为设计采购施工(EPC)/交钥匙总承包合同或设计—施工总承包(D-B)合同，采用国际通行的工程总承包合同条件，项目管理的组织机构、工程总承包管理技术和工程技术达到同期国际先进水平，项目合同执行效果成效突出，对推动我国工程项目组织实施方式和管理模式与国际接轨有重大影响；

工程总承包银钥匙奖：项目为设计采购施工(EPC)/交钥匙总承包合同或设计—施工总承包(D-B)合同，采用其他EPC总承包(固定价)合同条件，项目管理的组织机构、工程总承包管理技术和工程技术达到同期国内先进水平，项目合同执行效果成效显著，对推动我国工程项目的组织实施方式和管理模式与国际接轨有重大意义；

工程总承包铜钥匙奖：项目为设计—采购(E-P)总承包或采购—施工总承包(P-C)合同，采用其他工程总承包(固定价)合同条件，项目管理的组织机构、工程总承包管理技术和工程技术达到同期的行业先进水平，项目合同执行效果成效好，对推动我国工程项目组织实施方式和管理模式与国际接轨有较大意义。

第四章 申报材料

第十二条 申报优秀工程项目管理提交的申报材料包括：

1. 优秀工程项目管理项目申报表(详见附件1)；

2. 申报项目综合论述报告(提要见附件3，封面式样见附件4)；

3. 与申报项目相关的图片、照片(封面式样见附件4)。

第十三条 申报优秀工程总承包项目提交的申报材料包括：

1. 优秀工程总承包项目申请表(详见附件2)；

2. 申报项目综合论述报告(提要见附件3，封面式样见附件4)；

3. 与申报项目相关的图片、照片(封面式样见附件4)。

第五章 评奖程序

第十四条 申报工作于评优年度的三月一日开始至四月三十日结束。在此期间，符合本办法第五条的企业均可自主申报。

第十五条 省、自治区、直辖市和各部门勘察设计同业协会负责组织会员单位申报和初评，并将本协会评选出的一、二等奖项目名单(样式见附表)及申报材料提交中国勘察设计协会建设项目管理和工程总承包分会，参加全国工程勘察设计行业优秀工程项目管理和优秀工程总承包项目评选。

第十六条 中国勘察设计协会建设项目管理和工程总承包分会从专家库中随机抽选出优秀工程项目管理和优秀工程总承包项目评选专家委员会人员名单并报中国勘察设计协会核准。

第十七条 由评选专家委员会按标准进行评审。评审过程中，评选专家委员有权决定对评奖项目进行现场核查。

第十八条 评审结果经评选专家委员会主任批准后在中国工程项目管理联合网站上向社会公示10天。

第十九条 公示无异议的最终评审结果报中国勘察设计协会批准公布。

第二十条 中国勘察设计协会向获奖项目的企业颁发获奖项目的奖牌和证书。对获奖项目的项目经理及项目部其他主要管理岗位人员给予表彰并颁发个人荣誉证书，每一个获奖项目的表彰人数不超过15人。

第六章 附 则

第二十一条 申报企业对申报材料的准确性、真实性负责。一旦发现申报材料严重失实，将组织专项调查并将调查结果向社会公布。

第二十二条 本办法由中国勘察设计协会负责解释。

附件材料：(略)

关于开展从事工程项目管理和工程总承包企业营业额2010年百名排序工作的通知

中设协字[2010]第13号

各地方、各部门勘察设计同业协会，各有关工程勘察设计单位：

为了加强对工程勘察设计行业开展工程项目管理和工程总承包能力和水平的调研，推动全国工程勘察设计企业不断开拓工程项目管理和工程总承包市场，加快我国工程项目的管理水平与国际接轨的步伐，提高企业的综合实力，经研究决定在全国工程勘察设计行业开展从事工程项目管理和工程总承包企业营业额2010年百名排序工作(以下简称“百名排序”)。现就有关事宜通知如下：

一、申报组织

1. 请各地方、各部门勘察设计同业协会分别向有关会员单位转发本通知(亦可通知企业从“中国工程项目管理联合网”下载本通知)，发动本地区、本行业勘察设计协会会员单位积极申报。

2. 具有工程项目管理和工程总承包业绩的工程公司、项目管理公司、工程咨询公司以及工程勘察设计单位，如未加入地方和部门勘察设计同业协会的，可直接向中国勘察设计协会建设项目管理和工程总承包分会申报。

二、参加“百名排序”企业的条件

凡具有独立法人资格并具有国家建设行政主管部门颁发的工程勘察综合甲级或工程勘察甲(或乙)级资格证书、工程设计综合甲级或工程设计甲(或乙)级资格证书，或具有国家发展和改革委员会颁发的工程咨询甲(或乙)级资格证书的工程公司、项目管理公司、工程咨询公司以及勘察设计单位，工程项目管理和工程总承包业绩突出的企业，均可参加“百名排序”的申报。

三、申报方法(略)

四、申报时间

2010年“百名排序”的企业申报时间为2010年3月1日起至2010年4月30日止。

五、评审及排序(略)

六、批准与发布

《百名排序》名单经中国勘察设计协会批准，于2010年7月向社会发布。

七、其他事项(略)

附件：从事工程项目管理和工程总承包企业营业额百名排序暂行办法

中国勘察设计协会

二〇一〇年三月一日

附件：

从事工程项目管理和工程总承包企业营业额百名排序暂行办法

第一章 总 则

第一条 为推动勘察设计企业深化改革，不断开拓工程项目管理和工程总承包市场，加速我国工程项目管理与国际接轨的步伐，中国勘察设计协会决定在行业内每年开展一次从事工程项目管理和工程总承包企业营业额百名排序活动。为使该活动规范有序，特制定本办法。

第二条 开展从事工程项目管理和工程总承包企业营业额百名排序不以盈利为目的，不收取企业费用，不给企业增加经济负担。

第三条 排序结果将在行业内行文发布，同时在中国工程项目管理联合网上发布。

第四条 中国勘察设计协会建设项目管理和工程总承包分会负责从事工程项目管理和工程总承包企业营业额百名排序(以下简称百名排序)的具体工作。

第二章 考核工程项目的范围

第五条 从事工程项目管理和工程总承包企业营业额百名排序主要考核企业上年度(简称排名年度)实施的境内外所有工程项目管理和工程总承包合同项目。

第六条 工程项目管理项目是指企业受项目业主委托，按照合同对工程项目的组织实施进行全过程或若干阶段的管理和服务。管理方式包括项目管理服务(PM)和项目管理承包(PMC)以及其他项目管理方式。其中项目管理承包应按照合同规定承担一定的管理风险责任。

第七条 工程总承包项目是指企业按照合同对工程项目的勘察、设计、设备材料采购、施工、试运行等实行全过程或若干阶段的承包。承包方式包括：设计—采购—施工(EPC)/交钥匙总承包、设计—施工(D-B)总承包、设计—采购(E-P)总承包、设备采购—施工(安装)(P-C)总承包等。

第三章 申报与排名

第八条 凡具有独立法人资格并具有国家建设行政主管部门颁发的工程勘察综合甲级或工程勘察甲(乙)级资格证书、工程设计综合甲级或工程设计甲(乙)级资格证书，或具有国家发展和改革委员会颁发的工程咨询甲级或乙级资格证书的工程公司、项目管理公司、工程咨询公司以及勘察设计单位，工程项目管理和工程总承包业绩突出的，均可申报参加“百名排序”。

第九条 由各行业勘察设计协会、地方勘察设计协会发动本行业、本地区勘察设计协会会员单位组织申报。未加入行业或地方勘察设计协会的工程公司、项目管理公司、工程咨询公司以及勘察设计单位，由中国勘察设计协会建设项目管理和工程总承包分会组织申报。

第十条 申报单位登陆中国工程项目管理联合网，认真填写《从事工程项目管理和工程总承包企业营业额百名排序申请表》，经主管领导审批后在网上提交申报表，同时打印成纸质文件并加盖公章，邮寄至组织申报的有关行业勘察设计协会或地方勘察设计协会，同时抄报中国勘察设计协会建设项目管理和工程总承包分会秘书处。

第十一条 企业排名年度完成的工程项目管理收入总额以及排名年度完成的工程总承包合同总额是进行百名排序的主要依据，同时考核企业实施的工程项目管理、工程总承包项目情况，统计时间从元月一日起至十二月三十一日止。

第十二条 百名排序的企业申报工作于每年三月一日开始，四月三十日结束。

第十三条 企业的申报材料由组织申报的有关行业勘察设计协会、地方勘察设计协会进行初审，并将初审结果提交中国勘察设计协会建设项目管理和工程总承包分会秘书处。

第十四条 经过初审合格的申报数据，由中国勘察设计协会建设项目管理和工程总承包分会秘书处汇总，各有关行业勘察设计协会或专业委员会复审，排出企业百名排序名单。必要时中国勘察设计协会建设项目管理和工程总承包分会有权根据复审情况对排序前十名单位提交的申报材料进行核查。

第十五条 企业百名排序的结果报中国勘察设计协会批准后，于每年七月向社会发布。

第四章 附 则

第十六条 申报企业应对申报材料的真实性、准确性负责。一旦发现申报材料失实，将组织专项调查，并将调查结果向社会公布。

第十七条 本办法自发布之日起实施。中国勘察设计协会建设项目管理和工程总承包分会负责解释。

附表：从事工程项目管理和工程总承包企业营业额百名排序申请表(略)

关于公布全国工程勘察与岩土行业第二批诚信单位的通知

中设协字(2010)第14号

各地方、各部门勘察设计同业协会、各会员单位、各直属分会及专业委员会：

根据中国勘察设计协会《关于全国工程勘察设计单位诚信评估办法的通知》(中设协字【2007】5号)的安排，各省、自治区、直辖市组织了工程勘察“诚信单位”的申报、初评工作，全国工程勘察与岩土行业诚信评估专家委员会在初评结果的基础上进行了综合评审，共评出95家诚信单位，经公示后报中国勘察设计协会理事长会议批准，现予以公布。

希望通过首批“诚信单位”的公布，进一步推动全国工程勘察设计行业的诚信体系建设，提升企业综合实力，规范市场行为，维护市场秩序，为现代化建设事业做出新贡献。

附件：全国工程勘察与岩土行业第二批“诚信单位”名单(略)

中国勘察设计协会

二〇一〇年三月六

关于公布2009年度全国工程勘察设计行业优秀工程勘察设计行业奖评选结果的通知

中设协字 [2010] 第 15 号

各地方、各部门勘察设计同业协会，中国人民解放军工程建设协会，各会员单位，协会各分会、工作委员会：

2009年度优秀工程勘察设计行业奖评选按照评选办法(中设协字〔2008〕第31号)组织实施。评选范围包括优秀工程勘察项目项，优秀建筑设计项目(含住宅与住宅小区、人防工程、结构专业)，优秀市政工程设计项目(含风景园林)，优秀标准设计项目，优秀计算机软件项目，建筑环境与设备项，智能化建筑项目。

申报项目经专家评审，由中国勘察设计协会理事长会议审定通过，共确定优秀工程勘察一等奖14项，二等奖42项，三等奖65项；优秀建筑工程设计一等奖25项，二等奖90项，三等奖172项(其中中外合作设计项目一等奖8项，二等奖20项，三等奖19项)；优秀住宅与住宅小区项目一等奖2项，二等奖23项，三等奖27项(其中中外合作设计项目二等奖1项，三等奖2项)；优秀建筑结构项目一等奖4项，二等奖9项，三等奖18项(其中中外合作设计项目一等奖3项，二等奖1项，三等奖5项)；优秀人防工程一等奖4项，二等奖9项，三等奖14项；优秀市政公用工程设计项目一等奖24项，二等奖49项，三等奖82项；优秀风景园林项目一等奖5项，二等奖9项，三等奖20项；优秀标准设计项目一等奖4项，二等奖10项，三等奖16项；优秀计算机软件项目一等奖2项，二等奖5项，三等奖3项；优秀建筑环境与设备项目一等奖2项， 二等奖4项，三等奖6项；优秀智能化建筑项目一等奖5项，二等奖12项，三等奖13项。

现将获奖项目名单予以公布。希望广大勘察设计单位和勘察设计人员继续贯彻落实科学发展观，不断推进技术创新和设计创优，为建设资源节约型、环境友好型社会，实现国民经济又好又快发展做出更大的贡献。

附件：全国优秀工程勘察设计行业奖获奖项目汇总表(略)

中国勘察设计协会

二〇一〇年四月十六日

关于印发表彰全国工程勘察设计行业优秀民营设计企业和优秀民营企业家名单的通知

中设协字 (2010) 第 16 号

各地方勘察设计同业协会：

我国的民营勘察设计企业在改革开放及市场经济的呼唤下，成为破土而出的一株新苗。民营勘察设计企业的问世，为行业的改革和发展注入新的活力。民营勘察设计企业的发展，成为国民经济建设的一支重要力量。

为总结我国工程勘察设计行业民营勘察设计企业的成功经验，深入贯彻落实科学发展观，推进民营勘察设计行业又好又快地发展，中国勘察设计协会决定表彰一批改革成效显著、发展业绩突出的民营勘察设计企业。在各省市同业协会推荐及多方协商的基础上，经中国勘察设计协会理事长批准，现将荣获全国勘察设计行业优秀民营设计企业和优秀民营企业家的名单(见附件一、附件二)予以公布。将于今年四月三日在昆明市召开的中国勘察设计协会民营设计分会理事会上进行颁发奖状和奖杯(国庆60 周年荣获十佳民营勘察设计企业大奖的单位和个人不再参加此次表彰)。并请各地方同业协会通知获奖单位和人员到会参加颁奖。

中国勘察设计协会向荣获全国勘察设计行业优秀民营设计企业单位和优秀民营企业家人士表示祝贺！希望通过这次表彰活动，进一步激励创新、推进改革、促进发展，发挥民营设计企业的优势优秀企业家的聪明才智，为建设社会主义现代化强国做出更大的贡献！

附件：1.荣获全国勘察设计行业优秀民营设计企业名单(略)

2.荣获全国勘察设计行业优秀民营企业家名单(略)

中国勘察设计协会

二〇一〇年三月十六日

关于号召向中国有色金属工业昆明勘察设计研究院学习为抗旱救灾找水积极做贡献的通知

中设协字(2010)第21号

各地方、部门勘察设计同业协会，各理事单位，各分会、工作委员会，各有关工程勘察设计单位：

去秋今春以来，云南、贵州、广西、四川、重庆等西南五省市普遍遭遇百年一遇的旱情，给人民生活、工农业生产、经济社会发展造成了严重影响。其中云南省的旱情已造成16个州市2 405万人受灾，人畜饮水出现困难，农作物受灾面积达4 668万亩。国务院总理温家宝、副总理回良玉先后来到旱情最为严重的云南指挥抗旱救灾，深入灾区看望慰问受灾群众，指导抗旱救灾工作，作出要想尽一切办法，保证群众的生活用水的指示。

工程勘察设计人员与西南地区旱区灾民心连心。得知旱情肆虐的消息后，多个勘察设计单位迅即在第一时间组织了“抗旱救灾、共建和谐”的捐款赠水支援灾区等活动。地处云南省的中国有色金属工业昆明勘察设计研究院(以下简称“昆勘院”)以其工程地质和水文地质专业的技术实力积极向云南省国土资源厅上报组建20支抗旱救灾队伍、地下找水任务的请战报告。3月2日、3月18日和3月31日，云南省国土资源厅分三批向昆勘院下达了第一批抗旱救灾地下找水突击任务，承担宜良、沾益、师宗、罗平、陆良、晋宁六县；第二批曲靖五个县(师宗、陆良、罗平、宣威、马龙)和第三批曲靖四县(马龙、陆良、师宗、罗平)一区(麒麟)共102口浅井和22口深井突击找水等任务。他们为了让灾区群众早日喝上甘甜卫生的井水，动员一切力量和资源，以光荣的使命感和强烈的责任心，以有力的措施、扎实的作风，打响了抗旱找水的攻坚战。他们早出晚归、翻山越岭，风餐露宿、日夜奔波在区县村寨，认真进行野外地质调查，多方论证确定井点位置，与当地民众通力协作，精心勘察设计施工。他们艰苦奋斗的汗水，终于换来一口口井陆续流出幸福的甘泉，缓解了灾区的旱情，确保了优先解决群众饮水的首要问题。3月20日温家宝总理在陆良县戈依村的昆勘院打井施工现场，对他们表示亲切慰问，给予鼓励和表扬，极大地鼓舞了大家战胜各种困难的斗志，决心再接再励，努力工作，多打井，为抗旱救灾做贡献。

大灾无情，人间有爱。昆勘院和其他战斗在找水抗旱第一线的勘察单位的义举是中国工程勘察设计行业的骄傲。中国勘察设计协会号召工程勘察设计行业学习他们勇担重任、奉献爱心的精神；学习他们抗旱救灾、从我做起的信念；学习他们一方有难，紧急支援的情怀；学习他们雷厉风行、共克时艰的决心；学习他们不辞艰辛、精心勘察的作风；学习他们心系灾区、为民造福的品格。协会将在适当时机隆重表彰为这次西南五省市抗旱救灾做出突出成绩的先进集体和先进个人。

勇担找水勘察重任，抗旱救灾造福百姓。我们确信，在党中央和国务院的正确领导和各方通力协作下，一定能降服西南百年不遇的旱魔，工程勘察设计行业必将以自己的知识和智慧为抗旱救灾做出更大的贡献。

中国勘察设计协会

二〇一〇年四月八日

关于推荐表彰西南五省市在抗旱救灾找水积极做贡献的工程勘察单位和个人的通知

中设协字 (2010) 第 22 号

云南省、贵州省、广西壮族自治区、四川省、重庆市勘察设计协会：

去秋今春以来，我国云南、贵州、广西、四川、重庆等西南五省市普遍遭遇百年一遇的干旱，给人民生活、工农业生产、经济社会发展造成了严重影响。地处旱灾区的工程勘察单位和工程技术人员与灾区人民心连心，在各级政府的领导下，积极组织、开展了“抗旱救灾、共建和谐”的捐款赠水、救灾找水支援灾区等活动。为了减轻灾区人民的损失和灾区民众能早日喝上甘甜的井水，他们动员一切力量和资源，以光荣为使命感和强烈的社会责任心，用有力的措施和扎实的作风，开展了抗旱找水的攻坚战，并取得了突出的成绩，涌现出一批先进单位和先进个人。为表彰先进，经研究拟定于2010年6月上旬在武汉市召开的“中国勘察设计协会工程勘察与岩土分会五届二次常务理事会暨加强诚信建设推进企业文化工作经验交流会及抗旱救灾先进单位和先进个人表彰会”上表彰他们的先进事迹，并号召全国工程勘察与岩土行业同仁们向他们学习！为此，请西南五省市勘察设计同业协会，认真评选推荐本省市(含外省市参加单位)的先进单位和先进个人，于2010年5月20日前，将推荐名单连同其先进事迹材料，报送到中国勘察设计协会工程勘察与岩土分会秘书处。现将有关材料的要求通知如下：

(以下略)

中国勘察设计协会

二〇一〇年四月二十二日

中国勘察设计协会致全国工程勘察设计行业同仁的援助玉树灾区倡议书

中设协字 [2010] 第 23 号

各地方、各部门勘察设计同业协会，各会员单位及工程勘察设计企业：

4月14日7时49分，在青海省藏族聚居区的玉树县发生7.1级地震，造成重大人员伤亡和重大财产损失。

一方有难，八方支援，灾害无情国人有情，全国人民与藏族同胞心连心。当前，灾区人民生活妥善安置，生产活动陆续恢复，重建工程即将展开。为了响应党中央、国务院的号召，支持抗震救灾，我们倡议工程勘察设计行业的同仁们伸出援助之手、奉献大爱之心，以我们行业的技术专长为灾后重建做出贡献。

一、积极响应党中央、国务院的号召，投入到所在地组织的抗震救灾的工作之中，投入到灾后重建工作中去，要在有关主管部门的领导指挥下，主动配合，认真做好对口支援，精心勘察、精心设计，严格执行规章制度，确保质量和水平，按期完成所承担的任务。

二、以科学发展观统领工程勘察设计的灾后重建工作，坚持尊重科学、尊重自然、尊重民俗，要深入灾区调查研究，紧密结合当地发展规划，城镇化建设和社会主义新农村建设的实际，因地制宜提出重建的合理化建议，为项目的决策提供科学依据。

三、要遵循有关法规政策，严格执行标准、规范，保证工程的抗震能力；要充分发挥勘察设计在工程项目建设中的主导作用，统筹协调，使重建工程满足功能、节能低耗、节约资金、安全可靠、经济环保、保持风貌，把我们的爱心和责任融入灾后重建工程。

四、灾后重建工程量大面广，困难很多，各参建单位要有长期工作计划，要关心参加灾区重建人员的安全、工作和生活，为他们提供可靠的后勤保障，保证灾后重建工作的需要。

五、在抗震救灾中，要坚持大力推进精神文明和深化企业文化建设，把承担社会责任放在首位，通过表彰先进典型，弘扬勘察设计工作者的风采，谱写时代的赞歌。

灾后重建，我辈争先。携手同心凝壮志，众志成城渡难关。让我们和灾区同胞共同奋斗，为建设起新的美好家园而努力！

中国勘察设计协会

二〇一〇年四月二十七日

关于在全国建筑设计行业开展诚信评估工作的通知

中设协字[2010]第29号

各地方、各部门勘察设计同业协会，中国人民解放军工程建设协会，协会各分会、工作委员会，各建筑设计单位：

根据党中央、国务院关于加快信用体系建设的要求和住建部关于加快推行建筑市场信用体系建设工作的意见，在总结工程勘察岩土行业诚信评估工作的基础上，中国勘察设计协会决定在建筑设计行业开展诚信评估工作。现将建筑设计分会制定的《全国建筑设计单位诚信评估办法》(见附件)印发给你们，请据此开展并做好建筑设计单位的诚信评估工作。

为了确保此项工作的实施和申报工作的顺利进行，现就有关问题补充通知如下：

一、申报条件

1.全国建筑设计行业的诚信评估，坚持自愿申报的原则。

2.凡具有住房和城乡建设部颁发的建筑工程资质的建筑设计单位均可申报。但必须是中国勘察设计协会或建筑设计分会的会员单位。

二、评估机构

1.中国勘察设计协会委托建筑设计分会成立全国建筑设计行业诚信评估专家委员会。在中国勘察设计协会指导下开展评估工作。

2.各省、自治区、直辖市勘察设计协会可成立诚信评估小组或专家委员会，负责本地区所属建筑设计单位的诚信评估工作。

3.各省、自治区、直辖市勘察设计行业协会在单位申报的基础上，根据《诚信评估办法》和《评分细则》进行初评，对符合条件的单位签署意见并加盖公章后上报中国勘察设计协会秘书处。

4.中国勘察设计协会委托全国建筑设计行业诚信评估专家委员会进行综合审定，合格者报中国勘察设计协会秘书处核准并公示无异议后，由中国勘察设计协会颁发《全国建筑设计行业诚信单位》奖牌和荣誉证书。

5. 被评上的单位应缴纳奖牌、证书制作费，其费用标准经中国勘察设计协会秘书处根据需要制定，并专款专用。

三、优惠待遇

为使建筑设计行业诚信建设持续健康的发展，对获得荣誉称号的诚信单位应给予相应的优惠鼓励：

1.招投标时予以优先；

2.为评选先进企业和优秀企业家的重要条件；

3.评选优秀建筑设计项目，在同等条件下优先考虑；

4.行业培训时给予适当优惠。

四、申报要求（略）

附件一：关于报请“全国建筑设计单位诚信评估办法”的指导(略)

附件二：全国建筑设计单位诚信评估办法

附件三：全国建筑设计行业诚信单位申报表(略)

附件四：全国建筑设计单位诚信评估评分细则(略)

中国勘察设计协会

二〇一〇年五月十日

附件二：

全国建筑设计单位诚信评估办法

第一章 总则

第一条 指导思想

诚信体系建设是落实科学发展观，提高建筑设计单位设计质量和服务水平的一项重要工作。为贯彻党中央、国务院、住房和城乡建设部关于“加快社会信用体系建设”的一系列文件精神，树立建筑设计单位的诚信意识和社会责任感，规范市场行为、服务行为，维护市场秩序，营造诚信的市场环境，实现行业自律，推进“诚信为本、操守为重”的信誉建设，为建设资源节约型、环境友好型社会和构建和谐社会服务，特制定本办法。

第二条 评估范围

凡是中华人民共和国境内持有建设行政主管部门核发的工程设计(勘察)资质证书并经工商登记注册，具有独立法人资格的建筑设计企业，自愿参加诚信评估评定活动的，其信用评定、公布、颁证、使用、管理、年检等活动，适用本办法。

第三条 荣誉授予

中国勘察设计协会开展的诚信评估活动，是对建筑设计单位的诚信度进行评价。中国勘察设计协会成立行业诚信评估专家委员会，负责组织和实施全国建筑设计单位的诚信评估工作。

中国勘察设计协会根据评审结果，由理事长会议决定被评定的单位，经公示合格的单位由中国勘察设计协会颁发的《建筑设计行业诚信单位》的荣誉称号。

第二章 评估内容

第四条 遵纪守法

1. 执行国家的建设方针政策和基本建设程序、法规、行规、规范及标准；

2. 按国家政策规定承揽国内外业务；

3. 执业注册人士按国际有关互认制度和国内现行规定从事执业工作；

4. 按国家规定的勘察设计收费标准收费；

5. 依法签订合同，履行合同约定，设计文件满足强制性标准。

第五条 社会责任

1. 贯彻落实科学发展观，节约资源、保护环境，达到国家规定的节能和环保要求；

2. 在评估期内各项工程验收均符合标准，无返工或侵权违规行为；

3. 和谐共建，真诚服务，及时解决有关建设过程中的相关问题，团结合作，各方满意；

4. 劳动保障制度健全。

第六条 企业形象

1. 获得质量、环境、健康安全管理体系认证，运行良好，管理有序；

2. 精心设计(勘察)，无投诉索赔事件；

3. 依法纳税，无违规行为；

4. 建设和谐企业，职工稳定，社会信誉良好；

5. 获得国家级、省部级、地市级科技进步奖、优秀工程勘察设计奖、优秀企业奖、优秀企业家奖和获得工商、税务、银行、质检等部门先进荣誉称号；

6. 提供的产品和服务得到客户满意，合同履约率达95%以上。

第七条 文化建设

1. 扎实有效地开展精神文明建设和企业文化建设，有制度有活动；

2. 积极开展文化体育活动，环境卫生良好；

3. 积极参与支持公益事业和行业协会各项活动；

4. 获得各级政府或行业协会授予精神文明建设先进单位或企业文化先进单位称号等荣誉。

第八条 申报标准

依据本办法第二章内容，申报单位按评分细则逐项进行自评，四个分项得分率均≥80%或总分≥85分，可申报全国建筑设计行业诚信单位。

第三章 评估程序

第九条 单位申报

凡申请评估的建筑设计单位，应对照本办法规定的评估内容和评分细则进行自评，符合第八条申报标准的可如实填写《建筑设计单位申报诚信评估自评报告》，《自评报告》应对本单位符合的评估内容做出详细说明，并附有相应的说明资料或文件。填写《全国建筑设计行业诚信单位申报表》一式二份，经法定代表人签字并加盖单位公章，连同《自评报告》报所属省、市、自治区勘察设计协会。

第十条 各省、市、自治区勘察设计协会初审

各省、市、自治区勘察设计协会根据申报情况，组织有关领导和专家依据本办法进行初评，写出客观、公正的评审意见，加盖公章，报送中国勘察设计协会。

第十一条 评委会审定

中国勘察设计协会组织评估专家委员会，对各省、市、自治区勘察设计协会上报的初审名单进行综合审定，合格者报中国勘察设计协会理事长扩大会议批准。

第十二条 公示

获得全国建筑设计行业诚信单位的名单将在协会网站上公示，接受社会监督。单位或个人如有异议，可在公布一月内申请复议或提出书面意见，中国勘察设计协会建筑设计分会将组织复议、核查。如有虚报、造假行为，取消其诚信单位申报资格。

第十三条 颁发证书

公示一个月后无单位或个人提出异议的，由中国勘察设计协会颁发《全国建筑设计行业诚信单位》荣誉证书和牌匾。

第四章 附则

第十四条 有效期限

建筑设计单位获得诚信单位证书的有效期为四年，在有效期内实行动态管理，每两年检查一次。建筑设计单位如有在有效期内发生有损单位诚信行为并造成后果的给予警告，限期整改并在行业内通报，整改期满仍达不到标准要求的，撤销其诚信单位荣誉称号。

第十五条 实施与解释

本办法自发布之日起施行。

本办法由中国勘察设计协会负责解释。

二〇一〇年五月四日

关于转发国家版权局《2010年推进企业使用正版软件工作计划》要点的通知

中设协字[2010]第31号

各地方、各部门勘察设计同业协会、各会员单位、协会各分会及专业委员会：

为了在行业内继续有效、有序地推进软件正版化工作，巩固行业使用正版软件工作已有成果，现将九部委推进企业使用正版软件工作部际联席会议第四次全体会议精神及国家版权局《2010年推进企业使用正版软件工作计划》要点转发给你们，希望各单位根据国家版权局对企业正版化工作的要求做好软件正版化工作。

中国勘察设计协会

二〇一〇年五月五日

国家版权局《2010年推进企业使用正版软件工作计划》要点

为坚持以邓小平理论和“三个代表”重要思想为指导，深入贯彻落实科学发展观，用党的十七大、十七届四中全会、中央经济工作会议精神指导实践，进一步扩大推进企业使用正版软件工作成果，增强市场主体的法制意识，提高企业信息化发展水平，促进民族软件产业健康快速发展，根据党中央、国务院关于知识产权工作的整体部署和国家实施知识产权战略的总体要求，结合推进企业使用正版软件工作实际，制定如下计划：

一、强化组织领导，形成工作合力

（一）巩固完善联席会议制度，形成推进企业使用正版软件工作合力。在巩固完善推进企业使用正版软件工作部际联席会议制度的基础上，充分发挥联席会议的决策、指导和综合协调作用，加强对各地、各部门推进企业使用正版软件工作的部署指导。各地要完善企业软件正版化领导小组或联席会议制度，将推进企业使用正版软件工作列入同级政府的重要工作日程。

（二）加大督导检查工作力度，确保推进企用使用正版软件工作取得实效。对各地、各部门使用正版软件工作推进情况进行督导检查，开展对国资企业、民营上市公司、外商投资企业等重点企业的抽查和检查工作，有效推进企业使用正版软件工作。

二、明确工作任务，扩大工作成果

（一）坚持“依次推进”原则，将使用正版软件工作推向纵深。各地要结合实际，坚持“以大型企业为重点，以国有、外商投资、民营大型企业在先，中小企业在后依次推进”的原则，在确保大型国有、外商投资、民营企业完成软件正版化的基础上，有计划、分步骤、积极稳妥地推进中型企业使用正版软件工作。

(二) 开展软件资产管理试点工作，巩固已有工作成果。部际联席会议办公室在全国范围内遴选一定数量具备条件的企业启动软件资产管理试点工作，各地、各部门要结合实际积极开展试点工作，探索建立企业使用正版软件、抵制盗版软件的长效机制，巩固推进企业使用正版软件工作已有成果。

(三) 确定“阶段性目标”，调动企业积极性，确保使用正版软件工作成果不断扩大。各地、各部门要结合实际，确定本地区、本部门第四批推进企业使用正版软件的企业名单，明确2010年推进企业使用正版软件工作的阶段性目标。进一步加大各行业主管部门对本行业所属企业使用正版软件工作的监管力度，充分发挥行业协会和专家咨询组的作用，形成“行业监管”与“协会辅助”的良性互动；进一步落实国家软件采购政策，总结和推广软件集中采购工作，扩大固定资产或无形资产核算范围，缩短折旧或摊销年限，调动企业采购正版软件的积极性，确保企业使用正版软件工作成果不断扩大。

三、强化市场监管，净化市场环境

(一) 坚持日常监管与专项治理相结合，进一步加大打击软件盗版工作力度。要在对软件市场、电脑城等经营场所加强日常监管的基础上，继续开展打击非法预装计算机软件、打击网络侵权盗版等专项行动，严厉打击计算机生产、销售等领域未经授权预装盗版软件和通过网络销售、传播盗版软件等非法行为，加大重大案件查处工作，切实加大版权保护力度。

(二) 教育引导与执法威慑相结合，加大对软件使用企业的监管力度。各地要在加强宣传教育、正面引导的基础上，对使用盗版软件、经宣传教育不及时整改且情节严重的，特别是其中以软件作为生产资料的经营性企业实行“黑名单”制度，加大执法威慑力度，维护法律的权威性，增强企业依法经营、使用正版软件的自觉性和主动性。

(三) 加强市场监管，营造公平竞争、平衡保护的市场环境。各地、各部门要结合实际，加强对推进企业使用正版软件工作中滥用市场支配地位行为的市场监管；要协调软件联盟等行业中介组织，督促和规范软件服务商提供优质服务，进一步规范软件市场秩序，促进公平竞争，维护广大软件使用企业的正当利益。

四、加强培训宣传，营造良好氛围

(一) 加强培训工作，切实提高企业的版权法律意识和使用正版软件的主动性。各地、各部门要加强对本地区、本行业相关企业使用正版软件的培训工作，积极开展软件版权法律知识、软件资产管理和软件技术知识培训，提高企业加强版权保护、使用正版软件的法律意识。

(二) 加大对内、对外宣传力度，营造良好工作氛围。以“4·26知识产权宣传周”为契机，充分利用各种媒介，采取多种宣传形式，集中开展公众宣传活动，宣传推进企业使用正版软件工作所取得的显著成绩，宣传政府部门依法监管、打击侵权盗版的重大成果，营造“拒绝盗版、使用正版”的良好社会氛围。

(三) 加强信息工作，促进各地、各部门、协会之间以及各企业之间的经验交流。各地、各部门要高度重视信息发布工作，定期编发工作简报，及时向推进企业使用正版软件工作部际联席会议办公室报送有关工作进展情况。推进企业使用正版软件工作部际联席会议办公室将根据各地、各部门报送的软件正版化工作情况定期编发《推进企业使用正版软件工作简报》，及时反馈情况、交流信息、总结和推广经验，配合现场经验交流会等活动，为各地、各部门、协会之间以及各企业之间的经验交流创造条件。

五、加强评选表彰，发挥示范作用

(一) 加大评选表彰工作力度，推广示范企业先进经验。做好第二批“全国软件正版化工作示范单位”表彰宣传工作，总结和推广示范企业先进经验，充分发挥先进企业的示范带头作用，提高广大企业使用正版软件工作的积极性和主动性，提高企业使用正版软件工作的实施能力和推进水平。

(二) 综合利用版权表彰机制，调动各地和软件企业推进企业使用正版软件工作的积极性。结合《全国版权示范城市、示范单位、示范园区(基地)管理办法》的贯彻落实工作，将推进企业使用正版软件工作的开展情况作为全国版权示范点评选的重要标准。积极推荐软件企业参加由世界知识产权组织设立的“版权金奖”评选活动，加强对推进企业使用正版软件工作做出积极贡献的软件企业的表彰奖励。

关于表彰在西南五省抗旱救灾找水工作中做出突出贡献的先进工程勘察单位和个人的决定

中设协字[2010]第33号

各地方、各部门勘察设计同业协会，各会员单位：

去秋今春以来，我国云南、贵州、广西、四川、重庆等西南五省市普遍遭遇百年一遇的旱情，对人民生活、生产和经济社会发展造成了严重影响。

灾害无情，人间有爱，群众急需，即为号令。地处西南旱区的许多工程勘察单位及工程技术人员闻讯立即行动起来，主动请缨，奋勇当先，积极投入解决人民群众生活用水的战斗之中。他们在各级政府的领导下，以强烈的社会责任感，挖掘自身潜力资源，发扬拼搏精神，克服种种困难，用先进科技攻坚，打出股股清泉，风餐露宿奔波，换来百姓笑颜，在“抗旱救灾、共建和谐”活动中取得了突出的成绩，涌现出了一批先进单位和先进个人。

为此，决定对这次在西南五省抗旱救灾找水工作中做出突出贡献的贵州地质工程勘察院等18家先进工程勘察单位和先进个人(名单附后)予以表彰，并号召全国工程勘察设计行业向他们学习。学习他们造福群众、竞献爱心的精神，学习他们雷厉风行、共克时艰的品格，学习他们面对灾害、勇挑重担的气概，学习他们不辞艰辛、科学严谨的作风，以我们的知识、智慧和技能为抗灾减灾与建设和谐社会做出更大的贡献!

附件：抗旱救灾先进单位和先进个人名单

中国勘察设计协会

二〇一〇年五月五日

附件：

抗旱救灾先进单位和先进个人名单

贵州地质工程勘察院

王志平　杜建新　王　伟　罗　林　刘景斌

贵州有色地质工程勘察公司

李永刚　伍锡举　卢世杰

广西有色勘察设计研究院

姜明强　韦鸿飞　徐初来　闫清武

核工业柳州工程勘察院

曹良超

广西水文地质工程地质勘察院

白爱忠　陈永平　何裕良　黄祖勇　江日光　谢长茂

南宁地矿地质工程勘察院

韦君毅　苏容琨　苏云森

广西地质工程勘察院

周光俊　朱　真　胡纯龙　覃京音　张华员

广西桂林水文地质工程地质勘察院

丁　凯　汪　力　刘倡冠　彭少文　徐顺息　高武振

广西北海地质工程勘察院

覃　仁　王振伟　吴文善　杨灿宁

云南地质工程第二勘察院

余仕勇

中国有色金属工业昆明勘察设计研究院

刘瑞昆　何　李　孙　健

西南有色昆明勘测设计(院)股份有限公司

顾维芳　徐国民　宗庆友

云南地质工程勘察设计研究院

曾　虎　俞富有

云南南方地勘工程总公司

汪龙生

云南岩土工程勘察设计研究院

姚明波

中国建筑材料工业地质勘查中心云南总队

唐昭昆

重庆市地科工程勘察设计院

董永龙　任良治

重庆一三六地质矿产有限责任公司

赵得全　方玉树

关于公布2010年度国家工程建设(勘察设计)优秀QC小组名单和召开成果发表会进行表彰、交流的通知

中设协字[2010]第34号

各地方、各部门勘察设计同业协会及主管单位，2010年度国家工程建设(勘察设计)优秀QC小组所在的勘察设计单位：

受建设部委托，我协会对2010年度国家工程建设(勘察设计)优秀QC小组进行了评选。本年度共有个7行业(部门)和20个地方(省、自治区、直辖市)申报了177个QC小组，经国家工程建设(勘察设计)优秀QC小组评选委员会评定，有81个QC小组获得2010年度国家工程建设(勘察设计)优秀QC小组称号，现将名单予以公布(见附件)。

为进行表彰和交流经验，定于2010年7月4日至7日在贵阳市召开成果发表会，对评选出的国家工程建设(勘察设计)优秀QC小组进行表彰，颁发小组奖状和个人证书。会上请其中的12个作为推荐全国优秀QC小组候选组(附件名单中QC小组名称前带★标记的)的QC小组代表发表他们的成果，进行交流，并由此评选出10个QC小组推荐为2010年度勘察设计系统的全国优秀QC小组，接受中国质量管理协会等组织的表彰。现将成果发表会有关事项通知如下：

一、参加人员

1. 已被评为2010年度国家工程建设(勘察设计)优秀QC小组的各小组的成员代表。
2. 各单位QC小组活动的推进者。
3. 国家工程建设(勘察设计)优秀QC小组评委会成员7名，请评委所在单位大力支持。
4. 拟请建设部工程质量安全监督与行业发展司领导。
5. 拟请中国勘察设计协会领导。
6. 拟请贵州省、贵阳市建设局(建委)、勘察设计协会的领导。
7. 请各省、市勘察设计协会领导或部门派代表参加。

二、成果发表规定(略)

三、会务(略)

附件：2010年度国家工程建设(勘察设计)优秀QC小组名单(略)

中国勘察设计协会

二○一○年六月十三日

关于公布“创新杯”——建筑信息模型(BIM)设计大赛评选结果的通知

中设协字[2010]第35号

各地方、各部门勘察设计同业协会，中国人民解放军工程建设协会，各会员单位，协会各分会、工作委员会：

2010年1月中国勘察设计协会与欧特克软件(中国)有限公司联合举办了“创新杯”—建筑信息模型(BIM)设计大赛(详见中设协字[2010]第03号文)，收到申报项目147个，作品反映出我国勘察设计行业在应用BIM技术方面有了长足的进步。我会计算机应用工作委员会组织行业专家本着公正、公平原则，经过初评及终评等环节，共确定最佳BIM建筑设计奖一等奖3项，二等奖5项，三等奖8项；最佳BIM工程设计奖一等奖2项，二等奖5项，三等奖6项；最佳BIM协同奖一等奖1项，二等奖2项，三等奖3项；最佳绿色分析应用奖一等奖1项，二等奖2项，三等奖3项；最佳BIM应用企业奖3个单位及BIM应用企业鼓励奖6个单位(请见附件)。

现将获奖项目、单位名单予以公布。希望广大勘察设计单位和勘察设计人员继续贯彻落实科学发展观，不断推进技术创新和设计创优，为建设资源节约型、环境友好型社会，实现国民经济又好又快发展做出更大的贡献。

附件：“创新杯”——建筑信息模型(BIM)设计大赛获奖项目、单位名单(略)

中国勘察设计协会

二○一○年六月十八日

中国勘察设计协会关于向第四届理事会致谢

（中国勘察设计协会第五届会员代表大会 2010 年 7 月 6 日通过）

中国勘察设计协会第四届理事会成立以来，在吴奕良理事长的领导下，认真贯彻党和国家的路线、方针、政策，大力推进行业落实科学发展观，团结和带领全体会员单位以及广大同行，借鉴国外先进经验，吸纳现代理念，积极推进改革，锐意开拓创新，做出卓有成效的业绩，对促进我国勘察设计行业的壮大发展，起到了重要作用。值此换届之际，特向辛勤服务的四届理事会致以崇高的真挚的敬谢!

中国勘察设计协会取得的每项业绩，无不凝聚着第四届协会领导的智慧和心血。他们高屋建瓴地站在时代潮头，殚精竭虑，勇于探索，调查研究，精心规划，改革创新，大胆实践，做了大量的开创性的工作，为协会今后的工作奠定了坚实基础，他们具有里程碑意义的业绩将永载我国工程勘察设计行业的史册。由于年龄的原因，部分老同志将退出协会的领导岗位，但是，他们的精神永远值得我们学习，是我们的宝贵财富。为表彰他们，激励后人，表达我们的敬意，特为中国勘察设计协会前任理事长吴奕良同志颁发“促进勘察设计行业发展杰出贡献奖”，为前任副理事长郑春源、孟祥恩、张发懋、邓泽洪、袁钮、黄芝、严定中、杨启后，前任副秘书长秦景光、姜兴周等同志颁发“促进勘察设计行业发展贡献奖”。

希望各位老领导继续关注和关心协会工作，为我国工程勘察设计行业又好又快的发展，继续献计献策!

敬祝各位老领导精神矍铄，福安寿康!

中国勘察设计协会

二〇一〇年七月六日

关于共同做好工程勘察设计行业专题调研工作的通知

中设协字 [2010] 第 43 号

各地方、各部门勘察设计同业协会，中国勘察设计协会各分会、工作委员会：

按照今年7月6日中国勘察设计协会五届一次常务理事会会议做出的工作部署，今年下半年将开展全行业专题调研，进一步摸清我国勘察设计行业当前贯彻节能减排国策，在设计质量、技术创新、结构调整及市场监管等方面的现状与问题；提出面对新的形势与任务，协会深入贯彻落实科学发展观，促进行业又好又快发展，更加有效为行业服务的工作思路和工作目标。为了切实做好这项工作，现将有关事项通知如下：

一、调研的专题

（一）贯彻节能减排，推进技术创新

我国勘察设计行业在落实节约资源和保护环境基本国策方面，特别是企业在工程建设项目中履行节能减排社会责任上所发挥的作用，取得的成果和存在的主要问题及典型案例；实施低碳经济战略对勘察设计企业在哪些方面产生较大的影响，如何通过技术创新，迎接挑战及典型案例；协会应当提供怎样的有效服务。

（二）发挥评优引导作用，推动技术进步，确保质量安全

我国勘察设计行业技术发展水平的基本状况和主要问题；开发专有技术对企业发展起到的推动作用，存在的问题及典型案例，需要营造的市场环境，制定的政策措施；现行的技术标准规范执行情况；行业协会在编制标准规范方面发挥的影响和作用；质量安全保障体系在企业生产运营中发挥的作用和执行情况及典型案例，需要加强管理的有效手段。

如何贯彻好部领导关于工程建设项目“评优三原则”的指示，进一步利用评优成果，推动技术创新与技术进步，充分调动企业创优争先的积极性。

(三) 企业结构调整，实施“走出去”战略，强化自律机制，维护市场秩序

当前工程勘察设计企业经营模式、组织结构的变化，实施“走出去”发展战略的情况及典型案例；对市场存在的主要问题，分析原因，提出对策意见；行业协会在建立和维护良好的市场秩序，履行行业自律职能，加强执业管理，开展诚信体系建设和企业文化建设方面应当发挥怎样的作用。

二、调研的组织方式及成果

(一) 各地方勘察设计同业协会负责组织对本地区行业情况进行调研，各部门勘察设计同业协会负责组织对本行业系统的情况进行调研。请分别于9月底提交调研报告、2011年至2015年工作思路及目标，并提出对全行业发展与改革的意见与建议。

(二) 中国勘察设计协会的各个分会、工作委员会负责组织对本专业领域的情况进行调研，并于9月底前提交调研报告、2011年至2015年工作思路及目标和提出对全行业发展与改革的意见与建议。

(三) 中国勘察设计协会秘书处负责组织对行业面上的调研和专题调研，并提出相应的调研报告；负责行业调研工作成果的汇集、归纳和整理工作。

三、调研的总结及效用

中国勘察设计协会将于今年11月份召开行业发展研讨交流汇报会，对调研成果进行总结。通过多层次、多角度、相互配合的研讨活动，要取得摸清行业基本状况，明确重点诉求，完善工作思路，提出发展目标，制定措施办法，促进行业发展的预期成效。

此次开展专题调研工作，希望各有关勘察设计同业协会和会员单位予以充分重视，积极配合，共同完成好这项任务。

中国勘察设计协会

二〇一〇年七月二十八日

关于公布第三批通过测评的工程勘察设计应用软件名录的通知

中设协字 [2010] 第 46 号

各地方、各部门勘察设计同业协会，各工程勘察设计单位：

为保障工程勘察设计行业采用的计算机软件质量和水平，确保工程勘察设计工作质量和提高效率，近年来，中国勘察设计协会委托北京中设软件技术测评有限公司对将进入行业使用的软件进行了三个批次的严格测评。第一批和第二批通过测评的软件名录已分别由中设协[2007]第44号文、中设协[2009]第26号文公布。现将《第三批通过测评的工程勘察设计应用软件名录》予以公布(见附件)。

中国勘察设计协会今后将继续开展对基于国内外CAD平台应用、协同设计、优化设计、信息安全和管理等方面的软件进行测评及其推介的工作，以力保工程勘察设计单位使用的软件可靠、安全和实用，力求最大限度地降低或避免因重复开发软件带来的资源、资金和人力的浪费，加强行业内使用软件的交流，推动行业应用软件的升级换代，促进行业软件市场健康发展，逐步建立起完善的行业软件标准化体系。

附件：第三批通过测评的工程勘察设计应用软件名录

(以下内容略)

中国勘察设计协会

二〇一〇年八月十二日

附件：

第三批通过测评的工程勘察设计应用软件名录

1 **城市轨道交通限界设计软件**
中铁第四勘察设计院集团有限公司

2 **虎御内网安全管理系统**
武汉天喻信息产业股份有限公司

3 **天正建筑TArch 8.0**
北京创新天正软件有限公司

4 **天正结构TAsd7.1**
北京创新天正软件有限公司

5 **天正给排水8.0**
北京创新天正软件有限公司

6 **天正暖通8.0**
北京创新天正软件有限公司

7 **天正电气8.0**
北京创新天正软件有限公司

8 **中国民航机场建设集团管理信息系统**
中国民航机场建设集团公司

9 **万选通专业选型平台系统**
北京万选通网络技术有限公司

10 **施惠特信天使综合信息管理系统**
北京施惠特科技有限责任公司

11 **清华斯维尔日照分析Sun2010**
深圳市斯维尔科技有限公司

12 **清华斯维尔建筑节能BECS2010**
深圳市斯维尔科技有限公司

13 **GIS辅助线路设计平台**
中国石油天然气管道工程有限公司

14 **西气东输冀宁管道工程数字化系统**
北京都宜环球科技发展有限公司

15 **铁路电气化接触网工程智能设计集成系统**
中铁第四勘察设计院集团有限公司

16 **铁路客运专线信号工程设计集成系统(KZXH_V1.0)**
中铁第四勘察设计院集团有限公司

17 **轨道桥梁计算机辅助设计系统2.0**
中铁第四勘察设计院集团有限公司

关于推荐工程勘察设计行业实施信息化建设先进单位的通知

中设协字[2010]第51号

各地方、各部门勘察设计同业协会：

“十一五”期间，我国工程勘察设计行业信息化建设取得了辉煌的成绩，为鼓励先进，推动技术进步，引导水平提升，中国勘察设计协会决定在行业内表彰实施信息化成绩突出的先进单位。请各同业协会在本行业或本地区范围内对具备信息化工作体制健全到位、信息化规划和预算纳入企业规划管理、信息化绩效考核机制健全、使用正版软件、实现协同设计和管理、有项目管理的相应能力、资源管理健全有效方面做出贡献、影响较大和行业公认等条件的单位中，推荐业绩尤为突出的3-4名单位连同本通知附表(见附件)和被推荐单位“十一五”期间信息化工作成绩概要以及存在的或亟待解决的问题(限1000字左右)，于2010年10月30日前传真至我协会的工程设计计算机应用工作委员会。

中国勘察设计协会将根据工程设计计算机应用工作委员会的表彰单位初审报告，审定表彰单位名单，并将在今年召开的中国勘察设计协会信息化工作会议上进行表彰。

特此通知。

附件：推荐“全国工程勘察设计行业信息化工作先进单位”名单(略)

中国勘察设计协会

二〇一〇年九月二十五日

2010年中国勘察设计行业大事记

1月

★1月　中国勘察设计协会第四届理事会理事长工作扩大会议召开　中国勘察设计协会在北京召开第四届理事会理事长工作扩大会议，理事长吴奕良主持会议。会议就换届筹备工作小组提交的第四届理事会工作总结初稿进行了讨论，并确定了工作总结的框架及主要内容。

第四届理事会自2000年9月成立以来，认真贯彻党的十六大、十七大精神，深入贯彻落实科学发展观，坚持解放思想，坚持改革开放，努力与时俱进、求真务实、创建和谐发展环境，实施“提供服务、反映诉求、规范行为”的工作方针，扎实推进各项工作，协会凝聚力日益增强，行业发展不断创新。在原建设部、住房和城乡建设部的指导、各同业协会与各会员单位支持与协同努力下，忠实地履行了《章程》，在“服务”、“纽带”、“自律”诸方面工作取得了一定的实效。在推动体制机制改革、促进市场转型、转变发展方式、推进技术进步和提高队伍素质上做了许多有益的开创性工作，起到了促进企业深化改革和行业又好又快发展的重要作用。

★1月11日　发布《关于申报、评选2010年度国家工程建设(勘察设计)优秀QC小组的通知》　中国勘察设计协会以中设协字[2010]第01号文发布《关于申报、评选2010年度国家工程建设(勘察设计)优秀QC小组的通知》。通知指出：为总结、交流和表彰在2009年度全面质量管理活动中涌现出的优秀小组所取得的成绩、推动2010年全面质量管理活动健康、持续发展，特开展2010年度国家工程建设(勘察设计)优秀QC小组的申报、评选活动。通知同时就申报内容、要求及申报和评选方式分别给予说明。

★1月17日　武汉勘察设计行业高峰论坛暨打造工程设计之都战略规划研讨会召开　2010年上半年，武汉市将向国家有关部门申报“工程设计之都”。武汉市规划未来10年，通过产业整合，形成以水环境、综合交通、低碳建筑、循环经济和地下空间等工程领域为重点的绿色低碳工程咨询产业群，武汉工程勘测设计行业营业收入将达1 600亿元左右，成为武汉市经济发展的又一绿色支柱产业。研讨会上，介绍了《武汉市打造“工程设计之都”战略规划》编制情况和工作背景，以及武汉市打造“工程设计之都”工作开展情况。

2月

★2月　香港专业人士投资内地设立专业事务所试点工作开始　住房和城乡建设部执业资格注册中心参加了CEPA工作内部协商工作会。重点研究了香港专业人士投资设立专业事务所，以及通过互认取得内地注册建筑师、注册结构工程师在广东省开展注册执业试点工作问题。内部会议形成的一致意见写入《CEPA补充协议7》，并将于5月25日签署。

3月

★3月1日　开展全国工程勘察设计行业第五届优秀工程项目管理和优秀工程总承包项目奖评选工作　根据《全国工程勘察设计行业优秀工程项目管理和优秀工程总承包项目评选办法》，经中国勘察设计协会研究决定，以中设协字(2010)第12号文，发布《关于开展全国工程勘察设计行业第五届优秀工程项目管理和优秀工程总承包项目奖评选工作的通知》。《通知》就活动开展的组织申报、申报条件、申报方式及申报材料提出了具体的要求。

★3月1日　开展从事工程项目管理和工程总承包企业营业额2010年百名排序工作　中国勘察设计协会发布中设协字(2010)第13号文《关于开展从事工程项目管理和工程总承包企业营业额2010年百名排序工作的通知》。

为了加强对工程勘察设计行业开展工程项目管理和工程总承包能力和水平的调研，推动全国工程勘察设计企业不断开拓工程项目管理和工程总承包市场，加快我国工程项目的管理水平与国际接轨的步伐，提高企业的综合实力，经研究决定，在全国工程勘察设计行业开展从事工程项目管理和工程总承包企业营业额2010年百名排序工作。

★3月10日　召开全国勘察设计注册工程师考试工作座谈会　全国勘察设计注册工程师管理委员会秘书处组织召开了全国勘察设计注册工程师考试工作座谈会。对2009年度全国勘察设计注册工程师考试和相关工作情况进行了总结，提出了2010年度考试管理工作的具体要求。

★3月16日　公布全国工程勘察设计行业优秀民营设计企业和优秀民营企业家名单

★3月29日　第六届国际绿色建筑与建筑节能大会暨新技术与产品博览会在京举行　全国人大常委会副委员长、中国科协主席、九三学社中央主席韩启德，住房和城乡建设部部长姜伟新出席了大会并接见了参会的主要外宾。住房和城乡建设部副部长仇保兴介绍了来宾。

大会还得到了美国能源部，美国能源基金会，全球环境基金，欧盟委员会企业与工业总司，英国贸易投资总署，德国交通、建设和城市规划部，法国生态、能源、可持续发展及国土整治部，加拿大联邦住房署，新加坡国家发展部建设局，印度建筑业发展委员会，世界绿色建筑协会及法国驻华大使馆支持与协助。

★3月31日　武汉市申请打造中国“工程设计之都”战略规划论证会召开　国家住建部勘察设计行业战略专家委员会在北京世纪国建宾馆召开第二次会议，与会专家对武汉市申请打造中国“工程设计之都”战略规划和方案的送审稿进行了论证研讨。

★3月31日　住房和城乡建设部执业资格注册中心接待美国绿色建筑委员会代表团来访与交流，向客人介绍了国内绿色建筑为主题的继续教育情况。

4月

★4月1日　启动注册公用设备工程师、注册电气工程师和注册化工工程师注册工作　2010年共办理完成注册公用设备工程师注册9 973人、注册电气工程师注册7 352人、注册化工工程师注册1 878人。

★4月2日　新中国城市雕塑建设成就展开幕　“新中国城市雕塑建设成就展”开幕式暨“新中国城市雕塑建设成就奖暨成就提名奖”颁奖典礼在中国美术馆举行。住房和城乡建设部副部长、全国城市雕塑委员会主任仇保兴发表讲话，文化部副部长王文章、中国文联党组副书记覃志刚、中国文联副主席冯远、中国建筑学会理事长宋春华、两院院士吴良镛等出席了开幕式。来自全国的获奖者和北京、上海、南京、长春、沈阳等获奖城市的领导代表城市接受颁奖。中国风景园林学会理事长、全国城市雕塑建设指导委员会常务副主任陈晓丽主持开幕仪式，中宣部、住房和城乡建设部、文化部的有关司局负责人及专家参加了开幕式。

★4月7日~8日　工程勘察设计统计工作座谈会在江苏南京召开　2010年，住房和城乡建设部建筑市场监管司在江苏南京召开了工程勘察设计统计工作座谈会，来自全国30个省、自治区、直辖市和总后基建营房部工程局负责工程勘察设计统计工作的同志出席了会议。江苏省住房和城乡建设厅副厅长顾小平到会致辞，住房和城乡建设部建筑市场监管司副司长刘宇昕出席会议并讲话。会议期间，介绍了《工程勘察设计统计报表制度》的修订情况；通报了2009年工程勘察设计统计年报初步汇总结果和各地上报情况；江苏、内蒙古、天津三地代表交流了先进经验和做法；北京建设信源资讯有限公司就工程勘察设计统计报表信息管理系统的操作和使用进行了现场演示讲解。

★4月16日　2009年度优秀工程勘察设计行业奖结果公布　中国勘察设计协会中设协字(2010)第15号文件公布2009年度优秀工程勘察设计行业奖结果。

按照评选办法(中设协字[2008]第31号)组织实施的2009年度优秀工程勘察设计行业奖评选范围包括：优秀工程勘察项目项，优秀建筑设计项目(含住宅与住宅小区、人防工程、结构专业)，优秀市政工程设计项目(含风景园林)，优秀标准设计项目，优秀计算机软件项目，建筑环境与设备项，智能化建筑项目。

协会在公布获奖项目名单的《通知》中强调，希望广大勘察设计单位和勘察设计人员继续贯彻落实科学发展观，不断推进技术创新和设计创优，为建设资源节约型、环境友好型社会，实现国民经济又好又快发展做出更大的贡献。

5月

★5月6日　台湾新党主席郁慕明在国台办陪同下与住房和城乡建设部建筑市场司、计划财务与外事司、注册中心就有关台湾开业建筑师资格认定和技师公会组团来大陆交流问题进行商谈。

★5月8日~11日　全国一级注册建筑师资格考试举行　全国共有142 743人次报名参加考试。

★5月8日~9日　全国二级注册建筑师资格考试举行　全国共有33 254人次报名参加考试。

★5月10日　发布关于开展第七批全国工程勘察设计大师评选工作的通知　住房与城乡建设部建办质函[2010]323号文发布《关于开展第七批全国工程勘察设计大师评选工作的通知》。通知指出：根据工作安排，住建部决定开展第七批全国工程勘察设计大师评选工作。要求相关企业按照《全国工程勘察设计大师评选办法》(建质函[2006]161号)要求，认真做好第七批全国工程勘察设计大师的推荐申报工作。

★5月10日　中国勘察设计协会发布《关于在全国建筑设计行业开展诚信评估工作的通知》　中国勘察设计协会以中设协字[2010]第29号文，发布《关于在全国建筑设计行业开展诚信评估工作的通知》。通知要求各地方、各部门勘察设计同业协会等在总结工程勘察岩土行业诚信评估工作的基础上，开展诚信评估工作。通知同时发布了建筑设计分会制定的《全国建筑设计单位诚信评估办法》，并要求各地据此开展并做好建筑设计单位的诚信评估工作。

为了确保诚信评估工作的实施和申报工作的顺利进行，通知同时就申报条件、评估机构、优惠待遇、申报要求做了具体说明。

★5月28日~30日　国际风景园林师联合会(IFLA)第47届世界大会在苏州召开　住房和城乡建设部、国际风景园林师联合会共同主办，中国建筑文化中心协办的国际风景园林师联合会(IFLA)第47届世界大会在苏州召开。全国政协副主席王志珍，住房和城乡建设部副部长仇保兴，江苏省委常委、苏州市委书记蒋宏坤，江苏省副省长何权，IFLA主要负责人等出席了开幕式。本次大会的主题为“和谐共荣——传统的继承与可持续发展”，旨在讨论经济全球化、快速城镇化背景下如何传承发展传统的风景园林文化艺术，如何兼顾保护和发展，实现人与自然和谐共处，促进城市健康可持续发展。

大会期间，还举行了2009年中国国家园林城市、县城和城镇授牌仪式，向重庆市等41个国家园林城市、重庆市荣昌县等31个国家园林县城、江苏省江阴市新桥镇等5个国家园林城镇授牌。这是中国城市园林绿化建设成果的一次现场展示。

6月

★6月23日　全国数字化城市管理工作总结交流会暨节约型数字化城市管理论坛举办中国数字化城市管理工作总结交流会暨节约型数字化城市管理论坛在河北省秦皇岛市举办。会议对数字化城市管理试点工作情况进行了总结，对下一步相关工作进行了部署。住房和城乡建设部副部长仇保兴出席会议并讲话，河北省副省长宋恩华等出席，住房和城乡建设部城市建设司司长陆克华主持会议。

★6月30日　全国房屋建筑和市政工程招投标监管暨专项治理工作会议召开　中央治理工程建设领域突出问题工作领导小组办公室、住房和城乡建设部在山东省青岛市联合召开全国房屋建筑和市政工程招投标监管暨专项治理工作会议。住房和城乡建设部副部长郭允冲、山东省副省长郭兆信和中央纪委执法监察室主任、中央治理工程建设领域突出问题工作领导小组办公室副主任傅奎出席会议并讲话。中央纪委、住房和城乡建设部及各省、自治区、直辖市住房城乡建设主管部门负责人和吉林、湖南、山东等省纪检监察部门负责同志120余人出席了会议。

7月

★7月6日　中国勘察设计协会第五届会员代表大会召开　中国勘察设计协会第五届会员代表大会于2010年7月6日在北京召开。第五届理事会由628名理事组成，其中常务理事204名，涵盖了工业、能源、交通、军工、民用建筑、农林、水利等各个工程建设领域，覆盖了国(境)内的31个省、直辖市、自治区。大会通过了协会章程的修订案。选举了第五届理事会理事长王素卿、秘书长王子牛　等理事会成员。

住房和城乡建设部郭允冲副部长到会讲话表示祝贺。王素卿当选理事长后，在会上作了题为“继往开来　改革创新　促进发展”的讲话。

会员代表大会结束后，召开了第五届常务理事会第一次会议。在王素卿理事长的指导下，协会秘书处对协会各项工作的规章制度做了进一步修订与完善，并征求了各分支机构意见，从2011年起实施。

★7月6日　全国优秀工程勘察设计奖颁奖大会在京举行　住房和城乡建设部副部长郭允冲出席并讲话。他强调，大力提升工程勘察设计技术水平、确保工程质量，是我们不可推卸的责任，要振奋精神，开拓进取，共同推动勘察设计事业又好又快发展，取得更大的成绩。会上，对东海大桥工程设计、青藏铁路多年冻土区工程地质勘察等287个获得2008年度全国优秀工程勘察设计奖的项目进行了表彰，为获得金奖的单位颁了奖。

★7月6日　全国工程勘察设计行业第一份手机报——《工程建设与设计》手机报创刊。　该报由中国勘察设计协会与《工程建设与设计》期刊共同主办。手机报针对勘察设计企业高管、技术负责人、工程行业管理者、行业专家、工程设计人员等读者，主要内容包括政策速递、行业热点、协会信息、各院动态、专家观点、新产品新技术、杂志导读等。

★7月10日　玉树地震灾后恢复重建“万人誓师大会”召开　青海玉树藏族自治州政府所在地结古镇隆重举行震灾后恢复重建“万人誓师大会”。青海省委书记强卫、省长骆惠宁等出席大会，并为首批灾后重建项目开工奠基。这标志着首批灾后重建项目全面启动。

★7月20日　参加住房和城乡建设部市场司、计划财务与外事司召集的台湾技师公会代表团一行20多人来访会谈活动　会议介绍了大陆勘察设计注册工程师制度及实施的基本情况。会后，注册中心应台方要求，将大陆注册结构工程师考试、注册管理、继续教育等情况资料进行整理提交台方。

★7月23日　中国建筑业协会第五次会员代表大会在京举行　原建设部副部长、中国建筑业协会会长郑一军再次当选为新一届协会会长。住房和城乡建设部部长姜伟新发来贺信，住房和城乡建设部副部长郭允冲、铁道部副部长卢春房出席会议并讲话。

大会审议通过了第四届理事会工作报告、财务报告、章程修改草案、会费管理办法和《全国建筑行业自律公约》等文件，并向即将离任的第四届理事会副会长颁发了荣誉证书。会议选举产生了第五届理事会，郑一军当选为新一届协会会长，易军等18人当选为协会副会长，吴涛任副会长兼秘书长。来自全国各省、自治区、直辖市的400多位会员代表出席了会议。

8月

★8月12日　第三批通过测评的工程勘察设计应用软件名录公布　中国勘察设计协会发布中设协字[2010]第46号《关于公布第三批通过测评的工程勘察设计应用软件名录的通知》。通知指出：为保障工程勘察设计行业采用的计算机软件质量和水平，确保工程勘察设计工作质量和提高效率，近年来，中国勘察设计协会委托北京中设软件技术测评有限公司对将进入行业使用的软件进行了三个批次的严格测评。文件公布了《第三批通过测评的工程勘察设计应用软件名录》。

★8月16日　APEC建筑师项目中国监督委员会在北京召开第二届全体委员会议　本次会议审议了中国APEC建筑师评定与管理办法，研讨了对非经济体APEC建筑师来华进行执业实践活动的基本要求，并对监督委员会下一阶段工作安排进行了部署。

建立APEC建筑师项目的目的是在参与该项目的经济体间，为建筑专业服务领域建立一种“APEC建筑师”技能和资历的相互认可标准体系，使亚太地区各参与经济体减少或消除存在于各经济体间的建筑师执业服务的障碍，建立一项促进APEC地区建筑师流动性、有助于提供建筑服务的机制。截至目前，已有14个经济体(包括中国香港、中国台湾)正式成为该项目的中央理事会成员。

★8月26日~27日　住房和城乡建设部注册中心在山东省济南市举办了“全国工程建设执业资格管理工作座谈会和注册建筑师、勘察设计注册工程师管理委员会会议”　会议对2006年以来全国注册建筑师、勘察设计注册工程师执业资格管理工作情况进行了总结，研讨分析了当前执业资格管理工作中存在的问题，研究部署今后一段时期执业资格管理工作。会议对优秀执业资格管理人员和优秀考试命题专家进行了表彰颁奖。出席会议的有关领导对下一步如何做好执业资格管理工作提出了具体要求。全国注册建筑师管委会和勘察设计注册工程师管委会委员审议了部分待议文件。

★8月　住房和城乡建设部勘察设计行业发展战略专家委员会成立《关于进一步加快勘察设计行业改革发展的若干意见》编制工作专责小组为促进勘察设计行业健康发展，住房和城乡建设部勘察设计行业发展战略专家委员会着手组织编制《关于进一步加快勘察设计行业改革发展的若干意见(暂定名)》(以下简称《若干意见》)。《若干意见》将结合目前我国所处的工业化、城镇化、现代化重要阶段，分析研究勘察设计行业面临的机遇和挑战，为深化勘察设计企业经营组织模式改革、推动企业提升技术创新和管理创新能力、增强企业核心竞争力提出指导意见。

为做好《若干意见》的起草编制工作，经商住房和城乡建设部建筑市场监管司同意，勘察设计行业发展战略专家委员会决定成立《若干意见》编制工作专责小组，具体负责《若干意见》的编制工作。

9月

★9月3日~4日　勘察设计行业应用国产CAD协同解决方案　推进软件正版化工作经验交流会召开　为贯彻九部委《关于推进企业使用正版软件工作的实施方案》(国权联{2006}2号)的要求，中国勘察设计协会工程设计计算机应用工作委员会联合国产CAD专业软件供应商苏州浩辰软件股份有限公司在北京市怀柔区大雁楼宾馆召开了勘察设计行业应用国产CAD协同解决方案　推进软件正版化工作经验交流会。会议就我国勘察设计行业信息化与正版化工作的形势及发展进行了探讨与交流。苏州浩辰软件股份有限公司展示了国产CAD协同解决方案，介绍了国产CAD的发展趋势。

★9月7日　中国勘察设计协会组织开展工程勘察设计全行业专题调研工作启动　根据中设协第五届第一次常务理事会提出的重点工作，中设协确定了开展2010年调研的三个重点课题：1.贯彻节能减排，发挥设计主导作用；2.发挥评优引导作用，推动技术进步和技术创新，确保质量安全；3.推进企业结构调整，实施“走出去”战略，强化自律机制，维护市场秩序。为发动全行业力量共同做好调研工作，协会要求各地方的同业协会负责组织本地区行业情况的调研，各部门的同业协会负责本行业系统的调研，协会的各分会、工作委员会负责本专业领域的调研，协会秘书处负责组织行业面上的调研和专题研究并负责行业调研成果的汇集、归纳和整理工作。相关行业专家、相关企业及《工程建设与设计》杂志等行业媒体参加了调研工作。

★9月16日　中国建设工程造价管理协会成立20周年庆典暨第五届理事会第二次会议在京举行　住房和城乡建设部部长姜伟新为庆典大会发来贺信。住房和城乡建设部办公厅、人事司、标准定额司等相关负责人，来自国际造价工程联合会(ICEC)、亚太区工料测量师协会(PAQS)及新加坡、英国和国内工程造价行业的300余位代表参加了庆典活动。中国建设工程造价管理协会成立于1990年7月。

会议对长期以来为我国工程建设造价事业做出突出贡献的先进单位和个人，以及荣获第五届工程造价优秀论文奖、工程造价优秀成果奖及工程造价杯摄影比赛奖项的单位和个人进行了表彰。

★9月18日~19日　全国勘察设计注册工程师基础考试与专业考试举行　全国勘察设计注册工程师15个专业基础考试以及16个专业的专业考试在全国各地同时举行。

★9月28日　首届中国(天津滨海)国际生态城市论坛暨生态城市博览会召开　住房和城乡建设部、国家发展和改革委员会、天津市人民政府、中国国际经济交流中心共同举办，天津市滨海新区政府承办的首届中国(天津滨海)国际生态城市论坛暨生态城市博览会在天津滨海新区举行。

中共中央政治局常委、国家副主席习近平给大会发来贺信。全国人大常委会副委员长桑国卫，国务院原副总理曾培炎，天津市委副书记、市长黄兴国，新加坡国家发展部部长马宝山致辞。住房和城乡建设部部长姜伟新、全国人大常委会副秘书长韩晓武、国家发改委副主任彭森、住房和城乡建设部副部长仇保兴等出席了开幕式。出席开幕式的还有有关国家的驻华使节，联合国环境规划署和世界自然基金会等国际机构代表及专家学者。

中国(天津滨海)国际生态城市论坛以“生态城市创造和谐未来”为永久主题，每年举办一届。其宗旨是在全球共同应对气候变化的背景下，大力推进生态城市建设，实现政策、技术与金融等要素的有效整合，通过创新驱动、内生增长，加快推动经济发展方式的转变，最终实现人与人、人与经济活动、人与自然环境的和谐共生。首届中国(天津滨海)国际生态城市论坛以“生态城市与绿色复苏”为年度主题，由1个主论坛和5个分论坛组成。

博览会期间还举办了投资项目签约仪式，中

新天津生态城管委会、日立(中国)有限公司等机构、企业在现场签署了13个合作项目，签约金额达15.5亿元。

★9月30日　全国工程勘察设计全行业调研工作收尾　9月初开始的工程勘察设计全行业调研工作得到了各有关勘察设计同业协会的充分配合。协会秘书处组织有关人员和专家近20人，组成3个专题调研组分赴北京、上海、武汉、沈阳、郑州、西安等地召开座谈会及实地考察，与60余家勘察设计企业进行交流，听取意见和建议，获得大量第一手资料。至9月30日协会秘书处收到各单位报送的调研报告58份，调查问卷套表303份。

10月

★10月14日~15日　六省市勘察设计工作交流会在北京召开　北京、天津、上海、重庆四个直辖市和河北省、深圳市勘察设计主管部门、行业协会和部分勘察设计企业代表40多人参加会议。住房和城乡建设部建筑市场监管司勘察设计处处长陈波、工程质量安全监管司工程技术处处长张鹏、执业资格注册中心副主任陶建明、中国勘察设计协会副秘书长李促进等出席会议并讲话。会议由北京市规划委员会委员、北京市勘察设计与测绘管理办公室主任叶大华主持。

★10月16日　内地与香港第五批注册城市规划师互认颁证仪式在重庆举行　在“2010年中国城市规划年会特别论坛分会场”上，全国城市规划执业制度管理委员会与香港规划师学会联合举行了第五批内地与香港注册城市规划师互认颁证仪式。住房和城乡建设部规划司司长孙安军、全国城市规划执业制度管理委员会主任陈晓丽以及香港特区规划署署长梁卓辉、香港规划师学会会长谭宝尧出席颁证仪式。颁证仪式由住房和城乡建设部注册中心规划办公室主任任虹主持，孙安军司长、陈晓丽主任以及香港规划师学会谭宝尧会长分别向两地人员颁发了注册城市规划师互认资格证书。两地学员代表也分别发表了热情洋溢的感言。历经5年的内地注册城市规划师与香港规划师学会会员资格互认工作就此圆满结束。

★10月21日~22日　国产CAD协同解决方案助力软件正版化工作研讨会召开　中国勘察设计协会工程设计计算机应用工作委员会于苏州胥城大厦召开国产CAD协同解决方案助力软件正版化工作研讨会。国家版权局王志成副司长、赵秀玲处长、中国勘察设计协会郑春源副理事长、中国软件联盟常务副理事长邹忭、苏州版权局张梅副局长、苏州浩辰软件股份有限公司常务副总裁梁海霞等出席了本次会议。

会议指出，在行业推进正版化工作中，国产CAD软件异军突起，起到至关重要的作用。特别是经过国家主管部门组织鉴定的优秀软件具有很好的性价比，合乎我国勘察设计人员的工作习惯，同时也有着良好的售后服务，很受大家的欢迎。

11月

★11月1日　执业资格注册中心工程师注册人员照片和手写签名上报的试点工作启动　住房和城乡建设部执业资格注册中心组织开发了《全国一级注册建筑师、注册工程师注册人员照片和手写签名数据库》软件工作，并于2010年11月1日起在深圳市开始了一级注册建筑师和一级注册结构工程师注册人员照片和手写签名上报的试点工作。

★11月2日　江西省建设工程勘察设计协会被江西省民政厅授予“全省先进社会组织”。

★11月2日~5日　在韩国光州召开第十四届中日韩注册建筑师组织交流会。

★11月4日~5日　全国特大城市建设发展协作会第26次会议在深圳召开　全国特大城市建设发展协作会第26次会议主题是“绿色宜居　民生幸福”。住房和城乡建设部总经济师李秉仁，广东省住房和城乡建设厅副厅长蔡瀛，深圳市政府秘书长李平以及30个城市的建委主任(建设局局长)出席了会议。

★11月5日　中加携手推广木结构建筑技术　以住房和城乡建设部副部长仇保兴、加拿大联邦政府自然资源部助理副部长James Farrell、加拿大卑诗省林业厅厅长Patrick Bell为联合主席的中国现代木结构建筑技术项目联合工作小组在北京成立。小组成员来自双方有关部门和机构，另设专家组提供技术支持。仇保兴、James Farrell、Patrick Bell在成立大会上致辞。鉴于在建筑节能减碳领域采用新技术、新材料以应对气候变化的共同努力和追求，中加双方就现代木结构具有绿色环保、节能低碳等特点达成共识，并就该技术在中国的应用推广进行友好合作达成共同意愿。

★11月23日　中国勘察设计协会在重庆召开行业发展研讨交流汇报会　中国勘察设计协会在重庆召开全国工程勘察设计行业发展研讨交流汇报会。汇报会主要对勘察设计协会2010年下半年开展的全行业专题调研工作进行了回顾，总结调研成果，交流发展经验，研讨工作思路和目标。

★11月25日　全国建设工程监理会议召开　全国建设工程监理会议在江苏省南京市召开，会上，住房和城乡建设部副部长郭允冲回顾了5年来的工程监理工作，分析了当前工程监理市场和行业发展面临的形势和存在的问题，对今后一段时期的工程监理工作提出了要求。江苏省副省长何权出席会议并致辞。

郭允冲指出，今后监理工作的指导思想是：坚持以科学发展观为指导，以确保工程质量安全为基本要求，以完善体制机制、加强工程监理制度建设为基础，严格依法监管，严格市场准入和清出，不断规范市场行为，严格依法监理，认真履行监理职责，全面提高监理企业、监理人员的素质，全面提升监理工作水平。

住房和城乡建设部有关司局负责人，中央纪委监察部、国家发改委、财政部、铁道部、交通运输部、水利部、国务院法制办、国家人防办、总后营房工程管理局的代表，各省、自治区、直辖市、计划单列市、副省级城市建设主管部门负责人，行业协会负责人以及部分企业代表参加了会议。北京、江苏、福建等地建设主管部门的代表及部分企业代表在会上介绍了经验。

★11月26日　我国研发的首个高端三维CAD软件开始巡展　我国本土CAD设计软件企业中望龙腾软件公司，首次展开CAD/CAM一体化解决方案全国巡回展。巡展在北京、上海、武汉等各大城市陆续举行。CAD/CAM一体化解决方案，是我国研发的首个具有全球知识产权的高端三维设计软件。

★11月28日~30日　中国勘察设计协会信息化工作会议在南宁市召开　中国勘察设计协会信息化工作会议暨工程设计计算机应用工作委员会2010年年会于11月在广西壮族自治区首府南宁市举行。会议总结了工程勘察设计行业信息化建设“十一五”的工作和经验，筹划“十二五”的发展。通过交流研讨，提出目标措施，推动全行业信息化建设水平再上一个新的台阶。到会代表来自建筑、水利、电力、石油、石化、煤炭、铁道、公路、冶金、机械、船舶、航空航天、军队等各行业的勘察设计100多家单位，部分省、市的勘察设计协会信息化工作负责同志也出席了会议。王素卿理事长在总结行业“十一五”信息化工作的基础上，代表协会提出了供业内研究讨论的“十二五”工程勘察设计行业信息化建设工作目标的建议。会上向荣获“十一五”期间工程勘察设计行业获实施信息化建设先进单位奖的116个单位颁发了证书和奖牌。

12月

★12月3日　住房和城乡建设部执业资格注册中心接待英国结构工程师学会代表来访，双方相互交流信息。

★12月3日　《工程勘察设计行业专题调研报告》提交并呈报住房和城乡建设部领导及有关司局　在协会组织专家对调研资料研讨以及协会秘书处几易其稿的基础上，协会于12月3日正式提出了这次行业专题调研的报告，并呈报给住房和城乡建设部领导及有关司局。专题调研报告由总报告及行业节能减排工作、行业技术创新、行业发展问题和市场与质量等四个分报告组成。在调研报告中，一是反映了当前勘察设计行业的总体现状；二是分析归纳了影响勘察设计行业健康发展的主要问题；三是提出了解决存在问题的建议。

《专题调研报告》的出台，正值我国“十二五”提出要以加快经济增长方式转变为主线的，深化改革的关键时期，调研工作的成果将为推进业内企业的战略转型与业务升级，为促进行业又好又快的发展发挥积极作用。

★12月9日　住房城乡建设领域节能减排专项监督检查启动　为进一步推进住房城乡建设领域节能减排工作，住房和城乡建设部决定于2010年12月中旬开展住房城乡建设领域节能减排专项监督检查，并为此下发通知。此次检查将根据国务院明确的住房城乡建设领域节能减排任务，检查建筑节能、供热计量改革、城市照明节能及城镇污水处理、生活垃圾处理设施建设运行管理方面的情况。

★12月　勘察设计监管处公布2011年工作要点　住房和城乡建设部建筑市场监管司勘察设计监管处公布2011年工作要点如下：

1. 完善工程勘察市场准入制度。出台工程勘察资质标准及实施意见，并组织相关宣贯活动。

2. 健全勘察设计企业及所属分支机构跨省承揽业务的市场监管制度。争取出台勘察设计企业跨省承揽业务市场监管办法。

3. 推进个人执业资格制度。一是启动注册建筑师和勘察设计注册工程师信用管理制度研究；二是配合人事司做好注册结构工程师的改革试点工作；三是争取启动注册港口与航道工程师的注册工作。

4. 加强我国设计市场对外开放相关政策研究。组织开展设计市场对外开放政策及我国的应对措施(暂定名)的课题研究。

5. 推动勘察设计行业发展。一是出台勘察设计行业“十二五”发展规划纲要；二是研究起草《关于进一步加快勘察设计行业改革发展的若干意见》。

6. 继续推进工程总承包工作，争取出台《工程总承包合同示范文本》。

7. 协助做好施工总承包特级资质就位工作。

2010年度工程建设行业
实施与发布标准目录汇编（部分）

（依企业网报数据整理）

标准编号	标准名称	发布日期	实施日期	代替标准
CJ/T325—2010	公共浴池水质标准		2011-08-01	
CJ/T335—2010	城镇燃气切断阀和放散阀		2011-02-01	
CJ/T337—2010	城镇污水热泵热能利用水质		2011-05-01	
CJ/T345—2010	生活饮用水净水厂用煤质活性炭		2011-05-01	
CJ/T348—2010	数字社区管理与服务 分类与代码		2011-05-01	
CJ/T349—2010	数字社区管理与服务 网格划分与编码规则		2011-05-01	
CJ/T350—2010	高位调蓄叠压供水设备		2011-05-01	
CJ/T352—2010	微机控制变频调速给水设备		2011-05-01	
CJ/T354—2010	城市轨道交通车辆空调、采暖及通风装置技术条件		2011-05-01	
CJ/T355—2010	小型生活污水处理成套设备		2011-05-01	
CJ/T356—2010	家用及建筑物用电子系统（HBES）通用技术条件		2011-05-01	
CJ/T358—2010	非开挖铺设用高密度聚乙烯排水管		2011-08-01	
CJ/T359—2010	铝合金水表壳及管接件		2011-08-01	
CJ/T360—2010	下水道及化粪池气体监测技术要求		2011-08-01	
CJJ/T106—2010	城市市政综合监管信息系统技术规范		2011-02-01	
CJJ/T147—2010	城镇燃气管道非开挖修复更新工程技术规程		2011-01-01	
CJJ/T148—2010	城镇燃气加臭技术规程		2011-08-01	
CJJ/T151—2010	城市遥感信息应用技术规范		2011-08-01	
CJJ/T156—2010	生活垃圾转运站评价标准		2011-08-01	
CJJ/T157—2010	城市三维建模技术规范		2011-10-01	
CJJ/T29—2010	建筑排水塑料管道工程技术规程		2011-10-01	
CJJ/T78—2010	供热工程制图标准		2011-08-01	
CJJ145—2010	燃气冷热电三联供工程技术规程		2011-03-01	
CJJ149—2010	城市户外广告设施技术规范		2011-02-01	
CJJ150—2010	生活垃圾渗沥液处理技术规范		2011-01-01	
CJJ152—2010	城市道路交叉口设计规程		2011-03-01	
CJJ34—2010	城镇供热管网设计规范		2011-01-01	
DB11/ 693—2009	建设工程临建房屋应用技术标准			
DB11/ 694—2009	模板早拆施工技术规程			
DB11/693—2009	建设工程临建房屋应用技术标准		2010-07-01	

标准编号	标准名称	发布日期	实施日期	代替标准
DB11/694—2009	模板早拆施工技术规程		2010-07-01	
DB11/T 461—2010	民用建筑太阳能热水系统应用技术规程			
DB11/T 651.1—2009	快速公共汽车交通系统第 1 部分：工程建设技术规范		2009-11-01	
DB11/T 651.2—2009	快速公共汽车交通系统第 2 部分：运营管理规范		2009-11-01	
DB11/T 687—2009	公共建筑节能设计标准		2010-07-01	DBJ01-621-2005
DB11/T 688—2009	城市雕塑工程建设质量技术规范		2010-04-01	
DB11/T 689—2009	建筑抗震鉴定与加固技术规程		2010-04-01	
DB11/T 690—2009	城市轨道交通无障碍设施设计规程	2010-01-31	2010-04-01	
DB11/T 691—2009	市政工程通用混凝土模块砌体构筑物结构设计规程	2010-01-31	2010-04-01	
DB11/T 692—2009	历史文化街区工程管线综合规划规范	2010-01-31	2010-04-01	
DB11/T 695—2009	建筑工程资料管理规程			
DB11/T 696—2009	干混砂浆应用技术规程			
DB11/T 697—2009	外墙外保温施工技术规程（外墙保温装饰板做法）			
DB11/T 698—2009	清水混凝土预制构件生产与质量验收标准			
DB11/T 742—2010	框架填充墙（轻集料砌块）设计及施工技术规程			
DB11/T 743—2010	膜结构施工质量验收规范			
DB11/T 751—2010	住宅物业服务标准			
DB11/T 775—2010	透水混凝土路面技术规程		2010-04-01	
DB11/T691—2009	市政工程通用混凝土模块砌体构筑物结构设计规程			
GB 24188—2009	城镇污水处理厂污泥泥质	2009-07-08	2010-06-01	
GB/T 24362—2009	地震公共信息图形符号与标志	2009-09-30	2010-01-01	
GB/T 24495—2009	承重墙与混凝土楼板间的水平接缝　实验室力学试验 由楼板传来的垂直荷载和弯矩的影响	2009-10-30	2010-04-01	
GB/T 24496—2009	钢筋混凝土大板间有连接筋并用混凝土浇灌的键槽式竖向接缝　实验室力学试验　平面内切向荷载的影响	2009-10-30	2010-04-01	
GB/T 24497—2009	建筑物的性能标准　预制混凝土楼板的性能试验 在集中荷载下的工况	2009-10-30	2010-04-01	
GB/T 24600—2009	城镇污水处理厂污泥处置　土地改良用泥质	2009-11-15	2010-06-01	
GB/T 24602—2009	城镇污水处理厂污泥处置　单独焚烧用泥质	2009-11-15	2010-06-01	
GB/T 24603—2009	箱式叠压给水设备	2009-11-15	2010-06-01	
GB/T 24716—2009	公路沿线设施太阳能供电系统通用技术规范	2009-11-30	2010-04-01	
GB/T 24717—2009	道路预成形标线带	2009-11-30	2010-04-01	
GB/T 24718—2009	防眩板	2009-11-30	2010-04-01	
GB/T 24719—2009	公路收费亭	2009-11-30	2010-04-01	

标准编号	标准名称	发布日期	实施日期	代替标准
GB/T 24720—2009	交通锥	2009-11-30	2010-04-01	
GB/T 24721.1—2009	公路用玻璃纤维增强塑料产品 第 1 部分：通则	2009-11-30	2010-04-01	
GB/T 24721.2—2009	公路用玻璃纤维增强塑料产品 第 2 部分：管箱	2009-11-30	2010-04-01	
GB/T 24721.3—2009	公路用玻璃纤维增强塑料产品 第 3 部分：管道	2009-11-30	2010-04-01	
GB/T 24721.4—2009	公路用玻璃纤维增强塑料产品 第 4 部分：非承压通信井盖	2009-11-30	2010-04-01	
GB/T 24721.5—2009	公路用玻璃纤维增强塑料产品 第 5 部分：标志底板	2009-11-30	2010-04-01	
GB/T 24722—2009	路面标线用玻璃珠	2009-11-30	2010-04-01	
GB/T 7920.17—2009	钢筋加工机械术语	1987-06-12	2010-01-01	GB/T 7920.17—1987
GB/T50001—2010	房屋建筑制图统一标准		2011-03-01	
GB/T50006—2010	厂房建筑模数协调标准		2011-10-01	
GB/T50103—2010	总图制图标准		2011-03-01	
GB/T50104—2010	建筑制图标准		2011-03-01	
GB/T50105—2010	建筑结构制图标准		2011-03-01	
GB/T50106—2010	建筑给水排水制图标准		2011-03-01	
GB/T50107—2010	混凝土强度检验评定标准		2010-12-01	
GB/T50114—2010	暖通空调制图标准		2011-03-01	
GB/T50125—2010	给水排水工程基本术语标准		2010-12-01	
GB/T50138—2010	水位观测标准		2010-12-01	
GB/T50518—2010	矿井通风安全装备标准		2010-12-01	
GB/T50525—2010	视频显示系统工程测量规范		2010-12-01	
GB/T50538—2010	埋地钢质管道防腐保温层技术标准		2011-12-01	
GB/T50552—2010	煤炭工业露天矿工程建设项目设计文件编制标准		2010-12-01	
GB/T50553—2010	煤炭工业选煤厂工程建设项目设计文件编制标准		2010-12-01	
GB/T50554—2010	煤炭工业矿井工程建设项目设计文件编制标准		2010-12-01	
GB/T50557—2010	重晶石防辐射混凝土应用技术规范		2010-12-01	
GB/T50562—2010	煤炭矿井工程基本术语标准		2010-12-01	
GB/T50563—2010	城市园林绿化评价标准		2010-12-01	
GB/T50564—2010	金属非金属矿山采矿制图标准		2010-12-01	
GB/T50571—2010	海上风力发电工程施工规范		2010-12-01	
GB/T50572—2010	核电厂工程地震调查与评价规范		2010-12-01	
GB/T50587—2010	水库调度设计规范		2010-12-01	
GB/T50589—2010	环氧树脂自流平地面工程技术规范		2010-12-01	
GB/T50590—2010	乙烯基酯树脂防腐蚀工程技术规范		2010-12-01	
GB/T50593—2010	煤炭矿井制图标准		2011-02-01	

标准编号	标准名称	发布日期	实施日期	代替标准
GB/T50594—2010	水功能区划分标准		2011-10-01	
GB/T50596—2010	雨水集蓄利用工程技术规范		2011-02-01	
GB/T50597—2010	纺织工程常用术语、计量单位及符号标准		2011-02-01	
GB/T50600—2010	渠道防渗工程技术规范		2011-02-01	
GB/T50602—2010	球形储罐 γ 射线全景曝光现场检测标准		2011-02-01	
GB/T50604—2010	民用建筑太阳能热水系统评价标准		2011-06-01	
GB/T50605—2010	住宅区和住宅建筑内通信设施工程设计规范		2011-02-01	
GB/T50609—2010	石油化工工厂信息系统设计规范		2011-10-01	
GB/T50610—2010	车用乙醇汽油储运设计规范		2011-10-01	
GB/T50619—2010	火力发电厂海水淡化工程设计规范		2011-06-01	
GB/T50621—2010	钢结构现场检测技术标准		2011-06-01	
GB/T50622—2010	用户电话交换系统工程设计规范		2011-06-01	
GB/T50623—2010	用户电话交换系统工程验收规范		2011-06-01	
GB/T50624—2010	住宅区和住宅建筑内通信设施工程验收规范		2011-10-01	
GB/T50625—2010	机井技术规范		2011-06-01	
GB/T50626—2010	住房公积金支持保障性住房建设项目贷款业务规范		2010-07-09	
GB/T50627—2010	城镇供热系统评价标准		2011-10-01	
GB/T50640—2010	建筑工程绿色施工评价标准		2011-10-01	
GB50010—2010	混凝土结构设计规范		2011-07-01	
GB50011—2010	建筑抗震设计规范		2010-12-01	
GB50039—2010	农村防火规范		2011-06-01	
GB50057—2010	建筑物防雷设计规范		2011-10-01	
GB50094—2010	球形储罐施工规范		2011-06-01	
GB50118—2010	民用建筑隔声设计规范		2011-06-01	
GB50147—2010	电气装置安装工程 高压电器施工及验收规范		2010-12-01	
GB50148—2010	电气装置安装工程 电力变压器、油浸电抗器、互感器施工及验收规范		2010-12-01	
GB50149—2010	电气装置安装工程 母线装置施工及验收规范		2011-10-01	
GB50151—2010	泡沫灭火系统设计规范		2011-06-01	
GB50185—2010	工业设备及管道绝热工程施工质量验收规范		2010-12-01	
GB50209—2010	建筑地面工程施工质量验收规范		2010-12-01	
GB50213—2010	煤矿井巷工程质量验收规范		2010-12-01	
GB50224—2010	建筑防腐蚀工程施工质量验收规范		2011-02-01	
GB50235—2010	工业金属管道工程施工规范		2011-06-01	

标准编号	标准名称	发布日期	实施日期	代替标准
GB50265—2010	泵站设计规范		2011-02-01	
GB50270—2010	输送设备安装工程施工及验收规范		2010-12-01	
GB50274—2010	制冷设备、空气分离设备安装工程施工及验收规范		2011-02-01	
GB50275—2010	风机、压缩机、泵安装工程施工及验收规范		2011-02-01	
GB50277—2010	铸造设备安装工程施工及验收规范		2011-02-01	
GB50278—2010	起重设备安装工程施工及验收规范		2010-12-01	
GB50325—2010	民用建筑工程室内环境污染控制规范		2011-06-01	
GB50381—2010	城市轨道交通自动售检票系统工程质量验收规范		2010-12-01	
GB50508—2010	涤纶工厂设计规范		2010-12-01	
GB50511—2010	煤矿井巷工程施工规范		2011-02-01	
GB50515—2010	导（防）静电地面设计规范		2010-12-01	
GB50516—2010	加氢站技术规范		2010-12-01	
GB50517—2010	石油化工金属管道工程施工质量验收规范		2010-12-01	
GB50523—2010	电子工业职业安全卫生设计规范		2010-12-01	
GB50524—2010	红外线同声传译系统工程技术规范		2010-12-01	
GB50526—2010	公共广播系统工程技术规范		2010-12-01	
GB50548—2010	330kV~750kV 架空输电线路勘测规范		2010-12-01	
GB50550—2010	建筑结构加固工程施工质量验收规范		2011-02-01	
GB50551—2010	球团机械设备安装工程质量验收规范		2010-12-01	
GB50555—2010	民用建筑节水设计标准		2010-12-01	
GB50556—2010	工业企业电气设备抗震设计规范		2010-12-01	
GB50558—2010	水泥工厂环境保护设计规范		2010-12-01	
GB50560—2010	建筑卫生陶瓷工厂设计规范		2010-12-01	
GB50565—2010	纺织工程设计防火规范		2010-12-01	
GB50566—2010	冶金除尘设备工程安装与质量验收规范		2010-12-01	
GB50567—2010	炼铁工艺炉壳体结构技术规范		2010-12-01	
GB50568—2010	油气田及管道岩土工程勘察规范		2010-12-01	
GB50569—2010	钢铁企业热力设施设计规范		2010-12-01	
GB50573—2010	双曲线冷却塔施工与质量验收规范		2010-12-01	
GB50574—2010	墙体材料应用统一技术规范		2011-06-01	
GB50575—2010	1kV 及以下配线工程施工与验收规范		2010-12-01	
GB50576—2010	铝合金结构工程施工质量验收规范		2010-12-01	
GB50577—2010	水泥工厂职业安全卫生设计规范		2010-12-01	
GB50578—2010	城市轨道交通信号工程施工质量验收规范		2010-12-01	

标准编号	标准名称	发布日期	实施日期	代替标准
GB50579—2010	航空工业理化测试中心设计规范		2010-12-01	
GB50580—2010	连铸工程设计规范		2010-12-01	
GB50581—2010	煤炭工业矿井监测监控系统装备配置标准		2010-12-01	
GB50582—2010	室外作业场地照明设计标准		2010-12-01	
GB50583—2010	选煤厂建筑结构设计规范		2010-12-01	
GB50584—2010	煤气余压发电装置技术规范			
GB50585—2010	岩土工程勘察安全规范			
GB50586—2010	铝母线焊接工程施工及验收规范		2010-12-01	
GB50588—2010	水泥工厂余热发电设计规范		2010-12-01	
GB50591—2010	洁净室施工及验收规范		2011-02-01	
GB50592—2010	煤矿矿井建筑结构设计规范		2011-02-01	
GB50595—2010	有色金属矿山节能设计规范		2011-02-01	
GB50598—2010	水泥原料矿山工程设计规范		2011-02-01	
GB50599—2010	灌区改造设计规范		2011-02-01	
GB50601—2010	建筑物防雷工程施工与质量验收规范		2011-02-01	
GB50603—2010	钢铁企业总图运输设计规范		2011-02-01	
GB50606—2010	智能建筑工程施工规范		2011-02-01	
GB50607—2010	高炉喷吹煤粉工程设计规范		2011-02-01	
GB50608—2010	纤维增强复合材料建设工程应用技术规范		2011-06-01	
GB50611—2010	电子工程防静电设计规范		2011-02-01	
GB50612—2010	冶金矿山选矿厂工艺设计规范		2011-02-01	
GB50613—2010	城市配电网规划设计规范		2011-02-01	
GB50614—2010	跨座式单轨交通施工及验收规范		2011-06-01	
GB50615—2010	冶金工业水文地质勘察规范		2011-06-01	
GB50616—2010	铜冶炼厂工艺设计规范		2011-06-01	
GB50617—2010	建筑电气照明装置施工与验收规范		2011-06-01	
GB50620—2010	粘胶纤维工厂设计规范		2011-06-01	
GB50628—2010	钢管混凝土工程施工质量验收规范		2011-10-01	
GB50629—2010	板带轧钢工艺设计规范		2011-10-01	
GB50630—2010	有色金属工程设计防火规范		2011-10-01	
GB50631—2010	住宅信报箱工程技术规范		2011-08-01	
GB50632—2010	钢铁企业节能设计规范		2011-10-01	
GB50633—2010	核电厂工程测量技术规范		2011-10-01	
GB50634—2010	水泥窑协同处置工业废物设计规范		2011-10-01	

标准编号	标准名称	发布日期	实施日期	代替标准
GB50635—2010	会议电视会场系统工程设计规范		2011-10-01	
GB50636—2010	城市轨道交通综合监控系统工程设计规范		2011-10-01	
GB50639—2010	锦纶工厂设计规范		2011-10-01	
GB50641—2010	有色金属矿山井巷安装工程施工规范		2011-10-01	
GB50643—2010	橡胶工厂职业安全与卫生设计规范		2011-10-01	
HJ 2000—2010	大气污染治理工程技术导则		2011-03-01	
HJ 2001—2010	火电厂烟气脱硫工程技术规范　氨法		2011-03-01	
HJ 2002—2010	电镀废水治理工程技术规范		2011-03-01	
HJ 2004—2010	屠宰与肉类加工废水治理工程技术规范		2011-03-01	
HJ 2005—2010	人工湿地污水处理工程技术规范		2011-03-01	
HJ 2006—2010	污水混凝与絮凝处理工程技术规范		2011-03-01	
HJ 2007—2010	污水气浮处理工程技术规范		2011-03-01	
HJ 2008—2010	污水过滤处理工程技术规范		2011-03-01	
HJ 582—2010	环境影响评价技术导则　农药建设项目		2011-01-01	
HJ 588—2010	农业固体废物污染控制技术导则		2011-01-01	
HJ 589—2010	突发环境事件应急监测技术规范		2011-01-01	
JG/T188—2010	混凝土节水保湿养护膜		2010-12-01	
JG/T263—2010	建筑门窗用未增塑聚氯乙稀彩色型材		2011-05-01	
JG/T274—2010	建筑遮阳通用要求		2011-01-01	
JG/T275—2010	建筑遮阳产品误操作试验方法		2011-01-01	
JG/T276—2010	建筑遮阳产品电力驱动装置技术要求		2011-01-01	
JG/T277—2010	建筑遮阳热舒适、视觉舒适性能与分级		2011-01-01	
JG/T278—2010	建筑遮阳产品用电机		2011-01-01	
JG/T279—2010	建筑遮阳产品声学性能测量		2011-01-01	
JG/T280—2010	建筑遮阳产品遮光性能试验方法		2011-01-01	
JG/T281—2010	建筑遮阳产品隔热性能试验方法		2011-01-01	
JG/T282—2010	遮阳百叶窗气密性试验方法		2011-01-01	
JG/T289—2010	混凝土结构加固用聚合物砂浆		2011-05-01	
JG/T290—2010	建筑疏散用门开门推杠装置		2011-05-01	
JG/T297—2010	建筑内电缆布线用安装式耦合器		2011-05-01	
JG/T298—2010	建筑室内用腻子		2011-08-01	
JGJ/T197—2010	混凝土预制拼装塔机基础技术规程		2011-01-01	
JGJ/T212—2010	地下工程渗漏治理技术规程		2011-01-01	
JGJ/T213—2010	现浇混凝土大直径管桩复合地基技术规程		2011-03-01	

标准编号	标准名称	发布日期	实施日期	代替标准
JGJ/T216—2010	铝合金结构工程施工规程		2011-03-01	
JGJ/T220—2010	抹灰砂浆技术规程		2011-03-01	
JGJ/T221—2010	纤维混凝土应用技术规程		2011-03-01	
JGJ/T223—2010	预拌砂浆应用技术规程		2011-01-01	
JGJ/T225—2010	大直径扩底灌注桩技术规程		2011-08-01	
JGJ/T228—2010	植物纤维工业灰渣混凝土砌块建筑技术规程		2011-10-01	
JGJ/T228—2010	植物纤维工业灰渣混凝土砌块建筑技术规程		2011-10-01	
JGJ/T229—2010	民用建筑绿色设计规范		2011-10-01	
JGJ/T229—2010	民用建筑绿色设计规范		2011-10-01	
JGJ/T98—2010	砌筑砂浆配合比设计规程		2011-08-01	
JGJ202—2010	建筑施工工具式脚手架安全技术规范			
JGJ214—2010	铝合金门窗工程技术规范		2011-03-01	
JGJ215—2010	建筑施工升降机安装、使用、拆卸安全技术规程		2010-12-01	
JGJ217—2010	纤维石膏空心大板复合墙体结构技术规程		2011-08-01	
JGJ218—2010	展览建筑设计规范		2011-02-01	
JGJ224—2010	预制预应力混凝土装配整体式框架结构技术规程		2011-10-01	
JGJ224—2010	预制预应力混凝土装配整体式框架结构技术规程		2011-10-01	
JGJ230—2010	倒置式屋面工程技术规程		2011-10-01	
JGJ230—2010	倒置式屋面工程技术规程		2011-10-01	
JGJ231—2010	建筑施工承插型盘扣式钢管支架安全技术规程		2011-10-01	
JGJ25—2010	档案馆建筑设计规范		2011-02-01	
JGJ3—2010	高层建筑混凝土结构技术规程		2011-10-01	
JGJ7—2010	空间网格结构技术规程		2011-03-01	
JGJ88—2010	龙门架及井架物料提升机安全技术规范		2011-02-01	
JTS133—1—2010	港口岩土工程勘察规范		2010-09-01	
NY/T 1718—2009	农业建设项目经济评价方法	2010-06-26		
TSG G5001—2010	锅炉水（介）质处理监督管理规则	2010-11-04	2011-02-01	
TSG G5002—2010	锅炉水（介）质处理检验规则	2010-11-04	2011-02-01	

中国勘察设计行业2010年度
企业专利技术汇总

（依企业网报数据整理）

序号	企业名称	专利名称	专利号
1	安徽省电力设计院	电力行业工程图纸交付系统	2010SR062464
2	安徽省电力设计院	DXF 文件批量录入数据库系统	2010SR062460
3	安徽省电力设计院	架空送电线路地线返回电流计算软件 V1.0	2010SR062704
4	安徽省电力设计院	输电线路平面测图软件 V1.0	2010SR062463
5	安徽省电力设计院	输电线路 DEM 断面生成软件 V1.0	2010SR062466
6	安徽省电力设计院	架空送电线路优化设计系统 V1.0	2010SR069052
7	安徽省电力设计院	火力发电厂逆流式自然通风冷却塔选型计算软件	2011SR023351
8	北京城建勘测设计研究院有限责任公司	一种土建监测系统	ZL201020188658.7
9	北京市煤气热力工程设计有限公司	供热系统直埋输配管网	ZL201020248235.X
10	黑龙江省同信通信规划设计有限公司	通讯路由控制系统	软著登字第 0176252 号
11	黑龙江省同信通信规划设计有限公司	网络监控软件	软著登字第 0176250 号
12	黑龙江省同信通信规划设计有限公司	通讯接入网网络优化系统	软著登字第 0176245 号
13	黑龙江省同信通信规划设计有限公司	通讯无线网基站关键数据指标优化系统	软著登字第 0177061 号
14	黑龙江省同信通信规划设计有限公司	机房设备监控系统	软著登字第 0176247 号
15	黑龙江省同信通信规划设计有限公司	通信设备管理系统	软著登字第 0176249 号
16	黑龙江省同信通信规划设计有限公司	通信接入工程设计优化系统	软著登字第 0267829 号
17	黑龙江省同信通信规划设计有限公司	通信管道工程设计优化系统	软著登字第 0267830 号
18	黑龙江省同信通信规划设计有限公司	GSM 无线网络扩容技术优化系统	软著登字第 0268328 号
19	黑龙江省同信通信规划设计有限公司	无线网络项目配套设计优化系统	软著登字第 0268338 号
20	黑龙江省同信通信规划设计有限公司	城域网扩容工程优化系统	软著登字第 0268326 号
21	黑龙江省同信通信规划设计有限公司	TD-SCDMA 无线网络扩容技术优化系统	软著登字第 0267377 号
22	上海市政工程设计研究总院	一种施工用模板、钢筋操作平台	ZL201020032880.8
23	上海市政工程设计研究总院	一种顶板结构	ZL201020100073.5
24	上海市政工程设计研究总院	一种盾构管片纵缝连接件	ZL201020120267.1
25	上海市政工程设计研究总院	一种盾构管片的插入式环缝连接件	ZL201020120786.8
26	上海市政工程设计研究总院	带有绿化景观功能的桩基承台护岸	ZL201020152054.7
27	哈尔滨工业大学建筑设计研究院	寒地组合屋面瓦保温模块	ZL201110069904.6
28	哈尔滨工业大学建筑设计研究院	寒地保温隔热透光车库门卷帘节能系统	ZL201110071093.3
29	哈尔滨工业大学建筑设计研究院	严寒地区外墙外保温系统门窗防火构造	ZL201110093322.1
30	哈尔滨工业大学建筑设计研究院	组合屋面瓦保温模块	ZL201120077668.8

序号	企业名称	专利名称	专利号
31	哈尔滨工业大学建筑设计研究院	寒地保温隔热透光车库门卷帘节能系统	ZL201120079475.6
32	哈尔滨工业大学建筑设计研究院	严寒地区外墙外保温系统门窗防火构造	ZL201120108907.1
33	哈尔滨工业大学建筑设计研究院	寒地节能建筑集成技术楼面	ZL201110104489.3
34	哈尔滨工业大学建筑设计研究院	预应力混凝土刚架拱梁	ZL201010187229.2
35	哈尔滨工业大学建筑设计研究院	预应力混凝土折线形刚架梁	ZL201010241142.9
36	哈尔滨工业大学建筑设计研究院	预应力混凝土刚架拱梁	ZL201020209340.2
37	哈尔滨工业大学建筑设计研究院	预应力混凝土折线形刚架梁	ZL201020276866.2
38	广州地铁设计研究院	应用于城市轨道交通的 DC1500V 四轨安装结构	ZL201020572249.7
39	广州地铁设计研究院	DC1500V 架空接触网与回流轨的组合安装结构	ZL201020572255.2
40	广州市城市规划勘测设计研究院	规划监督信息化测绘平台系统 [简称 :UPISS]V1.0	2010SR069357
41	广州市城市规划勘测设计研究院	沉降观测和等级水准观测数据处理软件系统 [简称 :PSLMS]	2010SR074939
42	广州市城市规划勘测设计研究院	特种承压设备管理信息系统 (GIS 版)V1.0	2010SR074939
43	广州市城市规划勘测设计研究院	ADS40 数字摄影测量自动化处理系统 V1.0	2010SR003556
44	广州市城市规划勘测设计研究院	警备区军事地理信息系统 V1.0.0.1	2010SR004222
45	广州市城市规划勘测设计研究院	GZPI 规划设计工作平台系统 V1.0	2010SR061522
46	广州市城市规划勘测设计研究院	规划成果数据库管理信息系统 V1.0	2010SR061432
47	广州市城市规划勘测设计研究院	规划专业生产部门管理系统 V1.0	2010SR061520
48	广州市城市规划勘测设计研究院	规划专业信息资源库系统 V1.0	2010SR061911
49	广州市城市规划勘测设计研究院	城市规划三维数字化管理平台 V1.0.0.1	2010SR069359
50	广州市城市规划勘测设计研究院	基于 GIS 的电信图形规划支撑系统 V1.0.0.1	2010SR069354
51	广州市城市规划勘测设计研究院	图根导线数据综合处理软件 [简称 :JcStd]V1.0	2010SR069351
52	广州市城市规划勘测设计研究院	广州市行政区划界线管理信息系统 [简称 :GXZQHMIS]	2010SR069356
53	广州市城市规划勘测设计研究院	等高线地形处理软件 [简称 :Mapconvert]V1.0]	2010SR069349
54	广州市设计院	一体化隔油池	ZL201020154105.x
55	广州市设计院	一种土木工程用分散式钢棒连接结构	ZL201020277939.X
56	广州市设计院	超高层的新型框架——核心筒混合结构体系	ZL201020277927.7
57	广州市设计院	在高层 / 超高层建筑中设置风力发电机的结构体系	ZL201020277929.6
58	广州市设计院	分散式钢棒混凝土柱	ZL201020277937.0
59	海洋石油工程股份有限公司	自动焊机专用轨道	ZL201020046847.0
60	海洋石油工程股份有限公司	全位置自动焊接双炬焊机的横向摆动机构	ZL201020046845.1
61	海洋石油工程股份有限公司	全位置双炬自动焊机的机头	ZL201020121395.8
62	海洋石油工程股份有限公司	双丝埋弧焊机的电磁搅拌磁头	ZL201020121334.1
63	海洋石油工程股份有限公司	多条管道液体压力试验装置	ZL201020157358.2
64	海洋石油工程股份有限公司	导管架外加电流阴极保护装置	ZL201020157361.4

序号	企业名称	专利名称	专利号
65	海洋石油工程股份有限公司	自动焊机的摆动控制装置	ZL201020188826.2
66	海洋石油工程股份有限公司	三筒基独腿系泊平台	ZL201020214989.3
67	海洋石油工程股份有限公司	管道焊缝自动化超声探伤装置	200810064438.0
68	海洋石油工程股份有限公司	深水 S 型托管架的托辊	ZL201020590838.8
69	海洋石油工程股份有限公司	液化天然气罐内泵井装置	ZL201020515502.5
70	华东勘测设计研究院	重力坝坝基大断层加固结构	ZL2010201250656.6
71	华东勘测设计研究院	增强海上风机基础人工鱼礁效应的附加结构	ZL201020168917.X
72	华东勘测设计研究院	变桩径结构的单桩基础	ZL201020165795.9
73	华东勘测设计研究院	导管架式海上风电机组基础结构	ZL201020156711.5
74	华东勘测设计研究院	水电站岸边式厂房上游墙的排水结构	ZL201020157983.7
75	华东勘测设计研究院	处理村镇生活污水的二级滴滤系统	ZL201020124370.3
76	华东勘测设计研究院	处理村镇生活污水的滴滤加人工湿地系统	ZL201020124391.5
77	华东勘测设计研究院	堰塔一体式导流隧洞进水口结构	ZL201020118697.X
78	华东勘测设计研究院	变形体或松散体边坡处理中的跨沟截排水系统	ZL201020120510.X
79	华东勘测设计研究院	土石过水围堰堰脚防冲结构	ZL201020120499.7
80	华东勘测设计研究院	水压耦合式跨孔声波测试装置	ZL201020120497.8
81	华东勘测设计研究院	全分离式单孔声波测试装置	ZL201020120447.X
82	华东勘测设计研究院	闸门用自适应止水密封结构	ZL201020118674.9
83	华东勘测设计研究院	闸门用自调压止水密封结构	ZL201020118676.8
84	华东勘测设计研究院	相邻结构之间的抗振缝结构	ZL201020049972.7
85	华东勘测设计研究院	坝体排水结构	ZL201020102688.1
86	华东勘测设计研究院	柔性防冲钢筋混凝土链板结构	ZL201020049365.0
87	华东勘测设计研究院	混凝土应变计组	ZL201020049521.3
88	吉林省交通规划设计院	路基冻融循环状态下毛细水上升高度试验仪	ZL201020688638.6
89	吉林省交通规划设计院	路基毛细水上升高度成型试验仪	ZL201020688651.1
90	江苏省邮电规划设计院有限公司	一种具有智能光纤管理功能的光纤配线装置	ZL201020210748.1
91	江苏省邮电规划设计院有限公司	一种通信机房热量回收水冷空调系统	ZL201020210767.4
92	江苏省邮电规划设计院有限公司	一种具有智能光纤管理和标识功能的光纤配线装置	ZL201020210757.0
93	江苏省邮电规划设计院有限公司	智能文档生成软件 [简称 :IDPS]V1.0	软著登字第 0245057 号
94	江苏省邮电规划设计院有限公司	CAD-EXCEL 表格数据同步软件	2010R11L074352
95	江苏省邮电规划设计院有限公司	站房能耗智能监测系统软件 [简称 :EMPE]	软著登字第 0245059 号
96	江西中煤建设集团有限公司	对拉锚杆自平衡框架式拱桥侧墙	ZL201020523673.2
97	江西中煤建设集团有限公司	预制安装顺桥向分块双悬臂梁板拓宽的拱桥	ZL201020523691.0
98	中铁第四勘察设计院集团有限公司	一种三孔双线铁路水底隧道	ZL201020104476.7

序号	企业名称	专利名称	专利号
99	中铁第四勘察设计院集团有限公司	一种三孔四线铁路水底隧道	ZL201020104513.4
100	中铁第四勘察设计院集团有限公司	一种单线铁路盾构隧道纵向刚度加强结构	ZL201020241135.4
101	中铁第四勘察设计院集团有限公司	一种九等分分块方式的盾构隧道衬砌环	ZL201020235146.1
102	中铁第四勘察设计院集团有限公司	一种 7+1 分块方式的盾构隧道衬砌环	ZL201020235113.7
103	中铁第四勘察设计院集团有限公司	多功能强制对中测量标志	ZL201020241104.9
104	中铁第四勘察设计院集团有限公司	一种带桩基础的暗挖隧道结构	ZL201020508507.5
105	中铁第四勘察设计院集团有限公司	高架车站空间异型刚构拱桥	ZL201020510274.2
106	中铁第四勘察设计院集团有限公司	隧道上跨溶洞暗河地段支护结构	ZL201020508439.2
107	中铁第四勘察设计院集团有限公司	一种隧道支护结构	ZL201020508736.7
108	黄河勘测规划设计有限公司	PVC 止水带	ZL201020155091.3
109	黄河勘测规划设计有限公司	用于电站事故闸门的倒挂式油缸	ZL201020162205.7
110	黄河勘测规划设计有限公司	单双吊点变换式门机	ZL201020162233.9
111	黄河勘测规划设计有限公司	单双吊点变换式起升装置	ZL201020162493.6
112	黄河勘测规划设计有限公司	用于闸阀式工作闸门的液压启闭机	ZL201020162500.2
113	黄河勘测规划设计有限公司	双向挡水闸阀式工作闸门	ZL201020162203.8
114	黄河勘测规划设计有限公司	采用倒挂液压启闭机的电站事故闸门	ZL201020162231.X
115	黄河勘测规划设计有限公司	门机大车运行定位装置	ZL201020162234.3
116	黄河勘测规划设计有限公司	闸阀式闸门的自动排气装置	ZL201020162496.X
117	山西省电力勘测设计院	直接空冷机组给水泵汽轮机的乏汽直排系统	ZL201020206060.6
118	山西省电力勘测设计院	由汽轮发电机直接驱动的锅炉给水泵	ZL201020206079.0
119	山西省电力勘测设计院	疏水扩容器排汽管道的补偿及疏水装置	ZL201010184993.4
120	山西省电力勘测设计院	一种煤矿塌陷区输电杆塔中空混凝土复合板基础	ZL201020184215.0
121	上海电科智能系统股份有限公司	一种匝道控制器主机	ZL201030275373.2
122	天津市建筑设计院	中部刚接双钢管防屈曲耗能支撑	ZL 201020178177.8
123	天津市建筑设计院	半刚接双钢管防屈曲耗能支撑	ZL 201020178178.2
124	天津市建筑设计院	钢结构住宅用承重叠合板	ZL 201020692201.X
125	中国恩菲工程技术有限公司	阳极泥处理设备及其气浮槽	ZL201020106202.1
126	中国恩菲工程技术有限公司	自热熔炼炉	ZL201020134504.x
127	中国恩菲工程技术有限公司	水套	ZL201020134505.4
128	中国恩菲工程技术有限公司	液固分离装置	ZL201020139249.8
129	中国恩菲工程技术有限公司	固固分离装置	ZL201020174237.9
130	中国汽车工业工程公司	三点接触多层密封滚轮轴承	ZL 201020041152.3
131	中国瑞林工程技术有限公司	直接炼铅炉	ZL2010201390416
132	中国瑞林工程技术有限公司	一种溶液平行双向旋转流动的电解或电积装置	ZL201020128861.5

序号	企业名称	专利名称	专利号
133	中国瑞林工程技术有限公司	一种固体铜料处理设备	ZL2010202175690
134	中国瑞林工程技术有限公司	一种铜锍处理设备	ZL201020217588.3
135	中国瑞林工程技术有限公司	一种阳极精炼炉加料设备	ZL201020217559.7
136	中国瑞林工程技术有限公司	一种铜电解残极的处理设备	ZL201020217606.8
137	中国瑞林工程技术有限公司	铅锌一体化冶炼炉	ZL201020216004.0
138	中国瑞林工程技术有限公司	冷却除雾组合塔	ZL201020187903.2
139	中国瑞林工程技术有限公司	电解用不锈钢阴极板	ZL201020192986.4
140	中国瑞林工程技术有限公司	伸缩环保烟罩	ZL2010201411588
141	中国瑞林工程技术有限公司	结晶器加热系统	ZL201020278854.3
142	中国瑞林工程技术有限公司	一种多功能急冷塔水夹套装置	ZL201020299576.X
143	中国瑞林工程技术有限公司	电机通风系统节能装置	ZL2010202248634
144	中国瑞林工程技术有限公司	脱铜电解槽排气罩	ZL201020191269.X
145	中国瑞林工程技术有限公司	铜及铜合金管棒材的强制循环酸洗装置	ZL201020102526.8
146	中国瑞林工程技术有限公司	新型电解铝液运输装置	ZL201020247652.2
147	中国石化集团宁波工程有限公司	卧式 U 形管换热器	ZL201020206309.3
148	中国石化集团宁波工程有限公司	一种储罐开孔壁板热处理胎具	ZL201020181596.7
149	中国石化集团宁波工程有限公司	一种热处理用支撑装置	ZL201020181612.2
150	中国石化集团宁波工程有限公司	一种大型储罐双盘式浮顶结构	ZL201020198924.4
151	中国石化集团宁波工程有限公司	一种设备吊装用吊具	ZL201020166544.2
152	中国石化集团宁波工程有限公司	一种手工切割加工用辅助装置	ZL201020297315.4
153	中国石化集团宁波工程有限公司	固定式塔吊塔身高度超标用加固装置	ZL201020297324.3
154	中国市政工程中南设计研究院	短程恒水位序批式污水处理装置	ZL201020297312.0
155	中国水电顾问集团贵阳勘测设计研究院	一种接插式电火花振源发射探头	ZL201020224762.7
156	中国新型建筑材料工业杭州设计研究院	以钢渣为吸收剂的干法烟气脱硫装置	ZL201020589485.X
157	中交上海航道勘察设计研究院有限公司	一种多联体螺母块体	ZL201020101183.3
158	中交上海航道勘察设计研究院有限公司	一种犁型耙齿	ZL201020188201.6
159	中交上海航道勘察设计研究院有限公司	一种分层沉降磁环定位器	ZL201020286173.1
160	中交上海航道勘察设计研究院有限公司	一种流动状软土的探取装置	ZL201020286187.3
161	中交上海航道勘察设计研究院有限公司	一种塑料排水板纵向通水量仪	ZL201020579892.2
162	中交上海航道勘察设计研究院有限公司	一种取砂清淤装置	ZL201020579915.X
163	中交上海航道勘察设计研究院有限公司	无动力船舶系泊系船环	ZL201020674898.8
164	中铁第一勘察设计有限公司	一种高速铁路轨道检测仪传感器安装调节装置	ZL201020119572.9
165	中铁第一勘察设计有限公司	CPI I 测量标志预埋件保护装置	ZL201020119638.4
166	中铁第一勘察设计有限公司	冻土区铁路路基遮阳棚	ZL201020154972.3

序号	企业名称	专利名称	专利号
167	中铁第一勘察设计有限公司	一种铁路轨道检测仪标定台	ZL201020298583.8
168	中铁隧道勘测设计院有限公司	可维护式排水系统	ZL201020132871.6
169	中冶长天国际工程有限责任公司	一种风机机壳及风机	ZL201020206912.1
170	中冶长天国际工程有限责任公司	多浇注料带式回转窑	ZL201020225883.3
171	中冶长天国际工程有限责任公司	点火炉用锚固砖	ZL201020225906.0
172	中冶长天国际工程有限责任公司	椭圆振动棒条筛	ZL201020031445.3
173	中冶长天国际工程有限责任公司	插板及具有该插板的烟气罩液密封、环冷机	ZL201020107145.9
174	中冶长天国际工程有限责任公司	烧结机柔性传动机构保护装置	ZL201020301902.6
175	中冶长天国际工程有限责任公司	烧结点火保温炉用耐火炉衬及其烧结点火保温炉	ZL201020302783.6
176	中冶集团武汉勘察研究院有限公司	中冶数码—管线通系统 V1.0	2010SR000733
177	中冶集团武汉勘察研究院有限公司	中冶数码—控制数据平台系统 V1.0	2010SR000738
178	中冶集团武汉勘察研究院有限公司	青山智能测绘和管理系统 V1.0	2010SR000740
179	中冶集团武汉勘察研究院有限公司	中冶数码—管线通系统 V1.0	2010SR000735
180	中冶南方工程技术有限公司	钢结构厂房屋顶通风机隔震台座	ZL201020124315.4
181	中冶南方工程技术有限公司	一种双连杆球轴连接机构	ZL201020134538.9
182	中冶南方工程技术有限公司	球铰悬盘型转炉托圈与炉壳的连接装置	ZL201020146683.9
183	中冶南方工程技术有限公司	逐级导流防溅挡板	ZL201020177208.8
184	中冶南方工程技术有限公司	乳化液低惯性力回流阻断装置	ZL201020177197.3
185	中冶南方工程技术有限公司	乳化液边部窜流阻断装置	ZL201020177199.2
186	中冶南方工程技术有限公司	中间辊窜辊空位乳化液窜流阻断装置	ZL201020177184.6
187	中国市政工程东北设计研究总院	絮凝反应装置	ZL201020585353.X
188	中国市政工程东北设计研究总院	城市污水厂排放标准升级优化处理方法	ZL201010195153.8
189	中国市政工程东北设计研究总院	装配式方筒形多层混凝土地下车库及其制作方法	ZL201010253307.4
190	中国市政工程东北设计研究总院	供水工程节能控制方法	ZL201010513530.8
191	中国市政工程东北设计研究总院	装配式圆筒形多层混凝土地下车库	ZL201020292044.3
192	中国市政工程东北设计研究总院	絮凝反应装置	ZL201020585353.X
193	湖南省水利水电勘测设计研究总院	博禹山洪灾害监测预警决策支持系统 V1.0	2010SR044452
194	中国电力工程顾问集团西南电力设计院	一种渣仓	ZL201020163503.8
195	中国煤炭科工集团武汉设计研究院	塑料胀壳式气囊锚杆	ZL201020003478.7
196	中国煤炭科工集团武汉设计研究院	塑料胀壳式瓦斯抽放锚杆	ZL201020147138.1
197	中国煤炭科工集团武汉设计研究院	管道输送煤浆分流器	ZL201020523579.7
198	中国煤炭科工集团武汉设计研究院	煤浆管道疏通装置	ZL201020523580.X
199	中国煤炭科工集团武汉设计研究院	一体化脱氮除磷污水处理池	ZL201020588361.X
200	中国煤炭科工集团武汉设计研究院	Led Show 电厂电力数据采集及 LED 屏显示软件	2010R11L103056

序号	企业名称	专利名称	专利号
201	中国煤炭科工集团武汉设计研究院	tsyh 矿井提升设备选型优化计算软件	2010R11L103074
202	大庆油田工程有限公司	15 万方储罐的外环墙弹性基础	ZL200920099533.4
203	大庆油田工程有限公司	15 万方储罐罐底边缘板与底圈壁板之间的大角焊缝接头	ZL200920099531.5
204	大庆油田工程有限公司	高寒地区 Φ60m 钢制双向子午线网壳拱顶	ZL200920099532.X
205	上海核工程研究设计院	主泵超声波清洗装置	ZL200920272951.9
206	上海核工程研究设计院	反应堆主冷却剂循环泵内插件翻转检修架	ZL200920272949.1
207	上海核工程研究设计院	燃料棒定位小车	ZL200920272942.X
208	上海核工程研究设计院	一种燃料棒更换装置用的测力装置	ZL200920176365.4
209	上海核工程研究设计院	一种燃料棒更换装置的驱动切换部件	ZL200920176364.4
210	上海市政工程设计研究总院	一种低压电机控制设备	200920066652.x
211	上海市政工程设计研究总院	一种住宅防倒灌排风、排烟装置	200920069771.0
212	上海市政工程设计研究总院	一种隧（地）道遮光段结构	200920067611.2
213	上海市政工程设计研究总院	综合管沟十字型交叉口	200920070728.6
214	上海市政工程设计研究总院	一种 COD 组分测定装置	200920078179.7
215	上海市政工程设计研究总院	一种用于移动床生物膜反应器的气提泵	200920208873.6
216	上海市政工程设计研究总院	一种内置式拉索液压阻尼器	200920078107.2
217	上海市政工程设计研究总院	一种 F 型钢筋混凝土管道双密封防水接口	200920286432.8
218	上海市政工程设计研究总院	一种悬索桥索夹螺栓保护罩	200920286519.5
219	上海市政工程设计研究总院	一种新老桥主梁可更换联接装置	200920212608.5
220	上海市政工程设计研究总院	一种桥梁用抗震挡块	200920212609.x

中国勘察设计行业2010年度 企业专有技术汇总

（依企业网报数据整理）

序号	企业名称	专有技术名称	评定单位
1	安徽省电力设计院	220kV 变电站中 220kV、110kVGIS 出线构架正三角形排列方式	中国电力规划设计协会
2	安徽省电力设计院	基于应力波和桩身沉降的桩身内力计算方法	中国电力规划设计协会
3	安徽省电力设计院	秸秆电厂分散破碎直输式上料系统	中国电力规划设计协会
4	安徽省电力设计院	山区输电线路机载激光雷达测量数据处理改进方法	中国电力规划设计协会
5	安徽省电力设计院	已建 500kV 大跨越带电安装攀爬机技术	中国电力规划设计协会
6	北京城建勘测设计研究院	特大异型工程精密测量与重构技术研究及应用	中华人民共和国国务院
7	北京城建勘测设计研究院	地下铁道、轻轨交通岩土工程勘察	中华人民共和国国务院
8	北京城建勘测设计研究院	地下铁道、轻轨交通工程工程测量	中华人民共和国国务院
9	北京城建勘测设计研究院	城市轨道交通工程监测技术	住房和城乡建设部
10	北京九华互联科技有限公司	广角播放前端系统 V3.0	中华人民共和国国家版权局
11	北京九华互联科技有限公司	主控系统 V3.0	中华人民共和国国家版权局
12	北京九华互联科技有限公司	广角嵌入式客户端软件 V3.0	中华人民共和国国家版权局
13	北京九华互联科技有限公司	广角中间件软件 V3.0	中华人民共和国国家版权局
14	北京九华互联科技有限公司	广角嵌入式客户端软件 V3.0	中华人民共和国国家版权局
15	北京九华互联科技有限公司	广角播控管理软件 V3.0	中华人民共和国国家版权局
16	中国五洲工程设计有限公司	离心模型试验机基础动力设计技术	中国兵器工业建设协会
17	中国五洲工程设计有限公司	精密仪器防微振工作台设计技术	中国兵器工业建设协会
18	中国五洲工程设计有限公司	防爆、抗爆安全技术	中国兵器工业建设协会
19	中国五洲工程设计有限公司	火炸药（含火工品、防化器材）工程设计技术	中国兵器工业建设协会
20	中国五洲工程设计有限公司	高纯度气体储存装置设计制造技术	中国兵器工业建设协会
21	中国五洲工程设计有限公司	工业环境振动对文物古迹的影响及相应规范的技术研究	中国兵器工业建设协会
22	中国五洲工程设计有限公司	火箭子母弹战斗部自动化装配检测技术及专用设备的设计技术	中国兵器工业建设协会
23	中国五洲工程设计有限公司	防静电工程技术	中国兵器工业建设协会
24	中国五洲工程设计有限公司	大尺寸高冲击负荷抗爆门设计制造技术	中国兵器工业建设协会
25	中国五洲工程设计有限公司	电子液压振动台基础技术	中国兵器工业建设协会
26	中国五洲工程设计有限公司	国民经济动员中心建设技术	中国兵器工业建设协会
27	黑龙江省纺织工业设计院	防火防爆管道安全阀	中华人民共和国国家知识产权局
28	中石油东北炼化工程有限公司吉林设计院	丙烯酸及酯合成、精制及回收技术	中国石油天然气集团公司
29	中石油东北炼化工程有限公司吉林设计院	铝粉制备技术	中国石油和化工勘察设计协会
30	中石油东北炼化工程有限公司吉林设计院	合成气副产氢气装置技术	中国石油和化工勘察设计协会

序号	企业名称	专有技术名称	评定单位
31	广州地铁设计研究院	地铁隧道内火灾侧向疏散技术	广州市科技局
32	广州地铁设计研究院	轨道交通主控系统应用技术	广州市科技局
33	广州地铁设计研究院	城市轨道交通桥梁节段预制拼装技术	建设部科技发展促进中心、广州市科技局
34	广州地铁设计研究院	地铁装修和导向设计技术	建设部科技发展促进中心
35	广州地铁设计研究院	小间距多孔暗挖隧道群综合技术	建设部科技发展促进中心
36	广州地铁设计研究院	城市轨道交通自动售检票 (AFC) 系统应用技术	建设部科技发展促进中心
37	贵阳建筑勘察设计有限公司	液压摇动式全套管灌注桩和钻孔咬合桩成套技术	住房和城乡建设部
38	河北建设勘察研究院	建筑物沉降监测信息系统	国家版权局
39	河北建设勘察研究院	城市岩土工程信息系统	国家版权局
40	河北省电力勘测设计研究院	热控自动化接线软件	电力规划设计协会
41	河北省电力勘测设计研究院	河北院钢管杆非线性优化设计软件	电力规划设计协会
42	河北省电力勘测设计研究院	河北省南部电网规划设计数字化系统	电力规划设计协会
43	江苏省邮电规划设计院有限公司	站房能耗智能监测技术	中华人民共和国国家版权局
44	江苏省邮电规划设计院有限公司	通信机房热量回收水冷空调系统技术	中华人民共和国国家知识产权局
45	江苏省邮电规划设计院有限公司	具有多走线方式的熔纤设备技术	中华人民共和国国家知识产权局
46	江苏省邮电规划设计院有限公司	通信类机房用节能窗技术	中华人民共和国国家知识产权局
47	江苏省邮电规划设计院有限公司	用于保护通信设备的可拆装的防盗装置技术	中华人民共和国国家知识产权局
48	江西省电力设计院	输电线路铁塔用螺栓无扣长的优化方法	中国电力规划设计协会
49	江西省电力设计院	输电线路砼杆电杆非预埋式接地引下结构	中国电力规划设计协会
50	江西省电力设计院	双回架空输电线路 π 接成四回电缆下地方法	中国电力规划设计协会
51	黄河勘测设计有限公司	Femkit-Seepage 水工渗流计算软件 2010SR052688	国家版权局
52	山西省电力勘测设计院	300MW 直接空冷机组汽机房通风 A 排局部机械进风改进措施	中国电力规划设计协会
53	山西省电力勘测设计院	铁塔基础优化设计软件	中国电力规划设计协会
54	山西省电力勘测设计院	山西省电力勘测设计院基于 PDMS 和 GLIF 的管道支吊架设计数据的综合利用软件	中国电力规划设计协会
55	山西省电力勘测设计院	600MW 机组火电厂电气监控管理系统组合设计技术	中国电力规划设计协会
56	山西省电力勘测设计院	山西省电力勘测设计院电缆敷设设计软件	中国电力规划设计协会
57	山西省电力勘测设计院	中－低压缩性粘性土质地基桩、土及承台共同工作设计参数取值	中国电力规划设计协会
58	山西省电力勘测设计院	直接空冷机组给水泵汽轮机（湿冷）无凝结水泵自排设计技术	中国电力规划设计协会
59	山西省电力勘测设计院	山西省电力勘测设计院岩土勘察制图与统计计算软件	中国电力规划设计协会
60	山西省电力勘测设计院	山西省电力勘测设计院架空送电线路测量辅助绘图软件	中国电力规划设计协会
61	中煤科工集团武汉设计研究院	大型往复式给煤机	中国煤炭建设协会
62	中煤科工集团武汉设计研究院	井下高压双轨防水闸门硐室	中国煤炭建设协会
63	中煤科工集团武汉设计研究院	立井装载设备定量板式输送机技术	中国煤炭建设协会
64	新疆石油勘察设计研究院	WYS 系列多功能原油处理器	中国石油集团公司

序号	企业名称	专有技术名称	评定单位
65	新疆石油勘察设计研究院	高粘稠油破乳剂开发技术	中国石油集团公司
66	新疆石油勘察设计研究院	循环法原油脱金属工业化装置	中国石油集团公司
67	新疆石油勘察设计研究院	稠油井单管注采工艺技术	中国石油集团公司
68	新疆石油勘察设计研究院	原油掺蒸汽加热脱水工艺技术	中国石油集团公司
69	新疆石油勘察设计研究院	集油区无功补偿模糊控制技术	中国石油集团公司
70	新疆石油勘察设计研究院	真空化学组合除氧技术	中国石油集团公司
71	中国成达工程有限公司	自然循环外冷式碳化塔	化工部
72	中国成达工程有限公司	3.2 米及 2.0 米自身返碱	化工部
73	中国成达工程有限公司	大型回转式凉碱炉	化工部
74	中国成达工程有限公司	氯化铵结晶器造粒技术	化工部
75	中国成达工程有限公司	鳞片树脂防腐技术	化工部
76	中国成达工程有限公司	纯碱石灰法精制盐水技术	化工部
77	中国成达工程有限公司	2.8 米内冷式吸 2 收塔	化工部
78	中国成达工程有限公司	3.4/ 3.0 米异径碳化塔	化工部
79	中国成达工程有限公司	固相水合法重质纯碱技术	化工部
80	中国成达工程有限公司	24.5 米大型澄清桶	化工部
81	中国成达工程有限公司	以天然气为原料年产 2.5 万吨合成氨几项新技术的基础设计、工程设计（包括：用3 MPa蒸汽转化、热底式一段转化炉技术，节能型改良热钾碱法脱 CO_2 技术；15 MPa 轴—径向氨合成塔；菊花型废锅炉、卧式热虹吸 / 再沸器）。	化工部
82	中国成达工程有限公司	炉气流化床煅烧重碱技术	化工部
83	中国成达工程有限公司	节能型合成氨工艺技术	中国石油和化工勘察设计协会
84	中国成达工程有限公司	液氯自动充装及智能管理系统	中国石油和化工勘察设计协会
85	中国成达工程有限公司	73% 片碱技术	中国石油和化工勘察设计协会
86	中国成达工程有限公司	低压氨合成技术	中国石油和化工勘察设计协会
87	中国成达工程有限公司	换热式转化工艺技术	中国石油和化工勘察设计协会
88	中国成达工程有限公司	低压法甲醇工艺技术	中国石油和化工勘察设计协会
89	中国成达工程有限公司	氯气处理工艺技术	中国石油和化工勘察设计协会
90	中国成达工程有限公司	综合回收塔	中国石油和化工勘察设计协会
91	中国成达工程有限公司	联碱厂低位满液位液氨蒸发外冷器技术	中国石油和化工勘察设计协会
92	中国成达工程有限公司	氯碱装置副产氢气提纯精制技术	中国石油和化工勘察设计协会
93	中国成达工程有限公司	钙法漂粉精生产技术	中国石油和化工勘察设计协会
94	中国成达工程有限公司	多晶硅装置氯硅烷精馏技术	中国石油和化工勘察设计协会
95	中国成达工程有限公司	多晶硅装置三氯氢硅加压合成技术	中国石油和化工勘察设计协会
96	中国成达工程有限公司	三氯氢硅合成炉	中国石油和化工勘察设计协会

序号	企业名称	专有技术名称	评定单位
97	中国成达工程有限公司	含尿素废水处理技术	中国石油和化工勘察设计协会
98	中国成达工程有限公司	CO_2 气体脱氢反应器及反应器设置位置优化技术	中国石油和化工勘察设计协会
99	中国成达工程有限公司	乙炔法氯乙烯生产工艺技术改进	中国石油和化工勘察设计协会
100	中国成达工程有限公司	大型联碱装置设计新技术	中国石油和化工勘察设计协会
101	中国成达工程有限公司	氯化氢合成安全控制及自动点火系统	中国石油和化工勘察设计协会
102	中国石化集团宁波工程有限公司	1.6 万吨 / 年硫铵回收技术	中国石油和化工勘察设计协会
103	中国石化集团宁波工程有限公司	上海石化丙烯腈装置废气焚烧 (AOGI) 技术	中国石油和化工勘察设计协会
104	中国石化集团宁波工程有限公司	煤代油大型气化炉及废锅炉体国产化攻关设计技术	中国石油和化工勘察设计协会
105	中国石化集团宁波工程有限公司	SHELL 渣油气化炉"油改天然气"改造成套技术	中国石油和化工勘察设计协会
106	中国石油工程建设公司	常减压工艺包技术	中国石油天然气集团公司
107	中国石油工程建设公司	重交沥青生产技术	中国石油天然气集团公司
108	中国石油工程建设公司	上流式反应塔减粘裂化工艺技术	中国石油天然气集团公司
109	中国石油工程建设公司	催化裂化工艺包技术	中国石油天然气集团公司
110	中国石油工程建设公司	两段提升管催化裂化工程开发	中国石油天然气集团公司
111	中国石油工程建设公司	催化裂化汽油醚化工程开发	中国石油天然气集团公司
112	中国石油工程建设公司	催化干气水蒸汽转化制氢工艺包技术	中国石油天然气集团公司
113	中国石油工程建设公司	原油稳定工程设计技术	中国石油天然气集团公司
114	中国石油工程建设公司	天然气轻烃回收技术	中国石油天然气集团公司
115	中国石油工程建设公司	压缩天然气 (CNG) 加气站技术	中国石油天然气集团公司
116	中国石油工程建设公司	地下水封石洞库储油、储气技术	中国石油天然气集团公司
117	中国石油工程建设公司	储运工程计算机辅助设计系统 (APS)	中国石油天然气集团公司
118	中国石油工程建设公司	LPG 汽车加气站工程设计技术	中国石油天然气集团公司
119	中国石油工程建设公司	LPG 汽化站工程设计技术	中国石油天然气集团公司
120	中国石油工程建设公司	石油化工厂低温位热量回收利用技术	中国石油天然气集团公司
121	中国石油工程建设公司	大型离心机组压缩空气站空气预处理技术	中国石油天然气集团公司
122	中国石油工程建设公司	含油污水处理及综合利用	中国石油天然气集团公司
123	中国石油工程建设公司	轻油精密分馏技术	中国石油天然气集团公司
124	中国石油工程建设公司	馏分油加氢工艺包技术	中国石油天然气集团公司
125	中国石油工程建设公司	高酸高钙稠油原油焦化技术	中国石油天然气集团公司
126	中国石油工程建设公司	焦化分馏塔及放空冷却塔鸭咀型换热板	中国石油天然气集团公司
127	中国石油工程建设公司	中段回流做急冷油	中国石油天然气集团公司
128	中国石油工程建设公司	单苯抽提技术	中国石油天然气集团公司
129	中国石油工程建设公司	原油脱硫醇技术	中国石油天然气集团公司
130	中国石油工程建设公司	干气 液化气脱硫，液化气脱硫醇	中国石油天然气集团公司

序号	企业名称	专有技术名称	评定单位
131	中国石油工程建设公司	催化油浆中压蒸汽发生器	中国石油天然气集团公司
132	中国石油工程建设公司	特有的溜焦槽结构	中国石油天然气集团公司
133	中国石油工程建设公司	抽提蒸馏分离苯技术工业应用	中国石油天然气集团公司
134	中国石油工程建设公司	C^5、C^6 异构化技术工业应用	中国石油天然气集团公司
135	中国石油工程建设公司	低真空过滤分配技术	中国石油天然气集团公司
136	中国石油工程建设公司	8000m^3 液化石油气压力球罐设计技术	中国石油天然气集团公司
137	中国石油工程建设公司	“二段萃取 + 沉降”工艺技术	中国石油天然气集团公司
138	中国石油天然气管道工程有限公司	具有多处高差起伏管段的顺序输送管道混油特性及控制设计技术	中国石油和化工勘察设计协会
139	中国石油天然气管道工程有限公司	在役管道不停输抬升设计技术	中国石油和化工勘察设计协会
140	中国石油天然气管道工程有限公司	管道应变设计技术	中国石油和化工勘察设计协会
141	中国石油天然气管道工程有限公司	天然气长输管道压气站节能设计技术	中国石油和化工勘察设计协会
142	中国石油天然气管道工程有限公司	高压输电线路对管道电磁影响的防护	中国石油和化工勘察设计协会
143	中国石油天然气管道工程有限公司	输油管道在线密度检测装置	中国石油和化工勘察设计协会
144	中冶长天国际工程有限责任公司	环冷机卸料曲轨及曲轨支撑装置	中国冶金建设协会
145	中冶长天国际工程有限责任公司	调速型板式给料机	中国冶金建设协会
146	中冶长天国际工程有限责任公司	辊式筛分机	中国冶金建设协会
147	中冶长天国际工程有限责任公司	辊式筛分布料机	中国冶金建设协会
148	中冶长天国际工程有限责任公司	烧结机用宽皮带布料器	中国冶金建设协会
149	中冶长天国际工程有限责任公司	TLQ 型定扭矩联轴器	中国冶金建设协会
150	中冶长天国际工程有限责任公司	FT(W)M 型风箱头、尾密封装置	中国冶金建设协会
151	中冶长天国际工程有限责任公司	JG 型九辊布料器	中国冶金建设协会
152	中冶长天国际工程有限责任公司	CHL 型柔性传动装置	中国冶金建设协会
153	中冶长天国际工程有限责任公司	一种钒钛磁铁矿选钛技术	中国冶金建设协会
154	中冶长天国际工程有限责任公司	微细粒级难选铁矿石选矿中选择性絮凝脱泥工艺	中国冶金建设协会
155	中冶长天国际工程有限责任公司	硫酸渣制备氧化球团技术	中国冶金建设协会
156	中冶长天国际工程有限责任公司	赤铁矿生产氧化球团技术	中国冶金建设协会
157	中冶长天国际工程有限责任公司	烧结烟气循环富集技术	中国冶金建设协会
158	中冶长天国际工程有限责任公司	修正齿弧曲线的烧结机尾部星轮齿板	中国冶金建设协会
159	中冶长天国际工程有限责任公司	烧结机风箱固定隔板装置	中国冶金建设协会
160	中冶长天国际工程有限责任公司	烧结机风箱活动隔板装置	中国冶金建设协会
161	中冶长天国际工程有限责任公司	LSCC-S 液密封环冷机卸料曲轨及其支撑装置	中国冶金建设协会
162	中冶长天国际工程有限责任公司	除尘管道阻力平衡技术	中国冶金建设协会
163	陕西省水利电力勘测设计研究院	勘测设计企业管理信息系统 ContractV2.1	国家版权局
164	陕西省水利电力勘测设计研究院	生产技术人员动态管理系统 Project Manager	国家版权局

序号	企业名称	专有技术名称	评定单位
165	陕西省水利电力勘测设计研究院	三水源水库联合调解计算软件	国家版权局
166	陕西省水利电力勘测设计研究院	水库泥沙淤积量测算系统	国家版权局
167	陕西省水利电力勘测设计研究院	多水源混联水库联合供水调度系统	国家版权局
168	陕西省水利电力勘测设计研究院	单库双水源供水调节计算系统	国家版权局
169	陕西省水利电力勘测设计研究院	河流梯级水库水利水能计算程序	国家版权局
170	中国电力工程顾问集团西南电力设计院	20mm 重冰区 500k V直线转角塔设计应用技术	中国电力设计规划协会

中国勘察设计行业2010年度
企业专业著作汇总

（依企业网报数据整理）

序号	企业名称	著作名称	作者姓名	出版社名	出版日期
1	北京市建筑设计研究院	BIAD 设计文件编制深度规定	北京市建筑设计研究院	中国建筑工业出版社	2010 年 8 月
2	北京市建筑设计研究院	BIAD 建筑设计深度图示（上）、（下）	北京市建筑设计研究院	中国建筑工业出版社	2010 年 8 月
3	上海核工程研究设计院	第三代核电技术 AP1000	孙汉虹 程平东 缪鸿兴 张维忠 朱鑫官 翁明辉	中国电力出版社	2010 年
4	上海市政工程设计研究总院(集团)有限公司	上海世博会市政工程	上海市政工程设计研究总院	上海科技出版社	2010 年
5	广州地铁设计研究院有限公司	直线电机轮轨交通线路与限界	梁青槐 刘智成 赵金顺	中国科学技术出版社	2010 年 1 月
6	广州市城市规划勘测设计研究院	城市色彩的规划策略与途径	郭红雨 蔡云楠	中国建筑工业出版社	2010 年
7	河北建设勘察研究院	地基工程可靠性设计原理与应用	梁金国	中国水利水电出版社、知识产权出版社	2010 年 5 月
8	华东勘测设计研究院	水电站压力管道		中国电力出版社	2010 年
9	华东勘测设计研究院	水电工程建设征地移民安置补偿费用概算基础		中国电力出版社	2010 年
10	江西中煤建设集团有限公司	建筑工程施工成本控制实战操作	熊峰 陈新福 熊燕	江西高校出版社	2010 年 12 月
11	中铁第四勘察设计院集团有限公司	快速公交系统 (BRT) 规划设计指南	王玉泽等	人民交通出版社	2010 年 1 月
12	黄河勘测规划设计有限公司	水利工程造价预测	杨娜	黄河水利出版社	2010 年 6 月
13	黄河勘测规划设计有限公司	工程测量	周建郑、周国庆等	黄河水利出版社	2010 年 7 月
14	黄河勘测规划设计有限公司	常用钢材与紧固件速查手册	魏群 刘尚蔚 魏鲁杰 袁志刚	中国建筑工业出版社	2010 年 8 月
15	黄河勘测规划设计有限公司	挟沙水流数学模型的研究与实践	陈雄波 郜国明 顾列亚	黄河水利出版社	2010 年 10 月
16	黄河勘测规划设计有限公司	黄河下游河道观测	霍瑞敬 孙芳 马勇等	黄河水利出版社	2010 年 10 月
17	黄河勘测规划设计有限公司	钢结构工程项目经理必读	魏群 魏鲁双 袁志刚	中国建筑工业出版社	2010 年 11 月
18	清华大学建筑设计研究院	国际建协建筑师职业实践政策推荐导则——一部全球建筑师的职业主义教科书	庄惟敏 张维 黄辰晞	中国建筑工业出版社	2010 年 9 月
19	中国石油工程建设公司	《石油和化工工程设计工作手册》系列丛书第十册《炼油装置工程设计》	黄吉国	中国石油大学出版社	2010 年 9 月
20	中国石油天然气管道工程有限公司	油气储运技术论文集	中国石油天然气管道工程有限公司	石油工业出版社	2010 年 9 月
21	中冶长天国际工程有限责任公司	《现代选矿技术手册》第七册《选矿厂设计》	主编：黄丹 编委：王士源 王菊香等	冶金工业出版社	2010 年 1 月
22	湖南省水利水电勘测设计研究总院	水利水电工程地质勘察若干经验	左重辉	水利水电出版社	2010 年 10 月

1、成都龙潭呈祥总部基地
2、贵州盛华职业学院图书馆
3、京沪高铁德州综合客运站
4、密之云传呼大厦鸟瞰图
5、江西省广丰县文体中心

ZWCAD中望
自由设计 精准呈现
参数化设计
精准绘制
细节呈现
参数化设计
国内开创，重新定义您的绘图方式，引领未来绘图新趋势
十余种全新功能
表格、字段、多重引线等十余种新增功能，让您的设计更加高效
性能和接口不断完善，不断提升用户体验
捕捉、光栅图像、参照编辑等功能显著提升，修复和完善了300多个ZRX标准接口
ZWSOFT
广州中望龙腾软件股份有限公司
ZWCAD SOFTWARE CO.,LTD.
中望CAD2011是由国内领先的CAD软件供应商中望公司专心研发的年度力作。该版本在增加了十余种全新功能的同时，原有功能以及接口也不断完善。中望CAD2011为您提供更加灵活自由的绘图方式，也确保您的设计出品更加精准快速。
免费下载试用：www.zwcad.com
咨询热线：4008-800-819